भारतीय वन्य प्राणियों के संरक्षित क्षेत्रों का विश्वकोश

शिवकुमार तिवारी

राजकमल प्रकाशन
नयी दिल्ली पटना इलाहाबाद

ISBN : 978-81-267-2435-2

मूल्य : ₹ 1200

पहला संस्करण : 2013

प्रकाशक : राजकमल प्रकाशन प्रा. लि.
1-बी, नेताजी सुभाष मार्ग, दरियागंज
नई दिल्ली-110 002

शाखाएँ : अशोक राजपथ, साइंस कॉलेज के सामने, पटना-800 006
पहली मंजिल, दरबारी बिल्डिंग, महात्मा गांधी मार्ग, इलाहाबाद-211 001

वेबसाइट : www.rajkamalprakashan.com
ई-मेल : info@rajkamalprakashan.com

आवरण : मनोज श्रीवास्तव

मुद्रक : बी.के. ऑफसेट
नवीन शाहदरा, दिल्ली-110 032

BHARTIYA VANYA PRANIYON KE
SANRAKSHIT KSHETRON KA VISHVAKOSH
by Shivkumar Tiwari

प्राक्कथन

'भारतीय वन्य प्राणियों के संरक्षित क्षेत्रों का विश्वकोश' इक्कीसवीं सदी के पाठकों की भारतीय पर्यावरण की संदर्भगत आवश्यकताओं को ध्यान में रखते हुये तैयार किया गया है। राष्ट्रीय संदर्भ में पर्यावरण संरक्षण को मूर्तरूप देने का कार्य संरक्षित क्षेत्रों अथवा अभयारण्यों, राष्ट्रीय उद्यानों तथा बायोस्फियर रिजर्व इत्यादि के माध्यम से किया जा रहा है। शासकीय कार्यक्रमों के अंतर्गत विकसित एवं वैधानिक ढांचे में आरक्षित भारतीय संरक्षित क्षेत्र भारतीय जनमानस के प्रकृति प्रेम के प्रतीक हैं। इनके क्रमबद्ध विकास में अनेक समर्पित प्रकृति प्रेमियों, वन्य प्राणी विशेषज्ञों, पर्यावरणविदों एवं जनसामान्य की भूमिका रही है। मशीनी युग के इस दौर में भी विश्व भर के चेतना सम्पन्न व्यक्तियों और सामाजिक संगठनों ने पर्यावरण की सुरक्षा के लिये संरक्षित क्षेत्रों के विकास में योगदान दिया है। पर्यावरण संरक्षण की यह प्रक्रिया सतत गतिशील प्रक्रिया है, यही कारण है कि भारत में जब आज से लगभग एक-चौथाई सदी पूर्व संरक्षित क्षेत्रों की स्थापना हुई तब उनकी संख्या लगभग 200 थी जो आज दुगुनी से भी अधिक है।

संरक्षित क्षेत्रों के संदर्भ में भारत के प्रकृति प्रेमियों की वैज्ञानिक और पारंपरिक ज्ञान की अपेक्षाओं को गहराई से समझने के पश्चात प्रस्तुत विश्वकोश को विश्वस्तरीय पठनसामग्री से संयोजित कर हिन्दी भाषा के सुधी जनों के सम्मुख इस संदर्भ ग्रंथ को प्रस्तुत किया गया है। संरक्षित क्षेत्रों पर हिन्दी भाषा में लिखे गये प्रस्तुत संदर्भ ग्रंथ में विश्वकोश की आधारभूत संरचना अर्थात् समग्रता पर पूरा ध्यान रखा गया है। इस विश्वकोश में भारत के सभी ज्ञात संरक्षित क्षेत्रों, अभयारण्यों एवं राष्ट्रीय उद्यानों का हिन्दी वर्णानुक्रम के अनुसार उल्लेख किया गया है। संरक्षित क्षेत्रों के विवरण पर्यावरणीय मानकों के आधार पर हैं। इस विश्वकोश की रचना आधारभूत नियमों एवं परंपराओं के आधार पर की गई है।

प्रस्तुत विश्वकोश की सामान्य संरचना अन्य भाषाओं तथा अन्य विषयों के विश्वकोशों जैसी ही है परंतु इसमें दो खंड और जोड़ दिये गये हैं। प्रारंभिक या 'परिचय' खण्ड में उन बिंदुओं पर चर्चा की गई है जिससे भारतीय संरक्षित क्षेत्रों के 'सामूहिक' तथ्यों और विविधताओं को सहज और बोधगम्य बनाया गया है।

इन विवरणों से विश्वकोश के द्वितीय खंड के वर्णानुक्रम में दिये गये मूल विवरण पुररुक्ति से बच सके हैं। अंतिम खंड परिशिष्ट खंड है जिसमें भारतीय पर्यावरण से संबंधित अनेक तकनीकी और गैर-तकनीकी विवरण दिये गये हैं।

—लेखक

खंड – अ

संरक्षित क्षेत्रों का परिचय

ईशावास्यं इदं सर्व, यत्किञ्च जगत्यां जगत्।
तेन त्यक्तेन भुंजीथाः मा गृध कस्यचित् धनम्।।
–ईशोपनिषद्

(a) Mankind is a part of Nature and life depends on the uninterrupted functioning of natural systems which ensure the supply of energy and nutrients.

(b) Civilization is rooted in nature, which has shaped human culture and influenced all artistic and scientific achievement, and living in harmony with nature gives man the best opportunities for the develop-ment of his creativity and for rest and creation.

THE WORLD CHARTER FOR NATURE
(Adopted by **General Assembly of the United Nations** on October 29, 1982)

अनुक्रम

खंड – ब
संरक्षित क्षेत्रों का वर्णानुक्रम में वर्णन

खंड – स
परिशिष्ट

भारत के संरक्षित क्षेत्र

भारत में प्रकृति संरक्षण की परंपरा

भारत में सदियों तक धार्मिक आस्थायें वनों और वन्य पशुओं को बचाये रखने में समर्थ रहीं परन्तु विदेशी मानसिकता ने उस आस्था को ही जड़ से नष्ट कर दिया। आज जब वन्य जीवन लगभग ध्वस्त हो चुका है और तब जब आज के पर्यावरणविद् बंदरों, सिंहों और मोरों को बचाने के लिये धार्मिक आस्था की बात करते हैं तो सब कुछ हास्यास्पद लगने लगता है क्योंकि ये सब वही लोग हैं जो धर्म को अंधविश्वास का पर्याय साबित करने में अपनी शक्ति खर्च कर चुके थे। पर्यावरण विनाश से जब मनुष्य के जीवन के नष्ट होने की आशंका पैदा हुई तब जाकर प्रकृति वनस्पति और वन्य पशु-पक्षियों के संबंध में विचार करने की आवश्यकता महसूस हुई।

वेदकालीन भारत में वृक्ष की पूजा होती थी। ऋग्वेद में अश्वत्थ (पीपल) के महत्व को स्पष्टतः स्वीकार किया गया है। गीता में श्रीकृष्ण ने अर्जुन से कहा है–वृक्षों में मैं पीपल हूं, हमारे शास्त्रों ने मान लिया है कि पीपल में सभी देवताओं का वास है। ज्योतिष में भी इसके महत्व को भली-भांति स्वीकारा गया है।

ईश्वर के विराट स्वरूप का वर्णन करते हुए मुनि शुकदेव ने राजा परीक्षित से वनों को विराट पुरुष का रोम कूपों के रूप में वर्णन किया है–

नदयोस्थ नाड्योऽथ तनुरूहाणि,
महीरूहा विश्वतनो नृपेन्द्रः।
अनन्त वीर्या श्वसितंमातरिश्वा
गतिः कर्म गुणप्रवाह।।

हे राजन्, नदियां उस विश्वमूर्ति विराट पुरुष की नाड़ियां हैं। वृक्ष रोम कूप हैं, परम बल वायु श्वास है, काल गति है और गुणों का प्रवर्तन ही उनका कर्म है।

हमारे शारीरिक स्वास्थ्य के लिये जो महत्व रोम कूपों का है, ठीक वैसा ही संपूर्ण सृष्टि तथा सामाजिक जीवन के लिये वन का है। श्रीमद् भागवत में वृक्षों को विराट पुरुष के केश निरूपित किया गया है। सौन्दर्य की दृष्टि से केशों का अपना महत्व है, नायिका केश वर्णन से काव्य के अनगिन पृष्ठ भरे पड़े हैं। ये हरे-भरे महकते हुए जंगल, जिनके बिना देश कांतिहीन है, श्री विहीन है, क्षय रोगी की तरह।

विभिन्न पुराण वृक्षों की यशोगाथाओं से हमें परिचित कराते है। शिव पुराण के अनुसार बिल्व पत्र में पार्वती का निवास माना गया है, अतः बिल्व पत्र शिव पूजा के लिये परम अनिवार्य तथा फलदायक माना गया है। स्कंद पुराण वृक्षों को साक्षात् परमात्म

स्वरूप मानकर उनकी पूजा के विधान बतलाता है। वट वृक्ष के नीचे अनेक तांत्रिक साधनाएं सम्पन्न होती थीं। यह उन पांच वृक्षों में से एक है जिन्हें गोस्वामी तुलसीदास जी ने भी श्रेष्ठत्व प्रदान किया है–'वट पीपल पाखरी रसाला', इतना ही नहीं वनवास काल में सीताजी ने वट वृक्ष की पवित्रता को ध्यान में रखते हुए इसकी ही छाया में वेदिका निर्माण किया था।

चंदन पूजा का मुख्य उपादान रहा है, आज्ञा चक्र को जगाने वाले साधकों को भू–मध्य में शीतल लेप की आवश्यकता पड़ती है, इसके लिये चंदन से अच्छा विकल्प अभी तक नहीं सुझाया जा सका है। मलयगिरि आज भी सुगंध की खान बना हुआ है। दक्षिण भारत के जिन अभयारण्यों में चंदन होता है वहां अब दस्यु राज हैं।

अग्निपुराण में तो वृक्षारोपण अत्यन्त मांगलिक समारोह के रूप में प्रतिष्ठित किया गया है, वृक्ष रोपने के पूर्व उसे विशिष्ट औषधि में डुबाया जाय तथा सोने की सलाई से उसका नियमानुसार कर्ण–भेदन किया जाए तो श्रेयस्कर रहता है। इसके लिए श्रेष्ठ मुहूर्त वह माना गया है जब सूर्य मेष राशि पर निवास करता है। हिन्दू धर्म में बरगद के वृक्ष को यदि शिव का प्रतीक माना गया तो पीपल का वृक्ष विष्णु का प्रतीक माना गया, पीपल की एक अन्य प्रजाति को पश्चिम बंगाल में ब्रह्मदेव का प्रतीक माना जाता है।

उपनिषद में वृक्ष को पुरुष की उपमा दी गई है, अनेक अर्थों में वृक्ष पुरुष से भी विचित्र ठहराए गए हैं, इतना ही नहीं वृक्षों पर अनेक शोध–कार्य किये जा रहे हैं पर यदि शोधों की गम्भीरता पर न भी जाये तो भी यह तो स्पष्ट ही है कि वनस्पतिजगत की विभिन्नता एवं विशिष्टता अनेक 'इको सिस्टम' को जन्म देती हैं। प्रत्येक वृक्ष, पौधे, घास और लताओं का अपना अलग महत्व तो है ही, समवेत महत्व भी कम नहीं है।

भारत में वृक्षों का सामाजिक महत्व बीसवीं सदी तक भी अक्षुण्ण रहा।

भारत में वृक्षों, नदियों तथा पर्वतों को पवित्र मानकर उन्हें पूज्य माना जाता था। यह इसलिये था कि उस युग में धर्म द्वारा सामान्यजन में संस्कार का प्रसार किया जाता था। वृक्षों इत्यादि के अतिरिक्त वन्य और पालतू पशुओं को भी पवित्र मानने की परंपरा थी। आधुनिक समय में इन परंपराओं को अंधविश्वास का वाहक माना गया तथा पशुओं और पक्षियों के प्रति प्रेम स्नेह को मूढ़ता। बीसवीं सदी का अधिकांश पढ़ा–लिखा वर्ग संस्कृत भाषा में लिखे ग्रंथों को कविता अथवा पूजापाठ की विधियों को वर्णन करने वाले ग्रंथ मानता था। उसे यह भी ज्ञात नहीं था कि वन्य पशु–पक्षियों की रक्षा के लिये भारत में ईसा पूर्व शताब्दियों के न्याय में भी समुचित स्थान था।

कौटिल्य कालीन समाज भूमि के जीवों को तो छोड़िये, समुद्र तक के जीवों के लिये चिन्तित था। तत्कालीन न्याय व्यवस्था में उनकी रक्षा के स्पष्ट और कड़े आदेश हैं, कहा गया है कि समुद्र में उत्पन्न होने वाले विविध आकृतियों के मत्स्य, नदी पर उत्पन्न सारस, क्रौञ्च, कुररी, दात्यूह (पनकौआ) हंस, चक्रवाक, जीवजीवक, भृंगराज, चकोर, मत्तकोकिल, मयूर, तोता, मदन, सारिका आदि क्रीड़ा योग्य पक्षी तथा मृग आदि जन्तुओं को हिंसक दुष्टों से बचाना चाहिये, तथा यदि सूनाध्यक्ष इनकी रक्षा करने में कोई आलस्य दिखलाता है तो उसे प्रथम साहस का दण्ड दिया जाये।

मूल कथन इस प्रकार है :

सूनाध्यक्षः प्रदिष्टाभयानामभय वनवासिनां मृग पशु पक्षि–
मत्स्यानां बन्धवध हिंसायां मुत्तमं दण्डं कारयेत्।

*कुटुम्बिनामभय वन परिग्रहेषु मध्यम्।
अप्रवृत्तवधानां मत्स्य पक्षिणां बन्धवध हिंसायां पादोनसप्त-
विंशतिपण मत्ययं कुर्यात। मृगपशूनां द्विगुणम्
प्रवृत्त हिंसानाम् परिगृहीतानां षडभागं गृहणीयात्।
मत्स्य पक्षिणां दश भागं वाधिक मृगपशूनां शूल्कवाधिकम्।
सामुद्र हस्त्यश्व पुरुषवृषगर्दभाकृत यो मत्स्या
हिंसा बाधेभ्यो रक्ष्याः।
रक्षतिक्रमे पूर्व साहसदण्डः।*

(कौटिल्य अर्थशास्त्र-अधिकरण 2, अध्याय 26)

भारत की यह न्याय व्यवस्था परवर्ती काल में भारत के गुलाम होने पर नष्ट हो गई। पश्चिम से उधार लिये गये विचारों की परिपक्वता का यह हाल था कि जहाँ भारत में प्राणि सुरक्षा के लिये कानूनी व्यवस्था विकसित हो चुकी थी वहाँ इसके 18 सौ वर्ष बाद तक पश्चिम के वैज्ञानिक वृक्षों में प्राण होना मानते ही नहीं थे, उसे भी भारत के विख्यात वैज्ञानिक जगदीश चन्द्र बसु ने ही पश्चिम को वैज्ञानिक प्रयोग द्वारा समझाया। पश्चिम में विशेषतः यूरोप में वनों और वन्य पशुओं का संहार सदियों पहले कर दिया गया था। वहाँ से आयातित आधुनिक विचारों में प्रदूषण, वनों की कटाई और वन्य पशुओं के विनाश को बीसवीं सदी के पूर्वार्ध तक 'वैज्ञानिक' माना जाता रहा। भारत के बुद्धिजीवी तो परतंत्रता के साथ ही मानो अपनी सारी परंपराओं को दकियानूसी और सामाज पर 'बोझ' मान चुके थे, अतः भारत में रेल की पटरियों के बिछाने के कार्य से जो वनों का अंधाधुंध कटना और वन्य पशुओं का संहार प्रारंभ हुआ, वह तभी थमा जब पश्चिम में ही वैज्ञानिकों को जलवायु परिवर्तन से प्रलय की आशंका जगी और विश्वभर में बनना प्रारंभ हुये आधुनिक संरक्षित। क्षेत्र इस तरह प्रकृति संरक्षण और वन्यप्राणी संरक्षण पश्चिमी विचारों के बीसवीं सदी के संस्करण ही हैं। भारत में भी 'परंपरा' और 'श्रद्धा' के स्थान पर 'बजट' बनाकर नौकरशाहों की फौज के बल पर संरक्षण संबंधी 'वैज्ञानिक ध्येयों' को प्राप्त करने के यत्न प्रारंभ हुये। आम आदमी हाशिये पर छोड़ दिया गया। प्रारंभिक सफलताओं के पश्चात तथा करोड़ों रुपये खर्च करने के बाद संरक्षित क्षेत्रों से जो समाचार मिल रहे हैं उन्हें न तो उत्साहप्रद कहा जा सकता है और न ही शुभ शकुन का सूचक।

बीसवीं सदी के पूर्वार्ध तक भारत के आधुनिक विचारक पश्चिम का अंधानुकरण करते हुये 'मनुष्य की प्रकृति पर विजय' का विचार पाले हुये थे। प्रकृति का विनाश प्रगति का द्योतक था। मंगल ग्रह तक पहुंचने के सफल प्रयास ने जिस ग्रह में हम रहे हैं उसकी चिन्ता भुला दी थी। अब जब केवल 2 या 3 अंश ग्लोबीय गर्मी बढ़ने से प्रलय दीख रहा है तब 'प्रकृति के साथ' जीने का मन्त्र पश्चिम से हमने फिर उधार ले लिया है। जून के महीने में हम अब विश्व पर्यावरण दिवस मनाते हैं, भारतीय पंचांग में यही महीना ज्येष्ठ का है जो ग्रीष्मकाल का सबसे अधिक तपने वाला माह है, भारत भर में इस दिन वट-सावित्री का व्रत होता है। प्राचीन भारत में यह परंपरा डाली गई थी कि प्रत्येक नगर और गांव में पर्याप्त वट वृक्ष लगाये जाते रहें ताकि वट जैसा विशाल वृक्ष पर्यावरण को सुरक्षित रखे। इस दिन को अब भी 'दकियानूसी समाज' की स्त्रियों को वट वृक्ष ढूंढ़ने पड़ते हैं।

फिर भी समाज का कर्तव्य है कि पर्यावरण के संकट की इस घड़ी में वह धैर्य

न खोये तथा अधिक समझदारी से काम ले। भारत के केवल 4 फीसदी भाग में संरक्षित क्षेत्रों का विस्तार है जिसमें हजारों पशु-पक्षियों का भविष्य कैद है, इस छोटे से भूभाग को अकेले सरकार ही पूर्ण सुरक्षा नहीं दे सकती। उसे जरूरत है समाज के हर तबके के वरदहस्त की। आशा का सूर्य अभी अस्त नहीं हुआ है।

प्रत्येक युग के विकास में ज्ञान का महत्व सर्वोपरि है। ज्ञान मनुष्य जाति की पूंजी है। वह किसी देश, राष्ट्र या समाज की पूंजी नहीं है। हमारे अपने इस युग के वैज्ञानिक ज्ञान ने हमें 'ग्रीन हाउस इफेक्ट' और 'ओजोन संकट' से सावधान रहने की चेतावनी दी है। प्रकृति का संरक्षण इस दिशा का प्रभावी कदम है। प्रकृति का संपूर्ण संरक्षण ही संरक्षित क्षेत्रों की स्थापना का निहित उद्‌देश्य है।

भारत : मूलभूत तथ्य

स्थिति : एशिया महाद्वीप के दक्षिण में
देश का क्षेत्रफल : 32,87,263 वर्ग किलोमीटर
देश में वनों का क्षेत्रफल : 7,65,253 वर्ग किलोमीटर (23.28 %)
संरक्षित क्षेत्र (वर्ष 2001) : राष्ट्रीय उद्यान : 89, अभयारण्य : 486, टाइगर रिजर्व : 28, बायोस्फियर रिजर्व : 12

1. भौगोलिक प्रदेश :

1. हिमालयी पर्वतीय प्रदेश
2. गंगा-सिन्धु का मैदान
3. प्रायद्वीपीय भारत या दकन का पठार
4. भारतीय समुद्रतटीय प्रदेश
5. बंगाल की खाड़ी एवं अरब सागर के द्वीप

2. जीव भौगोलिक परिमंडलों में स्थिति :

1. ओरियण्टल जैव भौगोलिक प्राणिजात
2. पैलार्कटिक जैव भौगोलिक परिमण्डल
   (हिमालयी क्षेत्र: काश्मीर से सिक्कम के पूर्व तक)
3. उप-परिमण्डलों का प्राणिजात
   (अ) भारतीय उप-परिमण्डल
   (ब) हिन्दचीन उप-परिमण्डल
   (स) लंकाई उप-परिमण्डल

3 राजनैतिक प्रदेश/ प्रशासनिक प्रदेश :

राज्य : आंध्र प्रदेश, अरुणाचल प्रदेश, असम, बिहार, छत्तीसगढ़, गोवा, गुजरात, हरियाणा, हिमाचल प्रदेश, जम्मू एवं काश्मीर, झारखंड, कर्नाटक, केरल, मध्य प्रदेश, महाराष्ट्र, मणिपुर, मेघालय, मिजोरम, नागालैंड, उड़ीसा, पंजाब, राजस्थान, सिक्किम, तमिलनाडु, त्रिपुरा, उत्तराखंड, उत्तर प्रदेश, पश्चिम बंगाल

देश का प्रतीक पशु : बाघ (पैन्थरा टाइग्रिस)
देश का प्रतीक पक्षी : मयूर (पेवो क्रिस्टाटस)
देश का प्रतीक वृक्ष : बरगद (फाइकस बेगालेनसिस)
देश का प्रतीक पुष्प : कमल (नीलम्बो न्यूसीफेरा)
राष्ट्रीय राजधानी का प्रदेश : दिल्ली
केंद्र शासित प्रदेश : अंडमान एवं निकोबार, चंडीगढ़, दमन एवं द्वीप, दादरा एवं नगर-हवेली, लक्षद्वीप, पांडिचेरी
जनसंख्या : 1,02,88,32,174, जनसंख्या का घनत्व प्रतिवर्ग कि.मी. : 324

संरक्षित क्षेत्र

वर्तमान में हिन्दी भाषा में प्रयोग में लाया जाने वाला 'संरक्षित क्षेत्र' शब्द अंग्रेजी शब्द Protected Area का समानार्थी है। यह शब्द प्रकृति से संबंधित सभी विज्ञानों का मानक शब्द है, अतः इसका निहितार्थ रूढ़ है। इस शब्द में प्रयुक्त 'संरक्षित' से तात्पर्य भारत में सरकार द्वारा वैधानिक संरक्षण या रक्षा करने की प्रतिबद्धता है। क्षेत्र से तात्पर्य मूलतः वन क्षेत्र है। 'वनक्षेत्र' का पिछले पचास वर्षों में अर्थ विस्तार हो चुका। अब समुद्रतट, पर्वत शिखर, शुष्क मरुभूमि या दलदली क्षेत्र भी जिन्हें सामान्य बोलचाल की भाषा में वनक्षेत्र नहीं कहा जाता वे भी संरक्षित क्षेत्रों की परिधि में आ चुके हैं। इसी तरह प्रारंभ में संरक्षण का प्रयोग वन्य पशुओं, या यूँ कहें शेर, व्याघ्र आदि वन्य पशुओं तक ही सीमित था परन्तु धीरे-धीरे इस शब्द के अन्तर्गत सभी वर्ग के वन्य प्राणी ही नहीं वनों की वनस्पति और वनों की भूमि भी शामिल कर ली गई। इस तरह संरक्षित क्षेत्र से तात्पर्य उन प्राकृतिक भू-खण्डों से है जिनके पर्यावरण और प्राणिजात की सुरक्षा के लिये सरकार ने आदेश द्वारा किसी भी अन्य प्रयोग के लिये कानूनी तौर पर निषिद्ध कर दिया है।

सरकारी प्रतिबद्धता का अर्थ शासन की सर्वांगीण भागीदारी है, अतः संरक्षित क्षेत्रों के लिये सरकारी अमले की विशाल फौज तैयार की गई। सरकारी संसाधनों से बड़ी मात्रा में अनेक स्तरों पर धन उपलब्ध कराने के प्रावधान हुये। बीसवीं सदी के खत्म होने के पूर्व ही 'वाइल्ड लाइफ मैनेजमेंट की जरूरत हुई और 'वन्य प्राणी प्रबंधन' के पाठ्यक्रम चल निकले। पर्यावरण और वन्य प्राणियों की सुरक्षा की चिन्ता में जब नौकरशाहों और अकादमी के विद्वानों ने अपनी दृष्टि का प्रसार किया तब स्वयंसेवी संगठन और नेता पीछे कैसे रहते! अधिकतर संरक्षित क्षेत्रों के माध्यम से 'पर्यावरण' के पक्षधरों और 'मानव अधिकार' के पक्षधरों को अपनी 'दमदार' उपस्थिति दर्ज कराने का अवसर मिला। कोर्ट-कचहरियों तक मुद्दों को पहुंचाने का अनवरत क्रम चला।

जैसा कि लिखा जा चुका है कि वन्य प्राणियों की संख्या केवल भारत में ही कम नहीं हुई अपितु समूचे विश्व में यह कमी देखी गई, फलतः विश्व संस्थाओं का अभ्युदय हुआ। विश्व संस्थाओं की संरक्षित क्षेत्रों के रखरखाव में भागीदारी बढ़ी।

उम्मीद थी कि भारतीय जनता की गाढ़ी कमाई के पैसे और विश्वभर से आगे पैसों से भारतीय संरक्षित क्षेत्रों की पर्यावरणगत गुणवत्ता बढ़ेगी और वन्यप्राणियों की संख्या भी बढ़ेगी, परन्तु केवल संरक्षित क्षेत्रों की संख्या बढ़ती रही। प्रतिवर्ष किसी

नये-नये वन क्षेत्रों को संरक्षित क्षेत्र घोषित किया जाता रहा।

यदि आंकड़ों की बात करें तो सरकारी आंकड़ों के तहत केवल बाघ परियोजना के प्रथम 8 वर्षों में अर्थात 1985 तक भारत सरकार के 1571,65 लाख रुपये और विदेशी सहायता के लगभग 334,16 लाख रुपये (मूल राशि अमेरिकी डॉलरों में) या कि 1905,81 लाख रुपये खर्च कर देश भर में लगभग 4000 बाघों का संरक्षण हुआ, आंकड़ों के विश्लेषण के बाद कहा गया कि वैज्ञानिक देखरेख, चतुर वन अधिकारियों की सेवा भावना तथा कर्तव्यनिष्ठा से इस क्षेत्र में चौमुखी उन्नति हुई। उन दिनों से आज तक सभी संरक्षित क्षेत्रों के विशेषतः बाघ परियोजना के संरक्षित के अधिकारी अपनी-अपनी पीठें थपथपाने में नहीं अघा रहे हैं। 1985 से एक-चौथाई सदी बाद रुपये 2000 लाख की तुलना में 10 गुने से भी अधिक खर्च हुआ अर्थात 2000 करोड़ रुपये खर्चने के बाद पता चला भारत में 25 वर्ष पहले की तुलना में आधी संख्या में बाघ बचे। बाघ तो एक प्रतीक है, अन्य वन्य पशुओं की भी यही गति हुई। दक्षिण भारत के पूरे के पूरे वनों से हाथियों की सफाई हो गई। उत्तर भारत में संसार चंदो और दक्षिण भारत में वीरप्पनों के कारनामे से समाचार-पत्रों के कॉलम वर्षों तक रंगे जाते रहे।

संरक्षित क्षेत्र मुख्यतः दो वर्गों के हैं–राष्ट्रीय उद्यान एवं अभयारण्य। इनमें भी जो बाघ परियोजना के अन्तर्गत लाये गये उनकी सुरक्षा और विशेषज्ञता पर करोड़ों रुपये खर्च किये। वर्षों तक की गई रिसर्च को बढ़ा-चढ़ाकर प्रस्तुत करने वालों को सबसे बड़ा झटका तब लगा जब भारत के दो प्रमुख टाइगर रिजर्व सारिस्का और पन्ना बाघ विहीन हो गये।

ऐसा नहीं है कि संरक्षित क्षेत्रों में कभी गुणात्मक सुधार नहीं हुये, वस्तुतः वन्य प्राणी संरक्षण के आधुनिक संस्करण के प्रारंभिक वर्ष संरक्षित क्षेत्रों के युग थे। उस समय भारत की प्रधानमंत्री श्रीमती इंदिरा गांधी थीं। उस समय संरक्षित क्षेत्रों में बहुत से ऐसे वनाधिकारी थे जिनके जीवन का लक्ष्य ही संरक्षित क्षेत्रों को उन्नत करना था। ऐसे लोगों की गरिमा की परंपरा बनाये रखना मुश्किल साबित हुआ।

ऐसा भी नहीं है कि संरक्षित क्षेत्रों में 'उन्नति' नहीं हुई है। कुछ पुराने शानदार वनों वाले संरक्षित क्षेत्र अब सैलानियों की पहली पसंद हैं। इनके चारों ओर बढ़िया सड़कों का जाल है और रुकने के लिये पांच सितारा सुविधा वाले रिसॉर्ट्स। आम आदमी के लिये इन संरक्षित क्षेत्रों में जाना दिवास्वप्न है परन्तु भारत में आई नई समृद्धि से लाभान्वित नव धनाढ्यों, पुराने रईसों, वन्य-पशुओं की खालों के अंतर्राष्ट्रीय और देशी तस्करों, केन्द्रीय-प्रादेशिक सरकारों के बड़े बाबुओं की ये सैरगाह हैं। एक तिहाई-पूर्वी और दक्षिणी भारत के संरक्षित क्षेत्रों में वास्तविक राज नक्सली हत्यारों का है।

इन नक्सली हत्यारों की गोलियों से वन्यप्राणी, वनों में रहने वाली निरीह जनता और वन संरक्षक भूने जाते हैं। सामाजिक समालोचक इसे भारतीय गणतंत्र की विफलता घोषित कर इन हत्यारों पर दो मिनट का मौन रखने की सलाह देते हैं। आम आदमी कभी-कभी यह अवश्य जानने की कोशिश करता है कि भारतीय संरक्षित क्षेत्रों का असली मालिक कौन है!

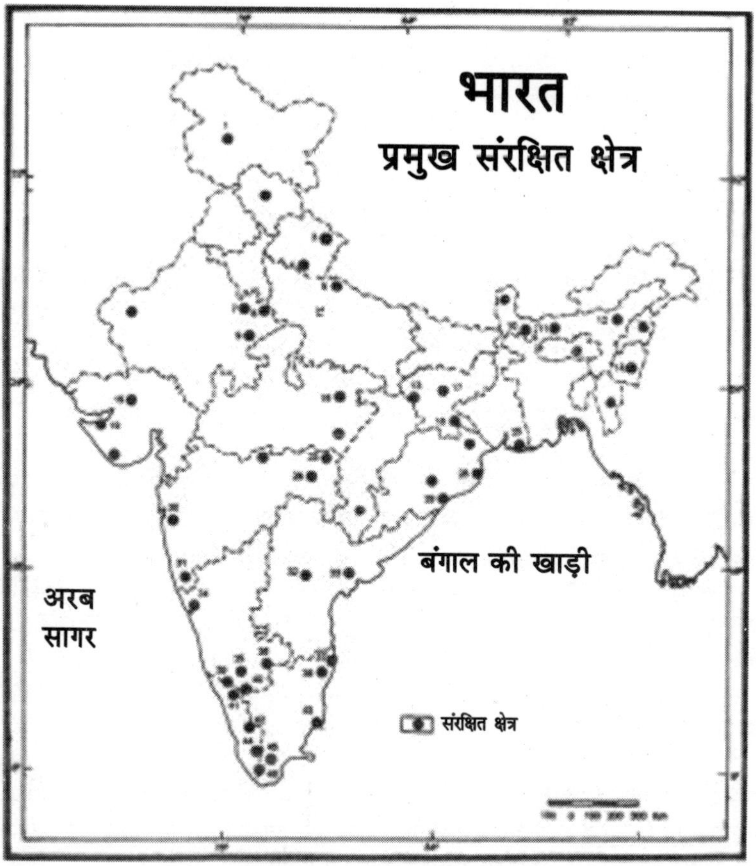

मानचित्र 1 – भारत : प्रमुख संरक्षित क्षेत्र

1. डाचीगम
2. मनाली
3. नन्दादेवी
4. कार्बेट
5. दुधवा
6. डेजर्ट
7. सारिस्का
8. केवलादेव घाना
9. रणथम्भौर
10. जलदापारा
11. मनास
12. काजीरंगा
13. हजारीबाग
14. कैबुललाम जाओ
15. वाइल्ड एश
16. बान्धवगढ़
17. पालामाऊ
18. डालमा
19. पेराइन
20. कान्हा
21. गिर
22. धकना
23. नवेगाँव
24. सिमलीपाल
25. सुन्दरबन
26. ताडोबा
27. सतकोसिया
28. भीतर कनिका
29. चिल्लका
30. करनाला
31. राधानगरी
32. नागार्जुन सागर
33. कोल्लेरू
34. भोलेम
35. रंगनथिट्टू
36. बन्नरघट्टो
37. गुंडी
38. वेदनथंगल
39. नगरहोल
40. बांदीपुर
41. मुडुमलाई
42. अन्नामलाई
43. प्वाइन्टकलीमर
44. पेरियर
45. कालाकद
46. मुंडनथुरई
47. डम्पा
48. नोक्रेक रिज
49. इटानकी
50. कंचन जंगा
51. इंद्रावती

भारत में संरक्षित क्षेत्रों की वैधानिक स्थिति

संरक्षण की दृष्टि से भारत के वनों के दो वर्ग कहे जा सकते हैं :

1. गैर-संरक्षित क्षेत्र
2. संरक्षित क्षेत्र।

आधुनिक संरक्षित क्षेत्र

आधुनिक भारत में संरक्षित क्षेत्रों का इतिहास सौ वर्ष से भी अधिक पुराना है परन्तु तब यह संरक्षण मुख्यतः रजवाड़ों में शिकार मूलक था। स्वतंत्रता के पश्चात इसके स्वरूप में परिवर्तन आया। इन्हें पहले शिकारगाह (गेम सेंक्चुअरी) कहा जाता था। पिछली आधी सदी में प्रकृति संरक्षण की अवधारणा के विकास के साथ भारत में लगभग पांच सौ संरक्षित क्षेत्रों की स्थापना हुई, इन क्षेत्रों को 'अभयारण्य' और 'राष्ट्रीय उद्यान' कहा गया।

अभयारण्य और राष्ट्रीय उद्यान वन्य जीवन (वाइल्ड लाइफ) की सुरक्षा और विकास के लिये वैधानिक रूप से भी प्रतिबद्ध हुये। इनकी स्थिति और कार्य को समझने के लिये एक संक्षिप्त विवरण प्रस्तुत है :

दि वाइल्ड लाइफ (प्रोटेक्शन) एक्ट, 1972 वाइल्ड लाइफ या वन्य जीवन को सही संदर्भों में परिभाषित करता है वह 'वन्य प्राणी' और 'वन्य जीवन' के क्रियात्मक अंतर को भी स्पष्ट करता है। इसके अनुसार 'वन्य प्राणी' से तात्पर्य उन प्राणियों से है जो शिड्यूल I, II, III, IV और V में दिये गये हैं। तात्पर्य यह कि वन्य प्राणी वे हैं जो प्राकृतिक वातावरण में प्राकृतिक तौर पर पाये जाते हैं और जो पालतू नहीं हैं।

जहां तक वाइल्ड लाइफ या वन्य जीवन का संबंध है उसे उदाहरण के द्वारा समझाया गया है, जिसके अनुसार 'हेबिटेट' बनाने वाले सभी जीवों चाहे वे मधुमक्खियां हों, तितलियां हों, घोंघे हों या कि मछलियां, इसके अन्तर्गत जलीय और स्थलीय वनस्पतियां भी शामिल की गई हैं। इस परिभाषा में पौधों की जातियों (स्पीसीज) का उल्लेख नहीं है। इसलिए 1991 में उपर्युक्त एक्ट को संशोधित कर उसमें 'वन्य पशु-पक्षी और पौधे' जोड़ा गया।

यहां पर हम केवल 'प्रोटेक्टेड एरिया' या 'संरक्षित क्षेत्र' की ही चर्चा कर रहे हैं। इसके अंतर्गत 'राष्ट्रीय उद्यान' (नेशनल पार्क) और अभयारण्य (वाइल्ड लाइफ सेंक्चुअरी) दोनों ही सम्मिलित किये जाते हैं। दोनों का उद्देश्य वन्य प्राणियों का संरक्षण है, दोनों में यदि कुछ फर्क है भी तो उसके लिये संरक्षण नियमों के इतिहास में जाना होगा।

परिभाषायें †

भारत में प्राणि संरक्षण तथा प्राणि एवं प्रकृति संरक्षण के लिये 'वन्यप्राणी (संरक्षण) अधिनियम-1972' के अंतर्गत संरक्षण और संरक्षित क्षेत्रों के मूल तत्वों को परिभाषित किया गया है। यहां पर धाराओं के मूल पाठ के महत्वपूर्ण अंशों को प्रस्तुत किया जा रहा है। यहां यह लिखना आवश्यक है कि 'वन्य प्राणी (संरक्षण) अधिनियम (Act No.

44 of 1991) मूल अधिनियम के अनेक प्रावधानों को संशोधित कर चुका था। यह संपूर्ण विवरण देना यहां संभव नहीं है न ही वैधानिक जटिलताओं की चर्चा।

---

† **DEFINITIONS :**

Article 48

The State shall endeavour to protect and improve the environment and to safeguard the forests and wildlife of the conuntry.

Article 51

It shall be the duty of every citizen of India... ....
(g) to protect and improve the natural environment, including forests, lakes, rivers and wildlife, and to have compassion for living creatures.

वर्ष 1976 में 'वन' (Forests) एवं 'वन्य पशु पक्षियों का संरक्षण ' (Protection of Wild Animals and Birds) विषय सूची II (List ii-State List) सूची III (List iii Concurrent List) of Constitution of India) को स्थानान्तरित कर दिये गये।

THE WILD LIFE (PROTECTION) ACT, 1972 DEFINITIONS

2 (i) 'Animal' includes amphibians, birds, mammals and reptiles their young and also includes, in the case of birds and roptiles their eggs.

(xv) 'habital' includes land, water or vegetation which is the natural home of any wild animal.

(xxi) 'National Park' means an area declared, whether under section 35 or section 38, or deemed, under sub-section (3) section 66, to be declared, as a National Park.

(xxvi) 'Sanctuary' means an area declared, whether under scetion 18 or section 38, or deemed, under sub-section 66, to be declared as a Wildlife Sanctuary.

(xxxvi) 'Wild animal' means any animal found wild in nature and includes any animals specified in Schedule I, Schedule II, Schedule,III, Schedule IV or Schedule V, Wherever found.

SANCTUARIES

18 (i) The State Government may, by notification, diclare any area to be sanctuary, if it considers the such area is of adequate ecological, faunal, floral, geomorphological, natural or zoological significance for the purpose of protecting, propagating or developing wildlife or its environment.

(ii) The notification referred in subsection (I) shall specify, as nearly as possible, the situation and limits of such area.

NATIONAL PARK

35.(i) Wherever it appears to the State Government that an area, whether within sanctuary or not, is, by reason of its ecological, faunal, floral, geomorphological or zoological association or importance needed to be constituted as a Nationl Park for purpose of protecting, propagating or developing wildlife therein or its environment, it may, by notification, declare its intention to constitule such area as a National Park.

(ii) The notification referred to its sub-section (1) shall define the limits of the area which is intended to be declared as a Natinal Park.

(iii) Where any area is intended to be declared as a National Park, the provisions of Sections 19 to 26 (both inclusive) shall, as far as may, apply to the investigation and determination of claims and extinguishment of rights, in relation to any land in such area as they apply to the said matters in relation to any land in a sanctuary.

(उपर्युक्त 3 प्रमुख स्थितियों के अतिरिक्त कुछ और स्थितियों को परिभाषित किया गया है।) वन्य प्राणी (संरक्षण) अधिनियम– 1972 में संरक्षित क्षेत्रों की दो अन्य श्रेणियां भी वर्णित हैं :

Game Reserve

36.(i) The State Government may, by notification, declare any area to be game reserve.
(ii) No hunting of any wild animal shall be permitted in such reserve except under and accordance with a license issued under this section by the chief wild life wardon or the authorised officer.
37.(i) The State Government may, by notification, declare any area closed to hunting for such period as may be specified in the notification.
(ii) No hunting of any wild animal shall be permited in a closed area during the period specified in the notifications referred to in sub-scction (1)

उपर्युक्त में से गेम रिजर्व और क्लोज्ड एरिया जैसे क्षेत्र अब महत्वहीन हैं। वर्ष 1991 में उन सभी शब्दों को विलुप्त कर दिया गया जिनमें 'शिकार' का बोध होता था। यहां पर यह ध्यान रखना आवश्यक है कि अधिनियम में अनेक सुधार (Amendment) हुये, अनेक नई उपधारायें जुड़ीं, अनेक को पुनर्परिभाषित किया गया आदि। उदहरण के लिये वन्य प्राणियों की सुरक्षा के लिये धारा 484 जोड़ी गई जिसमें वन्य प्राणी, वन्य वनस्पति इत्यादि को या उनके किसी भाग को वैयक्तिक रूप से ले जाने पर प्रतिबंध लगाया गया। इन नियमों में अधिकारियों के संरक्षण से संबंधित बारीकियों का सुस्पष्ट दिशा–निर्देश देने की कवायद है।

राष्ट्रीय बाघ संरक्षण प्राधिकरण

बाघ हमारा राष्ट्रीय पशु है, अतः उसका संरक्षण राष्ट्रीय महत्व का है। 'वन एवं पर्यावरण मंत्रालय' के अंतर्गत यह प्राधिकरण यह अधिकृत जानकारी देता है कि भारत में बाघों की कितनी संख्या है। मंत्रालय के द्वारा दी गई जानकारी के अनुसार वर्ष 2008 की गणना के अनुसार भारत में 1411 बाघ थे, वर्ष 2011 की गणना के अनुसार अब यह संख्या 1707 है। देश के 17 राज्यों में अब 41 टाइगर रिजर्व हैं। पिछले 12 सालों में 450 बाघों की मृत्यु हुई इनमें 197 बाघों को शिकारियों ने मौत के घाट उतारा। राष्ट्रीय बाघ संरक्षण प्राधिकरण के अनुसार वर्ष 2005 और 2008 की बाघ गणना में क्रमशः सारिस्का (राजस्थान) और पन्ना (मध्य प्रदेश) में एक भी बाघ नहीं पाया गया।

भारतीय गैर–संरक्षित क्षेत्रों के वन और उनका प्राणिजात

प्रस्तुत विश्वकोश संरक्षित क्षेत्रों से संबंधित है, संरक्षित क्षेत्रों पर विचार करने से पूर्व यह जानना आवश्यक है कि भारतीय वन क्षेत्र का 90 फीसदी से भी अधिक भाग संरक्षित क्षेत्रों का नहीं है, इन विशाल वन क्षेत्रों में भी भारत का वही प्राणिजात पाया जाता है जो संरक्षित क्षेत्रों में पाया जाता है।

संरक्षित क्षेत्रों (प्रोटेक्टेड एरिया) के बाहर के वनों के प्राणिजात की सुरक्षा की उतनी

ही आवश्यकता है जितनी कि संरक्षित क्षेत्रों के प्राणिजात की। समय बीतते अंतर्राष्ट्रीय संगठनों का इस पर ध्यान गया है। भारत में सतपुड़ा तथा तराई के वन्य क्षेत्रों में विश्व प्रकृति निधि (डब्ल्यू. डब्ल्यू. एफ.) के संरक्षण प्रोजेक्ट्स हैं।

भारत की अग्रणी पर्यावरण संरक्षण संस्था बाम्बे नेचुरल हिस्ट्री सोसायटी ने तो भारत के प्रमुख पक्षी क्षेत्रों की विवरणिका प्रकाशित की है जिसमें से आधे क्षेत्र संरक्षित क्षेत्रों से बाहर हैं। यही कारण है कि सामाजिक वानिकी की भाँति समाज संरक्षित क्षेत्रों का विचार विश्व भर में मान्य हो रहा है। भारत में भी कल्प वृक्ष नाम के स्वयंसेवी संगठन ने लगभग 300 ऐसे क्षेत्रों को चिह्नांकित किया है जिनमें से अधिकांश संरक्षित क्षेत्रों के बाहर ही हैं।

चूंकि संरक्षित क्षेत्रों की परिधि के क्षेत्र स्वाभाविक तौर पर प्राणिजात संपन्न होते हैं, अतः यह भी मुहिम चलाई जा रही है कि संरक्षित क्षेत्रों के चारों ओर के कम से कम 10 किलोमीटर परिधि के क्षेत्रों को ई. एस. ए. (इकोलॉजिकली सेन्सटिव एरिया) पारिस्थितिकीय संवेदनशील क्षेत्र माना जाय, ताकि संरक्षित क्षेत्र के समाप्त होते ही वनों से बाहर निकल आने वाले प्राणियों को सुरक्षा मिल सके। इस प्रकार की पहल से सीमांत पर खनन जैसे कार्यों पर भी प्रतिबंध लग सकेगा जो कि पर्यावरण के लिये भारी नुकसानप्रद है।

भारत में अनेक क्षेत्र ऐसे हैं जो सम्पन्न प्राणिजात की दृष्टि से अत्यंत महत्वपूर्ण हैं। ऐसे क्षेत्रों में केवल वन्य क्षेत्र ही हों, ऐसा नहीं है। नदी, सरोवर और सागरीय तट भी ऐसे क्षेत्रों की श्रेणी में आते हैं। उदाहरण के लिये गोवा का मोरजिम तथा गलगीबाग समुद्री तट (या समुद्री बीच) ऐसे क्षेत्र हैं जहां समुद्री कछुये अंडे देने आते हैं। ये दोनों क्षेत्र संरक्षित क्षेत्र नहीं हैं। मोरजिम समुद्री तट गोवा के उत्तर में है जहां पर्यटकों की भरमार रहती है इसलिये वहां आकर अंडे देने वाले कछुओं का भविष्य अंधकार में है। गोवा के वन विभाग ने 16 हेक्टेयर भूमि के अधिग्रहण का विचार किया है, इसमें 14 हेक्टेयर भूमि गलगीबाग क्षेत्र की तथा 2 हेक्टेयर भूमि मोरजिम क्षेत्र की है। इन दोनों इलाकों में पर्यटकों के लिये दुकानदार अस्थाई दूकानें लगा लेते हैं। गोवा के इन दोनों समीपवर्ती क्षेत्रों को 'कम्युनिटी रिजर्व' बनाने की बात हुई है परंतु स्थितियों को देखते हुये इन्हें अभयारण्य घोषित करना उचित होगा।

भारत के कुछ विशिष्ट प्राणियों की प्रजातियों के लिये भी कोई अलग से अभयारण्य नहीं है। अनेक बार ऐसे प्राणी की संख्या लगातार कम होती जा रही है, ऐसा ही एक प्राणी है सुनहरा लंगूर (गोल्डन लंगूर) जो आसाम के कुछ ही वनों में पाया जाता है। आसाम के भैरवचूटा वनों में शंकरभोला नाम के स्थान में ये लंगूर देखे जाते हैं। ये लंगूर अन्य स्थानों पर भी हैं पर सर्वत्र इनकी संख्या बहुत कम है।

यदि साधारण वन मानवीय गतिविधियों से काफी कुछ मुक्त रहे तब भी वन्य पशुओं की संख्या बढ़ सकती है, और तो और 'फूड-पिरामिड' भी नये ढंग से विकसित हो सकता है।

चूंकि बात 24 किलोमीटर की है तो हम देखते हैं कि समकालीन परिस्थितियों में इतने ही क्षेत्र में प्राणिजात कैसे विकसित हो सकता है। महाराष्ट्र में छत्रपति शिवाजी की जन्मस्थली शिवनेरी गढ़ के पास पुणे से कोई 100 किमी की दूरी पर एक छोटे कस्बे जुन्नार के माणिकडोह तेंदुआ बचाव केन्द्र में 13 एकड़ की एक नर्सरी में पिंजरे रखे

हैं जिसमें तेंदुये बंद हैं। ये वे तेंदुये हैं जो समीपवर्ती गन्ने के खेतों से पकड़े गये हैं। जुन्नार इलाके से 98 तेंदुये पकड़े गये जिनमें से 68 को मात्र 22 वर्ग किमी के क्षेत्र में पकड़ा गया।

एक दशक पूर्व तक तेदुओं की संख्या महाराष्ट्र में घटती जा रही थी किंतु 1985 और 1990 के दौरान सिंचाई की पांच परियोजना के तहत पश्चिम महाराष्ट्र में नहरों से पानी पहुंचा जिससे सूखा इलाका गन्ने के लहलहाते खेतों में परिवर्तित हो गया। उसी समय समीपवर्ती पहाड़ियों से पहला तेंदुआ मानव द्वारा लगाये गये गन्ने के खेतों के 'जंगल' में आया, इन 12 फीट ऊंचे गन्ने के खेतों में उसे आसान शिकार कुत्ते, भेड़ और बकरियां मिलते गये। सुरक्षित पर्यावरण में प्रजनन दर बढ़ी और जहां वर्ष में बमुश्किल एक शावक ही पैदा होता था, दो से चार बच्चों को मादा ने जन्म देना प्रारंभ कर दिया। कुछ ही वर्षों में तेंदुओं की संख्या में असीमित वृद्धि हुई 'एक अनुमान के मुताबिक उस इलाके में तेदुओं की संख्या 100 से अधिक है, जो सरकारी आंकड़ों से लगभग दो गुना हैं।'

तेंदुओं की संख्या विस्फोट का फल यह हुआ कि उन्होंने वर्ष 2001 और 2002 में 9 व्यक्तियों को मार डाला। अब शासन उन्हें पकड़वाकर महाराष्ट्र के दूरवर्ती संरक्षित क्षेत्रों में भेज रही है ताकि वे पुनः वापस न लौट सकें।

(संदीप उन्नीथन 'गन्ने के खेत में गुर्राहट', इंडिया टुडे, 30 अप्रैल, 2003)

उपर्युक्त उदाहरण से यह स्पष्ट है कि गन्ने के खेत रूपी जंगल में पूरा का पूरा फूड पिरामिड इस तरह विकसित हो सकता है कि जिसमें फूड पिरामिड का शीर्ष प्राणी तेंदुये की संख्या अविश्वसनीय सीमा तक जा पहुँचे, यदि हम 68 की संख्या को नुकसानप्रद स्तर की भी मानें तो ठीक ढंग से संरक्षित क्षेत्र में इसका आठवां भाग तो रह ही सकता है अर्थात 8 से 9 तेंदुये या तीन या चार जोड़ों के निवास को संतुलित संख्या माना जावेगा, यह तब होगा जबकि दूर भविष्य में भी तेंदुआ को मनुष्य पर आक्रमण की बात तो दूर मवेशियों के भी शिकार की आवश्यकता न होगी। फिर यदि अभयारण्य के नाभि क्षेत्र के बाहरी क्षेत्र को भी इसमें शामिल कर लिया जाये, जो कि अभी भी वनों से आच्छादित है, तो प्राणियों की संख्या में अभूतपूर्व वृद्धि हो सकेगी।

गैर-संरक्षित क्षेत्रों में वन्य प्राणियों का कितना प्रतिशत पाया जाता है, वह केवल कल्पना का विषय है, भले ही यह कल्पना विशेषज्ञों की ही क्यों न हो! आलोचकों का तो यह भी मानना है कि संरक्षित क्षेत्रों से जब कोई बाघ 'विलुप्त' होता है तब उसे आस-पास के जंगलों में निकल गया मानकर संरक्षित क्षेत्रों के अधिकारी पल्ला झाड़ लेते हैं।

गैर-संरक्षित क्षेत्रों में वन्य प्राणियों की मौतें होती हैं, जिन्हें समाचार पत्र प्रकाशिक करते रहते हैं पर उसका कोई ठोस फल नहीं निकलता, ऐसा ही समाचार 26 जून, 2009 को समाचार पत्रों में प्रकाशित हुआ :

> 'एक तरफ जंगलों के संरक्षण के लिये पूरे देश में हलचल मची हुई है दूसरी तरफ कटनी से लगभग 55 कि. मी. दूर करौदी का जंगल प्रजाति विनाश की कगार पर खड़े तेंदुओं का श्मशान बन गया। गये दिन एक मादा तेंदुआ और उसका शावक मृत पाये गये।'

(स्रोत : दैनिक भास्कर, 26-6-2009)

गैर–संरक्षित क्षेत्रों के वन आनुपातिक तौर पर संरक्षित क्षेत्रों के वनों से कहीं बहुत अधिक हैं, पर उसी अनुपात में गैर–संरक्षित क्षेत्रों के वनों में वन्य पशु नहीं पाये जाते, यह एक स्थापित तथ्य है। बाघों का अस्तित्व गैर–संरक्षित क्षेत्रों में लगभग असंभव है फिर भी महाराष्ट्र के वन विभाग के विशेषज्ञ (वर्ष 2002) में यह बतला रहे थे कि उस प्रदेश के आधे बाघ गैर–संरक्षित क्षेत्रों में हैं। यह एक दुखदायी गलत सूचना थी।

संरक्षित क्षेत्रों के विभिन्न वर्ग

भारत में 'संरक्षित क्षेत्र' शब्द से वैधानिक रूप से दो वर्ग के क्षेत्रों का ही बोध होता है। इनमें से एक है– 'अभयारण्य' और दूसरा 'राष्ट्रीय उद्यान'। मोटे तौर पर भारत की स्वाधीनता के पूर्व अर्थात वर्ष 1947 के पूर्व इनमें से अधिकांश पूर्व रजवाड़ों (प्रिंसली स्टेट्स) के शिकारगाह थे, इन शिकारगाहों के लिये 'गेम–सेंक्चुअरी' शब्द भी प्रयोग में लाया जाता था, कुछ वन क्षेत्र सीधे ब्रिटिश शासन के अन्तर्गत भी थे जो स्वतंत्रता के पश्चात प्रादेशिक सरकारों के शासन में अथवा केन्द्रीय शासन के अंतर्गत आये और इनके कुछ वनों को संरक्षित क्षेत्र घोषित किया गया।

इस प्रकार संरक्षित क्षेत्रों के अंतर्गत न केवल सघन वन अपितु नदियां, पर्वतीय शिखर, झीलें, मरुस्थल और द्वीप भी शामिल किये, ये वे क्षेत्र थे जिनकी जैविक विविधता प्रकृति संरक्षण की दृष्टि से महत्वपूर्ण थी। संरक्षित क्षेत्रों के इस विकास के फलस्वरूप उनके आकार–प्रकार और क्षेत्रीय सघनता सभी में भारी अन्तर देखने को मिलते हैं। यह पशु संरक्षण विचार का विकास था।

अधिकांश संरक्षित क्षेत्र अपने प्रारंभिक दौर में 'शिकारगाह' थे अतः मुख्यतः शिकार किये जाने वाले बड़े पशुओं (मैगा फाना) के संरक्षण पर प्रारंभिक वर्षों में अधिक जोर दिया गया। धीरे–धीरे सम्पूर्ण विश्व में 'वन्य पशुओं' के संरक्षण के इस मूल विचार को विस्तार मिला तथा छोटे–बड़े सभी प्रजाति के वन्य प्राणियों की बात चली। 1990 तक विश्व भर में केवल बड़े पशुओं तक ही नहीं छोटे पशुओं की सुरक्षा की बात हुई क्योंकि तब तक प्रकृति के 'फूड चेन' को ठीक ठंग से समझा जा चुका था। इस समय तक बड़े तो क्या छोटे वन्य पशुओं की संख्या का आकलन होने लगा था और सर्वत्र ही सभी वर्ग के वन्य जीवों की संख्या में भारी गिरावट पर विश्व स्तर पर चर्चायें होने लगीं और उन्हें बचाने के लिये राष्ट्रीय ही नहीं अन्तर्राष्ट्रीय प्रयासों का शुभारम्भ हुआ। विश्व स्तर पर प्रकृति संरक्षण पर अनेक देशों ने मिलकर काम करना प्रारम्भ किया।

भारत में वर्ष 1972 तक सम्पूर्ण प्रकृति की रक्षा का विचार स्वीकार किया गया, इस तरह 'क्षेत्र संरक्षण' पर प्रभावी कानून बने। यद्यपि भारत में अनेक 'इकोसिस्टम' या 'बायोम' हैं जिनमें क्षेत्रीय स्तर पर जैवीय विविधता पाई जाती है फिर भी गैर–हिमालयी भारत में 'बाघ' फूड पिरामिड के शीर्ष में है अतः पर्यावरण संरक्षण की व्यापक प्रक्रिया में कुछ राष्ट्रीय उद्यान और अभयारण्य बाघ परियोजना–1973 में शामिल कर लिये गये। अब तक अभयारण्यों और राष्ट्रीय उद्यानों के रखरखाव के स्तर में कोई बड़ा अन्तर न था पर 'बाघ परियोजना' को केन्द्रीय वित्तीय सहायता और प्रबंधन विशेषज्ञता प्राप्त होने से आने वाले वर्षों में 'अभयारण्यों' और 'राष्ट्रीय उद्यानों' के स्तरों में फर्क बढ़ता चला गया।

'बाघ परियोजना' जैसी कुछ अन्य परियोजनायें भी आईं और इनके साथ ही अब तक सामान्य जनता में प्रचलित दो संरक्षित क्षेत्रों के लिये प्रयोग में आने वाले दो मानक शब्दों (या प्रादेशिक एवं केन्द्रीय शासन की दृष्टि से दो वर्गों) 'अभयारण्य' और 'राष्ट्रीय उद्यान' के साथ कुछ और शब्दों का प्रयोग प्रारंभ हुआ। जैसे-जैसे पर्यावरण के प्रति जागृति बढ़ी वैसे-वैसे प्रकृति संरक्षण के लिये नये तौर-तरीके सामने आये। विश्व संस्थाओं की भागीदारी भी बढ़ी तथा कुछ और मानक शब्दों का प्रयोग बढ़ा। इस तरह सदी के अन्त तक संरक्षित क्षेत्रों के संदर्भ में भारत में निम्नलिखित शब्दों के द्वारा किसी न किसी प्रकार के संरक्षण या संरक्षित क्षेत्र का बोध होने लगा :

1. राष्ट्रीय उद्यान, 2. अभयारण्य, 3. बाघ परियोजना (प्रोजेक्ट टाइगर तथा टाइगर रिजर्व), 4. अन्य परियोजनायें (आगे नाम दिये गये हैं), 5. बायोस्फियर रिसर्च, 6. रामसर, 7. नेचर पार्क तथा अन्य।

साधारण तौर पर ऐसा प्रतीत होता है कि संरक्षित क्षेत्रों के मूल प्रकारों में यह वृद्धि की गई जबकि ऐसा कुछ नहीं है। संरक्षित क्षेत्र आज भी वैधानिक दृष्टि से दो वर्गों के ही हैं वे हैं राष्ट्रीय उद्यान और अभयारण्य, इसी तरह नाम चाहे कुछ भी हो वैधानिक दृष्टि से उपर्युक्त सभी का उद्देश्य मूल रूप में वाइल्डलाइफ एक्ट 1972 में वर्णित है जो समय पर विस्तारित हुआ और इसके तहत अब इसका उद्देश्य 'प्रकृति की संपूर्णता की सुरक्षा' है।

बाघ परियोजना तथा अन्य परियोजनाओं में केन्द्रीय सरकार के धन और विशेषज्ञता की वृद्धि तो समय के साथ होने लगी। इस संदर्भ की अंतर्राष्ट्रीय सहायता भी केन्द्रीय शासन के द्वारा ही प्राप्त हो रही थी, अतः तेजी से केन्द्रीय परियोजनाओं के अंतर्गत राष्ट्रीय उद्यानों को लाया गया, इस विकास में राष्ट्रीय उद्यानों को विशिष्ट महत्व प्राप्त हुआ। कालान्तर में यह पाया गया कि 'राष्ट्रीय उद्यान' के अंतर्गत ऐसे अनेक क्षेत्र आये जिनमें वन्य-पशु पूरी तौर से अपने प्राकृतिक वातावरण में नहीं हैं, अतः इस प्रकार के संरक्षित क्षेत्रों को प्राकृतिक वातावरण वाले क्षेत्रों से अलग सूचित करने वाले नाम और योजना की आवश्यकता हुई। प्रोजेक्ट टाइगर में उन राष्ट्रीय उद्यानों को जगह दी गई जिनमें बाघ स्वतंत्रता से एक विशाल वन क्षेत्र में विचरण कर सकते थे। एक उदाहरण द्वारा इसे समझा जा सकता है। मध्य प्रदेश का 'वन विहार' एक राष्ट्रीय उद्यान है किंतु वास्तविकता में वह एक विशाल 'जू' ही है जबकि कान्हा और बान्धवगढ़ भी मूलतः राष्ट्रीय उद्यान होते हुये 'प्राकृतिक वन क्षेत्र' हैं। पूरे भारत में राष्ट्रीय उद्यानों के ये अनलिखे वर्ग सर्वत्र हैं।

वनों की मूल प्रकृति को बचाये रखने के लिये उनके क्षेत्रफल का विशाल होना आवश्यक है, इस स्थिति को भारत में राष्ट्रीय उद्यानों और अभयारण्यों को जोड़कर किया गया। प्रोजेक्ट टाइगर में सर्वप्रथम इस प्रकार के 'रिजर्व' बनाये गये अन्य प्रोजेक्ट्स में भी प्रोजेक्ट टाइगर का यथासंभव अनुकरण किया गया।

बायोस्फियर रिजर्व में संपूर्ण प्रकृति के संरक्षण का उद्देश्य है अतः बाघ परियोजना से बाहर भी अर्थात समुद्रतटों, पर्वतीय शिखरों तथा अन्य ऐसे क्षेत्रों को भी इन 'रिजर्वों' के अंतर्गत लाया गया, भले ही वहां बाघ या अन्य परियोजना हो अथवा न हो।

सारांश यह कि 'बाघ परियोजना' के अंतर्गत लाये गये 'टाइगर रिजर्व' हों या कि अन्य परियोजनाओं के अंतर्गत लाये गये अन्य' हों, सभी मूल रूप से या तो राष्ट्रीय

उद्यान हैं या कि अभयारण्य या फिर एक प्रमुख राष्ट्रीय उद्यान तथा उसके आस–पास एक या एकाधिक अभयारण्य। हिमालय स्थित कार्बेट टाइगर रिजर्व हो या कि बंगाल की खाड़ी के सुन्दरवन का टाइगर रिजर्व सभी जगह एक प्रमुख राष्ट्रीय उद्यान है और उसके आस–पास हैं अन्य अभयारण्य। सभी जगह वन खण्डों को जोड़कर विशाल वन क्षेत्र बनाने का प्रयास है।

'रिजर्वों' के पश्चात कुछ ऐसे क्षेत्र भी हैं जिन्हें प्रकृति संरक्षण की दृष्टि से महत्वपूर्ण माना गया। इनमें 'रामसर' प्रमुख है। इन दोनों में मुख्य फर्क यह है कि जहां सभी रिजर्व 'राष्ट्रीय उद्यान' तथा 'अभयारण्य' के आवश्यक रूप से मिले–जुले क्षेत्र हैं वहां रामसर के अधिकांश क्षेत्र 'राष्ट्रीय उद्यान' तथा 'अभयारण्य' भी है पर इनके अपवाद भी हैं। रामसर साइट्स 'नमक्षेत्रों' या जलीय क्षेत्रों के संरक्षण से संबंधित वैश्विक प्रयास है। भारत के रामसर साइट्स की सूची आगे दी गई है। यहां यह लिखना आवश्यक है कि आगामी वर्षों में इस सूची में वृद्धि होने की पूरी संभावना है अर्थात कुछ और क्षेत्रों को इस सूची में जगह मिल सकती है।

संरक्षित क्षेत्रों की संख्यात्मक वृद्धि

भारत में दोनों वर्गों के संरक्षित क्षेत्रों अर्थात राष्ट्रीय उद्यानों और अभयारण्यों में लगातार वृद्धि हो रही है।

भारत : राष्ट्रीय उद्यानों की प्रदेशवार द्विदशकीय वृद्धि

(वर्तमान शताब्दी की प्रारंभ की स्थिति)

प्रदेश/ केंद्रीय शासित क्षेत्र	*राष्ट्रीय उद्यानों की संख्या*	
	1980	*2001*
आन्ध्र प्रदेश	...	04
अंडमान एवं निकोबार	...	09
अरुणाचल प्रदेश	...	02
आसाम	01	05
बिहार (एवं झारखण्ड)	...	02
गोवा, दमन, द्वीव	...	01
गुजरात	02	04
हरियाणा	...	01
जम्मू एवं काश्मीर	...	04
हिमाचल प्रदेश	...	02
कर्नाटक	03	05
केरल	01	03
मध्य प्रदेश (एवं छत्तीसगढ़)	03	12
महाराष्ट्र	04	05
मणिपुर	01	01

मेघालय	..	02
मिजोरम	..	02
नागालैंड	..	01
उड़ीसा	..	02
पंजाब	..	0
राजस्थान	..	04
सिक्किम	01	01
तमिलनाडु	01	05
उत्तर प्रदेश (एवं उत्तरांचल)	02	07
पश्चिम बंगाल	..	05
चंडीगढ़	..	0
दिल्ली	..	0
त्रिपुरा	..	0
योग	**19**	**89**

भारत : अभयारण्यों की प्रदेशवार द्विदशकीय वृद्धि

(वर्तमान शताब्दी की प्रारंभ की स्थिति)

प्रदेश/ केंद्रीय शासित क्षेत्र	*राष्ट्रीय उद्यानों की संख्या*	
	1980	*2001*
आन्ध्र प्रदेश	14	21
अंडमान एवं निकोबार	04	95
अरुणाचल प्रदेश	04	11
आसाम	06	13
बिहार (एवं झारखण्ड)	15	21
गोवा, दमन, द्वीव	03	07
गुजरात	05	21
हरियाणा	01	09
जम्मू एवं काश्मीर	04	15
हिमाचल प्रदेश	26	32
कर्नाटक	13	21
केरल	06	12
मध्य प्रदेश (एवं छत्तीसगढ़)	22	35
महाराष्ट्र	10	34
मणिपुर	..	03
मेघालय	01	03
मिजोरम	01	04
नागालैंड	02	03
उड़ीसा	18	18
पंजाब	04	10
राजस्थान	13	24

			सघन वन तैयार कर दिया है। समुदाय वन विभाग इसे 'सामुदायिक वन एवं वन्य जीवन क्षेत्र' की घोषणा करने का आग्रह कर रहा है।
3. नेचुरल मानुमेन्ट्स (प्राकृतिक स्मारक) कतिपय विशिष्ट प्राकृतिक भौग्याकारों की सुरक्षा के लिये प्रबंधित संरक्षित क्षेत्र	प्राकृतिक स्मारक (जैसे गुफा जलप्रपात द्रोणी या पत्थर) जिन्हें धार्मिक, सांस्कृतिक या अन्य किसी कारणवश समुदाय उनकी सुरक्षा करता है।		
4. हेबिटाट/स्पीसीज पर्यवास/प्रजाति एरिया प्रबंधन क्षेत्र)	ग्रामीण तालाबों के हंसों की शरणस्थली, कछुओं की प्रजनन स्थली, समुदाय द्वारा प्रबंधित वन्य प्राणियों के गलियारे तथा विकसित वानस्पतिक क्षेत्र		
5. प्रोटेक्टेड लैंड स्केप/सी स्केप संरक्षित भौग्याकार / सागरीय क्षेत्र, ऐसे भौग्याकार या सागरीय क्षेत्र जो व्यवस्थित क्षेत्रों तथा मनोरंजन के लिये संरक्षित क्षेत्रों के रूप में प्रबंधित हों ।	परंपरागत रूप से चरवाहों द्वारा,5. घुमन्तू समुदायों द्वारा चिह्नित जलस्त्रोत, घास के मैदान या वनों के टुकड़े जो पालतू पशुओं के परंपरागत ठौर हों। इनके अतिरिक्ति उपजाऊ क्षेत्र, सांस्कृतिक दृष्टि से महत्वपूर्ण क्षेत्र या कि प्राणिजात की संकुलता की दृष्टि से महत्व–पूर्ण क्षेत्र इस वर्ग में आते हैं।	पेलियन नदी घाटी ट्रंग प्रदेश थाईलैंड	दक्षिणी थाइलैंड के 40 गांवों में 'यादफोन एसोसियेशन' किसानों एवं मछुआरों के साथ पेलियन नदी घाटी के नमक्षेत्र को संरक्षित करने का कार्य कर रहे हैं। एसोसियेशन ने वानिकी के कार्य किये हैं तथा मछली मारने को नियमानुकूल बनाया है।
		थेटेंग जिले सीकांग प्रदेश लाओस	एग्रोफारस्ट्रे का यह प्रोजेक्ट मूलतः 'आक्सफेम' कीसहायता से चार ग्रामों में चलाया जा रहा है ये 4 गांव क्रमशः डोगक्षा, थांगवाई, थांगकांग और थांगहाओ हैं।
6. मेनेजड रिसोर्स प्रोटेक्टेड एरिया (प्रबंधित संसाधनों के संरक्षित क्षेत्र) प्राकृतिक पारिस्थितिकी के विकासशील उपयोग के लिये प्रबंधित संरक्षित क्षेत्र	संसाधन रिजर्व (वन, घास के मैदान, जलमार्ग, समुद्र तट) इनका सीमित उपयोग तथा संसाधनों का नियंत्रित दोहन	फ्रेडनेई थाईलैंड	फ्रेडनेई क्षेत्र में वर्ष 1970 तक काफी मात्रा में मैनग्रूव थे परंतु वे सभी समाप्त हो गये। वर्ष 1980 में गांव वालों की पहल से इनका पुनरुद्धार हुआ। वर्ष 2000 में मानो प्रकृति यहां पुनर्जीवित हो गई।

रामसर कन्वेंशन

रामसर कन्वेंशन के विश्व में 133 सदस्य देश हैं। विश्व भर में इस समय 1229 रामसर साइट्स हैं। तथा विश्व में इनका क्षेत्रफल 1059 मि.हे. है। नम क्षेत्रों के संरक्षण के लिये अंतर्राष्ट्रीय रामसर कन्वेंशन ईरान के नगर रामसर में आयोजित किया गया था। इस कन्वेन्शन पर सदस्य देशों के हस्ताक्षर वर्ष 1971 में हुये थे । भारत भी इसका सदस्य देश बना।

भारत में रामसर कन्वेन्शन 1 फरवरी, 1982 से प्रभावशील हुआ। भारत में इस समय (वर्ष 2008) 25 साइट ऐसे हैं जिन्हें 'अंतर्राष्ट्रीय महत्व का नम क्षेत्र' माना गया है। इनका सम्मिलित क्षेत्रफल 648 507 हेक्टेयर है। इनके नाम इस प्रकार हैं :

1. अस्थमुडी नम क्षेत्र (केरल)
2. भीतर कनिका मैनग्रूव (उड़ीसा)
3. भोज नम क्षेत्र (मध्य प्रदेश)
4. चिल्का झील (उड़ीसा)
5. डीपरबील (आसाम)
6. पूर्वी कलकत्ता नम क्षेत्र (पश्चिम बंगाल)
7. हरीके झील (पंजाब)
8. कंजली झील (पंजाब)
9. केवलादेव राष्ट्रीय उद्यान (राजस्थान)
10. कोल्लेरु झील (आंध्र प्रदेश)
11. लोकटक झील (मणिपुर)
12. प्वाइन्ट कालीमर अभयारण्य (तमिलनाडु)
13. पोंगडेम झील (हिमाचल प्रदेश)
14. रोपड़ झील (पंजाब)
15. सांभर झील (राजस्थान)
16. सष्ठम कोट्टाझील (केरल)
17. त्सो मोरारी झील (जम्मू एवं काश्मीर)
18. वूलरझील (काश्मीर)
19. वेम्बनाड कोलनम क्षेत्र (केरल)
20. चन्द्रताल (हिमाचल प्रदेश)
21. होकेरा (जम्मू एवं काश्मीर)
22. रेणुका (हिमाचल प्रदेश)
23. रुद्रसागर (त्रिपुरा)
24. सुरिन्सार मानसर झील (जम्मू एवं काश्मीर)
25. ऊपरी गंगा (ब्रिजघाट से नरोरा तक) (उत्तर प्रदेश)

रामसर कन्वेन्शन के अन्तर्गत रामसर साइट्स की यह संख्या अनन्तिम है, यह संख्या भविष्य में और अधिक बढ़ेगी ।

रामसर साइट्स एवं संरक्षित क्षेत्रों के अंतर्संबंध

'रामसर साइट्स' की मान्यता प्राप्त कर चुके नम क्षेत्रों की सूची।

वर्तमान में न तो हर रामसर नम क्षेत्र 'अभयारण्य' या 'राष्ट्रीय उद्यान' है और न ही हर जलीय पारिस्थितिकी को संरक्षित करने के लिये चुना गया क्षेत्र। 'रामसर नम क्षेत्र' वर्ग में अवश्य ही शामिल होगा ऐसी कोई स्थिति है।

उपर्युक्त सूची में दिये गये 'रामसर साइट्स' में से 'सांभर लेक रामसर साइट' एक ऐसा ही 'साइट' है जो अब तक न तो 'अभयारण्य' है और न ही राष्ट्रीय उद्यान। यह अवश्य है कि पर्यावरण प्रेमी लगातार यह आवाज उठाते आ रहे हैं कि सांभर झील को 'संरक्षित क्षेत्र' घोषित कर दिया जाय। इस कोश में चूंकि केवल संरक्षित क्षेत्रों का ही

विवरण दिया गया है अतः इसमें सांभर झील को वर्णानुक्रम में शामिल नहीं किया गया है। परन्तु इसकी संभावना सदैव ही है कि कभी न कभी भविष्य में इस झील का कुछ भाग या कि पूरी झील संरक्षित क्षेत्र घोषित होगा। इसका संरक्षित विवरण यहां प्रस्तुत है–

सांभर झील : राजस्थान की यह झील अपनी विशालता एवं नमक उत्पादन के लिये विश्वविख्यात है। पश्चिमी भारत की नमक व्यापार की दृष्टि से अति महत्वपूर्ण झील का स्वामित्व राजस्थान सरकार के हाथ में है। राजस्थान की यह झील अपने पक्षि–प्राणिजात के लिये भी महत्वपूर्ण है। यहां पर प्रतिवर्ष अनेक प्रजातियों के प्रवासी पक्षी आते हैं। इनमें राजहंसों की संख्या विशेष रूप से महत्वपूर्ण है। प्रकृति प्रेमियों के अनुसार न केवल पक्षियों के लिये अपितु सांभर झील के जलस्तर और जलस्रोतों की सुरक्षा के लिये भी इसे 'संरक्षित क्षेत्र' घोषित किया जाना चाहिये। इतना अवश्य हुआ है कि समुद्र सतह से 360 मी. ऊपर स्थित इस झील को 'इंडियन वेटलैंड कंजरवेशन प्रोग्राम' के अंतर्गत वर्ष 1990 में इसे 'रामसर–साइट' का दर्जा दे दिया गया। अवनमंडलीय क्षेत्र की यह उन विरल झीलों में से एक है जिस पर से गाड़ी दौड़ाई जा सकती है। झील का अधिकांश भाग 'सांभर साल्ट लिमिटेड' को लीज पर दिया गया है। यह कंपनी झील के नमक को इकट्ठा कर बेचती है।

नेचर पार्क : प्रकृति संरक्षण के प्रयासों को आगे बढ़ाने के उद्देश्य से 'नेचर पार्कों' की भी स्थापना की गई। अपने उद्देश्य में भले ही प्रकृति संरक्षण इनकी मूल सोच रही हो परन्तु इसके साथ ही मनोरंजन और सैर सपाटे के लिये प्राकृतिक दृश्यों का उपयोग भी ऐसे पार्कों की स्थापना में पूरा महत्व रखता है। भारत में नेचर पार्क अनेक प्रकार के हैं, कुछ नेचर पार्क अपने स्वरूप में जहां अभयारण्यों जैसे हैं अर्थात इनमें पहाड़ियां, नदी का किनारा या सरोवर है तथा इनमें प्राकृतिक तौर पर छोटे–बड़े वन्य प्राणियों का निवास भी वहीं कुछ नेचर पार्क बागों जैसे हैं। कुछ पार्कों में एक ही प्रजाति के वृक्ष हैं तो कहीं तितलियों या कुछ इस प्रकार के जीवों की बहुलता है और उन्हें संरक्षण दिया गया है।

आधुनिक भारत में बिना वैधानिक संरक्षण के प्रकृति को बचा पाना मुश्किल काम है, हालांकि इसके अपवाद भी हैं, यही कारण है कि नेचर पार्कों को भारत में 'अभयारण्य' स्तर का दर्जा देने की बात पर्यावरण उठाते रहते हैं।

नेचर पार्क बहुधा शासकीय निकायों की देखरेख में रहते हैं। बहुत से नेचर पार्क नगरपालिकाओं या ग्रामसभाओं के नियंत्रण में हैं, चूंकि भारत में संरक्षित और गैर–संरक्षित सभी क्षेत्रों में अब वन्यप्राणियों का शिकार वर्जित है अतः और रहने का प्राकृतिक आवास प्रदान करते हैं। मध्य प्रदेश में जबलपुर नगर के समीप स्थित डुमना नेचर पार्क ऐसा ही एक पार्क है जो विस्तार एवं प्राणिविविधता एवं प्राणि संकुलता में अनेक अभयारण्यों से भी बेहतर है। आश्चर्य नहीं कि कुछ वर्षों बाद यह नेचर पार्क अभयारण्य घोषित हो जावे।

नेचर पार्कों का इतिहास अभयारण्यों या गेम सेंक्चुअरी जैसा ही है। यूरोप के अनेक देशों में सभी व्यावहारिक अर्थों में 'नेचर पार्क' संरक्षित क्षेत्र हैं। जर्मनी में नेचर पार्क की स्थापना 1956 से प्रारंभ हुई। तत्कालीन राष्ट्रपति ने नेचर पार्क की देखरेख करने वाली संस्था 'नेचर रिजर्व एसोसियेशन' को मान्यता प्रदान की। आज जर्मनी में 25 नेचर

पार्क हैं। जर्मनी में नेचर पार्क की परिभाषा भारतीय राष्ट्रीय उद्यान की परिभाषा से बहुत अधिक मिलती-जुलती है। उद्देश्य में थोड़ा अन्तर है। नेचर पार्क में प्रकृति संरक्षण का उद्देश्य 'प्रोटेक्शन थ्रू यूजेज' (उपयोग के साथ संरक्षण) है।

जर्मनी की भांति ही जर्मनी के अन्य पड़ोसी देशों यथा आस्ट्रिया में भी 47 नेचर पार्क हैं जिनका कुल क्षेत्रफल अप्रेल 2010 में 5 लाख हेक्टेयर था। इन पार्कों में दो करोड़ सैलानी घूमने पहुंच जाते हैं। विदेशों में नेचर पार्क के उद्देश्यों को भी अंतर्राष्ट्रीय उद्देश्यों (विश्व प्रकृति संगठन के 'प्रोटेक्टेड एरिया नेटवर्क ऑफ पार्क,) के समान ही कर दिया गया है।

इस तरह विश्वस्तर पर 'नेचर पार्क' जहां संरक्षित क्षेत्र हैं वहां भारत में यह नाम साधारण तौर पर प्रकृति संरक्षण का बोध कराते हुये भी 'अभयारण्य' और 'राष्ट्रीय उद्यान' से अलग वर्ग का है।

अंतर्राष्ट्रीय परियोजनाओं का क्रियान्वयन

भारत में अंतर्राष्ट्रीय सहयोग प्राप्त अनेक पर्यावरण और प्राणि संरक्षण योजनायें हैं। इनमें से कुछ तो अंतर्राष्ट्रीय सहायता के पूर्व ही भारत के संरक्षित क्षेत्र में किसी न किसी रूप में कार्यरत थीं तथा कुछ पूरी तौर से बाद में भारत में आईं, उदाहरण के तौर पर बाघ परियोजना (Project Tiger) भारत में World Charter for Nature से काफी वर्षों पूर्व प्रारंभ हो चुकी थी अर्थात यह प्रोग्राम भारत सरकार ने 1 अप्रैल, 1973 से लागू कर दिया गया था। ठीक इसके विपरीत 'बायोस्फियर रिजर्व, जैसा महत्वपूर्ण प्रोग्राम भारत में अनेक देशों में लागू होने के बाद आया। बायोस्फियर रिजर्व का विचार UNESCO का था। वर्ष 1973-74 में Man and Biosphere (MAP) प्रोग्राम प्रारंभ हुआ। वर्ष 1985 तक 65 राष्ट्रों में बायोस्फियर रिजर्व स्थापित हो चुके थे परन्तु भारत उनमें से नहीं था। कालान्तर में इस प्रोग्राम के अन्तर्गत भी रिजर्व बने तथा अन्य शोध हुये।

अंतर्राष्ट्रीय परियोजनायें कोई भी हों तथा धन और विशेषज्ञता कहीं से भी आ रही हो, उसमें पूर्ण स्वामित्व और जिम्मेवारी राष्ट्रीय सरकार की ही होती है।

प्रोजेक्ट टाइगर के उदाहरण द्वारा इस स्थिति को स्पष्ट किया जा रहा है :

PROJECT TIGER

Date of Launch : 1 April, 1973

Current Status : On going Centrally Sponsored scheme

Project Objectives : (i) To ensure the maintenance of a viable population of the tiger in India for scientific, ecconomic, aesthetic, cultural and ecological values.

(ii) To preserve, for all times, areas of such biological importance as a national heritage for the benefit, education and enjoyment of the people.

Coverage : वर्ष 1973 से 1985 तक 15 टाइगर रिजर्व जो 11 राज्यों में तथा 1 केन्द्रशासित प्रदेश में थे, इनका संयुक्त क्षेत्रफल 24,712 वर्ग कि.मी. था। अब और भी अधिक विस्तृत, कोश में यह विवरण अन्यत्र देखें।

Role of Centre : Planning, Coordination and Financing (part)

Role of States	: Executive and Financing (part)
Pattern of Finance	: Up to 1978-79 -100% Central Assistance on approved items, from 1979-80 - Equal cost sharing between Centre and the States on approved items, while 100% Central assistance for Union Territories.
Total Expenditure	: Rs 1571.65 lakh from 1973-74 to 1984-85
Foreign Assistanace	: US$ 835.413.00 up to 1984-85 received from World Wildlife Fund International

प्रोजेक्ट टाइगर के आरंभिक वर्षों में बाघों की संख्या : बाघ रिजर्वों में = 1072 में 268 से बढ़कर 1979 में 711 तथा 1984 में 1121, पूरे देश में = 1472, 1827,1989 में 3015 तथा 1984 में 4005

प्रोजेक्ट टाइगर के उपर्युक्त विवरण से दो तथ्य स्पष्ट होते हैं। पहला यह कि आधुनिक भारत में अंतर्राष्ट्रीय समझौतों से पूर्व भी प्राणि संरक्षण की दिशा में बढ़ने के प्रयास प्रारम्भ हो चुके थे। दूसरा तथ्य यह है कि अन्तर्राष्ट्रीय परियोजनाओं के क्रियान्वयन के पश्चात अभयारण्यों और राष्ट्रीय उद्यानों के रख-रखाव का नया युग प्रारम्भ हुआ।

प्रोजेक्ट टाइगर (बाघ परियोजना)

भारत को स्वतंत्र हुये अभी दो दशक भी न बीते थे कि भारतीय वनों में स्वच्छंद घूमते हुये बाघों का दिखना कम होते-होते इतना कम हो गया कि सारे भारत में उसकी संख्या 4000 तक आ गिरी। पर्यावरण की समझ रखने वालों के लिये यह सब आकस्मिक न था। जहां भारत के एक-एक वन परिमण्डल में हजारों बाघ घूमा करते थे वहां उनका न होना पर्यावरणविदों के लिये दुखदायी घटना थी। निराश और हताश पर्यावरणविदों ने बाघों को क्षेत्रीय रूप से विलुप्त कहना प्रारंभ कर दिया। जो बाघ भारत की प्रत्येक वानस्पतिक पट्टी में देखा जा सकता था उसे अब ढूंढ़ना मुश्किल पड़ने लगा था। परन्तु पर्यावरणविदों में कैलाश सांखला जैसे दूरदृष्टि के लोग भी थे जिन्होंने 1950 से ही बाघों की इस कमी पर लगातार शोध करना प्रारंभ कर दिया था। कैलाश सांखला ब्रिटिश पर्यावरणविद एफ. डब्ल्यू. चैंपियन एवं ए. जे. डब्ल्यू. मिलराय के कार्यों से प्रभावित थे। दृढ़ इच्छाशक्ति और कर्मठ कैलाश सांखला ने शीघ्र ही आशावादी लोगों को खोज निकाला जो पर्यावरण में रुचि रखते थे। कैलाश सांखला जानते थे कि भारत में पर्यावरण और बाघ एक दूसरे के पर्याय हैं। सबसे पहला आवश्यक कदम था शेर के शिकार पर पूरी तरह पाबंदी लगाना। जून 1965 में 'इंडियन बोर्ड ऑफ वाइल्ड लाइफ' ने एक मतेन शेर के शिकार पर पूर्ण प्रतिबंध का निर्णय लिया।

अंत में कैलाश सांखला 'बिली', अर्जुनसिंह तथा डॉ. करण सिंह तत्कालीन प्रधानमंत्री श्रीमती इंदिरा गांधी को सहमत कराने में सफल रहे कि भारत सरकार शेर के शिकार को सदा के लिये प्रतिबंधित कर दे। वाइल्ड लाइफ एक्ट 1972 बना और फिर 1 अप्रैल, 1973 को 'प्रोजेक्ट टाइगर' की घोषणा की गई।

तब से अब तक प्रोजेक्ट टाइगर को अनेक सफलतायें और असफलतायें दोनों ही मिली हैं परन्तु यह सभी मानते हैं कि यदि आज शेर को नवजीवन मिला है तो वह

'प्रोजेक्ट टाइगर' के फलस्वरूप ही। टाइगर रिजर्व ऐसे संरक्षित क्षेत्र हैं जहां शेर प्राकृतिक वातावरण में प्राकृतिक तौर से रहते हुये अपना जीवन व्यतीत कर सकते हैं। इस प्रकार के वातावरण में ही शेरों का भविष्य सुरक्षित है। टाइगर रिजर्व में शेरों के भोजन की व्यवस्था के लिये पालतू पशुओं या उनके मांस को देने की आवश्यकता नहीं है और न ही उन्हें मनुष्यों से बचाने के लिये किसी बाड़ की आवश्यकता। टाइगर रिजर्व में इतनी वनस्पति होनी चाहिये कि उसमें सभी प्रकार के पशुओं की संख्या पर्याप्त रूप से बढ़ सके।

भारत में बाघ परियोजना का विस्तार

मांसाहारी वन्य प्राणी फूड पिरामिड के ऊपरी भाग के प्राणी हैं जिनमें शेर और सिंह भारतीय वनों के फूड पिरामिड के शीर्ष में हैं। सिंह का वितरण क्षेत्र भारत में बहुत सीमित है किंतु शेर का वितरण क्षेत्र भारत के सभी प्रकार के वनों में या वनस्पति विभागों में है, यही कारण है कि भारत में शेर की रक्षा पर्यावरण की रक्षा का पर्याय है।

शेरों की संख्या की वृद्धि के लिये राष्ट्रीय और अन्तर्राष्ट्रीय प्रयासों के अंतर्गत 1973 में 'प्रोजेक्ट टाइगर' प्रारंभ किया गया। इसके क्रियान्वयन का कार्य WWF के गॉय माउन्टफोर्ट को सौंपा गया और इसका प्रारंभ कार्बेट नेशनल पार्क से हुआ। शेर को बचाने के लिये 45 करोड़ रुपये के बजट वाला प्रोजेक्ट अपने समय का सबसे शानदार प्रोजेक्ट था। कैलाश सांखला इस प्रोजेक्ट के प्रथम डायरेक्टर नियुक्त किये गये। 1973–74 में प्रारंभिक तौर पर जिन 9 टाइगर रिजर्व को बनाया गया वे निम्नलिखित थे :

कार्बेट राष्ट्रीय उद्यान – उत्तर प्रदेश
रणथम्भौर राष्ट्रीय उद्यान – राजस्थान
कान्हा राष्ट्रीय उद्यान – मध्य प्रदेश
पालामाऊ राष्ट्रीय उद्यान – बिहार
सिमलीपाल राष्ट्रीय उद्यान – उड़ीसा
सुन्दरबन राष्ट्रीय उद्यान – पश्चिम बंगाल
मेलघाट राष्ट्रीय उद्यान – महाराष्ट्र
मनास राष्ट्रीय उद्यान – आसाम
बांदीपुर राष्ट्रीय उद्यान – कर्नाटक

उपर्युक्त संरक्षित क्षेत्रों के 'कोर' का क्षेत्रफल 4248 वर्ग किलोमीटर था तथा इसमें 268 शेर रहते थे। धीरे-धीरे 'कोर' क्षेत्रफल की विस्तार योजनायें बनीं और वे सफल भी रहीं फिर कुछ नये रिजर्व भी उपर्युक्त में जोड़े गये, जैसे–1979 ई. में दो, 1983 में चार, 1987, 1988, 1990 और 1992 में एक-एक टाइगर रिजर्व जुड़ा। 1992 तक टाइगर रिजर्वों की संख्या 22 तक पहुंच गई। अब यह संख्या 37 (2009) है।

भारत के 'टाइगर रिजर्व' वर्ष 2002

क्र. सं.	टाइगर रिजर्व	प्रदेश	स्थापना वर्ष	क्षेत्रफल वर्ग कि.मी.	बाघों की संख्या	अलग अलग चरणों में बाघों की संख्या में वृद्धि	बाघों की संख्या में वृद्धि प्रतिशत में
1.	बांदीपुर	कर्नाटक	1973–74	880	66		
2.	कार्बेट	उत्तर प्रदेश	1973–74	1319	123		
3.	कान्हा	मध्य प्रदेश	1973–74	1945	100		
4.	मनास	आसाम	1973–74	2840	81		
5.	मेलघाट	महाराष्ट्र	1973–74	1597	72		
6.	पालामाऊ	बिहार	1973–74	928	44		
7.	रणथम्भौर	राजस्थान	1973–74	1174	36		
8.	सिमलीपाल	उड़ीसा	1973–74	2750	95		
9.	सुन्दरवन	प. बंगाल	1973 74	2585	251	868	
10.	पेरियर	केरल	1978–79	777	30		
11.	सारिस्का	राजस्थान	1978–79	866	24	922	6.22
12.	बुक्सा	प. बंगाल	1982–83	759	29		
13.	इन्द्रावती	मध्यप्रदेश	1982–83	2799	18		
14.	नागार्जुन सागर	आंध्र प्रदेश	1982–83	3568	51		
15.	नामधापा	अरुणाचल	1982–83	1985	47	1067	15.73
16.	दुधवा	उत्तर प्रदेश	1987–88	811	94	1161	8.81
17.	कालकद-मुंडनथुराई	तमिलनाडु	1988–89	800	17	1178	1.46
18.	बाल्मीकि	बिहार	1989–90	840	49	1227	4.16
19.	पेंच	मध्य प्रदेश	1992–93	758	39	1266	3.18
20.	ताड़ोबा-अंधेरी	महाराष्ट्र	1993–94	669	34		
21.	बांधवगढ़	मध्य प्रदेश	1993–94	1162	41	1341	5.92
22.	पन्ना	मध्य प्रदेश	1994–95	542	25		

टाइगर रिजर्वों की संख्या में वृद्धि

वर्ष 2002 के पश्चात टाइगर रिजर्वों की संख्या में उल्लेखनीय वृद्धि हुई और अब देश में 27 टाइगर रिजर्व हैं।

वन मंत्रालय के सूत्रों के अनुसार राष्ट्रीय बाघ प्राधिकरण ने देश के सभी 37 टाइगर रिजर्वों को तीन श्रेणियों में बाँटा है–पहली श्रेणी में उन 16 टाइगर रिजर्वों को रखा गया हे जहाँ बाघ खत्म होने की कगार पर हैं। दूसरी श्रेणी में वे 9 टाइगर रिजर्व हैं जहां स्थिति संतोषजनक है और तीसरी श्रेणी में उन 16 रिजर्वों को रखा गया है, जहाँ बाघों की स्थिति ठीक नहीं हैं। आज सारिस्का और पन्ना टाइगर रिजर्व बाघविहीन हो चुके हैं।

वर्ष 2002 के पश्चात स्थापित 'टाइगर रिजर्व'

क्र. सं.	*टाइगर रिजर्व*	*प्रदेश*
23.	डम्पा	मिजोरम
24.	भद्रा	कर्नाटक
25.	नमेरी	आसाम
26.	पाखे	अरुणाचल
27.	बोरी–सतपुड़ा	मध्य प्रदेश
28.	मेलघाट	महाराष्ट्र
29.	पेंच	महाराष्ट्र
30.	अन्नमलाई–पेराम्बुकुलम	केरल
31.	उदान्ती–सीतानदी	छत्तीसगढ़
32.	सतकोसिया–गार्ज	उड़ीसा
33.	काजीरंगा	आसाम
34.	अचानकमार	छत्तीसगढ़
35.	डन्डेली–आशि	कर्नाटक
36.	मुदुमलाई	तमिलनाडु
37.	नगरहोल	कर्नाटक

(*स्रोत :* दैनिक भास्कर, दिनांक 11 जुलाई, 2009।
नोट : उपर्युक्त विवरण में संवाददाता ने टाइगर रिजर्व के स्थान पर अभयारण्य लिखा है, इसे उद्धृत करते समय संशोधित कर दिया गया है।)

बाघ परियोजना का 13 देशों में विस्तार

विश्व बैंक समूह के अध्यक्ष राबर्ट बी जोएलिक ने बाघों की घटती संख्या पर वैश्विक चिन्ता व्यक्त की है, उनका कहना है 'यदि तत्काल कदम नहीं उठाये गए तो अगले 10 साल में बाघ विलुप्त हो जाएंगे। हम एकजुट काम करके इन देशों के हजारों संरक्षण अधिकारियों और दर्जनों संस्थानों को एक–दूसरे से जोड़ सकते हैं, ताकि बाघों को बचाया जा सके।'

विश्व के सभी प्रमुख समाचार–पत्रों में उनका वक्तव्य सुर्खियों में रहा। विश्व बैंक समूह में एक सराहनीय पहल की है। 'भारत, इंडोनेशिया, थाईलैंड, चीन और रूस समेत 13 देशों में बाघ संरक्षण के लिए स्मिथसोनियन इंस्टीट्यूट और विश्व बैंक समूह ने एक वैश्विक पहल की घोषणा की है।

'संरक्षण और विकास नेटवर्क' इन देशों में बाघ संरक्षण की प्रणालियों को मजबूत बनाएगा। इसके लिए देशों के प्रमुख संस्थानों को संरक्षण विज्ञान एवं पेशेवर प्रशिक्षण में विशेषज्ञता रखने वाले विश्वस्तरीय केंद्रों से जोड़ा जाएगा। शुक्रवार को हुए एक समझौते के तहत इस विकास नेटवर्क को गठित किया गया है। इसके तहत सैकड़ों वन रेंजरों और अन्य अधिकारियों को जैव विविधता प्रबंधन की नई तकनीकों के बारे में बताया जाएगा।

दस लाख डॉलर की मदद : इन प्रशिक्षण कार्यक्रमों के लिए विश्व बैंक अगले

एक साल में दस लाख डॉलर से अधिक की राशि मुहैया कराएगा। स्मिथसोनियन और विश्व बैंक समूह इस कवायद में अन्य सदस्यों को जोड़ेगा।

(स्रोत : 'बाघ संरक्षण के लिये विश्व बैंक की पहल' दैनिक भास्कर, 21, जून 2009)

विश्व बैंक समूह की पहल पर एक संरक्षण और विकास नेटवर्क उन 13 देशों में काम करेगा जहाँ या तो बाघ पाये जाते हैं या फिर जिनका बाघों से किसी प्रकार का भी रिश्ता है।

संयुक्त राज्य अमेरिका की स्मिथसोनियन सोसाइटी की संरक्षण और वैज्ञानिकों, नीति निर्धारकों और एन.जी.ओ. का एक वैश्विक नेटवर्क स्थापित किया जायेगा।

इस नेटवर्क से यह प्रयास किया जायेगा कि जिन एशियाई देशों में बाघ बचे हैं वहाँ तो उनकी सुरक्षा सुनिश्चित हो, साथ ही जो देश मृत बाघों के अंगों के व्यापार में प्रत्यक्ष या अप्रत्क्षय रूप से लगे हैं वहाँ के शिकारियों और व्यापारियों पर भी अंतर्राष्ट्रीय नियंत्रण रहे ताकि अवैध अंतर्राष्ट्रीय व्यापार का खात्मा हो सके।

वन्य पशुओं के संरक्षण की अन्य परियोजनायें

प्रोजेक्ट एलीफेंट

प्रोजेक्ट एलीफेंट की स्थापना से अब तक (वर्ष 2005) इस योजना के अंतर्गत अब तक 7464 करोड़ रुपया ग्रांट इन एड के रूप में विभिन्न प्रदेशों में बांटा जा चुका है। प्रोजेक्ट टाइगर की तर्ज पर बना प्रोजेक्ट एलीफेंट की प्रोजेक्ट टाइगर से तुलना नहीं की जा सकती। 10वीं योजना के अंतर्गत 60 करोड़ रुपयों के खर्च का प्रावधान रखा गया है। प्रोजेक्ट एलीफेंट का क्षेत्र इस पर की जाने वाली राशि इत्यादि सभी कुछ तुलनात्मक रूप से प्रोजेक्ट टाइगर से कम है। उदाहरण के लिये वर्ष 2003-04 की अवधि में भारत सरकार ने संपूर्ण देश में हुये आदमी हाथी टकराव से संबंधित समस्या पर 541 करोड़ रुपये खर्च किये, यह राशि हाथियों से सुरक्षा के उपायों को बढ़ाने पर खर्च की गई। इस राशि के अतिरिक्त भारत सरकार ने हाथियों के उत्पात से हानि उठाने वाले परिवारों को एकमुश्त सहायता देने वाली राशि के रूप में 191 करोड़ रुपये अलग से खर्च किये।

वन्य हाथियों से सुरक्षा के लिये जिन उपायों पर धन खर्च किया गया उनमें हाथियों के लिये अवरोध तैयार करना (जैसे खाइयां खुदवाना तथा विद्युत तरंगों से युक्त कंटीली बाड़ियों को तैयार करना), प्रशिक्षित हाथियों द्वारा जंगली हाथियों को वश में करना, खतरनाक हाथियों को बंदी बनाना या आवश्यक होने पर उनका वध करना तथा हाथियों के झुंडों से ग्रामों और फसल की रक्षा के लिये आवाज करने वाले फटकों को बांटना तथा हाथियों को डराने के लिये तेज सर्चलाइटों को प्रभावित ग्रामों में लगाने के कार्य थे।

वर्ष 2002-03 से प्रोजेक्ट एलीफेन्ट के अंतर्गत चलाये जाने वाले कार्यक्रम में आसाम, दिल्ली और अरुणान्चल प्रदेश के पालतू हाथियों का पंजीकरण का कार्य भी प्रारंभ किया गया। पंजीकरण की इस विधि में 700 हाथियों को माइक्रोचिप से लैस किया गया। यह इस कार्यक्रम का प्रथम चरण था, इसकी सफलता पर देश के अन्य भागों के हाथियों का भी ऐसे ही पंजीकरण की योजना है। प्रोजेक्ट के अनुसार विगत कुछ वर्षों में भारत में हाथियों की संख्या इस प्रकार थी :

1 वर्ष 1993 में 25,604

2 वर्ष 1997 में 25,877

3 वर्ष 2002 में 26,413

ऐसा समझा जाता है कि उत्तर-पूर्वी राज्यों में हाथियों की संख्या में कमी आई है परंतु साथ ही किसी सीमा तक हाथियों के अवैध शिकार पर भी नियंत्रण हुआ है।

(स्रोत : आरती घर : ऐन एलीफेन्टाइन प्रोजेक्ट फॉर सिस्टमेटिक मैनेजमेंट, दि हिंदू 8/11/2004)

गिर लायन प्रोजेक्ट

इस परियोजना का प्रारंभ वर्ष 1972 से हुआ। इस परियोजना का उद्देश्य गुजरात के सौराष्ट्र क्षेत्र में बची हुई एशियाई सिंहों की अंतिम संख्या को संरक्षित करना था। ध्यातव्य है कि एशियाई सिंहों का उनके पूर्व वितरण क्षेत्र अर्थात मध्य-पूर्व के सभी देशों से पूरा सफाया हो चुका है। भारत में भी सिंहों का प्रसार पूर्व में बिहार, उत्तर में हरियाणा एवं जम्मू तथा दक्षिण में नर्मदा नदी की घाटी तक था।

हिमालय मस्क डीयर प्रोजेक्ट

इस परियोजना के अंतर्गत कस्तूरी मृग का संरक्षण किया जाना था। यह परियोजना, आई यू सी एन एवं विश्व प्रकृतिनिधि के सहयोग से भारत सरकार ने हाथ में ली। परियोजना का केंद्र उत्तर प्रदेश (अब उत्तरांचल) का केदारनाथ अभयारण्य था।

इस प्रकार की कुछ और छोटी-बड़ी परियोजनायें राष्ट्रीय और अंतर्राष्ट्रीय आर्थिक सहयोग से समय पर चलाई जाती रहीं पर ये सभी परियोजनायें छोटी परियोजनायें थीं जिनके अंतर्गत किसी विशिष्ट प्रजाति के संरक्षण के प्रयास हुये।

पक्षी संरक्षण योजनायें

पक्षी संरक्षण की योजनाओं में 'रामसर साइट्स' की स्थापना मील का पत्थर मानी जा सकती है। इन क्षेत्रों में विशेषत: प्रवासी पक्षियों के संरक्षण की समुचित व्यवस्था हुई। पक्षी संरक्षण योजनाओं में 'खरमोर संरक्षण' की योजना विशेष रूप से उल्लेखनीय है, इस योजना के अन्तर्गत अनेक संरक्षित क्षेत्रों में इस पक्षी विशेष की प्रजाति को संरक्षण मिला। पक्षी संरक्षण में 'कूर्सियर' पक्षियों के लिये भारत में अनेक छोटे-बड़े संरक्षित क्षेत्रों की स्थापना की गई। नारकोण्डम द्वीप तो पूरा का पूरा ही पक्षियों की एक प्रजाति के लिये संरक्षित घोषित किया गया।

पक्षियों से संबंधित संरक्षण योजनाओं में जेर्डान्स कूर्सियर पक्षी की प्रजाति के संरक्षण के लिये भारत में उल्लेखनीय कार्य हुआ। इसके लिये नहर की दिशा में परिवर्तन किया गया।

भारत में पक्षियों के संरक्षण के लिये अनेक छोटे-बड़े संरक्षित क्षेत्र स्थापित किये गये।

भारत सरकार द्वारा मान्य पक्षी संरक्षण के क्षेत्र (1983)

जल में या नम क्षेत्र के पक्षियों के संरक्षण में रामसर कन्वेंशन में पहले भी रुचि ली गई थी। भारत शासन द्वारा प्रकाशित (वर्ष 1983) पुस्तिका के अनुसार भारत के प्रमुख पक्षी संरक्षित क्षेत्र निम्नलिखित थे :

क्र.सं.	*संरक्षित क्षेत्र का नाम*	*प्रदेश*
1.	शंकराचार्य	जम्मू एवं काश्मीर
2.	गोबिन्द सागर	हिमाचल प्रदेश
3.	सुखना	पंजाब
4.	सुल्तानपुर झील	हरियाणा
5.	हरीके	पंजाब
6.	केवलादेव घाना	राजस्थान
7.	नवाबगंज	उत्तर प्रदेश
8.	गांधीसागर	मध्य प्रदेश
9.	सिरपर	मध्य प्रदेश
10.	तोपचांची	बिहार
11.	नालसरोवर	गुजरात
12.	खिजादिया	गुजरात
13.	करनाला	महाराष्ट्र
14.	ग्रेट इंडियन बस्टार्ड	महाराष्ट्र
15.	चिल्का झील	उड़ीसा
16.	रंगनथिटूट	कर्नाटक
17.	घाटप्रभा	कर्नाटक
18.	नीलापट्टू	आंध्र प्रदेश
19.	कोल्लेरू	आंध्र प्रदेश
20.	पुलीकट	तमिलनाडु
21.	वेदनथंगल	तमिलनाडु
22.	वेट्टनगुडी	तमिलनाडु
23.	नारकोण्डम	अंडमान निकोबर द्वीप समूह
24.	नार्थरीफ	अंडमान निकोबर द्वीप समूह

नम क्षेत्रों में पाये जाने वाले पक्षियों की कई विशेषतायें होती हैं। कुछ जल में से मछली खाते हैं, कुछ मछलियों के अतिरिक्त अन्य जलीय प्राणी भी खाते हैं, कुछ जलीय वनस्पति का भोजन करते हैं तो कुछ कीचड़ में रहने वाले प्राणियों का भोजन करते हैं, कुछ नम क्षेत्रों के कीड़ों पर निर्भर रहते हैं। भोजन के अतिरिक्त इन पक्षियों के नीड़ बनाने की भी अपनी विशेषतायें होती हैं।

अन्य प्राणियों के संरक्षण की योजनायें

विगत दशकों में भारत में स्तनपोषी (मेमल्स) और पक्षियों के अतिरिक्त वर्गों के प्राणियों के संरक्षण की अनेक अन्तर्राष्ट्रीय, राष्ट्रीय और प्रादेशिक स्तर पर योजनायें बनीं, जिनमें

सबसे अधिक क्षेत्र में विस्तृत योजना घड़ियाल संरक्षण की थी, जो वर्षों चलने के पश्चात लगभग पूरी तरह असफल रही।

घड़ियाल के अतिरिक्त समुद्री मगर तथा साधारण मगर को बचाने की योजनायें भी किसी तरह चल रही हैं।

आलिव रिडले कच्छपों के संरक्षण की योजना का भी बुरा हाल है। समुद्री तट के छोटे प्राणियों के लिये अंडमान निकोबार द्वीप समूहों के अतिरिक्त अन्य तटीय क्षेत्रों पर भी संरक्षित क्षेत्र बनाये गये और कुछ योजनाओं को प्रारंभ किया गया। ऐसी योजनायें जिन संरक्षित क्षेत्रों में चल रही हैं उनका पुस्तक में यथास्थान विवरण दिया गया है।

अन्य प्राणियों के संरक्षण की कथा

प्रोजेक्ट घड़ियाल : केवल साठ वर्ष की छोटी सी समय सीमा में घड़ियालों का अविश्वसनीय गति से ह्रास हुआ है। वर्तमान में 250 वर्ग किलोमीटर के घड़ियाल क्षेत्र में केवल 200 घड़ियाल अवशिष्ट हैं। ऐसा विश्वास किया जाता है कि वर्ष 1940 तक घड़ियाल अपने 20000 वर्ग किलोमीटर के वितरण क्षेत्र (गंगा, सिंधु, ब्रह्मपुत्र नदियां एवं उनकी सहायक नदियों की प्रवाह प्रणाली) में 5000 से 10000 घड़ियाल पाये जाते थे।

घड़ियाल (गेवेलिस गांजेटिकस) संपूर्ण विश्व में केवल भारतीय उपमहाद्वीप में ही पाये जाने वाला मगर है। यह मगर गहरे और तेज बहाव वाली नदियों के जल में निवास करता है। यह मत्स्याहारी मगर पूर्ण वयस्क होकर छह मीटर से भी कुछ अधिक लम्बा हो जाता है। इसे बचाने के लिये नौ संरक्षित क्षेत्रों की स्थापना की गई। संरक्षण के प्रयासों में प्रारंभिक सफलता मिली और वर्ष 1997 में भारत में 1500 से अधिक घड़ियालों की संख्या आंकी गई परंतु उसके पश्चात् चलने वाला गिरावट का दौर अब भी नहीं थमा है।

घड़ियाल का समकालीन वितरण

	कुछ वर्षों पहले	*वर्ष 2006 में*	*एक पीढ़ी समय में अनुमानित ह्रास*
चम्बल	226 (वर्ष 1997)	78 (68 मादा 10 नर)	65
कटर्निया घाट	30 (वर्ष 1997)	26 (20 मादा 6 नर)	13
सोन	10 (वर्ष 1997)	3	66
अन्य भारत	50 (वर्ष 2003)	40	20
चितवन (नेपाल)	20 (वर्ष 1999)	27	73
कुल योग	**436**	**182**	**58**

घड़ियालों की घटती संख्या चिन्ता का विषय रही है अतः प्रोजेक्ट घड़ियाल के तहत घड़ियालों के अंडों की सुरक्षा के लिये संरक्षित क्षेत्र बनाये गये पर इन अंडों से निकले घड़ियाल जब नदियों में छोड़े गये तब प्रारंभिक वर्षों में तो घड़ियालों की संख्या में वृद्धि हुई परंतु इन

छोड़े हुये घड़ियालों की पुख्ता सुरक्षा का इंतजाम न होने के कारण संरक्षण की सारी कवायद बेकार साबित हुई, उदाहरण के लिये चम्बल नदी (जहां संरक्षित घड़ियालों की 40 फीसदी आबादी थी) से 3552 घड़ियाल प्रोजेक्ट के विभिन्न वर्षों में छोड़े गये, परंतु वर्ष 2006 में इनमें से मात्र 68 की उपस्थिति पाई गई। यही हाल अन्य घड़ियाल केंद्रों से छोड़े गये घड़ियालों का हुआ। पर्यावरणविदों के अनुसार अलग-अलग जगहों पर 3 से लेकर 10 प्रतिशत घड़ियाल बचे रह सके।

भारत के संकटग्रस्त वन्य प्राणियों का वर्गीकरण

भारत के अनेक वन्य प्राणी संकटग्रस्त हैं या कि उनके विलुप्त होने की आशंका जताई जाती है। सहारिया (1982)[†] के अनुसार इन्हें 'रेयर' तथा 'इनडैंजर्ड' (खतरे में) कोटियों में रखा जाता है। वन्य प्राणियों के बेहिसाब शिकार के फलस्वरूप स्तनपोषी प्राणियों (मेमल्स) की 38 प्रजातियां, पक्षियों की 38 प्रजातियां, भेकों की 18 प्रजातियां तथा मगरों की सभी तीनों प्रजातियां संकटग्रस्त हैं।

भारत के विलुप्त वन्यप्राणी : वर्ष 2009 में राज्यसभा के प्रश्नोत्तर काल में भारत सरकार की ओर से यह बतलाया गया कि भारत में केवल एक ही वन्यप्राणी 'चीता' (एसीनॉक्स ज्यूबेटस) विलुप्त हुआ है। सरकार ने वन्यप्राणी विशेषज्ञों से यह सलाह भी माँगी है कि क्या अफ्रीका से आयातित चीते को भारतीय वनों में पुनः छोड़ा जा सकता है। भारत में पक्षियों की कुछ प्रजातियों को, जिन्हें विलुप्त मान लिया गया था, फिर से देखा जा सकता है।

---

† Saharia, V.B. and V.N.K. Pillai (1982) 'Organization and Legislation' in 'Wildlife in India', Natraj, Dehradun.

भारतीय संरक्षित क्षेत्र की कार्ययोजना

भारत एक विशाल देश है जहां पारिस्थितिकीय विभिन्नतायें भी अनेक हैं। प्रकृति संरक्षण के लिये प्रादेशिक (Regional) या क्षेत्रीय स्तर पर पारिस्थितिकीय विशेषताओं वाली पट्टियों का सैद्धान्तिक निर्धारण आवश्यक था। यह अकादमीय विवेचना 'प्राणि-भौगोलिक' कहलाती है। इस विवेचना से प्रकृति की दोनों अर्थात वानस्पतिक और जैविक विशिष्टताओं का क्षेत्रीय स्वरूप समझा जा सकता है। इस विवेचना से यह भी पता चला कि किस विशिष्ट प्राणि-भौगोलिक पट्टी में पहले से ही कितने संरक्षित क्षेत्र हैं तथा ऐसी कौन सी प्राणि-भौगोलिक पट्टियां हैं जिनमें संरक्षित क्षेत्रों का या तो अभाव है या यथेष्ट नहीं हैं। इस विवेचना के द्वारा भारत में पाये जाने वाले सभी क्षेत्रों के प्राणिजात की स्थिति समझी जा सकती थी।

इस तरह संपूर्ण भारत के क्षेत्रीय 'पारिस्थितिकी तंत्रों' के विकास की रूपरेखा बनाई गई।

यह माना गया कि भारत में बड़ी संख्या में संरक्षित क्षेत्रों का होना आवश्यक है। इन संरक्षित क्षेत्रों के सामान्य प्राणिजात और वानस्पतिक विशेषताओं के साथ इस विवरण में उन प्रजातियों के संबंध में भी चिन्ता जताई गई जो विलुप्ति के कगार पर जा पहुंची थीं, इनके लिये पृथक संरक्षित क्षेत्रों को स्थापित करने का सुझाव दिया गया।

सैद्धान्तिक रूप से मान्य होने पर भारत सरकार ने पर्यावरण एवं वन मंत्रालय के अंतर्गत संरक्षित क्षेत्रों के विकास और स्थापना के उस कार्य को, जो पहले से ही चल रहा था, और अधिक गति प्रदान की। कार्य योजना के प्रारूप पर चर्चा के उपरान्त हम 4 प्रमुख बिन्दुओं पर प्रकाश डालना चाहते हैं–

1. क्षेत्रीय वितरण
2. संरक्षित क्षेत्रों की संरचना
3. श्रेष्ठ संरक्षित क्षेत्र
4. वन्य प्राणियों की गणना।

उपर्युक्त 4 बिन्दुओं के विवरणों से भारतीय संरक्षित क्षेत्रों की स्थिति, विस्तार और गुणवत्ता की सामान्य जानकारी प्राप्त होती है।

भारत के प्राणि-भौगोलिक प्रदेश

'पारिस्थितिकी तंत्र' के अकादमीय विस्तार में न जाते हुये यह देखना आवश्यक है कि पारिस्थितिकी संरक्षण का भारत में जो प्रारूप तैयार किया गया उसका आधार प्राणि-भौगोलिक (बायो ज्योग्राफिक) था।

भारत : प्राणि-भौगोलिक प्रदेश

प्राणि-भौगोलिक परिमंडल	प्राणिज प्रदेश
1. हिमालय पार परिमंडल	1अ. तिब्बती
	1ब. उत्तर-पश्चिम हिमालय
2. हिमालय परिमंडल	2अ. पश्चिम हिमालय
	2ब. मध्य हिमालय
	2स. दक्षिणी सिक्किम
	2द. अरुणाचल प्रदेश
3. भारतीय मरुभूमि परिमंडल	3अ. कच्छ
	3ब. थार
4. अर्धशुष्क परिमंडल	4अ. पंजाब, हरियाणा
	4ब. पूर्वी राजस्थान एवं उ.पू. मध्य प्रदेश
5. पश्चिमी घाट परिमंडल	5अ. मलाबार तट
	5ब. गुजरात राजवाड़ा
6. दकन प्रायद्वीप परिमंडल	6अ. दकन का दक्षिणी पठार
	6ब. दकन का मध्यवर्ती पठार
	6स. दकन का पूर्वी पठार
	6द. छोटा नागपुर
	6ई. मध्यवर्ती पर्वत
7. गंगा का मैदान परिमंडल	7अ. गंगा का निचला मैदान
8. उत्तर-पूर्व भारत परिमंडल	8अ. ब्रह्मपुत्र घाटी
	8ब. आसाम की पहाड़ियां
9. द्वीप परिमंडल	9अ. अंडमान द्वीप
	9ब. निकोबार द्वीप
10. समुद्री तट परिमंडल	10अ. पश्चिमी तट
	10ब. पूर्वी तट

भारतीय संरक्षित क्षेत्रों की कार्ययोजना का आधारभूत खाका भारत के प्राणि-भौगोलिक प्रदेशों के रूप में रोजर्स और पनवार (1988) में तैयार किया। दो खंडों में बनी इस कार्ययोजना का उद्धेश्य भारत की पारिस्थितिकीय या प्राकृतिक विविधताओं को रेखांकित करना था ताकि कोई भी प्राकृतिक विभाग संरक्षण के दायरे में आने से न छूटे। यह दूरगामी योजना का प्रारूप था।

यहां यह लिखना उचित होगा कि इस कार्ययोजना में लेखक द्वय ने पहले से मौजूद संरक्षित क्षेत्रों को विस्तार देने की तथा नये संरक्षित क्षेत्र बनाने की व्यवस्था रखी थी। इस कार्ययोजना में विभिन्न 'बायोम्स' की महत्वपूर्ण प्रजातियों को संरक्षण देने पर जोर दिया गया था। उदाहरण के लिये त्रिपुरा की पहाड़ियों के वनों में फायरे के लंगूर का संरक्षण।

अपनी विवेचना में उन्होंने प्रत्येक प्राणि प्रदेश के 'बायोम' का सुस्पष्ट विवरण दिया। साधारणत: 'बायोम' की वानस्पतिक प्रकार के जरिये पहिचान की गई।

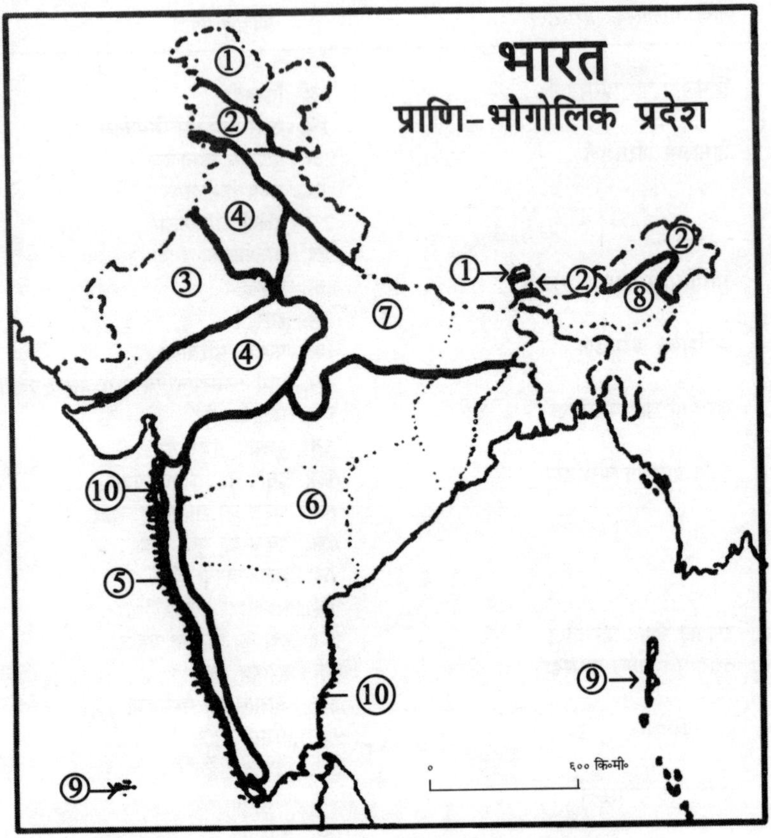

मानचित्र 2 – भारत : प्राणि-भौगोलिक प्रदेश

प्राणि-भौगोलिक प्रदेश

1. हिमालय पार परिमंडल
2. हिमालय परिमंडल
3. भारतीय मरुभूमि परिमंडल
4. अर्धशुष्क परिमंडल
5. पश्चिमी घाट परिमंडल
6. दकन प्रायद्वीप परिमंडल
7. गंगा का मैदान परिमंडल
8. उत्तर-पूर्व भारत परिमंडल
9. द्वीप परिमंडल
10. समुद्री तट परिमंडल

नोट : उपप्रदेशों का विवरण पाठ (टेक्स्ट) में देखें।

रोड्रिज और पनवार अपने समय के वन्य जीवन के श्रेष्ठ जानकार व्यक्ति थे, उन्हें भारत के संरक्षित क्षेत्रों और उनकी वास्तविक स्थिति की गहराई से जानकारी थी। पनवार और रोड्रिज की यह कार्ययोजना 'प्लानिंग ए वाइल्ड लाइफ प्रोटेक्ड एरिया नेटवर्क इंडिया' शीर्षक के अन्तर्गत प्रस्तुत की गई। यह दो खण्डों में थी। प्रथम खण्ड 'दि रिपोर्ट' उपशीर्षक से था और दूसरे खण्ड का उपशार्षीक 'स्टेट समरीज ' था।

पारिस्थितिकी तंत्र (इकोसिस्टम) का संरक्षण

यहां यह ध्यान देने योग्य है कि संरक्षण का प्रारंभिक विचार मूलतः प्रजाति (स्पीसीज) संरक्षण का था किंतु समय बीतने पर अंतर्राष्ट्रीय प्रयासों में संपूर्ण प्रकृति या प्रकृति की संपूर्णता के संरक्षण की बात पर बल दिया गया। अकादमीय तौर पर इसे 'इकोसिस्टम' या 'पारिस्थितिकी तंत्र' का संरक्षण कहा जा सकता है। 'पारिस्थितिकी विज्ञान में भूगोल विज्ञान की ही तरह प्रकृति की विभिन्न इकाइयों की बात कही जाती है, जैसे–नदियां, झील, सागर, सागरतट, पर्वत शिखर, मैदान, वर्षा वन, सूचिपर्ण वन, डेल्टा तथा डेल्टाई वन इत्यादि। इन इकाइयों के प्राकृतिक तत्व चट्टान, मिट्टी, जल, वनस्पति तथा प्राणितंत्र हैं। यह माना जाता है कि जब इस संपूर्ण तंत्र को संरक्षण दिया जायेगा तभी प्रकृति का संरक्षण संभव है। प्रकृति का संरक्षण अंततोगत्वा मनुष्य जाति का संरक्षण है क्योंकि प्रकृति के आधे–अधूरे संरक्षण से बात नहीं बनती। वह इसलिये कि पारिस्थितिकी विज्ञान यह बतलाता है कि संपूर्ण प्राणिजगत एक–दूसरे तत्व पर निर्भर है, जैसे–घास पर वनस्पति-भोजी प्राणी और उन पर शिकारी प्राणी परंतु घास उगने के लिये ऐसी भूमि की आवश्यकता है जो मनुष्य द्वारा प्रदूषित न हो। यह भी सुविदित है कि मनुष्य के कार्यकलापों से जलवायु तक प्रभावित होती है अतः उसकी भी सुरक्षा की आवश्यकता है।

उपर्युक्त वैचारिक आधार एवं कार्ययोजना के तहत भारत के अलग–अलग प्राणि–भौगोलिक प्रदेशों में बाघ परियोजना प्रारंभ की गई।

संरक्षित क्षेत्रों के नेटवर्क की वर्तमान स्थिति

वर्ष 1984 में राष्ट्रीय वन्य जीवन कार्ययोजना के तहत 'वाइल्ड लाइफ इंस्टीट्यूट ऑफ इंडिया' ने भारत के प्राणि–भौगोलिक प्रदेशों के आधार पर देश के प्रतिनिधि वन क्षेत्रों में संरक्षित क्षेत्रों की योजना का खाका बनाकर प्रस्तुत किया जिसके अनुसार देश के कुल क्षेत्रफल का 4.6 प्रतिशत भाग संरक्षित क्षेत्रों के अंतर्गत लिया जाना निश्चित किया गया। इस तरह भारत का 1,51,342 वर्ग किलोमीटर क्षेत्र इसके भीतर लाने की योजना बनी जिसमें 148 राष्ट्रीय उद्यान और 503 अभयारण्यों का समयबद्ध कार्यक्रम के अनुसार निर्माण होना तय हुआ। इसमें यह भी तय हुआ कि जो संरक्षित क्षेत्र पहले से थे उनके रखरखाव और सुरक्षा में बेहतरी लाई जाये।

1984 से आज 2009 तक एक–चौथाई सदी का वक्त गुजर चुका है। भारत में बहुत से संरक्षित क्षेत्रों की स्थापना भी हो चुकी है। परंतु उनकी हालत क्या है, यह एक दुखद पहलू है। करोड़ों रुपयों की देशी और अंतर्राष्ट्रीय सहायता मिलने के बाद 650 संरक्षित क्षेत्र में अंगुलियों पर ही गिनने लायक ऐसे संरक्षित क्षेत्र हैं जिनकी कल्पना योजना के

बनाने वालों ने या कि भारत के प्रकृतिप्रेमियों तथा समर्पित वन्य प्राणियों के प्रेमियों ने की थी। 25 वर्ष बाद जब प्रोजेक्ट टाइगर से ही हजारों सेमिनार, अंतर्राष्ट्रीय गोष्ठियों और विदेशों के वन्य क्षेत्रों की यात्रा कर हमारे वन्य जीवन के अधिकारियों ने अपना मूल्यवान सहयोग देकर 4000 में से 2000 बाघ गंवा दिये और बाघ परियोजना के दो टाइगर रिजर्वों के बाघ चुक गये तब संरक्षित क्षेत्रों की स्थिति क्या है इस पर कुछ कहना शेष नहीं रह जाता है। साधारण जनता तो भारत में आंकड़ों का खेल खूब समझती है। विगत पच्चीस वर्षों में टेबिल पर बढ़ा–चढ़ाकर वन्य प्राणियों के आंकड़े बनाने में जितने चतुर हमारे वन्य प्राणी अधिकारी रहे हैं उतने शायद विश्व के किसी देश में न हों। यही स्थिति अभयारण्यों और राष्ट्रीय उद्यानों की है।

वस्तुस्थिति को समझने के लिये यहां एक वन्य जीवन को समर्पित व्यक्तित्व श्री वाल्मीकि थापर का उद्धरण देना उचित होगा, उससे सारी स्थिति साफ हो जाती है। वाल्मीकि थापर 100 संरक्षित क्षेत्रों के सुधार से व्यवस्था में सुधार की बात करते है।†

वाल्मीकि थापर संरक्षित क्षेत्रों को सुधारने के लिये प्रशासनिक व्यवस्था में बदलाव की बात कर रहे हैं पर वे यह भी बतला रहे हैं कि 570 संरक्षित क्षेत्रों में 100 संरक्षित क्षेत्र ही शायद इस काबिल बचे हैं जिनसे सुधार प्रारंभ किया जा सकता है।

करोड़ों रुपयों को बहाने के बाद भी संरक्षण क्षेत्र वन्य प्राणियों के संरक्षण में असफल सिद्ध हो रहे हैं, उसके अनेक कारणों में से कुछ कारण निम्नलिखित हैं–

1. संरक्षित क्षेत्रों का अत्यंत छोटा होना
2. निष्प्रभावी तथा सामान्य जनता की सहभागिता न होना
3. अकुशल प्रबंधन
4. झूठे आंकडों का बोलबाला
5. तस्करों का राजनैतिक प्रभाव।

उपर्युक्त पांचों कारणों की विवेचना यहां संभव नहीं है, वे सर्वज्ञात तथ्य हैं फिर भी पहले कारण से संबंधित कुछ तथ्य यहां प्रस्तुत हैं।

अत्यंत छोटे (1से 10 वर्ग किलोमीटर) क्षेत्र के संरक्षित क्षेत्रों की संख्या भारत में लगभग 50 है। यदि संरक्षित की प्रभावी संख्या 400 भी मान ली जाये तो भारत के 20 प्रतिशत अभयारण्य का कुल क्षेत्रफल मात्र 200 वर्ग किलोमीटर है। सामान्य अभयारण्य, जैसे नोरादेही (1,187 वर्ग कि. मी.) से भी तुलना की जाय तो ये 50 संरक्षित क्षेत्र इस अभयारण्य का अपने क्षेत्रफल में एक–चौथाई ही बैठते हैं। यहां हम विशाल टाइगर रिजर्व की बात नहीं उठा रहे हैं और न उनके विशाल क्षेत्रों से इनकी तुलना कर रहे हैं।

भारत में संरक्षित क्षेत्रों का क्षेत्रीय वितरण

भारत के 500 से अधिक संरक्षित क्षेत्रों को देखकर यह भ्रान्ति होना स्वाभाविक है कि भारत का एक बड़ा वन क्षेत्र संरक्षित क्षेत्रों के अंतर्गत है पर वस्तुतः ऐसा कुछ भी नहीं

† "Let us short with 100 Protected Areas of India of 570 odd areas that exit. Let us ensure that all director (of the rank of DFO) and Deputy Directors (of rank of ACF) can be posted all the state in the country."

–Volmika Thapar in Sanctuary, Asia magazine (June 2003 76)

है। हिमालयी क्षेत्र जो कि पर्वतीय क्षेत्र हैं और जिनमें स्वाभाविक क्षेत्रों का अनुपात प्रदेश के क्षेत्रफल के संदर्भ में बहुत कम है।

भारत के कुछ उत्तरी एवं उत्तरी-पूर्वी राज्यों में संरक्षित क्षेत्रों की स्थिति

क्र. सं.		*संरक्षित क्षेत्रों के अंतर्गत कुल क्षेत्र (वर्ग किलोमीटर में)*	*प्रदेश के कुल भौगोलिक क्षेत्रफल का भाग (प्रतिशत में)*
1.	जम्मू एवं काश्मीर	1821	0.36
2.	हिमाचल प्रदेश	3929	3.56
3.	सिक्किम	988	11.60
4.	अरुणाचल	439	35.00 (अनुमानित)
5.	आसाम	5237	1.57
6.	नागालैंड	419	1.28
7.	मणिपुर	25	0.18
8.	मिजोरम	600	0.80
9.	त्रिपुरा	1163	अप्राप्त

मैदानी इलाकों की हालत इससे कहीं बहुत अधिक खराब है। पंजाब, हरियाणा, उत्तर प्रदेश और बिहार में यदि नाममात्र को वन हैं तो वहां पर गिने-चुने संरक्षित क्षेत्र हैं जिनका क्षेत्रफल प्रदेश के कुल क्षेत्रफल का निराशाजनक प्रतिशत है। उदाहरण के लिये पंजाब को लिया जा सकता है। यह एक मैदानी क्षेत्र का राज्य है। इसके क्षेत्रफल का मात्र 5.76 प्रतिशत ही वनाच्छादित है। इस वनाच्छादित क्षेत्र में केवल अबोहर का संरक्षित क्षेत्र 182 वर्ग किलोमीटर ही वन क्षेत्र है, शेष सारे सरोवर क्षेत्र हैं। इस तरह पंजाब प्रदेश के वन क्षेत्र का भी केवल 10 प्रतिशत या मोटे तौर पर पूरे प्रदेश का 0.5 फीसदी भाग संरक्षित क्षेत्रों के अंतर्गत संरक्षित हैं। उत्तर प्रदेश, बिहार या हरियाणा की स्थिति भी कुछ ऐसी ही है। प्रायद्वीपीय भारत में भी उजड़े ही वनों का क्षेत्रफल बहुत अधिक है। भारत में वनों का राज्यवार प्रतिशत या संरक्षित क्षेत्रों के अंतर्गत वनों का अनुपात कुल मिलाकर यहां भी 4 प्रतिशत के आसपास ही है।

संरक्षित क्षेत्रों की संरचना

भारत में कुल 148 राष्ट्रीय उद्यान और 503 अभयारण्यों की स्थापना का उद्देश्य (1988) सुनिश्चित किया गया था, जो कि संपूर्ण भारत के भौगोलिक क्षेत्र का 4.6 प्रतिशत होना था। इसी तरह समग्र संरक्षित क्षेत्रों का कुल क्षेत्रफल 1,51,352 वर्ग किलोमीटर का होना सुनिश्चित किया गया है। इस दिशा में उत्तरोत्तर कार्य जारी है। भारत में यदि कुछ संरक्षित क्षेत्र अत्यंत छोटे हैं तो कुछ अत्यधिक विशाल।

यहां पर पहले कुछ उन छोटे संरक्षित क्षेत्रों के नाम दे रहे हैं, जिनके क्षेत्रफल में वृद्धि के प्रस्ताव हैं।

भारत का बहुत अधिक संरक्षित क्षेत्रों वाला भाग

भारत में संख्यात्मक दृष्टि से बहुत अधिक संरक्षित क्षेत्र हैं पर उनके अन्तर्गत देश की विशालता को देखते हुये कम क्षेत्रफल है। भारत के ही एक भाग 'अंडमान द्वीप समूह' का एक बहुत बड़ा भाग संरक्षित है। इसमें पाँच राष्ट्रीय उद्यान और 39 अभयारण्य हैं।

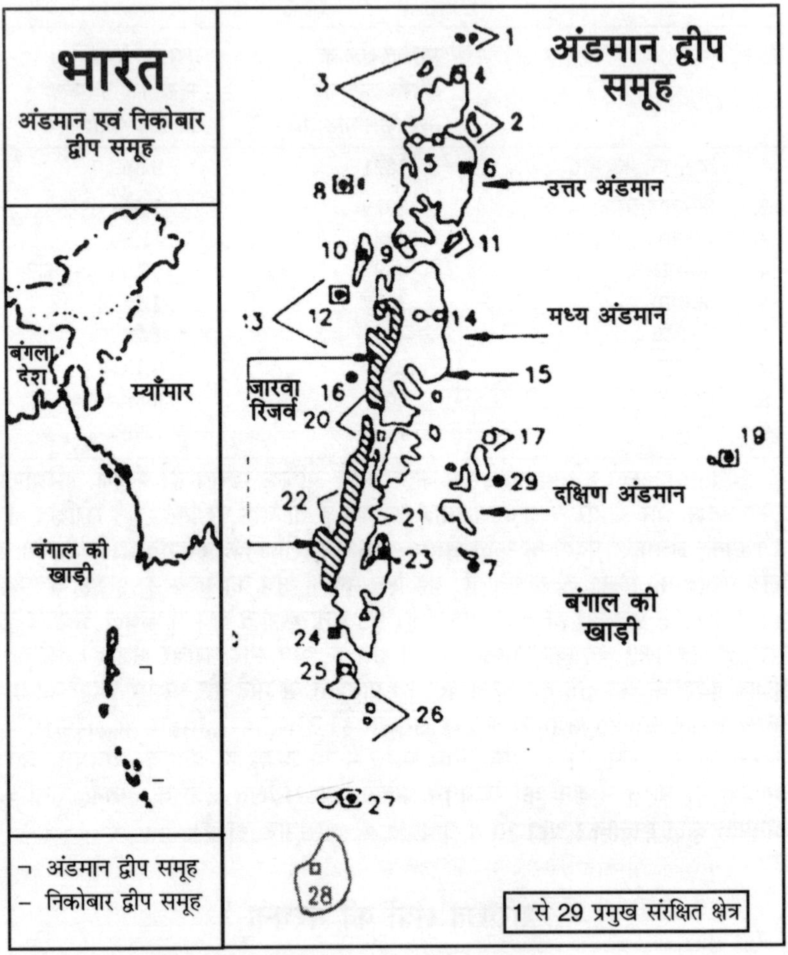

मानचित्र 3 – भारत : अंडमान द्वीप समूह

अंडमान निकोबार द्वीप समूह अपने प्राणिजात के लिये ही संरक्षित नहीं है वरन् भारत के कुछ विशिष्ट जनजातियों के लिये भी यहां का कुछ क्षेत्र संरक्षित है। अंडमान निकोबार द्वीप समूह में जहाँ अंडमान द्वीप समूह में कुल 44 संरक्षित क्षेत्र हैं वहाँ संपूर्ण निकोबार द्वीप को बायोस्फियर रिजर्व घोषित कर दिया गया है।

भारत के कुछ अत्यंत छोटे अभयारण्य :

1. आदि चुंचनगिरि 1 वर्ग कि.मी., कर्नाटक
2. जोरपोखरी 1 वर्ग कि.मी., पश्चिम बंगाल
3. कुण्डापुर 1 वर्ग कि.मी., कर्नाटक
4. डमडमा 2 वर्ग कि.मी., हरियाणा
5. नकटीडम 2 वर्ग कि.मी., बिहार
6. शिल्ली 2 वर्ग कि.मी., हिमाचल
7. नागीडेम 2 वर्ग कि.मी., बिहार
8. त्रिकूट 3 वर्ग कि.मी., जम्मू एवं काश्मीर
9. कोराओद्वीप 3 वर्ग कि.मी., गोवा
10. भिंडवास 4 वर्ग कि.मी., हरियाणा
11. रेणुका 4 वर्ग कि.मी., हिमाचल प्रदेश
12. नीलापट्टू 4 वर्ग कि.मी., तमिलनाडु
13. रंगा पहाड 4 वर्ग कि.मी., नागालैंड
14. समसपुर 5 वर्ग कि.मी., उत्तर प्रदेश
15. मुतामगर 5 वर्ग कि.मी., बिहार
16. सेन्डराककोस्ट 5 वर्ग कि.मी., कर्नाटक
17. एझीमाला 5 वर्ग कि.मी., केरल
18. टर्टल 5 वर्ग कि.मी., केरल
19. कुमार कोन 5 वर्ग कि.मी., केरल
20. सिजू 5 वर्ग कि.मी., मेघालय
21. रमपानी 6 वर्ग कि.मी., आसाम
22. गोगाबिल 6 वर्ग कि.मी., बिहार
23. बरईताल 6 वर्ग कि.मी., बिहार
24. खिजादिया 6 वर्ग कि.मी., गुजरात
25. निम्बी 6 वर्ग कि.मी., हरियाणा
26. गुरदयालपुर 7 वर्ग कि.मी., पंजाब
27. हिंगोलगढ़ 7 वर्ग कि.मी., गुजरात
28. बोन्डला 8 वर्ग कि.मी., गोवा
29. सियाबाई 9 वर्ग कि.मी., हिमाचल प्रदेश
30. शिमला कैचगेंट 10 वर्ग कि.मी., हिमाचल प्रदेश
31. गजनेर 10 वर्ग कि.मी., राजस्थान
32. रेंगाविल 10 वर्ग कि.मी., मिजोरम
33. जसारोब 11 वर्ग कि.मी., जम्मू एवं काश्मीर पक्षी बिहार

भारत के कुछ बहुत अधिक बड़े संरक्षित क्षेत्र

1. डेजर्ट राष्ट्रीय उद्यान 3162 वर्ग कि.मी., राजस्थान
2. सुन्दरवन राष्ट्रीय उद्यान 2585 वर्ग कि.मी., पश्चिम बंगाल
3. संजय राष्ट्रीय उद्यान 1938 वर्ग कि.मी., मध्य प्रदेश

4. इन्द्रावती राष्ट्रीय उद्यान 1258 वर्ग कि.मी., छत्तीसगढ़
5. नोरादेही अभयारण्य उद्यान 1035 वर्ग कि.मी., मध्य प्रदेश

भारत के कुछ छोटे-बड़े संरक्षित क्षेत्रों का उल्लेख करने का अभिप्राय यह है कि इससे यह ज्ञात हो सके कि भारत जैसे विशाल देश में सभी आकार-प्रकार के संरक्षित क्षेत्र हैं, परन्तु आकार-प्रकार से प्राणिजात की सघनता या विविधता को जोड़ना एक भूल होगी। अनेक बहुत बड़े अभयारण्य जो शुष्क और अनुर्वर प्रदेशों में फैले हैं उनके उन क्षेत्रों से जैविक विविधता कम है जिनमें खूब सघन वर्षा वन है, परन्तु इसका आशय यह भी नहीं लिया जाना चाहिये कि शुष्क प्रदेशों के विरल प्राणिजात का किसी भी दृष्टि से प्रकृति में या कि संरक्षण की दृष्टि से कमतर महत्व है। बहुत छोटे अभयारण्यों में अधिकतर 'नम क्षेत्र' हैं जिनमें सैकड़ों प्रजातियों के प्रवासी पक्षी हजारों की संख्या में देखे जा सकते हैं।

भारत के 101 श्रेष्ठ संरक्षित क्षेत्र

भारत के 577 संरक्षित क्षेत्रों में से 101 श्रेष्ठ संरक्षित क्षेत्रों को छांटना बहुत कठिन नहीं है। इनका चयन कुछ इस प्रकार हो सकता है :

1. भारत के टाइगर रिजर्वों में से 28 टाइगर रिजर्व क्योंकि अब कुछ में या ता बाघ नहीं हैं या कि बहुतों की स्थिति बदतर है। वर्तमान (2009)में टाइगर रिजर्वों की संख्या 37 है।
2. भारत के बायोस्फियर रिजर्व, कुल संख्या 12, यह संख्या अनन्तिम है। इनमें वृद्धि हो रही है।
3. भारत के नम क्षेत्र कुल संख्या 19, यह संख्या अनन्तिम है इनमें वृद्धि हो रही है।

इस तरह भारत के 59 संरक्षित क्षेत्र तो सभी दृष्टि से उत्तम और दर्शनीय हैं ही इनके साथ निम्नलिखित 42 संरक्षित क्षेत्रों को यदि जोड़ दिया जाय तो संपूर्ण भारत की जैविक विविधता को भली-भाँति देखा जा सकता है।

(अ) वनस्पति, पौधों और वृक्षों के लिये :

1. **पुष्पित पौधों के लिये** : 'वेली आफ फ्लावर्स' पुष्पयुक्त पौधों के लिये
2. **पुष्पित पौधों के लिये** : युमथेंगवेली (सिक्किम) (फूलों की घाटी)
3. **विशेष वनस्पति के लिये** : इटान की ('आर्किड्स' के लिये)
4. **विशेष पौधों/वृक्षों के लिये** : ला किटेंग अभयारण्य
5. **विशेष पौधों/वृक्षों के लिये** : सिन्सा अभयारण्य (रोडोडन्ड्रान वृक्षों के लिये)

(ब) जलचरों तथा अन्य छोटे जीवों के लिये :

6. **प्रवाली जीवों के लिये** : मन्नार की खाड़ी राष्ट्रीय उद्यान
7. **कछुओं के लिये** : गहरी माता राष्ट्रीय उद्यान
8. **मगर के लिये** : भीतर कनिका राष्ट्रीय उद्यान
9. **खारे पानी के मगर के लिये** : सजनाखली अभयारण्य
10. **घड़ियाल के लिये** : सोन घड़ियाल अभयारण्य

11. **सालामान्डर्स के लिये** : जोरपोखरी अभयारण्य

(स) जीवाश्मों के लिये :

12. **20 मिलियन वर्ष प्राचीन जीवाश्म** : फासिल राष्ट्रीय उद्यान
13. **100 मिलियन वर्ष प्राचीन जीवाश्म** : सथानूर फासिल उद्यान
14. **200 मिलियन वर्ष प्राचीन जीवाश्म** : घुघुआ राष्ट्रीय उद्यान

(द) वन्य पशुओं की प्रजातियों के लिये

15. **नीलगिरि तहार के लिये संरक्षित क्षेत्र** : पेराम्बिकुलम राष्ट्रीय उद्यान
16. **हिमालयी तहार के लिये संरक्षित क्षेत्र** : नंदादेवी राष्ट्रीय उद्यान
17. **कस्तूरीमृग के लिये संरक्षित क्षेत्र** : एस्काट अभयारण्य
18. **हिम तेंदुओं के लिये संरक्षित क्षेत्र** : हेमिस राष्ट्रीय उद्यान
19. **क्लाउडेड तेंदुआ के लिये संरक्षित क्षेत्र** : लांगरवाइलेम
20. **गिब्बन के लिये संरक्षित क्षेत्र** : गिब्बन राष्ट्रीय उद्यान
21. **रेडपांडा के लिये संरक्षित क्षेत्र** : ओरंग राष्ट्रीय उद्यान
22. **संगाई/मणिपुरी हरिण के लिये संरक्षित क्षेत्र** : कैबुललामजाओ रा. उ.
23. **तराई बारहसिंघा के लिये संरक्षित क्षेत्र** : कार्बेट राष्ट्रीय उद्यान
24. **तराई वन भैंसा के लिये संरक्षित क्षेत्र** : काजीरंगा राष्ट्रीय उद्यान
25. **प्रायद्वीपीय बारहसिंघा के लिये संरक्षित क्षेत्र** : कान्हा रा. उ. फ्रेन अभ.
26. **प्रायद्वीपीय गौर के लिये संरक्षित क्षेत्र** : भद्रा अभयारण्य
27. **तराईगौर के लिये संरक्षित क्षेत्र** : दिबांग अभयारण्य
28. **हिमालयी/काश्मीरी मृग के लिये संरक्षित क्षेत्र** : एस्काट
29. **एशियाई सिंह के लिये संरक्षित क्षेत्र** : गिरि राष्ट्रीय उद्यान
30. **नदी डोल्फिन के लिये संरक्षित क्षेत्र** : विक्रमशिला अभयारण्य
31. **भारतीय भालू के लिये संरक्षित क्षेत्र** : दारोजी अभयारण्य
32. **वन्य रासभ के लिये संरक्षित क्षेत्र** : वाइल्ड एस राष्ट्रीय उद्यान
33. **कृष्णमृग (ब्लैक बक) के लिये** : वेलकदर अभयारण्य
34. **खारे पानी के छोटे जीवों के लिये** : अंडमान निकोबार के संरक्षित क्षेत्र

(इ) पर्यावरण चेतना से संबंधित संरक्षित क्षेत्र

35. **पक्षिजात के लिये सामाजिक समर्पण** : वेदन थंगल अभयारण्य
36. **पक्षिजात के लिये सामाजिक समर्पण** : खिंचन कम्यूनिटी अभयारण्य
37. **प्राणि संरक्षण के लिए अभूतपूर्व शासकीय कदम** : रावणमलेश्वर अभ.
38. **पर्यावरण पंडितों और जनसामान्य के टकराव का स्थल** : करेरा अभयारण्य

(फ) प्राकृतिक दृश्यावली से संबंधित क्षेत्र

39. **प्राणि संरक्षण के लिये एक पूरा द्वीप** : नारकोण्डम अभयारण्य
40. **निबिड़ वन प्रान्तर के लिये** : ईगल नेस्ट
41. **अत्यंत लघु संरक्षित क्षेत्र** : आदि चुंचनागिरि
42. **भूमि के अधोभाग के प्राणिजात के लिये संरक्षित क्षेत्र** : कांगेर वेली रा. उ.

प्रकृति के विविध रूप यदि निर्मल अवस्था में और उनमें निवास करने वाले विविध प्राणी यदि भारत के कुछ संरक्षित क्षेत्रों में आज भी देखे जाते हैं तो उसका बहुत बड़ा श्रेय इन संरक्षित क्षेत्रों में पदस्थ उन कर्तव्यपरायण लोगों की एक बहुत छोटी संख्या को जाता है जो इन क्षेत्रों की अस्मिता को बचाने में प्राणपण से जुटे हैं। ये व्यक्ति बहुत छोटे पदों से बहुत बड़े पदों तक के हैं। दुख केवल इस बात का है कि इनकी संख्या इतनी कम है कि वे विनाशकारी शक्तियों को मुहतोड़ जवाब नहीं दे सकते। इन समर्पित व्यक्तियों को नेताओं की दोगली नीतियों से अवैध शिकारियों की गोलियों से अन्तर्राष्ट्रीय तस्करों की चीलों से रोज ही निपटना पड़ता है, पर इन छोड़े से लोगों के कारण ही करोड़ों पर्यटक प्रतिवर्ष भारत की स्वर्गीय प्राकृतिक छटा का आनन्द उठा पा रहे हैं।

यदि प्रकृति संरक्षण में जुटे कुछ जांबाज अधिकारियों और कर्मचारियों का योगदान है तो उन गैर पढ़े–लिखे दूर–दराज के ग्रामीणों का भी योगदान कम नहीं है जो गर्मियों में खुद को प्यासा रखकर वन्य प्राणियों को बिना किसी पुरस्कार या प्रशंसा की आशा में मीलों से पानी लाकर पिलाने में प्रसन्नता का अनुभव करते हैं ये वो लोग हैं जो बुद्धिजीवियों द्वारा स्वयं को पिछड़े और जर्जर परंपराओं के पोषक कहलावाते हुये पीढ़ियों से अपने पालतू पशुओं, जो उनकी आजीविका हैं, की भी उस परपंरा के लिये बलि देते रहते हैं।

वन्य प्राणियों की गणना

संरक्षित क्षेत्रों की गुणवत्ता का आधार उनमें निवास करने वाले वन्य पशुओं की संख्या पर निर्भर करता है। संरक्षित क्षेत्रों की स्थापना के पश्चात हर 4 वर्ष में वन्य पशुओं की प्रजातियों की गणना का प्रावधान रखा गया। ये गणनायें मुख्यतः दो वर्गों में बांटी जा सकती हैं :

1. *प्रजाति के आधार पर की जाने वाली गणनायें :* इन गणनाओं में शेर, सिंह, कृष्णमृग या कि घड़ियाल जैसे किसी भी प्राणी के देश, प्रदेश, प्राकृतिक वितरण क्षेत्र, संरक्षित क्षेत्र स्तर पर गणना की जाती है।
2. *संरक्षित क्षेत्रों के आधार पर की जाने वाली गणनायें :* इन गणनाओं में एक या एकाधिक संरक्षित क्षेत्र के एक या सभी वर्ग के वन्य प्राणियों की गणना की जाती है।

उदाहरण :

वर्ष 2001 में कार्बेट में विभिन्न वन्य प्राणियों की संख्या

क्र.सं.	*वन्य प्राणी*	*संख्या*	*क्र.सं.*	*वन्य प्राणी*	*संख्या*
1.	बाघ	137	6.	रीछ	65
2.	हाथी	600	7.	शूकरमृग	284
3.	चीतल	29,898	8.	सेही	55
4.	सांभर	4247	9.	गोरल	373
5.	कक्कड़	1541	10.	नीलगाय	488

(*स्रोत :* 137 टाइगर 600 एलीफन्ट इन कार्बेट, दि कार्बेट फाउन्डेशन न्यूजलेटर, अक्टूबर दिसबंर 2001)

भारत के सभी संरक्षित क्षेत्रों में विभिन्न प्रजातियों के वन्य पशुओं की गणना का विधान है। अधिकतर राष्ट्रीय उद्यानों में बाघों और तेंदुओं की गणना होती है परन्तु कुछ ऐसे भी अभयारण्य हैं जहाँ ये दोनो शीर्ष शिकारी पशु नहीं पाये जाते जैसे हिमालय के उच्चक्षेत्रों में इनके स्थान पर हिमालयी भालू तथा और अधिक ऊंचाई पर हिमतेंदुआ महत्वपूर्ण हो जाता है, उन क्षेत्रों में इनकी गणना की जाती है। कुछ विशिष्ट प्रजातियों के लिये संरक्षित क्षेत्रों में उस विशिष्ट प्रजाति के पशु की गणना का महत्व है जैसे कच्छ के रन के अभयारण्य में यदि जंगली गधे का महत्व है तो नीलगिरी पर्वत के कुछ अभयारण्यों में नीलगिरि तहार का।

अधिकांश भारत के संरक्षित क्षेत्रों में बड़े वन्य पशुओं या 'मैगा फाना' का महत्व सर्वोपरि है, ऐसा भारत में ही नहीं विश्व के अधिकतर देशों के संरक्षित क्षेत्रों में भी कुछ ऐसा ही है।

प्रजाति के आधार पर की जाने वाली गणनायें

जैसा कि अधोलिखित तालिका में दर्शाया गया है, सामान्य तौर पर राष्ट्रीय उद्यानों और अभयारण्यों के आंकड़े अलग-अलग दिये जाने की परंपरा है। बड़े वन्य पशुओं की प्रजातियां अलग-अलग प्रदेशों में थोड़ी-बहुत अलग-अलग होती हैं।

यहां हम दो ऐसी ही गणनायें प्रस्तुत कर रहे हैं इनमें से एक गणना दक्षिण भारत के सीमित क्षेत्र में पाई जाने वाली प्रजाति नीलगिरि तहार की है जो संरक्षित क्षेत्रों और गैर-संरक्षित क्षेत्रों के वनों में पाई जाती है। दूसरी गणना भारत के विशाल क्षेत्र में पाई जाने वाली प्रजाति कृष्णमृग की है, यह भारत के अनेक प्रदेशों के संरक्षित और गैर-संरक्षित क्षेत्रों में पाई जाती है।

नीलगिरि तहार

अब से लगभग एक चौथाई सदी पहले (1985) विलफर्ड राइस ने दक्षिण भारत में नीलगिरि तहार के वितरण क्षेत्र के अनेक स्थानों को चिह्नित किया, जहां नीलगिरि तहारों के समूह पाये जाते थे। इन समूहों में सबसे छोटे समूह 15 और 20 पशुओं के थे। सबसे बड़ी संख्या इराविकुलम राष्ट्रीय उद्यान में थी, जहां तब साढ़े पांच सौ से भी अधिक नीलगिरि तहार पाये जाते थे। ध्यान देने योग्य है कि 1985 से अब तक (2006) नीलगिरि तहारों की संख्या स्थिर है, जो लगभग 2000 है।

नीलगिरि तहार वन्य छाग मेष वर्ग का प्राणी है। गैर-हिमालयी भारत का यह इस वर्ग की अकेली प्रजाति है।

दक्षिण भारत में नीलगिरि तहार की अनुमानित संख्या

क्र.सं.	*स्थान का नाम*	*अनुमानित संख्या*
1.	नीलगिरि पहाड़ियां	450
2.	साइलेन्ट वेली	30

3.	सिरूवनी पहाड़ियां	20
4.	एलीवल माला	60
5.	नेलम्पेही पहाड़ियां	30
6.	टापस्लिप एवं पेराम्बिकुलम	120
7.	अन्नामलाई के पूर्वी ढाल	125
8.	अन्नामलाई की घास आच्छादित पहाड़ियां	240
9.	स्वामाई मलाई करादू	20
10.	अमरावती ढाल	130
11.	इराविकुलम राष्ट्रीय उद्यान	550
12.	ऊंची पहाड़ियां (इराविकुलम के अतिरिक्त)	30
13.	पालिनी पहाड़ियां	60
14.	हाईवेमी पर्वत	100
15.	मुदलियार ओठू	70
16.	वेल्लाकालथेरी	15
17.	अशाम्बु पहाड़ियां	70
18.	तिरुपन्नामलाई पहाड़ियां	40

नीलगिरि तहार की अपेक्षित संख्या वृद्धि के पीछे कुछ लोगों का विचार है कि जहां इस वर्ग की अन्य प्रजातियों में जुड़वां बच्चे होना एक आम बात है, वहां मादा नीलगिरि तहार अमूमन एक ही बच्चा देती है।

(स्रोत: विलफर्ड जी राइस 'दि नीलगिरि तहार', सेंक्चुअरी नं. 2 अप्रैल/जून 1985)

भारत में कृष्णमृगों की अनुमानित संख्या (1982)

1.	राजस्थान मुख्य क्षेत्र: तालछापर 1500, गुडाविश्नोई 2634, धवाडोली 1725, साथिन 900, केवलादेव – रा. उ. 19, रानीपुर (टोंक) 19 जोडिया – (डालवर) 125, भीलवाड़ा 175, दयात्रा 75	कुल संख्या 8178
2.	पंजाब	कुल संख्या 3530
3.	हरियाणा	कुल संख्या 4852
4.	उत्तर प्रदेश	कुल संख्या 1480
5.	बिहार	कुल संख्या 30
6.	पश्चिम बंगाल	कुल संख्या 30–40
7.	उड़ीसा	कुल संख्या 1200–1300
8.	आंध्र प्रदेश	कुल संख्या 1108–1138
9.	कर्नाटक	कुल संख्या 4000
10.	तमिलनाड	कुल संख्या 2325
11.	महाराष्ट अहमदनगर जिला 3600, सोलापुर 4000	कुल संख्या 8200

औरंगाबाद वन संरक्षक वृत्त क्षेत्र 300
नागपुर वन संरक्षक वृत्त क्षेत्र 100
अमरावती वन संरक्षक वृत्त क्षेत्र 200

12. गुजरात — कुल संख्या 4300
13. मध्य प्रदेश — कुल संख्या 4110

नोरादेही अभयारण्य 301,
बगदरा अभयारण्य 938, कान्हा रा.उ. 32,
करेरा अभयारण्य 765, बांधवगढ़ रा.उ. 13,
पालपुर अभयारण्य 1267, चम्बल राष्ट्रीय अभयारण्य 257, पन्ना रा.उ. 35,
पचमढ़ी अभयारण्य 45, गांधी सागर अभयारण्य 06,
सिंघोरी अभयारण्य 66, वन विहार रा.उ. 60, सिवनी
जिला 25-30, राजनांदगांव जिला 35-40,
रायसेन जिला 10, होशंगाबाद जिला 30,
ग्वालियर जिला 10, मंदसौर जिला 20,
शिवपुरी जिला 30, विदिशा जिला 30, गुना जिला 50,
दमोह जिला 40, नरसिंहपुर 15

संपूर्ण भारत — **कुल संख्या 22500 से 24500**

गणनायें चाहे 'प्रजाति' के आधार पर की गई हों अथवा 'संरक्षित क्षेत्रों' के आधार पर, बाघ सदैव ही सबसे महत्वपूर्ण प्रजाति भी रही है तथा वह क्षेत्र भी सबसे महत्वपूर्ण रहा है जहां बाघ रहते हों।

बाघों की गणना

संरक्षित क्षेत्रों से सामान्य जनता और शासन जिस विशिष्ट तथ्य को जानना चाहते हैं वह है करोड़ों रुपयों की लागत से स्थापित किये गये इन संरक्षित क्षेत्रों में बाघों की संख्या। बाघों की गणना उन पर किये करोड़ों रुपयों के खर्च के कारण विशिष्ट महत्व की रही है।

बाघों की संख्या के आकलन के द्वारा वन्य प्राणियों की प्रजातियों की वृद्धि सहज ही समझ में आ जाती है। यह काम पूरी तौर से सरकारी अमले द्वारा किया जाता है। भले ही विधियां विशेषज्ञों ने ईजाद की हों।

संरक्षित क्षेत्रों के सरकारी बाबुओं का वह तबका जो, सबसे मोटी तनख्वाहें पा रहा था, वन्य प्राणियों के सच्चे हितैषी और संरक्षण की भूमिका को छोड़कर बुद्धिजीवी बन गया था, उसे अब संरक्षित क्षेत्रों की जमीनी हकीकत से कोई विशेष लेना-देना नहीं था। वह पश्चिम से आयी रेडीमेड एक्सपेरिमेंटल विधियों को भारत में दुहराकर वाहवाही लूट रहा था। अंतर्राष्ट्रीय सेमिनारों में प्रस्तुत करने के लिये शोधपत्रों की तैयारी में उसे इस बात की चिंता अधिक थी कि बाघ की लेंड़ी (स्केट) में प्राप्त चीतल का बाल मादा चीतल का था या नर चीतल का।

हमारे यहां वन विभाग के ये बड़े बाबू जार्ज. बी. शेलर या जेन गूडाल बनने की तमन्ना में यह भूल चुके थे कि उनके अपने क्षेत्र में प्रतिवर्ष कितने बाघ मारे जा रहे हैं। या कि फिर बाघों के मारे में उनका अपना अमला अपनी असफलताओं के लिये कितने प्रतिशत जिम्मेवार है।

इस तरह ये 'सरकारी विद्वान्' उन सभी शोधों में संलग्न थे जिनमें से आधी कूड़ेदान में फेकने लायक थी। परिणाम यह हुआ कि इन्हीं दिनों सारी शाब्दिक चतुराइयों के बावजूद प्रोजेक्ट टाइगर की रूमानी छवि की सचाई को आंकड़ों ने खोलना प्रारंभ कर दिया।

उदाहरण के लिये शताब्दी के प्रारंभिक वर्ष 2001 में महाराष्ट्र में कुल बाघों की संख्या 238 पाई गयी, जबकि चार वर्ष पहले वर्ष 1997 में इसी प्रदेश में बाघों की संख्या 257 थी, अर्थात चार वर्ष में 19 बाघ घट गयी, इतना ही नहीं यदि आंकड़ों पर गौर करें तो इस गणना अर्थात 1993 में या कि इसी शताब्दी के प्रारंभ से आठ वर्षों में अर्थात प्रोजेक्ट टाइगर के आठ वर्षों में 38 बाघों की कमी हो गई ।

वर्ष 2001 में महाराष्ट्र के मेलघाट टाइगर रिजर्व में 70 से 75 की संख्या में, ताडोबा–आंधरी में 36–40 बाघ तथा पेंच में 12–15 बाघों की उपस्थिति दर्ज की गई अर्थात टाइगर रिजर्व या प्रदेश से सर्वश्रेष्ठ प्रबंधित वन क्षेत्र में 118 से 130 बाघ बतलाये गये और 'गैर–संरक्षित' क्षेत्रों में भ्रमण करते बतला दिया। कुल मिलाकर वन विभाग के इन विशेषज्ञों ने जनता को यह बतलाया कि महाराष्ट्र के आधे बाघ टाइगर रिजर्व के बाहर घूम रहे हैं।

(स्रोत : 'टाइगर पापुलेशन इन स्टेट डिक्लाइन' फ्री प्रेस जर्नल, 01/04/2002)

सदी के प्रारंभिक वर्षों में वन्य प्राणियों की एक से एक 'वैज्ञनिक' विधियां ईजाद हुईं, इनमें से कुछ का विवरण पुस्तक में अन्यत्र दिया गया है। इस माह भारत के सभी राष्ट्रीय उद्यानों में विशेषकर टाइगर रिजर्वों में इस शताब्दी के प्रारंभिक वर्षों तक सामान्यतः गणनायें पंजों के निशान के आधार पर की जाती रहीं वहीं हाथी जैसे प्राणियों की गणना 'ब्लाक काउन्ट' मेथड से की जाती रही।

जैसा कि लिखा जा चुका है बाघों की गणना हर तरह से महत्वपूर्ण रही है यही कारण है कि बाघों की संख्या का अनेक प्रकार से आकलन किया जाता रहा है। पूरे भारत में कितने बाघ हैं इसका आकलन यदि होता रहा है तो यह भी पता लगाया जाता था कि वन मंडलों में संरक्षित क्षेत्रों तथा गैर–संरक्षित क्षेत्रों में कितने बाघ हैं।

वर्ष 2001 में मध्य प्रदेश में बाघों की संख्या (वर्ष 2001)

क्र.सं.	*वन मंडल*	*बाघों की संख्या*	*क्र.सं.*	*वन मण्डल*	*बाघों की संख्या*
1.	जबलपुर (कान्हा सहित)	192	9.	होशंगाबाद	61
2.	शहडोल (बान्धवगढ़ सहित)	86	10.	बालाघाट	53
3.	सिवनी (पेंच सहित)	97	11.	छिंदवाड़ा	23
4.	रीवा	26	12.	सागर	29
5.	उज्जैन	03	13.	भोपाल	65
6.	ग्वालियर	07	14.	इंदौर	10
7.	खण्डवा	09	15.	शिवपुरी	03
8.	बैतूल	12	16.	छतरपुर	04

(*स्रोत :* 'एम. पी. रिमेन्स दि टाइगर स्टेट' दि हिन्दू 01/07/2002)

बाघ ही क्या तेंदुओं की भी गणना की गई थी और वर्ष 2002 में प्रकाशित आंकड़ों के आधार पर रीवा वन मण्डल में सर्वाधिक 192 तेंदुये पाये गये और दूसरे नंबर पर उज्जैन सम्भाग बतलाया गया जहां 80 तेंदुये की उपस्थिति दर्ज की गई। जहां तक पर्यावरणविदों की बात है उनका मानना था कि राजधानी में बैठे वन विभाग के बाबुओं को इतनी अकादमिक जानकारी है कि जहां शेर कम होते हैं वहीं तेंदुये अधिक होते हैं बस इसी बिना पर इन आंकड़ों की रचना कर दी गई। मध्य प्रदेश ही नहीं भारत के अधिकांश प्रदेशों में सदी के प्रारंभिक वर्ष में बाघ परियोजना की सफलता के न केवल दावे किये जा रहे थे वरन् देश के अलग-अलग भागों में वन विभाग के 'समार्पित' अधिकारी आत्म-प्रशंसा में डूबे हुये थे तथा वन्य प्राणियों के जीवन के उन पहलुओं पर 'शोधपूर्ण' प्रबंध और निबंध प्रस्तुत कर रहे थे जिनकी मौलिकता को उन्होंने आपस में ही मिल-जुलकर असंदिग्ध करार कर दिया था। इन विद्वान ने विदेशी जमीनों और विदेशी क्षेत्रों की जमीनी हकीकत को भारतीय हकीकत मान लिया था।

बाघ गणनाओं में ढोल की पोल

बाघों की गणनाओं में वन्य अधिकारियों द्वारा धांधली करना न तो आकस्मिक है और न ही कोई नई बात, स्वयं को स्थापित वन्य प्राणियों के सर्वश्रेष्ठ संरक्षक कहलाने की चाह में प्रदेशों में एक सोची-समझी नीति के तहत बाघों की संख्या में 'प्राकृतिक वृद्धि' वर्षों तक दिखलाई जाती रही। जब भंडाफोड़ हुआ तो हाय-तौबा मचा।

सबसे पहले यह हाय तौबा सारिस्का में मचा जो बाघों के साथ ही राजनैतिक पार्टियों की गुप्त बैठकों के लिये सारे देश में मशहूर था। सारिस्का में सारे बाघ 'विलुप्त' हो गये और यह प्रसंग 'दुखद' हो गया।

जब बाघ 'विलुप्त' हो जाते हैं तब कभी-कभी खुलासे भी आते हैं। जब मध्य प्रदेश का पन्ना टाइगर रिजर्व बाघों से खाली हो गया तब उसके खुलासे जगजाहिर हुये। वर्ष 2009 में सरकारी अमला ने यह कहकर चुप्पी साध ली कि पन्ना राष्ट्रीय उद्यान में अब कोई बाघ नहीं है, तब डॉ. चुण्डावत सामने आये और उन्होंने 'पन्ना का अंतिम बाघ' नामक रिपोर्ट में वर्ष 1996 से लेकर इस टाइगर रिजर्व के बाघविहीन होने तक की घटनाओं की सिलसिलेवार जानकारी दी। यह जानकारी कुछ इस प्रकार है—मार्च 2005 में हुई गणना के मुताबिक पन्ना टाइगर रिजर्व के वन क्षेत्र में 20 मादा बाघ, 14 नर बाघ और एक शावक की उपस्थिति दर्ज की गई थी। इन चार वर्षों में (2005 से 2009 तक) संरक्षित क्षेत्र के 35 बाघ कहां लुप्त हो गये इसका जवाब पन्ना टाइगर रिजर्व के न तो कर्मचारी दे रहे हैं और न ही अधिकारी।

संपूर्ण देश के टाइगर रिजर्वों में बाघों की संख्या की जानकारी 'राष्ट्रीय बाघ संरक्षण प्राधिकरण' देता है, पिछले 12 वर्षों की स्थिति इस प्रकार है :

वर्षवार बाघों की मृत्यु संख्या

वर्ष	1999	2000	2001	2002	2003	2004	2005	2006	2007	2008	2009	2010	2011
मृत्यु संख्या	48	9	72	72	20	–	–	5	10	9	17	48	2

संरक्षित क्षेत्रों के आधार पर की जाने वाली गणनायें

संरक्षित क्षेत्रों की गणनाओं में बाघ निर्विवाद रूप से सर्वाधिक महत्वपूर्ण वन्यप्राणी रहा है फिर चाहे वह संरक्षित क्षेत्र टाइगर रिजर्व हो, राष्ट्रीय उद्यान हो या कि फिर अभयारण्य हो। चूंकि बाघों की गणना में सबसे अधिक सतर्कता बरती जाती है, और उसकी गणना के तरीके भी विकसित हैं अतः सभी संरक्षित क्षेत्रों में उनकी संख्या का सही आकलन होना चाहिये था परंतु वस्तुस्थिति इसके एकदम विपरीत है। निम्नलिखित 16 संरक्षित क्षेत्रों में जो सभी वर्गों के हैं, बाघ अब या तो विलुप्त हो चुके हैं या विलुप्ति के कगार पर हैं । इन सभी की बाघ संबंधी गणनायें अविश्वसनीय रही हैं :

संरक्षित क्षेत्र जिनकी बाघों की गणनायें अविश्वसनीय रही हैं

क्र.सं.	*संरक्षित क्षेत्र*	*प्रदेश*	*वास्तविक आकलन*
1.	सारिस्का	राजस्थान	(बाघ पूरी तरह से विलुप्त)
2.	पन्ना	मध्य प्रदेश	(बाघ पूरी तरह से विलुप्त)
3.	संजय (दुबरी)	मध्य प्रदेश	(विलुप्ति के कगार पर)
4.	उदयन्ति	छत्तीसगढ़	(विलुप्ति के कगार पर)
5.	इन्द्रावती	छत्तीसगढ़	(विलुप्ति के कगार पर)
6.	अचानक मार	छत्तीसगढ़	(विलुप्ति के कगार पर)
7.	पलामू	झारखण्ड	(विलुप्ति के कगार पर)
8.	वाल्मीकि	बिहार	(विलुप्ति के कगार पर)
9.	बुक्सा	पश्चिमी बंगाल	(विलुप्ति के कगार पर)
10.	सिमलीपाल	उड़ीसा	(विलुप्ति के कगार पर)
11.	नागार्जुन सागर	आंध्र प्रदेश	(विलुप्ति के कगार पर)
12.	नामधापा	अरुणाचल प्रदेश	(विलुप्ति के कगार पर)
13.	डम्पा	मिजोरम	(विलुप्ति के कगार पर)
14.	मनास	आसाम	(विलुप्ति के कगार पर)
15.	मालघाट	महाराष्ट्र	(विलुप्ति के कगार पर)
16.	सतकोसिया	उड़ीसा	(विलुप्ति के कगार पर)

(*स्रोत :* दैनिक भास्कर, दिनांक 11 जुलाई, 2009)

यहां यह उल्लेखनीय है कि सारिस्का और पन्ना जैसे टाइगर रिजर्वों में जब बाघ विलुप्त हो चुके थे तब तक भी संबंधित वनाधिकारी झूठे आंकड़े देकर गुमराह करते रहे हैं, दूसरे जिन संरक्षित क्षेत्रों में बाघ विलुप्ति के कगार पर हैं वहां भी झूठे आंकड़ों का अब भी बोलबाला है।

संरक्षित क्षेत्रों की गणनाओं के आंकड़ों

ये आंकड़े दो प्रकार से देखने को मिलते हैं जिन्हें मध्य प्रदेश के संरक्षित क्षेत्रों के उदाहरणों द्वारा प्रदर्शित किया गया है :

अ. प्रत्येक संरक्षित क्षेत्र के प्रजातिवार वन्यप्राणियों की संख्या

ब. प्रदेश के सभी संरक्षित क्षेत्रों के प्रजातिवार वन्य प्राणियों की संख्या का योग

वन्य प्राणियों में सामान्य तौर पर स्तनपोषी प्राणियों की ही गणना होती थी परन्तु कभी-कभी अजगर और मगर जैसे सरीसृपों तथा पक्षियों की कुछ प्रजातियों का भी आकलन कर लिया जाता है। मध्य प्रदेश में घड़ियाल के लिये 3 अभयारण्य हैं। ये नदी क्षेत्र हैं परन्तु नदियों के तट पर कुछ वन्य प्राणियां की प्रजातियों भी संरक्षित हो जाती हैं।

मध्य प्रदेश के अभयारण्यों† में शिकारी पशुओं की संख्या (वर्ष 2000 ई.)

क्रम संख्या	*अभयारण्य*	*कुत्ता*	*शेर*	*तेंदुआ*	*भालू*	*जंगली लकड़बग्घा*
1.	फेन	02	11	16	×	×
2.	पचमढ़ी	07	18	×	×	×
3.	बोरी	14	16	×	×	×
4.	बगदरा	02	32	162	37	×
5.	संचय - दुबरी	07	20	165	165	×
6.	नोरादेही	14	12	58	58	×
7.	रातापानी	19	11	72	29	127
8.	सिंघोरी	05	11	×	×	48
9.	नरसिंहगढ़	×	09	×	×	×
10.	घाटीगांव	×	×	35	13	×
11.	राष्ट्रीय चम्बल	×	×	×	04	27
12.	गंगउ	02	×	×	×	×
13.	ओरछा	×	02	×	×	×
14.	सैलाना	×	×	×	03	×
15.	खीवनी	×	09	×	×	×
16.	गांधी सागर	×	38	×	01	160
17.	पेंच	10	10	×	×	20

नोट : स्थलीय वन्य प्राणियों हेतु अभयारण्यों की वास्तविक संख्या = 22
3 अभयारण्य जलचरों के संरक्षण हेतु
× अभयारण्य का निर्माण नहीं/गणना नहीं।

मध्य प्रदेश के सभी संरक्षित क्षेत्रों में वन्य प्राणी (वर्ष, 2002)

क्र. सं.	*वन्य प्राणी*	*मध्य प्रदेश के सभी राष्ट्रीय उद्यानों में*	*मध्य प्रदेश के सभी अभयारण्यों में*
	शिकारी पशु		
1.	बाघ	248	10
2.	तेंदुआ	234	199
3.	भालू	815	508
4.	जंगली कुत्ता	509	382
5.	जंगली कुत्ता	158	190

† अभयारण्यों की भाँति राष्ट्रीय उद्यानों की गणनायें भी उपलब्ध।

	वनस्पतिभोजी पशु		
6.	चीतल	45,552	4,203
7.	सांभर	9,114	2,252
8.	कक्कड़	2,243	193
9.	चिंकारा	1,559	2,966
10.	नीलगाय	5,243	6,157
11.	चौसिंघा	201	261
12.	वन्य शूकर	19,103	4,440

मध्य प्रदेश के सभी संरक्षित क्षेत्रों के प्रमुख वन्य प्राणियों की गणना वस्तुतः सभी संरक्षित क्षेत्रों से एकत्रित की गई गणनाओं का योग है। सभी संरक्षित क्षेत्र चाहे वह राष्ट्रीय उद्यान हो या कि अभयारण्य प्रत्येक चार वर्ष में गणना होती है।

मध्य प्रदेश की इन सरकारी गणनाओं पर यदि ध्यान दिया जाये तो ज्ञात होता है कि मध्य प्रदेश में बाघ परियोजना के लागू होने के बाद सभी संरक्षित क्षेत्रों में वन्य प्रणियों की सभी प्रजातियों की संख्या में लगातार वृद्धि दिखलाई जाती रही है।

यहां पर यह ध्यान देने योग्य है कि भारत में वन्य प्राणियों की प्रजातिगत गणनाओं का आकलन पूर्व में वन्यप्राणी संरक्षण से संबंधित स्वयंसेवी संस्थाओं के विद्वान् करते रहे हैं।

भारतीय संरक्षित क्षेत्रों की प्रकृति एवं प्राणिजात

पृथ्वी के प्रत्येक क्षेत्र की अपनी विशिष्ट प्रकृति होती है जो भौगोलिक तत्वों और कारकों से प्राप्त होती है। क्षेत्रों की जलवायु भौम्याकार और चट्टानों के पारस्परिक प्रभाव से वनों या वनस्पति के प्रकार निर्धारित होते हैं तथा वनस्पति के ऊपर संपूर्ण जीवजगत निर्भर रहता है। पिछली दो सदियों में वैज्ञानिक अध्ययनों के फलस्वरूप विश्व के प्रत्येक क्षेत्र की विस्तृत वैज्ञानिक जानकारियां एकत्रित की गईं जिनमें वनस्पति जगत और जीवजगत की विशेषतायें भी शामिल हैं।

संपूर्ण भारत में अनेक वानस्पतिक कटिबंध हैं जिनमें पाये जाने वाले वृक्षों, लताओं, झाड़ियों इत्यादि की हजारों प्रजातियां हैं। इसी तरह भारत में अनेक जैविक कटिबंध हैं। जिनमें हजारों प्रजातियों के कशेरुक और अकशेरुक वर्गों के जीव पाये जाते हैं। इनके विश्व विरतण पर वैज्ञानिक अध्ययन हैं, उसी प्रकार इनके भारत में वितरण के अध्ययन हैं जिनसे यह सिद्ध होता है कि ये वितरण वैज्ञानिक नियमों के अंतर्गत हैं।

संरक्षित क्षेत्रों का महत्व मुख्यत: उनमें पाये जाने कशेरुक जीवों के विकसित वर्गों के कारण है। इस तरह भारत के संरक्षित क्षेत्रों की प्रकृति को समझने के लिये वनस्पतियों और जीवों के सामान्य वितरण प्रारूपों को जानना आवश्यक है। विश्वकोश में भारत में वानस्पतिक और जैविक वितरण का संक्षिप्त विवरण दिया जा रहा है। वानस्पतिक संदर्भ में यह विवरण वृक्षों तक सीमित है उसी तरह प्राणिजात के अंतर्गत मुख्य रूप से 'बड़े स्तनपोषी पशु' (मैगाफाना) का विवरण है यद्यपि संक्षेप में पक्षियों तथा अन्य प्राणियों के भी विवरण दिये गये हैं।

इन विवरणों से पाठक उन संरक्षित क्षेत्रों के विषय में पर्याप्त जानकारी प्राप्त कर सकता है जो वर्णानुक्रम में बहुत ही संक्षेप में वर्णित हैं।

यह लिखना अनावश्यक है कि यह आधारभूत विवरण अत्यंत संक्षेप में है किंतु इसे उन पाठकों को जानना आवश्यक है जो जीवजगत की मूलभूत वितरणात्मक विशेषताओं से अपरिचित हैं।

इस ग्रंथ में इस विवरण के पूर्व में भारत की 'बायोज्योग्राफिक' (प्राणि–भौगोलिक) इकाइयों की बात कही गई जिसके आधार पर भारत के संरक्षित क्षेत्रों के वितरण का ताना–बाना बुना गया है। 'बायोज्योग्राफिक' इकाइयां वानस्पतिक और जीव परिमंडलों के मिश्रित स्वरूप हैं। 'इकोलॉजी' की 'बायोम' और 'इकोसिस्टम' जैसी इकाइयों को इनका आधार कहा जा सकता है। संरक्षित क्षेत्रों के प्राणियों तथा उनके महत्व को समझने के लिये 'जीवभूगोल' और इकोलॉजी (पारिस्थितिकी विज्ञान) की आधारभूत समझ उपयोगी है। इसी जानकारी से यह पता चलता है कि हिमालय में पाये जाने वन्यपशु दकन के पठार में क्यों नहीं पाये जाते तथा अकेली एक प्रजाति 'तहार' ही दकन में

नीलगिरि तक क्यों पाई जाती है या कि फिर गंगा में पाई जाने वाली डोल्फिन या शुशु केवल हिमालयी नदियों तक सीमित क्यों रही है!

इस आधारभूत अति संक्षिप्त जैव भौगोलिक विवरण से भी संरक्षित क्षेत्रों के प्राणिजात का सही अनुमान लगाना सरल होगा।

भारतीय संरक्षित क्षेत्रों का वानस्पतिक संदर्भ

साधारण तौर पर पारिस्थितिकी को मनुष्य एक–दूसरे पर आधारित दो प्राणवान वस्तुओं के रूप में देखता है और उनके संरक्षण के द्वारा पारिस्थितिकी का, पर्यावरण का सरंक्षण करता है, ये प्राणवान वस्तुयें हैं :

1. वनस्पति या वन
2. वन्य पशु या प्राणिजात

अभयारण्यों का प्रमुख लक्ष्य वनस्पति का संरक्षण है जिस पर जीवजगत निर्भर है। भारतीय संरक्षित क्षेत्रों का वानस्पतिक संदर्भ निर्भर है:

भारत की वनस्पति

वनस्पति प्रकृति के मूर्त रूप का दर्शन कराती है अर्थात जमीन की बनावट, मिट्टियां और जलवायु के समवेत प्रभाव को वनस्पति के रूप में ही देखा जा सकता है। यही कारण है कि वर्षावनों, घास के मैदानों और समुद्रतटीय वनों को देखकर इन स्थानों की प्रकृति संबंधी विशेषताओं का पता चलता है। ऐसा ही कुछ मरुस्थलीय प्रदेशों तथा पर्वतीय क्षेत्रों में भी देखा जा सकता है जहां समुद्री हवाओं की दिशा तथा ऊंचाई के कारण प्राकृतिक परिदृश्य विशिष्ट होते हैं। भारत में जलवायु संबंधी विविधता के कारण वानस्पतिक विविधता है, इसे मोटे तौर पर वनों के प्रकार के रूप में विवेचित किया जाता है। इस प्रकार की विवेचना से प्रकृति की प्रादेशिक नैसर्गिक भिन्नता का बोध होता है। जीव जगत का आधार अंततः वनस्पतियां ही हैं।

वनों की विविधता के आधार पर भारत की प्राणि–भौगोलिक (बायोज्योग्राफिक) विकास योजना तैयार की गई है। भारत के वनों का सर्वमान्य वर्गीकरण जो मूलतः सेठ और चैम्पियन द्वारा प्रस्तुत किया गया और जिसे पुरी (1960) ने कुछ परिवर्तनों के साथ प्रस्तुत किया है उसे यहां प्रस्तुत किया जा रहा है। पुरी (1960)† ने भारत को 5 प्रमुख वर्गों तथा 16 उपवर्गों में बांटा है, जो इस प्रकार है :

(अ) आर्द्र अयन मंडलीय सदाबहार तर वन 2. आर्द्र अयन मंडलीय अर्ध सदाबहार वन 3. आर्द्र पतझड़ वाले वन 4. सालवन 5. सागर तटीय वन

(ब) शुष्क अयन मंडलीय वन
6. शुष्क सदाबहार वन 7. शुष्क पतझड़ वाले वन 8.आर्द्र अयन मंडलीय वामन वृक्षों के वन 9. शुष्क मरुस्थलीय वन

---

† Puri, G.S., (1960) 'Indian Forest Ecology', vol. I & II, Calcutta.

(स) उप अयन मंडलीय वन
10. उप अयन मंडलीय आर्द्र वन 11. पाइन वन 12. हिमालयी पाद पृष्ठीय वन

(द) उच्च अक्षांशीय वन
13. आर्द्र उच्च अक्षांशीय वन
14. उच्च अक्षांशीय मिश्रित वन
15. उच्च अक्षांशीय शुष्क वन

(इ) उच्च पर्वतीय वन
16. हिमालयी उच्च पर्वतीय वन

पारिस्थितिकी विज्ञान और संरक्षित क्षेत्रों का प्राणिजात

पारिस्थतिकी विज्ञान में प्रत्येक प्राणी के पर्यवास (हेबिटाट) का पूरा अध्ययन किया जाता है। यह प्राणी एक मेढक भी हो सकता है या बारहसिंघा भी। इस प्रकार के हजारों अध्ययन (जैसे–इकोलॉजी ऑफ बानट मकाक या बानट बन्दरों की पारिस्थितिकी) हुये ताकि संरक्षित क्षेत्रों में पाये जाने वाले प्रत्येक प्राणी की प्रकृति को समझा जा सके। पारिस्थितिकी विज्ञान में ही दूसरा विचार 'इकोसिस्टम' तथा 'बायोम्स' का है जिसमें भौगोलिक दृष्टि से विविध प्राकृतिक रूपों को समझने का प्रयास किया जाता है। उदाहरण के लिये वर्षा वनों, डेल्टाई वन या कि मरुस्थलीय तथा द्वीपीय इकोसिस्टम अर्थात अलग–अलग प्रकार के भौतिक स्थलों जिनके प्राणिजात का अनुकूलन कुछ अलग है। इकोसिस्टम का विचार एक गूढ़ विचार है जिसका साधारणीकरण कठिन है। भारत के टाइगर रिजर्व इसी विचार पर स्थापित किये गये हैं। जहां प्रकृति के फूड चेन तथा फूड पिरामिड भारत के 28 टाइगर रिजर्व को संरक्षित करने के प्रयास हैं वहीं 12 बायोस्फियर (विवरण इसी अध्याय में अन्यत्र) रिजर्व में प्रकृति की संपूर्णता की संरक्षणता का उद्देश्य है। इनके अतिरिक्त भारत के 18 नमक्षेत्रों में मुख्यतः पक्षियों और संरक्षण का उद्देश्य है। टाइगर रिजर्व वस्तुतः हाथियों, गैड़ों, बारहसिंघा तथा अन्य बहुत से वन्यप्राणियों की भी अन्तिम शरणस्थली है। यदि इनकी संख्या जोड़ी जाय तो यह लगभग 50 बैठती है परंतु इनके अतिरिक्त भी अनेक ऐसे संरक्षित क्षेत्र हैं जो अपने प्राणिजात या अन्य प्राकृतिक विशिष्टताओं के लिये जाने जाते हैं, जैसे–गिर राष्ट्रीय उद्यान।

संरक्षित क्षेत्रों की पारिस्थितिकी

पारिस्थितिकी विज्ञान, जो कि अपेक्षतया एक नया विज्ञान है, में संपूर्ण प्रकृति की बात कही जाती है। वानस्पतिक संदर्भ में यह विज्ञान वृक्षों–झाड़ियों इत्यादि के वितरण और वर्गीकरण को अपने ढंग से विवेचित करता है।

संरक्षित क्षेत्रों की स्थापना प्रकृति संरक्षण या पर्यावरण के लिये हुई है। किसी भी क्षेत्र की प्रकृति की समष्टि को पारिस्थितिकी कहा जाता है जो अलग–अलग क्षेत्रों में विभिन्न रूपों में देखने को मिलती है। वनस्पति और वन्य प्राणियों की संकुलता (प्राणिजात) के रूप में प्रकृति या क्षेत्रीय पारिस्थतिकी की विविधता दृष्टिगोचर होती है।

पारिस्थितिकी क्षेत्र की भूमि (चट्टान, मृदा इत्यादि) तथा जलवायु के प्रकार की उपज है जिसे वनस्पति के रूप में स्पष्ट रूप से देखा तथा परखा जा सकता है वनस्पति में पलने वाले जीव फिर वे चाहे कीट और भृंग हो या कि विकसित मत्स्य, भेक, सरीसृप, पक्षी और स्तनपोषी प्राणी हों कहीं कोई एकाकी रूप से जीवित नहीं रह सकता। सभी अनन्याश्रित हैं। सभी का अपना महत्व है, इसीलिये पूरी प्रकृति की रक्षा करनी है तभी पारिस्थितिकी तन्त्र सुरक्षित है। सैद्धांतिक रूप में प्रत्येक संरक्षित क्षेत्र को मानवीय कार्यकलापों से सुरक्षित होना चाहिये ताकि वहां की वनस्पति और प्राणिजात अपने प्राकृतिक परिवेश में जीवित रह सके।

वानस्पतिक विवरण की दो आधारभूत विधियां

भारत जैसे विशाल देश की या कि एक छोटे-से गांव के वन की वनस्पति को दो विधियों द्वारा वर्णित किया जा सकता है। पहली विधि वर्गिकी की है। जिसमें वंशानुक्रम वानस्पतिक पहिचान स्पीसीज के आधार पर की जाती है। वृक्षों की वर्गिकी के आधार जैविक वर्गिकी के आधार जैसे ही हैं। वृक्षों की इकाई प्रजाति होती है जिन्हें वंश, कुटुम्ब, गण इत्यादि के अंतर्गत रखा जाता है। उन्हें, वनस्पति विज्ञान में प्रत्येक पौधे का विशिष्ट नाम है, जिससे जाना जाता है पौधों के ऐसे विवरण को वर्गिकी या विवरण कहा जाता है, यथा- पीपल का वर्गिकी नाम 'फाइकस इंडिका' है।

पौधों का अनुकूलन और वितरण पशु-पक्षियों जैसा नहीं है और यह अंतर उनके और पक्षियों के बीच गतिशीलता का है। दूसरी विधि या विवेचना वनस्पति भूगोल (फाइटोज्योग्राफी) के आधार पर की जाती है जो कि एक पुराना विज्ञान है। यही विषय अब पारिस्थितिकी विज्ञान है। इस विज्ञान में क्षेत्रीय वनस्पति की विवेचना निम्नलिखित 2 आधारों पर की जा सकती है-

(अ) पारिस्थितिकी के अनुसार वनस्पतियों का वर्णन किया जाता है, यथा-जल मै पैदा होने वाली वनस्पति को 'हाइट्रोफाइट' कहा जाता है।

(ब) क्षेत्रीय पारिस्थितिकी के आधार पर वनस्पतियों का वर्णन यह प्राणि-भौगोलिक विवरण है जिनसे क्षेत्रीय वनस्पतियों के गुण धर्म का पता चलता है, जैसे- वर्षा वन या डेल्टाई वन।

यहां यह लिखना उचित होगा कि भारतीय संरक्षित क्षेत्रों की प्रबंध योजना का मूल

"There is no satisfactory and universally accepted definition and classification of 'ecosystems' since variations and gradations between ecological communities are yet to be adequately and properly understood. As such there is no unanmity in identifying ecosystem boundary. In reality, there is no discrete discontinuous unit in the natural environment. Therefore an ecosystem may be as large as biogeographic regions or as small as natural habitats and ecosystem diversity is considered at three levels - biogeographic regions, biotic provinces and biomass."

– J.R.B. Alfred, A.K. Das and A.K. Sanyal (2003) Ecosystems of India.
Publisher : ENVIS Centre by Zoological Survey of India.

आधार भारतीय वनों के प्रकार ही हैं। उनके वितरण को ही साधारण तौर पर 'प्राणि-भौगोलिक प्रदेशों' का आधार बनाया गया। विश्वकोश में 'पारिस्थितिकी' शीर्षक के अंतर्गत वनों के प्रकार को इसीलिये दर्शाया गया है। वर्गिकी के आधार पर परिशिष्ट 2 में भारत के कुछ क्षेत्रों के वनों की प्रजातियों को प्रस्तुत किया गया है। भारत में लगभग 30000 प्रजाति के वृक्षादि पाये जाते हैं जिनमें से कुछ प्रमुख वृक्षों की प्रजातियों को ही परिशिष्ट में दिया गया है।

मानचित्र 4 – हिमालय : प्राणि-भौगोलिक प्रदेश

हिमालय का पर्वतीय क्षेत्र भारत से कुछ अलग प्रकार का प्राणि-भौगोलिक प्रदेश है। यद्यापि इसे चार उपभागों में बांटा जाता है परन्तु वास्तविकता यह है कि चौथे या हिमालयपाद प्रदेश (तराई, भामर) को छोड़कर शेष तीनों उपभाग शेष भारत से अलग प्रकार की जैव एवं वानस्पतिक विविधता वाले हैं। उपर्युक्त तीन उपविभागों में आपस में अवश्य जैविक और वानस्पतिक अंतर है पर इतना नहीं कि उन्हें प्रायद्वीपीय भारत के किसी भी प्राणिभौगोलिक प्रदेश के समकक्ष न रखा जा सके।

हिमालय की वानस्पतिक विशेषता और विविधता को केवल इसी तथ्य से समझा जा सकता है कि भारतीय वनस्पति की क्षेत्रज (एन्डिमिक) प्रजातियों, जिनकी संख्या लगभग 7000 है, में से 3000 तो केवल हिमालय और खासी-जयन्तिया के पर्वतीय क्षेत्रों में ही पाई जाती हैं। संपूर्ण दक्कन प्रायद्वीप में ऐसी प्रजातियों की संख्या लगभग 2000 है।

यह आश्चर्य की बात नहीं है कि हिमालय तथा खासी-जयन्तिया के पर्वतीय क्षेत्र में कुछ संरक्षित क्षेत्र केवल वानस्पतिक प्रजातियों के संरक्षण के लिये स्थापित किये गये हैं ।

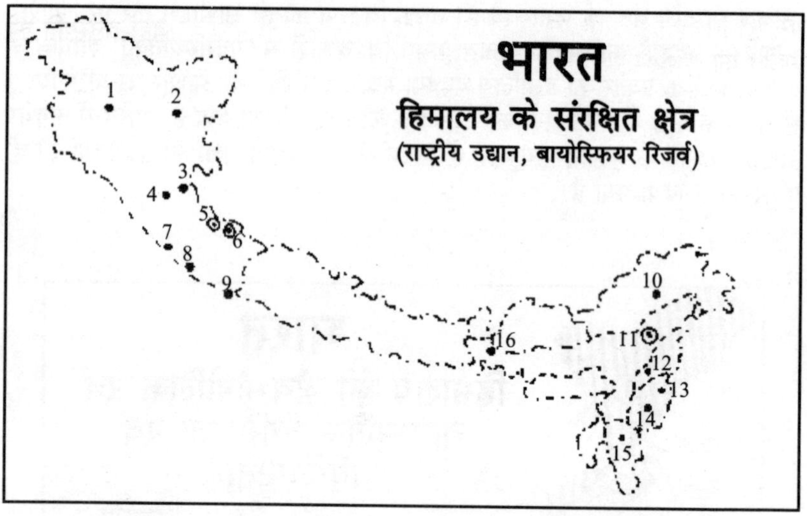

मानचित्र 5 – हिमालय : संरक्षित क्षेत्र (राष्ट्रीय उद्यान, बायोस्फियर रिजर्व)

1. डाचीगम
2. हेमिस
3. ग्रेट हिमालय
4. पिनवेली
5. नन्दादेवी (रा.उ. एवं बा.रि.)
6. फूलों की घाटी (रा.उ. एवं बा.रि.)
7. राजाजी
8. कार्बेट
9. दुधवा
10. मोलिंग
11. काजीरंगा (रा.उ. एवं बा.रि.)
12. इटानकी
13. सिरोही
14. कैबुल लामजाओ
15. डम्पा
16. नेओरा

हिमालय के संरक्षित क्षेत्रों में (हिमालयपाद प्रदेश के संरक्षित क्षेत्रों को छोड़कर) प्राणिजात संबंधी एकरूपता मिलती है। पूर्वी क्षेत्रों में वर्षा अधिक होने के कारण अयनमंडलीय प्राणिजात की उपस्थिति कुछ अधिक है पर ऊंचाई पर सर्वत्र ही पैलार्कटिक प्राणिजात पाया जाता है पर फिर चाहे वह काश्मीर हिमालय का क्षेत्र हो, सिक्किम हो या कि अरुणाचल की ऊँची पहाड़ियों का।

भारत के प्रायद्वीपीय क्षेत्र के संरक्षित क्षेत्रों में न पाये जाने वाले पशु, यथा–हिमालयी भालू, गार्टिन, गोरल, सीरो, टाकिन इत्यादि हिमालयी संरक्षित क्षेत्रों में पाये जाते हैं।

भारत के हिमालयी क्षेत्र में कुछ संरक्षित क्षेत्र हिमालय की विशिष्ट प्रजातियों यथा कस्तूरीमृग के संरक्षण के लिये स्थापित किये गये।

वानस्पतिक प्रजातियां

जैसा कि पहले लिखा जा चुका है कि वनस्पति को या तो उनके सामूहिक क्षेत्रीय गुणों के आधार पर अध्ययन किया जा सकता है या कि प्रत्येक वृक्ष, झाड़ियां, लतायें और घासों की प्रजातियों के आधार पर पहले प्रकार के अध्ययन पारिस्थितिकीय अध्ययन हैं जिनमें घास के मैदान या वर्षावनों जैसी श्रेणियों का विवेचन किया जाता है। सामान्यतौर

पर ऐसे विवरणों की परंपरा भौगोलिक अध्ययनों से प्रारंभ हुई थी जहां वनस्पति को प्रकृति का सर्वोत्तम प्रतिनिधि माना गया था।

इसी तरह प्रत्येक वृक्ष का इकाई के रूप में अध्ययन का भी उतना ही महत्व है। ऐसे अध्ययन वर्गिकी के आधार पर होते हैं। जीवों की भाँति वनस्पतियों को भी प्रजाति, जातिगण में वर्गीकृत किया जाता है। चूंकि इस प्रकार के वर्गीकरण के नाम सामान्यजनों में प्रचलित नहीं होते तथा उनका उपयोग भी तकनीकी विवरणों में ही होता है, अतः संपूर्ण गैर–हिमालयी भारत में अधिकतर पाये जाने वाले वृक्षों, झाड़ियों लताओं, घासों इत्यादि के नाम परिशिष्ट–1 में दिये जा रहे हैं। परिशिष्ट–2 में सुन्दरवन क्षेत्र में पायी जाने वाली वनस्पति का नाम वर्गिकी की दृष्टि से दिया गया है। वस्तुतः भारत के अनेक क्षेत्रों में अनेक प्रजातियों के वृक्षादि पाये जाते हैं। उन सभी के यहां नाम देना संभव नहीं है।

वर्गिकी की दृष्टि से किसी भी विशाल क्षेत्र यथा देश में दो प्रकार की वनस्पति पाई जाती है, जिनमें से एक प्रकार की वनस्पति में उन प्रजातियों को शामिल किया जाता है जो क्षेत्र विशेष तक सीमित हों। इन्हें 'एन्डेमिक फ्लोरा'कहा जाता है। दूसरे वर्ग में शेष अन्य वनस्पति सम्मिलित की जाती हैं जो देश या क्षेत्र के बाहर भी पाई जाती हैं।

भारतीय वनस्पति में 61.5 प्रतिशत भाग 'एन्डेमिक फ्लोरा' (चटर्जी, 1940) का है जिसमें 134 वंश (जेनेरा) की 7000 प्रजातियां (या जातियां : स्पीसीज) शामिल की जाती हैं।

यदि भारत में 'इन्डेमिक फ्लोरा' के क्षेत्रीय वितरण की बात करें तो हम पाते हैं कि गारो, खासी, जयन्तियां की पहाड़ियों सहित हिमालय पर्वत में 3000 इन्डेमिक प्रजातियां पाई जाती हैं जबकि संपूर्ण दकन प्रायद्वीप में 2000 इन्डेमिक प्रजातियां पाई जाती हैं।

भारत में पाई जाने वाली इन 'इन्डेमिक प्रजातियों' में से अनेक संकटग्रस्त हैं। 'बाटनिकल सर्वे ऑफ इंडिया' तथा 'फॉरेस्ट रिसर्च इन्स्टीट्यूट' ने इनको संरक्षण देने की सिफारिश की है।'

यहां पर सभी संकटग्रस्त प्रजातियों की संख्या नहीं दी जा रही है वरन् क्षेत्रीय वितरण के संदर्भ में उनकी उस संख्या को दिया जा रहा है :

1. हिमालय तथा पूर्वी भारत की पहाड़ियां : प्रारंभिक तौर पर इस क्षेत्र की लगभग 99 प्रजातियों को संकटापन्न माना गया था। अब यह संख्या बढ़ चुकी है।

2. गैर–हिमालयी भारत या प्रायद्वीपीय भारत :

अ. राजस्थान एवं गुजरात : यह भारत का अपेक्षाकृत शुष्क भाग है। प्रारंभिक तौर पर यहां की वनस्पतिक प्रजातियों को संकटग्रस्त माना गया था।

ब. गंगा का मैदान : गंगा के मैदान का अधिकांश भाग खेती के लिये साफ कर दिया गया है। प्रारंभिक तौर पर यही एक वानस्पतिक प्रजाति को संकटग्रस्त माना गया था। यह प्रजाति एक जलीय पौधा है (एल्ड्रोवान्डा वेसिक्यूलेशा, लायनस)। यह वनस्पति कलकत्ते के सागीप नगक के क्षेत्रों में पायी जाती है।

स. प्रायद्वीपीय भारत : प्रायद्वीपीय भारत में पश्चिमी घाट, पूर्वी घाट, विन्ध्याचल, सतपुड़ा जैसे पहाड़ी क्षेत्रों में विविध वनस्पतियां पाई जाती हैं। प्रारंभिक तौर पर इस विस्तृत क्षेत्र की 19 वानस्पतिक प्रजातियों को संकटग्रस्त माना गया।

द. अंडमान निकोबार द्वीप समूह : भारत के ये द्वीप वानस्पतिक दृष्टि से अत्यंत महत्वपूर्ण हैं। प्रारंभिक तौर पर इन द्वीपों की 11 प्रजातियां संकटग्रस्त मानी गईं।

जहां तक पौधों या वनस्पतियों के संरक्षण का प्रश्न है वहां अभी भी काफी काम होना शेष है। संरक्षण की दृष्टि से वन्यप्राणियों की भांति ही वनस्पतियों के भी निम्नलिखित वर्ग हैं–

1. (E) इनडेन्जर्ड, 2. (V) वल्नरेबल, 3. (R) रेयर, 4. (T) थ्रियेटन्ड

भारतीय संरक्षित क्षेत्रों का जैव-भौगोलिक संदर्भ

उन्नीसवीं शताब्दी के अंत में ही यह ज्ञात हो चुका था कि विश्व में प्राणियों के वितरण का एक सुनिश्चित प्रारूप है। इस तथ्य को सबसे पहले उजागर करने वाले व्यक्ति थे अल्फ्रेड वैलेस (1888)जिन्हें चार्ल्स डार्बिन के साथ 'विकासवाद का जनक' माना जाता है। उन्होंने संपूर्ण विश्व को समान प्राणिजात के आधार पर कुछ भागों में बांटा था। उनका यह वर्गीकरण जीवभौगोलिक वर्गीकरण कहा जाता है। वैलेस के पहले भी कुछ विद्वानों ने इस विषय में अपने वर्गीकरण प्रस्तुत किये थे किंतु उनमें विकासवाद के तत्व का अभाव था।

वन्य प्राणियों के वितरण संबंधी ज्ञात तथ्य

जीवभूगोल के अनुसार विश्व को निम्नलिखित जीवपरिमंडलों (जू ज्योग्राफिक रीजन्स) में बांटा जाता है–

1. *पैलार्कटिक (प्राचीन उत्तरी परिमंडल)*–जिसके अंतर्गत हिमालय से उत्तर का संपूर्ण एशिया तथा संपूर्ण यूरोप शामिल किया जाता है।
2. *निआर्कटिक (नवीन उत्तरी परिमंडल)*–जिसके अंतर्गत मैक्सिको को छोड़कर संपूर्ण उत्तरी अमेरिका शामिल किया जाता है।
3. *ओरियंटल (पूर्वी परिमंडल)*–इसके अंतर्गत संपूर्ण भारतीय उपमहाद्वीप तथा दक्षिण-पूर्व एशिया शामिल किया जाता है।
4. *इथियोपियन (इथियोपियाई या अफ्रीकी परिमंडल)*–सहारा का दक्षिणवर्ती संपूर्ण अफ्रीका महाद्वीप इस परिमंडल में शामिल किया जाता है।
5. *नियोट्रापिकल (नव अयनमंडलीय परिमंडल)*–इसके अंतर्गत संपूर्ण दक्षिण अमेरिका एवं मध्य अमेरिका शामिल किया जाता है।
6. *आस्ट्रेलियन (आस्ट्रेलियाई परिमंडल)*–इसके अंतर्गत आस्ट्रेलिया, न्यूगिनी और कुछ समीपवर्ती द्वीप शामिल किये जाते हैं।

जीवभूगोल के इन परिमंडलों की संख्या तथा विस्तार में विद्वानों के साधारण मतभेद रहे। मोटे तौर पर विश्व स्तर पर प्राणियों के वितरण की यह सर्वमान्य योजना बनी।

जैवपरिमंडलों में भारत की स्थिति

उपर्युक्त परिमंडलों में से गैर-हिमालयी भारत ओरियंटल (पूर्वी परिमंडल) रीजन का पश्चिमी भाग है। इसके साथ ही हिमालयी क्षेत्र पैलार्कटिक (प्राचीन उत्तरी परिमंडल)

का भाग है। इसका अर्थ यह है कि हिमालयी क्षेत्र का प्राणिजात यूरेशिया के प्राणिजात जैसा है और शेष भारत का प्राणिजात दक्षिण-पूर्व एशिया जैसा ही है। यह समानता इन क्षेत्रों में पाये जाने वाले वन्य पशुओं और पक्षियों की प्रजाति के आधार पर सिद्ध होती है। इसी पारस्परिक संबंध को भारतीय प्रदेशों के संदर्भ में अधोलिखित तालिका में दर्शाया गया है।

भारतीय प्राणिजात का जीव भौगोलिक वितरण

प्रदेश/का शासित क्षेत्र	*संरक्षित क्षेत्रों की संख्या*	*संरक्षित क्षेत्र का प्रमुख प्राणी*	*प्राणिजात का क्षेत्रीय प्रकार*
अंडमान निकोबार द्वीप समूह	8	–	समुद्र तटीय प्राणिजात
अरुणाचल प्रदेश	06	बाघ	ओरियण्टल
आसाम	12	बाघ	ओरियण्टल
आंध्र प्रदेश	16	बाघ	ओरियण्टल
उड़ीसा	19	बाघ	ओरियण्टल
उत्तर प्रदेश	11	बाघ	ओरियण्टल
उत्तरांचल	10	बाघ	ओरियण्टल
कर्नाटक	19	बाघ	ओरियण्टल
केरल	11	बाघ	ओरियण्टल
गुजरात	13	सिंह	ओरियण्टल
गोवा दमन द्वीव	04	लघु संरक्षित क्षेत्र	ओरियण्टल
छत्तीसगढ़	13	बाघ	ओरियण्टल
जम्मू एवं काश्मीर	12	हिमालयी प्राणिजात का क्षेत्र	पैलार्कटिक
झारखंड	09	बाघ	ओरियण्टल
तमिलनाडु	11	बाघ	ओरियण्टल
नागालैंड	03	बाघ	ओरियण्टल
पश्चिम बंगाल	19	बाघ	ओरियण्टल
बिहार	07	बाघ	ओरियण्टल
मणिपुर	02	बाघ	ओरियण्टल
मध्य प्रदेश	28	बाघ	ओरियण्टल
महाराष्ट्र	29	बाघ	ओरियण्टल
मिजोरम	01	बाघ	ओरियण्टल
मेघालय	05	बाघ	ओरियण्टल
सिक्किम	05	हिमालयी प्राणिजात	ओरियण्टल
हरियाणा	02	लघुसंरक्षित क्षेत्र	ओरियण्टल
हिमाचल	31	हिमालयी प्राणिजात का क्षेत्र	पैलार्कटिक

भारतीय प्रदेशों में सर्वाधिक क्षेत्र में पाये जाने वाले वन्य पशुओं में बाघ का स्थान प्रमुख है। यद्यपि पैलार्कटिक क्षेत्र (साइबेरिया) में बाघ की उत्पत्ति हुई थी परंतु अपने प्रवास में वह ओरियन्टल रीजन में प्रमुखता से फैला। इसी तरह सिंह यद्यपि इथियोपियाई

प्रदेश का प्राणी है परंतु वह भी ओरियन्टल रीजन के एक छोटे भाग तक पहुंच गया। इन दो उदाहरणों से यह भी स्पष्ट होता है कि जिन प्राणियों में अनुकूलनशीलता अधिक है वे इन विभागों की सीमा को लांघ सकते हैं ।

परंतु ऐसे प्राणियों की संख्या कम है। ओरियन्टल रीजन को पुनः चार विभागों में बांटा जाता है जो कि क्रमशः भारतीय उपविभाग, श्रीलंकाई उपविभाग, हिंद्चीन उपविभाग तथा हिंदेशियाई उपविभाग के नाम से जाने जाते हैं। इन उपविभागों में से 3 उपविभाग आर्द्रता और दूरी के आधार पर निर्धारित किये गये।

पुरा–भौगोलिक साक्ष्यों से यह ज्ञात होता है कि प्लीस्टोसीन काल में लगभग पूरा ओरियंटल रीजन एक सी ही आर्द्र जलवायु का प्रदेश था किंतु कालान्तर में बढ़ती शुष्कता ने इसे चार क्षेत्रीय जलवायु के प्रदेशों में विभाजित कर दिया और इस तरह एक ही समूह के प्राणिजात के चार उपभेद हो गये।

भारत में ओरियंटल रीजन के 3 उपविभागों के क्षेत्र हैं। सबसे बड़ा उपविभाग भारतीय उपविभाग (इंडियन सब–रीजन) है यह हिमालय की तराई को छोड़कर गंगा–सिंधु के मैदान और दकन के पठार में मलाबार या सह्याद्रि के एक बड़े भाग को छोड़कर समूचे भारत में फैला है। इस उपविभाग में जहां ओरियन्टल के समान प्राणिजात पाया जाता है वहां कुछ ऐसे प्राणी भी हैं जो अन्य तीन उपविभागों में नहीं पाये जाते। ये प्राणी नीलगाय, कृष्णमृग और स्लाथबियर या भारतीय भालू हैं। यह एक अलग तथ्य है कि इन्हीं प्राणियों को जब अलग–अलग कालखंडों में अन्य उपविभागों में ले जाया गया तो वे वहां जीवित ही नहीं रहे वरन् उनकी संख्या में यथेष्ट वृद्धि भी हुई ।

भारत में भारतीय उपविभाग के अतिरिक्त हिन्द चीन उपविभाग का भाग हिमालय की तराई क्षेत्र में फैला है। इस क्षेत्र में हिन्दचीन में पाये जाने वाले प्राणी, जैसे–गिब्बन, अनेक प्रकार के लंगूर, गैंडा इत्यादि हैं। भारत में ओरियन्टल रीजन का तीसरा उपविभाग लंकाई उपविभाग है इसमें लोरिस कुछ विशिष्ट प्रजाति के वानर तथा नीलगिरि तहार जैसे वन्य पशु पाये जाते हैं। जो शेष भारत में नहीं मिलते।

संपूर्ण ओरियंटल रीजन या भारतीय उपविभाग के प्राणियों में बाघ, हाथी, तेंदुआ, हरिण और एन्टलप हैं। पूरे भारतीय उपविभाग में हनुमान लंगूर या बोनट मकाक पाये जाते हैं।

उपर्युक्त विवरण से यह ज्ञात हो जाता है कि भारत के किस विशिष्ट विभाग में कौन से वन्य प्राणियों का वर्ग देखने को मिलेगा जैसे हिमालयी क्षेत्र के पर्वतों में बाघ या सिंह नहीं मिलेंगे वरन् वहां पर हिम तेंदुआ, हिमालयी छाग मेष, कस्तूरी मृग तथा हिमालयी रीछ ही देखने को मिलेंगे। यही कारण है कि यहां के संरक्षित क्षेत्रों में इन्हीं प्राणियों को संरक्षित करने की योजनायें हैं।

ओरियंटल रीजन के हिंदचीनी उपविभाग में जो भारत में तराई से लेकर सुदूर थाइलैंड और कम्बोडिया तक फैला है, एक से प्राणिजात का क्षेत्र है और इसीलिये इस उपविभाग के भारतीय क्षेत्र में गैंड़े, गिब्बन तथा अनेक प्रजातियों के वानरों के संरक्षण का कार्य यहां के संरक्षित क्षेत्रों की प्राथमिकता है।

दक्षिण भारत के श्रीलंकाई उपप्रदेश का विस्तार दक्षिण भारत के पश्चिमी तट के पर्वतों तक है, अतः यहां पर पाये जाने वाले विशिष्ट प्रजातियों, यथा–नीलगिरि तहार इत्यादि को संरक्षित करने के प्रयासों पर अधिक ध्यान दिया जाता है।

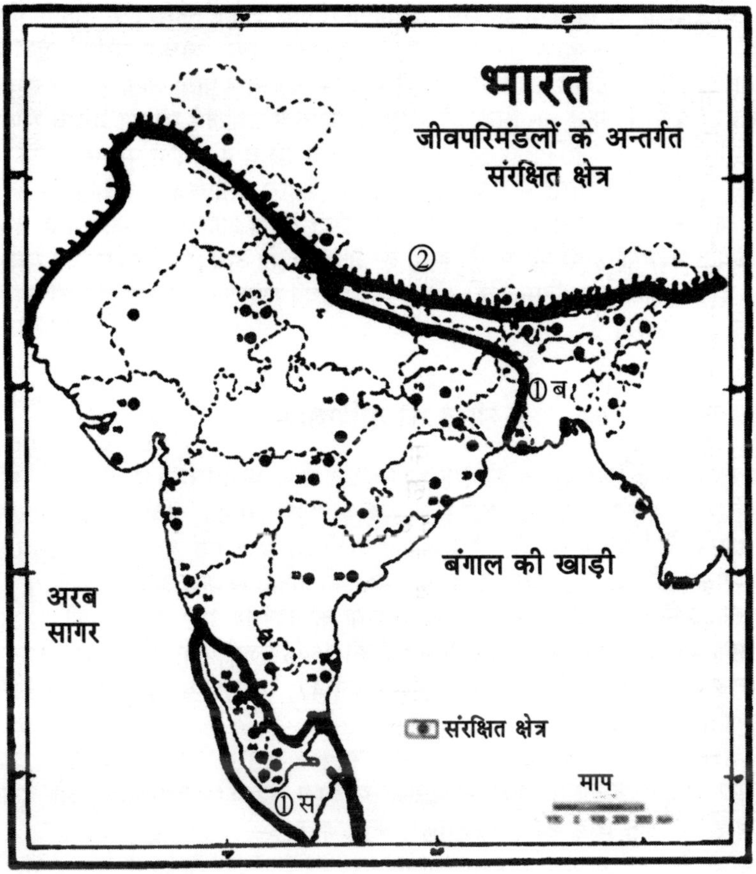

मानचित्र 6 – भारत : जीवपरिमंडलों के अन्तर्गत संरक्षित क्षेत्र

① ओरियंटल (पूर्वी परिमंडल)
 1अ. भारतीय उपविभाग
 1 ब. हिंदचीन उपविभाग
 1 स. लंकाई उपविभाग
② पैलार्कटिक (प्राचीन उत्तरी परिमंडल)

जीवपरिमंडलों की सामान्य जानकारी से उस क्षेत्र में स्थित संरक्षित क्षेत्र के प्राणिजात की सामान्य जानकारी हो जाती है।

कुछ प्राणी जो भारत के इन सभी उपप्रदेशों में पाये जाते हैं, जैसे–शेर, तेंदुआ, गौर, हाथी, हरिणों की अनेक प्रजातियां इत्यादि का संरक्षण सबसे अधिक संरक्षित क्षेत्रों में किया जा रहा है। चूंकि शेर या बाघ संपूर्ण भारत में न केवल पाया जाता है वरन् संपूर्ण भारत के वनों में 'फूड पिरामिड' के शीर्ष में स्थित है इसलिये उसका बचाव संपूर्ण 'फूड पिरामिड' को सुरक्षित करना है और यह तभी संभव है जबकि पूरा पर्यावरण या प्रकृति सुरक्षित हो। भारत में बाघ परियोजना का महत्व इसीलिये सर्वाधिक है।

बाघ का महत्व केवल भारत में ही नहीं अपितु संपूर्ण ओरियंटल रीजन में है, ऐसी ही स्थिति एशियाई हाथी की भी है। हाथी के अस्तित्व का अर्थ भी पर्यावरण का समृद्ध होना है। ताजे पानी में डोल्फिनों की संख्या भी जल की गुणवत्ता तथा जलस्रोत की सुरक्षा की कहानी कहती है।

भारत का प्राणिजात†

विश्व के स्थल खंड का 2 प्रतिशत भाग भारत में है परंतु विश्व के प्राणिजात की 5 प्रतिशत प्रजातियां यहां पाई जाती हैं जो यहां के प्राणिजात की विविधता और संपन्नता की द्योतक हैं। भारत में 65000 से कुछ अधिक जैविक प्रजातियां पाई जाती हैं। इनमें से कीट–पतंगों की 40,000 प्रजातियां हैं, मोलस्का की 5000 से कुछ अधिक प्रजातियां हैं। कशेरुक प्राणियों में भारत में स्तनपोषी प्राणियों की लगभग 372, पक्षियों की 1228, सरीसृपों की 428, भेकों की 204 तथा मत्स्यों की 2546 प्रजातियां निवास करती हैं। इनमें से स्तनपोषी प्राणियों की लगभग 81, पक्षियों की 47, सरीसृपों की 15 तथा भेकों की 3 प्रजातियां संकटग्रस्त हैं।

वर्गिकी के मान्य वर्गीकरण के अनुसार विश्व के समस्त जीवों को दो प्रमुख वर्गों में बांटा जाता है पहला वे जिन्हें अकशेरुक (या बिना रीढ़ की हड्डी वाले) और दूसरे वे जिन्हें कशेरुक (रीढ़ की हड्डी वाले) कहा जाता है–

अकेशरुक प्राणिवर्ग

इस जीव वर्ग के अंतर्गत मोटे तौर पर दो उपवर्ग माने जा सकते हैं–

कीट–पतंग (इनसेक्ट्स)–पृथ्वी के जीवों में 75 से 80 प्रतिशत भाग कीट पतंगों की प्रजातियों का है। संस्कृत साहित्य में इन्हें पतंग, भ्रमर, पिपीलिका, मक्षिका आदि वर्गों में वर्गीकृत किया गया था। भारतीय संरक्षित क्षेत्रों में इनका महत्व परोक्ष है, अर्थात इनके लिये संरक्षित क्षेत्र नहीं स्थापित किये गये। यह अवश्य है कि कुछ संरक्षित क्षेत्रों में इनमें से कुछ वर्गों के प्राणियों को सुरक्षित रखने के प्रयास किये जा रहे हैं, जैसे–बंगलूरु के समीप स्थित राष्ट्रीय उद्यान बन्नरघट्टा में तितली उद्यान बनाया गया है। दूसरा उपवर्ग उन अकशेरुक प्राणियों का है जो कीट–पतंगों के अतिरिक्त हैं। इनमें प्लेंकटन जैसे लघु जीवों से लेकर शंखों, सीपियों और प्रवाल जैसे जीव हैं जो ताजे पानी या नदियों से लेकर समुद्री किनारों तक पाये जाते हैं। इनके संरक्षण के लिये भारत में समुद्रतटीय

† Animal Resources of India (1991) Zoological Survey of India.

संरक्षित क्षेत्र स्थापित किये गये हैं परंतु इस वर्ग के प्राणियों का सबसे बड़ा समवेत संरक्षित क्षेत्र अंडमान निकोबार द्वीप समूह है जहां पर 4 राष्ट्रीय उद्यान और बीस से अधिक अभयारण्य स्थापित किये गये हैं।

कशेरुक प्राणिवर्ग

इस विकसित प्राणिवर्ग के अंतर्गत 5 उपवर्ग शामिल किये जाते हैं–

1. मत्स्य

विश्वभर में लगभग 21,723 प्रजाति की मछलियां पाई जाती हैं जो कि संपूर्ण कशेरुक प्राणिवर्ग की कुल प्रजातियों की आधी हैं। भारत में मछलियों की 2546 प्रजातियां पाई जाती हैं जो कि 969 वंशों से संबंधित हैं। इनमें से लगभग 59 प्रतिशत सागरीय या समुद्रों में रहने वाली खारे पानी की मछलियां हैं और शेष ताजे पानी की।

भारतीय मत्स्य प्राणिजात मूलरूप से हिंदचीन और हिंद मलय से साम्य रखता है, अर्थात वह अपने स्वरूप में पूर्वी (ओरियण्टल) भौगोलिक परिमण्डल का है।

2. भेक

इस उपवर्ग में मेढक, निवेट इत्यादि शामिल किये जाते हैं। विश्व भर में इनकी 5145 प्रजातियां हैं जो कि 330 वंशों से संबंधित हैं। भारत में 32 वंशों की 204 भेक प्रजातियां पाई जाती हैं । भारत का 40 प्रतिशत भेक प्राणिजात 'इन्डेमिक' या भारतीय मूल का है।

3. सरीसृप

मगर, कच्छप, सर्प एवं छिपकलियां सरीसृप प्राणिजात के अंतर्गत वर्गीकृत किये जाते हैं। विश्वभर में सभी सरीसृपों की सम्मिलित प्रजातियों की संख्या 5375 कही जाती है। इनमें से भारत में इनकी 428 प्रजातियां पाई जाती हैं।

4. पक्षी

भारत में पक्षियों के 78 कुटुम्ब, 405 वंश एवं 1228 प्रजातियां पाई जाती हैं। इनमें से 42 पक्षी प्रजातियां भारत की निवासी प्रजातियां हैं। भारत में विश्व की 13 प्रतिशत से अधिक पक्षियों की प्रजातियां पाई जाती हैं। भारत में 47 से भी अधिक पक्षी प्रजातियां संकटग्रस्त हैं।

5. स्तनपोषी प्राणी

भारत में 45 कुटुम्बों, 169 वंशों तथा 372 प्रजातियों के स्तनपोषी प्राणी पाये जाते हैं। विश्व भर की इस वर्ग की 4232 प्रजातियों में से भारत में इस वर्ग के लगभग 9 प्रतिशत प्राणी पाये जाते हैं।

भारत में स्तनपोषी प्राणियों की वर्गिकी के स्तरों पर उपस्थिति[†]

क्र. सं.	गण (ऑर्डर)	कुटुम्बों की संख्या	वंशों की संख्या	प्रजातियों की संख्या
1.	प्रायमेट्स (नर वानर गण)	03	05	15
2.	फोलिडोडा (शल्कधारी पशुगण)	01	01	02
3.	प्रोबोसीडिया (हस्तिगण)	01	01	01
4.	लेगोमार्फा (शशकगण)	02	03	10
5.	स्कन्डेन्सिया (वृक्षचारी थ्रूगण)	01	02	03
6.	आर्टियो डेक्टाइला (विषम खुरीय पशुगण)	05	19	32
7.	पैरिसोडेक्टाइला (सम खुरीय पशुगण)	02	02	03
8.	कार्निवोरा (हिंसक पशुगण)	07	29	57
9.	इनसेक्टिवोरा (कीटभुज पशुगण)	03	09	17
10.	रोडेन्ट्स (कृन्तक पशुगण)	04	43	99
11.	चिरोप्टेरा (चमगादड़ गण)	08	34	109
12.	साइरेनिया[†] (समुद्री गो गण)	01	01	01
13.	सीटेसिया[‡] (शुशु गण)	06	20	25

[†] समुद्री स्तनपोषी प्राणियों का गण

[‡] समुद्री एवं ताजे पानी के जलचर स्तनपोषियों का गण, केवल एक प्रजाति ताजे पानी की निवासी समुद्री स्तनपोषी प्राणियों का गण

प्रतीक प्राणी

पांच कशेरुक वर्गों में से केवल दो वर्ग 'पक्षी' एवं 'स्तनपोषी' प्राणी ही संरक्षित क्षेत्रों की स्थापना की दृष्टि से महत्वपूर्ण है। भारतीय जनमानस में भी उनका ही महत्व सर्वाधिक है। इनका महत्व इसी से समझा जा सकता है कि भारतीय गणराज्य तथा भारत के प्रदेशों के अपने प्रतीक पशु और पक्षी हैं।

[†] Animal Resources of India (1991) Zoological Survey of India.

समकालीन भारत के प्रतीक पशु

मनुष्य प्राचीनकाल से ही वन्य पशुओं की शक्ति या सौंदर्य से प्रभावित रहा है। यही कारण है कि विश्व की प्राचीन सभ्यताओं में पवित्र पशुओं की लंबी फेहरिस्त मिलती है। भारत में ईसापूर्व सम्राट अशोक के स्तम्भों में चार पवित्र पशुओं सिंह, गज, वृषभ एवं अश्व का शिल्पांकन मिलता है।

आधुनिक समय में मनुष्य के सोचने-विचारने का नजरिया बदला है फिर भी प्राचीन तीन पशुओं को अब भी प्रतीक पशुओं के रूप में मान्य किया गया है। आधुनिक भारत का राष्ट्रीय पशु शेर या व्याघ्र है। अन्य राज्य के अपने-अपने प्रतीक पशु-पक्षी आदि हैं† सिंह गुजरात राज्य का प्रतीक पशु है। हाथी चार राज्यों का प्रतीक पशु है। वन्य वृषभ या गौर यदि दो राज्यों का प्रतीक है तो एक अर्धवन्य वृषभ प्रजाति को भी एक राज्य का प्रतीक पशु का दर्जा दिया गया है। वर्गिकी क्रम में भारत के राज्यों का विवरण कुछ इस प्रकार होगा। यह विवरण गणों के आधार पर है–

अ. जिन गणों (ऑर्डर) के वन्य प्राणियों को प्रतीक पशु की मान्यता प्राप्त है।

1. मांसाहारी गण (कार्नीवोरा)

शेर भारत का राष्ट्रीय पशु है अतः वह भारत के सभी राज्यों का पहला प्रतिनिधि पशु भी है। गुजरात राज्य का प्रतीक पशु सिंह ही है क्योंकि वह संपूर्ण भारत में केवल इसी राज्य में पाया जाता है, रेड पांडा का वितरण भी मुख्यतः सिक्किम तक सीमित है तथा क्लाउडेड लियोपार्ड एवं मछलीमार बिल्ली मुख्य रूप से मेघालय और पश्चिम बंगाल में पाये जाते हैं। प्रजातियां, जिन्हें भारत में प्रतीक पशु की मान्यता दी गई, मांसाहारी गण के सात कुटुम्ब भारत में पाये जाते हैं जिनके प्रतिनिधि पशु क्रमशः बाघ, भेड़िया, भालू, पांडा, तरक्षु, नेवला और गंधमार्जार हैं।

1. शेर या व्याघ्र	1. भारत का राष्ट्रीय पशु
2. सिंह	2. गुजरात राज्य का प्रतीक पशु
3. मछली मार बिल्ली	3. पश्चिम बंगाल राज्य का प्रतीक पशु
4. क्लाउडेड लियोपार्ड	4. मेघालय राज्य का प्रतीक पशु
5. रेड पांडा	5. सिक्किम राज्य का प्रतीक पशु

2. हस्तिगण (प्रोबोसीडिया)

हस्तिगण का भारत में एक ही कुटुम्ब (एलीफेन्टाइडी) है तथा उसकी एकमेव प्रजाति एक ही वंश (एलीफस) की है। उल्लेखनीय है कि भारत के जिन 4 प्रदेशों का प्रतीक पशु हाथी है उन प्रदेशों में हाथियों की संख्या अधिक है।

6. हाथी	6. झारखंड राज्य का प्रतीक पशु
	7. कर्नाटक राज्य का प्रतीक पशु
	8. केरल राज्य का प्रतीक पशु
	9. उड़ीसा राज्य का प्रतीक पशु

† Bitapi C. Sinha (2001) Book on State Animals, Birds, Trees and Flowers of India, Wildlife Institute of India.

3. नर वानर गण (प्रायमेट्स)

भारत में नर वानर गण के 4 कुटुम्ब पाये जाते हैं। इनमें से दो कुटुम्बों की दो प्रजातियां भारत के दो उत्तर-पूर्वी राज्यों के प्रतीक पशु हैं। उल्लेखनीय है कि इन्हीं प्रांतों में इस गण की सर्वाधिक प्रजातियां पाई जाती हैं।

7. हूलक गिब्बन	10. मिजोरम राज्य का प्रतीक पशु
8. फायरे का लंगूर	11. त्रिपुरा राज्य का प्रतीक पशु

4. कृन्तक गण (रोडेन्ट्स)

कृन्तक गण की लगभग 99 प्रजातियां भारत में पाई जाती हैं जो कि 4 कुटुम्बों चूहों, गिलहरियों इत्यादि में शामिल की जाती हैं। इस तरह भले ही इस गण के पशुओं की संख्या भारत के कुल स्तनपोषी पशुओं की संख्या का लगभग एक तिहाई हो मात्र एक प्रजाति को किसी प्रदेश के प्रतीक पशु होने का गौरव प्राप्त है।

9. भारतीय विशाल गिलहरी	12. महाराष्ट्र राज्य का प्रतीक पशु

5. समखुरीय गण (पैरिस्सोडेक्टाइला)

समखुरीय गण में अश्व कुटुम्ब एवं गंडक कुटुम्बों को शामिल किया जाता है। भारत में अश्व कुटुम्ब में से केवल 2 रासभ प्रजातियां वन्य क्षेत्रों में पाई जाती हैं। उनमें से किसी को भी प्रतीक पशु नहीं माना गया है। किंतु इसी गण के दूसरे पशु को प्रतीक पशु का गौरव दिया गया।

10. विशाल भारतीय गैंडा	13. आसाम राज्य का प्रतीक पशु

6. विषम खुरीय गण (आर्टियोडेक्टाइला)

विषम खुरीय गण में मोटे तौर पर तीन उपवर्ग के पशु शामिल किये जाते हैं–

मृग (सर्वाइडी कुटुम्ब)
वन्य वृषभ (बोवाइडी कुटुम्ब)
वन्य शूकर (सुआइडी कुटुम्ब)

परंतु कभी-कभी सर्वाइडी या मृग कुटुम्ब से दो पशुओं को अलग कुटुम्बों का माना जाता है। तब इस गण में भारत में पाये जाने वाले कुटुम्बों की संख्या 5 हो जाती है। दो कुटुम्ब क्रमशः मोस्पाइडी (कस्तूरी मृग का कुटुम्ब) तथा ट्रेगुलाइडी (मूषक मृग का कुटुम्ब) हैं।

11. नीलगिरि तहार कस्तूरी मृग	14. हिमाचल राज्य का प्रतीक पशु
12. हंगुल या काश्मीरी मृग	15. उत्तरांचल राज्य का प्रतीक पशु
13. बारहसिंघा	16. जम्मू एवं काश्मीर राज्य का प्रतीक पशु
14. संगाई या मणिपुरी मृग	17. उत्तर प्रदेश का प्रतीक पशु
15. चिंकारा	18. मध्य प्रदेश का प्रतीक पशु
16. कृष्णमृग	19. मणिपुर राज्य का प्रतीक पशु
17. गौर	20. राजस्थान राज्य का प्रतीक पशु
18. मिथुन	21. आंध्र प्रदेश का प्रतीक पशु
19. जंगली भैंसा	22. हरियाणा प्रदेश का प्रतीक पशु

20. नीलगिरि तहार

23. पंजाब राज्य का प्रतीक पशु
24. बिहार राज्य का प्रतीक पशु
25. गोवा राज्य का प्रतीक पशु
26. अरुणाचल प्रदेश का प्रतीक पशु
27. नागालैंड का प्रतीक पशु
28. छत्तीसगढ़ राज्य का प्रतीक पशु
29. तमिलनाडु राज्य का प्रतीक पशु

ब. जिन गणों के वन्य प्राणियों को प्रतीक पशु की स्वीकृति प्राप्त नहीं।

7. चमगादड़ गण (चरोप्टेरा)

भारतीय स्तनपोषी प्राणिजात में भले ही चमगादड़ों का प्रतिशत एक–तिहाई के लगभग हो परंतु यहां उसकी 109 प्रजातियों में से एक को भी प्रतीक पशु नहीं माना गया है।

8. शशाक गण

शशाक गण के पशु सुन्दर होते हैं फिर भी संभवतः अकेली सुन्दरता को प्रतीक पशु मानने योग्य नहीं माना गया है और इसीलिये शशकों की 10 प्रजातियों में से एक भी प्रजाति को प्रतीक पशु का दर्जा नहीं मिल सका।

9. शल्कीय प्राणिगण (फोलिडोटा)

पेंगोलिन कीटभक्षी प्राणी है, इस कुटुम्ब और वंश की केवल दो प्रजातियां भारत में पाई जाती हैं। दूर से देखने पर यह पशु खजूर के पतले तने जैसा दिखलाई देता है। जनमानस में यह भी प्रतीक पशु की छवि नहीं बन सका।

10. शुशु गण (सीटेसिया)

शुशु गण की एक ही प्रजाति उत्तर भारत की नदियों में पाई जाती है। इस प्रजाति के अतिरिक्त इस गण की शेष सभी प्रजातियां समुद्र में निवास करती हैं। नदी डोल्फिन शुशु को भी भारत में कहीं भी प्रतीक पशु स्वीकार नहीं किया गया।

11. अन्य (साइरेनिया एवं स्कन्डेन्सिया)

अन्य दो गण क्रमशः स्कन्डेन्सिया या वृक्षचारी थ्रू प्राणियों एवं साइरेनिया समुद्र निवासी प्राणियों के हैं। वृक्षचारी थ्रू ऊपरी तौर पर चूहों की भांति दिखलाई देते हैं। इन्हें प्रतीक पशु के योग्य नहीं माना गया। साइरेनिया गण तो समुद्री जलचरों का है और जब भारत के स्थल में ही इतने विविध प्रकार के पशु हों तब उन पर नजर कौन डालता? और इस तरह वे भी सामान्यजन की नजर से ओझल ही रहे।

यहां यह भी उल्लेखनीय है कि कुछ राज्यों ने अपने प्रतीक पशुओं का निर्धारण नहीं किया है तथा लक्षद्वीप का प्रतीक पशु एक मछली है क्योंकि वहां प्राकृतिक रूप से कोई वन्य पशु पाया ही नहीं जाता ।

समकालीन भारतीय लोकमानस में वन्य पशु

भारत में राष्ट्रीय पशु और प्रदेश के प्रतीक पशुओं की संख्या केवल 20 है, वह भी जब भारत में 372 प्रजाति के पशु पाये जाते हों यह आधुनिक समय में अटपटा अवश्य लग सकता है परंतु इसमें आश्चर्य की बात नहीं है। वन्य प्राणियों की विविधता को वर्गिकी के आधार पर समझा जा सकता है परंतु सामान्यजन से भारत में पायी जाने वाली यह ठीक है परंतु वर्गिकी की समझ जरा जटिल है सामान्य व्यक्ति से 109 प्रजातियों के चमगादड़ों में से 8 या 10 प्रजातियों के अंतर करने या कि फिर 99 प्रजातियों के कृन्तकों में से 5 या 6 से अधिक कृन्तकों की पहिचान की अपेक्षा करना ज्यादती ही होगी। सामान्यजन को सारे चमगादड़ या सारे चूहे एक से ही लगते हैं। यदि व्यक्ति बहुत अधिक बारीकी से देखने वाला हुआ तो थोड़े–बहुत भेद देख पाता है, पर वैज्ञनिक उनमें अनेक भेद देखते हैं। परिणाम यह होता है कि जब उपर्युक्त 3 प्राणिवर्ग को सामान्यजन देखता है तो वह उन्हें मुश्किल से दस–पंद्रह प्रकार तक के प्राणी समझ पाता है जबकि वैज्ञानिक वर्गीकरण में वह संख्या 208 तक है। बड़े पशुओं में भी स्थिति कुछ ऐसी ही है सामान्यजन को एक दर्जन वन विडालों और सवा दर्जन वानरों की प्रजातियों में बमुश्किल दो या तीन प्रजातियों के वन विडाल या 5–6 प्रकार के वानरों में अंतर दिखलाई देता है। तात्पर्य यह कि यदि वर्गिकी के आधार पर जनसामान्य में वन्य प्राणियों की पहिचान की बात करें तो वह कुछ इस प्रकार होगी।

एक सामान्य रूप से पढ़ा–लिखा (किंतु विशेषज्ञ नहीं) व्यक्ति स्तन–पोषियों के गणों में सबसे अधिक रुचि लेता है पर वह उनमें से कुछ वन्य पशुओं को ही पहिचान पाता है। यह पहिचान कुछ इस प्रकार होगी– नखानर गण से अधिकतम 10 प्रजातियां (कुल 15), फोलिडोटा गण से 01 (कुल 02), हस्तिगण से 01 (कुल 01), शशक गण से अधिकतम 04 (कुल 10), थ्रू गण से अधिकतम 02 (कुल 03), विषम खुरीय गण से अधिकतम 25 (कुल 32), सम खुरीय गण से 03 (कुल 03), हिंसक पशु गण से अधिकतम 15 (कुल 57), इनसेक्टिवोरा कीटभुज गण से अधिकतम 04 (कुल 17), कृन्तक गण से 10 (कुल 99), चमगादड़ गण से अधिकतम 10 (कुल 109), समुद्री गौ गण से 01 (कुल 01) तथा शुशु गण से अधिकतम 04 (कुल 25)।

इस तरह अधिकतम 90 प्रजातियों को एक सामान्य प्रबुद्ध व्यक्ति पहिचान सकता है। वह भी तब जब उसे वन्य प्राणियों में पर्याप्त रुचि हो किंतु इनमें भी 2 जलचर गण, 1 चमगादड़ गण तथा 3 छोटे प्राणियों के गण (कीटभुज गण) कृन्तक गण तथा थ्रू गण) के प्रति उसकी जिज्ञासा सीमित ही रहती है, साथ ही इन गणों की कुल 31 प्रजातियों के लिये न तो संरक्षित क्षेत्र बनाये गये हैं और न बनाये जा सकते हैं। यह संख्या घटा देने पर 59 या इसमें यदि गंगा डोल्फिन प्रजाति को जोड़ लिया जाय तो 60 प्रजातियां ऐसी बचती हैं जिन्हें सामान्यजन एक पर्यटक के रूप में देखना चाहता है।

---

† Prater, S. H. (1965) The Book of Indian Animals, BNHS.Gurung, K. K. and Raj Singh (1996) Mammals of the Indian Subcontinent and Where to Watch Them, Bishops Printers Ltd., U.K.

प्रमुख भारतीय वन्य पशुओं का सामान्य परिचय

(अ) भारतीय संरक्षित क्षेत्रों के प्रमुख वनस्पतिभोजी प्राणी

वनस्पतिभोजी वन्य पशुओं से हमारा तात्पर्य वनस्पतिभोजी स्तनपोषी जानवरों से है। इनमें से बहुत से सर्वहारी वर्ग के भी हैं।

भारत में पाये जाने वाले स्तनपोषी जन्तुओं को गणों में बांटा जाता है, जिनका विवरण दिया जा चुका है। गणों को कुलों या कुटुम्बों में बांटा जाता है। कुटुम्ब वंशों में विभाजित किये जाते हैं, और वंश जातियों में। हमने जाति के स्थान पर प्रजाति (स्पीसीज) उपयोग किया है क्योंकि सामान्य बोलचाल की भाषा में जाति (कास्ट) का बोध मानव समाज की सामाजिक इकाई से होता है।

जातियां महत्वपूर्ण इकाई हैं। वे पशु विशेष की बोधक हैं । जातियों की संख्या गणों में अत्यधिक असमान हैं।

उपर्युक्त गणों के सभी जातियों और प्रजातियों के पशु विकास तथा जैव विविधता के संदर्भ में समान रूप से महत्वपूर्ण हैं पर संरक्षित क्षेत्रों में विस्तार और मानवीय रुचि के क्रम में अंतिम दो गणों का अधिक महत्व है। अत: इस वर्ग के वन्य प्राणियों का सर्वप्रथम वर्णन किया जा रहा है।

इस तरह वनस्पतिभोजी वन्य पशुओं के अंतर्गत अनेक गणों के वन्य पशु वर्गीकृत किये जाते हैं किंतु यहां पर हमारा उद्देश्य केवल उन वन्य पशुओं का वर्णन करना है जो वैज्ञानिक रूप से विषमखुरीय गण (आर्टियोडेक्टाइला) के अंतर्गत वर्गीकृत किये जाते हैं। इस वर्ग के अंतर्गत मोटे तौर पर तीन प्रकार के पशु शामिल किये जाते हैं। ये हैं मृगकुल के पशु, वन्य-गो-कुल के पशु एवं वन्य छागकुल के पशु।

हिन्दी भाषा में मृग और हरिण या हरिण पर्यायवाची शब्द हैं। संस्कृत शब्द 'मृगया' या शिकार शब्द भी मृगों के वध या हरिणों के वध का ही द्योतक है। अंग्रेजी भाषा में यह 'डीयर' कुटुम्ब (सरवाइडी) है। मृगों की सबसे बड़ी विशेषता यह है कि इनके सींग प्रतिवर्ष गिर जाते हें, अधिकतर मृगों के सींगों में शाखायें या फुन्से होते हैं।

मृगों से मिलते-जुलते पशु 'एन्टलप' (अंग्रेजी भाषा) हैं पर हिन्दी या संस्कृत में इनके लिये कोई अलग शब्द नहीं है, इन्हें मृग या हरिण ही कहा जाता है। जीव वैज्ञानिक दृष्टि से ये वन्य गो उपकुटुम्ब की शाखा हैं। इस वर्ग के प्राणियों के सींग खोखले और जीवन में कभी न गिरने वाले होते हैं।

भले ही विकास यात्रा में हरिण और 'एन्टलप' अलग-अलग कुलों में विकसित हुये हों, एक सी जीवन प्रणाली ने दोनों वर्गों के प्राणियों में अद्‌भुद समानता पैदा कर दी है।

विश्व में अफ्रीका (सहारा के दक्षिण में) महाद्वीप में हरिण नहीं पाये जाते। वहां एन्टलप वर्ग के पशुओं की भरमार है। प्रायद्वीपीय भारत के अभयारण्यों में कृष्णमृग (ब्लेकबक), नीलगाय (ब्लू बुल), चौसिंघा (फोर हार्न्ड एन्टलप) और चिंकारा (इंडियन गजाला) इसी वर्ग के पशु हैं। इनके विपरीत हरिण या मृग कुटुम्ब के पशुओं में चीतल, कक्कड़ और सांभर प्रमुख जातियां हैं।

विषमखुरीय पशुओं के गण में वन्य शूकर के कुटुम्ब (सुआइडी) को भी शामिल किया जाता है, जिसकी संख्या इस अभयारण्य में प्रचुर है।

भारतीय राष्ट्रीय उद्यानों में पाये जाने वालेविषमखुरीय प्राणियों के कुटुम्ब

सरवाइडी (डीयर)	*बोवाइडी*	*सुआइडी*
मृग/हरिण	(अ) बृषभ कुटुम्ब	वन्य शूकर
	(ब) एन्टीलोप कुटुम्ब	
	1. जंगली भैंसा	
	2. गौर	
	3. मिथुन	
	(हिन्दी भाषा में: मृग / हरिण)	
	1. कृष्णमृग	
	2. नीलगाय	
	3. चौसिंघा	
	4. चिंकारा	
	(स) वन्य मेष छाग एवं मेष मृग कुटुम्ब	
	(द) शूकर कुटुम्ब	
1. चीतल		
2. कक्कड़		
3. सांभर		

मृगों के वंश को अंग्रेजी भाषा में 'सरवाइडी' कहा जाता है जो लैटिन के सर्वस् (या सर्व) शब्द से बना है। संस्कृत भाषा के शब्द 'शर्व' का एक अर्थ हरिण है। यह समानता इंडोयूरोपीय भाषाओं की समानता के कारण है। संस्कृत शब्द 'शरभ' की निष्पत्ति 'शर्व' से ही है।

भारत के विषमखुरीय प्राणी

वर्गिकी के अनुसार भारतीय विषमखुरीय प्राणियों के गण को अनेक कुटुम्बों और उपकुटुम्बों में बांटा जाता है। यहां पर इनका अत्यंत संक्षिप्त वैज्ञानिक परिचय दिया जा रहा है। ये भारतीय संरक्षित क्षेत्रों के अत्यंत महत्वपूर्ण प्राणी हैं। ये सभी आकार में विशाल होते हैं, अतः हिंसक पशुओं की बड़ी प्रजातियां इनके शिकार पर बहुत अधिक निर्भर रहती हैं।

(अ) मृग कुटुम्ब

भारत में पाये जाने वाले मृग कुटुम्ब (सर्वाइडी) में वंश के आधार पर निम्नलिखित उपवर्ग हैं–

1. काश्मीरी मृग या हंगुल, मणिपुरी मृग या थामिन, बारहसिंघा एवं सांभर ये पांच प्रजातियां एक ही वंश (सर्वस्) की सदस्य हैं।
2. पाड़ा और चीतल एक ही वंश (एक्सिस) के सदस्य हैं।
3. कक्कड़ या मेकड़ को एक अलग वंश (मुन्टियेकस) की प्रजाति माना जाता है।

4. कस्तूरी मृग को एक अलग वंश (मोश्चस) की प्रजाति माना जाता है किंतु वर्गिकी के कुछ विद्वान इसे एक अलग कुटुम्ब (फैमिली) या उपकुटुम्ब (सब फैमिली) का दर्जा देना उचित समझते हैं।
5. मूषक मृग को एक अलग वंश (ट्रेग्युलस) की प्रजाति माना जाता है किंतु वर्गिकी के कुछ विद्वान इसे एक अलग कुटुम्ब (फैमिली) या उपकुटुम्ब (सब फैमिली) का दर्जा देना उचित समझते हैं।

(ब) बृषभ कुटुम्ब

भारत में पाये जाने वाले वृषम कुटुम्ब को वंशों के समूह के आधार पर निम्नलिखित उपवर्गों में बांटा जाता है।

1. एन्टलप और गजाला का उपकुटुम्ब

दोनों समूह के ये प्राणी जनसामान्य के लिये हरिण या मृग ही हैं, लोक व्यवहार में इन्हें ऊपर दर्शाये मृग कुटुम्ब के सदस्यों से अलग नहीं माना जाता परंतु वैज्ञानिक दृष्टि से ये वन्य पशु वृषभ या वन्य गायों के अधिक निकट माने गये हैं। इस समूह की चार प्रजातियां भारत के विस्तृत क्षेत्र में पाई जाती हैं। ये प्रजातियां निम्नलिखित हैं–

नीलगाय – यह (बोसेलेफस) वंश की अकेली प्रजाति है तथा यह केवल भारत में ही पाई जाती है।

कृष्णमृग – (ब्लैक बक) यह भारत में ही पाया जाने वाला वन्य प्राणी है।

चौसिंघा – यह (टेट्रासीरस) वंश की अकेली प्रजाति है।

चिंकारा – इस (गजाला) प्रजाति का वितरण पश्चिमी भारत से बाहर भी है।

चिरू – यह (पेन्थोलोप्स) प्रजाति का मृग केवल सिक्किम तथा कुछ ऊंचे हिमालयी क्षेत्रों में पाया जाता है। इसे तिब्बती मृग भी कहते हैं।

2. वन्य वृषभ एवं वन्य महिष का उपकुटुम्ब

भारतीय वन्य क्षेत्र में 3 वन्य वृषभ की प्रजातियां पाई जाती हैं। जो सभी एक ही वंश (बास) की हैं ।

गौर – हिमालय की तराई से दक्षिण में केरल के वनों तक यह पशु पाया जाता है।

याक – हिमालय के पर्वतीय क्षेत्र में यह पशु पाया जाता है।

इनके अतिरिक्त 2 अन्य पशु बेन्टेंग और मिथुन पूर्वोत्तर भारत में पाये जाते हैं।

वन्य वृषभों (या वनैली गायों) में बैन्टेंग अब भारतीय सीमा में नहीं देखा जाता। जहां तक मिथुन का प्रश्न है, कुछ विद्वानों के अनुसार यह एक शुद्ध प्रजाति नहीं है। वन्य वृषभों के वंश के अतिरिक्त भारत में वन्य महिष वंश (ब्यूबुलस) की एक प्रजाति पाई जाती है जो अब केवल तराई के वनों तथा कुछ संख्या में छत्तीसगढ़ के कुछ संरक्षित क्षेत्रों में अत्यंत कम संख्या में पाई जाती है।

3. वन्य मेष, छाग एवं मेष मृग का उपकुटुम्ब

इनकी तीन प्रजातियां एक ही वंश (कैप्रा) की हैं और ये सभी हिमालयी क्षेत्र में पाई जाती हैं। इन्हें क्रमशः जंगली बकरा, आइबेक्स तथा मारखोर कहा जाता है।

एक दूसरा वंश (हेमिट्रेगस) है, जिनकी एक हिमालयी प्रजाति को हिमालयी तहार तथा दूसरी प्रजाति को नीलगिरि तहार कहा जाता है, यह प्रजाति हिमालय से सैकड़ों मील दूर नीलगिरि पर्वत पर पाई जाती है।

वन्य भेड़ें

हिमालय के ऊंचे भागों एक वंश (ओविस) की 3 प्रजातियां शापू या उड़ियल, नायन और मार्कोपालो भेड़ पाई जाती है। एक अन्य वंश (स्यूडाइस) की एक प्रजाति मारल लद्दाख, कुमायूं तथा सिक्किम में पाई जाती है।

मेष मृग (गोट-एन्टलप)

उपर्युक्त दो समूहों के अतिरिक्त एक अन्य समूह के तीन वन्य पशु हिमालयी क्षेत्र में पाये जाते हैं। इन्हें गोरल (वंश निमार्हीडस), सीरो (वंश कैप्रिकार्निस) तथा टाकिन वंश (ब्यूडार्कस) के नाम से जाना जाता है ।

(स) शूकर कुटुम्ब

भारत में वन्य शूकरों (वंश शुस) की दो प्रजातियां पाई जाती हैं। सामान्य वन्य शूकर पूरे भारत के वनों में पाया जाता है। वामन शूकर जिसे कुछ विद्वान अलग वंश (पोरक्यूला) का मानते हैं, केवल तराई के वन्य क्षेत्र में सीमित हैं।

यहां यह उल्लेख करना उचित होगा कि हिमालयी क्षेत्र तथा पूर्वोत्तर क्षेत्र के अनेक विषमखुरीय वन्य प्राणियों के हिन्दी भाषा में सुनिश्चित नाम नहीं हैं। सामान्यजन अनेक प्राणियों में कोई भेद नहीं कर पाते, जैसे–याक, बैन्टेंग तथा मिथुन में। ये सभी जंगली गाय या वृषभ हैं। गोट–एन्टीलप वर्ग के प्राणी हिमालयेतर भारत में नहीं पाये जाते, अतः सामान्य वर्ग के लिये गोरल और वलिन जैसे वन्यपशुओं की कल्पना भी करना कुछ कठिन होता है। भारत के वन्य प्राणियों की विविधता आश्चर्य पैदा करने वाली है।

यह तो हुई पश्चिमी विज्ञान के अनुसार वर्गीकरण की बात, आइये, देखें हमारे भारतीय ग्रंथ हरिणों को कैसे वर्गीकृत करते हैं। वाग्भट्ट लिखते है–

हरिणैण कुरंगश्च
गोकर्ण मृग मातृकाः।
शशम्बर चारूष्क
शारभाषा मृगास्मृताः ।। 43।।

इस श्लोक में दस प्रकार के हरिणों के का वर्णन है। इसी प्रकार भाव मिश्र भी हरिणों का एक वर्गीकरण प्रस्तुत करते हैं–

हरिणैण कुरंगश्च
पृषतन्यं कुशम्बरा
राजीवोऽपि मुन्डी
चेत्याथा जंघालसञ्ज्ञकाः।

आइये दोनों विद्वानों के वर्गीकरणो की तुलना करें–

(अ) वाग्भट्ट प्रणीत वर्गीकरण,	(ब) भाव मिश्र प्रणीत वर्गीकरण
1. हरिण	हरिण
2. एण	एण
3. कुरंग	कुरंग
4. रिक्ष	रिष्य
5. गोकण	गोकर्ण
6. मृग मातृका	–
7. शश	मुंडी
8. शम्बर	शम्बर
9. चारूष्क	राजीव
10. शरभ	प्रषत्

उपर्युक्त मृगों की जातियों का आधुनिक नामों और संदर्भों में संक्षेप में विवेचन किया जा रहा है–

हरिण

यद्यपि संस्कृत साहित्य में हरिण अनेक जातियों के हरिणों का बोधक था किंतु वैज्ञानिक (आयुर्वेद) संस्कृत में यह शब्द चीतल का बोध कराता था।

एण

एण शब्द बारहसिंघा का बोध कराता था। वर्तमान काल में मध्य प्रदेश में अब यह कान्हा राष्ट्रीय उद्यान में पाया जाता है परन्तु कुछ शताब्दियों पूर्व तक यह मध्य प्रदेश के बड़े हिस्से में पाया जाता था।

कुरंग

कुरंग या कृष्णमृग (ब्लैक बक) एक एन्टलप है और यह भारत का सबसे तेज दौड़ने वाला शाकाहारी प्राणी है।

रिक्ष

वैसे तो रिक्ष का साधारण संस्कृत में अर्थ रीछ होता है पर जब उसे हरिण के एक प्रकार के रूप में वर्णित किया जाता है तब उसका अर्थ हंगुल या काश्मीर में पाया जाने वाला मृग होता है।

गोकर्ण

गोकर्ण का सामान्य अर्थ गाय जैसे कानों वाला हरिण का होना है। गाय जैसी समता के कारण ही नीलगाय शब्द प्रचलन में आया, यह भी एक एन्टलप ही है।

मृग मातृका

कस्तूरी मृग, यह मृग हिमालयी क्षेत्रों में पाया जाता है।

शश

शश का अर्थ खरगोश है परन्तु तकनीकी संस्कृत में यह खरगोश के समान लघुमृग का द्योतक है। हिन्दी में इसे मूषक मृग और तकनीकी भाषा में इसे 'चेभ्रोटेन' कहते हैं।

शम्बर

हिन्दी भाषा में इसे सांभर के नाम से जाना जाता है। यह प्रायद्वीपीय भारत का सबसे विशाल हरिण है। वीरांगना दुर्गावती अभयारण्य में यह हरिण पाया है।

चारूष्क

चारूष्क संभवतः चिंकारा या गजाला है परन्तु दूर से देखने पर चौसिंघा भी कुछ इसी प्रकार का दिखलाई देता है, अतः इसके लिये भी यही शब्द उपयोग में लाया जाता होगा।

शरभ

इसे हिन्दी में कक्कड़ कभी भेड़ या भेकड़ भी कहते हैं। अंग्रेजी में यह मुन्टजेक कहलाता है।

इनके अतिरिक्त वाग्भट्ट ने मृगमातृका नामक एक अन्य प्रकार के मृग का वर्णन किया है जो कि हाग डियर या पाड़ा हो सकता है।

चीतल

भारतीय अभयारण्यों में चीतलों की संख्या काफी है। वैसे तो इन्हें कभी भी देखा जा सकता है परन्तु हमारा अनुभव यह है कि यदि मौसम फसलों के पकने का है तब इनकी दैनंदिनी अपेक्षाकृत अधिक सहज हो जाती है। आधी रात के बाद इनके झुंड अभयारण्य से लगे हुये खेतों की ओर बढना प्रारंभ करते हैं तथा रात्रि के तीसरे पहर तक खेतों में घुसकर फसलें खाते हैं और चौथा प्रहर प्रारंभ होते-होते वे पुनः उसी मार्ग से, जहां से वे जाते हैं, धीरे-धीरे लौटने लगते हैं।

हमने ऐसे ही अवसरों पर उनके अनेक बार छायाचित्र लिये हैं। हम प्रातःकाल अभयारण्य के उन रास्तों पर खड़े रहे जहां से चीतल लौट रहे थे, इन चीतलों की राष्ट्रीय उद्यानों के चीतलों के व्यवहार से तुलना मत कीजिये। जहां कान्हा राष्ट्रीय उद्यान में वे मनुष्य को पास से देखने के आदी हो गये हैं यहां वैसा नहीं है। यहां मनुष्य को देखते ही वे पलक झपकते भाग जाते हैं, यहां उन्हें काफी दूर से और सतर्क होकर देखा जा सकता है।

अनुभव है कि वन क्षेत्रों के मार्गों के दोनों ओर फैले हुये अभयारण्यों में चीतलों के झुंड भी दोनों ओर अलग-अलग ही रहते हैं। साधारणतः इन्हें रोड पार करते हुये नहीं देखा जाता। यह अवश्य है कि रोड से कुछ दूरी पर समानांतर दूरी लिये हुये चीतलों के झुंड यहां प्रातःकाल देखने को मिल जाते हैं। इसका यह अर्थ यह नहीं है कि अभयारण्य के भीतरी वनों में इनकी संख्या कम होती है। दसअसल घाटियों में इन्हें देखना कठिन ही होता है। झुंडों में चलते हुये चीतलों में मादाओं की संख्या अधिक होती है। नर चीतलों के विशाल सींग होते हैं। एक हृष्ट-पुष्ट नर चीतल की कंधे पर ऊंचाई एक मीटर के लगभग होती है और उसका वजन 55 किलोग्राम तक हो सकता है। यद्यपि भारत में

विशालकाय चीतल के सींगों का विस्तार 101 से. मी. तक देखा गया है पर ऐसे चीतल अपवाद हैं। साधारणतः 34 से. मी. विस्तार के सींग ही देखे जाते हैं। चीतलों के सींग साधारणतः अगस्त–सितंबर तक झड़ते रहते हैं और उसके बाद उनके बढ़ने का क्रम प्रारंभ होता है। दिसंबर तक भी नये सींगों के फुन्से खोल में ही रहते हैं। इस समय चीतल अपने सींगों को सावधानी से बचाकर चलते हैं। धीरे–धीरे ये सींग बढ़ने लगते हैं।

ग्रीष्म ऋतु प्रारंभ होने के साथ ही इनमें प्रजनन संबंधी व्यवहार का उफान देखा जा सकता है। इस समय तक इनके सींग बढ़ चुके होते हैं। और बलशाली नर मादाओं के हरम पर कब्जा करने के लिये आपस में युद्धरत हो जाते हैं। पर ये युद्ध घातक नहीं होते। साधारणतः पूर्णवयस्कता को प्राप्त न हो पाये नर ऐसे युद्धों में हरम से दूर भगा दिये जाते हैं। मादा सामान्यतः एक बार में एक ही शावक को जन्म देती है। दूसरे हरिणों की तुलना में ये अधिक सन्तान पैदा करते हैं।

हरिणों में सर्वाधिक सुन्दर चीतल का चित्रण भारतीय चित्रकला में विशेष स्थान रखता है।

कक्कड़

कक्कड़ को मराठी में भेकड़ भी कहा जाता है। यदि आप अभयारण्य में एक रात गुजारें तब इस हरिण की बोली से इसकी उपस्थिति का अन्दाज लगा सकते हैं। इसकी आवाज दूर से सुनने पर कुत्ते के भौंकने की सी आवाज प्रतीत होती है। इस आवाज को सुनने के लिये ठंड के दिनों में राष्ट्रीय उद्यानों में सघन वन में घुसने की आवश्कता नहीं होती है। जब कभी इन्हें शेर या तेन्दुआ दिख जाता है, वे बहुत ही थोड़े समय में तेज आवाज करते रहते हैं।

कक्कड़ 50 से 75 से. मी. ऊँचे होते हैं और इनका वजन 20 से 23 किलोग्राम के बीच होता है। इनका चेहरा सपाट और सिर के बीच एक गहरी सी रेखा होती है जिसके सींग होते हैं, कुल मिलाकर ये छोटे मृग हैं।

चीतल की तरह चरने के लिये ये रात्रि का इन्तजार नहीं करते। अपनी आदतों में ये रात्रिचारी कम और दिन में घूमने वाले अधिक हैं। दिन में घूमने का एक कारण यह भी है कि चीतल की तरह कक्कड़ खेतों में कम घुसना पसंद करते हैं। ये सामान्यतः अत्यधिक घने जंगलों में रहना और विचरण करना पसंद करते हैं। कक्कड़ स्वभावतः समूहों में नहीं रहते। वे साधारणतः जोड़ों में ही देखे जाते हैं। यही कारण है कि कक्कड़ को जहां सुना जाना सबसे आसान है वहां उन्हे देख पाना कठिन है और उनका छायाचित्र लेना तो बहुत ही कठिन है।

सांभर

सांभर सारे भारत का सबसे विशाल हरिण है। कंधे पर इसकी ऊंचाई 5 फीट होती है। एक वयस्क और पुष्ट सांभर 225 से 300 किलो तक होता है। इनके सींग भी विशाल होते हैं। तीन से साढ़े तीन फीट का सींग होना मामूली बात है यद्यपि इसका रिकॉर्ड 50 इंच से भी अधिक का है।

इस विशालकाय हरिण को देखना अपने आपमें एक अनुभव है। ये सदैव झुंड में पाये जाते हैं। किसी भी वन में सांभर की उपस्थिति यह बतलाती है कि उस वन का

पर्यावरण काफी कुछ सुरक्षित है तभी इतना विशालकाय हरिणों का झुंड वहां विचरण कर रहा है।

अभयारण्यों में तीनों प्रकार की वनस्पति पेटियों में सांभर देखने को मिल जाते है। सांभरों का झुंड चीतलों की भांति विशाल नहीं होता। सामान्यतः चार या पांच सांभर एक साथ देखे जा सकते हैं। बहुत बार वयस्क नर सांभर अकेले ही घूमते रहते हैं।

चीतलों की तुलना में सांभर अधिक रात्रिचारी हैं। वे रात्रि में ही चरने निकलते हैं और सुबह के पूर्व पुनः अपने ठिकानों तक पुनः पहुंच जाते हैं। इनका जीवन क्रम बहुत कुछ चीतलों जैसा ही होता है, वे भी रात्रि में ही अभयारण्य से निकलकर खेतों की फसल खाने का मोह रखते हैं।

चीतलों की तुलना में सांभरों के शत्रु कम हैं क्योंकि वे स्वयं काफी शक्तिशाली होते हैं। शेर को छोड़कर अन्य हिंस्र पशु बहुत कम बार सांभर को शिकार बनाने की सोचते हैं। साधारण तौर पर गुलबाघ अल्प वयस्क सांभरों के शिकार में रुचि लेते हैं या कि कभी-कभी नर और मादा गुलबाघ मिलकर वयस्क सांभर को मार गिराते हैं। दक्षिण पूर्व एशिया के कुछ अभयारण्यों के अध्ययनों में यह बात अवश्य सामने आई है कि ढोल या एशियाई लाल कुत्तों का झुंड सांभर को विशेष रूप से निशाना बनाता है।

अन्य मृग : भारत के उत्तरी और उत्तरी-पूर्वी पर्वतीय क्षेत्र में 3 मृगों की प्रजातियां पाई जाती हैं।

हिमालयी क्षेत्र का हंगुल

काश्मीरी मृग या हंगुल यूरेशियाई क्षेत्र में पाये जाने वाले मृग 'रेडडियर' की एक उपजाति है, किंतु यह अपने रंग, रूप और सींगों की बनावट में अपने यूरोपीय भ्राता से काफी कुछ भिन्न दिखलाई देता है। इसकी कंधों पर ऊंचाई 120 से 125 से.मी. तथा वजन 180 कि.मी. तक होता है। भारत में यह मुख्यतः काश्मीर तथा हिमाचल प्रदेश के चम्बा जिले में पाया जाता है।

भारत के प्रमुख संरक्षित क्षेत्रों में इसे डाचीगम राष्ट्रीय उद्यान में देखा जा सकता है जहां ये 10 से 15 के झुंडों में भ्रमण करते रहते हैं। कुछ अन्य हिमालयी संरक्षित क्षेत्रों में भी ये पाये जाते हैं पर इन्हें अन्यत्र देख पाना कठिन है।

पूर्वोत्तर भारत का संगाई

पूर्वोत्तर भारत में मणिपुर क्षेत्र की लोकटक झील में पाया जाने वाला संगाई या मणिपुरी हरिण विश्व का एकमेव ऐसा हरिण है जो विश्व के इतने छोटे क्षेत्र में सिमटा हुआ है। मणिपुरी हरिण की विशेषता उसकी विशिष्ट पारिस्थितिकी है। वह लोकटक झील पर एक मोटी वानस्पतिक चादर जैसे आवरण, जिसे 'फुमडी' कहा जाता है, पर निवास करता है। इस विशेष पारिस्थितिकी में रहने के कारण इस मृग के खुर काफी लंबे होते हैं ।

कस्तूरी मृग

हिमालयी क्षेत्र में अपनी कस्तूरी के लिये विख्यात यह मृग अन्य मृगों की तुलना छोटा होता है। कंधे पर इसकी ऊंचाई 51 से 55 से.मी. होती है तथा वजन 11 से 18 कि.ग्रा.

होता है। यह ऊंचे पर्वतों (2800 मी.) की वृक्ष रेखा पर निवास करने वाला हरिण है। यह जम्मू काश्मीर, हिमाचल प्रदेश, उत्तरांचल तथा सिक्किम में पाया जाता है। भारत में इसकी दो उपजातियां पाई जाती हैं। कस्तूरी मृग सभी मृगों की तुलना में विकास की दृष्टि से प्राचीन माना जाता है। इसके मुंह में बड़े कैनाइन दांत होते हैं। कस्तूरी कस्तूरी मृग की ग्रंथि में पाई जाती है जो कि एक सुगंधित पदार्थ तैयार करती है। इस ग्रंथि के कारण इसका अत्यधिक शिकार हुआ है। इसे पालतू बनाकर भी इसकी ग्रंथि को निकालने की विधि विकसित की गई है परंतु यह भी पशु के लिये भारी कष्टकर होता है। वर्ष 1999 से यूरोपीय यूनियन ने इसके व्यापार पर पूर्ण प्रतिबंध लगा दिया है। यही सब कुछ अमेरिका तथा अन्य विकसित देशों ने भी इसे बचाने के लिये किया है। कस्तूरी की खपत विकसित देशों में अब समाप्तप्राय है।

शाऊ

संगाई की भाँति एक छोटे क्षेत्र में पाई जाने वाली मृगों की प्रजाति शाऊ या सिक्किमी हरिण की भी थी किंतु पिछले अनेक दशकों से इस मृग को सिक्किम के वनों में नहीं देखा गया है अतः आशंका यही है कि यह मृग प्रजाति या तो विलुप्त हो चुकी है या कि फिर विलुप्ति के कगार पर है।

बोवाइडी

बोवाइडी या वृषभ उपगण में हरिण जैसे (शुद्ध हरिण नहीं) प्राणियों से लेकर मेष, छाग, वन्य गाय, बैल, भैंसे सभी सम्मिलित किये जाते हैं। भारत के हिमालयी क्षेत्र में पाये जाने वाले पशु शेष भारतीय पशुओं से भिन्न हैं। हिमालयी क्षेत्र के इस वर्ग के पशु निम्नलिखित हैं। मेष छाग वर्ग के पशुओं का विवरण संक्षेप में दिया जा रहा है–

भारत के हिमालयेतर क्षेत्र के बोवाइडी या वृषभ उपगण के वन्य प्राणी

काला हरिण

भारतीय मृगों (एन्टलप) में सबसे सुन्दर और सबसे तीव्र दौड़ने वाला काला हरिण या ब्लेकबक भारतीय चित्रकला विशेषकर राजस्थानी शैली का प्रिय विषय रहा है जहां वह नायिकाओं के साथ चित्रित किया गया है। काला हरिण मुख्यतः खुले वनों का मृग है जहां पर दूर दूर तक सपाट दौड़ने को स्थान हो। गुजरात में और राजस्थान में तो कृषक अपनी फसलों का नुकसान सहते हुये भी परंपरा से ग्रीष्म ऋतु में इन्हें पीने के जल उपलब्ध कराते हैं। विश्नोई समुदाय स्वयं से ज्यादा इन पशुओं के जल के पीने की व्यावस्था में तत्पर रहते हैं। ये हरिण मध्य प्रदेश के 5 अभयारण्यों में पाये जाते हैं। भारत के संरक्षित क्षेत्रों में वेलवादर और प्वाइन्ट कालीमर काला हरिण के लिये प्रसिद्ध हैं। यह ध्यातव्य है कि काला हरिण या कृष्णमृग भारत के अतिरिक्त अन्य किसी भी देश में नहीं पाया जाता। यह मृग सभी–वनस्पति भोजी प्राणियों में सबसे तेज दौड़ने वाला प्राणी है।

वयस्क हरिण की कंधे तक ऊंचाई 80 से.मी. और वजन 40 किलोग्राम तक होता है। इनके सींग खोखले सीधे और घुमावदार (स्पाइरल) होते हैं। वयस्क मृगों की पीठ

का रंग काला होता है। ये मृग झुंडों में विचरण करते हैं ये झुंड मध्य प्रदेश के अभयारण्यों में 10 से 30 तक के होते हैं किंतु राजस्थान में यह संख्या सौ या उससे अधिक भी हो सकती है।

काला हरिण हिंदुओं में पवित्र माना जाता है क्योकि इसे चन्द्र देव का वाहन कहा जाता है। यह शायद इसलिये कि चन्द्रमा मन का देवता माना जाता है और मन की गति अबाध है अतः ऐसे देवता के वाहन के लिये काला हरिण से उत्तम और कौन पशु हो सकता था!

मध्यकाल में मुगल बादशाह इस हरिण के शिकार के लिये चीता पालते थे। पालतू चीते की आंखों में पट्टी बंधी रहती थी और उसे तभी खोला जाता या जबकि मृग स्पष्ट दिखाई देता हो। काले हरिण के शिकार का वर्णन 'अकबरनामा' में मिलता है। इस पुस्तक के मुताबिक एक काले हरिण को पकड़ने के प्रयास में बादशाह अकबर के अण्डकोश में इस हरिण के सींग लगने से भारी चोट पहुंची और उन्हें दो माह तक बिस्तर पर पड़े रहना पड़ा।

नीलगाय

नीलगाय भारत में पाये जाने वाले 'एन्टलप' वंश के पशुओं में सबसे अधिक विशाल पशु है। दरअसल यह पशु 'गाय' नहीं हैं किंतु वर्गिकी की दृष्टि से गो-कुटुम्ब (फैमिली) का अवश्य है। इसमें और गाय में कुछ वैसा ही संबंध है जैसा कि शैर और बन-बिलाव में है। यह पशु भारत के अतिरिक्त और कहीं नहीं पाया जाता। यह लिखना आवश्यक है कि नीलगाय अपनी संरचना के कारण 'वास्तविक एन्टलप' नहीं माना जाता।

इस विशाल पशु की कंधे पर ऊंचाई लगभग डेढ़ मीटर और वजन 2 क्विंटल से भी अधिक होता है। मादा का रंग हल्का पीला और धूसर होता है किंतु नर वयस्क पर लगभग काले रंग के हो जाते हैं। नीलगाय के छोटे सींग होते हैं तथा गर्दन पर एक केश गुच्छ होता है। इनकी गर्दन के ऊपरी भाग पर छोटे बाल होते हैं। इनकी पूंछ मृगों की भाँति छोटी न होकर गाय की तरह लम्बी किंतु अनुपात में छोटी होती है।

वन्य पशुओं में नीलगाय उन पशुओं में से है जिनकी संख्या राष्ट्रीय उद्यानों की तुलना में अभयारण्यों में अपेक्षाकृत अधिक है। नीलगाय नाम होने के कारण उच्चवंश के हिन्दू शिकारी न तो इसका शिकार करते थे और न ही इसका मांस खाते थे। शिकार के प्रतिबंध के उपरांत इनकी संख्या में सभी जगह वृद्धि हुई है। नीलगाय घने जंगलों में नहीं रहती, वह अपेक्षतया खुले वनों में विचरण करती है और सीमा पर लगे हुये खेतों को काफी नुकसान पहुंचाती है। नीलगाय सामान्यतः 4 से 8 तक झुंड में देखी जाती है।

वन में उनके सूखे-गोबरों के ढेर लगे मिलते हैं, एसे ढेरों के समीप नीलगायों के झुंड एकत्रित होते देखे जाते हैं। अभयारण्यों में पालतु पशु पहुंच ही जाते हैं जिनके साथ-साथ नीलगायें चरती रहती हैं। नीलगाय को पानी की बहुत कम आवश्यकता होती है। यही कारण है कि इन्हें जल स्रोतों से दूर भी देखा जा सकता है।

चौसिंघा

चौसिंघा भी नीलगाय की भाँति 'एन्टलप' तो है, पर शारीरिक संरचना के कारण इसे भी 'वास्तविक-एन्टलप' नहीं माना जाता। मोटे तौर यह इसलिये है क्योकि चौसिंघा

और नीलगाय दोनों के ही सींगों में वह घुमाव (स्पाइरल) नहीं पाया जाता जो कि वास्तविक एन्टलप में पाया जाता है।

चौसिंघा जैसा कि उसका नाम है, दो के बजाय चार सींगों वाला प्राणी चार सींग दो जोड़ों में होते हैं। इनकी आंखों के ऊपर दो बहुत छोटे-छोटे सींग (1 से 25 से.मी.) होते हैं। यह छोटा मृग है जिसकी ऊंचाई 65 से.मी. के लगभग होती है।

नीलगाय के ठीक विपरीत जो कि जल क्षेत्रों से दूर घूमती रहती है, चौसिंघा सदैव ही जलक्षेत्रों के समीप ही पाया जाता है। शायद इसी कारण हिंस्र पशुओं की आहट पाकर यह एक विशिष्ट स्वर में आवाज देता है जो कक्कड़ या भेकड़ की आवाज से मिलती-जुलती है।

चौसिंघा बड़े झुंडों में नहीं देखा जाता, सामान्य तौर पर ये जोड़ी में ही दिखते हैं।

संरक्षित क्षेत्रों के तालाबों के किनारे ये आसानी से देखे जा सकते हैं। कुछ वर्षों पहले तक अभयारण्य के समीपवर्ती ग्रामों के लोग इसे पालतू बनाकर घर में रख लेते थे, किंतु अब यह गैर कानूनी है।

नीलगिरि तहार

भारत में हिमालयी क्षेत्र को छोड़कर शेष भारत में अर्थात न तो गंगा- ब्रह्मपुत्र के मैदान में और न ही प्रायद्वीपीय भारत में मेष-छाग वर्ग के प्राणी मिलते हैं अर्थात इनका प्राकृतिक वितरण न तो प्रायद्वीप भारत में है और न ही उत्तर के विशाल मैदान में। इस वितरण का एकमात्र अपवाद हिमालय पर्वत से हजारों मील दूर नीलगिरि पर्वत पर पाया जाने वाला मेष-छाग वर्ग का पशु नीलगिरि तहार है जो पश्चिमी घाट के पर्वत नीलगिरि के आसपास पाया जाता है। इसका निकटस्थ भ्राता हिमालय में हिमालय तहार के नाम से जाना जाता है जो काश्मीर से सिक्किम तक पाया जाता है। नीलगिरि तहार हिमालयी तहार से आकार मुं कुछ बड़ा होता है। पश्चिमी घाट पर्वतों पर यह 1200 से 2600 मी. की ऊंचाई तक पाया जाता है। इसे इराविकुलम राष्ट्रीय उद्यान में देखा जा सकता है।

चिंकारा

काले हरिण की भांति चिंकारा भी एक सुन्दर मृग है। इसकी कंधे तक ऊंचाई 65 से.मी. और वजन लगभग 23 किलोग्राम होता है। काले हरिण की ही भांति चिंकारा भी खुले वनों विशेषकर घास के मैदानों का प्राणी है। भारतवर्ष में यह दक्षिणी भाग में केवल कृष्णा नदी तक ही पाया जाता है। किंतु उत्तर-पश्चिमी भारत इसका प्रमुख वितरण क्षेत्र है।

काले हरिण की तुलना में चिंकारा को पानी की कम आवश्यकता होती है तथा काले काले हरिण की तुलना में इनके झुंड भी अपेक्षाकृत छोटे होते हैं।

शिकार प्रतिबंध के पूर्वकाल तक चिंकारा शिकारियों का मनपसंद शिकार हुआ करता था और इसीलिये यह पशु अपने वितरण क्षेत्रों में बहुत अधिक मात्रा में मारा गया।

तहार

हिमालयी तहार 2000 से 4000 मीटर तक ऊंचाई में पाया जाता है। यह काश्मीर से सिक्किम तक पाया जाता है।

गोरल

पश्चिमी हिमालय में यह पशु 3300 मीटर तक पाया जाता है। यह 3 से 5 पशुओं के समूह में देखा जाता है। भारत में इसकी एक प्रजाति का वितरण जम्मू काश्मीर से सिक्किम तक है तथा दूसरी प्रजाति पूर्वोत्तर राज्यों के पर्वतीय क्षेत्रों में पायी जाती है।

सीरो

सीरो हिमालयी वनों का पशु है। यह उच्च हिमालय में 2000 से 3300 मीटर की ऊंचाई तक पाया जाता है परंतु पूर्वोत्तर राज्यों की पहाड़ियों में यह और भी निचले वनों में पाया जाता है।

टाकिन

टाकिन अत्यंत तीव्र ढालों के वनों में पाया जाता है जहां बांस के वन हों। यह 2000 से 3000 मीटर तक की ऊंचाइयों पर पाया जाता है। भारतीय अभयारण्यों में इसे सिक्किम के क्योंगनोशना तथा पोगोखा अभयारण्यों में देखा जा सकता है।

साइबेरियाई आईबेक्स

ये पहाड़ी बकरे ऊंचे हिमालयी क्षेत्र में पाये जाते हैं। पश्चिमी हिमालय क्षेत्र में ये काश्मीर में नूब्रा और पश्चिमी लद्दाख एवं हिमाचल प्रदेश में लाहुल स्पिति तक पाये जाते हैं।

तिब्बती गजाला

हिमालयी बोवाइडी कुटुम्ब की बात हो तो वह तिब्बती गजाला के बिना पूरी नहीं होती। यूं तो यह तिब्बत के हिमाच्छादित पठार में रहने वाला प्राणी है परंतु भारत में भी यह लद्दाख के दुर्गम पर्वतीय क्षेत्र में पाया जाता है। भारतीय क्षेत्र में इसकी संख्या 100 पशुओं से भी अधिक नहीं है जिनमें से 67 पशु लद्दाख के उस भाग में (1977 ई.) देखे गये जिसे क्षेत्रीय भाषा में 'कलाक तारतर' कहा जाता है। कलाक तारतर का शब्दिक अर्थ है दो पर्वतों के बीच का पठार।

तिब्बती गजाला लद्दाख से बहुत दूर सिक्किम दोनों ही तिब्बत के पठार की दक्षिणी सीमा पर स्थित हैं अतः तिब्बत का प्राणिजात यहां स्वाभाविक तौर पर पाया जाता है।

मारखोर

मारखोर उच्च हिमालय के कुछ ही क्षेत्रों में पाये जाते हैं। इन बकरों के विशाल किंतु सुंदर सींग होते हैं। भारतीय संरक्षित क्षेत्रों में इन्हें किश्तावर में देखा जा सकता है।

भारल

यह हिमालय की पर्वतीय भेड़ है। यह भेड़ और बकरे का मिश्रण सा दीख पड़ता है। यह उत्तरांचल, हिमाचल, सिक्किम एवं अरुणाचल तक देखी जा सकती है।

हिमाचल क्षेत्र में विभिन्न ऊंचाइयों पर पाये जाने वाले मेष छाग

ऊंचाई	*वन्य प्राणी*
5400 से 6000 मी.	चिरू
4200 से 6000 मी.	याक
1000 से 6000 मी.	मारखोर
2000 से 3500 मी.	तहार
2700 से 5500 मी.	मार्कोपालोशीप
3600 से 4500 मी.	भारल, आइबेक्स
2700 से 3600 मी.	तिब्बती गजाला, गोरल (पश्चिमी हिमालय), सीरो, टाकिन

उड़ियल

यह हिमालय की सबसे छोटी पहाड़ी भेड़ है। यह मुख्यतः लद्दाख क्षेत्र में ही पाई जाती है।

तिब्बती अर्गली

यह विश्व की सबसे बड़ी पर्वतीय भेड़ है। भारत में यह केवल लद्दाख में पाई जाती है। इनके सींग बहुत बड़े होते हैं। भारत में इनकी संख्या केवल 300 के लगभग है।

चिरू

चिरू मुख्यतः तिब्बत का हरिण सदृश्य प्राणी है। भारत में यह केवल सिक्किम में पाया जाता है।

याक

ऊंचे हिमालयी क्षेत्र में पाये जाने वाले इस पर्वतीय वृषभ का वजन 575 किलो तक होता है तथा इसकी ऊंचाई कंधे पर 170 से.मी. होती है। इसके पूरे शरीर पर रोमावली होती है। यह लद्दाख तथा उत्तरांचल में पाया जाता है।

वन्य शूकर

जंगली सुअर और पालतू सुअर दूर से देखने पर लगभग एक–से ही दिखाई देते हैं यदि दूर से बहुत ध्यान से देखा जाय तभी उनकी देह–यष्टि का फर्क समझा जा सकता है। पालतू देशी सुअर जहां काफी मोटे, स्थूल और मंदगामी होते हैं वहां वन्य शूकर सदैव कान उठाये, शंकित, भागने में तत्पर और अपेक्षाकृत कम चर्बीयुक्त शरीर वाले होते हैं। जिन जंगली शूकरों में चर्बी होती भी है वे सामान्यतः यूथपति नर होते हैं और उनकी विकराल डाढ़ें अलग ही चमकती रहती हैं। दस प्रकार का नर शूकर 23 किलोग्राम तक का वजनी हो सकता है, इसके पास फटकना भी मौत को निमंत्रण देना है।

भारत के अभयारण्यों में इनकी संख्या काफी है तथा इन्हे अभयारण्यों के दलदली क्षेत्रों में देखा जा सकता है। तालाबों और नालों के आसपास इनका डेरा रहता है। अधसूखे तालाब और नालों के कीचड़ में पूरा यूथ लोटता हुआ देख जा सकता है। कुछ सदस्य लोटने से निवृत्त होने के बाद कीचड़ में अपने थूथनों से वनस्पतियों, कोमल जड़ों और कंदों को खोदते और खाते रहते हैं।

हमने अनेक बार इन यूथों के यूथपति को सभी जगह पर खड़े होते देखा है जहां से वह अपने यूथ के सभी सदस्यों पर निगरानी रख सकता है। भेड़िये, जंगली कुत्ते और तेंदुओं के ये प्रिय अहार हैं। यूथपति शूकर अपने बहुत बड़े परिवार की सदैव ही देखरेख नहीं कर पाता। यूथपति शूकर पर या तो शेर या फिर जंगली कुत्ते ही आक्रमण का साहस करते हैं, यहां तक कि एकाकी तेंदुआ भी व्यर्थ में आक्रमण कर खतरा मोल नहीं लेता। वनराज का प्रिय भोजन वन्य शूकर है और समय पड़ने पर वह छोटे शूकरों या शूकरियों पर अक्रमण न कर यूथपति पर ही अपना कौशल आजमाता है। किंवदन्तियां हैं कि कभी-कभी शेर भी बनैले सुअर के तेज दांतों से घायल हो जाता है। यह संभव है जब कि शेर बूढ़ा या जख्मी हो या कि पूर्ण वयस्क न हो। वन्य शूकर अपने आक्रामकों का दृढ़ता और वीरतापूर्वक सामना करते हैं। अन्य वनस्पति भोजी प्राणियों की भांति वे पीठ दिखलाने के बजाय रण-कौशल पर विश्वास रखते हैं। ऐसे अनेक उदाहरण हैं जिनमें दो या तीन शिकारी कुत्तों के आक्रमण को बनैले सुअर ने न केवल विफल कर दिया वरन् उन कुत्तों को ठीक वैसे ही चीर दिया जैसे चाकू से तरबूज काट दिया जाता है।

वामन शूकर

भारत में हिमालय के भामर और तराई क्षेत्र के सघन घास क्षेत्र में शूकर की एक अन्य प्रजाति पाई जाती है। वयस्क होने पर भी ये शूकर समान्य शूकर के बच्चों जैसी ही ऊंचाई प्राप्त कर पाते हैं। ये शूकर तराई के अनेक संरक्षित क्षेत्रों में पाये जाते हैं।

भारतीय राष्ट्रीय उद्यानों और अभयारण्यों में पाये जाने वाले समखुरीय प्राणियों के कुटुम्ब

इक्वाइडी

तिब्बती वन्य रासभ
भारतीय वन्य रासभ

तिब्बती वन्य रासभ : यह सभी जंगली गधों में सबसे ऊंचा होता है। कंधे पर इसकी ऊंचाई 140 से.मी. तथा इसका वजन 250 से 400 किलोग्राम तक होता है। तिब्बती वन्य रासभ या कियांग 5000 कि. मी. ऊंचाई पर पाया जाता है। जैसा कि इसका नाम है इसका वितरण मुख्यत: तिब्बत में है। भारत में यह लद्दाख के चेंगथेग पठार में पाया जाता है साथ ही यह सिक्किम के पर्वतीय भागों में भी पाया जाता है।

भारतीय वन्य रासभ : भारतीय वन्य रासभ गुजरात के कच्छ के रन में पाया जाता है। कच्छ के रन में द्वीप जैसे छोटे-छोटे घास के मैदानों में रहते हैं। सामान्य गधों से अलग वन्य रासभ के कंधे के बाल या अयाल खड़े रहते हैं। वन्य रासभ तेज धावक हैं, ये 48 से 51 किलोमीटर प्रति घंटे की रफ्तार से काफी दूर तक दौड़ सकते हैं। इनका झुंड

10 से 30 की संख्या तक का होता है। सामान्य तौर पर ये प्रातः और सायंकाल भोजन करते हैं।

रिनोसिराइडी (गंडक कुटुम्ब)

एक सींग वाला गैंडा

दो सींग वाला गैंडा

जावाई गैंडा

भारत में गैंडों का चित्रण प्रागैतिहासिक काल से ही देखने को मिलता है। गैंडों का चित्रण शैलाश्रयों में तो हुआ ही हड़प्पा की सीलों में भी इसका सजीव चित्रांकन देखने मिलता है। प्रागैतिहासिक काल तक भारतीय गैंडा दक्षिण भारत में भी पाया जाता था। भारतीय एक सींग वाला गैंडा एक विशाल और शक्तिशाली प्राणी है, इसकी कंधे पर ऊंचाई छह फीट तक की हो सकती है। इसका सींग जो वस्तुतः बालों का कठोर गुच्छा है दो फीट तक का हो सकता है। भारत में दो सदियों पहले तक गैंडों की 3 प्रजातियाँ पाई जाती थीं परन्तु अब एक ही प्रजाति पाई जाती है।

भारतीय गैंडा

भारतीय गैंडा हाथी के बाद सबसे अधिक वजनी पशु है। भारतीय गैंडे का वजन ढाई टन या 2500 किलो तक होता है। गैंडे भारत और दक्षिणी पूर्वी एशिया तथा अफ्रीका में पाये जाते हैं। एशियाई गैंडों की 3 प्रजातियां क्रमशः भारतीय गैंडा, सुमात्राई गैंडा तथा जावागैंडा के नाम से जानी जाती हैं। भारत में एक शताब्दी पूर्व तक गैंडों की प्रजातियां भारतीय गैंडा तथा सुमात्राई गैंडा पायी जाती थीं। सुमात्राई गैंडों की प्रजाति भारत में कछार तथा बंगाल के कुछ क्षेत्रों में पाई जाती थीं। प्रागैतिहासिक काल तक भारतीय गैंडा संपूर्ण प्रायद्वीपीय भारत में पाया जाता था। चार–पांच सौ वर्ष पहले तक भी वह भारत में काश्मीर के समीप तक पाया जाता था। गैंडों का अस्तित्व खतरे में है क्योंकि उसे उसकी नाक के ऊपर लगे सींग के कारण मारा जाता है जो कि वस्तुतः सींग न होकर बालों का मजबूत गुच्छा है। इस अंधविश्वास के चलते कि गैंडे के इस सींग में पुंसत्ववृद्धि का गुण होता है गैंडों के विनाश में तेजी आई। भारत में अब गिने–चुने गैंडे बचे हैं। संरक्षित क्षेत्रों में भी उन्हें नहीं बचाया जा सका, कार्बोट राष्ट्रीय उद्यान में कभी गैंडे पाये जाते थे।

गैंडों का निवास वे स्थल हैं जो सघन वनों और घास के मैदानों के बीच होते हैं। इन्हें दलदली क्षेत्र पसंद हैं। गैंडे समखुरीय प्राणी हैं अर्थात घोड़े, गधों तथा जेब्रा के सबसे नजदीकी रिश्तेदार हैं। अपने डीलडौल में रहने की आदतों के कारण वे जंगली भैंसों के करीब दिखलाई देते हैं। गैंडे अश्वकुल की भांति ही तेज धावक हैं और मौका पड़ने पर घोड़ों की भांति ही अपने सामने के दांतों से शत्रु को चबाने या काटने के लिये उद्यत हो जाता है। ये अत्यंत शक्तिशाली प्राणी हैं, इनकी एक ठोकर या सींग का प्रहार किसी भी मांसाहारी प्राणी के प्राण ले सकता है, परंतु इनकी देखने की शक्ति उत्तम नहीं है। भारतीय गैंडों का मुख्य भोजन दलदली भूमि पर ऊगी वनस्पतियां हैं। इन्हें घंटों कीचड़ या पानी में पड़े रहने की आदत होती है। भारतीय वनों में 'एलीफेंट घास' में 'छूपे' हुये–से रहते हैं। गैंडे चार वर्ष में बच्चे देते हैं। सद्यःजात शिशु भी 100 किलो से कुछ अधिक वजन का होता है। एक बार में एक शिशु ही पैदा होता है।

भारत में पहले दो सींगों वाला गैंडा भी पाया जाता था पर यह वर्षों पूर्व विलुप्त

हो गया है। यह एक सींग वाले भारतीय गैंडे से कदकाठी में छोटा हुआ करता था, इसी तरह गैंडों की एक अन्य प्रजाति जावाई गैंडा भी पूर्वी भारत में पाया जाता था यह भी भारत में विलुप्त है।

भारतीय राष्ट्रीय उद्यानों और अभयारण्यों में पाया जाने वाला हस्तिगण

भारतीय हाथी

हाथियों को 'प्रोबेसीडिया' गण में रखा जाता है। प्रोबेसीडिया का अर्थ ही लम्बी नासिका होता है। वर्तमान या होलोसीन काल के पहले तक हाथियों के अनेक वंश और प्रजातियां थीं परंतु वर्तमान में मात्र दो वंशों की दो प्रजातियां ही अवशिष्ट हैं। आफ्रीकी हाथी (लोक्जोडोन्टा) अलग वंश का प्राणी है। भारतीय या एशियाई हाथी के वंश (एलिफस) का भी एक ही प्रजाति (एलिफस मैक्सिमस) अवशिष्ट है जो कि एशिया के आर्द्र अयनमंडलीय क्षेत्रों में वितरित है।

भारतीय हाथी भारतीय उपमहाद्वीप ही नहीं एशिया का भी सबसे विशाल प्राणी है। भारत में इसे कब पालतू बना लिया गया था इसका ठीक ज्ञान नहीं है परंतु यह ईस्वी सदी के प्रारंभ होने से कई सदियों पहले भारत में पाला जा चुका था। इसके पर्याप्त प्रमाण हैं।

ऐतिहासिक काल तक भी हाथी भारत के अधिकांश वनों में पाया जाता था किंतु धीरे-धीरे वह भारत के अनेक भागों से विलुप्त हो गया। अब इसके वितरण के मुख्य रूप से तीन अलग-अलग क्षेत्र हैं। पहला क्षेत्र दक्षिण भारत का है जो अब 'नीलगिरि बायोस्फियर रिजर्व' का क्षेत्र है। दूसरा क्षेत्र भारत का तराई क्षेत्र है जो आसाम से उत्तरांचल तक फैला है। तराई का यह क्षेत्र भी अब हाथियों के वितरण की दृष्टि से अनेक टुकड़ों में बंट गया है। तीसरा अपेक्षाकृत छोटा क्षेत्र दकन के पठार का उत्तर पूर्वी क्षेत्र है। इसमें झारखंड, उड़ीसा तथा छत्तीसगढ़ के कुछ भाग आते हैं, इसमें अन्य दो क्षेत्रों की तुलना में काफी कम मात्रा में हाथी बच पाये हैं।

पालतू हाथियों में मादा हाथी जिसका एक छोटा बच्चा हो उसे 'घुई' कहा जाता है। इसी तरह बनैले हाथियों में अपने झुंड से अलग घूमने वाले हाथी को इक्कड़ कहा जाता है। हाथी समूह में रहने वाला प्राणी है। इनमें पारिवारिक सौहार्द्र पाया जाता है। जब कोई हथनी प्रसव करती है तो झुंड की अन्य हथनियां अपनी सूंडों से सद्यःजात बच्चे को झेले रहती हैं ताकि वह भूमि पर सीधे नहीं गिरे।

हाथियों की अनेक विशेषताओं के कारण वह भारत का अत्यंत लोकप्रिय पशु रहा है और इसीलिये भारतीय साहित्य में उसका नानाविध चित्रण हुआ है। भारत में हाथियों के अनेक प्राचीन चित्र और शिल्प पाये जाते हैं क्योंकि उसने यहां पर मनुष्य का साथ युद्धों और शांति में सदा ही दिया है।

हाथियों को सभी भारतीय धर्मों में पवित्र पशु माना गया है। हाथियों को इसीलिये शुभ माना जाता है। सभी शुभ अवसरों पर भारतीय हाथी को सामने रखना पसंद करते हैं।

भारत में हाथियों के संरक्षण के लिये 'प्रोजेक्ट एलीफेन्ट' प्रारंभ किया गया। वन्य हाथियों को जिन पालतू हाथियों या हथिनियों की सहायता से पकड़ा जाता है उन्हें 'कुनकी'

कहते हैं। कुनकियों की पीठ पर बैठकर फन्दी (फन्दा डालने वाले) आज भी वन्य हाथियों को पकड़कर पालतू बनाते हैं।

हाथी की ताकत का अन्दाज इस तथ्य से लगाया जाता है कि उसकी एक लात से शेर का सिर नारियल के समान टूट सकता है तथा एक वयस्क हाथी गैंडे को क्षणभर में भागने को मजबूर कर देता है। वयस्क शेरों का जोड़ा ही किसी हाथी पर आक्रमण करने का साहस करता है और यह आक्रमण एक साथ हाथी के आगे और पीछे से किया जाता है। वनों के अन्य सभी वनस्पति भोजी जीव हाथी की उपस्थिति में हिंसक जीवों से सुरक्षित रहते हैं। हाथियों को मांसाहारी पशुओं की गंध से बहुत नफरत होती है अतः वे उन्हें आसपास तक कभी नहीं फटकने देते।

हाथियों की सूंड़ वस्तुतः उनकी नाक है जिससे हाथ का काम वखूबी लिया जाता है। हाथियों की सूंड़ के इस गुण के कारण संस्कृत भाषा में उसे 'हस्ति' या हाथवाला जानवर नाम दिया गया। हाथी की सूंड़ में असाधारण शक्ति होती है।

हाथी चाहे भारतीय हों कि अफ्रीकी, उनका संहार उनके दांतों के लिये पिछली शताब्दियों में बेरहमी से किया गया। इससे हाथियों की संख्या में भयावह गिरावट आई। दक्षिण भारत में हाथी बड़ी संख्या में पाये जाते हैं, यहां पर कुख्यात हाथीदांत के तस्कर वीरप्पन ने अपने जीवन काल में न जाने कितने हाथियों का वध किया, यह सिलसिला तभी टूटा जब यह दस्यु पुलिस की गोली का शिकार हुआ। भारतीय या एशियाई हाथी अपने संपूर्ण वितरण क्षेत्र में असुरक्षित है। अंतर्राष्ट्रीय पशु विशेषज्ञ इस भव्य वन्य प्राणी की सुरक्षा के नित नये उपाय ढूंढ़ रहे हैं।

भारतीय राष्ट्रीय उद्यानों और अभयारण्यों में पाये जाने वाले अन्य गणों के वन्य प्राणी

भारतीय संरक्षित क्षेत्रों में जिन वन्य पशुओं की संख्या नहीं दी जाती उसका कारण सामान्यजन में उनका कम आकर्षण होना है। ये वन्य पशु अकादमीय दृष्टि से महत्वपूर्ण तो हैं ही उनका जैव विविधता में भी महत्व है। उनका संक्षिप्त विवरण यहां प्रस्तुत है।

वानर गण (प्राइमेट्स)

पशुओं को जिन प्रमुख वर्गों में बांटा जाता है उनमें सबसे पहला गण (आर्डर) वानरों (या प्राइमेट्स) का है। भारत में वानर पालतू, अर्धपालतू और वन्य तीनों ही अवस्थाओं में पाये जाते हैं इसीलिये ये सैलानियों या वन्यप्राणी प्रेमियों की दृष्टि में उत्सुकुता का भाव नहीं जगा पाते। भारत में कुछ कपि जातियां अवश्य ही ऐसी हैं जो पूर्णतः जंगली है।

भारत के मध्य क्षेत्र के अनेक अभयारण्यों में अब आप पक्की सड़क से प्रवेश कर रहे होते हैं और यदि समय प्रातः 6 बजे से 8 बजे तक का है तब आप रोड के बीचोंबीच पंक्तिबद्ध रूप में लाल मुंह के बंदरों (मॅकाका मुलट्टा) को निर्द्वंद्व भाव से बैठा हुआ देख सकते हैं। आपकी गाड़ी पास आने पर ही ये भागेंगे। जहां लाल मुंह के बंदर रोड के दोनों किनारों के वनों और झाड़ियों पर बिखरे हुये दिखाई देंगे। वहां काले मुंह के इक्के-दुक्के बंदर जमीन पर बैठे दिखलाई देंगे। अभयारण्य के भीतर काले मुंह के

बंदर तो दिख जाते हैं पर लाल मुंह के बंदर मुख्यतः ग्रामों के आसपास ही सीमित हैं। लाल मुंह के बंदर नगरों, कस्बों और गांवों में देखे जाते हैं। भारत में ये दोनों प्रकार के वानर अवध्य हैं और इन्हें सदियों से पवित्र माना जाता है, परिणाम यह है कि भारत भर में पवित्र स्थलों और तीर्थों में इनकी भरमार है। भारत में इनकी स्थिति वस्तुतः अर्धजंगली या अर्धपालतू पशुओं की है। चूंकि वानर भारत में सहज ही देखे जाते हैं तथा उनकी संख्या भी अधिक है अतः उनके लिये अलग संरक्षित क्षेत्र नहीं है। इस गण की उन प्रजातियों के लिये अवश्य कुछ संरक्षित क्षेत्र हैं जिनका वितरण सीमित है।

नर वानर गण

यदि संपूर्ण भारतीय परिदृश्य पर गौर करें तो यह स्पष्ट हो जाता है कि वर्षावनों या सदाबहार अयनमंडलीय वनों के क्षेत्रों में ही प्राइमेट्स की अधिक प्रजातियां पाई जाती हैं। पिछले कुछ वर्षों में इस गण की कुछ और प्रजातियां उत्तर पूर्वी भारत के वनों में खोजी गई हैं जिनका विवरण पुस्तक में दिया गया है। अरुणाचल में एक वनमानुष प्रजाति ग्रापा की उपस्थिति भी कही जाती है जो कि हिममानव का पर्याय है परंतु इसकी वैज्ञानिक पुष्टि होना शेष है। वर्ष 2009 के अप्रैल माह में भारत के प्रमुख टीवी चैनलों ने इस विषय पर प्रसारण किये थे।

प्राइमेट्स या वानरों तथा वनमानुषों को सम्मिलित करने वाले गण में दो और अल्प विकसित प्राणियों को वर्गिकी के विद्वान सम्मिलित करते हैं, इनमें से एक छछूंदर (श्रियू) ऐसा प्राणी है जिसे चूहों से अलग गण में गिना जाता है, इसे इस गण के प्रारंभिक विकास की अवस्था का प्राणी माना जाता है। इसका अकादमिक महत्व है, संरक्षित क्षेत्रों के संदर्भ में इस पर विचार करना अनपेक्षित है। दूसरा छोटा प्राणी लोरिस है, यह वृक्षचारी प्राणी है, इसके दो वंश 'लोरिस' और 'नाइक्टीसीबस' भारतीय वनों में पाये जाते हैं। दोनों का रंग-रूप लगभग एक-सा ही होता है। यह प्राणी मुख्यतः या तो पूर्वोत्तर भारत के आर्द्र अयनमंडलीय वनों में पाया जाता है या फिर दक्षिण भारत के ऐसे ही वनों में। ये रात्रिचारी प्राणी हैं अतः इन्हें देख पाना कठिन कार्य है। एलोलोरिस प्रजाति उत्तर-पश्चिमी भारत और स्लेन्डरलोरिस प्रजाति दक्षिणी भारत के कुछ संरक्षित क्षेत्रों में देखी जा सकती हैं परंतु इनके संरक्षण के लिये कोई अलग से संरक्षित क्षेत्र नहीं है।

भारतीय वानरों को मुख्यतः दो उपवर्गों में बांटा जाता है। पहला वर्ग लंगूरों का है, ये काले मुंह के भारी वानर हैं और मुख्य रूप से पत्तियों का आहार करते हैं। इन्हें लीफ मंकी भी कहा जाता है। वर्गिकी में पहले इन्हें अनेक वंशों में विभाजित किया जाता था किंतु अब इन सभी को 'प्रिसबाइटिस' वंश में रखा जाता है। हिमालय की तराई से रामेश्वरम तक तथा कच्छ से लेकर कामरूप तक इस वंश की प्रजाति 'प्रिसबाइटिस एन्टलस' पाई जाती है। इस वंश के अन्य सदस्य या तो दक्षिण भारत के आर्द्रवनों तक सीमित हैं या कि फिर पूर्वोत्तर भारत के आर्द्रवनों में। इन अन्य प्रजातियों का वितरण इस प्रकार है :

(अ) दक्षिण भारत के आर्द्रवनों में पाये जाने वाली लंगूरों की प्रजातियां नीलगिरि लंगूर।

(ब) पूर्वोत्तर भारत के आर्द्रवनों में पाये जाने वाली लंगूरों की प्रजातियां : 1. केप्ड लंगूर, 2. फायरे का लंगूर, 3. सुनहरा लंगूर (गोल्डन लंगूर)।

भारतीय वानरों का दूसरा उपवर्ग बन्दरों या लाल मुंह के बन्दरों का है। ये सभी छोटे किंतु गठीले शरीरे के वानर हैं और इनके आहार में लंगूरों से अधिक विविधता पाई जाती है। भारत के सभी बन्दरों को मकाका वंश के अंतर्गत रखा जाता है। इनमें से दो प्रजातियां लगभग संपूर्ण भारत को दो भागों में बांटते हुये वितरित हैं। मकाका मुलट्टा प्रजाति हिमालय की तराई से लेकर गोदावरी नदी की घाटी तक पायी जाती है, परंतु यहीं से एक दूसरी प्रजाति जो देखने में लगभग वैसी ही है शेष प्रायद्वीपीय भारत में पाई जाती है, इसे 'मकाका रेडियाटा' प्रजाति का नाम दिया गया है।

लंगूरों की ही भाँति इस वंश की कुछ और प्रजातियां भारत के दोनों आर्द्र क्षेत्रों अर्थात उत्तरी–पूर्वी भारत तथा दक्षिण के पर्वतीय क्षेत्रों में सीमित हैं, इनका वितरण इस प्रकार है :

(अ) दक्षिण भारत के आर्द्रवनों में पाई जाने वाली बन्दरों की प्रजातियां : 1. सिंह पुच्छ वानर (लायन टेल्ड मॅकाक)।

(ब) उत्तर–पूर्वी भारत के आर्द्रवनों में पाई जाने वाली बन्दरों की प्रजातियां : 1. आसामी बन्दर, 2. शूकर पुच्छ बन्दर (पिग टेल्ड मॅकाक), 3. बूची पूंछवाला बन्दर (स्टम्प टेल मॅकाक), 4. रीसस मॅकाक।

बंदरों के अतिरिक्त भारत में वनमानुषों की भी एक प्रजाति पाई जाती है। वनमानुषों को एक अलग कुल में रखा जाता है ठीक उसी तरह जिस तरह लोरिसों तथा छछूंदरों को। भारत में पाई जाने वाली वनमानुषों की यह प्रजाति 'हाइलोबेट्स' वंश की है, इसे 'हूलक गिब्बन' के नाम से जाना जाता है। भारत के उत्तर–पूर्वी राज्यों के कुछ ही क्षेत्रों में गिब्बन देखे जा सकते हैं।

'अमेरिकन सोसायटी फॉर प्राइमेट्स' नाम की संस्था ने उत्तर–पूर्व भारत की जयन्तिया पहाड़ियों में प्राइमेट्स या नर–वानरगण की प्रजातियों के संरक्षण हेतु एक राष्ट्रीय उद्यान स्थापित करने की सलाह दी है।

शशक गण

खरगोश को भी एक अलग गण (लोगोमार्फा) में वर्गीकृत किया जाता है। हल्के मटमैले रंग का खरगोश संपूर्ण अभयारण्य में पाया जाता है।

पेंगोलिन गण

पेंगोलिन को भी एक अलग गण (फोगोडोटा) में वर्गीकृत किया जाता है। यह एक रात्रिचारी जन्तु है। इसके पुरे शरीर में शल्क पाये जाते हैं। मध्य प्रदेश के शैलाश्रयों से इसके हजारों वर्ष पूर्व बनाये गये चित्र प्राप्त होते हैं। पुस्तक में एक ऐसा ही चित्र दिया गया है। साथ ही एक प्रचीन यूरोपीय चित्रकार द्वारा बनाया गया चित्र भी प्रस्तुत है।

पेंगोलिन कीटभुज प्राणी है; इसकी लम्बी जीभ में कीटों को चिपकाने वाला द्रव होता है जिसकी सहायता से यह वृक्षों और पत्थरों के विवरों में छुपे कीटों को आसानी से खींच लेता है। आक्रमण हाने पर यह अपने शरीर को एक गोले के रूप में मोड़ लेता है साथ ही एक दुर्गन्धपूर्ण द्रव को स्रवित करता है।

मूषक गण (रोडेन्ट्स)

मूषक गण जिसे कृन्तक गण भी कहा जाता है, अपने कुतरने वाले दांतों के कारण विशिष्ट

प्राणी है। भारतवर्ष जैसे विविध प्राणिजात वाले देश में जहां शेर, सिंह, हाथी गैंडे और गौर जैसे विशाल प्राणी पाये जाते हैं वहां इन छोटे प्राणियों की ओर लोगों का आकर्षित न होना स्वाभाविक ही है, किंतु यह ध्यान देने योग्य है कि फूड–पिरागिड में इन प्राणियों का विशिष्ट स्थान है। इस गण के प्राणियों पर छोटे हिंसक प्राणियों और बड़े सरीसृपों का जीवन निर्भर है। चूहा न होने की दशा में सांपों की संख्या तो कम हो ही जाती है, नेवले, गंधमार्जार, वनमार्जार और लोमड़ियों की संख्या भी इनसे प्रभावित होती है।

मूषक गण के अंतर्गत इस अभयारण्य में वन्य मूषकों के अतिरिक्त गिलहरियां भी पाई जाती हैं। इस गण का संभवतः वन्य प्राणियों की दृष्टि से सर्वाधिक देखने योग्य प्राणी 'साही' या 'सेही' है। यह प्राणी इस अभयारण्य में देखा जा सकता है।

वनों में भ्रमण करने वाले अनेक लोगों ने साही को अपने कांटे फैलाते और बाद में उन्हें संकुचित करते देखा है। कुछ वैसा ही दृश्य जैसा कि मयूर अपने पंखों को फैलाते समय प्रस्तुत करता है।

चमगादड़ गण

चमगादड़ स्तनपोषी प्रणियों में अकेले ही उड़ने वाले प्राणी है इसलिए इन्हें प्राणीविज्ञानी एक अलग गण (चिरोपेट्रा) में वर्गीकृत करते हैं।

भारतीय संरक्षित क्षेत्रों में दो कुलों के चमगादड़ जो कि क्रमशः कीटभक्षी और फलभक्षी हैं, पाये जाते हैं। फलभक्षी चमगादड़ अभयारण्य के बाहर लगाये गये फलों के बगीचों विशेषकर अमरूद के बगीचों तक उड़कर आ जाते हैं।

चमगादड़ो को क्षेत्रीय लोग अशुभ 'पक्षी' मानते हैं जबकि यह प्राणी पक्षी है ही नहीं।

जलचर स्तनपोषी प्राणी

भारत में जलचर स्तनपोषी प्राणियों के संरक्षण की भी व्यवस्था है। ताजे पानी के जलचरों में गंगा डोल्फिन या 'शुशु' का नाम उल्लेखनीय है। यह डोल्फिन मुख्यतः मत्स्यभक्षी है। साधारणतः ये 7 से 8 फीट लम्बी हुआ करती हैं पर इनकी अधिकतम लम्बाई 13 फुट भी पाई गई है। संस्कृत में इसे शिशुमार कहा जाता है। इसी शब्द से इनके लिये प्रयुक्त हिन्दी शब्द शुशु और बंगला शब्द शिशु बना है। ये मुख्यतः गंगा, सिंधु और ब्रह्मपुत्र नदियों तथा उनकी सहायक नदियों में पाई जाती हैं।

भारतीय समुद्री क्षेत्र में समुद्री डोल्फिनों की अनेक प्रजातियां पाई जाती हैं। तमिल भाषा में इन्हें 'पोमिग्रा' कहा जाता है। समुद्र तटीय एवं द्वीपीय संरक्षित क्षेत्रों में इन्हें देखा जा सकता है। इसके अतिरिक्त भारतीय तटों पर समुद्री जन्तु डुगांग या समुद्री गायें भी देखी जाती हैं, तमिल भाषा में इन्हें कडलपुड्रू, कडालनन्री तथा अविलिया कहा जाता है। मलयालम भाषा में इन्हें कड्डलनन्री कहा जाता है। कुछ वर्षों पूर्व तक मन्नार की खाड़ी में ये काफी संख्या में देखी जाती थीं परन्तु अंधाधुंध शिकार ने इसे सर्वत्र दुर्लभ बना दिया है।

(ब) भारतीय संरक्षित क्षेत्रों के मांसाहारी (शिकारी) पशु

भारतीय वनों की जैव विविधता अत्यंत सम्पन्न है। भारतीय वनों की यह विविधता भारतीय वनों में पाये जाने वाले शिकारी पशुओं की अनेक प्रजातियों से स्पष्ट हो जाती

है। भारतीय वनों में तीन स्तर के शिकारी पशु हैं। प्रथम स्तर पर बाघ और सिंह हैं, दूसरे स्तर पर तेंदुआ, जंगली कुत्ते और भेड़िये हैं और तीसरे स्तर पर लोमड़ी और नेवले जैसे वन्य पशु हैं जो अपनी शक्ति और क्षमताओं के अधार पर बड़े, मझले और छोटे पशुओं का शिकार करते हैं। शिकारी पशुओं में एक ऐसा चौथा वर्ग भी है जो मांसाहारी होने पर भी शाकाहारी भोजन भी करता है। भारतीय रीछ ऐसा ही प्राणी है। हिमालय के रेड पांडा को पांचवें वर्ग में रखा जा सकता है जो मांसभुज वर्ग होने पर भी मुख्यतः शाकाहारी है।

इनके अतिरिक्त वनों को शिकारी पशुओं द्वारा मारे जाने वाले पशुओं के शवों से वनों को स्वच्छता देने वाले पशुओं का एक अन्य वर्ग है जिसमें लकड़बग्घा प्रमुख है।

प्रथम स्तर के शिकारी

बाघ एवं सिंह : *भारतीय वनों में पाये जाने वाले गौर से लेकर सेही तक सभी विशाल, मध्यम और छोटे दर्जे के शिकार।*

द्वितीय स्तर के शिकारी

अ.	एकाकी विचरण करने वाले तेंदुआ :	शिकार–चीतल, चिंकारी, चौसिंघा, नीलगाय, पालतू पशु, पालतू पक्षी, बंदर, वन्य पक्षी।
ब.	समूह में जंगली कुत्ते :	शिकार–सभी मध्यम और छोटे दर्जे के शिकार यथा चीतल, चिंकारी, चौसिंघा आदि।
	भेड़िया :	शिकार– मध्यम और छोटे दर्जे के शिकार यथा चीतल, चिकारा, चौसिंघा, आदि

तृतीय स्तर के शिकारी

लोमड़ी : छोटे शिकार यथा चूहा खरगोश, कुछआ, पक्षी।

नेवला : छोटे शिकार यथा चूहा खरगोश, मेंढक, सांप, छोटे पक्षी, अंडे।

अन्य शिकारी पशु

भालू : मिश्रित भोजन वाले शिकारी : वानस्पतिक भोजन के साथ जब तब छोटे पशुओं का शिकार।

लकड़बग्घा : मृत पशुओं के शवों को खाने वाले शिकारी : शव भक्षण के साथ जब–तब छोटे पशुओं का शिकार।

यहां इस तथ्य को रेखांकित करना आवश्यक है कि इतने अधिक स्तर के शिकारी पशु विश्व में कहीं नहीं देखने को मिलते। संपूर्ण विश्व में भारत ही एक ऐसा देश है जिसके संरक्षित क्षेत्रों में बाघ भी देखा जा सकता है और सिंह भी साथ ही यही एक देश है जहाँ भालुओं की तीन जातियाँ देखी जा सकती हैं। इनमें दो हिमालय क्षेत्र की हैं तथा एक प्रायद्वीपीय भारत की है।

भारतीय वर्गीकरण के अनुसार मांसाहारी प्राणियों का वर्गीकरण

सिंह व्याघ्र वृका ऋक्ष, तरक्षु द्वीपिनस्तथा
वभ्रु जम्बूक मार्जारा, इत्याद्यास्युर्गहाशयाः
स्थूल पुच्छो रक्त नेत्रो, वर्भु भेद से नाकुलः ।।6।।

सिंह, व्याघ्र, वृक (भेड़िया), ऋक्ष (रीछ), तरक्षु (लकड़बग्घा), द्वीपन (गुलबाघ या बघेरा), जम्बूक (सियार), मार्जार (जंगली बिल्लियां) एवं नकुल (नेवला) को सुश्रुत संहिता में ऐसे हिंसक या शिकारी पशु माना है जो गुफाओं में निवास करते हैं।

मांसाहारी वन्य पशुओं से हमारा तात्पर्य उन वन्य पशुओं से है जिन्हें वर्गिकी के विद्वान कार्नीवोरा गण में वर्गीकृत करते हैं। मध्यप्रदेश के वनों में पाये जाने वाले वन्य पशुओं के निम्नलिखित कुटुम्ब इस गण के अंतर्गत आते हैं।

मार्जार कुटुम्ब

इस कुटुम्ब के प्राणियों के दो प्रमुख जातियां शेर और गुलबाघ पाये जाते है। साथ यहां कुछ जंगली बिल्लियां भी पाई जाती हैं।

श्वान कुटुम्ब

भारत में इस कुटुम्ब के प्रणियों की चार प्रमुख जातियां सोनकुत्ते, भेड़िया, सियार, और लोमड़ी पाये जाते हैं।

ऋक्ष कुटुम्ब

भारत में रीछ की 3 प्राजातियां पाई जाती हैं, इनमें से दो हिमालयी क्षेत्र में सीमित हैं तथा एक संपूर्ण भारत में पाई जाती है।

तरक्षु कुटुम्ब

भारत में इस कुटुम्ब के प्राणियों की एक जाति (स्पीसीज) लकड़बग्घा यहां पाई जाती है।

अन्य

उपर्युक्त प्रमुख प्राणियों की जातियों के अतिरिक्त कुछ अन्य मांसाहारी प्राणी भी यहां पाये जाते हैं। इनमें विवराइडी एवं मस्टलाइडी एवं प्रोक्योनाइडी कुटुम्ब के प्राणी प्रमुख हैं।

भारतीय संरक्षित क्षेत्रों के दो विशिष्ट पशु : शेर एवं सिंह

विश्व में सिंह और शेर केवल भारत में ही साथ पाये जाते हैं। शेर एशिया के क्षेत्रों में पाया जाता है तो सिंह मुख्य रूप से अफ्रीका में। सिंह अफ्रीका और भारत में पाया जाता है। आनुवंशकीय दृष्टि से शेर और सिंह दोनों ही एक-दूसरे के सबसे करीबी पशु हैं किंतु दोनों की जातियां (स्पीसीज) भिन्न हैं। दोनों ही शक्ति और कौशल में एक-दूसरे

के पर्याय हैं किंतु जहां शेर मूलतः वनों का राजा हैं वहां सिंह घास के मैदानों और खुले वनों का। शेर मूलतः एकाकी रहना पसंद करता है किंतु सिंह समूह में रहने वाला प्राणी है। मार्जार कुल में अकेला सिंह ही ऐसा प्राणी है जिसके कंधे पर अयाल पाये जाते हैं।

दोनों पशुओं में अनेक समानतायें भी हैं। जन्म के समय और कुछ बाद तक सिंह शावकों और व्याघ्र शावकों के शरीर पर हल्के काले चिन्ह पाये जाते हैं। वयस्क होने पर जहां सिंह का शरीर धूसर हो जाता है वहां शेर का शरीर पट्टित। पारिस्थितिकी विशेषज्ञों का मानना है कि यह दोनों पशुओं के अलग-अलग वातावरण में अनुकूलन का प्रतिफल है। यदि मृत शेर और सिंह की खाल अलग कर दी जाये तो बड़े-बड़े टेक्सानामिस्ट भी जल्दी नहीं बतला पायेंगे कि कौन-सा अस्थिपंजर शेर का है और कौन-सा सिंह का।

अलग स्पीसीज का अर्थ होता है, अपनी जाति (स्पीसीज) में प्रजनन की सीमितता। सामान्यतः एक ही कुल की दो जातियों में प्रजनन नहीं होता, यदि होता भी है जैसे गधे और घोड़ी के बीच तो सन्तान खच्चर पैदा होती है, जो कि नपुंसक होती है। परन्तु सिंह और शेरनी अथवा शेर और सिंहनी के संयोग से पैदा हुई संतान नपुंसक नहीं होती। एसी सन्तानों को क्रमशः 'लाइगर' तथा 'टाइगन' कहा जाता है। प्रकृति में एसे संयोग नहीं होते।

पुरा भूगोलवेत्ता बतलाते हैं कि सिंह और शेर दोनों एक ही पूर्वज पशु 'सेबर टूथ' से विकसित हुये थे। शेर के प्रचीनतम अवशेष साइबेरिया में मिलते हैं जहां से वह धीरे-धीरे दक्षिण की ओर बढ़ा तथा मंचूरिया, चीन होते हुये उसकी एक शाखा दक्षिण-पूर्व एशिया में मलाया, सुमात्रा और भारत पहुंची। पुरा भूगोलवेत्ता यह भी बतलाते हैं कि इस लम्बी यात्रा में अनेक विभिन्न पर्यावरणों में निवास करने के फलस्वरूप शेर की विभिन्न प्रजातियां विकसित हो गयीं जैसे साइबेरिया में रहने वाला शेर ठंडी जलवायु और बर्फ के क्षेत्र में रहने के कारण शेर की सभी प्रजातियों में सबसे अधिक भारी-भरकम और अधिक फर वाला हो गया, किंतु बाली जैसे अयनमंडलीय द्वीप में छोटी प्राणियों के शिकार पर निर्भर शेर की कद-काठी शेर की सभी प्रजातियों में सबसे छोटी हो गई।

पुरा भूगोलवेत्ता यह भी बतलाते हैं कि सिंह भारत में प्रवेश करने वाले पशुओं में अंतिम पशु था। उसने शेर के भारत में प्रवेश करने के काफी बाद में भारत में प्रवेश किया और यही कारण है कि अपने प्राकृतिक वितरण में वह कभी भी ताप्ती नदी के दक्षिण तक नहीं पहुंचा। पूर्वी भारत मे भी उसका विस्तार पश्चिमी बिहार तक ही रहा।

शेर

जिस तरह मुकुट के बिना राजा, सुगंध के बिना सुंदर पुष्प और चन्द्रमा के बिना रात्रि पूर्ण नहीं है, उसी तरह भारतीय वनों की पूर्णता शेर की उपस्थिति में ही है। ऐसा शायद ही कोई प्रकृति प्रेमी हो जो शेर की शक्ति, सुन्दरता एवं चपलता का कायल न हो। वनों में शेर से अधिक बुद्धिमान पशु मौजूद हैं परन्तु ऐसे सभी पशु वनराज शेर की प्रजा मात्र हैं। शेर में ऐसे अनेक गुण हैं जो परस्पर विरोधी होते हुये भी एक ही जगह मौजूद हैं। शेर की तुलना किसी एक ऐसे हेवीवेट बाक्सर से कीजिये जो कि चैंपियन तैराक है और लम्बी कूदों का बेमिसाल एथलीट, इतना ही नहीं वह इन सबके साथ परम्

बलशाली वेटलिफ्टर भी है। इन सब गुणों के साथ उसके सुन्दर सुनहरे काली पट्टी वाले शरीर और रोबदार चेहरे की खूबसूरती की कहीं कोई मिसाल नहीं है। वह इतना चपल है कि जब आक्रमण करता है तो लगता है कि बिजली कौंध गई, वह इतना धैर्यवान है कि वह शिकार के पास घंटों छुपकर खड़ा रह सकता है। शेर की तुलना शेर से ही की जाती है। कभी-कभी अमेरिका में पाये जाने वाले प्यूमा और जगुआर को भी लातीनी भाषा में वहां का शेर 'एल-टाइग्रिस' कह दिया जाता है। ये सारी तुलनायें व्यर्थ हैं, ये कुछ वैसी ही हैं जैसे किसी डाबरमैन कुत्ते की तुलना पामेरियन कुत्ते से कर दी जाये। शेर या व्याघ्र केवल एशिया में पाया जाता है। एशिया में भी भारत में उसकी सबसे अधिक संख्या है। शेर शब्द का प्रयोग साधारण जन कभी-कभी सिंह के लिए भी कर देते हैं जो कि गलत है। इन दिनों बाघ शब्द शेर का मानक पर्याय है, यह उचित भी है क्योंकि यह शब्द संस्कृत के व्याघ्र शब्द से विकसित है जो सुनिश्चित रूप से 'टाइगर' के लिये उचित संबोधन है।

भारतीय शेर हिमयुग के अंत तक ही भारत में फैल सका था अतः वह रामेश्वरम् के रास्ते श्रीलंका कभी भी नहीं पहुंच पाया। भारतीय शेर की मानक लम्बाई 10 फीट तथा वजन 180 से 230 किलोग्राम तक होता है। शेरनी लम्बाई और वजन दोनों में ही शेर से कुछ कम होती है।

यद्यपि शेर एशिया के अनेक देशों में पाया जाता है परन्तु भारत में उसकी स्थिति विशिष्ट है। भारत की सभी प्रकार की परिस्थितियों में उसने अपने को ढाल लिया है। वह यदि हिमालय के बर्फीले क्षेत्रों में पाया जाता है तो पश्चिम की तपती मरुभूमि के कंटीले जंगलों में भी, यदि वह समुद्र के खारे पानी से पूरित बंगाल की खाड़ी के सुन्दर वन के जंगलों में पाया जाता है तो वह भारत के अर्धशुष्क घास के मैदानों में भी उन्मुक्त घूमता है, इसी तरह यदि वह दक्षिण भारत के वर्षावनों में विचरण करता है तो पूर्वोत्तर की पहाड़ियों पर भी विचरण करता है।

भारत में सर्वत्र पाये जाने वाला यह सुन्दर और शक्तिशाली प्राणी यदि भारत का राष्ट्रीय पशु है तो इसमें आश्चर्य ही क्या। भारत में शेरों की संख्या लगातार गिरती जा रही है, परन्तु अन्य देशों में यह गिरावट इससे भी अधिक भयावह है। सभी देशों में जहां यह पाया जाता है उसे बचाने के सारे प्रयास अधूरे साबित हो रहे हैं। सरकारें और अंतर्राष्ट्रीय संरक्षण संगठन सभी बाघों की संख्या की गिरावट से हतप्रभ हैं।

सिंह

सिंह केवल अफ्रीका और भारत में पाये जाते हैं। यद्यपि अफ्रीकी और भारतीय सिंह दोनों ही एक ही प्रजाति (पैन्थरा लियो) के प्राणी हैं पर भारतीय सिंह को अलग नस्ल (पैन्थरा लियो पर्सिका) के रूप में जाना जाता है। भारतीय सिंह या एशियाई सिंह कुछ शताब्दियों पहले तक पश्चिम एशिया से लेकर भारत के एक बड़े भाग में पाया जाता था किंतु अब इक्कीसवीं सदी में वह भारत के गुजरात प्रदेश के गिर क्षेत्र में ही बच सका है। इस समय सिंह की इस प्रजाति की कुल संख्या 350 से अधिक नहीं है।

सिंह भारतीय संस्कृति का महत्वपूर्ण प्राणी है। भारतीय साहित्य में इसका विशद वर्णन है। इसी तरह सिंहों के शिल्प भी अकूत हैं। भारतीय मानस का सिंहों के प्रति इतना आकर्षण बिना कारण नहीं है। सिंह वनराज तो है ही उसकी चाल-ढाल और उसकी

अयालयुक्त भारी गर्दन ने उसकी गरिमा में अतिशय वृद्धि की फिर उसके अप्रितम पराक्रम और शक्ति की तो बात ही निराली है। भारत में राजाओं के बैठने की गद्दी को 'सिंहासन' इसीलिये कहा गया है।

सिंह और व्याघ्र या शेर दो अलग प्राणी होते हुये भी एक ही वंश के प्राणी हैं। विश्वभर में भारत ही एक ऐसा देश है जहां मार्जार कुटुम्ब के ये दो सबसे विशाल और शक्तिशाली सदस्य पाये जाते हैं । व्याघ्र जहां एकाकी जीवन व्यतीत करता है तथा सघन वनों में रहना पसंद करता है सिंह वहां खुले वनों या घास के मैदानों में समूहों में रहना पसंद करता है। बाघ और सिंह दोनों की पारिस्थितिकीय आवश्यकतायें अलग-अलग हैं पर दोनों में ही अत्यधिक अनुकूलनशीलता देखी जाती है।

भारतीय सिंहों का एक ही स्थान में रहना पर्यावरणविद उचित नहीं मानते और चाहते हैं कि इन्हें कुछ अन्य संरक्षित क्षेत्रों में बसाया जाय, ऐसी ही एक पहल मध्य प्रदेश के कूनों पालपुर अभयारण्य में की गई परंतु गुजरात सरकार यह नहीं चाहती कि कोई भी नया प्रयोग महंगा साबित हो। कुछ वर्षों पूर्व उत्तर प्रदेश के एक अभयारण्य 'चन्द्रप्रभा' में सिंहों के पुनर्वास का प्रयोग पूरी तौर से विफल साबित हुआ था।

भारतीय सिंह के लिये कभी-कभी 'शेर' शब्द का भी प्रयोग होता है जो कि भाषा की दृष्टि से अनुचित नहीं है, यह शब्द पश्चिम एशियाई मूल का है जहाँ केवल सिंह ही पाये जाते थे व्याघ्र नहीं अतः प्रारंभिक तौर पर यह शब्द सिंह का द्योतक था परन्तु उर्दू भाषा में प्रयुक्त होने के पश्चात् यह शब्द व्याघ्र के लिये प्रयुक्त होने लगा।

तेंदुआ, गुलबाघ या बघेरा

भारत में पाये जाने वाला तेंदुआ एक चपल और शक्तिशाली प्राणी है। यदि शेर 'वनराज' है तो तेंदुआ 'जंगल का राजकुमार' है। तेंदुआ समूचे भारत में पाया जाता है। वस्तुतः मार्जार कुटुम्ब का यह सबसे अधिक सफल प्राणी है। यह शेर की तुलना में अधिक घातक माना जाता है। उन्नीसवीं सदी की शिकार कथाओं में विशेषतः आदमखोर तेंदुआ को तो साक्षात् यमराज ही चित्रित किया गया है, इन कथाओं में वह बालक, वृद्ध पहलवान और महिलाएं किसी को भी घर के भीतर से भी उठा ले जाने वाला बतलाया गया है। कुमायूं और गढ़वाल में एसे नर भक्षियों के अनेक रोंगटे खड़े कर देने वाले किस्से प्रचलित हैं।

भारत के आदमखोर तेंदुओं में सबसे प्रसिद्ध नाम है 'रूद्र प्रयाग का आदमखोर, (मैनईटर ऑफ रूद्रप्रयाग) जिसने 125 आदमियों को मौत के घाट उतारा था और जिसे सुप्रसिद्ध शिकारी जिमकार्बेट ने 1926 में मारा था। इस तेंदुये ने पूरे नौ वर्ष तक लोगों को जान सांसत में रखी। वर्ष 1926 में 'पायोनियर' में जब-तब इसके मारने के प्रयासों पर लेख प्रकाशित हुये। इस चालाक तेंदुये ने विष, फंदा, सिप्रंग गन इत्यदि सभी गुरों को जिनसे शेर और तेदुओं को मारा जाता है, धता बता दिया था। 1926 की पहली अप्रैल को शिकारियों ने एक मरे हुये मनुष्य के शव को जहर से सिक्त कर इस तेंदुये को खाने के लिये छोड़ दिया, तेंदुआ आया और शव का कुछ भाग खाकर शिकारियों को ही एप्रिल फूल बनाकर चलता बना। वह न तो मरा और न ही बेहोश हुआ। मगर इस सात फुट दस इंच लंबे तेंदुये को शिकारियों के सिरमौर कार्बेट ने मार गिराया। इसके शिकार के लिये एक बकरा बांधा गया था। कार्बेट ने इस बकरे के पास देखकर जैसे ही गोली दागी

वैसे ही अविश्वसनीय फुरती से वह भाग निकला, यह घटना आधी रात की थी। सुबह 3 बजे चांद निकलने पर असमंजस की अवस्था में जब कार्बेट खून के धब्बे को देखते आगे बढ़े तब पाया गया कि वे वास्तव में अचूक निशानेबाज हैं। टूटे हुये कैनाइन दांतों वाले 'शैतान' तेंदुये का मृत शरीर सामने पड़ा था। कार्बेट ने बतलाया कि जंगलों के कट जाने और शिकार के कम हो जाने पर तेंदुये नरभक्षी हो जाते हैं।

तेंदुये का वितरण क्षेत्र बहुत विस्तृत है। वह संपूर्ण अफ्रीका और संपूर्ण अयन–मंडलीय एशिया में तथा हिमालय एवं पूर्वोत्तर भारत के पर्वतीय प्रदेशों में भी पाया जाता है। यदि इन क्षेत्रों में वह बर्फानी हवाओं का सामना करता हुआ हजारों फुट ऊंची पर्वत मालाओं में अनेक जातियों के मेषों और छागों का शिकारी है, तो वह अफ्रीका के घने जंगलों में अनेक जातियों के कपियों एवं विस्तृत घास में मैदानों में अनेक जातियों के एन्टलपों का सफल शिकारी है। भारत के विविध वनों में वह जंगली मुर्गों से लेकर नीलगाय और सांभर तक का शिकार करता है। बन्दरों का तो वह जन्मजात शत्रु है। यदि बंदर पेड़ के किसी सुरक्षित डाल पर भी बैठा है जहां तेंदुआ नहीं पहुंच सकता तो भी उसके समीप आते ही भय के कारण ही बंदर नीचे गिर जाता है।

नर तेंदुये की लम्बाई 7 फीट और वजन 68 किलोग्राम होता है। मादा तेंदुये का वजन और लम्बाई दोनों ही नर तेंदुये से कम होते हैं। भारत में तेंदुये और चीते के अंतर को अनेक लोग नहीं समझते। दोनों प्राणी भारत में पाये जाते थे। चीता अब भारत से विलुप्त हो चुका है। अंतिम चीता भारत में छठवें दशक तक देखा गया था। चीता भी मार्जार कुटुम्ब का प्राणी है पर उसका वंश तेंदुये, सिंह और शेर के वंश से अलग है। फिर भी वह इनका करीबी रिश्तेदार है।

तेंदुये की ऊंचाई और वजन देखते हुये उसकी शक्ति असीम लगती है, वह अपने से दुगने वजन के मृत चीतल को पन्द्रह फुट ऊंचे पेड! पर आसानी से लेकर चढ़ सकता है। वह ऐसा तब करता है जब उसे यह अन्देशा हो कि आसपास कोई शेर या शेरनी चक्कर लगा रही है या फिर वह रास्ता जंगली कुत्तों के निकलने का हो। दस से पन्द्रह फुट तक शिकार को ले जाने में तेंदुये को अनेक फायदे हैं वह ऐसे कि उसे शिकार की सुरक्षा में व्यर्थ श्रम नहीं करना पड़ता, हालांकि पेड़ों पर भी छुपाये गये शिकार पर गिद्धों की नजर तो रहती ही है।

हिम तेंदुआ (स्नो लियोपार्ड)

हिम तेंदुआ मुख्य रूप से हिमालयी क्षेत्र तथा मध्य एशिया के उच्च पर्वतों और पठारों में रहने वाला प्राणी है वहाँ यह पर्वतीय भेड़ों और बकरों का शिकार करता है। भारत में यह मुख्य रूप से लद्दाख के हेमिस राष्ट्रीय उद्यान और सिक्किम में देखा जा सकता है।

पूर्वोत्तर भारत का विचित्र तेंदुआ (क्लाउडेड लियोपार्ड)

पूर्वोत्तर भारत के कुछ क्षेत्रों में तेंदुये की एक विचित्र प्रजाति पाई जाती है। इसके शरीर पर आम तेंदुआ की भांति गोल धब्बे न होकर कुछ ऐसे धब्बे होते हैं मानो बादलों के स्वरूप को चित्रित कर दिया गया है। आनुवंशिकी की दृष्टि से यह एक महत्वपूर्ण प्रजाति है, इसके 'कैनाइन' काफी लम्बे होते हैं जो इस प्रजाति को तेंदुओं की आदिम प्रजाति

साबित करते हैं। अरुणाचल प्रदेश के सुबन्सिरी नदी के वनों में यह काफी प्रयास के बाद देखा जा सकता है क्योंकि यह रात्रिचारी तो है ही, बेहद शर्मीला प्राणी भी है।

जंगली कुत्ते या ढोल

जंगली कुत्ते या ढोल, लाल कुत्ते, सुनहा कुत्ते, आदि के नाम से भी जाना जाता है। जंगली कुत्ते भारत, दक्षिण-पूर्वी एशिया और अयनमंडलीय अफ्रीका में पाये जाते हैं। दोनों महाद्वीप के जंगली कुत्तों के वंश और जातियां (स्पीसीज) अलग-अलग हैं। दोनों ही महाद्वीपों के जंगली कुत्तों के शिकार का ढंग एक ही है पर जहां अफ्रीकी जंगली कुत्ते घास के मैदानों में स्वतंत्रतापूर्वक विचरण करते हैं वहां भारतीय जंगली कुत्ते मुख्यतः वनों के प्राणी हैं। भारतीय जंगली कुत्तों की तीन प्रजातियां (रेस) पाई जाती हैं– हिमालयी, उपहिमालयी, और प्रायद्वीपीय।

जंगली कुत्ते देशी और विदेशी पालतू कुत्तों से एकदम भिन्न वंश के प्राणी हैं इसलिये वे भेड़िया (कैनिस) वंश के प्राणियों से अलग कद काठी वाले पशु हैं। देशी कुत्ते, और सियार दोनों ही भेड़िया वंश के ही प्राणी हैं।

भारतीय वनों में जंगली कुत्तों को देख पाना आसान नहीं है यहां तक कि अभयारण्यों और राष्ट्रीय उद्यानों में इनका दिखना एक आकस्मिक संयोग ही है। इसका मुख्य कारण इनका अपने भ्रमण में शीघ्रचारी होना ही है। ये किसी भी स्थान पर देर तक नहीं रुकते और सदैव ही चलते रहना इनकी आदत और जीवन शैली है। इसका कारण प्रकृति का पर्यावरण संतुलन सिद्धांत है। सदैव चलते रहने के कारण एक ही जगह के बहुत अधिक वन्य पशु एक ही समय पर नहीं मारे जाते।

जब जंगल में लगातार जानवर बदहवास से भागते नजर आये तो समझिये कि जंगली कुत्तों का झुंड आ रहा है। कभी-कभी एक ही झुंड 2 हिस्सो में बंट जाता है और शाम तक फिर इकट्ठा हो जाता है।

वयस्क जंगली कुत्ते की ऊंचाई 16 से 22 इंच और लम्बाई 3 फुट होती है, इसके साथ इनकी 16 से 13 इंच लम्बी झबरी पूंछ भी होती है।

इनके कान गोलाई लिये होते हैं, किंतु इनमें भौकने की शक्ति नहीं होती।

एशियाई वनों के संसप्तक सैनिक (सुसाइड स्क्वाड)

जंगली कुत्तों में निर्भयता कूट-कूट कर भरी होती है। इनके दल का स्वामी साधारण तौर पर सबसे पुराना अनुभवी और शक्तिशाली कुत्ता होता है। शिकार की रूपरेखा वही तय करता है, फिर यह नहीं देखा जाता कि शिकार कौन है। अपने से कई गुने बड़े पशु का शिकार तो इनकी जिन्दगी का हिस्सा है। वनों में सांभरों का शिकार तो इनका प्रिय शिकार है। चीतल, और कक्कड़ इनके झुंड के सबसे पहिले शिकार होते हैं। भयानक बनैले सुअर को ये थकाकर मार डालते हैं। बहुत बार शिकार को लेकर वन में इनकी वनराज और तेंदुओं से भी ठन जाती है। मध्यप्रदेश के अनेक शिकार वृत्तान्तों में यह वर्णन है कि तेंदुआ जो पालतू कुत्तों का जानी दुश्मन है, जंगली कुत्तों की आहट पाते ही सबसे पास के पेड़ की सबसे ऊंची डाल में जा छिपता है। वनराज शेर अवश्य ही इनका सामना करने में तत्पर रहता हे किंतु तभी तक जब तक शिकारी कुत्तों का दल बहुत बड़ा नहीं है। अन्यथा वह भी किसी पेड़ पर पांच-छह फीट की ऊंचाई तक चढ़कर खून-खराबा से बचता है।

मध्य प्रदेश में ही एक ऐसा किस्सा पढ़ने में मिलता है जिसके अनुसार जंगली कुत्तों के 8-8 सदस्यों के एक दल ने शेरनी पर आक्रमण कर दिया। शेरनी ने मुकाबले में पांच कुत्तों को मौत के घाट उतार दिया किंतु इस लड़ाई में शेरनी काफी थक चुकी थी और उसने यह सोचा भी नहीं था कि जंगली कुत्तों के आक्रमण की यह पहली पंक्ति थी। थकी हुई शेरनी ने जब तक विजय गर्जना की तब तक बीस कुत्तों के दल ने जो कि मारे गये कुत्तों का ही समूह था। शेरनी को घेर लिया। शेरनी ने फिर आक्रमण किया, फिर कुछ कुत्ते घायल हुये किंतु जख्मी शेरनी को मैदान छोड़ना पड़ा। कुत्तों ने उसका पीछा तो नहीं किया किंतु शेरनी ने भी कुछ दूर जाने के बाद दम तोड़ दिया।

अफ्रीकी जंगली कुत्तों का अध्ययन भी यह बतलाता है कि अफ्रीका में बबरशेर के शिकार को, जहां अनेक बार वहां पाये जाने वाले स्पॉटेड लकड़बग्घों का समूह छीन लेता है वहां जंगली कुत्ते अपना शिकार लकड़बग्घों के मुंह तक नहीं जाने देते। एशियाई जंगली कुत्तों के साथ अनेक अंधविश्वास जुड़े हैं जैसे कि ये शिकार के पहिले पेशाब करते हैं और वह पेशाब शिकार किये जाने वाले पशु के मुंह पर अपनी झबरीली पूंछ से छिड़क देते हैं, यह पेशाब जहरीली होती है, जिससे जानवर अंधा हो जाता है। अध्ययनों से पता चलता है कि ऐसा कहीं कुछ नहीं है। दक्षिण पूर्व एशिया में दूसरा अंधविश्वास इनके द्वारा हाथियों को मारने की क्षमता को लेकर भी है। अनेक अध्ययनों ने इसे कपोल कल्पित साबित किया है। दरअसल जंगली हाथी न केवल जंगली कुत्तों वरन् अन्य शिकारी पशुओं की गंध से व्यग्र हो जाते हैं और उन्हें पास भी नहीं फटकने देते। एशियाई वनों में हाथी, गौर और शेर को छोड़कर कोई भी अन्य पशु इनका मुकाबला नहीं कर पाता।

भारतीय जंगलों में भेड़िया और जंगली कुत्ते एक ही वनों में पाये जाते हैं। भेड़िया यूरोप और उत्तरी एशिया का सबसे खूंखार प्राणी है किंतु भारत में दोनों प्राणियों के दलों का आमना-सामना होने पर भेड़िये अपनी तेज दौड़ का सहारा लेकर भाग निकलते हैं। यद्यपि कुल मिलाकर भेड़ियों और जंगली कुत्तों के दौड़ने की गति में बहुत अधिक फर्क नहीं है किंतु जंगली कुत्ते उन्हें भाग जाने का पूरा मौका देते हैं।

जंगली कुत्तों से शिकारी विशेषतः भारतीय शिकारी खासे नाराज रहे हैं क्योंकि उन्हें कुत्तों द्वारा किये जा रहे शिकार नृशंस लगते हैं। अनेक विवरण मिलते हैं जिनमें शिकारी कुत्ते अपने शिकार को तभी खाना प्रारंभ कर देते हैं जब वह शिकार अभी जीवित ही रहा होता है। किन्तु ध्यान रखना चहिये कि शिकार शिकार है फिर चाहे वनराज ने पशु की गर्दन तोड़कर किया हो या शिकारी कुत्तों ने पशु को चारों ओर से घेरकर मारा हो। प्राकृतिक तौर पर तो नहीं किंतु मानव अनुकूलित दशाओं में तो शेर भी पशुओं का अप्राकृतिक वध करते हैं। मध्य प्रदेश के कान्हा राष्ट्रीय उद्यान में श्रीमती विजया राजे सिन्धिया ने शेर शावकों को बंधे हुये पाड़े को तब खाते देखा जब वह जीवित ही था। यह दृश्य बहुत ही बीभत्स और लोमहर्षक था और इस पर बंदिश लगाने की तभी बात उठी। कान्हा में पड़ा शो बंद कर दिया गया।

हिंसक पशुओं द्वारा शिकार करना प्रकृति का नियम है, उसमें मानवीय संवेदना ढूंढ़ना गैर प्राकृतिक है। यही भीषण हिंसक कुत्ते अपने दल के व्यवहार में सबसे अधिक 'सभ्य' कहे जा सकते हैं। इनके दल का मुखिया यह निश्चित करता है कि शावकों को पूरा भोजन मिले जिसके लिये वे अपने मुंह में शिकार का कुछ भाग दबाकर लाते हैं और शावकों के मुंह में उसे डाल देते हैं। इतना ही नहीं शिकार हो या कि प्रति आक्रमण दल का

नेता अंतिम सांस तक अपने संरक्षितों की रक्षा में डटा रहता है। पिछले एक दशक में हुये अध्ययन यह बतलाते हैं कि दल के मुखिया पद की लडाई में जहां बबर शेरों को प्रमुख नर अपनी सीमा से बाहर भगा देता है अथवा भेड़ियो में हिंस्र झड़पें होती हैं वहां इन कुत्तों में प्रमुख नर की गुर्राहट ही काफी होती है। मुखिया पद के लिये या हरम के मालिक बनने के लिये इनमें कभी भी खून-खराबा या भारी युद्ध नहीं होता।

जंगली कुत्तों की शिकारप्रियता ने उन्हें मनुष्य का शत्रु बना दिया जबकि वास्तविकता यह है कि ढोल कभी भी मनुष्य पर आक्रमण नहीं करते। ठीक इसके विपरीत स्वंतत्रता पूर्व मध्य प्रदेश में बिना किसी आधार के इन्हें नुकसानप्रद प्राणी (Pest) घोषित कर उन्हें सैकड़ों की तादाद में बे वजह मारा गया।

भारत के प्रसिद्ध पर्यावरणविद् एम. कृष्णन्[†] कहते हैं कि उन्होंने अनेक बार जंगली कुत्तों को पालतू पशुओं के झुंडों के समीप तो देखा गया है पर उन्हें बहुत ही कम बार पालतू पशुओं पर आक्रमण करते देखा। इतना कम कि ऐसे आक्रमण महत्वहीन ही हैं।

इस शताब्दी (20वीं सदी) में जंगली कुत्तों के प्रति मनुष्य की उग्रता का इतिहास रोचक और महत्वपूर्ण दोनों हैं। उनमें कुत्तों के प्रति जबरदस्त विद्वेष रहा है जो कि तर्क बुद्धि के करण-कारण सिद्धान्त से परे एवं मुख्यतः बिना छानबीन की गई जलन और दुर्भावना द्वारा प्रेरित है। किसी भी अन्य पशु को मनुष्य की इतनी हठधर्मिता का फल नहीं भोगना पड़ा वह भी बिना किसी ज्ञात नुकसान के प्रतिफल में।

(इन्डियाज़ वाइल्ड लाइफ इन 1959-70, पृ. 73)

कृष्णन् आगे लिखते हैं कि इस बेचारे पशु ने न कभी फसलों को नुकसान पहुंचाया और न ही पालतू पशुओं को विशेष रूप से अपना आहार बनाया, जिसका चमड़ा मरने के बाद बेकाम हो जाता है और जिसका छोटा सा सिर किसी 'ट्राफी' के लायक नहीं उसे उसे मारने के लिये कुछ दिनों पहले तक इनाम घोषित किये जाते रहे और साधारण आदमी का रवैया तो यह रहा कि उसने दुम हिलाते प्रेम से अपनी ओर देखते हुये जंगली कुत्ते को बिना सोचे-समझे गोली का निशाना बना दिया।

भेड़िया

यदि अफ्रीका के वनों का राजा सिंह है और अयनमंडलीय एशिया के वनों का राजा बाघ है तो लगभग इन दोनों क्षेत्रों के समवेत क्षेत्रफल अर्थात शीतोष्ण और शीत कटिबंधीय एशिया, यूरोप और उत्तरी अमेरिका के वनों का राजा भेड़िया है। एशियाई यूरोपी टैगा हो या कि अमेरिकी चौड़ी पत्ती वन, एशिया और यूरोप के उच्चकटिबंधीय पहाड़ हों या कि अमेरिकी पर्वत सभी जगह राज्य है भेड़िये का। इस लम्बे-चौड़े क्षेत्र में भेड़िया किंवदंतियों में है और शिकार कथाओं का नायक भी। इनके ऊपर ग्रंथ-पर-ग्रंथ रच डाले हैं।

[†] कृष्णन् कहते हैं :

"The history of human hostility to the wild dog in India during the present century is both interesting and significant, as showing a strong biotic bias that is independent of case and effect reasoning, motivated largely by unverified prejudice, and sentiment. No other anima has incurred the antagonism of man without doing him any demonstrable harm."

भेड़िया समूह में रहकर शिकार करने वाला प्राणी है। उत्तरी अक्षांशों में वह रक्त पिपासु भयानक शिकारी के रूप में विख्यात है। वहां वह मृगों की भारी-भरकम जातियों चाहे वे एल्क हों या मूज सभी का सफल शिकारी है। मध्य एशिया, यूरोप और अमेरिका के पर्वतों के वन्य मेष जैसे बिगहार्न उससे बचकर कहीं नहीं भाग सकते। उत्तर अमेरिका का सबसे बड़ा वन्य मार्जार प्यूमा तो भेड़िया को देखकर पेड़ों में चढ़कर जान बचा पाता है। दोनों की तुलना कुछ वैसी ही है जैसे शिकारी कुत्ते के सामने जंगली बिल्ली।

पर भारत में स्थिति दूसरी है। यहां के अधिकांश जंगलों में यदि व्याघ्र का साम्राज्य है तो उत्तर-पश्चिम भारत में सिंह का वर्चस्व है। दो राजाओं के हुक्म की तामील न करना केवल जंगली कुत्तों के बड़े झुंड के ही वश की बात है।

भारतीय भेड़िया सवा दो फुट से ढाई फुट तक ऊंचा और 18 से 27 किलो वजन तक का प्राणी है। अपने एशियाई यूरोपीय भाइयों की भांति यह भी भ्रमणशील है।

यह भी झुंडों में रहता है पर इसके झुंड बहुत बड़े नहीं होते। भारत में सामान्य तौर पर यह एक परिवार के रूप में अधिकतर देखने को मिलता है। भारत में भेड़िया साधारणतया हिमालयी क्षेत्रों तराई तथा उत्तर-पश्चिम क्षेत्र में पाया जाता है। मध्य प्रदेश में बहुत कम स्थानों पर यह पाया जाता है।

मध्य प्रदेश के बगदरा अभयारण्य में काफी संख्या में भेड़िया पाये जाते हैं, नोरादेही में भी कुछ भेड़िये देखे गये थे। इन क्षेत्राों के भेड़िये पालतू जानवर औ़र यदा-कदा बच्चों को उठाने के लिये बदनाम हैं।

सियार

सियार को संस्कृत में शृंगाल और क्षेत्रीय भाषा में गीदड़ कहा जाता है। संस्कृत के कथा साहित्य पंचतंत्र में गीदड़ों की धूर्तता से संबंधित प्रसंग हैं। गीदड़ सम्पूर्ण भारत में पाये जाते हैं। इसकी ऊंचाई लगभग 17 इंच और वजन 8 से 11 किलो होता है।

अभयारण्यों के आसपास के क्षेत्रों में गीदड़ों की बड़ी संख्या निवास करती है। यदि कोई पर्यटक शाम या सुबह को किसी भी रास्ते से अभयारण्य जा रहा हो तो उसे दो-चार गीदड़ों के दर्शन अवश्य हो जायेंगे। लेखक ने पिछले दिनों कटंगी से संग्रामपुर तक के रास्ते में छह गीदड़ देखे। आज भी यदि अभयारण्य के किसी भी विश्रामगृह में रात्रि विश्राम किया जाये, विशेषकर शीतकाल में तब गीदड़ों का समवेत स्वर में लगातार बोलना सुना जा सकता है। साधारण तौर पर गीदड़ अकेला या जोड़े के साथ दिखलाई देते हैं।

गीदड़ों का मुख्य शिकार छोटे पशु हैं पर ये अलग-अलग मौसम में बेर, तरबूज और फल भी खाते हुये देखे गये हैं। इनका निवास या तो बड़ी घास में अथवा पहाड़ियों के छोटे खोहों में रहता है। ये ग्रामों के काफी पास में भी निवास करते देखे जा सकते हैं। गीदड़ों की विशेषता यह है कि वे अपने बच्चों की सतर्कतापूर्वक देखभाल करते हैं। शिशु सियार को देख पाना लगभग असंभव बात है क्योंकि मादा सियार उसके वयस्क होने तक उन्हें दूर नहीं जाने देती।

शेर और तेंदुओं के बचे भोजन को चट करने की फिराक में गीदड़ सदैव ही रहते हैं।

लोमड़ी

भारतीय लोमड़ी को भी सियार की भाँति ही चतुर या धूर्त गिना जाता है। भारतीय ग्रामों के बाहर प्रात: काल इसे देखा जा सकता है। लोमड़ियां सामान्यत: घने जंगलों में निवास नहीं करतीं। इनकी पूरी लम्बाई लगभग एक फुट होती है, अतिरिक्त इनकी झबरी पूंछ भी होती है। इनका वजन दो से तीन किलो तक होता है और ये बहुत छोटे प्राणियों जैसे जंगली चूहे, खरगोश इत्यादि का शिकार करती है। लोमड़ी बहुत ही तेज दौड़ते दिखलाई देती है।

रीछ

रीछ या भालुओं का वास्तविक वितरण क्षेत्र एशिया, उत्तरी यूरोप, एवं उत्तरी अमेरिका है। यहां पर दुनिया के सबसे कद्दावर भालुओं की जातियां मिलती हैं। यह भी एक आश्चर्यजनक सत्य ही है कि दुनिया का सबसे भारी-भरकम शिकारी स्तनपोषी प्राणी आर्कटिक वृत्त के पास पाये जाने वाला ग्रिजली रीछ है। उत्तरी अक्षांशों के इन भालुओं की तुलना में अयनमंडलीय भालू अपने कद-काठी में काफी छोटे होते हैं। दक्षिण अमेरिकी स्पेकल्ड भालू, मलाया का सन-भालू और भारत का स्लाथ बियर ऐसे ही भालू हैं। भारत में भालुओं की तीन जातियां पाई जाती हैं जिनमें से दो केवल हिमालयी क्षेत्र में निवास करती हैं और एक शेष भारत में।

प्रायद्वीपीय भारत के संरक्षित क्षेत्रों में पाये जाने वाले भालू की जाति (स्पीसीज) को स्लाथ-बियर कहते हैं। वर्गिकी विशेषज्ञों द्वारा प्रयुक्त यह एक भ्रान्तिपूर्ण नाम है। दरअसल उन्नीसवीं सदी के वर्गिकी विशेषज्ञों का एक समुदाय कुछ वैसा ही था जैसा कि आज के अनेक पर्यावरणविद् होते हैं अर्थात जिनमें किताबी ज्ञान तो बहुत सारा किंतु क्षेत्रीय अध्ययन नदारद रहता है। इन्हीं विद्वानों को भारतीय भालू और दक्षिण अमरिका में पाये जाने एक पशु 'स्लाथ' में कही कुछ ऊपरी समानता दिखी और उन्होंने तुरंत ही भारतीय भालू का तकनीकी नामकरण उस पशु के नाम के साथ जोड़कर कर दिया जो विकास की दृष्टि से उसका दूर तक संबंधी नहीं है। यदि अंग्रेजी शब्द की बात करें तो 'स्लाथ' का अर्थ 'सुस्त' या बहुत धीमा होता है, भारतीय रीछ की यह जाति सुस्त न होकर बहुत चंचल है। भारत में पाया जाने वाला यह रीछ दुनिया के किसी अन्य भाग में नहीं पाया जाता अर्थात वितरण की दृष्टि से यह पशु भारतीय वन्य पशु है।

भारतीय रीछ या स्लाथ बियर की कंधे पर ऊंचाई दो से पौने तीन फुट तक होती है और लम्बाई साढ़े चार से साढ़े पांच फुट। इनका वजन सवा क्विंटल से लेकर डेढ़ क्विंटल तक होता है। इनकी पूंछ बहुत छोटी और पंजे काफी लम्बे होते हैं। पूरे शरीर में घने काले काले बाल वाले रीछ के सीने में अंग्रेजी के व्ही आकार के श्वेत बाल होते हैं। इनकी थूथन लम्बी और मजबूत होती है।

वैसे तो रीछ मांसाहारी प्राणी है परन्तु स्लाथ बियर मांस से अधिक शाकाहारी वस्तुयें खाता है। वह शहद पीने का बेहद शौकीन होता है और इसके लिये बड़े से बड़े पेड़ों पर सरलता से चढ़ जाता है। शहद की मक्खियां इसके शरीर के घने कड़े बालों के कारण इसका कुछ बिगाड़ भी नहीं पातीं। जंगलों में जंगली चींटों के रहने के मिट्टी के ढेरों में थूथन डालकर चींटों को मुंह में खींच लेता है, यह इसका दूसरा प्रिय आहार है।

जंगल में यह गूलर, जंगली आम, बेल इत्यादि फलों को शौक से खाता है परन्तु

इसका मनपसंद फल है महुआ का फूल। महुआ फूलने के मौसम में सुबह-सुबह जब ग्रामवासी इसे बीनने जाते हैं तब अनेक बार उनकी वृक्ष के ऊपर या नीचे रीछ से मुलाकात हो जाती है। यह मुलाकात दुखद होती है। आज से बीस-पचीस वर्ष पूर्व तक रीछ के द्वारा घायल किये गये अनेक ग्रामवासियों को जिला अस्पताल लाया जाता था।

बरसात में तो रीछों को भोजन की कमी नहीं रहती परन्तु उसके बाद के मौसम में वे फसल को नुकसान पहुचाते हैं। ज्वार और अधपके गन्ने इनके भोजन के हिस्से हो जाते हैं। मौका पड़ने पर ये छोटा शिकार कर लेते हैं।

लकड़बग्घा या तरक्षु

भारत और अफ्रीका में पाये जाने वाला यह वन्य प्राणी प्रकृति का सफाईकर्मी है। लकड़बग्घों को अलग वंश में वर्गीकृत किया जाता है, भारतीय प्राणी को पट्टित तरक्षु कहना अधिक उचित है। अफ्रीका में बिन्दुज या स्पॉटेड तरक्षुओं के ऊपर काफी शोध हुई है। और निष्कर्ष यह है कि अफ्रीका की यह जाति प्रकृति में जितना सफाईकर्मी का काम करती है उतनी ही शिकारी भी है या फिर यूं कहिये कि यह प्राणी अफ्रीका में इतना ढीठ हो गया है कि वनराज सिंह के भोजन को भी उसके खत्म करने के पहिले ही खींचने का प्रयास करने लगता है। यदि सिंहनी और शावक अकेले हुये तब तो इन लकड़बग्घों की चांदी हो जाती है और वे उन्हें तंग कर उनका भोजन जो उन्होंने बड़े श्रम से प्राप्त किया होता है उसे कभी-कभी छीन भी लेते हैं। ये झुंड में रहते हैं।

भारतीय लकड़बग्घे न तो बड़े झुंडों में रहते हैं और न ही उनमें इतनी ढिठाई होती है कि वे शेर या तेंदुये के बहुत करीब फटक भी सकें। भारतीय लकड़बग्घे की ऊंचाई लगभग 3 फीट, लम्बाई लगभग 5 फीट और वजन लगभग 38 किलोग्राम होता है। इसका स्वरूप बघेरा और कुत्ते के मिले-जुले स्वरूप का-सा होता है। यह सामने से देखने पर भयोत्पादक दिखाई देता है। परन्तु इसकी पिछली टांगें और पीठ का पिछला भाग छोटा और कमजोर सा दिखाई देता है।

लकड़बग्घे की सबसे बड़ी विशेषता उसकी मजबूत डाढ़ें हैं, इतनी मजबूत कि जिन हड्डियों को शेर या तेंदुआ भी न चबा सकें उन्हें यह पल भर में भुरकुस कर दे। दूसरी विशेषता इसकी आवाज की है, यह एक अशुभ रोदन जैसी करता है।

मध्य प्रदेश के दमोह जिले से पिछले 120 वर्षों से अधिक समय से लकड़बग्घों से संबंधित सूचनायें प्राप्त होती रही हैं।†

"लकड़बग्घे के भोजन में उन जनवरों की लाशें शामिल होती हैं जो जानवर बीमारी के कारण मर जाते हैं, बहुत बार वह लाशों के कुछ भाग अपनी गुफा तक भी ले जाते

† डब्ल्यू. टी. ब्लेनफोर्ड (1888) में लिखते है :

"The principal food of hyena consisted of the caracasses of animals that have died of disease or been killed by beasts of prey and vere often dogs are carried off by hyenas, and the latter at all events are of ten taken alive to The animal's den ------------------ Jerdon relates an incidence in which a small dog belonging to an officer at Damoh was carried away, but was procured dlive the next day from a cave by sepoy who killed the hyena."

(*Fauna of British lndia, p. 133*)

हैं। कभी-कभी भेड़ या बकरी और अधिकतर कुत्तों को लकड़बग्धा पकड़कर ले जाता है। कुत्तों को तो वह जीवित ही अपनी गुफा तक ले जाता है। जेर्डन एक घटना का उल्लेख करते हैं जिसमें दमोह के एक अधिकारी के एक पालतू छोटे कुत्ते को लकड़बग्घा अपनी गुफा तक ले गया, किंतु दूसरे दिन कुछ सिपाहियों ने जाकर लकड़बग्घे को मार डाला और जीवित कुत्ते को बरामद कर लिया।

गंधमार्जार एवं नेवले

गंधमार्जार और नेवले को एक ही कुटुम्ब 'विवराइडी' के अंतर्गत वर्गीकृत किया जाता है। गंधमार्जार वीरांगना दुर्गावती अभयारण्य में रात में निकलने वाले प्राणी हैं। अपनी यात्रा के दौरान लेखक ने इन्हें बड़ा चक्कर इलाके के पेड़ों में देखा। ये नेवले से कुछ बड़े होते हैं। परन्तु पूरी तरह वृक्षचारी होते है। यहां पाये जाने वाला गंधमार्जार 'स्माल इंडियन सिवेट' हैं।

नेवला एक परिचित प्राणी है। नागों का दुशमन होने के कारण इसको देखना शुभ माना जाता है। यह पूरे अभयारण्य और समीपवर्ती ग्रामों के आसपास देखा जा सकता है। ये दिन में घूमते रहते हैं।

रेड पांडा

शिकारी पशुओं के गण (कार्नीवोरा) के अंतर्गत पांडा को रखा जाता है जिनकी दो प्रजातियां हैं। दोनों एक की कुटुम्ब (प्रोक्योनाइडी) के किंतु दो अलग वंशों के प्राणी हैं। भारत में जाइन्ट पांडा नहीं पाया जाता, यह हिमालय पार चीन में पाया जाता है। छोटा पांडा भारत के कुछ उत्तरी क्षेत्रों में तथा चीन के कुछ दक्षिणी क्षेत्रों में पाया जाता है। दोनों ही पांडा मांसाहार छोड़कर शाकाहारी हो चुके प्राणियों में से हैं।

छोटा पांडा या रेड पांडा (एल्युरस फलजेन्स) हिमालयी क्षेत्र में 7000 से 12000 फीट (2300-4000 मी.) ऊंचाई के उन क्षेत्रों में मिलता है जहां बांस के वन पाये जाते हैं। भारत में यह सिक्किम में पाया जाता है साथ ही यह भूटान और नेपाल में भी पाया जाता है। यह एक सुन्दर रंगीन प्राणी है किंतु इसका वजन केवल 3-5 किलोग्राम होता है। रेड पांडा भी बड़े पांडा की भाँति ही बांसों की कोपलें खाता है। वन्य अवस्था में ये वृक्षों की ऊंचाई तक शीघ्रता से चढ़ने में माहिर होते हैं। साधारण तौर पर ये जोड़े में ही रहते हैं। साढ़े तीन फीट के इस सुन्दर पशु की लंबाई में इसकी लगभग 2 फीट लम्बी पूंछ भी शामिल है। भारत में इसे खुला छोड़ना नुकसानप्रद साबित हो चुका है। जब एक पालतू जोड़े को खुले वन में छोड़ा गया तो वह बहुत ही शीघ्र एक तेंदुये का शिकार हो गया। चीनी भाषा में इसे 'फायर-बाक्स' या आग उगलने वाली लोमड़ी कहा जाता है वह शायद इसलिये कि इसके शरीर का रंग ललामी लिये हुये केसरिया रंग का होता है। मादा रेड पांडा एक साथ दो बच्चों को या कि एक बच्चे को पांच माह के गर्भधारण के पश्चात जन्म देती है। बच्चों की आंखें पैदा होते समय बंद रहती हैं अतः काफी समय तक उन्हें मां की सुरक्षा की आवश्यकता रहती है।

शिकारी पशुओं की दृष्टि से भारत का विश्व भर में अद्वितीय स्थान है। इसे कुछ इस ढंग से समझा जा सकता है कि उत्तर और दक्षिण अमेरिका जैसे दो विशाल महाद्वीप में केवल मझोले दर्जे का शिकारी पशु जगुआर पाया जाता है। यह तेंदुये का ही दूसरा

रूप है। उत्तर अमेरिका का प्यूमा भारत के क्लाउडेड तेंदुये से भी कम शक्तिशाली प्राणी है। संपूर्ण यूरोप में सबसे शक्तिशाली शिकारी पशु भेड़िया है। भारत में भेड़िया के अलावा उतने ही शक्तिशाली जंगली कुत्ते या ढोल पाये जाते हैं। वन्य प्राणियों के लिये मशहूर अफ्रीका में केवल सिंह पाया जाता है जबकि भारत में व्याघ्र और सिंह दोनों ही पाये जाते हैं। आफ्रीका में न तो भेड़िया पाया जाता है और न ही रीछ, भारत में ये सभी मौजूद हैं।

भारत के पड़ोसी देशों में शेर संरक्षण

शेर को बचाने के लिये उन सभी देशों में संरक्षण के प्रयास जारी हैं जिनमें यह प्राकृतिक तौर पर पाया जाता है, जिनकी विशाल भौगोलिक उपस्थिति में शेरों की अनेक नस्लें पाई जाती हैं। उत्तरी क्षेत्र के शेर सबसे कद्दावर होते हैं तथा विषुवत् रेखीय वनों के शेर सबसे छोटे कद के। इन सभी नस्लों में भारतीय शेर मध्यम कद का होता है, इसकी अधिकतम लंबाई 10 फीट और वजन दो सौ से ढाई सौ किलो तक होता है। मादा बाघ लंबाई और वजन दोनों में ही नर बाघ से कुछ कम होता है।

म्यांमार (बर्मा) : म्यांमार में उस देश के इतिहास के सबसे बड़े संरक्षित क्षेत्र की स्थापना (वर्ष 2004) की घोषणा की गई है, जिसका विस्तार 13,800 वर्ग किलोमीटर होगा। इस संरक्षित क्षेत्र का नाम होगा 'हूक्वांग घाटी टाइगर रिजर्व'। इस क्षेत्रका अध्ययन अमेरिकी संस्था डब्ल्यू. सी. एस. (वाइल्ड लाइफ कंजरवेशन सोसायटी) द्वारा किया गया। शेर के संरक्षण द्वारा इस क्षेत्र के अन्य वन्य प्राणी यथा 'क्लाउडेड तेंदुआ' और वन्य हाथियों को भी संरक्षण का लाभ मिल सकेगा। इस परियोजना के संबंध में कहा जाता है कि यहां अगले कुछ वर्षों में बाघों की संख्या में दस गुनी तक वृद्धि हो सकेगी। वर्तमान में म्यांमार के इन वनों में 80 से 100 की संख्या के बीच शेर निवास करते हैं।

बंगलादेश : बंगलादेश में शेर सुन्दरवन के डेल्टाई वनों में पाये जाते हैं। सुन्दरवन के डेल्टाई वनों का विस्तार बंगलादेश और भारत दोनों देशों में है। ऐसा समझा जाता है कि बंगलादेश के क्षेत्र में लगभग 500 शेर रहते हैं जबकि भारतीय क्षेत्र में लगभग 200। दोनों देशों का सुन्दरवन क्षेत्र विश्व का सबसे बड़ा शेर क्षेत्र है।

अन्य देश : अन्य एशियाई देश जैसे हिन्देशिया में शेरों की दो प्रजातियां बाली शेर तथा जावाशेर अब विलुप्त हो चुके हैं। हिन्देशिया के सुमात्रा द्वीप में अवश्य 400 से 500 शेर बचे हैं पर वहां भी वर्ष 1998 से 2002 तक की अवधि के बीच 50 शेर प्रतिवर्ष मारे जाने की खबर है। हिन्द चीन के देशों के शेरों पर शिकारियों की नजर रहती है क्योंकि मृत शेर के सारे अवयव यहां से चीन भेजे जाते हैं। चीन शेर के अवयवों का सबसे बड़ा उपभोक्ता है। चीन में अंधविश्वास के चलते उन सभी देशों से शेर के अवयवों का आयात किया जाता है जहां शेर पाये जाते हैं। रूस, कोरिया जैसे उत्तरी एशियाई देशों में शेरों की संख्या उंगलियों पर गिनने लायक ही बची है।

विश्व में बाघों की अनुमानित संख्या का आकलन (1994)

क्र. सं.	प्रजाति	देश/वितरण क्षेत्र	न्यूनतम संख्या	अधिकतम संख्या
1.	हिंद चीनी (इन्डोचाइनीज)	चीन, कम्बोडिया, लाओस, मलेशिया, म्यांमार, थाईलैंड, वियतनाम	1050	1750
2.	दक्षिण चीनी (साउथ चाइनीज)	चीन	30	80
3.	कैस्पियन	ईरान, तुर्कमेनिस्तान, कजाखस्तान, उजबेकिस्तान, मंगोलिया, किरधिजस्तान, अफगानिस्तान, रूस	विलुप्त (1970 ई० से)	(कैस्पियन)
4.	जावा द्वीपीय (जावन)	इन्डोनेशिया	विलुप्त (19809 से)	
5.	राजसी बंगाल (रायल बंगाल)	भारत, नेपाल, पाकिस्तान, भूटान, बंगलादेश, म्यांमार	3250	4700
6.	सुमात्राई (सुमात्रन)	इन्डोनेशिया	600	650
7.	साइबेरियाई (साइबेरियन)	रूस, चीन, मंगोलिया, कोरिया	150	200
8.	बाली	इन्डोनेशिया	विलुप्त (1940 से)	

उपर्युक्त क्षेत्रों के अतिरिक्त भी कभी-कभी कुछ नये क्षेत्रों से बाघों से संबंधित समाचार मिलते रहते हैं। इन समाचारों में कितनी सत्यता है कहा नहीं जा सकता। उदाहरण के लिये चीनी सामाचार पत्र सिन्हुआ (29/10/2004) ने सूचित किया कि तिब्बत के मेडोग स्थान पर 20 बाघ देखे गये। साधारण तौर पर बाघ हिमालय वनों में कम ऊंचाई वाले क्षेत्रों तक ही सीमित हैं। मेडोग क्षेत्र एक दुर्गम क्षेत्र है, यहां से कोई भी राजमार्ग नहीं जाता।

पक्षी

हमारी धरती पक्षियों की तकरीबन 8,600 प्रजातियों का आशियाना है। अगर उनकी उपजातियों और भौगोलिक जातियों को जोड़ा जाय तो यह संख्या बढ़कर 30,000 तक पहुंच जायेगी। इस दुनिया को खूबसूरत, रंग-बिरंगा और सुरीला बनाने में इनका अहम योगदान है। परन्तु दुनिया को सुरीला बनाने वाले इन पक्षियों पर खतरे मंडरा रहे हैं। ये सभी खतरे मनुष्यों के क्रियाकलापों की उपज हैं।

पक्षियों और उनके आवास के संरक्षण के लिये प्रयास करने वाले वैश्विक संगठन बर्डलाइफ इंटरनेशनल के मुताबिक एशिया महाद्वीप में पाई जाने वाली 2,700 पक्षी प्रजातियों में से 323 पर विलुप्त हो जाने का खतरा मंडरा रहा है। चीन में 78, भारत में 73, और फिलिपींस में 69 प्रजातियों पर संकट है। बर्डलाइफ का यह भी कहना है

कि पक्षियों की 41 प्रजातियां सबसे अधिक खतरे में हैं और उनमें से 11 तो शायद खत्म ही हो चुकी हैं। बर्डलाइफ इंटरनेशनल ने अपने 'रेड डाटा बुक' में पक्षियों की विलुप्त होती प्रजातियों के लिये पूरी तरह से मानवीय क्रियाकलापों को जिम्मेदार माना है। विशेषज्ञों के अनुसार बढ़ती जनसंख्या का दबाव और आर्थिक विकास पक्षियों की इस हालत के लिये जिम्मेदार हैं। इसके अलावा प्राकृतिक संसाधन भी काफी दबाव झेल रहे हैं। विलुप्त होने के कगार पर पहुंची पक्षियों की प्रजातियों के पीछे सबसे बड़ा कारण कटाई को माना गया है। पक्षियों की इस हालत के लिये 50 प्रतिशत जिम्मेदार है पेड़ों से लट्ठों की कटाई, 30 फीसदी दोष है कृषि के लिये भूमि की बढ़ती जरूरत का, 20 प्रतिशत जिम्मेदार है झूम कृषि यानी स्थान बदल-बदल कर होने वाली खेती। विशेषज्ञों का कहना है कि कुछ पक्षियों का जीवन खास प्रकार के माहौल पर निर्भर करता है। ऐसे में अगर माहौल में किसी भी तरह का परिवर्तन आता है, तो सबसे ज्यादा इन पक्षियों को ही खतरा होता है। बर्डलाइफ इंटरनेशनल ने इन पक्षियों को बचाने के लिये कुछ सुझाव भी दिये हैं, जिनमें पक्षियों का सुरक्षित क्षेत्र बढ़ाये जाने और कड़े कानून बनाने की सिफारिश की गई है। सबसे अहम बात यह है कि लोगों को जागरूक और शिक्षित किया जाय।

भारत में पक्षियों के संरक्षण के लिये छोटे-बड़े अनेक संरक्षित क्षेत्रों की स्थापना की गई है जिसमें आदिचुंचन गिरि जैसे लघु पक्षी संरक्षित क्षेत्र से लेकर भरतपुर जैसे बड़े क्षेत्र हैं। कुछ पक्षियों की जातियों के लिये तो एकाधिक संरक्षित क्षेत्र घोषित किये गये हैं, जैसे-खरमोर के लिये 5 प्रदेशों में अभयारण्य हैं।

भारतीय उपमहाद्वीप बड़ी संख्या में पक्षियों का घर है। इसके अलावा काफी संख्या में प्रवासी पक्षी भी भारत में देखे जा सकते हैं। बहरहाल बीते कुछ समय में पक्षियों की कुछ प्रजातियों पर विलोपन का बेहद गंभीर खतरा मंडरा रहा है। पक्षियों की इस दयनीय स्थिति के पीछे उनके प्राकृतिक वास का नष्ट होना है, जो वनों की कटाई और मनुष्यों की गतिविधियों के कारण हो रहा है। इसके अलावा बड़े पैमाने पर पक्षियों के शिकार से भी इनकी संख्या में तेजी से कमी आ रही है। भारत में पक्षियों की कुल मिलाकर 1,228 प्रजातियां पाई जाती हैं। इनमें से 75 के आसपास प्रजातियां संकटग्रस्त हैं। कुछ प्रजातियां तो अब लुप्तप्राय हो चुकी हैं। जैसे-गुलाबी सिर वाली बत्तख, हिमालयी बटेर, साइबेरियाई सारस, सेरस सारस, जेरडस कोर्सर, जंगली उल्लू, व्हाइट बेल्इड हिरोन, ओरिएंटल सारस, ग्रेटर जुटेंट, सफेद सिर वाली बत्तख, सफेद पंखों वाली बत्तख, सोन चिड़िया, बंगाल फ्लोरिकिन, लेसर फ्लोरिकिन, नार्डमैंस, ग्रीनशेंक, भस्मी गिद्ध, सफेद गिद्ध, लंबी चोंच वाला गिद्ध।

पिछले कुछ वर्षों में पक्षियों की संख्या में जबर्दस्त कमी दर्ज की गई है। विशेषज्ञ इसके पीछे पूरी तरह इंसानों को जिम्मेदार मानते हैं।

जीवन छोटा हो या बड़ा वह अनमोल होता है। खासतौर पर पक्षियों का जो बहुत ही कोमल और सीधे-सादे जीव हैं। धरती पर जितना हक मनुष्यों का है, उतना ही अन्य जीवधारियों का भी है। पक्षियों का भी। दुर्भाग्यवश आज पक्षियों के लिये वैसे हालात नहीं हैं, जैसे पहले हुआ करते थे। बढ़ती जनसंख्या, रहने के लिये अतिक्रमण जैसे हालात ने पक्षियों के रहने की जगहों को तहस-नहस कर दिया है। माना जाता है कि पिछले 500 बरसों में पक्षियों की 130 प्रजातियों का सफाया हुआ, लेकिन आधुनिक समय

के बदलते हालात में यह चेतावनी दी गई है कि इस सदी के अंत तक उनकी करीब 1,250 प्रजातियां लुप्त हो जायेंगी।

भारत के पक्षी

पक्षियों के गण, कुटुम्ब एवं उनका वितरण, इस दृष्टि से जब भी किसी देश या बड़े भूभाग के पक्षियों पर विश्व संदर्भ में विचार हो तब यह जानना आवश्यक है कि वर्गिकी के अनुसार पक्षियों के समूहों का विश्व वितरण क्या है।

विश्व के सभी पक्षियों को साधारणत: 29 गणों (आर्डर) तथा 158 कुटुम्बों में बांटा जाता है। इनमें वे दो गण और उनके 4 कुटुम्ब भी सम्मिलित हैं जो पिछली कुछ शताब्दियों में विलुप्त हो गये हैं। 29 गणों में से एक गण है 'स्ट्रुथिफार्मिस' जिसमें 3 कुटुम्ब के (शतुरमुर्ग, रिया और केसोवेरी) दक्षिणी गोलार्ध के अति प्राचीन पक्षियों के वंश हैं। इसी तरह टिनामाउस पक्षियों का गण (टिनामी फार्मिस) भी शतुरमुर्गों का निकट संबंधी प्राचीन पक्षियों का एक गण है जो दक्षिण अमेरिका में सीमित हैं। ऐसा ही कुछ पेंग्विन गण (स्पेसिफार्मिस) भी है। इस तरह यदि 8 गणों को सीमित प्रजातियों और सीमित वितरण क्षेत्र वाले गण माना जाय तब विश्व में 21 गण ही ऐसे शेष हैं जिनका क्षेत्रीय विस्तार विस्तृत है।

एक दूसरे क्षेत्रीय वितरण के अनुसार पक्षियों के 154 कुटुम्बों को कुछ इस तरह भी बांटा जा सकता है। 1 पुरानी और नई दुनिया दोनों में वितरित कुटुम्ब 63, इनमें से 8 अयनमंडलीय क्षेत्रों में सीमित हैं। 4 उत्तरी और 3 पश्चिमी गोलार्ध में सीमित हैं। शेष में से 57 केवल पुरानी दुनिया में पाये जाते हैं तथा बचे हुये 34 केवल नई दुनिया में पाये जाते हैं। इस तरह भारत में अधिकतम पक्षियों के कुटुम्ब पाये जा सकते हैं। एक अन्य प्रचलित वर्गीकरण के अनुसार सारे पक्षियों को गणों के दो समूह में बांटा जा सकता है, इनमें से एक को पैसराइन और दूसरे को नान पैसराइन कहा जाता है। इसके अनुसार पैसराइन वर्ग में केवल एक गण 'पैसरी फार्मिस' है और दूसरे में सारे 28 गण। इस वर्गीकरण का आधार यह है कि वर्तमान समय के पक्षियों के एक तिहाई कुटुम्ब और आधी प्रजातियां इसी गण की हैं और शेष आधी बाकी 28 की हैं।

भारतीय पक्षियों का अध्ययन ब्रिटिश काल से प्रारंभ हो चुका था ब्लेनफोर्ड (1889–1898) की 'फाउना आफ ब्रिटिश इंडिया' सीरीज में पक्षियों पर अनेक खंडों की पुस्तक प्रकाशित हुई। तब से अब तक अनेक पुस्तकें भारत या भारत के किसी एक क्षेत्र के पक्षिजात पर प्रकाशित हुई हैं। इन सभी में बाम्बे नेचुरल हिस्ट्री सोसायटी द्वारा प्रकाशित (1961) तथा एस. ढिल्लन रिप्ले द्वारा लिखित 'ए सिनाप्सिस आफ दि बर्ड्स ऑफ इंडिया एंड पाकिस्तान' स्वतंत्रता के पश्चात पहली लोकप्रिय पुस्तक साबित हुई, तदन्तर डॉ. सालिम अली की 'दि बुक ऑफ इंडियन बर्ड्स' प्रकाशित हुई और जिसके 11 एडीशन निकले, यह अब तक पक्षियों पर लिखी गई सबसे लोकप्रिय पुस्तक है। इसके पश्चात डॉ. सालिम अली और एस. ढिल्लन रिप्ले द्वारा लिखी गई 'हैंड बुक ऑफ दि बर्ड्स ऑफ इंडिया एंड पाकिस्तान, वर्ष 1968 में प्रकाशित हुई जिसका दूसरा संस्करण 1974 में निकला। भारतीय पक्षिजात पर 10 खंडों का यह ग्रंथ सार्वकालिक मानक संदर्भ ग्रंथ है।

विश्व में पक्षियों की 8600 प्रजातियों में 'फाउना आफ ब्रिटिश इंडिया' में 2400

प्रजातियां तथा नस्लों का विवरण दिया गया था जो तत्कालीन औपनिवेशिक भारतीय उपमहाद्वीप (तथा ब्रह्मदेश) में पाई जाती थीं। 'ए सिनाप्सिस आफ दि बर्ड्स आफ इंडिया एंड पाकिस्तान' में 2061 प्रजातियों और नस्लों का विवरण है, इनमें से 300 प्रजातियां एवं नस्लें शीतकाल के प्रवासी पक्षी हैं।

इतनी बड़ी संख्या में पाये जाने वाले पक्षियों का छोटे से छोटा विवरण भी इस पुस्तक में देना संभव नहीं है। पाठक इन पुस्तकों में भारतीय पक्षियों से संबंधित सभी महत्वपूर्ण जानकारियां प्राप्त कर सकते हैं।

पक्षिजात का वर्णन करते समय सालिम अली भारतीय उपमहाद्वीप को 'ओरियंटल रीजन' का भाग मानते हुये उसके 5 क्षेत्रीय विभाग करते हैं, जो इस प्रकार हैं :

अ. सिंधु-गंगा का मैदान, ब. प्रायद्वीपीय भारत, स. श्रीलंका, द. हिमालय (हिमालयी तराई का भाग तथा जहां तक वृक्ष ऊगते हैं), इ. आसाम (म्यांमार)।

कुल मिलाकर यह जैव परिमंडलों की स्थापित सीमा के भीतर का ही विचार है। सालिम अली (2000)[†] द्वारा भारत में पक्षियों के कुल 18 गण तथा 51 कुटुम्ब (उपकुटुम्ब शामिल नहीं) गिनाये गये हैं। तथा इनका विवरण दिया गया है। इस सूची को इस ग्रंथ के परिशिष्ट में देखा जा सकता है।

पक्षियों की शारीरिक संरचना तथा अन्य विशेषताओं को उनके द्वारा लिखित ग्रंथ में देखना उचित होगा।

केवलादेव घाना में पक्षि संकुलता[††]

केवलादेव घाना में भारत में पाये जाने वाले 60 से कुछ अधिक पक्षियों के कुटुम्ब में से 52 कुटुम्ब के पक्षी या लगभग 90 प्रतिशत पक्षियों के कुटुम्बों के पक्षी देखे जा सकते हैं।

केवलादेव घाना का पक्षिजात

पक्षिगण : गेवीफार्मिस

गेवीफार्मिस गण के अंतर्गत ग्रीब एवं लून पक्षियों का कुटुम्ब शामिल किया जाता हैं।

1. ग्रीब कुटुम्ब (फैमिली : पोडिसिपेडायडी) : ग्रीब कुटुम्ब के पक्षी संपूर्ण विश्व में पाये जाते हैं फिर चाहे वह उच्च अक्षांशीय क्षेत्र हों या कि फिर अयनमंडलीय क्षेत्र।

---

† Salim Ali (2002), The Book of Indian Birds, Bombay Natural History Society (11th edition)

†† Gautam, P. 'Birds of Keoladeo National Park, Bharatpur
A checklist Developed by the Centre for Environment Education, Ahmedabad in collaboration with WWF, India.
Kazmierczak, Krys & Raj Singh (1998), A Birdwatcher's Guide To India, Prion Ltd., Sandy, UK.
Singh, S. (2004), Birds of Keoladeo & Baretha, Disha Bodh Pub., Rajasthan.

ये विशाल सागरीय क्षेत्रों के बीच के टापुओं में नहीं पाये जाते। ग्रीब कुटुम्ब के पक्षी जलचर हैं और बत्तखों की तरह पानी में तैरते हैं।

ग्रीब कुटुम्ब (पोडिसिपेडायडी) इस गण का एकमेव कुटुम्ब है जिसकी 21 प्रजातियां हैं जो नई और पुरानी दुनिया में वितरित हैं। ये 9 से 10 इंच लंबे पक्षी होते हैं। इनके पंखों का लोग प्रयोग करते हैं। केवलादेव घाना में ग्रीब कुटुम्ब के पक्षियों की 3 प्रजातियां देखी जाती हैं :

1. पनडुब्बी (टेचीबेप्टस रूफिकोलिस), बड़ी पनडुब्बी (पोडिसेप्स निग्रिकोलिस) तथा शिवहंस (पोडिसेप्स क्रिस्टाटस)।

पक्षिगण : पेलिकेनिफार्मिस

इस गण में 3 कुटुम्ब शामिल किये जाते हैं।

2. **पेलिकेन कुटुम्ब (फैमिली : पेलिकेनाइडी)** : पेलिकेनफार्मिस गण में पेलिकेन कुटुम्ब तथा उसके निकट संबंधी कोरमोरेन्ट तथा डार्टर कुटुम्ब के पक्षी शामिल किये जाते हैं। 'अनहिंगा' पक्षियों को भी स्वतंत्र कुटुम्ब माना जाता है! पेलिकेन पक्षी सबसे भारी उड़ने वाले पक्षी हैं। इनकी एक बड़ी विशेषता यह है कि इनकी चोंच के नीचे एक पाउच–सा रहता है। ये श्रेष्ठ उड़ाके हैं और दूर–दूर तक प्रवास करते हैं। इनकी केवल सात प्रजातियां ही हैं जो एक ही वंश की हैं। केवलादेव घाना में पेलिकेन कुटुम्ब की 3 प्रजातियां देखी जाती हैं–

1. पीलीचोंच हवासिल (पेलिकेनस क्रिस्पस),
2. हवासिल (पेलिकेनस ओनोक्रोटेलस) तथा जलसिंघ (पेलिकेनस फिलिप्पेनसिस),
3. कोरमोरेन्ट तथा डार्टर कुटुम्ब (फैमिली : फेलाक्रोकोरेसाइडी)।

विश्वभर के समुद्र तटों और नदियों के किनारे पाई जाने वाली कोरमोरेन्ट की 30 प्रजातियां ज्ञात हैं। ये समूह में रहने वाले पक्षिगण हैं जो वृक्षों में तथा जमीन पर भी अपने घोंसले बना लेते हैं। इनका वितरण हिमाच्छादित टुंड्रा प्रदेश से अयनमंडलीय वर्षा वनों तक है।

डार्टरों के वंश अनहिंगा को वर्गिकी के अनेक विद्वानों द्वारा स्वतंत्र कुटुम्ब (अन–हिंगाइडी) का भी दर्जा दिया गया है। यह वर्गिकी की शास्त्रीय विवेचना का विषय है।

भारत में पाई जाने वाली प्रजाति अनहिंगा मेलानोगोस्टर संपूर्ण दक्षिण एशिया से लेकर सेलेबीज द्वीप तक पाई जाती है।

घाना में इस कुटुम्ब की तीन प्रजातियां (कोरमोरेन्ट) एक ही वंश (फेलाक्रोकोरेक्स) की हैं जो इस प्रकार हैं–बड़ा पनखा (फेलाक्रोकोरेक्स गाइजर) तथा गनहिल (फेला–क्रोकोरेक्स फ्यूसीकोलिस), इन तीन प्रजातियों के अतिरिक्त चौथा पक्षी (डार्टर) अलग वंश अनहिंगा) का है। यहां देखी जाने वाली प्रजाति [(अनहिंगा (खफा) मेलानोगेस्टर)] को पनवा के नाम से जाना जाता है।

पक्षिगण : सिकोनीफार्मिस

सिकोनीफार्मिस गण के अंतर्गत निम्नलिखित कुटुम्बों को शामिल किया जाता है :

क. आरडायडी कुटुम्ब (हेरोन, ईग्रेट तथा विट्टर्न) या अंजन, बगुला, क्वाक तथा निरगाउग पक्षी समूह।

ख. *सिकोनाइडी कुटुम्ब (स्टार्क)* : लगलग, ढोक एवं गरूर पक्षियों का समूह।

ग. *थ्रेस्कियोर्निथाइडी कुटुम्ब (आइबिस एवं स्पूनबिल)* : बज्जा और चमचा पक्षियों का समूह।

घ. फीनीकोप्टेराइडी कुटुम्ब (फ्लेमिंगो) : राजहंसों का कुटुम्ब।

ङ. *हेरोन, ईग्रेट तथा विट्र्न कुटुम्ब (फेमिली :* आरडायडी)।

हेरोन पक्षियों की 64 प्रजातियां एक अलग उपकुटुम्ब आरडायनी में सम्मिलित की जाती हैं। ये पक्षी पतली गर्दन और लम्बी चोंच वाले होते हैं। कैटल ईग्रेट पुरानी दुनिया के उन पक्षियों में से हैं जिन्होंने पिछली कुछ सदियों में ही अपने वितरण क्षेत्र का बहुत अधिक विस्तार किया है।

अंजन, बगुले, क्वाक तथा निरगाउग पक्षियों की यहां 15 प्रजातियां देखी जाती हैं। इनमें क्वाक, अंजन तथा निरगाउग तो एक एक वंश के हैं परंतु बगुले अनेक वंशों के हैं, जैसे–क्वाक (नाइक्टिकोरेक्स नाइक्टिकोरेक्स), अंजन (आर्डिया सिनेरिया) लाल अंजन (आर्डिया परपूरिया) तथा निरगाउग (बोटाउरस स्टेलेरिस)। बगुलों की प्रजातियां इस प्रकार हैं :

अंधा बगुला (आर्डिओला ग्रेइल), हरिबगुली (ब्यूटोराइडिस (आर्डिओला स्ट्रेटस),गल बगुला (ब्यूबुलकस इबिस), बड़ा बगुला [कैश्मीरोडियस (ईग्रेटा) एल्बस], बड़ा बगुला [मेसोफोइक्स (ईग्रेटा) इंटरमीडिया], कर्छिया बगुला (ईग्रेटा गारजेट्टा), छोटी बगुली (इक्सोब्राइचस मिनटस), लाल बगुला (इक्सोब्राइचस सिन्नामोमियस), जून बगुला (इक्सोब्राइचस साइनेन्सिस) तथा काला बगुला (इक्सोब्राइचस फ्लेफिकोलिस)। इनके अतिरिक्त नदी के द्वीपों में पाई जाने वाली बगुलों की एक प्रजाति ईग्रेटा गुलेरिस) और भी यहां देखी जाती है।

5. **स्टार्क कुटुम्ब (फैमिली : सिकोनाइडी)** : इस कुटुम्ब के 4 वंशों की 8 प्रजातियां यहां देखी जाती हैं : लगलग (सिकोनिया एपिस्कोपस), हाजी लगलग (सिकोनिया सिकोनिया), सूरमाल (सिकोनिया निग्रा), ढोक (मिक्टेरिया ल्यूकोसिफेला), लोहराजंग (एफीप्पियोर हाइन्चस एशियेटिकस), घोंघिला (एनास्टोमस ओसिटेनस), गरूड़ (लेप्टोप्टिलस ड्यूबियस) तथा छोटा गरूड़ (लेप्टोप्टिलस जावानिकस)।

6. **आइबिस तथा स्पूनबिल कुटुम्ब (थ्रेस्कियोर्निथाइडी)** : इस कुटुम्ब की 24 प्रजातियां न्यूजीलैंड को छोड़कर अयनमंडलीय तथा समशीतोष्ण कटिबंध में पाई जाती हैं। अफ्रीका की मिस्त्री सभ्यता में आइबिस की जिस प्रजाति का खूब चित्रण हुआ है वह अब वहां से विलुप्त हो चुकी है। आइबिस वहां एक पवित्र पक्षी के रूप में मान्य था।

इस कुटुम्ब के तीन वंशों की चार प्रजातियां यहां देखी जाती हैं। सफेद बज्जा (थ्रेस्कियोर्निस/एथियोपिकस/मेलानोसिफेलस) के अतिरिक्त यहां काला बज्जा (स्यूडिबिस पेपिलोसा), छोटा बज्जा (फ्लेगिडिस फेल्सिनेलिस) तथा चमचा (प्लेटेलिया ल्यूकोरोडिया) भी देखे जाते हैं। चमचा (स्पूनबिल) की चोंच चम्मच के समान होती है।

7. **फ्लेमिंगो कुटुम्ब (फैमिली : फीनीकोप्टेराइडी)** : केवलादेव घाना में एक ही वंश की दो प्रजातियों के राजहंस देखे जाते हैं– राजहंस (फीनीकोप्टेरस रूबर) तथा छोटा राजहंस (फीनीकोप्टेरस माइनर)।

पक्षिगण एन्सरीफार्मिस

एन्सरीफार्मिस गण के अंतर्गत 'एनाटाइडी कुटुम्ब' को शामिल किया जाता है। सुर्खाब, छोई तथा मुर्गाबियों (डक, गीज तथा स्वान) का यह कुटुम्ब 10 उपकुटुम्बों में बांटा जाता है जिनमें 8 कुटुम्ब मुर्गाबियों के हैं।

8. **डक, गीज तथा स्वान कुटुम्ब (फैमिली : एनाटाइडी)** : सुर्खाब, छोई तथा मुर्गाबियों की 27 प्रजातियां केवलादेव घाना में देखी जाती हैं जो इस प्रकार हैं : सफेद हंसों की दो प्रजातियां (एन्सर एरिथ्रोपस तथा एन्सर एल्बिफ्रोन्स) के अतिरिक्त दो और प्रजातियां हंस (एन्सर एन्सर) तथा करेयीहंस (एन्सर इंडिकस) यहां देखी जाती हैं। सुर्खाबों या चकवों की भी दो प्रजातियां यहां देखी जाती हैं, ये हैं सफेद सुर्खाब (टेडोर्ना टेडोर्ना) तथा सुर्खाब (टेडोर्ना फेरोजीनी)।

मुर्गाबियों की भी तीन प्रजातियां यहां देखी जाती हैं जो छोटी मुर्गाबी (ऐनस क्रेसा), सींकपर (अनस एक्यूटा) तथा बैकल चैटी (अनस फारमोसा) के नाम से जानी जाती हैं। बत्तखों की कुछ अन्य प्रजातियां जो यहां देखी जाती हैं वे इस प्रकार हैं : नक्टा (सार्किडिओर्निस मीलानोटोस), गिरजा (नेट्टापस कोरोमेन्डेलिनस), डबरू (आइथ्या मेरिला), अबलक (आइथ्या फ्यूलिगुला), काला सिंखूर (ऐनस फेलकाटा), बेखुर (ऐनस स्ट्रेपेरा), नीलसिर (ऐनस प्लेटिहाइन्कस) गुड़गल (ऐनस पोसिलोरहाइन्का) तथा छोटा (मारमेरोनेट्टा एन्गुसिट्रोस्ट्रिस)।

पक्षिगण : फाल्कोनिफार्मिस

शिकारी पक्षिगण प्रथम : शिकारी पक्षियों को विश्व स्तर पर दो वर्गों में बांटा जाता है। पहला वर्ग उन शिकारी पक्षियों का है जो दिन में शिकार करते हैं। इनमें पहला क्रम नई दुनिया के गीध का है, जो केवल अमेरिका में पाये जाते हैं तथा जिन्हें एक अलग कुटुम्ब (कैथरटाइडी) में इसलिये रखा जाता है क्योंकि इस गण के ये सबसे प्राचीन पक्षी माने जाते हैं। दूसरे क्रम में चीलें, आस्प्रे इत्यादि पक्षी आते हैं। यह वंश (एक्सीपिट्राइडी) विश्वभर में फैला हुआ है और इसके अंतर्गत 206 प्रजातियां शामिल की जाती हैं। तीसरे क्रम में एक प्रजाति वाला कुटुम्ब (सेजीटेराइडी) है। सेक्रेटरी बर्ड (सेजीटेरियस सर्पेन्टेरियस) केवल आफ्रीका में पाया जाता है। चौथे क्रम के कुटुम्ब में 60 शिकारी पक्षियों की जातियां हैं, इनमें फाल्कन पक्षियों को शामिल किया जाता है।

शिकारी पक्षियों का दूसरा वर्ग उल्लुओं का है जिनकी चर्चा अन्यत्र की गई है।

9. **शिकारी पक्षी कुटुम्ब (फैमिली : एक्सीपिट्राइडी)** : शिकारी पक्षियों के इस कुटुम्ब में नाना प्रजातियों की चीलें, बजार्ट और गीधों को शामिल किया जाता है। ये नई और पुरानी दुनिया में पाये जाते हैं। इस कुटुम्ब में यदि भारी-भरकम शव भक्षी गीध हैं तो नन्हे से स्पैरोहाक या बाशा भी हैं। इस कुटुम्ब का सबसे बड़ा वंश 'एक्सीपिटर' है जिसमें 45 प्रजातियां हैं। वर्गिकी के विद्वान सर्पभक्षी चीलों (स्नेक ईगल्स) को अलग उप कुटुम्ब 'सिरकेंटाइनी' में रखने का आग्रह करते हैं।

शिकारी पक्षियों की 37 प्रजातिया केवलादेव घाना संरक्षित क्षेत्र में देखी जाती हैं, इनमें चील, बाज, सिकरा और गीध पक्षियों की गणना होती है। चीलों की 16 प्रजातियां अलग-अलग नामों से जानी जाती हैं :

डोगरा चील (स्लिआर्निस चील), माछरंगा या मछलीमार चील (हेलिटस ल्यूको-

रिफस), सुनहरी चील (एक्विला क्रिसेटस), कुहासा या सफेद पूंछ वाली समुद्री चील (हेलीटस आल्बिसिला), बड़ी चील (मिल्वस माइग्रेन्स लिनीटस), शाहबाज या बाज चील (स्पिजेट्स सिरहेटस), पहाड़ी तीसा (एक्विला पोगेरिना), कालीजुंगा (एक्विला क्लांगा), जूमिझ (एक्विला नेपालेनसिस), उकाब (एक्विला रेपेक्स), बूटा जूमिझ (एक्विला हेलिका), गिरगिटमार (हाइरेट्स पिन्नेटस), मेरांगी (हाइरेटस फेसियेटस), लाल चील (मिल्वस मिल्वस), धुबिया चील (हेलिएस्टर इन्डस), चील (मिल्वस माइग्रेन्स) तथा कपासी या काले पंखों वाली चील (इलेनस कैरूलियस) चीलों से मिलते-जुलते पक्षी (बजार्ड) की चार प्रजातियां यहां देखी जाती हैं जिनमें से एक चूहामार (ब्यूटिओ इयूफिनस) तथा दूसरा जापानी या मरूस्थलीय बजार्ड (ब्यूटिओ ब्यूटिओ) है।

यहां पर चार प्रजातियों के बाज पाये जाते हैं-बाज(एक्सिपिटर जेन्टलिस) सिकरा (एक्सपिटर बेडियस) तथा दो प्रजातियों के बाज जिन्हें एक ही नाम बाशा (एक्सिपिटर नीसस तथा एक्सिपिटर वाइग्रेटस) से जाना जाता है। इन बाजों को अंग्रेजी में स्पेरोहाक कहा जाता है।

बाजों के अतिरिक्त यहां पर गीधों की भी 7 प्रजातियां पाई जाती हैं जिनमें 4 प्रजातियां एक ही वंश की हैं। इनमें से 3 प्रजातियां पहाड़ी गीध (जिप्स फल्वस), महागीध (जिप्स इंडिकस) तथा चमरगीध (जिप्स बंगालेनिसिस) हैं जो यहां काफी संख्या में देखी जा सकती हैं। शिकारी पक्षियों में कम देखे जाने वाले पक्षी मधकारे या ओरियन्टल बजार्ड (पर्निस टिलोर्हाइन्विस), तीसा (बुटास्टुर तीसा), सांपमार चील (सिरकेटस गेलिकस) उल्लेखनीय हैं।

गीधों की अन्य चार प्रजातियां भी कम ही देखने मिलती हैं, ये हैं गोबरगीध (नियोफ्रोन परनोपीट्रस), राजगीध (सार्वोजिप्स काल्वस), काला गीध (एजिपियस मोनेकस) तथा हिमालयी गीध (जिप्स हिमालयेनसिस)। अन्य शिकारी पक्षिवर्ग में हेरियर है जिसे मछलीमार (पोडिअन हेलिटस) के नाम से जाना जाता है। इसी तरह हेरियर पक्षी की तीन प्रजातियों को क्षेत्रीय भाषा में तीन नामों से पुकारा जाता है, ये हैं सफेद सीरा (सिरकस ईरूजिनोसस), गिरगिटमार (सिरकस मैक्राउरस) तथा पहटा (सिरकस साइनियस)।

10. **फाल्कन कुटुंब (फैमिली : फाल्कोनाइडी)** : फाल्कन कुटुम्ब के पक्षियों को दो उपवर्गों में बांटा जाता है- सघनवनों के फाल्कन (फारेस्ट फाल्कन) तथा शुद्ध फाल्कन (ट्रू फाल्कन)। इस वंश में 60 प्रजातियां शामिल की जाती हैं। केवलादेव घाना में पाई जाने वाली सभी प्रजातियां शुद्ध फाल्कनों की हैं।

केवलादेव घाना में फाल्कनों की सात प्रजातियां देखी जाती हैं, ये सभी एक ही वंश फाल्को की प्रजातियां हैं : भिरी (फाल्को पेरिग्रिनस), मोरासनी (फाल्को सीवीरस), नारजी (फाल्को सब्ब्यूटिओ), त्रिमुटी (फाल्को चिक्वेरा), चर्ग (फाल्को चेरग), जग्गर (फाल्को जग्गर) तथा एक अन्य यूरेशियाई प्रजाति (फाल्को सब्ब्यूटिओ)।

पक्षिगण : गैलीफार्मिस

इस गण के अंतर्गत फीजेन्ट्स, मालीफाउल तथा कुरासो पक्षियों के कुटुम्ब शामिल किये जाते हैं।

11. **फीजेन्ट कुटुम्ब (फेजियेनाइडी)** : इस कुटुम्ब की 5 प्रजातियां यहां पाई जाती हैं, ये सभी प्रजातियां इस क्षेत्र की निवासी प्रजातियां हैं। ये पांच प्रजातियां 4 वंशों की

हैं। प्रत्येक वंश से एक प्रजाति है सिवा तीतरों के जिनकी दो प्रजातियां एक ही वंश (फ्रेंकोलिनस) की हैं। इस कुटुम्ब में हमारा राष्ट्रीय पक्षी मोर (पेवो क्रिस्टाटस) भी है। शेष तीन वंश लवा, बटेर और तीतरों के हैं। यहां पर तीतर (फ्रेंकोलिनस पोडिसिरेनस), काला तीतर (फ्रेंकोलिनस फ्रेंकोलिनस), बटेर (कोटरनिक्स कोटरनिक्स) तथा लवा (पर्डीक्यूला एशियेटिका) पाये जाते हैं।

पक्षिगण : ग्रुईफार्मिस

इस गण के अंतर्गत सारस (क्रेन) लवा तथा जलमुर्गी (रेल) कुटुम्ब के पक्षी शामिल किये जाते हैं।

12. **टर्निसिड कुटुम्ब (फैमिली : टर्निसाइडी)** : एक अन्य प्रकार के लवाओं (बस्टार्ड क्वेल्स) को वर्गिकी में अलग कुटुम्ब का दर्जा दिया गया है। इस कुटुम्ब के एक वंश की ही दो प्रजातियां लवा (टर्निक्स टेंकी) तथा गुंडलू (टर्निक्स सब्सीटेटर) यहां पाई जाती हैं।

13. **सारस कुटुम्ब (फैमिली : ग्रुआइडी)** : सारसों की चार प्रजातियां केवलादेव घाना आती हैं, ये सभी एक ही कुटुम्ब (ग्रुस) की हैं, ये हैं–सारंग या कुंज (ग्रुस ग्रुस), सारस (ग्रुस एन्टीगोन), साइबेरियाई सारस (ग्रुस ल्यूकोजिरेनस) तथा करकरा (ग्रुस वर्गो)।

जलमुर्गी कुटुम्ब (फैमिली : रैलिडी) : इस कुटुम्ब में 3 वर्ग के पक्षी रखे जाते हैं जिन्हें सामान्य भाषा में झिल्ली, जलमुर्गी और टिकरी के नाम से संबोधित किया जाता है। इनके 9 वंशों की 11 प्रजातियां यहां पाई जाती हैं। ये इस प्रकार हैं–

झिल्ली (पोरजाना पुसिल्ला), चितली जलबोदर (पोरजाना पोरजाना), खैरी जलबोदर (पोरजाना फुस्का), पनकुपरी (रैलस एक्वेटिकस), डाउक (एमाउरोर्निस फीनिक्यूरस), कलीम (पोर्फिरियो पोर्फिरियो), जलमुर्गी (गैलीनुला क्लोरोपस), कोरा (गैलीक्रैक्स सिनेरी) तथा टिक्री (फ्यूलिका एट्रा) इनके अतिरिक्त एक और प्रकार की पनकुपरी (गैलीरेलस स्ट्रेट्स) पाई जाती है। इन दस प्रजातियों के अतिरिक्त कभी–कभार देखी जाने वाली एक और जलबोदार प्रजाति (एमाउरोनिस अकूल) यहां की प्रमुख पक्षी प्रजाति है।

पक्षिगण : चेराडिफार्मिस

इस पक्षिगण में सेन्डपाइपर्स (टिटहरियां), गल (समुद्री पक्षियों का एक वर्ग) तथा आउक पक्षी शामिल किये जाते हैं। इस गण में 5 निम्नलिखित कुटुम्ब शामिल किये जाते हैं–

1. जकाना कुटुम्ब,
2. टिटहरी कुटुम्ब,
3. स्टिल्ट कुटुम्ब,
4. स्टोन कुटुम्ब,
5. कूर्सर कुटुम्ब,
6. कुररी कुटुम्ब,

15. **जकाना कुटुम्ब (फैमिली : जैकेनाइडी)** : 'जकाना' अमेरिकी शब्द है जो स्थानीय पक्षियों के लिये प्रयुक्त होता है। किंतु यही शब्द 'जेकेनाइडी' कुटुम्ब का आधार बना। इस कुटुम्ब के छह वंशों में मात्र 7 प्रजातियां पाई जाती हैं जो नई और पुरानी दुनिया के अयनमंडलीय क्षेत्रों में वितरित हैं।

जकाना की दो प्रजातियां पिहुया अथवा पिहो (हाइड्रोफेसिनस चिरुगुस) तथा पिपि (मेटोपाइडियस इंडिकस) दो अलग वंशों की प्रतिनिधि हैं।

उपर्युक्त में से पहली प्रजाति भारत से फिलीपीन तक पाई जाती है, दूसरी प्रजाति का वितरण क्षेत्र भी यही है परंतु वह सीमित जगहों पर देखी जा सकती है।

16. **टिटहरी कुटुम्ब (फैमिली : चेराड्राइडी)** : टिटहरियों की 14 प्रजातियां केवलादेव घाना में देखी जाती हैं। टिटहरी कुटुम्ब के एक अन्य उपवर्ग में जिसमें अनेक वर्ग के पक्षी रखे जाते हैं उनकी भी दो दर्जन प्रजातियां यहां पाई जाती हैं। ये पक्षी भी टिटहरियों के निकट संबंधी हैं।

टिटहरियां

केवलादेव घाना में देखी जाने वाली 14 प्रजातियों का संबंध 3 कुलों से है। आधी प्रजातियां एक ही कुल (वेनेलस) की हैं। इस कुल की प्रजातियां क्रमशः टिटहरी (वेनेलस इन्डिफस) तथा वेनेलस ग्रिगेरियस), श्वेत पूंछ टिटहरी (वेनेलस ल्यूकरस), टिट्टी (वेनेलस वेनेलस), सलंग (वेनेलस सिनेरियस), गहोबी (वेनेलसगुबाबसेली) तथा जिर्दी (वेनेलस मलाब्रिकस) हैं। दो प्रजातियां एक अन्य कुल (प्लूवियेलिस) की हैं जिन्हें बड़ा बातन (प्लूवियेलिस स्क्वेटेरोला) तथा पूर्वी सोन टिट्टी (प्लूवियेलिस फुल्वा) कहा जाता है। शेष पांच प्रजातियां एक ही कुल (चेराडियस) की हैं, ये क्रमशः इस प्रकार हैं–बड़ी कंठी टिट्टिमी (चेराड्रियस हियेटिक्यूला) जीरा (चेराड्रियस डब्लस), मेखा (चेराड्रियस अलेक्जेन्ड्रिनस) तथा छोटी राइत टिट्टी (चेराड्रियस मंगोलस)।

टिटहरी उपवर्ग के अन्य पक्षी

इस वर्ग के पक्षी अनेक वंशों के हैं। इनमें एक वंश (ट्रिंगा) की सात प्रजातियां यहां पाई जाती हैं, शेष वंशों की एकाधिक प्रजातियां यहां देखी जाती हैं। पिछले कुछ वर्षों में एक नये वंश की एक प्रजाति (लिम्नोड्रोमस स्कोलोपेसियस) यहां प्रवास पर आने लगी हैं।

अन्य लगातार देखी जाने वाली प्रजातियां इस प्रकार हैं–जंगराल (लिमोसा लिमोसा), छुपका (ट्रिंगा नेचूलेरिया), टिलुआ (ट्रिंगा स्टेगनेटेलिस), बड़ा गुलिन्दा (न्यूमेनियस आरक्वारा) तुतुआरी (ट्रिंगा ओछोपस), पनेवा (ट्रिंगा हाइपोल्यूकस), पथरपल्टा (अरेनेरिया इंटरप्रेस), छोटा चहा लिम्नोक्रिप्टस मिनिमस), जलरंग (कैलिड्रिस टिमेनिकी), जलरंग बड़ा (कैलिड्रिस फैरूजिनी), गैर (कैलिड्रिस माइन्यूटा), गिरि जलरंग (कैलिड्रिस अल्पाइना), मोटी चोंच तिलुआ (लिमकोला फाल्सीनेलस), चंचल (फैलारोपस लोबेरस), बगदाद (फिलोमेचस पगनेक्स), भारक (गैलिनेगो स्टेनुस), चहा (गैलिनेगो गैलिनेगो) तथा सिमतीतर (स्कोलोपेक्स रस्टीकोला)।

17. **स्नाइप कुटुम्ब (फैमिली : रोस्ट्राटुलाइडी)** : साधारण बोलचाल की भाषा में 'चहा' शब्द अनेक कुलों, कुटुम्बों से संबंधित प्रजातियों के पक्षियों का बोधक है जिन्हें वैज्ञानिक संदर्भों में एक–दूसरे के काफी दूर के रिश्तेदार माने जाते हैं। साधारण बोलचाल में ऊपरी तौर पर एक से दिखने वाले पक्षियों को एक ही नाम दे दिया जाता है। स्नाइप कुटुम्ब के पक्षियों की लम्बी चोंच अन्य दूसरे कुटुम्बों के पक्षियों जैसी ही होती है पर वर्गिकी के दृष्टिकोण से अलग विकसित पक्षी हैं।

स्नाइप कुटुम्ब की एक ही प्रजाति राजचहा (रोस्ट्रेट्यूला बेंगालेनसिस) यहां देखी जाती है।

18. **स्टिल्ट कुटुम्ब (फैमिली : रिकर विरोस्ट्राइडी)** : इस कुटुम्ब की सबसे महत्वपूर्ण प्रजाति एवोसिट पक्षियों की है जिनके आधार पर यह कुटुम्ब निश्चित किया गया। इनके पैर काफी लंबे और चोंच एकदम सीधी होती है। भारत में पाई जाने वाली गजपांव प्रजाति का वितरण संपूर्ण विश्व में है। इस कुटुम्ब की दो प्रजातियां कुश्यचहा (रिकरिरोष्ट्रा एवोसेट्टा) तथा गजपांव (हिमेन्टोपस हिमेन्टोपस) यहां देखी जाती है। इस वंश के पक्षी सर्वत्र निवासी होते हैं। ये ताजे पानी की झीलों, समुद्र के लैगून से लेकर पानी से भरे घास के मैदानों तक पाये जाते हैं।

इस वर्ग के पक्षियों में सबसे अधिक लंबे पैर के कारण इन्हें 'गजपांव' कहा जाता है।

19. **स्टोनकर्ल्यु कुटुम्ब (फैमिली : बुरहिनाइडी)** : स्टोनकर्ल्यु कुटुम्ब के पक्षी ऊपरी तौर पर खरमौर जैसे दिखलाई देते हैं पर वे अलग कुटुम्ब के पक्षी हैं। ये रात्रिचारी पक्षी हैं और दिन में पत्थरों की खोहों या झाड़ियों में छुपे रहते हैं। ये लगभग संपूर्ण विश्व में पाये जाते हैं। भारत में पाये जाने वाला स्टोनक्ल्र्यु के वंश के पक्षी पश्चिम में अफ्रीका तथा पूर्व में आस्ट्रेलिया तक पाये जाते हैं। इस कुटुम्ब की दो प्रजातियां करवानक (बुरहाइनस ओडिनेमस) तथा बड़ा करवानक (इसेकस रिकर- विरोस्ट्रिस) यहां पाई जाती हैं।

स्टोनकर्ल्यु कुटुम्ब में केवल 3 वंश के पक्षी सम्मिलित हैं जिनमें से 2 वंशों में तो केवल एक-एक प्रजाति ही है।

20. **कूर्सर कुटुम्ब (फैमिली : ग्लिओलाइडी)** : इस कुटुम्ब को 2 उपक्रमों में बांटा जाता है- कर्सोराइनी तथा ग्लेरिओराइनी। दोनों ही कुटुम्ब के पक्षी पुरानी दुनिया में ही पाये जाते हैं। कूर्सर पक्षियों की 10 प्रजातियों में से 1 आस्ट्रेलिया में, 2 भारत में तथा शेष आफ्रीका में पाई जाती है। कूर्सर कुटुम्ब की तीन प्रजातियां क्रमशः नुकरी (कर्सोरियस कोरोमेन्डेलिकस), बड़ा बबुई बे तों (ग्लेरिओ ला प्रेटिनकोला) तथा छोटा बबुई बेतों (ग्लेरिओला लेक्टी) इस संरक्षित क्षेत्र में देखी जाती हैं।

21. **कुररी कुटुम्ब (फैमिली : लेर्डी)** : कुररी कुटुम्ब की एक दर्जन प्रजातियां केवलादेव घाना में देखी जाती हैं, जो इस प्रकार हैं : पितपगा धूमरा (लारस ह्यूगलिनी), बड़ा धूमरा (लारस इचिथ्याटस), धूमरा (लारस ब्रुनीसिफेलस), गंगा चीली (लारस रिडिबन्डस), कुररी (चिल्डोनियस हाइब्रिडस), काली कुकरी (चिल्डोनियस नाइजर), सफेद कुररी (जिलोचेलिडन नाइलोरिका), बड़ी कुररी (स्टर्ना आउरेन्टिआ), कल्पेटी कुररी (स्टर्ना एक्यूटिकाउडा), तथा छोटी कुररी (स्टर्ना अल्बिफ्रंस) है। इनके अतिरिक्त एक और कुररी प्रजाति (स्टर्ना कैस्पिया) यहां देखी जाती है। इन कुररियों के अतिरिक्त इसी कुटुम्ब की पन्छीरा (रिनचोप्स आल्विकोलिस), भाटबन (टेरोक्लिस इंडिकस) तथा भाटतीतर (टेरोक्लिस एक्जस्टस) ऐसी 3 पक्षी प्रजातियां हैं जिन्हें कुररियों की निकट संबंधी माना जाता है।

पक्षिगण : कोलंबीफार्मिस

इस गण में कबूतरों के अतिरिक्त सेंडग्राउस पक्षियों के कुटुम्ब को शामिल किया जाता है। पिछली 2 सदी में विलुप्त डोडो भी इसी गण का पक्षी था।

22. **कबूतर कुटुम्ब (फैमिली : कोलम्बाइडी)** : कबूतर कुटुम्ब के दो उपवर्ग इस संरक्षित क्षेत्र में पाये जाते हैं; पहले उपवर्ग में कबूतर और दूसरे उपवर्ग में फाख्तों को शामिल किया जाता है।

(अ) कबूतरों की तीन प्रजातियां दो वंशों की हैं। ये क्रमशः कबूतर (कोलम्बा लिविया), पहाड़ी कबूतर (कोलम्बा एवरस्मानी) तथा हरियल (ट्रिरोन फेनीकोप्टेरा) हैं।

(ब) यहां पाई जाने वाली फाख्ताओं की सभी प्रजातियां एक ही वंश की हैं। ये इस प्रकार हैं–पण्डुक (स्ट्रेप्टोपीलिया डिकाक्टो), गिरवी फाख्ता (स्ट्रेप्टोपीलिया ट्रेंक्यूबेरिका), चित्ता फाख्ता (स्ट्रेप्टोपीलिया चाइनेनसिस), छोटा फाख्ता (स्ट्रेप्टोपीलिया सेनेगालेनसिस) तथा बड़को फाख्ता (स्ट्रेप्टोपीलिया ओरियंटेलिस)

पक्षिगण : सिट्टासिफार्मिस

इस गण में तोतों को शामिल किया जाता है।

22. **शुक कुटुम्ब (फैमिली : सिट्टासाइडी)** : शुक कुटुम्ब की दो प्रजातियां जो एक ही वंश की हैं यहां पाई जाती हैं। इन्हें क्रमशः तुई (सिट्टाक्यूला क्यानोसिफाला) तथा तोता (सिट्टाक्यूला क्रमेरी) कहा जाता है।

पक्षिगण : क्युक्युलीफार्मिस

इस गण में कोयल और ट्यूराको कुटुम्बों को शामिल किया जाता है।

23. **कोयल कुटुम्ब (फैमिली : कुकुलाइडी)** : कोयल कुटुम्ब के अंतर्गत कोयल, महूका और चटक पक्षियों को शामिल किया जाता है।

इस अभयारण्य में इस कुटुम्ब की 07 प्रजातियां पाई जाती हैं। चटक (क्लमेटोर जेकोबिनस) तथा दो अन्य प्रजातियां जिनमें से एक यूरेशियाई प्रजाति (कुकुलस केनोरस) तथा दूसरी भूरे पेट वाली प्रजाति (केकोमेन्टिस पेसाराइनस) लगभग एक सी दिखने वाली प्रजातियां हैं– अन्य चार प्रजातियों के रंग–रूप में काफी अंतर है। ये इस प्रकार हैं– पपैया (कुकुलस वेरियस), कोयल (इयूडाइनेमिस स्कोलोपेसी), जंगली तोता (यद्यपि यह तोता नहीं है, टाकोकुआ लेस्चिनाउटी) तथा महूका (सेन्ट्रोपस साइनेसिस)।

पक्षिगण : स्ट्रिजीफार्मिस

रात्रिचारी शिकारी पक्षियों के कुटुम्ब स्ट्रिजाइडी को इस गण के अंतर्गत रखा जाता है।

24. **उल्लूवंश (फैमिली : स्ट्रिजाइडी)** : उल्लुओं को शिकारी पक्षिगण में शामिल किया जाता है। उल्लू चूंकि रात्रि पक्षिवर्ग के प्राणी हैं अतः इन्हें एक अलग गण 'स्ट्रिजीफार्मिस' में रखा जाता है। उल्लुओं को पहिचानना सबसे आसान है, इनकी गोल बड़ी आंखें और मुड़ी हुई चोंच उन्हें अन्य पक्षियों से अलग बनाती है। उल्लू छोटी सी गौरैया से लेकर भारी–भरकम शरीर के होते हैं परंतु ये कितने बड़े क्यों न हों शारीरिक अनुपात में ये दिन में शिकार करने वाले शिकारी पक्षियों से छोटे ही होते हैं। इनकी एक प्रजाति 'टाइटो अल्बा' दुनिया के सबसे अधिक भाग में पाई जाने वाली प्रजाति है। उल्लुओं की 132 प्रजातियां हैं। इनके अतिरिक्त 4 और थीं जो वर्तमान काल में विलुप्त हो गईं। इस संरक्षित क्षेत्र में उल्लुओं की 10 प्रजातियां देखी जाती हैं जो इस प्रकार हैं–डुनडुल (ओटस सुनिया), थारकवी चुगद (ओटस बक्का मोना), घुघ्घू (ब्यूबो ब्यूबो), जंगली

घुघ्घू (ब्यूबो कोरोमेन्डस), अमराई का घुघ्घू (ब्यूबोजेलोनेनसिस), चुगद (अथेना ब्रामा), रेरुआ (एशियो फ्लेमियस), करैल उल्लू (टाइटो अल्बा), करपेंची उल्लू (स्ट्रिक्स ओसिलाटा) तथा चुगद बासरा (नाइनोक्स स्कुटुलाटा)।

पक्षिगण : कैप्रिमुल्गीफार्मिस

इन पक्षियों को अंग्रेजी में आइबर्ड्स भी कहा जाता है।

24. **नाइटजार कुटुम्ब (फैमिली : कैप्रिमुल्गाइडी)** : भारत में पाई जाने वाली इस कुटुम्ब की पक्षी प्रजातियों को छपक्का कहा जाता है।

इस संरक्षित क्षेत्र में 5 प्रजातियां देखी जाती हैं जो इस प्रकार हैं– जंगल छपक्का (कैप्रिमुल्गस इंडिकस), डबनक (कैप्रिमुल्गस महाराट्रेनसिस), छपक्का (कैप्रिमुल्गस एशियाटिकस), दबचिड़ी (कैप्रिमुल्गस अफेनिस) तथा बड़ी पूंछ छपक्का (कैप्रिमुल्गस मैक्रुरस)।

पक्षिगण : अपोडीफार्मिस

इस गण में पक्षियों के दो कुटुम्ब (हमिंगबर्ड तथा स्विफ्ट) शामिल किये जाते हैं।

25. **अबाबील कुटुम्ब (फैमिली : अपोडायडी)** : यहां पर इस वंश की 3 प्रजातियां पाई जाती हैं जो क्रमशः बड़ी बताशी (एपस मेल्बा), अबाबील (एपस अफीनिस) तथा तड़ी अबाबील (पेर्वस बेटासेनिसिस) हैं।

पक्षिगण कोरासीफार्मिस

इस गण के अंतर्गत इन कुटुम्बों को शामिल किया जाता है–

1. एल्सेडिनाइडी कुटुम्ब,
2. मीरोपाइडी कुटुम्ब,
3. कोरासाइडी कुटुम्ब,
4. यूयूपाइडी कुटुम्ब,
5. व्यूसीरोटाइडी कुटुम्ब,

26. **किलकिला कुटुम्ब (फैमिली : एल्सेडिनाइडी)** : किलकिला (अंग्रेजी किंगफिशर) जलाशयों में बहुधा देखा जाने वाला पक्षी है। केवलादेव घाना में तीन वंशों की पांच प्रजातियां पाई जाती हैं जो इस प्रकार हैं– कुड़याला किलकिला (सेरिल रुडिस), छोटा किलकिला (एलसिडो एथिस), बादामी कुरीला (हेलक्यान केपेनसिस), किलकिला (हेलक्यान स्मिरमेनसिस) तथा श्यामसिर किलकिला (हेलक्यान पीलेटा)।

27. **पतरिंगा कुटुम्ब (फैमिली : मीरोपाइडी)** : मक्षिका भोजी (अंग्रेजी बी ईटर) इन पक्षियों की तीन प्रजातियां इस संरक्षित क्षेत्र में पाई जाती हैं। ये इस प्रकार हैं–बड़ा पतरिंगा (मीरोप्स पर्सिकस), नीलपूंछ पतरिंगा (मीरोप्स फिलिप्पाइनस) तथा पतरिंगा या पटेना (मीरोप्स ओरियन्टलिस)।

28. **नीलकंठ कुटुम्ब (फैमिली : कोरासाइडी)** : इस संरक्षित क्षेत्र में इस कुटुम्ब की दो ही प्रजाति पाई जाती हैं। एक वह जो यूरोप (यूरोपियन रोलर) तक फैली है, इसे काश्मीरी नीलकंठ (कोरासियस गेर्रूलस) कहा जाता है, तथा दूसरी, नीलकंठ (कोरासियस बेगालेनसिस) जो संपूर्ण भारत में पाई जाती है।

29. **हुदहुद कुटुम्ब (फैमिली : यूयूपाइडी)** : हुदहुद अधिकतर पुरानी दुनिया के आद्रोष्ण भाग में पाये जाते हैं। परंतु वे यूरोप में भी पाये जाते हैं। भारत में पाये जाने वाला हुदहुद (उपापा इपोप्स) यहां सरलता से देखा जा सकता है, यह इस कुटुम्ब की अकेली प्रतिनिधि प्रजाति है।

हुदहुद नाम इस पक्षी के इस प्रकार के बोलने के कारण उसे दिया गया है, अन्य भाषाओं में भी इसके इससे मिलते-जुलते नाम हैं।

भारत में पाई जाने वाली नस्ल (उपापा इपोप्स सीलोनिसिस) प्रवासी पक्षी है। इस प्रजाति के पक्षी अफ्रीका और भारत के आर्द्रवन क्षेत्रों में निवासी पक्षी की भांति भी पाये जाते हैं।

30. **धनेश कुटुम्ब (फैमिली : ब्यूसीरोटाइडी)** : भारत के आर्द्र प्रदेशों में धनेश (अंग्रेजी हार्नबिल) की अनेक प्रजातियां पाई जाती हैं परंतु केवलादेव घाना में धनेश (टोकस बाइरोस्ट्रिस) एक ही प्रजाति देखी जाती है।

धनेश भांति-भांति की आवाज करने वाले रंगबिरंगे पक्षी हैं, इनकी कुछ प्रजातियां 100 पक्षियों के समूह तक में देखी जाती हैं। साधारणतः फलभक्षी धनेश समूहों में रात्रि व्यतीत करते हैं और सुबह होते ही ये फलों की खोज में चारों ओर उड़ जाते हैं।

धनेश की 25 प्रजातियां अफ्रीकी वनों में पाई जाती हैं। परंतु उनमें से एक भी प्रजाति निकटवर्ती मेडागास्कर में नहीं पाई जाती। शेष 20 प्रजातियां अयनमंडलीय एशिया अर्थात दक्षिण और दक्षिण-पूर्वी एशिया में पाई जाती हैं।

पक्षिगण : पिसिफार्मिस

इस गण के अंतर्गत कठफोड़वों का कुटुम्ब (पिसाइडी) सम्मिलित किया जाता है।

31. **कठफोड़वा कुटुम्ब (फैमिली : पिसाइडी)** : कठफोड़वे वृक्षों में चोंच मारकर कीड़े निकालकर खाते हुये देखे जाते हैं। इनकी 210 प्रजातियां आस्ट्रेलिया को छोड़कर संपूर्ण विश्व में पाई जाती हैं। अधिकतर कठफोड़वे कीटभक्षी होते हैं परंतु कुछ बीजों और फलों को भी खाते हैं। सभी कठफोड़वे पेड़ों की खोखली जगहों पर अपने नीड़ बनाते हैं।

इस संरक्षित क्षेत्र में कठफोड़वों की चार प्रजातियां पाई जाती हैं। ये इस प्रकार हैं– सुनहरा कठफोड़वा (डाइनोपियम बेंगालेनसिस), कठफोड़वा (डेन्ड्रोकोपस महा-राट्टेनसिस), छोटा कठफोड़वा (डेन्ड्रोसिरोप्स नेनस), तथा एक अन्य प्रजाति (जाइनिक्स टार्क्विला), इसे अंग्रेजी में 'टारकोल' कहते हैं।

पक्षिगण : पैसिरीफार्मिस

विश्वभर के पक्षियों की लगभग आधी प्रजातियां और लगभग एक तिहाई पक्षी कुटुम्ब इस गण में शामिल किये जाते हैं। इन्हें गायक पक्षी या सांग बर्ड्स भी कहा जाता है। अनेक वर्गीकरण में पक्षियों के दो प्रमुख भेद हैं– पहला जो इस गण के पक्षी हैं यथा-पैसराइन पक्षी तथा अन्य सभी जो इस गण में नहीं आते। अर्थात यह गण अकेला ही शेष सभी गणों के मुकाबले में महत्वपूर्ण है, वह इसलिये कि वैज्ञानिक अध्ययनों के अनुसार इस गण के पक्षी सबसे विकसित या विकासशील पक्षी हैं। हमरे घरेलू पक्षी कौवे और गौरैया इसी गण के पक्षी हैं जिन्होंने बदलाव के साथ मनुष्य की सभ्यता के

साथ तालमेल बैठा रखा है। केवलादेव घाना में भी देखे जाने वाले लगभग आधे कुटुम्ब इसी पक्षिगण के हैं।

32. **सतरंगा कुटुम्ब (फैमिली पिट्टाइडी)** : सतरंगी कुटुम्ब (अंग्रेजी पिट्टा) की 23 प्रजातियां अयनमंडलीय एशिया अफ्रीका और आस्ट्रेलिया में पाई जाती हैं।

इस कुटुम्ब की एक ही प्रजाति सतरंगा (पिट्टा ब्रेचियूरा) यहां देखी जाती है।

33. **भरूही कुटुम्ब (फैमिली : अलाउडायडी)** : भरूही (अंग्रेजी लार्क) पक्षियों की 75 प्रजातियां विश्व के विस्तृत भाग में फैली हैं। ये नई दुनिया, पुरानी दुनिया और आस्ट्रेलिया महाद्वीप में पाई जाती हैं।

भरूही कुटुम्ब की 10 प्रजातियां यहां देखी जाती हैं। ये इस प्रकार हैं–मालती (मिराफ्रा जावानिका), भरूही (अलाउडा गुलगुला), ऊसर बघेरी (एम्मोमनिस फीनिक्यूरस), दुरी (इर्मोटेरिक्स ग्रीजी), अगिया (मिराफ्रा एरीथ्रोटेरा) चंडूल (गेलेरिडा देवा), बाघेरी (केलेन्ड्रिला ब्रेचीडेक्टाला) तथा (अंग्रेजी में ब्लैक क्राउन्ड स्पैरोलार्क), एक अन्य प्रजाति (ऐरिमोटेरिक्स निग्रिसेप्स)।

34. **अबाबील कुटुम्ब (फैमिली : हिरंडीनाइडी)** : अबाबील (अंग्रेजी स्वालो) कुटुम्ब की 75 प्रजातियां विश्व भर में पाई जाती हैं।

केवलादेव घाना में अबाबीलों की आठ प्रजातियां देखी जाती हैं जो इस प्रकार हैं– अबाबील (रिपेरिया रिपेरिया), माटी अबाबील (रिपेरिया पेल्यूडिकोला), छटन अबाबील (हिरन्डो कानकल), अबाबील (हिरन्डो रस्टिका), नाहर अबाबील (हिरन्डो फ्लूमिकोला), मस्जिद अबाबील (हिरन्डो डाउरिका) तथा एक अन्य प्रजाति (हिरन्डो रूपस्ट्रिस), इस तरह जहां दो प्रजातियों को यहां एक ही नाम (अबाबील) से पुकारा जाता है वहां एक प्रजाति का क्षेत्रीय नाम नहीं है।

35. **लटोरा कुटुम्ब (फैमिली : लेनिडी)** : लटोरा कुटुम्ब की 72 पक्षी प्रजातियां मुख्यतः संपूर्ण यूरेशिया, आस्ट्रेलिया तथा अफ्रीका में पाई जाती हैं।

केवलादेव घाना में पाये जाने वाली सारी छहों प्रजातियां एक ही वंश (लेनियस) से संबंधित हैं। ये इस प्रकार हैं– सफेद लटोरा (लेनियस विट्टेटस), लालपीठ लटोरा (लेनियस काल्यूरियो), कजला लटोरा (लेनियस शेच), मट्टीया लटोरा (लेनियस क्रिस्टाटस) तथा धूसरपीठ लटोरा (लेनियस टेफ्रोनोटस)। लटोरा (अंग्रेजी श्राइक) की सभी प्रजातियां एक–दूसरे से बहुत कम अलग दिखलाई देती हैं।

36. **उड़ियल कुटुम्ब (फैमिली : ओरियोलाइडी)** : उड़ियल कुटुम्ब की 26 प्रजातियां पुरानी दुनिया तथा आस्ट्रेलिया में पाई जाती हैं। इस संरक्षित क्षेत्र में उड़ियलों की दो प्रजातियां पीलक (ओरियलस ओरियलस) तथा कालासिर पीलक (ओरियलस जेन्थार्मस) पाई जाती हैं।

37. **ड्रोंगो कुटुम्ब (फैमिली : ड्राइक्रुराइडी)** : ड्रोंगो कुटुम्ब (अंग्रेजी ड्रोंगो) की 20 प्रजातियां अयनमण्डलीय अफ्रीका, एशिया, मलेशिया, आस्ट्रेलिया एवं ओसीनिया में पाई जाती हैं।

केवलादेव घाना संरक्षित क्षेत्र में इस कुटुम्ब की सभी प्रजातियां एक ही वंश की पाई जाती हैं, ये 5 प्रजातियां इस प्रकार हैं–सहीम (डाइक्रस ल्यूकोफियस), जंगल कोतवाल (डाइक्रस मेक्रोरस), पहाड़ी बुचंगा (डाइक्रस केरूलेसेन्स), कृष्णराज (डाइक्रस हाटन–टोटस) तथा एक अन्य (डायक्रस पैराडाइसस)।

38. **मैनाकुटुम्ब (फैमिली : स्टर्नाइडी)** : मैना कुटुम्ब (अंग्रेजी स्टारलिंग) की 104 प्रजातियों का वितरण अयनमंडलीय अफ्रीका, एशिया, मलेशिया, आस्ट्रेलिया तथा सुदूरवर्ती प्रशान्त महासागरीय द्वीपों तक है।

मैना कुटुम्ब की छह प्रजातियां यहां पाई जाती हैं जो दो वंशों से संबंधित है। ये इस प्रकार हैं–कालासिर मैना (स्टर्नस पेगोडेरम), तिलियर (स्टर्नस रोजियस), नक्शी तिलियर (स्टर्नस व्हलगेरिस), अबलाक (स्टर्नस कोन्ट्रा) देशी मैना (एक्रिडोथेरिस ट्रिस्टिस) तथा गंगा मैना (एक्रिडोथेरिस जिंजीनस)।

39. **काक कुटुम्ब (फैमिली : कार्वाइडी)** : काक कुटुम्ब की 103 प्रजातियां विश्वभर में पाई जाती हैं । यह कुटुम्ब केवल न्यूजीलैंड तथा कुछ प्रशान्त महासागरीय द्वीपों में अनुपस्थित है।

कौओं की 3 प्रजातियां इस संरक्षित क्षेत्र में निवास करती हैं जो इस प्रकार हैं– महालत (डेन्ड्रोसिट्टा व्हेगाबुन्डा), कौआ (कार्वस स्प्लेन्डेन्स) तथा जंगली कौआ (कार्वस मेक्रो–हाइन्चस)।

40. **ककू श्राइक्स तथा मिनेविट कुटुम्ब (फैमिली : कैम्पेहेगाइडी)** : ककू श्राइक्स के लिये कोई विशिष्ट हिन्दी नाम नहीं है। उसका कारण इस कुटुम्ब के पक्षियों के स्वरूप का अन्य वंश के पक्षियों से ऊपरी तौर पर मिलता–जुलता होना है। वर्गिकी के विद्वान इस वंश में 71 प्रजातियां निर्धारित करते हैं जो अयनमंडलीय पुरानी दुनिया और आस्ट्रेलिया में पाई जाती हैं।

इस कुटुम्ब की सात प्रजातियां इस अभयारण्य में पाई जाती हैं जो इस प्रकार हैं–करौला (टेफ्रोडोमिस पान्डिसिनेटस), जंगली कश्या (कोरासिना मेलानोप्टेरा), कश्या (कोरासिना मेसई), सहेली (पैरीक्रोकोटस फ्लेमियस), छोटी सहेली (पैरीक्रोकोटस ब्रेवि–रोस्ट्रिस), राजालाल (पैरीक्रोकोटस सिग्ना मोमियस) तथा सफेद राजालाल (पैरीक्रोटस एरिथ्रोपीजस)।

41. **सुभागी कुटुम्ब (फैमिली : आइरेनाइडी)** : सुभागी कुटुम्ब (अंग्रेजी फेयरी ब्लूबर्ड या लीफबर्ड) की 15 प्रजातियां केवल अयनमंडलीय एशिया और मलेशिया के क्षेत्र में पाई जाती हैं।

इस संरक्षित क्षेत्र में पाई जाने वाली इस कुटुम्ब की दो प्रजातियां एक ही वंश की हैं, ये क्रमशः सुनहरी सुभागी (एजीथिनिया नाइग्रोलूटी) तथा सुभागी (एजीथिनिया टिफिया) के नाम से जानी जाती है।

42. **बुलबुल कुटुम्ब (फैमिली : पाइक्नोनोटाइडी)** : बुलबुल कुटुम्ब का मुख्यतः अयनमंडलीय अफ्रीका एवं एशिया में विस्तार है। इस कुटुम्ब की 109 प्रजातियां अयनमंडलीय अफ्रीका, दक्षिण एशिया एवं मलयेशिया में पाई जाती हैं।

एक ही वंश की चार बुलबुल प्रजातियां इस संरक्षित क्षेत्र में पाई जाती हैं। ये इस प्रकार हैं सिपाही बुलबुल (पाइक्नोनोफस लोकोसस), कांगड़ा बुलबुल (पाइक्नोनोफस कैफर) तथा मछरिया बुलबुल (पाइक्नोनोफस ल्यूटीलस)।

43. **बेबलर कुटुम्ब (फैमिली : म्यूसीकेपाइडी)** : वेबलर कुटुम्ब की 1300 से अधिक प्रजातियां विश्व भर में फैली हुई हैं। पहले इस कुटुम्ब के पक्षियों को चार कुटुम्बों में वर्गीकृत किया जाता था। पर अब इस कुटुम्ब को 4 उपकुटुम्बों में बांटा जाता है जो इस प्रकार हैं–1. चिलचिल (अं. बेबलर), 2. दूधराज (अं. फ्लाईकैचर), 3. फुडकी

(अं. वार्बलर एवं लीफ वार्बलर) तथा 4 कस्तूरा (अं. चेट तथा थ्रसेस)। चिलचिल पक्षि समूह (बेबलर उप कुटुम्ब की, इस अभयारण्य में पांच प्रजातियां पाई जाती हैं, ये इस प्रकार हैं– गुलाब चयम (क्रिसोमा साइनेनसे) चिलचिल (टरड्वाईडस काउडेटस), गौगई (टरडवाइडस स्ट्रेटस) तथा डुमरी टरडवाईडस अर्ली)।

दूधराज पक्षिसमूह (फ्लाईकैचर उपकुटुम्ब) की नौ प्रजातियां यहां देखी जाती हैं, जो इस प्रकार हैं–टुर्रा (म्यूसीकैपा रूफीकाउडा), सिफिया (फिकेड्यूला पर्वा), नीला चतर्दमा (फिकेडयूला सुपरसिलेरिस), श्याम चिड़ी (म्यूसीकैपा टिकेली), झक्की (म्यूसीकैपा डाऊरिका), भूरासिर सालबाश (कुलिसिकेपा सीलोनसिस), नचान (रिडिपूरा आउरोला), दूधराज या शाह बुलबुल (टर्सिफोन पैराडायजी) तथा नील कलटिया (यूमियस थालासिना)।

फुडकी पक्षिसमूह (वार्बलर तथा लीफ वार्बलर उपकुटुम्ब) की 35 प्रजातियां यहां पाई जाती हैं जिनके नाम इस प्रकार हैं–सेट्टी फुडकी (सेट्टिया सेट्टी), फुडकी (एक्रो-सिफेलस मेलानोपोगान), एक अन्य वंश की एक फुडकी (सिस्टीकोला एक्जिलिस), घास फुडकी (सिस्टीकोला जन्सिडिस), पिटपिटिया (प्रीनिया बुचानानी), मैदानी फुडकी (प्रिनिया इनोमेटा), स्लेरी फुडकी (प्रिनिया सोसियलिस), दर्जिन (आर्थोटोमस सुट्रोटियस), तेलिया फुडकी (लोकस्टेला लेन्सियोलाटा), मोटीचोंच फुडकी (एक्रोसिफेलस ईडन), पोदिना (एक्सीफेलस स्ट्रेन्टोरस), टिकटिकी (एक्रोसिफेलस एग्रिकोला), फुडकी (प्रिनिया हाजसानी) खार फुडकी (प्रिनिया ग्रेसिलिस), नील फुडकी (एक्रोसिफेलस कोन्सिनेन्स), बूटिया फुडकी (हिप्पोलाइस केलिगाटा), आरफन फुडकी (सिल्विया हार्टेनसिस), सफेद कंठ (सिल्विया काम्युनिस), छोटा सफेद कंठ (सिल्विया ब्लाइथी) ह्यूम की छोटी टिकटिकी फुडकी (सिल्विया एथी), मारू फुडकी (सिल्विया नाना) पान (पत्ती) फुडकी (फाइलोस्कोपस टिटलरी), बड़ी पान पत्ती फुडकी (फाइलोस्कोपस अफीनिस), जैतूनी पान फुडकी (फाइलोस्कोपस ग्रीजेलस), सांवली पान फुडकी (फाइलोस्कोपस फुस्के-टस), हरी फुडकी (फाइलोस्कोपस ह्यूमी), ब्रूक पान फुडकी (फाइलोस्कोपस सबवर्डिस) पल्लास पान फुडकी (फाइलोस्कोपस क्लोरोनोटस), फिक्की फुडकी (फाइलोस्कोपस ट्रेचिलाइडिस), गहरी हरी फुडकी (फाइलोस्कोपस निटीडस), अब्लाखी फुडकी (फाइलोस्कोपस आक्सिपिटेलस), चुटचुटिया या चिपचिप (फाइलोस्कोपस कैलिबिटा) तथा चिपचिप की ही तरह एक दूसरी प्रजाति (फाइलोस्कोपस फुलिगिवेन्टर) तथा एक वंश की फुडकी (सेईसेरकस बर्किल)।

कस्तूरा पक्षिसमूह (चेट तथा थ्रस)

कस्तूरा उपकुटुम्ब की 21 प्रजातियां यहां पाई जाती हैं। ये इस प्रकार हैं– गंगला (ल्यूसीनिया कैलिओप), नीलीकंठी (ल्यूसीनिया एरिथेकस), धैयाल (काप्सिचस साउलेरिस), थिरथिरा (फीनीक्यूरस ओच्रुरोस), दाउमा (सरकोमिया फुस्का), खरपिड्डा (सेक्सिकोला कारपाटा), घुमलिया पिड्डा (सेक्सीकोला फेरी), डोलना (ओसन्थे डेजर्टी), डोलना जैसी ही एक अन्य प्रजाति (ओसन्थे अजाबेलिना), पिडारा (ओसन्थे पिकटारा), कालचिड़ी (सेक्सीकोलोडिस फुलिकाटा), क्रियना पट्टी (मान्टीकोला सिनसियोर हाइन्निस), पाण्डु (मान्टिकोला सालिटेरस), लैसिरी कस्तूरी (जूथेरा सिट्रिना), कस्तूरी (टार्डस यूनीवालर), कस्तूरा (टार्डस बाउलबाउल), कन्डू नाम की दो किस्में (टार्डस रुफीकोलिस एट्रोगुलेरिस तथा टार्डस रुफीकोलिस रुफीकोलिस)।

44. **रामगंग्रा कुटुम्ब (फैमिली : पैराइडी)** : रामगंग्रा कुटुम्ब (अंग्रेजी टिटमाइस) की 65 प्रजातियां मुख्यतः अफ्रो–एशियाई क्षेत्र में पाई जाती हैं परंतु इनमें कुछ मध्य अमेरिका एवं उत्तर अमेरिका में भी पाई जाती हैं।

इस कुटुम्ब के दो वंशों की दो प्रजातियां केवलादेव घाना अभयारण्य में पाई जाती हैं जो केवल एक ही नाम रामगंग्रा (पारुस मेजर एवं सिफेलोपाइरस फ्लेमिसिप्स) के नाम से जानी जाती हैं। अंग्रेजी में इन पक्षियों को 'टिट' कहा जाता है।

45. **सीरी कुटुम्ब (फैमिली : सिट्टाइडी)** : सीरी कुटुम्ब (अंग्रेजी नुथाचेस) की 23 प्रजातियां अफ्रीका महाद्वीप को छोड़कर शेष विश्व में पाई जाती हैं।

सीरी कुटुम्ब की सभी तीन प्रजातियों को जो यहां देखी जाती हैं 'सीरी' (सिट्टा कैस्टानिया सालपोर्निस स्पिलोनोटस तथा कर्थिया हिमालयाना) या चीतल सीरी के नाम से जाना जाता है।

46. **खंजन कुटुम्ब (फैमिली : मोटासिलाइडी)** : खंजन कुटुम्ब (अंग्रेजी वेगटेल एवं पिपिट) की 48 प्रजातियां विश्वभर में पाई जाती हैं।

इस कुटुम्ब में खंजन और उससे मिलती–जुलती चिड़ियों की 19 प्रजातियां इस संरक्षित क्षेत्र में पाई जाती हैं। इनमें से कुछ चिड़ियों के क्षेत्रीय नाम नहीं हैं। क्योंकि वे दूसरी वैसी ही चिड़ियों से बाहरी रूप में एकदम मिलती जुलती हैं। (अंग्रेजी में इन्हें पिपेट तथा वेगटेल या पूंछ हिलाते रहने वाली चिड़ियों के दो उपवर्गों में भी बांटा जाता है) यहां पाई जाने वाली प्रजातियां इस प्रकार हैं–मूस चिड़ी (एन्थस हाजसानी), धनचिड़ी (एन्थस फ्रिवियेलिस), रूगेल (एन्थस रिचर्डी), इसी वंश (एन्थस) की दो अन्य प्रजातियां (एन्थस गाडलेवस्की तथा एन्थस सिमलिस), चारचिड़ी (एन्थस रूफूलस), चिल्लू (एन्थस काम्पेस्ट्रिस), अंगूरी चिड़ी (एन्थस रोजिटस), जल चिड़ी (एन्थस स्पिनोलेट्टा), पान पिलकिया (मोटासिला फ्लेवाबीमा), श्वेत सिर पान पलकिया (मोटासिला मिलानोग्रीजी), पानपीलक (मोटासिला सिट्रिओला), भूरा खंजन (मोटासिरा सिनेरिया), खंजन (मोटासिला मेडरास पेटेनसिस), धोबन (मोटासिला अल्बा) तथा इसी वंश (मोटासिला) की एक और प्रजाति (मोटासिला फ्लेवाल्यूको सिफाला)।

47. **फूलसूंघी कुटुम्ब (फैमिली : डाइसीडी)** : इस कुटुम्ब की दो प्रजातियां इस संरक्षित क्षेत्र में पाई जाती हैं। दोनों एक ही वंश की हैं, ये हैं फूलसूंघी (डाइसियम एजाइल) तथा फलछुकी (डाइसियम एरिथ्रोरहाइंचस)। इस कुटुम्ब की पक्षियों को अंग्रेजी में 'फ्लावर पेकर्स' कहा जाता है।

फूलसूंघी (अं० फ्लावर पिकर्स) कुटुम्ब की 54 प्रजातियां पुरानी दुनिया और आस्ट्रेलिया में पाई जाती हैं। ये पूर्व मे सोलोमन द्वीपों तक पाई जाती हैं।

48. **शक्कर खोरा (फैमिली : नेक्टरनाइडी)** : शक्कर खोरा (अं. सनबर्ड्स) की 104 प्रजातियां पुरानी दुनिया और आस्ट्रेलिया में पाई जाती हैं। फूलों के रस को चूसने वाली इस वंश की एक प्रजाति शक्कर खोरा (नेक्टरीनिया एशियाटिका) इस संरक्षित क्षेत्र में पाई जाती है। अंग्रेजी में इन्हें 'सनबर्ड' कहा जाता है।

बबूना कुटुम्ब (फैमिली : जोस्टेरोपाइडी) : बबूना कुटुम्ब (अं. व्हाइट आइन्ज) की 80 प्रजातियां अफ्रीका, एशिया, मलयेशिया और आस्ट्रेलिया में पाई जाती हैं।

इस संरक्षित क्षेत्र में इस कुटुम्ब की एक ही प्रजाति बबूना (जोस्टेरोप्स पल्परब्रोसस) पाई जाती है।

50. **गौरैया, बया एवं मुनियां कुटुम्ब (फैमिली : प्लोसाइडी)** : गौरैया, बया और मुनियां सभी एक ही कुटुम्ब के सदस्य पक्षी हैं। विश्व वितरण में बया पक्षी मुख्यतः अफ्रीकी कहे जा सकते हैं तो गौरैया एशियाई या यूरेशियाई। इस कुटुम्ब की 129 प्रजातियां विश्व में पाई जाती हैं। गौरैया मनुष्य के साथ आस्ट्रेलिया एवं अमेरिका भी पहुंच चुकी हैं जहां वह नहीं पाई जाती थी। गौरैया, बया एवं मुनियां पक्षियों के वंश एक ही कुटुम्ब के सदस्य हैं, इनकी 11 प्रजातियां इस संरक्षित क्षेत्र में निवास करती हैं। गौरैया या चिड़ियों के दो वंशों की तीन प्रजातियां इस प्रकार हैं–गौरैया या चिड़ी (पैसर डोमेस्टिकस), स्पेन चिड़ी (पैसर हिस्पेनिओलेनसिस) तथा राजी या जंगली चिड़ी (पर्टोनिया जेन्थोकोलिस)। यहां के सभी बया एक ही वंश तथा तीन प्रजातियों के है–बया (प्लोसियस फिलिप्पाइनिस), सर्बो बया (प्लोसियस बेंगालनेसिस) तथा तेलिया बया (प्लोसियस मेरियर)। इसी कुटुम्ब का एक अन्य पक्षी चरक्का (लोनचूरा मलाब्रिका) है। इन तीनों के अतिरिक्त यहां 3 प्रजातियों की मुनियां पाई जाती हैं–शकारी मुनियां (लोनचुरा पंक्चुलाटा) तथा नकलनूर (लोनचुरा मलक्का)।

51. **लालतूती कुटुम्ब (फैमिली फ्रिंजिलाइडी)** : लालतूती कुटुम्ब (अंग्रेजी फ्रिंजिलाइडी) की 130 प्रजातियां यूरेशिया, अफ्रीका एवं अमेरिका में पाई जाती हैं। इनमें प्रसिद्ध डार्विन फिंच की 14 प्रजातियां भी हैं।

इस कुटुम्ब की एकमात्र प्रजाति लालतूती (कार्पोडेकस एरीथ्रिनस) इस संरक्षित क्षेत्र में पाई जाती है। अंग्रेजी में इन पक्षियों को 'फिंच' कहा जाता है।

52. **गंडम कुटुम्ब (फैमिली : एम्बरजाइडी)** : गंडम कुटुम्ब (अंग्रेजी बंटिंग) की 440 प्रजातियां संपूर्ण विश्व में फैली हुई हैं। वर्गिकी के विद्वानों में इस कुटुम्ब के वर्गीकरण में काफी मतभेद हैं।

दो वंशों की छह प्रजातियां इस संरक्षित क्षेत्र में पाई जाती हैं जो इस प्रकार हैं–(एम्बेरिजा ब्रूनीसेप्स), सफेद सिर गंडम (एम्बेरिजा स्टीवर्टी), छोटा छिरता (एम्बेरिजा फुकारा), जमझोरा (एम्बेरिजा वुचाननी) तथा चोटीदार पत्थर छिरता (मीलोफस लथामी)।

•

हिमालय के पक्षी

हिमालय पर्वत में दो वर्ग के पक्षी पाये जाते हैं। पहला वर्ग उन पक्षियों का है जो हिमालय पार के क्षेत्र से आते हैं और मोटे तौर पर पश्चिमी हिमालयी छोर से होते हुये प्रायद्वीप भारत में ठंड की ऋतु बिताते हैं। इनमें यूरोपियन सफेद स्टार्क (सिकोनिया सिकोनिया), उत्तरी पिनटेल (एनस एक्यूटा), गार्गनी (अनस क्विरक्विडूला), लाल क्रेस्ट वाले पोकार्ड (रोडोनेसा रूफीना), मार्श सेन्डपाइपर (ट्रिंगा स्टेगनेटेलिस) और गुलाबी स्टार्लिंग (स्टुनस रोसियस) उल्लेखनीय हैं। ये सभी पक्षी तथा इनके अन्य सगे-संबंधी जो भारत आते हैं मूलरूप से पैलार्कटिक जैव परिमंडल के प्राणी हैं अर्थात ये यूरोप, मध्य-पूर्व, साइबेरिया तथा मंगोलिया से भारत आते हैं। ये सभी प्रवासी पक्षी हैं। ये पक्षी आगमन तथा लौटने के समय हिमालय के कुछ 'नमक्षेत्रों' के अस्थायी डेरा डालते हैं।

दूसरा वर्ग हिमालय के निवासी पक्षियों का है। इनके दो उपवर्ग हैं–एक उपवर्ग पश्चिमी हिमलाय के पक्षियों का है और दूसरा पूर्वी हिमालय के पक्षियों का है। उदाहरण के लिये–रेडक्रासबिल (लोक्सिया कविरेष्ट्रा) हिमाचल प्रदेश तथा सिक्किम के हिमालयी क्षेत्र के अतिरिक्त पाकिस्तान, भूटान और नेपाल में भी पाया जाता है। इस तरह इसका

प्रसार पश्चिम हिमालय से पूर्वी हिमालय की सीमा क्षेत्र तक है, परंतु लंबी चोंच वाला वुश वार्वलर (ब्रेडीटेरस मेजर) काश्मीर हिमालय तथा समीपवर्ती पाकिस्तान के पर्वतीय क्षेत्रों तक ही सीमित है। काश्मीर फ्लाई केचर (फाइसेड्यूला सुब्रूरा) काश्मीर के उच्च हिमालयी क्षेत्रों में पाया जाता है, यह एक मधुर स्वर निकालने वाला पक्षी है। हिमालय अपने मोनल पक्षियों के लिये विख्यात है। ये रंग-बिरंगे पक्षी हिमालय से लेकर पूर्वी हिमालय तक पाये जाते हैं। इस लंबे वितरण क्षेत्र में उनकी प्रजातियां अवश्य अलग-अलग हैं। मध्य हिमालयी क्षेत्र के वनों में कालर्ड ट्री पाई जैसे पक्षी पाये जाते हैं जिनका वितरण पश्चिम बंगाल, सिक्किम और भूटान तक है। उत्तरांचल से अरुणाचल तक के हिमालयी वनों में ग्रीन कोचोआ (कोचोआ वर्डिस) पाया जाता है।

पक्षियों में उड़ने की क्षमता होने के कारण उनके वितरण क्षेत्र चरों की तुलना में कुछ अधिक विस्तृत होते हैं । हिमालय क्षेत्र में अक्षांशीय विस्तार के साथ ऊंचाई के अनुसार भी पक्षियों की प्रजातियों में परिवर्तन देखे जाते हैं।

मयूर : भारत का राष्ट्रीय पक्षी

जिस प्रकार बाघ भारत का राष्ट्रीय पशु है उसी तरह मयूर या मोर भारत का राष्ट्रीय पक्षी है। मयूर 'गैलीफार्मिस' गण का पक्षी है तथा इसे 'फिजियेनाइडी' कुटुम्ब में वर्गीकृत किया जाता है। इस कुटुम्ब में लवा, बटेर तथा जंगली मुर्गों के वंश शामिल हैं। मयूर का वर्गिकी नाम पेवोक्रिस्टेटस है। मयूर सुंदर रंगों के पंखों एवं शरीर वाला पक्षी है। बादलों के घिरने पर तथा मादा को मोहित करने के लिये मयूर अपने विशाल पंखों को छतरी की तरह तान लेता है। भारत के अतिरिक्त अफ्रीका के अयनमंडलीय वनों के एक छोटे क्षेत्र में मयूर की एक अन्य प्रजाति पाई जाती है जिसे 'कांगो-पीकाक' कहा जाता है। भारतीय मोर वैसे तो रंगीन ही होता है परंतु कहीं-कहीं श्वेत या एल्बिनो मोर भी देखने को मिल जाते हैं। लगभग संपूर्ण भारत में मोर पाये जाते हैं। वैसे तो मोर सभी प्रकार के खाद्य पदार्थों का भोजन कर लेता है पर वह फलों और अन्न के दाने भी खाता है। मयूर सर्प और कीड़ों को मार डालता है। मयूर की दृष्टि तीव्र होती है तथा वह शिकारी पशु को देखते ही आवाज कर अन्य वन्य प्राणियों को सचेत कर देता है।

भारतीय संस्कृति में मयूर का महत्वपूर्ण स्थान है। चाल्कोलिथिक सभ्यता (2000 से 4000 वर्ष पूर्व) के मृदभाण्डों में मयूर के अनेक चित्रण मिलते हैं। महाभारत तथा पुराणों में मयूर का उल्लेख अनेक बार है। स्कन्दपुराण के अनुसार मयूर कार्तिकेय देवता का वाहन है। दक्षिण भारत में मयूरपुरा नामक पहाड़ी पर कार्तिकेय ने किसी राक्षस का वध किया था, वह मृत्यु उपरांत मयूर बन गया, ऐसी भी एक किंवदंती है।

वाल्मीकि रामायण में जो कि विश्व का प्रथम महाकाव्य है, एक ऐसी घटना का वर्णन है जिसमें देवराज इंद्र ने रावण के कोप से बचने के लिये मयूर का रूप धारण कर लिया। मयूर यदि देवताओं का प्रिय पक्षी था तो असुर भी उसे उतना ही पसंद करते थे। महाभारत में वर्णित असुराधिप बाणासुर के ध्वज में मयूर का चिन्ह था। भगवान कृष्ण अपने सिर पर मोर मुकुट धारण करते हैं। बौद्ध और जैन धर्म के ग्रंथों में भी मयूर का बार-बार उल्लेख है। भारतीय शिल्प कला तथा चित्रकारी में मयूर का अंकन हर कालखण्ड में हुआ है। भारतीय नृत्यकला में भी मयूर की मुद्राओं की चर्चा है।

यह आश्चर्य की बात नहीं कि मुगल सम्राट जहांगीर ने मयूरों के सुंदर चित्र बनवाये और उसके पुत्र शाहजहां ने विश्व का सबसे कीमती राजसी आसन 'मयूरासन' बनवाया।

पक्षी संरक्षण

भारत में पक्षियों के प्रजातियों के संरक्षण में उल्लेखनीय कदम उठाया गया। भारत की कुछ पक्षियों की प्रजातियां लुप्त होने की कगार पर हैं पर सभी को बचाने के लिये हर संभव प्रयास किये जा रहे हैं। जेर्डान्सकूरियर जिसे विलुप्त मान लिया गया था वह अब पुनः दक्षिण भारत में पाया जा चुका है और उसके लिये दो अभयारण्यों की घोषणा हो चुकी है। कुछ अन्य पक्षी द्वीपों में रहने वाली प्रजातियां थीं जैसे अंडमान निकोबार द्वीप समूह के एक द्वीप में रहने वाला पक्षी 'नारकोण्डम हार्नबिल' इसके संरक्षण के लिये संपूर्ण द्वीप ही संरक्षित कर दिया गया है। निकोबार द्वीप समूह के पक्षी जैसे निकोबार मेगापोड और निकोबार कबूतर केवल निकोबार द्वीप तक ही सीमित हैं। इन प्रजातियों के लिये भी संरक्षित क्षेत्र घोषित हैं। हिमालयी क्षेत्र विशेषकर पूर्वी हिमालय के 'फीजेन्ट' कुटुम्ब की कुछ प्रजातियां अत्यंत कम संख्या में पाई जाती हैं, उनके संरक्षण के सारे प्रयास किये जा रहे हैं। कुछ प्रजातियों कें पक्षियों की सूचना तो पिछले आधे दशक से नहीं है जैसे अरुणाचल की 'मास्क्ड फिनफुट' (हेलियोपाइस पर्सोनाटा)।

तालिका : ग्रेट इंडियन बस्टार्ड पक्षियों की विभिन्न क्षेत्रों में संभावित संख्या

		आकलन की गई संख्या	
		वर्ष 1985	*वर्ष 2006*
	पुराने क्षेत्र		
1.	करेरा बस्टार्ड अभयारण्य, मध्य प्रदेश	25–30	शून्य
2.	घाटीगांव बस्टार्ड अभयारण्य मध्य प्रदेश	15–18	2–3
3.	रानी बेन्नूर ब्लैक बक अभयारण्य, कर्नाटक	5–10	2–3
4.	नन्नाज, शोलापुर, महाराष्ट्र	15–25	30–40
5.	सोरसन, राजस्थान	10–15	शून्य
6.	सोनखलैया, राजस्थान	80 +	पहले से कम संख्या
7.	डेजर्ट नेशनल पार्क, राजस्थान	200–400	पहले से कम संख्या
8.	रोल्ला पाडु	60 +	15 20
	नये क्षेत्र		
9.	लाला तथा नलिया घास के मैदान, कच्छ, गुजरात		25–35
10.	नासिक के समीप		8–10
11.	नासिक–औरंगाबाद सीमा		20–25

नासिक के निकटवर्ती क्षेत्रों की नई खोज वर्ष 1988 में हुई। इसकी पूरी संभावना है कि प्रायद्वीपीय भारत में ऐसे कुछ और क्षेत्र हों और जिनकी नई खोजों से जनता का ज्ञान बढ़ता रहे।

बस्टार्ड यूं तो अनेक घास के मैदानों में पाये जाते हैं परंतु यह हमारा दुर्भाग्य है

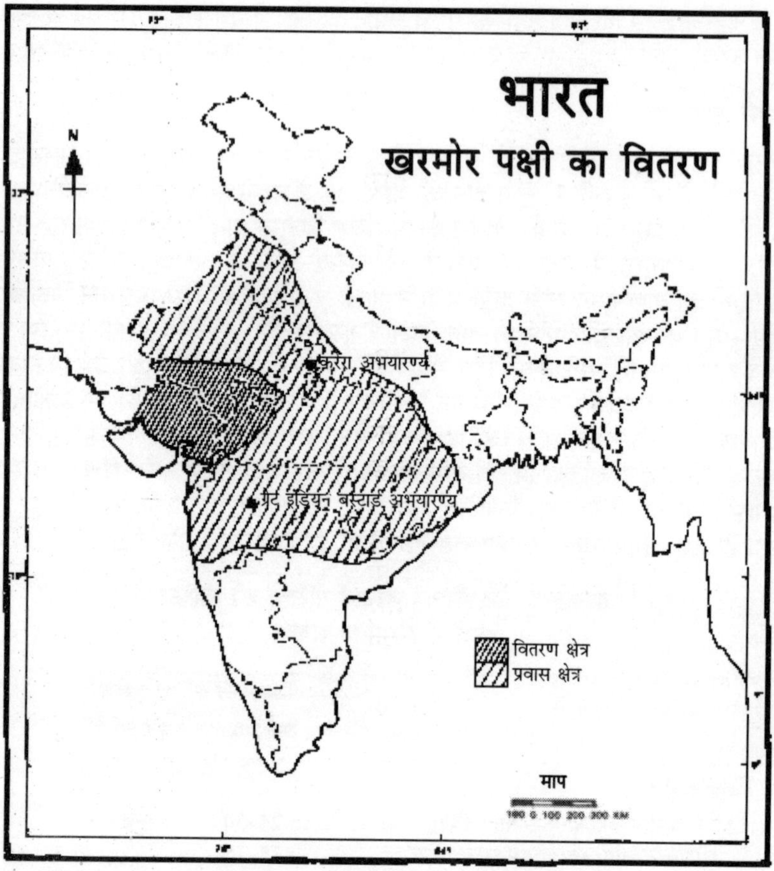

मानचित्र 7 – भारत : खरमोर पक्षी का वितरण

कि विश्नोई समाज के भौगोलिक क्षेत्र में नहीं पाये जाते वरना सामूहिक धार्मिक भावना उनकी संभावित विलुप्ति को अवश्य रोक लेती।

पक्षियों की प्रजातियों के संरक्षण में भारत में जिस विशिष्ट पक्षी की प्रजाति के लिये सबसे अधिक क्षेत्र संरक्षित–क्षेत्र घोषित किया गया वह बस्टार्ड ही है परन्तु जैसा कि ऊपर दी गई तालिका में स्पष्ट है कि इसके संरक्षण में कहीं भी उल्लेखनीय सफलता नहीं मिली है।

पक्षियों के संरक्षण में असफलताओं के मुख्य कारणों में उसका शिकार है। खरमोर पक्षी को क्षेत्रीय जनता सदैव से ही उत्तम शिकार मानकर उसके मांस का सेवन करते रहे हैं अतः कहीं भी इसकी संख्या नहीं बढ़ पा रही है।

अंधविश्वास भी पक्षियों के खात्मों का एक कारण है। हार्नबिल पक्षियों की अनेक प्रजातियां विशेषतः सफेद गले वाला भेरा हार्नबिल (टिलोलेमस टिकेली) को उसकी तथाकथित जादुई शक्तियों के कारण मारा जाता है।

मनुष्य एवं संरक्षित क्षेत्र

मनुष्य की सभ्यता के विकास के साथ ही प्रकृति तथा पर्यावरण में परिवर्तन आने प्रारंभ हो गये, ये परिवर्तन प्राकृतिक न होकर क्रत्रिम या मनुष्यकृत थे। खेती के लिये, चारागाहों के लिये, ग्रामीण और नगरीय अधिवासों के लिये तथा खनिजों की प्राप्ति के लिये जब तक प्रकृति का दोहन किया जा रहा था तब तक तो प्रकृति का संतुलन ठीक-ठाक रहा परंतु विगत दो-तीन शताब्दियों में सब कुछ तेजी से बदला और बीसवीं सदी में प्रकृति के संरक्षण की आवश्यकता मनुष्य ने ठीक ढंग से समझ ली। प्रकृति संरक्षण के लिये वैधानिक आधार तैयार किया गया और उन सारी गतिविधियों पर प्रतिबंध लगाने का प्रयास किया गया जिनसे प्राकृतिक सम्पदा नष्ट होती है।

भारत में भी अन्य देशों की तरह ही संरक्षित क्षेत्रों की अपनी समस्यायें हैं। ये सामाजिक समस्यायें अत्यन्त जटिल हैं। भारत में ये 'पर्यावरण बनाम मानव अधिकार' के रूप में प्रस्तुत की जाने लगी हैं जो कि दुर्भाग्यपूर्ण है। यहां पर हम संरक्षित क्षेत्रों की समस्याओं के एक समान्य और संक्षिप्त विवरण के साथ पर्यावरण के प्रति समर्पित व्यक्तियों एवं वन्य प्राणियों के ऊपर लिखे गये शिकार साहित्य पर दो शब्द लिखना चाहेंगे।

भारत में विकास की आवश्यकताओं को ध्यान में रखते हुये अनेक प्रतिबंधों को जहां कुछ स्थलों पर शिथिल रखा गया वहां संरक्षित क्षेत्रों में प्रकृति संरक्षण के लिये उन विकासपरक गतिविधियों पर पूर्ण प्रतिबंध लगाने का प्रयास किया गया जो प्रकृति संरक्षण में बाधक हैं। संरक्षित क्षेत्रों को निम्नलिखित गतिविधियों से मुक्त रखना आवश्यक है–

मनुष्य द्वारा पारिस्थितिकी तन्त्र को हानि पहुँचाने वाले कार्य–

1. अतिक्रमण
2. खनन
3. शिकार
    - अ. परंपरागत शिकार
    - ब. शौकिया शिकार
    - स. धनोपार्जन तथा समृद्धि के लिये शिकार
    - द. अतिवादियों द्वारा हानि

उपर्युक्त शीर्षकों के अंतर्गत संरक्षित क्षेत्रों की समस्याओं को यहां अत्यंत संक्षेप में प्रस्तुत किया जा रहा है जबकि वास्तविकता यह है कि उपर्युक्त निर्देशित वर्गों की समस्यायें सामाजिक रूप से अत्यंत जटिल हैं। उनकी सामाजिक पृष्ठभूमि तथा उनसे

होने वाली हानि को यहां पर संक्षेप में भी लिख पाना संभव नहीं है। आवश्यकता है हमारा जागरूक समाज इन समस्याओं पर लगातार नजर रखे तथा संरक्षित क्षेत्रों को इन सामाजिक बुराइयों से निजात दिलाने के लिये लगातार संघर्षरत रहे।

यहां यह लिखना आवश्यक है कि कुछ शीर्षकों द्वारा समस्याओं के हिमखण्ड के ऊपरी शिखर को दिखलाने का ही यहां प्रयास है।

अतिक्रमण

वन भूमि पर प्राचीन काल से ही आदिवासी समुदाय एक अत्यंत पिछड़ी प्रकार की कृषि के माध्यम से अन्न उत्पादन करते रहे हैं। इस कृषि को स्थानान्तरी कृषि या झूमिंग भी कहा जाता है। भारत के अनेक आदिवासी बहुल जिलों में यह प्रथा कायम थी परन्तु अधिकांश भारत में यह प्रथा वन्य प्राणी संरक्षण नियमों के लागू होने के पूर्व (1972 ई.) ही या तो स्वयं समाप्त हो गई थी या इसे समाप्त करने के शासकीय प्रयास किये गये। इस प्रकार की कृषि में वनों को जलाकर खेती की भूमि प्राप्त की जाती है। उत्तर–पूर्वी भारत के राज्यों में यह कृषि प्रथा 1972 ई0 के बाद भी जारी है।

पूर्वी हिमालय क्षेत्र में स्थानान्तरी कृषि के अंतर्गत भूमि

क्र. सं.	*प्रदेश*	*वर्ष 1975 में स्थानान्तरी कृषि के अंतर्गत भूमि (हेक्टेयर में)*	*वर्ष 1985 में स्थानान्तरी कृषि के अंतर्गत भूमि (हेक्टेयर में)*	*प्रतिशत (परिवर्तन) (हेक्टेयर में)*
1.	आसाम	70,000	69,000	0.42
2.	अरुणाचल प्रदेश	70,300	70,000	0.52
3.	नागालैंड	83,600	19,000	77.27
4.	मिजोरम	60,000	63,000	5.00
5.	मणिपुर	50,000	90,000	80.00
6.	त्रिपुरा	17,000	22,000	31.17
	योग	**3,50,900**	**3,33,900**	**–31.17**

(*स्रोत :* नार्थ ईस्टर्न काउन्सिल, शिलांग)

संरक्षित क्षेत्रों में केवल आदिवासी ही कृषि के लिये अतिक्रमण कर रहे हों यही सार्वभौमिक तथ्य नहीं है। वस्तुतः सभी घुमन्तू जातियां अपने बकरों और भेड़ों को वन्य भूमि का चारागाह बनाकर उन्हें निर्जीव कर रही हैं और मरुस्थलीय या अर्धमरुस्थलीय परिस्थितियों को लगातार बढ़ा रहे हैं। पश्चिमोत्तर भारत में यह समस्या विकराल है।

खनन

संरक्षित क्षेत्रों में खनन अतिक्रमण का ही आधुनिक स्वरूप है। संरक्षित क्षेत्रों में अनेक बार अवैध रूप से किया जाता है परंतु अनेक बार उसे कानूनी मान्यता प्राप्त होती है। खनन कार्यों से संरक्षित क्षेत्र प्रभावित हो रहे हैं, उनसे पर्यावरण नष्ट हो रहा है इस तथ्य को अनेक मंचों द्वारा शासन के सामने लाया गया है, समाचार पत्रों में भी (हिंदुस्तान

टाइम्स, 21/8/2006) इस संबंध में रिपोर्ट प्रकाशित होते रहते हैं। भारत के लगभग सभी प्रदेशों में सरकारी और किसी छोटी-बड़ी कंपनियों द्वारा अनेक प्रसिद्ध आरक्षित क्षेत्रों के समीपवर्ती इलाकों के पर्यावरण को नष्ट किया जा रहा है। कुछ प्रसिद्ध क्षेत्रों के निकट हो रही खनन की घटनाओं को तालिका में संकलित कर प्रस्तुत किया जा रहा है।

संरक्षित क्षेत्रों के समीप खनन (विभिन्न स्रोतों के आधार पर)

क्र. सं.	*संरक्षित क्षेत्र प्रदेश (संभावित प्रभाव क्षेत्र)*	*खनिज उपलब्धता*	*खनन क्षेत्र का विस्तार/ लीज एरिया*	*कंपनी का नाम*
1.	गिर राष्ट्रीय उद्यान गुजरात	चूना पत्थर	905 हे.	अम्बुजा
	(राष्ट्रीय उद्यान से 5 कि.मी.)	लौह अयस्क	ज्ञात नहीं	सेल (एस.ए.आई.एल.)
2.	भद्रा अभयारण्य कर्नाटक (अभयारण्य से 6 कि.मी.)			कुद्रमुख आइरन ओर कार्पोरेशन लिमिटेड
3.	पन्ना टाइगर रिजर्व मध्य प्रदेश (समीपवर्ती क्षेत्र)	बलुआ पत्थर	ज्ञात नहीं	निजी खननकर्ता
4.	माधव राष्ट्रीय उद्यान मध्य प्रदेश (प्रस्तावित विस्तार के भीतर)	चूना पत्थर	930 हे.	निजी खननकर्ता
5.	कैलादेवी अभयारण्य (रणथम्भौर टाइगर रिजर्व का भाग) राजस्थान	चूना पत्थर एवं बलुआ पत्थर	630 हे.	निजी खननकर्ता
6.	बालाफकरम राष्ट्रीय उद्यान मेघालय	चूना पत्थर	ज्ञात नहीं	ए.सी.सी.
7.	राधा नगरी अभयारण्य महाराष्ट्र	बाक्साइट	ज्ञात नहीं	इनडाल (आई.एन.डी.ए.एल.)

मनुष्य द्वारा पारिस्थितिकी तन्त्र को हानि पहुंचाने वाले कार्य

मनुष्य अपने अनेक कार्यकलापों द्वारा संरक्षित क्षेत्रों के पारिस्थितिकी तन्त्र को नुकसान पहुंचाता है। कुछ नुकसान सीधे देखे नहीं जा सकते परन्तु कुछ को सीधे देखा और अनुभव किया जा सकता है। संरक्षित क्षेत्रों की नदियों को प्रदूषित करना या उनके जल को रोकना दोनों ही ऐसे कार्य हैं जिनसे पारिस्थितिकी तन्त्र को हानि पहुंचती है। मनुष्य के द्वारा खनन तथा निर्माण कार्यों से वन्य प्राणियों पर सुनिश्चित रूप से घातक प्रभाव होता है, ऐसा ही कुछ संरक्षित क्षेत्रों में भ्रमण करने वालों की लापरवाही से होता है। कार्बेट राष्ट्रीय उद्यान में आगजनी की घटनायें इसका एक अच्छा उदाहरण हैं। सभी संरक्षित क्षेत्रों में आग से हुई घटनाओं के आंकड़े उपलब्ध नहीं होते।

राष्ट्रीय उद्यानों के वनों में आग लगने की घटनायें पुराने समय से चली आ रही हैं। बहुत पहले ये घटनायें मनुष्यों के झुंड द्वारा सामूहिक शिकार का परिणाम थीं। अनेक आदिवासी समुदाय इस विधि से शिकार करते थे। कालान्तर में ये घटनायें मनुष्य की लापरवाही से होने लगीं। इन घटनाओं से समूचे पारिस्थितिकी तन्त्र को नुकसान पहुंचता है। आग बुझाने के लिये अब अनेक आधुनिक तौर-तरीके और उपकरण प्रयोग में लाये जाते हैं।

कार्बेट राष्ट्रीय उद्यान में आगजनी की घटनाओं से प्रभावित क्षेत्र

वर्ष	*जला हुआ क्षेत्र प्रतिशत में*	*वर्ष*	*जला हुआ क्षेत्र प्रतिशत में*
1963-64	5.54	1975-76	आंकड़े प्राप्त नहीं
1964-64	7.45	1976-77	6.16
1965-64	4.76	1977-78	0.74
1966-64	39.69	1978-79	0.19
1967-64	7.34	1979-80	0.32
1968-64	4.58	1980-81	28.97
1969-70	10.99	1981-82	0.02
1970-71	10.64	1982-83	0.69
1971-72	1.53	1983-84	0.12
1972-73	16.25	1984-85	17.08
1973-74	आंकड़े प्राप्त नहीं	1985-86	0.129
1974-75	आंकड़े प्राप्त नहीं		

(*स्रोत :* पार्क मेनेजमेंट प्लान, (कार्बेट नेशनल पार्क)

संरक्षित क्षेत्रों में विशेषत: अभयारण्यों में अनेक कार्य ऐसे भी होते रहते हैं जिनका वनों पर दूरगामी प्रभाव पड़ता है जैसे लघुवनोपजों के नाम पर वनों के वृक्षों का विनाश।

शिकार

भारतीय जनजातीय समाज वनों में ही रहता है और प्रारंभ से ही वनों में शिकार कर उदरपूर्ति करता रहा है परंतु जब तक वनों का आधुनिक सभ्यता के कार्यों यथा सड़क बनाना तथा नगर एवं भवन से संबंधित कार्यों के लिये दोहन प्रारंभ नहीं हुआ था तब तक न तो वन कम हुये थे और न ही वन्य पशु परंतु वनों के आधुनिक उपयोगों ने पूरा संतुलन ही गड़बड़ा दिया और इस स्थिति में जब वन्य प्राणियों की संख्या विलुप्ति के कगार पर पहुंच रही हो तब जनजातीय शिकार वन्य प्राणियों की सुरक्षा के लिये एक बड़ी समस्या बनकर उभरा है।

परम्परागत शिकार

सिमलीपाल टाइगर रिजर्व में 'अखंड शिकार' की एक जनजातीय परंपरा है।

उड़ीसा के सिमलीपाल टाइगर रिजर्व में 1067 पौधों की प्रजातियां पाई जाती हैं जिनमें से 87 आर्किड्स हैं। यहां पर 29 प्रजातियों के सरीसृप और 281 प्रजातियों के

पक्षी पाये जाते हैं साथ ही छोटा नागपुर के पठार के सभी अनेक जनजातीय समूह रहते हैं शिकार करना जिनकी परंपरा है। इस परंपरा से संपूर्ण पर्यावरण प्रभावित होता है।

इन जनजातीय समूहों में दो जनजातीय समूहों का उल्लेख करना उचित होगा। सन्थाल आदिवासी यहां की बहुसंख्य जनजातियों में से एक है, इस जनजाति की वार्षिक शिकार की एक परंपरा है जिसे 'अखंड शिकार' के नाम से जाना जाता है। इस परंपरा के पालन में बड़ी संख्या में एकत्रित हो एक ओर से हांका लगाते हुये चलते हैं दूसरी ओर बड़े जाल लगे रहते हैं जिनमें घबराकर भागते हुये छोटे-बड़े वन्य पशु आकर फंस जाते हैं; समीप में छुपे हुये शिकारी इनका तत्काल वध कर देते हैं, कभी-कभी वन में आग भी लगा दी जाती है। इस प्रकार के सामूहिक शिकार में हाथी और शेर जैसे विशाल और ताकतवर वन्य प्राणी ही बच पाते हैं बाकी सब का खात्मा निश्चित होता है।

इसी टाइगर रिजर्व में एक और अन्य जनजाति बिरहोर पाई जाती है। इस जनजाति का भी मुख्य व्यवसाय शिकार और रस्सी बनाना रहा है परंतु ध्यातव्य है कि इस जनजाति के लोग अत्यंत निर्धनता में जी रहे हैं। इन्हें उन लताओं के लिये कई बार 100 कि.मी. अभयारण्य अभयारण्य तक की यात्रा करनी पड़ती है जिनसे वे रस्सियां बनाते हैं। बिरहोर मुख्यतः बंदरों का शिकार करते हैं।

दोनों जनजातीय समाजों में शिकार की परंपरायें हैं पर दोनों ही पिछड़े होते हुये भी दोनों समाज एक सी सामाजिक स्थिति में नहीं हैं। बिरहोर जो कि अत्यंत विपन्न जनजातीय समाज हैं शिकार मजबूरी में ही कर रहे हैं, उनके विकास के लिये त्वरित वैकल्पिक व्यवस्था की आवश्यकता है।

जहां तक भारत के प्रादेशिक स्तर पर जनजातीय शिकार की बात है वहां यह कहा जा सकता है कि यह समस्या भारत के उत्तर-पूर्वी राज्यों में सबसे प्रबल है। ये राज्य प्राणिजात की दृष्टि से भारत के सबसे समृद्ध क्षेत्र हैं परन्तु राजनैतिक उथल-पुथल के कारण वहां पर पर्यावरण और प्राणिजात संरक्षण की भीषण समस्या गौण होकर रह गई। परंपरा के नाम पर सबसे अधिक शिकार इसी क्षेत्र में होते रहते हैं।

पिछले कुछ वर्षों में जनजातीय सेवा और जनजातीय विकास के नाम पर पल रही अनेक संस्थाओं ने पर्यावरण विरोधी रुख अपनाकर वन्य प्राणियों के जीवन को और अधिक खतरे में ढकेल दिया है।

शौकिया शिकार

इक्कीसवीं सदी में जब सामान्य व्यक्ति प्रातः काल उठकर समाचार पत्रों में अपने पसंदीदा फिल्मी अदाकारों की शौकिया शिकार की हरकतों को पढ़ता है तो उसका मन भारी हो जाता है। सलमान खान तथा मंसूर अलीखान एवं उनके परिवार के सदस्यों सैफ अलीखान इत्यादि के शिकार प्रकरण विभिन्न न्यायालयों में दर्ज हैं। इन प्रभावी व्यक्तियों के खिलाफ कोर्ट में निरीह वन्य प्राणियों के पक्षधर कब तक कितने सबूत जुटाये रख सकेंगे? इसका कयास कोई भी लगा सकता है। आवश्यकता है कि समाज पर्यावरण के प्रति जागरूकता फैलाने वाले सच्चे नायकों यथा डॉ. सालिम अली एवं कैलाश सांखला के कार्यों में देश के नव युवकों में रुचि जाग्रत करे।

धनोपार्जन तथा समृद्धि के लिये शिकार

पूर्व भारत में धनोपार्जन तथा कालेधन की कमाई के लिये अवैध शिकार करनेवालों का जाल फैला हुआ है जो निरीह वन्य प्राणियों की जहर देकर, फंदे लगाकर या गोली मारकर हत्या करते हैं और इन प्राणियों के शव के विभिन्न हिस्सों को अन्तर्राष्ट्रीय बाजार में पहुंचाकर भरी धन कमाते हैं। दक्षिण भारत में वीरप्पन ने हाथियों की पीढ़ियों को नष्ट कर दिया, तब कहीं वर्षों बाद वह मारा जा सका। उत्तरी भारत के कुख्यात संसारचन्द ने कितने शेरों, तेंदुओं और गैंडों को मौत के घाट उतरवाया कोई नहीं जानता।

इन शिकारियों के पास धनबल और बाहुबल के अतिरिक्त राजनैतिक शक्ति भी रही है अन्यथा ये वर्षों अपना कारोबार नहीं चला सकते थे।

शेरों और तेंदुओं की खालों, हाथीदांत और गैंडों के सींगों की अंतर्राष्ट्रीय तस्करी पर काफी कुछ प्रकाशित होता रहता है, परंतु छोटी चिड़ियां तथा कछुये जैसे निरीह प्राणी भी अंतर्राष्ट्रीय तस्करी के शाप से मुक्त नहीं हैं।

कछुओं की तस्करी

भारत से कछुओं की कई प्रजातियों को तस्कर विदेशी बाजार में ऊंची कीमतों पर बेचते हैं। खरीदी-बिक्री का यह धंधा सारे राष्ट्रीय और अंतर्राष्ट्रीय नियमों को ताक पर रखकर किया जाता है।

तस्करी में बेचे जा रहे कछुओं की एक खेप करोड़ों रुपयों की होती है।[†] जो व्यक्ति विदेशी वन्य प्राणी की प्रजाति के जीव को अपने देश लाना चाहता है, उसे सबसे पहले देश के 'चीफ वाइल्ड लाइफ वार्डन' को एतद् संबंध में सूचित करना अनिवार्य है। वह व्यक्ति जो इस प्रकार के जीव को लाता है उसके पास 'साइट्स' का प्रमाण पत्र होना आवश्यक है। साइट्स के परिशिष्ट-1 के जीवों को बाहर नहीं ले जाया जा सकता किंतु साइट्स के परिशिष्ट-2 के जीवों को सारी औपचारिकताओं को पूरा करने के पश्चात ही ले जाया जा सकता है। साइट्स के प्रमाण पत्र के एवज में संबंधित देश के सक्षम अधिकारी तथा पशुचिकित्सक के उचित प्रमाण पत्र के साथ भी परिशिष्ट-2 के जीवों को लाया जा सकता है। इनके अतिरिक्त 'कस्टम' के नियमों का पालन होना भी आवश्यक है।

---

† The trade in Rare Animals

March 2007 : 'Two Kaulalumpur bound Indian nationals were caught at Mumbai airport with over 1,200 baby star tortoises. The tortoises are sold in pet markets in south east Asia and the U.S. for exorbitant rates— adult tortoises are sold for $ 1000 considering the size of the baby tortoises, the worth of each of these was estimated to be around $ 500, making the consignment, worth nearly Rs. 3 crores in the International market. Baby tortoises can survive without food for up to 10-15 days allowing smugglers to plan for a long voyage with them hidden deep inside the luggage.'

October 2007 : 'In two separate incidents, customs officials at Mumbai airport seized 975 star tortoises and send them to the Sanjay Gandhi National Park for safe keeping. They seized one batch of 610 tortoises and about 365 tortoises in the second — from smugglers going to Bangkok, two men were arrested the tortoises are believed to have been procured from eastern and southern coastal beths of India especially Tamil Nadu.

('The Trade in Rare Animals', Times of India, New Delhi, July 20, 2009.)

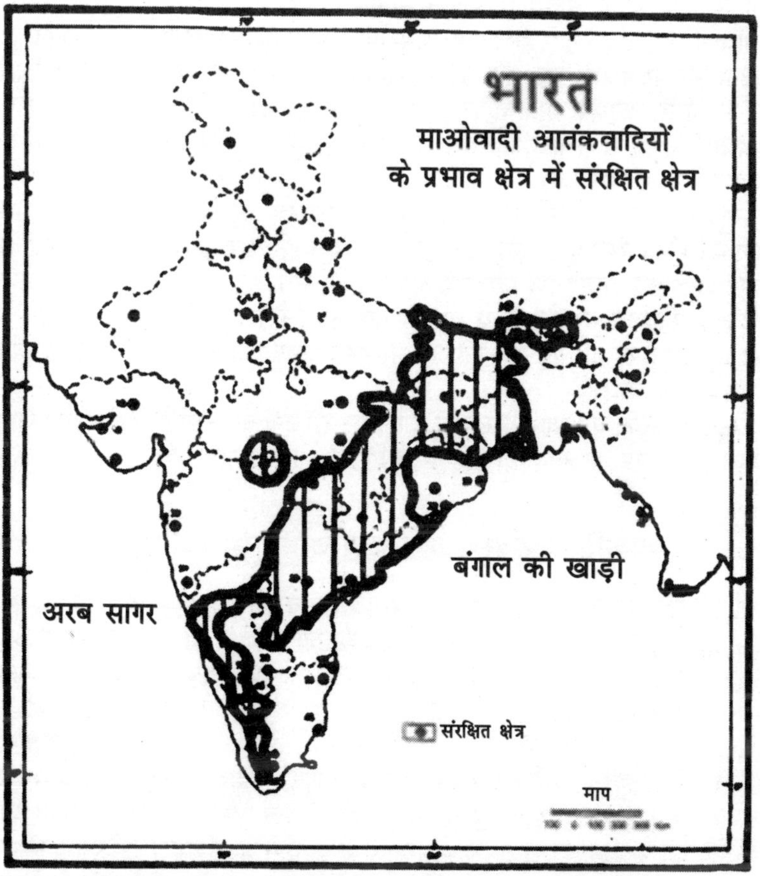

मानचित्र 8 – भारत : माओवादी आतंकवादियों के प्रभाव क्षेत्र में संरक्षित क्षेत्र

माओवादी उग्रवादी संगठन उत्तर प्रदेश, मध्यप्रदेश, उड़ीसा, बिहार, झारखंड, छत्तीसगढ़, आंध्रप्रदेश, महाराष्ट्र और कर्नाटक के 604 जिलों में फैले हैं जो क्षेत्रफल की दृष्टि से भारत का पांचवां भाग है। इनके नाम क्रमशः नक्सलवादी, रेड आल्ट्रा तथा टेरोरिस्ट हैं। इनका सी.पी.आई. (माओट्रस्ट) से राजनैतिक गठबंधन है।

(मानचित्र एवं विवरण स्रोत : टाइम्स ऑफ इंडिया, 22 जून, 2009)

अतिवादियों द्वारा हानि

भारतीय संरक्षित क्षेत्रों में जितना नुकसान व्यक्तिगत हितों के कारण हो रहा है उससे कहीं कई गुना अधिक नुकसान राजनीति प्रेरित संगठनों से हो रहा है, जो चाहे जब जंगलों में कानूनी व्यवस्था को ठप्प कर देते हैं और तब वन्य प्राणियों के अवैध शिकारियों और तस्करों की बन पड़ती है, सारा किया-कराया चौपट हो जाता है। भारत के पूर्वी

क्षेत्रों में जहां अनेक अतिवादी संगठन सक्रिय हैं वहां गैर हिमालयी क्षेत्र के वनों में माओवादी संगठनों की तूती बोलती है। प्रायद्वीपीय भारत के विशाल वन क्षेत्र में अतिवादी संगठनों का जंगल राज चल रहा है। इन वनों में वन्य पशु ही नहीं सरकारी कर्मचारी और साधारण नागरिक अतिवादियों द्वारा पशुओं की तरह ही प्रतिवर्ष मारे जाते हैं। आदिवासियों के ये तथाकथित हमदर्द हर साल पुलिस और वन्य कर्मचारियों का 'अखंड शिकार' करते हैं।

कुशल राजनीतिज्ञों को पुलिस और वन्य कर्मचारियों की हत्या पर घड़ियाली आंसू बहाने का मौका मिलता है परंतु कुछ राजनैतिक दल इन नृशंष हत्याओं को 'सामाजिक विषमताओं' की आवश्यक परिणिति बतलाते हैं। समाचार पत्र समाचार देकर अपने कर्तव्यों का निर्वहन कर लेते हैं, वे भी क्या करें जब इन हत्यारों के समर्थक सरकारों को चला या चलवा रहे हों। यह संभव है जब भस्मासुर अपने स्वामी पर हाथ फेरने को उद्यत हो तब स्वामी चेतें।

कुछ नागरिकों का यह भी ख्याल है कि इन संगठनों को उसी तरह निपटाया जाना चाहिये जिस तरह श्रीलंका की सरकार ने लिट्टे को निपटाया।

प्रकृति, पर्यावरण और वन्य जीवन को समर्पित

भारत ही नहीं विश्व में पर्यावरण और वन्यजीवन के प्रति जागरूकता लाने का श्रेय संस्थाओं और व्यक्तियों दोनों को है। व्यक्ति या व्यक्तियों से ही संस्थायें बनती और जीवित रहती हैं। जिस व्यक्ति में उद्देश्य के प्रति जितनी अधिक दृढ़ता रहती है वह व्यक्ति बहुत बार अकेला ही संस्था बन जाता है, जिन संस्थाओं में ऐसे व्यक्तियों की संख्या अधिक होती है उसकी उत्तरजीविता भी अधिक होती है और विस्तार भी। सरकारी संस्थानों में से कुछ ही संस्थान ऐसे होते हैं जो प्रकृति, पर्यावरण और वन्य जीवन के प्रति समर्पित हैं। सरकारी संस्थानों में से कुछ ही संस्थान ऐसे होते हैं जिनमें लगन और दूरदर्शिता हो। वन्य जीवन के संदर्भ में सरकार संस्थानों में जूलाजिकल सर्वे आफ इंडिया का योगदान मूल्यवान रहा है। एक शताब्दी से अधिक समय से अपने उद्देश्य के प्रति समर्पित भाव से कार्य कर रही है। इस संस्था की स्थापना वर्ष 1883 में मुंबई (तब बंबई) के आठ व्यक्तियों ने की थी। इन आठ दीपकों से हजारों दीपक प्रज्ज्वलित हुये। सालिम अली, हुमायूं अब्दुलाई और एच. एस. प्रेटर जैसे विश्वविख्यात व्यक्ति इसी संस्था से जुड़े हुये लोग थे। समय बदलते परिदृश्य बदला और प्रकृति, पर्यावरण और वन्य जीवन की सुरक्षा और संरक्षण अतर्राष्ट्रीय चिंता, विचार और कार्ययोजनाओं की परिधि में आये। डब्ल्यू. डब्ल्यू. एफ. (विश्व प्रकृति निधि) या आई. यू. सी. एन. ही नहीं विश्व बैंक, यूनेस्को तथा राष्ट्रसंघ की अन्य अन्तर्राष्ट्रीय संस्थाओं की इस क्षेत्र में भागीदारी बढ़ी। ये संस्थायें विश्व बिरादरी की संस्थायें हैं और इनका कार्यक्षेत्र इसीलिये भारत भी है।

हम इस छोटी सी परिचयात्मक टिप्पणी में इन संस्थाओं या इन संस्थाओं की उन महान प्रतिमाओं का उल्लेख भी करने में असमर्थ हैं, जिन्होंने भारत में रहकर इन क्षेत्रों में अविस्मरणीय कार्य किये, फिर भी जार्ज शेलर जैसे कुछ व्यक्तित्वों का अन्य संदर्भों में पुस्तक में उल्लेख किया है।

हम जब व्यक्तियों की चर्चा करते हैं तब भी यही संकट उपस्थित होता है कि बात कहां से प्रारंभ हो, यदि चार्ल्स डार्विन की 'ओरिजिन आफ स्पीसीज' से बात प्रारंभ की जाय तो सैकड़ों नाम शामिल करना अनिवार्य होगा। यदि सभी को छोड़ भी दिया जाय तो भी वैलेस, डार्लिंगटन और उडवर्डी को छोड़ना मुश्किल होगा इसीलिये इन सब को केवल याद करते हुये हम सैकड़ों भारतीयों में से भी उन गिने-चुने नामों का यहां उल्लेख कर रहे हैं जो समाज के विभिन्न क्षेत्रों के थे और जिन्होंने भारतीय वन्य जीवन को समझने और संरक्षण में अनुकरणीय योगदान दिया।

यहां दिये जाने वाले नाम किसी क्रम में नहीं है, यह अवश्य है कि प्रयास यह किया गया है कि अलग-अलग क्षेत्रों से संबंधित समान पृष्ठभूमि वाले व्यक्तियों का वर्णन कुछ इस तरह हो कि भारतीय वन्य जीवन के संरक्षण के इतिहास के कुछ पक्ष स्पष्ट हो सकें।

वन्य जीवन के लिये समर्पित व्यक्तित्वों के कृतित्व का भी यह आकलन नहीं है। यह संक्षिप्त विवरण है, इसे परिचय के रूप में ही पढ़ा जाना उचित होगा। बीसवीं सदी के प्रारंभिक वर्षों में भारतीय वन्य प्राणियों के प्रति पश्चिमी विद्वानों में कुतूहल मिश्रित अभिरुचि जगी और यही आधुनिक काल का वन्य जीवन के प्रति लगाव का प्रारंभ था। उन्नीसवीं सदी के अंत में ब्लैनफोर्ड ने 'फाना आफ इंडिया' की रचना कर भारतीय उपमहाद्वीप के प्राणिजात का आधारभूत लेखा जोखा तैयार किया था। फिर कुछ दशकों बाद 'चेकलिस्ट आफ पैलार्कटिक एंड इंडियन मेमल्स' में वन्य प्राणियों के भौगोलिक वितरण की समीक्षा हुई। भारतीय कांग्रेस के स्थापक एलन आक्टेवियन ह्यूम ने भारतीय उपमहाद्वीप के विभिन्न जीवों के 75,577 नमूने इकट्ठे किये जो ब्रिटिश म्यूजियम में 'ह्यूम कलेक्शन' के नाम से संग्रहीत किये गये। ब्रिटिश अधिकारियों ने 'गेम सेंक्चुअरीज' की स्थापना की, इससे वन्य प्राणी सामान्य शिकारियों से काफी हद तक वनों में सुरक्षित रह सके। ए. जे. डब्ल्यू. मिलराय ने मनास को गेम सेंक्चुअरीज घोषित करने में सफलता पाई। ब्रिटिश काल में ही बाम्बे नेचुरल हिस्ट्री सोसायटी की स्थापना हुई जिसने आगे चलकर भारतीय वन्य जीवन की सुरक्षा के लिये प्रकाश स्तम्भ का कार्य किया। सोसायटी में एस. एच. प्रेटर एक क्यूरेटर के रूप में वर्षों कार्यरत रहे और भारत की स्वतंत्रता के कुल एक वर्ष बाद उनकी प्रसिद्ध पुस्तक 'बुक आफ इंडियन एनीमल्स' सोसायटी से प्रकाशित हुई जो आज 60 वर्ष बाद भी उतनी ही प्रासंगिक है जितनी कि वह अपने प्रकाशन वर्ष में थी। उसके पश्चात बाम्बे नेचुरल हिस्ट्री सोसायटी से अनेक ग्रंथ प्रकाशित हुये। सोसायटी का रिसर्च जनरल विश्वस्तर का सिद्ध हुआ।

प्रस्तुत ग्रंथ कोश या विश्वकोश वर्ग का है जिसमें बाम्बे नेचुरल हिस्ट्री सोसायटी के अतिरिक्त अन्य वन्य जीवन से संबंधित संस्थानों के प्रकाशनों का उपयोग किया गया है। हमारे इस कोश वर्ग के ग्रंथ में संस्थाओं या व्यक्तियों के योगदान के विवरण अनपेक्षित हैं परंतु समकालीन भारत में वन्य प्राणियों की तेजी से घटती संख्या हमें उन व्यक्तियों की बरबस याद दिलाती है जिन्होंने अपनी जिंदगी का मकसद ही वन्य जीवन और प्रकृति संरक्षण बना रखा था। ये वे लोग थे जिनका धर्म, कर्म और अभिरुचि सभी कुछ वन्य जीवन और प्रकृति संरक्षण पर केंद्रित था। ऐसे समर्पित व्यक्तियों को याद कर शायद हमारे बीच में भी इस पवित्र भावना का अंकुरण हो, यह सोचते-विचारते कुछ ऐसे ही शलाका पुरुषों का परिचय हम अपने पाठकों को देना चाहते हैं।

इन समर्पित व्यक्तियों में प्रकृति प्रेमियों से लेकर विशेषज्ञ विद्वान हैं, इनमें पक्षिविज्ञानी हैं तो सरीसृप विज्ञानी भी, वन अधिकारी हैं तो फिल्मकार और साहित्यकार भी। सूची लम्बी है। इस सूची में एक चमकदार नाम भारत की स्वर्गीय प्रधानमंत्री श्रीमती इंदिरागांधी का है। यह नाम स्वर्णाक्षरों से लिखा जाने योग्य है। उन्होंने 'वाइल्ड लाइफ एक्ट 1972' को लागू किया तथा बाघ परियोजना जैसी परियोजनाओं को स्वीकृति प्रदान की। यहां पर हम गिने-चुने नामों को गिना पा रहे हैं। पर इसका अर्थ यह नहीं कि उन समर्पित लोगों का महत्व कम है जिनके नाम हम स्थानाभाव के कारण नहीं ले पा रहे हैं। यहां पर जिन विभूतियों का स्मरण किया जा रहा है उनका क्रम विचार कर नहीं रखा गया है।

हम सबसे पहले उन्हें याद करना चाहेंगे जिन्होंने शिकारियों के वर्ग के उन प्रकृति और वन्य जीवन प्रेमियों की संख्या पर जनसामान्य को सचेत किया। इनमें हमारी दृष्टि में पहला नाम जिम कार्बेट का है। जिम के पश्चात अनेक शिकारियों ने उनकी बात को दोहराया और स्वयं शिकार छोड़कर वन्य प्राणी संरक्षण के कार्य में सक्रिय भागीदार बने। हमारे अपने समय में पूर्व शिकारी बिली अर्जन सिंह एक ऐसे ही व्यक्तित्व हैं जिन्होंने दुधवा राष्ट्रीय उद्यान और किशनपुर अभयारण्य की स्थापना में भरपूर योगदान दिया और सैकड़ों प्रजातियों के अनगिनत पशु-पक्षियों को अकाल मौत से बचाया। बिली अर्जन सिंह विगत साठ वर्षों से बाघ संरक्षण से जुड़े हैं।

जिम कार्बेट

जिम कार्बेट भारतीय मूल के व्यक्ति नहीं थे परंतु इससे उनके भारत के प्रति प्रेम में कहीं कोई कमी न थी। ब्रिटिश औपनिवेशक काल के लम्बे समय में रहने के पश्चात उन्होंने भारत की स्वतंत्रता के पश्चात भारत छोड़ दिया, परंतु वे अपने भारत प्रेम की दास्तान अपनी पुस्तकों में लिपिबद्ध कर गये। वर्ष 1948 में प्रकाशित माई इंडिया (मेरा भारत) में उन्होंने लिखा :

'मेरे भारत में, (उस) भारत को जिसे मैं जानता हूं (में) चार करोड़ लोग रहते हैं, जिनमें नब्बे फीसदी लोग सरल, ईमानदार, वीर, स्वामिभक्त तथा कठोर श्रम करने वाले लोग हैं जो ईश्वर की नित्य प्रार्थना करते हैं और (इसलिये) जो भी सरकार (केंद्रीय शक्ति) है, उसे उन्हें उनके जीवन और उनकी सम्पत्ति की सुरक्षा करनी है ताकि वे अपनी मेहनत की कमाई के फल का आनंद उठा सकें।'' यह उस समय के एक यूरोपीय के उद्‌गार हैं जब अनेक अंग्रेजी पढ़े हुये भारतीय अपने देश के लोगों को निकम्मा, सुस्त और अंध-विश्वासी मानकर उसे कायर और मूर्ख कहने में संकोच न करते थे। भारतियों ने भारतीय वन्य जीवन से जुड़े लोगों को कभी विस्मृत नहीं किया और उस क्षेत्र में जहां यह व्यक्ति रहा वहां के सर्वश्रेष्ठ संरक्षित क्षेत्र का नाम 'कार्बेट राष्ट्रीय उद्यान' रखा। इतना ही नहीं भारत का यह राष्ट्रीय उद्यान भारत का पहला टाइगर रिजर्व भी घोषित हुआ। इसे पहले 'हेलीपार्क' के नाम से जाना जाता था।

कार्बेट अचूक निशानेबाज थे परंतु उन्होंने वन्य प्राणियों की प्रकृति को खूब जांचा-परखा था। उन्होंने उस समय भी नरभक्षी बाघों और तेंदुओं को ही अपनी गोली का शिकार बनाया था। वन्य प्राणियों की उनकी गहरी समझ बेजोड़ थी, यही कारण है कि उनकी लिखी गई पुस्तक 'मेन ईटर्स आफ कुमायूं' भारत की ही नहीं विश्व की

पसंदीदा पुस्तक बनी जिसका दुनिया की 27 भाषाओं में अनुवाद हुआ। उनकी अन्य पुस्तक 'दि मेन ईटिंग लियोपार्ड आफ रुद्रप्रयाग,' 'जंगल लोर', 'दि टेम्पल टाइगर एंड मोर मेन ईटर्स आफ कुमायूं' तथा 'ट्री टाप्स' इत्यादि थीं।

जिम कार्बेट जब तक भारत में रहे तब तक वे स्कूलों में जाकर बच्चों को भारतीय वन्य जीवन से संबंधित पक्षों से परिचित कराते रहे, उनकी सहायता से 'एसोसियेशन फार दि प्रिजर्वेशन आफ गेम इन यूनाइटेड प्राविन्स (अब उत्तरांचल एवं उत्तर प्रदेश) की स्थापना हुई।

अपने अंतिम समय में जब वे कीनिया चले गये तब उन्होंने बन्दूक को छोड़कर कैमरा ग्रहण कर लिया था और वे वहां रहकर भी भारतीय वनों और वन्य प्राणियों के बारे में लिखते रहे।

वन्य जीवन का एक दृश्य उन्हीं की कलम से प्रस्तुत है :

''मैंने भैसों द्वारा शेर को उसके शिकार से भगाये जाने का दृश्य देखा है, वैसा ही मैंने मवेशियों द्वारा तेंदुये को (भगाये जाते) देखा है, (किंतु) एक हिमालयी भालू के अपवाद को छोड़कर, किसी अन्य अकेले जानवर को और (विशेषतः) एक देहाती सांड़ द्वारा एक बाघ को शिकार पर से भगाते तो कभी नहीं देखा।'

बिली अर्जन सिंह

बिली अफसरसाही में कभी भी लोकप्रिय न थे। वे शेर पुरुष (टाइगर मैन) थे और वे हमेशा इसकी परवाह किये बिना बोलते रहे (और बोल रहे हैं) कि उससे किसे पीड़ा हो रही है और कौन बेइज्जत महसूस कर रहा है, यदि उनके शब्दों से शेर की उत्तरजीविता को थोड़ा भी बेहतर मौका मिलता है।

बिली अर्जन सिंह का आज से लगभग एक चौथाई शताब्दी पहले दिया गया यह बयान कितना सार्थक है :

''यदि हम सुरक्षा के लिये एकाकी क्षेत्र (पाकेट्स) बना भी लें तो उनमें रहने वाले शिकारी जानवरों की संख्या अंततः उनकी संहवन क्षमता से अधिक हो जायेगी। फिर हम देख सकते हैं कि अतिरिक्त बढ़ी हुई संख्या बफरजोन (बाह्य क्षेत्र) में फैलेगी और वहां मनुष्यों से उसका टकराव बढ़ेगा।'

बिली अर्जन सिंह की यह चिन्ता कि संरक्षित क्षेत्रों में मनुष्य की घुसपैठ रोकी जाये भारत के संरक्षित क्षेत्रों की सबसे बड़ी चिन्ता आज भी है। अभयारण्यों की हालत तो काफी बदतर है जहां सारे वन क्षेत्र में मवेशी और मनुष्य निर्द्वंद्व होकर घूमते देखे जा सकते हैं।

सरकार जिस तरह एक के बाद एक नये अभयारण्य स्थापित किये जा रही है इस पर बिली अर्जन सिंह अपनी पुस्तक 'टाइगर हेवन' में लिखते हैं :

''अभयारण्य की स्थापना एक कठिन युद्ध रहा है, उसे पुनः प्राप्त करना, घुसपैठियों को वहां से खदेड़ना और भी अधिक कठिन और कुंठित होने का कार्य है। मुझे शीघ्र ही पता चला कि सरकारी घोषणा दिखावटी सद्भावना से अधिक कुछ नहीं है। यह घोषणा दूरदेश के एकाकी हेडक्वार्टर में बैठे संरक्षणकर्ता को प्रभावित करने और संरक्षित क्षेत्रों की सूची में एक नाम और बढ़ाने के लिये ठीक थी, किंतु स्थानीय रूप से उसका अर्थ नगण्य था।

भारत में वन्य प्राणियों के लिये ऐसे संरक्षित क्षेत्र का विचार जिसमें मनुष्य को कड़ाई से अलग रखा जा सकता हो, अज्ञात है। यह सिद्धांत के विरुद्ध है जिसे स्वतंत्रता के पश्चात आज तक किसी ने चुनौती नहीं दी। (यह स्थायी विचार है) भूमि का प्रत्येक इंच जनता द्वारा शोषण के लिये है। इस नियम से अभयारण्य मुक्त नहीं है, वहां भी राजस्व का वही नियम निर्ममता से चलता है जो और जगह चलता है।''

डॉ. सालिम अली

डॉ. सालिम अली को 'भारत का शानदार पक्षी बुजुर्ग' कहा जाता था। वे विश्वविख्यात पक्षिविद् थे, उन्होंने उस समय पक्षियों के क्रमबद्ध अध्ययन की नींव रखी जब भारत में सामान्य जन पक्षियों में बहुत मामूली दिलचस्पी लेते थे। डॉ. अली ने 'बाम्बे नेचुरल हिस्ट्री सोसायटी' की कीर्ति में अत्यधिक वृद्धि की। वर्ष 1970 में डॉ. सालिम अली के सद्प्रयासों के फलस्वरूप ही केरल की साइलेन्ट वेली को बांधों की संभावित हानि से बचाया जा सका तथा भरतपुर पक्षी अभयारण्य को और अधिक आरक्षित किया जा सका। डॉ. अली ने पक्षी विषयक अनेक ग्रंथ एवं लेख लिखे परंतु उनके द्वारा रचित ग्रंथ 'बुक आफ इंडियन बड्र्स एंड इंडियन हिल बड्र्स' ने भारत के लाखों पाठकों में पक्षी प्रेम जाग्रत किया। डॉ. सालिम अली की डॉ. एस. डिल्लों रिप्ले से गहरी मित्रता थी। उनके साथ मिलकर उन्होंने भारत का पक्षियों से संबंधित सर्वकालिक श्रेष्ठ ग्रंथ 'हैन्डबुक आफ बड्र्स ऑफ इंडिया एंड पाकिस्तान' लिखा, जो 10 जिल्दों में प्रकाशित है। डॉ. सालिम अली के नाम पर गोवा में एक अभयारण्य स्थापित कर उन्हें श्रद्धांजली प्रदान दी गई।

इस पुस्तक की परिशिष्ट में हमने डॉ. सालिम अली की एक पुस्तक 'दि बुक आफ इंडियन बड्र्स' में भारत में पाये जाने वाले पक्षियों के गजों (आर्डर्स) की सूची दी है।

यहां हम बाम्बे नेचुरल हिस्ट्री की सार्वकालिक महान् शोधपत्रिका के संबंध में लिखे गये 'द जर्नल : इट्स रोल इन इन्डियन नेचुरल हिस्ट्री' निबंध से कुछ ऐसी पंक्तियां उद्धृत कर रहे हैं जिनसे डॉ. सालिम का संस्था से जुड़ाव एवं शोध पत्रिका की प्राचीनता दोनों पता चलते हैं। निबंध कुछ इस तरह प्रारंभ होता है :

''1886 तक–बाम्बे नेचुरल हिस्ट्री सोसायटी की स्थापना के तीन वर्ष बाद तक तेजी से बढ़ती हुई सदस्यता और बढ़ती संख्या में उपस्थिति दर्ज करती हुई बैठकें वैज्ञानिक गोष्ठियों के स्थान पर अधिकतर सामाजिक मेलजोल की बैठकों की तरह थीं

उस समय तक 'नेचुरल हिस्ट्री' (विषय) पर कोई प्रकाशन न तो बाम्बे प्रेसिडेन्सी में होता था और वस्तुतः न ही समूचे उपमहाद्वीप में शोध पत्रिका (अंक–1) 1 ने ई. एन. एटकिन (ई. एच. ए.) के काबिल सम्पादकत्व में जनवरी 1886 में सूरज की रोशनी देखी। वे (ई. एच. ए.) उस समय बाम्बे नेचुरल हिस्ट्री सोसायटी के मानद सचिव थे। जैसे ही ई. एच. ए. इंग्लैंड के लिये रवाना हुये आर. ए. स्टर्नडेल ने सम्पादकत्व सम्हाल लिया।

वर्ष 1869 में वन्य जीवन संरक्षण की हलचल दिखलाई देने लगी जिसका प्रतिफलन वर्ष 1887 में 'वाइल्ड बड्र्स एंड गेम प्रोटेक्शन एक्ट के रूप में हुआ। (1887 का एक्ट) यह शोध पत्रिका के प्रकाशन के तुरंत बाद हुआ। परंतु यह वर्ष 1933 में सोसायटी की स्वर्ण जयंती के अवसर पर लोगों की नजरों में चढ़ा। वस्तुतः वन्य जीवन की सुरक्षा का प्रश्न समाज की नजरों में विशेष रूप से चढ़ा। यह सब सोसायटी के आर. डब्ल्यू. बर्टन. ई. पी. जी. और. आर. सी. मोरिस जैसे दिग्गजों के अथक प्रयासों से हुआ, जिन्होंने शोध

पत्रिका के लेखों द्वारा (वन्य जीवन के प्रति) सरकार और जनता के सरोकार को बनाये रखा, जिससे आज के अधिकतर राष्ट्रीय उद्यान, अभयारण्य की स्थापना का रास्ता खुला।

बाम्बे नेचुरल हिस्ट्री सोसायटी के संस्थापक सदस्य तथा अन्य महत्वपूर्ण सदस्यों पर डब्ल्यू. एस. मिलार्ड ने 'दि फाउन्डर्स आफ दि बाम्बे नेचुरल हिस्ट्री सोसायटी' शीर्षक से एक लेख लिखा जो पत्रिका के 35:196 अंक में प्रकाशित हुआ। कुछ ऐसे ही लेख डॉ. सालिम अली तथा अन्य व्यक्तियों ने लिखे जो समय-समय पर पत्रिका में प्रकाशित हुये। पत्रिका के 75 वें अंक (क्र 3)में सालिम अली ने संस्थापकों के अतिरिक्त कुछ अन्य जिन महत्वपूर्ण व्यक्तियों को याद किया, वे ये हैं :

एडवर्ड हेमिल्टन (ई. एच. ए) 1851-1909

एडवर्ड हेमिल्टन एक स्काटिश मिशनरी के पुत्र थे। वे भारत के सतारा नामक स्थान में पैदा हुये थे तथा उनकी मृत्यु एडिनबर्ग में हुई। वे बाम्बे नेचुरल हिस्ट्री सोसायटी के 8 संस्थापक सदस्यों में से एक थे। वन्य जीवन पर उनकी पुस्तक 'कामन बर्ड्स ऑफ बाम्बे' थी।

चार्ल्स स्विन हो, 1836-1923

चार्ल्स स्विन हो भारत में प्रथम स्वतंत्रता संग्राम (1857) के तुरंत बाद पहुंचे थे। वे गोरी सेना के कर्नल थे। उन्होंने 50-60 शेरों का शिकार किया था। उनका नाम 'फाना आफ ब्रिटिश इंडिया' के बर्ड्स खंड में उनके योगदान के लिये लिया गया है।

ये भी बाम्बे नेचुरल हिस्ट्री सोसायटी के संस्थापक सदस्य थे। इनके पिता ब्रिटिश सेना के जनरल थे। ये पेशे से वकील थे, इनका जन्म धारवाड़ (भारत) में हुआ था।

उपर्युक्त संस्थापक सदस्यों के अतिरिक्त कुछ ऐसे व्यक्ति भी थे जिन्होंने 'बाम्बे नेचुरल हिस्ट्री' के लिये महत्वपूर्ण योगदान दिया। इनमें हर्बर्ट मुसग्रेव फिप्सन (1850-1936), वाल्टर सेमुअल मिलार्ड (1864-1952), नार्मन बायड किन्नैर (1882-1927), फिलिप मैकडानल्ड सेन्डरसन (1884-1957), रेगनाल्ड ए. स्पेन्स (1880-1961) तथा एच. एस. प्रेटर का ही संक्षिप्त परिचय यहां दे रहे हैं।

एस. एच. प्रेटर

एस. एच. प्रेटर अपनी अनमोल कृति 'दि बुक आफ इंडियन एनीमल्स' के लिये जाने जाते हैं। यह पुस्तक भारतीय स्तनपोषी जानवरों (मैमेल्स) के ऊपर लिखी गई थी तथा 1946 में बाम्बे नेचुरल हिस्ट्री सोसायटी से प्रकाशित हुई थी। तब से अब तक इस पुस्तक के अनेक संस्करण निकल चुके हैं। 'बाम्बे नेचुरल हिस्ट्री सोसायटी' का सम्पादन सोसायटी के क्यूरेटर (संग्रहालय के अध्यक्ष) के जिम्मे था, अतः 1948 में जब संग्रहालय के अध्यक्ष सेवानिवृत्त हो स्वदेश इंग्लैंड चले गये तब प्रेटर ने सम्पादक की कुर्सी सम्हाली, साथ ही वे कुछ समय तक क्यूरेटर भी बने रहे। सम्पादकीय कार्य में उनके सहायक अनेक विख्यात लोग बने जिनमें हुमायूं अब्दुलाई, एच. सान्तापाऊ, डी. ई. रूबेन, जफर फटेहाली और जे. सी. डेनियल के नाम उल्लेखनीय हैं। सालिम अली लिखते हैं :

''यह कहना अतिशयोक्ति न होगी कि प्रेटर के सम्पादकत्व में जर्नल अपनी विश्वसनीयता और ख्याति के शीर्ष तक पहुंच गया।''

जब हम एच. एस. प्रेटर या उनके समकालीन लोगों की बात करते हैं या कि उस जमाने के लेखों की बात करते हैं तब हमें ध्यान रखना चाहिये कि वन्य जीवन के प्रति आज की पीढ़ी का नजरिया धीरे-धीरे विकसित हुआ। प्रेटर जैसे समर्पित व्यक्तियों ने वन्य जीवन के समकालीन साहित्य से उस साहित्य को अलग निकाला और स्थापित किया जो प्रारंभ में या कि उन्नीसवीं सदी में चाव से लिखा-पढ़ा जा रहा था।

बाम्बे नेचुरल हिस्ट्री सोसायटी के प्रारंभिक अंकों में यदि शिकार से संबंधित कुछ साहित्य प्रकाशित हुआ तो वह केवल इसलिये कि उन लेखों में थोड़ा बहुत ही सही वन्य प्राणियों की कोई विशेषता वर्णित की गई थी। सामान्य तौर पर अनजान में ही सही प्रारंभिक दिनों में शिकारी जो लेखक बने वन्य प्राणियों के व्यवहारों को बारीकी से देखा करते थे। उनके इस नजरिये में आज की वैज्ञानिकता नहीं थी यह सच है, पर ऐसा बहुत कुछ हुआ करता था जिसकी जानकारी उससे पहले जनसामान्य को नहीं होती थी।

हुमायूं अब्दुलाई

'बाम्बे नेचुरल हिस्ट्री सोसायटी' के वर्ष 1950 से लेकर 1962 तक मानद सचिव थे। उनके सद्प्रयासों के फलस्वरूप 'हार्नबिल हाउस' को भारत सरकार ने बाम्बे नेचुरल हिस्ट्री सोसायटी में कार्यालय, संग्रहालय एवं पुस्तकालय स्थापना की स्वीकृति दी। हुमायूं अब्दुलाई अपने समय के प्रख्यात पक्षिविद् थे जिन्होंने 265 शोधपत्र एवं आलेख लिखे थे। उन्होंने 'बाम्बे वाइल्ड बर्ड्स' एंड वाइल्ड एनीमल्स प्रोटेक्सन ऑफ 1951' का ड्राफ्ट वन विभाग के लिये तैयार किया जो कालान्तर में 'वाइल्ड लाइफ (प्रोटेक्शन) एक्ट 1972 का आधार प्रारूप बना। उन्होंने मुंबई में संजय गांधी राष्ट्रीय उद्यान की स्थापना में अपूर्व योगदान दिया। वर्ष 1970 में उनके अथक प्रयासों के फलस्वरूप मेंढकों के निर्यात पर सरकार ने रोक लगाई।

हुमायूं अब्दुलाई के अंडमान निकोबार द्वीप के पक्षियों संबंधी अध्ययन आज भी बेमिशाल माने जाते हैं। कोई आश्चर्य नहीं कि इस महान पक्षिविद् के नाम पर कई पक्षियों के वैज्ञानिक नाम रखे गये। एक्सीपिटर वाइरेगेटस अब्दुलाई 'तथा नाइक्टिबेट्रेचरा हुमायूनी' कुछ ऐसे ही वैज्ञानिक नाम हैं।

हुमायूं अब्दुलाई पुराने और नये प्रकृति विदों की महत्वपूर्ण कड़ी थे, उन्होंने स्वतंत्रता पूर्व का समय भी देखा था, और भारत की बदली हुई परिस्थिति में भारतियों के कर्तव्यों को समझा था। उनके संबंध में यह कहा जाता है कि वे दिन-रात मुस्कुराते हुये काम करने वाले व्यक्ति थे जो कभी भी अपने व्यवहार से यह प्रकट नहीं होने देते थे कि वे कितना अधिक व्यस्त रहते हैं। उनका वैधानिक ज्ञान भी उतना ही गंभीर था जितना कि वन्य प्राणियों से संबंधित ज्ञान।

जे. सी. डेनियल

जे. सी. डेनियल की रुचि सरीसृपों में रही है उनकी पुस्तक 'दि बुक आफ इंडियन रेप्टाइल्स' भारतीय सरीसृपों पर मानक ग्रंथ है। जे. सी. डेनियल डॉ. सालिम अली से प्रभावित थे, यद्यपि उनका अध्ययन क्षेत्र कुछ अलग था। उन्होंने चार दशकों तक 'बाम्बे नेचुरल हिस्ट्री सोसायटी' की सेवा की और वर्ष 1991 में वे इस संस्था के डायरेक्टर के पद से सेवा निवृत्त हुये।

रोम्युलस व्हिटेकर

रोम्युलस व्हिटेकर भारत के विख्यात् सर्प विशेषज्ञ हैं, उन्होंने सर्पों और मगरों पर अनेक शोध लेख लिखे। वे आई. यू. सी. एन.–स्पीसीज सरवाइवल कमीशन के क्रोकोडाइल स्पेशलिस्ट ग्रुप या मगरों की विशेषता वाले समूह के उपाध्यक्ष रहे हैं। व्हिटेकर ने गुंडी अभयारण्य के सर्प उद्यान (स्नेक पार्क) की स्थापना की। उन्होंने दक्षिण भारत के इरूला आदिवासियों को सर्प विष निकालने की प्रेरणा दी। ये आदिवासी परंपरागत रूप से सर्प विष के निकालने में निष्णात हैं। इस विष को संरक्षित करने की पूरी विधि का भी उन्होंने विकास किया।

जफर फटेहाली

भारत के जाने–माने पक्षिविद् जफर फटेहाली ने वर्ष 1959 में 'बर्ड वाचर्स क्लब ऑफ इंडिया' की स्थापना की। इसके एक दशक बाद उन्होंने भारत में 'वर्ल्ड वाइल्ड लाइफ फंड' की स्थापना में महत्वपूर्ण योगदान दिया। उनके सद्प्रयासों के फलस्वरूप करनाला पक्षी अभयारण्य की स्थापना हुई। उन्हें वर्ष 1997 में 'सालिम अली इन्टरनेशनल अवार्ड फार नेचर कंजर्वेशन' से नवाजा गया।

एस. डिल्लो रिप्ले

रिप्ले जन्म से संयुक्त राज्य अमेरिका के निवासी थे। वे मात्र 13 वर्ष की अवस्था में भारत आये। उन्होंने लद्दाख और पश्चिमी तिब्बत के पक्षियों को निकटता से देखा और वे भारतीय पक्षियों के प्रशंसक हो गये। उन्होंने संयुक्त राज्य अमेरिका में डब्ल्यू. डब्ल्यू. एफ. संस्थान में कार्य किया। वे अंतर्राष्ट्रीय संगठन' इंटरनेशनल कौन्सिल फार वर्ड प्रिजर्वेशन' के तीसरे अध्यक्ष भी रहे। उन्होंने विश्वविख्यात स्मिथ सोनियन इंस्टीट्यूट में (1964–84) सचिव के तौर पर कार्य किया। डॉ. सालिम अली के साथ लिखी गई 10 जिल्दों की पुस्तक 'हैंडबुक ऑफ दि बर्ड्स ऑफ इंडिया एंड पाकिस्तान' उनका भारतीय वन्य जीवन अध्ययन में अविस्मरणीय योगदान है। डॉ. सालिम के साथ उन्होंने कई वर्षों तक पक्षियों का अध्ययन किया था।

''बीस साल पहले डॉ. सालिम अली और मैंने वर्ष 1947 में उत्तरी उड़ीसा की पहाड़ियों का भ्रमण किया तथा कुछ निरीक्षण सम्पन्न किये। इस तरह, संभवतः हम अपरिपक्व तरीके से उसी क्षेत्र की पक्षियों की उपस्थिति का करीब एक चौथाई शताब्दी से ऊपर की अवधि के बाद अपने (नये और पुराने) निरीक्षणों की तुलना करने में समर्थ रहे।''

डॉ. सालिम अली के साथ किये गये पक्षियों के सह अध्ययन को रिप्ले ने एक निबंध में इस प्रकार वर्णित किया है।

डॉ. असद रहमानी

डॉ. असद रहमानी बाम्बे नेचुरल हिस्ट्री सोसायटी के डायरेक्टर थे। उनका पक्षियों से संबंधित क्षेत्रीय अध्ययन विस्तृत था, उन्होंने संपूर्ण भारत के 'पक्षि क्षेत्रों' को चिन्हांकित करने का महत्पूर्ण कार्य किया। वे 'घास के मैदानों की पारिस्थतिकी' के विशेषज्ञ थे। जेर्डान्स कूरियर के संरक्षण के लिये उन्होंने जीवन भर प्रयास किये।

ई. पी. जी.

एडवर्ड प्रिस्चार्ड जी. मूलतः चाय बागान के मालिक थे। उन्हें वन्य जीवन की फोटोग्राफी का बेहद शौक था। वे वन्य जीवन में बेहद दिलचस्पी लेते थे, उन्होंने जीवनपर्यन्त काजीरंगा राष्ट्रीय उद्यान के सरंक्षण में भरपूर योगदान दिया। वर्ष 1938 में काजीरंगा जब जनसामान्य के लिये खोला गया तब ई. पी. जी. वहां पहुंचने वाले पहले पर्यटक थे। ई. जी. पी. ने एक बहुत ही लोकप्रिय पुस्तक 'दि वाइल्ड लाइफ आफ इंडिया' लिखी। उन्होंने तराई क्षेत्र में लंगूरों की एक नई प्रजाति 'गोल्डन लंगूर' को खोजा। वर्गिकी के विद्वानों ने इस लंगूर का वैज्ञानिक नाम उनके नाम पर रखा, इसे 'ट्रेचीपिथेकस जी ई' कहा जाता है। यह सम्मान उन जैसे वन्य जीवन के प्रेमी व्यक्ति के लिये सर्वथा उचित था।

एम. कृष्णन

भारतीय वन्य जीवन के चितेरे एम. कृष्णन एक लेखक और फोटोग्राफर के रूप में विख्यात हुये। उनका लेखन अनेक प्रसिद्ध पत्र–पत्रिकाओं यथा 'दि हिन्दू', 'दि इलस्ट्रेटेड वीकली ऑफ इंडिया' और' 'दि स्टेट्समेन' में लगभग आधी सदी तक लगातार प्रकाशित हुआ। उनके सद्प्रयासों से वेदनथंगल अभयारण्य की स्थापना हुई। एक फोटोग्राफर के रूप में उन्होंने वन्य जीवन के केवल श्वेत–श्याम छायाचित्र ही लिये पर कलात्मकता की दृष्टि से ये आज भी बेजोड़ हैं। कृष्णन बहुमुखी प्रतिभा के धनी थे। वे अच्छे चित्रकार, कवि और लेखक थे। उनकी सारी प्रतिभा वन्य जीवन को समर्पित थी। उनकी पुस्तक 'इंडियाज वाइल्ड लाइफ' में भारत के सभी वन्य क्षेत्रों में वन्य प्राणियों की संख्या का आकलन है।

यहां पर हम कृष्णन के लिखे हुये लेख से एक उद्धरण प्रस्तुत कर रहे हैं जो उनके वन्य प्राणी के साथ ही उनकी गंभीर सांस्कृतिक ज्ञान का भी परिचय देता है :

'प्राचीनतम उपलब्ध तमिल काव्य लगभग 18 शताब्दीयों प्राचीन है। इसमें दो ऐसी कवितायें हैं जो पक्षियों के प्रवास का ऐसा वर्णन करती हैं मानो वे सर्वज्ञात हों। उनमें से एक बिना किसी संशय के विस्तार से लगभग पक्षी (व्हाइट स्टार्क) का वर्णन करती है तथा दक्षिण (भारत) में शीतकाल बिताने के पश्चात अपने उत्तर की ओर (स्थित) घर की ओर लौटाने का वर्णन करती है। इसी तरह दूसरी कविता कन्याकुमारी के लैगून में निवास करने के उपरांत राजहंस के उत्तर की ओर उड़ने का वर्णन करती है। अपनी एक जटिल परंतु सुनिश्चित पंक्ति में वह (कविता) उथले पंथ में उसके (राजहंस) सूक्ष्म जीवों के भक्षण की आदत का उल्लेख करती है–कितनी शताब्दियों पश्चात पश्चिमी विज्ञान ने पक्षियों के प्रवास के अजूबे को महसूस किया, साथ ही राजहंस की उस चोंच को जो अतिसूक्ष्म शिकार के लिये अनुकूलित हुई।

कैलाश सांखला

कैलाश सांखला वन अधिकारी थे। बाघ परियोजना को मूर्त रूप देने में उनकी केंद्रीय भूमिका थी। उन्हें जवाहरलाल नेहरू फैलोशिप के अंतर्गत बाघों के संबंध में गहन जानकारी प्राप्त करने का अवसर मिला था। बीसवीं सदी में बाघों की गिरती संख्या को केंद्रीय शासन और जनता के सामने आधिकारिक रूप से प्रस्तुत करने का श्रेय कैलाश

सांखला को जाता है। बाघ परियोजना के पहले फील्ड डायरेक्टर होने का गौरव उन्हें प्राप्त हुआ। उनकी प्रसिद्ध पुस्तक 'टाइगर : दि स्टोरी ऑफ इंडियन टाइगर' एक पठनीय ग्रंथ है। उनका एक दूसरा प्रशंसनीय ग्रंथ 'दि सिटी आफ फ्लेमिंगोज' है।

कैलाश सांखला का पूरा कार्यकाल सफलता की कहानी रहा है। उन्हें अपने जीवन काल में अनेक सम्मानों से नवाजा गया जिनमें 'डॉ. एन. झा' पुरस्कार उल्लेखनीय है।

कैलाश सांखला प्रोजेक्ट टाइगर के डायरेक्टर के अतिरिक्त अनेक अन्य महत्वपूर्ण पदों पर रहे जिनमें 'डायरेक्टर, डेल्ही जूलाजिकल पार्क', 'मेंबर सेक्रेटरी ऑफ दि एक्सपर्ट कमेटी आन वाइल्ड लाइफ एंड नेशनल पार्क्स आफ इंडिया' प्रमुख हैं।

कैलाश सांखला ने विश्व के अनेक देशों यथा संयुक्त राज्य अमेरिका, कनाडा, पूर्वी अफ्रीका और जापान का भ्रमण किया था। वन्य जीवन के संबंध में उनका अनुभव बहुत विस्तृत था और यह आश्चर्य नहीं कि राजस्थान के वन्य जीवन की श्रेष्ठ सेवा के उपलक्ष्य में उन्हें 'मेरिट डिस्टिंक्शन' दिया गया।

'गेम' (या शिकार) का प्रयोग वन्य प्राणियों को मारने के अर्थ में तब प्रयुक्त हुआ होगा जब शिकार में खेलभावना रही होगी, जब इस खेल में मनुष्य और वन्य पशु दोनों के जीतने के लिये बराबर का मौका रहा होगा, किंतु किसी जलस्रोत के किनारे या किसी मचान पर या कि जीप पर बैठकर तेज रोशनी में तेज दूरबीन और खतरनाक सटीक निशाने वाली बंदूकों से (जिसमें शिकारी के लिये न तो कोई दौड़भाग और न ही कोई सनसनी होती है, ऐसी स्थिति में निशाने पर आ जाने के बाद गरीब वन्य प्राणी को कहीं कोई (बचने का) अवसर ही नहीं होता। मनुष्य के ये स्वार्थी और लुके-छिपे तौर-तरीकों को तथा डरपोकों द्वारा शिकार का पीछा करने के कृत्य को जिसे खून कहा जाना चाहिये उसे गेम या शिकार जैसे वीरतापूर्वक कृत्य का नाम दिया जाता है। बर्नाड शा ने कितना सही कहा है :

'जब कोई व्यक्ति किसी बाघ का खून करना चाहता है तो वह उसे 'स्पोर्ट' कहता है, परंतु जब बाघ उसे मारना चाहता है तो वह उसे भयानक कहता है।'

फतह सिंह राठौर

फतह सिंह राठौर 'भारत के शेर पुरुष' (टाइगर मैन आफ इंडिया) के नाम से पर्यावरण प्रेमियों में जाने जाते हैं, यह नाम उन्हें उनके जीवनपर्यन्त बाघ संरक्षण की दिशा में काम करने के कारण मिला। वे रणथम्भौर टाइगर रिजर्व के डायरेक्टर पद पर कार्यरत रहे, उन्होंने रणथम्भौर की झील को पुनरुज्जीवित किया। उनके कार्यकाल में इस संरक्षित क्षेत्र के ग्राम के पुनर्वास को सम्पन्न किया गया। राठौड़ अपनी स्पष्टवादिता के बावजूद अपने सहज व्यवहार से अनेक लोगों को अब भी वन्य प्राणियों के संरक्षण जैसे महत्वपूर्ण कार्य में प्रेरणा दे रहे हैं।

संजय देबराय

संजय देबराय ने वर्ष 1956 में आसाम में वन अधिकारी के रूप में अपना कैरियर प्रारंभ किया। उन्होंने नौकरी के दौरान राष्ट्रीय उद्यान में बहादुरी से अवैध शिकारियों का जमकर मुकाबला किया। उन्होंने नई दिल्ली में वन एवं पर्यावरण मंत्रालय में 'एडीशनल इंस्पेक्टर जनरल आफ फारेस्ट' के पद पर रहते हुये अनेक योजनाओं को

मूर्तरूप देने में सक्रिय योगदान दिया। संजय देबराय को इसलिये भी याद रखा जाता है क्योंकि उन्होंने मनास अभयारण्य में वामनशूकर को फिर से खोज निकाला था जिसे लोग विलुप्त मान चुके थे।

वाल्मीकि थापर

वाल्मीकि थापर हमारे अपने समय के अत्यंत सम्मानित बाघ विशेषज्ञ हैं। भारतीय उपमहाद्वीप में उनके लेखों, पुस्तकों और फिल्मों की धूम है। उनके द्वारा बनाई गई टेलिफिल्म 'लैंड ऑफ दि टाइगर' ने करोड़ों लोगों का मन मोहा है। उन्होंने 'रणथम्भौर फाउन्डेशन' की स्थापना की है। बाघ को सुरक्षा देने के लिये उन्होंने सफल जन-जागरण अभियान चलाया है जिससे संरक्षित क्षेत्रों के चारों ओर बसे गांवों की जनसंख्या के बच्चों से लेकर बूढ़ों तक में वन्य प्राणी संरक्षण की भावना का विकास हो रहा है। यहां हम उनकी कृति 'सीक्रेट लाइफ आफ टाइगर्स' से उनके प्रयासों के अनुभवों को उनके ही शब्दों से प्रस्तुत कर रहे हैं :

"1992 के अंत में मैंने स्वयं को बाघ को बचाने के उस युद्ध में डुबो दिया जिसमें (बाघ की) एक निश्चित सी विलुप्ति दिखलाई दे रही थी। मैं लगभग उन सब सरकारी समितियों में कार्य कर चुका हूं जो इस मुद्दे से जुड़ी हैं, (मैंने) उन गैर सरकारी संस्थानों जो नई (संरक्षण की) रणनीतियां अपनाती हैं, को (मुद्दे से) जोड़ने के लिये भरसक प्रयाय किया है। मैं बाघों की खालों और हड्डियों की अनन्त जब्ती से, बाघ की अन्तहीन हानि से स्तब्ध हूं। मैंने सरकार की असंपृक्तता, निष्क्रियता और उदासीनता को देखा है, और इसके अलावा भी ऐसे अनेक क्षण रहे हैं जब मैं वस्तुस्थिति (की गंभीरता) से आतंकित हो गया।"

जहां भारत के अनेक जाने-माने वन्य प्राणी विशेषज्ञ बाम्बे नेचुरल हिस्ट्री सोसायटी से जुड़े हुये व्यक्ति थे या कि फिर भारतीय या प्रादेशिक वन सेवा के अधिकारी वहां कुछ लोग शौकिया रूप से वन्य प्राणी संरक्षण में जुड़े। शौकिया लोगों की यह परंपरा ई. पी. जी. और कृष्णन जैसे लोगों से प्रारंभ हुई जिन्होंने वन्य प्राणियों के सौंदर्य को देखने और उसे जनसामान्य तक पहुंचाने तक का काम बखूबी किया। इस कड़ी में फोटोग्राफर, लेखक और फिल्मकार द्वय रमेश और राजेश बेदी का नाम उल्लेखनीय है। इन्होंने उच्च तकनीक का सहारा लेते हुये वन्य जीवन पर शानदार फिल्में बनाईं और बढ़िया चित्रों वाली पुस्तकें भी लिखीं। 'इन्डियन वाइल्ड लाइफ' (1984) और 'वाइल्ड इंडिया' (1990) उनकी अविस्मरणीय कृतियां हैं।

रमेश बेदी

लेखक की दृष्टि में रमेश बेदी का हिंदी भाषा में अनेक पुस्तकों का लेखन बहुत महत्वपूर्ण योगदान है क्योंकि हिंदी भाषा में बच्चों के लिये वन्य प्राणियों पर रंगीन पुस्तकें तो अब उपलब्ध होना प्रारंभ हो चुकी हैं परंतु विशेषज्ञों द्वारा लिखी गई पुस्तकों का अब भी अकाल है। वनस्पतियों पर उनकी लिखी गई पुस्तकें 'मानव उपयोगी पेड़', 'जंगल की बातें' पर्यावरण विषयक महत्वपूर्ण ग्रंथ हैं। उसी तरह वन्य प्राणियों पर लिखी गई पुस्तकों में 'नटखट बंदर', 'राष्ट्रीय पक्षी मोर', 'आदमखोरों के बीच', 'जंगल के जीव-जन्तु' तथा 'चरक संहिता के जीव जन्तु' हिन्दी पाठकों के लिये उनकी

अमूल्य भेंट है। उनकी पुस्तकों की बड़ी विशेषता यह है कि उन्होंने आधुनिकता का साथ न छोड़ते हुये कभी भी परंपरागत ज्ञान को भुलाया नहीं है। मैं उनकी पुस्तक 'नटखट बंदर' से वानरों के समानार्थी शब्दों के अर्थ दे रहा हूं जिनसे यह पता चलता है कि प्राचीनकाल में अज्ञानता के कारण नहीं वरन् विशेषताओं के कारण पशु-पक्षियों का नामकरण किया जाता था।

वानर शब्द के समानार्थी शब्द और उनका अर्थ-

1. **कपि** : शाखाओं को कंपा देने वाला
2. **कीश** : जल (क) का स्वामी (पानी में क्रीड़ा करने वाला)
3. **कृकु** : गाल की थैली में आहार भर लेने वाला
4. **पर्णमृग** : पत्तों को खाने वाला पशु (मृग)
5. **पूर्वागम** : प्रातःकाल उठकर आहार की तलाश में निकलने वाला
6. **दुर्मुख** : बुरे चेहरे वाला
7. **प्लव** : पानी में उछल-कूद करने वाला
8. **प्लवग** : बाढ़ के जल में तैर जाने वाला
9. **प्लवंग** : यथोपरि
10. **प्लवग** : यथोपरि
11. **प्लावी** : यथोपरि
12. **बलीमुख** : मजबूत (बली) चेहरे वाला
13. **मर्कट** : हमलावर (मारक) को दांत किटकिटाकर डराने वाला
14. **वनगोचर** : वन में दिखलाई देने वाला (या घूमने वाला)
15. **वनचर** : वन में घूमने वाला
16. **वनौकस** : वन में ओकस (घर) वाला
17. **वनौका** : वन में (ओक) आश्रय वाला
18. **वानर** : विकल्पेन (वा) नरोवा, मनुष्य के समान
19. **शाखामृग** : टहनियों में रहने वाला पशु
20. **हरि** : हरे-भरे वृक्षों में रहने वाला

यहां यह उल्लेखनीय है कि पश्चिम में 'वानर' की मनुष्य से तुलना अपमानकारक है क्योंकि वहां वन्य प्राणियों के साथ तादात्म्य की परंपरा ही नहीं रही है, भारत में ऐसा नहीं है, तभी यहां पशु-पक्षियों के नाम सुंदर विशेषणों से भरे पड़े हैं।

यहां यह लिखने में मुझे प्रसन्नता का अनुभव हो रहा है कि रमेश बेदी की सभी हिंदी पुस्तकें राजकमल प्रकाशन से प्रकाशित हुईं।

सुन्दरलाल बहुगुणा

प्रकृति संरक्षण में 'चिपको आंदोलन' के प्रणेता सुंदरलाल बहुगुणा किसी भी परिचय के मुंहताज नहीं हैं। 82 वर्ष के सुंदरलाल बहुगुणा को वर्ष 2009 के गणतंत्र दिवस के अवसर पर 'पद्म विभूषण' सम्मान से सम्मानित किया गया।

लगभग चार दशक से पर्यावरण संरक्षण को अपना धर्म मानकर चलने वाले सुंदरलाल बहुगुणा ने 1970 के आसपास गढ़वाल के एक छोटे से गांव से जब हिमालय के पर्यावरण के संरक्षण के लिये चिपको आंदोलन चलाया तब किसी को भी यह अनुमान

न था कि उनका आंदोलन एक बीज से वटवृक्ष बन जायेगा। प्रारंभिक सफलता के पश्चात उन्होंने कहा था कि वे केवल उत्तराखंड के हिमालयी वनों के संरक्षण के लिये कृत संकल्प नहीं हैं, वे चाहते हैं कि समूचे भारत में पर्यावरण जागरण की क्रांति हो।

मध्य हिमालय के पर्यावरण के समुचित विकास के लिये उन्होंने सरकार से अनेक बार यह गुजारिश की कि समूचे क्षेत्र के पर्यावरण का पूर्ण संरक्षण तभी संभव है जब एक ऐसी नीति बनाई जाये जिसमें विशेषज्ञों की विशेषज्ञता के साथ जनसामान्य की समस्याओं पर भी ध्यान दिया गया हो। उनका आंदोलन 'हिमालय बचाओ' आंदोलन के रूप में विकसित हुआ। उनका यह मानना है कि यदि हिमालय के पर्यावरण को पूरा संरक्षण नहीं मिला तो भारत को जल, प्रकृति और विकास की कठिन समस्याओं के दौर से गुजरना पड़ेगा।

बहुगुणा ने कहा "यदि हम हिमालय को बचाना चाहते हैं और अति महत्वपूर्ण यह है कि (यदि हम) भारत के इस जलाशय को बचाना चाहते हैं तो हमें यहां के व्यक्तियों को, उनकी जमीनों को, उनकी रोजी-रोटी को, वन्य जीवन को, वनों को और नदियों को बचाना होगा।"

इसे बचाना देश के हित में है क्योंकि यह क्षेत्र पारिस्थितिकीय दृष्टि से नाजुक है और राष्ट्रीय सुरक्षा की दृष्टि से अति संवेदनशील।

बिट्टू सहगल

शिमला में पले बिट्टू सहगल जब वर्ष 1970 में कोलकाता के सेंट जेवियर्स कालेज से सात वर्ष बाद पढ़ाई पूरी कर स्नातक की उपाधि लेकर वापस शिमला लौटे तो वे यह विश्वास नहीं कर पा रहे थे कि उनके शहर में उनके प्रिय वृक्षों का इमारतों के लिये इस बेरहमी से कत्ल भी हो सकता है, बस उन्होंने प्रकृति संरक्षण का संकल्प लिया।

राजस्थान के रणथम्भौर टाइगर रिजर्व को खदानों और उत्खनन से खतरा उत्पन्न हो चुका था। पारिस्थितिकी की दृष्टि से यह एक नाजुक जगह थी। पर्यावरण प्रेमी इस उत्खनन का विरोध कर रहे थे। सहगल का कार्यक्षेत्र मुंबई था, पर वे वर्ष में एक बार रणथम्भौर जाते थे। वर्ष 1980 को नये वर्ष के दिन जब वे रणथम्भौर टाइगर रिजर्व में थे तब उनसे टाइगर रिजर्व के डायरेक्टर फतेहसिंह राठौर ने कहा कि 'जैसे ही तुम मुम्बई लौटोगे उसी दिन तुम शायद यह (टाइगर रिजर्व) भी भूल जाओगे, किंतु यदि तुम इसे वास्तव में याद रखना चाहते हो तो वन्य जीवन पर एक पत्रिका निकालो।'

सहगल ने तुरंत उत्तर दिया कि अब वे पत्रिका निकालेंगे और तभी रणथम्भौर आयेंगे, या फिर वे वहां कभी नहीं लौटेंगे।

सहगल ने मुम्बई में प्रकाशकों के असफल चक्कर काटे। यहां असफल होने पर हिम्मत न हारते हुये सहगल और उनकी पत्नी मधु ने अपने जेवरात और सारी बचत की रकम तथा अपने पिता से एक लाख रुपये लेकर अक्टूबर 1981 में 'सेंक्चुअरी' पत्रिका का प्रथम अंक निकाला । उनके साथ उनके मित्र शशि कुमार थे। शीघ्र ही 'सेंक्चुअरी' की लोकप्रियता बढ़ी और वर्ष 1984 से 'सेंक्चुअरी कब' जो कि मुख्यतः बाल पत्रिका है, का प्रकाशन प्रारंभ हुआ। सेंक्चुअरी ने एक चौथाई सदी का सफर तय कर लिया है।

बिट्टू सहगल ने दूरदर्शन के लिये 30 डाक्यूमेंटरीज भी तैयार की हैं। वन्य जीवन के लिये सदा संघर्षरत बिट्टू सहगल के सम्पादकीय निर्भीकता की मिसाल हैं, उन्हें यह कहने में संकोच नहीं है कि भारत में अब 1000 से कम बाघ बचे हैं।

परंतु वे हार मानने वाले व्यक्ति नहीं हैं, इतना ही नहीं वे दूसरों में वन्य जीवन के प्रति अभिरुचि जगाने का सतत प्रयास कर रहे हैं। उन्होंने वन्य जीवन छायांकन तथा अन्य महत्वपूर्ण कार्य करने वालों को वार्षिक पुरस्कार देने का नियम बना रखा है।

बिट्टू सहगल हमारे समय के वन्य जीवन से सबसे अधिक व्यक्तियों को जोड़ने वाले व्यक्ति हैं। वन्य जीवन के संरक्षण से संबंधित उनकी चिंता उनके लेखों में उजागर होती है, एक ही लेख का अंश यहां प्रस्तुत है :

संस्थाओं, जैसे कि बाम्बे नेचुरल हिस्ट्री सोसायटी, जिसके संचालक सर्वकालिक महान व्यक्तियों जैसे डॉ. सालिम अली, हुमायूं अब्दुलाई और जफर फटेहाली थे, ने सदैव अपनी खोजी शक्ति को पारिस्थितिकी तंत्र तथा (वन्य प्राणियों की) प्रजातियों की रक्षा में लगाया। विश्व प्रकृति निधि ने जनता की ली गई राय को वन्य जीवन की सुरक्षा की दिशा में अब मोड़ना प्रारंभ कर दिया। अब शिकारी नायक नहीं रहे, खलनायक बनकर अब ये जनता के आक्रोश से बचते हुये अपनी (पुरानी) डींगों में कही गई अपनी शोषण की कहानियों को बन्द कमरों के सन्नाटे में दबी जुबान से कह पा रहे थे।

'सेंक्चुअरी' का जन्म 1981 के 'शान्ति' के युग में हुआ था। वन्य जीवन की सुरक्षा के लिये आधारभूत ढांचा सही जगह पर लगा दिया गया था। राजनैतिक सहायता गलत थी।

परंतु नब्बे तक, सपना खट्टा होने लगा था। विश्व बैंक ने वनों और वन्य जीवन से संबंधित नीतिगत प्रक्रिया से अपनी राह अलग कर ली थी। वर्ष 2000 तक बाघ तीव्र गिरावट में था। आज, वर्ष 2006 में इंदिरा गांधी की कांग्रेस पार्टी और उसके सहयोगी दल अमेरिका जैसा अमीर होने के सपने देख रहे हैं। आगे काले बादल गहरा रहे हैं।

बिट्टू सहगल ने 'सेंक्चुअरी' पत्रिका के माध्यम से वन्य जीवन की आवाज बुलंद रखी है। आज यह वन्य जीवन और पर्यावरण पर भारत की सबसे लोकप्रिय पत्रिका है। 'सेंक्चुअरी' अब एक संस्था का रूप ले चुकी है जिसके माध्यम से पर्यावरण की सुरक्षा से संबंधित सभी कार्यकलाप संपादित किये जाते हैं। लोगों को प्रतिवर्ष सम्मानित भी करती है। इस पत्रिका ने हजारों नये लोगों को जागरूक किया है और यह कार्य वह निरंतर करती रहेगी।

स्वयंसेवी संगठन

पिछले दो दशकों में पर्यावरण और वन्य जीवन से संबंधित अनेक गैर सरकारी संगठन बने हैं। उनमें से कुछ को अंतर्राष्ट्रीय ख्याति भी मिली है ऐसे संगठनों से जुड़े कुछ व्यक्तियों के नाम पुस्तक में संरक्षित क्षेत्रों के वर्णन के साथ दिये गये हैं। सभी ऐसे व्यक्तियों के नाम जिन्हें अंतर्राष्ट्रीय सम्मान या पुरस्कार मिले हैं, के नाम देना संभव नहीं रहा है। फिर भी देश को ऐसे लोगों ने गौरव प्रदान किया है। परंतु दुख के साथ यह कहना पड़ रहा है कि क्षुद्र स्वार्थों से प्रेरित संस्थाओं और व्यक्तियों की संख्या इस क्षेत्र में कम नहीं है। ऐसे लोगों और सस्थाओं ने प्रकृति प्रेम के महान आदर्श को कलुषित करने में कहीं कोई कोर-कसर नहीं रखी।

पर्यावरण संरक्षण में स्वयंसेवी संगठनों की भूमिका

शासकीय लालफीताशाही और भ्रष्टाचार में आलिप्त वन अधिकारियों से पर्यावरण और वन्य प्राणियों की सुरक्षा करना दिनोंदिन बेमानी होता जा रहा है परन्तु पर्यावरण संरक्षण में जुटे स्वयंसेवी संगठनों की प्रतिबद्धता पर सामान्य जन कितना विश्वास करे, उसे समझ नहीं आता।

पर्यावरण संरक्षण में भारतीय स्वयंसेवी संगठनों की भूमिका पर भारत के प्रतिष्ठित पर्यावरण विज्ञानी एवं पर्यावरण के लिये समर्पित कार्यकर्ता श्री वाल्मीकि थापर के विचार :

"भारत से बाहर शेर के लिये प्रतिवर्ष दसियों मिलियन (करोड़ों) डालर इकट्ठा किये जाते हैं। समझा जाता है कि भारत में शेरों की आधी आबादी है किंतु इकट्ठी की गई राशि में से फकत सात फीसदी ही भारत में आ पाती है। अधिकतर पैसा अंतर्राष्ट्रीय संगठनों के खर्च में चला जाता है। जो थोड़ा बहुत भारत पहुंचता भी है वह भारतीय स्वयंसेवी संगठनों (एन. जी. ओ.) के खर्चों को पूरा करने के काम में आता है। केवल 30 प्रतिशत (यदि पहुंच भी जाता हो) राशि भूमि तक पहुंचती है और जब वह पहुंचती है तो वह उस सोच से परे कार्यों पर लग जाती है जिससे समस्या के निदान में शायद ही कोई मदद मिलती हो।

इसी बीच स्वयंसेवी संस्थायें रोजमर्रा की गतिविधि की तरह आपस में झगड़ती रहती हैं और वास्तविक कार्य गौण हो जाते हैं । परिणाम यह होता है कि ये जो कुछ भी करते हैं उसका अधिकांश विपरीत फलकारी होता है। भारत के 20 या उससे अधिक स्वयंसेवी संगठनों में से कुछ एक ही ऐसे हैं जिन्होंने अच्छा कार्य किया है, शेष अपने द्वारा उगाहे धन को अपने ऊपर खर्चते हैं। इनके प्रकल्प (प्रोजेक्ट्स) बहुत कम सोचने के लिये बाध्य करते हैं। स्वयंसेवी संगठनों की असफलता का मुख्य कारण इनकी भारतीय वनों तथा उनकी क्रियाशीलता के संबंध में समझ की कमी है। कार्यकर्ताओं को जीप और यूनिफार्म बांटने मात्र से न तो शेर बचाये जा सकते हैं और न हाथी। इसके लिये आपमें अपने कार्य का कौशल, तर्कबुद्धि होना चाहिये तथा आप वन विभाग के अधिकारियों और कर्मचारियों से कार्यकारी संबंध बना सकें ताकि आप अपने कार्य के संदर्भ में सम्यक सूचनायें एकत्रित कर सकें। यह सभी कुछ विविध विषयों के निष्णात् व्यक्तियों के संपर्क सूत्रों को विकसित करने से होता है। आपमें यह क्षमता भी होनी चाहिये कि आप उचित सूचनाओं को वैधानिक कार्यों के लिये उपयोग में ला सकें साथ ही उस समस्या के प्रति जिसको आप हल करनेका प्रयास कर रहे हैं, वह सामान्य जागरूकता भी बढ़ाये।

दुख के साथ यह कहना पड़ रहा है कि स्वयंसेवी संगठन आंदोलन में इसकी भारी कमी है।"

(स्रोत : वाल्मीकि थापर के लेख 'नान गवर्नेंस आर्गेनाइजेशन्स' के कुछ भाग का अनुवाद 'यदि सचाई कही जा सके' शीर्षक के कालम में प्रकाशित, साभार : सेंक्चुअरी एशिया, दिसंबर 2002)

परिणाम : मनुष्य के हाथ में अब पर्यावरण और वन्य पशुओं की सुरक्षा है पर जो कुछ परिणाम देखने में आ रहे हैं वे उत्साहप्रद नहीं हैं। उदाहरण के लिये वन्य प्राणियों की और अधिक सुरक्षा के नाम पर अधिक से अधिक टाइगर रिजर्व बनाये जा रहे हैं। 1994 के 23 टाइगर रिजर्व वर्ष 2009 में लगभग दुगने, अर्थात 41 हो जायेंगे परन्तु इनमें बाघ की सुरक्षा और संरक्षण की जबाबदेही शायद ही किसी पर हो? इससे अधिक दुखद

समाचार क्या हो सकता है कि 15 जून 2009 के समाचार पत्रों के मुखपृष्ठ पर यह घोषणा की जाती है कि भारत सरकार झारखण्ड, उत्तर प्रदेश, उड़ीसा और मध्य प्रदेश में एक-एक टाइगर रिजर्व स्थापित करने जा रही है। इन्हीं समाचार पत्रों के अंतिम पृष्ठ पर यह समाचार है कि मध्य प्रदेश के पन्ना टाइगर रिजर्व से पूरे बाघ विलुप्त हो चुके हैं साथ ही जिन दो बाघिनों को मध्य प्रदेश के अन्य टाइगर रिजर्वों से यहां इस आशा में लाया गया था कि वे पन्ना राष्ट्रीय उद्यान के एकमात्र नर बाघ के साथ बाघों कीं भी पुनसृष्टि करेंगी, वे दोनों बाघिनें और नर बाघ सभी पिछले 3 महीनों में कहां गये किसी को कोई पता नहीं। बाघिनों को जो रेडियो कालर दिये गये थे उन्होंने जबाब दे दिया है।† फिर भी उम्मीद की जा रही है कि वे शायद जीवित हैं।

संरक्षित क्षेत्रों एवं वन्य जीवन पर रचित साहित्य

वर्तमान में संरक्षित क्षेत्रों एवं वन्य जीवन के प्रति नई जागरूकता देखने को मिलती है। राष्ट्रीय और क्षेत्रीय समाचार पत्रों में इनसे संबंधित समाचार प्रकाशित हो रहे हैं। समाचार पत्रों के कालमों में प्रकाशित वन्य जीवन से संबंधित समाचारों ने बहुत से सत्यों को उजागर किया है इस तरह वर्तमान में पत्रिकाओं और समाचार पत्रों के लेखों ने साहित्य के लोककल्याण के प्रति प्रतिबद्धता के उद्देश्य को पूरा किया है। वन्य जीवन और पर्यावरण अब अकादमिक शिक्षा में स्वीकृत विषय हैं। इनके निर्धारित पाठ्यक्रमों की सैकड़ों पुस्तकें हैं, इसी तरह अनेक योजनाओं के तहत लिखे गये शोध पत्रों की संख्या अनन्त है जिन पर विचार करना यहां संभव नहीं है। यहां पर जनमानस को आकर्षित करने के प्रयास का उल्लेख करते हुये शिकार साहित्य एवं वन्यप्राणियों से संबंधित साहित्य के प्रिय विषय 'बाघ' पर एक संक्षिप्त विवरण दे रहे हैं, विषयगत साहित्य की समीक्षा यहां संभव नहीं है।

बाघ : हमारा राष्ट्रीय पशु

(बाघ है विश्वभर में नंबर एक)

इसमें शायद ही किसी को शक हो कि इक्कीसवीं सदी का विश्व का सबसे लोकप्रिय प्राणी शेर या बाघ ही है। विश्वप्रसिद्ध पत्रिका 'सन' के एक सर्वेक्षण (वर्ष 2004) ने इस तथ्य की पुष्टि की है। यह सर्वेक्षण विश्व भर के प्रमुख देशों के 5300 व्यक्तियों के आधार पर था। इस सर्वेक्षण के आधार पर बाघ को 21 प्रतिशत मत मिले जबकि मनुष्य के 40000 वर्ष पुराने सहचर श्वान को 20 प्रतिशत, तीसरे स्थान पर डोल्फिन रही, अन्य सात प्राणी क्रमशः अश्व, सिंह, सर्प, हाथी, चिंपैजी, औरंगुटान और व्हेल रहे। दुनिया का चहेता प्राणी भला भारत का राष्ट्रीय पशु क्यों न होता।

बाघ की लोकप्रियता

शेर की लोकप्रियता का अंदाज इसी तथ्य से लगाया जा सकता है कि उस पर अब तक हजारों लेख और शोध पत्र लिखे गये, सैकड़ों छोटी-बड़ी पुस्तकें लिखी गईं। यदि भारत

† *स्रोत :* दैनिक भास्कर, 15 जून, 2009

के शेष सभी जानवरों पर लिखे गये साहित्य को इकट्ठा कर लें तो वह अकेले शेर पर लिखे गये साहित्य से उन्नीस ही बैठेगा।

मोटे तौर पर शेर को केन्द्र मानकर लिखा गया साहित्य निम्नलिखित वर्गों का है :

1. शिकार साहित्य
2. व्यवहार से संबंधित साहित्य एवं पारिस्थितिकी से संबंधित साहित्य
3. प्रबंधन से संबंधित साहित्य

उपर्युक्त वर्गों का साहित्य शेर के संबंध में ज्ञान के विस्तार की भी तथा कथा है। यह तो पाठक की रुचि, शिक्षा और समझ के स्तर पर निर्भर करता हे कि उसे किस वर्ग के साहित्य में कितनी रुचि है। प्रत्येक वर्ग के साहित्य में कुछ गुणात्मक है तो कुछ अवांछनीय, यहां तक कि तथाकथित आधुनिक वैज्ञानिक अध्ययनों में भी बहुत कुछ व्यर्थ है। अच्छा होगा कि पाठक स्वयं अध्ययन कर अपना मत बनायें।

हम यहां पर अपना मत न देते हुय पाठकों के लिये प्रत्येक वर्ग के साहित्य से कुछ चुने हुये अंश की एक बहुत छोटी सी झलक ही प्रस्तुत कर रहे हैं। एक छोटे से चित्र को प्रस्तुत करने के लिये भी वह बहुत छोटा है।

शिकार साहित्य

उन्नीसवीं और बीसवीं सदी के पूर्व तक गोरे यूरोपीय साहबों की भारत यात्रा तब तक पूरी न होती जब तक वे शेर का शिकार न करते। भारत में पदस्थ गोरे अधिकारियों का तो यह पसंदीदा शौक था। पढ़िये कैप्टेन फोरसाइथ (1889) द्वारा किये गये शिकार का विवरण :

''शीघ्र ही शेर ने एक अल्प गर्जना के बाद आगे बढ़ना प्रारंभ किया, (वह) झाड़ियों से छलांग भरता सा बढ़ा कि उसने (शेर ने) उस रास्ते पर जहां से वह खिसकना चाह रहा था, एक हौदे युक्त हाथी को रास्ता रोके देखा, उसके बाद वह मुड़ा और मुझ पर डरावनी गर्जना के साथ आक्रमण किया। झाड़ियों की चरमराहट के बीच उसे देख पाना बड़ा मुश्किल था, और जब वह बीस गज की दूरी के भीतर ही रहा होगा तभी मैंने दुबारा गोली चलाई। मैं इस कोशिश में ही था कि उस पर बड़ी शेल राइफल से वार करूं, कि अचानक (मैं जिस हाथी पर बैठा था) वह हाथी घूम गया। हाथी के इस उत्तेजनापूर्ण चालन ने मुझे यह स्पष्ट कर दिया कि मेरे साथ एक और यात्री (हाथी पर) चढ़ गया। मैं उस थमे हुए क्षण में थोड़ा झुका और (मैंने) बन्दूक की नाल शेर के सिर पर सटाकर, बन्दूक को दाग दिया, (बन्दूक की बड़ी) गोली ने (शेर के) सिर के पचास टुकड़े कर दिये।'' (पृ. 120)†

---

† "Instantly the tiger started up with a short roar and galloped off through the bushes... he (tiger) saw the pad elephant blocking the road he meant to escape by, and then ne turned and charged back at me with horrible roars. It was very difficult to see him among the crashing bushes, and he was within twenty yerds when I fired again... I was now is the act of covering him with the large shell rifle when suddenly the elephant spun round... the franatic movements of the elephant told me I had a fellow passanger on board... fI seized that placid interval to lean over behind and put the muzzle of a rifle to the head of the tiger blowing it into fifty pieces with the large shell."

– *Highlands of Central India, p.120*

शेर के शिकार के ये किस्से यद्यपि वीरता दर्शाने के लिये लिखे गये थे किंतु यह मनुष्य द्वारा मशीन से निरपराध वन्यपशुओं की नृशंस हत्या ही थी, इसमें ऐसा कुछ नहीं था जिसे वीरता या शौर्य कहा जाये, फिर भी उस समय यह साहित्य आज के सिनेमा से अधिक लोकप्रिय रहा। शेरों का शिकार अबाध रूप से बीसवीं सदी के प्रारंभिक पच्चीस वर्षों तक चलता रहा।

डनबार ब्रान्डर (1923) 'वाइल्ड एनीमल्स इन सेन्ट्रल इंडिया' में लिखते हैं :

''आदमी इतना कमजोर प्राणी है कि शेर को उसकी गर्दन तोड़ने के लिये आक्रमण की किसी विशेष पद्धति को नहीं अपनाना पड़ता। मैंने एक उदाहरण में पाया कि एक आदमखोर शेर ने अपने पंजे के एक प्रहार मात्र से एक आदमी की खोपड़ी उड़ा दी।''*(पृ. 78)*[†]

''बिल्ली के नौ जीवन होते हैं, और शेर दुनिया का सबसे लंबी, सबसे ताकतवर बिल्ली हैं।' उसकी स्मरण शक्ति के अनेक असाधारण उदाहरण प्रकाशित हुये हैं जबकि वह खतरनाक घावों से पीड़ित था। मैं एक ऐसे शेर को जानता हूं जिसके दिल का एक हिस्सा 577 बन्दूक की गोली से उड़ जाने पर भी, वह घूमा और उसके बाद उसने उन हांका वालों पर छलांग लगा दी जो 100 गज दूर थे और जिन्होंने भागकर पेड़ों पर चढ़कर जान बचाई। इस प्रयास के बाद शेर तो मर गया परन्तु (यह लिखना आवश्यक है कि) उसकी छलांग कोई अनियंत्रित भागदौड़ नहीं थी वरन् एक सोचा-समझा और दृढ़तापूर्वक किया गया प्रयास था।''*(पृ. 108)* [‡]

ऐसे किस्से सैकड़ों में नहीं हजारों में हैं जहां हर बार भयानक शक्तिशाली शेर बंदूक की गोली का शिकार हो जाता है। हमारे देशी राजे-महराजे पीछे क्यों रहते। एक राजा ने सैकड़ों की तादाद में शेरों को मौत के घाट उतारा, कभी हांका लगावाकर कभी और तरीकों से।

इन्हीं शिकारियों में से कुछ अपवादस्वरूप थे जैसे जिम कार्बेट, जिन्होंने 'वैज्ञानिक लेखन' के पूर्व ही शेरों की नस्ल समाप्त होने के संकट से लोगों को आगाह किया था।

जिम कार्बेट की कलम से : शेर युगल और हाथी का द्वंद्व

स्थलीय पशुओं में यदि हाथी सबसे शक्तिशाली है तो उसे इसका गुमान भी है। वैसे तो हाथी सदैव ही झुंडों में रहते हैं, पर कुछ मदमत्त हाथी कभी स्वभाववश तो कभी

---

† "man is so feeble animal, tigers do not require special methods of a attack in order to break his neck... I once saw a case in which a man-eating tiger had driven in a man's skull with a bllow from his paw deliverd on the top of his head."

— *Wild Animals in Central India, p.78*

‡ "A cat has nine lives' and the tiger is the largest strongest cat in the world. Many almost incredible instances of their endurance under the most frightful wounds have been published... I have known a tiger receive a. 577 bullet which removed a portion of his heart, turn round, and then charged The beaters, who were 100 yards behind ran and escaped up trees. The tiger died afler this effort, but the charge was not in the nature of a wild uncontrolled rush but was a determined effort with purpose in it."

— *Wild Animals in Central India, p.108*

संयोग वश अपने झुंडों से अलग हो जाते हैं और केवल एसे ही एकाकी हाथियों को एक या एक से अधिक शेरों से मुकाबला करना पड़ता है। वनराज भी इतना समझदार तो होता ही है कि वह हाथियों के समूह से दूरी बनाकर ही रखता है।

जिम कार्बेट (1923) अपनी प्रसिद्ध पुस्तक में एक ऐसे हाथी का वर्णन करते हैं जो मदमत्त रहकर वन विभाग के बंगलों की बल्लियों को उखाड़ने में विशेष आनंद लेता था। इस विशाल दांतो वाले हाथी ने यहां की जनता को परेशान कर रखा था परन्तु कभी किसी व्यक्ति को नहीं मारा था इसलिए सही अर्थों में वह उद्‌दंड हाथी (Rouge) नहीं था।

"जब हाथी ने नाले को पार किया तो उसने दूर किनारे पर शेर देखे और तब उसने सूंड़ उठाकर (झाड़–झखाड़ों को) कुचलते हुये शेरों की ओर बढ़ना प्रारंभ किया। अब शेर हाथी का सामना करने को तैयार हो गये, एक शेर ने उसके सामने जाकर (अपने रुतबे को) जाहिर किया और दूसरे ने उसकी परिक्रमा करते हुये, उसकी पीठ पर छलांग लगा दी। अपना सिर हिलाते हुये हाथी ने पीठ पर चढ़े हुये शेर को खींचने की कोशिश की तभी सामने खड़े हुये शेर ने उसके सिर पर छलांग लगा दी। अब हाथी गुस्से से गर्जना करने लगा। जब शेर गुस्से से दहाड़ते हैं तो और भी भयंकर प्रतीत होते हैं।"†

किस्से का अंत क्या हुआ हुआ होगा, यह सुधी पाठक जान गये होंगे। रात भर चली गांव के पास के जंगल की इस लड़ाई में स्थनीय प्रशासन ने भी गोलियां दागीं, परिणाम यह हुआ कि हाथी सुबह मृत अवस्था में मिला और शेर जंगल में चले गये।

शेरों की इस असाधारण प्रतिक्रिया पर मत व्यक्त करते हुये जिम कार्बेट लिखते हैं कि दरअसल हाथी ने प्रणयरत शेर युगल को छेड़ दिया था, और ऐसे अवसरों पर तो कुछ भी संभव है। साधारणतः दो शेर भी सामान्य अवस्था में 45 किलो के दांतों वाले भारी–भरकम हाथी पर आक्रमण करने की बजाय उठकर रास्ता दे देते। इस युद्ध में आंखों पर हमला कर हाथी को अंधा और असहाय बना दिया गया था।

व्यवहार से संबंधित एवं पारिस्थितिकी से संबंधित साहित्य

देश के स्वतंत्र होने के साथ ही वनों का काफी सफाया हो चुका था। और पर्यावरण विनाश तथा निर्बाध शिकार ने शेर को दुर्लभ प्राणी बना दिया था। पुराने शिकारी जो अब पर्यावरणविद् कहलाने लगे थे, मौजूदा हालत पर चिंतित होने लगे। धीरे–धीरे बन्दूक के स्थान पर लोगों ने कमरे से शेर को शूट करना प्रारंभ किया।

समूची दुनिया में वन्य प्राणियो की सुरक्षा के बारे में चिन्ता की जाने लगी। 'विश्व प्रकृति निधि' की पहल रंग लायी और भारत में भी शेरों का वैज्ञानिक अध्ययन

---

† "When The elephant stepped out on the channel and saw the tigers on the far side it raised its trunk and started to move towards them.The tigers now turned to face the elephant and as it approached them one demonstrated his power and other circle round behind and sprang on its back. Swinging its head round, the elephant tried to get at the tiger on its back with its trunk, and the one infront then sprang on its head. The elephant was now screaming with rage, while the tigers were giving vent to full the roated roars. When The tigers roar with anger, it is very terrifying sound."

– *Jungle Lore, p. 18-19*

प्रारंभ हुआ। कान्हा राष्ट्रीय उद्यान में शेरों के अध्ययन के लिये शेलर आये, उन्होंने यहां आने के पूर्व अफ्रीकी सिंहों का अध्ययन किया था।

शेलर (1967) कान्हा राष्ट्रीय उद्यान के शेरों पर शोध करते हुये अपनी प्रसिद्ध पुस्तक में लिखते हैं :

"यदि एक शेरनी वन्य जीवन में 4 वर्ष की आयु में अपना पहला शावक जनती है और इस तरह प्रतिवर्ष एक शावक का पालन करती है तो अपनी मृत्यु तक (अर्थात) 18वें वर्ष तक अपने जीवन काल में उसका उत्पादन 14 शावकों का होगा।"[†]

यह अध्ययन भारतीय वन्य प्रणियों के अध्ययन का मील का पत्थर माना जाता है।

कैलाश सांखला (1978) 'टाइगर : दि स्टोरी ऑफ दि इंडियन टाइगर' में विस्तार से शेरों की जीवनी लिखते हैं परन्तु उनका लेखन इसलिये बहुत महत्वपूर्ण है कि उन्होंने शेरों की वास्तविक संख्या के संबंध में वैज्ञानिक सोच प्रदान की, वे लिखते हैं :

"ई. पी. जी., जो कि आदरणीय पर्यावरणविद् हैं, वन्य जीवन के छायांकन के लिये (भारतीय जगंलों में) दूर-दराज तक घूमे। उनके अनुसार 50 साल पहले भारत में लगभग 40,000 शेर थे, जो 1960 तक 4000 बचे।" (पृ. *174*)[‡]

"इस समूचे (एशियाई) महाद्वीप में बाघों की कुल संख्या 2741 बैठती है।" (पृ. *176*)[§]

प्रबंधन से संबंधित साहित्य

अंतर्राष्ट्रीय संगठनों की रुचि के फलस्वरूप भारत में बाघों की सुरक्षा के लिये संरक्षित क्षेत्रों का निर्माण हुआ, क्योंकि यह माना गया कि यदि बाघों की सुरक्षा की जाती है तो संपूर्ण पर्यावरण सुरक्षित रह सकेगा। इस गणना का लाभ यह हुआ कि भारत में बाघ-परियोजना प्रारंभ हुई जिसके लिये विशेष संरक्षित क्षेत्रों का चयन किया गया, और उनमें बाघ और उसके पर्यावरण के रख-रखाव के लिये भारी मात्रा में धन व्यय किया जाने लगा। इस सबके बावजूद बाघों की संख्या में अपेक्षित वृद्धि नहीं हुई।

फिलहाल बांघों की अधिकांश संख्या संरक्षित क्षेत्रों में ही है जहां उनका वैज्ञानिक अध्ययन होता रहता है। कभी उसकी पारिस्थितिकी के किसी एक घटक को लेकर तो कभी उसके व्यवहार को लेकर। अंतर्राष्ट्रीय रिसर्च पत्रिका 'टाइगर पेपर्स' में ऐसे अनेक शोध पत्रों, गोष्ठियों और सेमिनारों का विवरण पढ़ा जा सकता है।

---

† "If a tigress in the wild produces her first litter at the age of 4 years and raises on the average one cub per year until she dies at the age of 18 her total life time production is on the order of fourteen animals."

– The Deer and The Tiger, p. 233

‡ "E. P. Gee, the celebrated naturalist, roamed the jungles far and wide in pursuit of wildlife photography according to him, about 50 years ago there were 40,000 tigers and by 1964 there were 4000."

– Tiger . The Story of The Indian Tiger, p. 174

§ "There the grand total of tigers throughout the continent comes to 2741."

–Tiger : The Story of The Indian Tiger, p. 176

पिछले एक दशक में समाचार पत्रों और टीवी चैनलों ने शेरों से संबंधित जानकारियां और घटनायें प्रकाशित करने में काफी रुचि दिखलाई है।

वर्ष 2003 के अप्रैल माह में मध्य प्रदेश के बांधवगढ़ राष्ट्रीय उद्यान में जीप में सवार विदेशी पर्यटकों में से एक पर एक शेरनी ने हमला कर दिया। पर्यटक साधारण तौर पर घायल हो गये अब प्रकाशित होना प्रारंभ हुई 'वैज्ञानिक रिपोर्टों' की लम्बी शृंखला। यहां तक कहा गया कि शेरनी का 'जीन' ही गड़बड़ है। दूर की कौड़ी फेकने वालों ने उसका संबंध (अब मृत) उस क्षेत्र के सिरफिरे शेर 'चार्जर' से जोड़ दिया। कुछ सामाजिक संस्थाओं' ने प्रबंधन को नकारा और इसके लिये अधिकारियों को दोषी बतलाया तो कुछ अन्य ने पर्यटकों की धमाचौकड़ी को शेर के व्यवहार में बदलाव का दोषी माना।

कुल मिलाकर 'शेर' भी अब राजनैतिक और अफसर शाही के शिकंजे में आ चुका है। डेमोक्रेसी के इस देश में बहुत से लोगों को शेर का वन का राजा होना नागवार गुजर रहा है। तस्कर और अंधविश्वासी अलग शेर की जान के पीछे पड़े हैं।

चीन और दक्षिण-पूर्वी एशिया में शेर के अंगों से दवाइयां बनाने का परम्परागत अंधविश्वासी व्यापार रहा है। इसमें रातोंरात लखपती बन जाने की सम्भावना सदैव ही रही है। यही कारण है कि इसमें संगठित तस्करों ने अपने देशों के शेरों का तो सफाया कर ही दिया अब उनकी नजर भारत में पाये जाने वाले शेरों पर पड़ी। नियम-कानूनों की कमजोरी, सरकारी उदासीनता, भ्रष्ट अधिकारियों और अंधविश्वासियों की जमात ने लगभग 300 शेर प्रतिवर्ष मारने प्रारंभ किये जो शेरों की प्रजनन दर से अधिक थे, परिणामतः 1989 के चार वर्षों बाद शेरों की संख्या बढ़ने के बजाय घटकर 3750 रह गई।

ऐसा नहीं है कि खतरा केवल बाहरी तस्करों से ही है, हमारे देश में ही आदिवासियों में अखण्ड पारध या अखण्ड शिकार की परंपरा है जिसके चलते शेर और उन सभी प्रणियों का साल में एक बार जमकर विनाश किया जाता है जिस पर वह निर्भर रहता है।

हमारे सर्वोच्च नेताओं की सोच भी कहीं-न-कहीं शेरों के संरक्षण को प्रभावित करती है। एक ओर श्रीमती इंदिरा गांधी ने बाघ परियोजना में पूरी रुचि दिखलाई थी तो दूसरी ओर श्री पी. व्ही. नरसिंह राव ठीक इसके विपरीत विचारों वाले व्यक्ति थे। अजय सूरी (1998) ने अपने निबंध 'बिग कैट-इन बिग ट्रबल' (इंडियन एक्सप्रेस, नवंबर 29, 1998) के 'फ्लेयर कॉलम में लिखा : जो श्री राव ने एक अंतर्राष्ट्रीय गोष्ठी में सार्वजनिक तौर पर कहा :

"राव ने तेज स्वर में शिकायत की मेरे चुनाव क्षेत्र में शेर एक संकट हैं। किसान अक्सर यह शिकायत करते हैं कि बिना उकसाये शेर उनके ढोरों को मार डालते हैं। यह कैसी योजना थी जिसे श्रीमती इंदिरा गांधी ने प्रारंभ किया।"†

श्री अटल बिहारी वाजपेयी सत्ता में आये और जब 'प्रोजेक्ट टाइगर' के रजत जयंती समारोह के लिये वन अधिकारी उनके पास गये, तब उन्हें वस्तुस्थिति की पूरी जानकारी थी और उन्होंने कहा, "क्या देश में इतने शेर बचे हैं कि हम एक उत्सव मना सकें।"

† "Rao complained loudly : Tigers are a menace in my constituency. Farmers often complain of tiger killing their cattle without provocation... what was the scheme Mrs Gandhi started to save the tigers."

– 'Big Cat in Big Trouble (Indian Express, Nov. 29, 1998)

काला साया

बन्दूक की गोलियां झेलते हुये 1973 तक भारत में शेरों की संख्या मात्र 1800 बची, तभी श्रीमती इंदिरा गांधी के कार्यकाल में बाघ परियोजना प्रारंभ की गई और इसके अंतर्गत भारत के प्रमुख संरक्षित क्षेत्र लाये गये। 1989 तक इस परियोजना का कार्य ठीक चला और भारत में बाघों की संख्या 4300 हो गई किंतु इसके तुरंत बाद ही स्थिति बदतर होना प्रारंभ हुई।

वर्ष 2009 के मध्य तक तो केन्द्रीय सरकार ने भी यह स्वीकार कर लिया है कि 'प्रोजेक्ट टाइगर' विफल हो चुका है। इससे बड़ी त्रासदी क्या हो सकती है कि प्रोजेक्ट टाइगर के दो संरक्षित क्षेत्र पन्ना और सारिस्का अब बाघ-विहीन हैं। जब बाघों की यह हालत है तब अन्य प्राणियों की हालात को समझना मुश्किल नहीं है।

भारत में बाघों के भविष्य पर पर्यावरणविद् चिन्तित हैं, कहीं ऐसा न हो कि आगे आने वाली पीढ़ियां भारत के बाघों पर लिखे गये शानदार साहित्य पर विश्वास ही न करें।

Further Reading

बाघों पर लिखी गई पुस्तकें सैकड़ों की संख्या में हैं, उनमें से निम्नलिखित पुस्तकों को पढ़कर पाठक निश्चित ही प्रसन्नता का अनुभव करेंगे।

Chakrabarti, Kalyan. *Man-eating Tigers,* (Darbari Prokashan, Calcutta, 1992)

Champion, F. *With a Camera in Tiger Land,* (Chatto & Windus, London, (1927)

Corbet, G.B. and J.E. Hill. *The Mammals of the Indomalayan Region,* (Natural History Museum,OUP, London, Oxford, 1992)

Courtney, N. *The Tiger – Symbol of Freedom,* (Quartet Books, London, 1980)

Desai, J.H. and A.K. Malhotra. *The White Tiger,* (Publications Division, Ministry of Information & Broadcasting, New Delhi, 1992)

Fend, Werner. *Die Tiger Van Abutschmar,* (Verlag Fritz Molden, Vienna, 1972)

Gcc, E.P. *The Wildlife of India,* (Collins, London, 1964) Ghorpade, M.Y. *Sunlight and Shadows,* (Gollancz, London, 1983)

Hanley, P. *Tiger Trails in Assam,* (Robert Hale, London, 1961)

Ives, Richard. *Of Tigers and Men,* (Doubleday, New York, 1995)

Locke, A. *The Tigers of Trengganu,* (London, 1954)

McNeely, A. Jeffrey and RS. Wachtel. *The Soul of the Tiger,* (Doubleday, New York 1988)

Meacham, Gory. *How the Tiger Lost Its Stripes,* (Harcourt Brace, New York, 1997)

Montgomery, Sy. *Spellofthe Tiger,* (Houghton Mlfflin, Boston, 1995)

Morris, R. A tigress with five cubs', *(Journal of the Bombay Natural History Society* 31(3): 810-11, Bombay, 1927)

Mountfort, G. *Tigers,* (David and Charles, Newton Abbot, 1973)

____ *Back from the Brink,* (Hutchinson, London, 1978)

____ *Saving the Tiger,* (Michael Joseph, London, 1981)
Musselwhitc, A. *Behind the Lens in Tiger Land,* (London, 1933)
Niyogi,Tushar K. *Tiger Cult of the Sundarhans,* (Anthropological Survey of India, Calcutta, 1996)
Owen Edmunds, Tom. *Bhutan,* (Elm Tree Books, London, 1989) Panwar, H.S. *Kanha National Park – A Handbook,* (GEE, Ahmedabad, 1991)
Perry, R. *The World of the Tiger,* (Cassell & Co. Ltd., London, 1964)
Rathore, Fateh Singh and Valmik Thapar. *With Tigers in the Wild,* (Vikas Publishing, Delhi, 1983)
Richardson, W. 'Tiger cubs', *(Journal of the Bombay Natural History Society* 5(2): 191 .Bombay, 1890)
Sankhala, K. *Tiger,* (Collins, London, 1978)
Schaller, G.B. *The Deer and the Tiger,* (Chicago University Press, Chicago, 1967)
Sheshadri, B. *Tarn, A Tigress,* (Quartet Books, London, 1981)
____*Tiger! Tiger!,* (Jonathan Cape, London 1984)
____*The Legend of the Man Eater,* (Ravi Dayal, New Delhi, 1993) Singh, K. *The Tiger of Rajasthan,* (London, 1959)
____*Hints on Tiger Shooting,* (The Hindustan Times Ltd., Delhi, (1965)
____*Elephant Days and Nights,* (OUP, New Delhi, 1994)
Sunquist, Fiona and Mel. *Tiger Moon,* (University of Chicago Press, Chicago, 1988)
Thapar, Valmik. *Tiger: Portrait of a Predator,* (Collins, London, 1986)
____*The Tiger's Destiny,* (Kyie Cathie, London, 1992)
____*The Land of the Tiger,* (BBC Books, London, 1997)
Tikader, B.M. Threatened Animals of India, (ZSI, Calcutta, 1993)
Tilson, R.L. and V, Seal, T*igers of the World: The biology, bio politics, management and conservation of an endangered species,* (Noyes Publications, New Jersey, 1987)
Toovey, J. (ed.) *Tigers of the Raj,* (Alan Sutton, Gloucester, 1987) Tyabji, Hashim. *Bandhavgarh National Park,* (New Delhi, 1994)
Ward, Geoffrey C. *Tiger-Wallahs,* (Harper Collins, New York, 1993)
Zwaenepoel, Jean-Pierre. *Tigers,* (Chronicle Books, San Francisco, 1992)

विश्वकोश का संयोजन

भाषा

'भारत के संरक्षित क्षेत्रों का विश्वकोश' का संयोजन 3 खण्डों में किया गया है। 'खण्ड–ब' विश्वकोश का प्रमुख खण्ड है, प्रथम और तृतीय खण्डों में दी गई सामग्री की आनुषंगिक जानकारियां संकलित हैं।

'भारत के संरक्षित क्षेत्रों का विश्वकोश' के खण्ड–ब में 'वर्णानुक्रम में संरक्षित क्षेत्रों का विवरण' दिया गया है। यह वर्णानुक्रम संस्कृत के मान्य 'माहेश्वर' सूत्र के आधार पर है (कु चु टु तु पु एते प्रादयः)। स्वरों को व्यंजनों से पहले रखा गया है, क्रम इस प्रकार है :

1. **अ–अः**
   अ, आ, इ, ई, उ, ऊ,
   ए, ऐ, ओ, औ, अं, अः।
2. **क–ङ**
   क, ख, ग, घ, ङ।
3. **च–ञ**
   च, छ, ज, झ, ञ।
4. **ट–ण**
   ट, ठ, ड, ढ, ण।
5. **त–न**
   त, थ, द, ध, न।
6. **प–म**
   प, फ, ब, भ, म।
7. **य–व**
   य, र, ल, व।
8. **श–ह**
   श, ष, स, ह।
9. **क्ष, त्र, ज्ञ।**

जैसा कि अपेक्षित है संरक्षित क्षेत्रों के नाम कुछ अक्षरों से बहुत अधिक संख्या में प्रारंभ होते हैं तो कुछ अक्षरों से बहुत कम, कुछ ऐसे भी अक्षर हैं जिनसे किसी भी संरक्षित क्षेत्र का नाम प्रारंभ नहीं होता। सर्वाधिक शब्द स, न और क अक्षरों से है, ग्यारह अक्षरों से 1 या 2 संरक्षित क्षेत्रों के नाम हैं जबकि 15 अक्षरों से किसी भी संरक्षित क्षेत्र का नाम प्रारंभ नहीं होता।

नामों के हिज्जों में कठिनाई रही है क्योंकि विभिन्न भारतीय भाषाओं में शब्दों के उच्चारण में अपनी अलग विशिष्टता रहती है, जिसका अनुवाद कर पाना सदैव सहज नहीं रहता। अनेक भाषाओं में श और स का भेद तथा च और छ का भेद कर पाना कठिन होता है, इसी प्रकार की कुछ अन्य भाषागत कठिनाइयां भी होती हैं। यथासंभव प्रयास यह रहा है कि अनूदित शब्द की हिज्ज मूलभाषा के शब्द से बहुत अलग न हो।

भारत की हिन्दी पट्टी के राज्यों में स्थित संरक्षित क्षेत्रों के नामों में तो कोई कठिनाई

नहीं है किंतु अन्य भाषाई क्षेत्रों के नामों के हिन्दीकरण में कठिनाई रही है। उदाहरण है 'कंचनजंगा' संरक्षित क्षेत्र के नाम का जिसका उच्चारण अंग्रेजी में KHANCHEN-DZONGA है। कुछ तमिल और तेलगू नामों में भी ऐसी ही कठिनाइयां हैं। ग्रंथ में यथा संभव बहुश्रुत हिज्जों का प्रयोग किया गया है।

तकनीकी भाषा संबंधी कठिनाइयां

संरक्षित क्षेत्रों के वितरण में अनेक विषयों के तकनीकी (रूढ़) शब्दों का प्रयोग करना आवश्यक है। स्थिति तब कठिन हो जाती है जब शब्द का 'मानक' (शब्दकोश स्वीकृत) शब्द कुछ और हो तथा प्रचलित शब्द कुछ और हो। उदाहरण के लिये संरक्षित क्षेत्रों में सबसे अधिक उपयोग में आने वाला अंग्रेजी भाषा का तकनीकी शब्द 'स्पीसीज' है। इस शब्द का मानक अनुवाद जाति है। इसी तरह 'अंग्रेजी शब्द 'सब–स्पीसीज या रेस' शब्द का मानक अनुवाद 'प्रजाति' है। दुर्भाग्य से हिन्दी भाषा में वैज्ञानिक साहित्य स्वतंत्रता के पिछले छह–सात दशकों में नगण्य या अपवादस्वरूप ही लिखा गया। जो भी हिन्दी में वैज्ञानिक लेखन है वह शोध पोथियों तक सीमित है। परिणाम यह है कि उपर्युक्त दोनों शब्दों के 'मानव विज्ञान' या 'समाज विज्ञान' से संबंधित अर्थ तो सामान्य जन की समझ में हैं पर उनके जीव वैज्ञानिक अर्थ सामान्य जन की समझ से बाहर हैं। ऐसा नहीं है कि हिन्दी में 'सामाज विज्ञान' या 'मानव विज्ञान' के साहित्य का उल्लेखनीय मात्रा में सृजन हुआ है वरन् 'जाति' और 'प्रजाति' जैसे शब्द भारतीय राजनीति में खूब छाये रहते हैं और राजनेता इन शब्दों की विवेचनायें कर अपनी सुविधा के अनुसार आम जनता को उनके अर्थ बतलाते रहते हैं।

संरक्षित क्षेत्र मुख्यतः वन्य प्राणियों की 'स्पीसीज' और 'सब–स्पीसीज' के संरक्षण के लिये स्थापित किये गये हैं। उदाहरण के लिये भारत में पाये जाने वाला गिर वनों का 'सिंह' स्पीसीज (जाति) के स्तर पर अफ्रीकी 'सिहों' का संबंधी है, परन्तु रेस (सब–स्पीसीज) की दृष्टि से वह उनसे अलग है और अब यह 'सब स्पीसीज' केवल भारत तक ही सीमित है। साधारण बोलचाल में इसे सिंहों की 'प्रजाति' कहा जाता है जो कि रूढ़ शब्द का सही उपयोग है। इसके साथ ही यह भी ध्यान देने योग्य है कि साधारण बोलचाल की भाषा में 'जाति' को भी 'प्रजाति' कहने का प्रचलन है। उदाहरण के लिये भारतीय हाथी एक ही स्पीसीज (जाति) और एक ही रेस (प्रजाति) का सदस्य है पर जहां भारतीय और अफ्रीकी सिंह एक ही 'जाति' (स्पीसीज) की दो प्रजातियां (रेस) हैं वहां भारतीय और आफ्रीकी हाथी एक 'वंश' (जीन्स) के सदस्य हैं। इस तरह भारतीय हाथी अलग जाति (स्पीसीज) का है और अफ्रीकी हाथी अलग जाति का। उपर्युक्त जीव वैज्ञानिक फर्क को ध्यान में रखकर भारतीय हाथी के साथ 'जाति' शब्द का प्रयोग किया जाना चाहिये परन्तु सामान्य लेखन में 'प्रजाति' शब्द का ही प्रयोग होता है। यह एक अलग तथ्य है कि भारतीय हाथी की जाति की प्रजाति भी एक ही है।

संरक्षित क्षेत्रों के विवरण

'विश्वकोश' के इस खण्ड में लगभग 550 संरक्षित क्षेत्रों में से अधिकतर संरक्षित क्षेत्रों के विवरण दिये गये हैं। ये विवरण दो प्रकार के मानक ढांचे में प्रस्तुत किये गये हैं। पहले

मानक ढांचे में अधिसंख्य विवरणों को क्रमबद्ध रूप से रखा गया है जिनसे संरक्षित क्षेत्र विशेष की पहिचान है। इस तरह प्रत्येक संरक्षित क्षेत्र का वर्णानुक्रमानुसार सर्वप्रथम नाम दिया गया है तदन्तर छह शीर्षकों में उसकी पहिचान को स्पष्ट किया गया है, ये शीर्षक क्रमशः 'संरक्षित क्षेत्र', 'विस्तार', 'स्थिति', 'उत्तम भ्रमण काल', 'पारिस्थितिकी' और 'वन्य पशु-पक्षी' हैं। प्रयास किया गया है कि सभी शीर्षकों में समान विवरण हों। इन छह शीर्षकों के पश्चात 1 से लेकर 4 पैराग्राफ में संबंधित संरक्षित क्षेत्र के प्राणिजात से संबंधित विवरण प्रस्तुत किया गया है। यह विवरण सदैव एक-सा नहीं है, इसका कारण संबंधित संरक्षित क्षेत्र के संबंध में उपलब्ध जानकारी तथा संरक्षित क्षेत्र का विकसित, अविकसित या अर्धविकसित होना है। इनमें वे संरक्षित क्षेत्र हैं जो पिछले अनेक दशकों में घोषित तो हो गये हैं परन्तु उनका अद्यतन विकास नहीं हुआ है, तथा वे कागजी रूप से जीवित हैं। इनमें अनेक संरक्षित क्षेत्र ऐसे भी हैं जिनका विकास हुआ है। इन पर पर्याप्त शोध कार्य भी हुये हैं। विकसित संरक्षित क्षेत्रों में, कुछ विशिष्ट राष्ट्रीय उद्यान ओर बायोस्फियर रिजर्व प्रमुख हैं, इनमें सामान्य पर्यटकों की रुचि अधिक रहती है अतः इनके संबंध में विशेष विवरण दिये गये हैं। कुछ संरक्षित क्षेत्र पशु विशेष के लिये भी विख्यात हैं उन पर भी विशेष विवरण लिखे गये हैं।

मोटे तौर पर इन विवरणों को दो वर्गों में रखा जा सकता है। प्रथम वर्ग के विवरण निबन्ध के रूप में हैं। इन निबन्धों के माध्यम से यह प्रयास रहा है कि पाठक भारत के संरक्षित क्षेत्रों की विशेषताओं को समग्रता में ग्रहण कर सकें। प्रथम वर्ग के विवरणों में संरक्षित क्षेत्र की सभी प्रमुख विशेषताओं को संक्षेप में प्रस्तुत करने का प्रयास किया गया है। दूसरे वर्ग के विवरण लघु निबंधों के रूप में हैं। ये दो प्रकार के हैं। इनमें या तो संरक्षित क्षेत्र की सभी विशेषताओं को संक्षेप में प्रस्तुत किया गया है अथवा संरक्षित क्षेत्र की किसी एक विशेषता को प्रकाश में लाया गया है। सामान्यतया यह विशेषता प्राणिजात से ही संबंधित है। द्वितीय वर्ग के लघु निबंधों में अधिकतर एक या दो बिंदुओं पर ही चर्चा की गई है।

दूसरे प्रकार के मानक ढांचे में संरक्षित क्षेत्र का अत्यंत संरक्षित रूप में परिचय दिया गया है। ये विवरण 15 से 30 शब्द सीमा में हैं।

वर्ष 1988 में 'वाइल्ड लाइफ इंस्टीट्यूट आफ इंडिया' की संरक्षित क्षेत्रों की कार्य योजना 'प्लानिंग ए वाइल्ड लाइफ प्रोटेक्टेड एरिया नेटवर्क इन इंडिया' की दो जिल्दों में की गई। दूसरी जिल्द 'स्टेट समरीज़' (प्रदेशों का संक्षेप) की है, इसमें 600 से अधिक संरक्षित क्षेत्रों को अधिसूचित करने की बात कही गई है। इनमें से बहुसंख्य संरक्षित क्षेत्र तो पुराने ही थे परन्तु अनेक नये संरक्षित क्षेत्र विशेषतः अभयारण्यों को आगामी वर्षों में घोषित किया जाना था। इस तरह संख्या बढ़ने का क्रम तब से आज तक जारी है।

प्रत्येक प्रदेश की सरकार अपने को 'इको-फ्रेन्डली' साबित करना चाहती है, अतः अन्य सरकारी घोषणाओं की भांति नये अभयारण्यों की स्थापना की घोषणायें भी होती रहीं। केन्द्र सरकार भी राष्ट्रीय उद्यानों विशेषकर बाघ परियोजना के अंतर्गत टाइगर रिजर्वों की संख्या में वृद्धि करती रही।

इस तरह की वृद्धि का फल बहुत अनपेक्षित नहीं था। इन नये घोषित अभयारण्यों तथा राष्ट्रीय उद्यानों में अपवादस्वरूप ही गुणवत्ता लिये हुये संरक्षित क्षेत्र थे। भारत के संरक्षित क्षेत्रों की भारी-भरकम संख्या में लगभग एक चौथाई संरक्षित क्षेत्र केवल

10 वर्गमील या उससे भी छोटे आकार के हैं। इस तरह एक बड़ी संख्या के संरक्षित क्षेत्रों में ऐसा कुछ नहीं है जो अन्य समीपवर्ती उंगलियों पर गिनने लायक कुछ श्रेष्ठ संरक्षित क्षेत्रों से अलग हो।

विश्वकोश में चाहे वे किसी भी विषय के हों, उनमें सम्पूर्णता या विषय वस्तु की सभी इकाइयों का होना आवश्यक माना जाता है और इसीलिये वे विश्वकोश कहे भी जाते हैं। यह एक सैद्धान्तिक पक्ष है परन्तु सभी उपलब्ध विश्वकोश चाहे वे विज्ञान विषयों के हो या कि सामाजिक विज्ञान विषयों के, सभी की सीमायें होती हैं अन्यथा एक ही विषय का एक विश्वकोश 5000 पृष्ठों का और दूसरा 500 पृष्ठों का न होता। शब्दों की संख्या में भी यह अन्तर मिलना सामान्य सी बात है। प्रस्तुत विश्वकोश की भी ऐसी ही अपनी सीमायें रही हैं। प्रयास यह रहा है कि भारत के सभी प्रमुख संरक्षित क्षेत्रों का उल्लेख हो।

प्रस्तुत विश्वकोश की इकाई संरक्षित क्षेत्रों की वैधानिक स्थिति के अन्तर्गत 'राष्ट्रीय उद्यान' एवं 'अभयारण्य' हैं, अन्य वर्गों की जानकारी को भी आवश्यक होने पर कोश में यथा संभव स्थान दिया गया है।

'विश्वकोश' में इन सबके एक-से विवरण देने का अर्थ था पुनरुक्ति या एक ही वर्ग के तथ्यों की बार-बार तोता रटंत। पुनरुक्ति परिहार के उद्देश्य से भारत के विभिन्न विशिष्ट पर्यवासों के क्षेत्रों के प्रतिनिधि संरक्षित क्षेत्रों का तो क्रमबद्ध विवरण दिया गया है पर उसी क्षेत्र में अन्य संरक्षित क्षेत्रों का वर्णन अतिसंक्षेप में किया गया है।

सभी संरक्षित क्षेत्रों के विवरण समान विस्तार से नहीं दिये गये हैं। वस्तुतः ऐसा किसी भी अन्य विषय के कोशों में भी नहीं होता है, महत्वपूर्ण इकाइयों को अधिक विस्तार से वर्णित किये जाने का सिद्धान्त सर्वत्र ही प्रचलित है। यह अवश्य है ऐसी स्थिति में कोई पाठक यदि किसी इकाई विशेष को अति महत्वपूर्ण समझता है और जब उसे नहीं पाता तब उसे निराशा हो सकती है। परन्तु यह किसी भी कोश से अतिशय अपेक्षा है। विशेष विस्तार सदैव ही इकाई केन्द्रित विशिष्ट अध्ययनों (माइक्रो स्टडीज) के रूप में उपलब्ध रहते हैं। विशिष्ट संरक्षित क्षेत्र की विस्तृत जानकारी के लिये संदर्भ ग्रंथों एवं विकाश योजनाओं का अवलोकन आवश्यक है। केन्द्रीय शासित एवं प्रादेशिक शासित संरक्षित क्षेत्रों की 'विकास योजनायें' संबंधित मंत्रालय और कभी-कभी जिला मुख्यालयों में उपलब्ध रहती हैं। इन ग्रंथों में विस्तार से सूचनायें और विश्लेषण दिये गये होते हैं।

उदाहरण के लिए कोश में दिये गये 'वीरांगना दुर्गावती अभयारण्य' के संक्षिप्त विवरण से असंतुष्ट पाठक यदि विस्तार से इस अभयारण्य के संबंध में जानकारी चाहे तो उसे लेखक द्वारा लिखी अंग्रेजी (175 पृ.) और हिन्दी (200 पृ.) में इस विषय पर प्रकाशित दो पुस्तकें पढ़नी होंगी, इस अभयारण्य के संबंध में शासकीय विवरण (अप्रकाशित) 'रानी दुर्गावती अभयारण्य विकास योजना' (लगभग 10 पृ.) भी संबंधित शासकीय कार्यालयों में उपलब्ध है।

कोश में भारतवर्ष के सभी प्रदेशों के शीर्षक के माध्यम से संबंधित प्रदेश के सभी अभयारण्यों एवं राष्ट्रीय उद्यानों के बारे में संरक्षित जानकारी दी गई है, पर यदि पाठक प्रदेशों के संबंध में अधिक जानकारी चाहें तो उसके संबंधित प्रदेशों पर उस विषय पर प्रकाशित संदर्भ ग्रंथ देखने होंगे। उदाहरणार्थ मध्य प्रदेश और छत्तीसगढ़ प्रदेश के अभयारण्यों के लिये लेखक का 'वाइल्ड लाइफ सेंक्चुअरीज ऑफ सेन्ट्रल इंडिया' तथा 'नेशनल पार्क्स

ऑफ मध्य प्रदेश' ग्रंथ देखे जा सकते हैं। कान्हा, कार्बेट या पेरियार जैसे जो संरक्षित क्षेत्र पर्यटन की दृष्टि से महत्वपूर्ण हैं उन पर तो बहुत अधिक साहित्य मिल सकता है पर संख्यात्मक दृष्टि से अधिकांश संरक्षित क्षेत्रों विशेषकर अभयारण्यों पर प्रकाशित साहित्य नगण्य है।

संरक्षित क्षेत्रों का गतिशील चरित्र

संरक्षित क्षेत्रों के विवरणों में पूर्ण स्थायित्व अनपेक्षित होना अवश्यम्भावी है। सामान्यतः अन्य वर्गों के सभी विश्वकोशों में वर्णित इकाइयों की प्रकृति 'स्थायी' या लगभग स्थायी होती है। अर्थात शब्दों के अर्थ निश्चित या लगभग निश्चित होते हैं अतः उनके विवरणों में स्थायित्व होता है किंतु संरक्षित क्षेत्रों में वर्णित राष्ट्रीय उद्यानों एवं अभयारण्यों में से अधिकतर नाम को छोड़कर (सभी नहीं) सारे विवरण अस्थायी या गतिशील हैं। उदाहरण के लिये भौगोलिक स्थितियों में अक्षांश, देशांश जैसे स्थिति सूचक तत्व ही स्थायी हैं अन्यथा प्रदेशों के पुनर्गठन के फलस्वरूप पुरानी स्थितिवर्णन गलत हो जाते हैं। उत्तर प्रदेश, मध्य प्रदेश, बिहार के अनेक संरक्षित क्षेत्र अब उत्तरांचल, छत्तीसगढ़ और झारखण्ड में हैं। संरक्षित क्षेत्रों में दर्जनों पुराने नाम बदले जा चुके हैं। उनकी श्रेणियों में भी बदलाव आता रहा है। अभयारण्य या तो पूरे-के-पूरे राष्ट्रीय उद्यान बन गये या एक ही संरक्षित क्षेत्र में एक राष्ट्रीय उद्यान और एकाधिक नये संरक्षित क्षेत्र घोषित कर दिये गये। इनके क्षेत्रफलों में भी वृद्धि या ह्रास होता रहा। कुछ अभयारण्य 'डिनोटीफाइड' होकर विलुप्ति के कगार पर हैं।

विवरणों में आंकड़ों का सीमित प्रयोग

संरक्षित क्षेत्रों के विवरणो में आंकड़ों का अत्यधिक महत्व है। वस्तुतः संरक्षित क्षेत्रों का सापेक्ष्य महत्व आंकड़ों द्वारा ही समझना संभव है। आंकड़ों में से कुछ तो ऐसे हैं जिन्हें तोड़ा-मरोड़ा नहीं जा सकता। ये आंकड़े प्रकृति के तत्वों से संबंधित हैं। दूसरे वर्ग के वे आकड़े हैं जिनमें काफी हेर-फेर किया जाना संभव है। इस वर्ग के आंकड़ों में विश्वकोश की दृष्टि से वन्य पशुओं की गणनाओं के आंकड़े हैं। दुर्भाग्यवश भारत में ये आंकड़े मंत्रालयों तथा संरक्षित क्षेत्रों के गणनाधिकारी बाबुओं की कारगुजारियों के कारण अब पूरी तौर से न सही, काफी हद तक अपनी विश्वसनीयता खो चुके हैं इसलिये ऐसे आंकड़ों का कम से कम उल्लेख किया गया है।

सामान्य जनता की यह भ्रान्ति स्वाभाविक ही थी कि शासकीय आंकड़े विश्वसनीय हो सकते हैं। तथ्य यह है कि संरक्षित क्षेत्रों के संबंध में जहां वन्य पशुओं की गणनाओं के आंकड़े अविश्वसनीय हैं वहां संरक्षित क्षेत्रों के रख-रखाव और अधिकारियों की मोटी तनख्वाहों और भत्तों के अरबों रुपयों के भारी-भरकम आंकड़े विश्वसनीय हैं। सामान्य जनता आज तक यह समझने में असमर्थ है कि उसके टैक्स पर पलने वाला सरकारी अमला सफाई से अरबों रूपये डकार कर न तो संरक्षित क्षेत्रों के वनों की रक्षा कर पा रहे हैं और न वन्य प्राणियों की। कभी वह नक्सलियों के खौफ की बात कहता है तो कहीं तस्करों और प्रभावी लोगों के सांठगांठ की। बड़े पशुओं (मैगा फाना) की प्रजातियों का हर वर्ष का गिरता ग्राफ देखना सामान्य जन के लिये दुखदायी है।

विश्वकोश के तीनों खण्डों का अंतर्संबंध

विश्वकोश के तीनों खण्डों की सामग्री एक-दूसरे खण्ड की पूरक है। प्रथम और तृतीय खण्ड के विवरणों को यदि ध्यान से पढ़ा जाय तो द्वितीय खण्ड के संक्षिप्त विवरणों में कमी प्रतीत नहीं होगी क्योंकि इन खण्डों में प्राणिजात एवं वनस्पति संबंधी क्षेत्रीय विवरण इतनी मात्रा में दिये गये हैं कि भारत के किसी भी क्षेत्र के प्राणिजगत की आधातभूत जानकारी मिल सके।

'विश्वकोश' के प्रथम खण्ड अर्थात '*खण्ड-अ : संरक्षित क्षेत्रों का परिचय*' में भारत के संरक्षित क्षेत्रों से संबंधित आधारभूत जानकारियां हैं, इन जानकारियों के माध्यम से भारत के संरक्षित क्षेत्रों के प्रकार, विकास, विस्तार और सामाजिक संदर्भों को स्पष्ट करने का प्रयास किया गया है।

'विश्वकोश' का तीसरा खण्ड '*परिशिष्ट खण्ड*' है। '*खण्ड-स*' में उन सारे विवरणों को दे दिया गया है जो सामान्यतः संरक्षित क्षेत्रों के पर्यावरण एवं प्राणिजात के तकनीकी पक्ष से संबंधित हैं। तकनीकी पक्ष के अंतर्गत भारतीय संरक्षित क्षेत्रों में पायी जाने वाली वनस्पति के अंतर्गत वृक्षों, पौधों, लताओं और घासों इत्यादि के वर्गिकी नाम हैं जिन्हें प्रत्येक संरक्षित क्षेत्र के विवरणों के साथ देना संभव नहीं था। यही स्थिति वन्य पशुओं की है, उनकी पहचान सुनिश्चित रहे अतः उनके तकनीकी नाम भी परिशिष्ट में शामिल किये गये हैं।

विश्वकोश का द्वितीय खण्ड अर्थात '*खण्ड-ब*' में भारत के संरक्षित क्षेत्रों का वर्णानुक्रम में वर्णन किया गया है, जैसा कि लिखा जा चुका है कि ये वर्णन अकादमीय नियमों को ध्यान पर लिखे गये हैं। 'संरक्षित क्षेत्र' जैसे विषय के विश्वकोश में सदैव ही परिवर्द्धन की अपेक्षा रहती है, साथ ही समय बीतते इनमें संशोधन की आवश्यकता भी होना स्वाभाविक है।

खंड – ब

संरक्षित क्षेत्रों का वर्णानुक्रम में वर्णन

अ–आ	इ–ई	उ–ऊ	ए–ऐ	ओ–औ	अं–अः	ऋ–ऌ
क	च	त	प	य	श	क्ष
ख	छ	थ	फ	र	स	त्र
ग	ज	द	ब	ल	ष	ज्ञ
घ	झ	ध	भ	व	ह	卐
ङ	ञ	न	म	卐	卐	卐

हड़प्पा की मुहर में चित्रित व्याघ्र

भारतीय संरक्षित क्षेत्रों का शीर्ष प्राणी व्याघ्र (पैन्थरा टाइग्रिस) है। यह भारत का राष्ट्रीय पशु है। सिन्धु सभ्यता (ईसा पूर्व 2500 वर्ष) की सीलों (मुहरों) में यह प्रदर्शित है। विन्ध्याचल और सतपुड़ा पर्वतों के शैलाश्रय चित्रणों (ईसा पूर्व 5000 वर्ष) में भी व्याघ्रों के चित्र हैं। भारत के 'टाइगर रिजर्व' सबसे बढ़िया संरक्षित क्षेत्र हैं और इसीलिये ये देश के प्रमुख पर्यटन स्थल भी हैं। हजारों देशी-विदेशी पर्यटक प्रतिवर्ष वन में घूमते हुये वनराज व्याघ्र की एक झलक पाने को हजारों रुपये खर्च कर यहां पहुंचते हैं।

अ, आ

अचानकमार

संरक्षित क्षेत्र : अभयारण्य (स्थापना वर्ष 1975)
विस्तार : 55 वर्ग किलोमीटर
स्थिति : छत्तीसगढ़, जिला : बिलासपुर
समीपवर्ती नगर : बिलासपुर (35 किलोमीटर), निकटतम हवाई पट्टी रायपुर (172 कि.मी.)
उत्तम भ्रमणकाल : दिसम्बर से अप्रैल
पारिस्थितिकी : मिश्रित पर्णपाती वन, साल वृक्षों की प्रचुरता, पहाड़ियों पर सघन झाड़ियां, वनों के बीच में बांस वृक्षों के अनेक क्षेत्र।
वन्य पशु-पक्षी : बाघ, तेंदुआ, गौर, चीतल, मूषक मृग और चौसिंघा। भारत के मध्य क्षेत्र के वनों में मूषक मृग (चेभ्रोटेन) को देख पाना लगभग दुर्लभ है परन्तु अचानकमार अभयारण्य में इन्हें देख पाना बहुत कठिन नहीं है। अचानकमार में चौसिंघा मृग भी पर्याप्त रूप से पाये जाते हैं। अचानकमार का क्षेत्र 'एल्बिनो' वन्य पशुओं के लिये विख्यात है। यहां पर जब-तब दुर्लभ सफेद स्लाथ बियर तथा श्वेत मयूर भी इन वनों में कभी-कभी दिख जाते हैं।

वस्तुतः अचानकमार प्रायद्वीपीय भारत के उत्तरी भाग में फैले हुये उन वनों का एक छोटा भाग है जिससे विश्व प्रसिद्ध एल्बिनो बाघ प्राप्त हुये थे। उन्नीसवीं सदी के उत्तरार्ध से वनों का यह विशाल क्षेत्र बहुत से केन्द्रों में सिकुड़ गया तथा वनों के एक-दूसरे से अलग छोटे-छोटे क्षेत्र बन गये।

वर्ष 2000 में इन वनों से श्वेत स्लाथ बियर (रीछ) और श्वेत मयूर के रंगीन छायाचित्र अनेक स्थानीय पर्यावरण प्रेमियों ने खींचे थे।

'एल्बिनो,' जीन संबंधी विशिष्टता के कारण कुछ प्राणी अपना प्राकृतिक रंग खो देते हैं और वे श्वेत रंग के हो जाते हैं। एल्बिनो कुछ अंश तक आनुवंशिक है अर्थात सामान्य रंग के माता-पिता की सन्ततियों में से एक रंगहीन सन्तति हो सकती है, शेष सामान्य रंग की ही होंगी। इसी तरह एल्बिनो माता-पिता की संततियां भी मिश्रित होती हैं अर्थात प्राकृतिक रंग की तथा श्वेत रंग की। 'एल्बिनो' या श्वेत प्राणी अलग प्रजाति के प्राणी नही हैं।

अचानकमार अभयारण्य के अनेक क्षेत्र प्राकृतिक दृश्यों की सुन्दरता के लिये विख्यात हैं।

अट्टवेरी

कर्नाटक प्रदेश का पश्चिमी घाट स्थित अभयारण्य, पारिस्थितिकी प्रदेश के अन्य संरक्षित क्षेत्रों की भाँति।

अंडमान (अन्डमान) निकोबार द्वीप समूह

स्थिति : बंगाल की खाड़ी के भारतीय द्वीप
राष्ट्रीय उद्यान : 05
अभयारण्य : कुल 39 परन्तु 4–5 ही प्रमुख
समीपवर्ती नगर : पोर्ट ब्लेयर
पारिस्थितिकी : भारत के प्राणि–भौगोलिक वर्गीकरण के आधार पर 9 अ एवं 9 ब।

अंडमान निकोबार द्वीप समूह बंगाल की खाड़ी में स्थित है। भूगर्भवेत्ताओं के अनुसार यह द्वीप समूह जलमग्न पर्वतीय शिखर है जिनका विस्तार म्यांमार और सुमात्रा तक है। इन जलमग्न पर्वत शिखरों के ऊपरी भाग अंडमान निकोबार द्वीप समूह हैं। विषुवत रेखा से समीप होने के कारण तथा चारों ओर विशाल समुद्र से घिरे होने के कारण इनमें आर्द्र अयनमंडलीय एवं वर्षावन पाये जाते हैं। इन वनों की पारिस्थितकी जैव विविधता के लिये सर्वोत्तम मानी जाती है।

अंडमान निकोबार द्वीप समूह में यद्यपि अंडमान एवं निकोबार द्वीप प्रमुख द्वीप हैं परन्तु वास्तव में ये भी दो द्वीप समूह हैं जिनमें संयुक्त रूप से लगभग 300 छोटे द्वीप सम्मिलित हैं। कुछ द्वीप अत्यंत छोटे हैं। इस द्वीप समुदाय की कलकत्ता और चेन्नई से दूरी लगभग 1200 किलोमीटर है। इन द्वीपों की कुल आबादी दो लाख से कुछ अधिक है। ये द्वीप जितना अपनी जैव विविधता के लिये विख्यात है उतना ही अपनी जनजातीय समूहों के लिये भी। प्रजातीय दृष्टि से यहां पाये जाने वाले जारवा और सेन्टनिली जनजातीय समूह अनूठे हैं। इस द्वीप समुदाय के एक बड़े भाग को संरक्षित क्षेत्र घोषित करने के पीछे इन आदिम मानव समाजों की संस्कृति का संरक्षण भी एक प्रमुख उद्देश्य रहा है।

अंडमान द्वीप समुदाय भारत के अँतिम अयनमंडलीय वर्षावनों के क्षेत्र हैं इसीलिये इस द्वीप समुदाय के लगभग 86 प्रतिशत क्षेत्र को जो कि 8,293 वर्ग किलोमीटर है, संरक्षित क्षेत्र घोषित कर दिया गया है। ये संरक्षित क्षेत्र बहुत से छोटे–बड़े राष्ट्रीय उद्यान और अभयारण्य हैं।

बंगाल की खाड़ी में स्थित अंडमान निकोबार द्वीप समूह जैविक विविधता की विशिष्ट जगह है। यहां पर पुष्पित पादपों की 3552 जातियां पाई जाती हैं जिनमें से 223 जातियां अन्यत्र और कहीं नहीं पाई जातीं। यहां पर 5100 जातियों के प्राणी पाये जाते हैं जिनमें 100 ताजे पानी या नदियों के जल में निवास करने वाले हैं, 2847 भूमि पर रहने वाले हैं। इनमें 503 जातियां अन्यत्र कहीं भी नहीं पाई जातीं इनके अतिरिक्त यहां पर 4508 सागरीय प्राणियों की जातियां पाई जाती हैं जिनमें से 220 अन्यत्र कहीं नहीं पाई जातीं।

इस द्वीप समूह में स्तन पोषी प्राणियों की 52 जातियां पाई जाती हैं जिनमें 33 अन्यत्र

नहीं पाई जातीं। पक्षियों की यहां पर 244 जातियां और प्रजातियां पाई जाती हैं जिनमें से 96 अन्यत्र नहीं पाई जातीं। यहां पर सरीसृपों और भेकों की सम्मिलित 111 जातियां पाई जाती हैं जिनमें से 66 अन्यत्र नहीं पाई जातीं।

अंडमान द्वीप समूह के संरक्षित क्षेत्र

राष्ट्रीय उद्यान	*स्थिति*	*क्षेत्रफल (हे.)*	*स्थापना वर्ष*
कैम्पेबेल खाड़ी	07.09 उ./92.50 पू.	42,623	1992
गलाही	07.05 उ./93.53 पू.	11,000	1992
वान्डुर	11.29 उ./92.35 पू.	28,150	1983
माउन्ट हैरियेट द्वीप	11.47 उ./92.45 पू.	4,622	1979
सैडिलपीक	13.10 उ./93.01 पू.	3,255	1979
अभयारण्य	**स्थिति**	**क्षेत्रफल (हे.)**	**स्थापना वर्ष**
बैरन द्वीप	12.17 उ./94.51 पू.	810	1977
बहीमाल्वे द्वीप	08.49 उ./92.50 पू.	223	1985
बेनिटी द्वीप	12.51 उ./92.43 पू.	346	1987
ब्लफ द्वीप	12.45 उ./92.42 पू.	114	1987
बोन्डोविलो द्वीप	12.53 उ./92.45 पू.	255	1987
बुचावन द्वीप	12.53 उ./92.42 पू.	933	1987
सीनेक द्वीप	11.17 उ./92.42 पू.	951	1987
क्रोकोडाइल द्वीप	11.38 उ./92.37 पू.	2,221	1983
डिफेन्स द्वीप	11.56 उ./92.35 पू.	1,049	1987
ईस्ट (इंग्लिश द्वीप)	12.07 उ./93.06 पू.	355	1987
ईस्ट द्वीप	13.37 उ./99.04 पू.	611	1987
फ्लेट द्वीप	12.32 उ./93.40 पू.	936	1987
इंटरव्यू द्वीप	12.53 उ./92.41 पू.	13,300	1985
जेम्स द्वीप	11.57 उ./92.43 पू.	210	1987
किड द्वीप	12.56 उ./92.45 पू.	800	1987
लैंडफाल द्वीप	13.39 उ./92.58 पू.	2,948	1987
नारकोन्डम द्वीप	13.24 उ./94.15 पू.	681	1977
नार्थ रीफ द्वीप	13.04 उ./92.42 पू.	348	1977
पागेट द्वीप	13.25 उ./92.49 पू.	736	1987
पिटमेन द्वीप	11.59 उ./92.45 पू.	137	1987
प्वाइन्ट द्वीप	13.24 उ./92.48 पू.	307	1987
रेंजर द्वीप	12.50 उ./92.41 पू.	426	1987
रीफ द्वीप	13.30 उ./92.52 पू.	174	1987
रोपर द्वीप	12.50 उ./92.40 पू.	146	1987
रास द्वीप	13.18 उ./93.04 पू.	101	1987
सेन्डी द्वीप	11.17 उ./92.31 पू.	158	1987
शेरम द्वीप	13.24 उ./92.51 पू.	785	1987
सर ह्ययूज रोज द्वीप	11.47 उ./93.05 पू.	106	1987

साउथ ब्रदर द्वीप	10.55 उ./92.36 पू.	124	1987
साउथ रीफ द्वीप	12.46 उ./92.39 पू.	117	1987
साउथ सेन्टिनल द्वीप	10.59 उ./92.13 पू.	161	1977
स्पाइक द्वीप	12.15 उ./92.43 पू.	1,170	1987
स्वेम्प द्वीप	12.55 उ./92.47 पू.	409	1987
टेबिल (डेलिंगारमो) द्वीप	13.24 उ./92.05 पू.	229	1987
टेबिल (क्सेल्सियर) द्वीप	13.25 उ./93.06 पू.	169	1987
टेबाइका द्वीप	12.16 उ./92.45 पू.	321	1987
टेम्पल द्वीप	13.23 उ./93.03 पू.	104	1987
तिलाचन्ना द्वीप	08.29 उ./93.37 पू.	683	1985
वेस्ट द्वीप	13.35 उ./92.54 पू.	640	1987

अंडमान निकोबार द्वीप समूह के वर्षावनों को बचाने में न केवल भारत सरकार अपितु विश्व की संपूर्ण मानव जाति रुचि ले रही है क्योंकि वर्षावनों को पृथ्वी के फेफड़े कहा जाता है। वर्षावनों के नष्ट होने से पृथ्वी में होने वाली वर्षा पर सीधा प्रभाव पड़ता है। वर्षावनों के कटने से जहां–तहां सूखा पड़ने की आशंका बढ़ जाती है।

अंडमान निकोबार द्वीप समूह के वर्षावन एक नाजुक पारिस्थितिकी तन्त्र हैं। जब वर्षावनों के वृक्षों को काट दिया जाता है तो जो भूमि प्राप्त होती है उसकी उर्वरता अल्पजीवी होती है अर्थात इन वनों के काटने पर प्राप्त भूमि पर जब कृषि की जाती है तब वह दो–एक वर्ष तो उत्तम फसल देती है पर शीघ्र ही उसकी उर्वरता घुल जाती है। मिट्टी की ऊपरी उपजाऊ तह के घुलते ही अनुपजाऊ कठोर मृदा या रेत निकल आती है और इस तरह वन का काटना व्यर्थ हो जाता है। आई. यू. सी. एन. (इन्टरनेशनल यूनियन फार दि कंजर्वेशन ऑफ नेचर) ने विश्व भर में यह मुहिम छेड़ रखी है कि मानवता की रक्षा के लिये वर्षावनों से छेड़छाड़ न की जाय।

अंडमान निकोबार द्वीपों की वानस्पतिक विविधता का अन्दाज इसी से लगाया जा सकता है कि भारत के इस छोटे से द्वीपीय भाग में भारत के 15000 पुष्प देने वाले वृक्षों की प्रजातियों में से 2200 प्रजातियां पाई जाती हैं।

तालिका : अंडमान द्वीप समूह के वनों को आरक्षण–1

क्र.सं.	*वन*	*विवरण*
1.	द्वीप समूह में वनों का कुल क्षेत्रफल	6,408 वर्ग किलोमीटर
2.	अभयारण्य (संरक्षित क्षेत्र)	95 वर्ग किलोमीटर
3.	राष्ट्रीय उद्यान (संरक्षित क्षेत्र)	07 वर्ग किलोमीटर
4.	संरक्षित क्षेत्र	
	अ. संरक्षित क्षेत्रों के अंतर्गत वनों का क्षेत्रफल	500 वर्ग किलोमीटर (लगभग)
	ब. संपूर्ण वन क्षेत्र में संरक्षित क्षेत्र के वनों का प्रतिशत	8%
	स. भूमि पर सबसे बड़ा संरक्षित क्षेत्र इंटरव्यू द्वीप अभयारण्य,	133 वर्ग किलोमीटर
	द. समुद्री संरक्षित क्षेत्र	500 वर्ग किलोमीटर

अंडमान द्वीपों पर संरक्षित क्षेत्रों की संख्या इस क्षेत्र से अवगत न होने वालों के लिये बहुत बड़ी लग सकती है परंतु तथ्य यह है कि इन सभी संरक्षित क्षेत्रों का सम्मिलित क्षेत्रफल बहुत ही मामूली है।

अंडमान द्वीप समूह के संरक्षित क्षेत्रों की यदि विवेचना की जाय तो पाया जायेगा कि इस द्वीप समूह के अधिकतर द्वीप तो अत्यंत छोटे हैं, कुछ का क्षेत्रफल 001 वर्ग किलोमीटर के लगभग है जबकि होना यह चाहिये था कि इन लघु द्वीपों के साथ ही द्वीपों के अपेक्षाकृत बड़े क्षेत्रों को संरक्षित किया जाय। जिन चार द्वीपीय क्षेत्रों में अपेक्षतया बड़े संरक्षित क्षेत्र हो सकते थे वे हैं मुख्य अंडमान का मध्य भाग, बाराटान्ग, रटलैंड और लिटिल अंडमान। इनमें से लिटिल अंडमान द्वीप के वनों पर अधिक दबाव है वह इसलिये कि यह द्वीप अलग-थलग है साथ ही इसमें जनसंख्या का आना-जाना बढ़ता जा रहा है।

अंडमान द्वीप समूह के छोटे से छोटे द्वीपों पर जैव विविधता बहुत अधिक है क्योंकि ये वर्षावन हैं। यदि वर्षावनों की सुरक्षा नहीं हो पाती है या इन वृक्षों को किसी भी कारण से काट दिया जाता है तो ये वन पतझड़ वाले वनों में परिवर्तित हो जाते हैं या वर्षावनों का स्थान पतझड़ वाले वनों द्वारा ले लिया जाता है जो कि जैव विविधता में वर्षावनों की तुलना में कम समृद्ध होते हैं।

अंडमान द्वीप समूह का सबसे बड़ा वन्य पशु सुअर है। चारों ओर दूर-दूर तक गहरे समुद्र से घिरे द्वीपों तक यह यहां कैसे पहुंचा, यह किसी को ज्ञात नहीं है। नृविज्ञानियों का तो यह मानना है कि यहां के जंगलों में पाये जाने वाला शूकर वास्तविक 'वन्यशूकर' नहीं है वरन् यह हजारों वर्ष पूर्व आदिवासियों द्वारा अपने साथ यहां नावों पर लाया गया था। इनमें से कुछ शूकर आवारा होकर वनों में फैल गये।

अंडमान द्वीप समूह में जनजातीय रिजर्व

अंडमान द्वीप समूह में विश्व की कुछ प्राचीनतम जनजातियां पाई जाती हैं जिसमें जारवा, औंगी, सेन्टिनली प्रमुख हैं। इनकी सुरक्षा और इनको अपने प्राकृतिक परिवेश में जीने के लिये 'रिजर्व' की स्थापना की गई।

तालिका : अंडमान द्वीप समूह के वनों को आरक्षण-2

क्र.सं.	*वन*	*विवरण*
1.	द्वीप समूह में वनों का कुल क्षेत्रफल	6,408 वर्ग किलोमीटर
2.	जनजातीय रिजर्व	
	अ. जनजातीय रिजर्व के अंतर्गत कुल वन क्षेत्र	1300 वर्ग किलोमीटर (लगभग)
	ब. संपूर्ण वन क्षेत्र में जनजातीय रिजर्व वनों का प्रतिशत	20 %
	स. भूमि पर जनजातीय रिजर्व वनों का कुल क्षेत्र जारवा रिजर्व,	720 वर्ग किलोमीटर
	द. समुद्री क्षेत्र पर जनजातीय रिजर्व का कुल क्षेत्र	1000 वर्ग किलोमीटर

वर्ष 1950 तक जनजातीय रिजर्व और भी अधिक प्रशस्त थे परंतु वर्ष 1970 के पश्चात इनके क्षेत्रफल में कमी आई, इसका मुख्य कारण इन द्वीपों में आवश्यक विकास करना था। 1970 में औंगी रिजर्व से 200 वर्ग किलोमीटर का वन क्षेत्र 'डिनोटीफाइड' किया गया।

जनजातीय विकास के संबंध में भारत में दो धारणायें प्राचीन काल से ही रही हैं। ब्रिटिश नृविज्ञानी एवं समाज विज्ञानी हमेशा दो मुंही बात करते रहे हैं। वे भारतीय आदिवासियों को 'अकेला' और 'एकाकी' क्षेत्र में रहने की वकालत करते रहे हैं साथ ही उन्हें भारतीय सभ्यता से दूर रहने की सीख देते रहे हैं ताकि वे भारतीय सभ्यता के सांस्कृतिक प्रदूषण के शिकार न हों परंतु जब तक वे भारत में रहे तब तक उन्होंने अंडमान निकोबार ही नहीं उत्तर-पूर्व भारत में यूरोप से धन खर्च कर सैकड़ों ईसाई मिशनरीज को केवल इसलिये बुलाया कि वे इन 'जंगली' आदिवासियों को सभ्य बना सकें। सभ्यता से तात्पर्य उन्हें धर्मान्तरित करना था। एक बार धर्मान्तरित होकर जब वे यूरोपीय विचार शैली और जीवन शैली अपना लेते तब वे उसे विकास कहते।

वर्ष 1970 में सरकार ने अंडमान ट्रक रोड (ए. ओ. आर.) निर्माण हेतु जारवा ट्राइवल रिजर्व के कुछ भाग को 'डिनोटीफाइड' कर दिया । इस पर स्वंयसेवी संगठनों ने सर्वोच्च न्यायालय तक अपील की। भारत के स्वयं सेवी संगठनों का एक वर्ग उन्हें 'जंगली' ही बने रहने देना चाहता है जबकि वे यह ठीक ढंग से जानते हैं कि यदि इन्हें विकास की मूल धारा में न लाया गया तो वे प्राकृतिक रूप से ही इस विश्व से विदा ले सकते हैं।

यह एक विचित्र सी बात है कि जरवा, औंगी और सेन्टिनली तीनों ही जनजातीय वर्ग की जनसंख्या विलुप्ति के कगार पर है। यह कहना कि उनके लिये पर्याप्त 'प्राकृतिक वातावरण' उपलब्ध नहीं है सरासर धोखा और गलतबयानी है। सारी सरकारी और गैर सरकारी देखभाल के बावजूद 'जीन संबंधी एकान्तिकता' ही उन्हें विलुप्ति के कगार पर पहुंचा रही है।

अंडमान निकोबार द्वीप में जनजातीय समूह के आधार पर जनसंख्या के आंकड़े उपलब्ध नहीं हैं। इन दिनों जनजातीय समूह के रूप में ही ये गणनायें की जाती हैं। वर्ष 1981 की जनगणना जनजातीय समूह के आधार पर विभिन्न समूहों की संख्या इस प्रकार निर्देशित करती है :

तालिका : अंडमान निकोबार द्वीप के जनजातीय समूहों की जनसंख्या, वर्ष 1981

क्र.सं.	*जनजातीय समूह*	*जनसंख्या*
1.	निकोबारी	22000
2.	औंगी	97
3.	ग्रेट अंडमानी	28
4.	शोम्पेन	214
5.	जारवा	250
6.	सेन्टिनली	50
	कुल योग	**22,639**

उपर्युक्त सभी जनजातीय समूहों में ग्रेट अंडमानी सबसे कम थे और वे दक्षिण और मध्य अंडमान में फैले थे। बाद में प्रशासन ने इन्हें एकत्रित कर 'स्ट्रेट द्वीप' में बसा दिया। यह द्वीप मध्य अंडमान के पूर्वी तट पर एक छोटा सा द्वीप है जो पूरी तौर से संरक्षित है। जारवा जनजाति के लिये दक्षिण और मध्य अंडमान के पश्चिमी तट का विस्तृत वन क्षेत्र (720 वर्ग कि.मी.) संरक्षित किया गया है। पोर्ट ब्लेयर के दक्षिण-पश्चिम में स्थित

उत्तरी सेन्टिनली द्वीप का लगभग 47 वर्ग किलोमीटर क्षेत्र सेन्टिनली आदिवासी समूह के लिये संरक्षित है। अंडमान द्वीप समूह के दक्षिणी द्वीप लिटिल अंडमान के 751 वर्ग किलोमीटर मे औंगी जनजाति के लोग रहते हैं। पहले यह पूरा द्वीप ही इस जनजाति के लिये संरक्षित था परंतु इसका कुछ भाग जनसाधारण के लिये खोल दिया गया है।

उपर्युक्त सभी जनजातियों की तुलना में निकोबारियों की संख्या उनकी संयुक्त संख्या से कई गुनी अधिक है। निकोबारी अंडमान निकोबार द्वीप समूह के 12 द्वीपों में निवास करते हैं। ये द्वीप हैं कार निकोबार, चोरवा, टेरेसा, बोम्पोका, कटचल, कमोरता, ट्रिंकट, नेनकाडरी, पुलोमिलो, लिटिल निकोबार, कोन्डुल और ग्रेट निकोबार। इनके अतिरिक्त शोम्पेन जनजाति के लोग भी ग्रेट निकोबार के पूर्वी और पश्चिमी तट की नदियों की घाटियों में रहते हैं। अंग्रेजों के राज्य में अंडमान निकोबार द्वीप समूह की जेलों में केवल भारतीय कैदी रखे जाते थे अतः यहां पर भारतीयों के अतिरिक्त केवल विदेशियों को विशेषतः यूरोपीय चर्च के लोगों को आने की अनुमति थी। उन्होंने अंग्रेजी राज्य के समय अधिकांश निकोबारियों को धर्मान्तरित किया। वर्ष 1896 से चर्च की गतिविधियां बढ़ती चली गईं।

अंडमान निकोबार द्वीप समूह के कुछ द्वीप (या उनके स्थान) और उनकी प्रसिद्धि अंडमान निकोबार द्वीप समूह के वर्षावन अपनी हरीतिमा और समुद्री जलचरों के लिये तथा समुद्री खाड़ियां अपने विशिष्ट दलदली प्राणिजात के लिये विख्यात हैं। यहां पर अनेक केंकड़े और मछलियां पाई जाती हैं। इसी तरह यहां पर प्राकृतिक मोती भी पाये जाते हैं। यहां के द्वीपों की ऐतिहासिक विशेषतायें भी पर्यटकों को खींच लाती हैं। कुछ द्वीपों की प्रसिद्धि के कारण निम्नलिखित हैं :

1. **कैथम द्वीप** : यहां पर लकड़ी काटने का उद्योग काफी पुराना है जहां पर हाथियों द्वारा लट्ठों की ढुलाई होती थी। यहां का वन क्षेत्र अभी भी हरा भरा है तथा पशु–पक्षियों से भरा–पूरा है। यहां की 'आर्किड' वनस्पति विख्यात है।

2. **माउन्ट हेरियेट** : रास द्वीप पर यह एक 365 मीटर ऊंची पहाड़ी है। यह पहले चीफ कमिश्नर का मुख्यालय था। यहां पर भारत के गवर्नर जनरल मेयो की हत्या हुई थी। भारत के गवर्नर जनरलों में यह अकेले ही एक ऐसे गवर्नर जनरल थे जिनकी हत्या हुई। इनकी हत्या यहां पर कैद काट रहे एक अफ्रीदी (अब पाकिस्तान का क्षेत्र) कैदी के द्वारा की गई थी, उसे एक साधारण अपराधी समझकर (तब कालापानी) कड़ी सजा के लिये यहां निर्वासित किया गया था जबकि बाद में पता चला कि वह मुस्लिम वहाबी आतंकवादी था। उसने गवर्नर जनरल को एक घूंसे से मार डाला और बाद वह भी तुरंत ही मारा गया। यह घटना 8 फरवरी 1872 की थी।

मेयो परिवार भारत के संबंध में अच्छी धारणा नहीं रखता था। उन्हीं के परिवार की मिस मेयो के प्रसिद्ध वाक्य 'भारत एक बड़ा शौचालय है' के साथ भारत पर लिखी गई पुस्तक जब महात्मा गांधी को दी गई तो उन्होंने उसे 'म्युनिसपैलटी की रिपोर्ट' कहते हुये टिप्पणी करने से इंकार कर दिया था।

रास द्वीप : इस द्वीप में 200 एकड़ पर ब्रिटिश हुकूमत के सभी कार्यालय इत्यादि थे। जापानियों ने 1942 में इस पर अधिकार कर लिया और यह अक्टूबर 1945 में तभी समाप्त हुआ जब जापान विश्व युद्ध में पराजित हो गया। इस पर ब्रिटेन का पुनः अधिकार हो गया।

मधुवन : पोर्ट ब्लेयर से 15 कि.मी. दूर यह हाथियों का ट्रेनिंग ग्राउण्ड था।

हैवलाक द्वीप : बढ़िया रंगीन प्रवालों को देखने का उत्तम स्थल।

नीलद्वीप : इसमें एक झील है तथा इसका समुद्री बीच सुन्दर है।

चिड़िया टापू : दक्षिणी निकोबार में पक्षियों के लिये विख्यात द्वीप।

रटलैंड द्वीप : पहले यहां पर जारवा जनजाति के लोग रहते थे पर अब वे अन्यत्र रहते हैं।

वाइपर द्वीप : यह द्वीप अपने सरीसृप प्राणिजात के लिये जाना जाता है, यहां पर वाइपर प्रजाति के सर्प देखे जा सकते हैं।

नानकोवारी : यह एक प्राकृतिक बंदरगाह है। इसके पास ही कैमरोटा द्वीप है जिसकी मुखिया एक स्त्री हुआ करती है जो पुरुष वेश में ही रहती है।

कटचल : 175 वर्गकिलोमीटर का यह द्वीप एक विकसित क्षेत्र है। यहां पर प्राकृतिक रबर पैदा की जाती है। पास के द्वीप पुल्लोमिलो सुपाड़ी और नारियल के व्यापार का बड़ा केंद्र है।

कोन्डुल : यहां की अधिकांश जनता पहले आदिवासी धर्मों को मानती थी पर वर्ष 1896 में दक्षिण भारत से यहां अंग्रेजों ने ईसाई मिशनरीज को भेजने का उपक्रम किया। पादरी ने यहां के जनजातीय प्रमुख के लड़के को जिसका मूल नाम 'हश्वेक' था ईसाई धर्म में दीक्षित कर उसे जान रिचर्डसन का नाम दिया और उसे बर्मा (म्यांमार) के ईसाई स्कूल में ईसाई धर्मशास्त्र पढ़ने भेजा। 1912 में इस व्यक्ति ने लौटकर अपने पूरे समाज को इस नये धर्म में दीक्षित कर दिया। जापानियों ने इसे पंचमार्गी कहकर दंडित किया। परंतु स्वतंत्र भारत में वह 1952 में लोकसभा का सदस्य बना और वर्ष 1965 में उसे पद्मभूषण प्रदान किया गया। 100 वर्ष की आयु में उसका देहान्त हुआ। आज भी ईसाई समुदाय का वह श्रद्धापात्र है।

कार निकोबार : कार निकोबार निकोबारी जनजातीय समाज का सबसे बड़ा केंद्र था परंतु पूर्व जनजातीय प्रमुख के पुत्र ने जब नया धर्म ग्रहण कर लिया तब उसने यहां की पूरी जनसंख्या को भी ईसाई धर्म में दीक्षित कर लिया। जापानी आक्रमण के समय ब्रिटिश लोगों का साथ देने के लिये जापानियों ने इनके पुत्र, दामाद एवं भतीजे को मृत्युदंड दिया।

उपर्युक्त विवरणों में जिन द्वीपों का विवरण दिया गया है वह ऐतिहासिक और पर्यटन के संदर्भ में हैं। इनमें से कुल द्वीप प्रकृति संरक्षण के लिये भी विख्यात हैं जिनका विवरण आगे दिया गया है।

पर्यटन : इन दिनों चेन्नई, दिल्ली तथा कलकत्ता से पोर्ट ब्लेयर तक वायुसेवा उपलब्ध है। वैसे तो भारतीयों के अंडमान द्वीप समूह में प्रवेश के लिये कोई निषेध नहीं है पर कुछ भारतीय आरक्षित क्षेत्रों में जाने के लिये संबंधित अधिकारियों से पूर्व अनुमति लेना आवश्यक है। यह अनुमति डिप्युटी कमिश्नर, अंडमान से अंडमान द्वीपों के लिये तथा डिप्युटी कमिश्नर, निकोबार से निकोबार द्वीपों के लिये भी ली जा सकती है। पोर्ट ब्लेयर के आसपास गेस्ट हाउस तथा टूरिस्ट होम की व्यवस्थायें हैं। पोर्ट ब्लेयर शिपिंग कारपोरेशन ऑफ इंडिया के जल जहाजों द्वारा भी पहुंचा जा सकता है। भारत में चेन्नई, कलकत्ता और विशाखापत्तनम से जल जहाज द्वारा पोर्ट ब्लेयर पहुंचने की सुविधायें हैं।

अंडमान द्वीप समूह के राष्ट्रीय उद्यान

अंडमान द्वीप के राष्ट्रीय उद्यान वर्षावनों और समुद्रतटीय प्राणिजात के लिये जाने जाते हैं :

वान्डूर राष्ट्रीय उद्यान

अंडमान द्वीप समूह में स्थित यह संरक्षित क्षेत्र वस्तुतः एक समुद्री राष्ट्रीय उद्यान है जिसका क्षेत्रफल लगभग 282 वर्ग किलोमीटर है। इस अभयारण्य में द्वीपीय समुद्रतट के अतिरिक्त समुद्री रेखा का समीपवर्ती उथला समुद्र भी सम्मिलित है। वान्डूर राष्ट्रीय उद्यान की वनस्पति मुख्यतः 'मैनग्रूव' है। यहां के 'लाल मैनग्रूव' का प्रमुख वृक्ष 'रिफोफोरा' वंश के वृक्ष की प्रजातियां हैं जबकि श्वेत मैनग्रूव का प्रमुख वृक्ष 'एविसीनिया' वंश के वृक्ष की प्रजातियां हैं। इस राष्ट्रीय उद्यान में ताजे पानी की मछलियों के अतिरिक्त मिश्रित जल (समुद्री खारे पानी) की मछलियों एवं घोंघे भी पाये जाते हैं।

गलाही राष्ट्रीय उद्यान

अंडमान द्वीप समूह के इस राष्ट्रीय उद्यान में समुद्रतटीय वनस्पति पाई जाती है। इसका क्षेत्रफल 110 वर्ग किलोमीटर है। इस राष्ट्रीय उद्यान में अनेक प्रजातियों के केंकड़े संरक्षित हैं जिनमें क्लाइबेनेरियस वंश के हरमिट केंकड़े उल्लेखनीय हैं।

कैम्पबेल खाड़ी राष्ट्रीय उद्यान

अंडमान द्वीप समूह के लगभग सवाचार सौ वर्ग किलोमीटर क्षेत्र में फैले कैम्पबेल खाड़ी राष्ट्रीय उद्यान अंडमान द्वीप समूह के समुद्री और समुद्रतटीय प्राणिजात के संरक्षण के लिये स्थापित किया गया। यह खाड़ी अपने विचित्र शंखों और कौड़ियों के लिये विख्यात है इनमें से कुछ के नाम कुछ इस प्रकार हैं : रेमोस माडरेक्स, स्कार्पियन शेल, ग्रीन टर्बन, हान्र्ड हेलमेट, क्वीन शैल तथा चेम्बर्ड नाटिलस। इस खाड़ी में प्रवाली तथा अनेक प्रकार के समुद्री जीव-जन्तु मिलते हैं।

दक्षिणी अंडमान द्वीप समूह का यह राष्ट्रीय उद्यान 47 वर्ग किलोमीटर के क्षेत्र में फैला है। यहां पर सघन अयनमंडलीय सदाबहार वन हैं।

सेडिलपीक राष्ट्रीय उद्यान

उत्तरी अंडमान में स्थित इस राष्ट्रीय उद्यान का क्षेत्रफल 46 वर्ग किलोमीटर है। जैसा कि इसके नाम से ज्ञात होता है यह एक द्वीपीय पर्वतीय चोटी है जिसकी ऊंचाई समुद्र सतह से 740 मीटर है। इस राष्ट्रीय उद्यान का समीपवर्ती नगर डिजलीपुर (5 कि.मी.) है। इस राष्ट्रीय उद्यान में सघन वन हैं जिनमें अंडमान हिल मैना तथा इम्पीरियल कबूतर जैसे संरक्षित पक्षी पाये जाते हैं जो इन द्वीपों के अतिरिक्त कहीं नहीं पाये जाते हैं।

बटन द्वीप राष्ट्रीय उद्यान

इस संरक्षित क्षेत्र की स्थापना 1977 में हुई थी। प्रारंभ में यह एक अभयारण्य था, इसे तीन चरणों में राष्ट्रीय उद्यान बनाया गया। प्रथम चरण में 'साउथ बटन द्वीप को भी संरक्षित कर इसे एक राष्ट्रीय उद्यान बना दिया गया। यह राष्ट्रीय उद्यान अपनी वानस्पतिक विशेषता

के लिये जाना जाता है। इसके समुद्र तट पर बड़े समुद्री प्राणी जैसे डुजान्ग और व्हेल पाये जाते हैं। यहां रूकने की कोई व्यवस्था नहीं है।

अंडमान निकोबार द्वीपों का समुद्री प्राणिजात

अंडमान निकोबार द्वीपों के चतुर्दिक फैले हुये समुद्रों में अनिर्वचनीय प्राणि विविधता है। यहां पर सूक्ष्मदर्शी यंत्रों से दिखने वाले अतिसूक्ष्म प्लेंकटन से लेकर 30 मीटर लम्बी और 150 टन भारी-भरकम व्हेलें पाई जाती हैं। प्लेंकटन अनेक प्रकार की मछलियों एवं समुद्री जीवों के भोजन हैं। प्लेंकटन की अनेक किस्मों को मोटे तोर पर दो वर्गों में बांटा जाता है जिन्हें क्रमशः जू-प्लेंकटन (प्राणि प्लेंकटन) और फाइटो-प्लेंकटन (वनस्पति प्लेंकटन) कहा जाता है। समुद्र के तटीय क्षेत्र में 'स्पंज' नाम के जीव पाये जाते हैं। ये साधारण तौर पर समुद्री जीव हैं। समुद्री स्पंजों की 1000 प्रजातियां हैं जबकि 150 प्रजातियां गैर समुद्री स्पंजों की हैं। अंडमान-निकोबार के समुद्री तटों पर ये बहुतायत से पाये जाते हैं। समुद्रों के प्राणिजात में प्रवाली का स्थान महत्वपूर्ण है। प्रवाली या मूंगे के द्वीप 'पालिप' नाम के कीड़ों की संरचनायें हैं। प्रवाली द्वीपों के अनेक प्रकार हैं। अंडमान निकोबार द्वीप में 'फ्रिंजिंग रीफ' प्रकार की प्रवाली पाई जाती हैं। इन द्वीपों के तटों पर अनेक प्रकार के शंख, सीप और घोंघे भी पाये जाते हैं।

अकशेरुक प्राणिजात में यहां के मुख्य प्राणी केंकड़े, लोबोस्टर प्राउन और श्रिंप हैं।

गहरे समुद्रों का प्राणिजात अलग प्रकार का है। वहां पर समुद्री अर्चिन एवं हार्ट अर्चिन पाये जाते हैं, समुद्री मछलियों की भी अनेक प्रजातियां हैं।

विकसित प्राणियों में सरीसृप एवं भेकादि प्राणी यहां महत्वपूर्ण हैं। यहां पर आठ प्रजातियों के सरीसृप पाये जाते हैं जिनमें मुख्य समुद्री मगर और समुद्री सर्प हैं, समुद्री कछुये भी हैं। समुद्री कछुओं की सात प्रजातियां यहां पाई जाती हैं। अंडमान निकोबार में पक्षियों की 242 प्रजातियां पाई जाती हैं।

अनेरडेम

महाराष्ट्र के उत्तर-पश्चिम भाग में स्थित अभयारण्य, पारिस्थितिकी प्रदेश के अन्य संरक्षित क्षेत्रों की भाँति।

अबूशहर

यह अभयारण्य हरियाणा में स्थित है। प्राणिजात प्रदेश के अन्य संरक्षित क्षेत्रों के समान।

अन्नामलाई

संरक्षित क्षेत्र : अभयारण्य
विस्तार : 955 वर्ग किलोमीटर
स्थिति : तमिलनाडु
समीपवर्ती नगर : पोल्लाची (25 कि.मी.), निकटतम हवाई पट्टी : कोयम्बटूर (65 कि.मी.)

उत्तम भ्रमणकाल : फरवरी से जून
पारिस्थितिकी : आर्द्र अयनमंडलीय, ...न वन, घास के मैदान
वन्य पशु-पक्षी : तेंदुआ, हाथी, नीलगिरि लंगूर, गौर, सिंह पुच्छ वानर, पक्षी।

अन्नामलाई अभयारण्य की स्थापना वर्ष 1976 में हुई थी। इसका विस्तार नीलगिरि पर्वत की कार्डमम पहाड़ियों की उत्तर वर्ती सीमा पर है। यह अभयारण्य केरल की पूर्वी सीमा के निकट है। इस अभयारण्य में गहरी घाटियां हैं।

'अन्नामलाई' शब्द का अर्थ होता है 'हाथियों का पर्वत', इन पर्वतों पर प्राचीन काल से ही हाथी पाये जाते रहे हैं। इस अभयारण्य में अनेक 'लघु जलवायु' (माइक्रोक्लाइमेट) के स्थान मिलते हैं। यदि एक स्थान पर कड़ी ठंड का अनुभव होता है तो कुछ मील दूर के स्थान पर यह ठंड गायब हो जाती है।

अन्नामलाई अभयारण्य की सीमा कोयम्बटूर मैदानों के अयनमंडलीय आर्द्र सदाबहार वनों से प्रारंभ होती है, परन्तु शीघ्र ही इस मैदान का स्थान पहाड़ियां ले लेती हैं और यह पठारी भाग जो कि गहरी घाटियों से युक्त है वालपराई ताल्लुक के ऊंचे घास के मैदानों के रूप में परिवर्तित हो जाता है। यहां से पर्वत शिखर प्रारंभ हो जाते हैं जिनकी ऊंचाई 2000 से 2500 मी. तक है। प्रमुख पर्वत शिखर थंकामलाई (2500 मी.) तथा अक्कामलाई (2470 मी.) हैं।

अन्नामलाई अभयारण्य इसी नाम के पर्वत के एक हिस्से में स्थापित है। अन्नामलाई पर्वत वस्तुतः पश्चिमी घाट पर्वत श्रृंखला का एक प्रमुख शिखर है।

अन्नामलाई शिखर का सर्वोच्च भाग अब तमिलनाडु में इंदिरा गांधी राष्ट्रीय उद्यान के नाम से जाना जाता है। इस पर्वत शिखर पर सदाबहार वन तथा शोला घास के मैदान पाये जाते हैं। इस क्षेत्र की प्रसिद्ध नदी चलाकुदी नदी है, ऐसा समझा जाता हे कि इस नदी का जल विश्व के सर्वश्रेष्ठ निर्मल जलों में से एक है। इस नदी के जलग्रहण क्षेत्र के वन पिछली सदी के प्रारंभिक वर्षों तक भी मानवीय अतिक्रमण का कम शिकार हुये थे किंतु अब समय बीतते धीरे-धीरे सभी जगह पुरानी स्थितियां नष्ट हो रही हैं।

अबोहर

संरक्षित क्षेत्र : अभयारण्य
विस्तार : 182 वर्ग किलोमीटर
स्थिति : पंजाब, जिला : फीरोजपुर
समीपवर्ती नगर : फीरोजपुर, चंडीगढ़
उत्तम भ्रमणकाल : नवंबर से मार्च
पारिस्थितिकी : अयनमंडलीय शुष्क पर्णपाती वन। ग्रीष्मकाल में अत्यंत गर्म मौसम के इस क्षेत्र में शुष्क पर्णपाती झाड़ियों वाली वनस्पति पाई जाती है, रेतीले टीले भी पाये जाते हैं।
वन्य पशु-पक्षी : भेड़िया, कृष्णमृग, चिंकारा, लोमड़ी, पक्षी।

अबोहर अभयारण्य में मुख्यतः अर्धमरुस्थलीय और मरुस्थलीय क्षेत्रों में पाये जाने वाले पशु-पक्षी पाये जाते हैं। मांसाहारी वन्य पशुओं में मरुस्थलों में पाई जाने वाली लोमड़ियां

और मरुस्थलों के किनारे पाये जाने वाली बिल्लियां प्रमुख हैं। भेड़िये भी यदा-कदा यहां देखने को मिल जाते हैं। वनस्पति भोजी पशुओं में चिंकारा तथा कृष्णमृग प्रमुख हैं। अनेक प्रकार के पक्षी तथा छिपकलियां यहां पाई जाती हैं। अर्धमरुस्थलीय पारिस्थितिकी में पाई जाने वाली लोमड़ियां भी यहां पाई जाती हैं जो छोटे प्राणियों के शिकार पर निर्भर रहती हैं।

अबोहर अभयारण्य में अर्धमरुस्थलीय पर्यावरण के जीवों को देखा जा सकता है, मोटे तौर से इनमें वे जीव हैं जो गर्म मौसम में गर्मी से बचने के लिये दूर तक चले जाते हैं। भेड़िये ऐसे ही प्राणी हैं जो लम्बी दूरी की यात्रा करने के लिये जाने जाते हैं। भूमि की तुलना में ऐसे नभचरों की संख्या अधिक बड़ी है जो लम्बी दूरियां तय करने में माहिर हैं, चील, उल्लू और बाज ऐसे ही दूर तक उड़ान भरने वाले पक्षियों में हैं। अर्धमरुस्थलीय क्षेत्रों में विशेषकर रेतीले टीले ऊपर से देखने में भले ही वन्य जीवन से रहित दिखें किन्तु वास्तविकता में वे जीवन से भरे हुये होते हैं। इनमें नाना प्रकार के कृन्तक या चूहे पाये जाते हैं। उनके ऊपर निर्भर रहने वाले सांपों की संख्या भी यहां काफी रहती है। कृन्तक और सर्प सभी शिकारी पक्षियों के भोजन हैं, वर्ष भर वे इन पर भोजन के लिये आश्रित रहते हैं। जहां तक कृन्तकों का संबंध है वे शुष्क क्षेत्रों में पाई जाने वाली वनस्पतियों पर जीवित रहते हैं, उन्हें जल पीने की बहुत कम आवश्यकता पड़ती है।

अबोहर अभयारण्य पंजाब का सबसे बड़ा संरक्षित क्षेत्र है।

अरबिथिट्टू

संरक्षित क्षेत्र : अभयारण्य
विस्तार : 14 वर्ग किलोमीटर
स्थिति : कर्नाटक
समीपवर्ती नगर : मांड्य
उत्तम भ्रमणकाल : अक्टूबर से मार्च
पारिस्थितिकी : अर्धशुष्क अयनमंडलीय वन
वन्य पशु-पक्षी : पक्षी, सुनहले सियार, बोनट बंदर, वनविडाल एवं रीछ।

यह छोटा अभयारण्य सुनहले सियार (गोल्डन जेकाल) तथा बोनट बंदर (बोनट मकाक) के लिये जाना जाता है। इन अर्धशुष्क वनों में कभी-कभी भेड़िया भी देखा जाता है।

अरालेम

संरक्षित क्षेत्र : अभयारण्य
विस्तार : 55 वर्ग किलोमीटर
स्थिति : केरल
समीपवर्ती नगर : केन्नूर (55 कि.मी.)
उत्तम भ्रमणकाल : अक्टूबर से मार्च

पारिस्थितिकी : मिश्रित पतझड़ वाले वन, पर्णपाती वन
वन्य पशु–पक्षी : सांभर, जंगली शूकर।

अरालेम केरल में पश्चिमी घाट पर्वतों पर स्थापित किया गया अभयारण्य है। इस अभयारण्य में वर्ष 2004 में उत्तर केरल का पहला 'इकोटूरिज्म प्रोजेक्ट' प्रारंभ किया। इस प्रोजेक्ट के अंतर्गत पर्यटक अभयारण्य में प्रवाहित चीनकन्नीपूजा नदी में रेफ्टिंग कर सकते हैं। पर्यटकों के लिये प्रकृति से संबंधित कुछ जानकारियां देने की व्यवस्था भी यहां की गई है।

वन विभाग ने 'इकोटूरिज्म' के विकास के लिये 10 लाख रुपयों की राशि व्यय की है।

अरुणाचल

स्थिति : भारत का यह पूर्वोत्तर राज्य प्राणि–भौगोलिक वर्गीकरण के आधार पर ।
राष्ट्रीय उद्यान : 2
अभयारण्य : 11
प्रादेशिक पारिस्थितिकी : भारत के प्राणि–भोगोलिक वर्गीकरण के आधार पर 8 ब।
प्रदेश का प्रतीक पशु : मिथुन (बास गौरस फ्रन्टलिस)
प्रदेश का प्रतीक पक्षी : ग्रेट हार्नबिल (ब्यूसेरिस बाइकार्निस)
प्रदेश का प्रतीक वृक्ष : होलोंग (डिप्टेरोकार्पस रेटुसस)
प्रदेश का प्रतीक पुष्प : लेडी स्लिपर आर्कड (पेफियोपेडिलम फेयरीनम)

अरुणाचल प्रदेश पूर्वी हिमालय के पर्वतीय क्षेत्र में स्थित है। इसका विस्तार पश्चिम में भारत–भूटान सीमा से लेकर पूर्व में ब्रह्मपुत्र के मोड़ तक है, जो कि म्यांमार से दूर नहीं है। ब्रह्मपुत्र नदी की दक्षिण–पूर्वी पहाड़ियां इस प्रदेश में शामिल की जाती हैं। इस प्रदेश में तीन हिमालयी प्रदेशों के भाग देखे जा सकते हैं–उत्तर में मध्य हिमालय या उच्च हिमालय है, मध्य क्षेत्र में हिमालय की चार पहाड़ियां हैं। और दक्षिण में बाह्य हिमालय की पहाड़ियां।

अरुणाचल प्रदेश प्राणि–भौगोलिक दृष्टि से भारत का एक अत्यंत महत्वपूर्ण क्षेत्र है, यह हिमालयी प्राणि–भौगोलिक परिमंडल का पूर्वी हिमालयी प्राणि–भौगोलिक प्रदेश है। यह प्राणि–भौगोलिक प्रदेश विश्व के 18 जैव विविधता के संबंधी क्षेत्रों में से एक है। यह भारतीय प्रदेश हिन्द चीनी, हिन्द मलयी तथा हिन्द प्राणी–भौगोलिक प्रदेशों के संगम स्थल पर स्थित है। भौग्याकारों और जलवायु की विविधताओं के कारण यहां पर एक ही स्थान पर पारिस्थितिकीय भिन्नतायें देखने को मिलती हैं जिन्हें यहां के पशुओं, पक्षियों तथा अन्य वन्य जीवन की विविधताओं के रूप में देखा जा सकता है। इस प्रदेश में पुष्पित होने वाले पादपों के 5000 से भी अधिक प्रकार पाये जाते हैं। यहां पर स्तनपोषी जन्तुओं की 100 जातियां पाई जाती हैं, तथा पक्षियों की 500 जातियां पाई जाती हैं, इनमें से अनेक प्राणियों का अस्तित्व संकट में है। विश्व के सुन्दर पक्षियों के 'फीसेन्ट' वर्ग की भारत में पाई जाने वाली 17 में से 10 जातियां यहां पाई जाती हैं।

अरुणाचल प्रदेश में लगभग 25 जनजातीय समूह निवास करते हैं, सभी वन्य पशु

पक्षियों के शिकारी हैं। वन्य पशुओं के साथ उनके अनेक विश्वास और धार्मिक मान्यतायें सम्बद्ध हैं जैसे अरुणाचल प्रदेश की एक जनजाति 'निशि' के योद्धा एक विशेष प्रकार का शिरोवस्त्र धारण करते हैं जो हिमालयी रीछ की खाल का बना होता है। इन योद्धाओं का शस्त्र (डाओ) जो तलवारनुमा होता है की मूंठ में शेर का जबड़ा लगाया जाता है। इस शस्त्र की मियान कैप्ड लंगूर की खाल से बनाई जाती है। जनजातियों में इन वन्य पशुओं को शक्ति का प्रतीक माना जाता है।

अरुणाचल में नयी प्रजातियों के पाये जाने की संभावना

अरुणाचल में अभी भी सर्पों तथा मेकों की ऐसी कुछ प्रजातियां पाई जा सकती हैं जिनका अभिज्ञान अब तक वैज्ञानिकों को न हो। कुछ दुर्लभ सर्पों की प्रजातियां यथा छद्मभेड़िया (डिनोडोन गेगाई) तथा कुकरी सर्पों की प्रजातियां तथा ओलिगोडोन सिनेरस और ओलिगोडोन अल्बोसिनेरस बेहद दुर्लभ प्राणी हैं तथा ये भारत में केवल इसी क्षेत्र में पाये जाते हैं।

न केवल भेक एवं सरीसृप अपितु अन्य वर्गों के प्राणियों की नई प्रजातियां भारत के जिन विरले स्थानों में पाई जा सकती हैं उनमें अरुणाचल प्रमुख है।

अरुणाचल में नये प्रजाति के स्तनपोषी प्राणियों की खोज

वानर : इक्कीसवीं सदी में यह माना जाता है कि अब संभवत: किसी भी बड़े पशु की नई प्रजाति को शायद ही ढूंढ़ा जा सके क्योंकि यह काम पिछली शताब्दि में ही पूरा हो चुका था परंतु यह भी आश्चर्य और प्रसन्नता की बात है कि वानरों (प्रायमेट गण) के वर्ग में से एक नई प्रजाति खोज निकाली गई और वह भी भारत के उत्तर-पूर्वी सघन वनों के क्षेत्र से। यह खोज न्यूयार्क स्थित वन्य प्राणी सुरक्षा को समर्पित एक संस्था के भारतीय सदस्य ने (वर्ष 2005) की। अरुणाचल के वनों में खोजी गई इस वानर की प्रजाति का वैज्ञानिक नाम मकाका मुन्जाजा रखा गया। वानरों की यह प्रजाति दुनिया के सबसे ऊंचे पर्वतों की निवासी है। अरुणाचल में यह 1600 से 3500 मी. ऊंचे क्षेत्रों के वनों में पाई जाती है। अरुणाचल के निवासी इस वानर से अपरिचित रहे हों ऐसा कुछ भी नहीं है। केवल वैज्ञानिक ही इससे अब तक अपरिचित थे। अरुणाचल के तवांग और कैमांग इलाके के निवासी इसे मुनजाला कहते हैं जिसका उनकी भाषा में अर्थ है 'घने वन का बन्दर' अर्थात वैज्ञानिकों ने भी अपनी भाषा में भी उसका उचित नामकरण किया।

हरिण : अरुणाचल में ही दो नई प्रजातियों के हरिणों की भी खोज हुई है, ये हरिण 'मुन्टियेकस' वंश की प्रजातियां हैं । इनकी खोज का विवरण अन्यत्र दिया गया है।

अरुणाचल में पर्यटन

अरुणाचल प्रदेश में प्रवेश करने हेतु अनुमति पत्र की आवश्यकता होती है जिसे अरुणाचल प्रदेश के रेसिडेन्ट कमिश्नर का आफिस निर्गत करता है। इस आफिस की शाखायें दिल्ली, कोलकाता, गुवाहाटी तथा उत्तरी पूर्वी राज्यों के कुछ नगरों में हैं। सामान्य तौर पर एक या दो सप्ताह का अनुमति पत्र दिया जाता है। यदि कुछ और अधिक रुकना हो तो नये अनुमति पत्र की आवश्यकता होती है जो अरुणाचल के जिले के अधिकारी प्रदान करते हैं।

अरुणाचल के संरक्षित क्षेत्रों में पहुंचने के लिये सबसे पहले तेजपुर पहुंचना आवश्यक है।

असन

संरक्षित क्षेत्र : वेटलैंड/कन्जर्वेशन रिजर्व
विस्तार : बांध या बराज का क्षेत्र
स्थिति : उत्तरांचल
समीपवर्ती नगर : देहरादून
उत्तम भ्रमणकाल : वर्ष भर
पारिस्थितिकी : सरोवर
वन्य पशु–पक्षी : पक्षी।

जूलाजिकल सोसायटी ऑफ इंडिया ने अपने एक दस वर्षीय अध्ययन को 'वेटलैंड बर्ड्स ऑफ असन रिजर्वायर' शीर्षक से प्रकाशित किया जिसकी विषय वस्तु देहरादून जिले में स्थित गंगा के मैदानी क्षेत्र के असन बांध पर आने वाले पक्षिजात का अध्ययन था। असन बांध 400 मी. की ऊंचाई पर स्थित है और यहां पर 50000 से भी अधिक पक्षी देखे जाते हैं। इन पक्षियों में कतिपय अति दुर्लभ और अतिसंकटग्रस्त पक्षियों की प्रजातियां भी हैं जिनमें दो प्रजातियां तो गीधों की ही हैं–एक प्रजाति सफेद पीठ वाले गीध (व्हाइट बेक्ट वल्चर) की है तो दूसरी पतले चोंच वाले गीध (सलेन्डर बिल्ड वल्चर) की है। दूसरे दुर्लभ पक्षियों में मार्बल्ड टील तथा पल्लाश की मछली मार चील (पल्लास फिश ईगल) हैं। इस वेटलैंड में ब्राह्मणी शेल बत्तखों को बड़ी संख्या में देखा जा सकता है, वे यहां पर 2000 या उससे अधिक संख्या में पाई जाती हैं।

भौगोलिक दृष्टि से असनबराज की स्थिति प्रवासी पक्षियों के लिये अत्यंत महत्वपूर्ण है। भारत से यूरेशिया की ओर लौटने वाले प्रवासी पक्षियों का यह भारत में आखिरी पड़ाव है। उसी तरह यूरेशिया से भारत में प्रवेश करने वाले पक्षियों के लिये यह प्रथम पड़ाव है।

असन बराज को भारत का प्रथम 'कंजर्वेशन रिजर्व' होने का गौरव प्राप्त है। इसके द्वारा सरोवर को खरपतवार से पूरी तरह से मुक्त किया जा सकेगा ताकि पक्षियों को अधिक से अधिक स्वच्छ और प्राकृतिक परिवेश प्राप्त हो सके।

आदिचुंचन गिरि

संरक्षित क्षेत्र : अभयारण्य
विस्तार : 01 वर्ग किलोमीटर
स्थिति : कर्नाटक
समीपवर्ती नगर : मैसूर
उत्तम भ्रमणकाल : अक्टूबर से मार्च
पारिस्थितिकी : मिश्रित पर्णपाती वन

वन्य पशु-पक्षी : पक्षी विहार, मयूर।

यह पक्षी विहार वस्तुतः एक मन्दिर के सरोवर के चारों ओर फैला हुआ है जहां पर अनेक प्रजाति के पक्षी निवास करते हैं। यहां पर अन्य पक्षियों की तुलना में मयूर की संख्या काफी है।

आंध्र प्रदेश

स्थिति : भारत का दक्षिणी राज्य (12 37 – 19 54 उत्तरी अक्षांश एवं 76 41– 84 46 पूर्वी देशांश (23 20)

भौगोलिक क्षेत्र : 275,068 वर्ग किलोमीटर, वनों के अंतर्गत क्षेत्रफल : 63814 वर्ग किलोमीटर

संरक्षित क्षेत्र : राष्ट्रीय उद्यान : 04, अभयारण्य : 21, टाइगर रिजर्व : 01

प्रादेशिक पारिस्थितिकी : प्राणि-भौगोलिक वर्गीकरण के आधार पर उत्तर-पूर्वी भारत प्राणि-भौगोलिक परिमंडल का भाग है। भारत के प्राणि-भौगोलिक आधार पर 8अ एवं 8ब, 8अ ब्रह्मपुत्र घाटी 8ब आसाम की पहाड़ियां प्राणिज प्रदेश।

प्रदेश का प्रतीक पशु : कृष्णमृग (ब्लैक बक)

प्रदेश का प्रतीक पक्षी : इंडियन रोलर (कोरासियस बेंगालेनसिस)

प्रदेश का प्रतीक वृक्ष : नीम (अजाडिराक्टा इंडिका)

प्रदेश का प्रतीक पुष्प : अघोषित

आंध्र प्रदेश को साधारण तौर पर तीन भौगोलिक प्रदेशों में बांटा जा सकता है। पूर्वी सीमा पर तटीय मैदान हैं जो उत्तर में श्री काकुलम से दक्षिण में नेल्लोर तक फैले हुये हैं। इस भौगोलिक प्रदेश में भारत की दो प्रमुख नदियों के डेल्टाई भाग हैं। ये नदियां क्रमशः कृष्णा और गोदावरी हैं। यह पूरा प्रदेश कांप की मिट्टियों वाला क्षेत्र है। दूसरा भौगोलिक प्रदेश पूर्वी घाट पर्वतों का है। ये पर्वत बहुत ऊंचे नहीं हैं। पूर्वी घाट का दक्षिणी भाग 'शेषाचलम' के नाम से भी जाना जाता है। शेष संपूर्ण प्रदेश दकन पठार का भाग है। यहां पर मानसूनी वर्षा होती है जिसकी प्रदेश के अलग-अलग भागों में मात्रा अलग-अलग है। उत्तरी भागों में 890 मि.मी. के आसपास वर्षा जबकि दक्षिण पूर्वी भाग में 1400 मि.मी. तक। प्रदेश के 70 प्रतिशत वन अयनमंडलीय पर्णपाती वन हैं जिनमें 45 अयनमंडलीय शुष्क पर्णपाती वन हैं, 25 अयनमंडलीय पर्णपाती वन हैं तथा 25 अयनमंडलीय दक्षिणी कंटीले वन हैं। बचे हुये 5 वनों में सालवन, सागौन वन तथा समुद्रतटीय वन आते हैं।

आंध्र प्रदेश प्राणिजात की दृष्टि से समृद्ध प्रदेश है। यहां अनेक प्रजाति की मछलियां, भेक और सरीसृप पाये जाते हैं। पक्षियों की प्रजातियों की संख्या भी काफी है, विशाखापत्तनम् क्षेत्र में 300 पक्षियों की प्रजातियां देखी गई हैं।

बाघों के संरक्षण के लिये 'नागार्जुन श्रीशैलम्' नाम के टाइगर रिजर्व की स्थापना वर्ष 1982 में की गई थी जिसका क्षेत्रफल 3568 वर्ग किलोमीटर है।

आंध्र प्रदेश का प्रतीक पशु : कृष्णमृग

आंध्र प्रदेश के कुल कृष्णमृगों की संख्या लगभग 1108 से 1138 के बीच आंकी जा सकती है। आदिलाबाद जिले का प्राणहिता अभयारण्य कृष्णमृगों के लिये स्थापित किया गया है। कृष्णमृग किन्नरसानि, कवल और एटुरनगरम अभयारण्यों में भी पाये जात हैं। कृष्णमृग रोल्लापाडु अभयारण्य में भी कुछ संख्या में विद्यमान हैं। आंध्र प्रदेश में कृष्णमृगों की जिलावार संख्या इस प्रकार है :

अदिलाबाद (प्राणहिता अभयारण्य)	लगभग 50
वारंगल	लगभग 25
महबूब नगर (कृष्णा नदी के किनारे मुदमल)	लगभग 400
खम्म (किन्नेसानी अभयारण्य)	लगभग 50
प्रकासम (कानिगिरि क्षेत्र)	लगभग 200
रोल्लापाडु अभयारण्य (कुर्नूल जिला)	लगभग 15
कुर्नूल जिले का शेष भाग	60 से 80
पूर्व और पश्चिम गोदावरी (गोदावरी नदी क्षेत्र गें रोल्लागालेम)	150
मेडक (अन्डोल)	15
रंगारेड्डी	124
नेल्लोर	20 से 30

उपर्युक्त क्षेत्रों के अतिरिक्त कृष्णमृग महावीर हरिण वनस्थली के बाड़े में भी रखे गये हैं, पर बंदी झुण्ड होने के कारण इस वन्य क्षेत्र के कृष्णमृगों की संख्या में नहीं गिना गया है। ये गणनायें अब लगभग दो दशक पुरानी हो चुकी हैं।

भारत में कृष्णमृग को पूर्ण वैधानिक सुरक्षा प्राप्त है। यह भारतीय वन्य जीवन (सुरक्षा) अधिनियम 1972 के अंतर्गत अनुसूची एक के भाग एक में दर्ज है। भारत सरकार की पूर्वानुमति से ही राज्य के मुख्य वन्य प्राणी संरक्षक द्वारा जारी की गई विशेष अनुमति से शैक्षणिक, वैज्ञानिक या प्राणी संग्रहालय के उद्देश्यों के लिये इसका शिकार किया जा सकता है।

(स्रोत : एम. के. रणजीत सिंह कृत 'दि इंडियन ब्लैक बक')

आमचांग

यह अभयारण्य आसाम में स्थित है। इसकी स्थापना वर्ष 2004 में हुई है। इसका क्षेत्रफल 79 वर्ग किलोमीटर है। यह प्राणिजात–प्रदेश के अन्य संरक्षित क्षेत्रों जैसा ही है। यह अभयारण्य गुवाहाटी की नगरसीमा के समीप ही है।

आम्बोली

महाराष्ट्र का यह अभयारण्य सिंधु दुर्ग जिले में स्थित है। यह अपने भेक तथा सरीसृप प्राणिजात के लिये माना जाता है।

आसाम

स्थिति : भारत का पूर्वोत्तर राज्य

भौगोलिक क्षेत्र : 78,438 वर्ग कि.मी., वनाच्छादित क्षेत्र : 34708 वर्ग कि.मी. (39 15)

संरक्षित क्षेत्र : अभयारण्य : 12, टाइगर रिजर्व : 2, वायोस्फियर रिजर्व : 2

प्रादेशिक पारिस्थितिकी : प्राणि–भौगोलिक वर्गीकरण के आधार पर उत्तर–पूर्वी भारत प्राणि–भौगोलिक परिमंडल का भाग है। भारत के प्राणि–भौगोलिक आधार पर 8अ एवं 8ब 8अ ब्रह्मपुत्र घाटी 8ब आसाम की पहाड़ियां प्राणिज प्रदेश।

प्रदेश का प्रतीक पशु : गैंडा

प्रदेश का प्रतीक पक्षी : घोषित नहीं

प्रदेश का प्रतीक वृक्ष : होलोन्ग

प्रदेश का प्रतीक पुष्प : फाक्सटेल्ड आरकिड

आसाम के प्रमुख भौगोलिक क्षेत्र ब्रह्मपुत्र और बराक की घाटी तथा आसाम की पहाड़ियां हैं। आसाम की वार्षिक वर्षा का औसत भारत के औसत से बहुत अधिक है। प्रदेश के अलग–अलग भागों में 178 से 305 से.मी. तक वर्षा होती है। प्रदेश में विशाल वन क्षेत्र है।

आसाम का क्षेत्र ब्रह्मपुत्र नदी के उस छोर से फैला हुआ है जहां यह नदी पूर्वी हिमालय को छोड़कर दक्षिणवर्ती घुमाव लेकर बंगलादेश में प्रवेश करती है। इस प्रदेश के उत्तर में भूटान है। राज्य पुनर्गठन के पहले आसाम के अन्तर्गत पूर्वोत्तर राज्य हुआ करते थे। आसाम का काजीरंगा राष्ट्रीय उद्यान अपने प्राणिजात के लिये तथा श्रेष्ठ प्रबंधन के लिये विख्यात है। आसाम में हाथियों, शेरों, गैंडों तथा अनेक प्रजातियों के पक्षी पाये जाते हैं। प्रदेश में एक दर्जन अभयारण्य होना इस बात के द्योतक हैं कि इस प्रदेश में अभी भी वन्य प्राणियों की संख्या उल्लेखनीय है। प्रदेश के सबसे छोटे संरक्षित क्षेत्र डीपरबील अभयारण्य (4 वर्ग कि.मी.) तथा पोबितोरा अभयारण्य (16 वर्ग कि.मी.) हैं। आसाम के संरक्षित क्षेत्रों में मनास का नाम विशेष उल्लेखनीय है। इस संरक्षित क्षेत्र की स्थापना वर्ष 1928 में हुई थी, तब इसे आरक्षित वन क्षेत्र घोषित किया गया था। तब यह एक छोटा आरक्षित वन था किंतु अब यह भारत के सबसे विशाल अभयारण्यों (2840 वर्ग कि.मी.) में से एक है। इसका प्राणिजात अत्यंत समृद्ध है और इसीलिये इसे 'टाइगर रिजर्व' घोषित किया गया है। चूंकि मनास अभयारण्य का नाम मनास नदी के नाम पर रखा गया है अतः यही नदी जब भूटान के क्षेत्र में प्रवाहित है तो उसके संरक्षित क्षेत्र को भी मनास अभयारण्य का ही नाम दिया गया है। इस तरह भारत और भूटान दो देशों में मनास नाम के संरक्षित क्षेत्र हैं।

आसाम की बोरैल पहाड़ियों में जातिन्गा नाम का एक स्थान है जहां प्रतिवर्ष एक सुनिश्चित समय पर लगभग 45 प्रजाति के हजारों पक्षी यहां उड़कर आते हैं परंतु यहां पर रात में उड़ते हुये मर जाते हैं–पक्षियों का यह प्रयास अनसुलझी गुत्थी है। यहां के निवासी इसे पक्षियों की आत्महत्या का स्थान कहते हैं।

आसाम में पर्यावरण विविधता अपार है, यहां कांप के मैदान हैं, खुले घास के मैदान

हैं, पतझड़वाले वन हैं, अर्ध सदाबहार वन हैं और साथ ही सदाबहार वन भी हैं। इन विभिन्न पारिस्थितिकियों में घास में चरने वाले वन्य पशु यथा हाथियों, गैंडों, जंगली भैंसों, शूकरमृगों, बारहसिंघों, वामन शूकरों और हिस्पिड खरहों की भरमार है। मनास के पास सुनहरे लंगूर पाये जाते हैं। तो ब्रह्मपुत्र के दक्षिण में हूलक गिब्बन पाये जाते हैं। मांसाहारी प्राणियों में बाघ, तेंदुआ, जंगली बिल्लियों के अतिरिक्त नेवलों और गंधमार्जारों की उपस्थिति भी यहां पर बड़ी मात्रा में हैं। जिस तरह वन्य प्राणियों की दृष्टि से आसाम महत्वपूर्ण प्रदेश है वैसा ही आसाम की ब्रह्मपुत्र घाटी के उत्तरी भाग में मनास, औरंग और बारनदी प्रमुख संरक्षित क्षेत्र हैं। अन्य विकसित किये और विकसित हो रहे संरक्षित क्षेत्रों में रिपुचिरंग, सोनाई रूपाई, नमेरी, पानपुर, करवा, जामजिंग और पोबा हैं। रिपुचिरंग अभयारण्य (300 वर्ग कि.ली.) की स्थापना मनास-बक्सा वन्य प्राणी गलियारे के विकास के लिये किया जा रहा है। पानपुर जामजिंग और करवा में सदाबहार वनों एवं प्राकृतिक दलदल के क्षेत्र हैं। इनमें थोड़े बहुत गैंड़े अब भी बचे हैं।

ब्रह्मपुत्र घाटी के दक्षिणी भाग में काजीरंगा, गरमपानी और लाओखोवा संरक्षित क्षेत्र स्थित हैं। जिन अन्य संरक्षित क्षेत्रों का विकास किया जा रहा वे मिलिर हिल अभयारण्य, डिगबोई अभयारण्य तथा देशांगमुख अभयारण्य हैं।

आसाम की कछार पहाड़ियो धनश्री या धनश्री-काफी संरक्षित क्षेत्र स्थित है। अन्य संरक्षित क्षेत्रों में बरैल, बराक और इनरलाइन संरक्षित क्षेत्रों के नाम उल्लेखनीय हैं। 'इनरलाइन संरक्षित' क्षेत्र मिजोरम और त्रिपुरा की सीमा में है जहां गिब्बन तथा फायरे का लंगूर पाया जाता है। आसाम के कुछ संरक्षित क्षेत्र अभी विकसित होने को हैं।

आसोला

यह अभयारण्य आसाम में स्थित है, प्राणिजात प्रदेश के अन्य संरक्षित क्षेत्रों के समान।

आंशि

संरक्षित क्षेत्र : अभयारण्य
विस्तार : आंशि नवनिर्मित आंशि-डंडेली राष्ट्रीय उद्यान का भाग है।
स्थिति : कर्नाटक
समीपवर्ती नगर : डंडेली कस्वा (55 कि.मी.)
उत्तम भ्रमणकाल : अक्टूबर से मार्च
पारिस्थितिकी : अयनमंडलीय सदाबहार वन
वन्य पशु-पक्षी : गंधमार्जार, हाथी, हरिण, तेंदुआ।

कर्नाटक में आंशि-डंडेली, कुद्रेमुख अभयारण्यों को जोड़ने वाले मार्ग को और उन्नत करने से इस क्षेत्र के प्राणिजात के लिये खतरा पेदा हो गया है क्योंकि यह क्षेत्र सदाबहार वनों का है। इस अभयारण्य का नाम 'आंशि' ग्राम के नाम पर रखा गया जो इस संरक्षित क्षेत्र के मध्य में स्थित है।

इ

इदुक्की

संरक्षित क्षेत्र : अभयारण्य
विस्तार : 70 वर्ग किलोमीटर
स्थिति : केरल
समीपवर्ती नगर : वाजथोपू (2 कि.मी.), निकटवर्ती हवाई पट्टी : (164 कि.मी.)
उत्तम भ्रमणकाल : सितंबर से मार्च
पारिस्थितिकी : आर्द्र मानसूनी वन
वन्य पशु–पक्षी : तेंदुआ, गौर, हाथी, चीतल तथा पक्षी।

इदुक्की अभयारण्य पश्चिम घाट के सघन वनों में स्थित है। प्राणि भौगोलिक दृष्टि से यह पश्चिमी घाट पर 'पेरियार' नाम के उपक्षेत्र में स्थित है। इस तरह इदुक्की का प्राणिजात पेरियार राष्ट्रीय उद्यान तथा भट्टेकाट अभयारण्य से तुलनीय है। पेरियार राष्ट्रीय उद्यान इस उपक्षेत्र का यदि सर्वश्रेष्ठ और सबसे बड़ा संरक्षित क्षेत्र है तो थट्टेकार अपेक्षाकृत एक छोटा संरक्षित क्षेत्र है। इदुक्की मध्यम दर्जे का अभयारण्य है। इसी क्षेत्र में दक्षिण भारत का प्रसिद्ध मन्दिर शवरामलाई है जहां लाखों श्रद्धालु प्रतिवर्ष पहुंचते हैं।

इदुक्की अभयारण्य वृहत्तर नीलगिरी का एक महत्वपूर्ण भाग है। इस अभयारण्य में जो कि अपने आर्द्र मानसूनी वनों और समृद्ध प्राणिजात के लिये जाना जाता है, वह अपने क्षेत्र में स्थित गांजा तस्करों के लिये भी किसी हद तक पर्यावरण प्रेमियों के लिये चिंता का विषय रहा है। ऐसा समझा जाता है कि इस अभयारण्य में गांजा उत्पादक और गांजा वितरक तस्करों के संगठित और शक्तिशाली गिरोह रहे हैं। वर्ष 2003 के बाद स्थिति में परिवर्तन आया तथा इदुक्की और उसके आसपास के क्षेत्र से लगभग 1 लाख अवैध गांजा के पौधों को नष्ट करने में प्रशासन को सफलता मिली।[†] साथ ही इस अभयारण्य को भी गांजा उत्पादकों से कसी हद तक मुक्ति मिली। परन्तु ऐसा समझा जाता है कि इदुक्की अभयारण्य के ये तस्कर अब 'साइलेन्ट वेली' की ओर बढ़ गये हैं।

([†] स्रोत : जी प्रभाकरन, 'गांजा माफिया हाउन्ट्स साइलेन्ट वली एरिया', दि हिन्दू, 21/11/03)

इटानकी

संरक्षित क्षेत्र : राष्ट्रीय उद्यान
विस्तार : 202 वर्ग किलोमीटर
स्थिति : नागालैंड
समीपवर्ती नगर : कोहिमा (2 कि.मी.), निकटवर्ती हवाई पट्टी : दीमापुर (76 कि.मी.)
उत्तम भ्रमणकाल : नवंबर से मार्च
पारिस्थितिकी : उपअयन मंडलीय वन
वन्य पशु-पक्षी : हाथी, पक्षी।

इटानकी संरक्षित क्षेत्र पहले एक अभयारण्य था जो अब राष्ट्रीय उद्यान घोषित किया जा चुका है। इस अभयारण्य के पश्चिम में धनश्री नदी प्रवाहित होती है जो आसाम की सीमा भी बनाती है। इस तरह यह राष्ट्रीय उद्यान आसाम की सीमा से लगा हुआ है। यहां पर अत्यधिक वर्षा होती है। बांसों के वन भी इस संरक्षित क्षेत्रों में पाये जाते हैं।

यहां पर पाये जाने वाले पशुओं में हाथियों का विशेष स्थान है। ये वे हाथी हैं जो असम के कछार क्षेत्र से अपने पुराने प्रवास मार्ग पर चलकर यहां तक पहुंचते हैं। यह अभयारण्य अपेक्षाकृत कम ऊंचाई पर स्थित है। समुद्र सतह से इसकी ऊंचाई केवल 677 मीटर ही है।

इटानकी अभयारण्य की दूसरी बड़ी विशेषता यहां की वनस्पति भी है। यह राष्ट्रीय उद्यान 'आर्किड्स' के लिये प्रसिद्ध है।

इटानगर

अरुणाचल की राजधानी इटानगर के समीप स्थित उसी नाम का अभयारण्य, पारिस्थितिकी प्रदेश के अन्य संरक्षित क्षेत्रों की भांति।

इटुनागारम

यह अभयारण्य आंध्र प्रदेश के पखल अभयारण्य के समीप स्थित है, पारिस्थितिकी प्रदेश के अन्य संरक्षित क्षेत्रों की भांति।

इन्दिरा गांधी

इन्दिरा गांधी अभयारण्य को अन्नामलाई अभयारण्य के नाम से भी जाना जाता है। देखें : अन्नामलाई। इस संरक्षित क्षेत्र को 'इन्दिरा गांधी वाइल्ड लाइफ सेंक्चुअरी एंड नेशनल पार्क (आई. जी. डब्ल्यू. एस. एन. पी.) भी कहा जाता है।

इन्दिरा प्रियदर्शिनी

यह दिल्ली राज्य का एकमेव संरक्षित क्षेत्र (अभयारण्य) है, पारिस्थितिकी प्रदेश के अन्य संरक्षित क्षेत्रों की भांति।

इन्द्रावती

संरक्षित क्षेत्र : राष्ट्रीय उद्यान/प्रोजेक्ट टाइगर
विस्तार : 2769 वर्ग किलोमीटर
स्थिति : छत्तीसगढ़
समीपवर्ती नगर : जगदलपुर, निकटवर्ती हवाई पट्टी : रायपुर (486 कि.मी.)
उत्तम भ्रमणकाल : जनवरी से अप्रैल
पारिस्थितिकी : मिश्रित पर्णपाती वन, बांसवन, सागौन वन
वन्य पशु-पक्षी : बाघ, वन्य भैंसा, तेंदुआ, सांभर, चौसिंघा, चिंकारा, पक्षी।

इन्द्रावती राष्ट्रीय उद्यान के क्षेत्र से लगा हुआ भाग भैरमगढ़ अभयारण्य का है। राष्ट्रीय उद्यान की स्थापना वर्ष 1978 में हुई थी। अभयारण्य का नाभिक क्षेत्र 1228 वर्ग किलोमीटर तथा सीमान्त संग्राम 1541 वर्ग किलोमीटर का है। अब यह संयुक्त क्षेत्र 'प्रोजेक्ट टाइगर' के अंतर्गत शामिल कर लिया गया है अतः अब यह राष्ट्रीय उद्यान 'टाइगर रिजर्व' है।

इन्द्रावती राष्ट्रीय उद्यान को पहले कुटुरू अभयारण्य नामकरण इन वनों में स्थित कुटुरू ग्राम के नाम पर हुआ था। कुटुरू अभयारण्य का क्षेत्रफल यद्यपि 12583 वर्ग किलोमीटर था परन्तु आरक्षित वन केवल 7245 वर्ग किलोमीटर में ही थे। इसके अतिरिक्त बिना सीमांकित किया हुआ वन क्षेत्र तथा राजस्व क्षेत्र भी था जिसका क्षेत्रफल 15407 वर्ग किलोमीटर था, यह अभयारण्य का 'बफरजोन' था। कुल मिलाकर कुटुरू अभयारण्य का क्षेत्रफल 22735 वर्ग किलोमीटर था। कुटुरू अभयारण्य की स्थापना वन भैंसों के संरक्षण के लिये की गई थी। ध्यातव्य है कि दलदली क्षेत्र के वनों में रहने वाले प्राणी जैसे बारहसिंघा और वन भैंसों का उत्तरी प्रायद्वीप भारत से लगभग सफाया हो चुका था जबकि केवल दो शताब्दियों पूर्व तक इन दोनों वन्य प्राणियों का विस्तार उत्तरी प्रायद्वीपीय भारत से हिमालय की तराई तक था। कुटुरू अभयारण्य की स्थापना वर्ष 1975 में की गई थी। यही अभयारण्य कालान्तर में इन्द्रावती राष्ट्रीय उद्यान बना तथा प्रोजेक्ट टाइगर में आने के पश्चात अब निकटवर्ती भैरमगढ़ अभयारण्य सहित छत्तीसगढ़ राज्य में स्थित एक शानदार टाइगर रिजर्व है।

इन्टरव्यू द्वीप

अंडमान द्वीप समूह में स्थित इस अभयारण्य का विवरण 'अंडमान द्वीप समूह के संरक्षित क्षेत्र' में देखें। सुनामी (दिसंबर 2004) के प्रभाव से इस द्वीप की निकटवर्ती प्रवाली जो निम्न ज्वार में भी डूबी रहती थी अब उच्च ज्वार में भी समुद्री जल से ऊपर आ चुकी है, इसका घातक परिणाम यह हुआ है कि प्रवाली के जीव या पालिप अब यहां पर मृत हो गये हैं।

इराविकुलम

संरक्षित क्षेत्र : राष्ट्रीय उद्यान/टाइगर रिजर्व
विस्तार : 777 वर्ग किलोमीटर

स्थिति : केरल
समीपवर्ती नगर : कुमाली (4 कि.मी.)
उत्तम भ्रमणकाल : अक्टूबर से मार्च
पारिस्थितिकी : अयनमंडलीय मिश्रित पर्णपाती वन, शोला घास के मैदान
वन्य पशु–पक्षी : बाघ, हाथी, गौर, चीतल, नीलगिरि तहार।

इराविकुलम वर्ष 1934 में संरक्षित क्षेत्र घोषित किया गया था, उस समय इसका नाम नीलमपट्टी था। स्वतंत्रता के पश्चात इस संरक्षित क्षेत्र के क्षेत्रफल में वृद्धि की गई और अब यह 777 वर्ग किलोमीटर के क्षेत्र में फैला राष्ट्रीय उद्यान है। प्रोजेक्ट टाइगर की स्थापना के बाद इसे 'टाइगर रिजर्व' घोषित किया गया और इस तरह यह भारत का सबसे दक्षिण में स्थित टाइगर रिजर्व बना। इस राष्ट्रीय उद्यान में 26 वर्ग किलोमीटर की एक विशाल झील है, चारों ओर पहाड़ियां हैं जो कि पश्चिमी घाट पर्वतों की शाखा–प्रशाखायें हैं।

इराविकुलम अभयारण्य में नीलगिरि पहाड़ियों से लेकर पश्चिमी घाट पर्वतों तक अनेक उच्चसम भूमि के क्षेत्र हैं जिन पर वामन बांस (सिन अर्डूनेरिया माइक्रोफाइला), कुरुंजी तथा रोडोडेन्ड्रान के वृक्ष बड़ी संख्या में पाये जाते हैं। इस अभयारण्य का सर्वोच्च पर्वत शिखर 'अनईमुडी' (2695 मी.) है। इराविकुलम दक्षिण भारत के अनेक ऐसे वन्य प्राणियों का शरण स्थल है जो पास के वनों में भी बहुत कम देखे जा सकते हैं। इन प्राणियों में नीलगिरी तहार का नाम विशेष रूप से उल्लेखनीय है। नीलगिरि तहार (हेमिट्रेगस हाइलोक्रियस) एक पर्वतीय बकरे की प्रजाति है जिसका वितरण केवल पश्चिमी घाट के कुछ हिस्सों तक ही सीमित है। नीलगिरि पर्वत के पास इनकी संख्या अधिक देखी गई थी अतः इनका नाम नीलगिरि तहार रख दिया गया था। भारत में दूसरी तहार प्रजाति नीलगिरि से हजारों मील दूर हिमालय पर्वत पर पायी जाती है। इस प्रजाति का नाम हिमालय तहार है। इस राष्ट्रीय उद्यान के चारों ओर बागानी कृषि के बड़े–बड़े खेत हैं।

मुश्किलें : यद्यपि इराविकुलम में नीलगिरी तहार अब संकटग्रस्त नहीं है उसकी संख्या में यथेष्ट वृद्धि भी हुई है और ऐसा माना जाता है कि वर्तमान में समूचे पश्चिमी घाट के लगभग 2000 नीलगिरी तहारों में से 800 इसी संरक्षित क्षेत्र में हैं परंतु समय बीतते इस संरक्षित क्षेत्र में से चंदन तस्करों की आवाजाही प्रारंभ हो गई है जो चिंताजनक है साथ ही राष्ट्रीय उद्यान की सीमा पर अवैध शराब उतारने का धंधा भी बढ़ रहा है।

इराविकुलम राष्ट्रीय उद्यान

इराविकुलम राष्ट्रीय उद्यान की पर्यावरण संबंधी आधारभूत विशेषता उनकी वनस्पति है जिसके कारण यहां इतनी प्राणिजात भिन्नतायें देखने को मिलती हैं। यहां की वनस्पति का मुख्य प्रकार यहां पाये जाने वाली 'शोला' वनस्पति है। 'शोला' तमिल भाषा का शब्द है जिसका अर्थ किसी भी प्रकार की सदाहरित या सदाबहार वन है । इस शब्द का प्रयोग इस क्षेत्र के अनेक प्रकार के वनों के लिये किया जाता रहा है, जैसे 'केरियन शोला' या अनई मलई को अपेक्षाकृत निचली पहाड़ियों के वन परन्तु धीरे–धीरे अब इस शब्द का मानक प्रयोग प्रारंभ हो चुका है। अब शोला वनों से तात्पर्य दक्षिणी पश्चिमी घाट के ऊंचे (1700 मी.) के वनों से लिया जाता है। अयनमंडलीय क्षेत्र के अन्य वनों की भाँति ही शोला वनों की स्थिति ऊंचे पर्वतीय क्षेत्रों में होने के कारण उन्हें भारी मौसमी

वर्षा का लाभ पहुंचाती है। घाटियों में इन वनों की अधिक उपजाऊ भूमि मिलती है। कुल मिलाकर शोला वनों में सभी प्रकार के वृक्ष पाये जाते हैं। ऊंचे वृक्ष की सामान्य ऊंचाई औसतन 15 मी. हो तो पर कुछ वृक्ष 40 से 60 मीटर तक ऊचाइयों प्राप्त कर लेते हैं । शोला वनों में कम ऊंचाई के वृक्ष भी पाये जाते हैं जिनमें 'लेसियेन्थस' तथा 'स्ट्रेन्थोबिलेनस' पौधों की प्रजातियां प्रमुख हैं। शोला वनों में लतायें तथा काई एवं दूसरे परजीवी पौधे भी बड़े वृक्षों पर लिपटे पाये जाते हैं। शोला वनों के समान ही शोला घास के मैदान भी इस क्षेत्र में पाये जाते हैं।

शोला घास के मैदान ऊंचे पठारों के मंद ढालों के क्षेत्र में पाये जाते हैं। साधारणतः पठारों का 80 प्रतिशत भाग तक इन घास के मैदानों का हो सकता है। दक्षिणी–पश्चिमी घाट में इन क्षेत्रों में भारी मानसूनी वर्षा होती है, यह वर्षा 1200 से 5000 मि.मी. तक अलग–अलग स्थानों पर मापी गई है।

भारी वर्षा तथा समुद्र सतह से ऊंचाई के कारण शोला वनस्पति की मुख्य विशेषता उसका सदाहरित या सदाबहार होना है। शीतकाल की रात्रियों में तापमान गिरकर शून्य अंश तक इराविकुलम राष्ट्रीय उद्यान पहुंचता है। परन्तु शोला वन अपनी विशेषताओं के कारण वर्ष भर तापमान में एक विशेष तापान्तर बनाये रखने में सफल रहते हैं । यहां की घास पाला को सहन करने में सक्षम होती है । घास के मैदानों में रोडोडेन्ड्रान के वृक्ष पाये जाते हैं जिनमें कुछ सीमा तक अग्नि निरोधक शक्ति होती है। शोला घास के मैदानों की उत्पत्ति के संबंध में वनस्पति विज्ञानियों में पर्याप्त मतभेद रहा है। कुछ का मानना था कि इन घास के मैदानों की उत्पत्ति प्राचीनकाल में मनुष्य के द्वारा वनों के काट डालने के पश्चात हुई परन्तु अन्य विद्वान ऐसा नहीं मानते। आधुनिक 'पोलन अध्ययन' इंगित करते है के घास के मैदान आज से 4000 वर्ष पूर्व भी हुआ करते थे अर्थात यहां पर आदि मानव के आने के पहले भी।

पालिनी पहाड़ियों में कुक्कल तथा वन्दारावु और यहां तक कि पेरुमल शिखर पर शोला घास के मैदान हैं यद्यपि अनई मलई पर्वत पर सबसे विस्तृत शोला घास के मैदान हैं।

इन सभी स्थानों में अनेक प्रकार की प्रजाति के पक्षी पाये जाते हैं जिनमें काले और नारंगी फ्लाई कैचर, नीलगिरि वुड पिजन, नीला राबिन, नीलगिरि फ्लाई कैचर तथा नीलगिरि लाफिंग थ्रश प्रमुख हैं।

इस राष्ट्रीय उद्यान में सरीसृपों का एक ऐसा वर्ग पाया जाता है जो भारत में केवल नीलगिरि पर्वतों पर पाया जाता है तथा भारत के बाहर केवल श्रीलंका में इन सर्पों को शील्ड टेल्स (ढाल जैसी पूंछ वाले) कहा जाता है।

जीव भूगोल की दृष्टि से यह संरक्षित क्षेत्र विशेष महत्व का है क्योंकि इसमें जहां अनेक विशिष्ट स्थानीय (इन्डेमिक) प्राणियों की प्रजातियां पाई जाती हैं वहां कुछ ऐसी भी प्रजातियां हैं जो केवल इस क्षेत्र में तथा श्रीलंका में ही मिलती हैं।

ऐसी ही स्तनपोशी प्राणियों की प्रजातियों में प्रमुख हैं–नीलगिरि मार्टिन (मार्टिस ग्वाट किंसी), नीलगिरि लंगूर (प्रेस बाइटिस जानी) तथा डस्की गिलहरी (फ्यूनाम्बुलस सब्लीनीटस)।

इराविकुलम का शोलाघास क्षेत्र उत्तम संरक्षित क्षेत्र है। शोला पारिस्थितिकी की सबसे बड़ी विशेषता यह है कि वह मानसून के जल से संतृप्त होकर उस जल को

बेकार बह जाने से रोकती है और फिर उस जल को नदियों के माध्यम से पुनः प्रकृति को प्रदान कर देती है।

यह एक विचित्र विरोधाभास ही कहा जायेगा कि पिछली शताब्दि के पूर्वार्ध तक प्रशासनिक भाषा में शोला घास के मैदानों को 'उजाड़ क्षेत्र' का दर्जा दे दिया गया था। यह दर्जा शासकीय वन विभाग के अधिकारियों ने दे दिया था। अवैज्ञानिक दृष्टि के कारण स्वतंत्रता के पूर्व से ही शोला घास के मैदानों पर अतिक्रमण होना प्रारंभ हो गया था। यहां तक ही स्थिति नहीं रही वन विभाग ने यहां यूकेलिप्टस जैसे अनेक अनुपयोगी वृक्षों को लगाकर शोला घास के मैदान को उजाड़ बनाने में कोई कोर-कसर न रखी थी। जब शासकीय अमले का यह हाल था तब साधारण जनता के लोभी व्यक्ति भला क्यों पीछे रहते और उन्होंने इन मैदानों में गांजे की फसल उगानी प्रारंभ कर दी परन्तु इस विनाशकारी क्रिया पर प्रतिबंध लगा तथा पारिस्थितिकी में पुनः नवजीवन का संचार हुआ।

सद्प्रयास : इराविकुलम राष्ट्रीय उद्यान की स्थापना में एच. आर. डब्ल्यू. एंड ई. पी. ए. (हाई रेन्ज वाइल्ड लाइफ एंड इनविरानमेंट प्रिजर्वेशन एसोशियेशन) नाम की संस्था का विशेष योगदान रहा है। वर्ष 1978 में इस संस्था ने शासन से इस स्थान को राष्ट्रीय उद्यान घोषित कराने के लिये अत्यधिक प्रयास किया था, इसके फलस्वरूप ही शासन ने लैंड रिफार्म एक्ट 1971 के तहत 'कानन देवन' हिल प्लान्टेशन कंपनी प्राइवेट लिमिटेड' की भूमि अधिग्रहीत की। भारत के अन्य राष्ट्रीय उद्यानों के विपरीत इस राष्ट्रीय उद्यान का प्रशासन केरल के वन विभाग तथा उपर्युक्त संस्था के हाथ में है। संस्था शोलाघास के मैदानों को पुर्नजीवित करने के सारे प्रयास कर रही है। इस संस्था का एक सराहनीय प्रयोग यह भी रहा है कि उसने यहां के 'मुथुवन आदिवासियों' को साधारण मानदेय पर संरक्षित क्षेत्र में अवांछित गतिविधियों पर नजर रखने का काम दे रखा है।

ईगल नेस्ट

संरक्षित क्षेत्र : अभयारण्य
विस्तार : अप्रात
स्थिति : अरुणाचल
समीपवर्ती नगर : तेजपुर
उत्तम भ्रमणकाल : अक्टूबर से मार्च
पारिस्थितिकी : अयनमंडलीय पर्वतीय चौड़े पत्ते वाले वन
वन्य पशु-पक्षी : सरीसृप, हाथी, क्लाउडेड तेंदुआ, तितलियां, पक्षी।

ईगलनेस्ट अभयारण्य को पर्यावरणविद् भारत के 25 सुरक्षित क्षेत्रों में स्थान देते हैं परंतु यहां पहुंचना आसान नहीं है। ईगलनेस्ट अभयारण्य की सीमा 'सुन्दरव्यू' (2450 मी.) स्थान से 6 कि.मी. पहले से प्रारंभ होती है और सेमनी से 3 किलोमीटर नीचे सड़क के किनारे-किनारे समाप्त हो जाती है। यह टेंगा रामलिंगम रास्ते पर पड़ता है। एक दूसरा रास्ता डोइमारा तेजपुर का भी है जिसमें सप्ताह में दो दिन बस मिलती है, पर उन दो दिनों में भी बस मिल ही जाये यह आवश्यक नहीं। टैक्सी अधिक उपयुक्त वाहन है। इस अभयारण्य में पहुंचने के लिये पर्वत पर चढ़ने की आवश्यकता होती है। पर्वतों पर

चढ़कर इस अभयारण्य को देखनें का सुख प्राप्त करने के लिये आवश्यकता है अरुणाचल प्रदेश प्रशासन की पूर्व अनुमति।

ईगलनेस्ट अभयारण्य में स्थानों की ऊंचाई 350 से 3000 मीटर तक है इसलिये यहां पर वनों के अनेक स्तर देखने को मिलते हैं, जैसे–2000 मीटर की ऊंचाई पर यदि अयनमंडलीय चौड़े पत्ते वाले वन हैं तो और अधिक ऊंचाई पर रोडोडेन्ड्रान और ओक के वन। बीच-बीच में बांसों की झुरमुट देखने को मिलती है।

ईगलनेस्ट अभयारण्य 'पैलाकर्टिक' तथा 'इन्डो मलायन' जीव भौगोलिक प्रदेशों का मिलन स्थल है अतः इस छोटे से अभयारण्य के प्राणिजात में बहुत अधिक विविधता देखने को मिलती है। प्राणि विज्ञानियों के अनुसार इस अभयारण्य में पक्षियों की 450 प्रजातियां, तितलियों के 175 प्रकार, सरीसृपों की 35 प्रजातियां अब तक ज्ञात हैं पर शोधकार्य इस संख्या को काफी कुछ बढ़ा सकता है। यहां की प्रसिद्ध सर्प प्रजाति को 'कुकरी' कहा जाता है, ये अंडे खाने वाले सर्प हैं। इनकी 10 प्रजातियां उत्तर-पूर्व भारत में पाई जाती हैं।

ईस्ट द्वीप

ईस्ट (इंग्लिश द्वीप)

अंडमान द्वीप समूह में स्थित उपरोक्त अभयारण्यों का विवरण 'अंडमान द्वीप समूह के संरक्षित क्षेत्र' में देखें।

उ–ऊ

उड़ीसा

स्थिति : भारत का पूर्वी राज्य
भौगोलिक क्षेत्र : 155,707 वर्ग किलोमीटर, वनों के अंतर्गत क्षेत्रफल : 57184 वर्ग किलोमीटर (36.73)
संरक्षित क्षेत्र : राष्ट्रीय उद्यान : 02, अभयारण्य : 18, टाइगर रिजर्व : 01, बायोस्फिर रिजर्व : 01
प्रादेशिक पारिस्थितिकी : दकन प्रायद्वीपीय परिमंडल और समुद्रतटीय परिमंडल
प्रदेश का प्रतीक पशु : हाथी (एलीफस मैक्सिमस)
प्रदेश का प्रतीक पक्षी : मयूर (पेवो क्रिस्टास)
प्रदेश का प्रतीक वृक्ष : बरगद (फाइकस बंगालेनसिस)
प्रदेश का प्रतीक पुष्प : कमल (नीलम्बो न्यूसीफेरा)

उड़ीसा को साधारण तौर पर चार भौगोलिक प्रदेशों में विभाजित किया जाता है–उत्तर का पठारी भाग, पूर्वी घाट पर्वतों का प्रदेश, मध्यवर्ती प्रदेश तथा तटीय मैदान। यदि इन्हें पारिस्थितिकी प्रदेश की दृष्टि से देखा जाय तो इस प्रदेश का पूर्वी भाग पूर्वी समुद्र या बंगाल की खाड़ी का तटीय प्रदेश है जिसे समुद्रतटीय परिमंडल के रूप में देखा जाता है, इसे पूर्वी घाट उपपरिमंडल कहा जाता है । शेष प्रदेश में पश्चिमी प्रदेश छोटा नागपुर पठार का भाग है तथा दक्षिण पश्चिमी भाग दण्डकारण्य का। यहां पर मानसूनी वर्षा होती है। पश्चिम की ओर वर्षा कम होती है। उड़ीसा सरीसृप प्राणिजात के लिये विख्यात है। आलिव रिडले कछुये यहां के समुद्री तट पर प्रवास पर आते हैं साथ ही भारत के सबसे लम्बे सर्प अजगर और नाग भी यहां पाये जाते हैं। यहां पर 15 प्रजातियों के पानी में रहने वाले सर्प पाये जाते हैं। मगरों की दोनों प्रजातियों के लिये उड़ीसा प्रसिद्ध है, इन्हें उचित संरक्षण दिया गया है। उड़ीसा की मुख्य नदी महानदी है और उसकी 'सतकोसिया घाटी' अपने प्राणिजात के लिये प्रसिद्ध है जहां हाथियों की काफी संख्या निवास करती है।

प्रदेश में एक टाइगर रिजर्व है। सिमलीपाल टाइगर रिजर्व की स्थापना वर्ष 1973 में हुई थी। इसका क्षेत्रफल 2770 वर्ग किलोमीटर है। इस संरक्षित क्षेत्र में बाघ के साथ अन्य प्राणियों को भी पूर्ण सुरक्षा मिली हुई है। सिमलीपाल वनों को वर्ष 1994 में बायोस्फियर रिजर्व भी घोषित किया गया। इसका क्षेत्रफल 4374 वर्ग किलोमीटर है।

पूर्वीघाट पर्वतों की वनस्पति में काफी विविधता है। यहां सघन अयनमंडलीय सदाबहार वन, झाड़ियों वाले वन तथा तटीय वन पाये जाते हैं।

उत्तर प्रदेश

स्थिति : भारत का उत्तरी राज्य
भौगोलिक क्षेत्र : 240,926 वर्ग किलोमीटर, वनों के अंतर्गत क्षेत्रफल : 17001 वर्ग किलोमीटर (7061)
संरक्षित क्षेत्र : राष्ट्रीय उद्यान : 01, अभयारण्य : 23, टाइगर रिजर्व : 01
प्रादेशिक पारिस्थितिकी : गंगा का मैदान, प्राणि-भौगोलिक परिमंडल
प्रदेश का प्रतीक पशु : बारहसिंघा (सर्वस दुबावसेली दुबावसेली)
प्रदेश का प्रतीक पक्षी : सारस (ग्रुस एन्टीगोन)
प्रदेश का प्रतीक वृक्ष : अशोक (सराका इन्डिका)
प्रदेश का प्रतीक पुष्प : ब्रह्मकमल (साउस्सूरी ओमालाटा)

उत्तर प्रदेश मानव जनसंख्या की दृष्टि से महत्वपूर्ण प्रदेश है, इस प्रदेश का अधिकांश भाग सघन बसा हुआ है। प्रदेश पुनर्गठन के पूर्व उत्तर प्रदेश का उत्तरी भाग हिमालय का पर्वतीय क्षेत्र हुआ करता था परंतु पुनर्गठन के पश्चात संपूर्ण उत्तरी भाग अब एक अलग प्रदेश 'उत्तरांचल' है। बचे हुये उत्तरी पर्वतीय क्षेत्र का बहुत ही थोड़ा भाग अब उत्तर प्रदेश में है। दुधवा राष्ट्रीय उद्यान उसी अवशिष्ट भाग में है। उत्तर प्रदेश का वृहत्तर भाग गंगा और उसकी सहायक नदियों का चौरस मैदान है जिसमें छोटे-छोटे अभयारण्य स्थापित किये गये हैं। अधिकांश अभयारण्य पक्षियों को संरक्षण देने के लिये स्थापित किये गये हैं। मगरों की प्रजाति घड़ियाल तथा नदी डोल्फिन की प्रजाति 'शुशु' के संरक्षण के लिये भी उत्तर प्रदेश में कार्य किये जा रहे हैं। प्रदेश के एकदम दक्षिण में कुछ पर्वतीय क्षेत्र है, यह विन्ध्याचल पर्वत का क्षेत्र है। महावीर स्वामी तथा कैमूर संरक्षित क्षेत्र इसी पठारी प्रदेश में स्थित है।

उत्तर प्रदेश में एक टाइगर रिजर्व है। दुधवा टाइगर रिजर्व की स्थापना वर्ष 1987 में हुई थी, इसका क्षेत्र 811 वर्ग किलोमीटर है।

उत्तर प्रदेश में देश के सबसे कम वन क्षेत्र वाले प्रदेश में से एक है। इस विशाल प्रदेश का मात्र 7.09 प्रतिशत ही वनों द्वारा आच्छादित है।

उत्तर प्रदेश के कुछ और क्षेत्रों में नये संरक्षित क्षेत्र स्थापित किये जाने की संभावना है। ये वे क्षेत्र हैं जिनका प्राण्जित वर्तमान में संरक्षित क्षेत्रों की सीमा में रक्षित नहीं है। ऐसे क्षेत्रों में पूर्वी उत्तर प्रदेश के घास के मैदान तथा पश्चिम उत्तर प्रदेश के शुष्क प्रदेश उल्लेखनीय है। कुछ नये अभयारण्यों की रूपरेखा तैयार हो चुकी है। ये अभयारण्य पिप्री तथा फैजाबाद हैं।

उत्तरांचल
(उत्तराखण्ड)

स्थिति : भारत का उत्तरी राज्य

भौगोलिक क्षेत्र : 534,85 वर्ग कि.मी., वनों के अंतर्गत क्षेत्रफल : 34662 वर्ग किलोमीटर (64 81) 06, अभयारण्य : 06, टाइगर रिजर्व : 01, बायोस्फियर रिजर्व : 01

संरक्षित क्षेत्र : अभयारण्य : 12, टाइगर रिजर्व : 2, बायोस्फियर रिजर्व : 2

प्रादेशिक पारिस्थितिकी : हिमालय पर्वत, प्राणिभौगोलिक परिमंडल, 2बी पश्चिम हिमालय प्राणिज प्रदेश।

प्रदेश का प्रतीक पशु : हिमालय कस्तूरी मृग (मोरचस क्रिसोगेस्टर)

प्रदेश का प्रतीक पक्षी : हिमालयी मोनल (लोफोफोरस इंपीजेनस)

प्रदेश का प्रतीक वृक्ष : बुरांस (रोडोडेन्ड्रान आर्बोरियम)

प्रदेश का प्रतीक पुष्प : ब्रह्मकमल (साउस्सूरी ओमालाटा)

राज्य पुनर्गठन के पश्चात उत्तर प्रदेश का लगभग संपूर्ण उत्तरी पर्वतीय भाग एक नये राज्य के रूप में स्थापित हुआ, यह उत्तरांचल है। जहां उत्तर प्रदेश या पूर्व राज्य में अब मात्र 7.09 प्रतिशत वन बचे हैं वहां उस नये राज्य का 64.81भाग वनाच्छादित है।

उत्तरांचल या उत्तराखण्ड में दो भौगोलिक प्रदेश हैं। उत्तरी और पश्चिमी भाग में उच्च हिमालय पर्वत तथा दक्षिणी भाग में तराई या भामर। उत्तरी-पश्चिमी भाग अत्याधिक ऊंचाई वाला क्षेत्र है जहां नन्दादेवी और फूलों की घाटी जैसे संरक्षित क्षेत्र हैं जो कि शीतकाल में हिमाच्छादित रहते हैं। दक्षिणी भाग तराई या भामर के क्षेत्र हैं जहां की जलवायु उष्ण अयनमंडलीय है और जहां सघन पर्णपाती वन हैं। इस क्षेत्र में कार्बेट राष्ट्रीय उद्यान है। उत्तरांचल के नन्दादेवी संरक्षित क्षेत्र को वर्ष 1988 में बायोस्फियर रिजर्व घोषित किया गया जबकि कार्बेट को वर्ष 1975 में टाइगर रिजर्व का दर्जा दिया गया। कार्बेट टाइगर रिजर्व का क्षेत्रफल 1134 वर्ग किलोमीटर है। 6 राष्ट्रीय उद्यान और 6 अभयारण्य वाले उत्तरांचल का प्रत्येक संरक्षित क्षेत्र इस प्रदेश का मुख्य पर्यटक स्थल भी है । इस प्रदेश में कस्तूरी मृग जैसे महत्वपूर्ण वन्य पशुओं के लिये विशेष संरक्षित क्षेत्र विकसित किये गये हैं।

कुछ पुराने संरक्षित क्षेत्रों को विस्तार दिया जा रहा है जिनमें गोविन्द पशु विहार का नाम उल्लेखनीय है यह एक अभयारण्य से राष्ट्रीय उद्यान बनाया जा रहा है। ऐसा ही केदारनाथ अभयारण्य के साथ है। यमुनोत्री और पिंडारी हिमानी क्षेत्र को भी अभयारण्य घोषित किया जा चुका है। कुछ अभयारण्यों के संरक्षण की व्यवस्थायें सुधारी जा रही हैं जिनमें दूधाटोली, दोदीताल, बेनॉग, चक्राता, लड़ियावली, नैनीताल तथा रानीखेत उल्लेखनीय हैं।

उत्तराखण्ड बायोरिजर्व

संरक्षित क्षेत्र : बायोरिजर्व
विस्तार : 3942 वर्ग किलोमीटर
स्थिति : उत्तरांचल

उत्तराखण्ड बायोरिजर्व उत्तरांचल के टेहरी, उत्तरकाशी, चमोली और अल्मोड़ा जिले के क्षेत्रों में फैला है। इस बायोरिजर्व में उप अयनमंडलीय से लेकर अतिशीत प्रदेश (आर्कटिक) तक की जलवायु संबंधी विशेषतायें मौजूद हैं। इस बायोरिजर्व की मुख्य विशेषतायें निम्नलिखित कही जा सकती हैं–

अ. यह संपूर्ण क्षेत्र पश्चिम में हिमालय के अपेक्षतया शुष्क प्रदेश तथा पूर्व के आर्द्र प्रदेश के मध्य का संक्रमण प्रदेश है।

ब. यह बायोस्फियर रिजर्व हिमालय की तीन भौतिक इकाइयों में फैला है जिन्हें क्रमशः निचला हिमालय, उच्च हिमालय तथा हिमालय पार के नाम से जाना जाता है।

स. यहां के विशाल वन्य क्षेत्र में अपेक्षाकृत कम जैविक दबाव है जो कि बायोस्फियर के अंतर्राष्ट्रीय मानकों के अनुरूप है।

द. इस बायोस्फियर रिजर्व में वनों के अनेक प्रकार पाये जाते हैं जिनमें उच्च अक्षांशीय वन कम हिमालयी ऊँचाइयों पर तथा हिम रेखा के पास आर्द्र हिमालयी घास के मैदान स्थित हैं।

इ. इस बायोस्फियर रिजर्व के वानस्पतिक और प्राणिज तत्व पूर्वी और पश्चिमी हिमालय के संक्रमण का प्रतिनिधित्व करते हैं।

फ. यह बायोस्फियर रिजर्व विश्व के लगभग 3 प्रतिशत पक्षिजात का प्रतिनिधित्व करता है। इसमें हिमालय पार के प्रदेश की अनेक पक्षी प्रजातियां पाई जाती हैं।

परिक्षेत्र 1– क्षेत्रफल 1796 वर्ग किलोमीटर – मण्डल घाटी
परिक्षेत्र 2– क्षेत्रफल 340 वर्ग किलोमीटर – फूलों की घाटी गाकमुशुन्डि
परिक्षेत्र 3– क्षेत्रफल 1406 वर्ग किलोमीटर – मलारी लाप्टाल
परिक्षेत्र 4– क्षेत्रफल 399 वर्ग किलोमीटर – सुन्दर घुंगा पिन्डारी

उत्तराखण्ड बायोस्फियर रिजर्व को निम्नलिखित प्रवाह क्षेत्र में विभाजित किया जा सकता है–

1. यमुना नदी उत्तरकाशी जिले के यमुनोत्री हिमनदी से निकलती है। इस नदी की प्रमुख सहायक नदियां टोंस (रूपिन एवं सूपिन), जाह्नवी, तथा अगलर हैं।
2. भागीरथी नदी का उद्‌गम गंगोत्री हिमनद के बर्फ से गोमुख के समीप है। इसकी प्रमुख सहायक नदी झीलनगन है जो भागीरथी से टेहरी के समीप मिलती है।
3. अलकनन्दा नदी चौखम्बा शिखर की तलहटी से निकलकर बद्रीनाथ, विष्णुप्रयाग, नन्दप्रयाग, कर्णप्रयाग, रुद्रप्रयाग से होती हुई देवप्रयाग में भागीरथी से मिल जाती है। यहां पर ये दोनों नदियां मिलने के बाद गंगा कहलाती हैं। अलकनन्दा की प्रमुख सहायक नदियां पिन्डार, आकाशगंगा, पुष्पावती, मन्दाकिनी और नन्दाकिनी हैं।

4. रामगंगा नदी अल्मोड़ा जिले में बहती हुई इस बायोस्फियर रिजर्व का एक भाग है।

इस बायोस्फियर रिजर्व के वनों को 12 प्रकारों में बांटा जा सकता है–

मोरु एवं ओक के वन : ये साधारणतः 2200 मी. से 2400 मी. की ऊंचाई तक पाये जाते हैं। 2. आर्द्र देवदार वन : यहां पर कुछ क्षेत्रों में शुद्ध देवदार के वृक्षों के वन पाये जाते हैं। देवदार के वृक्ष एकदम सीधे और विशाल होते हैं। कहीं–कहीं इनकी ऊंचाई 100–180 फीट तक पाई जाती है। 3. उच्च अक्षांशीय मिश्रित सूचिपर्ण वन : इन वनों में पाइन और सीडार के वृक्ष प्रमुखता से पाये जाते हैं। 4. उच्च अक्षांशीय मिश्रित पतझड़ वाले वन : इनमें असेर कैसियम और बेटुला एलनाइडिस प्रजाति के वृक्षों की बहुतायत पाई जाती है। 5. खरहर ओक के वन : इन वनों में खरसू ओक प्रजाति के वृक्षों का बाहुल्य है। 6. ब्लूपाइन के वन। 7. उप अल्पाइन फर वृक्षों के वन। 8. उप अल्पाइन बर्च और फर वृक्षों के वन। 9. रोडोडेन्ड्रान या बुरांस वन। 10. पतझड़वाली अल्पाइन झाड़ियां। 11. छोटे रोडोडेन्ड्रान वृक्षों के वन और 12. शुष्क अल्पाइन झाड़ियां।

प्राणिजात : यहां अनेक प्रजातियों के वन्य पशु, पक्षी, सरीसृप, मछलियां और कीट भृंग पाये जाते हैं। बड़े वन्य पशुओं में प्रमुख हैं–1. जंगली याक, 2. हिमतेंदुआ, 3. तिब्बती भेड़, 4. आइबेक्स, 5. हिमालयी तहार, 6. हिमालयी वीजल, 7. हिमालयी खरहा, 8. रायल छछूंदर, 9. हिमालयी भालू, 10. पनकुत्ते, 11. हिमालयी मूषक खरहा, 12. पथरी मार्टेन, 13. सियार, 14. गोरल, 15. कस्तूरी मृग, 16. भेड़की 17. वन्य शूकर, 18. सेही, 19. खरहा, 20. हिमालयी पीले गले वाली मार्टेन, 21. स्मूथ भारतीय पनबुत्ता, 22. लाल लोमड़ी, 23. तेंदुआ, 24. तेंदुआ बिल्ली, 25. वन बिडाल, 26. हिमालयी पाम गंधमार्जार, 27. नेवला, 28. सामान्य लोमड़ी, 29. नेवला और, 30. जंगली कुत्ते।

उदन्ती

संरक्षित क्षेत्र : अभयारण्य
विस्तार : 248 वर्ग किलोमीटर
स्थिति : छत्तीसगढ़
समीपवर्ती नगर : रायपुर
उत्तम भ्रमणकाल : अक्टूबर से मार्च
पारिस्थितिकी : मिश्रित अयनमंडलीय पर्णपाती वन
वन्य पशु पक्षी : तेंदुआ, रीछ, वन्य भैंसा, जंगली सुअर, चिंकारा, चीतल।

उदन्ती अभयारण्य रायपुर जिले की गरियाबन्द तहसील में वर्ष 1983 में स्थापित किया गया था। इस अभयारण्य की उत्तरी सीमा का निर्धारण दूजापानी नामक नाला करता है। यह अभयारण्य छत्तीसगढ़ एवं उड़ीसा की सीमाओं के मिलन स्थल पर स्थित है। इस अभयारण्य में साल वनों के अतिरिक्त मिश्रित पर्णपाती वन पाये जाते हैं जिनमें खैर, धवा, कर्रा तथा तेंदू के वृक्ष प्रमुखता से होते हैं। इस अभयारण्य में वन्य भैंसे पाये जाते थे जिन्हें बहुत समय से नहीं देखा गया है, यद्यपि प्रतिवर्ष उनकी गणनायें प्रकाशित होती रहती हैं। अन्य वन्य पशुओं में चीतल, कक्कड़ और वन्य शूकर प्रमुख हैं जो पूरे अभयारण्य

में देखे जाते हैं। यही स्थिति वानरों और मोरों की भी है जो यहां काफी संख्या में पाये जाते हैं।

उदन्ती अभयारण्य की सीमा पर 11 वन ग्राम हैं जिनकी जनसंख्या 2 हजार से भी अधिक है। इनमें आदिवासी समुदाय के लोग रहते हैं। ढोरों की संख्या भी लगभग 2 हजार ही है।

उदन्ती (उदयन्ती) अभयारण्य का नामकरण यहां पर बहने वाली प्रमुख नदी के नाम पर रखा गया है। कुछ दशकों पहले तक इस नदी के दोनों किनारों पर जंगली भैंसों के झुंड घूमते हुये दिख जाते थे, ये यहां से समीपवर्ती उड़ीसा के वनों तक प्रवास करते थे।

अभयारण्य पर दबाव : उदन्ती अभयारण्य की सीमा के भीतर 11 वनग्राम हैं ये ग्राम क्रमशः जगरा, इमालपख, बड़गांव, जूमर, आमल, कर्लाजर, नागेश, केवा, वेहीमाला, पन्ड्रीपाली और उदन्ती हैं। सभी गांवों में जनजातीय जनसंख्या निवास करती है। सभी गावों की संयुक्त जनसंख्या लगभग ढाई हजार व्यक्ति है। इन ग्रामीणों के पालतू पशुओं की संख्या भी डेढ़ हजार के लगभग है।

उदयपुर

संरक्षित क्षेत्र : अभयारण्य
विस्तार : 6 वर्ग किलोमीटर
स्थिति : बिहार
समीपवर्ती नगर : बेतिया वेट्रियाह, निकटवर्ती हवाई पट्टी : पटना (205 कि.मी.)
उत्तम भ्रमणकाल : वर्ष भर
वन्य पशु–पक्षी : अनेक प्रकार के पक्षी।

उदयपुर अभयारण्य की स्थापना वर्ष 1978 में जलीय पक्षियों के संरक्षण के लिये की गई थी।

उदयमार्तण्ड पुरम लेक

प्वाइन्ट कालीमर से कुछ दूर पर स्थित झील क्षेत्र जिसे अभयारण्य घोषित किया गया। पारिस्थितिकी प्रदेश के अन्य संरक्षित क्षेत्रों की भांति।

उधवा झील

झारखंड का पूर्वोत्तर स्थित अभयारण्य, पारिस्थितिकी प्रदेश के अन्य संरक्षित क्षेत्रों की भांति।

उप्पलपाडु

यह अभयारण्य आंध्र प्रदेश में स्थित है, प्राणिजात प्रदेश के अन्य संरक्षित क्षेत्रों के समान।

उलवी

कर्नाटक में यह अभयारण्य डन्डेली अभयारण्य के समीप है।

उषा कोठी

संरक्षित क्षेत्र : अभयारण्य
विस्तार : 285 वर्ग किलोमीटर
स्थिति : उड़ीसा
समीपवर्ती नगर : संबलपुर, निकटवर्ती हवाई पट्टी : भुवनेश्वर (300 कि.मी.)
उत्तम भ्रमणकाल : अक्टूबर से मार्च
पारिस्थितिकी : पर्णपाती वन
वन्य पशु-पक्षी : शेर, गौर, हरिण।

ए–ऐ

एस्काट

संरक्षित क्षेत्र : अभयारण्य
विस्तार : 284 वर्ग किलोमीटर
स्थिति : उत्तरांचल
समीपवर्ती नगर : पिथौरागढ़
उत्तम भ्रमणकाल : मई से अक्टूबर
पारिस्थितिकी : उच्च हिमालयी पर्वतीय क्षेत्र
वन्य पशु–पक्षी : हिमालयी प्राणिजात, कस्तूरी मृग।

एस्काट अभयारण्य कुमायूं हिमालय में स्थित है जो कि उच्च हिमालय का क्षेत्र है। यद्यपि इस अभयारण्य में उच्च हिमालय के अनेक वन्य पशु यथा तेंदुआ, हिमालयी रीछ, गोरल तथा सिवेट कैट पाये जाते हैं परन्तु इसका महत्व यहां पाये जाने वाले कस्तूरी मृग के कारण विशिष्ट है।

वर्ष 2004 में एस्काट अभयारण्य का कुछ भाग 'डिनोटीफाइड' किया गया, इसका कारण चीन की सीमा तक रास्ते का निर्माण होना था। घाटी बागर से लीपूलेह दर्रा जो कि भारत–चीन सीमा पर है, की 75 किलोमीटर की दूरी को तय करने के लिये यह रास्ता सुरक्षा कारणों से बनाया जा रहा है। इस रास्ते के निर्माण में 111 गांवों का पुर्नवास किया जा रहा है।

कस्तूरी मृग : कस्तूरी मृग हरिण कुटुम्ब का प्राणी है जिसकी अपने वंश की एक ही प्रजाति (मोस्चस मोसचीफीरस) है। इस तरह यह अपने वंश का इकलौता प्रतिनिधि मृग है। विकास के प्रारंभिक चरण का भी प्रतिनिधि है। इस मृग के लम्बे 'कैनाइन' दांत होते हैं। इस मृग के शरीर में ग्रंथि होती है जिससे कस्तूरी प्राप्त की जाती है। कस्तूरी मृग अपनी इस ग्रंथि के कारण अपने संपूर्ण वितरण क्षेत्र में भारी संख्या में शिकारियों के द्वारा मारे गये और सर्वत्र ही विलुप्ति के कगार में पहुंच गये।

भारत में एस्काट तथा कुछ अन्य हिमालयी अभयारण्य इस वन्यप्राणी के संरक्षण के लिये स्थापित किये गये।

ओ–औ

ओखला

पश्चिमी उत्तर प्रदेश में स्थित पक्षिजात के लिये घोषित अभयारण्य, पारिस्थितिकी प्रदेश के अन्य संरक्षित क्षेत्रों की भांति।

ओरछा

संरक्षित क्षेत्र : अभयारण्य
स्थिति : मध्य प्रदेश
समीपवर्ती नगर : ओरछा
उत्तम भ्रमणकाल : वर्ष भर
पारिस्थितिकी : अयनमंडलीय पर्णपाती वन
वन्य पशु–पक्षी : चीतल, सियार, लोमड़ी, नेवला, रीछ।

ओरछा अभयारण्य मध्य प्रदेश के टीकमगढ़ जिले के प्रसिद्ध पर्यटन स्थल ओरछा के समीप स्थित है। इस अभयारण्य का नामकरण ओरछा नाम के मध्ययुगीन नगर के नाम पर रखा गया है। ओरछा को वर्ष 1531 ई. में राजा रुद्रप्रताप सिंह ने बुन्देला राज्य की राजधानी बनाया था। ओरछा 1783 ई. तक बुन्देला राज्य की राजधानी रहा। ओरछा के चारों ओर कभी सघन वन हुआ करता था, उसी वन का अवशिष्ट भाग अब ओरछा अभयारण्य है।

ओरछा अभयारण्य के समीप ही ओरछा का प्रसिद्ध रामराजा मन्दिर है। ओरछा मध्यकालीन भारत में बुन्देला राजपूतों की राजधानी रहा। अतएव यहां पर अनेक ऐतिहासिक भवन हैं जिनमें जहांगीरी महल का नाम उल्लेखनीय है। अन्य प्रसिद्ध मन्दिरों और भवनों में चतुर्भुज मंदिर, लक्ष्मीनारायण मंदिर, रायप्रवीण महल और राजमहल का नाम लिया जाता है। ओरछा के ये मध्ययुगीन भवन अपनी पुरानी चित्रकारी के लिये जाने जाते हैं। यह मध्ययुगीन नगर अभी भी आधुनिक सभ्यता से अछूता–सा ही है।

ओरछा अभयारण्य टीकमगढ़ तथा छतरपुर से रोड द्वारा पहुंचा जा सकता है परन्तु इस अभयारण्य में पहुंचने का सर्वसुगम रास्ता झांसी से है, जहां से यहां बस द्वारा पहुंचा जा सकता है।

ओरछा अभयारण्य बुन्देलखण्ड के पठार में स्थित है, इस क्षेत्र में चपटी सतहों वाली पहाड़ियां हैं। इन पहाड़ियों का मुख्य अपवाह तंत्र बेतवा नदी का है जिसमें पर्याप्त

जल की मात्रा रहती है। नदी की घाटी के वनों में सागौन, खैर, हल्दू इत्यादि के वृक्ष पाये जाते हैं। बीसवीं सदी के मध्य तक इन वनों में तेंदुये विचरण करते थे परन्तु विगत कुछ वर्षों से इनका दिखना बंद है। इस अभयारण्य का सबसे बड़ा मांसाहारी पशु रीछ है।

ओवेरा

संरक्षित क्षेत्र : अभयारण्य
विस्तार : 32 वर्ग किलोमीटर
स्थिति : जम्मू एवं काश्मीर
उत्तम भ्रमणकाल : अप्रैल से अक्टूबर
पारिस्थितिकी : हिमालय पर्वत के वन
वन्य पशु-पक्षी : हिमालयी रीछ, पक्षी, हिरण।

ओवेरा अभयारण्य काश्मीर घाटी के पूर्वी भाग में स्थित है, इस अभयारण्य को अब आरू अभयारण्य के साथ मिला दिया गया है। ओवेरा अभयारण्य मुख्य रूप से हिमालयी छाग-मेष 'आइबेक्स' के लिये प्रसिद्ध रहा है।

ओवेरा आरू

संरक्षित क्षेत्र : अभयारण्य
विस्तार : 400 वर्ग किलोमीटर
स्थिति : जम्मू एवं काश्मीर
उत्तम भ्रमणकाल : अप्रैल से अक्टूबर
पारिस्थितिकी : हिमालय पर्वत के वन
वन्य पशु-पक्षी : हंगुल, सीरो, हिमालयी रीछ, हिरण, पक्षी।

ओवेरा आरू पूर्वी काश्मीर घाटी के दो अभयारण्यों को मिलाकर स्थापित किया गया अभयारण्य है। यह लिद्दर नदी की ऊपरी घाटी के जलग्रहण क्षेत्र में स्थित है।

वर्ष 2001 में पर्यावरणविदों ने यह विचार किया था कि डाचीगम संरक्षित क्षेत्र में कुछ हंगुल या काश्मीरी मृगों को यहां पर लाकर बसाया जाय क्योंकि यह स्थान डाचीगम की तुलना में बेहतर है। डाचीगम में हंगुल के पर्यावरण को पालतू पशुओं और पर्यटकों की बढ़ती भीड़ से खतरा है।

औरंग

संरक्षित क्षेत्र : अभयारण्य
विस्तार : 92 वर्ग किलोमीटर
स्थिति : आसाम

समीपवर्ती नगर : तेजपुर (80 कि.मी.)
उत्तम भ्रमणकाल : अक्टूबर से मार्च
पारिस्थितिकी : दलदली वन
वन्य पशु–पक्षी : गैंडा, वन भैंसा, वामन शूकर।

औरंग न केवल आसाम के वरन् भारत के पुराने संरक्षित क्षेत्रों में से एक है। औरंग अभयारण्य ब्रह्मपुत्र नदी की घाटी में स्थित है। औरंग अभयारण्य में सघन वन क्षेत्र हैं। आसाम के मनास टाइगर रिजर्व से भारतीय गैंडों का सफाया हो जाने के पश्चात अधिकतर गैंडों की संख्या काजीरंगा में एकत्रित हो चुकी है, ऐसा समझा जाता है कि इस समय (वर्ष 2006) काजीरंगा में 1500 से 1600 गैंडे हैं। यदि गैंडों को विलुप्ति से बचाना है तो उनकी शिकारियों से रक्षा के साथ विशेषज्ञ उनकी जीन संबंधी आवश्यकता पर भी ध्यान देने की जरूरत पर बल देते हैं। अर्थात एक ही स्थान पर बहुत अधिक पशुओं के एकत्रित होने से अंतर्प्रजनन संख्या वृद्धि पर रुकावट पैदा कर सकता है, अतः काजीरंगा के विकल्प के रूप में औरंग अभयारण्य को भी देखा जा रहा है जहां गैंडों का पुर्नवास किया जा सकता है। यह ध्यान देने योग्य है कि दो टन के भारी–भरकम वजन वाला गैंडा जिस पारिस्थितिकी में रहता है वह न केवल उस पारिस्थितिकी की वनस्पति को प्रभावित करता है अपितु वह अन्य प्राणिजात को भी प्रभावित करता है।

वैसे तो औरंग गैंडों के लिये उपयुक्त स्थल है परंतु इस अभयारण्य में 'मिमोसा' खरपतवार ने काफी दलदली भूमि पर कब्जा कर रखा है, अतः गैंडों के पुनर्वास के पूर्व उस पर ध्यान देना आवश्यक है।

औरंग अभयारण्य भारत का एकमेव अभयारण्य है जहां भारतीय गैंडा ब्रह्मपुत्र नदी के उत्तर में निवास कर रहा है। इस अभयारण्य का एक अन्य नाम राजीव गांधी अभयारण्य भी है।

ऋषिकुल्या

यह अभयारण्य उड़ीसा में स्थित है, प्राणिजात प्रदेश के अन्य संरक्षित क्षेत्रों के समान। यह संरक्षित क्षेत्र गहरी माता के समीप ही है तथा इसकी प्रसिद्धि का कारण 'आलिव रिडले कछुये' हैं।

क

क्योंग नोशाला

संरक्षित क्षेत्र : अभयारण्य
विस्तार : 4 वर्ग किलोमीटर
स्थिति : सिक्किम
समीपवर्ती नगर : गंगटोक
उत्तम भ्रमणकाल : अप्रैल से मई
पारिस्थितिकी : हिमालीय वन
वन्य पशु–पक्षी : हिमालयी प्राणिजात।

क्योंग नोशाला अभयारण्य उच्च हिमालयी क्षेत्र में स्थित है। इस छोटे अभयारण्य के विस्तार की योजना है। विस्तार के पश्चात इसका क्षेत्रफल 25 वर्ग किलोमीटर हो जायेगा। यह अभयारण्य हिमालय के अत्यंत ठंडे क्षेत्रों में से एक पर स्थित है जहां काफी हिमपात होता है।

क्योंग नोशाला अभयारण्य भले ही क्षेत्रफल में छोटा है परंतु पर्यटन की दृष्टि से इसका नाम बड़ा है। इस अभयारण्य में सुन्दर प्राणिजात की बहुलता है। हिमालय में पाये जाने वाले सुन्दरतम पक्षियों में 'ब्लडफीजेन्ट' का नाम सर्वोपरि है। वस्तुतः ये हिमालयी मुर्गे ही हैं जिनके रंग–बिरंगे पंख होते हैं। इनकी यहां पर काफी संख्या है। इसी तरह वन्य पशुओं में लाला पांडा या कैट बियर की सुन्दर पशुओं में गिनती होती है। कहने को तो यह शिकारी (कार्नीवोरा) गण का पशु है परन्तु इसका भोजन शाकाहारी ही है। यदि कुछ दशक पहले की याद ताजा करें तो याद आयेगा कि भारत के प्रथम प्रधानमंत्री पंडित जवाहरलाल नेहरू को रेड पांडा बहुत पसंद थे और वे समय निकाल इस सुन्दर पशु के साथ कुछ क्षण बिताते थे। उन्होंने ये पांडे पाल रखे थे। रेड पांडा को कैट बियर भी कहा जाता है। पांडा कुटुम्ब (एल्यूराइडी) के सदस्य मुख्य रूप से बांसों की कोपलों को खाना पसंद करते हैं।

जब बात इतिहास की हो तब तो क्योंग नोशाला का और भी अधिक महत्व बढ़ जाता है। क्योंग नोशाला उस पुराने रेशम के मार्ग (सिल्करूट) पर एक पड़ाव रहा है जो कोलकाता को ल्हाशा (तिब्बत) से जोड़ता था। भारत–चीन सीमा पर तनाव हो जाने के पश्चात इसका महत्व भी कम हो गया।

कच्छ डेजर्ट

संरक्षित क्षेत्र : अभयारण्य/राष्ट्रीय उद्यान, बायोस्फियर रिजर्व
विस्तार : 7,506.22 वर्ग किलोमीटर
स्थिति : गुजरात
समीपवर्ती नगर : कालाडूंगर
उत्तम भ्रमणकाल : अक्टूबर से मार्च
पारिस्थितिकी : शुष्क-अर्धशुष्क वन एवं सागरतटीय
वन्य पशु-पक्षी : जंगली गधे, कैराकल, भेड़िया, फ्लेमिंगो।

कच्छ डेजर्ट अभयारण्य गुजरात का सबसे बड़ा अभयारण्य तो है ही यह भारत के भी सबसे बड़े अभयारण्यों में से एक है। इसमें संरक्षित क्षेत्र कालाडूंगर से प्रवेश किया जाता है।

कच्छ अभयारण्य का एक बड़े भाग के राष्ट्रीय उद्यान का दर्जा दे दिया गया है। इस राष्ट्रीय उद्यान का नाम 'डेजर्ट' राष्ट्रीय उद्यान है। इस राष्ट्रीय उद्यान का क्षेत्रफल 3162 वर्ग किलोमीटर है।

इस संरक्षित क्षेत्र की स्थापना भारत के पश्चिम में फैले विशाल अर्धमरुस्थलीय क्षेत्र के प्राणिजात के संरक्षण के लिये की गई है। कच्छ का रन नमक और खरे पानी से युक्त एक विशाल अनुर्वर प्रदेश है। यहां पर भीषण गर्मी पड़ती है और गर्मियों में तापमान 40 से.ग्रे. से अधिक पहुंच जाता है। शीतकाल बहुत कम समय का होता है परंतु वर्षा काफी हो जाती है। इसके फलस्वरूप बहुत सा इलाका उथले पानी से भर जाता है। जो इलाके इस जल से नहीं डूबते उन्हें 'बेट' कहा जाता है। 'रन' की वनस्पति मुख्यत: तीन प्रकार की होती है :

1. **मैनग्रूव झाड़ियां** : यह वनस्पति मझौले ऊंचाई के वृक्षों वाली होती है जो सघन वन के रूप में विकसित हो गई है।
2. **'रन' की खारे कंटीली झाड़ियां** : ये उन क्षेत्रों में होती है जो समय-समय समुद्र द्वारा डुबो दिया जाता है।
3. **साल्वाडोरा झाड़ियां** : ये झाड़ियां भी रन में ही मिलती हैं। इनमें 'साल्वाडोरा' वंश के वृक्षों की अनेक प्रजातियां मिलती हैं।

नोट : अभयारण्य का प्राणिजात समीपवर्ती अन्य अभयारण्यों 'ग्रेट इंडियन बस्टार्ड सेंक्चुअरी', नारायण सरोवर चिंकारा सेंक्चुअरी' तथा 'लिटिल रन वाइल्ड एश सेंक्चुअरी' जैसा ही है।

कटर्निया घाट

संरक्षित क्षेत्र : अभयारण्य
विस्तार : 400 वर्ग किलोमीटर
स्थिति : उत्तर प्रदेश
समीपवर्ती नगर : नानपारा (40 कि.मी.), निकटतम हवाई पट्टी : लखनऊ (190 कि.मी.)
उत्तम भ्रमणकाल : अक्टूबर से मार्च

पारिस्थितिकी : तराई भाबर के क्षेत्र के दलदली वन
वन्य पशु–पक्षी : शेर, तेंदुआ, हाथी, हरिण, मगर, घड़ियाल, पक्षी।

कतर्नियाघाट अभयारण्य उत्तर प्रदेश और नेपाल की सीमा पर है। यह अभयारण्य गिरवा नदी के तट पर फैला हुआ है। भारतीय क्षेत्र जहां अभयारण्य की स्थापना हुई है की अपेक्षा दूसरा या उत्तरी तट जो नेपाल में पड़ता है, अधिक सघन वनों से युक्त है। भारत की सीमा में भी वन हैं पर उतने सघन नहीं, फिर भी यहां पर अनेक वन्य पशु पाये जाते हैं।

कतर्नियाघाट का महत्व घड़ियाल संरक्षण के कारण है। वर्ष 1976 में इस नदी में कुछ घड़ियाल छोड़े गये थे। यहां पर वे सुरक्षित देखे जा रहे हैं। यहां पर घड़ियाल काफी कम तापक्रम में भी जीवित हैं। घोर शीतकाल में यहां का तापमान 1.8 से.ग्रे. तक पहुंच जाता है, देखा गया है कि तब घड़ियाल अपेक्षाकृत नदी के उष्णतर भाग की ओर चले जाते हैं। जहां का तापमान 10 से.ग्रे. होता है। घड़ियाल ठंडे रक्त के जीव हैं, अतः इन्हें अधिक ठंड बर्दाश्त नहीं होती। घड़ियालों का वितरण उत्तर भारत की गंगा, सिंधु और ब्रह्मपुत्र के अपवाह क्षेत्र में हैं, इसका अर्थ यह है कि घड़ियाल इन नदियों में तथा इनकी सहायक नदियों में पाये जाते हैं। वर्गिकी में घड़ियालों को अलग कुटुम्ब (गेविलाइडी) में रखा जाता हे। पतली थूथन वाले ये मगर मुख्य रूप से मत्स्य–भक्षी होते हैं।

गिरवा नदी में घड़ियालों के अतिरिक्त ताजे पानी के मगर एवं ताजे पानी के कछुये भी पाये जाते हैं। घड़ियाल संरक्षण परियोजना में इन अन्य जलचर प्रजातियों को भी सुरक्षा मिली है।

कन्जली

यह अभयारण्य पंजाब में स्थित है, प्राणिजात प्रदेश के अन्य संरक्षित क्षेत्रों के समान।

कनावर

संरक्षित क्षेत्र : अभयारण्य
विस्तार : 8 वर्ग किलोमीटर
स्थिति : हिमाचल प्रदेश
समीपवर्ती नगर : मणिकरन (4 कि.मी.) निकटतम हवाई पट्टी : पठानकोट (86 कि.मी.)
उत्तम भ्रमणकाल : मई से जून
पारिस्थितिकी : पर्वतीय
वन्य पशु–पक्षी : पक्षी।

कपिलाशा

संरक्षित क्षेत्र : अभयारण्य
विस्तार : 126 वर्ग किलोमीटर
स्थिति : उड़ीसा

समीपवर्ती नगर : धेंकनाल
उत्तम भ्रमणकाल : अक्टूबर से मार्च
पारिस्थितिकी : मिश्रित पतझड़ वाले वन
वन्य पशु–पक्षी : हरिण, खरगोश, तेंदुआ, बंदर, पक्षी।

कबर लेक

कबरलेक बिहार स्थित सरोवरीय अभयारण्य है जहां अनेक प्रजाति के पक्षी पाये जाते हैं।

कम्बलकोण्डा

यह अभयारण्य आंध्र प्रदेश में स्थित है प्राणिजात प्रदेश के अन्य संरक्षित क्षेत्रों के समान।

क्रोकोडाइल द्वीप

अंडमान द्वीप समूह में स्थित इस अभयारण्य का विवरण 'अंडमान द्वीप समूह के संरक्षित क्षेत्र' में देखें।

कर्नाटक

स्थिति : भारत का दक्षिणी राज्य
भौगोलिक क्षेत्र : 19701 वर्ग किलोमीटर, वनों के अंतर्गत क्षेत्र : 38724 वर्ग किलोमीटर (20.19%)
संरक्षित क्षेत्र : राष्ट्रीय उद्यान 05, अभयारण्य : 21, टाइगर रिजर्व : 02, बायोस्फियर रिजर्व : 01
पारिस्थितिकी : पश्चिमघाट प्राणि भौगोलिक परिमंडल
प्रदेश का प्रतीक पशु : हाथी (एलिफस मैक्सिमस)
प्रदेश का प्रतीक पक्षी : भारतीय रोलर (कोरेसियस बंगालेनसिस)
प्रदेश का प्रतीक वृक्ष : चंदन (सेंटालम अल्बम)
प्रदेश का प्रतीक पुष्प : कमल (नीलम्बो न्यूसीफेरा)

पर्यावरण एवं वन संरक्षण की दिशा में कर्नाटक भारत का एक प्रमुख प्रदेश है। यद्यपि यहां का वन क्षेत्र प्रदेश का पांचवां भाग ही है परंतु उतने ही क्षेत्र में यहां पर अनेक संरक्षित क्षेत्र स्थापित किये गये। कर्नाटक का यह वन्य क्षेत्र पश्चिमी घाट पर्वत का दक्षिणी भाग है जो कि और अधिक दक्षिण में नीलगिरि पर्वतों के शिखरों के रूप में जाना जाता है। नीलगिरि बायोस्फियर रिजर्व कर्नाटक क्षेत्र की नीलगिरि पहाड़ियों पर स्थित है। नीलगिरि के पठारी प्रदेश का कुल क्षेत्रफल लगभग 2560 वर्ग किलोमीटर है जिसमें 1800 से 2400 मीटर ऊंचाई के अनेक पर्वत शिखर हैं। सबसे ऊंचा शिखर दोदाबेट्टा (2637 मी.) तथा माकुर्ति (2554 मी.) है। इसके उत्तर में मैसूर का पठार है जिसकी समुद्र सतह से ऊंचाई 900 से 1200 मीटर है। यहां की प्रमुख नदी कावेरी है जो आगे जाकर तमिलनाडु में प्रवाहित होती है। नीलगिरि में ही बांदी टाइगर रिजर्व है जबकि भद्रा

टाइगर रिजर्व इस टाइगर रिजर्व से उत्तर की ओर पश्चिमी घाट की पूर्वी पहाड़ियों पर है। कर्नाटक में भारतीय भालू के लिये दोराजी भालू अभयारण्य स्थापित किया गया है। इस प्रदेश में बेंगलुरु महानगर के समीप ही बन्नरघट्टा राष्ट्रीय उद्यान भी स्थापित है।

कर्नाटक संरक्षित क्षेत्रों की दृष्टि से एक विकसित राज्य रहा है। पश्चिम घाट की प्राकृतिक सम्पदा को सुरक्षित करने के लिये अनेक संरक्षित क्षेत्रों की स्थापना की गई। वर्ष 1988 के पश्चात कर्नाटक-तमिलनाडु सीमा पर कावेरी अभयारण्य की स्थापना हुई तथा उत्तरी कर्नाटक जो कि एक सघन बसा हुआ क्षेत्र है, से झाड़ियों वाले क्षेत्र में बिलगी और चिंचोली अभयारण्यों की स्थापना की गई।

करकोईजाना

यह अभयारण्य आसाम में स्थित है, प्राणिजात प्रदेश के अन्य संरक्षित क्षेत्रों के समान।

करनाला

संरक्षित क्षेत्र : अभयारण्य
विस्तार : 4.8 वर्ग किलोमीटर
स्थिति : महाराष्ट्र
समीपवर्ती नगर : मुंबई
उत्तम भ्रमणकाल : अक्टूबर से मार्च
पारिस्थितिकी : पर्णपाती वन, जलस्रोत
वन्य पशु-पक्षी : अनेक प्रकार के पक्षी

करनाला अभयारण्य की स्थापना वर्ष 1971 में मुंबई-गोवा राष्ट्रीय मार्ग पर की गई थी। इसकी स्थापना का मुख्य कारण यहां पर तब 'एशीमिनेविट' नाम की लुप्तप्राय चिड़िया का देखा जाना था, साथ ही पर्यावरणविद् यह जानते थे कि यहां पर अनेक प्रवासी पक्षी आते हैं। इस छोटे से अभयारण्य की वनस्पति 'दक्षिणी आर्द्र मिश्रित पर्णपाती वन' है। इस वन में कोशिंव, किंजल, जांबुल, सुरांगी, अंबर, लोखण्डी एवं पुत्रंजीवा इत्यादि के वृक्ष पाये जाते हैं।

करनाला अभयारण्य में पक्षी विज्ञानियों के अनुसार 190 प्रजाति के पक्षी देखे गये हैं। यह एक छोटे अभयारण्य के लिये निश्चित ही बड़ी संख्या है।

करनाला पक्षी अभयारण्य मनुष्य के द्वारा एक विशाल वीरान क्षेत्र में सघन वन का एक छोटा सा क्षेत्र है। मुंबई से सीधी रेखा में इसकी दूरी मात्र 30 कि.मी. है। करनाला अभयारण्य एक 450 मीटर ऊंची सघन वनों वाली पहाड़ी के ऊपर स्थित है। इस पहाड़ी में करनाला का दुर्ग भी है तथा रणसाई बांध जो पक्षियों के आकर्षण का स्थान है। शीतकाल में यहां उत्तर दिशा से आये हुये बहुत से प्रवासी पक्षी यहां घोंसले बनाते हैं और अण्डे देते हैं। इनमें नीले रंग के सिर वाली राकस्थ्रथ, भूरे ड्रोंगो, ट्री पिटपिट तथा अनेक प्रकार की लीफ वार्बलर हैं। ये हिमालय से आये प्रवासी पक्षी हैं। यहां के निवासी पक्षी भी कम महत्वपूर्ण नहीं हैं। इनमें सबसे अधिक प्रसिद्ध शाहीन फल्कान है। शाहीन फल्कान के अंडे देने के लिये यह बहुत सुरक्षित स्थल है।

इस अभयारण्य की समस्या यहां आने वाले पर्यटकों द्वारा फैलाई गई गंदगी है। पक्षियों को जीवित रहने के लिये निर्मल जल की आवश्यकता होती है पर पर्यटकों द्वारा यहां के निर्मल जल को लगातार गंदा किया जा रहा है।

करियागोड़ा

आसाम में स्थित यह अभयारण्य बंगलादेश सीमा के निकट है, इस अभयारण्य में वानरों की अनेक प्रजातियां पाई जाती हैं।

करेरा

संरक्षित क्षेत्र : अभयारण्य
विस्तार : 202 वर्ग किलोमीटर
स्थिति : मध्य प्रदेश
समीपवर्ती नगर : करेरा (12 कि.मी.), निकटतम हवाई पट्टी : (120 कि.मी.)
उत्तम भ्रमणकाल : अक्टूबर से मार्च
पारिस्थितिकी : अर्धशुष्क अयनमंडलीय वन
वन्य पशु-पक्षी : भेड़िया, सियार, नेवले, चिंकारा, खरमोर पक्षी।

करेरा अभयारण्य की स्थापना मुख्य रूप से खरमोर पक्षी के संरक्षण के लिये की गई थी। यह संपूर्ण क्षेत्र मुख्यतः खेतिहर क्षेत्र है, केवल बीच में छोटे जंगल हैं जिनमें निर्बाध रूप से ढोर तथा मनुष्य घूमते रहते हैं यद्यपि इन वनों में तथा खेतों में अब भी चिंकारा, सियार, खरहे तथा कुछ निवासी पक्षी घूमते हुये दिख जाते हैं परन्तु यदि पिछले अनेक वर्षों से यदि किसी पक्षी के दर्शन दुर्लभ हैं तो वह है खरमोर या वही पक्षी जिसके संरक्षण के लिये इस अभयारण्य की स्थापना हुई। यहां के निवासी खरमोर पक्षी के नाम पर बनाये गये इस संरक्षित क्षेत्र से जरा भी प्रसन्न नहीं हैं और वे बार-बार जन प्रतिनिधियों के माध्यम से इस अभयारण्य को 'डिनोटीफाइड' कराने के प्रयास करते रहते हैं।

अभयारण्य के मध्य में एक झील है जिसका नाम विहैला झील है जिसमें शीतकाल में कुछ प्रवासी पक्षी आते हैं। वर्ष 1987 में पर्यावरण प्रेमियों द्वारा इस झील के विकास के लिये अनेक प्रयास किये गये पर क्षेत्रीय जनता की उदासीनता से इस दिशा में अब तक कोई प्रगति नहीं हुई।

वस्तुतः खरगोर के लिये जहां भी कहीं संरक्षित क्षेत्र बनाये गये हैं वे विफल ही रहे हैं। महाराष्ट्र प्रदेश के ग्रेट इंडियन बस्टार्ड अभयारण्य में तो प्रादेशिक सरकार ही अभयारण्य के 95 प्रतिशत भाग को 'डिनोटीफाइड' करने के पक्ष में है।

बस्टार्ड : बस्टार्ड (खरमोर) पक्षी की 22 ज्ञात प्रजातियां हैं जिनमें से 16 अफ्रीका में पायी जाती हैं तथा 6 भारतीय उपमहाद्वीप में। ये छह प्रजातियां क्रमशः ग्रेट इंडियन बस्टार्ड, हूबरा या मैक्कवीन का बस्टार्ड, छोटा फ्लोरिकन तथा बंगाल फ्लोरिकन प्रमुख हैं । दो अन्य प्रजातियां क्रमशः ग्रेट बस्टार्ड और लिटिल बस्टार्ड भी हैं जिन्हें वर्षों से नहीं देखा गया है। इनमें हूबरा पूरी तौर से प्रवासी पक्षी है जिसे शीलकाल में गुजरात और राजस्थान में देखा जा सकता है।

करेरा में सोन चिरैया का विलोप

करेरा अभयारण्य वर्ष 1981 में शिवपुरी जिले में स्थापित किया गया था। इस अभयारण्य के अंतर्गत करेरा के 22 गांवों की कृषि भूमि शामिल थी। वर्ष 1982 में अर्थात अभयारण्य की घोषणा के एक वर्ष के बाद इस क्षेत्र में 14 बस्टार्ड पक्षी गिने गये थे। करेरा में अभयारण्य की स्थापना से वन्य प्राणी संरक्षण में जुड़े लोगों में भारी प्रसन्नता व्याप्त हुई और उन्होंने 'सोन चिरैया' के संरक्षण के कार्य में जनसहयोग की अपेक्षा की परंतु जनसामान्य के बीच यह 'खरमोर' के नाम से अधिक जाना जाता था और उसे जनसामान्य का उतना ही प्यार और स्नेह मिल रहा था जितना कि उसके प्रचलित नाम के अर्थ के अनुरूप था। कुछ गांव वालों को संरक्षण के लिये तैनात भी किया गया। इस अभयारण्य के एक छोटे से जंगली क्षेत्र में 50-60 काले मृग (ब्लैक बक) रहते थे। यह छोटा जंगली इलाका अनुपजाऊ क्षेत्र था। कुछ ही वर्षों में 100 हेक्टेयर के छह नाभिक क्षेत्रों को अभयारण्य के विभिन्न स्थानों पर चिन्हित किया गया और इन स्थानों पर वर्ष के 3-4 महीनों के लिये पशुचारण पर प्रतिबंध लगा दिया गया।

यह बात नजरअंदाज की गई कि 202 वर्ग किलोमीटर के करेरा अभयारण्य में वन विभाग का असली मालिकाना हक मात्र 0.2 वर्ग किलोमीटर (20 हेक्टेयर) था। वन विभाग के कड़े रुख के कारण लोगों ने इस 0.2 एकड़ भूमि पर अपने पशु भेजना बंद कर दिये और वन विभाग को लगा कि अब नियंत्रण पूरा प्रभावी है। पालतू पशुओं की आवाजाही पर रोक के कारण शीघ्र ही यह छोटा क्षेत्र सघन वन में बदल गया। करेरा में वर्ष 1989 तक आंकड़ों में बतलाया जाता रहा कि अभयारण्य में सोन चिरैया की संख्या 40 तक हो गई परंतु वास्तविकता यह थी कि सोन चिरैया ने वन विभाग के बेतरतीब बढ़े जंगलों की ओर अब जाना बंद कर दिया था क्योंकि सोन चिरैया को घास के मैदान की पारिस्थितिकी की जरूरत होती है न कि जंगल की। जमीनी हकीकत यह थी कि सोन चिरैया की संख्या किसानों के खेतों में बढ़ रही थी। इन्हीं दिनों किसानों के खेतों में पर्यावरण के आदरणीय विद्वानों की आवाजाही इतनी बढ़ी कि सामान्य किसान इससे चिन्तित और नाराज होने लगा। पर्यावरणविद्ों के लिये यह अज्ञ किसानों का आक्रोश था। पर जैसा भी था, था तो आक्रोश ही और एक दिन एक गुस्साये किसान ने वन विभाग के छोटे जंगल में आग लगा दी। इस आग ने फालतू झाड़-झंखाड़ को जलाकर फिर से एक नयी पारिस्थितिकी जो मूल पारिस्थितिकी के समान थी, विकसित कर दिया। इस अज्ञ किसान की अज्ञानता के फलस्वरूप सोन चिरैया को लाभ हुआ और सोन चिरैया जिसने इस बेतरतीब जंगल को छोड़ दिया था, फिर से आ बसी।

सोन चिरैया की संख्या तो बढ़ी ही जंगल के जलने से इस इलाके में रहने वाले कृष्णमृगों की संख्या भी बढ़ी। धीरे-धीरे जहां पहले पर्यावरणविद्ों के 'सोन चिरैया प्रेमी' वर्ग के दल ही इस क्षेत्र में अध्ययन के लिये आते थे अब यहां कृष्णमृगों के प्रेमी विद्वानों के भी चरण पड़े और यह सब धीरे-धीरे किसानों को नागवार गुजरने लगा।

इधर वन विभाग भी करेरा में सोन चिरैया के संरक्षण का सारा श्रेय लेकर अपनी ही पीठ थपथपाने में मस्त था। वर्ष 1994 में वन विभाग यहां 16 पक्षियों की संख्या बतला रहा था परंतु वास्तविकता इससे उलट थी। यहां सोन चिरैया अब तक विलुप्त हो चुकी थी। पर्यावरणविद्ों के पास कारणों की कमी पहले भी नहीं रही है जिससे यह

बतलाया जा सके कि पक्षी कैसे विलुप्त हो गये। बहरहाल तथ्य यही है कि अब किसान सरकार पर दबाव डाल रहे हैं कि जब यहां सोन चिरैया है ही नहीं तब क्यों उनके खेतों को अभयारण्य का हिस्सा बनाकर रखा जा रहा है।

कराईवेट्टि

तमिलनाडु के मध्य-पूर्व में स्थित अभयारण्य, पारिस्थितिकी प्रदेश के अन्य संरक्षित क्षेत्रों की भांति।

कलशू बाई

संरक्षित क्षेत्र : अभयारण्य
विस्तार : 362 वर्ग किलोमीटर
स्थिति : महाराष्ट्र
पारिस्थितिकी : अर्धसदाबहार वन, मिश्रित पर्णपाती वन
वन्य पशु-पक्षी : तेंदुआ, वन मार्जार, नीलगाय, चीतल।

कलशू बाई अभयारण्य पश्चिमी घाट पर्वतों के क्षेत्र में स्थापित किया गया है। प्राणिजात की दृष्टि से पश्चिमी घाट पर्वत भारत के प्रमुख वन्य विभागों में से एक है।

कवल

संरक्षित क्षेत्र : अभयारण्य
विस्तार : 893 वर्ग किलोमीटर
स्थिति : आंध्र प्रदेश
समीपवर्ती नगर : मांछेरल (60 कि.मी.), निकटतम हवाई पट्टी : हैदराबाद (280 कि.मी.)
उत्तम भ्रमणकाल : अक्टूबर से मार्च
पारिस्थितिकी : शुष्क अयनमंडलीय वन, साल वन, सागौन वन
वन्य पशु-पक्षी : शेर, तेंदुआ, गौर, चौसिंघा, पक्षी।

कवल अभयारण्य की स्थापना वर्ष 1965 में हुई थी।

काकाकोरम

जम्मू-काश्मीर का उच्च हिमालयी अभयारण्य, पारिस्थितिकी प्रदेश के अन्य संरक्षित क्षेत्रों की भांति।

काकायम

यह अभयारण्य केरल में स्थित है, प्राणिजात प्रदेश के अन्य संरक्षित क्षेत्रों के समान।

काछूगांव

संरक्षित क्षेत्र : अभयारण्य
विस्तार : 214 वर्ग किलोमीटर
स्थिति : आसाम
समीपवर्ती नगर : कोकड़ाझार
उत्तम भ्रमणकाल : अक्टूबर से मार्च
पारिस्थितिकी : अयनमंडलीय आर्द्र पर्णपाती वन
वन्य पशु–पक्षी : शेर, हाथी, पक्षी।

काछूगांव अभयारण्य आसाम और भूटान की सीमा पर स्थित है, सम्पूर्ण वन क्षेत्र में सामान्य ढालान की पहाड़ियां मिलती हैं जिन पर आर्द्र पर्णपाती वनों का विस्तार है।

काने

अरुणाचल स्थित अभयारण्य, पारिस्थितिकी प्रदेश के अन्य संरक्षित क्षेत्रों की भांति।

काबरताल

मध्य बिहार के गंगा के मैदान में दो संरक्षित क्षेत्रों की योजना विचाराधीन हैं। इस योजना के अंतर्गत एक 20 किलोमीटर क्षेत्र का राष्ट्रीय उद्यान तथा दूसरा 30 वर्ग किलोमीटर क्षेत्र का अभयारण्य स्थापित किया जाना है। यह मुख्यतः एक नम क्षेत्र (वेटलेंड) है जिसमें अनेक प्रजातियों की बत्तखें देखी जाती हैं। यह क्षेत्र प्रवासी और निवासी दोनों ही वर्गों के पक्षियों के लिये जाना जाता है।

उच्चारण भेद : कबरताल

कांगेर वैली

संरक्षित क्षेत्र : राष्ट्रीय उद्यान
विस्तार : 200 वर्ग किलोमीटर
स्थिति : छत्तीसगढ़
समीपवर्ती नगर : जगदलपुर (30 कि.मी.)
उत्तम भ्रमणकाल : अक्टूबर से मार्च
पारिस्थितिकी : अयनमंडलीय पर्णपाती वन
वन्य पशु–पक्षी : वनभैंसा, रीछ, पहाड़ी मैना, सरीसृप।

कांगेर वैली या कांगेर घाटी राष्ट्रीय उद्यान छत्तीसगढ़ के दक्षिणी भाग में उड़ीसा पर स्थित है। इस अभयारण्य की स्थापना वर्ष 1982 में हुई थी। कांगेर नदी की घाटी पर स्थित होने के कारण इसका नाम कांगेर घाटी राष्ट्रीय उद्यान पड़ा। कांगेर नदी की घाटी लगभग 24 कि.मी. लम्बी तथा लगभग 6 कि.मी. चौड़ी है। इस घाटी के वन जिन्हें 'प्रायद्वीपीय आर्द्र सालवन' भी कहा जाता है भारत के मध्य क्षेत्र के गिने–चुने अक्षत वनों में से एक है। यह संरक्षित क्षेत्र वानस्पतिक दृष्टि से एक संक्रमण क्षेत्र में फैला है जो साल वृक्षों

की दक्षिणी सीमा और सागौन वनों की उत्तरी सीमा का क्षेत्र है, यही कारण है कि यहां साल और सागौन का विशाल सुरम्य क्षेत्र है। इन वनों में वर्षों तक मनुष्य का कम प्रभाव रहा है अतः यहां पर अनेक औषधीय महत्व के पौधे अब भी पाये जाते हैं। इन वनों की नैसर्गिक शुद्धता का इसी से पता चलता है कि छत्तीसगढ़ क्षेत्र में सर्वाधिक तितलियों के प्रकार यहां पर मिलते हैं।

कांगेर घाटी का सुरम्य वातावरण तो चित्ताकर्षक है ही परंतु यहां पर स्थित प्राकृतिक गुफायें तथा जलप्रपात भी कम महत्व के नहीं हैं। यहां पर स्थित तीरथगढ़ जलप्रपात एक अत्यंत रमणीय दृश्यावली प्रस्तुत करता है।

कांगेर घाटी की गुफायें भारत में विशिष्ट स्थान रखती हैं। ये गुफायें चूने के पत्थर की हैं जो नदियों के अपरदन से बनी हुई हैं। इनमें तीन गुफायें विशेष उल्लेखनीय हैं पहली गुफा का नाम कुटुमसर या गुपानसर है, दूसरी गुफा का नाम कैलाश गुफा है तथा तीसरी गुफा को गण्डक गुफा कहा जाता है। कुटुमसर गुफा भूमि सतह से लगभग 55 फीट नीचे है जहां उसका विस्तार 330 मीटर से भी अधिक है। इस गुफा की खोज पिछली सदी के छठवें दशक के आरंभ में प्रसिद्ध भूगोलवेत्ता शंकर तिवारी ने की थी। इस भूमिगत प्राकृतिक गुफा का ज्ञान तब तक वहां पर रहने वाले मुरिया आदिवासियों को भी न था, वे इस गुफा के द्वार को पाताल का दरवाजा कहते थे। शंकर तिवारी लेखक के शिक्षक रहे हैं अतः इन्हें इस गुफा का प्रारंभिक मानचित्र बनाने का कार्य दिया गया। पृथ्वी के भीतर घोर अंधकार में बड़ी कठिनाई से यह कार्य पूरा किया गया। इस गुफा को जनसामान्य से परिचित कराने के कारण इस पर्यटन क्षेत्र का नाम प्रोफेसर शंकर तिवारी के साथ जोड़ दिया गया।

अब ये गुफायें कांगेर घाटी राष्ट्रीय उद्यान में पर्यटकों के आकर्षण का केंद्र हैं। इन गुफाओं में अब नीचे उतरने की सुविधा प्रदान की गई है। पृथ्वी के भीतर स्थित इन गुफाओं की अनेक विशेषतायें हैं, जैसे–यहां वर्ष भर एक सा तापक्रम रहता है, इस गुफा के भीतर का प्राणिजात कीट भ्रंग और मतस्य वर्ग का है। यहां पर पायी जाने वाली मछलियां घटाटोप अंधकार में युगों से जीवित हैं अतः इनकी आखें तो हैं परंतु उनसे वे देख नहीं सकती हैं।

गुफाओं का सबसे बड़ा आकर्षण चूने के पत्थर द्वारा बनी हुई भौम्याकृतियां हैं जिन्हें निश्चुताश्म एवं उश्चुताश्म (स्टेक्टाइट और स्टेलेक्माइट) के नाम से जाना जाता है, घने अंधकार में डूबे इन पत्थरों पर प्रकाश की किरण पड़ती है तो परावर्तन क्रिया के फलस्वरूप बहुरंगा प्रकाश चारों ओर फैल जाता है।

कुटुमसर गुफा अपने वर्ग की देश की सबसे बड़ी गुफा है। गुफा के मुखद्वार के चारों ओर विशाल वृक्ष हैं जिन पर अनेक प्रजाति के पक्षी कलरव करते रहते हैं। इन पक्षियों में छत्तीसगढ़ राज्य का प्रतीक पक्षी पहाड़ी मैना भी अक्सर होता है।

कांगेर घाटी अभयारण्य में यद्यपि तेंदुये देखे जाते हैं परंतु शेर काफी समय से नहीं देखा गया। वन्य पशुओं में भालू अब भी दिखलाई देते हैं परंतु सबसे अधिक संख्या यहां शूकरों की है। उसका कारण यहां पर नम क्षेत्रों का होना है। काले और लाल मुंह के बन्दरों की भी इस राष्ट्रीय उद्यान में एक बड़ी संख्या निवास करती है। अन्य वन्य पशुओं में खरहे और सियार प्रमुख हैं।

संकट : कांगेर वैली राष्ट्रीय उद्यान अब कुछ दशकों पूर्व की तरह निरापद नहीं

है। यहां पर नक्सली गतिविधियां काफी तेज हैं अत: पर्यटकों में इस राष्ट्रीय उद्यान में पाये जाने की पहले जैसे रुचि नहीं रही है। नक्सलियों के प्रभाव के कारण राष्ट्रीय उद्यान के वन रक्षकों की भी चौकसी कम है जिसका असर सीधे वन्य प्राणियों की संख्या पर पड़ रहा है।

कांजिरंकुलम

दक्षिणी तमिलनाडु के पूर्वी समुद्रतट पर स्थित अभयारण्य, पारिस्थितिकी प्रदेश के अन्य संरक्षित क्षेत्रों की भांति।

कान्हा

संरक्षित क्षेत्र : राष्ट्रीय उद्यान/टाइगर रिजर्व
विस्तार : 940 वर्ग किलोमीटर
स्थिति : मध्य प्रदेश
समीपवर्ती नगर : मण्डला (65 कि.मी.), निकटवर्ती : हवाई पट्टी : जबलपुर (160 कि.मी.)
उत्तम भ्रमणकाल : अक्टूबर से अप्रैल
पारिस्थितिकी : अयनमंडलीय आर्द्र पर्णपाती वन, घास के मैदान
वन्य पशु–पक्षी : शेर, तेंदुआ, गौर, बारहसिंघा, चीतल, सांभर, जंगली कुत्ते, पक्षी।

कान्हा राष्ट्रीय उद्यान भारत के श्रेष्ठ प्रबंधित संरक्षित क्षेत्रों में से एक है। वर्ष 1933 में बंजर घाटी के क्षेत्र के वनों को आरक्षित किया गया था, जो वर्ष 1955 में कान्हा राष्ट्रीय उद्यान कहलाये। इस तरह राष्ट्रीय उद्यान का दर्जा प्राप्त करने वाले भारतीय संरक्षित क्षेत्रों में कान्हा अग्रणी रहा है। वर्ष 1970 में राष्ट्रीय उद्यान का क्षेत्र 446 वर्ग किलोमीटर से आगे बढ़ाया गया था। कान्हा टाइगर रिजर्व बनते ही हेलोन घाटी का वन्य क्षेत्र राष्ट्रीय उद्यान में सम्मिलित कर दिया गया और इस तरह इस संरक्षित क्षेत्र का विस्तार 940 वर्ग किलोमीटर हो गया। यह कान्हा का नाभिक क्षेत्र है। कान्हा के नाभिक क्षेत्र के चारों ओर विस्तृत 1005 वर्ग किलोमीटर का बफर क्षेत्र है जो पूरी तरह कान्हा के वन्य जीवन प्रबंधन के अधिकार में है। कान्हा में 120 बाघों का निवास है।

कान्हा राष्ट्रीय उद्यान के नाभिक क्षेत्र में 18 वन ग्राम स्थित हैं तथा बफर जोन में 29 वन ग्राम एवं 149 राजस्व ग्राम हैं। इन सभी की सम्मिलित जनसंख्या लगभग एक लाख है इसके साथ ही इन ग्रामों में 30,000 ढोर भी रहते हैं। इन अधिवासों के संबंध में राष्ट्रीय और अंतर्राष्ट्रीय नीति विचित्र रही है कभी इनके पुनर्वास की बात कही जाती है तो कभी उनके विकास की। वर्ल्ड बैंक के 'इको डेवलपमेंट प्रोग्राम' के तहत इन ग्रामों में विकास की रूपरेखा प्रस्तुत की गई, जबकि तथ्य यह है कि मानवीय अधिवासों के रहते संरक्षित क्षेत्रों में वन्य प्राणी पूर्ण सुरक्षित नहीं रह सकते।

यद्यपि कान्हा के वन क्षेत्र में प्राणि–संरक्षण के कदम स्वतंत्रता के पूर्व ही उठा लिये गये थे परन्तु वे प्रभावी सिद्ध न हुये थे, मसलन वर्ष 1933 में बंजर घाटी का 233 वर्ग किलोमीटर क्षेत्र और वर्ष 1935 में हेलोन घाटी का 300 वर्ग किलोमीटर क्षेत्र संरक्षित

घोषित कर दिया गया था परन्तु वर्ष 1947 से 1951 तक इस संरक्षित क्षेत्र में भी विशिष्ट लोगों को शिकार के लाइसेंस दे दिये गये और इससे भारी तादाद में वन्य प्राणी मारे गये। वर्ष 1955 में राष्ट्रीय उद्यान बनने के बाद इस गतिविधि पर अंकुश लग सका।

कान्हा टाइगर रिजर्व : वर्ष 1973 में कान्हा राष्ट्रीय उद्यान टाइगर रिजर्व बना, इस समय हेलोन घाटी का क्षेत्र कान्हा में मिलाया गया तथा इसका क्षेत्रफल 940 वर्ग किलोमीटर हुआ, इसके साथ ही इसे 1005 वर्ग किलोमीटर का अतिरिक्त वन्य क्षेत्र 'बफर जोन' के रूप में प्राप्त हुआ। वर्ष 1976 में सूपखेर अभयारण्य भी कान्हा राष्ट्रीय उद्यान का एक भाग बना दिया गया। वर्ष 1969 में एक, वर्ष 1974-75 में पांच, वर्ष 1976 में सात और वर्ष 1977 में आठ गांवों को अन्यत्र बसाया गया। इस तरह राष्ट्रीय उद्यान को 25000 पालतू पशुओं को मारने से मुक्ति मिली।

कान्हा के बारहसिंघा : कान्हा राष्ट्रीय उद्यान बाघ के अतिरिक्त अपने जिस एक और अन्य पशु के लिये जाना जाता है वह है एक विशिष्ट हरिण बारहसिंघा या बारहसिंघा। बारहसिंघा नाम उसे इसलिये मिला कि उसके दोनों सींगों के फुन्सों की तादाद बारह होती है। बारहसिंघा उन्नीसवीं सदी तक मध्य प्रदेश के एक बड़े भाग में पाये जाते थे परन्तु अंधाधुंध शिकार ने उन्हें विलुप्ति के कगार पर पहुंचा दिया। बीसवीं सदी में बारहसिंघा की दो प्रजातियां भारत के दो एक-दूसरे से अलग-थलग क्षेत्रों में किसी तरह बच रहीं। एक प्रजाति हिमालय के तराई क्षेत्र में पाई जाती है (सर्वस डुवावसेली कुवियर) और दूसरी प्रायद्वीपीय भारत के उत्तरी वनों में । यह (सर्वस डुवावसेली ब्रांडरी) प्रजाति हार्ड ग्राउन्ड बारह सिंघा की संख्या 3000 थी परन्तु 20वीं सदी के उत्तरार्ध तक (1970 में)। प्रसिद्ध वन्यप्राणी विशेषज्ञ जार्ज बीशेलर ने कान्हा के बारहसिंघों पर 'दि डियर एन्ड दि टाइगर' नामक ग्रन्थ के माध्यम से इसकी गिरती संख्या और संरक्षण पर विश्व समुदाय का ध्यान आकर्षित किया।

कान्हा राष्ट्रीय उद्यान के अनेक क्षेत्रों में पहले सभी बारहसिंघा केवल कान्हा रेंज में ही देखे जाते थे। इस प्रकार का केन्द्रीकरण किसी भी वन्य पशु की प्रजाति के लिये खतरनाक साबित हो सकता है परन्तु समय बीतते न केवल बारहसिंघों की संख्या में वृद्धि हुई अपितु ये कान्हा के विभिन्न क्षेत्रों में फैल गये। आज वे किसली, मुक्की, सूपरवर और भैंसाघाट में भी देखे जा सकते हैं।

यदि कान्हा की वन्य पशु गणना पर विश्वास करें तो इस राष्ट्रीय उद्यान में लगभग 350 बारहसिंघा हैं। बारहसिंघा 'मीडोज' या घास के मैदान के पशु हैं। इन्हें कान्हा मीडोज के जलीय क्षेत्रों में भ्रमण करते देखा जा सकता है अथवा साल वृक्ष के नीचे आराम करते। कान्हा में बारहसिंघा के 25-30 पशुओं के झुंड को देख पाना सामान्य सी बात है, वैसे छोटे झुंडों में भी ये देखे जाते हैं।

प्रायद्वीपीय बारहसिंघा की चर्चा आधिकारिक रूप से सर्वप्रथम कैप्टेन फोरसिथ के लेखन में मिलती है। वे इस क्षेत्र में (1857-1867) एक दशक से भी अधिक समय तक रहे थे तथा शिकार उनका शौक हुआ करता था। वे लिखते हैं-"हिमालय के तराई प्रदेश में आसाम से बावलपुर तथा रोहारी से सिंधु घाटी के जंगलों तशा गंगा और गोदावरी तक बारहसिंघा मिलता है। यह होशंगाबाद, छिंदवाड़ा, सिवनी, बालाघाट, मन्डला (मोतीनाला और करंजिया) से दुर्ग और डोंगर गांव दक्षिण में बस्तर तक तथा पूर्वी महाराष्ट्र में दक्षिणी चंद्रपुर और भण्डारा तक पाया जाता है।

कैप्टेन फोरसिथ के बाद ब्रिटिश लेखक ए. ए. ब्रेन्डर ने बारहसिंघा के वितरण का विवरण लिखा। वे भारत दो बार आये-पहिली बार वर्ष 1902-03 में और फिर लगभग दो दशक बाद वर्ष 1919-20 में। वे लिखते हैं-

''(बारहसिंघा का वितरण) मंडला जिले के जगमंडल और बंजर रिजर्व में फिर वहां से पूर्व में अमरकंटक तथा बिलासपुर जमीदारी में जहां पर फोरसिथ ने भारी संख्या में देखा था (अब वहां बहुत कम बच पाये हैं।) एक झुंड नर्मदा के उत्तर में सरसताल के निकट और दूसरा डिंडोरी रोड के पड़ोस में शहपुरा रेंज में, बालाघाट के साल वृक्षों के वनों में, बिलासपुर, रायपुर, तथा करीबी जमींदारियों में, भण्डारा और द. चांदा (चंद्रपुर) जिलों के कुछ हिस्सों में है।''

ब्रेन्डर आगे लिखता है-''ऐसा माना जाता है कि फोरसिथ के समय में बारहसिंघा पचमढ़ी के साल वनों में पाया जाता था पर अब वहां विलुप्त है और यहां तक कि कोई अब वहां यह नहीं जानता कि बारहसिंघा वहां कभी पाया भी जाता था, यह अफवाह अवश्य है कि बारहसिंघा छिंदवाड़ा जागीर में पाया जाता है।'' ब्रेन्डर ने बारहसिंघा की संख्या की कमी का कारण बन्दूक द्वारा शिकार बतलाया। ब्रेन्डर के नाम पर प्रायद्वीपीय भारत के बारहसिंघा की प्रजाति का नाम 'ब्रेन्डरी' रख दिया गया।

ऐसा विश्वास किया जाता है कि वर्ष 1951 तक केवल इस क्षेत्र में साढ़े पांच सौ बारहसिंघा बचे थे और 1967 में यह संख्या घटकर मात्र 66 रह गई थी। इस तरह इक्कीसवीं सदी में उनकी संख्या में पांच गुनी वृद्धि कान्हा की सफलता का स्वर्णिम पृष्ठ कहा जायेगा।

कान्हा में इस मृग की पूरी सुरक्षा के चौकस इंतजाम हैं फिर भी 20वीं सदी के अंतिम दशक में कान्हा से 100 किलोमीटर से भी अधिक दूर चलकर एक बारहसिंघा जबलपुर नगर के पास तक पहुंच गया। इस बारहसिंघा के छायाचित्रों को सभी क्षेत्रीय समाचार पत्रों ने प्रकाशित किया। एक श्रेष्ठ प्रबंधन वाले संरक्षित क्षेत्र से एक दुर्लभ प्राणी का बाहर चले जाना वास्तव में चिंता का विषय था।

बारहसिंघा की संख्या में गिरावट के कारणों की खोज

बारहसिंघा की पारिस्थितिकी के अध्ययन से ज्ञात हुआ कि बारहसिंघा का भोजन कुछ विशेष प्रकार की घास है साथ ही वे कुछ जलीय वनस्पतियों को भी खाते हैं जो कि उनके वितरण क्षेत्र के मैदानी भागों के पोखरों में पाई जाती है। इनके अतिरिक्त वे साल तथा कुछ अन्य वृक्षों की कोपलें खाना भी पसंद करते हैं। उनके जीवन चक्र के लिये ऊंची घास का होना अनिवार्य है जिसमें वे अपने सद्यःप्रसूत शावकों को सुरक्षित रखते हैं। इन ऊंची घासों में मादा सुरक्षित प्रसव करती है। शावक भी कुछ समय तक जब तक वे भाग नहीं सकते इन घासों में शिकारी जानवरों से सुरक्षित रहते हैं। कान्हा के घास के मैदान (मीडो) में दूसरे शाकाहारी पशु, यथा गौर और चीतल तो रहते ही हैं इनमें भालू और शेर भी घूमते रहते हैं। नन्हें बारहसिंघों के लिये सियार भी एक घातक शत्रु है।

बारहसिंघा की संख्या में कमी के कारणों की वैज्ञानिक खोज आवश्यक थी। सबसे पहले तो उन कारणों को दूर किया गया जो सभी वन्य प्राणियों की संख्या में गिरावट के लिये उत्तरदायी हैं। मसलन वर्ष 1959 में, या कान्हा के राष्ट्रीय उद्यान बनने के चार वर्ष बाद मध्य प्रदेश शासन ने इस वन क्षेत्र से वनों से संबंधित सभी कार्य बंद कर

दिये। वर्ष 1969 में एक गांव जो राष्ट्रीय उद्यान के नाभिक क्षेत्र में स्थित था उसे अन्यत्र बसा दिया गया और इस तरह राष्ट्रीय उद्यान को 15000 पालतू पशुओं से सदैव के लिये छुटकारा मिल गया। इसी समय 'बारहसिंघा बचाओ' अभियान चला। कालान्तर में और भी अधिक ग्राम खाली कराकर अन्यत्र बसाये गये। इस तरह बारहसिंघा को समय बीतते 25000 पालतू पशुओं के अतिक्रमण से निजात मिली।

जार्ज बी. शेलर ने बारहसिंघा के अध्ययन के समय आशंका व्यक्त की थी कि ब्रूसेलोसिस नामक संक्रमण से प्रभावित होने के कारण इस वन्य पशु की संख्या में कमी हो रही है (ब्रूसेला एवार्टस नामक विषाणु गर्भपात करा देता है)। बाद में क्लाउड मार्टिन (1973-1976) ने अपनी शोध में इसे महत्वपूर्ण कारक नहीं माना। उसके बाद कान्हा में कार्यरत भारतीय अधिकारियों ने बारहसिंघा पर अपनी शोध प्रस्तुत की जिनमें पी.सी. कोतवाल, राजेश गोपाल और राकेश शुक्ला के नाम उल्लेखनीय हैं।

बारहसिंघा की संख्या में कमी का एक अलग कारण कैलाश सांखला ने तब सुझाया था जब वे कान्हा प्रोजेक्ट टाइगर के (पहले) डायरेक्टर थे। उनका मानना था कि कान्हा राष्ट्रीय उद्यान में वर्ष 1955 और 1980 के बीच बाघों को 'चारा' देने की प्रथा ने विपरीत असर डाला था। बाघों को यह 'चारा' कान्हा मीडो (घास) में दिया जाता था परन्तु यही मीडो (घास) बारहसिंघों के रहने के स्थान थे। फल यह हुआ कि चारे के अलावा शेरों का सरल शिकार सबसे अधिक बारहसिंघे ही बने। वस्तुतः बारहसिंघों में अन्य हरिणों की तरह न तो तेज दृष्टि होती है और न ही उतनी फुर्ती। ये चीतल और सांभर की तुलना में सुस्त हरिण हैं।

वर्ष 1970 में यह विचार किया गया कि बारहसिंघे कान्हा रेन्ज के अपने एक ही निवास से निकलकर दक्षिण के नये क्षेत्रों की ओर 'सौंफ मैदानों' की ओर बढ़ें और वहां रहने लगें। एक अंतर्राष्ट्रीय योजना के तहत इस विचार को मूर्त रूप देने के लिये विशेषज्ञों की मदद ली गई औरं कुछ बारहसिंघों को बेहोश कर ले जाने का वर्ष 1981 में उपक्रम किया गया परन्तु इसका फल खतरनाक साबित हुआ। इस प्रक्रिया में सात बारहसिंघों का प्राणान्त हो गया हालांकि बदलते समय में बारहसिंघों ने कान्हा के अन्य क्षेत्रों में प्रवास किया और धीरे-धीरे वे अनेक क्षेत्रों में रहने लगे।

जिन दो उपायों से बारहसिंघों को फायदा पहुंचा वे उपाय कैलाश सांखला ने सुझाये थे। पहला यह कि उन्होंने शेरों को चारा देने पर प्रतिबंध लगाने पर जोर दिया और दूसरा, शीतकाल में घास जलाने की प्रथा पर रोक। इसका प्रतिफल अच्छा हुआ वर्ष 1973 में बारहसिंघों की संख्या जहां 118 थी वहां 1978 में बढ़कर वह 309 हो गई, साथ ही उनका विस्तार क्षेत्र भी बढ़ा। किंतु अब 350 की संख्या को प्राप्त होते-होते बारहसिंघों की संख्या में स्थिरता सी आ चुकी है, यह संभव है कि कान्हा में इतनी ही संख्या बारहसिंघों की अधिकतम वहन क्षमता हो।

इसमें संदेह नहीं कि कान्हा का प्रबंधन देश के संरक्षित क्षेत्रों के सर्वश्रेष्ठ प्रबंधनों में से एक रहा है परंतु फिर भी सारी सतर्कता के बावजूद बीसवीं सदी के अंतिम वर्षों में कान्हा से कुछ दुर्लभ बारहसिंघा भटककर 100 किलोमीटर चलकर जबलपुर नगर की सीमा तक पहुंच गये। पहले तो वन अधिकारियों ने इन मृगों को बारहसिंघा ही मानने से इंकार कर दिया परंतु जब स्थानीय समाचार पत्रों ने उनके छायाचित्र प्रकाशित कर दिये तब बहानेबाजी प्रारंभ हुई।

विस्तार की भावी सम्भावनायें : कान्हा अचानकमार का संयुक्त क्षेत्र

कान्हा अचानकमार का संयुक्त वन क्षेत्र 14000 वर्ग किलोमीटर है। एक अध्ययन में इन दोनों क्षेत्रों को जोड़ने की सिफारिश की गई है क्योंकि इस विशाल वन क्षेत्र का 50 से भी अधिक भाग सघन वृक्षों का क्षेत्र है। कान्हा राष्ट्रीय उद्यान (मध्य प्रदेश) और अचानकमार अभयारण्य (छत्तीसगढ़) के बीच 'वाइल्ड लाइफ इंस्टीट्यूट ऑफ इंडिया' के अनुसार वनों के क्षेत्र चार हैं। ये क्रमशः (अ) मोतीनाला आरक्षित वन (71.1 वर्ग किलोमीटर), (ब) उत्तरी फेन आरक्षित वन (49.68 वर्ग किलोमीटर), (स) मार्फा आरक्षित वन क्षेत्र (35.1 वर्ग किलोमीटर), तथा ढावा बिजोरा वन क्षेत्र (80.91 वर्ग किलोमीटर) हैं यदि इन सभी को जोड़ दिया जाय तो बाघों का खंडित क्षेत्र पुनः एकीकृत एक विशाल संरक्षित क्षेत्र बन सकता है।

कान्हा में जंगली कुत्तों (ढोल) की मौत

चार वर्ष पहले जब समाचार पत्रों ने कान्हा टाइगर रिजर्व में 10 जंगली कुत्तों के मरने की खबर दी, तब वन्य जीवन से संबंधित उच्च अधिकारियों ने जनता को यह आश्वासन देकर बात शांत कर दी थी कि अब कभी भविष्य में इस संरक्षित क्षेत्र में सामूहिक मृत्यु के ऐसे प्रकरण की पुनरावृत्ति नहीं होगी।

वर्ष 2005 में मार्च के महीने में मुखी और बैहर के क्षेत्र में एक छोटे से स्थान पर पांच जंगली कुत्तों की लाशें देखी गईं। लाशों को देखने के तुरंत बाद वन अधिकारियों ने कहा कि वे मृत्यु का वास्तविक कारण नहीं निर्धारित कर पा रहे हैं। उसके बाद इन कुत्तों की मौत के कारण को गोपनीय रखा गया। पहले तो यह खबर फैलाई कि कुत्तों ने कहीं विषैला पानी पी लिया था परंतु कुछ दिनों बाद 'एक्सपर्ट रिपोर्ट' प्रकाशित हुई और कहा गया कि ये कुत्ते 'लंगवर्म संक्रमण' से प्रभावित हो गये थे जिसे 'फैलाइन पान ल्यूकेमिया' कहा जाता है, और उनकी मृत्यु इसी संक्रमण से हो गई।[†]

लगभग चार वर्ष बाद (20 अप्रैल 2009) फिर कान्हा नेशनल पार्क के लगभग उसी इलाके से 8 जंगली कुत्तों के मृत होने की खबर समाचार पत्रों में प्रमुखता से प्रकाशित हुई जिसे शब्दशः यहां दिया जा रहा है।

कान्हा में 8 जंगली कुत्ते मृत[††]

कान्हा नेशनल पार्क में मावला गांव के अंतर्गत बैहर बम्हनी बीट में फैली रहस्यमय बीमारी से पिछली रात आठ जंगली कुत्तों की मौत हो गई। घटना की जानकारी मिलने के बाद जंगल अमला सक्रिय हुआ और आनन-फानन में पोस्टमार्टम कराने के बाद मौत के कारणों का पता लगाने की कोशिशें तेज कर दी गई है।

उधर जानकारों का कहना है कि जानवरों को जहर देकर मारा गया है, इसलिये बिसरा जांच के लिये सागर भेजा जा रहा है। कान्हा के फील्ड डायरेक्टर आर. पी. सिंह ने बताया कि पिछली रात भ्रमण के दौरान वन कर्मियों ने जंगली कुत्तों को मृत अवस्था में देख इस घटना की सूचना अधिकारियों को दी गई। इसके बाद पूरे क्षेत्र की चेकिंग करने पर करीब आठ कुत्ते मरे पाये गये।

---

† *स्रोत :* वाइल्ड डाग्स फाउंड डेड इन कान्हा, दि हिन्दू, 08/04/2005

†† 'कान्हा में 8 जंगली कुत्ते मृत', दैनिक भास्कर, जबलपुर, सोमवार, दिनांक 20 अप्रैल, 2009

उन्होंने बताया कि प्रारंभिक परीक्षण में जंगली कुत्तों की मौत का कारण आंतों में हेमरेज होना बताया जा रहा है। वन अधिकारियों को इस बात की भी संभावना नजर आ रही है कि जानवरों को शिकारी गिरोह ने जहर देकर इस घटना को अंजाम दिया है। इसके बाद से पूरे पार्क की सुरक्षा बढ़ा दी गई है।

शिकारी गिरोह सक्रिय

वन विभाग सूत्रों का दावा है कि पिछले कुछ समय से कान्हा नेशनल पार्क में असमान्य घटनायें हो रही हैं जिन्हें गंभीरता से नहीं लिये जाने का नतीजा है कि इस तरह की वारदात सामने आई है। पिछले दिनों भी पार्क क्षेत्र से कुछ फंदे बरामद किये गये थे। प्रशासन को चाहिये कि ऐसी घटनाओं पर गंभीरता बरते।

24 घंटे में हुई सभी मौत

जंगल सूत्रों का कहना है कि मृत जंगली कुत्तों की मौत की जांच में यह तथ्य उजागर हुए हैं कि जानवरों की मौत 24 घंटे के दरमियान हुई। जांच में पता चला है कि कुछ घंटों के अंतराल सभी मौतें हुई हैं।

जानकारों के अनुसार जांच में आंतों में हेमरेज होने की जानकारी के बाद वन अधिकारियों का संदेह शिकारियों की तरफ जा रहा है। इस संदेह को दूर करने हेतु बारीकी से जांच करायी जा रही है।

काजीरंगा

संरक्षित क्षेत्र : राष्ट्रीय उद्यान/बायोस्फियर रिजर्व
विस्तार : 696 वर्ग किलोमीटर
स्थिति : असम
समीपवर्ती नगर : बोकाखाट (23 कि.मी.), निकटवर्ती हवाई पट्टी : जोरहट (95 कि.मी.)
उत्तम भ्रमणकाल : नवंबर से मार्च
पारिस्थितिकी : अयनमंडलीय सदाबहार वन, दलदली वन तथा बांसवन
वन्य पशु–पक्षी : शेर, एक सींगवाला गैंड़ा, हाथी, जंगली भैंसे, बारहसिंघा, शुशु या गंगा की डोल्फिन, हूलक गिब्बन, सांभर और करीब 505 प्रजाति के पक्षी।

काजीरंगा को राष्ट्रीय उद्यान वर्ष 1974 में घोषित किया गया परन्तु काजीरंगा में संरक्षण का इतिहास काफी पुराना है। जब वर्ष 1908 ई. में यह ज्ञात हुआ कि इस क्षेत्र में गिने–चुने गैंडे ही बचे हैं और यदि उन्हें पूर्ण सुरक्षा न दी गई तो उनकी प्रजाति सदा के लिये विलुप्त हो सकती है तब उस वर्ष काजीरंगा वन क्षेत्र को 'फारेस्ट रिजर्व' का दर्जा दिया गया इस तरह काजीरंगा को संरक्षण प्राप्त हुये अब एक शताब्दी बीत चुकी है। फारेस्ट रिजर्व घोषित होने के लगभग दो दशक बाद अर्थात 1926 में काजीरंगा को 'गेम सेंक्चुअरी' का दर्जा दिया गया। 1976 में घोषित यह राष्ट्रीय उद्यान अब बायोस्फियर रिजर्व है।

अपने एक लम्बे इतिहास के कारण काजीरंगा की प्रसिद्धि भी बढ़ी परंतु सुखद तथ्य यह है कि काजीरंगा को 21वीं सदी में श्रेष्ठ प्रबंधन के लिये भी जाना जाता है।

काजीरंगा दर्शनीय है और पर्यटकों की सुविधा के लिये यहां रुकने की श्रेष्ठ व्यवस्था है। यहां पर विश्राम गृह, पर्यटक बंगले, होटल और काटेज सभी कुछ उपलब्ध हैं। काजीरंगा को सभी तरह सुरक्षित रखने का शासकीय प्रयास भी पूरा रहा है, इसका अन्दाज इसी से लगता है कि ब्रह्मपुत्र नदी की बाढ़ से कटावों का सामना करने के लिये असम सरकार ने बाढ़ निरोधक कार्यों (एम्बेंकमेंट) में 15000 करोड़ रुपये अब तक खर्च किये हैं।

यद्यपि काजीरंगा शेर, गैंडे और जंगली भैंसों के लिये पर्यटकों की पहली पसंद है परन्तु इस अभयारण्य के पक्षियों का महत्व कुछ कम नहीं है। यहां पर पक्षिविदों ने जिन 478 पक्षियों की गणना (1999) की है उनमें से 21 प्रजातियां तो विलुप्ति के कगार पर हैं और इसीलिये 'बर्ड लाइफ' इंटर नेशनल' नामक पक्षी जीवन का अध्ययन करने वाली एक अंतराष्ट्रीय संस्था ने इसे आई. बी. ए. या महत्वपूर्ण पक्षी क्षेत्र माना है।

काजीरंगा : काजीरंगा को सत्य ही ब्रह्मपुत्र की सन्तान कहा जाता है। उत्तर में पूर्वी हिमालय पर्वत की श्रेणियों से यदि ब्रह्मपुत्र को मानो जी का लिया गया है तो दक्षिण को गारो, खासी जयन्तिया और मिकिर की पहाड़ियां उसे रोके हुये हैं। ऐसी ही विशाल ब्रह्मपुत्र नदी द्वारा निक्षेपित कांप के मैदान अपनी जैविक उत्पादकता के लिये विश्वभर में बेजोड़ माने जाते हैं। भारत के तराई के क्षेत्र में ब्रह्मपुत्र के कांप के मैदान में काजीरंगा राष्ट्रीय उद्यान स्थित है जहां की आर्द्र जलवायु और भरपूर वर्षा ने वन्य जीवन की विविधता को रंगीन बना दिया है। इन मैदानों में घास खाने वाले प्राणियों की अनेक किस्में पाई जाती हैं तथा उनकी संख्या भी अधिक है, यही कारण है कि इन पर आश्रित रहने वाले शिकारी पशुओं की संख्या भी यहां अनुपात में अधिक पाई जाती है। वाइल्ड लाइफ कंजर्वेशन सोसायटी, न्यूयार्क के एक अध्ययन में अध्ययनकर्ता डॉ. के उल्लास कारंथ ने पाया कि काजीरंगा में बाघों का घनत्व बहुत उच्च स्तर का है। डॉ. उल्लास के अनुसार भारत में प्रति 100 वर्ग किलोमीटर क्षेत्र में 1 से 12 बाघ सामान्य तौर पर पाये जाते हैं परन्तु काजीरंगा में उनके अध्ययन के अनुसार यह घनत्व 16.8 बाघ प्रति 100 वर्ग किलोमीटर तक पाया गया यद्यपि उनका यह भी मानना है कि काजीरंगा के जिस वन क्षेत्र को उन्होंने चुना था वह वहां का सबसे अधिक बाघ संकुल क्षेत्र था, काजीरंगा राष्ट्रीय उद्यान के अन्य क्षेत्रों में यह घनत्व कुछ कम हो सकता है फिर भी वह कितना भी कम क्यों न हो देश के दूसरे हिस्सों की तुलना में तो निश्चित ही अधिक होगा। डॉ. कारंथ का बाघों की संख्या का अनुमान 'कैमरा ट्रैप' विधि पर आधारित था (वर्ष 2005)। इस विधि से उन्होंने भारत के कुछ अन्य राष्ट्रीय उद्यान के बाघों के घनत्व का भी आकलन किया था। उनकी इस विधि का प्रयोग थाईलैंड, मलेशिया, इन्डोनेशिया और नेपाल के राष्ट्रीय उद्यानों में भी किया जा चुका है। कैमरा ट्रैपिंग विधि में अलग-अलग केन्द्रों से बाघों के छायाचित्र लिये जाते हैं। प्रत्येक बाघ की पट्टियां अलग प्ररूप में होती हैं। अतः बाघों की व्यक्तिगत जांच करने में कठिनाई नहीं होती तथा परिणाम शुद्ध होते हैं।

काजीरंगा संरक्षित क्षेत्र की एक सदी से ऊपर की अवधि में न केवल बाघों के संरक्षण की एक कहानी है अपितु जब लगभग यह लगने लगा था कि भारत से एक सींग वाले

गैंडे की विलुप्ति में अब अधिक समय नहीं है तब भी काजीरंगा से ही दुनिया भर के वन्य प्राणियों के लिये यह सुखद समाचार आया कि इस संरक्षित क्षेत्र में दुर्लभ गैंड़े का अस्तित्व संरक्षित है। पास ही के मनास संरक्षित क्षेत्र में जब गैंडों की संख्या में भारी गिरावट आई तब काजीरंगा में गैंड़ों की संख्या में वृद्धि हुई।

काजीरंगा की आपदा : बाढ़

काजीरंगा राष्ट्रीय उद्यान ब्रह्मपुत्र के तट पर स्थित है। ब्रह्मपुत्र की भीषण बाढ़ें भारी जन और धन की हानि करती हैं यह तो सभी को ज्ञात है परंतु इन बाढ़ों से वन्य पशुओं की भी बहुत बड़ी हानि होती है यह बहुत कम प्रकाश में आ पाता है। उदाहरण के लिये वर्ष 1998 में काजीरंगा संरक्षित क्षेत्र 3 बार मई, जून और सितंबर में प्रभावित हुआ। साधारणतः बाढ़ का पानी 3 से 7 दिनों की अवधि में उतर जाता है परंतु इस वर्ष राष्ट्रीय उद्यान से लगे क्षेत्रों में वनों की अंधाधुंध कटाई के कारण बाढ़ का पानी हफ्तों तक चढ़ा रहा। इससे आसपास के खेतों की फसलें तो चौपट हुई ही साथ ही बाढ़ के पानी से बचने के लिये वन्य पशु उन रिहायशी स्थानों की ओर भागे जो अधिक ऊंचे थे और जो बाढ़ के पानी से अपेक्षतया सुरक्षित थे। काजीरंगा के वन्य पशु जिनमें सैकड़ों की संख्या में हरिण और जंगली सुअर थे बाढ़ में डूबते-उतराते आसपास के क्षेत्रों में शरण लेने के लिये नदी पार कर पहुंचे पर बाढ़ इतनी भयावह थी कि बड़ी संख्या में ये पशु बीच में डूब गये और जो बचे उनमें से अधिकांश काजीरंगा से दूर होते ही शिकारियों के हत्थे चढ़ गये। इस वर्ष राष्ट्रीय उद्यान के अधिकतर बारहसिंघा और गैंडों ने संरक्षित क्षेत्र से बाहर शरण ली, कुछ तो गांवों में पालतू गौशालाओं तक पहुंच गये। संरक्षित क्षेत्र के वन रक्षकों की संख्या इतनी नहीं है कि वे गैरकानूनी शिकारियों से इन भागे हुये प्राणियों को सुरक्षा दे सकें। बाढ़ उतरने के पश्चात भाग्यवश जितने वन्य पशु सफल हो सके वे ही बच सके और जो रास्ता भटक गये उनकी जीवन लीला समाप्त हो गई। एक स्वयंसेवी संस्था 'आरण्यक' की सूचना के अनुसार इस बाढ़ में जहां 500 हरिण डूबे वहां 200 जनता के द्वारा मार डाले गये। इसी तरह 32 गैंडे बाढ़ में डूबे और दो आसपास के लोगों के द्वारा मार डाले गये।

इस त्रासदी पर सेना के अधिकारियों ने राज्य प्रशासन को अपनी सेवायें देने की पेशकश की परंतु वन्य प्राणियों की सुरक्षा जनता का दायित्व अधिक है। हर मोर्चे पर सेना को भेजना वैसे भी तर्कसम्मत नहीं है।

काजीरंगा में एक सींग वाले भारतीय गैंडों की दो तिहाई संख्या निवास करती है, इसका अर्थ यह भी है कि गैंडों की इस प्रजाति की विश्व में बची हुई संख्या का अधिकांश भाग इस संरक्षित क्षेत्र में सुरक्षित है। काजीरंगा को ठीक ही विश्व धरोहर केंद्र के रूप में मान्य किया गया है। काजीरंगा में गैंडों की संख्या 1552 (वर्ष 1999) बतलाई गई थी। काजीरंगा में गैंड़े मुख्यतः 430 वर्ग किलोमीटर के क्षेत्र में रहते हैं। इस वन क्षेत्र को 44 कम्पार्टमेंट या टुकड़ों में विभाजित कर प्रत्येक टुकड़े में रह रहे गैंडों की गणना की जाती है।[†] यह इसलिये किया जाता है कि ताकि संरक्षित क्षेत्र के सारे गैंड़े एक साथ गिने जा सकें।

[†] निशिथ ढोलाभाई, 'सेन्सस बूस्ट टु काजीरंगा इमेज', दि टेलिग्राफ, 12/4/05

काजीरंगा में गैंडों की गणना के लिये पालतू हाथियों का प्रयोग किया जाता है। वर्ष 2005 में 50 पालतू हाथियों का प्रयोग किया गया।

काजीरंगा के हाथी

काजीरंगा अपने हाथियों के लिये भी उतना ही प्रसिद्ध है जितना गैंडों और बाघों के लिये। वर्ष 2002 में यहां हाथियों की संख्या 1048 गिनी गई थी किंतु वर्ष 2005 में यह संख्या बढ़कर 1194 हो गई, इसके अतिरिक्त इस संरक्षित क्षेत्र के सीमान्त में भी 52 हाथी गिने गये। इनके अतिरिक्त समीपवर्ती संरक्षित क्षेत्र जैसे करबी एंगलांग, गरमपानी (गोलाघाट मंडल) तथा ने गांव में भी हाथियों की अच्छी संख्या निवास करती है।

भारत के अन्य अभयारण्यों तथा राष्ट्रीय उद्यानों की भांति ही काजीरंगा में भी ग्रीष्मकाल में वन्य पशुओं की गणना की जाती है, परंतु अपनी भौगोलिक स्थिति के कारण काजीरंगा में वर्षा की फुहारें कभी-कभी मार्च में भी आ जाती हैं तब गणना मुश्किल हो जाती है क्योंकि इस महीने में संरक्षित क्षेत्र की घासों को जलाया जाता है। घास के जलने से गैंडों या अन्य वन्य पशुओं की गणना सरल हो जाती है, परंतु यदि वर्षा हो जाये तो कार्य कठिन हो जाता है क्योंकि तब घास जलाना तो मुश्किल हो ही जाता है, गैंड़े भी वर्षा होने से उत्पन्न छोटे वालों के क्षेत्र में घुस जाते हैं। वर्ष 2005[†] में ऐसी ही वर्षा से गणना कार्य में कठिनाई हुई।

काटपूर्णा

संरक्षित क्षेत्र : अभयारण्य
विस्तार : 15 वर्ग किलोमीटर
स्थिति : महाराष्ट्र
समीपवर्ती नगर : नासिक
उत्तम भ्रमणकाल : अक्टूबर से मार्च
पारिस्थितिकी : अयनमंडलीय पर्णपाती वन
वन्य पशु-पक्षी : तेंदुआ, रीछ, चिंकारा, पक्षी।

कटपूर्णा अभयारण्य इक्कीसवीं सदी के प्रारंभिक वर्षों में स्थापित महाराष्ट्र का अपेक्षतया नया अभयारण्य है। नासिक से यह 300 कि.मी. दूरी पर स्थित है। अभयारण्य में शुष्क पर्णपाती वन और कटीली झाड़ियां हैं। कटपूर्णा अभयारण्य की सीमा में फेरा नाम का एक ही ग्राम स्थित है जिसका त्वरित पुनर्वास आवश्यक है।

उच्चारण भेद : कटपूर्णा

[†] विजय शंकर वोरा, 'रेन्स प्ले स्पाइल स्पोर्ट इन रिनो सेन्सस, 'दि स्टेट्समेन', 1/4/2005

कार्बेट

संरक्षित क्षेत्र : राष्ट्रीय उद्यान
विस्तार : 520 वर्ग किलोमीटर
स्थिति : उत्तरांचल
समीपवर्ती नगर : रामनगर (19 कि.मी.) निकटतम हवाई पट्टी : पंतनगर (50 कि.मी.)
उत्तम भ्रमणकाल : नवम्बर से जून
पारिस्थितिकी : आर्द्र साल वन, खैर सिस्सू वन, चीर पाइन वन, मिश्रित पतझड़ वन, तथा घास के मैदान
वन्य पशु–पक्षी : शेर, तेंदुआ, हाथी, सांभर, मगर, जलपक्षी।

कार्बेट राष्ट्रीय उद्यान का नामकरण वर्ष 1957 ई. में प्रसिद्ध शिकारी एवं वन्य प्राणियों के विशेषज्ञ जिम कार्बेट के नाम पर हुआ, परन्तु इसका इतिहास एक शताब्दी से भी अधिक पुराना है। वर्ष 1858 में जब इन जंगलों में लकड़ी की अंधाधुंध कटाई हो रही थी तब एक मेजर रामजे ने लकड़ी की कटाई को प्रतिबंधित कर दिया। इसके साथ ही उसने इस पूरे क्षेत्र पर किसी भी प्रकार के कृषि कार्य पर पूरा प्रतिबंध लगा दिया। इस क्षेत्र में लगने वाली आग को काबू में रखने के लिये अग्नि निरोधक दस्ते का गठन किया तथा यहां से किसी भी प्रकार की लकड़ी को ले जाने के लिये कड़ी लाइसेंस प्रणाली प्रारंभ की। इस तरह 1900 ईस्वी तक यह क्षेत्र ब्रिटिश अधिकारियों द्वारा संरक्षित कर दिया गया था। वर्ष 1936 में औपचारिक रूप से इस वन को राष्ट्रीय उद्यान घोषित किया गया और इस तरह यह भारत का प्रथम 'राष्ट्रीय उद्यान' बना। 1957 ई. के पहले तक इस 'राष्ट्रीय उद्यान' का नाम 'हैली राष्ट्रीय उद्यान' था। यह नाम तत्कालीन संयुक्त प्रान्त के गवर्नर सर माल्कम हेली के नाम पर रखा गया था।

कार्बेट राष्ट्रीय उद्यान के साथ अनेक प्रथम जुड़े हैं, मसलन भारत का सबसे प्रचारित वन्य पशु संरक्षण की योजना 'प्रोजेक्ट टाइगर' का उद्घाटन 'कार्बेट राष्ट्रीय उद्यान' के मुख्यालय धिकाला में 1 अप्रैल 1973 को हुआ। कार्बेट राष्ट्रीय उद्यान बड़े तथा छोटे सभी वन्यप्राणियों के लिये समान रूप से विख्यात है, यहां छोटे से छोटे प्राणियों पर पूरा ध्यान रखा जाता है। उदाहरण के लिये कार्बेट के धिकाला क्षेत्र में जहां 1970 में शूकर मृग (हागडियर) की संख्या 300 थी। वह वर्ष 2005 में 30 ही बची इसका कारण शोध के पश्चात ज्ञात हुआ कि यहां पर मूल रूप से जो लम्बी घास थी उसके स्थान पर छोटी घास लगा देने से इस छोटे से मृग के बच्चे शिकारी पशुओं का शिकार बनते चले गये और उनकी संख्या में भारी गिरावट आ गई।

कार्बेट टाइगर रिजर्व

विकास : भारतीय बाघ को बचाने की सबसे बड़ी पहल 'प्रोजेक्ट टाइगर' के रूप में आई। 1973 में इस योजना के प्रारंभ होने पर बाघों के पर्यावरण की सुरक्षा पर वैज्ञानिक आधार पर सोच प्रारंभ हुई। लगभग दो दशक पश्चात अर्थात 1991 में टाइगर रिजर्व बनने पर कार्बेट राष्ट्रीय उद्यान के क्षेत्र का और अधिक विस्तार हुआ। अब कार्बेट राष्ट्रीय उद्यान का समूचा 520 वर्ग किलोमीटर का क्षेत्र नाभिक क्षेत्र घोषित कर दिया गया। कार्बेट टाइगर रिजर्व में जिन समीपवर्ती वनों का क्षेत्र शामिल किया गया उनमें सोनानदी अभयारण्य

का 301 वर्ग किलोमीटर क्षेत्र भी सम्मिलित था। दो संरक्षित क्षेत्रों के 821 वर्ग किलोमीटर के अतिरिक्त भी पड़ोसी वन्य क्षेत्रों के लगभग 500 वर्ग किलोमीटर वन क्षेत्रों को मिलाकर 1,316 वर्ग किलोमीटर क्षेत्र का एक विशाल टाइगर रिजर्व बना। बढ़ते हुये वन्य पशुओं की संख्या से पर्यावरणविद् इसे और अधिक विस्तृत करने का मन बना चुके हैं और निकट भविष्य में ग्रेटर कार्बेट टाइगर रिजर्व 2000 वर्ग किलोमीटर का हो सकता है।

वर्ष 2000 ई. में भारत के प्रदेशों का पुनर्गठन हुआ तथा पुराना उत्तर प्रदेश अब उत्तरांचल और उत्तर प्रदेश नाम के दो प्रदेशों में विभाजित हो गया। इस विभाजन के पश्चात कार्बेट टाइगर रिजर्व उत्तरांचल राज्य में आ गया। इस सीमांकन से टाइगर रिजर्व का 30 वर्ग किलोमीटर भाग जो कि दक्षिणी हिस्से में था उत्तर प्रदेश की सीमा में ही रह गया। टाइगर रिजर्व का यह भाग नीलगायों के रहने की प्रमुख जगह थी।

कार्बेट राष्ट्रीय उद्यान की बात हो और जिम कार्बेट की याद को ताजा न किया जाय यह कैसे संभव है। शिकार कथाओं के प्रेमी जिम कार्बेट को एक अचूक निशानेबाज के रूप में जानते हैं, उनकी जांबाजी को भी जानते हैं। उन्होंने जान हथेली पर रख रखकर हिमालय के इस पर्वतीय क्षेत्र को अनेक बार नरभक्षी तेंदुओं और बाघों से निजात दिलाई, पर साथ ही वे यह भी जानते थे कि भारत में बाघों की संख्या में भारी कमी आ चुकी है और देश को अपने इस शानदार प्राणी को बचाना चाहिये। कार्बेट नैनीताल में रहते थे जहां उनकी बहिन मारगरेट विनीफ्रेड कार्बेट उनके साथ रहती थीं, उन्हें घर में 'मैगी' के नाम से पुकारा जाता था। जिम कार्बेट अपनी इस बहिन से बहुत अधिक स्नेह रखते थे। जिम कार्बेट का नैनीताल स्थित यह मकान गुर्ने हाउस कहलाता था। देश के स्वतंत्र होने के पश्चात वर्ष 1947 में 'मैगी' ने भारत छोड़ने का मन बना लिया, जिम कार्बेट को बहिन का साथ देना ही था अतः उन्होंने यह मकान अपने मित्र उद्योगपति डालमिया को चालीस हजार रुपये में बेच दिया और अपनी बहिन के साथ रहने के लिये कीनिया चले गये।

कार्बेट को समझने के लिये यह जानना आवश्यक है कि यह संरक्षित क्षेत्र उस विशाल सघन वन क्षेत्र का भाग है जो भामर तराई क्षेत्र की पहिचान है यह वह वन क्षेत्र है जिसमें विशाल पर्णपाती वृक्षों से लेकर ऊंची घासें पैदा होती हैं, यह वह क्षेत्र है जिसमें जल की कमी नहीं रही है। किंतु भामर तराई का यह वन क्षेत्र जो यमुना नदी के पश्चिम से प्रारंभ से होकर (हरियाणा से हिमाचल) बिहार में गंडक नदी तक प्रशस्त है अब पुराने समय जैसा अखंडित नहीं है। किसी समय का यह विशाल अखंड वन क्षेत्र अब कम से कम नौ खंडों में विभक्त हो चुका है, किंतु उनमें से कार्बेट सबसे विशाल है। हल्दवानी के निकट यह गंगा से गोला नदी तक फैला है। आज के समय में यह बाघों का सबसे बड़ा निवास क्षेत्र है या कहें कि बाघों के नैसर्गिक प्रजनन का अब यह सबसे बड़ा क्षेत्र है। बाघों के परिवारों को देखना यहां सुखद और अविस्मरणीय है, यहां बाघिन एक साथ चार शावकों के साथ घूमती दिख जाती है। संपूर्ण भामर तराई में यही तो एक संरक्षित क्षेत्र है जिसमें ये चारों शावक समय पाकर वयस्क हो जायेंगे।

बाघों को यहां प्रकृति ने वे सारी सुविधायें प्रदान की हैं जो उनके एकाकी स्वभाव को पसंद हैं। कार्बेट में चीतल और वन्य शूकर के इतने बड़े समूह देखने को मिलते हैं कि सहसा विश्वास ही नहीं होता कि ये बाघ और तेंदुओं के सबसे पसंदीदा शिकार भी हैं। यहां पर चीतल ही क्यों कक्कड़ तथा नीलगाय भी है। नीलगाय खुले वनों का

पशु है इसलिये वह कार्बेट की दक्षिणी सीमा पर ही देखा जा सकता है। यही वह जगह है जहां भालू भी दिख जाते हैं।

वृक्षचारी पशुओं में वानर और लंगूर दोनों ही पाये जाते हैं। वन्य पशुओं के व्यवहार का अध्ययन करने वाले इस बात पर आश्चर्य करते हैं कि शेर वानरों की तुलना में लंगूर को तुलनात्मक रूप से अधिक शिकार बनाता है जबकि लंगूर वानरों की तुलना में अधिक वृक्षचारी होते हैं। दोनों ही प्राणी सामान्यतः जब प्यास बुझाने किसी जलस्त्रोत के पास आते हैं तभी वे शेर का शिकार बनते हैं। लंगूर और वानर कार्बेट के नदी के किनारे के वनों में वास करते हैं जहां उन्हें कुछ अन्य खतरनाक प्राणियों से भी खतरा रहता है, ये प्राणी हैं अजगर और नाग।

कार्बेट में रामगंगा और उसकी सहायक नदियों में सुनहरी और काली 'महीसर' पाई जाती है जिनका वजन 10 से 12 किलो तक हो सकता है। इनके अतिरिक्त इन्हीं नदियों में भारतीय 'ट्राउट' भी पाई जाती है।

कार्बेट में 100 किलो वजन तक की 'गूंच' (बगेरियस बगेरियस) का देखा जाना आम बात है। रामगंगा नदी में जब इतने जलचर पाये जाते हैं तब वहां मगर न हों यह संभव नहीं है। कार्बेट की नदियों में मगरों की संख्या काफी अधिक है। रामगंगा नदी के तट पर तो चेतावनी भी लिखी हुई है जिसमें तैरने को प्रतिबंधित किया गया है। मत्स्य सम्पन्न रामगंगा में मत्स्य भोजी घड़ियाल भी पाये जाते हैं।

नदियों में जहां मनुष्य को उतरने की मनाही है वहां वन्य हाथी इनमें स्नान का आनन्द लेते हुये सदैव ही दिख जाते हैं। कार्बेट राष्ट्रीय उद्यान में इनकी संख्या लगभग 300 कही जाती है।

कार्बेट राष्ट्रीय उद्यान में प्रवासी और निवासी पक्षियों की भी अनेक प्रजातियां देखने को मिलती हैं। इस राष्ट्रीय उद्यान में भी इनकी संख्या में यथेष्ट वृद्धि हुई है। इन दो विशाल वन्य प्राणियों की बढ़ती संख्या को और अधिक सुरक्षा तथा रहने के लिये अतिरिक्त वनक्षेत्र प्रदान करने के लिये अनेक योजनायें बनाई गई हैं जिनमें सबसे प्रमुख 'वृहत्तर कार्बेट टाइगर रिजर्व' योजना है। इस योजना के अंतर्गत 2000 वर्ग किलोमीटर का क्षेत्र इस संरक्षित क्षेत्र में होगा जो कोटद्वार के पास खोह नदी से प्रारंभ होकर कालाधुंगी के पास बोअर नदी तक प्रशस्त होगा।

कार्बेट राष्ट्रीय उद्यान 'प्रोजेक्ट टाइगर' या 'आपरेशन टाइगर' परियोजना के अंतर्गत अप्रैल 1973 में लिये जाने वाला पहला संरक्षित क्षेत्र था अतः इसे इस परियोजना का लाभ भी शीघ्र ही मिलना प्रारंभ हो गया। वर्ष 1977 में यहां बाघों की संख्या 44 थी जो वर्ष 1994 में बढ़कर 123 हो गई। यह एक अभूतपूर्व सफलता थी।

कार्बेट राष्ट्रीय उद्यान में बाघों का प्रति वर्गमील घनत्व क्षेत्र की पारिस्थितिकी के अनुरूप है, परंतु सर्वत्र ही उत्तम वनाच्छादन होने से तथा किसी क्षेत्र में शिकार की उपलब्धता में कमी न होने कारण जब कार्बेट का कुछ क्षेत्र जलमग्न हुआ तब भी उनकी संख्या में गिरावट नहीं देखी गई।

कार्बेट टाइगर रिजर्व का पुनर्गठन वर्ष 1991 में हुआ। इसके फलस्वरूप इस संरक्षित क्षेत्र के मूल क्षेत्रफल 520.82 वर्ग किलोमीटर में 797.27 वर्ग किलोमीटर का वन क्षेत्र और जोड़ दिया गया और इस तरह पूरे क्षेत्र का क्षेत्रफल 1380.54 वर्ग किलोमीटर हो गया। सोन नदी अभयारण्य जिसका क्षेत्रफल 301.18 वर्ग किलोमीटर था वर्ष 1987

में स्थापित की गई थी जो कि कालागढ़ के वन क्षेत्र (496.54 वर्ग कि.मी.) का भाग थी।

तालिका : कार्बेट टाइगर रिजर्व का क्षेत्र

क्र.सं.	*संरक्षित क्षेत्र*	*क्षेत्रफल*
1.	कार्बेट राष्ट्रीय उद्यान	520.82 वर्ग कि.मी.
2.	सोन नदी अभयारण्य	301.18 वर्ग कि.मी.
3.	आरक्षित वन	496.54 वर्ग कि.मी.
	कार्बेट टाइगर रिजर्व का कुल क्षेत्र	**1318.54 वर्ग कि.मी.**

मानवीय हस्तक्षेप : टाइगर रिजर्व की स्थापना का मूल उद्देश्य क्षेत्रीय प्रकृति को अपने मूल रूप में विकसित होने देना है, यह तभी संभव है जब उस क्षेत्र में मानवीय हस्तक्षेप न हो। भारत में ऐसा कोई क्षेत्र नहीं है जिसमें मनुष्य निवास न करता रहा हो। कार्बेट टाइगर रिजर्व में भी मनुष्य से संबंधित दो बड़ी समस्यायें हैं। पहली समस्या गुज्जर पशुपालकों की है जो सदियों से उत्तरांचल और उत्तर प्रदेश के वनों में पशु चराते रहे हैं। ये घुमन्तू जाति के लोग हैं। टाइगर रिजर्व बनने के पश्चात इनके कुछ ग्रामों के परिवारों को पुनर्वासित कर दिया गया है, कुछ और शेष हैं। दूसरी बड़ी समस्या कालागढ़ कस्बे की है, यह कस्बा कार्बेट राष्ट्रीय उद्यान के दक्षिणी भाग में बसा हुआ है। यह कस्बा 1970 में तब बसाया गया था जब यहां पर रामगंगा रिजर्वायर बनाया जा रहा था। वन विभाग ने तब 3.5 वर्ग किलोमीटर भूमि इस आपसी समझ पर दी थी कि रिजर्वायर के बनने के पश्चात यह वन भूमि खाली कर दी जायेगी पर ऐसा नहीं हुआ। सारी कोशिशों के बाद आज भी 4000 से 5000 लोग अवैध रूप से वहां की कालोनियों में अवैध रूप से रह रहे हैं।

पर्यटन : कार्बेट राष्ट्रीय उद्यान दशकों से प्रसिद्ध पर्यटन स्थल रहा है और इसीलिये इस राष्ट्रीय उद्यान की स्थिति के संबंध में अलग-अलग दशकों की सूचनायें जनसामान्य को भी मिलती रही हैं। इसका एक कारण कार्बेट राष्ट्रीय उद्यान की भौगोलिक स्थिति भी है। कार्बेट राष्ट्रीय उद्यान के बीचोंबीच स्थित धिकाला फारेस्ट रेस्ट हाउस और दिल्ली के बस स्टैंड की दूरी केवल 290 किलोमीटर है। दिल्ली से रामनगर जो कि कार्बेट राष्ट्रीय उद्यान पहुंचने के लिये निकटतम रेलवे स्टेशन और बस स्टैंड है तक की दूरी 240 किलोमीटर है और शेष 50 किलोमीटर अर्थात रामनगर से धिकाला तक की दूरी फारेस्ट रोड वाली दूरी है। वैसे धिकाला के अतिरिक्त भी दूसरे रेस्ट हाउस हैं जिनमें तीन अधिक प्रसिद्ध हैं। सत्तर के दशक में यहां दस रुपये प्रति पर्यटक रुकने का शुल्क लगता था तथा खान पान की व्यवस्था पर्यटक को स्वयं करनी पड़ती थी। उन्हीं दिनों कार्बेट के मुख्य द्वार पर बहुत से होर्डिंग्स लगे थे, उनमें से एक में लिखा हुआ था-यह वन सभी को शरण देता है, उस कुल्हाड़ी लिये व्यक्ति को भी जो इसे नष्ट करना चाहता है।' इस वाक्य का अर्थ लोग अपनी-अपनी समझ से अलग-अलग लगाया करते थे, उस अर्थ को कम लोग समझ पाते थे जिसे पर्यावरण की सुरक्षा को ध्यान में रखते हुये इसे लिखा गया था। उन्हीं पुराने दिनों की बात है जब राष्ट्रीय उद्यान की सीमा पर 500 भूमिहीन लोग आ बसे और केवल बसे ही नहीं उन्होंने दो फसलें भी काट लीं। यह उस जमाने

की बात है जब इस राष्ट्रीय उद्यान में 80 बिस्तरों की कुल व्यवस्था थी, उन दिनों परिवारों के रुकने के लिये जो काटेज थे उनका भाड़ा 60 रुपया हुआ करता था। उन दिनों रामनगर से कारबेट राष्ट्रीय उद्यान तक कोई रेगुलर बस सर्विस नहीं थी। वाइल्ड लाइफ वाईन के पास अवश्य दो वैन थे जिन्हें वह आवेदन पर दे सकता था। उन दिनों पर्यटकों में इतना उत्साह रहता था कि वे सभी कठिनाइयों को पार कर इस सुन्दर राष्ट्रीय उद्यान में दुबारा आने का मोह न छोड़ते थे और इसका सबूत मिल सकता है उन दिनों की 'पर्यटकों की पुस्तक' (विजिटर्स बुक) पर किये गये ढेरों हस्ताक्षर और विचार से, परन्तु यह सब बीते दशकों की बातें हैं जब आम भारतीय के लिये स्कूटर खरीदना भी सपना था।

बरसात के दिनों में सभी राष्ट्रीय उद्यान पुराने समय से बंद किये जाते रहे हैं क्योंकि इन दिनों अनेक वन्द प्राणियों का प्रसव काल होता है। साधारणतः मध्य जून से अक्टूबर तक के मौसम में वन्य प्राणियों के बच्चे शैशवावस्था में रहते हैं अतः इन दिनों राष्ट्रीय उद्यान पर्यटकों के लिये बंद रखे जाते हैं।

मुश्किलें : बदलते समय में बहुत कुछ अच्छा हुआ है तो कुछ–कुछ ऐसा पुराना जो अच्छा नहीं है वह भी कायम है। 1974 में जिन 400 या 500 व्यक्तियों ने वन्य भूमि पर अतिक्रमण किया था अब (2006 में) उनकी संख्या बढ़कर 1500 हो गई है। उन्होंने 74 हेक्टेयर भूमि जो कि रामनगर वन मंडल में कोसीरेन्ज की थी का अतिक्रमण किया था। यह भूमि कोसी नदी और रिजर्व के बीच पड़ती है जो कि अब लगभग 3 किलोमीटर का अतिक्रमित क्षेत्र है जिसे 'सुन्दर खल' कहा जाता है। यह क्षेत्र राष्ट्रीय उद्यान के प्राणिजात के लिये अत्यंत महत्व का है अतः प्रशासन और यहां के निवासियों के विस्थापन के प्रयास जारी हैं। उन्हें 'तराई वेस्ट फारेस्ट डिवीजन' के गबुआ फारेस्ट की 13 वर्ग किलोमीटर की भूमि पर बसाने के प्रयास किये जा रहे हैं। अधिकतर निवासी वहां जाने को तैयार भी हैं परन्तु कभी–कभी राजनीति आड़े आ जाती है।

इक्कीसवीं सदी में दुनिया बदल चुकी है और अब गिने–चुने पर्यटकों की जगह कार्बेट में प्रतिवर्ष 100000 पर्यटक आते हैं और इनमें भी बड़ी संख्या में विदेशी पर्यटक होते हैं। वन्य प्राणी संरक्षण के नियमों के पालन से टाइगर रिजर्व में वन्य प्राणियों की संख्या बढ़ी है और इसलिये अब आवश्यकता इस बात की बढ़ी है कि इस संरक्षित क्षेत्र का और अधिक विस्तार हो।

पर्यटन बढ़ने के साथ कई बार कुछ नये मुद्दे जुड़ जाते हैं, मसलन संरक्षित क्षेत्र में रास्तों का निर्माण। रास्तों के निर्माण से पर्यटकों को घूमने में सुविधा भले ही मिल जाती हो परन्तु उससे वन जीवन अस्तव्यस्त होने लगता है, वाहनों के चलने से वन्य पशुओं की दुर्घटनाओं में मृत्यु की संख्या में कई गुनी वृद्धि हो जाती है।

कार्बेट एक शानदार टाइगर रिजर्व है परन्तु इसके साथ कुछ असफलतायें भी जुड़ी हैं जिन्हें अनदेखा करना शायद नामुमकिन है। अब इस संरक्षित क्षेत्र में दो विशिष्ट प्राणी विलुप्त हो चुके हैं। ये प्राणी हैं–भारतीय गैंडा और बारहसिंघा। ये दोनों प्राणी पिछली शताब्दी के प्रारंभिक दशक तक धिकाला के घास के मैदान में भ्रमण करते हुये देखे जा सकते थे।

कार्बेट का प्रबधन प्रमुख वन्य प्राणयों की स्थिति टाइगर रिजर्व में कुछ इस प्रकार प्रदर्शित करता है। सामान्यतः 18 प्रमुख प्रजातियों का विवरण दिया जाता है।

तालिका : कार्बेट के वन्य प्राणी

क्र.सं.	*वन्य प्राणी*	*जलीय पारिस्थितिकी*	*घास के मैदान*	*वन्य भूमि की पारिस्थितिकी*
1.	लाल मुंह का बंदर	अल्प	अल्प	सामान्य
2.	लंगूर	अल्प	अल्प	सामान्य
3.	सियार	सामान्य	सामान्य	सामान्य
4.	पनकुत्ते	सामान्य	नहीं	अल्प
5.	बाघ	सामान्य	सामान्य	सामान्य
6.	तेंदुआ	अल्प	अल्प	अल्प
7.	हाथी	सामान्य	सामान्य	सामान्य
8.	चीतल	सामान्य	सामान्य	सामान्य
9.	कक्कड़	अल्प	सामान्य	सामान्य
10.	सांभर	सामान्य	अल्प	अल्प
11.	भेड़की	अल्प	नहीं	अल्प
12.	वन्य शूकर	सामान्य	सामान्य	सामान्य
13.	सेही	सामान्य	सामान्य	सामान्य
14.	जलचर पक्षी	सामान्य	अल्प	अल्प
15.	अजगर	सामान्य	अल्प	अल्प
16.	गोधिका	सामान्य	सामान्य	सामान्य
17.	घड़ियाल	सामान्य	नहीं	नहीं
18.	मगर	सामान्य	नहीं	नहीं

मनुष्य द्वारा पारिस्थितिकी तन्त्र को हानि

मनुष्य अपने अनेक कार्यकलापों द्वारा संरक्षित क्षेत्रों के पारिस्थितिकी तन्त्र को नुकसान पहुंचाता है। कुछ नुकसान सीधे देखे नहीं जा सकते परन्तु कुछ को सीधे देखा और अनुभव किया जा सकता है। संरक्षित क्षेत्रों की नदियों को प्रदूषित करना या उनके जल को रोकना दोनों ही ऐसे कार्य हैं जिनसे पारिस्थितिकी तन्त्र को हानि पहुंचती है। मनुष्य के द्वारा खनन तथा निर्माण कार्यों से वन्य प्राणियों पर सुनिश्चित रूप से घातक प्रभाव होता है, ऐसा ही कुछ संरक्षित क्षेत्रों में भ्रमण करने वालों की लापरवाही से होता है। कार्बेट राष्ट्रीय उद्यान में आगजनी की घटनायें इसका एक अच्छा उदाहरण हैं। सभी संरक्षित क्षेत्रों में आग से हुई घटनाओं के आंकड़े उपलब्ध नहीं होते।

राष्ट्रीय उद्यानों के वनों में आग लगने की घटनायें पुराने समय से चली आ रही हैं। बहुत पहले ये घटनायें मनुष्यों के झुंड द्वारा सामूहिक शिकार का परिणाम थीं। अनेक आदिवासी समुदाय इस विधि से शिकार करते थे। कालान्तर में ये घटनायें मनुष्य की लापरवाही से होने लगीं। इन घटनाओं से समूचे पारिस्थितिकी तन्त्र को नुकसान पहुंचता

है। आग बुझाने के लिये अब अनेक आधुनिक तौर–तरीके और उपकरण प्रयोग में लाये जाते हैं।

कार्बेट राष्ट्रीय उद्यान में आगजनी की घटनाओं से प्रभावित क्षेत्र

वर्ष	*जला हुआ क्षेत्र (प्रतिशत में)*	*वर्ष*	*जला हुआ क्षेत्र (प्रतिशत में)*
1963–64	5.54	!975–76	आंकड़े प्राप्त नहीं
1964–64	7.45	1976–77	6.16
1965–64	4.76	1977–78	0.74
1966–64	39.69	1978–79	0.19
1967–64	7.34	1979–80	0.32
1968–64	4.58	1980–81	28.97
1969–70	10.99	1981–82	0.02
1970–71	10.64	1982–83	0.69
1971–72	1.53	1983–84	0.12
1972–73	16.25	1984–85	17.08
1973–74	आंकड़े प्राप्त नहीं	1985–86	0.129
1974–75	आंकड़े प्राप्त नहीं		

(*स्रोत :* पार्क मैनेजमेंट प्लान, कार्बेट नेशनल पार्क)

कार्बेट राष्ट्रीय उद्यान का मुख्यालय : कार्बेट राष्ट्रीय उद्यान/टाइगर रिजर्व का मुख्यालय रामनगर में स्थित है जो इस संरक्षित क्षेत्र में पर्यटकों को नियंत्रित करता है। इस संरक्षित क्षेत्र में दो प्रमुख द्वार हैं, एक बिजरानी में और दूसरा धंगदी में। ये दोनों रामनगर से क्रमशः 5 और 10 किलोमीटर की दूरी पर स्थित हैं।

कारिकिल्ली

संरक्षित क्षेत्र : अभयारण्य
विस्तार : 01 वर्ग किलोमीटर
स्थिति : तमिलनाडु
सगीपवर्ती नगर : मधुरान्तकम्
उत्तम भ्रमणकाल : वर्ष भर
पारिस्थितिकी : समुद्रतटीय
वन्य पशु–पक्षी : पक्षी।

कारिकिल्ली अभयारण्य तमिलनाडु के समुद्रतटीय भाग पर स्थित है। यह अभयारण्य भी पक्षियों के संरक्षण के लिये स्थापित किया गया था, तथा यह प्रसिद्ध वेदनथंगल अभयारण्य से अधिक दूर नहीं है। यहां देखे जाने वाले पक्षियों में प्रमुख पक्षी 'ओपन बिल्ड स्टार्क', 'सफेद इबी', 'भूरे हेरोन', 'स्पून बिल', 'भूरे पेलिकन', 'कोरमोरेन्ट', 'बगुले' तथा 'डार्टर' हैं।

वेदनथंगल तथा कारिकिल्ली अभयारण्य तमिलनाडु के छिंगलपुर जिले में स्थित हैं। इस अभयारण्य में पक्षियों के देखने के लिये पर्यटक नवंबर माह से पहुंचना प्रारंभ कर देते हैं।

कार्लापाट

संरक्षित क्षेत्र : अभयारण्य
विस्तार : 255 वर्ग किलोमीटर
स्थिति : उड़ीसा
समीपवर्ती नगर : भवानी पटना
उत्तम भ्रमणकाल : अक्टूबर से मार्च
पारिस्थितिकी : मिश्रित पतझड़ वाले वन
वन्य पशु–पक्षी : हरिण, खरगोश, तेंदुआ, बंदर, पक्षी।

कार्लापाट अभयारण्य चीतलों की बड़ी संख्या के लिये बीसवीं सदी के अन्तिम दशकों तक विख्यात रहा है, इनकी संख्या बढ़ने का मुख्य कारण यहां पर्याप्त मात्रा में वन्य घास के मैदानों का होना तथा बड़े शिकारी पशुओं की कमी होना समझा जाता है।

कालाकद

संरक्षित क्षेत्र : अभयारण्य
विस्तार : 224 वर्ग किलोमीटर
स्थिति : तमिलनाडु
समीपवर्ती नगर : तिरुनेलवेली (40 कि.मी.), निकटतम हवाई पट्टी : त्रिवेन्द्रम (140 कि.मी.)
उत्तम भ्रमणकाल : जनवरी से मार्च
पारिस्थितिकी : मिश्रित पर्णपाती वन
वन्य पशु–पक्षी : हाथी, बोनट बंदर, सांभर, नीलगिरि तहार, सांभर, चीतल।

कालाकद अभयारण्य की स्थापना वर्ष 1976 में हुई थी। यह अभयारण्य मुन्डनथुराई अभयारण्य के ठीक दक्षिण में है। अभयारण्य में अर्ध सदाबहार वनों की पट्टी के अतिरिक्त मिश्रित पर्णपाती वनों की पट्टी मिलती है। यहां पर अनेक पक्षियों की प्रजातियां भी पाई जाती हैं।

कालेसर

संरक्षित क्षेत्र : अभयारण्य
विस्तार : 97 वर्ग किलोमीटर
स्थिति : हरियाणा
समीपवर्ती नगर : छछरौली

उत्तम भ्रमणकाल : अक्टूबर से मार्च
पारिस्थितिकी : शुष्क वन
वन्य पशु–पक्षी : नीलगाय, जंगली सुअर, तेंदुआ।

हरियाणा के इस अभयारण्य में बड़ी संख्या में वन्यशूकर और नीलगाय पाये जाते हैं। जो इस अभयारण्य के समीप के खेतों में वन्य प्राणियों से नुकसान होता है, जिसकी गुहार किसान प्रशासन से लगाते हैं।

कावेरी

कर्नाटक का कावेरी अभयारण्य प्रदेश के तीन जिलों, मांड्य, चामराज नगर एवं बेंगलुरू की सीमाओं में फैला हुआ है। इस अभयारण्य में हरिण की अच्छी संख्या है, परन्तु नगरों की समीपता के कारण इस अभयारण्य में अवैध शिकार के समाचार मिलते रहते हैं।

(स्रोत : '12 पोचर्स अरेस्टेड', डेक्कन हेराल्ड, 12/03/2005)

किड द्वीप

अंडमान द्वीप समूह में स्थित इस अभयारण्य का विवरण 'अंडमान द्वीप समूह के संरक्षित क्षेत्र' में देखें।

किनवट

संरक्षित क्षेत्र : अभयारण्य
विस्तार : 218 वर्ग किलोमीटर
स्थिति : महाराष्ट्र
समीपवर्ती नगर : पूसद
उत्तम भ्रमणकाल : अक्टूबर से मार्च
पारिस्थितिकी : शुष्क पर्णपाती वन, बांस के वन
वन्य पशु–पक्षी : तेंदुआ, चीतल, नीलगाय, पक्षी।

किनवट अभयारण्य की स्थापना वर्ष 1971 में हुई थी। अभयारण्य में उत्तम घास के मैदान हैं।

किन्नरशानि

संरक्षित क्षेत्र : अभयारण्य
विस्तार : 220 वर्ग किलोमीटर
स्थिति : आंध्र प्रदेश
समीपवर्ती नगर : भद्राचलम (24 कि.मी.)
उत्तम भ्रमणकाल : नवंबर से मार्च
पारिस्थितिकी : शुष्क पर्णपाती वन

वन्य पशु–पक्षी : तेंदुआ, जंगली कुत्ते, चीतल, सांभर।

किन्नरशनि अभयारण्य की स्थापना वर्ष 1977 में हुई थी। यह अभयारण्य मध्य प्रदेश और आंधप्रदेश की सीमा पर स्थित है। इस अभयारण्य के चारों ओर लगभग 410 वर्ग किलोमीटर के वन हैं जो अभयारण्य के 'बफर जोन' की भूमिका निभाते हैं। इस अभयारण्य का नामकरण इस वन क्षेत्र में स्थित किन्नरशनि जलाशय के ऊपर किया गया।

किश्तवार

संरक्षित क्षेत्र : राष्ट्रीय उद्यान
विस्तार : 400 वर्ग किलोमीटर
स्थिति : जम्मू एवं काश्मीर
समीपवर्ती नगर : किश्तवार (60 कि.मी.)
उत्तम भ्रमणकाल : मई से अक्टूबर
पारिस्थितिकी : उच्च हिमालयी
वन्य पशु–पक्षी : हिमतेंदुआ, हंगुल, कस्तूरीमृग, मारखोट, आइबेक्स, पक्षी।

किश्तवार राष्ट्रीय उद्यान हिमाचल प्रदेश की सीमा पर स्थित है। इसकी स्थापना वर्ष 1981 में हुई थी। इस राष्ट्रीय उद्यान का अधिकतर भाग चिनाब नदी के जल–ग्रहण क्षेत्र में पड़ता है। राष्ट्रीय उद्यान हिमालय के उच्च पर्वतीय भाग पर स्थित है अतः इसकी ऊंचाई 1700 मीटर से 4800 मीटर तक है। अभयारण्य की पारिस्थितिकी उच्च अक्षांशीय वनों से लेकर हिमावृत (आर्कटिक) प्रकार की है। किश्तवार में हिम तेंदुये के अतिरिक्त हिमालयी भेड़िया भी पाया जाता है जो कि हिमालयी मेष–छागों का शिकार करते हैं। यहां पर आइबैक्स, झारेल, उड़ियल और अर्गली के झुंड देखे जा सकते हैं। इनके अतिरिक्त यहां पर चिरु या तिब्बती गजाला भी पाया जाता है। पक्षियों में काले गले के सारस उल्लेखनीय हैं। किश्तवार के प्रमुख शिकारी वन्य पशुओं में लाइनेक्स का नाम उल्लेखनीय है, यह एक कुत्ते की ऊंचाई का विडाल कुटुम्ब का प्राणी है। इसकी पूंछ एकदम छोटी होती है मानो किसी ने काट दी हो। इसके शरीर पर फर होता है और रंग मटमैला सफेद कुछ ललामी लिये। लाइनेक्स मध्य एशियाई पर्वतों का प्राणी है जहां इसकी छह प्रजातियां पाई जाती हैं। भारतीय प्रजाति (लाइनेक्स इजाबेलिनस) काश्मीरी हिमालय से लेकर नेपाल के पर्वतों और सिक्किम तक पाई जाती है। लाइनेक्स अपने पूरे वितरण क्षेत्र में बहुत ही कम संख्या में देखा जाता है।

जम्मू एवं काश्मीर के संरक्षित क्षेत्रों में किश्तवार राष्ट्रीय उद्यान का क्षेत्र मानवीय गतिविधियों से मुक्त है अतः वर्ष 2001 में यह विचार किया गया था कि काश्मीरी मृग या हंगुल की एक बड़ी संख्या को इस राष्ट्रीय उद्यान में लाकर बसा दिया जाय क्योंकि डाचीगम संरक्षित क्षेत्र में इन हिरणों को पालतू पशुओं के संक्रमण से खतरा हो सकता है।

(स्रोत : मुफ्ती इस्लाह, 'ए हेबिटाट फार दि हंगुल', दि इंडियन एक्सप्रेस, 24/5/2001)

किशनपुर

संरक्षित क्षेत्र : अभयारण्य
विस्तार : 200 वर्ग किलोमीटर
स्थिति : उत्तर प्रदेश
समीपवर्ती नगर : मैलनी (3 कि.मी.)
उत्तम भ्रमणकाल : अक्टूबर से मार्च
पारिस्थितिकी : अयनमंडलीय आर्द्र पर्णपाती वन
वन्य पशु–पक्षी : चीतल, चौसिंघा, जंगली सुअर, पक्षी।

किशनपुर अभयारण्य उत्तर प्रदेश के तराई और भामर क्षेत्र में स्थित है जहां पर अनेक छोटी–बड़ी नदियां बहती हैं। क्षेत्र में अनेक दलदल हैं जहां पर वन्यशूकर और पक्षी बड़ी संख्या में पाये जाते हैं। किशनपुर अभयारण्य दुधवा राष्ट्रीय उद्यान के समीप ही है। दुधवा राष्ट्रीय उद्यान तथा इस अभयारण्य को मिलाकर भारत का 16वां टाइगर रिजर्व बाघ परियोजना के अंतर्गत बनाया गया।

कुगटी

संरक्षित क्षेत्र : अभयारण्य
विस्तार : 118.3 वर्ग किलोमीटर
स्थिति : हिमाचल प्रदेश
समीपवर्ती नगर : टाण्डी
उत्तम भ्रमणकाल : मई से जून
पारिस्थितिकी : देवदार, खरसू और मोरू ओक के वन
वन्य पशु–पक्षी : तेंदुआ, तहार, आइबैक्स, गोरल, ब्राउन बियर, अनेक प्रजाति के पक्षी।

कुगटी अभयारण्य की स्थापना चम्बा जिले में वर्ष 1962 में हुई थी। यह एक पर्वतीय क्षेत्र में स्थापित अभयारण्य है जिसकी अधिकतम ऊंचाई 6000 मीटर है। निकटतम नगर चम्बा (87 कि.मी.) है। कुगटी अभयारण्य में वर्ष 2004 में हिमालयी भूरे भालू (हिलामयन ब्राउन बियर) की संख्या को अनुमानित करने का प्रयास किया गया तथा पाया गया कि इस क्षेत्र में दूगधार, धामेल और नानुअन के चारागाहों तक ये भालू पहुंचते रहत हैं।

(स्रोत : विशाल गुलाटी, 'डिक्लेयर कुगटी हेबिटाट ब्राउन बियर सेंक्चुअरी', दि ट्रिब्यून, 29/6/2004)

कुंभलगढ़

संरक्षित क्षेत्र : अभयारण्य
विस्तार : 57 वर्ग किलोमीटर
स्थिति : राजस्थान
समीपवर्ती नगर : सादरी (7 कि.मी.), निकटवर्ती हवाई पट्टी : उदयपुर (120 कि.मी.)

उत्तम भ्रमणकाल : अक्टूबर से मार्च
पारिस्थितिकी : उष्ण अर्धमरुस्थलीय
वन्य पशु–पक्षी : चिंकारा, लकड़बग्घा, कृष्णमृग, नेवले, भारतीय भेड़िया।

कुंभलगढ़ अभयारण्य का नाम राजस्थान के प्रसिद्ध किले कुंभलगढ़ पर रखा गया है। अभयारण्य राजस्थान के तीन जिलों राजसमन्द, उदयपुर और पाली की सीमाओं पर फैला है। कुंभलगढ़ का प्रसिद्ध किला राणा कुंभा द्वारा 1448 ईस्वी में बनवाया गया था जो कि महाराणा प्रताप का जन्मक्षेत्र भी है। यह किला राजस्थान का प्रसिद्ध पर्यटन स्थल है। कुंभलगढ़ किला समुद्र सतह से 3600 फीट की ऊंचाई पर स्थित है।

कुंभलगढ़ अभयारण्य दक्षिण राजस्थान में अरावली पर्वत की पहाड़ियों पर स्थित है। इन पहाड़ियों के समाप्त होते ही चौरस क्षेत्र प्रारंभ हो जाता है जिनमें चौड़ी सड़कों के निर्माण से अभयारण्य के प्राणि दुर्घटनाग्रस्त होते रहते हैं।

कुंभलगढ़ अभयारण्य की पारिस्थितिकी वीरान तथा रेतीले मैदान की न होकर वनस्पतियुक्त पठार की है। अरावली पर्वत के शुष्क वन यहां की पहाड़ियों में अब भी संरक्षित हैं। इन पहाड़ियों में चिंकारा तथा अन्य हरिण प्रजातियों पर पलने वाले हिंसक पशु भी पर्याप्त मात्रा में हैं। इस अभयारण्य का 'जाबा वुल्फ प्वाइन्ट' प्रसिद्ध है। 500 हे. के इस क्षेत्र में पर्याप्त मात्रा में भेड़िये पाये जाते हैं।

कुंभलगढ़ संरक्षित क्षेत्र के एक अध्ययन में पाया गया कि संरक्षित क्षेत्र में वाहन दुर्घटनाओं से वन्य पशुओं की मौतों में लगातार वृद्धि हो रही है। इन दुर्घटनाओं में 80 फीसदी दुर्घटनायें छोटे और संकरे जंगली रास्तों में नहीं होतीं वरन् वे राष्ट्रीय और प्रादेशिक मार्गों में होती हैं। इस अध्ययन में यह भी बतलाया गया कि वाहन चालक अनेक बार जान–बूझकर निरीह जानवर पर वाहन चढ़ाकर उसका वध कर देते हैं। इस संरक्षित क्षेत्र में कुंभलगढ़ से लेकर 'ठंडी बेरी' नामक स्थान तक जो कि 15 कि. मी. का क्षेत्र है, सर्वाधिक वाहनो से भरा हुआ सैलानी क्षेत्र है।

दक्षिण अरावली में स्थित इस क्षेत्र को वर्ष 1988 में प्रकाशित 'भारत के संरक्षित क्षेत्रों की कार्ययोजना' में विशेष महत्व दिया गया था। सिफारिश की गई थी कि यह क्षेत्र द्विस्तरीय हो अर्थात यहां पर 200 वर्ग किलोमीटर के क्षेत्र में एक राष्ट्रीय उद्यान हो जो कि 373 वर्ग किलोमीटर के अभयारण्य द्वारा घिरा हुआ हो। इसे विशेष महत्व देने का कारण अरावली पर्वतों के क्षेत्र में लगातार खुदाई का होना है। यदि एक विशाल वन क्षेत्र यहां पर सुरक्षित हो जाता है तो वह क्षेत्रीय जल संकट को दूर करने में भी सहायक होगा।

कुथनकुलम–काडानुकुलम

दक्षिण तमिलनाडु में स्थित अभयारण्य, पारिस्थितिकी प्रदेश के अन्य संरक्षित क्षेत्रों की भांति।

कुद्रेमुख

संरक्षित क्षेत्र : अभयारण्य
विस्तार : 630 वर्ग किलोमीटर
स्थिति : कर्नाटक

समीपवर्ती नगर : तीर्थहल्ली
उत्तम भ्रमणकाल : अक्टूबर से मार्च
पारिस्थितिकी : शोला वन (अयनमंडलीय वर्षा वन)
वन्य पशु–पक्षी : सिंह पुच्छ वानर, हिरण, पक्षी।

कुद्रेमुख अभयारण्य में शोलावन पाये जाते हैं साथ ही खुले क्षेत्रों में घास के मैदान भी हैं। यह अभयारण्य अन्य प्राणिजात के साथ ही सिंह पुच्छ वानर के लिये विख्यात है।

कुद्रेमुख अभयारण्य के बीच से एक रास्ते को जो करकाला से श्रृंगेरी को जोड़ता है, को राष्ट्रीय मार्ग का दर्जा देने के प्रयास चल रहे हैं। इससे यह रास्ता और चौड़ा होगा तथा इस पर परिवहन बढ़ेगा। इस रास्ते को मंगलोर राष्ट्रीय मार्ग 13 से जोड़ने की योजना है। यदि ऐसा होता है तो यह सिंह पुच्छ वानर जिसकी संख्या वैसे भी लगातार गिर रही है के लिये घातक होगा।

अन्य अभयारण्यों के समान ही कुद्रेमुख में भी बढ़ रहे मानवीय हस्तक्षेप को पर्यावरणविद् हमेशा प्रकाश में लाते रहे हैं परन्तु अनेक बार उन्हें राजनीति का शिकार होना पड़ता है। इस राजनीति में नामचीन पर्यावरणविद् भी परेशानी में पड़ जाते हैं जैसे अभयारण्य में चल रही खनन के विरोध में जब पर्यावरण प्रेमियों ने इसे उजागर करने के प्रयास किये तब शासकीय अमले ने उन पर शासकीय नियमों के उल्लंघन के मुकदमे दायर कर दिये। ऐसे मुकदमे सामान्य तौर पर संरक्षित क्षेत्र में 'अवैध प्रवेश' और 'अवैध कलापों' के लिये दायर किये जाते हैं।

पर्यावरणविद् चाहते हैं कि अभयारण्य में प्राणिजात बचा रहे अतः यह भी प्रयास है कि इसे 'राष्ट्रीय उद्यान' घोषित किया जाए।

नई खोज : वर्ष 2001 में कुद्रेमुख अभयारण्य में मेंढकों की एक नई प्रजाति खोजी गई। यह प्रजाति 'रात्रिचारी मेंढक' (नाइट फ्राग) के 'नाइक्टिबेट्रेचश' वंश का है और इसे 'नाइक्टिबेट्रेचश हुसैनी' नाम दिया गया।

(स्रोत : स्टेनले जी पिन्टो, 'रेयर स्पीसीज़ ऑफ फ्राग फाउन्ड इन कुद्रेमुख', दि टाइम्स ऑफ इंडिया, 24-5-2001)

कुलदीह

संरक्षित क्षेत्र : अभयारण्य
विस्तार : 273 वर्ग किलोमीटर
स्थिति : उड़ीसा, जिला : बालेश्वर
समीपवर्ती नगर : बालेश्वर
उत्तम भ्रमणकाल : अक्टूबर से मार्च
पारिस्थितिकी : आर्द्र मिश्रित पतझड़वाले वन
वन्य पशु–पक्षी : शेर, तेंदुआ, चीतल, मूषक मृग, वन्यपक्षी।

कुलदीह अभयारण्य प्रदेश के उत्तर–पूर्वी भाग में स्थित है जो कि छोटा नागपुर पठार का एक भाग है। साल वृक्ष प्रधान इस अभयारण्य के वन में अनेक प्रजाति के मृग पाये जाते हैं, इनमें बहुत कम देखा जाने वाला मूषक मृग भी शामिल है। मूषक मृग (चेभ्रोटेन)

बहुत ही छोटा मृग है जिसकी कंधों तक ऊंचाई मात्र 25 से.मी. होती है। ये रात्रिचारी मृग हैं। छोटे और रात्रिचारी होने के कारण इन सुन्दर मृगों को वनों में देख पाना सदैव दुर्लभ होता है। यदि कभी संयोगवश दिख भी जायें तो इन्हें खरगोश समझने की भूल हो सकती है। इन छोटे मृगों के सींग नहीं होते परन्तु ऊपरी और निचले जबड़े में पूरे 34 दांत पाये जाते हैं जिनमें केनाइन भी शामिल हैं। कुछ अन्य मृगों की भांति डर जाने पर ये 'चेतावनी ध्वनि' (अलार्म काल) नहीं निकालते वरन् संकट आने पर भागकर किसी वृक्ष के तने अथवा घास में छिपने का प्रयास करते हैं।

खुरीय प्राणियों में ये सबसे छोटे प्राणी हैं और अपने लघु आकार के कारण ये अक्सर शिकारियों से बचे भी रहते हैं परन्तु इस अभयारण्य के करीबी इलाके खुमकुट से (28 फरवरी, 2005) इन मासूम हरिणों को शिकारियों द्वारा मारे जाने की रिपोर्ट लिखाई गई। जिन चार हरिणों को मारा गया था उनमें एक गर्भवती मादा थी। शिकारियों के बीस सदस्यीय गिरोह की शिनाख्त की गई।

कुलशीलवनूर–मेलासेवनूर

दक्षिणी तमिलनाडु समुद्र तट के निकट स्थित अभयारण्य, पारिस्थितिकी प्रदेश के अन्य संरक्षित क्षेत्रों की भांति।

कूनशंकुलम

तमिलनाडु का यह अभयारण्य एक छोटा पक्षी–विहार है। यह अभयारण्य ताम्रपर्णी नहर क्षेत्र के तट पर फैला है।

कूनो

संरक्षित क्षेत्र : अभयारण्य
विस्तार : 1, 268 वर्ग किलोमीटर
स्थिति : मध्य प्रदेश
समीपवर्ती नगर : श्योपुर
उत्तम भ्रमणकाल : अक्टूबर से मार्च
पारिस्थितिकी : मानसूनी पर्णपाती वन।
वन्य पशु–पक्षी : कूनो वन्य प्राणी अभयारण्य में स्तनधारी जीव, पक्षियों सरीसृप आदि की विभिन्न प्रजातियां पाई जाती हैं। कूनो वन्यप्राणी अभयारण्य में सामान्यतः सांभर, चौसिंघा, जंगली सुअर, नीलगाय, चिंकारा, सियार, भालू, सोन कुत्ता, तेंदुआ आदि पाये जाते हैं। लंगूर भी इस क्षेत्र में बहुतायत से पाये जाते हैं। इसके अलावा विभिन्न प्रकार के सरीसृप एवं पक्षियों की प्रजातियां भी पाई जाती हैं। कूनो नदी में मगर भी देखे गये हैं। अभयारण्य में 200 से अधिक पक्षियों की प्रजातियां भी पाई जाती हैं। कूनो अभयारण्य को कूनो पालपुर अभयारण्य के नाम से भी जाना जाता है।

एशियाई सिंह पुनर्स्थापना परियोजना

अविवेकपूर्ण तरीके से वन्य प्राणियों के रहवास का विनाश, वन क्षेत्रों का कम होना, वन्य प्राणी का शिकार और अन्य कई कारक विभिन्न जंगली प्रजातियों के विनाश के

कारण हैं। चीता और भारतीय सिंह दोनों ही उन्नीसवीं सदी तक प्रायद्वीपीय भारत के विस्तृत क्षेत्र में पाये जाते थे।

भारत में किंतु एशियाई चीता विलुप्त हो चुका है। एशियाई सिंह भी विलुप्त होने के कगार पर था। एशियाई सिंह भी ऐसी ही एक प्रजाति है जिसे समय रहते विलुप्ति से बचा लिया गया। यह वर्तमान में गिर राष्ट्रीय उद्यान एवं उसके आसपास के वन क्षेत्र में पाया जाता है। कोई प्राकृतिक आपदा या महामारी एशियाई सिंहों की समस्त प्रजाति का विनाश कर सकती है। इसलिये मध्य प्रदेश में एशियाई सिंहों की पुर्नस्थापना की परियोजना बनी। उल्लेखनीय है कि अपने प्रारंभिक वितरण काल में एशियाई सिंह यहां पर प्राकृतिक तौर पर पाये जाते थे।

कूनो अभयारण्य में कूनो नदी से जानवरों को पीने का पानी मिलता है। इसके अलावा तालाब, कुएं एवं स्टाप डेम बनाकर भी वन्य प्राणियों के पानी की सुविधा है। जंगल के अंदर निजी वाहन ले जाने की सुविधा है। ग्राम सेसईपुरा के पास टिकटोली में प्रवेश द्वार से सैलानी जंगल में प्रवेश कर लगभग 769 प्रकार के पशु–पक्षी देख सकते हैं। राज्य व केंद्र शासन के सहयोग से रणथम्भौर और कान्हा किसली की भांति आकर्षक केंद्र बनाया जा रहा है। पाली श्योपुर शिवपुरी मार्ग को इसी वित्त वर्ष में 15 मीटर चौड़ा कर 143 करोड़ की लागत से 4 लेन बनाया जा रहा है। आने वाले समय में निश्चित रूप से यह वन्य प्राणी केंद्र पर्यटकों के लिये आकर्षण का प्रमुख केंद्र होगा। रणथम्भौर, शिवपुरी, ग्वालियर, आगरा में पर्यटक एक साथ मात्र 350 किलोमीटर यात्रा कर चार स्थानों का लाभ प्राप्त करेंगे।

यह क्षेत्र उत्तर विंध्य पर्वत श्रेणी के अंतर्गत आता है। इस क्षेत्र में वन्य प्राणियों की विविधता पाई जाती है। कूनो वन्य प्राणी अभयारण्य हाल में सर्वे किये तीन अभयारण्यों में से एशियाई सिंहों के पुर्नवास हेतु सबसे उपयुक्त पाया गया है। भारतीय वन्य जीव संस्थान देहरादून के वैज्ञानिकों द्वारा इस क्षेत्र में वन्य प्राणियों के आवास का गहन अध्ययन किया गया एवं इस निष्कर्ष पर पहुंचे हैं कि यह क्षेत्र एशियाई सिंहों के पुनर्वास हेतु सबसे उपयुक्त है।

प्राथमिक आवश्यकता : सिंहों की पुनर्वास परियोजना लागू होते ही समीपवर्ती ग्रामों के पुनर्वास की समस्या खड़ी हो जायेगी, उसे ध्यान में रखते हुये अनेक विकास कार्य कराये गये हैं ताकि योजना स्वीकृति के पश्चात विकास संबंधी समस्याओं से बचा जा सके। कुछ विकास कार्य इस प्रकार हैं :

जल स्रोतों का विकास : निजी कुओं का शासकीय सहायता से खनन, 11 स्टाप डेम का निर्माण, 9 उद्वहन सिंचाई योजनायें, 2 निस्तारी तालाबों का निर्माण, 5 ट्यूबवेल लगवाये गये। कान्हा टाइगर रिजर्व, पन्ना टाइगर रिजर्व, सारिस्का टाइगर रिजर्व, गिर राष्ट्रीय उद्यान एवं अभयारण्य का अध्ययन कराया गया।

आंवला वृक्षारोपण : अभयारण्य प्रबंधन द्वारा विस्थापित परिवारों को रोजगार उपलब्ध कराने एवं कठिन वर्षों में भी एक निश्चित आय सुनिश्चित करने हेतु एक अभिनव प्रयास किया जा रहा है, जिसके तहत वित्तीय वर्ष 2002–2003 में 20 हेक्टेयर उन्नत प्रजाति के आंवले का सिंचित वृक्षारोपण किया जा रहा है, चौथे वर्ष के अंत तक निश्चित आय प्राप्त करने योग्य हो जाएगा। ऐसे वृक्षारोपण से सीधे विस्थापित परिवारों को जोड़ा जा रहा है जिससे कठिन वर्षों में संबंधित परिवारों को निश्चित आय

प्राप्त हो सकेगी। यह प्रारंभिक लक्षण है, जिसमें और वृद्धि की जा सकती है।

अशासकीय संस्था एक्शन एण्ड संरक्षण ट्रस्ट और तरुण भारत संघ के अनुभवों का भी पुनर्वास कार्य की विभिन्न गतिविधियों में लाभ लिया गया है। संरक्षण ट्रस्ट द्वारा लगातार दो वर्षों से इस दिशा में कार्य किया जा रहा है।

परियोजना के गत्यवरोध

कूनो में भारतीय सिंहों के पुनर्वास के लिये वे सब कार्य किये जाने के दावे किये जाते रहे हैं जिनमें क्षेत्रीय रहवासियों और सिंहों के बीच तालमेल बना रहे। सारे विकास कार्यों से क्षेत्रीय रहवासियों को कब तक तुष्टि मिलेगी इसकी कहीं कोई गारन्टी नहीं। दूसरी बात यह भी है कि ये सारे विकास कार्य वास्तव में मनुष्यों के लिये कितने प्रभावी हैं इसका आकलन नहीं हुआ है न ही इस बात का आकलन हुआ कि इन विकास कार्यों से सिंहों की संख्या में सुनिश्चित वृद्धि होगी।

राजनैतिक तालमेल की भी कमी है। मध्य प्रदेश सरकार गुजरात सरकार को यह समझाने में असमर्थ रही है कि कूनों में गुजरात से लाये गये सिंहों को सुरक्षित पारिस्थितिकी मिलेगी। गुजरात सरकार यह जानते हुये भी कि गिर और आसपास के क्षेत्रों में सिंहों की संख्या वनों में उनकी धारक क्षमता से अधिक है, गुजरात की सीमा से सिंहों को बाहर नहीं जाने देना चाहती।

उपर्युक्त गत्यरोध का एक हल यह भी है कि उन भारतीय सिंहों को जो वर्तमान में चिड़ियाघरों में रह रहे हैं यहां उन्मुक्त वातावरण में पूरी सुरक्षा में छोड़ा जाय। पर चिड़ियाघरों में रहने वाले सिंहों के व्यवहार के संबंध में सदैव यह संदेह रहता है कि वे अपना अर्धपालतू वन खुले वनों में भी छोड़ पायेंगे।

अतः सारी व्यवस्थाओं के बाद भी यहां सिंहों की पुर्नस्थापना हो सकेगी इसमें संदेह है क्योंकि इसके पूर्व भी उत्तर प्रदेश में सिंहों की पुर्नस्थापना की चंद्रप्रभा योजना औंधे मुंह गिर चुकी है और पर्यावरण प्रेमी उस हादसे को भूले नहीं हैं।

कूनो अभयारण्य में सिंहों की पुर्नस्थापना की एक योजना और भी थी (1995) जिसके अनुसार कूनो को पांच सिंहों के जोड़ों की आवश्यकता थी ये पांच सिंह के जोड़ों की पूर्ण सुरक्षा की जाती और इन्हें तब तक बाड़ में रखा जाता जब तक इनकी संख्या काफी नहीं हो जाती। काफी से तात्पर्य यह कि जब तक बाड़े में 10 जोड़े सिंह रखे जाने को न बच रहते। अर्थात इन पांच जोड़ों को दस जोड़ों तक होने की स्थिति के पश्चात ही शेष सिंहों को खुले में छोड़ा जाता। इस प्रकार की स्थिति तक पहुंचते-पहुंचाते सिंहों की तीसरी सन्तति कूनों में रह रही होती और वह यहां के प्राकृतिक परिवेश से पर्याप्त अनुकूलन कर चुकी होती। यदि प्रारंभिक 5 जोड़े सिंह गुजरात से न भी प्राप्त होते तो भी उन्हें भोपाल के वन विहार से लिया जा सकता था।

कुल मिलाकर कूनो की इस परियोजना में 40 करोड़ रुपये के व्यय होने की संभावना थी, पर फिलहाल यह परियोजना ठंडे बस्ते में है, यह अलग बात है कि पर्यावरणविद् अभी भी कह रहे हैं कि गिर तथा निकटवर्ती सभी अभयारण्य का क्षेत्र 350 सिंहों के लिये अपर्याप्त है।

अड़ियल रुख : समाचार माध्यम से जब-तब यह प्रकाशित होता रहता है कि गुजरात के निर्वाचित सदस्य फिर वे चाहे किसी भी पार्टी के क्यों न हों सिंहों को गुजरात

से बाहर भेजने के पक्ष में नहीं हैं। यह एक ऐसा बिन्दु है जिसमें जनभावना तथा विशेषज्ञों के विचार में समानता नहीं है।

केदारनाथ

संरक्षित क्षेत्र : अभयारण्य
विस्तार : 967 वर्ग किलोमीटर
स्थिति : उत्तरांचल
समीपवर्ती नगर : केदारनाथ (13 कि.मी.), निकटतम हवाई पट्टी : देहरादून (295 कि.मी.)
उत्तम भ्रमणकाल : अप्रैल से अक्टूबर
पारिस्थितिकी : अयनमण्डलीय से लेकर अतिशीत जलवायु, उपोब्ज तथा सूचिपर्ण वन
वन्य पशु–पक्षी : तेंदुआ, हिमालयी रीछ, गोरल, कस्तूरी मृग, पक्षी।

केदारनाथ अभयारण्य को 'केदारनाथ कस्तूरी मृग अभयारण्य' या 'केदार नाथ मस्क डियर वाइल्डलाइफ सेंक्चुअरी' के नाम से भी जाना जाता है। इस अभयारण्य का नामकरण हिन्दुओं के चार प्रसिद्ध धार्मिक धामों में से एक केदारनाथ के नाम पर किया गया है। इस अभयारण्य का मुख्यालय भी केदारनाथ में ही है।

केदारनाथ अभयारण्य का संपूर्ण विस्तार अलकनन्दा नदी के जलसंग्रहण क्षेत्र में पड़ता है जो कि ऊपरी गंगा की मुख्य सहायक नदी है। इस अभयारण्य के उत्तरी भाग में हिमालय पर्वत के उच्च शिखर हैं जिनकी ऊंचाई सामान्यतः 6000 मीटर है। इस अभयारण्य की दक्षिणी सीमा जोशीमठ रोड निर्धारित करती है। अभयारण्य का सबसे कम ऊंचा स्थान फाटा (1160 मी.) है तथा उच्चतम स्थान चौखम्बा शिखर (7068 मी.) है। अभयारण्य जिन पर्वतों की घाटी में स्थित है वहां मानसूनी हवाओं का निर्बाध प्रवेश है और इसीलिये यहां 3000 मीटर तक की ऊंचाई पर भी 3093 मि.मी. वर्षा प्राप्त हो जाती है। पर्याप्त वर्षा प्राप्त होने के कारण यहां वनस्पति की कमी नहीं है, यद्यपि अभयारण्य में वर्ष में तीन माह तक हिमपात होता रहता है।

केदारनाथ अभयारण्य में ऊंचाई के स्तर पर कम–से–कम चार वानस्पतिक पट्टियां देखने को मिलती हैं।

इन वानस्पतिक पट्टियों में अलग–अलग ऊंचाई पर देखे जाने वाले वन्य पशु यथा कस्तूरी मृग, सीरो तथा तहार देखे जा सकते हैं। इन वन्य पशुओं में सीरो सबसे अधिक शर्मीला प्राणी है, यह बहुत कम संख्या में देखा जाता है। हिमालयी रीछ अवश्य इन सभी वानस्पतिक पट्टियों में भ्रमण करते दिख जाते हैं।

केदारनाथ अभयारण्य में पाई जाने वाली वनस्पति

क्र.स.	*समुद्र सतह से ऊंचाई*	*वनस्पति का प्रकार*
1.	1500 से 2,750 मीटर	उप अयनमंडलीय एवं उच्च अक्षांशीय परिमंडल मोरू ओक वन, ओक वन
2.	2500 से 3300 मीटर	उच्च अक्षांशीय परिमण्डल कर्सू ओक, पर
3.	3100 से 3350 मीटर	उप अल्पाइन परिमंडल बर्च, रोडोडेन्ड्रान वन
4.	3350 से 3500 मीटर	अल्पाइन परिमंडल रोडोडेन्ड्रान झाड़ियां, उच्च हिमालयी चारागाह

केदारनाथ अभयारण्य, नन्दादेवी राष्ट्रीय उद्यान तथा फूलों की घाटी राष्ट्रीय उद्यान सभी एक–दूसरे के निकट हैं और इन्हें अलग–अलग कर देखना उचित नहीं है। वस्तुतः इन सभी संरक्षित क्षेत्रों का समन्वित संरक्षण आवश्यक है। इन तीनों संरक्षित क्षेत्रों की सीमा के भीतर न सही उनकी सीमा के कुछ बाहर अर्थात एकदम पास–पड़ौस में ऐसी परिस्थितियां हैं जो इन सभी की पारिस्थितिकी पर विपरीत प्रभाव डाल रही हैं। केदारनाथ अभयारण्य की सीमा से ठीक बाहर शेखारख नाम का एक तीन वर्ग किलोमीटर का चारागाह क्षेत्र है जिस पर गर्मियों के मौसम में गुज्जर पशु चारक वर्षों से अपने पालतू पशु चराते आ रहे हैं। यह क्षेत्र कस्तूरी मृग का भी क्षेत्र है। प्राणिविज्ञानी माइकेल ग्रीन ने (वर्ष 1979 से 1981) यहां कस्तूरी मृग का अध्ययन किया था। उस काल में कुछ समय के लिये पशुचारण पर प्रतिबंध लगा दिया था, परंतु कालान्तर में (1989–1991) यहां पर अलग–अलग शर्तों और स्तरों पर पशुचारण को स्वीकृति दे दी गई। इस स्वीकृति से वन्य वनस्पति भोजी पशुओं की संख्या पर बहुत विपरीत प्रभाव नहीं देखा गया क्योंकि बाद के वर्षों में यहां लगभग 12 कस्तूरी मृग, 2 सीरो और 100 तहार देखे जाते रहे।

केन घड़ियाल

संरक्षित क्षेत्र : अभयारण्य
विस्तार : 45 वर्ग किलोमीटर
स्थिति : मध्य प्रदेश
समीपवर्ती नगर : राजनगर
उत्तम भ्रमणकाल : वर्ष भर
पारिस्थितिकी : नदी
वन्य पशु–पक्षी : घड़ियाल, जलचर।

केन घड़ियाल अभयारण्य मध्य प्रदेश के छतरपुर जिले के राजनगर कस्बे के निकट स्थित है। इस अभयारण्य की स्थापना वर्ष 1981 में घड़ियालों के संरक्षण के लिये की गई थी। केन घड़ियाल अभयारण्य विश्वप्रसिद्ध पर्यटन स्थल खजुराहो के समीप है। घड़ियालों के संरक्षण के लिये स्थापित इस संरक्षित क्षेत्र को नदी के दोनों किनारों की तटवर्ती पट्टी को अभयारण्य घोषित इसलिये किया गया है ताकि तटवर्तीय क्षेत्रों पर घड़ियाल विश्राम कर सकें और अंडे दे सकें, परन्तु इस अभयारण्य के दोनों ओर अनेक गांव हैं जिनकी सम्मिलित आबादी लगभग 8000 है। इन गावों में 1000 से भी अधिक पालतू पशु हैं जो प्रतिदिन तटबंधों से उतरकर केन नदी में पानी पीते हैं। फिर भी अभयारण्य का अधिकांश भाग एक गहरी संकरी घाटी के रूप में है जहां मनुष्य और पालतू पशु दोनों ही साधारणतः जलस्तर तक नहीं पहुंचते। घड़ियालों के अतिरिक्त मगर और कछुये भी इस अभयारण्य में पाये जाते हैं। तटवर्ती संरक्षित क्षेत्र के वन में नीलगाय, जंगली सुअर, लोमड़ी और सियार देखे जा सकते हैं।

केन नदी यमुना अपवाह तंत्र की नदी है। घड़ियाल उत्तर भारत की गंगा सिन्धु और ब्रह्मपुत्र नदियों के अपवाह क्षेत्र में मिलते हैं। प्रायद्वीप भारत के उत्तरी क्षेत्र की अनेक नदियां गंगा या उसकी प्रमुख सहायक नदी यमुना में मिलती हैं अतः ये नदियां भी

घड़ियाल के प्राकृतिक निवास क्षेत्र हैं। केन नदी भांडेर श्रेणी से निकलकर पश्चिमी विन्ध्याचल कगारी प्रदेश का जल एकत्रित कर छतरपुर–पन्ना जिलों की सीमा बनाती हुई बहती है। केन नदी में गहरी कन्दरायें हैं जो स्थानीय धरातल से 50 मी. से 150 मी. तक गहरी हैं।

केमलेंग

अरुणाचल के पूर्वी भाग में स्थित अभयारण्य, पारिस्थितिकी प्रदेश के अन्य संरक्षित क्षेत्रों की भांति।

केरल

स्थिति : भारत का दक्षिणी राज्य
भौगोलिक क्षेत्र : 33,863 वर्ग किलोमीटर, वनों के अंतर्गत क्षेत्र : 11221 वर्ग किलोमीटर (28 87)
संरक्षित क्षेत्र : राष्ट्रीय उद्यान 03, अभयारण्य 12, टाइगर रिजर्व 01, बायोस्फियर रिजर्व 01
प्रादेशिक पारिस्थितिकी : प्राणिभौगोलिक परिमंडल – परिचमीघाट/प्राणिप्रदेश–मलाबार तट एवं पश्चिम घाट पर्वत
प्रदेश का प्रतीक पशु : हाथी (एलिफस मैक्सिमस)
प्रदेश का प्रतीक पक्षी : ग्रेट हार्नबिल (ब्यूसेरस बाईकार्निस)
प्रदेश का प्रतीक वृक्ष : नारियल (कोकस न्यूसीफेरा)
प्रदेश का प्रतीक पुष्प : कोनिकोन्ना (कैसिया फिस्चुअला)

केरल में भारत का सबसे दक्षिणी टाइगर रिजर्व तथा बायोस्फियर रिजर्व प्रदेश के सबसे सघन वन के क्षेत्र नीलगिरि में है जो पश्चिमी घाट के धुर दक्षिणी पर्वत शिखर हैं। केरल का पश्चिमी भाग समुद्रतटीय है। अधिकांश केरल में भारी वृष्टि होती है, तथा यहां घने वन हैं। केरल के संरक्षित क्षेत्रों में गौर तथा कुछ अन्य वनस्पति भोजी वन्य प्राणियों की संख्या में (वर्ष 2004) वृद्धि दर्ज की गई है। ये संरक्षित क्षेत्र पेरियां, पेराम्बिकुलम तथा चिनार हैं जहां गौर या वन्य वृषभों के अब पहले की तुलना में अपेक्षाकृत बड़े झुंड देखने को मिल रहे हैं। बीसवीं सदी के मध्य में (1960–1960 ई.) इन संरक्षित क्षेत्र के वनों में इन वन्य पशुओं के झुंड 20 से 30 प्राणियों के हुआ करते थे परंतु अब इन झुंडों का औसत 60 से 70 तक है। इसका एक कारण यह भी कहा जाता है कि संरक्षित क्षेत्रों में उचित नियंत्रण के कारण अब पालतू पशुओं की घुसपैठ काफी सीमित हो गई है तथा अब पालतू पशुओं द्वारा फैलाये गये रोगों से वन्य प्राणी काफी हद तक सुरक्षित हैं।

केरल भारत का एक छोटा राज्य है परन्तु वन्य प्राणियों संबंधी विविधता की दृष्टि से इसका अत्यधिक महत्व है। इसका कारण इस प्रदेश की भौगोलिक विशेषतायें हैं। यह प्रदेश 8° से 13° 30' अक्षांश तक फैला है अर्थात इस प्रदेश में खूब आर्द्रता और तापमान है जो कि जैविक विविधता की वृद्धि में सहायक है साथ ही यहां समुद्र तट

से 2800 मी. तक की ऊंचाई के क्षेत्र पाये जाते हैं जिससे वानस्पतिक विविधता में वृद्धि हुई।

केरल के 15 संरक्षित क्षेत्र प्रदेश का लगभग 5.9 प्रतिशत भाग घेरे हुये हैं।

केवलादेव घाना

संरक्षित क्षेत्र : राष्ट्रीय उद्यान, वर्ल्ड हेरिटेज साइट/रामसर साइट
विस्तार : 29 वर्ग किलोमीटर
स्थिति : राजस्थान / 77°29' पू.दे. से 77°33' पू.दे. तथा 27°7' उ.अ. से 27°12' उ.अ.
समीपवर्ती नगर : भरतपुर
उत्तम भ्रमणकाल : अक्टूबर से मार्च
पारिस्थितिकी : वेटलैंड क्षेत्र
वन्य पशु–पक्षी : अनेक प्रकार के प्रवासी तथा निवासी पक्षी।

केवलादेव घाना राष्ट्रीय उद्यान जिसे भरतपुर राष्ट्रीय उद्यान के नाम से भी जाना जाता है, स्वतंत्रता पूर्व समय में भरतपुर रजवाड़े की निजी सम्पत्ति थी। प्रसिद्ध पर्यावरणविद् स्वर्गीय कैलाश सांखला† इस क्षेत्र के पक्षियों से पुराने संबंध को उजागर करते हुये लिखते हैं कि जब यहां राजा किशन मात्र दो वर्ष की आयु के बालक थे तब तत्कालीन ब्रिटिश अधिकारी 'केवलादेव झील' में पक्षियों का शिकार किया करते थे। इन ब्रिटिश अधिकारियों ने महाराज को प्रभावित कर इसे 'शूटिंग प्रिजर्व' या राजघराने तथा उनके मित्रों के लिये 'राजकीय शिकारगाह' बनवाने का निर्णय कराया, इसके पीछे मन्तव्य यह था कि यहां आने वाले प्रवासी पक्षी जनसामान्य के अंधाधुंध शिकार से सुरक्षित रह सकें क्योंकि तत्कालीन ब्रिटिश न्याय व्यवस्था के तहत 'राजकीय शिकारगाहों' पर शिकार का पूरा नियंत्रण राजपरिवार का होता था। इस व्यवस्था में राजपरिवार की आज्ञा से सीमित शिकार की व्यवस्था स्वयमेव हो जाती थी। उन्नीसवीं सदी के परिप्रेक्ष्य में यह एक धर्म विरोधी कदम था क्योंकि 'केवलादेव झील' के पास ही भगवान शिव (केवलादेव) का मन्दिर था, जो अब भी है। उन दिनों किसी मन्दिर के पास की जगह को शिकारगाह घोषित करना सामान्य जनता की दृष्टि से किसी भी दृष्टि से उचित न था, फिर भले ही उसका मूल उद्देश्य पक्षियों के अंधाधुंध संहार को रोकना रहा हो।

जयपुर, आगरा और दिल्ली के सुनहरे त्रिकोण में बसा केवलादेव घाना राष्ट्रीय उद्यान अब एक बहुत बड़ा पर्यटन केन्द्र है जहां भारी मात्रा में पर्यटक आते हैं, किंतु समय बीतते जहां इस संरक्षित क्षेत्र का स्तर लगातार बढ़ता रहा है अर्थात जहां यह अभ्यारण्य से राष्ट्रीय उद्यान और राष्ट्रीय उद्यान से 'वर्ल्ड हेरिटेज साइट' हो गया वहां पक्षियों के लिये, जिनके कारण इस संरक्षित क्षेत्र को विश्वप्रसिद्धि मिले, अत्यंत आवश्यक वस्तु अर्थात जल की उचित व्यवस्था पर्यावरणविदों की सारी चीख–चिल्लाहट और मनौतियों के बाद आज तक पूरी नहीं की जा सकी। इस राष्ट्रीय उद्यान की जल समस्या का शीघ्र निदान आवश्यक है।

---

† कैलाश सांखला 1954 में केवलादेव घाना में वन अधिकारी के रूप में पदस्थ थे।

स्वतंत्रता के एक दशक के भीतर ही अर्थात 1956 ई. में इस 'राजकीय शिकारगाह' को 'पक्षी अभयारण्य' का दर्जा दे दिया गया फिर 1981 में यह राष्ट्रीय उद्यान घोषित हुआ और 1985 में इसे 'वर्ल्ड हेरिटेज साइट' का दर्जा देकर सम्मानित किया गया।

भरतपुर अभयारण्य के इस क्षेत्र का इतिहास बहुत पुराना है। यहां पर प्राप्त पुरातात्विक महत्व के मृदभान्डों की रेडियो कार्बन जांच यह बतलाती है कि इस क्षेत्र में मानवीय सभ्यता 1000 ईस्वी पूर्व में भी पल्लवित थी। भारत के ताम्रयुग में मनुष्य यहां रहता था और तब यहां पर सघन वन हुआ करते थे जिनमें जंगली हाथी, जंगली भैंसे ओर गैंड़े घूमते थे। पुराकाल में इन वन्य पशुओं का जिन अस्त्रों-शस्त्रों से शिकार किया जाता था वे इस संरक्षित क्षेत्र की सीमा से मात्र 1 किलोमीटर दूर किये गये पुरा-तात्विक उत्खनन से प्राप्त हुये हैं। इस तरह भरतपुर का वन्य प्राणियों से पुराना नाता है परन्तु बीसवीं सदी के अन्त तक यहां पर वन्य प्राणियों की संख्या नगण्य हो चुकी है। थोड़ी बहुत संख्या में सियार, हरिण, सेही और लोमड़ी जैसे वन्य पशु पाये जाते हैं। वर्ष 2005 में यहां शेर को देखा गया था, उसके पंजे के निशान भी देखे गये थे। यह एक प्रवासी शेरनी थी जो प्रदेश के दूसरे संरक्षित क्षेत्र से यहां तक पहुंच गई थी।

बाबर और राणासांगा के बीच खानवा का प्रसिद्ध युद्ध भी इसी जगह हुआ था। सत्रहवीं शताब्दी में मुगल दरबार के चित्रकार मन्सूर ने प्रवासी पक्षी साइबेरियाई सारस को यहां पर देखा गया और बाद में उसका हूबहू चित्र बनाया।

संकट : केवलादेव घाना की जल-समस्या

केवलादेव घाना जल की समस्या से जूझता रहा है। इस राष्ट्रीय उद्यान में पानी की आमद पंचाना बांध से होती है। इसी बांध से राष्ट्रीय उद्यान के निकटवर्ती खेतों को भी पानी दिया जाता है। जिस वर्ष वर्षा कम होती है उस वर्ष पानी की समस्या बढ़ जाती है। प्रादेशिक सरकार के सामने एक ओर खड़े होते हैं किसान और दूसरी ओर बेजुबान पक्षी जो हजारों मील से यहां पर प्रजनन के लिये आये होते हैं। किसानों के संगठन पानी न मिलने की दशा में उग्र हो जाते हैं। उनके साथ अनेक स्वयंसेवी संस्थायें भी शासन के विरोध में आ खड़ी होती हैं। इस स्थिति में पर्यावरण रक्षा करने वाले अधिकारियों और प्रकृति प्रेमी संस्थाओं की गुहार नक्कारखाने में तूती की आवाज साबित होती है। सरकारों की अपनी प्राथमिकतायें होती हैं। निरीह जीव मरने के लिये छोड़ दिये जाते हैं। इन स्थितियों के चलते 370 प्रजातियों के 70000 पक्षियों में से वर्ष 2005 में केवल 5000 पक्षी ही यहां तक पहुंचे।

केवलादेव घाना में पक्षि संकुलता

केवलादेव घाना में जाकर पक्षियों की जितनी विविधता देखी जा सकती है उतनी अन्यत्र संभव नहीं है। केवलादेव घाना भारत का सरताज माने जाने वाली पक्षियों की लगभग एक तिहाई प्रजातियां देखी जा सकती हैं। केवलादेव घाना एवं समीपवर्ती बरेठा बांध के नम क्षेत्र में लगभग 415 पक्षियों की प्रजातियों की उपस्थिति दर्ज की जा चुकी है, यह संख्या कुछ और बढ़ सकती है। यहां पर पक्षियों के दोनों वर्ग प्रवासी (माइग्रेटरी) और निवासी (रेसिडेन्ड) पक्षियों के अनेक कुल पाये जाते हैं।

केवलादेव घाना का लगभग 30 वर्ग किलोमीटर का नम क्षेत्र (वेटलैंड) दुनिया भर

में अपने पक्षिजात के लिये विख्यात है और यही कारण है कि इसे 'रामसर साइट' तथा 'वर्ल्ड हेरिटेज साइट' का दर्जा प्राप्त है। सामान्यतः यहां देखी जाने वाली प्रजातियों को दो वर्गों में बांटा जा सकता है।

1. **निवासी पक्षी** : निवासी पक्षियों के अनेक वर्ग यहां पाये जाते हैं। कुछ जलचर हैं जो मछलियों पर आश्रित हैं तो कुछ कीट भक्षी या शिकारी कुछ पेड़ों में रहते हैं तो कुछ जमीन में और कुछ जल में अधिक समय व्यतीत करते हैं। निवासी पक्षियों में अधिकतर टिटहरी, कूर्सर, कुररी, कबूतर, कोयल, आबाबील किलकिला, नीलकंठ, कठफोड़वा, लटोरा, मैना, बुलकुल, खंजन इत्यादि हैं।

2. **प्रवासी पक्षी** : प्रवासी पक्षियों के अनेक भेद हैं। कुछ पक्षी हिमालय पार से आते हैं तो कुछ सुदूर साइबेरिया या उत्तरी यूरोप के ठंडे इलाके से किंतु कुछ ऐसे भी हैं जो भारतीय उपमहाद्वीपीय क्षेत्र के ठंडे इलाके से ही यहां प्रवास में आते हैं। प्रवासी पक्षियो में राजहंस, सारस, बत्तख और वस्तुओं की कुछ प्रजातियां हैं।

विशेष विवरण के लिये देखें : खण्ड अ : पक्षी

पर्यावरणविद् वर्ष 2001 से इन स्थितियों का अध्ययन कर रहे हैं और उन्होंने पाया कि अब साइबेरियाई सारसों ने यहां आना एकदम बंद कर दिया है। कुछ और भी प्रवासी पक्षियों ने अपना मार्ग बदल दिया है। कुछ प्रवासी पक्षियों की संख्या बहुत कम हो गई है। उदाहरण के लिये लेपविंग पक्षी की एक प्रजाति (वेनेलस ग्रिगेरियस) जिसका अब तक ज्ञात शीतकालीन प्रवास क्षेत्र केवलादेव घाना ही जाना जाता है, सारी दुनिया में सर्वाधिक खतरे में पड़ी (एनडेन्जर्ड) पक्षियों की जाति में से एक है, इस पक्षी के मात्र 200 जोड़े विश्वभर में देखे गये हैं, इनमें से (2005 ई. में केवलादेव घाना में केवल 11 जोड़े देखे गये।)

केवलादेव घाना में सारा परिदृश्य परिवर्तित होता दिखलाई दे रहा है। अब अभयारण्य के वृक्षों में प्रवासी पक्षियों के झुंडों के स्थान पर कुछ इक्के-दुक्के पक्षी ही दिखलाई पड़ते हैं।

केसर बाग

पूर्वी राजस्थान स्थित अभयारण्य, पारिस्थितिकी प्रदेश के अन्य संरक्षित क्षेत्रों की भांति।

कैबुललामजाओ

संरक्षित क्षेत्र : राष्ट्रीय उद्यान
विस्तार : 36 वर्ग किलोमीटर
स्थिति : मणिपुर
समीपवर्ती नगर : इम्फाल, निकटवर्ती हवाई पट्टी : इम्फाल (32 कि.मी.)
उत्तम भ्रमणकाल : वर्ष भर
पारिस्थितिकी : झील तट
वन्य पशु-पक्षी : संगाई (ब्रो एन्टलर्ड डियर), शूकर मृग तथा मछली मार बिल्ली।

कैबुललामजाओ राष्ट्रीय उद्यान इम्फाल नगर के दक्षिण में लोकटक झील पर स्थित है। यह राष्ट्रीय उद्यान विश्व प्रसिद्ध मणिपुरी हरिण या संगाई के लिये जाना जाता है। संगाई

(ब्रो एन्टलार्ड डियर) हरिण वंश की अनूठी प्रजाति है। यह हरिण लोकटक झील के मात्र 06 वर्ग किलोमीटर क्षेत्र में निवास करता है जहां फुमडी नामक झील में तैरने वाली वनस्पति पाई जाती है। यह झील तीन पहाड़ियों से घिरी है जिनके नाम हैं–पैबोट, टोया, और चिंगियाओ। संगाई को विश्व का सबसे अधिक खतरे में पड़ा हुआ हरिण माना जाता है।

संगाई (सर्वस एल्डी) : मणिपुरी हरिण वंश (सर्वस) का ही सदस्य है, इसकी कंधे पर ऊंचाई 122 से.मी. के लगभग होती है तथा वजन 104 किलो तक होता है। वयस्क होने पर अन्य नर मृगों की ही भांति इसकी गर्दन भारी और सघन रोगयुक्त हो जाती है। शावकों के शरीर पर बिन्दुओं जैसे निशान होते हैं। पंकिल पारिस्थितिकी में रहने वाले कुछ अन्य खुरीय प्राणियों में, भले ही वे विश्व के किसी अन्य भाग में रह रहे हों ऐसा ही अनुकूलन देखा गया है। अफ्रीका का खुरीय प्राणी सिटाटुंगा जो मृगकुल का नहीं है, के खुर भी तुलनीय पारिस्थितिकी के कारण ऐसे ही विकसित हुये हैं।

मणिपुर हरिण झील में तैरने वाली वनस्पति फुमडी पर अपना समय व्यतीत करता है । फुमडी एक सघन वनस्पति के मोटे आवरण जैसी झील के पानी के ऊपर तैरती रहती है। संगाई के विशिष्ट विकसित खुर इस फुमडी में उसे चलने का सामर्थ्य देते हैं और वह पानी में नहीं गिरता क्योंकि इन लम्बे खुरों के द्वारा वह अपने भार को संतुलित रख लेता है। यहां यह भी उल्लेखनीय है कि पालतू अवस्था में ये हरिण कठोर भूमि पर चलते हैं अतः इनके खुरों का उतना विकास नहीं हो पाता। संगाई या मणिपुरी हरिण को 'ब्रो एन्टलर्ड' भी कहा जाता है। इसका कारण इस हरिण के सींगों के फुन्सों की विशिष्ट बनावट है जो कि आंखों के कुछ ऊपर से संगाई या मणिपुरी हरिण के नामों में यदि 'बो एन्टलर्ड डियर' उसकी शारीरिक या सींगों संबंधी विशेषता के कारण रखा गया तो एक और अन्य नाम 'डान्सिंग डियर' या 'नर्तकी मृग' उसकी चाल के कारण उसे दिया गया। वास्तविकता यह है कि यह हरिण नाचता नहीं है वरन् जब वह फुमडी में संभल-संभलकर पैर रखता है तो प्रतीत होता है कि वह नाच रहा है।

विगत आधी शताब्दी से यह विदित होता है कि संगाई विश्व के सबसे अधिक अल्पसंख्यक में पाये जाने वाले हरिणों में से एक है। आधुनिक समय में इसकी गणना के प्रयास 1951 से ही प्रारंभ हो चुके थे। वर्तमान (वर्ष 2005) में इसकी आधिकारिक संख्या 160 के लगभग मानी जाती है। यह संख्या अपने आप में बहुत कम है परन्तु यदि पुराने रिकार्ड को देखें तो प्रतीत होता है कि संरक्षण ने इसकी संख्या को बढ़ने में सहायता दी है।

तालिका : मणिपुर हरिण या संगाई की गणना का आधी सदी का इतिहास

वर्ष	*संख्या*	*विधि/स्रोत*
1951	संख्या प्राप्त नहीं	मणिपुर प्रशासन
1960	100	श्री ई. पी. जी. द्वारा व्यक्तिगत आकलन
1972	50	श्री एम. के. रणजीत सिंह द्वारा आकलन
1975	14	हवाई सर्वेक्षण द्वारा पशु गणना
1977	18	हवाई सर्वेक्षण द्वारा पशु गणना
1978	23	हवाई सर्वेक्षण द्वारा पशु गणना

1979	30	हवाई सर्वेक्षण द्वारा पशु गणना
1984	57	भूमि पर की गई पशु गणना
1985	60	भूमि पर की गई पशु गणना
1986	95	भूमि पर की गई पशु गणना
1987 (अप्रैल)	35	हवाई सर्वेक्षण द्वारा पशु गणना। इस गणना में घास में छिपे मृगों को संभवतः ठीक नहीं देखा जा सका था अतः यह अधूरी गणना थी।
1988 (फरवरी)	52	हवाई सर्वेक्षण द्वारा पशु गणना। यह गणना में भी संभवतः अधूरी ही थी क्योंकि मादा हरिणों की संख्या पूर्व ज्ञात मादा हरिणों की संख्या से अधिक निकली।

लोकटक झील : मणिपुरी हरिण या संगाई मणिपुर के विष्णुपुर जिले की लोकटक झील में तैरने वाली फुमडी पर अपना जीवन यापन करते हैं अतः यह झील भी विश्व की सर्वाधिक जानी–मानी झील में से एक हो गई है। प्रकृति संरक्षकों की दृष्टि से यह एक उत्तम 'नमक्षेत्र' (वेटलैंड) है, परन्तु इस नम क्षेत्र में केवल संगाई ही रहते हों यह बात नहीं है। पीढ़ियों से मछुआरे भी इस पर झोपड़ी (खांगपोक) बनाकर मछली मार कर उदरपूर्ति करते रहे हैं। समय बीतते जहां संगाई की संख्या बढ़ी है वहां इन मछुआरों की भी। परिणाम यह है कि 'फुमडी' पर अब पहले से कहीं अधिक दवाब है और यह अब उतनी मोटी परत की नहीं रही। पारिस्थितिकी में यह परिवर्तन संगाई के लिये शुभ संकेत नहीं है। लोकटक झील की पारिस्थितिकी में कुछ और परिवर्तन वर्ष 1971 में बने लोकटक बहुउद्देश्यीय जल विद्युत योजना के फलस्वरूप भी आया है। विशेषज्ञों का मानना है कि इससे लोकटक झील के स्तर में सदैव के लिये वृद्धि हो गई है। इसके फलस्वरूप इस नम क्षेत्र में जल की गतिशीलता नष्ट हुई है और अब वह स्थिर जल का क्षेत्र हो गया है। इससे 'जलीय चक्र' (हाहड्रोलाजिकल साइकिल) में व्यवधान उपस्थित हो गया है। ऐसा भी कहा जाता है कि झील में कांप का निक्षेप आवश्यकता से अधिक हो रहा है। मणिपुर की राजधानी इम्फाल के केवल 38 किलोमीटर दक्षिण में फैली हुई लोकटक झील और उस पर फैली 'फुमडी' विश्व के इस विचित्र मृग की जीवनदायिनी पारिस्थितिकी है। भारत के पर्यावरणविद् और सामान्य जन इसे पीढ़ियों तक सहेजकर रखने के लिये कटिबद्ध हैं।

संकट : मणिपुर के पर्यावरणविद् ओर सामान्य जन जहां संगाई या मणिपुरी हरिण को बचाने के लिये कटिबद्ध हैं वहां कुछ ऐसे भी व्यक्ति हैं जो इस मृग को विनाश के कगार तक ले जाने में कोई कोर–कसर नहीं छोड़ रहे हैं। इक्कीसवीं सदी के प्रारंभ हो जाने पर भी जब क्षेत्रीय जनसामान्य को इस मृग की विशेषतायें ज्ञात हैं और वे उसे सहेजना चाह रहे हैं तब शिकारियों को न तो मृग के अंतर्राष्ट्रीय महत्व से मतलब है और न ही जनसामान्य की भावनाओं से, वे जब भी मौका लगता है उसका शिकार करने से नहीं चूकते। मणिपुर का एक स्वयंसेवी संगठन (ई. एस. आर. एस. एफ. पी.) जो संगाई को बचाने के लिये कटिबद्ध है, जब–तब संगाई के शिकारियों को पकड़ने के लिये प्रयास करता रहता है। 19 जनवरी 2003 को इस संगठन के लोगों ने दो मछुआरों को संगाई का मांस पकाते हुये रंगे हाथों पकड़ा। दोनों शिकारियों ने यह स्वीकार कर लिया

था कि उन्होंने संरक्षित क्षेत्र के भीतर से ही संगाई का शिकार किया था। ये दोनों शिकारी संगठन के चंगुल से भाग निकले परंतु इनके विरुद्ध वन्य प्राणी अधिनियम 1972 के तहत जब मुकदमा चलाया गया तब इन्हें 10,000 रुपये के मुचलके पर न्यायालय से जमानत मिली।†

कैमूर–1

संरक्षित क्षेत्र : अभयारण्य
विस्तार : 1000 वर्ग किलोमीटर
स्थिति : बिहार
समीपवर्ती नगर : सासाराम (50 किलोमीटर)
उत्तम भ्रमणकाल : नवंबर से मार्च
पारिस्थितिकी : शुष्क मिश्रित पर्णपाती वन
वन्य पशु–पक्षी : तेंदुआ, चौसिंघा, पक्षी।

उत्तर दकन का पठार का यह भाग जो गंगा के मैदान के सामीप ही है, पुराने समय से प्रसिद्ध वन्य क्षेत्र रहा है। इस वन्य क्षेत्र में पहले व्याघ्र और हाथी भी पाये जाते थे परन्तु अब ये प्राणी यहां पर दुर्लभ हो गये हैं फिर भी तेंदुओं की काफी संख्या यहां निवास करती है। अन्य प्राणियों में हरिणों की अनेक प्रजातियां उल्लेखनीय हैं। प्राणिभौगोलिक दृष्टि से बिहार का लगभग 10000 वर्ग किलोमीटर 'सेन्ट्रल हाईलैन्ड' क्षेत्र में पड़ता है। इस विशाल क्षेत्र के प्राणिजात के संरक्षण के लिये स्थापित यह एकमात्र संरक्षित क्षेत्र है।

कैमूर–2

संरक्षित क्षेत्र : अभयारण्य
विस्तार : 501 वर्ग किलोमीटर
स्थिति : उत्तर प्रदेश
समीपवर्ती नगर : राबर्टगंज (3 कि.मी.)
उत्तम भ्रमणकाल : अक्टूबर से फरवरी
पारिस्थितिकी : मिश्रित अयनमंडलीय वन
वन्य पशु–पक्षी : तेंदुआ, सांभर, चिंकारा, पक्षी।

कैमूर अभयारण्य वर्ष 1982 में बिहार, उत्तर प्रदेश सीमा पर स्थापित की गई थी। उत्तर प्रदेश का यह अभयारण्य वस्तुतः बिहार स्थित कैमूर अभयारण्य की पारिस्थितिकी वाला क्षेत्र ही है, केवल यह अपेक्षाकृत पश्चिम की ओर स्थित है। इस अभयारण्य का उद्देश्य भी 'सेन्ट्रल हाईलैन्ड' के प्राणिजात का संरक्षण है।

---

† 'टू संगाई पोचर्स हैन्डेड ओवर टु पोलिस', दि पोंक नाफम डेली, 23/1/2003

कैलाटोप खजियार

संरक्षित क्षेत्र : अभयारण्य
विस्तार : 47.3 वर्ग किलोमीटर
स्थिति : हिमाचल प्रदेश
समीपवर्ती नगर : चम्पा
उत्तम भ्रमणकाल : वर्षाकाल को छोड़कर वर्ष भर
पारिस्थितिकी : देवदार और ब्लूपाइन के वन
वन्य पशु–पक्षी : हिमालयी रीछ, जंगली बिल्ली, कक्कड़, सीरो, पक्षी।

कैलाटोप खजियार अभयारण्य की स्थापना चम्बा जिले में वर्ष 1954 में हुई थी। डेलहाउस इस अभयारण्य का समीपवर्ती (6 कि.मी.) नगर है। इस अभयारण्य में खजियार झील स्थित है जो कि अनेक प्रजातियों के पक्षियों का शरण स्थल है। खजियार झील में अनेक छोटे जलस्त्रोतों से पानी आकर एकत्रित होता है। इस अभयारण्य का मुख्य आकर्षण यहां के देवदार के वृक्ष भी हैं जो खजियार और डेलहाउस के बीच सुन्दर दृश्य पैदा करते हैं। कैलाटोप खजियार अभयारण्य की मुख्य वनस्पति ब्लूपाइन, देवदार और ओक के वृक्ष हैं। इस अभयारण्य में हिमालयी रीछ के अतिरिक्त, मार्टेन और तेंदुये भी दिख जाते हैं।

संकट : इस अभयारण्य की सीमा के भीतर ही लोगों ने पक्के मकान बनवा लिये हैं क्योंकि यह एक सुन्दर पर्यटन स्थल है। इन अनधिकृत आवासों को हटाने की अवश्यकता है।

कैलादेवी

संरक्षित क्षेत्र : अभयारण्य
विस्तार : 676 वर्ग किलोमीटर
स्थिति : राजस्थान
समीपवर्ती नगर : सवाई माधोपुर
उत्तम भ्रमणकाल : अक्टूबर से मार्च
पारिस्थितिकी : शुष्क पर्णपाती वन
वन्य पशु–पक्षी : तेंदुआ, सांभर, नीलगाय।

कैलादेवी अभयारण्य रणथम्भौर राष्ट्रीय उद्यान के समीप स्थित है। कैला देवी अभयारण्य रणथम्भौर टाइगर रिजर्व का एक भाग है। इस अभयारण्य के भीतर लगभग 2000 पशु–पालक वर्ग के लोग रहते हैं तथा इस अभयारण्य के चारों ओर 4000 ग्रामीण जनसंख्या निवास करती है।

कैस

संरक्षित क्षेत्र : अभयारण्य
विस्तार : 13.7 वर्ग किलोमीटर

स्थिति : हिमाचल प्रदेश
समीपवर्ती नगर : कुल्लू
उत्तम भ्रमणकाल : अप्रैल से जून
पारिस्थितिकी : उच्च अक्षांशीय वन
वन्य पशु–पक्षी : गोरल, हिमालयी भालू, कस्तूरी मृग।

कैस अभयारण्य की स्थापना कुल्लू जिले में वर्ष 1954 में हुई थी। इस अभयारण्य की स्थापना का उद्धेश्य कस्तूरी मृग को संरक्षण देना रहा है।

कोकरेबेल्लूर

यह अभयारण्य कर्नाटक में स्थित है, प्राणिजात प्रदेश के अन्य संरक्षित क्षेत्रों के समान।

कोटागढ़

संरक्षित क्षेत्र : अभयारण्य
विस्तार : 400 वर्ग किलोमीटर
स्थिति : उड़ीसा
समीपवर्ती नगर : कोटागढ़ नगर
उत्तम भ्रमणकाल : अक्टूबर से मार्च
पारिस्थितिकी : अयनमंडलीय पर्णपाती वन
वन्य पशु–पक्षी : तेंदुआ, चीतल, पक्षी।

कोटागढ़ अभयारण्य उड़ीसा के फलबनी जिले में स्थित है। कोटागढ़ अभयारण्य में कुछ वर्षों पूर्व तक वन्य हाथी और व्याघ्र भी पाये जाते थे परन्तु अब ये वन्य पशु वहां पर मुश्किल से ही देखे जा सकते हैं, फिर भी छोटे जंगली वन्य पशु यथा जंगली बिल्लयां एवं नेवले यहां काफी संख्या में देखे जाते हैं।

कोटीगांव

संरक्षित क्षेत्र : अभयारण्य
विस्तार : 105 वर्ग किलोमीटर
स्थिति : गोवा
समीपवर्ती नगर : डबोलिम (28 कि.मी.)
उत्तम भ्रमणकाल : अक्टूबर से मार्च
पारिस्थितिकी : अर्ध सदाबहार अयनमंडलीय वन
वन्य पशु–पक्षी : तेंदुआ, भालू, सांभर, पक्षी, जलचर।

कोटीगांव अभयारण्य वर्ष 1958 में पश्चिमी घाट पर्वतों की तलहटी में गोवा और कर्नाटक की सीमा पर स्थापित किया गया था। यहां की जलवायु समुद्र से प्रभावित होने के कारण

उष्ण-आर्द्र है। यहां पर पक्षियों की अनेक प्रजातियां पाई जाती हैं।

कोटिगांव अभयारण्य में एक छोटी संख्या में गौर पाये जाते हैं परन्तु यह अभयारण्य अपने कछुओं के लिये अधिक जाना जाता है।

कोंडकमेरू

संरक्षित क्षेत्र : अभयारण्य
विस्तार : 340 वर्ग किलोमीटर
स्थिति : उड़ीसा
उत्तम भ्रमणकाल : अक्टूबर से मार्च
पारिस्थितिकी : अयनमंडलीय पर्णपाती वन
वन्य पशु-पक्षी : तेंदुआ, हरिण, जंगली सुअर, पक्षी।

कोदर्मा

झारखंड के उत्तर में स्थित अभयारण्य, पारिस्थितिकी प्रदेश के अन्य संरक्षित क्षेत्रों की भांति।

कोयना

संरक्षित क्षेत्र : अभयारण्य
विस्तार : 150 वर्ग किलोमीटर
स्थिति : महाराष्ट्र, सतारा जिला
समीपवर्ती नगर : सतारा
उत्तम भ्रमणकाल : अक्टूबर से अप्रैल
पारिस्थितिकी : पश्चिमी घाट में स्थित सदाबहार और अर्ध सदाबहार वन
वन्य पशु-पक्षी : तेंदुआ, गौर, नीलगाय, सांभर तथा जाइन्ट गिलहरी।

कोयना अभयारण्य तथा निकटवर्ती चन्डोली अभयारण्य को मिलाकर एक राष्ट्रीय उद्यान बनाने की योजना है ताकि ये दोनों सम्मिलित संरक्षित क्षेत्र 'टाइगर रिजर्व' के रूप में विकसित हो सकें।

महाराष्ट्र के दक्षिण-पश्चिम में स्थित यह अभयारण्य पश्चिमी घाट का एक प्रमुख वन क्षेत्र है। ऊंचाई के कारण यहां की वनस्पति को अधिक आर्द्रता प्राप्त है। अतः यहाँ सदाबहार तथा अर्धसदाबहार वन हैं, इन वनों के बीच बांसों के भी वृक्ष पाये जाते हैं। प्राणिजात में विशिष्ट प्राणी जाइन्ट गिलहरी है जो कि केवल इन्हीं वनों में निवास करती है। कोयना अभयारण्य प्रसिद्ध कोयना बांध के नदी जलग्रहण क्षेत्र (कैचमेंट एरिया) में स्थित है। इस तरह इसका विस्तार शिवसागर जलाशय के दोनों ओर है। शिवसागर जलाशय उत्तर-दक्षिण दिशा में 55 किलोमीटर लम्बा फैला हुआ है। इसकी सीमा महाबलेश्वर की पद पहाड़ियों तक प्रशस्त है। अभयारण्य की पश्चिमी सीमा तीव्र ढालान

वाली पहाड़ियों से सुरक्षित है जबकि पूर्वी पठार में विले कुशवड़े, गोरेगांव और नहिम्बे गावों से भीतर जाने के रास्ते हैं।

महाराष्ट्र के इस पश्चिमी घाट स्थित अभयारण्य की एक बड़ी विशेषता यह है कि यहां पर बडी संख्या में 'एन्डेमिक प्राणिजात' पाया जाता है। कोयना अभयारण्य में बड़े वन्यपशु तो पाये ही जाते हैं अपनी आर्द्रोष्ण जलवायु के कारण यहां पर कीट भृंगों की भी अनेक प्रजातियां पाई जाती हैं जिनमें तितलियां मुख्य हैं।

पक्षियों में फ्रेंकलिन नाइटजार, फेयरी ब्लूबर्ड, फ्लाई कैचर्स, कठफोड़वों की अनेक प्रजातियों के अतिरिक्त ग्रेट पाइड हार्नबिल भी यहां देखने को मिलता है।

कोयना अभयारण्य के भीतर और आसपास लगभग 50 ग्राम हुआ करते थे जिनके विस्थापन की प्रक्रिया अभी भी चल रही है।

कोराओ

संरक्षित क्षेत्र : अभयारण्य
विस्तार : 3 वर्ग किलोमीटर
स्थिति : गोवा
समीपवर्ती नगर : पणजी
उत्तम भ्रमणकाल : वर्ष भर
पारिस्थितिकी : समुद्रीय
वन्य पशु–पक्षी : समुद्री जलचर, पक्षी।

कोराओ अभयारण्य गोवा के समुद्री तट के एक द्वीप 'कोराओ' पर स्थित है, यह द्वीप समुद्री जलचरों तथा समुद्री वनस्पति के लिये विख्यात है।

कोरिंगा

संरक्षित क्षेत्र : अभयारण्य
विस्तार : 235 वर्ग किलोमीटर
स्थिति : आंध्रप्रदेश
समीपवर्ती नगर : कोकीनाडा (20 कि.मी.)
उत्तम भ्रमणकाल : नवंबर से मार्च
पारिस्थितिकी : समुद्रतटीय वन
वन्य पशु–पक्षी : समुद्रतटीय जलचर, पक्षी।

कोरिंगा अभयारण्य की स्थापना वर्ष 1978 में आंध्र प्रदेश के गोदावरी नदी के डेल्टाई प्रदेश में हुई। इस अभयारण्य का उद्देश्य सागर तटीय जलचरों यथा समुद्री मगर तथा अन्य जीव जन्तुओं को संरक्षित करना था। गोदावरी डेल्टा के वनों में ताजे पानी तथा मिश्रित जल में रहने वाले अनेक जीव जन्तु पाये जाते हैं जिनमें पनकुत्ते, मछलीमार बिल्ली तथा अनेक प्रजातियों के पक्षी प्रमुख हैं।

कोरिंगा अभयारण्य के पनकुत्ते

आंध्र प्रदेश के कोरिंगा अभयारण्य के पनकुत्तों का एक अध्ययन विश्वविद्यालय अनुदान समिति के एक शोध्र प्रोजेक्ट के अंतर्गत किया गया जिसमें पाया गया कि मैनग्रूव जंगलों के वृक्षों की जलाऊ लकड़ी के लिये कटाई यहां के पनकुत्तों के जीवन को संकट में डाल रही है। यहां के क्षेत्रीय निवासी इस अभयारण्य के विशेषरूप से शिशु पनकुत्तों का शिकार करते हैं और उनके मांस का सेवन करते हैं। इस क्षेत्र के निवासियों में यह अंधविश्वास है कि पनकुत्तों का मांस औषधीय गुणों से युक्त है। इस मांस को पीलिया, क्षय और अस्थमा रोगों में लाभप्रद माना जाता है।

कोरिंगा अभयारण्य पूर्वी गोदावरी जिले में स्थित है। इस अभयारण्य का काफी भाग गोदावरी–गौतमी नदियों के किनारे पर फैला हुआ है जहां के नदी तटीय वनों में पनकुत्ते बड़ी संख्या में पाये जाते हैं।

(स्रोत : आर्ट्स हेबिटाट फेसेसय एक्सटिक्शन, न्यूजटाइम 22/4/2002)

संकट : कोरिंगा अभयारण्य के समीप उपाल्ला–वाकलापुडी क्षेत्र में जलजहाजों को तोड़ने की औद्योगिक इकाई लगाये जाने का प्रस्ताव इस अभयारण्य के प्राणिजात के लिये घातक होगा।

कोल्लेरू

संरक्षित क्षेत्र : अभयारण्य

विस्तार : 300 वर्ग किलोमीटर, ऊंचाई : समुद्र सतह से औसतन 1.5 मी.। यह भारत की सबसे बड़ी ताजे पानी की झील है। प्रारम्भ में इसका विस्तार 900 वर्ग किलोमीटर था।

स्थिति : आंध्र प्रदेश

समीपवर्ती नगर : इलूरू (20 कि.मी.)

उत्तम भ्रमणकाल : अक्टूबर से फरवरी

पारिस्थितिकी : समुद्रतटीय वन

वन्य पशु–पक्षी : जलचर, जंगली सुअर, चीतल, पक्षी।

कोल्लेरू अभयारण्य की स्थापना वर्ष 1963 में की गई थी। यह अभयारण्य गोदावरी एवं कृष्णा नदियों के डेल्टाओं के मध्य में स्थित है। इस अभयारण्य का नामकरण इन वनों में स्थित कोल्लेरू झील के नाम पर हुआ है। पर्याप्त वर्षा होने के कारण इस अभयारण्य में अनेक जलचर पक्षी एवं सरीसृप पाये जाते हैं। यहां अनेक प्रजाति के प्रवासी प्रतिवर्ष आते हैं।

संकट : विगत कुछ वर्षों से इस झील में औद्योगिक कचड़ा डालने से प्रदूषण का खतरा बढ़ गया है।

(स्रोत : 'इनक्रोचमेंट पोज़ थ्रियेट टु कोल्लेख लेक' : न्यूज टाइम 13/7/02)

कौण्डिन्य

आंध्र प्रदेश का सबसे दक्षिणवर्ती अभयारण्य, पारिस्थितिकी प्रदेश के अन्य संरक्षित क्षेत्रों की भांति।

कंचनजंगा

संरक्षित क्षेत्र : राष्ट्रीय उद्यान
विस्तार : 850 वर्ग किलोमीटर
स्थिति : सिक्किम
समीपवर्ती नगर : चुंगथानी (20 किलोमीटर)
उत्तम भ्रमणकाल : अप्रैल से मई तथा अगस्त से अक्टूबर
पारिस्थितिकी : आर्द्र अयनमंडलीय पर्णपाती वन तथा उच्च हिमालयी वन
वन्य पशु–पक्षी : हिमतेंदुआ, क्लाउडेड तेंदुआ, भालू, सीरो, बिंटुरांग, लाल पांडा, हिम मुर्गे तथा अन्य पक्षी।

कंचनजंगा राष्ट्रीय उद्यान की स्थापना वर्ष 1977 में हुई थी। यह राष्ट्रीय उद्यान हिमालय के प्रसिद्ध शिखर कंचनजंगा पर स्थित है। इस राष्ट्रीय उद्यान के उत्तर में प्रसिद्ध हिमनद जेमू है जिससे आगे चलकर जेमू नदी निकलती है जिसका आगे चलकर नाम तीस्ता हो जाता है। कंचनजंगा पर्यटन स्थल के रूप में विकसित हो चुका है।

कंचनजंगा का प्राणिजात निकटवर्ती संरक्षित क्षेत्र सिंगलीला से अलग नहीं है, वस्तुतः सिंगलीला का पर्वतीय क्षेत्र ही आगे चलकर कंचनजंगा के शिखर के रूप में दिखलाई देता है। यह क्षेत्र विलुप्ति के कगार पर खड़े रेड पांडा का क्षेत्र है साथ ही अन्य हिमालयी वन्य प्राणियों का भी। यहां के पक्षी भी वही हैं जो निकटवर्ती अभयारण्यों में पाये जाते हैं जिनमें ट्रोगोपान और लाफिंग थ्रश की प्रजातियां प्रमुख हैं। यहां पर खलीज और इंपीयन मोनल देखे जा सकते हैं।

कंचनजंगा का शिखर अत्यंत भव्य और सुन्दर है, शिखर पर कोई वनस्पति नहीं पाई जाती वरन् वहां पर विशाल हिमावरण के दर्शन होते हैं। कंचनजंगा का शिखर ऐसा प्रतीत होता है मानो बादलों के बीच में चमचमाता रजत कलश स्थित हो। कंचनजंगा के एकदम बायीं ओर विश्व का सर्वोच्च शिखर माउन्ट एवरेस्ट या गौरीशंकर है।

कंचनजंगा शिखर को दार्जिलिंग से देखा जा सकता है, परंतु राष्ट्रीय उद्यान तक पहुंचने में कठिन पर्वतीय मार्ग को पार करना आवश्यक है। यह रास्ता सिंगलीला रिज होकर जाता है।

कंचनजंगा संरक्षित क्षेत्र का महत्व पर्यटन की दृष्टि से केवल इसलिये महत्व नहीं है कि यहां पर हिमालय का एक सुन्दर तथ ऊंचा शिखर है, वरन् इसलिये भी कि इसके एकदम पड़ोस में 'बारसे रोडोडेन्ड्रान' अभयारण्य है जो ऊंचे हिमालयी वनों के लिये विख्यात है तथा मीनम अभयारण्य भी है जो अपने समृद्ध हिमालयी पक्षिजात के लिये जाना जाता है।

ख

खपरवास

खपरवास अभयारण्य हरियाणा का खपरवास झील क्षेत्र है। इसका क्षेत्रफल 200 एकड़ है। झज्झर जिले की यह झील ग्रीष्म काल में लगभग पूरी ही सूख जाती है।

खलासूनी

संरक्षित क्षेत्र : अभयारण्य
विस्तार : 166 वर्ग किलोमीटर
स्थिति : उड़ीसा
समीपवर्ती नगर : सम्बलपुर
उत्तम भ्रमणकाल : अक्टूबर से मार्च
पारिस्थितिकी : मिश्रित पर्णपाती वन
वन्य पशु-पक्षी : शेर, तेंदुआ, हाथी, गौर, चीतल, सांभर, पक्षी।

इस अभयारण्य में कुछ वर्षों पूर्व तक बाघ देखे जाते थे किंतु अब यहां का सबसे बड़ा शिकारी पशु तेंदुआ ही है। कुछ संख्या में हाथी भी यहां पाये जाते हैं जो ग्रामों की फसलों को नष्ट करने के लिये जाने जाते हैं।

खिजादिरा

संरक्षित क्षेत्र : अभयारण्य
विस्तार : 16 वर्ग किलोमीटर
स्थिति : गुजरात
समीपवर्ती नगर : जामनगर
उत्तम भ्रमणकाल : अक्टूबर से मार्च
पारिस्थितिकी : नदी तट के वन, दलदली वनस्पति क्षेत्र
वन्य पशु-पक्षी : पक्षी विहार।

खिजादिरा अभयारण्य मुख्य रूप से पक्षी विहार है जहां प्रवासी और निवासी पक्षी बहुतायत से पाये जाते हैं। प्रवासी पक्षियों में हंस तथा अनेक प्रजाति की बत्तखें शामिल हैं।

खिंचन

संरक्षित क्षेत्र : गैर सरकारी अभयारण्य†
विस्तार : खिंचन ग्राम क्षेत्र
स्थिति : राजस्थान
समीपवर्ती नगर : खिंचन
उत्तम भ्रमणकाल : अक्टूबर से मार्च
पारिस्थितिकी : मरुस्थलीय
वन्य पशु–पक्षी : पक्षी (डिमोसिलेक्रेन/ग्रुस वर्गो), करकरा (सारस)।

राजस्थान में जोधपुर से 40 किलोमीटर दूर थार के मरुस्थलीय इलाके में स्थित है एक छोटा सा गांव जिसका नाम है खिंचन। खिंचन राजस्थान के उन गिने–चुने ग्रामों में से एक है जिनमें वन्य पशु–पक्षियों के प्रति प्रेम की पुरानी भारतीय परंपरा आज भी जीवित है। राजस्थान के इस ग्राम में बसे गरीब किसान आर्थिक नुकसान उठाकर भी प्राणपण से प्रवासी पक्षियों की रक्षा करते हैं। इस ग्राम के जलस्त्रोतों के किनारे सारस पक्षियों या करकरा की एक प्रजाति (ग्रुसवर्गो) बड़ी संख्या में यहां पहुंचती है। इस प्रजाति के पक्षी को यहां की क्षेत्रीय भाषा में 'कुर्जा' कहा जाता है। जब ये प्रवासी पक्षी अपने प्रवास के दौरान इस ग्राम में पहुंचते हैं तो यहां के ग्रामीण उन्हें 'अतिथि देव' का दर्जा देते हुये उनका स्वागत करते हैं तथा निर्धन होने पर भी वे उनके दाना–पानी के इंतजाम में लग जाते हैं।

प्रवास के दौरान ये पक्षी खेतों में घूमते हैं। कुछ अन्य प्रजातियों के पक्षी भी यहां आ जाते हैं। कुल मिलाकर यहां के गरीब किसानों को इन पक्षियों से नुकसान ही पहुंचता है परंतु ये किसान कभी भी इस नुकसान की चिन्ता नहीं करते, इनका कोई प्रतिनिधि कभी शासन से क्षतिपूर्ति की गुजारिश नहीं करता।

बदलते समय में इन किसानों के रिश्तेदार और कुटुम्बी यहां से बाहर जाकर समृद्ध व्यापारी बन गये। इन व्यापारी नातेदारों ने जिनमें से अधिकतर ओसवाल जैन समाज के हैं अपने बन्धु–बान्धवों के आर्थिक नुकसान की किसी हद तक भरपाई प्रारंभ कर दी। ये व्यापारी बन्धु भारत में दूर–दूर तक फैले हुये हैं परंतु वे जहां भी हैं वहां से धन भेजना अपना कर्तव्य मानते हैं। इस गांव के किसान भले ही बहुत पढ़े–लिखे न हों पर बाहर से आये हुये घर का पूरा ब्यौरा रखने में वे कुशल हैं। प्रत्येक दानदाता को रसीद भेजी जाती है और प्राप्त धन को समाज में उचित ढंग से वितरित किया जाता है।

(स्रोत : पी भंडारी 'दे स्ट्राइव टु प्रोजेक्ट क्रेन्स आन दिस विलेज' टाइम्स आफ इंडिया 23/10/1998)

† बंगलूरु (1999) में सम्पन्न हुई 'छठवीं वर्ल्ड वाइल्डरनेस कांफ्रेंस' में तत्कालीन केंद्रीय वन एवं पर्यावरण मंत्री ने राष्ट्रीय वन्य प्राणी अधिनियम के तहत विचार व्यक्त किया था। इस विचार के अनुसार ये दो श्रेणियां 'कम्युनिटी रिजर्व' तथा 'कंजर्वेशन रिजर्व' हैं। इस विचार के क्रियान्वयन के लिये 15 से 20 वर्षों की अवधि रखी गई (अर्थात वर्ष 2020 तक)।

कम्यूनिटी रिजर्व बनने से उन समुदायों जैसे पश्चिमी भारत के विश्नोई के संरक्षण कार्यों को वैधानिक मान्यता प्राप्त हो सकेगी। दूसरी श्रेणी में वे क्षेत्र लिये जा सकेंगे जिनका संरक्षण और उपयोग क्षेत्रीय समाज के लिये सीमित किया जा सकेगा।

परंतु इन श्रेणियों का निर्माण नये स्थलों पर ही हो सकेगा। अर्थात जो संरक्षित क्षेत्र पहले से विद्यमान हैं उनमें यह विचार लागू नहीं होगा।

ध्यातव्य है कुछ इसी तरह के विचार अंतर्राष्ट्रीय संगठनों के भी हैं। आई. यू. सी. एन. के संरक्षित क्षेत्रों के नवीन वर्गीकरण में ये विचार सन्निहित हैं।

खिवनी

संरक्षित क्षेत्र : अभयारण्य
विस्तार : 123 वर्ग किलोमीटर
स्थिति : मध्य प्रदेश
समीपवर्ती नगर : देवास
उत्तम भ्रमणकाल : अक्टूबर से मार्च
पारिस्थितिकी : मिश्रित पर्णपाती वन, सागौन वन
वन्य पशु–पक्षी : चीतल, जंगली सुअर, चौसिंघा, लोमड़ी और पक्षी।

खिवनी अभयारण्य मध्य प्रदेश के देवास और सीहोर जिलों की सीमा में फैला हुआ है। खिवनी अभयारण्य की वनस्पति में सागौन वृक्षों की अधिकता है। अन्य वृक्ष बांस, धवा तथा दुधी इत्यादि के हैं। इस अभयारण्य के भीतर मनुष्यों का हस्तक्षेप समीपवर्ती अन्य अभयारण्यों की तुलना में कम है, इसका कारण अभयारण्य की सीमा के भीतर ग्रामों की कमी होना ही है। खिवनी ग्राम जिसके नाम पर इस अभयारण्य का नामकरण हुआ वह इस संरक्षित क्षेत्र के मध्य में है। यह एक छोटा सा वन ग्राम है। इस अभयारण्य की मुख्य समस्या जल की कमी है। जवाहर रेंज के पास के दौलतपुर और हरषपुर के समीप के सरोवरों में अवश्य कुछ जल रहता है जहां ग्रीष्म काल में वन्यपशु खिंचे चले आते हैं। परन्तु ये स्थान शिकरियों से सुरक्षित नहीं है।

खोकन

संरक्षित क्षेत्र : अभयारण्य
विस्तार : 13 वर्ग किलोमीटर
स्थिति : हिमाचल प्रदेश
समीपवर्ती नगर : कुल्लू
उत्तम भ्रमणकाल : अप्रैल से जून
पारिस्थितिकी : उच्च अक्षांशीय सूचिपर्ण वन
वन्य पशु–पक्षी : तेंदुआ, हिमालयी भालू तथा पक्षी।

खोकन अभयारण्य की स्थापना वर्ष 1995 में कुल्लू जिले में हुई थी यह एक छोटा अभयारण्य तथा एक अच्छा पर्यटन स्थल है।

खोकन अभयारण्य नागरू–विंच अभयारण्य जिसका विस्तार 278 वर्ग किलोमीटर के लगभग है, के बहुत समीप है इसलिये 1988 में तैयार की गई संरक्षित क्षेत्रों की कार्ययोजना में इन दोनों अभयारण्यों के बीच के वन क्षेत्र को मिलाकर एक अपेक्षाकृत विशाल संरक्षित क्षेत्र को बनाने का सुझाव दिया गया था जिसका विस्तार लगभग सवा तीन सौ वर्ग किलोमीटर होता।

खोल रायतन

संरक्षित क्षेत्र : अभयारण्य
स्थिति : हरियाणा
विस्तार : 48.72 वर्ग किलोमीटर
समीपवर्ती नगर : जिंद
उत्तम भ्रमणकाल : अक्टूबर से मार्च।

खोल रायतन अभयारण्य की घोषणा हरियाणा के दो विचाराधीन अभयारण्यों पर अन्तिम शासकीय स्वीकृति न मिलने के कारण वर्ष 2005 में की गई। पूर्व में दो वन क्षेत्रों सरस्वती वन (कैथल जिला) एवं बड़ा वन (जिंद जिला) को अभयारण्य घोषित किया जा चुका था परंतु बाद में प्रारंभिक सूचना निरस्त कर दी गई। सरस्वती वन पर स्थापित होने वाले अभयारण्य का क्षेत्रफल 4400 हेक्टेयर, तथा बड़ा वन का क्षेत्रफल 400 एकड़ था।

ग

गजनेर

संरक्षित क्षेत्र : अभयारण्य
विस्तार : 10 वर्ग किलोमीटर
स्थिति : राजस्थान
समीपवर्ती नगर : कोलायत
उत्तम भ्रमणकाल : नवंबर से फरवरी
पारिस्थितिकी : शुष्क झाड़ियों वाले वन, खेजरी वृक्षों के वन
वन्य पशु–पक्षी : कृष्णमृग, चिंकारा।

राजस्थान के अर्धशुष्क क्षेत्र में स्थापित यह अभयारण्य मरुभूमि में भी हरीतिमा बिखेर रहा है। राजस्थान के इस एक अपेक्षाकृत छोटे क्षेत्र के अभयारण्य की पारिस्थितिकी को किसी भी प्रकार की क्षति इसलिये नहीं पहुंच पाती क्योंकि यह अभयारण्य विश्नोई समाज के ग्रामों से घिरा है। विश्नोई समाज वन्य पशु–पक्षियों की रक्षा करने में तो कृत संकल्प है ही यह समाज खेजरी वृक्षों के वनों की सुरक्षा में भी पूरा सतर्क रहता है। खेजरी वृक्षों को सुरक्षा देने की विश्नोई समाज की परंपरा पुरानी है। एसा कहा जाता है कि वर्ष 1730 में गजनेर के पास के एक विश्नोई गांव 'खेजरली' जिसका नाम ही खेजरी वृक्षों की बहुतायत से पड़ा था, के खेजरी वृक्षों पर जोधपुर के राजा की नजर पड़ी, उसने उन वृक्षों को काटने की आज्ञा दी। विश्नोई समाज ने एकजुट होकर राजा के इस कदम का विरोध किया। वृक्षों को बचाने के लिये 363 विश्नोइयों को राजविरोध में अपने प्राणों की आहुति देनी पड़ी।

विश्नोई समाज की वन्य प्राणियों और पर्यावरण की सुरक्षा के प्रति प्रतिबद्धता जगजाहिर है। बिश्नोई शब्द 'बीस' तथा नौ (नोई) शब्दों से मिलकर बना है। यह समाज अहिंसा के 29 नियमों का पालन करता है जिनमें वृक्षों की रक्षा तथा वन्य प्राणियों की रक्षा करने जैसे दो नियम भी हैं। इन नियमों का कड़ाई से पालन किया जाता है। विश्नोई राजस्थान, गुजरात तथा हरियाणा में रहते हैं।

अभी हाल ही में गजनेर में (वर्ष 2009) खेजरी के वृक्षों को काटने का एक नया मामला समाचार पत्रों में प्रकाशित हुआ जिसमें 'वीर' फिल्म की शूटिंग के दौरान इन वृक्षों को काटा गया। इस बार एफ. आई. आर. फिल्मी सितारे सल्मान खान के विरुद्ध दायर की गई। विश्नोई लीडर इमीलाल नैन का कथन था ''इसके पहले भी सलमान

खान जोधपुर में शूटिंग के वक्त कृष्णमृग (ब्लैक बक) को मारने के मामले में शामिल थे इसलिये हम सभी जिले के अधिकारियों से वन्य प्राणियों और पर्यावरण की सुरक्षा के लिये बार-बार अनुरोध कर रहे थे। इस कथित घटना की एम. आई. आर. तभी लिखी गई जब आसपास के गांवों के बहुत से लोग पुलिस थाने के चारों ओर एकत्रित हो गये।

(स्रोत : अविनाश कालिया, सल्मान खान रन्स इन बिश्नोई प्रोटेस्ट्स अगेन', दि टाइम्स ऑफ इंडिया, 13 मार्च 2009)

गरम पानी

संरक्षित क्षेत्र : अभयारण्य
विस्तार : 20 वर्ग किलोमीटर
स्थिति : आसाम
समीपवर्ती नगर : गोलाघाट
उत्तम भ्रमणकाल : नवंबर से मार्च
पारिस्थितिकी : अर्धसदाबहार अयनमंडलीय पर्णपाती वन, दलदली वन
वन्य पशु-पक्षी : बाघ, हाथी, हरिण, पक्षी।

गरम पानी अभयारण्य उत्तर-पूर्वी भारत के विशाल सघन वनों का एक छोटा सा संरक्षित क्षेत्र है। इस अभयारण्य में वनों की सघनता और वन्य प्राणियों की बहुतायत का इसी से पता लगता है कि वर्ष 1970 से लेकर 1990 तक यहां हाथी और गिब्बन जैसे वन्य पशुओं को आसानी से देखा जा सकता था। इस अभयारण्य का नाम 'गरम पानी' यहां पर पाये जाने वाले गर्म पानी के झरनों के ऊपर रखा गया है।

वर्ष 1952 में गोलाघाट जिले का यह छोटा किंतु सघन वन प्रान्तर अभयारण्य घोषित किया जा चुका था। इसके पीछे उद्देश्य यह था कि गरम पानी या गर्मपानी के जलस्रोतों पर अपनी प्यास बुझाने आते हुये वन्य पशुओं और पक्षियों को शिकारियों से बचाया जा सके। तब इस अभयारण्य का क्षेत्रफल मात्र 6 वर्ग किलोमीटर था।

अपनी जैविक विविधता की विशेषता के कारण यह क्षेत्र पर्यावरणविदों में लोकप्रिय रहा है। भारत के प्रसिद्ध पर्यावरणविद् ई. पी. जी. यहां पर कुछ समय आकर रहे थे। वस्तुतः पर्यावरणविद् सदैव से इस अभयारण्य के आसपास के क्षेत्र को भी संरक्षित करने की मांग उठाते रहे हैं परिणामतः गरम पानी अभयारण्य का क्षेत्रफल 6 वर्ग किलोमीटर से बढ़ाकर 20 वर्ग किलोमीटर कर दिया गया तथा समीपवर्ती वनों को नाम्बर अभयारण्य का नाम देकर संरक्षित कर दिया गया।

वर्ष 1988 में भारतीय संरक्षित क्षेत्रों के नेटवर्क के प्रस्ताव में इस अभयारण्य को हाथियों के उस प्रवास के रास्ते का प्रमुख वन क्षेत्र माना गया है जो ब्रह्मपुत्र घाटी को नागालैंड की पहाड़ियों से जोड़ता है। इस अभयारण्य को हार्नबिल पक्षियों के संरक्षण के लिये भी महत्वपूर्ण माना गया है।

गल्फ आफ मन्नार (I)

संरक्षित क्षेत्र : राष्ट्रीय उद्यान
विस्तार : गल्फ आफ मन्नार बायोस्फियर रिजर्व का विस्तार
स्थिति : तमिलनाडु, लगभग 25 छोटे-बड़े द्वीप एवं तटीय प्रदेश
समीपवर्ती नगर : तूतीकोरन
उत्तम भ्रमणकाल : वर्ष भर
पारिस्थितिकी : समुद्रतटीय वन एवं तट
वन्य पशु-पक्षी : तटीय क्षेत्र के वनों में लंगूर, वनविडाल, पनकुत्ते, बिज्जू तथा चीतल समुद्र में खारे पानी की मछलियां तथा अन्य जीव-जन्तु।

गल्फ आफ मन्नार राष्ट्रीय उद्यान भारत और श्रीलंका के बीच की 21 किलोमीटर चौड़ी खाई, उसके द्वीप और तटीय क्षेत्रों पर फैला हुआ है।

गल्फ आफ मन्नार या मन्नार की खाड़ी तमिलनाडु के दक्षिणी समुद्र तट पर स्थित है। इस राष्ट्रीय उद्यान के अंतर्गत खाड़ी के क्षेत्र, के लगभग 25 छोटे-बड़े द्वीपों को सम्मिलित किया गया है। यहां की समुद्र तट रेखा उत्तर से दक्षिण की दिशा में फैली हुई है। उत्तर में एक छोटा सा स्थलीय क्षेत्र भी समुद्र के भीतर तक चला गया है। पूर्व में कुछ आगे द्वीपों की एक शृंखला स्थित है। इन द्वीपों में सबसे बड़ा द्वीप समुद्री तट रेखा के करीब ही है। बहुत से द्वीप तट रेखा के समानान्तर भी समुद्र में स्थित हैं। इस तट पर बहुत सी छोटी नदियां आकर समुद्र में मिलती हैं।

इसे मैरीन राष्ट्रीय उद्यान के नाम से भी जाना जाता है, इसके अंतर्गत मन्नार की खाड़ी के द्वीप आते हैं जो तमिलनाडु की सीमा के अंतर्गत हैं।

गल्फ आफ मन्नार अपनी प्रवाली (कोरल) के लिये प्रसिद्ध है। यहां यह ध्यान देने योग्य है कि प्रवाल एक जीवित प्राणी है और उसके मरने पर उसका मृत शरीर, जिसमें चूने की मात्रा अधिक होती है खनिज के रूप में काम में लाया जाता है। मन्नार की खाड़ी के ग्रुसपुरम एवं थ्रेसपुरम क्षेत्र में प्रवाल मित्ति (कोरल रीफ) का जमकर दोहन किया जा रहा है। बड़े पैमाने पर की जा रही इस खुदाई ने प्रवाली का अस्तित्व ही संकट में डाल दिया है। सबसे अधिक खुदाई थरिविकुलम गांव[†] के मछुवारों द्वारा की जाती है। जिला प्रशासन उन्हें अन्य आजीविका देने का प्रयास कर रहा है।

गल्फ आफ मन्नार राष्ट्रीय उद्यान की स्थापना मुख्यतः समुद्री जीवों के संरक्षण के लिये की गई है जिनमें प्रवाली, समुद्री मछलियां तथा अन्य समुद्री जीव-जन्तु शामिल हैं। गल्फ आफ मन्नार के द्वीपों में प्राकृतिक तौर पर किसी भी बड़े वन्य पशु का निवास नहीं है। यहां पर कुछ बंदर तथा चूहे अवश्य पहुंच गये हैं।

गल्फ आफ मन्नार (II)

संरक्षित क्षेत्र : बायोस्फियर रिजर्व
विस्तार : 10,500 वर्ग किलोमीटर
स्थिति : तमिलनाडु

[†] *स्रोत :* 'कंजर्वेशन इफर्ट्स इन मेरीन पार्क टु बि स्टेप्ड अप', दि हिन्दू, 25/3/2005

समीपवर्ती नगर : तूतीकोरन
उत्तम भ्रमणकाल : वर्ष भर
पारिस्थितिकी : समुद्रतटीय
वन्य पशु–पक्षी : तटीय क्षेत्र के वनों में लंगूर, वनविडाल, पनकुत्ते, बिज्जू तथा चीतल, समुद्र में खारे पानी की मछलियां तथा अन्य जीव–जन्तु।

भारत और श्रीलंका के बीच के 21 कि.मी. समुद्र या समुद्री खाड़ी 'गल्फ आफ मन्नार' को बायोस्फियर रिजर्व घोषित किया गया।

गल्फ आफ मन्नार बायोस्फियर के द्वीपीय क्षेत्र में सात प्रकार की वानस्पतिक पेरियां देखने को मिलती हैं, ये वानस्पतिक पेरियां इस खाड़ी के समुद्री तट क्षेत्र में भी फैली हुई हैं :

1. मिश्रित पतझड़ वाले वन
2. शुष्क पतझड़ वाली झाड़ियां
3. शुष्क सव्हाना वन
4. शुष्क अयनमंडलीय नदी तटीय वन
5. द्वितीयक पतझड़ वाले वन
6. तटीय वन
7. मैनग्रूव वन

वानस्पतिक भिन्नता के कारण यहां के प्राणिजात में भी पर्याप्त विविधता देखी जाती है। समुद्रतटीय वनों में विशाल वन्य प्राणियों के स्थान पर वृक्षचारी प्राणियों का बाहुल्य है। पक्षियों की भी अनेक प्रजातियां यहां पाई जाती हैं। समुद्री जीवों में व्हेलों की 3 प्रजातियां तथा समुद्री डोल्फिन तथा सी काऊ (समुद्री गायें) यहां पाई जाती हैं। यहां के द्वीपों में समुद्री पक्षी डेरा डाले रहते हैं, साथ ही कुछ प्रजातियों के कछुये यहां अंडे देते हैं। इनके अतिरिक्त तितलियां, पतिंगे आदि जीव भी यहां प्रभावित तौर पर पाये जाते हैं।

वर्ष 2001 में इस बायोस्फियर रिजर्व को यूनाइटेड डेव्लपमेंट कार्पोरेशन (यू.एन.डी. पी.) से 34 करोड़ रुपये की सहायता राशि प्राप्त हुई थी, जो इस संरक्षित क्षेत्र के संसाधनों के विकास के लिये थी।

गल्फ आफ मन्नार बायोस्फियर रिजर्व में छोटे–बड़े लगभग 25 द्वीप हैं, इनमें से कुछ द्वीप तो इतने छोटे हैं कि समय–समय पर वे समुद्र की अपरदन क्रिया के फलस्वरूप कभी समुद्र में जलमग्न हो जाते हैं तो कभी पुनः समुद्र–सतह पर दीखने लगते हैं। ये छोटे द्वीप समुद्र तट रेखा से बहुत दूर कहीं पर भी नहीं हैं। समुद्र तट से अधिकतम दूर केवल 18 कि.मी. की दूरी पर है।

इस खाड़ी में केवल दो ही बड़े द्वीप हैं, एक द्वीप पंबन है और दूसरा द्वीप कच्छतिवू है।

गल्फ आफ मन्नार की प्रवाली

ऐसा समझा जाता है यहां के कुल 100 वर्ग किलोमीटर क्षेत्र का लगभग 10 प्रतिशत भाग तूतीकोरन स्थित व्यापारियों ने साफ कर दिया है। यह भी कहा जाता है और यदि यह सच है तो दुर्भाग्य की बात है कि इस क्षेत्र में कच्ची प्रवाली को चूने के बतौर प्रयोग

में लाया जाता है। (*स्रोत :* सी जयशंकर, 'एक्सप्लाउटेशन आफ कोरल कन्टीन्यूज', दि हिन्दू, 8/6/2004)

देखें : मेरीन, गल्फ आफ मन्नार : बायोस्फियर रिजर्व।

गहरी माता

संरक्षित क्षेत्र : अभयारण्य
विस्तार : 13 वर्ग किलोमीटर
स्थिति : समुद्रतटीय उड़ीसा
समीपवर्ती नगर : जगन्नाथ पुरी
उत्तम भ्रमणकाल : वर्ष भर
पारिस्थितिकी : समुद्रतटीय बालू का मैदान
वन्य पशु–पक्षी : समुद्र कछुए (आलिव रिडले टर्टल)।

गहरी माता अभयारण्य वस्तुतः समुद्री कछुओं की एक विशिष्ट जाति (आलिव रिडले टर्टल) के संरक्षण हेतु स्थापित की गई है। समुद्री कछुओं की इस जाति के संरक्षण में दुनिया भर के पर्यावरणविद्ों की रुचि रही है। इसका कारण यह है कि कछुओं की यह जाति हजारों किलोमीटर तैरकर प्रजनन और अंडे सेने के लिये उड़ीसा के इस तटवर्ती क्षेत्र तक आती है। ये कछुये हजारों की तादाद में प्रतिवर्ष आते हैं और ऐसा वे हजारों वर्षों से कर रहे हैं। दुनिया भर में वे केवल तीन ज्ञात जगहों पर प्रजनन करते ओर अंडे देते हैं। उड़ीसा समुद्री तट के अतिरिक्त दूसरे दो क्षेत्र पैसिफिक मैक्सिको और पैसिफिक कोस्टारिका हैं। ये कछुये गहरी माता अभयारण्य के क्षेत्र के अन्य समीपवर्ती क्षेत्र यथा ऋषिकुल्य नामक समुद्री तट पर भी अंडे देते हैं।

हजारों की संख्या में आकर सामूहिक रूप से घोंसले बनाकर अंडा देना प्रकृति की विचित्र लीला है। इसे स्पेनिश भाषा में 'अर्रीबादा' (मासनेस्टिंग) कहा जाता है। ये प्रवासी कछुये उड़ीसा के तट पर रेत में लाखों की संख्या में अंडे देते हैं । एक गर्भवती मादा कछुआ रात में समुद्र से तैरकर समुद्र तट पर आती है और समुद्र की रेत में अंडे दबाकर लौट जाती है। एक ही मादा एक बार गर्भिणी होकर अनेक बार आकर 100 से 150 अंडे दे देती है। हर बार कुछ अंडे देकर वह फिर समुद्र में लौट जाती है। परन्तु इतने सारे अंडे होने पर भी 1000 अंडों में एक ही कछुआ युवावस्था तक जीवित रह पाता है। इनकी मृत्यु दर अधिक है।

इन कछुओं का वैज्ञानिक अध्ययन सैटेलाइट टेलिमेट्री विधि से किया जाता है। जेनेटिक अध्ययनों से यह साबित हुआ है कि भारत में आने वाले ये कछुये इसी तरह के श्रीलंका में पाये जाने वाले कछुओं से भिन्न जाति के हैं। इस प्रजातीय अंतर के कारण वे भारतीय वन्य प्राणियों में विशिष्ट हैं और इस तरह गहरी माता भी एक विशिष्ट अभयारण्य कहा जायेगा।

गहरी माता अभयारण्य आलिव रिडले टर्टल कछुओं का विश्व का सबसे बड़ा प्राकृतिक प्रजनन केन्द्र है।

संकट : गहरी माता के आलिव रिडले कछुओं पर धर्मा बंदरगाह से उपजे संकट

की विश्व भर में चर्चा है। गहरी माता अभयारण्य आलिव रिडले समुद्री कछुओं की प्रजाति के लिये प्रसिद्ध है। एक अनुमान के अनुसार इस अभयारण्य में प्रतिवर्ष प्रसवकाल की अवधि में 2,50,000 आलिव रिडले कछुये यहां दूर समुद्रों से आकर घोंसले बनाते हैं और अंडे देते हैं। समझा जाता है कि इस प्रजाति के कछुओं का यह संरक्षित क्षेत्र भारत का ही नहीं विश्व का सबसे बड़ा प्राकृतिक प्रजनन केंद्र है।

आलिव रिडले कछुओं के संरक्षण में तत्पर एक अंतर्राष्ट्रीय गैर सरकारी संगठन (एन. जी. ओ.) ग्रीनपीस का नाम उल्लेखनीय है, जो आलिव रिडले कछुओं के आसन्न संकटों पर अंतर्राष्ट्रीय ध्यान खींचने का कार्य करती रहती है।

इस संगठन का यह मानना है कि उड़ीसा में बन रहा धर्मा बंदरगाह आलिव रिडले कछुओं के लिये जीवन मरण का प्रश्न पैदा कर चुका है। धर्मा बंदरगाह उड़ीसा के समुद्री तट पर गहरी माता से 25 किलोमीटर की सीधी दूरी पर टाटा उद्योग समूह द्वारा निर्मित किया जा रहा है। संगठन का मानना है कि इस बंदरगाह के निर्माण से ऐसी परिस्थितियों का निर्माण हो जायेगा कि गहरी माता तट पर आने वाले लाखों कछुये प्रजनन नहीं कर सकेंगे। ध्यातव्य है कि टाटा स्टील, लार्सन एंड ट्यूबरो के संयुक्त उद्यम द्वारा धर्मा बंदरगाह भारत का सबसे गहरा बंदरगाह होगा, इसके पूरा होने की संभावना अप्रैल 2010 तक है। पर्यावरणविदों का मानना है कि बंदरगाह के निर्माण के पश्चात बंदरगाह की रोशनी समुद्री कछुओं के लिये भटकाव पैदा करेगी। बंदरगाह की ड्रेजिंग से समुद्री तट रेखा की रेत की तादाद में फर्क पड़ेगा और जब बंदरगाह का विकास होगा तब बंदरगाह से संबंधित अनेक उप औद्योगिक इकाइयां क्षेत्र में विकसित होंगी और तब समुद्री कछुओं का भविष्य नष्ट हो जायेगा।

ग्रीन पीस संगठन ने टाटा पर पूरा दबाव बनाने का प्रयास किया है ताकि धर्मा बंदरगाह न बने पर इसकी संभावना कम ही है, परंतु इस विरोध का इतना असर तो अवश्य हुआ है कि पोर्ट अथारिटी डी. पी. सी. एल. ने संरक्षण (कंजर्वेशन) संस्था की सेवायें लेने का निश्चय किया है, जैसे उसने आई. यू. सी. एन. से प्रस्तावित बंदरगाह में की विशेष विद्युत व्यवस्था की सलाह ली है।

जहां तक बंदरगाह के बनने से हो रहे संकट का प्रश्न है वहां यह बात स्पष्ट है कि बंदरगाह बनने की प्रक्रिया में ही कुछ ऐसा देखा गया जिससे आलिव रिडले कछुओं के भविष्य पर प्रश्नचिन्ह लगता दीख रहा है। दो वर्ष पहले (वर्ष 2007) जब बंदरगाह में ड्रेजिंग (समुद्र के तले से कीचड़, मिट्टी निकालने) का कार्य प्रारंभ हुआ तब उस वर्ष आलिव रिडले कछुये 'अर्रिबादास' या मास नेस्टिंग (बड़ी संख्या में प्रजननोपरांत घोंसले) घोंसले के लिये गहरी माता नहीं आये।†

अर्रिबादास या मास नेस्टिंग अक्सर मार्च के महीने में होती है। इस वर्ष (वर्ष 2009) में 21 मार्च से 25 मार्च के बीच एक लाख सत्तर हजार कछुये गहरी माता पहुंचे।

आलिव रिडले कछुओं के संरक्षण की चिंता पर्यावरणविद् पिछले तीस वर्षों से कर रहे हैं। इन तीस वर्षों में अनेक संकट आते-जाते रहे हैं। विश्व के जिन तीन स्थानों में 'अर्रिबादास' होता है उनमें से दो 'गहरी माता' और 'ऋषिकुल्या' उड़ीसा के समुद्री क्षेत्र में एक-दूसरे से बहुत दूर नहीं हैं।

† *स्रोत :* अमित भट्टाचार्य, 'ग्रीन ग्रुप यूजेस नानो टु हिट टाटाज आन ओरिसा टर्टल्स', टाइम्स ऑफ इंडिया, 7 अप्रैल, 2009

गामुल सियाहबेही

संरक्षित क्षेत्र : अभयारण्य
विस्तार : 09 वर्ग किलोमीटर
स्थिति : हिमाचल प्रदेश
समीपवर्ती नगर : चंबा
उत्तम भ्रमणकाल : अप्रैल से जून
पारिस्थितिकी : सूचिपर्ण वन
वन्य पशु–पक्षी : कस्तूरी मृग, गोरल, सीरो, हिमालयी रीछ, पक्षी।

गामुल सियाहबेही अभयारण्य की स्थापना चम्बा जिले में वर्ष 1974 में हुई थी। इस अभयारण्य की स्थापना वर्ष 1974 में हुई थी। ऊंचाई पर स्थित होने के कारण यहां पर हिमालयी मेष छाग को देख पाना सरल है। इस अभयारण्य में हिमालयी रीछ भी शीतकाल में आ जाते हैं।

हिमालयी रीछ मुख्यतः उच्च अक्षांशीय वनों का हिंसक प्राणी है। अत्यधिक हिमपात के कारण जब यह हिमालय की निचली उंचाइयों तक आ जाता है तब इससे यहां बसे हुये गांवों के पालतू पशुओं को खतरा पैदा हो जाता है।

गांधारी

संरक्षित क्षेत्र : अभयारण्य
विस्तार : 509 वर्ग किलोमीटर
स्थिति : महाराष्ट्र
समीपवर्ती नगर : अमरावती
उत्तम भ्रमणकाल : अक्टूबर से मार्च
पारिस्थितिकी : अयनमंडलीय पर्णपाती वन, सागौन के वन
वन्य पशु–पक्षी : भालू, कक्कड़, चीतल, पक्षी।

गांधारी अभयारण्य में सागौन वृक्षों के अतिरिक्त, तेंदू, महुआ एवं खैर के वृक्ष भी काफी मात्रा में पाये जाते हैं। यहां पर बड़ी संख्या में चीतल और चौसिंघा पाये जाते हैं। अभयारण्य आसपास के ग्रामों के पालतू पशुओं का चारागाह क्षेत्र है जिससे वन्य पशुओं की एकान्तिकता नष्ट होती है।

गांधी सागर

संरक्षित क्षेत्र : अभयारण्य
विस्तार : 224.6 वर्ग किलोमीटर
स्थिति : मध्य प्रदेश
समीपवर्ती नगर : नीमच (60 कि.मी.)
उत्तम भ्रमणकाल : अक्टूबर से मार्च

पारिस्थितिकी : अयन मण्डलीय पर्णपाती वन, घास के मैदान
वन्य पशु-पक्षी : तेंदुआ, भेड़िया, सियार, चिंकारा, नीलगाय, चीतल, पक्षी।

गांधी सागर अभयारण्य चम्बल नदी पर स्थित बांध गांधीसागर के चारों ओर फैला है। यह अभयारण्य राजस्थान और मध्य प्रदेश की सीमा पर स्थित है, इसकी स्थापना वर्ष 1974 में हुई थी। चम्बल नदी के अतिरिक्त इस अभयारण्य की अन्य प्रमुख नदियां चेची, इरादा और कल्ती हैं, कुछ नाले भी हैं जिनमें महाना, धारा और जोगनियां प्रमुख हैं। यहां के वनों में धवा, सरई, साज, खैर और पलाश के वृक्ष प्रमुख हैं। अनेक प्रकार की घासें भी पाई जाती हैं।

संकट : अभयारण्य में नीलगाय, चिंकारा और चीतल प्रमुख वन्य पशु हैं, भेड़िया और सियार भी देखे जाते हैं।

अभयारण्य की सीमा के भीतर ही करणपुरा राजस्व ग्राम है तथा अभयारण्य की सीमा पर 8 राजस्व ग्राम हैं। इन सभी गांवों के पशु अभयारण्य में तो विचरण करते ही हैं वर्ष में एक बार राजस्थान से भी ऊंट और बकरियों को लेकर चरवाहे यहां घुस आते हैं। इस अभयारण्य की पारिस्थितिकी को सबसे अधिक नुकसान गांव वालों के बकरों-बकरियों से है जिनकी संख्या एक हजार से भी अधिक है और जो अभयारण्य में चरते रहते हैं।

अभयारण्य में पाये जाना वाला वन्य प्राणी नीलगाय है जो पालतू पशुओं के साथ घास के मैदानों में चरता हुआ देखा जा सकता है, इस वन्य प्राणी में किसी सीमा तक पालतू पशुओं के साथ तालमेल बैठाने की क्षमता है परन्तु यही बात अन्य वन्य पशुओं के साथ नहीं है। यहां पर पाये जाने वाले दूसरे प्रमुख वन्य पशु चिंकारा की संख्या में लगातार गिरावट देखने को मिली है। गांधीसागर में पक्षियों की अनेक प्रजातियां देखने को मिलती हैं। साधारणतः इन पक्षियों को चरवाहे नुकसान नहीं पहुंचाते।

गिब्बन

संरक्षित क्षेत्र : अभयारण्य
विस्तार : 17.42 वर्ग किलोमीटर
स्थिति : अरुणाचल प्रदेश
समीपवर्ती नगर : तेजु
उत्तम भ्रमणकाल : अक्टूबर से मार्च
पारिस्थितिकी : पूर्वी हिमालयी पर्वत
वन्य पशु-पक्षी : गिब्बन, पक्षी, हाथी।

उत्तर-पूर्वी भारत के प्रमुख वन क्षेत्रों में हुलंगापार आरक्षित वन क्षेत्र अपने विशिष्ट प्राणिजात के लिये प्रसिद्ध है। यह वन क्षेत्र कुल मिलाकर 2098 हेक्टेयर क्षेत्र का है। इस वन क्षेत्र को वर्ष 1997 में गिब्बन अभयारण्य घोषित किया गया। इस अभयारण्य में भारत में पाई जाने वाली 15 वानरों (प्राइमेट गण) में से 7 पाई जाती हैं। पिछले दिनों इस अभयारण्य की 336 हेक्टेयर भूमि को सड़क बनाने के लिये दे दिया गया अतः

अब इसका क्षेत्रफल 1742 हेक्टेयर बचा। गिब्बन अभयारण्य के गिब्बनों की सहायता के लिये अनेक संस्थाओं ने हाथ बढ़ाया है।†

गिब्बन अभयारण्य होलंगावर आरक्षित वन क्षेत्र में स्थित है। यह एक छोटा सा वन क्षेत्र है जो चारों ओर चाय के बागानों से घिरा हुआ है इस अभयारण्य के दक्षिण-पूर्व तथा दक्षिण-पश्चिम भागों में रेलवे लाईन भी है। अभयारण्य के उत्तर मे मधुपुर गांव है जो लगभग पूरे अभयारण्य की उत्तरी सीमा को घेरे हुये है। यही स्थिति पूर्व की ओर है जहां लखीमपुर गांव है। चारों ओर धान के खेतों और चाय के बागानों से घिरे हुये इस अभयारण्य के पूर्व में चाय बागानों के पार डिस्सोई रिजर्व वन हैं परन्तु यह अभयारण्य इन वनों से अलग-थलग है। इसका परिणाम यह है कि यहां पर पाये जाने वाला प्राणिजात नितांत एकाकी पारिस्थितिकी में समय गुजार रहा है। यहां पर रहने वाले गिब्बन अपनी प्राकृतिक आवाज भी नहीं करते क्योंकि ये सभी पास-पास रह रहे हैं और उन्हें किसी का ध्यान आकर्षित करने की आवश्यकता नहीं है। इस अभयारण्य में कितने गिब्बन बचे हैं यह ठीक ज्ञात नहीं किंतु वर्ष 2004 तक यहां पर 65 गिब्बन थे जो 17 परिवारों में रह रहे थे।

इस तरह ये अपनी मूल प्रकृति को भूलते जा रहे हैं। यहां का दूसरा प्रमुख वानर शूकर पुच्छ वानर है। इनके अतिरिक्त अन्य वानर भी यहां पाये जाते हैं।

इस छोटे से अभयारण्य में हाथियों का एक छोटा झुंड जिसमें लगभग 20-25 हाथी हैं भी निवास करता है जो जब भी इस अभयारण्य से बाहर निकलता है समीपवर्ती ग्रामों के निवासियों के कोप का शिकार होता है। ये हाथी धान के खेतों की फसल को नुकसान पहुंचाते हैं।

गिर

संरक्षित क्षेत्र : राष्ट्रीय उद्यान
विस्तार : 258 वर्ग किलोमीटर
स्थिति : गुजरात
समीपवर्ती नगर : वेरावल (42 कि.मी.)
उत्तम भ्रमणकाल : दिसंबर से अप्रैल
पारिस्थितिकी : शुष्क अयनमंडलीय पर्णपाती वन, शुष्क कांटेदार झाड़ियां
वन्य पशु-पक्षी : सिंह, सांभर, नीलगाय, चीतल, पक्षी।

गिर संरक्षित क्षेत्र में 258 वर्ग किलोमीटर का नाभिक क्षेत्र राष्ट्रीय उद्यान है तथा उसके चारों ओर फैला 1153 वर्ग किलोमीटर का क्षेत्र अभयारण्य है। गिर का वन क्षेत्र स्वतंत्रता के पूर्व भी जूनागढ़ के नवाब द्वारा आरक्षित क्षेत्र घोषित कर दिया गया था। उस समय सिंहों की गिरती संख्या के कारण वे ब्रिटिश अधिकारियों की सलाह से सहमत हुये। सिंहों को तब भी पूर्ण सुरक्षा की आवश्यकता थी। स्वतंत्रता के पश्चात वर्ष 1948 से इन वनों में शिकार पर पूर्ण प्रतिबंध लगा दिया गया। गिर संरक्षित क्षेत्र पूर्व जूनागढ़ रियासत से 65 किलोमीटर दक्षिण-पूर्व में स्थित है।

† *स्रोत :* 'यू. एस. ग्रुप एक्सटेन्ड्स हेल्प टु गिब्बन्स,' दि टेलिग्राफ, 25/9/2004

गिर के एशियाई सिंह

सिंह (पेन्थरा लियो) का वितरण अफ्रीका में सहारा के दक्षिण में है। यह सिंह की अफ्रीकी प्रजाति है (पैन्थरा लिओ लिओ), सिंह की दूसरी प्रजाति दक्षिण-पश्चिमी एशिया और पश्चिमोत्तर भारत में पाई जाती थी, परंतु ऐतिहासिक काल में एशियाई सिंह (पैन्थरा लिओ पर्शिकस) की यह प्रजाति भारत को छोड़ अन्य देशों में विलुप्त हो चुकी है। भारत में इसका विस्तार केवल दो शताब्दियों पूर्व तक पूर्व में उत्तर प्रदेश और बिहार की सीमा तक था। सिंह नर्मदा घाटी के उत्तरी वनों में पाये जाते थे, किंतु पिछले दो सौ वर्षों में भारतीय क्षेत्र में भी सिंह केवल गुजरात के गिर वनों को छोड़कर शेष सभी क्षेत्रों से विलुप्त हो चुका है। इस तरह गुजरात का गिर वन क्षेत्र एशियाई सिंहों की अन्तिम शरणस्थली है। गिर प्रोटेक्टेड एरिया (गिर संरक्षित क्षेत्र) में एशियाई सिंहों की बची हुई संख्या जो कि लगभग 350 है, निवास करती है। इस तरह सिंहों की वन्य संख्या गिर वनों के एकमात्र क्षेत्र में सिमट कर रह गई है।

गिर राष्ट्रीय उद्यान में एशियाई सिंह की बची हुई संख्या सुरक्षित है और उसमें यथेष्ट वृद्धि भी हुई है परन्तु विशेषज्ञों का मानना है कि गिर के वनों में सीमित सिंहों का यह समूह अत्यधिक अंतर्प्रजनन के भार से प्रभावित है। यह विकास की दृष्टि से एक चिन्ताजनक संकेत है। जेनेटिक अध्ययन यह इंगित करते हैं कि इस प्रकार के समूहों में कतिपय रोगों की प्रतिरोधक क्षमता बहुत ही कम हो जाती है और जब इन समूहों में इस प्रकार के रोग फैलते हैं तो उन समूहों में मृत्यु दर इतनी अधिक बढ़ जाती है कि समूह का अस्तित्व भी खतरे में पड़ जाता है। दूसरे शब्दों में गिर के एशियाई सिंहों में विडाल वंश में फैलने वाली यदि कोई महामारी फैल जाये तो उन्हें बचाना संभव न होगा। इस प्रकार की महामारियां अप्रत्याशित भले ही हों परंतु उनका दुष्प्रभाव बहुत अधिक होता है। मसलन अफ्रीकी प्रजाति के सिंहों की एक बड़ी संख्या अफ्रीका के विश्वप्रसिद्ध सेरेंगटी राष्ट्रीय उद्यान में पाई जाती है, वर्ष 1994 में विश्व के इस प्रसिद्ध राष्ट्रीय उद्यान में सिहों में एक महामारी फैल गई, यह महामारी 'मार्बिली वायरस' द्वारा फैली थी और उसका प्रभाव विजल वंश की बीमारी 'कैनाइन डिस्टेम्पर' के सदृश होता है। सेरंगटी राष्ट्रीय उद्यान के सिंहों की 85 प्रतिशत संख्या इस रोग से पीड़ित हुई और देखते-ही-देखते इस रोग ने इस राष्ट्रीय उद्यान के सिंहों की एक तिहाई संख्या का सफाया कर दिया।

एशियाई सिंहों का केवल गिर के वनों में केन्द्रित रहना सिंहों के लिये कुछ दूसरे प्रकार के खतरों के कारण भी विशेषज्ञों द्वारा उचित नहीं माना जाता। इन खतरों में प्राकृतिक आपदायें शामिल हैं। उदाहरण के लिये सभी संरक्षित क्षेत्रों में जब-तब आग लगती रहती है। इन वन्य आगों या दावानलों से सभी वन्य प्राणियों को हानि पहुंचती हे परन्तु जब प्राणी 'सिंह' हो तब यह आपदा अत्यंत भीषण ही कही जायेगी। विगत एक वर्ष (जनवरी 2008 से फरवरी 2009) में ही कम-से-कम चार या पांच-दावानल की घटनायें गिर के अलग-अलग क्षेत्रों में हो चुकी हैं : पहली घटना 22 जनवरी 08 की है जिसमें शबरीकुण्डला की मित्याला पर्वत श्रेणी के 500 एकड़ का वन क्षेत्र आग के हवाले हुआ। दूसरी घटना 13 मार्च 08 की है जिसमें तुलसीशिष्यम पर्वत श्रेणी में धन्टूला पहाड़ी और हनुमान गाला के बीच का 85 हेक्टेयर का वन क्षेत्र दावानल से प्रभावित हुआ। तीसरी घटना 4 अप्रैल 08 की है जिसमें पूर्वी गिर वनों के हडाडा वन क्षेत्र के 125 हेक्टेयर

क्षेत्र में आग फैल गई थी। और चौथे, 9 जनवरी 08 को दल्खानियां पर्वत माला के एक छोटे से वन क्षेत्र में आग का फैलाव हुआ पर जिसे मात्र 40 मिनट में काबू कर लिया गया। अंतिम घटना 17 एवं 18 फरवरी 09 को हुई। गिर वनों के पूर्वी क्षेत्र में मित्याला पर्वत श्रेणी के खम्बा वन क्षेत्र में यह आग फैली जिसे काबू कर लिया गया, इस घटना से कोई भी वन्य प्राणी मृत नहीं देखा गया।

गिर में सभी आगजनी की घटनायें प्राकृतिक आपदा के रूप में ही हुईं, अन्य वनों में बहुत बार दावानल का कारण मनुष्य की लापरवाही भी होता है। वनों में घास बहुत सघन हैं और वह छह फुट ऊंची तक ऊगती है। जब यह घास मौसमी गर्मी के कारण सूख जाती है तब इसमें घर्षण के कारण आग लगने का खतरा पैदा हो जाता है। एक बार आग लग जाने पर इस सूखी घास में वह बहुत तेजी से फैलती है। यहां यह भी ध्यान देने योग्य है कि गिर के इस वन क्षेत्र में बहुत कम वर्षा होती है। अतः यहां की घास अत्यंत शुष्क हो जाती है।

चूंकि आग लगने की आपदा की आशंका संरक्षित क्षेत्रों में होती ही है अतः उनके प्रबंधन की भी व्यवस्था होती है। गिर वनों में 200 वन्यकर्मी इस प्रकार की आपदा से निपटने को तैयार रहते हैं, यही कारण है कि गिर में विगत कुछ वर्षों में दावानल की घटनाओं में वन्य पशुओं को हानि नहीं पहुंची। यह ठीक है कि दावानल से सिंहों को क्षति नहीं पहुंची परन्तु इससे जो सबसे बड़ी हानि होती है वह यह कि वनों के सिंह आग लगने पर अपने सीमा क्षेत्र से भटक जाते हैं। यह एक कष्टप्रद स्थिति है क्योंकि सिंहों में अपने सीमा क्षेत्र को किसी दूसरे सिंह से बचाने की प्रवृत्ति होती है। आग लगने पर भटकाव की स्थिति में सिंह अपनी सीमाओं को छोड़कर दूसरे सिंहों की सीमा में अनजाने में प्रवेश कर जाते हैं और तब नर सिंहों में खतरनाक युद्ध होने की संभावनायें बढ़ जाती हैं। यदि क्षेत्र बहुत विस्तृत हो तभी सिंहों के आपसी टकराव की घटनायें टल सकती हैं।

उपर्युक्त दोनों प्रकार की समस्याओं अर्थात अंतर्प्रजनन और दावानल की समस्या को हल करने के लिये गुजरात सरकार कुछ सिंहों के जोड़ों को गुजरात के अन्य अभयारण्यों में पुनर्स्थापित करने की योजना बना चुकी है ऐसा ही एक अभयारण्य बारदा है जो पोरबन्दर के समीप है।

पिछले कुछ वर्षों में मध्य प्रदेश के कूनो पालपुर अभयारण्य में भी गिर वनों के 8–10 सिंहों को पुनर्स्थापित करने की योजना बनी थी किंतु गुजरात सरकार ने गिर के वनों से सिंहों को भेजने पर आपत्ति की और मामला जस-का-तस बना रहा। इसके पहले उत्तर प्रदेश में सिंहों की पुनर्स्थापना योजना बुरी तरह से असफल हो चुकी है।

गिर राष्ट्रीय उद्यान में सिंहों की संख्या

इक्कीसवीं सदी के वर्षों में गिर राष्ट्रीय उद्यान में सिंहों की कुल संख्या 300 के आसपास स्थिर होती लग रही है। वर्ष 2005 में सिंहों की कुल संख्या 359 गिनी गई थी। यह तब था जबकि इसी वर्ष भारत में बाघों की संख्या में भारी गिरावट देखी गई थी। पिछली शताब्दि के कतिपय वर्षों में सिंहों की संख्या कुछ इस प्रकार थी–

सिंहों की पारिवारिक संरचना

गणना वर्ष	नर	मादा	शावक	सिंहों की कुल संख्या
1950	(वयस्क सिंह 179/187)		40	219/227
1955	141	100	49	290
1963	82	134	69	285
1968	60	66	51	177
1974	53	77	50	180
1979	65	82	56	205

उपर्युक्त तालिका से यह स्पष्ट होता है कि वन्य प्राणी अधिनियम 1972 के पश्चात स्थिति में सुधार आया और फिर कभी भी सिंहों की संख्या में गिरावट नहीं देखी गई।

गिर में बढ़ती हुई सिंहों की संख्या

विगत कुछ वर्षों की सिंह गर्जनाओं से यह सुनिश्चित ही है कि गिर संरक्षित क्षेत्र में 350 सिहों की संख्या निवास करती है। सिंहों की गणना का कार्य साधारणतः अप्रैल के अंतिम सप्ताह में किया जाता है। गणना के लिये संपूर्ण सिंह क्षेत्र को 286 बीट्स (देखरेख इलाका) में बांटा जाता है फिर इन्हें 90 सब जोन्स (उपमंडलों) में संयोजित किया जाता है। ये 90 उपमंडल 26 मंडलों के अंतर्गत होते हैं। सामान्य तौर पर यह गणना 24 घंटे में पूरी की जाती है। इन 24 घंटों को दो कालखंडों में विभाजित किया जाता है। सभी सिंह संरक्षित क्षेत्र की सीमा रेखा में पाये जाते हों ऐसा नहीं है। वर्ष 2005 में 68 सिंह संरक्षित क्षेत्र की सीमा के बाहर पाये गये। इनमें से 39 सिंह लिलिया, शावरकुण्डला और जेसर के घास के मैदानों में पाये गये।[†] ध्यातव्य है कि ये घास के मैदान गिर संरक्षित क्षेत्र से 40 से 60 किलोमीटर की दूरी तक स्थित हैं। पिछले एक दशक से सिंह संरक्षित क्षेत्र से इतनी दूरी तक भ्रमण करते पाये गये हैं। यह एक आश्चर्य का विषय है कि सिंह जनसंकुल इलाकों को पार करते हुये दूर–दूर तक की यात्रायें कर रहे हैं। वस्तुतः वर्ष 2009 में तो यह पाया गया कि सिंह पोरबन्दर के समुद्री तट तक पहुंच चुके हैं और अब उनके लिये इन नये क्षेत्रों में भी नये संरक्षित क्षेत्र बनाने होंगे।

गिर संरक्षित क्षेत्र के अतिरिक्त गिरनार में भी सिंहों की संख्या में वृद्धि हुई है। सिंहों के पुराने संरक्षित क्षेत्र जूनागढ़ के तटीय प्रदेश तक सिंह पाये जा रहे हैं। वर्ष 2005 में गिरनार में जहां 17 सिंह देखे गये वहां जूनागढ़ क्षेत्र में बारह।

गिर संरक्षित क्षेत्र में सिंहों की गणना (वर्ष 2005) विवादों के घेरे में तब आई जब एक जनहित याचिका में कहा गया कि सिंहों की गणना के लिये जीवित चारे (बेट) का प्रयोग किया जा रहा है। ये जीवित चारे बूढ़े भैंसे थे। गुजरात उच्च न्यायालय ने इस प्रथा पर तुरंत रोक के आदेश दिये।[††]

गिर संरक्षित क्षेत्र में वहन क्षमता से अधिक सिंह हो चुके हैं अतः एक बृहत्तर गिर की आवश्यकता है जिसमें मित्याना, जेसर, हिपावली और पनिया के वन भी शामिल हों।

† *स्रोत :* 'ग्रेटर गिर फार राइजिंग लाइन पापुलेशन मूटेड', दि हिन्दू, 12/4/2005

†† हिमांशु कौशिक, 'डिस्पाइट बान लाइव बेट यूज्ड इन गिर लाइन सेन्सस', दि टाइम्स ऑफ इंडिया, 25/4/2005

गुजरात

स्थिति : भारत का पश्चिमी राज्य
भौगोलिक क्षेत्र : 196024 वर्ग किलोमीटर, वनों के अंतर्गत क्षेत्र 19393 वर्ग किलोमीटर (9.89%)
संरक्षित क्षेत्र : राष्ट्रीय उद्यान 04, अभयारण्य 21
प्रादेशिक पारिस्थितिकी : प्राणि-भौगोलिक परिमंडल – भारतीय मरुभूमि/प्राणिज प्रदेश – कच्छ तथा प्राणि-भौगोलिक – अर्धशुष्क/प्राणिज प्रदेश – गुजरात रजवाड़ा
प्रदेश का प्रतीक पशु : सिंह (पैन्थरा लियो पर्सिका)
प्रदेश का प्रतीक पक्षी : राजहंस (फीनीकोप्टेरस रूयूबर)
प्रदेश का प्रतीक वृक्ष : घोषित नहीं
प्रदेश का प्रतीक पुष्प : घोषित नहीं

भारत के इस पश्चिमी प्रदेश में वनाच्छादित भाग 10 प्रतिशत से भी कम है परंतु विशाल प्रदेश होने के कारण इतने छोटे प्रतिशत में भी भारत के कुछ अतिविशिष्ट प्राणी यहां पाये जाते हैं साथ ही भारत के कुछ विशाल संरक्षित क्षेत्र भी यहां पर हैं । गुजरात भारत ही क्या विश्व का एकमेव क्षेत्र है जहां एशियाई सिंह पाये जाते हैं। भारत का विशाल 'रन क्षेत्र' एक विशिष्ट प्राकृतिक स्थल है यहां पर भारत का प्रसिद्ध वन्य रासभ पाया जाता है। यहां पर वाइल्ड एश सेंक्चुअरी या वन्य रासभ अभयारण्य के अतिरिक्त धारगधरा (धागध्रा) अभयारण्य है, जिनके वन्य रासम संरक्षित हैं। गुजरात राजहंसों के लिये प्रसिद्ध है साथ ही कृष्णमृगों के सबसे बड़े और सबसे अधिक संरक्षित क्षेत्र इसी राज्य में हैं। भारत के अन्य राज्यों में जहां बस्टार्ड का संरक्षण लगभग असफल साबित हो चुका है वह यहां पर सफल रहा है। नल सरोवर और नारायण सरोवर अभयारण्य प्रवासी पक्षियों के लिये स्थापित किये गये संरक्षित क्षेत्र हैं।

गुजरात में राजस्थान के विश्नोई समाज की संख्या काफी अधिक है। विश्नोई समाज का अपनी परंपराओं के कारण प्रकृति संरक्षण में बहुत बड़ा महत्व है। चिंकारा और कृष्णमृग तो भय की स्थिति में विश्नोई झोंपड़ियों की तरफ दौड़कर शरण ले लेते हैं। अवर्षा की स्थिति में कृष्णमृग विश्नोई गांवों के कुओं तक आ जाते हैं। गुजरात के सौराष्ट्र क्षेत्र के संघीदा महादेव में कृष्णमृगों को वहां की सामान्य जनता द्वारा पूर्ण अभय दिया गया है और वे उस क्षेत्र में मनुष्यों से बिल्कुल नहीं डरते किंतु कच्छ के उन क्षेत्रों में जहां संरक्षक मनुष्य समाज नहीं है न केवल कृष्णमृग अन्य वन्य पशु-पक्षियों को भी निर्ममता से मारा गया और संरक्षित क्षेत्रों में ही वे सुरक्षित हैं।

जहां विगत एक चौथाई शताब्दी के काल में लगभग संपूर्ण भारत में बाघ परियोजना संकटग्रस्त रही तथा बाघों को बचाने के प्रयासों में असफलतायें ही अधिक हाथ लगीं वहां गुजरात राज्य अपने सिंहों की संख्या की समुचित सुरक्षा में पूर्ण सफल रहा है।

गुडावी

कर्नाटक प्रदेश का पश्चिमी घाट स्थित अभयारण्य, पारिस्थितिकी प्रदेश के अन्य संरक्षित क्षेत्रों की भांति।

गुंडी

संरक्षित क्षेत्र : राष्ट्रीय उद्यान
विस्तार : 2.7 वर्ग किलोमीटर
स्थिति : तमिलनाडु
समीपवर्ती नगर : चेन्नई (1 कि.मी.)
उत्तम भ्रमणकाल : वर्ष भर
पारिस्थितिकी : प्रायद्वीपीय भारतीय
वन्य पशु-पक्षी : अनेक प्रजातियों के प्राणियों को यहां एकत्रित कर सुरक्षित रखा गया है।

गुंडी संरक्षित क्षेत्र तमिलनाडु और भारत के प्रसिद्ध नगर चेन्नई की नगरपालिका निगम के सीमा क्षेत्र के भीतर ही स्थित है, यह चेन्नई रेल्वे स्टेशन से लगभग 1 किलोमीटर की दूरी पर है। यह संरक्षित क्षेत्र वस्तुतः एक विशाल चिड़ियाघर और सद्रीउद्यान है जिसमें भारत के समुद्र क्षेत्रों से अनेक वन्य प्राणियों का लाकर रखा गया है। सर्प उद्यान और मत्स्य क्षेत्र इस संरक्षित क्षेत्र की विशेषता है।

इस विशाल चिड़ियाघर को राष्ट्रीय उद्यान का दर्जा प्रदान कर दिया गया है।

गुन्डल ब्रह्मेश्वरम

आंध्र प्रदेश में रोल्लापाडु अभयारण्य के समीप स्थित अभयारण्य, पारिस्थितिकी प्रदेश के अन्य संरक्षित क्षेत्रों की भांति।

गुमटी

त्रिपुरा की पूर्वी पहाड़ियों में स्थित अभयारण्य, पारिस्थितिकी प्रदेश के अन्य संरक्षित क्षेत्रों की भांति।

गुलमर्ग

संरक्षित क्षेत्र : अभयारण्य
विस्तार : 180 वर्ग किलोमीटर
स्थिति : जम्मू एवं काश्मीर
समीपवर्ती नगर : श्रीनगर

उत्तम भ्रमणकाल : अप्रैल से अक्टूबर
पारिस्थितिकी : उच्च अक्षांशीय आर्द्र पर्णपाती वन, सूचिपर्ण वन
वन्य पशु–पक्षी : हिमालयी रीछ, हिमालयी छाग-मेष, पक्षी।

गुलमर्ग का प्राचीन नाम गौरी मार्ग है, यह नाम अब भी यहां के खानाबदोशों में प्रचलित है। गौरी मार्ग का नाम सोलहवीं सदी में सुल्तान यूसुफ शाह ने बदला। कहा जाता है वह यहां पर खिले फूलों को देखकर बहुत प्रभावित हुआ था। मुगल सम्राट जहांगीर भी गुलमर्ग के फूलों की सुन्दरता का कायल था, कहा जाता है एक बार उसने 21 प्रकार के अत्यंत सुंदर फूलों को यहां चुना था। इस तरह गुलमर्ग प्राचीन समय से ही अपनी प्राकृतिक सुन्दरता के लिये विख्यात रहा है। गुलमर्ग पश्चिमी हिमालय के विरल मृग 'काश्मीरी हरिण' के लिये भी प्रसिद्ध है, दूसरा हिमालयी पशु 'भारल' भी इस अभयारण्य में देखा जा सकता है।

गुलमर्ग अभयारण्य काश्मीर का प्रसिद्ध पर्यटन केन्द्र है, यहां विविध प्रकार के वन पाये जाते हैं, यह प्राकृतिक सौंदर्य के लिये विख्यात है। गुलमर्ग अपने फूलों के मैदान, गोल्फ के मैदान तथा शीतकालीन खेलों के लिये पर्यटकों की पसंद है। गुलमर्ग के समीप ही खिलमर्ग भी है जिसका फूलों का मैदान भी प्रसिद्ध है। गुलमर्ग श्रीनगर से 56 कि.मी. की दूरी पर स्थित है। साधारण मौसम में श्रीनगर से गुलमर्ग बस या टैक्सी से पहुंचा जा सकता है पर शीतकाल में गुलमर्ग से 11 किलोमीटर पहले टनमर्ग तक बड़े वाहन पंहुचते हैं उसके बाद छोटे वाहनों का सहारा लिया जाता है। गुलमर्ग वस्तुतः वर्ष भर भ्रमण योग्य पर्यटन स्थल है।

शीलकाल में बर्फवारी होने के कारण भारी ऊनी वस्त्रों की जरूरत होती है अन्यथा साधारण ऊनी वस्त्र अपर्याप्त हैं। गुलमर्ग की यात्रा वस्तुतः बहुत ही विशिष्ट है। श्रीनगर से गुलमर्ग तक रंगीन फूलों वाले वृक्षों की हरियाली देखते बनती है हालांकि टनमर्ग से आगे की दूरी में तेज चढ़ाई है और यहां 'फिर' वृक्षों से ढंकी पहाड़ियों के दृश्य मिलना प्रारंभ हो जाते हैं। इस छोटी दूरी में एक सैलानी प्वाइंट 'व्यूप्वाइंट' कहलाता है, यहां पर हिमालय की हिमाच्छादित चोटी इतने पास है कि लगता है उसी की छांव में खड़े हों। गुलमर्ग 2650 मी. की ऊंचाई पर है, यहां दुनिया का सबसे अधिक ऊंचाई पर स्थित 'ग्रीन गोल्फ' का मैदान है। शीतकाल में गुलमर्ग भारत का प्रसिद्ध 'स्की–रिसोर्ट' भी है।

गूगामल

संरक्षित क्षेत्र : राष्ट्रीय उद्यान
विस्तार : मेलघाट टाइगर रिजर्व का भाग
स्थिति : महाराष्ट्र
समीपवर्ती नगर : अकोट (50 कि.मी.)
उत्तम भ्रमणकाल : अक्टूबर से मार्च
पारिस्थितिकी : पर्णपाती वन
वन्य पशु–पक्षी : शेर, तेंदुआ, हरिण, जंगली कुत्ते, नीलगाय, पक्षी।

गूगामल राष्ट्रीय उद्यान मेलघाट टाइगर रिजर्व का भाग है। गूगामल राष्ट्रीय उद्यान तथा मेलघाट अभयारण्य को मिलाकर वर्ष 1973 में टाइगर रिजर्व बनाया गया है।

मेलघाट टाइगर रिजर्व का कुल क्षेत्रफल 1674 वर्ग किलोमीटर है। इस विशाल वन्य क्षेत्र में स्थित यह राष्ट्रीय उद्यान अपने बाघों के लिये प्रसिद्ध है परन्तु विशाल क्षेत्रफल होने के कारण यहां की बड़ी बाघ जनसंख्या जो कि इस शताब्दी के प्रारंभिक वर्षों में लगभग 80 कही जाती थी कभी भी बहुत प्रभावी नहीं मालुम हुई। वन अधिकारियों के अनुसार इस विशाल क्षेत्र के अनुपात में यह बड़ी संख्या भी कम प्रतीत होती रही है। वर्ष 2010 के पश्चात इन संख्याओं पर प्रश्नचिन्ह लगने लगे हैं। आज भी गूगामल राष्ट्रीय उद्यान में आधुनिकता का प्रभाव आसपास के क्षेत्रों की तुलना में काफी कम है।

अध्ययनों के अनुसार इस राष्ट्रीय उद्यान में 264 प्रजातियों के पक्षी पाये जाते हैं। यहां पर पाये जाने वाले पशुओं की वही प्रजातियां हैं जो उपमहाद्वीप में पाई जाती हैं। यहां का ऊंचा शिखर 'पंचबोल प्वाइंट' है जहां से सतपुड़ा पर्वत के पांच शिखर देखे जा सकते हैं।

गूगामल राष्ट्रीय उद्यान में कुछ अत्यंत प्राचीन ढंग से जीवन यापन करने वाली जनजातियां पाई जाती हैं जिनमें कोरकू जनजाति प्रमुख है। यह जनजाति रावण को अपना पूर्वपुरुष मानती है। यहां का एक गहरा कुंड जिसे भीमकुंड भी कहा जाता है, सघन वन के मध्य में स्थित है जहां पर वन्य पशुओं की अनेक प्रजातियां देखी जा सकती हैं।

गेन्गपुई

संरक्षित क्षेत्र : अभयारण्य
विस्तार : 110 वर्ग किलोमीटर
स्थिति : मिजोरम
समीपवर्ती नगर : लुगले
उत्तम भ्रमणकाल : अक्टूबर से मार्च
पारिस्थितिकी : आर्द्र अयनमंडलीय पर्णपाती वन
वन्य पशु-पक्षी : हाथी, तेंदुये, लंगूर, वानर, पक्षी।

गेन्गपुई (न्गेन्गपुई) अभयारण्य मिजोरम-बंगलादेश सीमा पर फैला हुआ है। यह एक समृद्ध प्राणिजात वाला वन्य क्षेत्र है। इस क्षेत्र की लगभग पूरी जनसंख्या आदिवासी है जिसे वन्य प्राणियों के शिकार में बेहद दिलचस्पी है।

मिजोरम पहाड़ियों का प्रदेश है, ये पहाड़ियां नदियों के दोनों ओर फैली हुई होती हैं। गेन्गपुई अभयारण्य में भी ऐसी ही पहाड़ियों के बीच बहने वाली नदियों के संकरे मैदानों में रेखीय प्ररूप के जनजातीय अधिवास मिलते हैं। इन अधिवासों के चारों ओर संकरे खेत होते हैं जिनमें चावल तथा दूसरी फसलें पैदा की जाती हैं। पहाड़ियों के बीच के इन क्षेत्रों में जंगली हाथियों के पुराने मार्ग हैं अत: वे जब यहां से निकलते हैं तो इनका टकराव आदिवासी शिकारियों से होता है जो वन्य प्राणियों के शिकार में खूब रुचि लेते हैं।

बदलते हुये जमाने, नियम और कानून की इन्हें न तो विशेष जानकारी है और यदि है भी तो उस पर अमल करने की उनकी इच्छा भी कम है। वन विभाग इन शिकारी आदिवासियों के शिकार की आदत को विकास कार्य कराकर समाप्त करना चाहता है

परंतु इसका प्रतिफल बहुत उत्साहवर्धक नहीं है। उदाहरण के लिये (वर्ष 2003) जब गेन्गपुई अभयारण्य की सीमा के भीतर ही दो वन्य हाथियों का शिकार कर लिया गया तब वन अधिकारियों का सब्र टूटा और उन्होंने अभयारण्य के चारों ओर बसे मम्पुई, गेन्गपुई, रुलकुआल, पैठर, सैजाव तथा बंगत्लांग गावों के लोगों से हाथियों के शिकारियों की पड़ताल में मदद मांगी तो सारे गांव वालों ने मदद देने से इन्कार कर दिया। परिणामतः वन अधिकारियों ने इन गांवों की 'इको डेवलपमेंट समितियां' भंग कर दीं। इससे विकास कार्य ठप्प हो गया। गांव वालों के इस अड़ियल रुख से सभी को नुकसान हुआ।

(स्रोत : 'पेचीडर्म पोचिंग पुट्स मिजो विलेजेस आन दि डाक', दि आसाम ट्रिब्यून, 28/6/2003)

ग्रेट इंडियन बस्टार्ड

संरक्षित क्षेत्र : अभयारण्य
विस्तार : 8496 वर्ग किलोमीटर
स्थिति : महाराष्ट्र, जिला : शोलापुर
समीपवर्ती नगर : शोलापुर
उत्तम भ्रमणकाल : नवंबर से मई
पारिस्थितिकी : मिश्रित पतझड़ वन, सागौन वन, घास के मैदान, झाड़ियां
वन्य पशु-पक्षी : तेंदुआ, जंगली बिल्ली, नीलगाय तथा बस्टार्ड।

ग्रेट इंडियन बस्टार्ड अभयारण्य की स्थापना मुख्यतः इंडियन बस्टार्ड पक्षी प्रजाति के संरक्षण के लिये की गई थी। यह भारत के वृहत्तम अभयारण्यों में से एक है। इस अभयारण्य के अधिकांश भाग में कृषि क्षेत्रों का फैलाव है।

ग्रेट इंडियन बस्टार्ड प्रजाति के पक्षी को बचाने के लिये महाराष्ट्र के इस विशाल अभयारण्य के अतिरिक्त राजस्थान, मध्य प्रदेश, गुजरात और आंध्र में भी काफी बड़े अभयारण्य हैं। ग्रेट इंडियन बस्टार्ड राजस्थान प्रदेश का 'प्रादेशिक पक्षी' भी घोषित कर दिया गया। संभवतः विश्व भर में शायद ही कोई ऐसा पक्षी होगा जिसके संरक्षण के लिये किसी भी देश में इतना क्षेत्र संरक्षित किया होगा। परन्तु आश्चर्य की बात यह है कि यह पक्षी इतना सारा धन खर्च करने और सरकारी प्रयासों के बावजूद पांचों प्रदेशों में से किसी एक में भी पर्यावरणविदों की आशानुकूल संरक्षित नहीं हो पाया। इसका कारण है कि सरकारी धन पर आयोजित गोष्ठियों में विद्वज्जन यह कहकर पल्ला झाड़ लेते हैं कि सरकार इसके संरक्षण में अपेक्षित रुचि नहीं ले रही है। यह निष्कर्ष निकालना सदैव सहज और सुखद रहा है। बहुत सी जगहों में इस पक्षी के लिये बनाये गये अभयारण्यों को बंद करने या 'डिनोटीफाइड' करने की मांगें उठती रहती हैं। क्या कारण है कि जो हिन्दुस्तानी चींटी मारने को भी पाप समझते हैं वे इस पक्षी के प्रति बहुत उदार क्यों नहीं हो रहे हैं। ठीक कारण तो शायद ढूंढ़ना मुश्किल होगा पर यह अवश्य है कि इस पक्षी को भारतीय संस्कृति में कभी सुन्दर नहीं माना गया इसी से इसका हिन्दी नाम खरमोर या गधा (जैसा असुन्दर) मोर है।

बस्टार्ड संरक्षण : भले ही भारतीय जनमानस बस्टार्ड को सुन्दर माने या न माने पर्यावरणविदों का एक विशिष्ट वर्ग उसके संरक्षण के लिये भारी चिन्ता में है और यही

कारण है कि नवंबर 2004 के 'वर्ल्ड कंजर्वेशन कांग्रेस' में यह प्रस्ताव सर्वमतेन पारित हुआ कि इस पक्षी की सभी प्रजातियों को पूर्ण संरक्षण मिलना अति आवश्यक है। भारत में बस्टार्ड संरक्षण की मुहिम को चले अब एक चौथाई शताब्दी से भी कुछ अधिक समय बीत गया है पर जनसाधारण की दृष्टि से बस्टार्ड संरक्षण के सभी प्रयास फिजूल खर्ची से अधिक कुछ नहीं हैं। जनप्रतिनिधियों ने इस विचार को बार-बार उठाया है।

ग्रेट निकोबार

संरक्षित क्षेत्र : बायोस्फियर रिजर्व

विस्तार : 1045 वर्ग किलोमीटर

स्थिति : बंगाल की खाड़ी में स्थित यह द्वीप पोर्ट ब्लेयर (भारत) से 482 कि.मी. दूर तथा सुमात्रा द्वीप (हिंदेशिया) के उत्तरी छोर से 142 कि.मी. दूर है। ग्रेट निकोबार द्वीप अंडमान निकोबार द्वीप समूह का धुर दक्षिणी द्वीप है। दक्षिणी निकोबार में कुल 11 द्वीप हैं जिनमें से चार में मनुष्य बसते हैं, शेष द्वीपों में यहां के निवासी केवल नारियल की फसल के संचय के लिये जाते हैं।

समीपवर्ती नगर : चेन्नई/कोलकाता : इस बायोस्फियर रिजर्व तक पहुंचने के लिये जलमार्ग तथा वायुमार्ग द्वारा भारतीय मुख्य भूमि के दो प्रमुख बन्दरगाहों/हवाई पट्टियों चेन्नई एवं कलकत्ता द्वारा अंडमान निकोबार की राजधानी पोर्टब्लेयर पहुंचा जा सकता है। यहां पर डिप्टी कमिश्नर, निकोबार से आवश्यक प्रशासकीय अनुमति प्राप्त करने के पश्चात इस बायोस्फियर को देखा जा सकता है। कोलकाता से पोर्ट ब्लेयर की समुद्र से दूरी लगभग 560 नाउटिकल (समुद्री) झील है।

उत्तम भ्रमणकाल : वर्ष भर

पारिस्थितिकी : ग्रेट निकोबार द्वीप की लम्बाई 55 किलोमीटर है। उत्तरी छोर 'मरेपाइन्ट' है तो दक्षिणी छोर को पिग्मेलियन पाइन्ट कहा जाता है। उत्तरी भाग में यह द्वीप अपेक्षतया अधिक चौड़ा है जहां उसकी अधिकतम चौड़ाई 30 कि.मी. तक है किंतु दक्षिण में यह द्वीप संकरा होता हुआ 3 कि.मी. चौड़ाई का रह जाता है। ग्रेट निकोबार द्वीप में दो राष्ट्रीय उद्यान क्रमशः कैम्पबेल खाड़ी तथा गालेथी स्थित है। बायोस्फियर रिजर्व में ये दोनों संरक्षित क्षेत्र सम्मिलित हैं।

वन्य पशु-पक्षी : चीतल, जंगली सुअर, चौसिंघा, लोमड़ी और पक्षी।

ग्रेट निकोबार बायोस्फियर रिजर्व की अधिसूचना वर्ष 1989 में जारी की गई। सम्पूर्ण द्वीप पहाड़ियों और पहाड़ियों की शृंखलाओं से भरा हुआ है जो साधारणतः उत्तर से दक्षिण दिशा की ओर फैली हैं। सम्पूर्ण द्वीप असमान धरातलीय क्षेत्र का है, केवल समुद्र तट के किनारे संकरी मैदानी पट्टी पाई जाती है। इस द्वीप का समुद्र तट भी अत्यंत वक्र है। ग्रेट निकोबार के पर्वतों की सबसे ऊंची चोटी माउंट थुलर (670 मी.)है, इस प्रमुख

चोटी से पांच ओर पर्वत श्रृंखलायें आगे बढ़ती प्रतीत होती हैं। इनके नाम क्रमशः दास श्रेणी, चतुर्वेदी श्रेणी, साहनी श्रेणी, मणि श्रेणी और नन्दा श्रेणी हैं। पूरे द्वीप में अनेक स्थलों पर समुद्र तट से लगी हुई ऊंची पर्वतीय ऊंचाई देखने को मिलती है जो यहां के दृश्यों को मनोहारी बना देती है। समुद्र तट पर अनेक खाड़ियां हैं जिनमें गलेठा, कैसूनिरा, वल्डोरा, गंगा बंदरगाह तथा ट्रिंकेट चेपलांग खाड़ियां प्रमुख हैं। इस द्वीप में प्रमुख पांच नदियां हैं जिनके नाम क्रमशः अलक्जेन्ड्रा, डागमार, जुबली, अमृता कौर और गलेठा हैं।

यहां की जलवायु मानसूनी है, यहां पर वर्षा अप्रैल के अंतिम सप्ताह से ही प्रारंभ हो जाती है जो दिसंबर तक चलती रहती है। नवंबर में यहां सर्वाधिक वर्षा होती है। जनवरी से मध्य अप्रैल तक मौसम ज्यादातर साफ रहता है। यहां पर जबकि उत्तर-पूर्वी मानसून से अक्टूबर से दिसंबर तक वर्षा होती है, जो कि इस द्वीप का प्रमुख काल है तो दक्षिण-पश्चिम मानसून भी मई से सितंबर तक यहां वर्षा प्रदान करता है। यहां का तापमान 25 से 35 से. तक रहता है।

अत्यधिक वर्षा और अधिक तापमान के कारण यहां की वनस्पति खूब हरी-भरी है साथ ही इसमें अनेक प्रकार के प्राणी पाये जाते हैं, यद्यपि इनमें से अधिकांश द्वीपीय प्राणी ही हैं। महाद्वीप से दूरी होने के कारण वहां महाद्वीपीय प्राणी कम पाये जाते हैं।

ग्रेट निकोबार बायोस्फियर रिजर्व को चार विभागों में बांटा जाता है–

1. उत्तरी नाभिक क्षेत्र (नार्दन कोर जोन)
2. उत्तरी बाह्य क्षेत्र (नार्दन बफर जोन)
3. दक्षिणी नाभिक क्षेत्र (सदर्न कोर जोन)
4. दक्षिणी बाह्य क्षेत्र (सदर्न बफर जोन)

ग्रेट निकोबार बायोस्फियर में वनस्पतियों की अनेक पट्टियां पाई जाती हैं। पहाड़ियों की ऊंचाई पर सदाबहार अयनमंडलीय वन पाये जाते हैं, अपेक्षाकृत ऊंचाई की पहाड़ियों पर अर्ध सदाबहार वन पाये जाते हैं फिर आर्द्र पर्णपाती वनों की पट्टी है और समुद्र तट के पास समुद्रतटीय वन तथा मैनग्रूव वन पाये जाते हैं। पहाड़ी भागों के खुले क्षेत्रों में बांसों के वन भी पाये जाते हैं।

यहां के प्रमुख स्तनपायी पशुओं में गिलहरियां, चमगादड़, काले बंदर, जंगली सुअर तथा चूहे प्रमुख हैं। समुद्र में व्हेल और ड्यूगांग पायी जाती हैं। पक्षियों में मैगापोंड, ग्रीन इंपीरियल कबूतर, निकोबार कबूतर, मौना, जंगली मुर्गे, तोते, ड्रोंगा तथा कोयल पाई जाती है। यहां के सरीसृपों में अजगर, मगर और जलीय छिपकलियां प्रमुख हैं। यहां का सबसे भारी प्राणी समुद्रीय मगर है। ग्रेट निकोबार का लगभग समूचा क्षेत्र ही संरक्षित है, केवल उन्हीं स्थानों में सामान्य जन आ सकते हैं जो प्रशासकीय क्षेत्र है। ग्रेट निकोबार के जनजातीय समूहों को भी शासन से पूर्ण सरंक्षण प्रदान किया गया है। जनजातीय समुदायों में 'शोम्पेन' जनजाति विश्व की उन गिनी-चुनी जनजातियों में से एक है जिनके सदस्यों की संख्या अब उंगलियों पर गिनी जा सकती है, ये ग्रेट निकोबार द्वीप के सघन वनों में निवास करते हैं।

ग्रेट निकोबार का तटीय क्षेत्र झोंपड़ियों से भरा पड़ा है जो कि कृषि बागानों के बीच स्थित है। मछली पकड़ना यहां का मुख्य व्यवसाय है।

ग्रेट हिमालय

संरक्षित क्षेत्र : राष्ट्रीय उद्यान
विस्तार : 1736 वर्ग किलोमीटर
स्थिति : हिमाचल प्रदेश
समीपवर्ती नगर : शामशी (कुल्लू), निकटतम हवाई पट्टी : भुंटर (50 कि.मी.)
उत्तम भ्रमणकाल : अप्रैल से जून तथा सितंबर से अक्टूबर
पारिस्थितिकी : उच्च पर्वतीय (हिमालयी)
वन्य पशु–पक्षी : तेंदुआ, रीछ, नीलगाय, चिंकारा, चौसिंघा, जंगली सुअर।

हिमालयी रीछ, कस्तूरी मृग, तेंदुआ, हिम तेंदुआ, हिमालयी मेष और छाग, फीजेन्ट गण के सुन्दर पक्षी।

ग्रेट हिमालयन राष्ट्रीय उद्यान को 'जवाहरलाल नेहरू ग्रेट हिमालयन राष्ट्रीय उद्यान' के नाम से भी जाना जाता है।

यह राष्ट्रीय उद्यान हिमालय पर्वत की विभिन्न उंचाइयों पर पाये जाने वाली विविध पारिस्थितिकियों के प्राणिजात का विशाल क्षेत्र है।

इस राष्ट्रीय उद्यान की जलवायु समशीतोष्ण से लेकर अतिशीत प्रकार तक की है अतः शीतकाल में यहां ध्रुवीय जलवायु जैसी कठोर शीत का मौसम रहता है तथा तापमान शून्य अंश से भी नीचे गिर जाता है, निचली उंचाइयों में अवश्य शीत का इतना प्रकोप नहीं रहता।

इस राष्ट्रीय उद्यान में अलग–अलग उंचाइयों पर अलग–अलग प्रकार के वन देखे जा सकते हैं साथ ही उन वनों में पल रहे पशु–पक्षी भी ऊंचाई पट्टियों के साथ किसी सीमा तक बदलते जाते हैं अर्थात जो पशु–पक्षी एक विशिष्ट ऊंचाई के वनों में मिलते हैं उनमें से बहुत कम दूसरी पट्टियों तक पहुंचते हैं। यहां पर मुख्य रूप से ओक वन (खरसू, मोरू) आर्द्र देवदार के वन, नीले पाइन के वन, फर के वन, बर्च के वन विशेष रूप से उल्लेखनीय हैं।

यहाँ के वन्य पशुओं में दो प्रजातियों के हिमालयी रीछ, हिमालय में ही पाये जाने वाले मेष और छाग, कस्तूरी मृग कुछ ऐसे वन्य पशु हैं जो भारत में केवल हिमालयी क्षेत्र में ही पाये जाते हैं। यदि प्राणिजात की भाषा में कहा जाय तो यह प्राणिजात 'पैलार्किटक' प्रदेश का है अर्थात इन वन्य पशुओं तथा कुछ और वन्य पशुओं का जो इस क्षेत्र में पाये जाते हैं, विस्तार संपूर्ण हिमालयी क्षेत्र में तो है ही ये पशु–पक्षी मध्य एशिया के पर्वतीग क्षेत्र में भी पाये जाते हैं।

ग्रेट हिमालयन राष्ट्रीय उद्यान के केवल निचली ऊंचाई के भागों तक ही भारत के विस्तृत क्षेत्र में पाये जाने अयनमंडलीय पशु–पक्षी मिलते हैं जैसे अनेक प्रजातियों के गंधमार्जार और लकड़बग्घा जैसे हिंसक पशु।

ग्रेट हिमालय राष्ट्रीय उद्यान के प्राणिजात की समृद्धि इसी तथ्य से लगाई जा सकती है कि यहां पर 375 प्रजाति के वन्य जीव पाये जाते हैं तथा पक्षियों की 183 प्रजातियां यहां मिलती हैं। पक्षियों में चीर फीजेन्ट, मोनल, कोकला यदि विशिष्ट पक्षी हैं तो अनेक प्रजातियों की चीलें, बुलबुलें, तोते और फ्लाईकेचर की भी अपनी अलग शान है। यहां पर पाये जाने वाले पक्षियों की अनेक प्रजातियां विश्व के सुन्दरतम पक्षियों में गिनी जाती हैं।

हिमालय नेशनल पार्क में सामान्य जन की सहभागिता

वर्ष 1999 से हिमालयन नेशनल पार्क के प्रबंधन ने एक अच्छी पहल प्रारंभ की जिसमें संरक्षित क्षेत्र में आम आदमी की सहभागिता को भी महत्व दिया जा रहा है। इसके अंतर्गत राष्ट्रीय उद्यान के प्रबंधन ने राष्ट्रीय उद्यान के 'बफर जोन' की महिलाओं को जो कि विपन्न परिवारों की हैं और जिनका भरण- पोषण राष्ट्रीय उद्यान के संसाधनों से होता है, आगे बढ़कर एक संगठन बनाने में सहायता दी। इस संगठन 'वीमेन'स सेविंग एवं क्रेडिट ग्रुप' (डब्ल्यू, एस. सी. जी.) या 'महिला बचत एवं क्रेडिट समूह' के (वर्ष 2005) 980 सदस्य हैं। इन महिलाओं को प्रतिदिन एक रुपया बचाने की प्रेरणा दी गई जो कि शीघ्र ही रु. 4,00,000 की राशि में बढ़ गया। इस आधारभूत राशि से इन महिलाओं को रु. 17,00,000 का व्यवसाय जुटाया गया। इन व्यवसायों में क्षेत्रीय उत्पाद में से तेल निकालने के काम से लेकर हैम्प की फसल उगाने तथा इको-टूरिज्म तक के कार्य सम्मिलित हैं। इन व्यवसायों में हर स्तर की जानकारी और सहयोग राष्ट्रीय उद्यान के प्रबंधन ने प्रदान की ताकि व्यावहारिक कठिनाइयों से महिला उद्यमी परेशान होकर व्यवसाय ही न छोड़ बैठें। यह प्रयोग सफल हुआ। महिलाओं को अतिरिक्त आमदनी मिलने से वे तो प्रसन्न हैं ही उनके परिवार में भी राष्ट्रीय उद्यान के संबंध में सकारात्मक सोच का विकास हुआ है।

हिमालय नेशनल पार्क के प्रबंधन ने एक और अच्छी शुरुआत की है, वह है राष्ट्रीय उद्यान में प्रवेश शुल्क इत्यादि से प्राप्त होने वाली राशि का पुनर्विनियोजन, इसके लिये प्रबंधन ने 'बायोडायवर्सिटी कंजर्वेशन सोसायटी (बायो डी. सी. एस.) का संगठन किया है, इस राशि का उपयोग जैविक विविधता से संबंधित आकस्मिक व्ययों को निपटाने के लिये किया जाता है।

ग्रेट हिमालयन राष्ट्रीय उद्यान व्यास नदी की तीन सहायक नदियों जीवा, सेंज और तीर्थन का उद्‌गम स्थल है। इनमें से तीर्थन की घाटी को 'अभयारण्य' का दर्जा देकर सुरक्षा प्रदान की गई है।

गोमरधा

संरक्षित क्षेत्र : अभयारण्य
विस्तार : 136.38 वर्ग किलोमीटर
स्थिति : छत्तीसगढ़
समीपवर्ती नगर : सारंगगढ़
उत्तम भ्रमणकाल : अक्टूबर से मार्च
पारिस्थितिकी : मिश्रित अयनमंडलीय पर्णपाती वन, बांस के वन, सागौन वन
वन्य पशु-पक्षी : तेंदुआ, नीलगाय, भालू, गौर, जंगली सुअर, बंदर।

गोमरधा अभयारण्य की स्थापना रायगढ़ जिले की सारंगगढ़ तहसील में वर्ष 1975 में हुई थी। गोमरधा अभयारण्य का नामकरण सारंगगढ़ तहसील के प्रमुख गांव गोमरधा के नाम पर हुआ है।

इस अभयारण्य की पश्चिमी सीमा लाठ नाला निर्धारित करता है जो कि इस

अभयारण्य का सबसे प्रमुख जलस्त्रोत भी है। एक पहाड़ी नाला होने पर भी इसमें वर्ष भर जल रहता है। दो अन्य पहाड़ी नाले भी गोमरधा अभयारण्य में बहते हैं, ये क्रमशः मरोसिल और तिमुचना के नाम से जाने जाते हैं पर दोनों में ही ग्रीष्मकाल में जल सूख जाता है।

गोमरधा अभयारण्य में कुछ दशक पहले तक बाघ पाया जाता था परन्तु पिछले अनेक वर्षों से न केवल बाघ अपितु गौर और सांभर भी नहीं देखे जा रहे हैं। बन्दरों की संख्या में यथेष्ट वृद्धि हुई है। इसी तरह जंगली सुअर भी काफी संख्या में देखे जाते हैं। इस अभयारण्य में अनेक निवासी पक्षी पाये जाते हैं जिनमें मोर तथा जंगली मुर्गे प्रमुख हैं।

संकट : गोमरधा अभयारण्य पालतू पशुओं का चारागाह ही दीख पड़ता है । इस अभयारण्य के भीतर 6 राजस्व गांव हैं तथा 24 राजस्व बेखटके घूमती हैं। एक अनुमान के अनुसार इस अभयारण्य में 10 हजार से अधिक पालतू पशु चरते हैं।

गोमरधा अभयारण्य में ग्रामीणों की निर्बाध घुसपैठ और वनोपज संचयन ने यहां पर वन्य पशुओं की संख्या में भारी कमी कर दी है। पशुचारण के अतिरिक्त इस अभयारण्य में पैदा होने वाली अनेक प्रकार की घासों को ग्रामीण काटकर झोंपड़ियों के छप्पर बनाने के लिये ले जाते हैं। यहां पर पाई जाने वाली रूबई घास का औद्योगिक उपयोग भी है। कुल मिलाकर घास की कटाई से वन्य पशुओं का भोजन और निवास दोनों का ही संकट बढ़ता जा रहा है।

गोवा

स्थिति : भारत के पश्चिमी समुद्री तट पर स्थित राज्य
भौगोलिक क्षेत्र : क्षेत्रफल 3702 वर्ग किलोमीटर, वनों के अंतर्गत क्षेत्रफल : 1424 वर्ग किलोमीटर (38.48%)
संरक्षित क्षेत्र : राष्ट्रीय उद्यान 01, अभयारण्य 06
प्रादेशिक पारिस्थितिकी : अधिकांश भाग पश्चिमी समुद्रतटीय तथा कुछ भाग पश्चिमी घाट पर्वत का
प्रदेश का प्रतीक पशु : गौर (बांस गौरस)
प्रदेश का प्रतीक पक्षी : काले सिर वाली बुलबुल (पाइक्नोनोटस मेलानिक्टेरस)
प्रदेश का प्रतीक वृक्ष : असना (टर्मिनेलिया अलाटा)
प्रदेश का प्रतीक पुष्प : घोषित नहीं।

पश्चिमी तट पर स्थित गोवा का क्षेत्र या तो समुद्रतटीय अथवा पश्चिमी घाट के आगने पर्वतीय पक्षियों, सरीसृपों तथा भेकों की प्रजातियों के लिये जाना जाता है। गोवा के संरक्षित क्षेत्रों के अतिरिक्त कुछ ऐसे क्षेत्र हैं जो अपने समृद्ध प्राणिजात के लिये जाने जाते हैं। ऐसा ही एक स्थान 'करमाली झील' है जिसमें अनेक प्रजाति के पक्षी देखे जा सकते हैं।

गोवा के संरक्षित क्षेत्र मालेम और कोटियागो गोवा के पश्चिमी घाट पर्वतों के लगभग संपूर्ण क्षेत्र को सुरक्षा प्रदान करते हैं। यहां के वनों में तेंदुआ, गौर और शेर भी पाये जाते हैं। इन्हीं पर्वतों से गोवा की प्राणरेखा मन्डोवी नदी निकलती है।

गोवा सरकार ने इसी क्षेत्र में दो और अभयारण्य वर्ष 1999 में स्थापित किये थे, ये अभयारण्य क्रमशः मेडई और नेत्रावली हैं। इन दोनों का संयुक्त क्षेत्रफल 429 वर्ग किलोमीटर के लगभग है। इन दोनों अभयारण्यों का महत्व इसलिये भी है कि इनकी स्थापना से तथा पूर्व स्थापित दो अभयारण्यों द्वारा पूरा पश्चिमी घाट सुरक्षित हो जाता है। परंतु किन्हीं कारणों से गोवा की सरकार ने इन दोनों अभयारण्यों की अधिसूचना को निरस्त करने का निश्चय किया पर मामला यहीं नहीं रुका, पर्यावरण प्रेमी इसे सुप्रीम कोर्ट तक ले गये जहां सुप्रीम कोर्ट ने सरकारी प्रयास को निष्फल कर दिया।

गोवा का प्राणिजात या समुद्रतटीय है या फिर पर्वतीय। इस प्राणिजात के संरक्षण के लिये पश्चिम की ओर समुद्र तट पर कोराओ द्वीप पर अभयारण्य है, शेष सभी संरक्षित क्षेत्र जिनमें एक राष्ट्रीय उद्यान मालेम भी है प्रदेश के पश्चिमी भाग पर स्थित हैं।

गोविन्द पशु विहार

संरक्षित क्षेत्र : अभयारण्य/राष्ट्रीय उद्यान

विस्तार : अप्राप्त (लगभग 957 वर्ग किलोमीटर) उच्च पर्वतीय क्षेत्र होने के कारण ऊंचे शिखर और घाटियों का शुद्ध क्षेत्रफल प्राप्त नहीं है।

स्थिति : उत्तराखण्ड का उत्तरकाशी जिला

समीपवर्ती नगर : पुरोला (45 कि.मी.)

उत्तम भ्रमणकाल : मई से अक्टूबर

पारिस्थितिकी : उच्च हिमालयी शीत प्रदेश

वन्य पशु–पक्षी : हिम तीतर, हिम मुर्गे, हिमालयी रीछ, तहार एवं मोनल।

गोविन्द पशु विहार उच्च हिमालय क्षेत्र में स्थित है। पूरे शीतकाल में यहां हिमपात होता है अतः पूरा क्षेत्र हिमावृत्त रहता है। इस हिमावरण से यमुना नदी की एक सहायक नदी टोंस निकलती है। गोविन्द पशु विहार अभयारण्य की स्थापना वर्ष 1955 में की गई थी। गोविन्द पशु विहार प्रारंभ में अभयारण्य था किंतु वर्ष 1991 में इस अभयारण्य का 'कोर एरिया' राष्ट्रीय उद्यान के रूप में घोषित कर दिया गया, जिसका क्षेत्रफल 472,08 वर्ग किलोमीटर है।

यह संरक्षित क्षेत्र उत्तराखण्ड के उत्तरकाशी जिले में स्थित है। भारत सरकार द्वारा इस संरक्षित क्षेत्र में 'हिम तेंदुआ प्रोजेक्ट' की स्थापना की गई है। गोविन्द पशु विहार की निचली उंचाइयों में हिमालयी पर्णपाती वन पाये जाते हैं किंतु अधिक ऊंचाई पर यह संरक्षित क्षेत्र पश्चिमी हिमालय के उप अल्पाइन वनों और पूर्वी हिमालय के उप अल्पाइन वनों के मध्य का क्षेत्र है। उत्तराखण्ड का यह अभयारण्य हिमालयी रीछों के लिये भी जाना जाता है। शीतकाल के चार महीनों में यहां भारी हिमपात होता है।

2600 मी. से अधिक ऊंचाई पर यहां पर नीली पाइन, सिल्वर फर, स्प्रूस इत्यादि के वृक्ष पाये जाते हैं। इस संरक्षित क्षेत्र में जहां अधिक ऊंचाई पर हिमालय प्राणिजात मिलता है वहीं निचली उंचाइयों में प्रायद्वीपीय प्राणिजात देखा जा सकता है।

गोविन्द पशु विहार जहां वन्य पशुओं और प्राकृतिक सौंदर्य के लिये प्रसिद्ध है वहीं

इस संरक्षित क्षेत्र में अनेक औषधीय वृक्ष भी पाये जाते हैं। इन हिमालयी वनस्पतियों में से कुछ में से तो रामबाण 'लाइफ सेविंग ड्रग्स' औषधियां तैयार की जाती हैं।

इस संरक्षित क्षेत्र में 'पर्वतीय ट्रेकिंग' की व्यवस्था है, इस तरह वह अभयारण्य हिमालय क्षेत्र का एक उत्तम पर्यटन स्थल है।

गोविन्द पशु विहार की निचली उंचाइयों में बसे ग्रामों की सांस्कृतिक विशेषतायें उल्लेखनीय हैं। इस पूरे क्षेत्र में भारत के प्राचीन महाग्रन्थ 'महाभारत' के प्रतिनायक कौरवों की बड़ी प्रतिष्ठा है, उन्हें यहां देवतुल्य माना जाता है जबकि 'महाभारत' के नायक पाण्डव यहां अच्छी दृष्टि से नहीं देखे जाते। कौरव नायकों का यहां बड़ा सम्मान है, उनकी मन्दिरों में मूर्तियां भी प्रतिष्ठत हैं, नैटवार में कौरव सेनापति कर्ण का मन्दिर है। यहां पर एक और देवता 'पोखू' की बड़ी प्रतिष्ठा है। यहां के लोग इस देवता को 'महाभारत' के कर्ण का सेवक मानते हैं। इस देवता की प्रसन्नता के लिये बलि चढ़ाई जाती है। ज्येष्ठ कौरव दुर्योधन का भी एक मन्दिर जखोल में है। कर्ण का दूसरा मन्दिर देवरा में स्थित है।

गोविन्द पशु विहार जहां अपनी प्राकृतिक सुन्दरता तथा हिमालयी प्राणिजात के लिये प्रसद्धि है वहीं पर्यटकों को इस संरक्षित क्षेत्र का सामाजिक परिदृश्य भी उतना ही आश्चर्यचकित कर देने वाला लगता है।

गोविन्द सागर

संरक्षित क्षेत्र : अभयारण्य
विस्तार : 100 वर्ग किलोमीटर
स्थिति : हिमाचल प्रदेश
समीपवर्ती नगर : बिलासपुर
उत्तम भ्रमणकाल : अक्टूबर से दिसंबर
पारिस्थितिकी : उप-अयनमंडलीय
वन्य पशु-पक्षी : अनेक प्रजाति के पक्षी।

गोविन्द सागर अभयारण्य की स्थापना हिमाचल प्रदेश के बिलासपुर जिले में वर्ष 1974 में हुई थी। यह अभयारण्य गोविन्द सागर बांध के चारों ओर फैला है। गोविन्द सागर की निर्मिति सतलुज नदी पर प्रसिद्ध भाखरा बांध बंधने के कारण हुई थी। यहां का तापमान ग्रीष्म काल में 40 तक जा पहुंचता है।

गौताला

संरक्षित क्षेत्र : अभयारण्य
विस्तार : 261 वर्ग किलोमीटर
स्थिति : महाराष्ट्र, जिला : औरङ्गाबाद
समीपवर्ती नगर : चालीस-गांव
उत्तम भ्रमणकाल : अक्टूबर से मार्च

पारिस्थितिकी : मिश्रित वन
वन्य पशु–पक्षी : तेंदुआ, रीछ, नीलगाय, चिंकारा, चौसिंघा, जंगली सुअर।

गौताला अभयारण्य का नाम गौताला आउट्रम घाट अभयारण्य भी है। पुराने समय में गौताला इस क्षेत्र के व्यापारिक मार्ग में पड़ने वाला विश्राम केंद्र था, इसमें इस क्षेत्र के शासकों की निगरानी रहती थी तथा वे स्वयं भी कभी-कभी पहुंचा करते थे। यद्यपि यह अभयारण्य प्रसिद्ध पर्यटक क्षेत्र अजंता और एलोरा से दूर नहीं है परन्तु फिर भी यह पर्यटकों की नजर से दूर ही है। यह अभयारण्य सतमाला पर्वत शृंखला में स्थित है। पूरा स्थान तीव्र ढलानों और ऊबड़–खाबड़ भूमि का है।

यहां के वनों में अंजन, खैर और धवा के वृक्ष बहुतायत से पाये जाते हैं। यह अल्पज्ञात अभयारण्य ऐतिहासिक कारणों से भी महत्व का है, ऐसा कहा जाता है कि भारत के प्रसिद्ध गणितज्ञ भास्कराचार्य ने अपनी विश्वप्रसिद्ध कृति 'लीलावती' का प्रणयन यहीं पर किया था। यहां पर एक किला भी है साथ ही चण्डिका देवी का एक प्रसिद्ध मन्दिर भी। यहां का प्रसिद्ध महेश्वर मंदिर निकुंभ वंश के राजाओं (1000 से 1216 ई.) ने बनवाया था।

गौताला अभयारण्य पुराने समय से ही गवली जाति के पशुचारक वनवासियों का निवास स्थान रहा है जहाँ वे अपने पशु चराया करते थे।

गौताला अभयारण्य में हल्दू, घोंटू तथा तेंदू इत्यादि के वृक्ष अधिकता से पाये जाते हैं।

गौताला अभयारण्य में कृष्णमृग, कक्कड़, नीलगाय तथा वन्य शूकर पाये जाते हैं। छोटे जानवरों में पेंगोलिन प्रमुख हैं। यहां पर तेंदुये भी हैं।

गौताला में मन्दिरों के अतिरिक्त अनेक प्राचीन भवनों के खंडहर हैं जिनका ऐतिहासिक महत्व है। यदि इस अभयारण्य के प्रबंधन पर कुछ और अधिक ध्यान दिया जाये जो यह अभयारण्य इस क्षेत्र के अन्य पर्यटन स्थलों की भाँति ही लोकप्रिय हो सकता है।

गौतम बुद्ध

संरक्षित क्षेत्र : अभयारण्य
विस्तार : 259 वर्ग किलोमीटर
स्थिति : बिहार
समीपवर्ती नगर : गया (65 कि.मी.)
उत्तम भ्रमणकाल : अक्टूबर से मार्च
पारिस्थितिकी : साल वृक्ष के वन
वन्य पशु–पक्षी : तेंदुआ, चिंकारा, भेड़िया, रीछ और पक्षी।

मध्य बिहार में स्थित यह अभयारण्य स्वतंत्रता–पूर्व एक आरक्षित शिकारगाह था किंतु बीसवीं सदी के सातवें दशक में इसे अभयारण्य घोषित कर दिया गया। बिहार का यह अभयारण्य मुख्यतः चीतल तथा सांभरों के लिये विख्यात था तथा यहां पर काफी संख्या में तेंदुये भी पाये जाते थे किंतु विगत कुछ वर्षों में इनकी संख्या में काफी गिरावट दर्ज की गई।

गौरमारा

संरक्षित क्षेत्र : अभयारण्य
विस्तार : 9 वर्ग किलोमीटर
स्थिति : पश्चिम बंगाल
समीपवर्ती नगर : जलपाईगुड़ी
उत्तम भ्रमणकाल : नवंबर से अप्रैल
पारिस्थितिकी : मिश्रित आर्द्र पर्णपाती वन
वन्य पशु–पक्षी : हाथी, गैंडा, गंधमार्जार, कक्कड़, पक्षी।

गौरमारा अभयारण्य पश्चिम बंगाल के उत्तरी क्षेत्र मुर्ति और जलधाका नदियों के जलग्रहण क्षेत्र जलपाईगुड़ी जिले में पक्षियों के लिये स्थापित किया गया अभयारण्य है। इस अभयारण्य में तराई के दलदली क्षेत्रों के पक्षियों के अतिरिक्त हिमालयी पक्षी भी पाये जाते हैं। गौरमारा अभयारण्य में वन्य हाथियों का भी जब–तब प्रवेश होता रहता है, जिससे धन–जन की हानि होती है। वर्ष 1999 में एक अच्छी पहल प्रारंभ हुई जिसके तहत हाथियों से होने वाले नुकसान का इंश्योरेंस किया जा सका ।[†]

गंगऊ

संरक्षित क्षेत्र : अभयारण्य
विस्तार : 543 वर्ग किलोमीटर
स्थिति : मध्य प्रदेश
समीपवर्ती नगर : पन्ना
उत्तम भ्रमणकाल : अक्टूबर से मार्च
पारिस्थितिकी : अयनमंडलीय पर्णपाती वन
वन्य पशु–पक्षी : शेर, तेंदुआ, सांभर, चीतल, मोर, पक्षी।

गंगऊ अभयारण्य स्वतंत्रता से पहले महाराजा पन्ना का निजी शिकारगाह था। वर्ष 1975 में गंगऊ के वनों को अभयारण्य घोषित किया गया, कालान्तर में इस अभयारण्य के चारों ओर के वन क्षेत्र को वर्ष 1981 में राष्ट्रीय उद्यान घोषित कर दिया गया। राष्ट्रीय उद्यान के अतिरिक्त अभयारण्य को मिलाकर अब पूरा वन क्षेत्र पन्ना टाइगर रिजर्व के रूप में स्थापित हो गया है।

गंगऊ अभयारण्य केन नदी की घाटी पर स्थित है या यह कहा जाय कि गंगऊ अभयारण्य का विस्तार केन नदी के गंगऊ जलाशय के चतुर्दिक है तो यह उचित होगा। केन नदी भांडेर श्रेणी से निकलकर पश्चिमी विन्ध्याचल कगारी प्रदेश का जल एकत्रित कर छतरपुर पन्ना जिलों की सीमा बनाती हुई बहती है। बिजावर पन्ना पहाड़ियों को काटकर यह नदी लगभग 60 कि.मी. लम्बी कन्दरा बनाती है जो स्थानीय धरातल से 150 मी. से 180 मी. गहरा है। केन नदी का गंगऊ जलाशय आंतरिक छतरपुर जिले में होते हुये भी उत्तर प्रदेश के स्वामित्व में है।

[†] *स्रोत :* 'इंश्योरेन्स कव्हर फार (डिस्ट्रक्शन बाई) एलीफेन्ट्स,' इंडियन एक्सप्रेस, 28/9/1999

गंगऊ अभयारण्य अपनी सुन्दर भू–दृश्यावली के लिये बेजोड़ है। यहां पर विशाल सरोवर, गहरी कंदरायें तथा ऊंचे पर्वत शिखर हैं। जलाशय के पास इस क्षेत्र का सबसे ऊंचा पर्वत शिखर मझगवां शिखर (607 मी.) है।

गंगऊ अभयारण्य में सागौन, सेजा, साज, तेंदू के वृक्षों के अतिरिक्त आंवला, बबूल, बेल, घोंट, महुआ, सलई और खैर के वृक्ष पाये जाते हैं। इन वनों में अनेक वन्य प्राणियों की प्रजातियां निवास करती हैं।

गंगऊ अभयारण्य में अनेक वन्य पशु–पक्षी पाये जाते हैं परन्तु इस अभयारण्य क्षेत्र में 'पेरेडाइज फ्लाईकेचर' पक्षियों की संख्या बहुत अधिक है। यह पक्षी मध्य प्रदेश राज्य का प्रतीक पक्षी भी है। इस पक्षी को देखने के लिये यह अभयारण्य एक उत्तम स्थान है। इसके अतिरिक्त भी इस अभयारण्य में लगभग 50 प्रजाति के पक्षी पाये जाते हैं।

गंगोत्री

उत्तरांचल स्थित गंगा के उद्गम स्थल को अभयारण्य घोषित किया गया। पारिस्थितिकी प्रदेश के अन्य संरक्षित क्षेत्रों की भांति।

घ

घराना

यह अभयारण्य जम्मू एवं काश्मीर में स्थित है, प्राणिजात प्रदेश के अन्य संरक्षित क्षेत्रों के समान।

घाटप्रभा

संरक्षित क्षेत्र : अभयारण्य
विस्तार : 29 वर्ग किलोमीटर
स्थिति : कर्नाटक
समीपवर्ती नगर : गोकाक (10 कि.मी.), निकटवर्ती हवाई पट्टी : बेलगाम (60 कि.मी.)
उत्तम भ्रमणकाल : अक्टूबर से फरवरी
पारिस्थितिकी : नदी किनारे का दलदली क्षेत्र
वन्य पशु-पक्षी : प्रवासी एवं निवासी पक्षी।

घाटप्रभा अभयारण्य अपने नाम के अनुसार ही घाटप्रभा नदी के तटवर्ती दलदली क्षेत्र में स्थित है। इस जलीय क्षेत्र में प्रवासी पक्षी आते हैं साथ ही यहां के निवासी पक्षियों की भी संख्या कम नहीं है। यह एक पक्षी अभयारण्य है।

घाटीगांव

संरक्षित क्षेत्र : अभयारण्य
विस्तार : 512 वर्ग किलोमीटर
स्थिति : मध्य प्रदेश
समीपवर्ती नगर : ग्वालियर
उत्तम भ्रमणकाल : वर्ष भर
पारिस्थितिकी : अयनमंडलीय पर्णपाती वन
वन्य पशु-पक्षी : खरमोर, कृष्णमृग, नीलगाय, जंगली सुअर, लोमड़ी, लकड़बग्घा।

घाटीगांव अभयारण्य मध्य प्रदेश के ग्वालियर नगर सीमा से लगा हुआ संरक्षित क्षेत्र है। ग्वालियर नगर का पेयजल जिस तिघरा बांध से आता है वह इस संरक्षित क्षेत्र की

सीमा पर है। इस संरक्षित क्षेत्र की स्थापना मुख्य रूप से खरमोर पक्षी के संरक्षण के लिये की गई थी। अधिकांश अभयारण्य में खैर, तेंदू, पलाश के वृक्ष पाये जाते हैं।

घुघुआ

संरक्षित क्षेत्र : राष्ट्रीय उद्यान
विस्तार : 13 वर्ग किलोमीटर
स्थिति : मध्य प्रदेश
समीपवर्ती नगर : शाहपुरा (13 कि.मी.), निकटवर्ती हवाई पट्टी : जबलपुर (87 कि.मी.)
उत्तम भ्रमणकाल : वर्ष भर
पारिस्थितिकी : मेसोजोइक कालखंड के जीवाश्म।

घुघुआ राष्ट्रीय उद्यान 'फासिल राष्ट्रीय उद्यान' के नाम से भी प्रसिद्ध है। यह राष्ट्रीय उद्यान मण्डला जिले में स्थित है। विश्व भर में जीवाश्मों के लिये संरक्षित क्षेत्रों को राष्ट्रीय उद्यान का दर्जा दिया गया है। इस वर्ग के राष्ट्रीय उद्यान विश्व भर में गिने-चुने हैं।

घुघुआ राष्ट्रीय उद्यान सात गांवों में फैला हुआ है। यहां पर पाये जाने वाले जीवाश्म मुख्यतः वानस्पतिक जीवाश्म हैं जिनमें से कुछ 150 मिलियन वर्ष प्राचीन हैं। इनका पुराभौगोलिक महत्व है। वस्तुतः ये वनस्पतियां उस काल में पाई जाती थीं जब भारत गोंडवानालैंड का एक भाग हुआ करता था। गोंडवाना लैंड में लगभग 150 मिलियन वर्ष पहले टूटन प्रारंभ हो गई थी। इस टूटन के फलस्वरूप भारतीय प्रायद्वीप एक स्वतंत्र द्वीप बनकर उत्तर की ओर सरकने लगा था।

घुघुआ राष्ट्रीय उद्यान में पाये जाने वाले जीवाश्म भी 40 से 150 मिलियन वर्ष तक पुराने हैं। इनमें से अनेक वनस्पतियां लाखों वर्ष पूर्व ही विलुप्त हो चुकी हैं।

इस तरह घुघुआ राष्ट्रीय उद्यान देश की अनुपम धरोहर है, यहां पर प्राप्त पथराये वृक्षों को दूर से देखकर यह नहीं प्रतीत होता कि पथरा चुके हैं। जीवाश्म बनने के लिये यह आवश्यक है कि किसी अतिप्राचीन युग में यहां की भूमि में भारी भिंचाव हुआ था।

घुघवा राष्ट्रीय उद्यान पर बहुत से पथराये हुये वृक्षों के टूटे तनों को लम्बवत रूप में कुछ इस तरह रखा गया है कि देखने वाले को लगता ही नहीं है कि टूटे हुये तथा समकालीन वृक्ष के हैं अथवा लाखों वर्ष प्राचीन हैं। वृक्षों की प्रस्तरीकृत डालियां भी यहां देखने को मिलती हैं। शाहपुरा जहां से घुघवा राष्ट्रीय उद्यान की ओर जाया जाता है के रास्ते में दो विशाल विलुप्त हाथियों की मूर्तियां बनाकर रखी गई हैं जिससे पर्यटक को यहां की पुरासम्पदा की कल्पना हो सके। हालांकि यह भी सत्य है कि इन विलुप्त हाथियों की मूर्तियों से यहां पाये जाने वाले जीवाश्मों की प्राचीनता को गलत भी आंका जा सकता है क्योंकि यहां के वानस्पतिक जीवाश्म इन विलुप्त हाथियों से भी लाखों वर्ष प्राचीन हैं।

च

चक्रशिला

यह अभयारण्य आसाम में स्थित है, प्राणिजात प्रदेश के अन्य संरक्षित क्षेत्रों के समान

चन्डोली

संरक्षित क्षेत्र : अभयारण्य/राष्ट्रीय उद्यान
विस्तार : 309 वर्ग किलोमीटर
स्थिति : महाराष्ट्र
समीपवर्ती नगर : कोल्हापुर
उत्तम भ्रमणकाल : अक्टूबर से मार्च
पारिस्थितिकी : आर्द्र अयनमंडलीय पर्णपाती वन
वन्य पशु-पक्षी : तेंदुआ, सांभर, गौर, रीछ, पक्षी।

चन्डोली अभयारण्य पश्चिमी घाट पर्वतों पर स्थित है जिन्हें सह्याद्रि के नाम से भी जाना जाता है। चन्डोली संरक्षित क्षेत्र वारना बांध के जल संग्रहण क्षेत्र में स्थित है, इसके एक ओर 'वसन्त सागर रिजर्वायर' है। बांध का पृष्ठ प्रवाह पूर्व-पश्चिम दिशा में लगभग 30 किलोमीटर तक है। संरक्षित क्षेत्र का पूर्वी भाग इस तरह विशाल जल राशि का क्षेत्र है जबकि संरक्षित क्षेत्र की तीन दिशाओं में सघन वनों युक्त पश्चिमी घाट पर्वत के शिखर हैं। दक्षिण, पश्चिम और उत्तर की ओर पश्चिमी घाट की पर्वत मालायें फैली हुई हैं।

चन्डोली अभयारण्य सह्याद्रि पर्वतों के दक्षिणी भाग में स्थित अभयारण्यों की शृंखला में से एक है। इस शृंखला में चन्डोली के अतिरिक्त, कोयना, राधानगरी और सागरेश्वर अभयारण्य है, इन सभी संरक्षित क्षेत्रों की जैविक विविधता लगभग एक-सी ही है।

चन्डोली संरक्षित क्षेत्र से 27 ग्रामों का पुर्नवास प्रस्तावित है जिनमें चार का पुर्नवास कार्य प्रारंभ हो चुका है, शेष ग्रामों के पुर्नवास पर क्षेत्रीय सामाजिक कार्यकर्ता अपना विरोध जता रहे हैं।

कोल्हापुर वन मंडल के तीन अभयारण्यों चन्डोली, राधानगरी तथा कोयना में लगभग एक-सी ही स्थिति है। सभी जगह यहां के निवासी पुनर्वास या किसी अन्य बात को लेकर अपना विरोध जताते रहते हैं।

इन सब प्रतिकूल परिस्थितियों में भी कुछ वन्य प्राणियों की संख्या में उल्लेखनीय

वृद्धि हुई है जिनमें गौर प्रमुख है, चन्डोली में गौर की संख्या 88 से बढ़कर 243 (वर्ष 2004) में हो गई।

चन्द्रप्रभा

संरक्षित क्षेत्र : अभयारण्य
विस्तार : 78 वर्ग किलोमीटर
स्थिति : उत्तर प्रदेश
समीपवर्ती नगर : चुनार
उत्तम भ्रमणकाल : अक्टूबर से मार्च
पारिस्थितिकी : शुष्क मिश्रित पर्णपाती वन
वन्य पशु-पक्षी : तेंदुआ, भेड़िया, जंगली सुअर, नीलगाय।

चन्द्रप्रभा अभयारण्य मध्य गंगा के मैदान में बिहार की सीमा पर स्थित है। अभयारण्य का अधिकांश भाग चौरस है, केवल दक्षिणी भाग में छोटी पहाड़ियां हैं। ऐसा समझा जाता है कि भारतीय सिंह अठारहवीं सदी के अंत तक इन वनों में पाये जाते थे, इसी को ध्यान में रखते हुये यहां बीसवीं सदी में भी भारतीय सिंहों के पुनर्वास की योजना बनाई गई जो पूरी तरह से असफल साबित हुई।

चांगथांग

लद्दाख की दक्षिणी सीमा में स्थित अभयारण्य, पारिस्थितिकी क्षेत्र के अन्य संरक्षित क्षेत्रों की भांति। लद्दाख में कुल 15 संरक्षित क्षेत्र स्थापित करने की योजना थी जिनमें 5 राष्ट्रीय उद्यान और 10 अभयारण्य हैं परन्तु सैनिक हलचलों के कारण पर्यावरण संरक्षण क्षेत्र में यहां धीमी प्रगति है। लद्दाख हिमालयी क्षेत्र का सबसे शुष्क भाग है। वस्तुतः लद्दाख को यदि उच्च अक्षांशीय घास के मैदान का ठंडा मरुस्थल कहा जाये तो अतिशयोक्ति नहीं होगी। चांगथांग में भी लद्दाख के अन्य संरक्षित क्षेत्रों की भांति उन हिमालयी मेष-छाग प्रजातियों की अधिकता है जो भारत के अन्य क्षेत्रों में कम ही पाये जाते हैं। यहां पर भारल, अर्गली, मार्कोपोली भेड़, आईबेक्स तथा याक जैसे हिमालयी प्राणियों की भरमार है। काले गले वाले (ब्लैक नेक्ड) सारस यहां के विशिष्ट पक्षी हैं।

चाण्डक

संरक्षित क्षेत्र : अभयारण्य
विस्तार : 230 वर्ग किलोमीटर
स्थिति : उड़ीसा
समीपवर्ती नगर : पुरी
उत्तम भ्रमणकाल : अक्टूबर से मार्च
पारिस्थितिकी : समुद्रतटीय वन, मिश्रित आर्द्रपर्णपाती वन

वन्य पशु-पक्षी : तेंदुआ, चीतल, पक्षी।

चाण्डक अभयारण्य पुरी जिले में स्थित है तथा यह क्षेत्र पूर्वी घाट पर्वतों का क्षेत्र है। यहां के वनों में समुद्रतटीय साल के वृक्ष मुख्य वनस्पति हैं।

उत्तर-पूर्वी भारत की पहाड़ियों में अधिक वर्षा होने के कारण अनेक ऐसे वन्य प्राणी हैं जो यहां सघन वनों में अब तक पाये जाते हैं। इस अभयारण्य के विशिष्ट प्राणियों में 'सीरो' और 'फायरे का लंगूर' है जो अन्यत्र दुर्लभ हैं।

चारिलम

संरक्षित क्षेत्र : अभयारण्य
विस्तार : 13 वर्ग किलोमीटर
स्थिति : त्रिपुरा
समीपवर्ती नगर : अगरतला
उत्तम भ्रमणकाल : अक्टूबर से नवंबर
पारिस्थितिकी : अर्ध सदाबहार अयनमंडलीय वन
वन्य पशु-पक्षी : फायरे का लंगूर, तेंदुआ, वन्य शूकर, पक्षी।

चारिलम अभयारण्य अगरतला के दक्षिण में बंगलादेश की सीमा पर स्थित है। इस अभयारण्य में भारी वर्षा होती है। यह एक छोटा किंतु सम्पन्न प्राणिजात वाला अभयारण्य है।

चाण्डक अभयारण्य पूर्वी घाट पर्वतों की परिस्थितिकी के संरक्षण के लिये स्थापित किया गया है।

उच्चारण भेद : चण्डक

चिन्नार

संरक्षित क्षेत्र : अभयारण्य
विस्तार : 90.422 वर्ग किलोमीटर
स्थिति : केरल, जिला : इदुक्की (देवीकुलम ताल्लुक)
समीपवर्ती नगर : इदुक्की
उत्तम भ्रमणकाल : सितंबर से अप्रैल
पारिस्थितिकी : अर्ध सदाबहार वन तथा शुष्क वन
वन्य पशु-पक्षी : तेंदुआ, गौर, भालू परन्तु अपने सरीसृपों और पक्षियों के लिये विशेष रूप से विख्यात।

चिन्नार अभयारण्य की स्थापना वर्ष 1984 में हुई। यह केरल के 'घाट' के दक्षिण-पश्चिमी ऊंचे पर्वतों के पूर्वी भाग में स्थित है। इस अभयारण्य की सतह काफी ऊंची नीची है, समुद्र सतह से इसकी ऊंचाई 500 मी. से प्रारंभ होकर 2300 मीटर तक है। इस अभयारण्य से दो सदा प्रवहमान नदियां पाम्बर और चिनार बहती हैं । इतनी ऊंचाई होने

पर भी यह क्षेत्र अपनी स्थिति के कारण अल्प वृष्टि का क्षेत्र है। यहां वर्ष में केवल 48 दिन ही वर्षा होती है जो कि 500 मि.मी. है। यह केरल में होने वाली वर्षा की तुलना में अत्यल्प है। इसका परिणाम यह कि वृष्टिछाया के क्षेत्रों में शुष्क वनस्पति की प्रधानता देखने मिलती है। यहां तक कि शाला वनों के इस क्षेत्र में कंटीली झाड़ियां और घास के छोटे मैदान देखने को मिलते हैं।

चिन्नार की अपनी प्राणिजात संबंधी विशेषतायें उल्लेखनीय हैं। यहां पर 225 पक्षियों की प्रजातियाँ पाई जाती हैं परन्तु इससे भी अधिक महत्व यहाँ पर पाये जाने वाले सरीसृप प्राणिजात का है। केरल के किसी भी भाग की तुलना में यहां सबसे अधिक सरीसृपों की प्रजातियाँ पाई जाती हैं।

यहाँ की विशाल गिलहरी (रेटूफा मैक्यूरा) भी एक विशिष्ट वन्य प्राणी है। यहां पर स्टार कछुये पाये जाते हैं। वनस्पति भोजियों में गौर यहां का विशाल पशु है। इस अभयारण्य में श्वेत गौर भी देखे गये हैं जो पूरी तरह सफेद तो नहीं होते परन्तु उनका रंग दूसरे गौरों की तुलना में उजला या विस्फुट के रंग का होता है।

केरल के देवीकुलम ताल्लुका में स्थित यह अभयारण्य अपेक्षाकृत कम वर्षा का क्षेत्र होने के कारण ही घास के मैदान वाला क्षेत्र भी है, जहां विशाल वनस्पति-भोजी प्राणी अच्छी संख्या में रह सकते हैं।

चिमनोई

संरक्षित क्षेत्र : अभयारण्य
विस्तार : 90 वर्ग किलोमीटर
स्थिति : केरल
समीपवर्ती नगर : कालडी
उत्तम भ्रमणकाल : अक्टूबर से अप्रैल
पारिस्थितिकी : मिश्रित पर्णपाती वन
वन्य पशु-पक्षी : सांभर, रीछ, गौर, नीलगिरि तहार, नीलगिरि लंगूर, पक्षी।

चिमनोई अभयारण्य केरल-तमिलनाडु सीमा पर स्थित है। इस अभयारण्य में सागौन के वृक्ष भी बहुतायत से मिलते हैं। केरल के मध्य क्षेत्र में स्थित इस अभयारण्य में गौर और सांभर देखने को मिलते हैं।

चिमनोई अभयारण्य की स्थिति इसलिये भी महत्वपूर्ण है क्योंकि यह पेराम्बिकुलम जैसे राष्ट्रीय उद्यान से अधिक दूर नहीं है। समीपवर्ती कोदस्सरी रक्षत वनों को यदि संरक्षित क्षेत्र में सम्मिलित कर लिया जाय तो यह संपूर्ण क्षेत्र नीलगिरि तहार के लिये वृहत्तर आवास की व्यवस्था होगी।

चिमनोई अभयारण्य में लंगूर की दो प्रजातियों को देखा जा सकता है। अभयारण्य के अधिकांश भाग में हनुमान लंगूर (प्रेसबाइटिस एन्टिलस) पाया जाता है। पर सघन वनों के क्षेत्रों में नीलगिरि लंगूर (प्रेसबाइटिस जानी) के भी कुछ समूह यहां निवास करते हैं। नीलगिरि लंगूर चमकीला काले रंग का वानर है जिसका सिर भूरापन लिये हुये पीले रंग का होता है। दक्षिण भारत के यह शोला वनों और घास के क्षेत्रों में पाया जाता है।

अंधविश्वास के चलते इस वानर का खूब शिकार हुआ क्योंकि यह माना जाता था कि इसके मांस में औषधीय गुण हैं। संरक्षित क्षेत्रों में भी अब यह विरल है। लंगूर की अधिकता का कारण इस अभयारण्य में उन वनस्पतियों का भरपूर होना है जिन्हें लंगूर भोजन में पसंद करते हैं। साधारण तौर पर लंगूरों के भोजन में एक तिहाई पत्तियाँ, एक चौथाई फल, दस प्रतिशत पुष्प और बोंडियां तथा शेष भाग गोंद, कोंपल तथा वृक्षों के तनों से प्राप्त सामग्री का होता है।

चिलका

संरक्षित क्षेत्र : अभयारण्य
विस्तार : 1100 वर्ग किलोमीटर
स्थिति : उड़ीसा
समीपवर्ती नगर : भुवनेश्वर (110 कि.मी.)
उत्तम भ्रमणकाल : अक्टूबर से जून
पारिस्थितिकी : समुद्रतटीय झील
वन्य पशु-पक्षी : पक्षी, जलचर।

चिलका झील उड़ीसा के पूर्वी भाग में बंगाल की खाड़ी के समुद्र तट पर स्थित एक प्राकृतिक झील है जिसका क्षेत्रफल 1100 वर्ग किलोमीटर के लगभग है। वर्षाकाल में यह एशिया का विशालतम लैगून वन जाती है। यह झील अनेक कारणों से विशिष्ट है, यह नदी के मुहाने पर स्थित ताजे पानी, समुद्री पानी और मिश्रित पानी की पारिस्थितिकी का निर्माण करती है। अपनी इस अद्‌भुत प्रकृति के कारण यह अनेक प्रकार के जलचरों का निवास स्थल है। शीतकाल में यहां हजारों की संख्या में प्रवासी पक्षी आते हैं जिनमें राजहंस, हंस, बत्तखें, सारस इत्यादि प्रमुख हैं।

चिलका झील को अंतर्राष्ट्रीय 'रामसर स्थल' का महत्व प्राप्त है जो कि विशिष्ट नम क्षेत्रों (वेटलेंड) को दिया जाता है।

इस झील का एक द्वीप 'नालवन' अभयारण्य के रूप में घोषित है। इस झील के मुख क्षेत्र में सतपारा के पास 'डोल्फिन'† को देखा जाता है। यहां पर पाई जाने वाली डोल्फिन समुद्री डोल्फिन है। चिलका एक उत्तम पर्यटन स्थल भी है, यहां भुवनेश्वर से अथवा पुरी (50 कि.मी.) से पहुंचा जा सकता है। यहां पर पर्यटन के लिये नौकायें उपलब्ध हैं। चिलका का समुद्री तट (बीच) और सूर्योदय तथा सूर्यास्त भी पर्यटकों की पसंद हैं।

चिलका झील की डोल्फिन † : भारत में समुद्रतटीय डोल्फिन का एक बड़ा संरक्षित क्षेत्र चिलका झील है। उड़ीसा की इस झील का पर्यटन बहुत कुछ चिलका की इन झीलों में पायी जाने वाली डोल्फिन ही हैं। एक अनुमान के अनुसार यहां आने वाले 80 प्रतिशत पर्यटक इन डोल्फिनों को देखने के लिये ही यहां आते हैं। डोल्फिनों की प्रजनन क्षमता बहुत मंद है अतः इनकी संख्या में वृद्धि बहुत ही मुश्किल से हो पाती है क्योंकि यदि

† **चिलका की डोल्फिन** : चिलका झील में पाई जाने वाली इन डोल्फिनों को 'इरावदी डोल्फिन' भी कहा जाता है।

मृत्यु दर किन्हीं भी प्राकृतिक या मानवीय कारणों से कुछ अधिक हो जाय तो इनकी संख्या कम होकर वे उस क्षेत्र से विलुप्त हो सकती हैं। चिलका में डोल्फिनों के मछुआरों के जालों में फंसकर मरते रहने की खबरें जब-तब प्रकाशित होती रहती हैं। उड़ीसा में डोल्फिनों को मांस के लिये नहीं मारा जाता न ही उन्हें जाल में फंसाया जाता वरन् वे मछलियों के लिये बनाये गये जालों में फंसकर मर जाती हैं। इसे रोकना आवश्यक है। उड़ीसा में डोल्फिनों की मृत्यु का दूसरा कारण यंत्र चलित नौकाओं से टकराना भी है। डोल्फिनों की मृत्यु अक्सर प्रापेलर से टकराने पर होती है।

चिलका में पाई जाने वाली ये समुद्रतटीय डोल्फिनें यहां पर 50 से ऊपर नहीं है। ऐसा कहा जाता है कि इस प्रजाति की डोल्फिनों की यह संख्या थाईलैंड के सोंगखला के पश्चात सबसे बड़ी है। चिलका में ये साधारण तौर पर बाहरी धारा या नई धारा में सतपाड़ा के पास देखी जा सकती हैं।

चिलका झील में समुद्रतटीय डोल्फिनों की संख्या में वृद्धि हुई है। ऐसा सूचित किया गया है कि वर्तमान में इस झील में 124 डोल्फिनें मौजूद हैं (वर्ष 2004) जबकि विगत वर्ष (वर्ष 2003) यह संख्या 89 आंकी गई थी; इनमें 113 डोल्फिन वयस्क हैं तथा 11 शिशु हैं। एक तिहाई से कुछ अधिक डोल्फिनें मुख्य झील में देखी गईं। डोल्फिन की यह गणना चिलका डेवलपमेंट अथारिटी (सी. डी. ए.) द्वारा की गई थी जिसमें 72 व्यक्तियों ने भाग लिया। इनमें 18 नाविक थे तथा 36 पर्यवेक्षक थे। इन्होंने 18 डेटा रिकार्डरों के माध्यम से यह गणना की। (स्रोत : जतीन्द्रदास, 'डोल्फिन पापुलेशन राइजेज इन चिलका लेक', इन्डो एशियन न्यूज सर्विस, 21/3/2004)

उच्चारण भेद : चिलका झील को उच्चारण भेद से चिल्लिका तथा चिलिका भी कहा जाता है।

चिलचिला

यह अभयारण्य हरियाणा में स्थित है। प्राणिजात प्रदेश के अन्य संरक्षित क्षेत्रों के समान। इस अभयारण्य की भूमि का स्वामित्व कुरूक्षेत्र जिले के एक ग्राम की ग्रामपंचायत के पास है, जो इसे 'डिनोटीफाइड' करने के लिये प्रशासन पर समय-समय पर दबाव डालती रहती है।

चित्रांगुडी

यह अभयारण्य तमिलनाडु में स्थित है। प्राणिजात प्रदेश के अन्य संरक्षित क्षेत्रों के समान।

चूरधार

संरक्षित क्षेत्र : अभयारण्य
स्थिति : हिमाचल प्रदेश
समीपवर्ती नगर : राजगढ़ (70 कि.मी.), समीपवर्ती हवाई पट्टी : शिमला (152 कि.मी.)

उत्तम भ्रमणकाल : मई से अक्टूबर
पारिस्थितिकी : अतिशीत प्रदेश, उच्च अक्षांशीय जलवायु
वन्य पशु–पक्षी : हिमतेंदुआ, कस्तूरी मृग, वन्य शूकर, पक्षी।

चूरधार अभयारण्य हिमाचल प्रदेश के हिमालयी क्षेत्र में स्थित है, चूरधार इस प्रदेश का सर्वोच्च हिमालयी शिखर है। यह शिमला और सिरमौर जिलों की सीमा से लगा हुआ है। चूरधार पर्वत शिखर शीतकाल में हिमाच्छादित रहता है। यहां पर बर्च, रोडोडेन्ड्रान और जूनिपर के वृक्ष पाये जाते हैं। यहां पर वनों की उच्च अक्षांशीय पेटियां देखने को मिलती हैं। चूरधार एक सुन्दर अभयारण्य है।

चेन्दुर्नी

संरक्षित क्षेत्र : अभयारण्य
विस्तार : 100 वर्ग किलोमीटर
स्थिति : केरल
समीपवर्ती नगर : तेनमलै
उत्तम भ्रमणकाल : अक्टूबर से मार्च
पारिस्थितिकी : समुद्रतटीय आर्द्र अयनमंडलीय वन
वन्य पशु–पक्षी : तेंदुआ, नीलगिरि, लंगूर, भालू, पक्षी।

चेन्दुर्नी अभयारण्य केरल के दक्षिण भाग में स्थित है। यद्यपि जलवायु अयनमंडलीय है परन्तु समुद्री प्रभाव के कारण यहां आर्द्रता अधिक पाई जाती है और इसीलिये यहां के वनों में अत्यधिक हरियाली देखने को मिलती है।

चैल

संरक्षित क्षेत्र : अभयारण्य
विस्तार : 23.3 वर्ग किलोमीटर
स्थिति : हिमाचल प्रदेश
समीपवर्ती नगर : चैल (1 कि.मी.) निकटवर्ती हवाई पट्टी : (45 कि.मी.)
उत्तम भ्रमणकाल : अप्रैल से जून
पारिस्थितिकी : चीड़, पाइन और ओक के वन
वन्य पशु–पक्षी : गोरल, कक्कड़।

चैल अभयारण्य वर्ष 1975 में सोलन जिले की चैल पहाड़ियों पर स्थापित किया गया था। यहां पर शीतकाल में हिमवृष्टि होती है। चैल एक उत्तम पर्यटन स्थल है।

चैल शिमला से केवल 45 किलोमीटर दूर स्थित है। चैल हिमालयी वन्य प्राणियों को देखने के लिये एक उत्तम स्थल है। हिमाचल प्रदेश का यह अभयारण्य एक सुरम्य पर्यटन स्थल के रूप में इसलिये भी प्रसिद्ध है क्योंकि इसके चारों ओर का विस्तृत क्षेत्र वनों से आच्छादित है। ओक और पाइन के सघन वनों के अतिरिक्त यहां पर हिमाच्छादित

पर्वत शिखर और पर्वतीय घास के मैदान भी हैं। शीतकाल में हिम तेंदुये इस अभयारण्य तक पहुंचाये जाते हैं। ग्रीष्म काल में गोरल और कक्कड़ अभयारण्य में विचरण करते हुये दिखते हैं।

मुश्किलें : चैल अभयारण्य एक प्रसिद्ध पर्यटन स्थल है अतः यहां के भूस्वामित्व के संबंध में भी विवाद होते रहते हैं। उदाहरण के लिये चैल को जब वर्ष 1999 में अभयारण्य घोषित किया गया तभी यहां के निवासियों ने अभयारण्य की घोषणा को निरस्त करने का नारा उठाया, तथा अपनी बात एक प्रतिनिधि के द्वारा भारत के महामहिम राष्ट्रपति तक भी पहुंचाई। विरोध करने वालों का तर्क था कि यह अभयारण्य यहां के 15000 निवासियों को उनके मौलिक अधिकारों से वंचित कर रहा है। दूसरे पक्ष के अनुसार यहां के निवासियों ने 3600 बीघा पर अवैध कब्जा कर रखा है, जिसे अभयारण्य बनने के पश्चात उन्हें कब्जे किये गये स्थान को छोड़ना पड़ेगा। यह भी कहा गया कि वर्ष 1953 में शासन ने यहां के निवासियों को 25 बीघा जमीन रहवासी घर एवं बाजार बनाने के लिये दी थी। जनता के प्रतिनिधियों का कहना था कि उनकी तुलना में शासन के ही अनेक विभागों ने सरकारी भूमि पर बहुत अधिक अवैध कब्जा कर रखा है।

छ

छपराला

संरक्षित क्षेत्र : अभयारण्य
विस्तार : 135 वर्ग किलोमीटर
स्थिति : महाराष्ट्र
समीपवर्ती नगर : मुंबई
उत्तम भ्रमणकाल : अक्टूबर से मार्च
पारिस्थितिकी : आर्द्र मिश्रित पर्णपाती वन
वन्य पशु–पक्षी : तेंदुआ, गौर, नीलगाय, जंगली सुअर, पक्षी।

छपराला अभयारण्य की दक्षिणी–पश्चिमी सीमा पर प्राणहिता नदी प्रवाहित होती है। इस बेगवती नदी के किनारे के वनों में नाना प्रजाति के पक्षियों का कलरव सुना जा सकता है। इस अभयारण्य में आने वाले अनेक पर्यटक श्रद्धालु तीर्थयात्री भी होते हैं जो वर्धा और प्राणहिता नदियों के संगम पर बने मंदिरों के दर्शन के लिये आते हैं।

छपराला अभयारण्य की स्थापना मुख्यतः कृष्णा नदी के ऊपर घाट क्षेत्र के पर्यावरण को संरक्षित करने की लिये की गई थी। इस क्षेत्र के अन्य अभयारण्य भीमशंकर चण्डोली, कलशूबाई और राधा नगरी हैं। छपराला में भी इन्हीं अभयारण्यों की भांति उत्तरी सदाबहार वन तथा अर्धसदाबहार वन पाये जाते हैं। इन वनों में गौर की अच्छी संख्या पाई जाती है साथ ही यहां विशाल गिलहरी (जाइन्ट स्क्वेरल)भी पाई जाती है।

संकट : छपराला अभयारण्य की सीमा के भीतर मारखण्डा, चन्दनखेड़ी, चौडम्पल्ली, सिंगमपल्ली घन्नौर और छपराला छह गांव बसे हुये हैं। इन गावों के पालतू पशु पूरे अभयारण्य में छुट्टा घूमते रहते हैं। इनके द्वारा वन्य वनस्पति–भोजी प्राणियों में रोग फैलने की आशंका रहती है। छपराला में तेंदूपत्ता संग्रहण के दौरान सारे अभयारण्य में लोग घूमते रहते हैं, अभयारण्य का कुछ भाग इससे मुक्त होना आवश्यक है। जल भी फैलता रहता है जिसको और ठीक ढंग से नियंत्रित किया जाना चाहिये।

छत्तीसगढ़

स्थिति : भारत का मध्यवर्ती राज्य
भौगोलिक क्षेत्र : 134,194 वर्ग किलोमीटर, वन क्षेत्र 59,285 वर्ग किलोमीटर, (43.85%)

संरक्षित क्षेत्र : राष्ट्रीय उद्यान 02, अभयारण्य 11, टाइगर रिजर्व 1
प्रादेशिक पारिस्थितिकी : भारत के प्राणि-भौगोलिक वर्गीकरण के आधार पर 6 स एवं 6 द
प्रदेश का प्रतीक पशु : जंगली भैंसा (ब्यूबेलस ब्यूबेलिस)
प्रदेश का प्रतीक पक्षी : पहाड़ी मैना (ग्रेक्युला रिलिजिसा)
प्रदेश का प्रतीक वृक्ष : घोषणा प्रतीक्षित
प्रदेश का प्रतीक पुष्प : घोषणा प्रतीक्षित

छत्तीसगढ़ प्रांत भारत के राज्य पुनर्गठन के फलस्वरूप पुराने मध्य प्रदेश राज्य से निकला हुआ भाग है। छत्तीसगढ़ राज्य को साधारण तौर पर तीन प्राकृतिक विभागों में बांटा जाता है। पहला भाग जशपुर सामरी विभाग है। यह पूर्व की ओर फैले छोटा नागपुर पठार का एक भाग है। यहां पर बीसवीं सदी के प्रारंभिक दशकों तक सघन वन थे। यह क्षेत्र प्रागैतिहासिक काल में पाषाणयुगीन सभ्यता का केंद्र था। यहां पर प्राचीन शैलाश्रय हैं जिनमें चित्रित सिंघनपुर के शैलाश्रय प्रसिद्ध हैं। इन शैलाश्रयों में लगभग 5000 वर्ष पुराने शिकार चित्र हैं। यहां उष्ण-कटिबन्धीय पर्णपाती वन हैं। यहां के वनों में साल वृक्ष बहुतायत से पाये जाते हैं। जशपुर तहसील के समतल भागों में आर्द्र साल वनों को 'ढाब' कहते हैं। जशपुर सामरी पाट प्रदेश को ऊपरघाट (6000 मीटर से ऊंचा) और नीच घाट (6000 मीटर से नीचा) के प्राकृतिक विभागों में भी बांटा जाता है।

छत्तीसगढ़ प्रांत का मध्यवर्ती भाग महानदी की घाटी का है, यह विस्तृत भू-भाग छत्तीसगढ़ का मैदानी भू-भाग है। इस मैदानी भाग में बहुत से छोटे- छोटे मैदान हैं जिनमें हसदो मांड नदियों का मैदान, शिवनाथ नदी का मैदान, महानदी शिवनाथ दोआब का मैदान तथा बिलासपुर के आगर, मनियारी, अप्पा तथा लीलागर नदियों के मैदान मुख्य हैं। छत्तीसगढ़ के मैदानी क्षेत्र से जंगलों का लगभग सफाया हो चुका है।

छत्तीसगढ़ प्रदेश के दक्षिणी भाग को दण्डकारण्य भी कहा जाता है, यह भाग अभी भी वनाच्छादित है। यहां की प्राकृतिक वनस्पति उष्ण-पर्णपाती वन है जिनमें साल वृक्ष की प्रधानता है। इस क्षेत्र का लगभग 70 प्रतिशत भाग वनाच्छादित होने से यहां पर सर्वाधिक संख्या में प्रदेश के संरक्षित क्षेत्र हैं। छत्तीसगढ़ राज्य का यह भाग सर्वाधिक नक्सल आतंक से प्रभावित क्षेत्र है अतः यहां के अभयारण्यों की सुरक्षा आधी-अधूरी है। छत्तीसगढ़ राज्य में प्रायद्वीपीय भारत का वन्य भैंसा पाया जाता है, जो अब विलुप्ति के कगार पर है।

छापरमारी

संरक्षित क्षेत्र : अभयारण्य
विस्तार : 10 वर्ग किलोमीटर
स्थिति : पश्चिम बंगाल
समीपवर्ती नगर : छापरमारी
उत्तम भ्रमणकाल : नवंबर से अप्रैल
पारिस्थितिकी : मिश्रित आर्द्र अयनमंडलीय वन

वन्य पशु–पक्षी : तेंदुआ, शूकर मृग, जंगली बिल्ली, बंदर, पक्षी।

पश्चिम बंगाल प्रदेश के उत्तर में जलपाईगुड़ी जिले में स्थित यह अभयारण्य हिमालयी नदियों के उपजाऊ कांप के मैदान में फैला हुआ है। अभयारण्य की पश्चिमी सीमा मूर्ति नदी बनाती है। यह एक पुराना शिकारगाह था। वर्ष 1940 में इस शिकारगाह (गेम सेंक्चुअरी) की स्थापना की घोषणा की गई थी। वस्तुतः इस अभयारण्य में सघन साल वृक्षों के वन हैं जिनमें विविध वन्य जीवों का बसेरा रहता है।

छापरमारी अभयारण्य लोहेरोल मार्ग (राष्ट्रीय मार्ग 31–अ) पर जलधका हाइडल प्रोजेक्ट के समीप स्थित है। अभयारण्य से चोरामारी रेल्वे स्टेशन मात्र दो किलोमीटर की दूरी पर है।

कुछ दशकों पूर्व तक इस अभयारण्य में बाघ, हाथी और कक्कड़ बहुतायत से पाये जाते थे परन्तु धीरे-धीरे बड़े वन्य पशुओं का यहां दिखना कम होता जा रहा है। फिर भी यहां पर लाल मुंह के बंदर, जंगली सुअर और पक्षी सरलता से दिख जाते हैं। छोटे जानवरों में गंधमार्जार यहां सरलता से देखा जा सकता है।

इस अभयारण्य तक चूंकि पहुंचना काफी सहज है अतः यहां पर पर्यटकों की अच्छी संख्या प्रतिवर्ष पहुंचती है, उस दृष्टि से इस अभयारण्य का समुचित विकास आवश्यक है।

ज

जम्मू काश्मीर

स्थिति : भारत का उत्तरी राज्य
भौगोलिक क्षेत्र : 222,235 वर्ग किलोमीटर, वनाच्छादित क्षेत्र 20182 वर्ग कि.मी.
संरक्षित क्षेत्र : 4, अभयारण्य 15 (9.8%)
पारिस्थितिकी : प्रादेशिक उच्च पर्वतीय हिमालयी, पैलार्कटिक प्राणिजात
प्रदेश का प्रतीक पशु : काश्मीरी हरिण (सर्वस इलाफस हंगलू)
प्रदेश का प्रतीक पक्षी : कृष्ण कंठीय सारस (ग्रुस निग्रिकी लिस)
प्रदेश का प्रतीक वृक्ष : चिनार (प्लेटेनस ओरियन्टेलसि)
प्रदेश का प्रतीक पुष्प : कमल (नीलम्बो न्यूसीफेरा)

जम्मू एवं काश्मीर भारत का सबसे उत्तरी राज्य है। काश्मीर उच्च हिमालय का क्षेत्र है जिसमें सुरम्य पर्वतीय घाटी है। जम्मू का अधिकांश भाग मैदानी क्षेत्र है जिसकी संरचना हरियाणा एवं पंजाब के मैदानी क्षेत्रों के समान है। लद्दाख का क्षेत्र उच्च अक्षांशीय शुष्क क्षेत्र है। काश्मीर में हिमाद्रि (ग्रेट हिमालय) की उच्च श्रेणियां हैं। के 2 (8,611 मी.) तथा नंगापर्वत (8,126 मी.) है।

जम्मू काश्मीर का प्राणिजात पर्वतों की ऊंचाई के अनुसार बदलता जाता है क्योंकि पर्वतीय ऊंचाई के साथ ही वानस्पतिक पेरियों में भी बदलाव आ जाता है। फिर भी यहां का सामान्य प्राणिजात पैलार्कटिक या समशीतोष्ण कटिबंधीय एशिया के पर्वतों जैसा ही है। हिमालयी रीछ, हिमालयी मेष छाग, कस्तूरी मृग, रेडबियर तथा हिम तेंदुये यहां के विशिष्ट पशु हैं।

प्रसिद्ध पक्षी विज्ञानी स्वर्गीय सालिम अली का मानना था कि काश्मीर की घाटी में ही है। इन नम क्षेत्रों में प्रवासी और निवासी दोनों ही वर्ग की ओक पक्षी प्रजातियां निवास करती हैं। प्रवासी पक्षियों में साइबेरिया, मध्य एशिया, उत्तरी यूरोप, चीन तथा दक्षिण एशिया जैसे सुदूर क्षेत्रों के पक्षी शामिल हैं जिनमें अनेक प्रजातियों के राजहंस, हंस, बत्तखें, बगुले और चीलें प्रमुख हैं। साधारण तौर पर यहां दो मौसमों में आने वाले प्रवासी पक्षी होते हैं; कुछ पक्षी दक्षिण एशिया के होते हैं, इनका प्रवास बहुत अधिक मौसमी नहीं होता परंतु जो प्रवासी पक्षी यूरोप तथा मध्य एशिया से यहां आते हैं वे अगस्त माह तक यहां आ जाते हैं तथा अप्रैल माह तक लौट जाते हैं।

काश्मीर का क्षेत्र काफी सैनिक गतिविधियों वाला तथा सामाजिक हलचल का क्षेत्र है परंतु विशेषज्ञों का मानना है कि इससे पक्षियों की संख्या में कहीं कोई कमी नहीं आई अपितु आशा के विपरीत इन प्रवासी पक्षियों की संख्या में वृद्धि ही हुई है।

जलदापारा

संरक्षित क्षेत्र : अभयारण्य
विस्तार : 214 वर्ग किलोमीटर
स्थिति : पश्चिम बंगाल
समीपवर्ती नगर : मदारी हेट (16 कि.मी.), निकटवर्ती हवाई पट्टी : कूचबिहार (45 कि.मी.)
उत्तम भ्रमणकाल : नवंबर से मार्च
पारिस्थितिकी : मिश्रित पर्णपाती वन, नदी तटीय वन एवं घास के मैदान
वन्य पशु-पक्षी : बाघ, गैंडा, हाथी, गौर, हिस्पिड खरगोश, बंगाल फ्लोरिकन, जल बत्तख।

जलदापारा अभयारण्य अनेक छोटे-बड़े वन्य प्राणियों का निवास है, यहां पर छोटे प्राणियों की अनेक प्रजातियां पाई जाती हैं जो अन्यत्र दुर्लभ हैं जैसे ट्री श्रू (टुपइया बेलान्गिरि), मस्कश्रू (सन्कस मुरीनस) इत्यादि। यहां पर कुछ वर्षों पूर्व तक वामन शूकर भी पाया जाता था परन्तु अब वह यहां विलुप्त हो गया है। वर्ष 1918 तक यहां पर भारत का दो श्रृंगीय गैंडा भी पाया जाता था परन्तु अब वह भी विलुप्त हो गया है।

जलदापारा को वर्ष 1941 में शिकारगाह घोषित किया गया था। इस अभयारण्य में टोसी और मलंगी नदियां बहती हैं।

जलदापारा का शब्दिक अर्थ जल के समीप वाले अधिवास है। जलदापारा अभयारण्य का नाम ऐसे ही अधिवासों की बहुलता से पड़ा है। यह अभयारण्य सभी ओर से अनेक मानव अधिवासों द्वारा घिरा हुआ है। इस नदी के कछार में ऊंची घास पैदा होती है जिसमें गैंडा से लेकर हिस्पिड खरगोश और बंगाल फ्लोरिकन प्रजाति के दुर्लभ पक्षी निवास करते हैं परन्तु इसी घास के क्षेत्र में समीपवर्ती गांवों के लोग लकड़ी बटोरने दिन भर घूमते रहते हैं। ऐसा ही कुछ वन्य प्राणियों के साथ भी है। उनके अपने रहवासी क्षेत्र में लगातार दखल होने के कारण वे भी निकटवर्ती गांवों के खेतों की ओर मुंह मोड़ लेते हैं। गैंडे और हाथी दोनों ही बड़े प्राणी फसलों पर धावा बोलने से नहीं चूकते।

पश्चिम बंगाल में गैंडों की सबसे अधिक संख्या इसी अभयारण्य में है।

जलदापारा में मनुष्य और वन्य प्राणियों का आमना-सामना ही सामान्य बात नहीं है वरन् मनुष्य के द्वारा पाले गये वन्य पशुओं और जंगल में रह रहे पशुओं का आमना-सामना और उनके अंतर्संबंध भी विचित्र हैं। उदाहरण के लिये इस अभयारण्य में 40 हाथी होना बड़ी बात है जबकि बड़े राष्ट्रीय उद्यानों में भी इसकी आधी संख्या मुश्किल से देखने को मिलती है। जाहिर है कि इन हाथियों में हथनियों की संख्या भी पर्याप्त है। वन प्रबंधन इन हाथियों का उपयोग पर्यटकों को घुमाने में करते हैं, पर इस अभयारण्य में इतने पर्यटक नहीं आते कि इनकी आधी संख्या की भी एक बार में कभी आवश्यकता पड़े। परिणामतः वन विभाग इनमें अधिकांश युवा हाथियों को अभयारण्य के वन क्षेत्र में खुला चरने को दिन भर के लिये छोड़ देता है और फिर दिन ढलते महावत उन्हें वापस अभयारण्य की गजशाला में बांधने के लिये ले आते हैं, इस तरह इन मादा हाथियों को दिन भर वन्य हाथियों का साहचर्य प्राप्त होता रहता है और वे

गर्भवती हो जाती हैं। इनके द्वारा जने गये हाथियों के शावक अभयारण्य की सम्पत्ति हो जाते हैं।

जलदापारा एक सतत समस्या से जूझता रहता है जिसका निदान मुश्किल है। यह समस्या प्रकृति से जुड़ी हुई है। जलदापारा की जीवन रेखा भले ही टोर्सा नदी हो परन्तु उसका अपरदन बहुत ही विनाशकारी है, नदी तटीय कगारों को वह बहा ले जाती है। यह नदी तिब्बत की चुम्बी घाटी से निकलती है जहां इसे 'माचू' के नाम से जाना जाता है फिर वह आगे प्रवाहित होती हुई भूटान में बहती और फिर भारतीय सीमा क्षेत्र में प्रविष्ट होती है जिसे क्षेत्रीय भाषा में बाले टुआर (टुआर द्वार) कहा जाता है। वस्तुतः यह हिमालय के पर्वतीय क्षेत्र से मैदान की ओर खुलने वाला प्राकृतिक द्वार ही तो है। टोर्सा नदी इस प्रकार भूटान से भारत तक बहने वाली एक सदानीरा नदी है जो अंत में ब्रह्मपुत्र में जाकर मिल जाती है। इस क्षेत्र की नदियों में तीव्र वेग होने के कारण भयंकर कटाव की शक्ति होती है और इसीलिये जब इनमें पूर आता है तो वे अपने तटबंधों को नष्ट-भ्रष्ट कर देती है। इससे बहुत नुकसान होता है। इस प्रकार के प्रवाहों का दूसरा बड़ा नुकसान कांच का बड़ी मात्रा में नई जगहों पर जमना भी होता है, जिसके कारण नदी के प्रवाह की दिशा बदलने की आशंका बढ़ जाती है। इन नदियों के वेग से बहुत बार वन्य प्राणियों की भी मृत्यु हो जाती है।

परन्तु यही प्रवाह हाथियों को भूटान से पश्चिम बंगाल तक प्रवास करने को प्रेरित करता है। इस नदी के तटवर्ती प्रदेशों में घास की विशिष्ट प्रजाति (सेचेरम स्पान्टेनियम) हिस्पिड खरगोश, शूकर मृग और अनेक पक्षियों की शरणस्थली है। यह घास अभयारण्य के विशाल क्षेत्र में फैली है जिनमें छोटे ही नहीं बड़े पशु, जैसे-गौर और गैंडा भी घूमते हुये दिखाई दे जाते हैं।

जयकवाड़ी

संरक्षित क्षेत्र : अभयारण्य
विस्तार : 400 वर्ग किलोमीटर
स्थिति : महाराष्ट्र
समीपवर्ती नगर : औरंगाबाद
उत्तम भ्रमणकाल : नवंबर से मार्च
पारिस्थितिकी : घास के मैदान, दलदली क्षेत्र
वन्य पशु-पक्षी : तेंदुआ, चीतल, नीलगाय, सांभर, पक्षी, बत्तख, मछलियां, सरीसृप।

जयकवाड़ी अभयारण्य महाराष्ट्र के मध्य भाग में स्थित है। जयकवाड़ी अभयारण्य अन्य सभी अभयारण्यों से अनेक अर्थों में भिन्न है, यहां न तो पहले कोई शिकारगाह था और न ही कोई आरक्षित वन क्षेत्र जिसे अभयारण्य घोषित कर दिया गया हो। वस्तुतः यह क्षेत्र एक सामान्य मैदानी क्षेत्र था जिस पर घास उगती थी, जमीन काली उपजाऊ जमीन थी जिसके बीच-बीच में छोटे-छोटे अनुपजाऊ लाल लेटराइट मिट्टी के क्षेत्र थे। इस जमीन पर गोदावरी नदी बहती है। वर्ष 1965 में गोदावरी नदी के इस ऊपरी प्रवाह क्षेत्र में नाथ सागर बांध बांधने की योजना बनी और दस वर्ष बाद वर्ष 1975 में यहां नाथ सागर बांध

बंधकर तैयार हो गया। बांध बन जाने पर इस क्षेत्र का समूचा परिदृश्य ही बदल गया। इस नये बने सरोवर ने प्रवासी पक्षियों को आकर्षित करना प्रारंभ किया और तब इस बांध क्षेत्र को जयकवाड़ी पक्षी अभयारण्य घोषित कर दिया गया। यदि केवल बांध पर नजर डाली जाये तो शायद वह किसी भी प्रकृति प्रेमी को उतना आकर्षक न लगे परंतु इस बांध ने पूरी पारिस्थितिकी को बदल डाला है, अब वहां विशाल झील है, कीचड़ और दलदली क्षेत्र है और बेशरम की बेतहाशा उगी झाड़ियां। झील में लगभग पारदर्शी जल है जो इस विशाल बांध (1,886.4 वर्ग किलोमीटर) में कहीं भी बहुत गहरा नहीं है। सूर्य का प्रकाश झील की तलहटी तक पहुंच जाता है फलतः जलीय प्राणिजात में आशातीत वृद्धि हुई। यहां पर 23 प्रजातियों की मछलियां पाई जाती हैं जो प्रवासी और निवासी पक्षियों को भरपूर भोजन प्रदान करती हैं। यहां पर अब 200 प्रजाति के पक्षी देखे जा सकते हैं। अब पक्षी ही क्या अन्य बहुत से जानवर खरगोश से लेकर लोमड़ियां तक पाई जाती हैं तथा नम क्षेत्रों में अनेक प्रकार के सर्प और अजगर।

जयकवाड़ी डिमोसिलेसारस, टफ्टेड पोचार्ड कोम्ब बत्तखें तथा ऊंचे राजहंसों को देखने का उत्तम स्थल है, ये सभी पक्षी शीतकाल में यहां पहुंचते हैं।

इस अभयारण्य के समीप ही संत ध्यानेश्वर उद्यान है जो मुगल शैली में बनाया गया है, यह उत्तम पर्यटन स्थल है।

जयसमन्द

संरक्षित क्षेत्र : अभयारण्य
विस्तार : 52 वर्ग किलोमीटर
स्थिति : राजस्थान
समीपवर्ती नगर : उदयपुर
उत्तम भ्रमणकाल : नवंबर से मार्च
पारिस्थितिकी : शुष्क अयनमंडलीय पर्णपाती वन
वन्य पशु–पक्षी : तेंदुआ, चिंकारा, मगर, पक्षी।

जयसमन्द अभयारण्य उदयपुर के निकट स्थित है। इसका नामकरण संरक्षित क्षेत्र में स्थित जयसमन्द झील के नाम पर हुआ है। इस अभयारण्य की स्थापना वर्ष 1978 में हुई थी। जयसमन्द झील प्रवासी पक्षियों के देखने के लिये उत्तम स्थल है। झील के चारों ओर कम ऊंचाई की पहाड़ियां हैं जिनमें वन्य प्राणी देखे जा सकते हैं।

जवाहर सागर

संरक्षित क्षेत्र : अभयारण्य
विस्तार : 100 वर्ग किलोमीटर
स्थिति : राजस्थान
समीपवर्ती नगर : उदयपुर
उत्तम भ्रमणकाल : नवंबर से मार्च

पारिस्थितिकी : शुष्क अयनमंडलीय पर्णपाती वन
वन्य पशु-पक्षी : कृष्णमृग, पक्षी।

जवाहर सागर अभयारण्य बांध द्वारा निर्मित जवाहरसागर सरोवर के चारों ओर फैला है। यह अभयारण्य राजस्थान के दक्षिणी भाग में मध्य प्रदेश और राजस्थान की सीमा में स्थित है। यह अभयारण्य पक्षियों के लिये प्रसिद्ध है। जवाहर सागर अभयारण्य में बड़ी संख्या में कृष्णमृग (ब्लैक बक) निवास करते हैं।

जसरोटा

संरक्षित क्षेत्र : अभयारण्य
विस्तार : 10 वर्ग किलोमीटर
स्थिति : जम्मू एवं काश्मीर
समीपवर्ती नगर : कठुआ
उत्तम भ्रमणकाल : अक्टूबर से मार्च
पारिस्थितिकी : अर्ध शुष्क अयनमंडलीय पर्णपाती वन
वन्य पशु-पक्षी : पक्षी, जंगली सुअर, खरगोश, सेही।

जसरोटा अभयारण्य जम्मू और काश्मीर के पुराने शासकों की जागीर जसरोटा पर स्थित है। स्वतंत्रा-पूर्व इस अभयारण्य का क्षेत्र महाराज जम्मू-काश्मीर की निजी शिकारगाह था। स्वतंत्रता के पश्चात वर्ष 1942 में बने इस शिकारगाह को भारत सरकार के वन विभाग को हस्तान्तरित कर दिया गया। वर्ष 1984 में यह वन क्षेत्र अभयारण्य घोषित किया गया। जसरोटा अभयारण्य की वनस्पति में बबूल के वृक्षों की अधिकता है। वस्तुतः वर्ष 1942 से वर्ष 1984 की अवधि में वनों का रख-रखाव न होने से वन बिगड़े हुये वनों की श्रेणी में आ चुके थे, अभयारण्य बनने के पश्चात इनमें सुधार हुआ है। अभयारण्य में जलस्रोतों की कमी है और जो थोड़े बहुत जलस्रोत थे भी वे भी लगातार उपेक्षा के फलस्वरूप निष्प्रभावी हो गये हैं।

जसरोटा अभयारण्य के चारों ओर मानवीय अधिवास हैं। प्रमुख कस्बे और गांव जसरोटा, माला, शानी, कूहमपुर इत्यादि हैं।

जापूपीक

नागालैंड के ऊंचे पर्वतीय क्षेत्र (3043 मी.) पर स्थित यह अभयारण्य अपनी वनस्पति रोडोडेन्ड्रान के लिये भी जाना जाता है।

रोडोडेन्ड्रान उच्च अक्षांशीय वनस्पति है। यह 'एरिसेसी' कुटुम्ब की है जिसकी 500-600 प्रजातियां हैं। रोडोडेन्ड्रान की पत्तियां औषधि बनाने के काम में लाई जाती हैं।

जाम्बहम गढ़

संरक्षित क्षेत्र : अभयारण्य
विस्तार : 300 वर्ग किलोमीटर

स्थिति : राजस्थान
समीपवर्ती नगर : जयपुर
उत्तम भ्रमणकाल : नवंबर से मार्च
पारिस्थितिकी : शुष्क अयनमंडलीय पर्णपाती वन
वन्य पशु–पक्षी : नीलगाय, चिंकारा, भेड़िया, सियार, जंगली सुअर।

यह अभयारण्य जयपुर नगर के उत्तर में फैला हुआ है। इस अभयारण्य के अर्धशुष्क और शुष्क पर्णपाती वनों में नीलगाय और चिंकारा के अतिरिक्त भेड़िया, लकड़बग्घे भी देखे जाते हैं।

जुकाऊ घाटी

संरक्षित क्षेत्र : अभयारण्य
विस्तार : 70 वर्ग किलोमीटर
स्थिति : नागालैड–मणिपुर
उत्तम भ्रमणकाल : वर्ष भर
परिस्थितिकी : पूर्वी हिमालयी वन
वन्य पशु–पक्षी : हागबेजर, पक्षी।

जुकाऊ घाटी पूर्वोत्तर भारत की 'फूलों की घाटी' है। जुकाऊ घाटी वस्तुतः माणिपुर–नागालैण्ड की सीमा पर एक स्थल पर स्थित है जो पर्वतों की गोद में छुपा हुआ है। जुकाऊ नदी की घाटी का यह भाग जो अपने प्राकृतिक दृश्यों के लिये बेजोड़ माना जाता है समुद्र सतह से 2,440 मी. की ऊंचाई पर स्थित है। यह पूर्वोत्तर पर्वतों के टेनिपू पर्वत शिखर से मात्र 400 मी. नीचे है। अपनी विशिष्ट पर्वतीय स्थिति के कारण यह घाटी वर्ष के बारहों माह सुरम्य रहती है, यह अवश्य है कि यहां तक कोई पक्की सड़क न होने से यहां तक पहुंचना हर व्यक्ति के बस की बात नहीं है। जुकाऊ घाटी तक पहुंचने के लिये एक लम्बा रास्ता मणिपुर की सीमा पर स्थित माओ पोटेटो फार्म होकर है। इस रास्ते से इस्सी पर्वत शिखर, जिसकी ऊंचाई समुद्र सतह से 2990 मी. है, को देखते हुये घाटी तक पहुंचा जा सकता है। इस रास्ते से डेढ़ दिन में चलकर पहुंचा जा सकता है। दूसरा समीपवर्ती रास्ता नागालैंड के विश्वेमा और जखामा कस्बों से होकर जाता है। ये कस्बे इम्फाल–दीमापुर हाई वे क्रमांक 39 पर पड़ते हैं। एक मजबूत पर्वतारोही जखामा रास्ते के द्वारा सात से आठ घंटों में जुकाऊ घाटी पहुंच सकता है।

जुकाऊ घाटी को किसी भी मौसम में देखना आनन्दप्रद है। शीतकाल में घाटी में हिमवृष्टि होती है, कहीं–कहीं यह जमकर कठोर हो जाती है परन्तु अधिकतर भाग में ऐसा प्रतीत होता है मानो यहां की खूब हरी वनस्पति पर श्वेत हिम की पतली पारदर्शी चादर बिछा दी हो। किंतु ग्रीष्म काल का नजारा ही और है जब सारी जुकाऊ घाटी रंगीन फूलों का गलीचा दिखने लगती है।

तीन किलोमीटर के प्रकृति के इस गलीचे में गुलाबी, श्वेत और पीले रंग के पुष्प हरी मखमली वनस्पति पर मनमोहक छटा बिखेरते हैं। इस घाटी में सबसे अधिक 'जुकाऊ लिली' (लिलियम चित्रांगदे बिक्रमजीत) है। यहां पर वामन बांसों के वृक्षों का भंडार है जो 'अरूण्डिनेरिया' वंश की प्रजातियों के हैं।

जुकाऊ घाटी अभयारण्य का विस्तार पुलिबाड्जे अभयारण्य तक किये जाने की संभावना है।

जुकाऊ वेली के प्राणिजात् का संकट पूर्वोत्तर भारत का सामान्य संकट ही है। यहां का जनजातीय समाज जिसमें उच्चशिक्षित लोग भी हैं यहां पाये जाने वाले जीवों के शिकार में तनिक भी नहीं हिचकिचाते। सुन्दर पक्षी जैसे हिमालयी बारबेट, हरा कबूतर, पर्वतीय गिलहरियों और हागबेजर जैसे प्राणियों का अवैध शिकार धड़ल्ले से होता रहता है।

देखें : पुलिबाड्जे अभयारण्य।

जेम्स द्वीप

अंडमान द्वीप समूह में स्थित इस अभयारण्य का विवरण 'अंडमान द्वीप समूह के संरक्षित क्षेत्र' में देखें।

जेस्सोर

संरक्षित क्षेत्र : अभयारण्य
विस्तार : 180 वर्ग किलोमीटर
स्थिति : गुजरात
समीपवर्ती नगर : पालनपुर (28 कि.मी.)
उत्तम भ्रमणकाल : अक्टूबर से मार्च
पारिस्थितिकी : उष्ण अयनमंडलीय पर्णपाती वन, शुष्क झाड़ियां
वन्य पशु–पक्षी : रीछ, भेड़िया, चिंकारा, नीलगाय।

जेस्सोर अभयारण्य में मुख्यतः अर्धमरुस्थलीय क्षेत्र का प्राणिजात पाया जाता है। इस अभयारण्य की स्थापना का एक उद्देश्य यह भी रहा है कि पश्चिमी भारत में भारतीय रीछ (स्लाथ बीयर) की गिरती संख्या को बचाया जा सके। इस अर्थ में यह भारतीय रीछ के लिये स्थापित अभयारण्य कहा जा सकता है।

जोयेचिंग

यह अभयारण्य आसाम में स्थित है, प्राणिजात प्रदेश के अन्य संरक्षित क्षेत्रों के समान।

जोरपोखरी

संरक्षित क्षेत्र : अभयारण्य
विस्तार : 1 वर्ग किलोमीटर
स्थिति : पश्चिम बंगाल
समीपवर्ती नगर : सुखिया पोखरी

उत्तम भ्रमणकाल : अक्टूबर से मार्च
पारिस्थितिकी : जलीय
वन्य पशु-पक्षी : जलचर प्राणी (हिमालयी नेविट)।

जोरपोखरी भारत के सबसे छोटे अभयारण्यों में से एक है। उत्तरी बंगाल के पर्वतीय क्षेत्र में स्थित सिंगलीला अभयारण्य के दक्षिण में यह अभयारण्य स्थित है। यहां पर एक सरोवर है जहां भेक वर्ग की एक विशिष्ट प्रजाति निवास करती है।

जोरपोखरी का यह अभयारण्य पश्चिम बंगाल के प्रसिद्ध हिलस्टेशन दार्जिलिंग से केवल 25 किलोमीटर की दूरी पर है। चार हेक्टेयर का यह अभयारण्य अपने आप में इसलिये महत्वपूर्ण है क्योंकि इसमें भेक वर्ग के एक प्राणी की प्रजाति यहां सुरक्षित है यह प्राणी भारतीय सालामान्डर या हिमालयी नेविट के नाम से जाना जाता है। वर्गिकी की भाषा में इसका नाम टाइलोटोट्रिटान वेरीकोसस है।

जोरपोखरी को वर्ष 1985 में अभयारण्य घोषित किया गया था। यह उल्लेखनीय है कि सालामान्डर बहुत ही कम देखे जाने वाले जीवों में से एक है। सालामान्डरों तथा मेंढकों में मुख्य अन्तर इनके शरीर का लम्बोतरा होना तथा इनकी पूंछ का होना है। सालामान्डर मेंढकों की भांति उछलकर नहीं चलते वरन् वे कुछ इस तरह घिसटकर चलते हैं मानो वे भूमि पर जल की तरह तैर रहे हों। भेकों की भांति इन्हें भी जीवित रहने के लिये आर्द्रता की आवश्यकता होती है।

झारखण्ड

स्थिति : भारत का मध्य-पूर्वी राज्य
भौगोलिक क्षेत्र : 79,714 वर्ग किलोमीटर, वनों के अंतर्गत क्षेत्र : 23,148 वर्ग किलोमीटर (29.04%)
संरक्षित क्षेत्र : राष्ट्रीय उद्यान 01, अभयारण्य 10, टाइगर रिजर्व 01
प्रदेश का प्रतीक पशु : हाथी (एलिफस मैक्सिमस)
प्रदेश का प्रतीक पक्षी : एशियाई कोयल (यूडीनेमस स्कोलोपेसी)
प्रदेश का प्रतीक वृक्ष : साल (शोरिया रोबस्टा)
प्रदेश का प्रतीक पुष्प : पलाश (बूटिया मोनोस्पर्मा)

प्रदेशों के पुनर्गठन के पश्चात बिहार के दक्षिणी पठारी भाग को एक नये राज्य का दर्जा दे दिया गया। बिहार से अलग हुये इस राज्य में छोटा नागपुर पठार का प्राणिजात पाया जाता है। यहां पर अब भी कुछ क्षेत्रों में सघन वन पाये जाते हैं। प्रदेश का सर्वाधिक वनों से पूर्ण क्षेत्र पश्चिमी झारखंड में है जहां बेटला राष्ट्रीय उद्यान स्थित है। इस संरक्षित क्षेत्र के चारों ओर के क्षेत्र का विस्तार कर इसे पालामाऊ टाइगर रिजर्व के रूप में विकसित किया जा रहा है।

झारखण्ड के वन प्रायद्वीपीय भारत के उत्तरी भाग में पाये जाने वाले श्रेष्ठ कोटि के वन हुआ करते थे किंतु वनों के लगातार ह्रास ने सर्वत्र ही वन्य पशुओं की संख्या कम कर दी है। झारखण्ड अपने वन्य हाथियों के लिये विख्यात था किंतु अब वहां गिने-चुने हाथी ही बचे हैं। अवैध शिकार से ही नहीं रेल दुर्घटनाओं से सभंवतः सबसे अधिक हाथी झारखण्ड में ही मारे जाते हैं।

झारखण्ड में जनजातीय परंपरा के अनुसार प्राचीन काल से सामूहिक शिकार की प्रथा है जिसे 'सेन्द्रा' कहा जाता है। डालमा संरक्षित क्षेत्र 'सेन्द्रा' सें सबसे अधिक प्रभावित क्षेत्र रहा है किंतु वर्ष 2005 में वनाधिकारियों और जनजातीय मुखिया इस बात पर सहमत हुये कि भविष्य में केवल 'दिखावटी' या 'नाटकीय' 'सेन्द्रा' किया जायेगा ताकि परंपरा भी जीवित रहे और बड़ी मात्रा में वन्य पशुओं का वध भी न हो। इस परिर्वर्तित या दिखावटी परंपरा में जनजातीय समाज शस्त्र लेकर वर्ष में होने वाली सेन्द्रा की तिथियों में निकलेंगे तो तैयारी के साथ परन्तु वध होगा मात्र एक सामान्य से वन्य पशु का।

(स्रोत : 'हन्टिंग फेस्टिवल माइनस ब्लड एन्ड गोर', दि टेलिग्राफ, 2/4/2005)

ट

टन्सा

संरक्षित क्षेत्र : अभयारण्य
विस्तार : 42 वर्ग किलोमीटर
स्थिति : महाराष्ट्र, जिला : थाणे
समीपवर्ती नगर : मुंबई
उत्तम भ्रमणकाल : वर्ष भर
पारिस्थितिकी : घास का गैदान, पर्णपाती वन
वन्य पशु-पक्षी : सरीसृप और छोटे वन्यप्राणी।

टन्सा अभयारण्य महाराष्ट्र में मुंबई से 80 किलोमीटर उत्तर में स्थित है। इस अभयारण्य में मंदाग्नि पहाड़ी है जिसके शिखर पर पर्वतारोही आरोहण करते हैं। यह एक सुन्दर स्थान है। टन्सा नदी की घाटी में बसा होने के कारण इस अभयारण्य का नाम टन्सा पड़ा है। टन्सा नदी की घाटी का यह क्षेत्र आदिवासी बहुल क्षेत्र है। टन्सा अभयारण्य में आदिवासियों के छोटे-छोटे खेत हैं जो चारों ओर से पर्णपाती वनों से घिरे हुये होते हैं। इन्हीं वनों में एक विशिष्ट वृक्ष पाया जाता है जो अनेक कारणों से उल्लेखनीय है। इसे अंग्रेजी में 'घोस्ट ट्री' या 'भुतहा वृक्ष' कहा जाता है परंतु यहां के आदिवासी इसे 'कन्डोल' के नाम से पुकारते हैं। वैज्ञानिक भाषा में यह 'स्टेरक्युलाइसी' कुटुम्ब का पौधा है और इसका वैज्ञानिक नाम 'स्टोरक्यूला अर्नेस' है। यह वृक्ष पश्चिमी घाट के ऊंचे पर्वतीय क्षेत्र में नहीं पाया जाता परंतु इस अभयारण्य में इसकी कमी नहीं है। यह वृक्ष एकदम सफेद रंग का होता है। इसके तने पत्तियों रहित होते हैं किंतु प्रत्येक शाखा के अन्त में पीले फूलों का गुच्छा होता है। तने से लेकर शाखाओं तक पत्तियों से रहित श्वेत वर्णीय पौधा नीले आकाश के सामने अद्वितीय छटा बिखेरता है। इसकी शाखाओं के अंत में फूले हुये से काले बीज झरते हैं। बरसात में अवश्य इसकी सफेद डालियों पर हरितिमा का कुछ असर हो जाता है। यहां के आदिवासी जलाऊ लकड़ी के लिये कभी भी इस वृक्ष को नहीं काटते परंतु वे इसका कारण नहीं बतलाते। जहां तक इस वृक्ष के उपयोग की बात है इस वृक्ष से संगीत के यंत्र और खिलौने बनाये जा सकते हैं तथा इसके बीजों से तेल निकाला जा सकता है जिससे साबुन बनाया जा सकता है परंतु यहां के आदिवासी इसके बीजों को भूंजकर खाना पसंद करते हैं। भूंजने पर ये बीज सुस्वादु होते हैं। इस वृक्ष की गोंद 'कराया' की बड़ी मांग है, आदिवासी इसे इकट्ठा कर इसे क्षेत्रीय व्यापारियों को चावल के बदले बेचते हैं।

टर्टल

पूर्वी उत्तर प्रदेश में ताजे पानी के कछुओं के संरक्षण के लिये स्थापित अभयारण्य। पारिस्थितिकी प्रदेश के अन्य संरक्षित क्षेत्रों की भांति।

इस अभयारण्य में भूमि पर रहने वाले कछुये जिन्हें पूर्वी एशियाई कछुये भी कहा जाता है, पाये जाते हैं। इनकी पीठ पर काले धब्बे होते हैं। ये 'जिओचीलोन इलोन्गाटा' प्रजाति के कछुये हैं। यहां पर बड़ी संख्या में पाये जाने वाले कछुये 'भारतीय पंक निवासी' वर्ग के हैं। ये 'लिस्सेमिस पंक्टाटा' प्रजाति के कछुये हैं जो ताजे पानी में रहते हैं। इनके अतिरिक्त कुछ और प्रजातियों के कच्छप इस अभयारण्य में देखे जा सकते हैं।

टीपेश्वर

संरक्षित क्षेत्र : अभयारण्य
विस्तार : 148.63 वर्ग किलोमीटर
स्थिति : महाराष्ट्र
समीपवर्ती नगर : यवतमाल
उत्तम भ्रमणकाल : अक्टूबर से मार्च
पारिस्थितिकी : पर्णपाती वन, बांस, तेंदू, हर्रा बहेरा के वृक्ष, घास के मैदान
वन्य पशु–पक्षी : तेंदुआ, जंगली सुअर, भेड़िया, ब्लैक नेपेड खरगोश, उड़न गिलहरी, जंगली कुत्ते, पक्षी।

टीपेश्वर अभयारण्य महाराष्ट्र के यवतमाल जिले में उन्हीं पर्वत श्रृंखलाओं के एक ओर है जिनमें अजन्ता की प्रसिद्ध गुफायें स्थित हैं। अभयारण्य का क्षेत्र समुद्र सतह से 460 मी. ऊंचा है। संपूर्ण संरक्षित क्षेत्र में अनेक नाले और पहाड़ियां हैं। इस संरक्षित क्षेत्र के समीप ही पैनगंगा अभयारण्य भी है जो कि यवतमाल जिले की ही उमरखेड़ तहसील में स्थित है। इस क्षेत्र की प्रमुख नदी पैनगंगा है जहां के सहस्रधारा जलप्रपात को देखने बहुत से यात्री आते हैं।

इस अभयारण्य में कभी–कभी भारतीय वनों में बहुत कम दिखने वाले वन्य पशु जंगली कुत्ते और भेड़िये भी दिख जाते हैं। यहां के नालों के किनारे के वृक्षों में अनेक प्रकार के पक्षी देखे जा सकते हैं। टीपेश्वर अभयारण्य में राष्ट्रीय पक्षी मोर भी काफी संख्या में पाया जाता है।

टुन्डा

संरक्षित क्षेत्र : अभयारण्य
विस्तार : 64 वर्ग किलोमीटर
स्थिति : हिमाचल प्रदेश, जिला : चम्बा
समीपवर्ती नगर : चम्बा
पारिस्थितिकी : बांस, खरसू और मोरु ओक वृक्षों के वन, आर्द्र देवदार के वन

वन्य पशु–पक्षी : तेंदुआ, तहार, हिमालयी भालू, कस्तूरी मृग।

टुन्डा अभयारण्य अधिक ऊंचाई में स्थित होने के कारण ऊंचे हिमालय के वन्य पशुओं का स्थान है। यहां पर अलग–अलग ऊंचाइयों पर भिन्न प्रकार के वन पाये जाते हैं जिनमें चौड़े पत्ते के वनों से लेकर आर्द्र अल्पाइन वन तक शामिल हैं। शीतकाल में घोर ठंड पड़ती है और पारा शून्य अंश से नीचे जा गिरता है।

टेबाइका द्वीप

टेबिल (डेलिंगारमो) द्वीप

टेबिल (क्सेल्सियर) द्वीप

टेम्पल द्वीप

उपरोक्त (चार) अभयारण्यों का विवरण 'अंडमान द्वीप समूह के संरक्षित क्षेत्र' में देखें।

टेल

संरक्षित क्षेत्र : अभयारण्य
विस्तार : 42 वर्ग किलोमीटर
स्थिति : अरुणाचल
समीपवर्ती नगर : जिरो
उत्तम भ्रमणकाल : अक्टूबर से मार्च
पारिस्थितिकी : आर्द्र सदाबहार वन
वन्य पशु–पक्षी : पूर्वी हिमालय क्षेत्र के पशु–पक्षी।

टेल अभयारण्य निचली सुबंसिरी नदी की घाटी में स्थित है। उत्तर–पूर्वी भारत की विशाल नदी ब्रह्मपुत्र के अनेक क्षेत्रीय नाम हैं। उसके ये अनेक नाम इसलिये हैं कि जब वह हिमालय के पर्वतीय भाग से उतरती है तो उसकी अनेक शाखायें हो जाती हैं। अरुणाचल में उसे सुबंसिरी कहा जाता है। सुबंसिरी नदी की निचली घाटी अपने समृद्ध प्राणिजात के लिये विख्यात है जिसमें शेर, तेंदुये और अनेक प्रकार की जंगली बिल्लियों के अतिरिक्त हाथी भी पाये जाते हैं।

अरुणाचल के जिस भाग में यह छोटा किंतु महत्वपूर्ण संरक्षित क्षेत्र विद्यमान है उसमें 'आपातानी' नाम की जनजाति निवास करती है, वे अपने को 'तानी' इसलिये कहते हैं क्योंकि उनका विश्वास है कि उनकी उत्पत्ति मिथकीय परमपुरुष 'अबू तानी' से हुई है । उनकी अपनी भाषा है जिसकी लिपि नहीं है। इनकी स्त्रियां नाक में लकड़ी की 'लोंगें' पहनती हैं। इनके टेंटू भी सुनिश्चित हैं।

आपातानी सिद्धहस्त शिकारी हैं और पलक झपकते ही किसी भी चिड़िया को मार गिराते हैं। शिकार की इनकी परंपरा है। इस परंपरा के चलते यहां के अभयारण्यों को जीवित रहने का कठिन उत्तरदायित्व यहां के वन अधिकारियों पर है।

अरुणाचल में केवल बड़े वन्य पशु ही पाये जाते हों ऐसा नहीं है। अरुणाचल के अभयारण्यों में विषधर और विषहीन दोनो ही प्रकार के सर्पों की अनेक प्रजातियां पाई जाती हैं। अरुणाचल में नाग और महानाग (किंग कोब्रा) दोनों ही पाये जाते हैं, इस प्रकार की जनजातियों में महानागों को प्रसन्न करने की उत्सव परंपरा अब भी मौजूद है। अरुणाचल में भारी-भरकम अजगर भी पाये जाते हैं जिन्हें अभयारण्यों के सरोवरों के आसपास देखा जा सकता है, इन क्षेत्रों में उन्हें छोटे जीवों का आहार सरलता से मिल जाता है। आपातानी अजगरों का शिकार चाव से करते हैं।

ड

डम्पा

संरक्षित क्षेत्र : राष्ट्रीय उद्यान, टाइगर रिजर्व
विस्तार : 600 वर्ग किलोमीटर
स्थिति : मिजोरम
समीपवर्ती नगर : फाइलेंग (10 कि.मी.), ऐजवाल (90 कि.मी.)
उत्तम भ्रमणकाल : नवंबर से मार्च
पारिस्थितिकी : आर्द्र अयन मंडलीय वन, शुष्क पर्णपाती वन।
वन्य पशु-पक्षी : बाघ, तेंदुआ, हाथी, गिब्बन, सरीसृप, पक्षी।

डम्पा राष्ट्रीय उद्यान प्रारंभ में अभयारण्य के रूप में स्थापित किया गया था। अभयारण्य के रूप में इसकी स्थापना वर्ष 1976 में हुई थी। यहां पर पर्याप्त मानसूनी वर्षा होती है अतः संपूर्ण क्षेत्र हरा-भरा एवं प्राणियों से भरा हुआ है जिनमें सरीसृपों से लेकर हाथी और शेर जैसे वन्य प्राणी तक हैं। यहां की पर्वत मालाओं की दिशा उत्तर से दक्षिण की ओर है। इस संरक्षित क्षेत्र की नदियां कैसालम, सेलिंग तथा आइवापुई आगे जाकर ख्वाथलाग्टुईपुई नामक नदी में मिल जाती है।

डम्पा राष्ट्रीय उद्यान का महत्व वहां के विशिष्ट प्राणिजात के कारण है जो 'इन्डो मलायन' वर्ग का है। इस वर्ग की वनस्पतियां और वन्य प्राणी भारत के उत्तर-पूर्वी भागों की पहाड़ियों के कुछ गिने-चुने क्षेत्रों में ही पाई जाती हैं। डम्पा उन विशिष्ट क्षेत्रों में से एक है। डम्पा प्रकृति के उस मार्ग पर स्थित है जहां से 'डन्डो मलायन' वर्ग का प्रणिजात एक ओर से दूसरी ओर आता जाता है। यहां के वनों में हूलक गिब्बन, केप्ड लंगूर, स्लोलोरिस इत्यादि पाये जाते हैं जिन्हें भारत के केवल उत्तर-पूर्वी राज्यों के कुछ वनों में देखा जा सकता है।

डम्पा राष्ट्रीय उद्यान अपने प्रारंभिक रूप में अभयारण्य था। अभयारण्य के रूप में इसकी स्थापना वर्ष 1976 में हुई थी । कालान्तर में अपने समृद्ध प्राणिजात के कारण इसे राष्ट्रीय उद्यान का दर्जा प्रदान किया गया। डम्पा राष्ट्रीय उद्यान में उच्चावच्च की विविधता बहुत अधिक है। यहां पर पहाड़ियों की ऊंचाई समुद्र सतह से 200 मीटर से प्रारंभ होकर 2100 मीटर तक है अर्थात् दस गुनी से भी अधिक, औसत ऊंचाई 900 मीटर है। इस राष्ट्रीय उद्यान में गहरी घाटियां एवं ऊंची पहाड़ियां हैं। वर्षा भी यहां प्रचुर मात्रा में होती है। वार्षिक वर्षा का औसत 2,755 कि.मी. है। भूमि के उच्चावच्च और वर्षा की प्रचुरता के योग ने यहां की वनस्पति को अर्ध सदाबहार बना दिया है। यद्धपि

अलग-अलग उचाइयों पर भिन्न-भिन्न प्रकार के वृक्ष मिलते हैं पर जहां भी कहीं छोटे मैदान हैं वहां पर ऊंची घास पैदा होती है। वृक्षों की दृष्टि से सर्वाधिक मात्रा में पाये जाने वाले वन बांस के वन हैं। बासों में भी एक ही प्रजाति (मेलोकेन्ना बेस्सीफेरा) के वृक्षों की बहुतायत है। बांस के इन वनों में आग लगना आम घटना है, जिससे प्राणिजात को भारी क्षति पहुंचती है। डम्पा राष्ट्रीय उद्यान जैवीय विविधता के लिये विख्यात है इसीलिये इसे 'टाइगर रिजर्व' बनाया गया है। शेर के अलावा यहां जंगली हाथी, जंगली कुत्ते तथा लियोपार्ड बिल्ली पाई जाती है।

इस राष्ट्रीय उद्यान का एक महत्वपूर्ण वन्य पशु हूलक गिब्बन है जो नरवानर गण (प्रायमेट्स) का उन्नत प्राणी है। वर्गिकी में इसे गोरिला, चिंपैंजी, तथा औरंगुटान के साथ रखा जाता है। भारत में यह मुख्यत: मिजोरम तथा आसपास के कुछ क्षेत्रों में पाया जाता है परन्तु अन्यत्र दुर्लभ प्राणी औरंगुटान को डम्पा राष्ट्रीय उद्यान में देखना सहज है।

डम्पा राष्ट्रीय उद्यान पक्षियों की प्रजातियों की दृष्टि से भी अत्यंत महत्वपूर्ण संरक्षित क्षेत्र है। यहाँ पर 225 प्रजातियों के पक्षी पाये जाते हैं। ग्रेट स्लेरी कठफोड़वा, मुच्छड़ लाफिंग थ्रश तथा ग्रेवीकाक फीजेन्ट यहाँ के पक्षियों की विशिष्ट प्रजातियां हैं।

मिजोरम के आदिवासियों में वन्य पशु पक्षियों के शिकार और वनों को जलाकर खेती करने की विधि या झूम कृषि की परंपरायें हैं, इन परंपराओं के चलते यहां के वन्य पशु-पक्षियों का भविष्य उज्ज्वल नहीं है क्योंकि इन क्षेत्रों में न तो केन्द्रीय सरकार और न ही प्रादेशिक सरकार आदिवासियों पर कड़ाई से वन संरक्षण या प्राणि संरक्षण कानून लागू कर सकती है। यह सरकारों की राजनैतिक विवशता है। पक्षियों के शिकार की स्थिति यह है कि यहां के पक्षी भी खुले में उड़ने पर प्राण गंवाने का हश्र जानते हैं। अत: मीलों जंगल घूमने पर भी खुले आकाश में पक्षी को उड़ते देखना यहां लगभग नामुमकिन है।

यहां के दो प्रमुख प्राणी हार्नबिल पक्षी तथा हूलक गिब्बन आदिवासियों के लगातार शिकार के कारण विलुप्त होने के कगार पर पहुंच चुके हैं। कभी-कभार इनके शिकार करने वाले को सजा भी हो जाती है पर यह सब मिजोरम में अपवादस्वरूप ही होता है। पिछले कुछ वर्षों में वाइ. एम. ए. (यंग मिजो एसोशियेशन) ने अवश्य जनजागृति की पहल की है, आशा की जानी चाहिये कि उनके प्रयास सफल हों।

संकट : मिजोरम की जनजातियां शिकार को अपनी परंपरा मानती हैं, जब तक इस परंपरा के पालन में जनजातीय समुदाय अपने परंपरागत हथियारों का उपयोग करता रहा तब तक यहां के प्राणिजात पर संकट साधारण ही था परन्तु अब यहां के जनजातीय समुदाय आधुनिक तरीकों के फन्दे और बन्दूकों का धड़ल्ले से प्रयोग करते हैं जिनसे किसी भी पशु या पक्षी का जीवित बच पाना लगभग असंभव ही रहता है। इस राष्ट्रीय उद्यान ही क्यों वरन् अन्य संरक्षित क्षेत्रों में भी जब शासन विकास कार्य के लिये किसी उद्योग की स्थापना का प्रस्ताव लाता है अथवा विकसित खेती के लिये बांधों की बात करता है तब पर्यावरणविद् एक स्वर से ऐसे किसी कदम का विरोध करते हैं, परन्तु जब परंपरा की बात आती है तो वे भी राजनीतिज्ञों जैसी बातें करने लगते हैं।

डम्पा संरक्षित क्षेत्र में वनों को बचाने के लिये अभिनव प्रयास

डम्पा राष्ट्रीय उद्यान की सीमा पर बसे हुये 12 ग्रामों के लगभग 1000 परिवारों को मिजोरम सरकार ने एल. पी. जी. सिलिन्डर सहायता के तौर पर भेंट किये। इसका उद्देश्य यह

था कि ग्रामीण वनों से जलाऊ लकड़ियां एकत्रित करने के लिये वृक्षों को न काटें। यह भी योजना है कि अगले वर्ष 20 ग्रामों के लगभग 20,000 परिवारों को भी इसी प्रकार का लाभ दिया जायेगा।

यह लाभ केंद्रीय शासन से प्राप्त राशि से (रु. 35 लाख) दिया गया है। वर्ष 1995 से डम्पा में 'इको डेवलपमेंट प्रोग्राम' प्रारंभ हुआ है।

(संदर्भ : 'एल.पी.जी. टु रेस्क्यू दि टाइगर', दि सेन्टिनल, 20.4.2002)

हूलक गिब्बन

गिब्बन एशियाई वनमानुष हैं जिन्हें वर्गिकी में अफ्रीका के गोरिल्ला और चिपैंजी के साथ रखा जाता है। एशिया का दूसरा वनमानुष औरंगुटान है। गिब्बन तथा औरंगुटान दोनों ही दक्षिण-पूर्वी एशिया के सदाबहार वनों के प्राणी हैं। गिब्बन पूरी तौर से वृक्षचारी प्राणी हैं, इनका पूरा शरीर वृक्षों में रहने के लिये बना है। वृक्षों में इनकी अनुकूलनशीलता देखते ही बनती है। इनके हाथ विशाल होते हैं और ये फुर्ती से ऊंचे वृक्षों में एक वृक्ष से दूसरे वृक्ष पर सरलता से कूदते रहते हैं। ये वृक्ष में जिस सहजता से केवल बांहों के सहारे लटक कर चलते हैं वह अद्‌भुत है, यद्यपि दूसरे वानर या वनमानुष भी वृक्षचारी होते हैं पर जिस सहजता से गिब्बन वृक्षों पर हाथों के सहारे चलते हैं वह अद्वितीय है। दक्षिण-पूर्वी एशिया में गिब्बनों की सात नस्लें पायी जाती हैं। उनमें भारत में पाई जाने वाली नस्ल हूलक गिब्बन का विस्तार पश्चिम में असम तक है। हूलक गिब्बनों का यह नाम उनकी आवाज के आधार पर उन्हें दिया गया। यह आवाज तीक्ष्ण कर्कश होती है परन्तु धीरे-धीरे यह मध्यम होती हुई लुप्त हो जाती है। गिब्बन मुख्यतः वृक्षों की पत्तियों, फलों और पुष्पों का भोजन करते हैं। गिब्बन के प्राकृतिक शत्रु नगण्य हैं फिर भी इनके बच्चों को उकाबों और अजगरों से सदा भय रहता है।

डॉक्टर सालिम अली

संरक्षित क्षेत्र : अभयारण्य
विस्तार : 1.78 वर्ग किलोमीटर
स्थिति : गोवा
पारिस्थितिकी : समुद्रतटीय क्षेत्र, मैनग्रूव, नगरीय सीमा से अधिक दूर नहीं।
वन्य पशु-पक्षी : पक्षी विहार, चमगादड़, मगर, पनकुत्ते तथा सागुद्री सर्प।

डॉ. सालिम अली अभयारण्य गोवा के समुद्र तट पर स्थित अकेला संरक्षित क्षेत्र है। गोवा में शेष तीन संरक्षित क्षेत्र पश्चिम में स्थित हैं जो कि पर्वतीय क्षेत्र है। चोराओ नाम का गान्डवी तथा मपूसा नदियों के बीच का द्वीप है।

डॉ. सालिम अली अभयारण्य विख्यात् पक्षीविद् एवं भारत के अग्रणी पर्यावरण विशेषज्ञ स्वर्गीय डॉ. सालिम अली के नाम पर स्थापित किया गया है। छोटे संरक्षित क्षेत्र जैवीय विविधता के संरक्षण में महत्वपूर्ण योगदान देते हैं, उनका रख-रखाव भी अधिक कुशलता से किया जा सकता है, साधारणतः ऐसे अभयारण्यों की उन प्राणियों के संरक्षण में महती भूमिका हो सकती है जिनका जीवन अत्यधिक विशिष्ट जीवन प्रणाली (हाईली

स्पेसेलाइज्ड लाइफ) के वर्ग का है। गोवा के तटीय क्षेत्रों में पाये जाने वाला सर्प (मार्थस्नेक) इस संरक्षित क्षेत्र में सुरक्षित रह रहा है।

यद्यपि यह अभयारण्य मुख्य रूप से एक पक्षी विहार है परन्तु इसे चमगादड़ों की एक विशिष्ट प्रजाति जिसे उड़न लोमड़ी† (फ्लाइंग फाक्स) कहा जाता है के लिये, अधिक जाना जाता है। कुछ वर्षों पहले तक इस प्रजाति (टेरोपस जाइजेन्टस) की चमगादड़ें यहां पर हजारों की संख्या में वृक्षों पर लटकी नजर आती थीं परन्तु धीरे-धीरे ये क्षेत्रीय लोगों की आहार की वस्तु बनने लगीं और इनका खात्मा निश्चित हो गया। इस अभयारण्य के बन जाने से इनका भविष्य कुछ तो निश्चित ही सुरक्षित हो गया है।

इस अभयारण्य के बनने से समुद्र तट पर पाये जाने वाले मगर, पनकुत्ते और कछुओं के शिकार पर भी किसी सीमा तक अंकुश लग सका है।

डाचीगम

संरक्षित क्षेत्र : राष्ट्रीय उद्यान
विस्तार : 141 वर्ग किलोमीटर
स्थिति : जम्मू एवं काश्मीर
समीपवर्ती नगर : श्रीनगर हवाई पट्टी (32 कि.मी.)
उत्तम भ्रमणकाल : मई से सितंबर
पारिस्थितिकी : आर्द्र देवदार वन, मिश्रित सूचिपर्णवन, साइप्रस तथा नीले पाइन के वन
वन्य पशु-पक्षी :हिमालयी भालू, कस्तूरी मृग, हिमालयी मेष तथा काश्मीरी मृग,†† पक्षी।

डाचीगम आरंभ में शिकारगाह था फिर इसे अभयारण्य बनाया गया और वर्ष 1981 में यह संरक्षित क्षेत्र 'राष्ट्रीय उद्यान' घोषित कर दिया गया। इस क्षेत्र के वनों को संरक्षित करने के पीछे एक और मुख्य कारण था, वह यह कि इसी क्षेत्र से श्रीनगर को पेयजल की आपूर्ति होती है। राष्ट्रीय उद्यान में मारसर झील स्थित है, इससे एक नदी भी निकलती है जो संरक्षित क्षेत्र को दो असमान भागों में विभाजित करती है। डाचीगम राष्ट्रीय उद्यान का उच्चतम पर्वतीय भाग 4200 मीटर ऊंचा है जिसमें ऊंचाई के अनुसार वानस्पतिक पट्टियां देखने को मिलती हैं। सर्वोच्च भागों में उप हिमालयी फर के वन तथा बर्च के वन हैं साथ ही कहीं-कहीं छोटे मैदान हैं जिनमें घास तथा झाड़ियां मिलती हैं। मध्यम ऊंचाई के क्षेत्रों में सम शीत प्रदेश के पतझड़ वाले वनों का विस्तार है। अधिक ऊंचाई

---

† **उड़न लोमड़ी** : उड़न लोमड़ी (फ्लाइंग फाक्स) का दूर-दूर तक लोमड़ी या लोमड़ी के वंश से कहीं कोई संबंध नहीं है। ये बड़े डील-डौल वाले चमगादड़ (चिरोप्टेरा गण) हैं। फ्लाइंग फाक्स मुख्यतः शाकाहारी चमगादड़ है।

†† **काश्मीरी मृग** : काश्मीरी मृग या हंगुल वस्तुतः यूरेशिया के एक बड़े भाग में पाये जाने वाले मृग जिसे 'रेड डियर' कहा जाता है, की उप प्रजाति है, यद्यपि यह मृग भारत के कुछ अन्य हिमालयी संरक्षित क्षेत्रों में भी पाया जाता है परन्तु वे इस संरक्षित क्षेत्र में सरलता से देखे जा सकते हैं। वन्य प्राणी विशेषज्ञों के अनुसार हंगुल की संख्या में कमी का कारण उनके वितरण क्षेत्र में भारत-पाक फौजों की हलचल है। काश्मीरी मृगों की कुल संख्या मात्र 200 के आसपास आंकी (वर्ष 2006) जाती है। वर्ष 1980 में डाचीगम को भारत का श्रेष्ठ प्रबंधन वाले संरक्षित क्षेत्र का गौरव प्राप्त था परन्तु उसके बाद आतंकी घटनाओं के फलस्वरूप अब यहां का प्रबंधन निष्प्रभावी हो गया है।

के क्षेत्रों में हिमालयी भालू पाया जाता है। यहां हिमालयी भालू की दो प्रजातियां पाई जाती हैं। हिमालयी मेष और छाग भी यहां पाये जाते हैं।

डाचीगम राष्ट्रीय उद्यान वैसे तो हिमालयी प्राणिजात के संरक्षण के लिये स्थापित किया गया है परन्तु यहां का विशिष्ट संरक्षित वन्य पशु काश्मीरी मृग या हंगुल है। डाचीगम में 20 प्रजाति के वन्य पशु एवं 150 प्रजाति के पक्षी पाये जाते हैं।

डालमा

संरक्षित क्षेत्र : अभयारण्य
विस्तार : 193 वर्ग किलोमीटर
स्थिति : झारखण्ड
समीपवर्ती नगर : जमशेदपुर (12 कि.मी.)
उत्तम भ्रमणकाल : अक्टूबर से मार्च
पारिस्थितिकी : मिश्रित पर्णपाती वन, कंटीले वन
वन्य पशु-पक्षी : तेंदुआ, चीतल, सांभर/ ओ.री./भा.उ.।

डालमा अभयारण्य झारखण्ड तथा पश्चिमी बंगाल की सीमा पर स्थित है। इस अभयारण्य की स्थापना वर्ष 1976 में हुई थी।

डालमा अभयारण्य के आसपास के अनेक ग्रामों में केवल जनजातीय समाज के परिवार निवास करते हैं। झारखंड के इन जनजातीय परिवारों में प्राचीनकाल से ही सामूहिक शिकार की परंपरा है। यह परंपरा वस्तुतः एक जनजातीय उत्सव ही है जिसमें गांव-के-गांव भाग लेते हैं। सैकड़ों की संख्या में एकत्रित जनजातीय शिकारी एक ओर जंगल में हांका लगाना प्रारंभ करते हैं और जब घबराकर वन्य पशु भागना प्रारंभ करते हैं तब उनका तीरों या भालों से शिकार किया जाता है। इस सामूहिक आयोजन में छोटे-बड़े तथा वनस्पति-भोजी और हिंस्र पशु बिना भेदभाव के मारे जाते हैं।

वैसे तो यह प्रथा[†] वन्यप्राणी अधिनियम के तहत गैर-कानूनी है परंतु जब-तब इसका प्रभाव संरक्षित क्षेत्रों में भी पड़ जाता है।

(स्रोत : राना एस. गौतम, 'इट इज मर्डर टाइम अगेन, एज ट्राइबल्स सेलिब्रेट एनुअल फेस्ट, दि टाइम्स ऑफ इंडिया, 27/4/2000)

† **सामूहिक शिकार की जनजातीय प्रथा** : भारत के लगभग सभी वन क्षेत्र जनजातीय समाजों के भी निवास स्थल रहे हैं। वन क्षेत्रों में आरक्षित क्षेत्रों की स्थापना के पश्चात् कतिपय जनजातीय परंपरायें गैर-कानूनी हो गईं जिनमें दो परंपरायें विशेष रूप से उल्लेखनीय हैं। पहली परंपरा स्थानांतरी कृषि की है जिसमें वनों को काटकर जला दिया जाता है और फिर उस पर खेती की जाती है। यह प्रथा भारत में लगभग सभी वन क्षेत्रों में समाप्त हो गई है। अपवादस्वरूप ही कुछ क्षेत्र बचे हैं। परन्तु दूसरी प्रथा किसी-न-किसी रूप में आज भी जीवित है, उस समय जबकि वनों से वन्य प्राणियों का वैसे भी सफाया हो चुका है यह प्रथा कितने भी कम क्षेत्रों प्रभावी हो है अत्यंत घातक। डालमा अभयारण्य के आदिवासियों की इस सामूहिक शिकार की प्रथा को 'सेन्द्रा' कहा जाता है।

डि 'एरिंग

संरक्षित क्षेत्र : अभयारण्य
विस्तार : 190 वर्ग किलोमीटर
स्थिति : अरुणाचल प्रदेश
समीपवर्ती नगर : नाचो एवं डापरिजो
उत्तम भ्रमणकाल : नवंबर से अप्रैल
पारिस्थितिकी : अत्यधिक वर्षा का क्षेत्र, अयनमंडलीय सदाबहार वन
वन्य पशु–पक्षी : जंगली भैंसा, तेंदुआ, हरिण, प्रवासी पक्षी।

डि 'एरिंग अभयारण्य सुबन्सिरी सियांग क्षेत्र में स्थित है। सुबन्सिरी जिलेट का क्षेत्रफल 16,930 वर्ग किलोमीटर है और इसके पूर्व में कामेंग और सियांग जिले हैं। इस अभयारण्य का क्षेत्र इन्हीं दो जिलों में फैला हुआ है। इस क्षेत्र का क्रमबद्ध अध्ययन भारतीय भूगर्भिक सर्वेक्षण दल द्वारा वर्ष 1971 में किया गया था। यह एक गहरी घाटियों का क्षेत्र है। अधिक ऊंचाई पर रोडोडेन्ड्रान फर्न और पाइन के वृक्ष मिलते हैं। यहां पर हिमरेखा 2700 मी. पर है। अभयारण्य में वनस्पति को ऊंचाई की पट्टियों के अनुसार देखा जा सकता है। 900 मीटर तक अयनमंडलीय अर्धसदाबहार वन पाये जाते हैं। 900 से 1900 मीटर तक उप–अयनमंडलीय वनों का प्रसार है तथा समशीतवन 1900 से 3500 मीटर तक देखे जाते हैं। यहां के वन अभी भी अनेक स्थलों पर इतने सघन हैं कि उनसे सूर्य का प्रकाश छनकर दोपहर तक पहुंच पाता है। यहां पर अनेक आदिवासी समुदाय रहते हैं जिनमें 'ना' जनजाति उल्लेखनीय है। यहां की सभी जनजातियां वृक्षों के लट्ठों से बनाये घरों में निवास करती हैं, 'ना' जनजाति बौद्ध धर्म को मानती है।

इस अभयारण्य में जंगली भैंसे के अतिरिक्त उड़न गिलहरियां, टाकिन और बादलों जैसे छापे वाले तेंदुये पाये जाते हैं। यहां का एक अन्य विशिष्ट पशु मिथुन (मिथन) है जो कि जंगली और पालतू दोनों अवस्था में यहां पाया जाता है।

डिफेन्स द्वीप

अंडमान द्वीप समूह में स्थित इस अभयारण्य का विवरण 'अंडमान द्वीप समूह के संरक्षित क्षेत्र' में देखें।

डिब्रू सैकोवा

संरक्षित क्षेत्र : अभयारण्य
विस्तार : 640 वर्ग किलोमीटर
स्थिति : असम
समीपवर्ती नगर : तिनसुकिया (45 कि.मी.)
उत्तम भ्रमणकाल : नवंबर से मार्च
पारिस्थितिकी : अयनमंडलीय अर्ध सदाबहार वन, दलदली वन

वन्य पशु–पक्षी : शेर, हाथी, गैंडा, वन भैंसा, शेर, हरिण, आवारा घोड़े तथा पक्षी।

डिब्रू सैकोवा (डिब्रू सैखोवा) अभयारण्य का तिनसुखिया और डिब्रूगढ़ जिलों की सीमाओं में विस्तार है। यह अपने प्राणिजात की दृष्टि से पश्चिम बंगाल का एक विशिष्ट अभयारण्य है। इसका विस्तार ब्रह्मपुत्र नदी के दक्षिणी तट पर है। इसके दक्षिणी भाग में डिब्रू नदी प्रवाहित है तथा दक्षिण–पूर्वी भाग में डोंगरी नदी। नदियों द्वारा प्रक्षेपित कांप का यह मैदान अत्यंत उर्वर है और इसीलिये यह दलदली वनस्पति और घास के ऊंचे मैदान का क्षेत्र है यद्यपि यहां पर आर्द्र पतझड़ वाले वृक्षों के कुछ छोटे क्षेत्र भी पाये जाते हैं जिनमें यत्र–तत्र बांस भी मिलते हैं।

इस अभयारण्य की स्थापना का प्रमुख उद्देश्य दुर्लभ प्रजाति के पक्षी सफेद पंखों वाली जंगली बत्तख (व्हाइट विंग्ड वुडडक) के संरक्षण के लिया किया गया था जिसकी संख्या में लगातार गिरावट दर्ज की गई थी। इस संरक्षित क्षेत्र के बन जाने पर इस पक्षी विशेष को तो संरक्षण मिला ही दलदली क्षेत्र के अन्य अनेक पक्षियों को भी यहां बसेरा मिल गया। कुछ अन्य दुर्लभ पक्षियों में बंगाल फ्लोरिकन तथा सफेद गले वाले स्टार्क पक्षी प्रमुख हैं।

अभयारण्य में विस्तृत दलदली क्षेत्र होने के कारण कीचड़ पसंद करने वाले अनेक पशुओं का भी यह उत्तम विचरण क्षेत्र बन गया। दुर्लभ भारतीय वन्य भैंसे यहां पर पाये जाते हैं साथ ही यहां जंगली शूकरों की भी कमी नहीं है। यहां पर वनमार्जार की एक विशिष्ट प्रजाति 'लियोपार्ड कैट' पाई जाती है जो कि एक दुर्लभ प्राणी है।

अभयारण्य क्षेत्र में पिछले 40 वर्षों से आवारा घोड़े आ पहुंचे थे जो अर्धजंगली होकर अब भी पूरे अभयारण्य में घूमते रहते हैं। इन्हें यहां से हटाने के प्रयास किये जाते रहे हैं फिर भी वे विद्यमान हैं।

डीपरबील

संरक्षित क्षेत्र : अभयारण्य
विस्तार : 4 वर्ग किलोमीटर
स्थिति : असम
समीपवर्ती नगर : बालीपाड़ा
उत्तम भ्रमणकाल : नवंबर से मार्च
पारिस्थितिकी : अयनमंडलीय अर्ध सदाबहार वन
वन्य पशु–पक्षी : नदी तटीय पक्षी/ओ.री./इं.उ.।

डीपरबील अभयारण्य ब्रह्मपुत्र नदी के दक्षिणी तट पर कामरूप जिले में स्थित है। यहां पर नदी के तट पर रहने वाली पक्षियों की अनेक प्रजातियां पाई जाती हैं। यह अभयारण्य वर्ष 1989 में स्थापित किया गया था, अपनी प्राकृतिक सम्पदा के कारण इसके अस्तित्व पर खतरा मंडराता रहता है।

डीपरबील अभयारण्य गुवाहटी के समीप स्थित है। यह क्षेत्र पुराने समय के वन्य हाथियों के प्रवासी मार्ग के बीच में पड़ता है। योजना है कि इस अभयारण्य को निकटवर्ती वन रानी गरभंगा संरक्षित वनों से जोड़ दिया जाय।

डीपरबील अभयारण्य एक 'नमक्षेत्र' (वेटलैंड) है। इस अभयारण्य के जलस्रोत मछलियों से भरे पड़े हैं। अभयारण्य की घोषणा के पश्चात् इस क्षेत्र में रहने वाले 400 मछुआरों की आजीविका बंद हो गई और उनके परिवारों की रोजी-रोटी छिन गई, परिणाम यह हुआ कि अभयारण्य का विरोध हुआ फलतः आसाम सरकार के वन विभाग ने (दिनांक 29 मई, 2002) एक अधिसूचना जारी कर डीपरबील के अभयारण्य घोषणा की पुरानी अधिसूचना को निरस्त कर दिया। इस निरस्ति के विरोध में प्रकृति संरक्षण से संबंधित 36 संगठन खड़े हुये जिनमें 'आरण्यक', 'नेचर्स बेकन', ए. एस. टी. सी. (आसाम साइन्स टेक्नालाजी एंड इनविरान्मेन्ट काउन्सिल) तथा 'नेचर्स बोन्य प्राण' प्रमुख हैं।[†] इन सभी ने संरक्षित क्षेत्र के निवासियों की रोजी-रोटी की समस्या को हल करने के साथ अभयारण्य को बनाये रखने का आग्रह किया। अंत में प्रकृति संरक्षणवादियों की जीत हुई।

डीपरबील के अन्य उपयोग : डीपरबील एक बढ़िया जलस्रोत होने के कारण तैराकों का आकर्षण केंद्र रहा है और इसीलिये समय-समय पर यहां पर तैराकी स्पर्धायें होती रहती हैं।

डेजर्ट

संरक्षित क्षेत्र : राष्ट्रीय उद्यान/बायोस्फियर रिजर्व
विस्तार : 3162 वर्ग किलोमीटर
स्थिति : राजस्थान
समीपवर्ती नगर : जैसलमेर
उत्तम भ्रमणकाल : अक्टूबर से मार्च
पारिस्थितिकी : शुष्क अयनमंडलीय झाड़ियां
वन्य पशु-पक्षी : भेड़िया, मरुस्थली लोमड़ी, सेन्डग्राउस, बस्टार्ड।

थार मरुस्थल अब भी ग्रेट इंडियन बस्टार्ड की सबसे बड़ी शरणस्थली है और अधिकांश पक्षी विशेषज्ञों का यह मानना है कि भारत की आधी ग्रेट इंडियन बस्टार्ड की संख्या केवल इसी अभयारण्य में संरक्षित है हालांकि कुछ लोगों का यह भी मानना है कि थार के नये प्रोजेक्ट से इस प्राणी की पारिस्थितिकी को हानि पहुंची है। राजस्थान के शुष्क क्षेत्र में इंदिरा गांधी नहर प्रोजेक्ट (आई. जी. पी. एन.) के आने के पश्चात् इस बात पर अक्सर बहस छिड़ती रही है कि यह योजना कुल मिलाकर कितनी लाभकारी रही है। पर्यावरणविदों के अनुसार इससे पर्यावरण को लाभ के स्थान पर हानि ही पहुंची है परंतु विकास के समर्थकों का विचार इससे उलट है और अनेक बार यह विचार सामने आया है कि इस विशालकाय अभयारण्य का कुछ भाग 'डिनोटीफाइड' कर दिया जाय।

थार डेजर्ट बायोस्फियर रिजर्व : इस बायोस्फियर रिजर्व के अंतर्गत भारतीय सीमा के थार मरुस्थल का एक भाग आता है। डेजर्ट राष्ट्रीय उद्यान भी इस बायोस्फियर के अंतर्गत है। थार डेजर्ट बायोस्फियर का उद्देश्य मरुभूमि के प्राकृतिक परिवेश की समग्रता

[†] 'गवर्नमेंट फार स्टेटस-को आन डीपरबील', दि आसाम ट्रिब्यून, 5/8/2002

में रक्षा करना है। मरुस्थलीय प्रदेश केवल रेत के ढेर ही नहीं होते उनमें विशिष्ट अनुकूलन वाला प्राणिजात और वनस्पति पाये जाते हैं। इस भारतीय बायोस्फियर में पश्चिम के रेतीले क्षेत्रों से लेकर पूर्व में अरावली का पर्वतीय क्षेत्र तक सम्मिलित है। भारतीय बायोस्फियर में शुष्क और अर्धशुष्क जलवायु के क्षेत्र पाये जाते हैं। यदि कुछ क्षेत्रों में 45° से. तक सामान्य तापमान है तो कतिपय क्षेत्र ऐसे भी हैं जहां रात का तापमान शून्य डिग्री से. तक गिर जाता है।

इस बायोस्फियर रिजर्व में पांच प्रकार की वानस्पतिक पेरियां पाई जाती हैं।

1. मरुस्थलीय कंटीले वन, 2. बेरों की झाड़ियां, 3. बबूल वन, 4. साल्वाडोरा झाड़ियां तथा 5. मरुस्थलीय रेत के टीलों की वनस्पति।

इन सभी वनस्पतियों में अलग-अलग वर्ग के प्राणी पाये जाते हैं।

डेब्रीगढ़

उड़ीसा की उत्तर-पश्चिम सीमा के निकट स्थित अभयारण्य, पारिस्थितिकी प्रदेश के अन्य संरक्षित क्षेत्रों की भाँति।

डंडेली

संरक्षित क्षेत्र : अभयारण्य
विस्तार : 572 वर्ग किलोमीटर
स्थिति : कर्नाटक
समीपवर्ती नगर : डंडेली (2 कि.मी.), निकटवर्ती हवाई पट्टी : बेलगांव (82 कि.मी.)
उत्तम भ्रमणकाल : दिसंबर से अप्रैल
पारिस्थितिकी : मिश्रित पर्णपाती वन, सागौन वन
वन्य पशु-पक्षी : शेर, भेड़िया, हाथी, चीतल।

डंडेली अभयारण्य कर्नाटक की उत्तर-पश्चिमी सीमा पर कर्नाटक-गोवा सीमा पर स्थित है। इस अभयारण्य की स्थापना वर्ष 1974 में हुई थी।

डंडेली अभयारण्य के वन्य प्राणियों की जीवन रेखा यहां पर बहने वाली काली नदी है। इस नदी के दोनों ओर सघन वन हैं जहां बाघ, तेंदुये, गौर, और चीतल स्वच्छंदता से विचरण करते हैं परन्तु इनके अतिरिक्त भी यहां पर अनेक सरीसृप और भेक देखने को मिल जाते हैं। डंडेली अभयारण्य पश्चिमी घाट पर्वतों में स्थित विशाल वृक्षों वाले वनों का क्षेत्र है। डंडेली अभयारण्य अपनी गुफाओं के लिये भी प्रसिद्ध है। यहां पर प्रसिद्ध कवाला गुफा है जहां स्वयंभू शिवलिंग स्थित है, यह स्थान पर्वतों के मध्य में है। गुफा इतनी संकरी है कि उसके भीतर खड़े होकर नहीं जाया जा सकता।

काली नदी के कुछ भाग में 'रैफ्टिंग' की सुविधा है। इस तरह डंडेली अभयारण्य पर्यटकों का आकर्षण केंद्र है। यहां तक पहुंचना भी आसान है। यह गोवा के पणजी से पूर्व में 120 किलोमीटर की दूरी पर स्थित है जबकि उत्तरी कर्नाटक के बेलगाम से इसकी दूरी 80 किलोमीटर ही है। डंडेली नदी के तट पर रुकने के लिये पर्याप्त सुविधा

है। डंडेली के वनों पर यदि कोई खतरा है तो वह यही है कि यहां पर डंडेली मिनी हाइडल प्रोजेक्ट स्थापित करने की योजना है, इसके स्थापित होने से पर्यावरण की सुरक्षा को खतरा हो सकता है।

डंडेली अभयारण्य अपनी प्रारंभिक अवस्था में वर्तमान अभयारण्य की तुलना में कहीं कई गुना बड़ा था परन्तु वह विशाल क्षेत्र भ्रष्ट वनों (डिग्रेडेड फारेस्ट) का था। अतः पर्यावरणविदों ने उस विशाल क्षेत्र का उत्तरी भाग जिसमें उत्तर वन थे का पुनः सीमांकन किया और अब यही वन आधुनिक डंडेली अभयारण्य हैं।

त

त्सो मोरारी

संरक्षित क्षेत्र : 'रामसर साइट' नमक्षेत्र
विस्तार : 133 वर्ग किलोमीटर
स्थिति : जम्मू एवं काश्मीर
समीपवर्ती नगर : लेह
उत्तम भ्रमणकाल : मार्च से जून
पारिस्थितिकी : सरोवर
वन्य पशु–पक्षी : पक्षी।

त्सो मोरारी झील जम्मू एवं काश्मीर के लद्दाख क्षेत्र में स्थित है। इस झील को 'रामसर साइट' का दर्जा दिया गया है। इस दर्जे को पाने के पश्चात् यह झील विश्व का सबसे ऊंचे स्थल पर स्थित रामसर साइट हो गई है। यह झील लगभग 19 किलोमीटर लम्बी तथा 7 किलोमीटर चौड़ी है। यह झील समुद्र सतह से 4595 मीटर की ऊंचाई पर स्थित है। इस झील में आसपास के क्षेत्रों में स्थित हिमानियों की बर्फ पिघलकर संचित होती है। इतनी ऊंचाई होने पर भी इस झील में वाष्पीकरण की मात्रा अधिक है अतः इसका जल खारा है।

उल्लेखनीय है कि त्सो मोरारी झील के पूर्व विश्व की सबसे अधिक ऊंचाई पर स्थित 'रामसर साइट' दक्षिण अमेरिका स्थित चिली की 'सालर डि टारा' झील थी।

इस झील के उत्तरी तट के समीप ही एक छोटा सरोवरीय द्वीप है। इस द्वीप में 'बारहेडेड हंस' तथा 'ब्राउन हेडेड गल' पक्षी घोंसले बनाते हैं तथा यहां अंडे देते हैं। इन पक्षियों के अतिरिक्त यहां दुर्लभ काले गले के सारस भी पाये जाते हैं।

लेह में स्थित विश्व प्रकृति निधि के सदस्य इस झील के रख–रखाव और सुरक्षा में रुचि लेते हैं।

(स्रोत : तासी गोरूप, त्सो मोरारी इन लेह डिक्लेयर्ड इम्पोर्टेंट वेटलैंड, काश्मीर टाइम्स, 12/12/2002)

तखिनी रहमपुर

पंजाब के उत्तरी भाग में स्थित अभयारण्य, पारिस्थितिकी प्रदेश के अन्य संरक्षित क्षेत्रों की भांति।

तमाडीवन

मिजोरम में स्थित यह अभयारण्य 1000 मी. से अधिक ऊंचाई पर स्थित है।

तमिलनाडु

स्थिति : भारत का दक्षिणी राज्य

भौगोलिक क्षेत्र : 130058 वर्ग किलोमीटर, वनों के अंतर्गत क्षेत्रफल : 22628 वर्ग कि.मी. (17 40)

संरक्षित क्षेत्र : राष्ट्रीय उद्यान 5, अभयारण्य 1, टाइगर रिजर्व 1, वायोस्फियर रिजर्व 1

प्रदेश का प्रतीक पशु : नीलगिरि तहार (हेमिट्रेगस हाइलोक्रियस)

प्रदेश का प्रतीक पक्षी : एमराल्ड डोव (चाल्कोफेप्स इंडिका)

प्रदेश का प्रतीक वृक्ष : पणिमारन (बोरेसस फ्लेबिलियर)

प्रदेश का प्रतीक पुष्प : कन्धाल (ग्लोरिओसा सुपर्बा)

तमिलनाडु में दकन के पठार के दक्षिणी भाग के पठारी प्रदेश का विस्तार है जिसकी प्रमुख नदी कावेरी है। कावेरी और उसकी सहायक नदियों ने पठार के बड़े भाग को अपरदित कर उपजाऊ घाटियां बना दी हैं। तमिलनाडु का दूसरा प्राकृतिक विभाग बंगाल की खाड़ी का तट है। जहां तक सघन वनों तथा वन्य प्राणियों की बात है तो उस संदर्भ में नीलगिरि की पहाड़ियां अत्यंत सुद्रढ़ हैं। नीलगिरि पर्वत पश्चिमी घाट के दक्षिणी पर्वत शिखर है। जो यद्यपि तमिलनाडु में विस्तार से फैले हैं परंतु इनका कुछ भाग केरल और कर्नाटक में भी है। तमिलनाडु, केरल और कर्नाटक की सीमायें एक-दूसरे से इस क्षेत्र में लगी हुई हैं और इसीलिये तीनों प्रदेशों के अभयारण्यों एवं राष्ट्रीय उद्यानों को प्राकृतिक गलियारों से जोड़ने की बात पर्यावरणविद् करते हैं ताकि नीलगिरि का समृद्ध प्राणिजात टुकड़ों में बंटकर नष्ट न हो जाये। तमिलनाडु का टाइगर रिजर्व कालाकद मुंडनथुरई है जो 800 वर्ग किलोमीटर में फैला हुआ है। तमिलनाडु के अपेक्षाकृत छोटे संरक्षित क्षेत्रों में प्वाइन्ट कालीमर उल्लेखनीय है। तमिलनाडु के समुद्री तट पर ही 'गल्फ आफ मन्नार' बायोस्फियर रिजर्व है जो अपने मोतियों के लिये विख्यात् है। तमिलनाडु में नगरीय राष्ट्रीय उद्यान गुंडी है। यदि प्रादेशिक दृष्टि से देखें तो इस प्रदेश के पूर्वी भाग में समुद्र तट के करीब ही उत्तर से दक्षिण की संपूर्ण लम्बाई में लगभग एक दर्जन अभयारण्य हैं जो पक्षियों के संरक्षण के लिये स्थापित किये गये हैं।

तमिलनाडु के अभयारण्य में बाघ, हाथी और गौर के अतिरिक्त तहार, सिंहपुच्छ वानर तथा अनेक प्रजातियों के पक्षी और सरीसृप पाये जाते हैं, इसी तरह तमिलनाडु के समुद्री संरक्षित क्षेत्रों में प्रवाली जैसे छोटे समुद्री जीवों को सुरक्षा प्रदान का कार्य किया गया है। तमिलनाडु का गुंडी राष्ट्रीय उद्यान सरीसृपों के लिये उल्लेखनीय है।

तमोर पिंगला

संरक्षित क्षेत्र : अभयारण्य

विस्तार : 609 वर्ग किलोमीटर

स्थिति : छत्तीसगढ़
समीपवर्ती नगर : रायगढ़
उत्तम भ्रमणकाल : अक्टूबर से मार्च
पारिस्थितिकी : मिश्रित अयनमंडलीय पर्णपाती वन
वन्य पशु-पक्षी : तेंदुआ, रीछ, चीतल, सांभर, जंगली कुत्ते/ओरि.री./भा.उ.।

तमोर पिंगला अभयारण्य का नामकरण क्षेत्रीय पहाड़ी तमोर एवं क्षेत्रीय नाले पिंगला के नामों के आधार पर हुआ है। तमोर पिंगला अभयारण्य के उत्तर में मोरन नदी प्रवाहित होती है। अभयारण्य में अनेक छोटे-बड़े मौसमी नाले हैं। अभयारण्य के तमोर पहाड़ी क्षेत्र में साल वन पाये जाते हैं, नालों के किनारे भी साल वन पाये जाते हैं परंतु कुल मिलाकर साल वन सीमित क्षेत्र में हैं, अधिकतर भाग मिश्रित वनों का है जिनमें धवा, तेंदू, साज, बीजा, महुआ, आंवला और निलवां के वृक्ष अधिकता से पाये जाते हैं। जरहुल, छिनेल और घुन्सी झाड़ियां अपेक्षाकृत कम उपजाऊ पथरीली भूमि पर पाई जाती हैं। इस अभयारण्य के कुछ क्षेत्रों में पर्याप्त घास उगती है जहां अनेक वनस्पति-भोजी वन्य पशु पाये जाते हैं।

इस अभयारण्य में कुछ वर्षों पूर्व तक शेर देखे जाते थे परंतु कुछ वर्षों से उनकी उपस्थिति संदिग्ध है। अभयारण्य पक्षियों की दृष्टि से भी महत्वपूर्ण है। जंगली मुर्गों के अतिरिक्त हरा कबूतर, नीला पहाड़ी कबूतर तथा लवा इत्यादि पक्षी बहुतायत से देखे जाते हैं।

अभयारण्य के भीतर आठ राजस्व ग्राम हैं जिनमें लगभग 1500 लोग रहते हैं। उनके साथ लगभग 4500 पालतू पशु भी हैं। अधिकांश जनसंख्या जनजातीय है।

तमोर पिंगला अभयारण्य में जब-तब प्रवासी हाथियों के झुन्ड पहुंच जाते हैं। ये झुंड छोटे ही होते हैं परंतु इनसे धन-जन की हानि की खबरें सदैव ही मिलती रहती हैं।

ताडोबा

संरक्षित क्षेत्र : राष्ट्रीय उद्यान/टाइगर रिजर्व
विस्तार : 117 वर्ग कि.मीटर/625.40 वर्ग कि.मी.
स्थिति : महाराष्ट्र
समीपवर्ती नगर : चन्द्रपुर (45 कि.मी.)
उत्तम भ्रमणकाल : अक्टूबर से मार्च
पारिस्थितिकी : शुष्क अयनमंडलीय पर्णपाती वन
वन्य पशु-पक्षी : बाघ, तेंदुआ, सांभर, गौर, पक्षी।

ताडोबा राष्ट्रीय उद्यान की स्थापना वर्ष 1955 में हुई थी परंतु यह दो दशक पहले अर्थात् 1935 में आरक्षित क्षेत्र घोषित कर दिया गया था। ताडोबा राष्ट्रीय उद्यान के मध्य में एक विशाल झील है। ताडोबा के मुख्य जलस्रोत हुमान और इरई नदियां हैं। ताडोबा को वर्ष 1995 में टाइगर रिजर्व घोषित किया गया।

दक्षिणी अयनमंडलीय शुष्क पर्णपाती वन क्षेत्र पारिस्थितिकी में स्थापित किये गये इस टाइगर रिजर्व में ताडोबा राष्ट्रीय उद्यान और आंधरी अभयारण्य का कुल सम्मिलित

क्षेत्र 625.40 वर्ग किलोमीटर है। इस टाइगर रिजर्व के मुख्य वन्य प्राणियों में बाघ के अतिरिक्त तेंदुआ, रीछ, गौर, रस्टीस्पाटेड बिल्लियां, रेटल, मूषक मृग, सांभर, वन्य शूकर, चीतल, जंगली कुत्ते और उड़न गिलहरियों के अतिरिक्त अनेक प्रजातियों के पक्षी और सरीसृप भी हैं। वर्ष 2004 में इस संरक्षित क्षेत्र में नौ शेरनियों को अपने 19 शावकों के साथ अलग-अलग स्थानों में देखा गया था जिससे यह ज्ञात होता है कि इस टाइगर रिजर्व में जैव सम्पदा कितनी सुरक्षित है और साथ ही कितनी नैसर्गिक रूप में जीवित है। ताडोबा टाइगर रिजर्व यद्यपि विदर्भ में ऐसे स्थल पर स्थित है जहां उसकी प्रसिद्धि भारत के अन्य प्रमुख टाइगर रिजर्व जैसी होनी चाहिये परंतु संभवतः इस राष्ट्रीय उद्यान को उतना प्रचार-प्रसार नहीं मिला जितने का कि वह हकदार है। ताडोबा में प्रति 10 वर्ग किलोमीटर वन की रक्षा के लिये एक रेन्जर नियुक्त है (वर्ष 2003) परंतु यह संख्या संरक्षित क्षेत्रों में बढ़ती हुई ताडोबा टाइगर रिजर्व की है इसलिये वन विभाग का यह प्रयास रहा है कि इस नगर के लोग टाइगर रिजर्व से अधिक से अधिक संख्या में जुड़े।

विदर्भ क्षेत्र में बाघ और तेंदुये देखने के लिये ताडोबा एक श्रेष्ठ संरक्षित क्षेत्र है। ताडोबा में इन दोनों बड़े शिकारी पशुओं के अतिरिक्त जंगली कुत्ते भी पाये जाते हैं। इनकी संख्या कम है फिर भी एक ही वन क्षेत्र में इतने अधिक शिकारी पशुओं को देख पाना अपने आप में एक अनुभव है।

तालकावेरी

यह अभयारण्य कर्नाटक में स्थित है, प्राणिजात प्रदेश के अन्य संरक्षित क्षेत्रों के समान। तालकावेरी और ब्रह्मगिरि कर्नाटक के वाइनाड वनों के संरक्षण क्षेत्र हैं। तालकावेरी अभयारण्य का क्षेत्रफल 163 वर्ग किलोमीटर है। पर्यावरणविद् यह प्रयास करते रहे हैं कि ब्रह्मगिरि तथा तालकावेरी को संयुक्त कर एक वृहत्तर संरक्षित क्षेत्र बना दिया जाये।

तालछापर

संरक्षित क्षेत्र : अभयारण्य
विस्तार : 7.5 वर्ग किलोमीटर
स्थिति : राजस्थान
समीपवर्ती नगर : छापर ग्राम, निकटवर्ती हवाई पट्टी : जयपुर (210 कि.मी.)
उत्तम भ्रमणकाल : अक्टूबर से अप्रैल
पारिस्थितिकी : झाड़ियों वाला वन, घास का मैदान। यहां की घास को डाचोब, कार इत्यादि के नाम से पुकारा जाता है।
वन्य पशु-पक्षी : कृष्णमृग, चिन्कारा, मरुस्थलीय लोमड़ी, सेन्डग्राउस, तीतर पक्षी।

तालछापर अभयारण्य राजस्थान के चुरु जिले में स्थित है। यह एक छोटा किन्तु महत्वपूर्ण अभयारण्य है जिसकी कृष्णमृग (ब्लैक बक) के संरक्षण हेतु स्थापना की गई है। ताल का अर्थ सपाट क्षेत्र से है तथा छापर समीपवर्ती ग्राम का नाम है, इन दोनों को मिलाकर इस संरक्षित क्षेत्र का नामकरण किया गया है।

तालछापर अभयारण्य के पास ही गोपालपुरा की पहाड़ियां हैं। वर्षाकाल में इन पहाड़ियों का पानी बहता हुआ तालछापर के उस हिस्से में एकत्रित होता है जिसे ताल (समतल क्षेत्र या कि बरसाती तालाब) कहते हैं। यह क्षेत्र 25000 एकड़ का है अर्थात् इस मौसमी तालाब में काफी वर्षा जल एकत्रित हो जाता है। इस वर्षा जल के कारण यहां पर अन्य पशु–पक्षी भी आ जाते हैं।

यद्यपि तालछापर कृष्णमृगों के लिये प्रसिद्ध है परंतु यहां पर 200 से भी अधिक नीलगाय पाई जाती हैं। लोमड़ियां तथा वन मार्जार भी हैं। यहां पर काफी संख्या में पक्षियों की प्रजातियां भी देखने को मिलती हैं।

तालछापर के कृष्णमृग (ब्लैक बक)

तालछापर अभयारण्य में 2000 या इससे भी अधिक कृष्णमृग रहते हैं जो कि एक विस्मयकारी तथ्य है। कृष्णमृग भारत का ही नहीं विश्व का सबसे तीव्र भागने वाला वनस्पति–भोजी पशु है। यहां पर रहने वाले कृष्णमृग गाड़ियों की आवाज से अभ्यस्त हो चुके हैं, यही कारण है कि मोटर गाड़ी में बैठकर इनको अपेक्षाकृत निकटता से देखा जा सकता है और उनके छाया चित्र भी लिये जा सकते हैं, परंतु मोटर से उतरते ही उन्हें मनुष्य की इस गतिविधि का आभास हो जाता है और फिर वे पलक झपकते ही हवा हो जाते हैं।

तालछापर अभयारण्य में वर्ष भर घास रहती है इसीलिये इस छोटे किन्तु महत्वपूर्ण अभयारण्य में कृष्णमृग की संख्या में लगातार वृद्धि देखी गई है। उल्लेखनीय है कि ब्लैक बक तकनीकी दृष्टि से मृग न होकर 'एन्टलप' उपवर्ग का प्राणी है जिसकी शारीरिक बनावट की निकटता चिंकारा और नीलगाय से वास्तविक मृगों की तुलना में अधिक है। तालछापर में कृष्णमृगों की संख्या में इसलिये भी वृद्धि हुई है क्योंकि इस संरक्षण में जनसाधारण की रुचि है, भीषण गर्मियों में यहां के निवासी इन हरिणों के लिये टैंकरों से पानी अभयारण्य तक पहुंचाते हैं।

कृष्णमृगों की संख्या में वृद्धि

तालछापर अभयारण्य स्वतंत्रता के पूर्व बीकानेर के महाराज का 820 हे. में शिकारगाह था। 1962 में जब इसे अभयारण्य घोषित किया तब इसका विस्तार 719 हे. में था। स्वतंत्रता के पश्चात् लगातार कुछ वर्षों तक इस अभयारण्य की भूमि के टुकड़ों को ढोरों के चारागाह अथवा ऐसी ही जरूरतों के लिये लीज पर दिया जाता रहा इसीलिये इसका क्षेत्रफल 719 हे. रह गया था वरना इसका वास्तविक क्षेत्रफल 820 हे. था। स्थिति इससे भी बदतर थी क्योंकि हरिणों के निवास के लिये वास्तविक रूप में मात्र 600 हे. भूमि ही उपलब्ध थी। अभयारण्य के घोषित क्षेत्रफल से यह लगभग 100 हे. कम थी। वर्ष 2008 में इस भूमि को अभयारण्य में लाने के वास्तविक प्रयास हुये ओर अब यह अभयारण्य अपने घोषित क्षेत्रफल को प्राप्त कर सका। इन दिनों (वर्ष 2008) इस अभयारण्य में कृष्णमृगों की संख्या लगभग 1827 आंकी जाती है जबकि पांच वर्ष पूर्व अर्थात् वर्ष 2003 में यही संख्या 1281 थी। यदि वन विभाग के अधिकारियों की बात मानें तो तालछापर के कृष्णमृगों की संख्या में प्रतिवर्ष 200 से 300 मृगों की वृद्धि हो रही है, इसका परिणाम यह हो रहा है कि अब कृष्णमृग आसपास के गांवों में लगातार देखे जा रहे हैं जहां वे अभयारण्य की सीमा से निकलकर पहुंच रहे हैं।

तालछापर एक अन्य छोटे जीव के लिये भी प्रसिद्ध है, यह एक छिपकली है। यहां पर 'स्पाइनी टेल लिजार्ड' प्रजाति की छिपकली पाई जाती है जिसे खतरे में पड़ी प्रजाति का दर्जा प्राप्त है।

तालछापर के कृष्णमृगों की विपदा

प्राकृतिक विपदा : कृष्णमृग कभी-कभी प्राकृतिक आपदा का शिकार हो जाते हैं, वर्ष 2009 में तालछापर में कुछ ऐसा ही हुआ। तालछापर अभयारण्य वस्तुतः थार मरुस्थल के किनारे स्थित है। यह वह क्षेत्र है जिसमें वार्षिक वर्षा न्यूनतम होती है। इस अर्ध मरुस्थलीय वातावरण में कृष्णमृगों ने सफलतापूर्वक रहना सीख लिया है। उनकी पानी की आवश्यकता अत्यंत सीमित है साथ ही कम पौष्टिक भोजन में भी उनके शरीर का सामान्य विकास होता देखा गया है। उनकी इस अनुकूलनशीलता का ही यह परिणाम है कि वर्ष 2009 में इस अभायरण्य में कृष्णमृगों की संख्या 2000 के लगभग आंकी गई। कृष्णमृगों में प्रजनन दर भी अच्छी है, वे वर्ष में दो बार बच्चों को जन्म देते हैं, यही कारण है कि इस अभयारण्य में 200 से 300 कृष्णमृग प्रतिवर्ष बढ़ जाते हैं लेकिन मौसम के अचानक बदलावों के लिये संभवतः कृष्णमृग अपने को ठीक अनुकूलित कर पाये। वर्ष 2009 के वर्षाकाल के प्रारंभिक महीने में एक ऐसी ही घटना उल्लेखनीय है। इस वर्ष जून के महीने में एक भीषण चक्रवात आया और इस शुष्क क्षेत्र में मूसलाधार वर्षा हो गई। यह वर्षा इस क्षेत्र के लिये जितनी अप्रत्याशित थी उतनी ही अप्रत्याशित कृष्णमृगों के लिये भी थी परिणामतः अचानक कम समय में हुई भारी वर्षा में 70 कृष्णमृगों की मृत्यु हो गयी, वे इस वर्षा को सहन न कर सके। जैसा कि अपेक्षित ही था कि मरने वालों में अधिकतर या तो वृद्ध मृग थे या कि शावक। चिकित्सकों का यह मानना है कि वर्षा की अप्रत्याशित घटना का सामना होने कि स्थिति उनके लिये 'शाक'† लगने जैसी थी। वर्ष 2009 में इस क्षेत्र में यद्यपि जून से पहले भी वर्षा हुई थी, परंतु भीषण वर्षा एक ही बार जून के माह में हुई थी। मृत्यु के प्राकृतिक कारण : वनों में वनस्पति-भोजियों की मृत्यु का कारण शिकारी पशु हुआ करते हैं। प्रकृति शिकारी पशुओं से बचने के लिये वनस्पति-भोजी पशुओं को कुछ शारीरिक विशेषतायें प्रदान करती है। कृष्णमृग विश्व के सबसे तेज दौड़ने वाले प्राणियों में से एक हैं। कुछ शताब्दियों पहले भारत में चीता के लुप्त होने के पश्चात् कृष्णमृग का स्वाभाविक शिकारी खत्म हो गया। राजस्थान में इसका दूसरा स्वाभाविक शिकारी जो कि चीता की तरह तेज तो नहीं था परंतु घात लगाकर कृष्णमृगों के शिकार में समर्थ था, बिल्ली कुटुम्ब का केराकल था किंतु यह भी अब इस पूरे क्षेत्र में बमुश्किल देखने मिलता है। तालछापर में किसी जमाने में भेड़िये पाये जाते थे जिनके झुंड लगातार पीछा कर तालछापर कृष्णमृगों को थकारकर चूर कर देते और फिर उनका शिकार कर लेते थे, परंतु वे भी अब तालछापर ही क्या संपूर्ण भारत के सम्पूर्ण पश्चिमी भाग में विलुप्त के कगार पर हैं, ऐसी स्थिति में कृष्णमृगों की संख्या में उन स्थानों पर यथेष्ट वृद्धि हुई है जहां उन्हें शिकारियों से बचाया जा सक रहा है।

वर्तमान में जबकि कृष्णमृग अपनी सर्वाधिक संख्या और सघनता वाले क्षेत्रों में

† 70 'ब्लैक डार ऑफ शाक इन तालछापर', टाइम्स आफ इंडिया, 4 जून, 2009

मवेशियों के साथ चारागाहों में रहता है तब उसे मवेशियों को होने वाली छूत की बिमारियां लगने की आशंका रहती है, इसके विनाशकारी परिणाम हो सकते हैं।

तालछापर में यदा-कदा कृष्णमृगों के छौने आवारा कुत्तों द्वारा मारे जाते हैं।

तालरा

संरक्षित क्षेत्र : अभयारण्य
विस्तार : 76.2 वर्ग किलोमीटर
स्थिति : हिमाचल प्रदेश
समीपवर्ती नगर : शिमला
उत्तम भ्रमणकाल : अक्टूबर से मार्च
पारिस्थितिकी : निचले हिमालय के वन

तालरा अभयारण्य की स्थापना शिमला जिले में वर्ष 1974 में हुई थी। यह अभयारण्य सोलन जिले में स्थित है।

तृष्णा

संरक्षित क्षेत्र : अभयारण्य
विस्तार : 173 वर्ग किलोमीटर
स्थिति : त्रिपुरा
समीपवर्ती नगर : अगरतला
उत्तम भ्रमणकाल : अक्टूबर से मार्च
पारिस्थितिकी : अर्ध सदाबहार अयनमंडलीय वन
वन्य पशु-पक्षी : फायरे का लंगूर, तेंदुआ, शेर, हाथी, सीरो, पक्षी।

तृष्णा अभयारण्य त्रिपुरा का सबसे बड़ा संरक्षित क्षेत्र है। यहां पर भारी वर्षा होने से उच्चावच्च के अनुसार तीन प्रकार के वन पाये जाते हैं। ये वन क्रमशः अयनमंडलीय आर्द्र सदाबहार वन, अर्ध सदाबहार वन तथा आर्द्र मिश्रित पतझड़ वाले वन हैं, इन वनों में बीच-बीच में केन एवं बासों के वन भी पाये जाते हैं। इस अभयारण्य में जैविक विविधता देखने लायक है। यहां पर शेर और हाथी जैसे विशाल वन्य पशुओं के अतिरिक्त वृक्षों पर निवास करने वाले अनेक प्रजातियों के पशु-पक्षी बहुतायत से पाये जाते हैं। यहां के पक्षियों में हार्नबिल तथा गीध उल्लेखनीय हैं ।

तिलाचन्ग द्वीप

अंडमान द्वीप समूह में स्थित इस अभयारण्य का विवरण 'अंडमान द्वीप समूह के संरक्षित क्षेत्र' में देखें।

तीर्थन

संरक्षित क्षेत्र : अभयारण्य
विस्तार : 61.13 वर्ग किलोमीटर
स्थिति : हिमाचल प्रदेश
समीपवर्ती नगर : बंजर (25 कि.मी.), निकटवर्ती हवाई पट्टी : भुंटर (80 कि.मी.)
उत्तम भ्रमणकाल : अप्रैल से जून तथा सितंबर से नवंबर
पारिस्थितिकी : ओक एवं देवदार के वन
वन्य पशु–पक्षी : हरिण, गोरल, आइबेक्स, हिमालयी रीछ, तहार।

तीर्थन ऊंचे पर्वतीय क्षेत्र में स्थापित किया गया अभयारण्य है। इस अभयारण्य की स्थापना की घोषणा 1976 में हुई थी, कालान्तर में 'ग्रेट हिमालयन नेशनल पार्क' के बन जाने से इस अभयारण्य का कुछ भाग राष्ट्रीय उद्यान में शामिल कर लिया गया।

तुंगभद्रा

संरक्षित क्षेत्र : अभयारण्य
स्थिति : कर्नाटक
उत्तम भ्रमणकाल : अक्टूबर से मार्च
पारिस्थितिकी : शुष्क अयनमंडलीय पर्णपाती वन
वन्य पशु–पक्षी : तेंदुआ, जंगली बिल्ली, सियार, चीतल।

तुंगभद्रा अभयारण्य कर्नाटक के बेलेरी जिला में स्थित है।

तुंगरेश्वर

यह अभयारण्य महाराष्ट्र में स्थित है। प्राणिजात प्रदेश के अन्य संरक्षित क्षेत्रों के समान।

तोडागढ़

संरक्षित क्षेत्र : अभयारण्य
विस्तार : 495 वर्ग किलोमीटर
स्थिति : राजस्थान
समीपवर्ती नगर : उदयपुर
उत्तम भ्रमणकाल : अक्टूबर से मार्च
पारिस्थितिकी : शुष्क पर्णपाती वन
वन्य पशु–पक्षी : तेंदुआ, लकड़बग्घा, नीलगाय, सांभर/ओरि. री./भा.उ.।

तोडागढ़ अभयारण्य अर्धशुष्क क्षेत्रों में पाये जाने वाले प्राणिजात के लिये जाना जाता है। यहां का प्रमुख शिकारी पशु 'कैरावल' है जो विडाल या मार्जार कुटुम्ब का प्राणी

है। यह तेंदुये से छोटा किंतु सामान्य जंगली बिल्लियों की तुलना में काफी बड़ा होता है, यह छोटे वनस्पति–भोजी प्राणियों एवं पक्षियों का शिकार करता है।

तोडागढ़ राजस्थान के अर्धशुष्क क्षेत्र में स्थापित लगभग 14 संरक्षित क्षेत्रों में से एक है। अन्य संरक्षित क्षेत्र कुंभलगढ़, सीतामाता, सुन्दामाता, फुलवारी, जयसमन्द, रामगढ़ बूंदी, जवाहर सागर बेंसरोद्गढ़, सवाई मानसिंह, कैलादेवी, बरेठा, नाहरगढ़ और जाम्बह–गढ़ हैं।

तोपचांची

संरक्षित क्षेत्र : अभयारण्य
विस्तार : 12 वर्ग किलोमीटर
स्थिति : झारखंड
समीपवर्ती नगर : धनबाद
उत्तम भ्रमणकाल : अक्टूबर से मार्च
पारिस्थितिकी : शुष्क अयनमंडलीय पर्णपाती वन
वन्य पशु–पक्षी : तेंदुआ, जंगली बिल्ली, रीछ, चीतल/ओरि. री./भा.उ.।

धनबाद से पश्चिम की ओर तोपपांची अभयारण्य औरंगाबाद दुर्गा पर राजमार्ग के उत्तर की पहाड़ियों पर स्थित है। यह छोटा अभयारण्य पक्षियों तथा छोटे वन्य प्राणियों के लिये जाना जाता है।

थ

थट्टेकाट

संरक्षित क्षेत्र : अभयारण्य
विस्तार : 25 वर्ग किलोमीटर
स्थिति : केरल
समीपवर्ती नगर : अलवाये (50 कि.मी.), निकटवर्ती हवाई पट्टी : कोचीन (70 कि.मी.)
उत्तम भ्रमणकाल : सितंबर से मार्च
पारिस्थितिकी : मिश्रित पर्णपाती वन
वन्य पशु–पक्षी : सिंहपुच्छ वानर, उड़न गिलहरी तथा पक्षी/ओरि.री./म.उ.।

थट्टेकाड अभयारण्य केरल प्रदेश के मध्य में स्थित है। यह संरक्षित क्षेत्र पेरियार नदी के प्रवाह क्षेत्र में है तथा इसकी स्थापना मुख्य रूप से पक्षी प्राणिजात के संरक्षण के लिये की गई है। इस अभयारण्य की स्थापना वर्ष 1983 में की गई थी। यहाँ पर जलीय पक्षी जैसे 'रोलर बड्‌र्स' पाये जाते हैं तथा पक्षियों की एक अन्य प्रजाति लंकाई फ्रागमाउथ भी यहां पाई जाती है। वन्य पशुओं में उड़न गिलहरी भी यहां पाई जाती है

उड़न गिलहरी : वस्तुतः उड़ने वाली कोई भी गिलहरी विश्व में कहीं नहीं पाई जाती। गिलहरी ही नहीं कोई भी अन्य स्तनपोशी पशु जिन्हें 'उड़ने वाले' कहा जाता है वे वास्तव में उड़ने की क्षमता नहीं रखते। स्तनपोषी पशुओं में चमगादड़ वर्ग के पशु वास्तविक रूप से उड़ सकते हैं। उड़न गिलहरी से तात्पर्य यही है कि जब ये गिलहरियां एक वृक्ष से दूसरे वृक्ष या एक डाल से दूसरी डाल की ओर कूदती हैं तो ऐसा प्रतीत होता है मानो वे उड़ रही हों। भारत की विशाल उड़न गिलहरी (पेटुरिस्टा पेटुरिस्टा) एक ऐसा ही स्तनपोषी पशु है। इन गिलहरियों को हवा में 'लहराते' हुये देखने पर उनके उड़ने जैसी प्रतीति होती है। इन गिलहरियों की पूंछ साधारणतः इनके पूरे शरीर की लम्बाई के बराबर होती है। उड़न गिलहरियों को दिन में देखना थोड़ा मुश्किल है क्योंकि ये मुख्यतः रात्रिचारी होती हैं।

थार डेजर्ट

संरक्षित क्षेत्र : अभयारण्य/राष्ट्रीय उद्यान/बायोस्फियर रिजर्व
विस्तार : 3162 वर्ग किलोमीटर

स्थिति : राजस्थान
समीपवर्ती नगर : जैसलमेर
उत्तम भ्रमणकाल : अक्टूबर से मार्च
पारिस्थितिकी : मरुस्थलीय प्रदेश
वन्य पशु-पक्षी : मरुस्थलीय प्राणिजात/ओरि.री./भा.उ.।

थार डेजर्ट अभयारण्य की स्थापना मरुस्थलीय पारिस्थितिकी और प्राणिजात के संरक्षण के लिये की गई थी। प्रारंभ में भारत–पाकिस्तान अंतर्राष्ट्रीय सीमा पर बसे इस संरक्षित क्षेत्र को अभयारण्य घोषित किया गया, कालान्तर में इसका कुछ भाग राष्ट्रीय उद्यान घोषित हुआ और अब संपूर्ण संरक्षित क्षेत्र 'बायोस्फियर रिजर्व' घोषित कर दिया गया है। डेजर्ट राष्ट्रीय उद्यान की स्थापना वर्ष 1980 में की गई थी।

डेजर्ट राष्ट्रीय उद्यान के वन्य पशुओं में मरुस्थलीय बिल्ली, भेड़िया, लोमड़ी, चिंकारा प्रमुख हैं। पक्षियों में 'स्टापेड' और टावनी चीलें प्रमुख हैं। छोटे वन्य जीवों में 'स्पाइनी पूंछवाली छिपकलियां' उल्लेखनीय हैं।

ग्रेट इंडियन बस्टार्ड का थार डेजर्ट अभयारण्य में संरक्षण : राजस्थान में यह पक्षी अजमेर जिले के संखोलिया, भीलवाड़ा के शाहपुरा तथा कोटा के कुन्दनपुरा नाम के स्थानों में पाया जाता है, साथ ही यह जैसलमेर जिले में भी पाया जाता है। जैसलमेर जिले के 'डेजर्ट राष्ट्रीय उद्यान' के साथ लगे अभयारण्य के चारों ओर लगभग 73 ग्राम स्थित हैं, इनमें से कुछ ग्रामों के करीब ग्रेट इंडियन बस्टार्ड देखा जाता है अत: यह योजना बनाई गई है कि उसे प्रजनन के लिये सुरक्षित स्थान मिल सके। राजस्थान के 'डेजर्ट राष्ट्रीय उद्यान' में फिलहाल (अगस्त, 2008) 70 से 75 बस्टार्ड देखे गये हैं। यद्यपि यह संख्या अत्यधिक चिन्ताजनक तो नहीं है परंतु फिर भी यह संख्या इतना तो निश्चित रूप से इशारा करती है कि तुरंत सुरक्षा के हर संभव प्रयास किये जायें।

थोईलेक

उत्तर-पूर्वी गुजरात का अभयारण्य, पारिस्थितिकी प्रदेश के अन्य संरक्षित क्षेत्रों की भांति।

थोल

मांहेसाना जिले के इस पक्षी अभयारण्य में पानी बड़ी समस्या है। सिंचाई विभाग से पक्षियों के लिये यहां जो पानी छोड़ा जाता है उसकी मांग क्षेत्रीय किसानों में फसलों के लिये रहती है।

द

दर्रा

संरक्षित क्षेत्र : अभयारण्य
विस्तार : 266 वर्ग किलोमीटर
स्थिति : राजस्थान
समीपवर्ती नगर : दर्रा (8 कि.मी.)
उत्तम भ्रमणकाल : अक्टूबर से मार्च
पारिस्थितिकी : शुष्क पर्णपाती वन
वन्य पशु-पक्षी : तेंदुआ, चिंकारा, भेड़िया, जंगली सुअर।

दर्रा अभयारण्य में शुष्क और अर्धशुष्क क्षेत्रों में निवास करने वाले प्राणी पाये जाते हैं। बड़े वन्य प्राणियों में चिंकारा तथा नीलगाय प्रमुख हैं। नीलगाय गांवों के आसपास ही पाई जाती हैं जबकि चिंकारा कंटीले वृक्षों के वनों में अधिक देखे जाते हैं। जहां भी कहीं दलदल हैं वहां जंगली सुअर पाये जाते हैं। दर्रा अभयारण्य के प्रमुख शिकारी पशुओं में तेंदुआ और भेड़िया हैं। छोटे शिकारी पशुओं में मरुस्थली क्षेत्र में रहने वाली लोमड़ी और सियार हैं। इस अभयारण्य में भेड़ियों के झुंड देखे जाते हैं जिनमें 5 से 12 की संख्या में भेड़िये रहते हैं। यहां पर पाये जाने वाले भेड़िये अपने रंग-रूप में यूरोपीय या अन्य एशियाई भेड़ियों की तुलना में कुछ भिन्न हैं। ये दूर से देखने में सियार की भांति दिखलाई देते हैं। भेड़ियों के झुंड एक-दूसरे से अत्यधिक दूरी पर रहते हैं। दर्रा में इनका मुख्य शिकार चिंकारा, खरगोश तथा नीलगायों के बछड़े हैं।

दर्रा अभयारण्य राजस्थान के अपेक्षाकृत कम शुष्क क्षेत्र में स्थित है। प्राणिभौगोलिक दृष्टि से यह राजस्थान के मालवा क्षेत्र में स्थित सबसे बड़ा अभयारण्य है। राजस्थान प्रदेश में मालवा क्षेत्र का विस्तृत भाग नहीं है फिर भी वहां पर कुल चार संरक्षित क्षेत्र हैं। दर्रा के अतिरिक्त अन्य संरक्षित क्षेत्र शेरगढ़, वन बिहार तथा नेशनल चंबल हैं। इनमें नेशनल चंबल नदी घाटी क्षेत्र है जो मुख्यतः घड़ियाल संरक्षण के लिये स्थापित किया गया है।

दाजीपुर

संरक्षित क्षेत्र : अभयारण्य
विस्तार : अप्राप्त

स्थिति : महाराष्ट्र
समीपवर्ती नगर : फोन्डा (20 कि.मी.), निकटतम वायुपट्टी बेलगाम
उत्तम भ्रमणकाल : अप्रैल से जून
पारिस्थितिकी : अयन मण्डलीय आर्द्र पतझड़ वाले वन
वन्य पशु–पक्षी : गौर, रीछ, जंगली सुअर, पक्षी, जंगली कुत्ते/ओरि.री./भा.उ.।

दाजीपुर अभयारण्य को 'दाजीपुर बाइसन वाइल्डलाइफ सेंक्चुअरी' के नाम से भी जाना जाता है। यह अभयारण्य सिंधु दुर्ग और कोल्हापुर जिलों के बीच सह्याद्रि पर्वत पर स्थित है। दाजीपुर 1200 मीटर की ऊंचाई पर फोंडाघाट पर स्थित है। यह राधानगरी बांध के बैक वाटर क्षेत्र में है। इस अभयारण्य की अधिसूचना वर्ष 1985 में जारी हुई थी।

इस अभयारण्य से करीब ही राधानगरी अभयारण्य है। दाजीपुर अभयारण्य की वनस्पति में शिकाकाई तथा गरमबी की लतायें वृक्षों पर चढ़ी हुई जहां–तहां देखने को मिलती हैं। यद्यपि अभयारण्य में जंगली कुत्ते और तेंदुये पाये जाते हैं परंतु इनका प्रवास समीपवर्ती अभयारण्य राधानगरी में होता रहता है। इस अभयारण्य का प्रमुख वन्य पशु गौर या वन्य वृषभ है, दूसरे प्रमुख वन्य पशु चीतल और जंगली शूकर हैं। इसी तरह रीछ भी यहां काफी संख्या में पाये जाते हैं। चिड़ियों में मैना, तोते और बुलबुलें प्रमुख हैं।

इस अभयारण्य की एक ऊंची पर्वतीय चोटी पर गंगागिरि महाराज का मठ है जो कि पर्यटकों का आकर्षण केंद्र है। पर्यटकों का दूसरा आकर्षण यहां पर पायी जाने वाली अनेक प्रकार की वनस्पतियां हैं जिनका वनस्पतिविज्ञानी चाव से अध्ययन करना पसंद करते हैं।

महाराष्ट्र का एक और अभयारण्य राधानगरी इस अभयारण्य से मात्र 30 किलोमीटर की दूरी पर है अत: पर्यटक दोनों अभयारण्यों को एक ही यात्रा में देख सकते हैं। राधानगरी अभयारण्य जाने का एक लाभ यह भी है कि वहां बाघ दिखने की पूरी संभावनी रहती है।

दारन घाटी

संरक्षित क्षेत्र : अभयारण्य
विस्तार : 167 वर्ग किलोमीटर
स्थिति : हिमाचल प्रदेश
समीपवर्ती नगर : किन्नौर/रामपुर
उत्तम भ्रमणकाल : अप्रैल से जुलाई
पारिस्थितिकी : मिश्रित वन, सूचिपर्ण एवं पर्णपाती वनों का ऊंचाई के अनुसार विस्तार
वन्य पशु–पक्षी : गोरल, हिमालयी भालू, आइबैक्स, गंधमार्जार, पक्षी।

दारन घाटी अभयारण्य की स्थापना वर्ष 1974 में किन्नौर जिले में हुई थी। दारन घाटी में अनेक ऐसे पशु–पक्षी पाये जाते हैं जो भारत में दुर्लभ हैं। यहां पर गंधमार्जार तथा जंगली बिल्लियों की दुर्लभ प्रजातियां देखी जाती हैं। मार्बल्ड कैट (फेलिस मारमोराटा), यह चार फुट लंबी तथा अत्यंत लड़ाकू प्रवृत्ति की जंगली बिल्ली है। चार फुट की लंबाई

में आधी लंबाई इसकी पूंछ की ही है। अन्य बिल्लियों की तुलना में यह हमेशा आक्रमण के लिये सन्नद्ध रहती है तथा अपनी पूंछ को उमेठे रहती है। वर्गिकी के विद्वानों का तो यहां तक विचार है कि यह 'क्लाउडेड तेंदुये' की छोटी प्रजाति है। यह जंगली बिल्ली जितनी चतुराई से जमीन पर भी। इसके गले और सिर पर शेर की भाँति धारियां होती हैं। इसका रंग सुनहरा होता है। इसी प्रकार की अन्य प्रजाति अफ्रीका में भी पाई जाती है परंतु भारत में पायी जाने वाली यह बिल्ली अफ्रीकी बिल्ली से कुछ बड़ी होती है। यह जंगली बिल्ली पक्षियों और छोटे जानवरों का शिकार करती है।

दारन घाटी अभयारण्य की स्थापना पश्चिमी हिमालय के प्राणिजात के संरक्षण के लिये की गई है। पश्चिम हिमालय का क्षेत्र पूर्वी हिमालय की तुलना में अधिक शुष्क है। यहां के प्राणिजात में मध्य एशियाई क्षेत्र के प्राणिजात का वर्चस्व है।

दारन घाटी हिमालय पक्षियों के लिये भी प्रसिद्ध है। दारन घाटी में हिमालयी काले भालुओं के अतिरिक्त कस्तूरीमृग और आइबेक्स जैसे मेष-छाग वर्ग के पशु भी देखे जाते हैं।

दारोजी

संरक्षित क्षेत्र : अभयारण्य
विस्तार : 55.87 वर्ग किलोमीटर
स्थिति : कर्नाटक (हास्पेट तथा सन्दूर ताल्लुक)
समीपवर्ती नगर : कमलपुर (15 कि.मी.)
उत्तम भ्रमणकाल : अक्टूबर से मार्च
पारिस्थितिकी : अर्धशुष्क वनस्पति, पथरीले प्रदेश में झाड़ियां
वन्य पशु-पक्षी : तेंदुआ, जंगली बिल्लियां, गंधमार्जार, लोमड़ी, जंगली सुअर, सेही परंतु प्रमुख वन्य प्राणी रीछ (स्लाथ बियर)।

विश्वप्रसिद्ध हम्पी जो कि प्राचीन हिन्दू साम्राज्य विजय नगर की राजधानी के ध्वंसावशेष का स्थान है के निकट ही दारोजी अभयारण्य स्थित है। हम्पी 'यूनेस्को' द्वारा मान्य 'वर्ल्ड हेरिटेज साइट' है। विजय नगर साम्राज्य के नष्ट होने के पश्चात् अपने वक्त के विश्व के सर्वश्रेष्ठ और सम्पन्न नगर विजय नगर के शानदार महल और भवन खंडहरों में बदल गये। उनमें जंगल उग आया और तब यह क्षेत्र वन्य पशुओं का बसेरा बन गया।

दारोजी अभयारण्य का निर्माण खतरे में पड़े हुये भारतीय भालू के संरक्षण के लिये अक्टूबर 1994 में किया गया। भालुओं का शिकार काफी समय से होता रहा है। भालू नचाने वाले मदारी मादा भालुओं को मार कर उनके शावकों को पालकर बड़ा करते और फिर उन्हें रास्तों में नचाया करते थे। वन्य प्राणी अधिनियम की सख्ती से यह प्रथा तो खत्म हुई किंतु भालुओं की संख्या में विशेष बढ़ोत्तरी नहीं हुई, इस कमी को भालुओं के लिये विशेष अभयारण्य बनाकर सार्थक प्रयास किया गया।

दारोजी अभयारण्य का प्रयोग सफल हुआ। वहां 120 से 150 की संख्या में भालू देखे गये हैं (2005 ई.)। अभयारण्य में भालुओं की सुरक्षा के साथ ही अन्य प्राणियों

की सुरक्षा भी स्वयमेव हो रही है, परिणामतः यहां पर तेंदुआ, भेड़िया, जरख, जंगली बिल्लियों की संख्या में भी वृद्धि हुई क्योंकि वनस्पति-भोजी पशुओं जिनमें चीतल और वन्य शूकर प्रमुख हैं, की संख्या में अच्छी वृद्धि हुई।

यह अभयारण्य जंगली मुर्गों की बहुतायत के लिये भी जाना जाता है, अन्य पक्षी भी काफी संख्या में हैं। कहा जाता है कि पर्यावरण की शुद्धता तितलियों की उपस्थिति से निश्चित की जा सकती है, इस दृष्टि से इस अभयारण्य का पर्यावरण निश्चित ही श्रेष्ठ है। यहां 27 प्रजातियों की तितलियाँ पाई जाती हैं साथ ही अनेक वृक्षों में मधुमक्खियों के छत्ते देखने को मिलते हैं।

स्लाथ बियर या भारतीय भालू साधारण तौर पर एकाकी रूप से विचरण करने वाला प्राणी है। केवल मादायें ही अपने साथ बच्चों को लेकर चलती हैं। यह भालू वृक्षों से फल और शहद को खाता है पर इसे जमीन के जंगली चींटे-चींटियों का भोजन भी बहुत पसन्द होता है।

दार्लाघाट

संरक्षित क्षेत्र : अभयारण्य
विस्तार : 44 वर्ग किलोमीटर
स्थिति : हिमाचल प्रदेश
समीपवर्ती नगर : सोलन
उत्तम भ्रमणकाल : मार्च से मई तथा सितंबर से नवंबर
पारिस्थितिकी : उच्च अक्षांशीय एवं उप-अयनमंडलीय वन
वन्य पशु-पक्षी : गोरल, कक्कड़, गंधमार्जार, लोमड़ी, पक्षी।

दार्लाघाट अभयारण्य की स्थापना वर्ष 1974 में सोलन जिले में हुई थी। दार्लाघाट अभयारण्य की स्थापना पश्चिमी हिमालय के प्राणिजात के संरक्षण के लिये की गई थी। हिमालय प्रदेश के पश्चिम हिमालयी क्षेत्र में कुल मिलाकर 10 संरक्षित क्षेत्रों की स्थापना की गई है। इनमें से दार्लाघाट दूसरा सबसे बड़ा संरक्षित क्षेत्र होने जा रहा है क्योंकि विस्तार योजना के पूरा होने पर इसका क्षेत्रफल 140 वर्ग किलोमीटर हो जायेगा। फिलहाल हिमाचल के पश्चिमी हिमालय क्षेत्र का सबसे बड़ा अभयारण्य नैनादेवी है। दार्लाघाट पश्चिम हिमालय क्षेत्र के ऊंचे क्षेत्र में स्थित होने के कारण गोरल और हिम तेंदुओं का भ्रमण स्थल है।

दिहिंग पटकई

यह अभयारण्य आसाम का नवस्थापित (वर्ष 2004) अभयारण्य है। इसका क्षेत्रफल 111 वर्ग किलोमीटर है। यह आसाम, अरुणाचल प्रदेश की सीमा पर स्थित है। इस अभयारण्य में अयनमंडलीय सघन सदाबहार वन हैं। इसकी स्थापना डिरक एवं ज्वायपुर आरक्षित वन क्षेत्रों पर हुई है।

दुधवा

संरक्षित क्षेत्र : राष्ट्रीय उद्यान/टाइगर रिज़र्व 28° 18' से 28° 42' 30" उ.अ. तथा 80° 28' से 80° 57' पू.दे.
विस्तार : 490 वर्ग किलोमीटर
स्थिति : उत्तर प्रदेश
समीपवर्ती नगर : दुधवा (10 वर्ग किलोमीटर)
उत्तम भ्रमणकाल : अक्टूबर से मार्च
पारिस्थितिकी : आर्द्र अयनमंडलीय पर्णपाती वन
वन्य पशु–पक्षी : बाघ, तेंदुआ, हाथी, बारहसिंघा, हिस्पिड खरहा, वामन शूकर, पक्षी।

दुधवा राष्ट्रीय उद्यान तराई क्षेत्र में बसा हुआ उत्तर प्रदेश का एकमात्र राष्ट्रीय उद्यान है। इस राष्ट्रीय उद्यान की सीमा नेपाल की सीमा से लगी हुई है। दुधवा का वन क्षेत्र वर्ष 1968 में अभयारण्य घोषित किया गया था, बाद में वर्ष 1977 में इस संरक्षित क्षेत्र को राष्ट्रीय उद्यान का दर्जा प्रदान किया गया। टाइगर रिजर्व बनने के पश्चात् इसमें अतिरिक्त 123 वर्ग किलोमीटर क्षेत्र और जोड़ दिया गया और इस तरह इस संरक्षित क्षेत्र का कुल क्षेत्रफल 613 वर्ग किलोमीटर हो गया। दुधवा राष्ट्रीय उद्यान तराई भामर क्षेत्र में स्थित होने के कारण अधिक वर्षा का क्षेत्र है और इसीलिये यहां आर्द्र पर्णपाती वनों की जिनमें खैर और सिस्सू के वृक्ष अधिकता से होते हैं यहां बहुलता है। अन्य वनों में नदी तटीय वन हैं जिनमें ऊंची घासें पैदा होती हैं । इन घासों के क्षेत्र में हाथी, बारहसिंघे और गैंडे पाये जाते हैं। गैंडों को यहां पुनः बसाया गया है। यद्यपि वे पहले भी यहां पाये जाते थे परंतु कुछ समय के लिये वे यहां से विलुप्त हो चुके थे।

कुछ छोटे वन्य प्राणी जो कि केवल हिमालयी तराई भामर क्षेत्र में पाये जाते हैं उनमें हिस्पिड खरहा और वामन शूकर प्रमुख हैं, इनकी संख्या में सर्वत्र कमी आई है।

दुधवा राष्ट्रीय उद्यान उत्तरी खेरी वन परिमंडल का एक आंतरिक भाग है। वर्ष 1879 में खैरी जिले के वनों को संरक्षण दिया गया था तथा वर्ष 1937 में इन वनों को कानूनी रूप से आरक्षित किया गया। स्वतंत्रता के पश्चात् इन वनों को भारी नुकसान पहुंचा। वन्य पशु मारे गये और वृक्षों की अंधाधुंध कटाई हुई फलतः सर्वप्रथम बारहसिंघों को बचाने के लिये वाइल्डलाइफ आर्गेनाइजेशन ने 15.70 वर्ग किलोमीटर क्षेत्र पर सोनारीपुर अभयारण्य की स्थापना की। वर्ष 1968 में इसका नाम दुधवा अभयारण्य हुआ तथा इसका क्षेत्रफल बढ़ाकर 212 वर्ग कि0मी0 किया गया।

दुधवा का हिस्पिड खरहा (केप्रोलेगस हिस्पिड्स)

हिस्पिड खरहा भारत में पाये जाने वाले सामान्य खरहे (लीपस निग्रिकोलिस) से आनुवंशिकी के स्तर पर भिन्न प्राणी है। इसका वितरण हिमालय के तराई क्षेत्र में है जहां यह वहां पर पाई जाने वाली विशाल घास (सेचेरियम स्पान्टेनियम) के बीच में रहकर अपना जीवन व्यतीत करता है। यह घास उसकी पारिस्थितिकी है या कहें कि उसके जीवनतंत्र का अनिवार्य भाग है। तराई के सभी वन क्षेत्रों में चाहे वे संरक्षित हों या न हों यह घास विशाल क्षेत्र में फैली हुई है। तराई के इस क्षेत्र में नेपाल और भारत दोनों ही देशों के अनेक संरक्षित क्षेत्र हैं। नेपाल के संरक्षित क्षेत्र चितावन, बर्डिया और

शुक्लफांटा के इस घास के क्षेत्र में हिस्पिड खरहे बहुतायत से पाये जाते हैं। भारत में जलदपारा अभयारण्य और दुधवा राष्ट्रीय उद्यान में इन्हें देखा जा सकता है। किंतु वर्ष 1970 तक इस वन्य पशु की संख्या में लगातार कमी होती गई और प्रतीत होने लगा कि अब यह विलुप्ति के कगार पर है। आई. यू. सी. एन. की रेड द्वारा पुस्तक में इसे 'इनडेन्जर्ड' कोटि में रख दिया गया और तब से इसे पूर्ण सुरक्षा प्रदान की जा रही है।

क्षेत्रीय भाषा में सामान्य खरगोश को 'विडाल पा खरगोश' कहा जाता है जिसका अर्थ बिल्ली पैरों वाला खरगोश है तथा खरगोश की इस प्रजाति को 'छगली पा खरगोश' या बकरी के पैरों वाला खरगोश कहा जाता है। परंतु यह एक गलत नाम है, इसके पैर बकरी जैसे नहीं होते। इतना अवश्य है कि इसके कान सामान्य खरगोश से कुछ छोटे होते हैं तथा इसकी खाल काले और भूरे रंगों की होती है जिससे यह बकरी से कुछ साम्य रखता है। इसका वजन लगभग ढाई किलो होता है।

अपने वितरण क्षेत्र के सभी स्थानों में इसकी संख्या के कम होने का कारण अवैध शिकार तो है ही दूसरा कारण इसकी पारिस्थितिकी को जाने-अनजाने नुकसान पहुंचना भी है। वस्तुतः जिस घास में यह निवास करता है और छुपकर रहता है वही घास उसका भोजन भी है परंतु यही घास हाथियों का भी भोजन है। वन्य हाथी इस घास को जड़ से उखाड़कर फेंक देते हैं। ऐसी अवस्था गें यह खरगोश खुले स्थान पर आ जाता है जहां पर अन्य शिकारी पशु उसका शिकार कर लेते हैं। वनों के लगातार कम हो जाने की गाज छोटे वन्य पशु पर गिरी है। हाथियों के लिये वन क्षेत्र छोटे पड़ रहे हैं अतः उनके अपने भोजन की समस्या है। संरक्षित क्षेत्रों में जहां पालतू हाथी रखे जाते हैं वहां हाथियों के चारा के लिये घास काटना आवश्यक हो जाता है। यह ऊपर से साधारण सी दिखने वाली क्रिया इस छोटे प्राणी के लिये अनेक बार घातक सिद्ध होती है क्योंकि बहुत बार यह घास उसी क्षेत्र से काटी जाती है जहां यह खरगोश रह रहा होता है।

जब तक वनों का विस्तार अधिक था तब तक यह सब चलता रहता था परंतु सिकुड़ते वन क्षेत्रों ने जीवों के लिये नई समस्यायें खड़ी कर दी हैं। समझा जाता है कि अब जलदपारा जैसे अभयारण्य में भी दो दर्जन के आसपास ही हिस्पिड खरहे बचे हैं।

दुमकल

संरक्षित क्षेत्र : अभयारण्य
विस्तार : 151 वर्ग किलोमीटर
स्थिति : गुजरात
समीपवर्ती नगर : दुमकल
उत्तम भ्रमणकाल : अक्टूबर से मार्च
पारिस्थितिकी : शुष्क पर्णपाती वन, सागौन वन
वन्य पशु-पक्षी : रीछ, कृष्णमृग, खरगोश।

देबरी गढ़

संरक्षित क्षेत्र : अभयारण्य
विस्तार : विक्रमखोल
स्थिति : उड़ीसा
उत्तम भ्रमणकाल : अक्टूबर से मार्च
पारिस्थितिकी : शुष्क पर्णपाती वन
वन्य पशु–पक्षी : चीतल, सियार, खरगोश, तेंदुआ।

देवलगांव रेखुरी

संरक्षित क्षेत्र : अभयारण्य
विस्तार : 2 वर्ग किलोमीटर
स्थिति : महाराष्ट्र
समीपवर्ती नगर : जलगांव
उत्तम भ्रमणकाल : वर्ष भर
पारिस्थितिकी : सागौन वन
वन्य पशु–पक्षी : पक्षी।

देवी

यह अभयारण्य उड़ीसा में स्थित है, प्राणिजात प्रदेश के अन्य संरक्षित क्षेत्रों के समान।

देहांग देवांग

यह अभयारण्य आसाम में स्थित है, प्राणिजात प्रदेश के अन्य संरक्षित क्षेत्रों के समान।

धन श्री

संरक्षित क्षेत्र : टाइगर रिजर्व (प्रस्तावित)
विस्तार : 1,454 वर्ग किलोमीटर
स्थिति : आसाम
समीपवर्ती नगर : जोरहाट
उत्तम भ्रमणकाल : अक्टूबर से मार्च
पारिस्थितिकी : आर्द्र अयनमंडलीय पर्णपाती वन
वन्य पशु-पक्षी : हाथी, बाघ, शुकरपुच्छ वानर, ढोल, हिमालयी भालू, सांभर, पक्षी।

धन श्री टाइगर रिजर्व की स्थापना के लिये सारी प्रारंभिक औपचारिकतायें पूरी कर ली गई हैं। वर्ष 2003-04 में आसाम के मुख्य वाइल्ड लाइफ वाईन ने प्रोजेक्ट टाइगर की स्टीयरिंग कमेटी के पास धन श्री को टाइगर रिजर्व घोषित करने के संबंध में प्रस्ताव प्रेषित कर दिया है। धन श्री वन क्षेत्र शेरों की संख्या के लिये सदैव से उल्लेखनीय रहा है।

प्रस्तावित धन श्री टाइगर रिजर्व आसाम के सबसे बड़े जिले कर्बी एंगलांग में स्थित है। इस जिले का 8000 वर्गमील क्षेत्र (वर्ष 2001) वनाच्छादित है, जिसमें से 5000 वर्गमील का वन क्षेत्र सघन वनों का है। इतना बड़ा वन क्षेत्र अब किसी भी पूर्वोत्तर राज्य में नहीं बचा है, यही कारण है कि इस वन क्षेत्र में अब भी हाथी, बाघ, हूलक गिब्बन[†] और केप्ड लंगूर विद्यमान हैं। इस वन क्षेत्र में 400 से भी अधिक प्रजातियों के पक्षी भी पाये जाते हैं, इनमें से कुछ तो अत्यंत दुर्लभ कोटि के पक्षी हैं जैसे भूरा हार्नबिल और हरा मयूर।

प्रस्तावित धन श्री टाइगर रिजर्व जैव विविधता का एक अत्यंत सम्पन्न किंतु संकटग्रस्त क्षेत्र है। यहां पर संकट अनेक कारणों से है जिनमें जातीय हिंसा भी एक है। वर्ष 2005

[†] **हूलक गिब्बन** : धन श्री वनों में काफी संख्या में हूलक गिब्बन पाये जाते हैं। वर्ष 1990 में यह संख्या 1500 तक आंकी गई थी, हूलक गिब्बन की यह किसी भी संरक्षित क्षेत्र की सबसे बड़ी संख्या है। आसाम, नागालैंड सीमा पर फैले इस संरक्षित क्षेत्र में 'करबी' आदिवासियों की काफी जनसंख्या निवास करती है, परंतु सौभाग्य की बात यह है कि ये आदिवासी इस वन्य पशु को अवध्य मानते हैं। आदिवासियों का यह व्यवहार 'निषेध' या टेबू कहलाता है। जनजातियां इस व्यवहार का कड़ाई से पालन करती हैं।

में इस क्षेत्र में अन्तर्जनजातीय हिंसा में अनेक लोगों की हत्या हुई । इन वन क्षेत्रों में ग्रामीण पुरानी प्रथाओं के चलते प्रतिवर्ष अनेक पक्षियों को पकड़ते हैं फिर उन्हें या तो बेच दिया जाता है या भोजन के रूप में उनका उपयोग हो जाता है। संरक्षित क्षेत्र बन जाने से प्राणी संरक्षण बेहतर हो सकेगा।

धांग्ध्रा

संरक्षित क्षेत्र : अभयारण्य
विस्तार : 4840 वर्ग किलोमीटर
स्थिति : गुजरात
समीपवर्ती नगर : धांग्ध्रा (22 कि.मी.), निकटवर्ती हवाई पट्टी : राजकोट (140 कि.मी.)
उत्तम भ्रमणकाल : जनवरी से मार्च
पारिस्थितिकी : अयनमंडलीय उष्ण जलवायु क्षेत्र, कच्छकारन
वन्य पशु–पक्षी : वन्य रासभ, मरुस्थली बिल्लियां, भेड़िया, चिंकारा, कृष्णमृग।

धांग्ध्रा अभयारण्य की स्थापना वर्ष 1973 में जंगली गदहे या वन्य रासभ के संरक्षण के लिये की गई थी। जिन दिनों इस अभयारण्य का प्रस्ताव गुजरात विधान सभा में लाया गया था उन दिनों प्राणि संरक्षण के शासकीय प्रयास अपनी शैशव अवस्था में ही थे, अतः जब यह शासकीय प्रस्ताव विधान सभा में स्वीकृति के लिये रखा गया तो विधान सभा का पूरा हाल हंसी के ठहाकों से गूंज गया। गधों के संरक्षण को तब एक मजाक माना गया, परंतु समय बीतते संरक्षण की अहमियत लोगों को ज्ञात हुई और अब तो वन्य रासम को देखना पर्यटन का बेहद अहम हिस्सा है।

जंगली गधे जिस भाग में पाये जाते हैं उसे कच्छ का रन कहा जाता है। कच्छ के रन की अद्‌भुत संरचना है जहां जमीन समतल है पर जिस पर खारे पानी का उथला प्रवाह होता रहता है।

इस अभयारण्य के पूर्वी ओर अर्थात् रन के एक ओर शुष्क झाड़ियां हैं जहां पर अनेक प्रजाति के वन्य पशु पाये जाते हैं।

धांगध्रा अभयारण्य को उच्चारण भेद से धारंगधरा भी कहते हैं। इसका पूरा नाम 'धारंगधरा जंगली गधा अभयारण्य' है। यह अभयारण्य गुजरात के 5 जिलों के सीमा क्षेत्र में फैला है तथा इसमें 107 ग्राम स्थित हैं। इस अभयारण्य क्षेत्र से भारत का 20 प्रतिशत नमक निकाला जाता है। इस कार्य में 40000 व्यक्ति लगे हुये हैं। इस अभयारण्य को 'डिनोटीफाइड' करने के विचार जब–तब सुनने मिलते हैं क्योंकि इसमें नमक बनाने के क्षेत्र में लगातार वृद्धि हो रही है। यहां यह लिखना उचित होगा कि गुजरात राज्य भारत का लगभग 60 प्रतिशत नमक का उत्पादन करता है।

न

नकटी डेम

संरक्षित क्षेत्र : अभयारण्य
विस्तार : 02 वर्ग किलोमीटर
स्थिति : झारखंड
उत्तम भ्रमणकाल : नवंबर से अप्रैल
पारिस्थितिकी : अयनमंडलीय पर्णपाती वन
वन्य पशु–पक्षी : पक्षी।

झारखंड की नकटी नदी पर बनाये गये बांध के क्षेत्र को अभयारण्य घोषित किया गया है। यहां पर अनेक प्रजाति के पक्षी देखे जा सकते हैं।

नगरहोल

संरक्षित क्षेत्र : राष्ट्रीय उद्यान
विस्तार : 573 वर्ग किलोमीटर
स्थिति : कर्नाटक
समीपवर्ती नगर : कुट्टा (7 कि.मी.)
उत्तम भ्रमणकाल : अक्टूबर से मार्च
पारिस्थितिकी : दक्षिणी आर्द्र मिश्रित पर्णपाती वन
वन्य पशु–पक्षी : बाघ, तेंदुआ, सांभर, गौर, चीतल, हाथी, पक्षी/ओरि.री./भा.उ.।

नगरहोल अभयारण्य की स्थापना वर्ष 1955 में हुई थी। वर्ष 1975 में इसका क्षेत्रफल बढ़ाकर 573 वर्ग किलोमीटर कर दिया गया। इस क्षेत्र की प्रमुख नदी कबानी है जिस पर बांध बनाकर यहां के वनों को दो राष्ट्रीय उद्यानों का दर्जा दे दिया गया है। बांध के एक ओर नगरहोल राष्ट्रीय उद्यान हे तो दूसरी ओर बांदीपुर राष्ट्रीय उद्यान। यह राष्ट्रीय उद्यान भारत भर में अपनी वनस्पति–भोजी प्राणियों के बेहतर घनत्व के लिये प्रसिद्ध है। नगरहोल राष्ट्रीय उद्यान न केवल वन्य प्राणियों के लिये प्रसिद्ध है वरन् यह संरक्षित क्षेत्र अपने 'चंदन वनों' के लिये भी प्रसिद्ध है। चूंकि चंदन एक मूल्यवान लकड़ी है अतः इसकी तस्करी काफी समय से होती रही है। चंदन की लकड़ी के लिये नगरहोल

राष्ट्रीय उद्यान का 'वीरनाहोशाली' का क्षेत्र प्रसिद्ध रहा है, परंतु साथ ही तस्कारी के लिये भी इसी क्षेत्र की प्रसिद्धि है।

वन्य प्राणियों के लिये समर्पित व्यक्तित्व

नगरहोल आज एक शानदार राष्ट्रीय उद्यान है और न केवल शेरों के लिये वरन् अन्य प्राणियों के लिये बढ़िया घनत्व के लिये भी विख्यात है। नगरहोल की आज की गौरवपूर्ण स्थिति इस राष्ट्रीय उद्यान के लिये समर्पित व्यक्तियों के कठिन प्रयासों का सुफल है। इस राष्ट्रीय उद्यान के लिये समर्पित व्यक्तियों के अधिकारियों और कर्मचारियों को बहुत ही कठिन रास्ता तय करना पड़ा। इस कड़ी में याद आती है एक शख्सियत की जिसका नाम के एम चिनप्पा है। के. एम. चिनप्पा वास्तविक अर्थों में भूमिपुत्र हैं। एक सैनिक परिवार में जन्मे चिनप्पा की जन्मस्थली कुमतूर ग्राम है जो कि नगरहोल और ब्रह्मगिरि वनों से बहुत ही निकट है। सैनिक परिवार के इस बालक ने युवावस्था में दूसरी नौकरियों को छोड़ वन विभाग की नौकरी कर वनों की एकान्तिकता और वन्य जीवों के लिये संघर्ष करते रहने के जीवन को चुना। वर्ष 1967 में जब वे नौकरी पर आये तब नगरहोल के वन अवैध शिकारियों का स्वर्ग थे। वन क्षेत्र में 'हदलू' क्षेत्रों में धान की खेती होती थी। वर्ष 1972 से जब वन्य पशु अधिनियम बना तब क्षेत्रीय जनता ने उसका विरोध करना प्रारंभ किया भले ही वे अतिक्रमणकर्ता रहे हों। चिनप्पा ने दृढ़ता से शासकीय नियमों का पालन करते हुये जन आक्रोश का सामना किया पर सदा स्थितियां उनके पक्ष में रही हों ऐसा नहीं था। वर्ष 1988 में उन्हें तकनीकी आधार पर जेल की हवा खानी पड़ी और वर्ष 1992 में तो एक अवैध शिकारी के मारे जाने पर खूब नेतागिरी हुई। नगरहोल अभयारण्य के एक हिस्से में आग तक लगा दी गई।

और तो और दंगाइयों ने चिनप्पा के कुमतूर स्थित घर में भी आग लगा दी परंतु चिनप्पा ने न तो कानून की राह छोड़ी और न ही अपने कर्तव्य में ढील आने दी। उन्होंने सारी कठिनाइयां और झूठे इल्जाम सहे पर अन्त में 1985 में उन्हें श्रेष्ठ सेवा के लिये 'मुख्यमंत्री का स्वर्णपदक' देकर सम्मानित किया और 1993 में वे सेवानिवृत्त तो हुये पर अब भी वे नगरहोल के वन्यप्राणियों की सुरक्षा में तत्पर हैं।

नगरहोल राष्ट्रीय उद्यान (कर्नाटक)

विश्व बैंक के आर्थिक सहयोग से नगरहोल राष्ट्रीय उद्यान (राजीव गांधी राष्ट्रीय उद्यान) में 'इको डेवलपमेंट प्रोग्राम' या पारिस्थितिकी विकास योजना चलाई गई जिसके अंतर्गत आई. पी. ए. एम. (इंप्रूव्ड प्रोटेक्टेड एरिया मैनेजमेंट) कार्यक्रम के अंतर्गत नगरहोल राष्ट्रीय उद्यान से 155 जनजातीय परिवारों को पुनर्वास प्रदान किया गया। इन विस्थापित परिवारों को हुसनूर ताल्लुका के वीरनाहोशल्ली में बसाया गया। प्रत्येक परिवार को 2 हेक्टेयर कृषि योग्य भूमि, एक मकान, बिजली, पानी, बीज और उर्वरक की सहायता के साथ बच्चों की शिक्षा की व्यवस्था की गई। यह कार्य वर्ष 2002 में सम्पन्न हुआ।

नगरहोल में हाथियों की मृत्यु

नगरहोल राष्ट्रीय उद्यान के दो वन मण्डलों एवं हंसूर में वर्ष 1991–92 तथा 2004–05 के बीच हुई हाथियों की मृत्यु की विवेचना की गई।

कोडागू वन मंडल के मेडिकेरि वन क्षेत्र से सर्वाधिक हाथियों की मृत्यु दर्ज की गई। यहां 46 हाथियों की मौत हुई। इस अवधि में 65 नर हाथियों की मृत्यु हुई जिनमें से 25 शिकारियों द्वारा मार डाले गये। कुछ हाथियों की मृत्यु वार्धक्य के कारण, कुछ की भूख के कारण और कुछ की मृत्यु गांवों में घुसकर शराब के पीने से भी हुई। मृत हाथियों से प्राप्त हाथी दांत को मैसूर के 'गंधाडकोटि' नामक स्थान पर सुरक्षित रख दिया जाता है क्योंकि हाथी दांत का किसी भी प्रकार का व्यवसाय पूरी तौर से गैर कानूनी है।

(स्रोत : जीवन चिनप्पा, 'ओव्हर 100 एलीफेन्ट्स डेड इन थरटीन इयर्स', दि हिन्दू, 24/3/2005)

नजीरा

संरक्षित क्षेत्र : अभयारण्य
विस्तार : 153 वर्ग किलोमीटर
स्थिति : महाराष्ट्र
समीपवर्ती नगर : गोंदिया (50 कि.मी.), समीपवर्ती हवाई पट्टी : नागपुर (150 कि.मी.)
उत्तम भ्रमणकाल : अक्टूबर से मार्च
पारिस्थितिकी : मिश्रित पर्णपाती वन, सागौन वन
वन्य पशु–पक्षी : शेर, तेंदुआ, रीछ, गौर, सांभर, पक्षी।

नजीरा अभयारण्य प्रदेश के उत्तर–पूर्वी भाग में मध्य प्रदेश की सीमा पर स्थित है। इस अभयारण्य की स्थापना 1969 में की गई थी। इसका प्राणिजात नवेगांव राष्ट्रीय उद्यान जैसा है, ग्रीष्म काल में यहां काफी गर्म मौसम हो जाता है।

नन्दन कानन

संरक्षित क्षेत्र : अभयारण्य/बायोस्फियर रिजर्व
विस्तार : 13 वर्ग किलोमीटर
स्थिति : उड़ीसा
समीपवर्ती नगर : भुवनेश्वर (15 कि.मी.)
उत्तम भ्रमणकाल : वर्ष भर
पारिस्थितिकी : अयनमंडलीय पर्णपाती वन,
वन्य पशु–पक्षी : शेर, तेंदुआ, सरीसृप, पक्षी।

नन्दन कानन अभयारण्य भुवनेश्वर नगर के पास ही स्थित है। यह एक प्रसिद्ध पर्यटन स्थल है, इसे बायोस्फियर रिजर्व घोषित किया गया है। इस संरक्षित क्षेत्र की संरचना बड़े चिड़ियाघर की है जहां पर न केवल क्षेत्रीय पशु–पक्षी वरन् भारत के अन्य क्षेत्रों से लाये गये वन्य पशु भी रखे गये हैं। यहां पर रखे गये वन्य पशुओं में सफेद शेर और हिमालयी काला भालू प्रमुख हैं। प्रतिदिन हजारों पर्यटक इन वन्य पशुओं को देखने आते

हैं। इन वन्य पशुओं के साथ ही उत्तर–पश्चिमी भारत में पाये जाने वाले अनेक पशु–पक्षी यहां पर रखे गये हैं। नन्दन कानन में एक झील भी है जहां जलचर, सरीसृप और पक्षी निवास करते हैं।

नन्दादेवी

संरक्षित क्षेत्र : बायोस्फियर रिजर्व/राष्ट्रीय उद्यान/विश्व धरोहर
विस्तार : 630 वर्ग किलोमीटर
स्थिति : उत्तरांचल
समीपवर्ती नगर : जोशीमठ (23 कि.मी.)
उत्तम भ्रमणकाल : अक्टूबर से अप्रैल
पारिस्थितिकी : उच्च अक्षांशीय पर्वतीय वन, उच्च पर्वतीय घास के मैदान। यहां की वनस्पति को निम्नलिखित वर्गों में बांटा जाता है–1. उच्च अक्षांशीय मिश्रित सूचिपर्ण वन, 2. उच्च अक्षांशीय पर्णपाती वन, 3. उच्च अक्षांशीय चरोखर, 4. आल्डर वन, 5. उप अल्पाइन बर्च फर वन, 6. उप अल्पाइन चरोखर, 7. बर्च बुरांस वन, 8. पतझड़ वाले अल्पाइन वन, 9. वामन बुरांस वन, 10. आर्द्र अल्पाइन चरोखर।
वन्य पशु–पक्षी : हिम तेंदुआ, हिमालयी मेष छाग, हिमालयी पक्षी।

नन्दादेवी बायोस्फियर रिजर्व में हिमालयी नीली भेड़े काफी संख्या में देखी जा सकती हैं, अन्य पशुओं में हिमालयी गोरल, साइबेरियन आइबेक्स और सीरल प्रमुख हैं। इनके शिकार द्वारा जीवित रहने वाले वन्य पशुओं में हिम तेंदुआ और भेड़िया प्रमुख हैं। कहीं–कहीं कस्तूरी मृग भी दिख जाते हैं। नन्दादेवी बायोस्फियर रिजर्व कुछ वर्षों पहले तक अनियंत्रित पर्वतारोहण गतिविधियों के कारण उतना 'प्राकृतिक' नहीं रह गया था, जितना कि अब बायोस्फियर रिजर्व बनने के बाद है। कुछ पर्वतारोहणविद् अनियंत्रित पर्वतारोहण और तीर्थयात्रियों की यात्रा को समान रूप से पर्यावरण के लिये बुरा मानते हैं। प्रतिवर्ष मई से नवंबर के महीनों में कई लाख तीर्थयात्री नन्दादेवी बायोस्फियर रिजर्व एवं केदारनाथ अभयारण्य से होकर गुजरते हैं जब कि पवित्र मंदिर खुला होता है और वहां दर्शन हो सकते हैं। इन यात्रियों को यह पता नहीं होता कि जिस क्षेत्र से वे जा रहे हैं वहां की पारिस्थितिकी को किस प्रकार बचाये रखा जाय। इसका एक कारण तो यह भी है कि तीर्थयात्रियों को शायद ही वन्य क्षेत्र में कभी किसी गोरल, कस्तूरी मृग या नीली भेड़ के दर्शन होते हों कुछ शायद इसलिये भी कि इन दिनों ये प्राणी इस मौसम में हिमालय के और ऊंचे भागों में चले जाते हैं। अधिकांश यात्री जानते भी नहीं हैं कि हिमालयी प्राणिजात है क्या, परंतु पर्यावरणविद् तीर्थ यात्रियों की यात्रा को पर्यावरण के लिये विनाशकारी ठहराते रहते हैं। जबकि वास्तविकता यह है कि हजारों की संख्या में मांस के लिये मारे जाने वाले हिमालयी मेष छाग और मृगों के लिये लाखों तीर्थयात्रियों में से कोई जिम्मेवार नहीं है। हिमालय के उन पर्वतीय क्षेत्रों में जहां पवित्र स्थान है वन्य प्राणियों को कभी कोई खतरा नहीं रहा है, यह खतरा उन्हीं क्षेत्रों के शिकारियों से ही है।

कार्यालयों में बैठकर तथा अंतर्राष्ट्रीय गोष्ठियों में हवाई किले बनाने वाले मोटी सरकारी तरख्वाहों वाले पर्यावरणविद् पर्वतीय क्षेत्रों में वन्य प्राणियों की सुरक्षा के साइनबोर्ड लगाकर अपने कर्तव्य की इतिश्री समझ लेते हैं। इन लाखों यात्रियों में से यदि दो–चार प्रतिशत को भी पर्यावरण के प्रति जागरूक कर सकते तो देश का भला होता साथ ही देशवासी भी यह सोच पाते कि ये विदेशी चश्मे के बिना देशी तथ्यों को देखने की दृष्टि भी रखते हैं।

नन्दादेवी बायोस्फियर रिजर्व पालतू पशुओं के चरने से संबंधित समस्या से पूरी तरह मुक्त हो ऐसा कुछ भी नहीं है। इस बायोस्फियर रिजर्व के बफर जोन में रूपकुण्ड के निकट बदली अली क्षेत्र में गर्मियों के मौसम में पांच–छह महीनों के लिये चरवाहे 4000 भेड़ों और बकरों सहित वन्य चारागाहों पर डेरा डाले रहते हैं, इस तरह इस उप अल्पाइन और अल्पाइन क्षेत्र में पालतू पशुओं का राज्य हो जाता है। इनके आते ही वन्य छाग मेषों का यहां दिखना दुर्लभ हो जाता है। इन पालतू पशुओं के आने के पहले इन वनों के चारागाहों में जो वन्य भेड़, कस्तूरी मृग तथा हिमालयी तहार बड़ी संख्या में घूमते और चरते रहते हैं, उन्हें अब यहां से और अधिक ऊंचे पर्वतों की ओर पलायन करना पड़ता है जहां की पारिस्थितिकी और भी अधिक कठिन होती है परंतु जीवित रहने के लिये भोजन की खोज में उनके पास अच्छे चरोखरों को पालतू पशुओं के लिये छोड़कर अधिक ऊंचाई तक जाने के सिवा कोई विकल्प भी तो नहीं रहता है। हर साल यह चक्र चलता रहता है।

नन्दादेवी बायोस्फियर रिजर्व : नन्दादेवी बायोस्फियर रिजर्व उत्तरांचल के गढ़वाल एवं कुमायूं जिले की सीमा पर स्थित है। यह बायोस्फियर रिजर्व उच्च हिमालयी क्षेत्र में है जहां नन्दादेवी पर्वत शिखरों का समूह स्थित है। नन्दादेवी पर्वत शिखर समूह में नन्दादेवी शिखर, नन्दादेवी पूर्व तथा नन्दाकोट सम्मिलित की जाती हैं। इस पर्वतश्रृंखला के पादपृष्ठ पर प्रसिद्ध पिण्डारी हिमानी है जिससे पिण्डार नदी इस बायोस्फियर रिजर्व में बहती है जहां अनेक छोटी–छोटी सहायक नदियां इससे मिलती हैं।

नन्दादेवी बायोस्फियर अपनी प्राकृतिक छटा के लिये विख्यात है जहां पर हिमाच्छादित पर्वत शिखर, लटकती हुई घाटियां, हिमनदियों के अतिरिक्त गहरी तंग घाटियां देखी जा सकती हैं। यह बायोस्फियर रिजर्व एक दुर्गम क्षेत्र है अतः प्रकृति का निर्मल रूप आज भी यथावत है।

नन्दादेवी राष्ट्रीय उद्यान इस बायोस्फियर रिजर्व का ही एक भाग है।

नन्दादेवी बायोस्फियर रिजर्व के अंतर्गत भारत के कुछ सर्वोच्च पर्वतीय शिखर हैं। इनमें दूना गिरि (7066 मी.), चंगबंग (6864 मी.), नन्दादेवी पूर्व (7,434 मी.)तथा देश का दूसरा सर्वोच्च शिखर नन्दादेवी पश्चिम (7,630 मी.) हैं। त्रिशूलशिखर (7,120 मी.) सुन्दर हिमालयी शिखर है। नन्दादेवी राष्ट्रीय उद्यान की सीमा पर स्थित लाटाग्राम नन्दादेवी के मन्दिर के लिये विख्यात है।

नन्दिनी

संरक्षित क्षेत्र : अभयारण्य
विस्तार : 34 वर्ग किलोमीटर
स्थिति : जम्मू एवं काश्मीर

समीपवर्ती नगर : जम्मू
उत्तम भ्रमणकाल : अप्रैल से अक्टूबर
पारिस्थितिकी : अयनमंडलीय पर्णपाती वन
वन्य पशु–पक्षी : चीतल, नेवले, गंधमार्जार, पक्षी/ओरि.री./भा.उ.।

नन्दिनी अभयारण्य जम्मू क्षेत्र में स्थित है।

नमेरी

संरक्षित क्षेत्र : राष्ट्रीय उद्यान
विस्तार : 137 वर्ग किलोमीटर
स्थिति : अरुणाचल प्रदेश
समीपवर्ती नगर : सोनितपुर
उत्तम भ्रमणकाल : अक्टूबर से मार्च
पारिस्थितिकी : अयनमंडलीय अर्धसदाबहार वन
वन्य पशु–पक्षी : तेंदुआ, हरिण, वन्य शूकर, पक्षी/ओरि.री./इ.उ.।

अरुणाचल प्रदेश का यह राष्ट्रीय उद्यान पूर्वी हिमालय के पर्वतीय पदों पर स्थित है। यह भालुकपोन्ग से 28 कि.मी. दूर है। यहां तक पैदल पहुंचने के लिये जमीनी रास्ते की जगह नाव के द्वारा ब्रह्मपुत्र नदी के सहारे पहुंचा जा सकता है। यहां नदी यात्रा के लिये नावें उपलब्ध हो जाती हैं। यहां पर गुआहाटी से बस द्वारा भी पहुंचा जा सकता है।

अरुणाचल प्रदेश के सोनितपुर जिले में स्थित यह अभयारण्य अपने हाथियों के लिये जितना विख्यात है उतना ही हाथियों के अवैध शिकार के लिये भी। वस्तुतः सोनितपुर जिले के कृषि क्षेत्र में उस समय भारी आतंक व्याप्त हो जाता है जब वन्य हाथी वन क्षेत्र छोड़कर खेतों में लगी फसलें नष्ट करने लगते हैं। अनेक बार ग्रामीण इन हाथियों को मारने में विषाक्त उर्वरकों का प्रयोग करते हैं। नमेरी अभयारण्य में कुछ हाथियों की हत्या 'डेमिक्रान' विष देकर की गई यद्यपि आधिकारिक तौर पर इसकी पुष्टि नहीं की गई। ('विलेजर्स किल 4 वाइल्ड टस्कर्स इन सोनितपुर', दि आसाम ट्रिब्यून, 12/10/2002)

हाथियों के अलावा नमेटी उद्यान 'गोल्डन महीशर' मछलियों के लिये भी विख्यात है। राष्ट्रीय उद्यान में बहने वाली नदी जिया भोरोली में ये मछलियां बहुतायत से पाई जाती हैं। केवल एक या दो दशक पूर्व तक इस नदी के पूर्वी और पश्चिमी तटों पर अत्यधिक सघन उपहिमालयी वनस्पति के विशाल वृक्ष थे पर अब वे बहुत ही कम मात्रा में पूर्वी तट पर ही सीमित बच पाये हैं। इन वनों के विनाश में समीपवर्ती ग्रामों के निवासियों का हाथ है।

शीतकाल में हिमालयी काले भालू भी यहां तक आ जाते हैं। पक्षियों में ब्राह्मणी बत्तखें और हार्नबिल प्रमुख हैं।

नरनाला

संरक्षित क्षेत्र : अभयारण्य
विस्तार : 12.50 वर्ग किलोमीटर
स्थिति : महाराष्ट्र
समीपवर्ती नगर : अकोट (20 कि.मी.)
उत्तम भ्रमणकाल : अक्टूबर से मार्च
पारिस्थितिकी : अयनमंडलीय पर्णपाती वन
वन्य पशु–पक्षी : सांभर, वन्य शूकर, खरहे, चिंकारा, चीतल, पक्षी।

नरनाला अभयारण्य महाराष्ट्र के अकोला जिले में स्थित है। इस अभयारण्य का वन क्षेत्र मेलघाट टाइगर रिजर्व से लगा हुआ है। नरनाला अभयारण्य नरनाला किले के चारों ओर फैला हुआ है। नरनाला किला लगभग 600 वर्ष प्राचीन है तथा यह बिना देख–रेख के पड़ा हुआ है। वास्तव में नरनाला किला एक किला न होकर तीन किलों का समूह है जो कि पूर्व से पश्चिम की ओर स्थित है। ये तीन किले क्रमशः जाफराबाद जो कि पूर्व में है, नरनाला जो कि मध्य में है और तेलियागरद जो कि पश्चिम में है, गोंड और मुस्लिम स्थापत्य कला की निशानियां हैं। इनके विशाल द्वार और प्राचीरें अब भी भव्य हैं जिन पर वन्य पक्षी बैठे दिखलाई देते हैं।

इन किलों के सीमा क्षेत्र में जल के 22 स्रोत हैं जिनमें से 5 सदानीर हैं। इन स्रोतों से अभयारण्य में वर्ष भर हरियाली रही आती है। इन स्रोतों के अलावा पहाड़ियों की तलहटी में भी कुछ जलस्रोत हैं जिनसे छोटे सरोवरों में पानी भरा रहता है।

बेहतर परिवर्तन : मेलघाट टाइगर रिजर्व बनने के पूर्व तक इस अभयारण्य की हालात खराब थी। पूरे क्षेत्र में पास के गांव के पशु चरते रहते थे तथा जंगलों में वृक्षों की अवैध कटाई भी होती रहती थी पर टाइगर रिजर्व बन जाने के पश्चात् वन प्रबंधन में चुस्ती आ गई है और धीरे–धीरे सारा परिदृश्य ही बदल रहा है। अब किलों की प्राचीरों पर लंगूरों को दौड़ते हुये देखा जा सकता है तथा नीचे मैदान में ब्लैक नेप्ड खरगोशों को भागते। पास के वनों में सांभर और चीतल दिखलाई देने लगे हैं तथा जलस्रोतों के आसपास बनैले सुअर। नरनाला अपने वन्य पशु–पक्षियों के अतिरिक्त अब औषधीय वृक्षों के लिये भी जाना जाने लगा है।

नरसिंहगढ़

संरक्षित क्षेत्र : अभयारण्य
विस्तार : 57.2 वर्ग किलोमीटर
स्थिति : मध्य प्रदेश
समीपवर्ती नगर : नरसिंहगढ़ (2 कि.मी.)
उत्तम भ्रमणकाल : अक्टूबर से मार्च
पारिस्थितिकी : अयनमंडलीय पर्णपाती वन, घास के मैदान
वन्य पशु–पक्षी : जंगली सुअर, चीतल/ओरि.री./भा.उ.।

नरसिंहगढ़ अभयारण्य का नाम मध्य प्रदेश के राजगढ़ जिले की नरसिंहगढ़ तहसील

के नाम पर रखा गया। नरसिंहगढ़ अभयारण्य की स्थापना वर्ष 1974 में हुई थी। नरसिंहगढ़ अभयारण्य मालवा के पठार में स्थित है। यहां की भूमि मुख्यतः कम उच्चावच्च वाली है। नरसिंहगढ़ अभयारण्य में तीन बड़े तालाब हैं जिनमें से दो सूर्यवंशी तालाब और मातावाला कटरा गांव में हैं जो अभयारण्य की सीमा में स्थित हैं। अभयारण्य के वन में धवा, खैर, बहेरा के वृक्ष पाये जाते हैं। अभयारण्य में छोटे घास के मैदान हैं। इस अभयारण्य के वन्य पशुओं में सर्वाधिक संख्या वन्य शूकर की है। चीतल भी पाये जाते हैं।

अभयारण्य की सीमा के भीतर दो गांव हैं। चैनपुरा वन ग्राम है और देवगढ़ राजस्व ग्राम है, दोनों गांवों की संयुक्त जनसंख्या लगभग 700 है। इन गावों में लगभग 1000 पालतू पशु रहते हैं जो अभयारण्य की सीमा में चरते हैं।

नरसिंहगढ़ का वन क्षेत्र कुछ ही वर्षों पूर्व तक काफी सघन था और यहां पर बड़ी संख्या में चीतल देखे जाते थे, किंतु समय बीतते यहां पर सभी प्रजातियों के मृगों की संख्या कम हो गई है। नील गायें जो सामान्यतः पूरे अभयारण्य में दिखलाई देती थीं अब बमुश्किल नजर आती हैं। जंगली जानवरों में केवल जंगली बिल्लियां, सेही तथा सियार देखने मिल जाते हैं। पक्षियों में मोर, तीतर, लवा, बटेर तथा कबूतर पाये जाते हैं। वन्य पशुओं में केवल जंगली शूकरों की अभी भी पर्याप्त संख्या है। नरसिंहगढ़ अभयारण्य में वन्य पशुओं की कमी समीपवर्ती बड़े कस्बों के कारण हुई है जहां से लोग लगातार इस वन क्षेत्र में प्रवेश करते रहते हैं।

नरेन्द्रपुर

संरक्षित क्षेत्र : अभयारण्य
विस्तार : 01 वर्ग किलोमीटर
स्थिति : पश्चिम बंगाल
समीपवर्ती नगर : कलकत्ता
उत्तम भ्रमणकाल : वर्ष भर
पारिस्थितिकी : अयनमंडलीय पर्णपाती वन
वन्य पशु–पक्षी : पक्षी

नरेन्द्रपुर अभयारण्य पश्चिम बंगाल के समतल मैदान में कलकत्ता नगर के उत्तर–पश्चिम क्षेत्र में स्थित है।

नवाबगंज

संरक्षित क्षेत्र : अभयारण्य
विस्तार : 2 वर्ग किलोमीटर
स्थिति : उत्तर प्रदेश
समीपवर्ती नगर : नवाबगंज
उत्तम भ्रमणकाल : वर्ष भर

पारिस्थितिकी : अयनमंडलीय पर्णपाती वन
वन्य पशु–पक्षी : पक्षी

नवाबगंज अभयारण्य कानपुर–लखनऊ मार्ग पर उन्नाव के समीप स्थित है। यह एक मैदानी क्षेत्र है जहां पर ऊसर जमीन हुआ करती थी साथ ही यहां पर एक छोटी झील थी। इस ऊसर भूमि में पर्यावरण वर्गिकी द्वारा एवं झील को साफ करने के बाद इस अभयारण्य का निर्माण हुआ। इस अभयारण्य के द्वारा बिगड़े हुये वनों में नये जीवन का संचार हुआ। यह अभयारण्य पक्षियों के लिये जाना जाता है।

नवेगांव

संरक्षित क्षेत्र : राष्ट्रीय उद्यान
विस्तार : 134 वर्ग किलोमीटर
स्थिति : महाराष्ट्र
समीपवर्ती नगर : गोंदिया (60 कि.मी.)
उत्तम भ्रमणकाल : अक्टूबर से मार्च
पारिस्थितिकी : अयनमंडलीय शुष्क पर्णपाती वन
वन्य पशु–पक्षी : बाघ, तेंदुआ, गौर, चीतल, चौसिंघा/ओरि.री./भा.उ.।

नवेगांव राष्ट्रीय उद्यान महाराष्ट्र एवं मध्य प्रदेश की सीमा पर स्थित है। इस राष्ट्रीय उद्यान की स्थापना वर्ष 1975 में महाराष्ट्र की उत्तर–पूर्वी निशान्ति पहाड़ियों पर हुई। अभयारण्य पठारी क्षेत्र में स्थित है, राष्ट्रीय उद्यान के सीमा क्षेत्र के भीतर दो झीलें हैं जो नवेगांव और इटियाडोह के पास हैं। यहां की सबसे ऊंची पहाड़ी अमझर है।

नवेगांव राष्ट्रीय उद्यान के पास ही नागजीरा अभयारण्य भी स्थित है। नागजीरा के समान ही इस संरक्षित क्षेत्र में भी बांस माफिया की घुसपैठ है।

नवेगांव अभयारण्य कुछ वर्षों पूर्व तक तेंदुओं की बड़ी संख्या के लिये जाना जाता था। जिन वनों में तेंदुओं की संख्या अधिक होती है साधारणतः उन वनों में शेरों की संख्या कम होती है यही कुछ नवेगांव अभयारण्य के साथ भी था, यद्यपि यह भी एक तथ्य है कि नवेगांव में बड़े वनस्पति–भोजी प्राणी यथा गौर एवं सांभर भी पर्याप्त संख्या में पाये जाते थे किंतु पिछले एक दशक से अधिक के काल खंड में यह संरक्षित क्षेत्र केवल कागजों पर ही सुरक्षित है। प्रशासन यह मानने को तैयार नहीं है कि वनकर्मी अब इस संरक्षित क्षेत्र के सघन इलाकों में नहीं जाना चाहते।

संकट : विदर्भ का यह बढ़िया संरक्षित क्षेत्र इन दिनों एक दूसरे बड़े संकट से भी गुजर रहा है। यह संकट है नक्सलवादियों का। नवेगांव राष्ट्रीय उद्यान के एक हिस्से में नक्सलियों की आवाजाही लगातार बनी रहती है और उनके भय से इस क्षेत्र में वन रक्षक जाने की हिम्मत नहीं जुटा पाते, परिणाम यह है कि नवेगांव राष्ट्रीय उद्यान का एक भाग पूरी तौर से असुरक्षा में चल रहा है।

नागजीरा

संरक्षित क्षेत्र : अभयारण्य
विस्तार : 153 वर्ग किलोमीटर
स्थिति : महाराष्ट्र
समीपवर्ती नगर : सकोली
उत्तम भ्रमणकाल : अक्टूबर से मार्च
पारिस्थितिकी : अयनमंडलीय पर्णपाती वन
वन्य पशु–पक्षी : तेंदुआ, जंगली सुअर, चीतल, सांभर।

नागजीरा अभयारण्य एक ऐसी विपदा से जूझ रहा है जो कानून की गलत व्याख्या से उपजी है। नागजीरा अभयारण्य में बांस वनों की बहुतायत है परंतु 'इंडियन फारेस्ट एक्ट 1927' में बांस से बनी चटाइयों को 'वनोपज' में शामिल नहीं किया है। परिणामतः नागजीरा के भीतर और सीमा पर स्थित ग्रामीण धड़ल्ले से बांस काटकर चटाइयां बनाते और बेचते हैं। वर्षों से चल रहे इस कार्य ने अभयारण्य की पारिस्थितिकी को बदतर बना दिया है। वस्तुतः गरीब किसान तो बांस कम ही काट रहे हैं, बांस माफिया' इनसे बांस कटवाकर बाजार में ऊंचे दामों पर बेच कर मुनाफा कमा रहा है।

मुश्किलें : नागजीरा अभयारण्य को सड़क के रास्ते से पहुंचना आसान है। इस आसानी ने नागजीरा में पर्यटकों की संख्या बढ़ा दी है परंतु जब–तब इन पर्यटकों से वन्य पशुओं को जो मुश्किलें पैदा होती हैं उनका तो गिनना ही क्या, पर्यटकों के उजड्ड व्यवहार का खामियाजा राष्ट्रीय उद्यान में तैनात वनकर्मियों को भुगतना पड़ता है। एक ऐसी ही घटना प्रकाशित हुई (19 फरवरी 2005) जिसमें बतलाया गया कि अभयारण्य में नागपुर से आयेय पर्यटकों ने आधी रात में पूरी आवाज के साथ म्यूजिक सिस्टम प्रारंभ कर दिया और लगे धमाचौकड़ी मचाने। जब वनरक्षक ने यह सब करने को मना किया तो उन्होंने राजनैतिक संबंध बतलाते हुये उसे और उसके एक सहायक को पीट दिया। यह मामला पुलिस में दर्ज कराया गया। 'इको टूरिज्म' या पारिस्थितिकी पर्यटन के घिनौने चेहरे संरक्षित क्षेत्रों में जब–तब देखने मिलते रहते हैं।

नागरू एन्ड विंच

संरक्षित क्षेत्र : अभयारण्य
विस्तार : 28.9 वर्ग किलोमीटर
स्थिति : हिमाचल प्रदेश
समीपवर्ती नगर : मण्डी
उत्तम भ्रमणकाल : मई–जून
पारिस्थितिकी : उच्च अक्षांशीय वन
वन्य पशु–पक्षी : मोनल, पक्षी, लोमड़ी, चमगादड़।

नागरू एन्ड विंच अभयारण्य की स्थापना मंडी जिले में वर्ष 1970 में हुई थी। यह अभयारण्य मध्य हिमाचल में स्थित है।

नागार्जुन सागर–श्री शैलम

संरक्षित क्षेत्र : अभयारण्य/टाइगर रिजर्व
विस्तार : 3560 वर्ग किलोमीटर
स्थिति : आंध्र प्रदेश
समीपवर्ती नगर : मचेश्ला (13 कि.मी.)
उत्तम भ्रमणकाल : अक्टूबर से मार्च
पारिस्थितिकी : अयनमंडलीय पर्णपाती वन
वन्य पशु–पक्षी : बाघ, तेंदुआ, रीछ, चिंकारा, चीतल/ओरि.री./भा.उ.।

आंध्र प्रदेश के मध्य में प्रसिद्ध नागार्जुन सागर बांध के उत्तर और दक्षिण में वर्ष 1978 में दो अभयारण्य स्थापित किये गये थे जो क्रमशः नागार्जुन सागर उत्तर और नागार्जुन सागर दक्षिण अभयारण्य के नाम से जाने गये। नागार्जुन सागर कृष्णा नदी पर बांधा गया बांध है। इस विशाल क्षेत्र में मल्लामलाई नामक सम्पूर्ण पर्वत शृंखला स्थित है जो कि सघन वनों से आच्छादित है। 3560 वर्ग किलोमीटर के इस क्षेत्र को वर्ष 1983 में टाइगर रिजर्व घोषित कर दिया गया जिसका लगभग 1200 वर्ग किलोमीटर क्षेत्र नाभिक क्षेत्र है।

नागार्जुन सागर श्री शैलम सं.क्षे. जब टाइगर रिजर्व घोषित नहीं हुआ था, तब यह कहा गया कि यहां 65 बाघ रहते हैं, पर टाइगर रिजर्व के घोषित होने (1983) के पश्चात् एक दशक से भी अधिक की अवधि तक या बाघों की 4 वर्षीय 3 गणनाओं तक बाघों की संख्या बढ़ने की बजाय लगातार घटती रही और 1995 में यहां लगातार 10 से 12 बाघ ही बचे। यह थी टाइगर रिजर्व की सफलता!

नागार्जुन श्री शैलम संरक्षित क्षेत्र संरक्षण के मामले में विपरीत उदाहरण प्रस्तुत कर चुका है। जब तक यह संरक्षित क्षेत्र टाइगर रिजर्व घोषित नहीं हुआ था तब तक यहां 65 बाघों की उपस्थिति बतलाई गई थी परंतु 1983–1995 के बीच की 12 वर्षों की अवधि में यहां बाघों की संख्या लगभग आधी या 34 रह गई । प्रत्येक चार वर्षीया बाघ गणना में यहां लगातार बाघों की संख्या घटती रही। इसका जिम्मेवार कौन है? यह तो शायद कोई न बतला पाये, पर यह सब क्यों हुआ इसकी झलक देखी जा सकती है।

नागार्जुन सागर–श्री शैलम टाइगर रिजर्व का प्रबंधन

टाइगर रिजर्व की स्थापना और रख–रखाव पर शासन करोड़ों रुपये व्यय करता है, यह विशाल धनराशि भारत के तथाकथित सबसे 'सक्षम' पर्यावरण/वन अधिकारियों के द्वारा जिस गैरजिम्मेदाराना ढंग से व्यय की जाती है उसकी झलक 'आडिटर जनरल ऑफ इंडिया' (सी. ए. जी.) की रिपोर्ट प्रस्तुत करती है। आंध्र प्रदेश की विधानसभा में रखी गई ऐसी ही एक रिपोर्ट नमूने के लिये प्रस्तुत है। इस रिपोर्ट के प्रमुख निष्कर्ष निम्नलिखित हैं। यह रिपोर्ट फरवरी 1997 की है :

- केंद्र सरकार से वित्त प्राप्त होने पर भी राज्य सरकार बाघ परियोजना के लिये आवश्यक आधारभूत ढांचा बनाने में असफल रही। रु. 12.8 लाख की राशि उपयोग विहीन छोड़ दी गई। (राशि का समय पर उपयोग नहीं हुआ।)

- प्रोजेक्ट टाइगर के अंतर्गत 3,568 वर्ग किलोमीटर के क्षेत्र से, जो 5 जिलों में फैला है, मानव अधिवासों का पुनर्वास नहीं किया गया, जिससे इस (टाइगर रिजर्व) के प्रबंधन में कठिनाइयां बढ़ीं।
- उन संभावित कारणों (जैसे अवैध शिकार, प्रवास आदि) के विश्लेषण का कोई प्रयास नहीं किया गया जिनके कारण बाघों की संख्या में लगातार गिरावट दर्ज की गई, जिससे वन विभाग सुरक्षात्मक कदम उठाता।
- दूसरी ओर विभाग बाघों की गणना की किसी ऐसी वैकल्पिक तकनीक को विकसित करने में असमर्थ रहा, जिससे बाघों की संख्या संबंधी अविश्वसनीय आकलनों का वर्चस्व रहा। सी. ए. जी. ने वन विभाग के इस तर्क को उचित नहीं माना जिसमें यह कहा गया था कि बाघों की गणना में इसलिये कठिनाइयां पैदा हुई क्योंकि बाघों के पंजों के निशान ढूंढ़े नहीं जा सकते थे।
- एक और बड़ी चूक नागार्जुन सागर, श्री शैलम टाइगर रिजर्व में पाई गई वह थी इस टाइगर रिजर्व की अपर्याप्त और प्रभावहीन वायरलेस नेटवर्क की स्थिति। इस संरक्षित क्षेत्र में वस्तुत: 14 वायरलेस केंद्र स्थापित हो जाने चाहिये थे परंतु इनमें से केवल 10 ही स्थापित किये गये, जिनमें से 3 इस क्षेत्र में सक्रिय उग्रवादी ले भागे।

वर्ष 1983 में केंद्रीय सरकार के द्वारा दिये गये दिशा निर्देशों के अनुसार प्रत्येक 10 वर्ष की एक प्रबंधन योजना होना आवश्यक है जो दो 5–5 वर्षों के चरणों में पूरी की जाये तथा जो केंद्रीय सरकार से अनुमोदित हो, यहां यह पाया गया कि अवधि 1985 से 1990 के बीच किसी भी प्रबंधन योजना का निर्माण नहीं किया गया था।

नागार्जुन सागर–श्री शैलम टाइगर रिजर्व का एक अन्य नाम 'राजीव गांधी टाइगर रिजर्व' भी है। यह संरक्षित क्षेत्र बाघों के अतिरिक्त कृष्णमृगों के लिये भी प्रसिद्ध है।

(स्रोत : 'प्रोजेक्ट टाइगर किल्स स्पीसीज', डेक्कन क्रानिकल, 2 मई, 1998)

संकट : नागार्जुन सागर–श्री शैलम के क्षेत्र में तथा आसपास के क्षेत्र में बेशकीमती एवं वैज्ञानिक रूप से अत्यंत महत्वपूर्ण धातु यूरेनियम खनिज के भंडार पाये गये हैं। 'भारत यूरेनियम निगम' (यू. सी. आई. एल.) जो कि भारत सरकार का उपक्रम है, इस टाइगर रिजर्व की स्थापना के समय से ही इस क्षेत्र में खनन की अनुमति प्राप्त करने के प्रयास करता रहा है। पहले जब यह संरक्षित क्षेत्र अभयारण्य था तब इस अभयारण्य की सीमा के भीतर यूरेनियम निगम का यह प्रस्ताव वर्ष 1998 में अस्वीकृत हो गया। इसके पश्चात् टाइगर रिजर्व से केवल 3 कि.मी. दूर पेड्डागट्टू तथा यल्लापुर गांवों के पास 526.65 एकड़ भूमि क्षेत्र पर निगम ने खनन की अनुमति मांगी। यूरेनियम की वैज्ञानिक और सुरक्षा से जुड़े उद्योगों में अहम भूमिका होती है।

नागालैंड

स्थिति : पूर्वोत्तर भारत

भौगोलिक क्षेत्र : 16579 वर्ग किलोमीटर, वनों के अंतर्गत क्षेत्र : 8629 वर्ग किलोमीटर (52.04 प्रतिशत)

संरक्षित क्षेत्र : राष्ट्रीय उद्यान : 01, अभयारण्य : 03

पारिस्थितिकी : पर्वतीय
प्रदेश का प्रतीक पशु : मिथुन (बांस गौरस फ्रंटालिस)
प्रदेश का प्रतीक पक्षी : ब्लाइथ्स ट्रेगोपान (ट्रेगोपान ब्लाइथी)
प्रदेश का प्रतीक वृक्ष : आल्डर (एलनस नेपालेनसिस)
प्रदेश का प्रतीक पुष्प : रोडोडेन्ड्रान (रोडोडेन्ड्रान आरबोरियम)

नागालैंड प्रदेश का आधा भाग वनों से आच्छादित है परंतु यहां उस अनुपात में संरक्षित क्षेत्रों की संख्या बेहद कम है, इस कमी के सामाजिक और राजनैतिक कारण हैं। इन बिंदुओं पर यहां कुछ अधिक नहीं लिखा जा सकता, इतना ही कहा जा सकता है कि यदि परिस्थितियां अनुकूल हुईं तो यहां का समृद्ध प्राणिजात पर्यटकों के लिये आकर्षण का केंद्र बनेगा।

नागालैंड अपनी राजनैतिक गतिविधियों के लिये सदैव से ही जाना जाता है। भारत का यह सीमान्त राज्य अपनी जनजातियों के लिये प्रसिद्ध रहा है । नागा वन्य पशुओं के शिकार में तो सिद्धहस्त थे ही वे मनुष्यों के शिकार के लिये भी जाने जाते हैं। अब यह परंपरायें नष्टप्राय हैं। नागालैंड में प्रमुख रूप से 13 जनजातीय समाज रहते हैं, ये क्रमशः कोन्यक, आओ, सेमा, चकबसांग, अंगामी, ल्होटा, संगटमा, यमचुंग, चांग, खेन मुंगन, फोम, जीलंग और रेंगमा हैं परंतु इनके अतिरिक्त भी कुछ छोटे समुदाय यहां पर रहते हैं। नागा जातियां मूलरूप में म्यांमार की है जो भारत में 15वीं सदी के लगभग आईं। नागालैंड में स्थानान्तरी कृषि बहुत समय तक प्रभावी रही जिसमें जंगलों को जलाकर कृषि की जाती है। जंगलों की यह कटाई अगस्त से सितंबर के बीच प्रारंभ की जाती थी। इसमें सभी वृक्षों को या तो छांट दिया जाता था या कि उन्हें काट दिया जाता था फिर आग लगाकर खेती के लिये भूमि प्राप्त की जाती थी। प्रत्येक नागा परिवार के पास 8 से 9 खेत होते जिनमें से प्रत्येक का क्षेत्रफल 0.50 हेक्टेयर से 0.70 हेक्टेयर हुआ करता था। प्रतिवर्ष एक खेत को छोड़कर दूसरे खेत की ओर परिवार आगे बढ़ा करता था। इस खेती ने यहां के वनों का अधिकांश भाग नष्ट कर दिया है।

नागीडेम

बिहार स्थित इस अभयारण्य का क्षेत्रफल केवल 2 वर्ग किलोमीटर है, पूर्वी बिहार के इस बांध पर अनेक प्रजातियों के पक्षी देखे जाते हैं।

नान्दूर

संरक्षित क्षेत्र : अभयारण्य
विस्तार : 100 वर्ग किलोमीटर
स्थिति : महाराष्ट्र, जिला : नासिक
समीपवर्ती नगर : नासिक
उत्तम भ्रमणकाल : अक्टूबर से मार्च
पारिस्थितिकी : मिश्रित पर्णपाती वन तथा सागरतटीय वन

वन्य पशु–पक्षी : अनेक प्रकार के पक्षी परंतु लेसर फ्लेमिंगों के लिये विशिष्ट।

नान्दूर अभयारण्य को नान्दूर मधमेश्वर अभयारण्य के नाम से भी जाना जाता है। यह अभयारण्य महाराष्ट्र के उत्तर–पश्चिमी भाग में गुजरात की सीमा पर स्थित है। इस अभ्यारण्य का नामकरण यहां पर स्थित नान्दूर मधमेश्वर झील के नाम पर किया गया है। यहां पर कादवा और गोदावरी नदियों के संगम पर एक बांध बांधा गया था (1911 ई.) जिसका नाम भी मधमेश्वर है। झील और बांध दोनों के नाम भगवान शिव के ऊपर रखे गये हैं। इस अभयारण्य की भौगोलिक स्थिति कुछ इस प्रकार की है कि एक छोटे से क्षेत्र में ही समुद्र तट, नदी तट, नदी प्रवाह, वन तथा सिक्त प्रदेश (वेटलैंड) के साथ शुष्क क्षेत्र को भी देखा जा सकता है। इतनी सारी भैम्याकारी विशेषताओं के कारण यहां पर अनेक पारिस्थितिथियों में निवास करने वाले अनेक पक्षियों को देखा जा सकता है।

इस अभयारण्य में 230 पक्षियों की प्रजातियों को अब तक परिगणित किया जा चुका है। कुछ पक्षियों की प्रजातियां का यह उनके वार्षिक प्रवास के रास्ते में पड़ने वाला रुकने का स्थान है किन्तु बहुत से पक्षी स्थानीय हैं और अनेक प्रवासी पक्षी यहां भी रुकते हैं। इस अभयारण्य के मात्र 25 किलोमीटर व्यास के क्षेत्र में 23 छोटी–बड़ी झीले हैं।

जिस अभयारण्य में इतने सारे पक्षियों का आना–जाना तथा निवास है वहां पर परजीवियों की भी संख्या कम नहीं है। नेवले, जंगली बिल्लियां, पाम सिवेट, लोमड़ी और सियार यहां बहुतायत से पाये जाते हैं।

नान्नाज

यह अभयारण्य महाराष्ट्र में स्थित है, प्राणिजात प्रदेश के अन्य संरक्षित क्षेत्रों के समान।

नाम्बर

संरक्षित क्षेत्र : अभयारण्य
विस्तार : 137 वर्ग किलोमीटर
स्थिति : असम
समीपवर्ती नगर : शिलांग
उत्तम भ्रमणकाल : नवंबर से मार्च
पारिस्थितिकी : अर्धसदाबहार अयनमंडलीय पर्णपाती वन
वन्य पशु–पक्षी : हाथी, शूकरपुच्छ वानर, पक्षी।

असम का यह नया अभयारण्य है। इसमें निचले डाइग्रोन्ग आरक्षित वन क्षेत्र का 20.73 वर्ग किलोमीटर वन क्षेत्र तथा ऊपरी डाइग्रोन्ग आरक्षित वन क्षेत्र एवं नाम्बर आरक्षित वन क्षेत्र का 54.92 वर्ग किलोमीटर वन क्षेत्र मिलाकर एक अभयारण्य स्थापित किया गया था। वर्तमान में इसका क्षेत्र 137 वर्ग किलोमीटर हो गया है।

आसाम के करबी एंगलांग जिले के सघन वन प्रान्तर में स्थित नाम्बर अभयारण्य

अपने विविध पक्षियों की प्रजाति तथा हाथियों की संख्या के लिये जाना जाता रहा है। बीसवीं सदी के उत्तरार्ध के दशकों में इस अभयारण्य के समीपवर्ती ग्राम में एक शक्कर की मिल हुआ करती थी, इस मिल से गन्ने ट्रकों में ढोकर लाये जाते थे। गरम पानी अभयारण्य और नाम्बर अभयारण्य राष्ट्रीय मार्ग 39 से दूर नहीं थे। वर्ष 1970 से वर्ष 1990 तक नाम्बर अभयारण्य के राष्ट्रीय मार्ग के क्षेत्र में जंगली हाथी अक्सर ट्रकों को रोककर उनमें से कुछ गन्ने निकाल लिया करते थे। ट्रक ड्राइवर हाथियों के इस व्यवहार को 'वसूली' कहा करते थे और कभी भी इन हाथियों का प्रतिरोध न करते। हाथी भी कभी भी ट्रकों को नुकसान न पहुंचाते। यह क्रम तब तक चला जब तक शक्कर मिल कायम रही। बाद में शक्कर मिल के बंद होने पर यह सिलसिला भी बंद हो गया।

उन्हीं दिनों लोग यह देखकर हैरान हो जाते थे कि जिन गन्नों को हाथी चूसकर फेंक देते थे उनसे बचा-खुचा रस पाने की आशा में पेड़ों पर बैठे हुये शूकरपुच्छ वानर जमीन पर उतर आते और गन्नों के रस का मजा लेते। यह तब भी होता रहता जब हाथी वहीं पर खड़े हुये दूसरे गन्नों को चूस रहे होते। हाथी कभी भी जमीन पर बैठे वानरों को नहीं भगाते।

इसका दूसरा नाम नाम्बर डाइग्रोन्ग है।

नामधापा

संरक्षित क्षेत्र : राष्ट्रीय उद्यान/टाइगर रिजर्व
विस्तार : 1807 वर्ग किलोमीटर
स्थिति : अरुणाचल प्रदेश
समीपवर्ती नगर : मारथरीटा
उत्तम भ्रमणकाल : फरवरी से मई तथा अक्टूबर से नवंबर
पारिस्थितिकी : पर्वतीय अर्ध सदाबहार वन, भामर तराई सालवन
वन्य पशु-पक्षी : बाघ, क्लाउडेड लियोपार्ड, गोरल, टाकिन, स्लोलोरिस, विंटुरांग।

नामधापा टाइगर रिजर्व अरुणाचल के एक ऐसे हिस्से पर फैला है जो प्राणि-भौगोलिक दृष्टि से दो प्राणि-परिमण्डलों का मिलन स्थल है। यहां पर 'पैलार्किटिक प्राणिजात' ऊंचे पर्वतीय वनों में पाया जाता है जबकि निचले वनों में यहां 'ओरियंटल प्राणिजात' पाया जाता है। ओरियंटल प्राणिजात के भी दो उप परिमंडलों के वन्य प्राणी यहां पाये जाते हैं, यह उप परिमंडल क्रमशः हिन्दचीन उप परिमंडल तथा भारतीय उपपरिमंडल हैं। यहां पर पाये जाने वाली जैविक विविधता का मुख्य कारण यहां अनेक पारिस्थितिकियों का पाया जाना है।

नामधापा संरक्षित क्षेत्र में मृगों की दो नई जातियां (वर्ष 2003) में पाई गईं। इनमें से एक लीड डियर या मुन्टजेक का प्रकार है जिसका नाम 'मुन्टिएकस प्यूटोएनसिस' रखा गया तथा दूसरा काले रंग का बार्किंग डियर है जिसे 'मुन्टिएकस क्रिनीक्रोन्स' नाम दिया गया। इनमें से प्रथम प्रजाति को नामधापा टाइगर रिजर्व के पास ही खोजा गया।

नामधापा राष्ट्रीय उद्यान में तथा उसके निकटवर्ती क्षेत्रों में खोजी गई इन दोनों प्रजातियों का श्रेय अपराजिता दत्त को जाता है जिन्होंने अरुणाचल के विस्तृत वन्य क्षेत्रों

का पैदल भ्रमण किया। वैसे तो उन्होंने अकादमीय रुचि के अनेक विषयों पर शोध की परंतु वन्यप्राणियों की सुरक्षा से संबंधित उनकी एक खोज 'अरुणाचल की जनजातियों द्वारा किये गये शिकार का प्राणिजात पर प्रभाव' निश्चित ही एक उपयोगी खोज है। वे अपनी इस खोज के पश्चात् निश्चिंत होकर नहीं बैठ गईं अपितु उन्होंने नामधापा राष्ट्रीय उद्यान में एक 'कंजर्वेशन प्रोग्राम' प्रारंभ किया जिसमें उन्होंने क्षेत्रीय 'लिशू' जनजाति के लोगों को वन्य प्राणी संरक्षण में सहभागी बनाने का उपक्रम किया। उन्होंने पास ही के एक अन्य अभयारण्य 'पक्के अभयारण्य' में एक अन्य जनजाति 'निशि' के युवकों को वन्य प्राणी संरक्षण में लगाया। यह ध्यातव्य है कि 'निशि' जनजाति के लोग माने हुये शिकारी होते हैं। अपराजिता दत्त ने दो नई प्रजातियों को तब खोजा जब वे आदिवासी शिकारियों के साथ पैदल जा रही थीं।

नार्थ रीफ द्वीप

अंडमान द्वीप समूह में स्थित इस अभयारण्य का विवरण 'अंडमान द्वीप समूह के संरक्षित क्षेत्र' में देखें।

नारकोण्डम

संरक्षित क्षेत्र : अभयारण्य
विस्तार : 6.8 वर्ग किलोमीटर
स्थिति : अंडमान द्वीप समूह
समीपवर्ती नगर : पोर्ट ब्लेयर (70 कि.मी.)
उत्तम भ्रमणकाल : वर्ष भर
पारिस्थितिकी : द्वीपीय
वन्य पशु-पक्षी : नारकोण्डम हार्नबिल।

उत्तरी अंडमान द्वीप समूह के 500 या उससे कुछ अधिक द्वीपों में से एक छोटा सा द्वीप है जिसका नाम है 'नारकोण्डम'। कतिपय अंग्रेजी-दां विद्वानों ने लिखा है कि इस शब्द की उत्पत्ति हिन्दी शब्द 'नरक और कुण्ड' शब्द से मिलकर हुई है जिसका तात्पर्य इस द्वीप को 'नरककुण्ड' कहना है परंतु मलयाली पण्डितों का मानना है यह शब्द संस्कृत के दो शब्द नार (जल) तथा 'कुण्डम' को मिलाकर बना है जिसका अर्थ है शुद्ध जल के कुण्ड या स्रोत वाला स्थान। यदि भौगोलिक समीक्षा करें तो ज्ञात होता है कि इस पूरे द्वीप में 21वीं सदी में भी मीठे पानी का मात्र एक ही कुण्ड या स्रोत है। इस कुण्ड के जल को आज भी सीमेंट की टंकियों में सम्हालकर पीने के लिये सुरक्षित रखा जाता है। बहरहाल इस शब्द की व्युत्पत्ति पर वैज्ञानिक मत तो भाषाविज्ञानी ही दे सकते हैं।

भौगोलिक दृष्टि से नारकोण्डम एक मृत ज्वालामुखीय शंकु है जिसका ऊपरी भाग जलमग्न होने के पश्चात् एक पर्वतीय शिखर के रूप में दिखलाई देता है। इस द्वीप पर ज्वालामुखी प्रक्रिया से उत्पन्न पृथ्वी के आंतरिक भाग से निकले राख तथा अन्य पदार्थ अब मृदा के रूप में परिवर्तित हो गये हैं। पूरा द्वीप वनाच्छादित है परंतु ये वन बहुत सघन

नहीं हैं। यह द्वीप वर्ष 1968 तक भी वीरान था अर्थात् इसमें कोई भी नहीं रहता था किंतु इसी वर्ष भारत सरकार ने द्वीप की देखभाल के लिये एक नियंत्रण चौकी स्थापित कर दी। इन दिनों तक इस द्वीप में पाये जाने वाले हार्नबिल पक्षी की प्रकृतिप्रेमियों के बीच खूब चर्चा चली। प्रकृतिप्रेमी और पर्यावरण की सुरक्षा से जुड़े संगठन यहां पाये जाने वाले हार्नबिल पक्षी जिसे 'नारकोण्डम हार्नबिल' कहा जाता है, इसके अस्तित्व को लेकर चिंतित थे।

वर्ष 1972 में वन्य प्राणी अधिनियम बनने के पश्चात् इस पक्षी की प्रजाति को संरक्षण देने का कार्य किया गया तथा वर्ष 1977 में इस द्वीप को अभयारण्य का दर्जा दे दिया गया।

नारकोण्डम हार्नबिल पक्षी का भौगोलिक वितरण क्षेत्र अन्य किसी भी पक्षी की तुलना में बहुत छोटा है। इस पक्षी की प्रजाति इस छोटे से द्वीप तक ही सीमित है अत: विशेषज्ञों द्वारा इसे पूर्ण सुरक्षा की देने की बात उठाई जा रही थी। 'बर्डलाइफ इंटरनेशनल' यू. के. ने इस पक्षी को अपनी सूची में 'वल्नरेबल' या आपत्तिग्रस्त घोषित कर रखा है। बाम्बे नेचुरल हिस्ट्री सोसायटी के प्रकाशनों में इस पक्षी को बचाने के लिये अनेक लेख लिखे गये थे।

नियंत्रण चौकी बन जाने के पश्चात् अब इस द्वीप पर 18 पुलिस के जवानों की एक प्लाटून सदैव तैनात रहती है। इनकी ड्यूटी 3-3 माह की अवधि में बदलती रहती है। इन पुलिस कर्मियों के लिये पेय जल का स्त्रोत केवल एक ही है जिसकी पूरी सुरक्षा की जाती है। इस स्त्रोत के चारों ओर पानी को संचित कर रखा जाता है साथ ही आसपास की भूमि पर थोड़ी तादाद में सब्जियां पैदा कर ली जाती हैं जिनसे पुलिस वालों का काम चल जाता है।

वैसे नारकोण्डम द्वीप प्राकृतिक सौंदर्य में स्वर्ग जैसा सुन्दर है। चारों ओर गहरा नीला समुद्र, रंग-बिरंगे प्रवाल और हरे-भरे पेड़ों पर रंग-बिरंगे पक्षी सभी कुछ यहां पर हैं। यहां पर सुन्दर तोते (अलेक्जेन्ड्राइन पैराकीट), जैतूनी रंग के सनबर्ड्स तथा हरे राजसी कबूतर (ग्रीन इम्पीरियल पिजन) भी पाये जाते हैं। समुद्रों के तट रंग-बिरंगी मछलियों से भरे हैं। नारकोण्डम की जैविक विविधता देखने लायक है। यहां की रातें शान्त होती हैं और केवल समुद्र से जब-तब उठने वाली प्रचंड वेग की हवाओं के स्वरों को ही सुना जा सकता है। नारकोण्डम द्वीप में कोई वन्य पशु नहीं है। खतरनाक प्राणियों में जमीन और पानी में रहने वाले सर्प (लेटीक्यूडा कोल्यूब्राइना) तथा मानीटर गोधिकायें अवश्य हैं। द्वीप के समुद्री तट पर केंकड़े सर्वत्र ही देखे जा सकते हैं।

नारकोण्डम हार्नबिल

नारकोण्डम हार्नबिल (आर्डर : ब्यूसिरोटिफार्मिस, तथा फैमिली : ब्यूसिरोटार डी एवं जीनस : ब्यूसेरस) जिस वंश या जीनस का सदस्य है (ब्यूसेरस) उसका लैटिन भाषा में अर्थ होता है बैल का सींग। दरअसल इस पक्षी के वंश के सभी सदस्यों की चोंचों का आकार कुछ सींग जैसा ही होता है। चोंच के इस आकार के कारण इस पक्षी को वैसा वैज्ञानिक नाम दिया गया।

हार्नबिल पक्षी पुरानी दुनिया के सघन वनों के पक्षी हैं जो अफ्रीका और अयन-मंडलीय एशिया के वनों में पाये जाते हैं। इनकी कुल मिलाकर 54 प्रजातियां हैं परंतु इन

सभी में कुछ–न–कुछ समान गुण धर्म हैं । सभी प्रजातियां विशाल खोखले वृक्षों के खोखले स्थानों में अपना घोंसला बनाती हैं। केवल 2 प्रजातियां जो कि अफ्रीका में पाई जाती हैं जमीन पर घोंसला बनाती हैं। प्रसव के काल में मादा हार्नबिल स्वयं को घोंसले में ही सीमित कर लेती है जहां नर बाहर से आकर उसका उदर पोषण करता है।

नारकोण्डम द्वीप में पाये जाने वाली हार्नबिल पक्षी की प्रजाति के सदस्य 45 में से 50 से.मी. की लम्बाई वाले होते हैं। इनकी चोंच का आकार दूसरे हार्नबिलों की तुलना में कुछ भिन्न होता है। नारकोण्डम द्वीप में रहने वाले हार्नबिल पक्षी प्रजाति के सदस्यों का मुख्य भोजन इस द्वीप में पाये जाने वाला एक अंजीर का फल होता है। इस पक्षी का रंग बहुत गहरा चमकीला काला हरा होता है परंतु पूंछ सफेद होती है। इसकी चोंच पीले रंग की होती है। मादा की आंखों के चारों ओर गहरे हरे रंग की गोलाई होती है परंतु नर में यह गोलाई लाल रंग की होती है। यह एक सुन्दर पक्षी है।

हार्नबिल की अन्य प्रजातियों की भांति ही प्रसव काल में नारकोण्डम हार्नबिल भी मादा के पास जंगली गूलर या अंजीर के फलों के टुकड़ें में मुंह में डालकर ले जाता है और उसके सामने उगलकर उसे खाने को देता है। मादा भी तुरंत ही भोजन ग्रहण नहीं करती, वह नाज–नखरे दिखाने से नहीं चूकती और नर हार्नबिल मान–मनुहार कर उसे भोजन कराकर ही दम लेता है। प्रकृति का कितना विचित्र नियम है कि किसी कारणवश नर यदि भोजन न ले जा सके तो नीड़ में बैठी हुई मादा का प्राणान्त निश्चित है। बच्चे पैदा होने के कुछ समय बाद तक नर अपने परिवार को भोजन प्रदान करता रहता है।

वर्ष 1973 के मार्च–अप्रैल के महीने में नारकोण्डम हार्नबिल की संख्या 400 आंकी गई थी, वर्ष 1998 में एक सर्वेक्षण में इनकी संख्या 295 से 320 के बीच आंकी गई और वर्ष 2006 में विशेषज्ञों द्वारा इस प्रजाति के 424 पक्षियों को नारकोण्डम द्वीप में पाया गया।

नारायण सरोवर

संरक्षित क्षेत्र : अभयारण्य
विस्तार : 444 वर्ग किलोमीटर
स्थिति : गुजरात
समीपवर्ती नगर : चितरोड़
उत्तम भ्रमणकाल : अक्टूबर से मार्च
पारिस्थितिकी : शुष्क झाड़ी वाले वन
वन्य पशु–पक्षी : पक्षी, सरीसृप, वन्य रासभ, चिंकारा/ओरि.री./भा.उ.।

नारायण सरोवर अभयारण्य पूर्वी गुजरात के कच्छ क्षेत्र में स्थित है, यहां पर अत्यधिक गर्मी पड़ती है। यहां पर खारे पानी में पैदा होने वाली शुष्क झाड़ियों का वन है, साथ ही वनस्पतिविहीन विस्तृत मैदान हैं जो समुद्री जल से प्रभावित रहते हैं। नारायण सरोवर में फ्लेमिंगो पक्षियों के अतिरिक्त खरमोर भी देखे जाते हैं। नारायण सरोवर के समीप ही सघन मैनग्रूव वन है जिसका क्षेत्रफल 5000 एकड़ है जो अपने प्राणिजात के लिये प्रसिद्ध है।

संकट : नारायण सरोवर अभयारण्य का क्षेत्रफल वर्ष 1993 में घटाकर 444 वर्ग किलोमटर कर दिया गया है। संरक्षित क्षेत्र का कुछ क्षेत्र सीमेंट उद्योग को दिया गया है। पहले इस अभयारण्य का क्षेत्रफल 766 वर्ग किलोमीटर था।

नालबन

संरक्षित क्षेत्र : अभयारण्य
स्थिति : उड़ीसा, विस्तार चिलका झील का एक भाग
समीपवर्ती नगर : भुवनेश्वर (110 कि.मी.)
उत्तम भ्रमणकाल : अक्टूबर से जून
पारिस्थितिकी : समुद्रतटीय झील
वन्य पशु–पक्षी : पक्षिजात/ओ.री./भा.उ.।

नालबन उड़ीसा स्थित चिलका झील का एक भाग है, जो कि अंतर्राष्ट्रीय स्तर का नम क्षेत्र 'रामसर स्थल' भी है। नालबन में प्रतिवर्ष हजारों की संख्या में प्रवासी पक्षी आते हैं। वर्ष 1909 में इन पक्षियों की संख्या 20 लाख आंकी गई थी किंतु यह संख्या वर्ष 2002 में 2.3 लाख तथा वर्ष 2004 में 1.4 लाख ही रह गई।

इस कमी के पीछे क्या वैज्ञानिक कारण है इसकी खोज होना आवश्यक है। ऐसा समझा जाता है कि इस कमी का कारण इस झील में बढ़ती हुई क्षारीयता या पानी का अधिक नमकीन होना भी हो सकता है। सामान्यत: प्रवासी पक्षियों में अधिसंख्य पक्षी ताजे पानी के क्षेत्रों में रहना पसंद करते हैं। फिर भी बिना वैज्ञानिक अध्ययन के कुछ भी कहना उचित नहीं प्रतीत होता।

यहां पर आने वाले प्रवासी पक्षियों के एक अध्ययन से यह अवश्य ज्ञात हुआ है कि यहां के प्रवासी पक्षी 3 प्रकार की जलीय पारिस्थितिकियों में रहते हैं। पहले प्रकार के पक्षी उस वर्ग के हैं जो ताजा पानी पसंद करते हैं। ऐसे पक्षियों की 70 प्रजातियां यहां देखी गई हैं। दूसरे प्रकार के वे पक्षी हैं जो (समुद्री जल एवं नदी जल) मिश्रित जल में रह लेते हैं, ऐसे पक्षियों की यहां पर 17 प्रजातियां देखी गई। इनके अतिरिक्त कुछ ऐसी प्रजातियों के पक्षी भी यहां आते हैं जो समुद्री जल की पारिस्थितिकी में निवास करते हैं, ऐसे पक्षियों की यहां 4 प्रजातियां देखी गईं। इनके अतिरिक्त कुछ पक्षियों की जातियों में इन तीनों पारिस्थितिकियों में रहने की अनुकूलन क्षमता पाई जाती है, फिर भी 77 प्रतिशत प्रवासी पक्षियों की प्रजातियां ताजे पानी की पारिस्थितिकी में रहना पसंद करती हैं।

देखें : चिलका

नाल सरोवर

संरक्षित क्षेत्र : अभयारण्य
विस्तार : 115 वर्ग किलोमीटर
स्थिति : गुजरात
समीपवर्ती नगर : विरामागम (35 कि.मी.)

उत्तम भ्रमणकाल : अक्टूबर से मार्च
पारिस्थितिकी : अयनमंडलीय पर्णपाती वन
वन्य पशु–पक्षी : पक्षी।

नाल सरोवर अभयारण्य की स्थापना मध्य गुजरात में वर्ष 1969 में हुई थी। इस अभयारण्य के मध्य में एक विशाल झील है जो प्रवासी पक्षियों की बड़ी संख्या के लिये जानी जाती है।

नाल सरोवर में प्रवासी पक्षियों के भारी संख्या में आने के कारण यहां पर पक्षियों के अवैध शिकार की घटनाओं में उत्तरोत्तर वृद्धि हुई है। इसे सरकार स्तर पर रोकने के सारे उपाय किये गये हैं। इन्हीं उपायों में एक उपाय पर इन दिनों विचार हो रहा है और संभावना है कि इस उपाय को शीघ्र ही अमली जामा पहिना दिया जायेगा। गुजरात शासन के वन विभाग ने इस झील पर प्राइवेट सुरक्षाकर्मियों को तैनात करने का निश्चय किया है क्योंकि शासकीय सुरक्षाकर्मियों की संख्या यहां पर पर्याप्त नहीं है।

ध्यातव्य है कि प्रति वर्ष शीतकाल में 2,00,000 प्रवासी पक्षी इस झील केंद्रित अभयारण्य में पहुंचते हैं।

इस झील में आने वाले कतिपय आपराधिक तत्व पर्यटकों के रूप में यहां पहुंचते हैं। इन पर अंकुश रखने के लिये सुरक्षाकर्मियों को पेट्रोल बोट दी जायेगी।

(स्रोत : अनिल पाठक, 'गार्डिंग दि फीदर्ड गेस्ट्स,' टाइम्स न्यूज नेटवर्क, 27/4/2004)

नाहरगढ़

संरक्षित क्षेत्र : अभयारण्य
विस्तार : 50 वर्ग किलोमीटर
स्थिति : राजस्थान
समीपवर्ती नगर : जयपुर
उत्तम भ्रमणकाल : अक्टूबर से मार्च
पारिस्थितिकी : शुष्क अयनमंडलीय पर्णपाती वन
वन्य पशु–पक्षी : चिंकारा, भेड़िया, पक्षी।

निओरा

संरक्षित क्षेत्र : राष्ट्रीय उद्यान
विस्तार : 88 वर्ग किलोमीटर
स्थिति : पश्चिम बंगाल
समीपवर्ती नगर : जलपाईगुड़ी
उत्तम भ्रमणकाल : नवंबर से अप्रैल
पारिस्थितिकी : तराई भामर वन क्षेत्र
वन्य पशु–पक्षी : शेर, गौर, हाथी, सांभर, रेड पांडा, क्लाउडेड तेंदुआ, हिमालयी भालू, भेड़िया, पक्षी।

निओरा राष्ट्रीय उद्यान पश्चिम बंगाल की उत्तरी सीमा में भूटान सीमा से लगे हुये क्षेत्र

में फैला हुआ है। 88 वर्ग किलोमीटर क्षेत्र में फैले हुये इस राष्ट्रीय उद्यान का अधिकांश भाग (78 वर्ग किलोमीटर) हिमालय के अत्यंत दुर्गम क्षेत्र में स्थित है जहां सामान्य पर्यटक का पहुंच पाना अत्यंत मुश्किल है।

निओरा राष्ट्रीय उद्यान को 'नियोरा वेली राष्ट्रीय उद्यान' के नाम से भी जाना जाता है। इस राष्ट्रीय उद्यान के भीतर एक भी मोटर चलाने योग्य सड़क नहीं है। सघन वनों के कारण तथा आर्द्रता के कारण यहां की जलवायु स्वास्थ्यप्रद भी नहीं है। निओरा घाटी सिक्किम, भूटान और बंगाल की पहाड़ियों के पाद प्रदेश पर स्थित है। अभयारण्य का बिस्तार घाटी से लेकर पश्चिमी बंगाल के ऊंचे पर्वतों तक है।

ऐसा समझा जाता है कि भारतीय संरक्षित क्षेत्रों में शेरों के रहने का यह सबसे अधिक ऊंचाई वाला स्थान है, कुछ लोग यह भी मानते हैं कि विश्व में कहीं भी शेरों का प्राकृतिक निवास इतनी ऊंचाई पर नहीं है।

इस राष्ट्रीय उद्यान का एक विशिष्ट पशु भारतीय भेड़िया भी है। भेड़िये भारत के पश्चिमी भाग में अधिक देखे जाते हैं परंतु यह संभव है उनके विस्तार की भारत में यह पूर्वी सीमा हो। पश्चिमी बंगाल में पर्वतीय क्षेत्रों में पाये जाने वाले ये भेड़िये निओरा राष्ट्रीय उद्यान से लेकर महानन्दा अभयारण्य तक पाये जाते हैं। निओरा राष्ट्रीय उद्यान में गंधमार्जार और नेवला की भी बहुतायत है।

इस राष्ट्रीय उद्यान के विशिष्ट वन्य पशु रेड पांडा, क्लाउडेड तेंदुआ तथा हिमालयी भालू हैं।

इस संरक्षित क्षेत्र का अन्य नाम 'नेवरा' है।

नियामगिरि

संरक्षित क्षेत्र : अभयारण्य
विस्तार : 91.29 वर्ग किलोमीटर
स्थिति : उड़ीसा, जिला : कालाहांडी
समीपवर्ती नगर : रामन्नागुडा
उत्तम भ्रमणकाल : अक्टूबर से मार्च
पारिस्थितिकी : पर्णपाती वन
वन्य पशु-पक्षी : वन्य हाथी, चीतल, सियार, लकड़बग्घा, विशिष्ट प्रजाति के भेक।

नियामगिरि अभयारण्य उड़ीसा के सघनतम वन्य प्रदेश में स्थित है। यह संरक्षित क्षेत्र प्रदेश के उस प्रमुख जल संग्रहण क्षेत्र में फैला हुआ है जहां से वंशधारा एवं नागवली नदियां तथा सकटा नाला एवं बड़ा नाला का उद्गम स्थल है। वंशधारा का जलग्रहण क्षेत्र 11,500 वर्ग किलोमीटर है। इस तरह नियामगिरि की पारिस्थितिकी न केवल प्राणिजात के लिये महत्वपूर्ण है वरन् मनुष्य के लिये भी उतनी ही महत्वपूर्ण है। इस क्षेत्र के संरक्षण से सघन वन सुरक्षित हैं।

नियामगिरि स्वतंत्रता के पहिले कालाहांडी के महाराज का शिकारगाह था। वर्ष 1997-1998 में कालाहांडी वन परिमंडल का यह क्षेत्र अभयारण्य के लिये प्रस्तावित हुआ और इस तरह इसे संरक्षित क्षेत्र का दर्जा मिला। नियामगिरि अभयारण्य के आसपास

के क्षेत्र में वन्य हाथी पाये जाते हैं अतः प्रादेशिक सरकार के पास पर्यावरणविद्ों ने प्रस्ताव भेजा है कि नियामगिरि तथा आसपास के वनों को मिलाकर 'दक्षिण उड़ीसा हाथी रिजर्व' की स्थापना की जाय।

नियामगिरि कुछ छोटे जन्तुओं की विशिष्ट प्रजातियों के लिये भी सुर्खियों में रहा है जैसे एक जंगली छिपकली की प्रजाति (जेकोइला जेपोरेनिसिस, बेड्डोम, 1877) जिसे अंतिम बार ब्रिटिश जीवविज्ञानी ने पट्टान्गी पहाड़ियों पर देखा था और जिसका वर्णन उसने 128 वर्ष पूर्व किया था। बाद में फिर कभी नहीं देखी गई अतः उसे विलुप्त मान लिया गया, परंतु वर्ष 2005 में उसे इस अभयारण्य में पुनः देखा गया। जीवविज्ञानियों के लिये यह हर्ष की बात थी। यहां पर बुश भेक की एक दुर्लभ प्रजाति (फाइलाउट्स सिमलीपालेनसिस) भी पाई जाती है। इस तरह नियामगिरि में छोटे प्राणियों से लेकर विशाल प्राणियों की जैविक विविधता देखने मिलती है।

नीलगिरि

संरक्षित क्षेत्र : बायोस्फियर रिजर्व
विस्तार : 5000 वर्ग किलोमीटर
स्थिति : तमिलनाडु–केरल
समीपवर्ती नगर : तिरुअन्तपुरम् तिरुनेलवेली
उत्तम भ्रमणकाल : वर्ष भर
पारिस्थितिकी : पर्वतीय
वन्य पशु–पक्षी : सिंहपुच्छ वानर, नीलगिरि लंगूर, तेंदुआ, तेंदुआ बिल्ली, वनविडाल, रीछ, पनकुत्ते, नीलगिरितहार, नीलगिरि मार्टिन कक्कड़, मूषक मृग, पक्षी/ओरि. री./म.उ.।

नीलगिरि बायोस्फियर रिजर्व का अधिकांश भाग तमिलनाडु की सीमा के भीतर है परंतु कुछ भाग केरल राज्य के सीमान्त पर भी है। नीलगिरि पर्वत वस्तुतः पश्चिमी घाट पर्वतमाला का दक्षिणी भाग है। नीलगिरि पर्वत यद्यपि केरल–तमिलनाडु सीमा के समानान्तर उत्तर से दक्षिण की ओर फैले हैं परंतु इस पर्वत का प्रसार क्षेत्र तमिलनाडु में ही अधिक है। नीलगिरि पर्वतों की ऊंचाई 2500 मीटर तक है। इनकी इस ऊंचाई ने पूर्व के क्षेत्र को वृष्टिछाया क्षेत्र बना दिया है। नीलगिरि से अनेक नदियां निकलती हैं। पश्चिमी पर्वतीय ढाल से निकलने वाली नदियां अरब सागर में तथा पूर्वी पर्वतीय ढाल से निकलने वाली नदियां बंगाल की खाड़ी में गिरती हैं।

नीलगिरि बायोस्फियर रिजर्व अपनी वानस्पतिक विविधता के लिये विख्यात है। यहां लगभग सात प्रकार की वानस्पतिक पेरियां पाई जाती हैं–

1. पर्वत शिखर के सदाबहार वन, 2. घाटियों के वन, 3. उप अयनमंडलीय पर्वतीय वन, 4. नीलगिरि के उप अयनमंडलीय वन या शोलावन, 5. उच्च पर्वतीय आर्द्रवन, 6. पर्वतीय आर्द्र झाड़ियों वाले वन, 7. पर्वतीय आर्द्र घास के मैदान।

नीलगिरि बायोस्फियर अपनी लघु जलवायु (माइक्रो क्लाइमेट) वाले क्षेत्रों के लिये भी विख्यात है।

नीलगिरि बायोस्फियर रिजर्व की स्थापना वर्ष 1986 में हुई थी। इसकी स्थापना

यूनेस्को के 'मानव एवं प्राणि परिमंडल' (मैन एंड बायोस्फियर) की योजना के अंतर्गत हुई थी। उस समय तक विश्व के 94 देशों में 391 बायोस्फियर रिजर्व स्थापित हुये थे।

नीलगिरि बायोस्फियर में हाथी

दक्षिण भारत में नीलगिरि बायोस्फियर रिजर्व हाथियों का सबसे बड़ा रिहायशी इलाका है। यहां का विशाल वन क्षेत्र 6300 हाथियों का शरण स्थल है। ऐसा अनुमान है कि भारत में वन्य हाथियों की कुल संख्या 27000 से कुछ अधिक है (वर्ष 2005)। इनमें से 14800 हाथी दक्षिण भारत में पाये जाते हैं। यदि राज्यवार हाथियों की संख्या पर गौर करें तो ज्ञात होता है कि कर्नाटक में 6088 हाथी, केरल में 5737 हाथी और तमिलनाडु में 2971 हाथी हैं। नीलगिरि बायोस्फियर रिजर्व में दक्षिण भारत का हाथी बहुल इलाका शामिल है। अतः यहां दक्षिण भारत के लगभग आधे हाथी पाये जाते हैं।

नीलगिरि तहार

संरक्षित क्षेत्र : अभयारण्य
विस्तार : 78 वर्ग किलोमीटर
स्थिति : तमिलनाडु
समीपवर्ती नगर : ऊटी
उत्तम भ्रमणकाल : फरवरी से जून
पारिस्थितिकी : पर्वतीय आर्द्र झाड़ी वाले वन, सदाबहार अयनमंडलीय भवन
वन्य पशु–पक्षी : तहार, पक्षी/ओरि. री./म. उ.।

नीलगिरि तहार अभयारण्य की स्थापना तमिलनाडु–केरल सीमा के नीलगिरि पर्वत क्षेत्र पर की गई है। इसकी स्थापना मुख्य रूप से दक्षिण भारत के एक विशिष्ट वन्य पशु नीलगिरि तहार के संरक्षण के लिये की गई है।

नीलगिरि तहार के लिये स्थापित इराविकुलम राष्ट्रीय उद्यान के पश्चात् नीलगिरि अभयारण्य ही इन गिनी–चुनी संख्या वाले वन्य मेषों का मुख्य निवास स्थल है। नीलगिरि तहारों की कुल संख्या (वर्ष 2006) 2000 आंकी जाती है जिसका लगभग पञ्चमांश इस संरक्षित क्षेत्र में निवास करता है।

नीलगिरि बायोस्फियर रिजर्व लगभग 5000 वर्ग किलोमीटर क्षेत्र में फैला हुआ विशाल बायोस्फियर रिजर्व है, इस बायोस्फियर रिजर्व की सीमा के भीतर ही बांदीपुर और नगरहोल जैसे विशाल और समृद्ध राष्ट्रीय उद्यान स्थित हैं। वस्तुतः नीलगिरि बायोस्फियर रिजर्व वृहत्तर नीलगिरि वन क्षेत्र जिसका विस्तार 13000 वर्ग किलोमीटर है, का एक भाग है।

नीलापट्टू

संरक्षित क्षेत्र : अभयारण्य
विस्तार : 4.5 वर्ग किलोमीटर
स्थिति : आंध्र प्रदेश

समीपवर्ती नगर : दुरावई सतराम
उत्तम भ्रमणकाल : अक्टूबर से मार्च
पारिस्थितिकी : समुद्रतटीय
वन्य पशु–पक्षी : पक्षी/ओरि.री./भा.उ.।

नीलापट्टू अभयारण्य की स्थापना वर्ष 1976 में समुद्रतटीय क्षेत्र के पक्षियों के संरक्षण के लिए की गई थी।

आंध्र का नीलापट्टू अभयारण्य दुनिया के सबसे बड़े पेलिकेन क्षेत्र के रूप में विख्यात है जहां हजारों की तादाद में पेलिकन[†] मादायें अपने अंडे देती हैं और बच्चों की देखभाल करती हैं। नीलापट्टू पुलीकट के समान ही विख्यात पक्षी अभयारण्य है। नीलापट्टू में ओपन बिल (चोंच) वाले स्टार्क और श्वेत इबी पक्षी भी बड़ी संख्या में पहुंचते हैं।

नेय्यर

यह अभयारण्य केरल में स्थित है, प्राणिजात प्रदेश के अन्य संरक्षित क्षेत्रों के समान।

नेवरा

संरक्षित क्षेत्र : राष्ट्रीय उद्यान
विस्तार : 88 वर्ग किलोमीटर
स्थिति : पश्चिम बंगाल
समीपवर्ती नगर : कालिम्पोंग
उत्तम भ्रमणकाल : मार्च से जून
पारिस्थितिकी : हिमालयी वन

नेवरा राष्ट्रीय उद्यान पश्चिमी बंगाल के उन उत्तरी संरक्षित क्षेत्रों में से एक है जो हिमालय की तराई के प्राणिजात के संरक्षण के लिये स्थापित किये गये हैं। यह अभयारण्य भूटान की सीमा से लगा हुआ है और इसमें पर्वत के पादपृष्ठ के वन पाये जाते हैं।

[†] **पेलिकन** : पेलिकन पक्षियों की विश्व में सात प्रजातियां पाई जाती हैं, ये सभी एक वंश 'पेलिकेनस' से संबंधित हैं। भारत में साधारणतः इनकी तीन प्रजातियां पाई जाती हैं जिन्हें हिन्दी भाषा में पीलीचोंच हवासील, हवासील और जलसिंघा कहा जाता है। हिन्दी भाषा में इन पक्षियों को हवासील कहने का कारण इनकी चोंच की बनावट है। पेलिकेन या हवासील लम्बी चोंच वाले पक्षी हैं जिनकी चोंच के नीचे एक थैली होती है। ये पक्षी मछलियों का शिकार करते हैं। चोंच से ये जैसे ही मछली पकड़ते हैं इनके चोंच के नीचे की थैली फूल जाती है उसमें मछली को ये डाल लेते हैं, दूर से प्रतीत होता है कि चोंच के नीचे की थैली में हवा भर गई है। मछली पकड़ने का यह इनका विशेषज्ञ तरीका है। इनका वजन 4.5 से 11 किलो तक का होता है और ये प्रजननकाल में हजारों की संख्या में एकत्रित होते हैं।

नेशनल चंबल

संरक्षित क्षेत्र : अभयारण्य
विस्तार : तीन प्रदेशों में (विवरण नीचे दिया गया है)
स्थिति : मध्य प्रदेश, राजस्थान, उत्तर प्रदेश
समीपवर्ती नगर : मुरैना (मध्य प्रदेश)
उत्तम भ्रमणकाल : वर्ष भर
पारिस्थितिकी : नदी घाटी
वन्य पशु–पक्षी : घड़ियाल, मगर, कछुये।

नेशनल चंबल अभयारण्य का विस्तार चंबल नदी पर है। यद्यपि यह अभयारण्य कुल मिलाकर चंबल नदी की 600 किलोमीटर की लम्बाई तक प्रशस्त है पर इस लम्बाई का कुल 400 किलोमीटर भाग ही मध्य प्रदेश की सीमा के अंतर्गत है। मध्य प्रदेश में इस अभयारण्य की स्थापना वर्ष 1979 में हुई थी। मूलतः यह अभयारण्य घड़ियाल संरक्षण के लिये ही था पर बाद में इसे मगरों के लिये भी संरक्षित क्षेत्र के रूप में घोषित कर दिया गया। चंबल अभयारण्य की स्थापना वर्ष 1979 से 1982 तक हुई। वर्ष 1979 में घड़ियाल संरक्षण की योजना के अंतर्गत घड़ियालों के अंडों को एकत्रित करना और जब उनसे शिशु उत्पन्न हों तब उनकी देखरेख करना था, अगला चरण घड़ियालों के युवा होने पर उन्हें पुनः उनके प्राकृतिक निवास चंबल नदी में छोड़ना और उन्हें उचित सुरक्षा प्रदान करना था।

नेशनल चंबल अभयारण्य चंबल नदी पर बंधे बांध राजस्थान के जवाहर सागर से प्रारंभ होकर मध्य प्रदेश की सीमा से उत्तर प्रदेश के क्षेत्र पंचनदा तक फैला है। इस अभयारण्य से अनेक जलचरों को संरक्षण प्राप्त हुआ है। देवरी में चंबल नदी में पाये जाने वाले सात प्रजाति के कछुओं में से छह प्रजाति के कछुओं को पाला जा रहा है।

नेशनल चंबल अभयारण्य में नेश्नल या राष्ट्रीय शब्द जोड़ने का तात्पर्य यही है कि यह अभयारण्य एक से अधिक प्रदेशों के सीमा क्षेत्र में फैला हुआ है। सामान्य तौर पर अभयारण्य का विस्तार एक ही प्रदेश में सीमित रहता है।

नेशनल चंबल राष्ट्रीय उद्यान को न केवल मध्य प्रदेश अपितु उत्तर प्रदेश और राजस्थान में चंबल नदी के तटवर्ती क्षेत्रों से जाकर देखा जा सकता है। नेशनल चंबल अभयारण्य के तटीय क्षेत्रों में भौम्याकारों और वनस्पति की विविधता है।

चंबल नदी के किनारों पर चलने पर चंबल के विशाल बीहड़ दिखलाई देते हैं जिनमें शुष्क और अर्धशुष्क जलवायु में पाये जाने वाले विरल वृक्ष हैं। दुर्गम बीहड़ों में इक्का-दुक्का लोमड़ी, सियार, खरगोश जैसे पशुओं का निवास है, परंतु शीतकाल में नदी के दोनो तटों पर अनेक प्रजाति के पक्षी देखे जा सकते हैं जिनमें हंस और जंगली बत्तखें प्रमुख हैं। मछलियां पकड़ने वाली चीलें (पल्लाख फिश ईगल) भी इस नदी की घाटी में सामान्य रूप से देखी जाती हैं।

इस अभयारण्य में घड़ियालों एवं मगरों के अतिरिक्त अन्य जलचरों में गंगा-डोल्फिन, और पनकुत्ते भी प्रमुख हैं। गंगा-डोल्फिनों की संख्या यहां बहुत कम है परंतु पनकुत्ते चंबल नदी के जंगली तटों पर देखे जा सकते हैं। ये दोनों स्तनपोषी (मेमेल) वर्ग के प्राणी हैं।

राजस्थान में चंबल नदी सवाई माधोपुर जिले में प्रवाहित होती है, 'कोटा-बेरेज' इस नदी अभयारण्य का एक प्रमुख 'प्वाइंट' है। उत्तर प्रदेश में आगरा जिले का दक्षिणी भाग तथा इटावा जिले के इस अभयारण्य का कुछ भाग आता है। उत्तर प्रदेश में ही चंबल नदी यमुना में मिलती है।

अभयारण्य के क्षेत्रफल का 635 वर्ग किलोमीटर भाग उत्तर प्रदेश में, 320 वर्ग किलोमीटर भाग मध्य प्रदेश में तथा 285 वर्ग किलोमीटर भाग राजस्थान में है। मध्य प्रदेश में मुरैना नगर से 15 कि.मी. दूरी पर देवरी में मगरों एवं घड़ियालों के प्रजनन केन्द्र में 'चंबल क्रोकोडाइल रिइंट्रोडक्शन प्रोजक्ट' था। चंबल अभयारण्य के नदी क्षेत्र में आगरा से 62 कि.मी. दूर बाह नामक कस्बे से भी जाया जा सकता है, यह कस्बा आगरा, फतहबाद मार्ग में स्थित है। यहां पर ऊंटों तथा जीप से चंबल नदी के तटों पर घूमने की व्यवस्था है।

नेशनल चंबल अभयारण्य में नदी के तटों पर भ्रमण करते हुये दो अभयारण्यों को देखा जा सकता है, इनमें से एक 'पटना पक्षी अभयारण्य' है जिसका विस्तार मात्र 1 वर्ग कि.मी. है और दूसरा 'समान पक्षी अभयारण्य' है। दोनों ही उत्तर प्रदेश में स्थित हैं।

नेत्रावली

गोवा का नेत्रावली अभयारण्य 218 09 वर्ग किलोमीटर पर फैला हुआ है, इस क्षेत्र में से 88.98 वर्ग किलोमीटर को निरस्त करने की बात जब-तब चलती रहती है। इस क्षेत्र में जनजातीय जनसंख्या का भार है।

नैनादेवी

संरक्षित क्षेत्र : अभयारण्य
विस्तार : 163.5 वर्ग किलोमीटर
स्थिति : हिमाचल प्रदेश
समीपवर्ती नगर : बिलासपुर/ऊना
उत्तम भ्रमणकाल : मार्च से अप्रैल
पारिस्थितिकी : पर्वतीय
वन्य पशु-पक्षी : तेंदुआ, वन्य शूकर, पक्षी।

नैना देवी अभयारण्य की स्थापना हिमाचल प्रदेश के बिलासपुर जिले में हुई थी। इस अभयारण्य का नाम पर्वतीय शिखर नैनादेवी के नाम पर रखा गया है। यह अभयारण्य इस पर्वत शिखर के क्षेत्र में फैला है।

नोक्रेक रिज

संरक्षित क्षेत्र : राष्ट्रीय उद्यान, बायोस्फियर रिजर्व
विस्तार : 50 वर्ग किलोमीटर

स्थिति : मेघालय
समीपवर्ती नगर : शिलांग
उत्तम भ्रमणकाल : अक्टूबर से अप्रैल
पारिस्थितिकी : अयनमंडलीय सदाबहार वन तथा अयनमंडलीय अर्धसदाबहार वन
वन्य पशु-पक्षी : बाघ, तेंदुआ, सुनहरी बिल्ली, भूरा रीछ, सीये, पक्षी।

नोक्रेक रिज राष्ट्रीय उद्यान पूर्वोत्तर भारत की प्रसिद्ध गारो, खासी और जयन्तिया की पहाड़ियों में से गारो पहाड़ियों पर बसा हुआ है। इस राष्ट्रीय उद्यान के अंतर्गत नूरा का पूर्ववर्ती भाग तथा गारो पहाड़ियों का पश्चिम वर्ती भाग सम्मिलित किया गया है। गारो पहाड़ियां ब्रह्मपुत्र के मैदानी भाग के दक्षिण में स्थित हैं। इन पहाड़ियों की ऊंचाई 1200 मी. तक है। ये पहाड़ियां तीव्र ढालान युक्त हैं। इस बायोस्फियर रिजर्व के पर्वतीय क्षेत्र से अनेक छोटी नदियां निकलती हैं। इन नदियों का जल ब्रह्मपुत्र में मिल जाता है। बायोस्फियर रिजर्व में ऊंचाई के अनुसार जलवायु में परिवर्तन दिखलाई देता है। निचले भागों में भारी मानसूनी वर्षा होती है। भारी मानसूनी वर्षा के फलस्वरूप यहां पर सघन वनों का विकास हुआ है। अपेक्षाकृत ऊंचे स्थानों में शीतकाल में काफी ठंड पड़ती है और तापमान शून्य तक पहुंच जाता है पर गर्मी का तापमान 30 से. तक रहता है।

नोक्रेक बायोस्फियर रिजर्व में आठ प्रकार की वानस्पतिक पेटियां देखने को मिलती हैं : 1. अयनमंडलीय आर्द्रसदाबहार वन, 2. बांस और केन के वन, 3. अयनमंडलीय अर्धसदाबहार वन, 4. द्वितीयक अर्धसदाबहार वन, 5. सालवन, 6. आर्द्र सालवन तथा सव्हाना, 7. होलक वन, 8. खासी के पाइन वन।

नोंगखाइलैम

संरक्षित क्षेत्र : अभयारण्य
विस्तार : 29 वर्ग किलोमीटर
स्थिति : मेघालय
समीपवर्ती नगर : गुवाहाटी (65 कि.मी.)
उत्तम भ्रमणकाल : अक्टूबर से मई
पारिस्थितिकी : अयनमंडलीय सदाबहार वन
वन्य पशु-पक्षी : बिन्टुरांग, गोल्डेन कैट तथा लियोपार्ड कैट।

नोरादेही

संरक्षित क्षेत्र : अभयारण्य
विस्तार : 1187 वर्ग किलोमीटर
स्थिति : मध्य प्रदेश
समीपवर्ती नगर : सागर
उत्तम भ्रमणकाल : अक्टूबर से मार्च
पारिस्थितिकी : उष्ण पर्णपाती वन

वन्य पशु-पक्षी : तेंदुआ, सांभर, चीतल, कक्कड़, नीलगाय, पक्षी।

मध्य प्रदेश का यह अभयारण्य प्रदेश का सबसे बड़ा अभयारण्य है, जो सागर, दमोह और नरसिंहपुर जिलों की सीमाओं में फैला है। यह अभयारण्य वर्ष 1975 में स्थापित किया गया था, तब इसका क्षेत्रफल 1032.52 वर्ग किलोमीटर था जिसे वर्ष 1984 में बढ़ाकर 1186.911 वर्ग किलोमीटर कर दिया गया। इस अभयारण्य के बीच से राष्ट्रीय मार्ग 26 जाता है जो जबलपुर को भोपाल से मिलाता है। इस राष्ट्रीय मार्ग के दोनों ओर के वनों में पिछले 10 वर्षों में लगातार गिरावट देखी गई है। नोरादेही का विशाल वन क्षेत्र वन्य प्राणियों से पूर्ण है, यहां अब भी बड़ी मात्रा में सांभर, चौसिंघा और चिंकारा देखे जा सकते हैं। कुछ वर्षों पूर्व तक यहां बाघ भी देखे जाते थे, तेंदुये अब भी यहां पर काफी संख्या में हैं।

नोरादेही अभयारण्य में अनेक कम ऊंची पहाड़ियां हैं, ये पहाड़ियां वनों से आच्छादित हैं। नोरादेही अभयारण्य में जल के स्त्रोतों की कमी नहीं है। यहां की मुख्य नदी यद्यपि ब्यारमा है परंतु अभयारण्य के अधिकतर क्षेत्र में इस नदी की एक सहायक नदी बाड़मेर है जो पश्चिम में इस अभयारण्य में प्रवेश करने के पश्चात् संपूर्ण अभयारण्य के मध्य में उत्तर-पूर्व दिशा की ओर बहती है। इस तरह यह नदी लगभग 37 किलोमीटर तक इस अभयारण्य में प्रवाहित होती है। यह नदी उन्हरीखेड़ा गांव के पास ब्यारमा नदी में मिल जाती है।

नोरादेही में इन नदियों के अतिरिक्त अनेक बरसाती नाले भी हैं जिनमें भसकरिया नाला, धुबिया नाला और परेवा नाला मुख्य हैं। यद्यपि ये नाले ग्रीष्म काल में सूख जाते हैं पर इनकी तली में जगह-जगह पर पानी के पोखरे विद्यमान रहते हैं जिनका उपयोग अभयारण्य के वन्य प्राणी विशेषतः जंगली शूकर करते हैं। नदियों के अतिरिक्त कुछ तालाब और छोटे झरने भी इस अभयारण्य में पाये जाते हैं।

इस अभयारण्य में अनेक सघन वनों के क्षेत्र हैं जिनमें साजा, बीणा, तिन्सा, हल्दू, कसई, पलाश, सेमल आदि के वृक्ष पाये जाते हैं। अभयारण्य में बांसों के वनों का अभाव है परंतु अनेक प्रकार की झाड़ियां यहां देखने को मिलती हैं जिनकी प्रमुख वनस्पतियां मरोड़फली, दुधी, करोदा, धवा इत्यादि हैं। घासों में कुशल दूब, खस, क्योंटी गुनेर और माहुल प्रमुख हैं।

अभयारण्य में सघन वनों के अतिरिक्त छोटे-छोटे घास के मैदान भी हैं। विविध वृक्षों और उच्चावच्च के कारण इस अभयारण्य में भारत के मध्य क्षेत्र में पाये जाने वाले सभी छोटे-बड़े वन्य पशु मिलते हैं। सबसे अधिक देखे जाने वाले वन्य पशुओं में नीलगाय, चौसिंघा और चिंकारा हैं। यहां 78 प्रजातियों के पक्षी पाये जाते हैं जिनमें बुलबुल, बगुले, बारबेट, सरबर्ड और उलूक प्रमुख हैं।

मुश्किल : नोरादेही अभयारण्य की सबसे बड़ी समस्या उसके भीतर के 58 ग्राम तथा सीमान्त पर बसे 165 ग्राम हैं। नोरादेही अभयारण्य के भीतर लगभग 14000 व्यक्ति और उनके 25000 गाय, बैल निवास करते हैं। सीमान्त पर बसे ग्रामों के पशुओं की संख्या भी इतनी ही है। इस तरह इन ग्रामों का सारा बोझ इस अभयारण्य पर है। अभयारण्य के ग्रामों की जनसंख्या का 57 प्रतिशत भाग गरीबी रेखा से नीचे जीवन व्यतीत करता है अतः एक बड़ी संख्या में ग्रामीण इस अभयारण्य से अनेक पदार्थों यथा शहद, गोंद, झाड़ू के लिये घास, खैर इत्यादि का संचयन करते हैं।

मानवीय कार्यकलापों से अभयारण्य में वन्य पशुओं की ऐकान्तिकता नष्ट होती रहती है।

अदूरदर्शी कदम : अनेक बार शासन भी अदूरदर्शी कदम उठाता रहता है। उदाहरण के लिये प्रशासन ने नगरों और गांवों के उन आवारा कुत्तों को अभयारण्य के भीतर लाकर छोड़ दिया क्योंकि वे मनुष्यों और मवेशियों के लिये घातक थे। वर्ष 2004 में दिसंबर तक की तीन माह की अवधि में 724 आवारा कुत्ते यहां छोड़े गये बिना यह सोचे कि वे यहां वन्य पशुओं को भी नुकसान पहुंचा सकते हैं। सागर नगरपालिका ने कुत्तों को यहां छोड़ने के लिये रुपये 33000 खर्च किये। सागर नगरपालिका ने कुत्ते पकड़कर यहां भेजने वाले ठेकेदार को 45 रुपये प्रति कुत्ते की राशि प्रदान की।[†] यहां पर ध्यान देने योग्य है कि 20 मार्च 2005 को भोपाल के वन विहार संरक्षित क्षेत्र में अवारा कुत्तों ने 10 चीतलों को मार डाला था।

† 'स्ट्रे डाग्स नाट टु बि फ्रीड इन टु सेंक्चुअरी', डेक्कन हेराल्ड, 26/3/2005। यहां यह ध्यान देने योग्य है कि 20 मार्च 2005 को भोपाल के वन बिहार संरक्षित क्षेत्र में आवारा कुत्तों ने 10 चीतलों को मार डाला था।

प

प्वाइन्ट कालीमर

संरक्षित क्षेत्र : अभयारण्य
विस्तार : 17 वर्ग किलोमीटर
स्थिति : तमिलनाडु
समीपवर्ती नगर : वेदारण्यम (11 कि.मी.), निकटतम हवाई पट्टीः त्रिची (150 कि.मी.)
उत्तम भ्रमणकाल : फरवरी से मई
पारिस्थितिकी : समुद्रतटीय
वन्य पशु–पक्षी : कृष्णमृग, समुद्रतटीय पक्षी, सरीसृप एवं आवारा घोड़े।

प्वाइन्ट कालीमर अभयारण्य प्रायद्वीपीय भारत के एकदम दक्षिणी छोर के पूर्वी तट पर स्थित है। यह 'पाक स्ट्रेट' के एकदम करीब है। प्वाइन्ट कालीमर अपने आप में एक छोटा प्रायद्वीप है जो कि मुख्य भूमि से समुद्र के भीतर तक चला गया है। इस प्रायद्वीप के एक ओर यदि लम्बा दलदली क्षेत्र है तो दूसरी ओर समुद्र है। इस छोटे से क्षेत्र में हिन्दू–मुस्लिम और ईसाई धर्मों के अनुयायियों के पवित्र स्थल भी हैं। यदि यहां पर श्री राम और सीता से संबंधित पवित्र स्थल हैं तथा तीन प्रसिद्ध शिवालय क्रमशः तिरुमरैकाडु, अगस्त्यकोइल तथा बुझकारकोइल हैं तो ईसाइयों का वेलांकिनी मर का चर्च भी 45 कि.मी. दूर स्थित है तथा इस्लाम धर्म के अनुयायियों की पवित्र नगूर दरगाह भी लगभग 50 किलोमीटर दूर स्थित है।

भारत का यह एकदम दक्षिणी छोर वन्य प्राणियों के लिये भी बहुत प्रसिद्ध है। यहां पर बड़ी संख्या में कृष्णमृग, चीतल और ब्लेक नेप्ड खरहे पाये जाते हैं। इनकी संख्या में लगातार वृद्धि हुई है क्योंकि इस अभयारण्य में कोई भी बड़ा शिकारी जानवर जैसे तेंदुआ या रीछ नहीं पाये जाते। इस अभयारण्य का सबसे बड़ा शिकारी जानवर सियार है, जिसे भोजन के लिये बड़े वनस्पति–भोजी प्राणियों के शिकार की आवश्यकता नहीं है क्योंकि यहां पर बहुत बड़ी संख्या में विभिन्न प्रजातियों के पक्षी पाये जाते हैं फिर खरगोशों की भी संख्या काफी है। यही स्थिति सरीसृपों की भी है। प्वाइन्ट कालीमर से श्रीलंका का उत्तरी छोर प्वाइन्ट पेड्रो केवल 18 किलोमीटर है। यहां से हजारों की तादाद में 'आलिव रिडले कछुये' प्वाइन्ट कालीमर के तट पर अंडे देने के लिये आते हैं।

प्वाइन्ट कालीमर न केवल समुद्री प्राणियों के लिये विशिष्ट है वरन् भूमि के प्राणी

और भूमि पर उगने वाली वनस्पति के लिये इस अभयारण्य में 150 प्रजातियों के औषधीय पौधे पाये जाते हैं।

प्वाइन्ट कालीमर अभयारण्य पक्षियों की विविधता और संख्या के लिये विख्यात है। चूंकि यहां के उथले समुद्री जल में मछलियों की भरमार है अतः यहां पर प्रवासी और निवासी पक्षियों की लगभग 250 प्रजातियां देखी जाती हैं। यह क्षेत्र वर्ष भर पक्षियों से भरा-पूरा रहा आता है। क्षेत्रीय लोगों का मानना है कि जब से इस क्षेत्र में नमक और रसायनिक उद्योगों के उत्पाद प्रारंभ हुये हैं तब से प्रवासी पक्षियों की संख्या में कमी हुई है, फिर भी राजहंस और जंगली बत्तखों की यहां भरमार है। ब्राह्मणी चीलें आकाश में चक्कर लगाते हुये सदैव देखी जा सकती हैं।

प्वाइन्ट कालीमर अभयारण्य की विशेषता यह है कि जहां यहां पर एक ओर सदाबहार सघन झाड़ियों के वन हैं वहां दूसरी ओर खुले कीचड़ के क्षेत्र भी हैं। झाड़ियों के वनों में रहने वाले पशु कृष्णमृग, जंगली सुअर, चीतल और सियार हैं। इनमें से जंगली सुअर वनों से बाहर निकलकर कीचड़ के क्षेत्रों में भी घूमते देखे जाते हैं।

यहां के लोगों का मुख्य धंधा मछली पकड़ना है। ये मछलियां पक्षियों एवं मनुष्यों दोनों की ही आहारपूर्ति का मुख्य साधन हैं। यहां के लोगों के रीति-रिवाजों में मिट्टी के बड़े पुतलों को बनाना है। ये घोड़ों के आकार के होते हैं। इनकी पूजा-अर्चना भी की जाती है और इनका धार्मिक महत्व है। इन घोड़ों को सफेद रंग से पोत दिया जाता है और उन पर चित्रकारी भी की जाती है। इन चित्रों में प्रायः शस्त्रधारी मनुष्य और मछलियां चित्रित होती हैं। लोगों का मुख्य भोजन मछली और चावल है। लोग घोड़ों की इन मूर्तियों को चावल और मछली भेंट करते हैं। यहां यह उल्लेखनीय है कि भारतीय प्रायद्वीप में अनेक आदिवासी समुदायों में मृदा के घोड़े बनाना एक प्रथा है। घोड़ों के चित्र बनाने की भी आदिवासी समुदायों में प्रथा है। प्रायद्वीपीय भारत के सबसे बड़े आदिवासी समुदाय गोंड घोड़ों की मृदा मूर्तियां बनाते हैं जिनका उपयोग देवताओं को अर्पित करने में होता है। भील समुदाय के पारंपरिक चित्रण में घोड़े चित्रित किये जाते हैं।

प्वाइन्ट कालीमर में बड़े वन्य प्राणियों की संख्या आश्चर्यजनक है। ऐसा माना जाता है कि इस छोटे से अभयारण्य में लगभग 2000 कृष्णमृग हैं। यह अभयारण्य कृष्णमृगों के लिये श्रेष्ठतम पारिस्थितिकी युक्त स्थान नहीं है, फिर भी इनकी संख्या अविश्वसनीय रूप से बहुत अधिक है।

यहां पर पक्षियों की संख्या और प्रजातियां दोनों ही अत्यधिक हैं, जैसे ऐसा समझा जाता है कि यहां लगभग अनेक प्रवासी पक्षी भी हैं। पक्षियों में राजहंसों (फ्लेमिंगो) के झुंड यहां देखे जा सकते हैं। बहुत से पक्षी ऐसे भी हैं जो वर्ष में एक बार श्रीलंका का प्रवास करते हैं, जैसे चेस्टनर पंखों वाली कोयल और आरेंजब्रेस्टेड हरा कबूतर।

प्वाइन्ट कालिमर अभयारण्य में कम-से-कम दो ऐसे पशु हैं जिन्हें वन्य पशु न कहकर आवारा पशु (फीरल) कहना ही उचित होगा। इनमें पहला पशु है यहां पाये जाने वाला वन्य शूकर जो संभवतः पालतू शूकर की ही, पुराने समय में अरण्यवासी हो गये ग्राम्य शूकरों की संतति हैं।

दूसरा महत्वपूर्ण पशु अवारा घोड़े हैं, जिनके बारे में अनेक किंवदंतियां हैं। एक किंवदंती के अनुसार ये उन पालतू घोड़ों की सन्तान हैं जो मूलतः अरबों द्वारा अब से लगभग 1800 वर्ष पहले इस क्षेत्र के चोल और पाण्ड्य राजाओं को बेचने के लिये लाये

गये थे। उन घोड़ों में से जिनकी बिक्री न हो सकी जंगलों में छोड़ दिये गये और कालान्तर में वे जंगली हो गये। दूसरी किंवदंती इन्हें इतना पुराना नहीं मानती। इसके अनुसार इन घोड़ों के पूर्वज मध्ययुग में यूरोपीय सौदागरों द्वारा लाये गये थे। इनका उपयोग यूरोपीय सौदागर इस क्षेत्र में जब वेलांकिनी मदर के चर्च की निर्माण सामग्री ढोने में जब कर रहे थे तब कुछ घोड़े जंगलों में भाग गये और कालान्तर में जंगली हो गये। वर्ष 1967 तक इनकी संख्या इस अभयारण्य में काफी थी किंतु 1970 में जब इस क्षेत्र को अभयारण्य घोषित किया गया तब इनमें से बहुतों को पकड़ लिया गया। ये सभी घोड़े एक ही रंग के हैं। सभी का रंग लाल है, कुछ गहरे लाल रंग के हैं तो कुछ हल्के लाल रंग के। अभयारण्य के अधिकारियों का मानना है कि इन्हें पुनः पालतू बनाने के प्रयास असफल हुये हैं। इन घोड़ों ने समुद्री जल पर निर्भर रहना सीख लिया है जो कि अनुकूलन का आश्चर्यजनक उदाहरण है। फिलहाल अब यहां पर दो दर्जन आवारा घोड़ों से अधिक नहीं बचे हैं फिर भी यह अभयारण्य भारत का अकेला संरक्षित क्षेत्र है जहां इस प्रकार के घोड़े पाये जाते हैं।

ध्यातव्य है कि अब वन्य घोड़े विश्व के किसी भी भाग में नहीं पाये जाते। अंतिम वन्य घोड़े मध्य एशिया में 18वीं सदी तक पाये जाते थे जिन्हें 'प्राज्वलस्की हार्स' के नाम से जाना जाता है। परन्तु इन वन्य घोड़ों को दुनिया भर के नामी-गिरामी चिड़ियाघरों ने मुंहमांगीं कीमत पर खरीदने का लालच दिया फिर क्या था धीरे-धीरे सारा मध्य एशिया वन्य घोड़ों से खाली हो गया। मध्य एशिया में अब भी घोड़े तो नहीं वन्य गदहों की प्रजाति पाई जाती है। घोड़े और गदहे दोनों एक ही कुल (इक्कवूश) के प्राणी हैं।

प्वाइन्ट कालीमर एवं सुनामी

प्वाइन्ट कालीमर भी दशक के पूर्वार्ध में आये समुद्री प्रकोप सुनामी से प्रभावित हुआ पर अध्येताओं ने पाया कि सुनामी की लहरों से टकराने के केवल 10 मिनिट पहले प्वाइन्ट कालीमर के सभी वन्य पशु जिनमें 1800 कृष्णमृग, 250 चीतल तथा 40 आवारा घोड़े थे, सभी भागकर सुरक्षित ऊंचे टीले पर चढ़ गये थे और उनमें से किसी की मृत्यु नहीं हुई। पक्षियों में भी प्रवासी पक्षी समय रहते इस क्षेत्र से उत्तर की ओर उड़ चुके थे।

(स्रोत : जन्याला श्री निवास, 'सुनामी : बेसिक इंस्टिक्ट्स वर्क्स इन डेथ जोन', इंडियन एक्सप्रेस, 13/1/2005)

प्वाइन्ट द्वीप

अंडमान द्वीप समूह में स्थित इस अभयारण्य का विवरण 'अंडमान द्वीप समूह के संरक्षित क्षेत्र' में देखें।

पक्के

अरुणाचल स्थित पक्के अभयारण्य उत्तर-पूर्वी भारत के विशिष्ट प्राणिजात की सुरक्षा के लिये स्थापित किया गया है।

पखल

संरक्षित क्षेत्र : अभयारण्य
विस्तार : 878 वर्ग किलोमीटर
स्थिति : आंध्र प्रदेश
समीपवर्ती नगर : वारंगल
उत्तम भ्रमणकाल : अक्टूबर से मार्च
पारिस्थितिकी : शुष्क अयनमंडलीय मिश्रित वन
वन्य पशु–पक्षी : तेंदुआ, चौसिंघा, रीछ।

पखल अभयारण्य आंध्र प्रदेश के उत्तर प्रदेश के उत्तर–पश्चिमी भाग में स्थित है। इस अभयारण्य के करीब ही दो अन्य अभयारण्य ईटूरनगरम तथा किन्नरशनि अभयारण्य हैं।

पखुई

संरक्षित क्षेत्र : अभयारण्य
विस्तार : 882 वर्ग किलोमीटर
स्थिति : अरुणाचल प्रदेश
समीपवर्ती नगर : रंगापारा (52 कि.मी.)
उत्तम भ्रमणकाल : दिसम्बर से मार्च
पारिस्थितिकी : पर्वतीय अयनमंडलीय सदाबहार वन
वन्य पशु–पक्षी : तेंदुआ, हाथी, शेर, स्लोलोरिस।

पखुई अभयारण्य की स्थापना वर्ष 1977 में उत्तर–पूर्वी भारत की डाफ्ला पहाड़ियों पर की गई थी। यह अभयारण्य कम ऊंचाई वाली पहाड़ियों और तेज बहने वाली नदियों का क्षेत्र है।

पचमढ़ी

संरक्षित क्षेत्र : अभयारण्य/बायोस्फियर रिजर्व
विस्तार : अप्राप्त
स्थिति : मध्य प्रदेश
सागीपवर्ती नगर : पिपरिया (52 कि.मी.)
उत्तम भ्रमणकाल : अक्टूबर से मार्च
पारिस्थितिकी : पर्णपाती वन
वन्य पशु–पक्षी : तेंदुआ, हरिण, पक्षी।

पचमढ़ी बायोस्फियर रिजर्व सतपुड़ा पर्वत का सुरम्य प्राकृतिक स्थल है।

पचगढ़ी शब्द का अर्थ पांच मढ़िया है, दरअसल ये पांच मढ़िया 'पत्थर को काटकर बनाई गई गुफा' (राककट केव्हज) हैं जो कि बौद्धकालीन भिक्षुओं के तपस्या स्थल हैं

परन्तु जिन्हें जनसामान्य पांच पांडवों के अज्ञातवास के निवास से जोड़ता है। पचमढ़ी में महादेव गुफा भी एक धार्मिक स्थल है जहां हजारों श्रद्धालु प्रतिवर्ष पहुंचते हैं।

पचमढ़ी ग्रीष्म काल में मध्य प्रदेश का चहेता पर्यटन स्थल रहता है जहां बड़ी संख्या में पर्यटक पहुंचते हैं, अतः यहां पर पर्यटन के लिये होटल इत्यादि खोलकर भारी मुनाफा कमाया जा सकता है। इस फायदे को देखते हुये मध्य प्रदेश के नेता और अफसरों की सांठ-गांठ अभयारण्य के उस क्षेत्र को जिसमें 16 ग्राम स्थित हैं और जिसका क्षेत्रफल लगभग 1500 हेक्टेयर है 'डिनोटीफाइड' कराने की चालें चलती रहती हैं। यह खेल पिछले एक दशक से चल रहा है।

पचमढ़ी अभयारण्य अपने प्राकृतिक दृश्यों की सुन्दरता के लिये विख्यात है ही, यहां 250 प्रजातियों के पक्षी भी पाये जाते हैं।

पटना

पश्चिमी उत्तर प्रदेश में स्थित पक्षिजात के लिये घोषित अभयारण्य, पारिस्थितिकी प्रदेश के अन्य संरक्षित क्षेत्रों की भांति।

पनपठा

संरक्षित क्षेत्र : अभयारण्य
विस्तार : 245 वर्ग किलोमीटर
स्थिति : मध्य प्रदेश
समीपवर्ती नगर : शहडोल
उत्तम भ्रमणकाल : अक्टूबर से मार्च
पारिस्थितिकी : अयनमंडलीय पर्णपाती वन
वन्य पशु-पक्षी : तेंदुआ, वन्य शूकर, चीतल।

पनपठा अभयारण्य बान्धवगढ़ टाइगर रिजर्व का हिस्सा है। वर्ष 1983 से यह अभयारण्य बान्धव गढ़ राष्ट्रीय उद्यान के बाह्य क्षेत्र के साथ जोड़ दिया गया है।

पन्ना

संरक्षित क्षेत्र : राष्ट्रीय उद्यान/टाइगर रिजर्व
विस्तार : 543 वर्ग किलोमीटर
स्थिति : मध्य प्रदेश
समीपवर्ती नगर : पन्ना
उत्तम भ्रमणकाल : अक्टूबर से मार्च
पारिस्थितिकी : अयनमंडलीय शुष्क पर्णपाती वन
वन्य पशु-पक्षी : बाघ, जंगली कुत्ते, रीछ, नीलगाय, कक्कड़।

पन्ना राष्ट्रीय उद्यान स्वतंत्रता के पूर्व पन्ना के महाराज का निजी शिकारगाह था। इस राष्ट्रीय उद्यान को पहले गंगऊ अभयारण्य के नाम से संरक्षित किया गया और वर्ष 1981 में

इसे राष्ट्रीय उद्यान का दर्जा दे दिया गया। वर्ष 1994 से यह राष्ट्रीय उद्यान बाघ परियोजना के अंतर्गत टाइगर रिजर्व है।

पन्ना राष्ट्रीय उद्यान की प्रमुख नदी केन है जो कि यमुना नदी की एक सहायक नदी है। पन्ना राष्ट्रीय उद्यान को टाइगर रिजर्व का दर्जा इसलिये दिया गया क्योंकि वानस्पतिक दृष्टि से पन्ना राष्ट्रीय उद्यान 'अयनमंडलीय शुष्क पर्णपाती वन' का क्षेत्र है। यदि साधारण भाषा में कहें तो यह अर्धशुष्क जलवायु के क्षेत्र के वनों में स्थित है। ये वन उन्नीसवीं सदी तक तो बाघों की दृष्टि से महत्वपूर्ण रहे हैं किंतु बीसवीं सदी में इसी वर्ग के वनों से बाघ का सफाया तेजी से प्रारंभ हुआ। वर्ष 1990 के एक अध्ययन में कहा गया कि अर्धशुष्क वनों से यदि 70 प्रतिशत बाघों का सफाया हुआ है तो शुष्क पर्णपाती वनों से 35 प्रतिशत बाघ विलुप्त हो चुके हैं। पन्ना का टाइगर रिजर्व शुष्क पर्णपाती वन है जहां बाघ अपेक्षाकृत खुले जंगलों में घूमता है। पन्ना संरक्षित क्षेत्र में बाघों के अध्ययन के लिये सात बाघों जिनमें दो नर और पांच मादायें थीं, को 'रेडियो कालर' पहनाई गई। बाघों के साथ ही पांच सांभरों और दो चीतलों को भी 'रेडियो कालर' पहनाई गई। अध्ययन दल ने आठ गर्भधारण करने योग्य मादाओं तथा पांच वयस्क बाघों पर नजर रखी। इनके साथ ही 14 शावकों पर भी नजर रखी गई। इस तरह इन सभी का गहन अध्ययन किया गया जिसे तकनीकी भाषा में '41 वर्षों' का अध्ययन कहा जाता है।

अक्टूबर 1995 से अध्ययन प्रारंभ हुआ। वर्ष 1996 के अक्टूबर में 'रेडियो कालर' की गई एक मादा बाघ उसी वर्ष स्वर्ग सिधार गई। उसे एक मृत ढोर के शव के समीप पाया गया था अत: विशेषज्ञों ने यह माना कि उसकी हत्या जहर देकर की गई है।

इन दिनों पन्ना के संरक्षित क्षेत्र में बाघों का घनत्व सात बाघ प्रति सौ वर्ग किलोमीटर बतलाया गया। वर्ष 1996 से 2001 के बीच आठ शावकों का जन्म बतलाया गया। इस तरह पन्ना में अब 22 शावक थे जिनमें से कुल दो की प्राकृतिक मौत हुई।

जब विशेषज्ञ अपनी गणनायें बतलाकर दूसरों को अंचभित कर रहे थे तथा स्वयं प्रसन्न हो रहे थे तब भी वन्य प्राणियों में सामान्य रुचि रखने वालों को इन आंकड़ों पर कोई विश्वास न था। कुछ समय बाद 'मिसिंग' (खोये हुये (?)) बाघों पर यह सूचना प्राप्त हुई जो नीचे दी गई तालिका में संकलित है :

तालिका : पन्ना में खोये बाघों की तथाकथा

क्र.सं.	*बाघ की पहचान*	*विवरण*
1.	मादा बाघ-52	इस पर 1996 से नजर रखी गई, कहा गया कि इसने 1996 2001 की (उम्र 14-15 वर्ष) अवधि के बीच 4 शावक जने परंतु 2 वर्षों से शावक संबंधी विवरण अज्ञात।
2.	मादा बाघ-111	वर्ष 2002 के वर्षाकाल से नदारद, समझा गया कि मर गई।
3.	मादा बाघ-120	अवैध शिकार से मृत, इसने तीन शावक जने थे, जब मरी तब 2 शावक थे।
4.	मादा बाघ-113	अप्रैल 2004 से नदारद।
5.	आमदार मादा बाघ	वर्ष 2003 के अक्टूबर/नवंबर से नदारद।
6.	मादा बाघ-109	अंतिम छाया चित्र वर्ष 2003 का है तबसे नदारद।
7.	मादा बाघ-106	कोई अता-पता नहीं, टाइगर का भारी-भरकम अत्या-

		धुनिक-यंत्रों से सज्जित अमले को कोई खबर नहीं।
8.	नर बाघ 091	वर्ष 2002 की वर्षा ऋतु से नदारद।
9.	हेयरी फूट	वर्ष 2003 में एक कुएं में गिरा हुआ मृत पाया गया।
10.	मड़ला नरबाघ-125	12-13 वर्ष का यह बूढ़ा बाघ अब भी जहां-तहां टहलता दिख जाता है।
11.	टूटे दांतों वाला नर बाघ	घायल अवस्था में एकाध बार देखा गया।

वर्ष 2009 तक आते-आते कुल एक नर बाघ ही पन्ना राष्ट्रीय उद्यान में बचा है जो पन्ना राष्ट्रीय उद्यान में कम समीपवर्ती वनों में अधिक रहना पसंद करता है।

टाइगर रिजर्व में बाघों की वास्तविक संख्या

पन्ना टाइगर रिजर्व की आधिकारिक सूचना के अनुसार वर्ष 2005 में इस संरक्षित क्षेत्र में बाघों की संख्या 30 से 35 के बीच थी जिनमें 14 नर, 20 मादायें, और एक शावक था।

पन्ना राष्ट्रीय उद्यान/टाइगर रिजर्व में जहां बाघों की संख्या को सदैव बढ़ा-चढ़ा कर बतलाया जाता रहा है अचानक बाहर से मादा बाघों की क्यों आवश्यकता हुई इस पर टाइगर रिजर्व के अधिकारियों के तथा खोजी पत्रकारों के विपरीत मत हैं। यहां 'टाइम्स ऑफ इंडिया', नई दिल्ली के 6 मार्च और 11 मार्च, 2009 के संस्करणों के कुछ अंशों को प्रस्तुत किया जा रहा है :

भोपाल : मध्य प्रदेश के वन विभाग ने एक सड़क के रास्ते से बान्धवगढ़ राष्ट्रीय उद्यान से पन्ना राष्ट्रीय उद्यान तक एक शेरनी को बुधवार की सुबह सफलतापूर्वक पहुंचाया। राष्ट्रीय उद्यान के संपूर्ण क्षेत्र में केवल मात्र एक नर शेर को पाकर वन विभाग ने यह निर्णय लिया कि दो शेरनियां बान्धवगढ़ राष्ट्रीय उद्यान एवं कान्हा राष्ट्रीय उद्यान से लाई जायें ताकि पन्ना से शेरों की संख्या विलुप्त न हो जाय।

मंगलवार को बान्धवगढ़ के ताला क्षेत्र की एक चार वर्षीया शेरनी को एक एक्सपर्ट पशु चिकित्सक ने बेहोश किया, उसे एक कटघरे में डाला गया और सड़क के रास्ते पन्ना पहुंचा दिया गया।

प्रारंभ में वन विभाग ने भारतीय वायु सेना से एक हेलीकाप्टर की मांग की थी ताकि उसकी मदद से शेरनी को बान्धवगढ़ से पन्ना भेजा जा सके परंतु भारतीय वायु सेना ने उत्तर दिया कि 7 मार्च तक उनके पास हेलीकाप्टर खाली नहीं है।

इस सूचना के साथ ही कि पन्ना टाइगर रिजर्व का इकलौता शेर घूमते हुये छतरपुर के वन क्षेत्र में पहुंच गया है, प्रदेश के वन विभाग ने अपनी योजना में और देरी करना ठीक नहीं समझा। शेरनी को बेहोश करने के सारे उपक्रम में मंगलवार के चार घंटे लगे और दो पशु चिकित्सकों एवं एक वरिष्ठ वन अधिकारी की देखरेख में शेरनी को सात बजे रवाना कर दिया गया।

शेरनी 250 किलोमीटर की यात्रा के पश्चात् सकुशल पन्ना पहुंच गई।

इस बीच, वन रक्षकों की हाल की गश्त में पन्ना का इकलौता (नर) शेर कहीं भी नहीं पाया गया।

काफी सघन खोज के पश्चात् वन अधिकारियों ने यह दावा किया कि (नर) शेर निकटवर्ती छतरपुर जिले के जंगलों में घूमता पाया गया है।

वन अधिकारियों की एक टीम (नर) शेर का पता लगाकर पन्ना लायेगी जहां बान्धवगढ़ की शेरनी रह रही है।' *(टा. आ. इ. मार्च 6, 2009)*

पन्ना राष्ट्रीय उद्यान में इस सफल अभियान के पश्चात् अगले ही सप्ताह में दूसरे अभियान की भी बारी थी, जिसका जनसाधारण और जनप्रतिनिधियों द्वारा जमकर विरोध हो रहा था। सारे क्षेत्रीय समाचार पत्रों के मुखपृष्ठ में यह खबर दी जा रही थी परंतु यहां हम टाइम्स ऑफ इंडिया में प्रकाशित खबर को ही जस-का-तस दे रहे हैं :

जबलपुर : सोमवार को मध्य प्रदेश के पन्ना टाइगर रिजर्व को दूसरी शेरनी प्राप्त हुई। शासक पार्टी भाजपा के एक धड़े एवं विरोधी पार्टी कांग्रेस के सदस्यों के विरोध के बीच शेरनी को स्थानान्तरित कर दिया गया। इसके पहले एक शेरनी को बान्धवगढ़ राष्ट्रीय उद्यान से स्थानान्तरित किया गया था।

अधिकारियों ने एक चार वर्षीया शेरनी को रविवार को वायुसेना के हेलिकाप्टर एम. आई. 17 के द्वारा वायुमार्ग से पहुंचाने की योजना बनाई थी। परंतु योजना के क्रियान्वयन में देरी हुई क्योंकि राष्ट्रीय उद्यान के अधिकारी संबंधित शेरनी को समय पर नहीं ढूंढ़ सके। शेरनी को सोमवार की सुबह देखा गया और वन अधिकारियों ने उसे तुरंत ही बेहोश कर सामान्य औपचारिकताओं को पूरा करते हुये हेलीकाप्टर में चढ़ा दिया ।

देश में शेरों की गिरती संख्या के मद्देनजर शेरों के प्रजनन को बढ़ावा देने के लिये, 110 किलो वजनी शेरनी को वन्य जीवन विभाग (वाइल्ड लाइफ डिपार्टमेंट) के प्रयास के बतौर पन्ना टाइगर रिजर्व में लाया गया।

संभवतः अवैध शिकार अथवा किसी अन्य कारण से अधिकारियों को पन्ना टाइगर रिजर्व में लाने जैसा कार्य बेबसी में करना पड़ा क्योंकि पन्ना टाइगर रिजर्व की सभी शेरनियां विलुप्त हो चुकी थीं। *(टा. आ. इ., मार्च 11, 2009)*

इस शेरनी को कान्हा से ले जाने के विरोध में यह तर्क दिया जा रहा था कि यह एक गर्भवती मादा थी परंतु अधिकारियों ने इस वक्तव्य को आधारहीन और गलत बतलाया।

बात यहीं खत्म हो जाती तब तो ठीक था अर्थात् दो शेरनियों को पन्ना राष्ट्रीय उद्यान में यदि शेर (नर बाघ) मिल गया होता तो सारी मशक्कत सफल मानी जाती पर ऐसा नहीं हुआ। इकलौता नर बाघ अब पूरे पन्ना राष्ट्रीय उद्यान में नहीं था। वन विभाग का सारा सरकारी अमला उसे पन्ना राष्ट्रीय उद्यान और आसपास के जंगलों में ढूंढ़ रहा था पर उसका कहीं पता नहीं था। पत्रकारों के पूछे जाने पर वन विभाग के अधिकारी यह कहकर चुप्पी साध लेते कि नर बाघ छतरपुर के जंगलों की ओर चला गया है, हालांकि इसका कोई प्रत्यक्ष प्रमाण वे नहीं दे पा रहे थे। जब एक महीना बीतने को हुआ तो पता चला कि पन्ना टाइगर रिजर्व की यह गुत्थी सुलझाने के लिये कि वास्तव में पन्ना टाइगर रिजर्व में कोई बाघ बचा भी है या नहीं 'नेशनल टाइगर रिजर्व कंजर्वेशन अथारिटी' ने एक 'उच्च स्तरीय दल' का गठन कर उसे पन्ना राष्ट्रीय उद्यान भेजा।

(स्रोत : हैज पन्ना लास्ट इट्स टाइगर, टा. आ. इं., 7 अप्रैल, 2004)

इस 'उच्चस्तरीय दल' ने अंत में 5 मई, 2009 को यह स्पष्ट कर दिया कि पन्ना टाइगर रिजर्व बाघविहीन हो गया हैं। 'अब यह आधिकारिक है कि पन्ना एक दूसरा सारिस्का

बन चुका है, खोजियों के एक विशेष दस्ते ने इस बात की पुष्टि कर दी है कि जनवरी (2009) से इस संरक्षित क्षेत्र में कोई बाघ नहीं है।'

(स्रोत : नो टाइगर इन पन्ना सिंस जनवरी, टा.आ.इ., 3 मई 2009)

पश्चिम बंगाल

स्थिति : पूर्वी भारत, विस्तार क्षेत्रफल : 88752 वर्ग किलोमीटर

संरक्षित क्षेत्र : राष्ट्रीय उद्यान : 2, अभयारण्य : 17 (प्रदेश का वनाच्छादित क्षेत्र : 13.38 प्रतिशत)

प्रादेशिक पारिस्थितिकी : चार प्राणि-भौगोलिक परिमंडल : 1. मध्य हिमालय 2. छोटा नागपुर, 3. दकन का पठार एवं 4. गंगा का मैदान।

वन्य पशु-पक्षी : बाघ, चीतल, मगर, पक्षी।

पश्चिम बंगाल भारत के तीन पड़ोसी देश भूटान, नेपाल और बंगलादेश की सीमाओं से जुड़ा हुआ है इसीलिये यहां के उत्तरी भाग में भूटान की रैडिक और संकोश नदियां आकर प्रवाहित होती हैं। उत्तरी बंगाल के संरक्षित क्षेत्रों में भूटान के अतिरिक्त अन्य उत्तरवर्ती भारतीय राज्यों यथा सिक्किम और आसाम में पाये जाने वाले वन्य प्राणी पाये जाते हैं क्योंकि ये मूलतः हिमालयी प्राणिजात मूल के प्राणी हैं। पश्चिमी बंगाल में नेवरा राष्ट्रीय उद्यान, बक्सा राष्ट्रीय उद्यान हिमालयी प्राणिजात के संरक्षण के लिये स्थापित किये गये। हिमालय के दुआर (द्वार) क्षेत्र के वन्य प्राणियों के लिये जलदापारा जैसे अभयारण्य की स्थापना की गई। पश्चिमी बंगाल का सबसे दक्षिणी भाग समुद्रतटीय है, यहां पर विश्व का सबसे बड़ा डेल्टाई प्रदेश है जिसमें प्रसिद्ध समुद्रतटीय सुन्दर वन फैला है। सुन्दर वन भारत के पश्चिम बंगाल प्रदेश के अतिरिक्त बंगलादेश की सीमा में भी फैला है। सुन्दर वन डेल्टाई वनों का प्राणिजात विशिष्ट प्रकार का है और इसीलिये पश्चिम बंगाल के सुन्दर वन राष्ट्रीय उद्यान को बायोस्फियर रिजर्व का दर्जा दिया गया। इन वनों में मीठे पानी, खारे पानी और मिश्रित जल पारिस्थितकी देखने को मिलती है। यहां पर सरीसृपों, मछलियों और पक्षियों की बहुतायत तो है ही यहां पर परिस्थिति विशेष (डेल्टाई वनों) में अनुकूलन करने वाले प्राणियों की संख्या भी अत्यधिक है। यहां पर केंकड़े खाने वाले बन्दरों से लेकर डेल्टाई भागों में नदी में तैरने वाले शेर भी पाये जाते हैं।

पश्चिमी बंगाल जनसंख्या बहुल प्रदेश है। प्रदेश के मैदानी भाग में कहीं भी वन नहीं बचे हैं। जो भी वन हैं या तो वे एकदम उत्तर के पर्वतीय क्षेत्र में हैं जो भूटान और सिक्किम के समीप हैं अथवा एकदम दक्षिणी भाग में गंगा के डेल्टाई क्षेत्र में जिसे सुन्दर वन के नाम से जाना जाता है। ये सभी वन (क्षेत्रफल 11,879 वर्ग कि.मी.) प्रदेश के दो सुदूर छोरों में बंटे हैं, दोनों की पारिस्थितिकियां एकदम अलग हैं।

पगेट द्वीप

अंडमान द्वीप समूह में स्थित इस अभयारण्य का विवरण 'अंडमान द्वीप समूह के संरक्षित क्षेत्र' में देखें।

पनिपिहिंग

यह अभयारण्य आसाम में स्थित है, प्राणिजात प्रदेश के अन्य संरक्षित क्षेत्रों के समान।

पल्लिकरनाई

तमिलनाडु में स्थित यह अभयारण्य मुख्यतः दलदली पारिस्थितिकी का क्षेत्र है।

परियेज

परियेज अभयारण्य गुजरात के खेड़ा जिले में कनेवल झील के चतुर्दिक फैला हुआ है। यह झील क्षेत्र बड़ी संख्या में प्रवासी एवं निवासी पक्षियों का शरण स्थल है। वर्ष 2002 में एक गणना के अनुसार इस नम क्षेत्र में 39,234 पक्षी गिने गये जो कि 89 प्रजातियों के थे। वर्ष 2003 में एक गणना के अनुसार यहां 22000 पक्षी पाये गये।

(स्रोत : रिचा बंसल, 'वेटलैंड्स टु बि डेव्हलप्ड टु सपोर्ट वाइल्ड लाइफ', दि टाइम्स ऑफ इन्डया, 21/08/2004)

पादुमनी भेरजन बोराजन

असम की उत्तर-पूर्वी सीमा में स्थित अभयारण्य, पारिस्थितिकी प्रदेश के अन्य संरक्षित क्षेत्रों की भाँति।

पानीविहिंग

असम के पूर्वी भाग में स्थित अभयारण्य, पारिस्थितिकी प्रदेश के अन्य संरक्षित क्षेत्रों की भाँति।

पापी कोंडा

संरक्षित क्षेत्र : अभयारण्य
विस्तार : 590 वर्ग किलोमीटर
स्थिति : आंध्र प्रदेश
समीपवर्ती नगर : राजामुंद्री
उत्तम भ्रमणकाल : अक्टूबर से मार्च
पारिस्थितिकी : अयनमंडलीय आर्द्र मिश्रित पर्णपाती वन
वन्य पशु-पक्षी : शेर, तेंदुआ, गौर, चौसिंघा, पक्षी।

पापीकोंडा अभयारण्य आंध्र प्रदेश में पूर्वी घाट पर्वतों के उस स्थल पर वर्ष 1978 में

स्थापित की गई थी जहां पर गोदावरी नदी इन पर्वतों को काटकर समुद्र की ओर बढ़ती है। इस अभयारण्य के 590 वर्ग किलोमीटर क्षेत्र में से 220 वर्ग किलोमीटर क्षेत्र नाभिक क्षेत्र है।

पार्वती अरंगा

मध्य उत्तर प्रदेश में स्थित पक्षियों के लिये घोषित अभयारण्य, पारिस्थितिकी प्रदेश के अन्य संरक्षित क्षेत्रों की भाँति।

पाबीतोरा

संरक्षित क्षेत्र : अभयारण्य
विस्तार : 16 वर्ग किलोमीटर
स्थिति : आसाम
समीपवर्ती नगर : गुआहाटी (45 कि.मी.)
उत्तम भ्रमणकाल : अक्टूबर से मार्च
पारिस्थितिकी : दलदली वन, घास के मैदान
वन्य पशु–पक्षी : गौर, गेंड़ा, बारहसिंघा, तेंदुआ, पक्षी।

पाबीतोरा अभयारण्य आसाम के गिने–चुने उन संरक्षित क्षेत्रों में से एक है जिनमें वन्य प्राणियों को बेहतर सुरक्षा उपलब्ध है। वस्तुतः आसाम ही क्या सभी दलदली क्षेत्रों के घास के मैदान बुरी तरह मनुष्य की गतिविधियों से आक्रान्त हैं। इन मैदानों के वन्य पशुओं को न केवल चरवाहों और उनके पालतू पशुओं से अपना भोजन अपहरित होते हुये देखना पड़ता है अपितु उन्हें वन्य पशुओं के अंगों के सौदागरों से रूबरू होकर अपने प्राण भी गंवाने पड़ते हैं। आसाम के ऐसे वन्य प्राणियों में एक सींग वाले भारतीय गैंड़े का नाम सबसे ऊपर है। इस वन्य पशु की संख्या में लगातार गिरावट दर्ज की गई है। इसी गिरावट की आशंका से गैंडे को अधिक सुरक्षा देने का एक सद्विचार आसाम सरकार के पास सूझा है और आसाम सरकार ने 'आसाम रिनोविजन 2020' की घोषणा भी कर दी है। यह एक निश्चित रूप से स्वागत योग्य घोषणा है।

इस घोषणा के पहले से ही पाबीतोरा अभयारण्य अपनी अपेक्षाकृत बेहतर व्यवस्था के कारण अपने क्षेत्र के गैंड़ों को न केवल बचाये रखने में समर्थ हुआ है अपितु काजीरंगा के अतिरिक्त यही एकमात्र संरक्षित क्षेत्र है जहां गैंडों की संख्या में यथेष्ट वृद्धि हुई है।

परंतु इस छोटे से अभयारण्य की विडंबना यह है कि क्षेत्र की कमी के कारण यह गैंडों की बड़ी संख्या को नहीं पाल सकता, अब आवश्यकता इस बात की है कि या तो संरक्षित क्षेत्र को और अधिक वन क्षेत्र प्रदान किया जाय या फिर सफलतापूर्वक यहां के अतिरिक्त गैंडों को दूसरे किसी अभयारण्य में वैज्ञानिक ढंग से पुनर्वासित किया जाय।

उच्चारण भेद : पोबीतोरा

पाताल भुवनेश्वर

उत्तरांचल स्थित यह अभयारण्य भूगर्भीय गुफाओं के लिये विख्यात है।

पामेड

संरक्षित क्षेत्र : अभयारण्य
विस्तार : 447.6 वर्ग किलोमीटर
स्थिति : छत्तीसगढ़
समीपवर्ती नगर : जगदलपुर
उत्तम भ्रमणकाल : अक्टूबर से मार्च
पारिस्थितिकी : मिश्रित अयनमंडलीय पर्णपाती वन
वन्य पशु–पक्षी : तेंदुआ, वन्य शूकर, चीतल, सांभर, बन्दर।

पामेड अभयारण्य की स्थापना जगदलपुर जिले की बीजापुर तहसील में वर्ष 1983 में हुई थी। अब बीजापुर तहसील को जिले का दर्जा प्राप्त हो गया है। इस अभयारण्य का अधिकांश भाग चौरस है, केवल दक्षिण–पश्चिमी भाग में पहाड़ियां हैं। इस अभयारण्य में बांसों के वन पाये जाते हैं साथ ही सागौन, बीजा, महुआ, साजा और धवा के वृक्ष पाये जाते हैं।

अभयारण्य का मुख्य जलस्रोत इन्द्रावती नदी है। इस नदी के अतिरिक्त अभयारण्य के अन्य नदी–नाले गर्मियों में सूख जाते हैं।

पामेड अभयारण्य अपने वन्य भैसों के लिये प्रसिद्ध था परन्तु अब वर्षों से इन्हें इन वनों में नहीं देखा गया है। अन्य वन्य पशुओं में उल्लेखनीय कक्कड़ और सेही हैं।

पामेड अभयारण्य की सीमा में 14 गांव बसे हुये हैं। सभी गांव जनजातीय समुदाय के हैं। इन गांवों की सम्मिलित जनसंख्या लगभग 2500 है। इन ग्रामों में लगभग 1000 गाय, बैल तथा भैंसे हैं। इस अभयारण्य में नक्सलियों का जोर है, अतः इसके संरक्षण में वन विभाग असमर्थ है। यहां पर वन्य पशुओं की गणनायें भी औपचारिक ही होती हैं।

प्राणहिता

संरक्षित क्षेत्र : अभयारण्य
विस्तार : 1336 वर्ग किलोमीटर
स्थिति : आंध्र प्रदेश
समीपवर्ती नगर : राजामुंद्री
उत्तम भ्रमणकाल : अक्टूबर से मार्च
पारिस्थितिकी : आर्द्र अयनमंडलीय पर्णपाती वन, सागौन के वन
वन्य पशु–पक्षी : बाघ, तेंदुआ, रीछ, चौसिंघा, पक्षी।

प्राणहिता अभयारण्य आंध्र और महाराष्ट्र की सीमा पर प्राणहिता नदी के कछार पर स्थित है। इस अभयारण्य की स्थापना वर्ष 1980 में हुई थी।

पालामाऊ

संरक्षित क्षेत्र : टाइगर रिजर्व
विस्तार : 1979 वर्ग किलोमीटर
स्थिति : झारखंड
समीपवर्ती नगर : डाल्टन गंज (25 कि.मी.)
उत्तम भ्रमणकाल : अक्टूबर से मई
पारिस्थितिकी : उत्तरी शुष्क पर्णपाती वन
वन्य पशु–पक्षी : बाघ, जंगली कुत्ते, रीछ, चीतल, सांभर, रीछ, गौर।

पालापाऊ टाइगर रिजर्व वर्ष 1960 में अभयारण्य के रूप में संरक्षित क्षेत्र घोषित हुआ, कालान्तर में इसमें बेटला राष्ट्रीय उद्यान का क्षेत्र भी सम्मिलित कर दिया गया।

इस प्रकार पालापाऊ टाइगर रिजर्व का प्रमुख वनक्षेत्र बेटला राष्ट्रीय उद्यान है जो कि झारखंड के छोटानागपुर पठार के पश्चिमी भाग में फैला हुआ है। इस राष्ट्रीय उद्यान का क्षेत्रफल 232 वर्ग कि.मी. है। बेटला राष्ट्रीय उद्यान के वनों को भारत के सर्वश्रेष्ठ वनों में गिना जाता है। ऐसा माना जाता है कि भारत में बाघों की सर्वप्रथम गणना वर्ष 1932 में यहां पर ही की गई थी।

पालामाऊ भारत के आरंभिक टाइगर रिजर्व में से एक है। इसके अंतर्गत डाल्टन गंज के दक्षिणी वन मंडल का अधिकांश भाग सम्मिलित किया गया है। इस टाइगर रिजर्व में अनेक नदियां बहती हैं, प्रमुख नदियां कोयल तथा औरंगा तथा बूढ़ा नदी है साथ ही एक विशाल नाला पेंड्रानाला भी है। ग्रीष्म काल में यहां भारी गर्मी पड़ती है और सभी जलस्रोत लगभग शुष्क हो जाते हैं। मई में तापमान 45 से. तक जा पहुंचता है पर इन्हीं दिनों पलाश, कुसुम और कचनार के वृक्षों में बहार आ जाती है। महुआ भी इन्हीं दिनों पुष्पित होता है और तब भालुओं को इन वृक्षों के आसपास देखना सरल होता है। बरसात आते ही समूचा परिदृश्य ही बदल जाता है।

पालामाऊ प्रोजेक्ट टाइगर के अंतर्गत वर्ष 1973 में लाया गया था।

पालामाऊ टाइगर रिजर्व में मुख्यतः ग्रेनाइट, चूने और नाइस पत्थरों की पहाड़ियां हैं जो कि औसतन 300 से 1200 मीटर तक ऊंची हैं। यहां पर वर्षा 750 मि.मी. से 1250 मि.मी. तक होती है।

पालामाऊ टाइगर रिजर्व में प्रायद्वीपीय भारत में पाये जाने वाले अधिकांश बड़े वन्य पशु देखने मिल जाते हैं। यहां पर बाघ, हाथी, तेंदुआ, चौसिंघा, नीलगाय, जंगली सुअर, सेही सभी वन्य प्राणी काफी संख्या में मौजूद हैं।

पिन वैली

संरक्षित क्षेत्र : अभयारण्य/राष्ट्रीय उद्यान
विस्तार : अप्राप्त
स्थिति : हिमाचल प्रदेश
समीपवर्ती नगर : काजा

उत्तम भ्रमणकाल : जून से सितंबर
पारिस्थितिकी : उच्च पर्वतीय, अल्पाइन वनस्पति
वन्य पशु–पक्षी : हिमतेंदुआ, हिमलायी मेष छाग, पक्षी।

पिनवेली राष्ट्रीय उद्यान की स्थापना मुख्य रूप से हिम तेंदुये के संरक्षण के लिये की गई है। यह संरक्षित क्षेत्र उत्तरपूर्वी हिमाचल प्रदेश में स्थित है। पिनवेली का क्षेत्र उत्तर–पश्चिमी हिमाचल का ऐकान्तिक पर्वतीय क्षेत्र है। यहां पर पर्वतों की ऊंचाई 6000 मी. से भी अधिक है। इस संरक्षित क्षेत्र के बहुत थोड़े से हिस्से में अल्पाइन झाड़ियों की वनस्पति पाई जाती है। अन्यथा बहुत बड़ा हिस्सा तीव्र ढालों वाला उच्च पर्वतीय है और वर्ष के एक बड़े भाग में इस उच्च पर्वतीय भाग में हिमावरण रहा आता है या यह कह सकते हैं कि यहां हिमरेखा पर्वतीय सतह से लगी हुई ही है। महीनों तक यहां की भूमि बर्फ से ढंकी रहती है। ऐसे अतिशीत वातावरण में केवल उच्च हिमालय पर्वतों पर रहने वाले मेष छाग और उनके शिकार पर जीवित रहने वाला हिम तेंदुआ ही यहां के मुख्य वन्य प्राणी हैं। इस हिम क्षेत्र में कुछ निवासी पक्षी भी पाये जाते हैं, कुछ बाज वर्ग के शिकारी पक्षी भी यहां दिख जाते हैं।

पिनवेली राष्ट्रीय उद्यान में खानाबदोश जनजातियां अपने पालतू पशु बकरा–बकरी, भेड़ें और याक इत्यादि लेकर घूमते देखे जा सकते हैं। ये खानाबदोश जनजातियां पीढ़ियों से यहां इसी तरह अपना जीवन यापन करती आ रही हैं किंतु उनके द्वारा पर्यावरण को भारी नुकसान पहुंच रहा है क्योंकि इन जनजातियों की संख्या और उनके पालतू पशुओं की संख्या में पिछले कुछ दशकों में भारी वृद्धि हुई है।

पिनवेली राष्ट्रीय उद्यान औषधीय वनस्पतियों के लिये विख्यात है किंतु अब इन पोधों की अनेक प्रजातियां पालतू पशुओं के कारण विलुप्ति के कगार पर हैं।

पिनवेली अभयारण्य की सीमा के भीतर कितने हिम तेंदुये निवास करते हैं यह ठीक ढंग से पता लगाना कठिन है। हिम तेंदुओं को शिकार के लिये विशाल क्षेत्र में घूमना पड़ता है क्योंकि हिमावृत क्षेत्रों में शिकार का वितरण बहुत विरल होता है। फिर भी हिम तेंदुओं की संख्या का समय समय पर आकलन किया जाता है। वर्ष 2004 में हिमाचल प्रदेश के दो संरक्षित क्षेत्रों में हिम तेंदुओं की संख्या 32 से 35 आंकी गई। हिमाचल के ये दो हिम तेंदुये प्रधान संरक्षित क्षेत्र पिनवेली तथा ग्रेट हिमालयन राष्ट्रीय उद्यान हैं।

(स्रोत : 'नम्बर आफ लियोपाड्र्स गोज अप इन हिमाचल', दि हिन्दू, 19/7/2004)

पीची व्हजानी

संरक्षित क्षेत्र : अभयारण्य
विस्तार : 125 वर्ग किलोमीटर
स्थिति : केरल
समीपवर्ती नगर : त्रिचूर (15 किलोमीटर)
उत्तम भ्रमणकाल : नवंबर से अप्रैल
पारिस्थितिकी : अर्धशुष्क पर्णपाती वन

वन्य पशु–पक्षी : वन्य शूकर, चीतल, पक्षी।

पीची व्हजानी अभयारण्य की स्थापना वर्ष 1958 में हुई थी। इसकी स्थापना का उद्देश्य पीची और व्हजानी बांधों के जलग्रहण क्षेत्र को सुरक्षित करना था। यह अभयारण्य स्तनपायी वन्यप्राणियों की दृष्टि से उतना महत्वपूर्ण नहीं है जितना कि पक्षियों के दृष्टि से है। दो विशाल जलाशय होने के कारण यहां पर प्रवासी और निवासी दोनों ही वर्गों के पक्षी बहुतायत से पाये जाते हैं।

पीची अभयारण्य पीची बांध के आसपास फैला हुआ है। यह बांध 100 एकड़ के सघन वनों के बीच स्थित है । इस बांध से मात्र 3 किलोमीटर की दूरी पर थमरा–वल्लाचल आदिवासी कालोनी है, जिसके संबंध में अक्सर समाचार आते रहते हैं कि यह कालोनी पूरी तौर पर नक्सली सी. पी. आई. (एम) कैडर की हैं और जिनके पास भारी मात्रा में आधुनिक शस्त्रास्त्र हैं। इनके डर के कारण वन विभाग के अधिकारियों तथा वन रक्षकों ने इस ओर का रुख करना ही बंद कर दिया है। अब यहां न तो सरकारी नियंत्रण है और न ही कोई सामाजिक नियंत्रण जो वन्य पशुओं को बचा सके। सम्पूर्ण अभयारण्य बिना किसी सुरक्षा के पड़ा हुआ है।

पिछले दस वर्षों में शासन बदलने पर भी यहां की स्थिति में कोई विशेष परिवर्तन नहीं आया है।

(स्रोत : कल्पवृक्ष, अक्टूबर, 1998, पृ. 127)

पिटमेन द्वीप

अंडमान द्वीप समूह में स्थित इस अभयारण्य का विवरण 'अंडमान द्वीप समूह के संरक्षित क्षेत्र' में देखें।

पीलीभीत

संरक्षित क्षेत्र : प्रस्तावित टाइगर रिजर्व
विस्तार : कार्य योजना अंतिम चरण में
स्थिति : उत्तर प्रदेश
पीलीभीत टाइगर रिजर्व

वर्ष 2008 मई की 23 वीं तारीख को 'नेशनल टाइगर कंजर्वेशन अथारिटी' (एन. टी. सी. ए.) की बैठक में भारत के 4 और टाइगर रिजर्व स्थापित करने का फैसला लिया गया, इनमें से एक 'पीलीभीत टाइगर रिजर्व' भी है। उत्तर प्रदेश के वन विभाग ने पीलीभीत के वनों पर वर्ष 2000 से विशेष ध्यान देना प्रारंभ किया क्योंकि प्रदेशों के पुनर्गठन के फलस्वरूप उत्तर प्रदेश का श्रेष्ठ दुधवा राष्ट्रीय उद्यान (टाइगर रिजर्व) शेष रह गया था। पिछली दो वर्षों की गणना (2005 एवं 2006) से ज्ञात होता है कि उत्तर प्रदेश में 30 से कुछ अधिक बाघ पीलीभीत किशनपुर अभयारण्य तथा शाहजहांपुर के खूटर वन परिक्षेत्र में पाये जाते हैं। यह आरक्षित वन क्षेत्र प्रोजेक्ट टाइगर की स्थापना के लिये निर्धारित आधारभूत शर्तें

पूरा करता है जिसमें मनुष्यों का कम से कम हस्तक्षेप भी शामिल है। वर्ष 2008-09 में 'नेशनल टाइगर कंजर्वेशन कमेटी' को इस टाइगर रिजर्व के प्रारंभ होने से संबंधित अपने फैसले की औपचारिक घोषणा करनी थी जो कि किन्हीं कारण वश नहीं हो सकी। पर यह संभव होगा इसमें संदेह नहीं।

उत्तर प्रदेश में वनों का कुल क्षेत्रफल 14424 वर्ग किलोमीटर है जिसमें से 3174 वर्ग किलोमीटर के वन बाघ के निवास के लिये उपयुक्त हैं। वर्ष 2008 की फरवरी की वन्य पशु गणना में उत्तर प्रदेश के 2,766 वर्ग किलोमीटर के वन क्षेत्र में 109 बाघों की गणना की गई थी।

दुधवा वन क्षेत्र में बाघों का वितरण एक सुदीर्घ तथा तीन अपेक्षतया लघुतर क्षेत्रों में है। बाघों की मुख्य संख्या दुधवा राष्ट्रीय उद्यान, कतर्नियाघाट अभयारण्य तथा पीलीभीत के वनों में है, जो खेरी के उत्तर और दक्षिणी भाग में है। बाघों की संख्या के लघुतर क्षेत्र पश्चिम में बिजरोर वन तथा पूर्व में सोहागी बरवा अभयारण्य तथा सुहेलवा अभयारण्यों में हैं।

इस टाइगर रिजर्व की स्थापना से यहां के सभी क्षेत्रों को तो संयोजित किया ही जायेगा साथ ही इनमें खूटर और ककरहा के आरक्षित वनों को भी सम्मिलित किया जा सकता है।

पीलीभीत टाइगर रिजर्व के प्रमुख बाघ क्षेत्र दुधवा के नाभिक क्षेत्र (कोर एरिया) में सात गांव बसे हुये हैं, इनमें से किशनपुर ग्रांट नं. 1 एवं कैम्प नाम के दो गांवों को राजनेताओं ने वर्ष 2002 में 'अम्बेडकर गांव' का दर्जा दे दिया है। इस तरह अब वन संरक्षण और प्राणि संरक्षण को मानव संरक्षण की राजनीति का सामना करना पड़ रहा है।

पुलिबाजे

संरक्षित क्षेत्र : अभयारण्य
विस्तार : 09 वर्ग किलोमीटर
स्थिति : नागालैंड
समीपवर्ती नगर : कोहिमा
उत्तम भ्रमणकाल : नवंबर से मार्च
पारिस्थितिकी : उप अयनमंडलीय पाइन वन
वन्य पशु-पक्षी : पक्षी।

पुलिबाजे अभयारण्य कोहिमा नगर की दक्षिणी सीमा के समीप स्थित है। यह एक पक्षी अभयारण्य है। यहां पर पूर्वी हिमालय में पाये जाने वाले अनेक सुन्दर पक्षी पाये जाते हैं, इनमें खलीज फीजेन्ट तथा ट्रोगोपान उल्लेखनीय हैं। यह पक्षी अभयारण्य वर्ष 1979 में स्थापित किया गया था।

पुलीकट लेक

संरक्षित क्षेत्र : अभयारण्य
स्थिति : आंध्र प्रदेश

समीपवर्ती नगर : सुलुरपेट्टा (8 कि.मी.)
उत्तम भ्रमणकाल :
पारिस्थितिकी : समुद्रतटीय
वन्य पशु–पक्षी : जलचर पक्षी।

पुलीकट लेक या पुलीकट झील अभयारण्य का विस्तार वस्तुतः एक लैगून के चारों ओर है। इस तरह इस संरक्षित क्षेत्र में अनेक प्रजातियों की मछलियों, सरीसृपों और पक्षियों की बड़ी संख्या पाई जाती है।

पुष्पगिरि

यह अभयारण्य कर्नाटक में स्थित है, प्राणिजात प्रदेश के अन्य संरक्षित क्षेत्रों के समान।

पूर्णा

यह अभयारण्य गुजरात में स्थित है। प्राणिजात प्रदेश के अन्य संरक्षित क्षेत्रों के समान। उच्चारण भेद से 'पूर्णिया'।

पेंच–1

संरक्षित क्षेत्र : अभयारण्य
विस्तार : 292 वर्ग किलोमीटर
स्थिति : मध्य प्रदेश
समीपवर्ती नगर : सिवनी (45 कि.मी.)
उत्तम भ्रमणकाल : अक्टूबर से मार्च
पारिस्थितिकी : अयनमंडलीय पर्णपाती वन
वन्य पशु–पक्षी : शेर, तेंदुआ, रीछ, सांभर, चीतल।

पेंच अभयारण्य का नामकरण इस वन्य क्षेत्र में बहने वाली नदी पेंच के नाम के ऊपर हुआ है। इस अभयारण्य की स्थापना वर्ष 1977 में सिवनी जिले में की गई थी, वर्ष 1983 में इस अभयारण्य के साथ ही समीपवर्ती वन क्षेत्र को जोड़कर पेंच राष्ट्रीय उद्यान की स्थापना की गई जिसे प्रियदर्शिनी राष्ट्रीय उद्यान के नाम से भी जाना जाता है। सतपुड़ा पर्वत में वस्तुतः पेंच नाम के दो संरक्षित क्षेत्र हैं। दोनों राष्ट्रीय उद्यान और टाइगर रिजर्व हैं।

पेंच अभयारण्य का अधिकांश क्षेत्र पहाड़ी है जिसकी समुद्र सतह से ऊंचाई 975 से 2377 मी. तक है। दक्षिणी हिस्से का कुछ भाग मैदानी है यहां वार्षिक वर्षा लगभग 1397 मि.मी. होती है जिसके फलस्वरूप यहां पर उत्तम वन हैं। अभयारण्य के एक बड़े भाग में सागौन वृक्ष पाये जाते हैं, अन्य वृक्षों में सलाई और बांस भी बहुतायत से हैं।

इस अभयारण्य में शेर भी पाया जाता है। अन्य वन्य प्राणियों में तेंदुआ, जंगली

सुअर, सांभर, चीतल, मोर प्रमुख हैं। यहां पर जंगली कुत्तों को भी देखा गया है पर इनकी निश्चित संख्या ज्ञात नहीं है। ये रूखड़ पर्वत श्रेणी के वनों में देखे गये हैं।

अभयारण्य की सीमा में 11 गांव बसे हैं जिनमें से 9 गांव वन ग्राम हैं तथा 2 राजस्व गांव हैं। अभयारण्य के भीतर से राष्ट्रीय मार्ग 7 जाता है जो जबलपुर को नागपुर से जोड़ता है, इस पर भारी यातायात रहता है। अभयारण्य के भीतर कुछ कच्चे मार्ग भी हैं जिन पर बैलगाड़ियों से यातायात होता है।

मुश्किल : पेंच राष्ट्रीय उद्यान की नदियों में मछली मारने वाले विस्फोटक पदार्थों का प्रयोग करते हैं। यह गैर कानूनी कार्य है परंतु जो लुके-छिपे चलता रहता है इससे पारिस्थितिकी तंत्र को खतरा पैदा हो जाता है। मछली मारने वाले केवल मछली मारने भर से संतुष्ट हों ऐसा नहीं है, उनके द्वारा चीतल तथा वनस्पति-भोजी वन्य पशुओं को मारने की पुष्ट खबरें भी प्रकाशित होती रहती हैं।

पेंच-2

संरक्षित क्षेत्र : राष्ट्रीय उद्यान
स्थिति : महाराष्ट्र एवं मध्य प्रदेश
समीपवर्ती नगर : नागपुर (56 कि.मी.)
उत्तम भ्रमणकाल : अक्टूबर से मार्च
पारिस्थितिकी : अयनमंडलीय मिश्रित पर्णपाती वन
वन्य पशु-पक्षी : बाघ, तेंदुआ, गौर, चीतल, सांभर, पक्षी।

सतपुड़ा पर्वत के दो पेंच राष्ट्रीय उद्यान : पेंच राष्ट्रीय उद्यान/टाइगर रिजर्व नाम के दो संरक्षित क्षेत्र हैं, दोनों का नाम इस क्षेत्र में बहने वाली नदी पेंच के नाम पर रखा गया है साथ ही इस नदी की घाटी के वनों का नाम भी पेंचवन है। मध्य प्रदेश के सीमाक्षेत्र में स्थित अभयारण्य/राष्ट्रीय उद्यान जो अब टाइगर रिजर्व भी है दो नामों से जाना जाता है। मध्य प्रदेश के इस पेंच टाइगर रिजर्व का ही दूसरा नाम प्रियदर्शनी राष्ट्रीय उद्यान है। इस टाइगर रिजर्व का क्षेत्रफल 757 वर्ग किलोमीटर है।

इसी नदी की घाटी का महाराष्ट्र स्थित क्षेत्र भी पेंच राष्ट्रीय उद्यान/टाइगर रिजर्व है जिसका क्षेत्रफल 257 वर्ग किलोमीटर है।

पेंच राष्ट्रीय उद्यान/महाराष्ट्र का टाइगर रिजर्व

मध्य प्रदेश के वृहत्तर पेंच टाइगर रिजर्व के दक्षिण में महाराष्ट्र का टाइगर रिजर्व स्थित है। दोनों ही टाइगर रिजर्व एक ही पारिस्थितिकी के प्रदर्शक हैं अर्थात् दोनों में एक सा उच्चावच, जलवायु और वन हैं। दोनों में वन्य प्राणियों की प्रजातियां भी एक-सी हैं।

मछली पकड़ने से संबंधित समस्या

पेंच राष्ट्रीय उद्यान चाहे वह मध्य प्रदेश का हो अथवा महाराष्ट्र का मछली पकड़ने की समस्या से ग्रस्त हैं। इन क्षेत्रों में यह समस्या जब-तब 'प्रकृति संरक्षणवादी 'बनाम' मानव अधिकारवादी' के रूप में उभरकर आती रहती है। पेंच संरक्षित क्षेत्र में तो मछुआरों द्वारा

अपने ऊपर लगाई गई न्यायालीय याचिका के विरोध में प्रति याचिका (काउन्टर पिटीशन) दायर करने के उदाहरण हैं। जाहिर है कि इस प्रकार की समस्यायें गंभीर हैं और उन पर अधिक ध्यान देने की आवश्यकता है।

पेंच–3

संरक्षित क्षेत्र : टाइगर रिजर्व–1
विस्तार : 757 वर्ग किलोमीटर
स्थिति : मध्य प्रदेश
समीपवर्ती नगर : सिवनी (45 कि.मी.)
उत्तम भ्रमणकाल : अक्टूबर से मार्च
पारिस्थितिकी : अयनमंडलीय पर्णपाती वन
वन्य पशु–पक्षी : शेर, तेंदुआ, रीछ, सांभर, चीतल।

पेंच राष्ट्रीय उद्यान (प्रियदर्शनी राष्ट्रीय उद्यान) : मध्य प्रदेश का टाइगर रिजर्व

मध्य प्रदेश स्थित पेंच टाइगर रिजर्व महाराष्ट्र के उसी नाम के तथा पड़ोस में बसे पेंच टाइगर रिजर्व से लगभग तीन गुना बड़ा है। यह सिवनी मार्ग के दोनों ओर स्थित है, इसे एक बड़े पर्यटन केंद्र के रूप में विकसित करने की योजना है परंतु अब तक (वर्ष 2009 तक) ऐसा कुछ भी महत्वपूर्ण नहीं हो पाया है। मध्य प्रदेश के प्रादेशिक स्तर के पर्यावरण संबंधी पर्यटन में इस संरक्षित क्षेत्र का कोई विशेष नाम नहीं है। वन्य प्राणियों के हिसाब से इस स्थिति को कुछ बुरा भी नहीं कहा जा सकता। मध्य प्रदेश स्थित पेंच राष्ट्रीय उद्यान में अली कट्टा के वनों में काफी अवैध शिकार होते थे परंतु टाइगर रिजर्व बनने के पश्चात् इनमें लगातार गिरावट देखी गई है, स्थिति यह है कि इस क्षेत्र में अब बड़ी संख्या में चीतल और नीलगाय घूमते देखे जा सकते हैं। मध्य प्रदेश के ही पेंच राष्ट्रीय उद्यान से लगे हुये पूरे रूखड़ वन क्षेत्र को अभयारण्य घोषित करने के लिये अनेक स्वयंसेवी संस्थाओं ने मांग की है। रूखड़ वन परिमंडल का भाग अब भी पेंच टाइगर रिजर्व के अंतर्गत है।

पेंच राष्ट्रीय उद्यान मध्य प्रदेश के सिवनी एवं छिंदवाड़ा जिलों में स्थित है। इस वन क्षेत्र को स्वतंत्रता–पूर्व के काल में ब्रिटिश अधिकारियों ने 'शिकारगाह' के रूप में आरक्षित कर रखा था। मूल रूप से यह वन क्षेत्र अत्यधिक विस्तृत था लेकिन स्वतंत्रता के पश्चात् के कुछ वर्षों की अंधाधुंध कटाई ने इन वनों की निरंतरता को समाप्त कर दिया।

ब्रिटिश अधिकारियों की पुरानी शिकार गाथाओं में इन वनों के वन्य प्राणियों के संबंध में खूब लिखा गया है। फोरसिथ (1889) ने यहां पर सर्वप्रथम जंगलों में लगी आग का वर्णन कुछ इस प्रकार किया है :

''इन प्रदेशों में घास का जलाना सार्वभौमिक है, यह सुनिश्चित रूप से अनेक प्रकार से लाभदायक है, इससे जंगलों के पड़ोस में रहने वाले लोगों के विशाल पशु धन के लिये नयी एरी घास की नई कोपलें पैदा होती हैं। इससे हजारों की तादाद में सर्प और अन्य कीड़े मारे जाते हैं। यह संभवतः मलेरिया के फैलाव को रोकता है जो कि इस वनस्पति के बढ़कर गिरने और सड़ने से पैदा होता है। (हाइलैंड्स ऑफ सेन्ट्रल इंडिया, पृ. 224) बदलते समय में पर्यावरण की सारी स्थितियां बदली हैं और उनके

साथ जनसामान्य का नजरिया। फोरसिथ की बात अब केवल ऐतिहासिक महत्व की ही है।

मध्य प्रदेश के पेंच राष्ट्रीय उद्यान में 'लैन्टाना' खरपतवार का काफी प्रसार हो गया था और उसके कारण घास के मैदानों की प्राकृतिक वनस्पति काफी कुछ सिमट रही थी परंतु इस पर काबू पा लिया गया है।

मध्य प्रदेश स्थित पेंच राष्ट्रीय उद्यान में जल की कमी को दूर करने के लिये छिंदबड़ी, टोयामिट और खमरीठ में तालाब बनाये गये तथा नालों के पानी के संचय की व्यवस्था की गई। खरांदा और वामनदोह स्थानों पर इन नालों के जल को संचित करने के लिये उत्तम व्यवस्था है। जगह-जगह पर 'साल्टलिक' भी बनाये गये हैं।

मध्य प्रदेश के पेंच टाइगर रिजर्व में प्रवेश करने के लिये दो स्थानों पर से प्रवेश किया जा सकता है, दोनों स्थानों गंडाटोला एवं कोदाझिरि में सुरक्षा कर्मी ड्यूटी पर रहते हैं।

मध्य प्रदेश के पेंच राष्ट्रीय उद्यान का अपेक्षित विकास वर्षों बाद भी नहीं हो सका इसका मुख्य कारण कागजी घोषणाओं का होना है। पिछले अनेक वर्षों से मध्य प्रदेश के पेंच राष्ट्रीय उद्यान को 'अंतर्राष्ट्रीय मानचित्र' लाने की सारी घोषणायें थोथी साबित हुई हैं। सितंबर 2002 में शासन ने 85 लाख रुपयों (*स्रोत :* 'एक्सन प्लान फार पार्क इन एम पी,' दि टाइम्स ऑफ इंडिया 22/9/2002) के खर्च से पेंच को अंतर्राष्ट्रीय स्वरूप देने की घोषणा की थी, परंतु वह सब कुछ कागजों पर ही रहा जिसे जमीन पर होना चाहिये था। पेंच राष्ट्रीय उद्यान में पर्यटन की बहुत ही कम सुविधायें उपलब्ध हैं।

पेंच-4

संरक्षित क्षेत्र : टाइगर रिजर्व-2
विस्तार : 256 वर्ग किलोमीटर
स्थिति : महाराष्ट्र
समीपवर्ती नगर : नागपुर (56 कि.मी.)
उत्तम भ्रमणकाल : अक्टूबर से मार्च
पारिस्थितिकी : अयनमंडलीय पर्णपाती वन
वन्य पशु-पक्षी : शेर, तेंदुआ, रीछ, सांभर, चीतल/ओरि.री./भा.उ.।

महाराष्ट्र के टाइगर रिजर्व में तोतलादोह बांध है जो नागपुर नगर का जल और विद्युत प्रदायक है, इस क्षेत्र के वनों का क्षेत्रीय जलसंग्रहण में बड़ा महत्व है अत: इन वनों की सुरक्षा भी अति आवश्यक है। तोतलादोह में पहले की तुलना में अब कम मानवीय हस्तक्षेप है, इसका परिणाम भी अच्छा निकला है। मानवीय अधिवासों के किसी हद तक सीमित हो जाने से वन्य पशुओं की संख्या में स्पष्टतः वृद्धि देखी गई है। महाराष्ट्र के पेंच टाइगर रिजर्व वनों द्वारा मेलघाट तक किसी-न-किसी रूप से जुड़ा है। यदि सतपुड़ा के इन सभी वनों को संरक्षित क्षेत्र घोषित कर दिया जाये और जिसमें बहुत अधिक बाधायें भी नहीं हैं तो यह पूरा क्षेत्र अब भी पुराने गौरव को प्राप्त कर सकता है।

सतपुड़ा के टाइगर रिजर्व को बहुत हद तक एक-दूसरे से वनों के गलियारे द्वारा

जोड़ा जा सकता है, यदि महेन्द्री वन, जूनापानी और मानसिंह देव रिजर्व फारेस्ट के क्षेत्रों को संरक्षित क्षेत्र घोषित किया जाय।

पेंच राष्ट्रीय उद्यान सतपुड़ा पर्वत पर स्थित है, वस्तुतः यह वृहत्तर सतपुड़ा वनों का एक भाग है जो अभी भी अपने समृद्ध प्राणिजात के लिये प्रसिद्ध है। इस राष्ट्रीय उद्यान में न केवल बाघ और सांभर और गौर जैसे विशााल पशु पाये जाते हैं परंतु अनेक ऐसे पक्षी जिनको 'संकटग्रस्त' घोषित किया जा चुका है भी यहां देखे जाते हैं उनमें चित्तीवाला उल्लू (अथेने ब्लेविट्टी) की प्रजाति उल्लेखनीय है। पेंच राष्ट्रीय उद्यान के मध्य में पेंच बांध है जो संरक्षित क्षेत्र में जल का बड़ा स्रोत है और जहां अनेक प्रजाति के पक्षी देखे जा सकते हैं। पेंच टाइगर रिजर्व की सीमा पर लगे मानसिंह देववन क्षेत्र को भी टाइगर रिजर्व में जोड़ने के प्रस्ताव हैं।

महाराष्ट्र का पेंच राष्ट्रीय उद्यान अपनी सारी समस्याओं के बाद भी वन्य प्राणियों से समृद्ध संरक्षित क्षेत्र है, इसका श्रेय यहां के प्रबंधन को भी है। महाराष्ट्र के इस संरक्षित क्षेत्र की प्रबंधन के लिये प्रशंसा की गई है।

पेनुसुला नरसिंहा

संरक्षित क्षेत्र : अभयारण्य
विस्तार : अप्राप्त
स्थिति : आंध्र प्रदेश
समीपवर्ती नगर : रेड्डीपल्ली
उत्तम भ्रमणकाल : वर्ष भर
पारिस्थितिकी : अयनमंडलीय झाड़ियां
वन्य पशु-पक्षी : पक्षी विहार, जेर्डान्स कूर्सियर (रिनोप्टलाइस बिटोरक्वेटम्) प्रजाति के पक्षी के लिये स्थापना।

जेर्डान्स कूरियर प्रजाति का पक्षी विश्व भर में केवल आंध्र प्रदेश के कडप्पा जिले के पहाड़ी क्षेत्र में ही पाया जाता है। बीसवीं सदी के उत्तरार्ध में इस पक्षी को विलुप्त मान लिया गया था परन्तु शोधकर्ताओं ने इसे पुनः खोज निकाला और इस पक्षी के लिये आंध्रप्रदेश के शासन ने एक अभयारण्य 'लंकामलेश्वर' की स्थापना कर दी। कुछ समय पश्चात् पास ही के एक अन्य क्षेत्र में यही पक्षी लगभग 50 की संख्या में देखे गये अतः इस नये क्षेत्र को भी अभयारण्य घोषित कर दिया गया। यह भाग एक ऊंची पहाड़ी का है। इस अभयारण्य को 'श्री पेनुसुला नरसिम्हा' के नाम से भी जाना जाता है।

पेप्परा

संरक्षित क्षेत्र : अभयारण्य
विस्तार : 53 वर्ग किलोमीटर
स्थिति : केरल
समीपवर्ती नगर : विठूरा (10 कि.मी.)

उत्तम भ्रमणकाल : सितंबर से मार्च
पारिस्थितिकी : आर्द्र पर्णपाती अयनमंडलीय वन
वन्य पशु-पक्षी : सांभर, रीछ, शेरपुच्छ वानर, पक्षी।

पेप्परा अभयारण्य की स्थापना वर्ष 1983 में दक्षिणी केरल के पश्चिमी घाट पर्वतों में हुई थी। इस अभयारण्य की विशेषता यह थी कि यहां पश्चिमी घाट पर्वतों पर पाये जाने वाले अनेक प्राणियों की बहुत सी प्रजातियों को एक साथ देखा जा सकता है जैसे यहां पर हार्नबिल पक्षियों की पश्चिमी घाट पर्वतों में पायी जाने वाली चारों प्रजातियां ग्रेट पाइड हार्नबिल, मलाबार पाइड हार्नबिल, भारतीय भूरा हार्नबिल, तथा मलाबारी भूरा हार्नबिल देखने को मिल जाती हैं। यहां पर स्पष्ट करना उचित होगा कि हार्नबिल पक्षियों की उपस्थिति स्वस्थ वन की निशानी है। ये पक्षी फलों के बीजों के श्रेष्ठ प्रसारक हैं।

पेराम्बिकुलम

संरक्षित क्षेत्र : अभयारण्य
विस्तार : 285 वर्ग किलोमीटर
स्थिति : केरल
समीपवर्ती नगर : पोल्लाचि (48 कि.मी.)
उत्तम भ्रमणकाल : फरवरी से अप्रैल
पारिस्थितिकी : शुष्क मिश्रित पर्णपाती वन, सागौन वन
वन्य पशु-पक्षी : तेंदुआ, चीतल, सांभर, शेरपुच्छ वानर, नीलगिरि लंगूर, गौर, पक्षी।

पेराम्बिकुलम अभयारण्य की स्थापना वर्ष 1962 में हुई थी तब इसका क्षेत्रफल केवल 100 वर्ग किलोमीटर था, कालान्तर में इस अभयारण्य का विस्तार हुआ और वर्ष 1973 में इसका क्षेत्र बढ़ाकर दो गुने से भी अधिक कर दिया गया इसका कारण इस क्षेत्र की जैव विविधता थी। इस अभयारण्य का मुख्य प्रवाह स्रोत चाक्कुदी नदी है। अभयारण्य में तीन बांध क्रमशः पेराम्बिकुलम, थुनकडावू, तथा पेरूबरिपल्लम हैं। इस अभयारण्य का मौसमी परिदृश्य विशेष रूप से दर्शनीय है। वर्षा ऋतु के प्रारंभ होते ही सब ओर छोटे-छोटे जल प्रपात पैदा हो जाते हैं, बहने लगते हैं किंतु वर्षा के अवसान के साथ ही ये उतनी ही शीघ्रता से विलुप्त भी हो जाते हैं। अभयारण्य में इस क्षेत्र के विशेष प्राणी मलाबार ग्रे हार्नबिल, मलाबार की बड़ी गिलहरी और जंगली मुर्गे सर्वत्र दिखलाई देते हैं। पेराम्बिकुलम अभयारण्य में काफी संख्या में भालू भी पाये जाते थे परन्तु अब उनकी संख्या में कमी देखी जा रही है। दक्षिण भारत के अनेक अन्य अभयारण्यों की ही भांति यह अभयारण्य भी भूमि के अवैध उपयोग की समस्यासे ग्रस्त है। इस अभयारण्य में भी अतिक्रमणकारियों ने छोटे छोटे खेत बनाकर उनमें से नकद फसलें उगाना प्रारंभ कर दिया है। इस प्रकार के अतिक्रमण। की तथा कथा पुरान है जो ब्रिटिश औपनिवेशिक काल से प्रारंभ हुई थी।

हाथी रिजर्व : पेराम्बिकुलम अभयारण्य समीपवर्ती अन्य वन क्षेत्रों के साथ 'अनामुड़ी एलीफेन्ट रिजर्व' का एक भाग भी है। इस हाथी रिजर्व का विस्तार 3728 वर्ग किलोमीटर है। इस विशाल हाथी रिजर्व में बांधों के बंधने के कारण हाथियों के प्रवासीय

गलियारे कुंद हुये हैं। इस हाथी रिजर्व में दक्षिण भारत की एक पिछड़ी जनजाति निवास करती है जिनकी संख्या लगभग 1500 है। कदार जनजाति अभी भी शिकार और संचयन की अवस्था में है। इनके बच्चे छुटपन से ही मछली का शिकार करने लगते हैं। इस शिकार में वे बांस के लट्ठों का प्रयोग करते हैं, कभी कभी जाल का प्रयोग भी वे करते हैं। पोकलपारा कदार लोगों का एक गांव है जो सघन वनों के बीच बसा है।

पेरियर

संरक्षित क्षेत्र : राष्ट्रीय उद्यान/टाइगर रिजर्व
विस्तार : 777 वर्ग किलोमीटर
स्थिति : केरल
समीपवर्ती नगर : कुमिली (4 कि.मी.)
उत्तम भ्रमणकाल : अक्टूबर से मई
पारिस्थितिकी : शुष्क मिश्रित पर्णपाती वन
वन्य पशु–पक्षी : बाघ, हाथी, गौर, चीतल, रीछ, पक्षी।

पेरियर राष्ट्रीय उद्यान भारत के पुराने संरक्षित क्षेत्रों में से एक है। वर्ष 1934 में यह क्षेत्र नीलम पट्टी अभयारण्य के नाम से संरक्षित किया गया था, तब इसका क्षेत्रफल कम था जिसका विस्तार क्रमशः हुआ। वर्तमान में इस संरक्षित क्षेत्र का क्षेत्रफल 777 वर्ग किलोमीटर है। एक 26 वर्ग किलोमीटर की झील इस राष्ट्रीय उद्यान के भीतर स्थित है। पेरियर अब भारत का सबसे दक्षिणी टाइगर रिजर्व है। पेरियर राष्ट्रीय उद्यान की जो पहाड़ियां हैं वह पश्चिमी घाट पर्वत का बाहरी निकला हुआ पर्वतीय भाग ही है।

पेरियर टाइगर रिजर्व के भीतर दक्षिण भारत का सुप्रसिद्ध शबरीमाला मंदिर है। यहां श्रद्धालुओं की भारी भीड़ प्रतिवर्ष इकट्ठा होती है। अनुमानतः तीन करोड़ तीर्थयात्री इस मंदिर में प्रतिवर्ष पहुंचते हैं। इस भारी भीड़ का सबसे बड़ा प्रभाव इस संरक्षित क्षेत्र की नदी पर होता है। यहां की पम्बा नदी एकमात्र एक ऐसा जलस्त्रोत है जिससे पीने का जल प्राप्त होता है परंतु तीर्थयात्रा के काल में इस नदी का जल अत्यधिक प्रदूषित हो जाता है। अब तक कोई ऐसा रास्ता नहीं निकाला जा सका है कि नदी का पानी प्रदूषित न हो तथा यात्रियों को पानी पीने की सुविधा भी बनी रहे।

जहां तक पर्यावरणविद्ों की यह आशंका कि पेरियर नदी का जल कहीं प्रदूषित न हो जाय, अपनी जगह एकदम सही है, परंतु केरल की भारी वर्षा के कारण यहां की नदियों में अब तक न केवल निर्मल जल ही प्राप्त हो रहा है वरन् केरल की सभी प्रमुख नदियों में ताजे पानी की मछलियों की प्रचुरता भी खूब है, यही नहीं यहां की नदियों में मछलियों की विविधता भी उल्लेखनीय है। उदाहरण के लिये केरल की तीन प्रमुख नदियों भरतपूजा, चाल्कुदी तथा पेरियर में सबसे समृद्ध मत्स्य प्राणिजात पेरियर नदी का है। भरत पूजा में जहां मछलियों की 68 प्रजातियां पाई जाती हैं तथा चाल्कुदी में 70 प्रजातियां पाई जाती हैं वहां पेरियर में 80 मछलियों की प्रजातियां हैं।

वर्ष 2004 में दो नई मछलियों की प्रजातियां (होमेलोप्टेरा सिलासी एवं गर्रा ट्रावन–कोरिया) पेरियर टाइगर रिजर्व क्षेत्र में प्रवाहित पेरियर नदी से खोजी गईं।

केरल में जिस मात्रा में मछली पकड़ी जाती है उससे मत्स्य सम्पदा को बचाने के लिये पेरियर जैसा संरक्षित क्षेत्र आवश्यक है।

पैनगंगा

महाराष्ट्र के यवतमाल जिले में स्थित इस अभयारण्य सहस्रकुंड नाम का एक जलप्रपात है जो पर्यटन स्थल भी है।

पोंगलेक

संरक्षित क्षेत्र : अभयारण्य
स्थिति : हिमाचल प्रदेश
समीपवर्ती नगर :
उत्तम भ्रमणकाल : नवंबर से मार्च
पारिस्थितिकी : जलीय
वन्य पशु-पक्षी : जलीय प्राणिजात पक्षी।

पोंग झील उना और कांगड़ा के क्षेत्र में स्थित है, इसे वर्ष 1983 में अभयारण्य घोषित किया गया। यह अभयारण्य पोंग बांध से उत्पन्न झील के चारों ओर फैला हुआ है। इस बांध से बनी झील पर मध्य एशिया और साइबेरिया से प्रवासी पक्षी आते हैं। इस झील में इन पक्षियों के भोजन के लिये पर्याप्त मछलियां तथा अन्य जलचर पाये जाते हैं।

पोचारम

संरक्षित क्षेत्र : अभयारण्य
विस्तार : 136 वर्ग किलोमीटर
स्थिति : आंध्र प्रदेश
समीपवर्ती नगर : मेडक (9 कि.मी.)
उत्तम भ्रमणकाल : अक्टूबर से मार्च
पारिस्थितिकी : शुष्क अयनमंडलीय पर्णपाती वन
वन्य पशु-पैंक्षी : तेंदुआ, रीछ, वन्य शूकर, चौसिंघा, पक्षी।

पोचारम अभयारण्य आंध्र प्रदेश और कर्नाटक की सीमा पर स्थित है। इस अभयारण्य की स्थागना वर्ष 1952 गें हुई थी। इस अभयारण्य का नामकरण इन वनों में स्थित पोचारम नाम की झील के ऊपर हुआ है।

पोभा

संरक्षित क्षेत्र : अभयारण्य
विस्तार : 49 वर्ग किलोमीटर
स्थिति : असम

समीपवर्ती नगर : लखीमपुर
उत्तम भ्रमणकाल : अक्टूबर से मार्च
पारिस्थितिकी : नदी किनारे के वन
वन्य पशु–पक्षी : वन्य शूकर, हरिण एवं पक्षी।

असम के लखीमपुर जिले में स्थित यह अभयारण्य ब्रह्मपुत्र नदी के उत्तरी तट पर स्थित है। ब्रह्मपुत्र नदी के कांप के मैदान में पाई जाने वाली प्रचुर वनस्पति के कारण यहां का प्राणिजात समृद्ध है।

पोरबन्दर लेक

पोरबन्दर समुद्रीतटीय झील को अभयारण्य घोषित किया गया है, पारिस्थितिकी प्रदेश के अन्य संरक्षित क्षेत्रों की भाँति।

पंजाब

स्थिति : भारत का उत्तरी राज्य
भौगोलिक क्षेत्र : 50362 वर्ग किलोमीटर, वनों के अंतर्गत क्षेत्रफल : 2901 वर्ग किलोमीटर (5.79%)
संरक्षित क्षेत्र : अभयारण्य 10
प्रादेशिक पारिस्थितिकी : प्राणि भौगोलिक परिमडंल : 4 अर्धशुष्क, प्राणिज प्रदेश : 4अ पंजाब।
प्रदेश का प्रतीक पशु : कृष्णमृग (एन्टीलोप सर्वीकेप्रा)
प्रदेश का प्रतीक पक्षी : बाज (एक्सीपीटर जेन्टिलिस)
प्रदेश का प्रतीक वृक्ष : शीशम (डलबेर्जिया सिस्सू)
प्रदेश का प्रतीक पुष्प : अघोषित

पंजाब राज्य अपने मैदानी स्थिति के कारण नदी किनारे के अथवा झील क्षेत्रीय अभयारण्यों के लिये ही जाना जाता है। पंजाब प्रदेश के पश्चिमी भाग में जो कि एक अर्धशुष्क प्रदेश है मात्र एक विशाल अभयारण्य है अन्यथा सभी संरक्षित क्षेत्र छोटे क्षेत्र हैं। प्रदेश का बहुत कम भाग वनों के अंतर्गत है।

फ

फ्लेट द्वीप

अंडमान द्वीप समूह में स्थित इस अभयारण्य का विवरण 'अंडमान द्वीप समूह के संरक्षित क्षेत्र' में देखें।

फ्वांगपुई

मिजोरम स्थित यह अभयारण्य अपनी वनौषधियों के लिये जाना जाता है।

फणसाद

संरक्षित क्षेत्र : अभयारण्य
विस्तार : 52.71 वर्ग किलोमीटर
स्थिति : महाराष्ट्र
समीपवर्ती नगर : रोहा (30 कि.मी.), निकटवर्ती हवाई पट्टी : पुणे (246 कि.मी.)
उत्तम भ्रमणकाल : नवंबर से मार्च
पारिस्थितिकी : वन
वन्य पशु-पक्षी : जाइन्ट इंडियन गिलहरी, तेंदुआ, लिम्बलेस सीसेलियन्स, पक्षी/ओरि.री./भा.उ.।

फणसाद अभयारण्य का विस्तार महाराष्ट्र के रायगढ़ जिले के मुरुद और रोहा ताल्लुकों की सीमाओं के बीच है। यह एक विशाल पठार है जिसकी सतह कठोर काले लेटराइट की है। अभयारण्य में सामान्य उच्चावच्च है। घाटी क्षेत्रों में सघन वन हैं परन्तु अपेक्षाकृत समतल क्षेत्रों में घास के मैदान हैं। स्वतंत्रता से पहले यह वन जन्जीरा रियासत के शासकों का निजी शिकारगाह था, इसे 1986 में अभयारण्य घोषित किया गया। इस अभयारण्य के ओर समुद्री बीच है जिसे 'काशिद बीच' कहा जाता है। अभयारण्य में 'धाविरवर्धनी माता' का एक मन्दिर है जो क्षेत्रीय आजरी आदिवासियों की आराध्या देवी है।

अभयारण्य के वन्य हिस्सों में तेंदुये, कक्कड़ और सांभर पाये जाते हैं, ये वन समुद्रतटीय क्षेत्र के पास हैं। वस्तुतः फणसाद अभयारण्य उत्तर में सह्याद्रि तथा भारत

के पश्चिमी समुद्री तट के मध्य में फैला हुआ संरक्षित क्षेत्र है। यद्यपि यहां की पहाड़ियां सीधे पश्चिमी घाट पर्वतों से जाकर नहीं मिलती थीं फिर भी पश्चिमी घाट पर्वतों और यहां के प्राणिजात में कोई अन्तर नहीं है।

इस अभयारण्य में कुछ 'एन्डेमिक' प्राणियों की प्रजातियां भी पाई जाती हैं जिनमें 'लिम्बलेस सीसेलियन्स' उल्लेखनीय हैं।

इस अभयारण्य में पक्षियों की संख्या भी काफी है। यहां पर ब्राह्मणी चील, काली चील, मलाबार पाइड हार्नबिल, पोमपादूर ग्रीन पिजन (हरा कबूतर), पीले पैर वाला हरा कबूतर, काला ड्रोंगो, अनेक प्रजातियों के तोते ओर उड़ियल पाये जाते हैं।

इस अभयारण्य का देखने योग्य प्राणी जाइन्ट इंडियन गिलहरी है, जो कि यहां के सघन वनों के वृक्षों में कूदते-फिरते देखी जा सकती है।

सीसेलियन्स

सीसेलियन्स भेक के समान प्राणी है, ऐसा समझा जाता है कि भेकों की उत्पत्ति सीसेलियन्स से ही हुई है। सीसेलियन्स के किसी भी भाषा में नाम नहीं मिलते, उसका कारण यह है कि सामान्य दर्शक इन्हें या तो लम्बा कीड़ा 'अर्थ वार्म' समझता है या कभी-कभी सांप का सद्यःजात बच्चा। सीसेलियन्स का इन दोनों से दूर का रिश्ता नहीं है। सीसेलियन्स विश्व के आर्द्र भागों में या आर्द्र अयनमंडलीय क्षेत्रों में ही पाये जाते हैं। पश्चिमी घाट पर्वत में स्थित अभयारण्य के नम इलाकों में खोजने पर ये मिल जाते हैं। सारी दुनिया के आर्द्र अयनमंडलीय क्षेत्रों में पाये जाने वाली सीसेलियन्स की लगभग डेढ़ सौ से अधिक प्रजातियां हैं। अधिकांश क्षेत्रों के सीसेलियन्स इन्डेमिक वंशों के हैं। सीसेलियन्स जब चलते हैं तो लगता है सांप रेंग रहा हो। इनकी लंबाई 11 से. मी. से 35 से. मी. तक होती है, सभी सीसेलियन्स अंधे होते हैं। ऐसा समझा जाता है कि इनकी त्वचा ही 'देखने' का काम करती है। ये छोटे कीड़े-मकौड़े वगैरह खाकर जीवित रहते हैं। इनकी खोपड़ी की हड्डी मजबूत रहती है, उसके सहारे ये पलक झपकते गीली जगहों को खोदकर उसमें तेजी से घुस जाते हैं।

देखें : जोरपोखरी

फाकिम

संरक्षित क्षेत्र : अभयारण्य
विस्तार : 6 वर्ग किलोमीटर
स्थिति : नागालैंड
समीपवर्ती नगर : डीमापुर
उत्तम भ्रमणकाल : अक्टूबर से अप्रैल
पारिस्थितिकी : सदाबहार वन, मिश्रित पर्णपाती वन, आर्द्र अयनमंडलीय वन
वन्य पशु-पक्षी : तेंदुआ, वनविडाल, गिब्बन तथा पक्षी ।

फाकिम अभयारण्य की स्थापना वर्ष 1983 में हुई थी। यह अभयारण्य म्यांमार देश की सीमा के अत्यंत निकट है। इस अभयारण्य में पर्वतों की ऊंचाई 3000 मीटर तक है।

फासिल

संरक्षित क्षेत्र : राष्ट्रीय उद्यान
विस्तार : अप्राप्त
स्थिति : पांडुचेरी
समीपवर्ती नगर : थिरुवाक्करै
उत्तम भ्रमणकाल : वर्ष भर
पारिस्थितिकी : भौगर्भिक
वन्य पशु–पक्षी : प्रस्तरीभूत वृक्ष।

फासिल राष्ट्रीय उद्यान पांडुचेरी से 20 किलोमीटर दूर शिरुवाक्करै ग्राम के निकट स्थित है। फासिल राष्ट्रीय उद्यान में भौगर्भिक कालक्रम की भाषा में 'कडालोर सीरीज' के अश्मीकृत वृक्ष पाये जाते हैं। भौगर्भिक कालक्रम या कालगणना में 'कडालोर सीरीज' के प्रस्तरों की संरचना 20 मिलियन वर्ष पूर्व हुई थी। ये वृक्ष उस प्राचीन काल में उस क्षेत्र में पैदा होते थे परंतु यह किन्हीं प्राकृतिक घटनाओं के कारण उस समय नदियों द्वारा निक्षेपित मिट्टी में दब गये जो कालान्तर में वृक्षों सहित प्रस्तरीभूत हो गई। ये प्राचीन वृक्ष 'जिम्नोस्पर्म' वर्ग के वृक्ष थे तथा इन अश्मीभूत वृक्षों को 'मैसेम्ब्रिआक्सोलोन शिमडीनम' प्रजाति (अब विलुप्त) का माना जाता है। इनमें से कुछ जीवाश्म 'एन्गियोस्पर्म' वर्ग के भी हैं जिनके वर्ग के वृक्षों के वंशज अब भी पाये जाते हैं। इस वर्ग के वृक्षों के कुटुम्ब गुट्टीफेरी, सिलेस्ट्रेसी तथा यूफोरबाइसी हैं जिनकी प्राचीन प्रजातियों के प्रस्तरीभूत अंश इस संरक्षित क्षेत्र में मौजूद हैं। यहां पर पाये जाने वाले वृक्षों के जीवाश्मों की सबसे बड़ी विशेषता यह है कि उनमें जड़ें नहीं पाई गई हैं और न ही पत्तियां, केवल तनों के ढेर ही जीवाश्म हुये हैं। ये तने कैसे इकट्ठे हुये यह एक पहेली है क्योंकि ये जीवाश्म जिस युग के हैं तब मनुष्य तो क्या मनुष्य के पूर्वज वानर भी अपनी प्राथमिक अवस्था में थे।

देखें : घुघुआ, सथानूर फासिल।

संदर्भ : व्ही मुथुमारन, 'फासिल पार्क्स', दि इंडिया मैगजीन, मई 1994

फुलवारी

फुलवारी अभयारण्य राजस्थान–गुजरात राज्य की सीमाओं के निकट स्थित है। यहां की जलवायु शुष्क है अतः संपूर्ण इलाका मुख्य रूप से झाड़ियों वाले वन के रूप में है। 571 वर्ग किलोमीटर क्षेत्र में फैला यह अभयारण्य उदयपुर के निकट है।

फुलवारी की नाल

यह अभयारण्य राजस्थान में स्थित है, प्राणिजात प्रदेश के अन्य संरक्षित क्षेत्रों के समान।

फेन

संरक्षित क्षेत्र : अभयारण्य
विस्तार : 110 वर्ग किलोमीटर
स्थिति : मध्य प्रदेश, जिला : मण्डला
समीपवर्ती नगर : मंडला
उत्तम भ्रमणकाल : अक्टूबर से मार्च
पारिस्थितिकी : अयनमंडलीय पर्णपाती वन
वन्य पशु–पक्षी : शेर, तेंदुआ, गौर, बारहसिंघा, चीतल, सांभर।

फेन अभयारण्य मंडला जिले में प्रसिद्ध राष्ट्रीय उद्यान कान्हा की बाहरी सीमा पर स्थित है। इस अभयारण्य की स्थापना वर्ष 1972 में हुई थी। वर्तमान में यह अभयारण्य कान्हा टाइगर रिजर्व और कान्हा बायोस्फियर रिजर्व का ही भाग है। प्राणिजात की दृष्टि से यह एक अत्यंत समृद्ध अभयारण्य है। इसमें वे सभी प्राणी पाये जाते हैं जिनके लिये कान्हा राष्ट्रीय उद्यान विख्यात है। फेन अभयारण्य का नामकरण इस अभयारण्य में बहने वाली प्रमुख नदी फेन के नाम पर किया गया है। इस अभयारण्य के मध्य से जबलपुर–बिलासपुर का राजमार्ग जाता है।

फेन अभयारण्य में 'दादर' या समतल शीर्ष वाली सघन वनों से युक्त पहाड़ियां पाई जाती हैं जिनमें साल, साज, बीजा, महुआ, हल्दू इत्यादि के वृक्ष पाये जाते हैं। मैदानी भागों में अनेक प्रकार की घासें पाई जाती हैं। यहां पर बांस के वृक्ष भी पाये जाते हैं।

फेन अभयारण्य में दो प्रमुख पर्वतमालायें हैं जिनके नाम क्रमशः मुक्की और भैंसाघाट हैं। चूंकि यह क्षेत्र अब 'टाइगर रिजर्व' का भाग है अतः अभयारण्य के समीप आदिवासी अधिवासों की पुर्नस्थापना का कार्य जारी है।

फेन अभयारण्य में भ्रमण का अर्थ कान्हा टाइगर रिजर्व में भ्रमण ही है।

फेमबांग

सिक्किम की राजधानी के उत्तर–पश्चिम में स्थित अभयारण्य, पारिस्थितिकी प्रदेश के अन्य संरक्षित क्षेत्रों की भांति।

ब

बक्सा

संरक्षित क्षेत्र : राष्ट्रीय उद्यान/टाइगर रिजर्व
विस्तार : 759.26 वर्ग किलोमीटर
स्थिति : पश्चिम बंगाल
समीपवर्ती नगर : जलपाईगुड़ी
उत्तम भ्रमणकाल : अक्टूबर से मार्च
पारिस्थितिकी : अयनमंडलीय पर्णपाती वन
वन्य पशु–पक्षी : शेर, तेंदुआ, हाथी, गौर, बारहसिंघा, चीतल, सांभर/ओरि.री./ इ.उ.।

पश्चिम बंगाल का यह टाइगर रिजर्व प्रदेश की उत्तरी सीमा पर स्थित है जो मुख्यतः हिमालय का पाद प्रदेश है। बक्सा टाइगर रिजर्व की स्थापना वर्ष 1983 में हुई थी। बक्सा टाइगर रिजर्व में वही प्राणिजात पाया जाता है जो समीपवर्ती अभयारण्य अर्थात् जलदापारा और गौरमारा में पाया जाता है। बक्सा टाइगर रिजर्व अपने पड़ोसी राज्यों के संरक्षित क्षेत्रों की तुलना में अधिक शान्त स्थल है। बक्सा टाइगर रिजर्व के पड़ोसी क्षेत्र जिनमें मणिपुर, नागालैंड और मिजोरम शामिल हैं राजनैतिक दृष्टि से अधिक संवेदनशील हैं और इस प्रक्रिया में इन प्रदेशों के अतिवादी तत्व सदैव ही वनों में शरण लेते रहते हैं तथा वहां से अपनी गतिविधियां भी जारी रखते हैं। अनेक बार पर्यावरणविद् यह विचार जता चुके हैं कि पूर्वोत्तर राज्यों के वन्य हाथियों के कुछ झुण्डों को यदि यहां खदेड़कर पहुंचा दिया जाय तो यहां सुरक्षित रह सकते हैं। बाद में यह पाया गया कि यह सुरक्षा भी अधूरी या सापेक्ष्य ही है क्योंकि इस राष्ट्रीय उद्यान में भी अतिवादी प्रवेश कर जाते हैं।

बक्सा संरक्षित क्षेत्र में 50 पालतू हाथियों की सहायता से वन्य पशु गणना का कार्य सम्पन्न किया जाता हे। बक्सा में जंगली हाथियों की संख्या 292 गिनी गई (वर्ष 2004)।

संकट : बक्सा टाइगर रिजर्व के पानवाड़ी क्षेत्र में अवैध हथियारों (बन्दूक, पिस्टल आदि) की एक बड़ी फैक्टरी पकड़ी गई। ऐसा कहा जाता है कि इन हथियारों को दुआर क्षेत्र के शिकारियों को बेचा जाता था। ऐसा भी माना जाता है कि इस क्षेत्र में भ्रमण करने वाले हाथियों का शिकार भी इस फैक्टरी में बनी सिंगल बैरल बन्दूकों से किया जाता रहा हो। इन हथियारों की कीमत 500 से 3000 रुपये प्रति नग कही जाती है।

(स्रोत : 'फायर आर्म्स फैक्टरी फाउन्ड इन बक्सा', दि स्टेट्समैन, 23/6/2004)

ब्लफ द्वीप

अंडमान द्वीप समूह में स्थित इस अभयारण्य का विवरण 'अंडमान द्वीप समूह के संरक्षित क्षेत्र' में देखें।

बद्रमा

यह अभयारण्य उड़ीसा में स्थित है, प्राणिजात प्रदेश के अन्य संरक्षित क्षेत्रों के समान।

बन्नरघट्टा

संरक्षित क्षेत्र : राष्ट्रीय उद्यान/बायोलाजिकल पार्क
विस्तार : 104 वर्ग किलोमीटर
स्थिति : कर्नाटक
समीपवर्ती नगर : अरेकल (19 कि.मी.), निकटवर्ती हवाई पट्टी : बेंगलुरू (28 कि.मी.)
उत्तम भ्रमणकाल : अक्टूबर से मार्च
पारिस्थितिकी : अयनमंडलीय झाड़ियों प्रधान वन
वन्य पशु–पक्षी : शेर, चीतल, पक्षी।

बन्नरघट्टा राष्ट्रीय उद्यान बेंगलुरु नगर की सीमा से बहुत दूर नहीं है। 25000 एकड़ में फैले इस झाड़ियों युक्त वनों में अनेक निवासी पक्षी पाये जाते हैं। इस राष्ट्रीय उद्यान के समीप ही दो छोटी पहाड़ियां हैं जो हज्जमाना काल्लू और मिर्जा पहाड़ी के नाम से जानी जाती हैं ये अच्छे 'ट्रेकिंग स्पाट' हैं।

बन्नरघट्टा राष्ट्रीय उद्यान के खुले स्थानों पर अनेक प्रजातियों के पक्षी देखे जा सकते हैं जिनमें बीईटर्स, नाइटजार्स तथा हाकचीले प्रमुख हैं। यहां पर शीतकाल में अनेक प्रवासी पक्षी भी डेरा डालते हैं जिनमें अपेक्षतया कम देखे जाने वाला शार्टइयर्ड उल्लू भी है। जिन क्षेत्रीय पक्षियों को यहाँ देखना सुखद है उनमें बुलबुलें विशेष रूप से पीले गले वाली बुलबुल मुख्य है।

वन्य हाथियों के संरक्षण की योजना के तहत बन्नरघट्टा राष्ट्रीय उद्यान उन संरक्षित क्षेत्रों में से एक है जो पश्चिमी घाट पर्वतों को पूर्वी घाट पर्वतों से जोड़कर एक प्राकृतिक गलियारा बनायेंगे जिनसे वन्य हाथी अपने प्रवासी मार्ग पर चलते रह सकें। इस राष्ट्रीय उद्यान के समीप ही 100 एकड़ भूमि पर कर्नाटक सरकार 'विज्ञान नगर' बसाना चाहती है। इन योजनाओं से राष्ट्रीय उद्यान के प्राणिजात को खतरा है।

तितली उद्यान : बन्नरघट्टा राष्ट्रीय उद्यान में एक तितली उद्यान विकसित करने की योजना है। इस योजना में 3.62 करोड़ रुपये के व्यय होने का अनुमान है। यह उद्यान 12 एकड़ क्षेत्र में फैला होगा।

(स्रोत : 'बटरफ्लाई पार्क', इंडियन एक्सप्रेस, 25/12/2001)

बखीरा

मध्य उत्तर प्रदेश में स्थित पक्षियों के लिये घोषित अभयारण्य, पारिस्थितिकी प्रदेश के अन्य संरक्षित क्षेत्रों की भांति।

बगदरा

संरक्षित क्षेत्र : राष्ट्रीय उद्यान/बायोलाजिकल पार्क
विस्तार : 479 वर्ग किलोमीटर
स्थिति : मध्य प्रदेश
समीपवर्ती नगर : सीधी (100 कि.मी.)
उत्तम भ्रमणकाल : अक्टूबर से मार्च
पारिस्थितिकी : अयनमंडलीय शुष्क पर्णपाती वन
वन्य पशु-पक्षी : तेंदुआ, रीछ, कृष्णमृग, चिंकारा, चीतल।

बगदरा अभयारण्य का नामकरण संरक्षित क्षेत्र में स्थित ग्राम बगदरा के ऊपर हुआ है। बगदरा अभयारण्य की स्थापना वर्ष 1978 में हुई। यह अभयारण्य मध्य प्रदेश और उत्तर प्रदेश की सीमा पर स्थित है। इस अभयारण्य के तीनों ओर उत्तर, पूर्व और पश्चिम में उत्तर प्रदेश के मिर्जापुर जिले की पहाड़ियां हैं तथा दक्षिण में सोन नदी प्रवाहित होती है। यहां खुले मौसम में पहुंचा जा सकता है। बगदरा अभयारण्य की पूर्व से पश्चिम की ओर लम्बाई 50 किलोमीटर के लगभग है जबकि चौड़ाई अलग-अलग स्थलों पर 3 से 5 किलोमीटर है। इसका उत्तरी भाग बेलन नदी का कछार क्षेत्र है तथा दक्षिण भाग में सोन नदी का कछारी क्षेत्र है यद्यपि यह अभयारण्य पहाड़ी क्षेत्र में स्थित है। इस अभयारण्य में निवास करने वाले वन्य प्राणियों में अधिक संख्या मृगों की है, यहां पर चीतल बड़ी संख्या में पाये जाते हैं परंतु उनसे भी अधिक संख्या कृष्णमृगों की है। यद्यपि चीतल और कृष्णमृग दोनों ही अभयारण्य में बसे ग्रामों के खेतों की फसलों को जाकर चरते रहते हैं परंतु इन दोनों की तुलना में कृष्णमृगों के द्वारा फसलों को अधिक नुकसान पहुंचाया जाता है।

यहां के वनों में सलाई, कुल्लू, कहुआ, हल्दू और महुआ के वृक्ष काफी संख्या में हैं साथ ही बेर तथा करोंदा की झाड़ियां भी प्रचुर हैं। भालू, सांभर और ऊदबिलाव जैसे कुछ प्राणी खेतों की ओर कृष्णमृग और चीतल की तुलना में कम पाये जाते हैं।

नदियां और नालों के कारण यहां वन्य शूकरों की संख्या भी पर्याप्त है। यहां पर बड़े शिकारी पशुओं का अभाव है, केवल रीछ ही यहां देखे जाते हैं, कभी-कभी भेड़िया भी यहां पहुंच जाते हैं। सियारों, लोमड़ी तथा नेवले काफी संख्या में यहां देखे जाते हैं।

बरसे

सिक्किम के पश्चिम में स्थित अभयारण्य, पारिस्थितिकी प्रदेश के अन्य संरक्षित क्षेत्रों की भांति।

बरेठा

संरक्षित क्षेत्र : अभयारण्य
विस्तार : 192 वर्ग किलोमीटर
स्थिति : राजस्थान
समीपवर्ती नगर : जयपुर
उत्तम भ्रमणकाल : अक्टूबर से मार्च
पारिस्थितिकी : शुष्क अयनमंडलीय पर्णपाती वन
वन्य पशु–पक्षी : चिंकारा, कृष्णमृग, लोमड़ी, भेड़िया, बंदर, पक्षी।

बरेठा अपने पक्षिजात के लिये प्रसिद्ध है, यह भरतपुर राष्ट्रीय उद्यान के एकदम निकट स्थित है। यहां एक विशाल जलाशय है। बरेठा एवं केवलादेव घाना या भरतपुर के राष्ट्रीय उद्यान के पक्षिजात में कोई अन्तर नहीं है।

बरैल

बरैल आसाम का नवस्थापित (वर्ष 2004) अभयारण्य है। इसका क्षेत्रफल 326 वर्ग किलोमीटर है। यह बराकघाटी जिले में स्थित है।

ब्रह्मगिरि

संरक्षित क्षेत्र : अभयारण्य
विस्तार : 128 वर्ग किलोमीटर
स्थिति : कर्नाटक
समीपवर्ती नगर : विराजपेठ (39 कि.मी.)
उत्तम भ्रमणकाल : अक्टूबर से मार्च
पारिस्थितिकी : आर्द्र मिश्रित अयनमंडलीय वन
वन्य पशु–पक्षी : तेंदुआ, गौर, चीतल, सांभर, पनकुटी, नीलगिरि लंगूर।

ब्रह्मगिरि अभयारण्य मध्यम ऊंचाई के अयनमंडलीय सदाबहार वृक्षों के वनों (मैसुआ पैलाक्विअम) की अंतिम शरणस्थली कहा जाता है। ब्रह्मगिरि के इरयू जलप्रपात लक्ष्मणतीर्थ नदी के जल का प्रमुख स्रोत है। इस नदी के जल का उपयोग विराजपेठ तथा हंसूर ताल्लुकों में होता है।

संकट : इस अभयारण्य में प्रस्तावित इरयू जल विद्युत प्रोजेक्ट की स्थापना से प्राणिजात को संकट पैदा हो सकता है।

बरनवापारा

संरक्षित क्षेत्र : अभयारण्य
विस्तार : 244 वर्ग किलोमीटर
स्थिति : छत्तीसगढ़

समीपवर्ती नगर : महासमुन्द
उत्तम भ्रमणकाल : अक्टूबर से मार्च
पारिस्थितिकी : अयनमंडलीय पतझड़ वाले वन
वन्य पशु-पक्षी : तेंदुआ, जंगली सुअर, भालू, चीतल, कक्कड़, सियार।

बरनवापारा अभयारण्य की स्थापना वर्ष 1976 में हुई थी। इस अभयारण्य का नामकरण बार और नवापारा नाम के दो वन क्षेत्रों के आधार पर हुआ है। इन दोनों वन क्षेत्रों को मिलाकर बरनवापारा (बारनावापारा) अभयारण्य की स्थापना की गई थी। यह रायपुर जिले में स्थित है।

यहां पर यद्यपि मिश्रित प्रकार के वन पाये जाते हैं परन्तु यहां पर पाये जाने वाला बांस उत्तम कोटि का है। अभयारण्य के कुछ हिस्से में सागौन के वन भी लगाये गये हैं। किसी समय यह वन्य क्षेत्र अपने वन्य पशुओं विशेषकर गौर के लिये प्रसिद्ध था पर इस पशु को देख पाना मुश्किल ही है। चीतलों की संख्या काफी है। इक्का-दुक्का तेंदुआ दिख सकता है, सियारों की संख्या अवश्य ही यहां पर काफी है।

अभयारण्य में भारी संख्या में मनुष्य निवास करते हैं। अभयारण्य के भीतर ही 1 राजस्व ग्राम तथा 25 वन ग्राम हैं, कुछ के पुनर्स्थापन की योजना है।

बस्सी

यह अभयारण्य राजस्थान में स्थित है, प्राणिजात प्रदेश के अन्य संरक्षित क्षेत्रों के समान।

बलराम अम्बाजी

गुजरात राज्य के इस अभयारण्य के सीमा क्षेत्र के भीतर ही 80000 व्यक्ति रहते हैं। इस प्रकार के वन क्षेत्र को अभयारण्य घोषित करना अनेक प्रश्न-चिन्ह खड़े करता है।

बहीमाल्वे द्वीप

अंडमान द्वीप समूह में स्थित इस अभयारण्य का विवरण 'अंडमान द्वीप समूह के संरक्षित क्षेत्र' में देखें।

बाघमारा

संरक्षित क्षेत्र : अभयारण्य
विस्तार : 1 वर्ग किलोमीटर
स्थिति : मेघालय
समीपवर्ती नगर : शिलांग
उत्तम भ्रमणकाल : दिसंबर से मार्च
पारिस्थितिकी : आर्द्र अयनमंडलीय वन
वन्य पशु-पक्षी : पिचर प्लांट एवं पक्षी।

यह छोटा संरक्षित क्षेत्र बंगलादेश सीमा के पास, बालाफकरम राष्ट्रीय उद्यान के उत्तर में स्थित है। यह संरक्षित क्षेत्र पक्षियों के लिये स्थापित किया गया है।

बाघमारा प्राणिजात की दृष्टि से पक्षियों के लिये महत्वपूर्ण अवश्य है परंतु इसकी स्थापना का मूल उद्देश्य 'पिचर प्लान्ट्स' की पारिस्थितिकी को पूर्ण सुरक्षा प्रदान करना था। पिचर प्लान्ट्स या पिचर पौधे का संबोधन दो वानस्पतिक कुटुम्ब के पौधों के लिये किया जाता है, ये कुटुम्ब क्रमशः 'नेपन्थेसी' एवं 'सेरासिनाइसी' हैं। इन पौधों की विशेषता यह है कि इनकी पत्तियां संशोधित होकर 'पाउच' जैसी हो जाती हैं। इस प्रकार बने पाउच की परिधि में पराग जमा हो जाता है, और इस पुष्पराग की सुगंध कीड़ों को बरबस अपनी ओर आकर्षित करती है और फिर कीड़ों की पूरी बारात पिचर प्लान्ट के इन पाउचों में भोजन के लिये आ समाती है, इसका लाभ उठाते हैं कीटभक्षी और उनकी अनेक प्रजातियां जो इन कीड़ों के ऊपर अपना जीवन यापन करती रहती हैं।

इस तरह यह एक वर्ग किलोमीटर का अभयारण्य अपने आप में बेजोड़ है।

बादलखोल

संरक्षित क्षेत्र : अभयारण्य
विस्तार : 104 वर्ग किलोमीटर
स्थिति : छत्तीसगढ़
समीपवर्ती नगर : रायगढ़
उत्तम भ्रमणकाल : अक्टूबर से मार्च
पारिस्थितिकी : अयनमंडलीय पतझड़ वाले वन
वन्य पशु-पक्षी : तेंदुआ, जंगली सुअर, सांभर, चीतल।

बादलखोल अभयारण्य का नाम उसी नाम के आरक्षित वन क्षेत्र के कारण पड़ा है जिस क्षेत्र पर कालान्तर में अभयारण्य की स्थापना हुई। यह अभयारण्य वर्ष 1973 में स्थापित किया गया था। बादलखोल आरक्षित वनों का नाम भी उस क्षेत्र की एक पहाड़ी जिसे बादलखोल नाम से जाना जाता है के नाम पर पड़ा है। अभयारण्य का मुख्य पहाड़ी क्षेत्र भी यही है। अभयारण्य में दो नदियां ईव और डोर प्रवाहित होती हैं। नदियों के किनारों पर जहां कांप के प्रक्षेप हैं वहां पर सालवन पाये जाते हैं यहां के ताल वृक्ष उत्तम कोटि के हैं परन्तु इनका क्षेत्र बहुत सीमित है। अधिकांश क्षेत्र में मिश्रित वन तथा बांस के वन पाये जाते हैं। वन्य पशुओं में रीछ के अतिरिक्त कक्कड़ बड़ी तादाद में देखे जा सकते हैं साथ ही यहां पर बन्दरों की संख्या भी काफी है।

बान्डली

संरक्षित क्षेत्र : अभयारण्य
विस्तार : 41.4 वर्ग किलोमीटर
स्थिति : हिमाचल प्रदेश
समीपवर्ती नगर : मन्डी

उत्तम भ्रमणकाल : दिसंबर से मार्च
वन्य पशु–पक्षी : तेंदुआ, जंगली बिल्ली, हिमालयी रीछ, गोरल, पक्षी।

बान्डली अभयारण्य की स्थापना वर्ष 1974 में की गई थी।

संकट : बान्डली अभयारण्य का अस्तित्व खतरे में माना जा सकता है। प्रदेश सरकार चाहती है कि यहां सीमेंट उद्योग की स्थापना हो और इसलिये उसने बान्डली अभयारण्य के 41.4 वर्ग किलोमीटर के क्षेत्र में से 31.76 वर्ग कि.मी. के क्षेत्र को अभयारण्य से निरस्त करने का प्रस्ताव बनाया ताकि सीमेंट इकाई की स्थापना के लिये वैधानिक रास्ता साफ हो। बान्डली का यह संकट फिलहाल तो छंट गया है क्योंकि क्षेत्रीय जनता सीमेंट की इकाई के विरोध में है। यह विरोध इसलिये है कि सीमेंट की इकाई की स्थापना के पश्चात् यहां पीने के जल का संकट पैदा हो सकता है।

(स्रोत : महेश चंद्र शर्मा सीमेंट प्लांट इनीशियेटेड डिस्पाइट अपोजीशन 6, दि ट्रिब्यून, 25/2/2001)

बारदा

संरक्षित क्षेत्र : अभयारण्य
विस्तार : 282 वर्ग किलोमीटर
स्थिति : गुजरात
समीपवर्ती नगर : रनवर (8 कि.मी.)
उत्तम भ्रमणकाल : अक्टूबर से मार्च
पारिस्थितिकी : शुष्क अयनमंडलीय मिश्रित वन
वन्य पशु–पक्षी : भेड़िया, चिंकारा, लोमड़ी, पक्षी।

बारदा अभयारण्य की स्थापना वर्ष 1979 में की गई थी। प्राचीन समय में बारदा के वनों में सिंह पाये जाते थे, अब पुनः इन वनों में गिर के सिंहों के कुछ जोड़ों को पुनर्वासित करने की योजना है।

बारदोईबम बीलमुख

असम की उत्तर–पूर्वी सीमा में स्थित अभयारण्य, पारिस्थितिकी प्रदेश के अन्य संरक्षित क्षेत्रों की भांति।

बालताल थाजवास

काश्मीर घाटी स्थित अभयारण्य, पारिस्थितिकी प्रदेश के अन्य संरक्षित क्षेत्रों की भांति।

बारनदी

संरक्षित क्षेत्र : अभयारण्य
विस्तार : 26 वर्ग किलोमीटर
स्थिति : असम

समीपवर्ती नगर : टांग्ला (40 कि.मी.)
उत्तम भ्रमणकाल : अक्टूबर से मार्च
पारिस्थितिकी : नदी तटीय वन
वन्य पशु–पक्षी : हिस्पड खरगोश एवं वामन शूकर।

बारनदी अभयारण्य आसाम–भूटान की सीमा पर स्थित है। नदी के दोंनों ओर के सघन वनों में अनेक दुर्लभ वन्य प्राणी पाये जाते हैं।

बाराबड़ा

यह अभयारण्य उड़ीसा में स्थित है, प्राणिजात प्रदेश के अन्य संरक्षित क्षेत्रों के समान।

बालापखरम

संरक्षित क्षेत्र : राष्ट्रीय उद्यान
विस्तार : 220 वर्ग किलोमीटर
स्थिति : मेघालय
समीपवर्ती नगर : शिलांग
उत्तम भ्रमणकाल : अक्टूबर से मार्च
पारिस्थितिकी : अयनमंडलीय सदाबहार एवं अर्धसदाबहार वन
वन्य पशु–पक्षी : बाघ, तेंदुआ, जंगली भैंसा, गिब्बन, पक्षी।

बालापखरम राष्ट्रीय उद्यान मेघालय के दक्षिण में बंगलादेश की सीमा पर स्थित है। बालापखरम राष्ट्रीय उद्यान की स्थिति संवेदनशील इलाके पर है क्योंकि यह अंतर्राष्ट्रीय सीमा पर स्थित है। यह राष्ट्रीय उद्यान अपने स्थापना काल से ही कुछ अन्य कारणों से भी संवेदनशील रहा है।

बालपखरम राष्ट्रीय उद्यान मेघालय तथा बंगलादेश की सीमा पर स्थित है। बालपखरम राष्ट्रीय उद्यान स्थापना काल से ही विवादों में घिरा रहा है। मेघालय में सरकार की अपनी कोई वन भूमि नहीं है अतः यदि इस प्रदेश में किसी संरक्षित क्षेत्र की स्थापना की जानी है चाहे वह राष्ट्रीय उद्यान हो या कि फिर अभयारण्य, सरकार को व्यक्तिगत भूमि क्रय करनी होती है। इस कार्य के लिये शासन को करोड़ों रुपये व्यय करने होते हैं और यह धन खर्च भी किया गया है। स्थिति यह बनी कि सरकारी खजाने से इन करोड़ों रुपयों के खर्च के बावजूद जमीन सरकार के नाम पर या कि संरक्षित क्षेत्र के नाम पर स्थानान्तरित नहीं हुई। वर्ष 1998 में यह समझा जा रहा था कि राष्ट्रीय उद्यान ने अब तक 425 वर्ग किलोमीटर का अधिग्रहण कर लिया है परंतु तत्कालीन चीफ वाइल्ड लाइफ वार्डन का कहना था कि उनके अधिकार में मात्र 169 वर्ग किलोमीटर भूमि का क्षेत्र है। भूमि की नापतौल को घोटाला भी कहा जा सकता है और लालफीताशाही भी, बहरहाल इस मसले पर गुवाहाटी उच्च न्यायालय का दरवाजा खटखटाया गया परंतु

बाद में इस याचिका को इसलिये वापस ले लिया गया क्योंकि तभी प्रदेश सरकार ने मसले को सी. बी. आई. को देने की घोषणा की। वर्ष 1999 से अब तक स्थिति बहुत स्पष्ट नहीं हो पाई।

हालांकि इसमें एक पेंच यह भी है कि पहाड़ी भूमि के कारण उच्चावच के मापन में कहीं कोई गल्तियां भी हुई होंगी। प्रदेश शासन ने इस संभावित विसंगति को दूर करने के लिये सर्वे ऑफ इंडिया को यह काम देने का निश्चय किया। सर्वे ऑफ इंडिया ने 25 लाख रुपये में यह कार्य बरसात के बाद करने की स्वीकृति दी।

बांदीपुर

संरक्षित क्षेत्र : राष्ट्रीय उद्यान/टाइगर रिजर्व (वर्ष 1973)
विस्तार : 689.5 वर्ग किलोमीटर
स्थिति : कर्नाटक
समीपवर्ती नगर : गुंडुपेट (20 कि.मी.), निकटवर्ती हवाई पट्टी : मैसूर (80 कि.मी.)
उत्तम भ्रमणकाल : अक्टूबर से मार्च
पारिस्थितिकी : आर्द्र अयनमंडलीय वन
वन्य पशु-पक्षी : बाघ, तेंदुआ, हाथी, सांभर, पक्षी।

बांदीपुर राष्ट्रीय उद्यान कर्नाटक का दूसरा बड़ा राष्ट्रीय उद्यान है। स्वतंत्रता के पूर्व यह महाराजा मैसूर की निजी शिकारगाह था। बांदीपुर टाइगर रिजर्व मैसूर से ऊटी के राष्ट्रीय मार्ग पर फैला है। वनों का यह क्षेत्र विगत 100 वर्षों से आरक्षित रहा है अतः इसमें आज भी अत्यंत समृद्ध प्राणिजात है। बांदीपुर राष्ट्रीय उद्यान वन्य प्राणियों के प्रवासीय मार्ग को भी संरक्षण देता है क्योंकि यह अन्य संरक्षित क्षेत्र यथा मुदुमलाई, वाइनाड बिलिगिरि रंगनाथ मंदिर तथा नागरहोल अभयारण्यों से भी वनों की पट्टी द्वारा जुड़ा हुआ है। यह वन पट्टी प्रवासी हाथियों के लिये सुरक्षित गलियारा है। भारतीय हाथियों की सबसे बड़ी संख्या इसी क्षेत्र में निवास करती है।

बांदीपुर टाइगर रिजर्व को बाघों का श्रेष्ठतम प्रजनन स्थल भी कहा जाता है, इसका कारण यहां का उत्तम संरक्षित पर्यावरण होना ही है।

बांदीपुर राष्ट्रीय उद्यान के मध्य में एक विशाल झील है जिसे तवाराकिरे झील के नाम से जाना जाता है। कुछ और भी छोटी झीलें और नाले हैं जिनसे प्राप्त जल वन्य प्राणियों के जीवन का आधार है। यह राष्ट्रीय उद्यान पक्षियों के लिये भी उतना ही प्रसिद्ध है जितना वन्य पशुओं के लिये। यहां पर ब्राह्मणी चीलों को आसानी से देखा जा सकता है यद्यपि दूसरी चीलें यथा क्रेस्टेड हाक चील, क्रेस्टेड सर्पेन्ट चील भी यहां पाई जाती हैं। बुलबुलों, तोतों, ड्रोंगों और सफेद पीठ वाले गीधों का यहां सर्वत्र विचरण होता रहता है। भारतीय जंगलों के प्रमुख पक्षी ग्रे जंगली मुर्गे को भी यहां देख पाना संभव है। यदि राष्ट्रीय उद्यान के वृक्षों में पक्षियों का बाहुल्य है तो यहां लंगूर भी उनके साथ देखे जाते हैं।

बान्धवगढ़

संरक्षित क्षेत्र : राष्ट्रीय उद्यान/टाइगर रिजर्व
विस्तार : 1,161 वर्ग किलोमीटर
स्थिति : मध्य प्रदेश
वन्य पशु-पक्षी : शेर, तेंदुआ, चीतल, सांभर, पक्षी।

विन्ध्य और सतपुड़ा पर्वत श्रेणियों के बीच स्थित मध्य प्रदेश के इस राष्ट्रीय उद्यान की विकास यात्रा वर्ष 1968 से प्रारंभ हुई, वैसे इस क्षेत्र का इतिहास बहुत अधिक पुराना है। वर्ष 1968 में रीवा के राजघराने ने जिनका यह निजी वन क्षेत्र था इसे संरक्षित क्षेत्र बनाने के लिये शासन को सौंपा, पर इसे सौंपते वक्त राजपरिवार ने इस संरक्षित क्षेत्र के भीतर बने हुये किले 'बान्धवगढ़' पर अपना कानूनी हक बनाये रखा। अब जबकि बान्धवगढ़ संरक्षित क्षेत्र का क्रमिक विस्तार बहुत अधिक हो चुका है तब भी राजपरिवार और शासन के बीच किले को लेकर कानूनी विवाद चल ही रहा है।

वर्ष 1968 में इस संरक्षित क्षेत्र का क्षेत्रफल मात्र 106 वर्ग किलोमीटर था परन्तु वर्ष 1982 में जब यह राष्ट्रीय उद्यान था तब तक इसका क्षेत्रफल चार गुने से भी अधिक या 448 वर्ग किलोमीटर हो चुका था। वर्ष 1983 में समीपवर्ती वन के 246 वर्ग किलोमीटर के क्षेत्र को पनपठा अभयारण्य के नाम से संरक्षित क्षेत्र का दर्जा मिल गया। अब इस क्षेत्र का 'टाइगर रिजर्व' घोषित हो गया और इसका क्षेत्रफल 1,161 वर्ग किलोमीटर हो चुका था। अभी भी टाइगर रिजर्व के समीप काफी वन क्षेत्र है और प्रयास किया जा रहा है कि निकट भविष्य में इस टाइगर रिजर्व में 700 वर्ग किलोमीटर का वन क्षेत्र और सम्मिलित कर दिया जाये। यह सभी वन क्षेत्र आरक्षित वनों का इलाका है।

बान्धवगढ़ टाइगर रिजर्व की मुख्य वनस्पति साल और बांस हैं। इस संरक्षित क्षेत्र के वनों को शुष्क पतझड़ वाले तथा आर्द्र पतझड़ वाले वनों की कोटि में रखा जा सकता है। बान्धवगढ़ टाइगर रिजर्व में विस्तृत घास के मैदान भी हैं। ये घास मैदान सदा हरे-भरे देखे जा सकते हैं जिसका मुख्य कारण संरक्षित क्षेत्र के सदानीर झरनों का होना है। सूखे के वर्षों में भी यह संरक्षित क्षेत्र झुलसने से बच जाता है।

यद्यपि टाइगर रिजर्व का प्रमुख आकर्षण निश्चित ही बाघ है परन्तु दूसरे शिकारी जानवरों को यहां सुगमता से देखा जा सकता है। शिकारी जानवरों में वनों में कम दिखलाई देने वाले पशु यथा जंगली कुत्ते और भेड़िये भी हैं। वनस्पति-भोजी पशुओं में सांभर जैसे विशाल हरिणों को देखा जा सकता है। कुल मिलाकर 20 से भी अधिक प्रजातियों के वन्य प्राणी यहां देखे जा सकते हैं। पक्षियों की संख्या भी यहां कम नहीं है। यहां पर 250 प्रजातियों के पक्षी पाये जाते हैं जिनमें चार प्रकार के तो गिद्ध ही हैं। ये हैं राजागीध (किंग वल्चर), सफेद पीठ वाला गीध (व्हाइट बेक्ड वल्चर), मिस्त्री गीध (ईजीशयन वल्चर) तथा लंबी चोंच वाला गीध (लांग बिल्ड वल्चर)। इन गीधों के साथ सर्पिल चील (सर्वेन्ट ईगल) भी दिख जाती है। यहां पर जंगली उल्लू और श्वेत कंठी सारस भी सरलता से दृष्टिगोचर होते हैं।

बान्धवगढ़ टाइगर रिजर्व बनने के साथ ही संरक्षित क्षेत्र के अधिवासों को खाली कराकर विस्थापितों के पुनर्वास का काम प्रारंभ कर दिया गया था परंतु यह आज भी पूरा नहीं हो सका है। वर्ष 2001-2002 में संरक्षित क्षेत्र के भीतरी भाग के 14 और

सीमा पर बसे 20 गांवों के पुनर्वास की योजना को हाथ में लिया गया था परन्तु यह कार्य उतना सरल नहीं है। यदि गांव वाले स्वेच्छा से जाने को तैयार भी हो जायें तो भी राजनैतिक लाभ उठाने वाले सीधे काम को भी जटिल बना देने में नहीं चूकते।

इतिहास : बान्धव गढ़ का इतिहास बहुत पुराना है, यहां पर 2000 वर्षों से भी अधिक प्राचीन ऐतिहासिक स्थल है। यहां पर सर्वप्रथम मघ वंश के शासकों ने राज्य करना प्रारंभ किया था। बान्धवगढ़ का किला भी बहुत पुराना है। बघेल राजाओं की राजधानी बान्धवगढ़ था और उन्होंने यह राजधानी 17वीं शताब्दी यहां से बदलकर रीवा में स्थापित की। बान्धव का शाब्दिक अर्थ बन्धु या भ्राता से है। बान्धवगढ़ के संदर्भ में कहा जाता है कि इसका संबंध श्रीराम के बन्धु लक्ष्मण से है।

पर्यटकों से मुश्किलें : बान्धवगढ़ जहां अपने समृद्ध प्राणिजात के लिये पर्यटकों का पसंदीदा संरक्षित क्षेत्र है वहां इस टाइगर रिजर्व के प्रबंधन पर भी उंगलियां उठती रही हैं। इस पर एक जनहित याचिका भी दायर की गई थी जिसमें कहा गया था कि वर्ष 2004 में अप्रैल से दिसंबर की अवधि के बीच इस संरक्षित क्षेत्र में वन से संबंधित 200 अपराध हुये थे। शासकीय पक्ष ने इन आरोपों को तथ्यों से परे बतलाया परंतु सर्वोच्च न्यायालय को इस याचिका में यथार्थ की झलक दिखी और उसके मामले की निष्पक्ष जांच के लिये एक 'उच्च अधिकार प्राप्त समिति' (सी. ई. सी. या सेन्ट्रल इम्पार्ड कमिटी) का गठन किया गया। इस समिति ने संरक्षित क्षेत्र के भीतर वर्णित सामग्री यथा सिगरेट के पैकेट, प्लास्टिक बैग, प्लास्टिक की बोतलें तो देखी हीं भैतान जंगल के तला क्षेत्र में भारी गंदगी भी देखी। समिति ने इन अनियमितताओं को दूर करने का निर्देश दिया।

बालीमेला

संरक्षित क्षेत्र : अभयारण्य
विस्तार : 160 वर्ग किलोमीटर
स्थिति : उड़ीसा
उत्तम भ्रमणकाल : अक्टूबर से मार्च
पारिस्थितिकी : अयनमंडलीय पर्णपाती वन
वन्य पशु-पक्षी : तेंदुआ, जंगली सुअर, चीतल, पक्षी।

बालीमेला अभयारण्य उड़ीसा के दक्षिणी भाग में उड़ीसा-आंध्र सीमा के वनों में स्थापित की गई है। बालीमेला अभयारण्य की स्थापना का उद्देश्य पूर्वीघाट पर्वतों के प्राणिजात का संरक्षण रहा है। इस क्षेत्र का सबसे विशाल संरक्षित क्षेत्र सतकोसिया गार्ज है। इस क्षेत्र के प्राणिजात के संरक्षण हेतु लगभग 11 संरक्षित क्षेत्र स्थापित किये गये हैं।

बालूखण्ड

संरक्षित क्षेत्र : अभयारण्य
विस्तार : 72 वर्ग किलोमीटर
स्थिति : उड़ीसा

समीपवर्ती नगर : पुरी
उत्तम भ्रमणकाल : अक्टूबर से मार्च
पारिस्थितिकी : समुद्रतटीय
वन्य पशु–पक्षी : जलचर, पक्षी।

बालूखण्ड अभयारण्य का नाम बालुका या रेत के ऊपर रखा गया है जो इस समुद्रतटीय अभयारण्य में सर्वत्र व्याप्त है। यह अभयारण्य चिलका झील के किनारे पर स्थित है।

बालूखण्ड पूर्वीघाट के प्राणिजात के संरक्षण के लिये स्थापित किया गया अभयारण्य है, इस क्षेत्र के अन्य संरक्षित क्षेत्र भीतरकनिका और चिलका हैं।

बिठुआदहारी

संरक्षित क्षेत्र : अभयारण्य
विस्तार : 7 वर्ग किलोमीटर
स्थिति : पश्चिम बंगाल
समीपवर्ती नगर :
उत्तम भ्रमणकाल : नवंबर से मार्च
पारिस्थितिकी : नदी तटीय वन
वन्य पशु–पक्षी : पक्षी, सरीसृप।

विठुआ दहारी पश्चिम बंगाल और बंगलादेश की सीमा पर स्थित है, इसकी स्थापना पक्षियों और सरीसृपों के संरक्षण के लिये की गई थी। विठुआदहारी अभयारण्य की स्थापना बंगाल के मैदान के प्राणिजात के संरक्षण के लिये की गयी है। इस क्षेत्र के सभी अन्य अभयारण्य अत्यंत छोटे क्षेत्रफल के हैं। अन्य अभयारण्य रायगंज, रमनाबागान, वल्लमपुर और विभूतिभूषण हैं।

बिनसर

संरक्षित क्षेत्र : अभयारण्य
विस्तार : 50 वर्ग किलोमीटर
स्थिति : उत्तरांचल
समीपवर्ती नगर : अल्मोड़ा
उत्तम भ्रमणकाल : अप्रैल से जून
पारिस्थितिकी : उच्च पर्वतीय वन
वन्य पशु–पक्षी : हिमालयी छाग–मेष, हिमालयी रीछ, पक्षी।

हिमालय की गोद में बसा बिनसर अभयारण्य अपनी प्राकृतिक छटा के लिये विख्यात है। यहां पर ऊंचे देवदार के वन हैं साथ ही सूचिपर्ण वन भी। बिनसर अभयारण्य यद्यपि विस्तार में छोटा है परन्तु पहाड़ों की ऊंचाई तीव्रता से बढ़ने के कारण जहां इस अभयारण्य

में उच्चअक्षांशीय वनों का प्रसार है वहां निचले हिस्सों में चौड़ी पत्ती के वनों का प्रसार है। यहां पर रेड पांडा को लाकर रखा गया है।

बिनसर अभयारण्य का नाम 'बिनसर-अल्मोड़ा' अभयारण्य भी है।

बिलिगिरि रंगन (बी.आर. हिल्स)

संरक्षित क्षेत्र : अभयारण्य
विस्तार : 324 वर्ग किलोमीटर
स्थिति : कर्नाटक
समीपवर्ती नगर : येलन्डूर एवं चामराज नगर
उत्तम भ्रमणकाल : अक्टूबर से मार्च
पारिस्थितिकी : पश्चिमी घाट के आर्द्र पतझड़ीय वन, समुद्रतटीय वनस्पति।
वन्य पशु-पक्षी : हाथी, चीतल, जंगली बिल्लियां।

बिलिगिरि या बिल्लीगिरि अभयारण्य को दक्षिण भारत में प्रस्तावित हाथियों की प्रवासी मार्ग योजना के अंतर्गत सत्यमंगलम् के वनों से एक ओर तथा दूसरी ओर मुदुमलाई अभयारण्य से जोड़ने के प्रयास चल रहे हैं।

बिल्लीगिरि रंगन का वास्तविक नाम 'बिलिगुड़ी रंगास्वामी' है। इस अभयारण्य के क्षेत्र में बिलिगुड़ी रंगास्वामी का प्रसिद्ध मंदिर है जहां अनेक श्रद्धालु पहुंचते हैं। अंग्रेजी भाषा में 'बिल्लीगिरि रंगन' ही साधारण तौर पर इस अभयारण्य का नाम लिखा हुआ देखा जाता है, अतः उसे ही यहां शीर्षक में प्रयुक्त किया गया है। बिलिगिरि रंगन का कन्नड़ भाषा में शाब्दिक अर्थ 'श्वेत हाथी' होता है। इस संरक्षित क्षेत्र को यह नाम यहां पर पायी जाने वाली श्वेत ग्रेनाइट पर्वतीय द्रोणियों के कारण दिया गया है। ये पर्वतीय द्रोणियां समुद्र सतह से 3350 फुट से 5000 फुट की उंचाई पर स्थित हैं।

बिलिगिरि अभयारण्य की प्रसिद्धि के तीन कारण हैं। पहला बिलिगिरि रंगास्वामी का मंदिर, दूसरा अभयारण्य में हाथियों की सतत उपस्थिति और तीसरा दक्षिण भारत के पिछड़े आदिवासी 'शोलिगा' की इस अभयारण्य में उपस्थिति। इन वनों में यह जनजाति शताब्दियों से रह रही है। विवेकानन्द गिरिजन कल्याण केंद्र यहां लगभग दो दशकों से इस जनजातीय समाज के बीच कार्य कर रहा है। अभयारण्य बनने के पश्चात् यह आशंका निराधार न थी कि क्या इन आदिवासियों से पर्यावरण या वन्य प्राणियों को नुकसान पहुंच रहा है। विवेकानंद गिरिजन कल्याण केंद्र के एक अध्ययन में यह निष्कर्ष निकला कि इन आदिवासियों से वनों को कोई क्षति नहीं पहुंच रही है।

इस अभयारण्य को क्षेत्रीय जनक बी.आर. हिल्स के संक्षिप्त नाम से भी जानती है। यह संरक्षित क्षेत्र हाथियों के कारण हाथियों को पकड़ने के क्षेत्र के रूप में उन्नीसवीं सदी से ही विख्यात था। यहां 'खेदा' के द्वारा जंगली हाथियों को भगाकर पकड़ा और पालतू बनाया जाता हे। ब्रिटिश इंडिया के एक गवर्नर लार्ड मिंटो स्वयं 'खेदा' को देखने यहां आये थे।

इस संरक्षित क्षेत्र का विशेष महत्व इसलिये भी है क्योंकि यह क्षेत्र पूर्वी घाट और पश्चिमी घाट के वनों को जोड़ता है। इस गलियारे से वन्य पशुओं के 'जीन-फ्लो' को विस्तार मिलता है।

बिहार

स्थिति : भारत का मध्य-पूर्वी राज्य

भौगोलिक क्षेत्र : 94163 वर्ग किलोमीटर, वनों के अंतर्गत क्षेत्रफल : 6078 वर्ग किलोमीटर (6.45%)

संरक्षित क्षेत्र : राष्ट्रीय उद्यान 01, अभयारण्य 11, टाइगर रिजर्व 02

प्रादेशिक पारिस्थितिकी : प्राणि-भौगोलिक, परिमंडल : गंगा का मैदान, प्राणिज प्रदेश : 7 ब गंगा का निचला कछार।

प्रदेश का प्रतीक पशु : गौर (बांस गौरस)

प्रदेश का प्रतीक पक्षी : इंडियन रोलर (कोरेसियस बेंगालेनसिस)

प्रदेश का प्रतीक वृक्ष : पीपल (फाइकस रिलीजिसा)

प्रदेश का प्रतीक पुष्प : कचनार (बउहीनिया व्हेरीगाय)

बिहार का बहुत छोटा सा भाग ही पर्वतीय क्षेत्र है। कुछ भाग बिहार के उत्तर-पश्चिम क्षेत्र में है जो भाभर तराई का क्षेत्र है। इस क्षेत्र में वाल्मीकि अभयारण्य तथा राष्ट्रीय उद्यान स्थापित हैं। इसके उपरांत संपूर्ण प्रदेश सपाट मैदानी है। बिहार का दक्षिणी भाग दकन के पठार का भाग था पर अब वह पुर्नगठन के बाद अलग राज्य झारखंड के रूप में स्थापित हो गया है। फिर भी अवशिष्ट पठारी भाग में कैमूर और गौतमबुद्ध अभयारण्य हैं जहां दकन पठार का प्राणिजात पाया जाता है। प्रदेश का तीन चौथाई से भी अधिक भाग मैदानी होने के कारण उसमें केवल पक्षियों के संरक्षण के लिये ही नदियों या झीलों के किनारे अभयारण्य स्थापित किये गये हैं जिनकी संख्या लगभग 8 है। बिहार में दो टाइगर रिजर्व हैं जो पालामाऊ और वाल्मीकि हैं। पालामाऊ टाइगर रिजर्व की स्थापना वर्ष 1973 में की गई थी जबकि वाल्मिीकि टाइगर रिजर्व लगभग डेढ़ दशक पश्चात् वर्ष 789 में स्थापित हुआ। बिहार के दो पक्षी अभयारण्य नकटी डेम और नागीडेम जहां एक-दूसरे के एकदम करीब हैं तथा मानवकृत झीलें हैं वहां मध्य बिहार की कंवर झील प्राकृतिक झील है।

बिहार जितना वन्य प्राणियों के लिये प्रसिद्ध रहा है उतना ही पालतू पशुओं के लिये भी। सोनपुर का पशु मेला विश्वविख्यात है। बिहार में गंगा डोल्फिन या शुशु के संरक्षण के लिये न केवल सार्थक प्रयास किये गये वरन् इस विलुप्त हो रही भारत की प्रमुख जलचर प्रजाति के लिये विक्रमशिला नामक अभयारण्य की स्थापना भी की गई।

बीर ऐशवन

पूर्वी पंजाब में स्थित अभयारण्य, पारिस्थितिकी प्रदेश के अन्य संरक्षित क्षेत्रों की भांति।

बीर गुरदयाल पुरा

पंजाब स्थित इस अभयारण्य का क्षेत्रफल 08 वर्ग किलोमीटर है, इसका प्राणिजात पंजाब के अन्य अभयारण्यों जैसा ही है। यह अभयारण्य चंडीगढ़ के समीप है।

बीर दोषनाथ

पूर्वी पंजाब में स्थित अभयारण्य, पारिस्थितिकी प्रदेश के अन्य संरक्षित क्षेत्रों की भाँति।

बीर बुनरहारी

पंजाब स्थित इस अभयारण्य का क्षेत्रफल 08 वर्ग किलोमीटर है, इसका प्राणिजात पंजाब के अन्य अभयारण्यों जैसा ही है। यह अभयारण्य पटियाला के समीप है।

बीर मदसन

पूर्वी पंजाब में स्थित अभयारण्य, पारिस्थितिकी प्रदेश के अन्य संरक्षित क्षेत्रों की भाँति।

बीर महिषवाला

पूर्वी पंजाब में स्थित अभयारण्य, पारिस्थितिकी प्रदेश के अन्य संरक्षित क्षेत्रों की भाँति।

बीर मोतीबाग

पंजाब स्थित इस अभयारण्य का क्षेत्रफल 05 वर्ग किलोमीटर है, इसका प्राणिजात पंजाब के अन्य अभयारण्यों जैसा ही है। यह अभयारण्य पटियाला के समीप है।

बुचानन द्वीप

अंडमान उद्वीप समूह में स्थित इस अभयारण्य का विवरण 'अंडमान द्वीप समूह के संरक्षित क्षेत्र' में देखें।

बूढ़ाछपोरी

यह अभयारण्य आसाम में स्थित है, प्राणिजात प्रदेश के अन्य संरक्षित क्षेत्रों के समान।

बेटला

संरक्षित क्षेत्र : राष्ट्रीय उद्यान
विस्तार : 232 वर्ग किलोमीटर
स्थिति : झारखंड
समीपवर्ती नगर : रांची (175 कि.मी.), निकटवर्ती रेलवे स्टेशन : छीपा दोहार (8 कि.मी.)
उत्तम भ्रमणकाल : अक्टूबर से मार्च
पारिस्थितिकी : अयनमंडलीय उष्ण पर्णपाती वन

वन्य पशु–पक्षी : बाघ, सांभर, चीतल, पक्षी।

बेटला राष्ट्रीय उद्यान पालामाऊ टाइगर रिजर्व का नाभिकीय भाग है।†
विवरण देखें : पालामाऊ टाइगर रिजर्व।

बेल्लोड

पश्चिमी तमिलनाडु में स्थित अभयारण्य, पारिस्थितिकी प्रदेश के अन्य संरक्षित क्षेत्रों की भाँति।

बेंसरोद्गढ़

संरक्षित क्षेत्र : अभयारण्य
विस्तार : 229 वर्ग किलोमीटर
स्थिति : राजस्थान
समीपवर्ती नगर : कोटा (53 कि.मी.)
उत्तम भ्रमणकाल : अक्टूबर से मार्च
पारिस्थितिकी : शुष्क अयनमंडलीय पर्णपाती वन
वन्य पशु–पक्षी : चिंकारा, नीलगाय, भेड़िया, पक्षी।

बेंसरोद्गढ़ राजस्थान मध्य प्रदेश की सीमा पर स्थित है। इस अभयारण्य की स्थापना वर्ष 1983 में की गई थी।

बैरन द्वीप

अंडमान द्वीप समूह में स्थित इस अभयारण्य का विवरण 'अंडमान द्वीप समूह के संरक्षित क्षेत्र' में देखें।

बैशिपाली

संरक्षित क्षेत्र : अभयारण्य
विस्तार : 166 वर्ग किलोमीटर
स्थिति : उड़ीसा
समीपवर्ती नगर : नयागढ़

---

† बेटला राष्ट्रीय उद्यान के सघन वनों को पूर्वी भारत के सर्वश्रेष्ठ वनों में शुमार किया जाता है। स्वतंत्रता से पूर्व भी बेटला का वन क्षेत्र अपने वन्य प्राणियों की सघनता के लिये सम्पूर्ण भारत में विख्यात था, और इसीलिये यह आश्चर्य की बात नहीं है कि भारत की सर्वप्रथम बाघों की गणना वर्ष 1932 में बेटला में ही हुई थी। बेटला राष्ट्रीय उद्यान की स्थापना का उद्देश्य पश्चिमी छोटा नागपुर पठार क्षेत्र के प्राणिजात का संरक्षण था। बेटला अभयारण्य के भ्रमण के लिये डाल्टनगंज में स्थित पालमाडा प्रोजेक्ट टाइगर कार्यालय से अनुमति ली जा सकती है।

उत्तम भ्रमणकाल : अक्टूबर से मार्च
पारिस्थितिकी : मिश्रित अयनमंडलीय पर्णपाती वन, सालवन
वन्य पशु–पक्षी : शेर, तेंदुआ, मूषक मृग, सांभर, पक्षी।

बैशिपाली अभयारण्य की स्थापना उड़ीसा में पूर्वी घाट पर्वतों के एक भाग पर वर्ष 1981 में की गई थी। अभयारण्य का उच्चावच अत्यंत तीव्र ढाल का है। यहां पर समुद्र सतह से 850 मीटर तक पर्वतों की ऊंचाई है।

बोन्डला

संरक्षित क्षेत्र : अभयारण्य
विस्तार : 8 वर्ग किलोमीटर
स्थिति : गोवा
समीपवर्ती नगर : पोन्डा (25 कि.मी.)
उत्तम भ्रमणकाल : अक्टूबर से मार्च
पारिस्थितिकी : आर्द्र मिश्रित अयनमंडलीय पर्णपाती वन
वन्य पशु–पक्षी : जंगली सुअर, सांभर, पक्षी।

बोन्डला अभयारण्य मध्यगोवा के उस पर्वतीय क्षेत्र में स्थित है जो वृहत्तर पश्चिमी घाट पर्वत माला का भाग है।

बोन्डला अभयारण्य गोवा का पर्यटन स्थल है, यहां पर एक सफारी भी है जिसमें चीतल और सांभर रखे गये हैं।

बोन्डोविलो द्वीप

अंडमान द्वीप समूह में स्थित इस अभयारण्य का विवरण 'अंडमान द्वीप समूह के संरक्षित क्षेत्र' में देखें।

बोर

संरक्षित क्षेत्र : अभयारण्य
विस्तार : 61 वर्ग किलोमीटर
स्थिति : महाराष्ट्र
समीपवर्ती नगर : नागपुर
उत्तम भ्रमणकाल : अक्टूबर से मार्च
पारिस्थितिकी : मिश्रित अयनमंडलीय पर्णपाती वन
वन्य पशु–पक्षी : चीतल, कक्कड़, तेंदुआ, पक्षी।

महाराष्ट्र का बोर अभयारण्य अपनी प्राकृतिक सम्पदा के लिये क्षेत्र में विख्यात है। यहां पर बड़ी मात्रा में मधु के छत्ते पाये जाते हैं साथ ही यहां पर पाये जाने वाले करू वृक्ष की गोंद की बाजार में काफी मांग है। परिणाम यह है कि गोंद निकालने वाले व्यक्ति गोंद

संचय करते समय वृक्षों को बुरी तरह छील देते हैं, बहुत बार वृक्ष को काट भी देते हैं, परिणामतः ऐसे वृक्ष बहुत दिनों तक हरे नहीं रह पाते और वे सूख जाते हैं। इस दिशा में पर्यावरण मित्र विधियों द्वारा वनोपज संग्रहण सिखलाने का कार्य कुछ स्वयंसेवी संस्थाओं ने प्रारंभ किया है।

बोरी

संरक्षित क्षेत्र : अभयारण्य
विस्तार : 485.7 वर्ग किलोमीटर
स्थिति : मध्य प्रदेश
समीपवर्ती नगर : होशंगाबाद
उत्तम भ्रमणकाल : अक्टूबर से मार्च
पारिस्थितिकी : सागौन वन, मानसूनी पर्णपाती वन
वन्य पशु–पक्षी : शेर, तेंदुआ, हरिण, पक्षी।

बोरी अभयारण्य में प्रवाहित होने वाली मुख्य नदियां बोरी, मालिनी और कोटी हैं जो कि सभी नर्मदा के जलग्रहण क्षेत्र की नदियां हैं। बोरी अभयारण्य का पर्वतीय क्षेत्र अत्यंत प्राचीन पाषाण कालीन मानवीय सभ्यता का केन्द्र रहा है। यहां पर लगभग 10000 वर्ष पहले से आदिम मानव जातियाँ निवास करती रही हैं और इसीलिये यहां के अनेक शैलाश्रयों में इन आदिम लोगों के बनाये चित्र आज भी मौजूद हैं।

बोरी वन संरक्षण की दृष्टि से भी एक महत्वपूर्ण स्थान है। प्रसिद्ध ब्रिटिश प्रशासक कैप्टेन जेम्स फोरसाइथ ई. 1862 में इस क्षेत्र के समृद्ध प्राणिजात को देखकर अत्यंत प्रभावित हुये थे अतः उन्होंने ई0 1867 में इन वनों को आरक्षित वन घोषित कर दिया। इस तरह वनों को आरक्षित करने की परंपरा चली। यहां यह उल्लेखनीय है कि कैप्टेन फोरसाइथ को यहां ब्रिटिश अधिकारियों के लिये यदि अनन्त संभावनायें दिखीं तो उन्हें यहां के सागौन वृक्षों की सघनता बेहद पसंद आई क्योंकि तब यहां सागौन के वृक्ष 20 से 25 मी0 ऊंचे हुआ करते थे। उन दिनों ब्रिटिश जलपोत उद्योग के लिये सागौन एक बेहद आवश्यक कच्चा माल था। 'आरक्षित वनों' को ब्रिटिश अधिकारी ब्रिटिश उपयोग के हिसाब से कटवाया करते थे। इसे ही 'वैज्ञानिक वानिकी' का नाम दिया गया था। समय बदलते शब्दों के अर्थ बदले और अब 'वैज्ञानिक वानिकी का पुराना अर्थ नहीं रहा। ब्रिटिश यहां के वनों को अपने उपयोग तक ही सीमित रखना चाहते थे, अतः उन्होंने एक नये विभाग की स्थापना की जिसका नाम था 'इंडियन फारेस्ट डिपार्टमेंट'।

पर्यटन : बोरी अभयारण्य धीरे–धीरे एक पर्यटन स्थल के रूप में भी विकसित हो रहा है। बोरी, रोरीघाट, धाइन, कंकरी और चुरना इस संरक्षित क्षेत्र के ऐसे गांव हैं जिनमें कोरकू और गोंड जनजाति के लोग अपनी प्राचीन शैली में अब भी अपना जीवन यापन कर रहे हैं। सुन्दर प्रकृति के बीच में अनेक पर्यटक इन ग्रामों में इसलिये भी पहुंचना पसंद करते हैं क्योंकि यहां पर वे हजारों वर्ष पुराने शैलाश्रय और उनमें अधिक सभ्यता के मानवों द्वारा बनाये गये चित्रों को देख सकते हैं। इनमें भी 'चुरना घुंडी' शैलाश्रय विशिष्ट हैं जहां वन्य पशुओं और शिकार से संबंधित अनेक चित्र हैं।

बोरीवली

संरक्षित क्षेत्र : राष्ट्रीय उद्यान
विस्तार : 86 वर्ग किलोमीटर
स्थिति : महाराष्ट्र
समीपवर्ती नगर : मुंबई, निकटतम रेलवे स्टेशन बोरीवली : (3 कि.मी.), निकटतम हवाई पट्टी : सान्ताक्रुज, मुंबई (15 कि.मी.)
उत्तम भ्रमणकाल : नवंबर से अप्रैल
पारिस्थितिकी : पश्चिमी घाट के आर्द्र पतझड़ीय वन, समुद्रतटीय वनस्पति।
वन्य पशु-पक्षी : तेंदुआ, हरिण, चिंकारा।

बोरीवली राष्ट्रीय उद्यान का दूसरा नाम संजय गांधी राष्ट्रीय उद्यान भी है। यह उन गिने-चुने राष्ट्रीय उद्यानों में से एक है जो किसी महानगर की म्युनिस्पिल सीमा के अन्दर स्थित है। उसकी इस स्थिति ने उसे बहुप्रचारित राष्ट्रीय उद्यान बना दिया है।

टेलिविजन में जब-तब इस राष्ट्रीय उद्यान से भागे हुये तेंदुओं के समाचार प्रसारित होते रहते हैं जो इस राष्ट्रीय उद्यान के आसपास बसी हुई कालोनियों में घुस आते हैं।

इस राष्ट्रीय उद्यान का क्षेत्रफल अब बढ़ाकर 103 वर्ग कि.मी. किया जा रहा है। इस राष्ट्रीय उद्यान का केन्द्रीय भाग (कोर) 33 वर्ग कि.मी. है जहां किसी भी मानवीय कार्यकलापों पर पूर्ण प्रतिबंध है। राष्ट्रीय उद्यान को और बड़ा बनाने की योजना है, यदि यह पूर्ण होती है तब इसका क्षेत्रफल 254 वर्ग किलोमीटर हो जायेगा। वर्ष 1974 से यहां पर एक सफारी पार्क को प्रारंभ किया गया है। पार्क के भीतर दो छोटी झीलें हैं जिनके नाम तुलसी झील और विहार झील हैं। इस राष्ट्रीय उद्यान के भीतर ऐतिहासिक तथा पुरातात्विक महत्व की कन्हेरी गुफायें हैं जिनका इतिहास दो सहस्राब्दियों से भी अधिक प्राचीन है।

भारत के राष्ट्रीय उद्यानों में यह संभवत: सबसे अधिक पर्यटकों की भीड़ को आकर्षित करने वाला राष्ट्रीय उद्यान है क्योंकि इसके सभी ओर मुंबई महानगर के उपनगरीय आवास हैं। इस राष्ट्रीय उद्यान के एक ओर बोरीवली है तो अन्य दिशाओं में गोरेगांव, घाटकोपर और वसई हैं। राष्ट्रीय उद्यान में प्रवेश करने का एक द्वार गोरेगांव में भी है परन्तु वह अब बंद ही रहता है। दस लाख की जनसंख्या से घिरा हुआ यह राष्ट्रीय उद्यान मानव समुद्र के द्वीप जैसा है।

राष्ट्रीय उद्यान के अधिकांश वनों की वनस्पति शुष्क पतझड़ी प्रकार की है परन्तु कुछ ऐसे भी छोटे-छोटे क्षेत्र हैं जहां अर्ध सदाबहार वनस्पति पाई जाती है। इस प्रकार की वनस्पति कन्हेरी गुफाओं की ओर है। कुछ जगहों पर बांसों के वृक्ष भी हैं। समुद्र के तट पर समुद्रतटीय या मैनग्रूव प्रकार की वनस्पति पाई जाती है पर यह एक छोटे क्षेत्र तक ही सीमित है। यह राष्ट्रीय उद्यान पुष्पीय वनस्पति के लिये विख्यात है। यहां पर लगभग 1000 प्रकार के पुष्पीय पौधे पाये जाते हैं। पुष्पों के वृक्षों की प्रचुरता के कारण यह राष्ट्रीय उद्यान तितलियों के लिये विख्यात है। तितलियों से संबंधित अनेक अध्ययन यहां पर हुये हैं ।

इस राष्ट्रीय उद्यान का उच्चतम भाग 486 मी. ऊंचा है। इस तरह राष्ट्रीय उद्यान में एक छोटे क्षेत्र में समुद्र तट से लेकर ऊंची पहाड़ियों के दृश्यों को देखा जा सकता है।

राष्ट्रीय उद्यान की दोनों झीलों में मछलियां, कछुये और मगर पाये जाते हैं। चार प्रजातियों की छिपकलियों के अतिरिक्त चार प्रकार के विशैले सर्प नाग (कोब्रा), करैत तथा दो प्रकार के वाइपर (सा स्केल्ड वाइपर और शल्स वाइपर) यहां पाये जाते हैं।

पक्षियों की दृष्टि से भी यह राष्ट्रीय उद्यान समृद्ध है। यहां लगभग 277 प्रजातियों के पक्षी देखे गये हैं। इनकी बहुतायत और विविधता इसी तथ्य से साबित होती है कि यहां पर 26 प्रजातियों के शिकारी पक्षी पाये जाते हैं।

इस राष्ट्रीय उद्यान में 40 प्रजातियों के स्तनपोषी प्राणी पाये जाते हैं। बड़े प्राणियों में सांभर उल्लेखनीय है परन्तु संख्या की दृष्टि से यहां पर चीतल का प्रथम स्थान है। कक्कड़ भी यहां का आमतौर पर देखा जाने वाला हरिण है। कुछ संख्या में चौसिंघा और नीलगाय भी हैं जो कि अपेक्षाकृत खुले जंगलों में देखे जाते हैं। शिकारी पशुओं में यहां नेवले, पामसिवेट इत्यादि के अतिरिक्त लकड़बग्घे भी पाये जाते हैं। परन्तु यह राष्ट्रीय उद्यान अपने तेंदुओं के कारण अधिक विख्यात है। यह यहां के फूड पिरामिड का सर्वोच्च पशु है। अपेक्षाकृत अधिक सुरक्षा मिलने के कारण तथा व्याघ्र की गैरमौजूदगी में तेंदुओं की संख्या में यहां काफी वृद्धि हुई है।

बोरी सतपुड़ा

संरक्षित क्षेत्र : टाइगर रिजर्व
विस्तार : 1486 वर्ग किलोमीटर
स्थिति : मध्य प्रदेश
समीपवर्ती नगर : पिपरिया
उत्तम भ्रमणकाल : मार्च से मई, नवंबर से फरवरी
पारिस्थितिकी : अयनमंडलीय पर्णपाती वन
वन्य पशु-पक्षी : शेर, तेंदुआ, हरिण, पक्षी।

बोरी सतपुड़ा रिजर्व वस्तुतः 3 संरक्षित क्षेत्रों को मिलाकर बनाया गया है। इसके अतिरिक्त पचमढ़ी अभयारण्य, बोरी अभयारण्य एवं सतपुड़ा राष्ट्रीय उद्यान टाइगर रिजर्व की सबसे बड़ी समस्या इनके सीमाक्षेत्र के भीतर बसे हुये गांव हैं। इस रिजर्व में 26 वन ग्राम और 48 राजस्व ग्राम हैं जिन्हें पुनर्स्थापित करने की प्रक्रिया चल रही है। इसके साथ ही इस टाइगर रिजर्व की सीमा पर 200 ग्राम स्थित हैं। बोरी सतपुड़ा टाइगर रिजर्व की स्थापना वर्ष 1999 में हुई।

जहां तक बोरी अभयारण्य का प्रश्न है उसकी दक्षिणी सीमा अपनी दुर्गम पहाड़ियों के कारण मनुष्य के बसाव से रिक्त है।

सतपुड़ा पर्वत पूर्व में मेकल पहाड़ियों से प्रारंभ हो जाते हैं। इसे दकन का सबसे विशाल व्याघ्र क्षेत्र कहा जा सकता है। इस विशाल क्षेत्र में वस्तुतः 13 संरक्षित क्षेत्र हैं। जिनका कुल क्षेत्रफल 6500 वर्ग किलोमीटर है। यदि संपूर्ण सतपुड़ा की बात करें तो यह पर्वतमाला लगभग 100 नदियों द्वारा प्रवाहित होती है तथा यहां की प्रमुख नदी नर्मदा है। प्राचीनकाल में यह क्षेत्र दण्डकारण्य के नाम से विख्यात था। मध्यकाल तक भी इस क्षेत्र में वन्य प्राणियों की भरमार थी। इस पर्वत शृंखला के कुछ क्षेत्रों में मात्र

दो सदी पूर्व तक अब इस क्षेत्र में विलुप्त एशियाई सिंह पाया जाता था तथा अब भारत में विलुप्त चीता भी यहां पाया जाता था। सतपुड़ा के वनों में रहने वाली एक जनजाति चीता पकड़ने और उसे प्रशिक्षित करने में प्रवीण थी। इस जनजाति को 'पारधी' के नाम से जाना जाता है। इनका एक उपवर्ग चीता पारधी था जो केवल चीते ही पकड़ा करता था। सतपुड़ा पर्वत क्षेत्र में पारधी अब भी सक्रिय है और वे अनेक संरक्षित क्षेत्रों में अब भी कृष्णमृग या चिंकारा जैसे वन्य पशुओं को पकड़ते और मारते रहते हैं। ये अनेक प्रकार के जाल या फांस तैयार करने में सिद्धहस्त हैं।

बोरी सतपुड़ा टाइगर रिजर्व अपने शेरों के लिये प्रसिद्ध है, यहां (वर्ष 2004) इनकी संख्या लगभग 36 आंकी गई थी। बोरी सतपुड़ा टाइगर रिजर्व में केवल 100 वर्ष पहले तक बारहसिंघे पाये जाते थे पर अब वे यहां से विलुप्त हो चुके हैं।

भ

भगवान महावीर

संरक्षित क्षेत्र : राष्ट्रीय उद्यान
विस्तार : 107 वर्ग किलोमीटर
स्थिति : गोवा
समीपवर्ती नगर : पोंडा (29 कि.मी.), निकटवर्ती हवाई पट्टी : डबोलिम (80 कि.मी.)
उत्तम भ्रमणकाल : अक्टूबर से मार्च
पारिस्थितिकी : आद्र अयनमंडलीय वन
वन्य पशु–पक्षी : तेंदुआ, रीछ, चीतल एवं पक्षी/ओरि.री./भा.उ.।

भगवान महावीर राष्ट्रीय उद्यान मोलेम अभयारण्य के नाभिक क्षेत्र में फैला हुआ है। मूलतः यह संरक्षित क्षेत्र मोलेम अभयारण्य था, जिसका विस्तार 255 वर्ग किलोमीटर था। वर्ष 1978 में इस अभयारण्य का 107 वर्ग किलोमीटर नाभिक क्षेत्र राष्ट्रीय उद्यान के रूप में घोषित कर दिया गया। इस संरक्षित क्षेत्र की स्थापना गोवा–कर्नाटक सीमा के पश्चिमी घाट पर्वतों के पादप्रदेश की पहाड़ियों के प्राणिजात के संरक्षण के लिये की गई थी।

भगवान महावीर राष्ट्रीय उद्यान में पर्वतीय ऊंचाई के कारण अनेक स्तर के वन देखने को मिलते हैं। यहां पर अर्ध सदाबहार वन, आर्द्र मिश्रित पर्णपाती वन तथा मिश्रित उप–अयनमंडलीय पर्वतीय वन मिलते हैं, इनके अतिरिक्त घाटियों के आर्द्र वन भी पाये जाते हैं।

इस राष्ट्रीय उद्यान का निर्माण पश्चिमी घाट के प्राणिजात के संरक्षण हेतु किया गया था, वस्तुतः पश्चिमी घाट के लम्बे विस्तार क्षेत्र में गोवा क्षेत्र के भाग के वनों का संरक्षण बिना इस संरक्षित क्षेत्र की स्थापना के संभव न था।

भगवान महावीर राष्ट्रीय उद्यान गोवा के पर्यटन स्थलों में से एक है। इस संरक्षित क्षेत्र की प्रसिद्धि इसकी सीमा पर बने हुये 'आरबोरेटम' के कारण भी है जिसका विस्तार 24.50 एकड़ पर है, यहां अनेक औषधीय तथा अन्य पौधे उगाये गये हैं। इस आरबोरेटम का नाम सतपाल आरबोरेटम है। गोवा आने वाले लगभग 20,000 पर्यटक भगवान महावीर राष्ट्रीय उद्यान तथा निकटवर्ती आरबोरेटम को प्रतिवर्ष देखते हैं।

भमरागढ़

संरक्षित क्षेत्र : अभयारण्य
विस्तार : 400 वर्ग किलोमीटर
स्थिति : महाराष्ट्र, जिला : गढ़चिरोली
समीपवर्ती नगर : अहेरी (102 कि.मी.) : निकटवर्ती हवाई पट्टी : (37 कि.मी.)
उत्तम भ्रमणकाल : अक्टूबर से मार्च
पारिस्थितिकी : मानसूनी पर्णपाती वन
वन्य पशु-पक्षी : तेंदुआ, जंगली मुर्गे, वन्यशूकर, रीछ, नीलगाय, नेवले।

भमरागढ़ महाराष्ट्र के उत्तर-पश्चिमी क्षेत्र में मध्य प्रदेश की सीमा पर स्थित है। अभयारण्य की पश्चिमी सीमा में वार्लकोट नदी है। अभयारण्य के अन्य क्षेत्रों में पामल गौतम और पार्लकोटा नदियां बहती हैं। अभयारण्य में कुछ झीलें भी हैं। अभयारण्य के अधिकांश क्षेत्र में आर्द्र मानसूनी वन हैं जिनमें अर्जुन, हर्रा, बहेड़ा, शीशम और तेंदू के वृक्षों के अतिरिक्त हल्दू और बीजा के वृक्ष भी बहुतायत से पाये जाते हैं। झाड़ियों में टरोटा, गोखरु और कुडा प्रमुख हैं। इन सभी में कुडा का विस्तार सबसे अधिक है। अभयारण्य में अनेक प्राकृतिक गुफायें हैं जहां अनेक वन्य पशु निवास करते हैं। नालों के किनारे सघन वन पाये जाते हैं जिनमें मोर और कक्कड़ों की आवाजें सुनने को मिलती हैं। भमरागढ़ अभयारण्य का सबसे बड़ा वनस्पति-भोजी पशु नीलगाय है और प्रमुख हिंसक पशु तेंदुआ है।

भमरागढ़ अभयारण्य के चारों ओर मारिया गोंडों के गांव हैं। वस्तुतः मारिया गोंडों की सर्वाधिक जनसंख्या अभयारण्य के उत्तर-पश्चिम इलाके में है जो मध्य प्रदेश के जिले बस्तर की सीमा में है।

भमरागढ़ तहसील 1973 में बाबा आमटे के प्रोजेक्ट 'हेमलकसा लोग बिरादरी प्रोजेक्ट' (एच. एल. बी. पी.) के लिये विख्यात हुआ था जिसमें बाबा आमटे ने आदिवासियों की उन्नति के लिये कार्य किये थे, विशेष रूप से स्वास्थ्य सेवा के रूप में।

वर्तमान (2007) में यहां नक्सलियों का दबदबा है जिनकी आज्ञा क्षेत्रीय लोगों के लिये कानून है।

भद्रा

संरक्षित क्षेत्र : अभयारण्य
विस्तार : 592 वर्ग किलोमीटर
स्थिति : कर्नाटक
समीपवर्ती नगर : शिमोगा (3 कि.मी.), निकटतम हवाई पट्टी : बंगलुरु (225 कि.मी.)
उत्तम भ्रमणकाल : अक्टूबर से मार्च
पारिस्थितिकी : बांसवन, मिश्रित पर्णपाती वन
वन्य पशु-पक्षी : बाघ, गौर, चीतल।

भद्रा अभयारण्य की स्थापना वर्ष 1972 में कर्नाटक के प्रसिद्ध बांस वनों के क्षेत्र के संरक्षण के लिये की गई थी। 1972 तक यह अभयारण्य गौर या वन्य वृषभों की अच्छी

संख्या के लिये विख्यात था किंतु कालान्तर में खुरीय प्राणियों में फैलने वाली जानलेवा बीमारी रिन्डरपेस्ट के कारण इस अभयारण्य के अधिकांश गौर जीवित न बच सके और अब यहां पर छोटी संख्या में ही गौर पाये जाते हैं।

भद्रा की प्रमुख वनस्पति यहां के बांस वन हैं। बांस विश्व की सबसे लम्बी घास कही जाती है। यहां पर पांच प्रकार के बांस पाये जाते हैं। इनमें बम्बूसा अरुन्डिनासी की ऊंचाई 30 फीट तक होती है, यह यहां के नालों, झरनों और नदियों के तटों पर उगता है। यह बांस 50 से 60 वर्ष में एक बार फूलता है और उस समय इसमें करोड़ों फूल फूलते हैं और बीज गिरते हैं। यह कृन्तकों के लिये बहुत ही उत्तम समय होता है जब उन्हें मनचाहा भोजन सर्वत्र बिखरा मिलता है। ऐसी स्थिति में चूहों जैसे प्राणियों की आशातीत वृद्धि हो जाती है। इसीलिये सामान्य विश्वास में बांस का पुष्पित होना अशुभ माना जाता है। इस समय बढ़े हुये कृन्तक या चूहे बाद में फसलों का सफाया करते हैं। प्रकृति के चक्र के अनुसार चूहों के बढ़ने पर शिकारी पक्षियों की संख्या में भी वृद्धि होनी चाहिये पर ऐसा बहुत कम देखा गया है।

वनस्पति विज्ञानी बांसों में पैदा होने वाले पुष्पों और बीजों से उत्पन्न समस्या का अध्ययन कर निष्कर्ष निकालते हैं कि सारी गड़बड़ इन वनों में मनुष्य के द्वारा प्रकृति के चक्र में व्यवधान पैदा करने से होती है।

भालुक पोंग

यह अभयारण्य आसाम में स्थित है, प्राणिजात प्रदेश के अन्य संरक्षित क्षेत्रों के समान।

भिंडवास

यह अभयारण्य हरियाणा में स्थित है। प्राणिजात प्रदेश के अन्य संरक्षित क्षेत्रों के समान।

भीतरकनिका

संरक्षित क्षेत्र : अभयारण्य/राष्ट्रीय उद्यान
विस्तार : 650 वर्ग किलोमीटर
स्थिति : उड़ीसा
समीपवर्ती नगर : चन्दाबली, निकटतम रेलवे स्टेशन : भद्रक (77 कि.मी.), हवाई पट्टी : भुवनेश्वर (190 कि.मी.)
उत्तम भ्रमणकाल : अक्टूबर से अप्रैल
पारिस्थितिकी : समुद्रतटीय प्रदेश, मैनग्रूव वन, खारे पानी और मीठे पानी की मिश्रित वनस्पती का क्षेत्र
वन्य पशु–पक्षी : खारे पानी के मगर, मैनग्रूव वनों का प्राणिजात, एल्विनो मगर।

भीतरकनिका अभयारण्य की स्थापना (वर्ष 1975) मुख्यतः नदी के मुहाने तथा सागर–तटीय क्षेत्र के प्राणिजात को संरक्षित करने के लिये की गई थी। भीतरकनिका ब्राह्मणी नदी के मुहाने पर स्थित है जहां यह नदी बंगाल की खाड़ी से मिलती है। पूर्वी घाट पर यह एक उत्तम मैनग्रूव पारिस्थितिकी का क्षेत्र है जहां पर अनेक ऐसे प्राणियों की जातियां

तथा प्रजातियां विद्यमान हैं जिनका अस्तित्व खतरे में है, इसके साथ इस क्षेत्र में अनेक वनवासी समुदाय भी रहते हैं। उड़ीसा के रामसर क्षेत्र को इसीलिये 'वर्ल्ड हेरिटेज साइट' का दर्जा प्राप्त है। भीतरकनिका में मैनग्रूव जंगलों में पाई जाने वाली 73 प्राणियों की प्रजातियां पाई जाती हैं।

भीतरकनिका का महत्व इसलिये भी है कि यहां पर समुद्र तटों पर पाये जाने वाले खारे पानी के मगरों (साल्ट वाटर क्रोकोडाइल) की भारी संख्या पाई जाती है। अनुमानित है कि इस अभयारण्य के क्षेत्र में लगभग 1300 मगर पाये जाते हैं।

इनके अतिरिक्त गहरी माता अभयारण्य के प्रवासी आलिव रिडले कछुओं को यहां भी देखा गया है।

भीतरकनिका राष्ट्रीय उद्यान : भीतरकनिका अभयारण्य के 367 वर्ग किलो मीटर क्षेत्र को वर्ष 1988 में राष्ट्रीय उद्यान घोषित कर दिया गया किंतु दस वर्ष बाद 1998 में जब अन्तिम रूप से इस राष्ट्रीय उद्यान की सीमा प्रकाशित हुई तब वह केवल 145 वर्ग किलोमीटर की ही थी।

भीतरकनिका में मगर संरक्षण

भीतरकनिका में मगर संरक्षण और मगरों के प्रजनन हेतु केंद्र स्थापित किया गया, जो कि एक सफल कार्यक्रम था। परंतु मगरों की बढ़ती संख्या से कुछ हानि भी हुई। भीतरकनिका में मगरों द्वारा कम-से-कम एक व्यक्ति को मार डाला गया तथा 5 अन्य को घायल कर दिया गया। संबंधित व्यक्ति निकटवर्ती गांवों के रहने वाले थे जो संरक्षित क्षेत्र के प्रतिबंधित क्षेत्रों में शिकार कर रहे थे । अपने प्रजनन काल में मगर बहुत अधिक संवेदनशील होते हैं और यदि मादा मगर के अंडों या शिशुओं के पास कहीं कोई अनजाने में भी पहुंच जाता है तो उसे मादा मगर के प्रकोप का शिकार होना पड़ता है। मगरों के इस व्यवहार को ध्यान में रखते हुये वन अधिकारियों ने मई एक महीने के लिये संरक्षित क्षेत्र में सभी प्रकार की पर्यटन की गतिविधियों पर रोक लगा दी और यह भी सोचा गया कि मगरों के स्वच्छंद घूमने पर अंकुश लगाने के लिये कुछ क्षेत्रों में मजबूत जाली लगा दी जाय परंतु इस विचार को पर्यावरणविदों से सहमति मिलनी आवश्यक है।

('क्रोकोडाइल किलवन इन भीतरकनिका', टाइम्स ऑफ इंडिया, 4/10/2001)

संरक्षण की सफलता : वर्ष 2001 की वन्य पशु गणना के अनुसार भीतरकनिका में मगरों की संख्या पिछले वर्ष 1098 से अब 1285 हो गई है। यह गणना चार रेंज में चंडबाली, कनिका, राजनगर और जम्बू (महानदी डेल्टा) में की गई। इस गणना में 33 घोंसले भी देखे गये।

भीतरकनिका के एल्बिनो मगर : वर्ष 2004 में भीतरकनिका में एक या दो नहीं अपितु पूरे 15 एल्बिनो या रंगहीन मगर देखे गये। ऐसा समझा जाता है कि विश्वभर में यही एक ऐसा संरक्षित क्षेत्र है जहां रंगहीन मगर पाये जाते हैं। रंगहीन मगरों की आधि-कारिक पुष्टि तब हुई जब अधिकारी यहां मगरों की गणना कर रहे थे। इस संख्या में आगामी वर्षों में उत्तरोत्तर वृद्धि हुई।

(स्रोत : रेयर व्हाइट क्रोकोडाइल फाउण्ड इन उड़ीसा, दि हिन्दू, 11/1/2004)

जनवरी 2004 में इस अभयारण्य में मगरों की कुल संख्या 1358 गिनी गई थी।

(स्रोत : 1358 साल्टवाटर क्रोकोडाइल फाउण्ड इन भीतरकनिका एक्सेल्सियर, 30/1/2004)

भीमगढ़

संरक्षित क्षेत्र : अभयारण्य
विस्तार : 55 वर्ग किलोमीटर
स्थिति : कर्नाटक
समीपवर्ती नगर : खानपुर
उत्तम भ्रमणकाल : अक्टूबर से मार्च
पारिस्थितिकी : अयनमंडलीय पर्णपाती वन
वन्य पशु-पक्षी : बाघ, हरिण, चमगादड़।

भीमगढ़ कर्नाटक के खानपुर ताल्लुका में बेलगांव क्षेत्र में स्थित है। यह एक ऐतिहासिक स्थल भी है। भीमगढ़ में छत्रपति शिवाजी का एक प्राचीन दुर्ग है जो अब रख-रखाव के अभाव में खंडहर हो गया है। यह किला महादेयी वनों की गोद में स्थित है। महादेयी वन विशाल क्षेत्र में फैला है। उसके एक भाग में महादेयी अभयारण्य भी स्थित है। भीमगढ़ वस्तुतः गोवा के मालेम तथा महादेयी अभयारण्यों के उत्तर कन्नड़ के डन्डेली अभयारण्य के उत्तर में। इस प्रकार यह क्षेत्र बाघों के गलियारे का प्रमुख अभयारण्य है। इस अभयारण्य में क्षेत्रीय प्राणिजात पाया जाता है परंतु उसमें सबसे उल्लेखनीय नाम यहां पर पाये जाने वाली चमगादड़ की एक प्रजाति का है।

'राटन की फ्री टेल्ड बेट' (आटोमोप्स राटनी) नाम से पहिचाने जाने वाली यह चमगादड़ की प्रजाति यहां की बारपीड गुफाओं में निवास करती है यह प्रजाति आई. यू. सी. एन. की रेड डाटा सूची में चिन्हित है अर्थात् इसकी पूरी सुरक्षा की तुरंत व्यवस्था होना आवश्यक है। दूसरी कुछ अल्पज्ञात चमगादड़ें, जैसे 'थियोबाल्ड्स टाम्बबेट' (टेफोजूअस थियोबाल्डी) तथा 'मैगाडर्मा स्पास्मा' प्रजाति की चमगादड़ें भी यहां पाई जाती हैं जिन्हें संरक्षण की आवश्यकता है।

मुश्किलें : भीमगढ़ अभयारण्य की सबसे बड़ी समस्या यह है कि इस अभयारण्य पर प्रशासन कोई ध्यान नहीं दे रहा है अतः खनन करने वाले इस प्रयास में हैं कि उन्हें इस क्षेत्र के कैलसियम निक्षेपों का दोहन करने मिले।

भीमगढ़ अभयारण्य की दूसरी मुश्किल यहां के वृक्षों की अवैध कटाई है। भीमगढ़ के समीप ही एक दूसरा अभयारण्य पुष्पगिरि अभयारण्य है, समझा जाता है कि वृक्षों की कटाई से दोनों अभयारण्यों का प्राणिजात प्रभावित हुआ है।

भीमगोड़ा

यह अभयारण्य उत्तरांचल में स्थित है, प्राणिजात प्रदेश के अन्य संरक्षित क्षेत्रों के समान।

भीमबंध

बिहार स्थित अभयारण्य, पारिस्थितिकी प्रदेश के अन्य संरक्षित क्षेत्रों की भाँति।

भीमशंकर

महाराष्ट्र के पुणे जिले में स्थित भीमशंकर अभयारण्य एक बड़ा धार्मिक स्थल भी है। भीमशंकर अभयारण्य में भगवान शिव के 12 ज्योतिर्लिंगों में से एक ज्योतिर्लिंग स्थित है। भीमशंकर अभयारण्य भीमा एवं घोड नदियों का उद्गम स्थल भी है। ये नदियां मोक्ष कुंड नामक स्थान से निकलती हैं। मलाबार जाइन्ट गिलहरी देखने के लिये, जिसे यहां की क्षेत्रीय भाषा में 'शक्रू' कहा जाता है, यह एक उत्तम स्थल है।

भैरमगढ़

संरक्षित क्षेत्र : अभयारण्य
विस्तार : 139 वर्ग किलोमीटर
स्थिति : छत्तीसगढ़
समीपवर्ती नगर : जगदलपुर
उत्तम भ्रमणकाल : अक्टूबर से मार्च
पारिस्थितिकी : मिश्रित अयनमंडलीय पर्णपाती वन, बांस के वन, सागौन वन
वन्य पशु–पक्षी : तेंदुआ, जंगली कुत्ता, वन्य भैंसा, चीतल।

इस अभयारण्य की स्थापना वर्ष 1984 में हुई थी, यह छत्तीसगढ़, आंध्र और महाराष्ट्र राज्य की सीमाओं के समीप स्थित है। यह अभयारण्य इन्द्रावती राष्ट्रीय उद्यान का 'बफर जोन' समझा जा सकता है। इस अभयारण्य में पहले वन्य भैंसा पाया जाता था किंतु इसे अनेक वर्षों से यहां नहीं देखा गया है। यह नक्सली प्रभावित क्षेत्र है।

भैरमगढ़ अभयारण्य का नाम इस अभयारण्य क्षेत्र में बसे प्रमुख गांव भैरमगढ़ के ऊपर रखा गया है। भैरमगढ़ अभयारण्य का अधिकांश हिस्सा मैदानी है, केवल उत्तरी भाग में पहाड़ियां हैं। इस अभयारण्य में छत्तीसगढ़ की प्रमुख नदी इन्द्रावती प्रवाहित होती है, जिसमें वर्ष भर जल रहता है। अभयारण्य में मिंगाचल और बेरूद नाम के दो पहाड़ी नाले भी हैं जिनमें फरवरी के बाद जल नहीं रहता।

अभयारण्य मिश्रित पर्णपाती वन्य पशु–पक्षियों से भरा हुआ था परन्तु अब यहां पर भारी मात्रा में पालतू पशुओं और मनुष्यों की संख्या निवास करती है। इस अभयारण्य में 11 गांव हैं जिनकी कुल जनसंख्या 3 हजार से अधिक है। ढोर 4 हजार से अधिक हैं तथा बकरे–बकरियां 2 हजार के लगभग हैं। वन्य पशु–पक्षियों के स्थान पर ये अधिक दिखलाई देते हैं।

म

मजाठल

संरक्षित क्षेत्र : अभयारण्य
विस्तार : 92 वर्ग किलोमीटर
स्थिति : हिमाचल प्रदेश
समीपवर्ती नगर : सोलन
उत्तम भ्रमणकाल : मार्च से जून एवं सितंबर से नवंबर
पारिस्थितिकी : उप–अयनमंडलीय वन, सूचिपर्ण वन
वन्य पशु–पक्षी : तेंदुआ, कक्कड़, गंधमार्जार।

मजाठल अभयारण्य की स्थापना सोलन जिले में वर्ष 1974 में हुई थी।

मजाठल अभयारण्य हिमाचल प्रदेश के अपेक्षाकृत कम ऊंचाई वाली पहाड़ियों पर स्थित है अतः यहां पर उच्चअक्षांशीय वनों के अनुपात में चौड़े पत्ते वाले वनों का क्षेत्रफल कहीं अधिक है। यह हिमालय के पर्वतीय संक्रमण का क्षेत्र है अतः यहां पर शीतकाल में हिमालय भालू पाये जाते हैं, परन्तु अधिकतर क्षेत्र में तेंदुओं की संख्या भी काफी है, इसके अतिरिक्त यहां पर वनविडाल भी पाये जाते हैं। हिमालय में पाये जाने वाले सुन्दर 'फीजेन्ट' वर्ग के पक्षी इस अभयारण्य में भी देखे जाते हैं।

मजाठल अभयारण्य की स्थापना पश्चिम हिमालय के प्राणिजात के संरक्षण के लिये की गई है। पश्चिम हिमालय पूर्वी हिमालय की अपेक्षा अधिक शुष्क है क्योंकि यहां पर पूर्वी हिमालय से कम वर्षा होती है। इस क्षेत्र में पैलार्कटिक प्राणिजात की बहुलता है। पश्चिम हिमालय के अन्य संरक्षित क्षेत्र गोविन्दसागर, नैनादेवी, दारनघाटी, शिल्ली, शिमला कैचमेंट, तालरा, दार्लाघाट, रक्षम, चितकुल और लिप्पा आसरंग हैं।

इस अभयारण्य को 'मजाठल–हरसेंग' नाम से भी जाना जाता है।

मण्डागुडे

यह अभयारण्य कर्नाटक में स्थित है, प्राणिजात प्रदेश के अन्य संरक्षित क्षेत्रों के समान।

मनास

संरक्षित क्षेत्र : अभयारण्य/राष्ट्रीय उद्यान/टाइगर रिजर्व/विश्व धरोहर
विस्तार : 391 वर्ग किलोमीटर

स्थिति : आसाम
समीपवर्ती नगर : गुवाहाटी
उत्तम भ्रमणकाल : नवंबर से अप्रैल
पारिस्थितिकी : अयनमंडलीय आर्द्रपर्णपाती वन, नदी तटीय घास के मैदान
वन्य पशु-पक्षी : बाघ, वन भैंसे, हाथी, सुनहरा लंगूर, पक्षी।

मनास संरक्षित क्षेत्र में संरक्षण की कहानी एक शताब्दी से भी अधिक पुरानी है। यह कहानी तब प्रारंभ हुई जब भारत में अंग्रेजों ने अपने पैर ठीक ढंग से जमा लिये थे। मनास संरक्षित क्षेत्र केवल भारत में ही नहीं है वरन् भारत की उत्तरी सीमा के पार भूटान में भी रायल मनास संरक्षित क्षेत्र स्थित है। दोनों सरंक्षित क्षेत्र एक ही नदी ब्रह्मपुत्र की घाटी पर स्थित है।

भारतीय मनास आसाम के दो जिलों बक्सा तथा चिरेंग के वन क्षेत्रों में फैला हुआ है। बक्सा जिले के बांसबारी तथा भूयनपारा परिक्षेत्र के वन तथा चिरेंग जिले के पानबाड़ी परिक्षेत्र के वनों को मिलाकर यह संरक्षित क्षेत्र स्थापित किया गया है किंतु इसका क्षेत्र प्रारंभ से ही उतना बड़ा नहीं था जितना कि वह वर्तमान में है। वर्ष 1905 में ब्रिटिश अधिकारियों ने ब्रह्मपुत्र नदी की घाटी के जिन तीन वन क्षेत्रों को शिकारगाह के रूप में आरक्षित किया था वे थे काजीरंगा, लाओखोवा और मनास।

मनास अपने विशाल प्राणियों के लिये पुराने समय से ही विख्यात रहा है फिर चाहे वह हाथी रहे हों, वनभैंसे रहे हों या फिर गैंड़े। यह दुर्भाग्य ही है कि समय बीतते इन तीन विशाल प्राणियों में से मनास संरक्षित क्षेत्र से गैंड़े सदा के लिये विलुप्त हो गये। इस विलुप्ति के अनेक कारणों में क्षेत्रीय राजनैतिक उथल-पुथल से निर्मित अराजक स्थिति भी थी जिसका फायदा तस्कर शिकारियों ने जमकर उठाया। गैंड़े अपने सींग के कारण मारे गये जिनकी अंतर्राष्ट्रीय तस्कर बाजार में भारी मांग है। गैंडों के सीगों को अंधविश्वास के कारण पौरुष बढ़ाने वाली दवाओं में तथा टोने-टोटकों में प्रयोग में लाया जाता है।

विश्व धरोहर मनास

मनास संरक्षित क्षेत्र को विश्व धरोहर होने का गौरव प्राप्त है। वर्ष 1985 में यूनेस्को ने इसे 'वर्ल्ड हेरिटेज साइट' माना इसके साथ ही यह 'मैन एंड बायोस्फियर' परियोजना का बायोस्फियर रिजर्व या मानव एवं प्राणिमंडल परियोजना का प्राणिमंडल का भविष्यारक्षित क्षेत्र घोषित हुआ। मनास की इस उपलब्धि के पीछे 100 वर्ष की लम्बी विकास यात्रा पर ध्यान देना उचित होगा।

- 19वीं सदी में यह वन क्षेत्र गौरीपुर और कूचबिहार के राज परिवार के निजी शिकारगाह के रूप में आरक्षित किया गया।
- वर्ष 1905 में अंग्रेजों ने इसे आरक्षित वन बनाने का प्रस्ताव पारित किया।
- वर्ष 1907 में यह आरक्षित वन (रिजर्व फारेस्ट) के रूप में अधिसूचित हुआ।
- वर्ष 1928 में इस वन क्षेत्र के 360 वर्ग किलोमीटर क्षेत्र को उत्तरी कामरूप शिकार अभयारण्य (गेम सेंक्चुअरी) के रूप में मान्यता दी गई।

मनास अभयारण्य सीमापार भूटान में फैले रायल मनास राष्ट्रीय उद्यान से लगा

हुआ है। रायल मनास राष्ट्रीय उद्यान (65800 हेक्टेयर) ब्रह्मपुत्र के उस पार है। शिकार पर प्रतिबंध लगा दिया गया।

- **वर्ष 1951 से 1955** : इस अभयारण्य का समुचित विस्तार किया गया। इसमें संपूर्ण उत्तरी कामरूप आरक्षित वन एवं मनास आरक्षित वनों के क्षेत्र जोड़ दिये गये। अब इसका क्षेत्रफल 391.02 वर्ग किलोमीटर हो गया।
- **वर्ष 1963–1965** : संरक्षित क्षेत्र में पालतू पशुओं की चराई सीमित की गई।
- **वर्ष 1964** : यद्यपि वर्ष 1950 से यहां पर लकड़ी की कटाई पर रोक लगा दी गई थी पर 1964 में यह प्रतिबंध पूरी तौर से प्रभावित हुआ तथा लकड़ी की कटाई पर प्रभावी रोक लगी।
- **वर्ष 1964** : शूकरों की एक नई प्रजाति जिसे वामन शूकन (पिग्मी हाग) कहा जाता था और इसे बहुत पहले देखा गया था परंतु अब विलुप्त मान लिया गया था, यहां पर पुनः खोज निकाला गया।
- वर्ष 1972 में 888 हेक्टेयर का एक क्षेत्र बीजों को विकसित करने वाले फार्म के रूप में मान्य किया गया। कोकलाबाड़ी स्थित सरकारी कृषि विभाग का यह फार्म वन्य प्राणी अधिनियम 1972 के विरोधाभास में है।
- **अप्रैल 1973** : मनास को भारत के प्रथम नौ टाइगर रिजर्व में से एक होने का गौरव प्राप्त हुआ।
- **दिसंबर 1985** : मनास विश्व धरोहर के रूप में मान्य हुआ।
- वर्ष 1989 : मनास यूनेस्को के मैन एंड बायोस्फियर (एम.ए. बी.) प्रोग्राम के अंतर्गत 'बायोस्फियर रिजर्व' घोषित किया गया।
- **फरवरी 1989** : मनास बोडो उग्रवादियों के कब्जे में आ गया। बोडो स्टूडेन्ट्स यूनियन के हथियारबंद दस्तों के प्रवेश पर मनास के वन रक्षकों ने संरक्षित क्षेत्र छोड़ दिया और इसका फायदा वन तस्करों ने उठाया। अनेक वन्य प्राणी मारे गये।
- **वर्ष 1990** : कहिरामा आरक्षित वन एवं पानबाड़ी आरक्षित वन दोनों को मनास में सम्मिलित कर इसे राष्ट्रीय उद्यान का दर्जा दिया गया।
- **वर्ष 1992** : मनास को 'खतरे में विश्व धरोहर' के रूप में माना गया जिसके नागरिक आंदोलन और शिकार कारण बतलाये गये।
- **वर्ष 2001** : मनास राष्ट्रीय उद्यान को 'बक्सा मनास हाथी रिजर्व' का नाभिक क्षेत्र घोषित किया गया था साथ ही पूर्व और पश्चिम का (2,837 वर्ग कि.मी.) वन क्षेत्र बफर जोन घोषित हुआ।
- **वर्ष 2003** : भारत सरकार और बोडोलैंड टेरिटोरियल काउन्सिल के समझौते के बाद स्थितियां सामान्य हुईं।
- **वर्ष 2005** : मनास अब सामान्य है। बोडोलैंड टेरिटोरियल काउन्सिल तथा मनास माओ जिगेन्द्री इको टूरिज्म सोसायटी मनास के पूर्व गौरव को लाने में क्रियाशील।

वर्ष 2003 के पश्चात् स्थितियों में परिवर्तन आया है, परंतु अब भी वर्ष 1989 के पूर्व की स्थितियों को लाने में भारी प्रयास करने होंगे क्योंकि मनास का वन्य प्राणी संकुल काफी क्षतिग्रस्त हो चुका है। सर्वप्रथम तो मनास में वर्ष 1989 के पहले स्थापित सभी

शिकार विरोधी दस्तों को मुस्तैद करना होगा। बेकी और मनास नदियों पर विशेष नजर रखने की आवश्यकता है क्योंकि इनके द्वारा तस्कर अपना कार्य करते हैं। इस संरक्षित क्षेत्र के बीच में बसे अगरंग वन ग्राम की पुनर्स्थापना कहीं अन्यत्र होनी आवश्यक है।

भूटान की सीमा में स्थित रायल मनास राष्ट्रीय उद्यान सघन वन एवं वन्य प्राणियों से भरा हुआ क्षेत्र है। सौभाग्यवश भारतीय मनास की तुलना में वहां पर शिकार की घटनायें नगण्य हैं। भूटान स्थित मनास भारतीय मनास के लिये वरदान है क्योंकि भारतीय वन्य पशु अनेक बार नदी पार कर उस ओर चले जाते हैं और उन्हें बेहतर संरक्षण प्राप्त हो जाता है।

मनास में बाघ : मनास संरक्षित क्षेत्र में बाघों को देख पाना सदैव कठिन रहा है। ऐसा इस अभयारण्य की पारिस्थितिकी के कारण है जहां बड़ी घास और सघन वन सर्वत्र हैं। फिर भी यहां पर बाघों की पर्याप्त संख्या रही है। यदि आंकड़ों पर विश्वास करें तो वर्ष 1972 में यहां 31 बाघ थे जिनकी संख्या बढ़कर 1979 में 69 हो गई तथा वर्ष 1984 में 123। वर्ष 1993 में इस संख्या में गिरावट आई और यहां 92 बाघ बचे, दो वर्ष बाद 1995 में यह संख्या बढ़कर 94 हुई परंतु फिर इसमें लगातार गिरावट होती चली गई। 1997 में यहां 89 बाघ थे तो वर्ष 2000 में केवल 65 अर्थात् दो दशक पहले यहां बाघों की जो संख्या थी उसके लगभग बराबर। ये सभी आंकड़े कितने विश्वसनीय हैं इस पर विचार करना व्यर्थ ही है। वर्तमान (वर्ष 2005) में यह माना जा रहा है कि मनास के नाभिक क्षेत्र में 22 बाघ होंगे और 18 से 25 बाघ बफर जोन में होंगे।

तेंदुये : मनास में कुछ संख्या में तेंदुये पाये जाते हैं। साथ ही तेंदुओं की एक अन्य प्रजाति 'क्लाउडेड लिओपार्ड' भी यहां पाया जाता है यद्यपि इनकी संख्या बहुत कम है।

बारहसिंघा : मनास में बारहसिंघों की अच्छी संख्या निवास करती थी परंतु वह कब विलुप्त हो गई इसका पता ही न चला।

गौर : मनास में गौर और वनभैंसे दोनों एक साथ पाये जाते हैं। भारत में ऐसे क्षेत्र कम हैं। यह किंचित आश्चर्य की बात है कि जहां मनास में वनभैसों की संख्या में लगातार कमी आई है वहां गौर की संख्या में थोड़ी बहुत वृद्धि ही देखी गई है।

सुनहरा लंगूर : सुनहरा लंगूर (गोल्डन लंगूर) केवल भूटान और पश्चिमी आसाम के वनों में पाया जाता है। भारत में उसे केवल मनास में ही ठीक ढंग से देखा जा सकता है। केवल 1000 की संख्या में वानरों की यह प्रजाति अब बच रही है। मनास के अतिरिक्त भारत में इनकी संख्या बहुत छोटे झुंडों में आसपास के संरक्षित क्षेत्रों तक ही सीमित है। ये सर्वत्र ही संकटग्रस्त हैं।

वामन शूकर : वामन शूकर अपने आकार और प्रकार में सामान्य शूकर जैसा ही होता है परंतु वयस्कावस्था में भी इन शूकरों की ऊंचाई शूकरों के बच्चों के बराबर ही रहती है। पिछले कुछ वर्षों से इनका प्रजनन वैज्ञानिकों की देखरेख में (कैप्टिव ब्रीडिंग) किया जाने लगा है। यद्यपि इस प्रकार के शूकर अत्यंत कम संख्या में हैं।

मनास में संकटग्रस्त वन्य प्राणियों की प्रजातियां : बोडो संकट के पूर्व ही मनास अपने क्षेत्र में भारत की 21 संकटग्रस्त प्रजातियों को प्रश्रय दिये हुये था परंतु तब तक ये प्रजातियां वहां जीवित थीं किंतु बोडो संकट के पश्चात् कुछ प्रजातियां तो यहां सदा के लिये विलुप्त हो गईं और कुछ की संख्या में चिन्ताजनक रूप से कमी आई। फिर

भी भारत की अनेक संकटग्रस्त प्रजातियां जैसे सुनहरा लंगूर, वामन शूकर तथा हिस्पिड खरगोश यहां अब भी सुरक्षित हैं। जो नहीं बच सके उनमें भारतीय एक सींग वाला गैंडा तथा बारहसिंघा थे। जो बच सके परंतु जिनकी संख्या में भारी कमी आई वे वन्य प्राणी हाथी और वनभैंसा हैं।

मनास अपने वनभैंसों के लिये विश्वविख्यात था। एशिया में वनभैंसे वैसे भी सभी जगह अपनी अन्तिम सांसे ले रहे हैं। मनास में हाथियों और गैंडों के साथ वनभैंसों के झुंड आसानी से देखे जा सकते थे। वर्ष 1980 में इनकी संख्या इस संरक्षित क्षेत्र में 1000 से भी अधिक हुआ करती थी किंतु अब (वर्ष 2005) यह संख्या इसकी चौथाई भी हो तो इसे सौभाग्य ही माना जाना चाहिये।

यही हाल हाथियों का है। जिस संरक्षित क्षेत्र में कई हजार हाथी हुआ करते थे अब वहां (जनवरी 2006) हाथियों की कुल संख्या का आकलन मात्र 300 से 600 के बीच है। वे सभी हाथी जिनके विशाल दांत हुआ करते थे कब के मार दिये गये, अब केवल बिना दांत वाले हाथी बचे हुये हैं। 'द किंग एंड आई : ट्रेवल्स इन टाइगर लैंड' पुस्तक में लेखिका प्रेमासिंह बिन्द्रा तराई के वनों के वर्णन में लिखती हैं कि वे एक व्यक्ति बुधेसर से मिलीं जिसने यह स्वीकार करते हुये बतलाया कि उसने अस्सी हाथी, दो शेर और अनगिनत हरिणों को मारा है। इसी पुस्तक में उन्होंने यह भी लिखा कि भूटान सीमा पर तस्कर हाथी दांत 3300 रुपये प्रति किलोग्राम के भाव से व्यापारियों को बेचते हैं। इसी पुस्तक में उन्होंने मनास के ऐसे जाबांज वनरक्षक का भी वर्णन किया है जिसे तस्करों ने पकड़कर बेरहमी से इतना पीटा कि वह मर जाये परंतु वह जीवित रहा तथा उसने अपने जीवने में सशस्त्र तस्करों से सौ से भी अधिक बार मुठभेड़ की और अपनी प्वाइन्ट तीन सौ पन्द्रह वाली रायफल की गोलियों से बत्तीस सशस्त्र तस्करों को मौत के घाट उतारा। उसके इस वीरतापूर्वक कार्य के लिये प्रधानमंत्री ने उसे पदक प्रदान किया।

मनास में इन दिनों भले ही पहले जैसा संकट न हो परंतु तस्करों का अब भी पूरी तरह सफाया नहीं हुआ है। इस संरक्षित क्षेत्र की बिना मजबूत व्यवस्था के तस्करों को नहीं रोका जा सकता।

गैंडे : शिकारियों की गोली से मनास में सदा के लिये समाप्त हो गये। वर्ष 1987 में इनकी संख्या 95 से 100 गिनी गई थी। वर्ष 1993 में उनकी संख्या 10 सूचित की गई थी, पर उस पर तब भी विश्वास नहीं किया गया था। अब मनास में गैंड़े नहीं हैं।

हाग डियर : बोडो आंदोलन के पहले ये मृग मनास में भारी संख्या में निवास करते थे। 1980 में इनकी संख्या 8000 से अधिक थी, उस समय शेर के शिकार में इनका विशेष स्थान था परंतु आंदोलन के समय ये हिरण शिकारियों की गोलियों से बेरहमी से मारे गये और अब वर्ष (2005 में) इनकी संख्या यहां बमुश्किल 100 के आसपास है।

वन्य शूकर : मनास के दलदली क्षेत्रों में वन्य शूकरों की भारी संख्या थी परंतु बोडो आंदोलन के समय शिकारियों ने बिना वक्त खोये वन्य शूकरों का अंधाधुंध शिकार किया और अब जब भारत के सभी संरक्षित क्षेत्रों में वन्य शूकरों की संख्या बढ़ी है यहां वह अब भी बहुत कम है। उल्लेखनीय है कि वन्य शूकर भी बाघ के शिकार का प्रमुख पशु है।

पक्षी : मनास पक्षियों का स्वर्ग है, यहां पर 382 प्रजातियों के पक्षी पाये जाते हैं। मनास में भारत के अति दुर्लभ पक्षियों को देखने का अवसर मिल सकता है। इस दृष्टि से मनास को काजीरंगा और डिब्रूसैकोवा संरक्षित क्षेत्रों के साथ रखा जाता है। यहां पर

बंगाल फ्लोरिकन के साथ ही 'ग्रेटर एडजूटेन्ट' और 'लेसर एडजूटेन्ट' पक्षियों को देखा जा सकता है। यहां पर हार्नबिल की तीन प्रजातियां देखने को मिलती हैं जिन्हें ग्रेट पाइड हार्नबिल, रेथड हार्नबिल तथा ओरियेन्टल पाइड हार्नबिल के नाम से जाना जाता है, इनके अतिरिक्त हार्नबिल की दो अन्य प्रजातियां रुयूफड नेक्ड हार्नबिल और ग्रे हार्नबिल भी यहां जब–तब दिख जाती हैं।

बंगाल फ्लोरिकन : दुनिया भर में जिन अतिदुर्लभ पक्षियों की गणना होती है उनमें बंगाल फ्लोरिकन का नाम भी एक है। इस पक्षी को यदि कहीं देख पाना संभव है तो वह केवल मनास के कोकलाबाड़ी में ही। भारत के संकट ग्रस्त पक्षियों में इसका नाम सर्वोपरि है।

महुआद्वार

संरक्षित क्षेत्र : अभयारण्य
विस्तार : 63 वर्ग किलोमीटर
स्थिति : झारखण्ड
समीपवर्ती नगर : महुआद्वार (12 कि.मी.)
उत्तम भ्रमणकाल : अक्टूबर से मार्च
पारिस्थितिकी : अयनमंडलीय पर्णपाती वन, घास के मैदान
वन्य पशु–पक्षी : भेड़िया, चीतल, पक्षी।

महुआद्वार अभयारण्य की झारखंड में वर्ष 1976 में स्थापना मुख्य रूप से भारतीय भेड़िया को संरक्षण देने के लिये की गई थी। महुआद्वार अभयारण्य की मुख्य नदी बूढ़ा है जो इस संरक्षित क्षेत्र में एक गहरी घाटी का निर्माण करती है। भारतीय भेड़िये के लिये स्थापित इस अभयारण्य में पालतू ढोरों की भरमार है।

मणिपुर

स्थिति : भारत का पूर्वोत्तर प्रदेश
भोगोलिक क्षेत्र : 22,327 वर्ग किलोमीटर, वनों के अन्तर्गत क्षेत्रफल : 35,154 वर्ग किलोमीटर
संरक्षित क्षेत्र : राष्ट्रीय उद्यान : 02, अभयारण्य : 03
प्रदेशिक पारिस्थितिकी : प्राणि–भौगोलिक परिमंडल : उत्तर–पूर्वी भारत
प्रदेश का प्रतीक पशु : संगाई (सर्वस एल्डी)
प्रदेश का प्रतीक पक्षी : ह्यूम्स फीजेन्ट (सिरमेटिकस ह्यूमी)
प्रदेश का प्रतीक वृक्ष : टून (टूना सिलियेटा)
प्रदेश का प्रतीक पुष्प : सिरोय लिली (लिलियम मैक्लाइनी)

मणिपुर को 'संगाई' अथवा 'नाचने वाले हरिण' के क्षेत्र के रूप में विश्वभर में ख्याति प्राप्त है। संगाई को इसीलिये 'मणिपुरी हरिण' के नाम से भी जाना जाता है। यह हरिण मणिपुर के कैबुल लामजो राष्ट्रीय उद्यान में पाया जाता है। इस राष्ट्रीय उद्यान की झील

'लोकटक' इस हरिण के रहने की जगह है। लोकटक झील की पारिस्थितिकी में 'फुमडी' जो जल में तैरने वाली वनस्पति है का विशेष महत्व है। दूसरा राष्ट्रीय उद्यान सिरोय है। यह 42 वर्ग किलोमीटर का एक छोटा राष्ट्रीय उद्यान है।

मणिपुर का शाब्दिक अर्थ है रत्नों का नगर या रत्नों का प्रदेश। उसे यह नाम वहां के प्राकृतिक सौंदर्य के कारण ही मिला है। मणिपुर में तिब्बती म्यांमार वंश के लोगों का बाहुल्य है जिन्हें 'मैती' कहा जाता है। 'मैती' लोगों की जनसंख्या के लिये समूचे भारत में विख्यात है। मणिपुर महाभारत काल से संपूर्ण भारत में जाना हुआ प्रदेश था।

मणिपुर की अंगोचिंग पर्वतश्रेणी अपने सौंदर्य में बेजोड़ है। दूर से देखने पर ये पर्वत गहरे नीले रंग के दिखलाई देते हैं जिनमें प्रातःकालीन धुंध देर तक छाई रहती है। वस्तुतः ये पर्वत समशीतोष्ण तथा आर्द्र अयनमंडलीय वनों की वानस्पतिक सीमा भी बनाते हैं। 'ख्यांगबुंग' पर्वत शिखर की ऊंचाई 2833 मीटर है, यह श्रेणी अंओचिंग के समान्तर पर्वत पर है। इन पर्वतों को पूर्वी हिमालय पर्वत का दक्षिणी विस्तार या अराकान यामा पर्वतों का उत्तरी भाग समझा जा सकता है। इन पर्वतों पर 2300 मी. की ऊंचाई तक घास के संकरे मैदान पाये जाते हैं साथ ही रोडोडेन्ड्रान के वन भी। इन्हीं वनों के क्षेत्र में सिरोरालिलि (लिलियम मैक्लीनी) जो कि इस प्रदेश का प्रतीक पुष्प है भारी तादाद में देखने मिलता है। यहां पर एक से एक सुन्दर आर्किड वन्य अवस्था में खिले हुये देखे जा सकते हैं।

मणिपुर की प्रमुख नदी 'सनलोक' है। अनेक छोटे-बड़े जलप्रपात बनाती है जिनमें 'टुई लि लि' जल प्रपात प्रमुख हैं। इसका क्षेत्रीय भाषा में अर्थ गिरता हुआ शीतल जल होता है। यहां यह ध्यातव्य है कि आओचिंग पर्वत और सनलोक नदी का क्षेत्र अत्यंत समृद्ध जैव विविधता का क्षेत्र है।

मणिपुर की प्रसिद्ध 'लोकटक' झील और उस पर तैरती फुमडी के संबंध में तो काफी लोग जानते हैं परन्तु यह कम लोग जानते हैं कि इस प्रकार की एक और विशाल झील मणिपुर के उखरूल जिले में भी है। इस तलहटी में म्यांमार (बर्मा) भारत की सीमा के निकट स्थित है। इस झील के किनारे 'खाउचुपुंग' गांव बसा है। इस झील में फुमडी के बजाय दूसरी वनस्पतियों में मुख्य वानस्पतिक प्रजातियां 'फ्रेमाइटिस करका' तथा 'एरियेन्थस' हैं। इस झील का विस्तार लगभग 3 वर्ग किलोमीटर है। यह झील भी पास के छोटे-छोटे नालों के पानी से मिलकर बनी है। झील पर पड़े इस वानस्पतिक आवरण पर हरिण, जंगली बिल्लियां और खाटे जैसे पशु निकलते रहते हैं।

मणिपुर में अनेक आदिवासी समुदाय रहते हैं। उनमें कुछ दुर्लभ परंपरायें हैं जिनमें से एक 'तंगखुल' परंपरा है। यह गांव का एक सामाजिक विश्रामगृह है। मध्य प्रदेश (अब छत्तीसगढ़) में पहले इसी तरह के जनजातीय विश्राम ग्रह 'घोटुल' हुआ करते थे। भारत के मध्य क्षेत्र से यह परंपरा लुप्त हो चुकी है परन्तु मणिपुर में यह 'तंगखुल' के रूप में जीवित है।

मणिपुर का पर्याप्त भाग वनों से ढंका है। इस प्रदेश में वनाच्छादित क्षेत्र का प्रतिशत 67.87 है अर्थात दो तिहाई से भी अधिक भाग में यहां वन है। इस दृष्टि से यदि देखा जाय तो इस प्रदेश में अभी भी अधिक संरक्षित क्षेत्र होने चाहिये।

मथिकेट्टन

यह अभयारण्य केरल में स्थित है, प्राणिजात प्रदेश के अन्य संरक्षित क्षेत्रों के समान।

मध्य प्रदेश

स्थिति : भारतवर्ष के मध्य में

भौगोलिक क्षेत्र : 308,252 वर्ग किलोमीटर, वनों के अंतर्गत क्षेत्रफल : 95212 वर्ग किलोमीटर (30.89%)

संरक्षित क्षेत्र : राष्ट्रीय उद्यान : 09, अभयारण्य 19, टाइगर रिजर्व : 05, बायोस्फियर रिजर्व : 01

पारिस्थितिकी : भारत के प्राणि–भौगोलिक वर्गीकरण के आधार पर 6 ब एवं 4 ब

प्रदेश का प्रतीक पशु : बारहसिंघा (सर्वस डबावसेली ब्रान्डरी)

प्रदेश का प्रतीक पक्षी : एशियाई फ्लाईकैचर (टर्पिस फोन पैराडाइजी)

प्रदेश का प्रतीक वृक्ष : अधिसूचना प्रतीक्षित

प्रदेश का प्रतीक पुष्प : अधिसूचना प्रतीक्षित

मध्य प्रदेश अपने नाम के अनुसार भारत के मध्य में स्थित प्रदेश है। मध्य प्रदेश भारत का दूसरा सबसे बड़ा प्रदेश है।

मध्य प्रदेश भारत का बाघ प्रदेश (टाइगर स्टेट) है क्योंकि इस प्रदेश में देश के सबसे अधिक टाइगर रिजर्व हैं और सबसे अधिक बाघ पाये जाते हैं। मध्य प्रदेश में कुछ संरक्षित क्षेत्र विशिष्ट प्राणियों की सुरक्षा के लिये स्थापित किये गये हैं। जैसे घड़ियाल और खरमोर के संरक्षण के लिये भी संरक्षित क्षेत्र हैं। मध्य प्रदेश में जीवाश्मों के संरक्षण के लिये एक राष्ट्रीय उद्यान है। एक राष्ट्रीय उद्यान नगर सीमा पर स्थित है।

मध्य प्रदेश का सबसे बड़ा वन क्षेत्र नर्मदा घाटी के दक्षिणी ओर फैला सतपुड़ा पर्वतीय प्रदेश है। इस क्षेत्र का क्षेत्रफल लगभग 6500 वर्ग किलोमीटर है जिसमें 13 संरक्षित क्षेत्र हैं। इस पर्वतीय क्षेत्र में 100 से भी अधिक नदियां हैं। फोरसाइथ (1867) 'हाईलैन्ड्स आफ सेन्ट्रल इन्डिया' में लिखता है, ''भारत के नर्मदा घाटी क्षेत्र में हाथी और सिंह पाये जाते थे।'' सत्रहवीं सदी में सर थामस रो लिखता है, ''नर्मदा घाटी के वनों में सिंह सामान्य रूप से घूमा करते थे। ई0 1851 के आसपास शिकारियों ने सिंह का शिकार जबलपुर और सागर के नजदीकी जंगलों में किया था।''

मध्य प्रदेश का अब भी लगभग एक तिहाई भाग वनों से आच्छादित है और इसीलिये यहां के सघन वनों में 5 टाइगर रिजर्वो की स्थापना की गई जो कि निम्नलिखित हैं–

1. **कान्हा टाइगर रिजर्व** : स्थापना वर्ष 1973, कुल क्षेत्रफल 1945 वर्ग किलोमीटर।
2. **पेंच टाइगर रिजर्व** : स्थापना वर्ष 1992, कुल क्षेत्रफल 757 85 वर्ग किलोमीटर।
3. **बान्धवगढ़ टाइगर रिजर्व** : स्थापना वर्ष 1993, कुल क्षेत्रफल 1161.42 वर्ग किलोमीटर।
4. **पन्ना टाइगर रिजर्व** : स्थापना वर्ष 1994, कुल क्षेत्रफल 542.66 वर्गकिलोमीटर।

5. **बोरी सतपुड़ा पचमढ़ी** : स्थापना वर्ष 1999, कुल क्षेत्रफल 1486 वर्ग कि.मी.।

इन पांच टाइगर रिजर्व के अतिरिक्त पचमढ़ी बायोस्फियर रिजर्व की स्थापना वर्ष 1999 में की गई जिसका क्षेत्रफल 4926 वर्ग किलोमीटर है।

मध्य प्रदेश के सभी टाइगर रिजर्व विन्ध्याचल-सतपुड़ा पर्वत श्रेणी में स्थित हैं। इसी क्षेत्र में प्रदेश के अधिकतर अभयारण्य भी हैं। प्रदेश के दो अन्य क्षेत्र मालवा और गिर्द के अभयारण्यों के प्रमुख प्राणी कृष्णमृग, चिंकारा तथा भेड़िया हैं। इसी तरह इस क्षेत्र की नदियों में घड़ियाल भी पाये जाते हैं।

पर्यटन

मध्य प्रदेश पर्यटन की दृष्टि से भारत का एक अत्यंत प्रमुख क्षेत्र है। पर्यावरण पर्यटन की दृष्टि से भी इसका अपना महत्व है। यहां के सभी राष्ट्रीय उद्यान जिनमें से पांच अब टाइगर रिजर्व का दर्जा प्राप्त हैं पर्यटन के जाने-माने केंद्र हैं। भोपाल का वन बिहार यद्यपि राष्ट्रीय उद्यान ही है परंतु नगरीय पर्यटकों की यहां सदैव ही भारी भीड़ रहती है। भोपाल में रहते हुये यहां सुविधा पूर्वक पहुंचा जा सकता है। दूसरा विशिष्ट राष्ट्रीय उद्यान घुघवा या फासिल राष्ट्रीय उद्यान है जो मंडला जिले में स्थित है। यहां पर लाखों वर्ष पुराने जीवाश्म देखे जा सकते हैं। घुघवा मंडला या जबलपुर से सीधे पहुंचा जा सकता है। मध्य प्रदेश के सभी टाइगर रिजर्व मध्य प्रदेश की राजधानी भोपाल से सीधे टैक्सी द्वारा पहुंचे जा सकते हैं। लगभग सभी की सीमा पर रुकने की व्यवस्था मौजूद है। कान्हा और बान्धवगढ़ पर्यटकों की पहली पसंद है, यहां पर रुकने और भ्रमण की व्यवस्थायें भी श्रेष्ठ हैं।

टाइगर रिजर्व एवं राष्ट्रीय उद्यानों के अतिरिक्त अभयारण्यों में संबंधित जिले के वन विभाग के अधिकारी (डी. एफ. ओ.) की अनुमति से भ्रमण किया जा सकता है। कुछ अभयारण्यों में भी रुकने की सुविधायें हैं, जैसे वीरांगना दुर्गावती अभयारण्य के भीतर विश्रामगृह है। मध्य प्रदेश के कुछ अभयारण्य यथा केन तथा ओरछा क्रमशः खजुराहो और झांसी के समीप हैं, दोनों ही अभयारण्य के समीपवर्ती स्थान अपने पुरातात्विक एवं ऐतिहासिक महत्व के लिये विख्यात हैं।

मनाली

संरक्षित क्षेत्र : अभयारण्य
विस्तार : 28.9 वर्ग किलोमीटर
स्थिति : हिमाचल प्रदेश
समीपवर्ती नगर : मनाली
उत्तम भ्रमणकाल : मई-जून, सितंबर-अक्टूबर
पारिस्थितिकी : फर, आल्डर और पाइन के वृक्ष
वन्य पशु-पक्षी : मोनल, लोमड़ी, पक्षी।

मनाली अभयारण्य की स्थापना कुल्लू जिले में वर्ष 1954 में हुई थी। मनाली अभयारण्य मनाली नगर से केवल 4 कि.मी. दूर है। यह अभयारण्य मनाली नगर की सीमा पर व्यास नदी के जलग्रहण क्षेत्र पर स्थापित की गई थी।

मानली हिमाचल प्रदेश का प्रसिद्ध पर्यटन स्थल है। मनाली अधिवास व्यास नदी के लगभग समानान्तर फैला हुआ है। मनाली नगर के एक ओर की सीमा पर हिमाच्छादित हिमालय शिखर हैं जहां पर स्केटिंग तथा बर्फ के खेलों की सुविधा है। मनाली अभयारण्य पर्वतीय पाद प्रदेश में व्यास नदी के उस प्रारंभिक क्षेत्र में स्थापित किया गया है जहां पर पर्यटन के कारण नदी के प्रदूषण का खतरा था। इस अभयारण्य की स्थापना से किसी हद तक व्यास नदी को उसके प्रारंभिक प्रवाह में निर्मल रखने की भी कोशिश है। इस सबके बावजूद मनाली के मुख्य मार्ग पर व्यस्त यातायात रहता है।

प्रतिवर्ष मनाली अभयारण्य देखने लोग हजारों की तादाद में पहुंचते हैं। यहां पर हिमालयी पक्षी तथा गंधमार्जार जैसे जीवों को देखा जा सकता है। मनाली अभयारण्य में चीड़ और देवदार के ऊंचे वृक्षों के सघन वन हैं। इस अभयारण्य के मुख्य पक्षी मैना तथा मोनल हैं।

मयूरेश्वर

संरक्षित क्षेत्र : अभयारण्य
विस्तार : 5 वर्ग किलोमीटर
स्थिति : महाराष्ट्र
समीपवर्ती नगर : सूपे (1 कि.मी.)
उत्तम भ्रमणकाल : अगस्त से जनवरी
पारिस्थितिकी : पर्णपाती अयनमंडलीय वन, सिस्सू खैर
वन्य पशु–पक्षी : मयूर।

मयूरेश्वर अभयारण्य संभवत: भारत का अकेला संरक्षित क्षेत्र है जिसकी स्थापना राष्ट्रीय पक्षी मोर को संरक्षण देने के लिये की गई है। भारत के कुछ अन्य क्षेत्रों में मोर को संरक्षण दिया गया है परंतु वे मोर के लिये सुनिश्चित किये गये संरक्षित क्षेत्र नहीं हैं। महाराष्ट्र का यह अभयारण्य पुणे के वन परिमंडल में है जहां पर पजार झील स्थित है। यह वन मुख्य रूप से खैर और सिस्सू वृक्षों का है जहां बीच–बीच में छोटे घास के मैदान हैं। यह एक ऐसा क्षेत्र है जो मयूर के लिये एकदम उपयुक्त है। इस अभयारण्य में न तो बाघ है और न ही तेंदुआ, केवल भेड़िया और सियार ही यहां के प्रमुख शिकारी जानवर हैं। अन्य वन्य पशुओं में प्रमुख चीतल और कक्कड़ हैं।

मयूरेश्वर बहुत समय से अपने मोरों के लिये विख्यात है। क्षेत्रीय भाषा में इस क्षेत्र को विशेषकर सूपे को मोरगांव के उपनाम से संबोधित किया जाता था। मयूरेश्वर अभयारण्य का नाम मयूरेश्वर मंदिर के नाम के ऊपर रखा गया है। मयूरेश्वर मंदिर में मुख्य देवता गणपति हैं। यहां की गणपति मूर्ति के साथ अनेक विश्वास जुड़े हुये हैं जिनके चलते इस क्षेत्र में मयूरों को कोई भी व्यक्ति नहीं मारता। मयूरेश्वर मंदिर अभयारण्य से आठ किलोमीटर की दूरी पर है जिसमें आठ गणेश मूर्तियां हैं।

इस मंदिर की बड़ी विशेषता यह है कि इसका स्थापत्य पूरी तौर पर इस्लामी है, इतना ही नहीं ऐसा कहा जाता है कि यहां पर मयूरों को मारने पर पूरा प्रतिबंध सबसे पहले एक मुसलमान सेनापति ने लगाया था।

मराट लोंगरी

आसाम स्थित मराट लोंगरी अभयारण्य पक्षियों के लिये प्रसिद्ध है।

मृगवाणी

महावीर हरिण वनस्थली के समीप स्थित अभयारण्य, आंध्र प्रदेश, पारिस्थितिकी प्रदेश के अन्य संरक्षित क्षेत्रों की भांति।

मसूरी

उत्तरांचल के प्रसिद्ध पर्यटन स्थल मसूरी के आसपास के वन क्षेत्र को अभयारण्य घोषित किया गया है। पारिस्थितिकी प्रदेश के अन्य संरक्षित क्षेत्रों की भांति।

महाद

संरक्षित क्षेत्र : अभयारण्य
विस्तार : 650 वर्ग किलोमीटर
स्थिति : अरुणाचल
समीपवर्ती नगर : रोइंग निकटवर्ती हवाई पट्टी : तेजपुर
उत्तम भ्रमणकाल : नवंबर से मार्च
पारिस्थितिकी : पर्वतीय वन, अत्यधिक वर्षा का क्षेत्र
वन्य पशु–पक्षी : गिब्बन, क्लाउडेड तेंदुआ, स्पाटेड लिनसेंग, हिरण, पक्षी।

महाद अभयारण्य अरुणाचल प्रदेश के पर्वतीय क्षेत्र में स्थित है। इस अभयारण्य में समुद्र सतह से 400 मी. की ऊंचाई से लेकर समुद्र सतह से 3500 मी. तक ऊंचाई का क्षेत्र है अतः वनस्पतियों की अनेक पट्टियां देखने को मिलती हैं। इन वनों में अनेक दुर्लभ प्राणी पाये जाते हैं।

महादेयी

यह अभयारण्य गोवा–कर्नाटक की सीमा पर स्थित है।

महानन्दा

संरक्षित क्षेत्र : अभयारण्य
विस्तार : 130 वर्ग किलोमीटर
स्थिति : पश्चिमी बंगाल
समीपवर्ती नगर : सिलीगुड़ी (8 कि.मी.), निकटवर्ती हवाई पट्टी : बगडोरा (20 कि.मी.)
उत्तम भ्रमणकाल : नवंबर से मार्च
पारिस्थितिकी : मिश्रित आर्द्र पर्णपाती वन, घास के मैदान

वन्य पशु-पक्षी : तेंदुआ, हाथी, सीरो, सांभर, भेड़िया, पक्षी।

महानन्दा अभयारण्य पश्चिम बंगाल के हिमालयी पादप्रदेश में स्थित है। वर्ष 1949 में यह संरक्षित क्षेत्र घोषित किया गया था, तदनन्तर यह अभयारण्य की श्रेणी में वर्ष 1976 में स्थापित किया गया। इस अभयारण्य में भेड़िया तथा तेंदुआ पाया जाता है। पक्षियों में रेड ब्रेस्टेड ट्रोगन, उड़ियलों की कुछ प्रजातियां तथा सनबर्ड्स पाये जाते हैं।

महानन्दा में हार्नबिल की दो प्रजातियां ग्रेटपाइड हार्नबिल और इंडियन पाइड हार्नबिल पाई जाती हैं। पक्षी प्रेमियों का तो यहां तक कहना है कि महानन्दा में हार्नबिल पक्षियों का घनत्व सबसे अधिक है।

महानन्दा अभयारण्य अपने पक्षिजात के लिये ही प्रसिद्ध है। यह अभयारण्य अजगरों के देखने के लिये एक उपयुक्त स्थल है।

यह अभयारण्य तीस्ता और महानन्दा नाम की दो विशाल नदियों के बीच फैला हुआ है। इस अभयारण्य का लगभग 60 प्रतिशत भाग पर्वतीय है तथा शेष भाग 150 मी. से 1200 मी. तक की ऊंचाई वाला है। यही कारण है कि यहां वनस्पतिक विविधता भी खूब है। निचले क्षेत्रों में जहां खैर और साल के वृक्ष पाये जाते हैं वहां अधिक ऊंचाई में फर्न पाये जाते हैं।

पक्षियों की अधिकता के कारण इस अभयारण्य में वनविडाल मानीटर गोधिकायें और गंधमार्जार भी अच्छी संख्या में देखे जाते हैं।

महाराष्ट्र

स्थिति : भारत का पश्चिमी प्रदेश

क्षेत्रफल : 307577 वर्ग किलोमीटर, वनाच्छादित क्षेत्र : 63,824 वर्ग किलोमीटर

संरक्षित क्षेत्र : टाइगर रिजर्व : 03, राष्ट्रीय उद्यान : 05, अभयारण्य : 34

प्रादेशिक पारिस्थितिकी : प्रादेशिक भारत के प्राणि-भौगोलिक प्रदेशों के अनुसार 6ब दकन का पठार, 5 ब पश्चिमी घाट पर्वत, 10 अ प. तट

प्रमुख वन्य-पशु : बाघ, गौर, तेंदुआ, सांभर, कक्कड़, रीछ, पक्षी।

महाराष्ट्र भारत का तीसरा सबसे बड़ा प्रदेश है। महाराष्ट्र का पहला विस्तृत वन्य क्षेत्र सतपुड़ा पर्वतों का है जो महाराष्ट्र और मध्य प्रदेश की पूर्वी सीमा पर पूर्व से पश्चिम की ओर फैला है। महाराष्ट्र के टाइगर रिजर्व इसी क्षेत्र में स्थित हैं। महाराष्ट्र का दूसरा प्रमुख वन्य क्षेत्र पश्चिमी घाट या सह्याद्रि है। पश्चिमी घाट का 'कास पठार अतिशयताओं का क्षेत्र है जहां मई में दोपहर का तापमान 44 से, दोपहर में चट्टानों का तापमान 60 से तथा छाया में 10 से. कम होता है। इन्हीं भीषण गर्मी के दिनों में रातें ठिठुरा देने वाली होती हैं।

प्रोजेक्ट टाइगर के प्रारंभ होने पर महाराष्ट्र में एक टाइगर रिजर्व की स्थापना (वर्ष 1973) हुई। कालान्तर में महाराष्ट्र में 3 टाइगर रिजर्व हो गये। पहले टाइगर रिजर्व के साथ ही पेंच और ताडोबा को टाइगर रिजर्व बनाया गया। अब जबकि भारत में 27 टाइगर रिजर्व हैं यह प्रयास किये जा रहे हैं कि सह्याद्रि या पश्चिमी घाट के एक भाग को जिसमें पहले से ही अनेक संरक्षित क्षेत्र हैं, टाइगर रिजर्व घोषित किया जाय। पश्चिमी घाट पर्वतों का यह वह क्षेत्र है जिसमें चण्डोली राष्ट्रीय उद्यान तथा कोयना, राधानगरी और सागरेश्वर

अभयारण्य स्थित हैं। इस क्षेत्र में पश्चिमी (पर्वतीय) उप-अयनमंडलीय वन 1000 मीटर से ऊपर की ऊंचाई पर पाये जाते हैं। निचली उंचाइयों में दक्षिणी आर्द्र मिश्रित पर्णपाती सघन वन पाये जाते हैं जबकि घाटियों में पश्चिम तटीय अर्धसदाबहार वनों की अधिकता है। इस पूरे क्षेत्र में शेर, तेंदुआ, भारतीय विशाल गिलहरी, जंगली कुत्ते, मानीटर छिपकलियां तथा अजगर पाये जाते हैं। घाटी के वनों के वृक्षों की ऊंचाई 12 से 20 मीटर तक देखी जाती है।

पश्चिमी घाट पर्वतों की श्रृंखला महाराष्ट्र से केरल तक फैली है। पश्चिमी घाट पर्वतों के सदाबहार वन पर्यावरण संरक्षण की दृष्टि से अत्यंत महत्वपूर्ण हैं। रोम्यूलस व्हिटेकर जो कि सरीसृप विशेषज्ञ के रूप में जाने जाते हैं, इन वनों के संरक्षण के लिये अहर्निश कार्य कर रहे हैं। उनके इस कार्य को 'फ्रेन्ड्स आफ. डब्ल्यू. एन. एफ.' संस्था ने 30,000 पौंड का पुरस्कार देकर पुरुस्कृत किया है।

महावीर स्वामी

दक्षिणी उत्तर प्रदेश की विन्ध्य पहाड़ियों पर स्थित अभयारण्य, पारिस्थितिकी प्रदेश के अन्य संरक्षित क्षेत्रों की भाँति।

महावीर हरिण वनस्थली

आंध्र प्रदेश में हैदराबाद के निकट स्थित राष्ट्रीय उद्यान, पारिस्थितिकी प्रदेश के अन्य संरक्षित क्षेत्रों की भाँति।

माइनम

सिक्किम के दक्षिण भाग में स्थित अभयारण्य, पारिस्थितिकी प्रदेश के अन्य संरक्षित क्षेत्रों की भाँति।

माउन्ट आबू

संरक्षित क्षेत्र : अभयारण्य
विस्तार : 287 वर्ग किलोमीटर
स्थिति : राजस्थान
समीपवर्ती नगर : आबू (8 कि.मी.)
उत्तम भ्रमणकाल : अक्टूबर से मार्च
पारिस्थितिकी : अयनमंडलीय शुष्क पर्णपाती वन
वन्य पशु-पक्षी : चिंकारा, पक्षी।

माउन्ट आबू अभयारण्य की स्थापना वर्ष 1980 में राजस्थान के आबू पर्वत के पूर्व की ओर की गई थी। आबू अरावली पर्वतमाला का एक भाग है। अरावली पर्वत का सर्वोच्च शिखर आबू पर्वत पर ही है जिसे गुरु शिखर के नाम से जाना जाता है।

माउन्ड आबू एक प्रसिद्ध धार्मिक स्थल होने के साथ ही एक प्रसिद्ध पर्यटक केन्द्र भी है जहां पर विभिन्न समुदायों के हजारों व्यक्ति प्रतिवर्ष पहुंचते हैं। माउन्ट आबू अभयारण्य की स्थापना मुख्यरूप से अरावली पर्वत के संरक्षण के लिये की गई है। प्रतिवर्ष भू माफिया इस पर्वत के क्षेत्र और आकार को बौना करने में लगा हुआ है।

माधव

संरक्षित क्षेत्र : राष्ट्रीय उद्यान
विस्तार : 165.32 वर्ग किलोमीटर
स्थिति : मध्य प्रदेश
समीपवर्ती नगर : शिवपुरी
उत्तम भ्रमणकाल : वर्ष भर
पारिस्थितिकी : अयनमंडलीय शुष्क पर्णपाती वन
वन्य पशु-पक्षी : बाघ, तेंदुआ, मृग, पक्षी।

माधव राष्ट्रीय उद्यान मध्य प्रदेश का एक पुराना संरक्षित क्षेत्र है। इसकी स्थापना वर्ष 1956 में हुई थी। स्वतंत्रता-पूर्व यह एक निजी शिकारगाह था। माधव राष्ट्रीय उद्यान शिवपुरी की नगर सीमा से लगभग लगा हुआ है। यहां पर भी अन्य नगरीय राष्ट्रीय उद्यानों की भांति बड़े शिकारी पशु बाड़ों में रखे गये हैं। राष्ट्रीय उद्यान में दो बड़े तालाब भी हैं जिनके नाम सख्या सागर और माधव सागर हैं।

इस राष्ट्रीय उद्यान के चारों ओर बिगड़े हुये अयनमंडलीय शुष्क पर्णपाती वन हैं, ये वन मुख्यतः करघई के हैं। कुछ और वृक्षों के वन भी हैं। इस कठिनाई के बावजूद इसे विस्तार देने की कभी-कभी कोशिश की जाती है। उदाहरण के लिये वर्ष 1982 में एक ऐसा ही प्रयास हुआ। यह सोचा गया कि इस राष्ट्रीय उद्यान के पूर्व के अर्धजंगली क्षेत्र को अभयारण्य घोषित कर दिया जाय।

इस राष्ट्रीय उद्यान के आसपास सहारिया जनजाति के लोगों की बस्तियां हैं जो जनजातियों के अत्यंत पिछड़े वर्ग में परिगणित हैं। सहरिया पुराने समय से इस राष्ट्रीय उद्यान से जलाऊ लकड़ी ले जाते रहे हैं। यद्यपि अब जलाऊ लकड़ी को उठाना तथा तेंदूपत्ता तोड़ना प्रतिबंधित है पर चोरी-छिपे राष्ट्रीय उद्यान में तालाबों से मछली मारने तक वारदातें होती रहती हैं।

चूंकि शिवपुरी पुराने समय से ग्वालियर राजघराने की ग्रीष्मकालीन राजधानी रहा है अतः यहां पर ठहरने की पर्याप्त सुविधायें उपलब्ध हैं।

बढ़ती हुई नगरीय जनसंख्या तथा राष्ट्रीय उद्यान के चारों ओर जनजातीय और गैर-जनजातीय अधिवासों के बढ़ने के कारण इस संरक्षित क्षेत्र का स्वरूप परिवर्तन निश्चित है। भोपाल के वन विहार की तरह ही यह राष्ट्रीय उद्यान एक विशाल 'जू' बनने की दिशा में अग्रसर है।

मालवन

संरक्षित क्षेत्र : अभयारण्य
विस्तार : 29.12 वर्ग किलोमीटर

स्थिति : महाराष्ट्र जिला : सिन्धु दुर्ग
उत्तम भ्रमणकाल : अक्टूबर से अप्रैल
पारिस्थितिकी : समुद्रतटीय
वन्य पशु–पक्षी : समुद्रतटीय पशु–पक्षी एवं प्रवाल।

मालवन अभयारण्य जिसे मालवन मेरीन सेंक्चुअरी भी कहा जाता है महाराष्ट्र के सिन्धु दुर्ग जिले में स्थित है। सिन्धु दुर्ग जिला शिवाजी महाराज का प्रसिद्ध दुर्ग था जहां मराठों ने अपनी जलसेना की शक्ति को मजबूत करने के लिये एक नौसैनिक केन्द्र की स्थापना की थी। ईस्वी सन् 1664 में शिवाजी महाराज ने सिंधु दुर्ग का निर्माण कराया था।

प्राकृतिक दृष्टि से मालवन क्षेत्र अपने दो समुद्री तटों (सी बीच) के लिये भी विख्यात हैं। ये समुद्री बीच देवबाग बीच तथा तारकारली बीच हैं जो कि कार्ली नदी के समुद्र में मिलने के स्थान पर हैं। यहां का समुद्र तट पर्यटकों की मनपसंद है।

इस अभयारण्य में कुल मिलाकर 198 प्रजाति के सागरीय जीव–जन्तु पाये जाते हैं। इनमें प्रवालों की आठ प्रजातियां भी शामिल हैं। इनके अतिरिक्त यहां पर 49 प्रकार की 'एल्गी' (एक प्रकार की वनस्पति) भी पाई जाती है।

स्थल क्षेत्र में मालवन से लेकर देवबाग तक रेतीले टीले पाये जाते हैं जिनमें विशिष्ट प्राणिजात पाया जाता है। समुद्र तट पर होने के कारण अनेक प्रकार के समुद्री पक्षी यहां पर पाये जाते हैं। स्थलीय पक्षियों में उल्लू, उड़ियल और बुलबुले प्रमुख हैं।

सिन्धु दुर्ग जिले में स्थित मालवन अपने दुर्लभ जीवजात के लिये जब–तब सुर्खियों में आता रहता है। उदाहरण के लिये, इस क्षेत्र में काले तेंदुये देखे जाने का एक पुराना इतिहास है। काले तेंदुये अलग प्रजाति के प्राणि नहीं हैं वरन् जिस तरह एल्बनो या सफेद शेर होते हैं वैसे ही कुछ अलग गुणसूत्र के कारण काला तेंदुआ भी होता है। वर्ष 2009 में ऐसा एक तेंदुआ यहां देखा गया। इसके 43 वर्ष पूर्व एक ऐसे ही तेंदुये को देखे जाने का रिकार्ड है।

मिजोरम

स्थिति : भारत का उत्तर–पूर्वी राज्य
क्षेत्रफल : 21,081 वर्ग किलोमीटर, वनाच्छादित क्षेत्र : 15,935 वर्ग किलोमीटर
संरक्षित क्षेत्र : टाइगर रिजर्व : 01, राष्ट्रीय उद्यान : 02, अभयारण्य : 04
प्रदेशिक पारिस्थितिकी : प्राणि–भौगीलिक, परिमंडल : उत्तर–पूर्वी भारत
प्रदेश का प्रतीक पशु : हूलक गिब्बन (हाइलाबेट्स हूलक)
प्रदेश का प्रतीक पक्षी : ह्यूम्स फीजेन्ट (सिरमेटिकस ह्यूमी)
प्रदेश का प्रतीक वृक्ष : आइरन वुड (मेसुआ फेरी)
प्रदेश का प्रतीक पुष्प : रेड वनाडा (रिनान्थेरा इम्सचोटियाना)

मिजोरम उत्तर–पूर्वी भारत में दक्षिणी लुशाई के क्षेत्र में स्थित है। मिजोरम बंगलादेश और म्यांमार की सीमा पर स्थित प्रदेश है। यहां पर ऊंचे पर्वत हैं। सर्वोच्च चोटी 'ब्लू माउन्टेन' है जो समुद्र सतह से 2165 मीटर ऊंची है। यह कर्क रेखा पर बसा हुआ प्रदेश है जिसकी भौगोलिक स्थिति ने उसे वर्ष भर सुखदायी जलवायु प्रदान की है। मिजोरम

में अनेक नदियां प्रवाहित होती हैं। उनमें प्रमुख तैवांग, सोनाई, त्विभावल, कोलोडीन तथा कर्णफुली हैं। इन नदियों के कारण ही यहां का वन्य जीवन समृद्ध है। मिजोरम में पहले एक ही संरक्षित क्षेत्र था।

मिजोरम पहाड़ियों की एक बड़ी विशेषता इस क्षेत्र की नदियों की प्रवाह प्रणाली है। यहां पर नदियां लगभग समान्तर प्रवाहित हैं। इन नदियों ने पहाड़ियों को एसी जगहों पर अपरदित किया है कि जब वे आगे बढ़ती हैं तो लगता है कि उन्होंने यह कटाव लगभग समकोण बनाते हुये किया है। प्रमुख नदियां बराक, दियुंग, टिक्सू, दिखू और नान्टेलिक हैं। सभी नदियों के किनारे वन विद्यमान हैं। मिजोरम में यद्यपि वन्य क्षेत्र पर्याप्त है परन्तु यहां पर स्थानान्तरी कृषि ने अनेक क्षेत्रों से वनों का पूरी तरह से सफाया कर दिया है।

मिजोरम की जनजातियां वन्य पशुओं के शिकार में बहुत रुचि लेती हैं। इसका कारण प्रदेश का विशाल वन क्षेत्र (15,935 वर्ग किलोमीटर) है जिसमें विविध प्रजातियों के पशु-पक्षी पाये जाते हैं। मिजोरम पर्वतीय क्षेत्र है जहां औसत ऊंचाई 900 मी. है। पूरे प्रदेश में गहरी घाटियां हैं। प्रदेश में 2755 कि.मी. वर्षा होती है। भौगोलिक स्थितियों के कारण यहां पर अर्धसदाबहार वनों की अधिकता है। इन वनों की उत्पादकता बहुत अधिक है जिसकी कल्पना इसी तथ्य से लगाई जा सकती है कि इन वनों में सरीसृप, पक्षी और पशु सभी की अनेक प्रजातियां छोटे-से क्षेत्र में पाई जाती हैं।

परन्तु जमीनी हकीकत कुछ और कहती है, यहां के प्राणिजात का बुरी तरह सफाया जारी है।

मुक्कुर्ति

मुक्कुर्ति अभयारण्य केरल-तमिलनाडु की सीमा पर स्थित है।

मुडुमलाई

संरक्षित क्षेत्र : अभयारण्य/राष्ट्रीय उद्यान
विस्तार : 321 वर्ग किलोमीटर
स्थिति : तमिलनाडु
समीपवर्ती नगर : गुडालूर (16 कि.मी.)
उत्तम भ्रमणकाल : अक्टूबर से मार्च
पारिस्थितिकी : आर्द्र अयनमंडलीय वन
वन्य पशु-पक्षी : तेंदुआ, हाथी, गौर, चीतल, नीलगिरि लंगूर, पक्षी।

मडुमलाई अभयारण्य तमिलनाडु के पश्चिमी जिले नीलगिरि में स्थित है। यह अभयारण्य केरल, कर्नाटक, तमिलनाडु की सीमा पर स्थित है। इसके उत्तर में कर्नाटक का बांदीपुर राष्ट्रीय उद्यान का विस्तार है तो पश्चिम में केरल का वायनाड अभयारण्य स्थित है। इस तरह यह अभयारण्य दक्षिण भारत के वृहत्तर वन विभाग में स्थित है। पर्वतीय क्षेत्र में स्थित होने के कारण इस अभयारण्य में कम-से-कम 3 वानस्पतिक पेरियां देखने को मिलती हैं। (चेंपियन एवं सेठ, 1968 के वर्गीकरण के अनुसार) यहां अयनमंडलीय

पतझड़ वाले वन, शुष्क पतझड़ वाले वन एवं दक्षिण (भारतीय) अयनमंडलीय कंटीले वृक्षों वाले वन पाये जाते हैं। इस अभयारण्य की औसत ऊंचाई समुद्र सतह से 1000 मी. है। यह अभयारण्य नीलगिरि के पादपृष्ठ पर स्थित है तथा क्षेत्रीय ऊंचाई 350 मी. से 1250 मी. तक है। अभयारण्य की मुख्य नदी मोयार है जो मुडुमलाई और बांदीपुर संरक्षित क्षेत्रों की सीमा का निर्धारण करती है।

इस अभयारण्य में जहां बड़े वन्य पशु हैं वहां लगभग 21 पक्षियों की प्रजातियां भी पाई जाती हैं जिनमें सबसे प्रमुख सफेद पीठ वाली चील है। इस अभयारण्य में गीधों की 3 प्रजातियां पाई जाती हैं तथा चीलों की पांच प्रजातियां।

नीलगिरि दक्षिण भारत के ऊंचे पर्वत हैं। पारिस्थितिकी की दृष्टि से इस पर्वत को उच्चतर नीलगिरि तथा निम्न या निचला नीलगिरि भागों में बांटा जाता है। उच्चतर नीलगिरि के प्राणिजात के लिये नीलगिरि तहार अभयारण्य की स्थापना की गई तथा निम्न या निचले नीलगिरि के प्राणिजात के संरक्षण के लिये मुडुमलाई अभयारण्य की।

मुंडन थुरई

संरक्षित क्षेत्र : अभयारण्य
विस्तार : 567 वर्ग किलोमीटर
स्थिति : तमिलनाडु
समीपवर्ती नगर : अम्बासमुद्रम (10 कि.मी.)
उत्तम भ्रमणकाल : अक्टूबर से मार्च
पारिस्थितिकी : अयनमंडलीय सदाबहार वन
वन्य पशु–पक्षी : बाघ, नीलगिरि तहार, नीलगिरि लंगूर, सिंह पुच्छ वानर, पक्षी।

मुंडन थुरई अभयारण्य की स्थापना वर्ष 1962 में तमिलनाडु तथा केरल के दक्षिणी सीमा क्षेत्र में हुई थी। यह क्षेत्र अत्यधिक वर्षा वाला क्षेत्र है अतः यहां के बड़े क्षेत्र में अयनमंडलीय सदाबहार वन पाये जाते हैं, अन्य क्षेत्रों में मिश्रित आर्द्र पर्णपाती वन तथा तिरुनेलवेली अर्धसदाबहार वन पाये जाते हैं। इन वनों के बीच–बीच में बांसों के वन भी हैं।

मुरलेन

मिजोरम के पूर्वी भाग में स्थित अभयारण्य, पारिस्थितिकी प्रदेश के अन्य संरक्षित क्षेत्रों की भांति।

मूकाम्बिका

संरक्षित क्षेत्र : अभयारण्य
विस्तार : 147 वर्ग किलोमीटर
स्थिति : कर्नाटक
समीपवर्ती नगर : विडूर (25 कि.मी.)

उत्तम भ्रमणकाल : अक्टूबर से मार्च
पारिस्थितिकी : अयनमंडलीय सदाबहार वन
वन्य पशु–पक्षी : शेर पुच्छ वानर, चीतल, तेंदुआ, पक्षी।

मूकाम्बिका अभयारण्य कर्नाटक में पश्चिमी घाट पर्वत के किनारे स्थित है। इस अभयारण्य की स्थापना वर्ष 1974 में हुई थी। मूकाम्बिका अभयारण्य का नामकरण यहां पर स्थित मूकाम्बिका देवी के मन्दिर के ऊपर हुआ है। मूकाम्बिका देवी की प्रसिद्धि आदि शंकराचार्य के काल से है, यहां प्रतिवर्ष एक बड़ा मेला लगता है।

मेगापोड द्वीप

यह द्वीप निकोबार द्वीप समूह का संरक्षित क्षेत्र है, प्राणिजात द्वीप समूह के अन्य द्वीपों की भांति।

मेघालय

स्थिति : पूर्वोत्तर भारत
संरक्षित क्षेत्र : राष्ट्रीय उद्यान : 02, अभयारण्य : 03, बायोस्फियर रिजर्व : 01
क्षेत्रफल : 22,429 वर्ग किलोमीटर, वनों के अंतर्गत क्षेत्र : 9,496 वर्ग कि. मी.
प्रादेशिक पारिस्थितिकी : प्राणि–भौगोलिक, परिमंडल : 8 उत्तर–पूर्वी भारत, प्राणिज प्रदेश : आसाम की पहाड़ियां
प्रदेश का प्रतीक पशु : क्लाउडेड तेंदुआ (नियोफेलिस नेबुलोसा)
प्रदेश का प्रतीक पक्षी : पहाड़ी मैना (ग्रेक्युला रिलीजिओसा)
प्रदेश का प्रतीक वृक्ष : गमांरी (मैलिना आरबोरी)
प्रदेश का प्रतीक पुष्प : लेडी स्लिपर आरकिड (पेकियोपेडियम इनसिग्ने)

मेघालय का शाब्दिक अर्थ बादलों का प्रदेश है। यह नाम यहां पर होने वाली वर्षा के कारण इस प्रदेश को मिला। मेघालय पूर्वोत्तर भारत की गारो खासी जयन्ती नाम की पहाड़ियों का क्षेत्र है। मेघालय का अधिकांश भाग शिलांग पठार का हिस्सा है जो कि ब्रह्मपुत्र नदी के कठागरी मैदान से ऊपर उठा है। यह ब्रह्मपुत्र के दक्षिणी हिस्से में स्थित है। मेघालय के सभी अभयारण्य क्षेत्रफल में बहुत छोटे हैं। बाघमारा अभयारण्य का क्षेत्रफल 1 वर्ग किलोमीटर है जो 'पिचर प्लांट्स' के लिये प्रसिद्ध है। सिजू अभयारण्य का क्षेत्रफल है 5 वर्ग किलोमीटर तथा नोंगखाइलैम का 29 वर्ग किलोमीटर। प्रदेश के दो राष्ट्रीय उद्यान भी बहुत बड़े नहीं हैं, नोक्रेकरिज राष्ट्रीय उद्यान का विस्तार केवल 50 वर्ग किलोमीटर है; बालाफकरम राष्ट्रीय उद्यान का अवश्य 220 वर्ग किलोमीटर है।

मेघालय के नोगखाइलैम और सिजू अभयारण्य मुख्यत: 'साल वनों' के संरक्षण के लिये स्थापित किये गये हैं, हालांकि इनमें प्रदेश का प्राणिजात भी देखने को मिल जाता है।

मेघालय का अभी भी 42.34 प्रतिशत भाग वनों से आच्छादित है जो कि राष्ट्रीय औसत से अधिक है, परंतु पूर्वोत्तर राज्यों की तुलना में अधिक नहीं है। यहां की पारिस्थितिकी के संरक्षण के लिये एक 'बायोस्फियर रिजर्व' नोक्रेक की स्थापना वर्ष 1988 में की गई। इस पहाड़ी क्षेत्र का क्षेत्रफल 80 वर्ग किलोमीटर है। इस बायोस्फियर

रिजर्व को स्थापित करने के पूर्व मेघालय में देखा जा रहा था कि यहां पर लगातार वार्षिक वर्षा में कमी आ रही है। 'बायोस्फियर रिजर्व' की स्थापना से वर्षा वनों के कुछ क्षेत्र की पूर्ण सुरक्षा संभव हुई।

मेडई

संरक्षित क्षेत्र : अभयारण्य
विस्तार : 166.86 वर्ग किलोमीटर
स्थिति : गोवा
समीपवर्ती नगर : वालपोई
उत्तम भ्रमणकाल : वर्ष भर
पारिस्थितिकी : अयनमंडलीय पतझड़ वाले वन
वन्य पशु–पक्षी : पश्चिमी घाट का प्राणिजात।

गोवा के उत्तर–पूर्वी भाग में स्थित मेडई अभयारण्य और दक्षिण–पूर्वी भाग में स्थित नेत्रावली अभयारण्य कब 'डिनोटीफाइड' हो जायें कुछ कहा नहीं जा सकता। इन दोनों अभयारण्यों के निरस्तीकरण की मांग क्षेत्रीय जनता के निर्वाचित प्रतिनिधियों ने की, इस मांग को शासन तक पहुंचाया। स्थिति यह बनी कि गोवा सरकार ने कर्पूरकर समिति का गठन कर इस समस्या का निदान चाहा। कर्पूरकर समिति (वर्ष 2001 में) मेडई अभयारण्य के 166.86 वर्ग किलोमीटर क्षेत्र से 81.79 वर्ग किलोमीटर का क्षेत्र तथा नेत्रावली अभयारण्य के 218.09 वर्ग किलोमीटर क्षेत्र से 83.98 वर्ग किलोमीटर के क्षेत्र को 'डिनोटीफाइड' करने का सुझाव दिया। मामला सर्वोच्च न्यायालय तक पहुंचा जहां सर्वोच्च न्यायालय ने शासन से इस संबंध में 'नेशनल बोर्ड फार वाइल्ड लाइफ' (एन. बी. डब्ल्यू. एल.) से सम्पर्क करने को कहा। मामला अभी भी उलझा है।

(स्रोत : 'सी एम फार कांसेन्सस आन डिनोटीफिकेशन आफ वाइल्ड लाइफ सेंक्चुअरीज', दि नवहिन्द टाइम्स, 17/7/2004)

मेलकोट

संरक्षित क्षेत्र : अभयारण्य
विस्तार : 50 वर्ग किलोमीटर
स्थिति : कर्नाटक
समीपवर्ती नगर : मांड्य
उत्तम भ्रमणकाल : अक्टूबर से मार्च
पारिस्थितिकी : मिश्रित अयनमंडलीय पर्णपाती वन
वन्य पशु–पक्षी : तेंदुआ, चीतल, रीछ।

मेलकोट अभयारण्य कर्नाटक के दक्षिण–मध्य क्षेत्र में स्थित है, यहां के मिश्रित अयनमंडलीय पर्णपाती वनों में दक्षिण भारत का प्राणिजात पाया जाता है।

मेलघाट-1

संरक्षित क्षेत्र : अभयारण्य
विस्तार : 1571 वर्ग किलोमीटर
स्थिति : महाराष्ट्र
समीपवर्ती नगर : अकोट (50 कि.मी.)
उत्तम भ्रमणकाल : अक्टूबर से अप्रैल
पारिस्थितिकी : पर्णपाती वन
वन्य पशु-पक्षी : शेर, तेंदुआ, जंगली कुत्ते, चीतल, सांभर, पक्षी।

मेलघाट अभयारण्य का विस्तार महाराष्ट्र के उत्तर में मध्य प्रदेश की सीमा के समीप है। मेलघाट अभयारण्य का कुल क्षेत्रफल 1571 वर्ग किलोमीटर था परन्तु 1973 में मेलघाट टाइगर रिजर्व बनने के समय इसकी सीमा का पुनर्निधारण हुआ। पहले तो यह पूरा क्षेत्र ही टाइगर रिजर्व में शामिल कर लिया गया था परन्तु क्षेत्रीय जनता की मांग के कारण इस अभयारण्य के लगभग एक तिहाई भाग या 526 वर्ग किलोमीटर क्षेत्र को वर्ष 1994 में 'डिनोटीफाइड' या अभयारण्य की सीमा से हटा दिया गया और यह क्षेत्र राजस्व क्षेत्र हो गया। बहरहाल मेलघाट के बचे क्षेत्र में से तीन ग्रामों का जो कि अभयारण्य के भीतरी क्षेत्र में थे, पुनर्वास कर दिया गया है।

वर्ष 1997 में मेलघाट टाइगर रिजर्व में अतिरिक्त 350 वर्ग किलोमीटर का वन क्षेत्र जोड़ा गया। यह क्षेत्र पड़ोसी वान, नरनाला और अम्बाबरवा अभयारण्यों से अधिग्रहीत किया गया है।

मेलघाट अभयारण्य कुछ दशकों पहले तक भारत के मध्य क्षेत्र का प्राणिजात की दृष्टि से एक अत्यंत समृद्ध क्षेत्र था यहां पर शिकारी पशुओं की इतनी अधिक जातियां पाई जाती थीं। जो अन्यत्र दुर्लभ थीं। उदाहरण के लिये यहां बाघ और तेंदुये के अतिरिक्त ढोल या जंगली कुत्तों के अनेक झुंड पाये जाते थे, इन सबका एक साथ जीवन केवल इसलिये संभव था क्योंकि यहां पर बड़े वनस्पति-जीवी मृगों की भरमार थी। बदलते समय में ढोलों या जंगली कुत्तों की संख्या में काफी कमी हो चुकी है। मेलघाट शिकारी पक्षियों के लिये भी प्रसिद्ध है, यहां की जनजातियां बड़े उल्लुओं को पकड़कर बेचा करती थीं, यह सब उल्लूओं से संबंधित अंधविश्वासों के चलते होता था।

इन तीनों अधिगृहीत क्षेत्रों में नरनाला क्षेत्र वन्य प्राणियों की दृष्टि से सबसे अधिक समृद्ध था।

देखें : मेलघाट टाइगर रिजर्व।

मेलघाट-2

संरक्षित क्षेत्र : राष्ट्रीय उद्यान/टाइगर रिजर्व
विस्तार : 1571 वर्ग किलोमीटर
स्थिति : महाराष्ट्र
समीपवर्ती नगर : अकोट (50 कि.मी.)

उत्तम भ्रमणकाल : अक्टूबर से अप्रैल
पारिस्थितिकी : अयनमंडलीय चौड़ी पत्ते वाले पर्णपाती वन
वन्य पशु–पक्षी : बाघ, गौर, सांभर, पक्षी।

मेलघाट राष्ट्रीय उद्यान महाराष्ट्र–मध्य प्रदेश की सीमा पर ताप्ती नदी के दक्षिण में स्थित है, यह संरक्षित क्षेत्र सतपुड़ा पर्वत के एक विशाल भाग पर फैला है। इस संरक्षित क्षेत्र को वर्ष 1973 से बाघ परियोजना के अंतर्गत 'टाइगर रिजर्व' घोषित किया गया। इस 'टाइगर रिजर्व' का नाभिक क्षेत्र 311 वर्ग किलोमीटर है तथा इस संरक्षित क्षेत्र का सबसे प्रमुख पर्वतीय भाग गौरी लागढ़ पहाड़ियां हैं। यहां पर पर्णपाती चौड़े पत्ते वाले वनों में सागौन के वृक्ष अधिकता से पाये जाते हैं साथ ही बांस वन तथा शुष्क घास के मैदान भी हैं। मेलघाट का शाब्दिक अर्थ 'घाटों का मिलनस्थल' होता है, दक्षिणी सतपुड़ा में यह वास्तव में घाटों का मिलन स्थल है जिसका सर्वोच्च शिखर विराट देवी प्वाइन्ट (1,178 मी.) है। ताप्ती नदी के जलग्रहण क्षेत्र में स्थित इस संरक्षित क्षेत्र की अन्य प्रमुख नदियां खांडू, खपरा, सिपना, गड्गा और डोलर हैं। इन नदियों के राष्ट्रीय उद्यान में प्रवाहित होने से वन्य प्राणियों को जल की कमी नहीं पड़ती।

मेलघाट बाघों के अतिरिक्त रीछ और सांभर और अनेक पक्षियों की प्रजातियों के लिये भी जाना जाता है।

मेलघाट दक्षिणी–पश्चिमी सतपुड़ा पर्वत में महत्वपूर्ण स्थान रखता है। इस वन क्षेत्र में विशाल पर्वत शिखर हैं। यहां का सर्वोच्च शिखर 'विराटदेवी प्वाइन्ट' है जिसकी ऊंचाई 1178 मीटर है। यह टाइगर रिजर्व ताप्ती नदी के जलग्रहण क्षेत्र में स्थित है। यहां की मुख्य नदियां खंडाऊ, खपरा, शिपना, गडगा और डोलर हैं जो कि सभी ताप्ती की सहायक नदियां हैं। टाइगर रिजर्व के सघन वन में स्थित फिटकरी पानी वाटरहोल वन्य प्राणियों को देखने के लिये सबसे अधिक सुविधाजनक स्थान माना जा सकता है जहां पर लगे मचान पर बैठकर 15 मीटर की दूरी से ही एक वयस्क सांभर या शेर को देखा जा सकता है। टाइगर रिजर्व में बहुत से वन आम या भालू आम के वृक्ष भी हैं। टाइगर रिजर्व के वन्य प्राणियों को देखने की दृष्टि से दूसरे प्रमुख स्थान रूपा भावला नाला तथा उम्बेर पानी नामक स्थान हैं। इन स्थानों में गौर, मोर तथा अन्य प्राणी सुगमता से देखे जा सकते हैं। मेलघाट अपने ऐतिहासिक किलों के लिये भी विख्यात है। ये किले ग्वालीगढ़, नरनाला और असीरगढ़ हैं। इन स्थानों में भालुओं की काफी संख्या निवास करती है।

यह टाइगर रिजर्व पक्षियों की विविध प्रजातियों के लिये भी बहुत प्रसिद्ध है। यहां पर चीलों की अनेक प्रजातियां पाई जाती हैं यहां पर भारत में कम देखा जाने वाला बस्टार्ड या खरमेर भी दिखलाई दे जाता है। यही स्थिति सरीसृपों की है। यहां पर विशाल नागों के अतिरिक्त भारी–भरकम अजगर भी पाये जाते हैं।

मेलघाट के वन्य प्राणियों को अधिक सुरक्षा और स्वच्छंदता तभी मिल सकी जब इस टाइगर रिजर्व के अधिकारियों ने टाइगर रिजर्व के भीतर बसे हुये ग्रामीणों की व्यथा को समझा और बिना लालफीताशाही के उनके पुनर्वास में पूरा सहयोग दिया।

मेलघाट टाइगर रिजर्व के ग्रामों का पुनर्वास
(वर्ष 2000–2002)

ग्राम	*परिवार*	*पालतू पशु*	*निवास का क्षेत्र (वर्ग मीटर)*	*सार (पालतू पशुओं के रहने की जगह) (वर्ग मीटर)*	*योग*	*कृषि भूमि (हेक्टेयर)*
बोरी	19	273	745.91	159.84	903.75	35.08
कोहा	39	348	1459.06	727.75	2196.80	58.02
कुंड	34	141	1339.29	909.55	2252.82	30.26
योग	**92**	**762**	**3544.26**	**1797.12**	**5341.38**	**123.36**

इन ग्रामों के खाली होने के पश्चात् टाइगर रिजर्व के अधिकारियों ने इन खाली किये गये क्षेत्रों पर नजर रखी और पाया कि यहां पर जंगली शूकर, सांभर और चीतलों के झुंड अब निश्चिंतता से घूम रहे हैं। प्रकृति स्वयं भी अपने क्षेत्र को संवारने का काम करती है। उधर जिन ग्रामों का पुनर्वास किया गया उसकी भी देखरेख रखी गई क्योंकि उन ग्रामवासियों के जीवन की अब नई इबारत लिखी जा रही थी। इन दुर्गम वनों से निकलने के पश्चात् अब ग्रामवासियों को चिकित्सा मिलनी सुलभ हो गई, अब वे बरसात भर चारों ओर बरसात से भरे पानी के बीच रहने को विवश नहीं हैं। नयी भूमि पर ग्रामीण बेहतर फसलें पैदा कर रहे हैं।

मेलघाट राष्ट्रीय उद्यान में नरनाला और ग्वालीगढ़ जैसे एतिहासिक किले हैं साथ ही यहां 1988 में सेमादोह में 'नेचर इंटरप्रिटेशन सेन्टर' भी खोला गया है।

मेहाओ

अरुणाचल स्थित अभयारण्य, पारिस्थितिकी प्रदेश के अन्य संरक्षित क्षेत्रों की भांति।

मोइलिंग

संरक्षित क्षेत्र : राष्ट्रीय उद्यान
विस्तार : 700 वर्ग किलोमीटर
स्थिति : अरुणाचल प्रदेश
समीपवर्ती नगर : लिम्मेकिंग
उत्तम भ्रमणकाल : फरवरी से मई
पारिस्थितिकी : उप-अयनमंडलीय आर्द्र पर्णपाती वन, मिश्रित सूचिपर्ण वन
वन्य पशु-पक्षी : बाघ, तेंदुआ, गोरल, टाकिन, पक्षी।

मोइलिंग राष्ट्रीय उद्यान अरुणाचल के सुबंसिरी सियांग क्षेत्र में फैला हुआ है। सुबंसिरी ब्रह्मपुत्र की सबसे बड़ी सहायक नदी है। अरुणाचल के जिलों के नाम भी सुबंसिरी के

ऊपर रखे गये हैं। लोवर सुबंसिरी जिला एवं अपर सुबंसिरी जिला ऐसे ही जिले हैं। इस क्षेत्र में निशिंग नाम की जनजाति निवास करती है। यह जनजाति ख्रू, रंगा और डिक्रंग नदियों के किनारे की पहाड़ियों के शीर्ष पर अपने गांव बसाती है। इनके ग्रामों में जाकर तथा इनके घरों में इस राष्ट्रीय उद्यान की सम्पन्नता को दुखद स्थिति में देखा जा सकता है। प्रत्येक घर में कक्कड़, जंगली मिथुन टाकिन, सांभर, कस्तूरी मृग और मछलीमार बिल्लियों की खोपड़ियां ट्राफी के बतौर लटकी हुई देखी जा सकती हैं। इतना ही नहीं जंगलों में पाई जाने वाले अनेक पक्षियों के पंखों को भी यहां पर सजावट के लिये लटका हुआ देखा जा सकता है। निशिंग ही नहीं अन्य जातियों में भी वन्य पशुओं की हड्डियों को टांगने का रिवाज अब भी यहां पाया जाता है।

इस राष्ट्रीय उद्यान में अनेक वानस्पतिक पेटियों को देखा जा सकता है। हिमरेखा 2700 मीटर पर है। सर्दियों में तापमान शून्य अंश से भी नीचे उतर जाता है, निचली उंचाइयों पर 900 मीटर की ऊंचाई तक अयनमंडलीय सदाबहार वन मिलते हैं। जैसे-जैसे ऊंचाई बढ़ती है अयनमंडलीय वनों के स्थान पर उच्च अक्षांशीय वन दिखलाई देने लगते हैं और इनके साथ ही प्राणिजात में परिवर्तन होते दिखलाई देता है। सुबंसिरी नदी इस राष्ट्रीय उद्यान को दो भागों में बांटती है, पूर्व की ओर सियेंग जिला है तथा उसके दक्षिण में लोवर सुबंसिरी जिला तथा पश्चिम में अपर सुबंसिरी जिला है।

मोलेम

संरक्षित क्षेत्र : अभयारण्य
विस्तार : 118 वर्ग किलोमीटर
स्थिति : गोवा-कर्नाटक सीमा
समीपवर्ती नगर : पोंडा (29 कि.मी.), निकटवर्ती हवाई पट्टी : डबोलिम (80 कि.मी.)
उत्तम भ्रमणकाल : अक्टूबर से मार्च
पारिस्थितिकी : अयनमंडलीय वन
वन्य पशु-पक्षी : तेंदुआ, रीछ, चीतल एवं पक्षी।

मोलेम अभयारण्य की स्थापना पश्चिमी घाट के गोवा-कर्नाटक सीमा के वनों के संरक्षण हेतु की गई थी। पश्चिमी घाट का विस्तार बहुत अधिक है, इसमें अनेक संरक्षित क्षेत्र भी हैं परन्तु पश्चिमी घाट के मध्य क्षेत्र में संरक्षित क्षेत्रों की कमी थी। इसे वर्ष 1967 में मोलेम अभयारण्य की स्थापना के द्वारा पूरा किया गया, उस समय इस अभयारण्य का क्षेत्रफल 225 वर्ग किलोमीटर हुआ करता था। लगभग 10 वर्ष के अभयारण्य के प्रबंधन के पश्चात् यह प्रतीत हुआ कि इस संरक्षित क्षेत्र के प्राणिजात की सुरक्षा के लिये कुछ और बेहतर व्यवस्था की आवश्यकता है। फलस्वरूप वर्ष 1978 में इस अभयारण्य का 107 वर्ग किलोमीटर का नाभिक क्षेत्र राष्ट्रीय उद्यान घोषित कर दिया गया। अब यह 'भगवान महावीर राष्ट्रीय उद्यान' के नाम से जाना जाता है।

मोरनी

यह अभयारण्य हरियाणा में स्थित है, प्राणिजात प्रदेश के अन्य संरक्षित क्षेत्रों के समान।

मंजीरा

संरक्षित क्षेत्र : अभयारण्य
विस्तार : 20 वर्ग किलोमीटर
स्थिति : आंध्र प्रदेश
समीपवर्ती नगर : रामचन्द्रपुरम् (25 कि.मी.)
उत्तम भ्रमणकाल : अक्टूबर से मार्च
पारिस्थितिकी : शुष्क अयनमंडलीय पर्णपाती वन, नदी क्षेत्र
वन्य पशु–पक्षी : मगर, ताजे पानी के कछुये पक्षी।

मंजीरा अभयारण्य की स्थापना वर्ष 1978 में आंध्र प्रदेश और कर्नाटक के सीमावर्ती वनों के क्षेत्र में हुई थी। इसका नामकरण इन वनों में प्रवाहित प्रमुख नदी मंजीरा के नाम पर हुआ है। यह अभयारण्य जलचरों के संरक्षण के लिये मुख्य रूप से स्थापित किया गया था।

य

यवल

संरक्षित क्षेत्र : अभयारण्य
विस्तार : 78 वर्ग किलोमीटर
स्थिति : महाराष्ट्र, जिला : जलगांव
समीपवर्ती नगर : जलगांव
उत्तम भ्रमणकाल : नवंबर से मार्च
पारिस्थितिकी : मिश्रित पर्णपाती वन, सागौन वन
वन्य पशु–पक्षी : तेंदुआ, रीछ (स्लाथ बियर), नील गाय, चीतल।

यवल अभयारण्य महाराष्ट्र के उत्तरी भाग में मध्य प्रदेश की सीमा पर स्थित है। भारत के मध्य क्षेत्र में स्थित होने के कारण यहां सामान्य मानसूनी वन हैं तथा वही वन्य पशु–पक्षी हैं जो प्रदेश के अन्य संरक्षित क्षेत्रों में पाये जाते हैं।

यांगाउपोकपल लोकचाड

मणिपुर स्थित यह अभयारण्य पक्षिजात के लिये जाना जाता है।

युमथेंगवैली

सिक्किम स्थित यह अभयारण्य सिक्किम की फूलों की घाटी भी कहा जाता है।

योर्डिराबे सुपसे

अरुणाचल में माउलिंग राष्ट्रीय उद्यान का निकटवर्ती अभयारण्य, पारिस्थितिकी प्रदेश के अन्य संरक्षित क्षेत्रों की भांति।

अरुणाचल प्रदेश को पांच प्राणिभौगोलिक उपप्रदेशों में बांटा जाता है जो क्रमशः केमांग, सुबंसिरी, सियांग, दिबांग घाटी, लोहित एवं टिरप के नाम से जाने जाते हैं। इनमें सुबंसिरी सियांग उपप्रदेश अत्यंत समृद्ध प्राणिजात का क्षेत्र है। यहां पर एक राष्ट्रीय उद्यान तथा छह अभयारण्य हैं जो कि संख्या की दृष्टि से संपूर्ण प्रदेश के आधे संरक्षित क्षेत्र कहे जा सकते हैं। योर्डिराबे सुपसे में ओक–बुरांस के वन हैं। यहां लिनसांग जैसे कम देखे जाने वाले वन्य प्राणी पाये जाते हैं।

रणथम्भौर

संरक्षित क्षेत्र : राष्ट्रीय उद्यान/टाइगर रिजर्व
विस्तार : 392 वर्ग किलोमीटर
स्थिति : राजस्थान
समीपवर्ती नगर : सवाई माधोपुर
उत्तम भ्रमणकाल : अक्टूबर से अप्रैल
पारिस्थितिकी : शुष्क पर्णपाती वन, अर्धमरुस्थलीय वनस्पति, झाड़ियां
वन्य पशु–पक्षी : बाघ, तेंदुआ, लकड़बग्घा, सांभर, चीतल, नीलगाय, पक्षी।

रणथम्भौर राष्ट्रीय उद्यान थार मरुभूमि के पूर्वी सीमान्त पर फैला है। वर्ष 1955 में यह एक अभयारण्य के रूप में स्थापित किया गया था किंतु आगे चलकर इसे राष्ट्रीय उद्यान बनाय गया और फिर इसे प्रोजेक्ट टाइगर में सम्मिलित कर टाइगर रिजर्व बनाया गया।

रणथम्भौर में बाघों की बढ़ती संख्या

राजस्थान के एक टाइगर रिजर्व सारिस्का में जहां बाघों की विलुप्ति एक गम्भीर समस्या बनी वहीं राजस्थान के दूसरे टाइगर रिजर्व रणथम्भौर में बाघों की बढ़ती संख्या समाधान का रूप लेने जा रही है। वर्ष 2009 में रणथम्भौर के 392 वर्ग किलोमीटर के क्षेत्र में 35 बाघ रह रहे हैं, अर्थात् लगभग प्रति 11 वर्ग किलोमीटर क्षेत्र में एक बाघ। बाघों में अकेले रहने की प्रवृत्ति पाई जाती है और वे अपने क्षेत्रों को सीमांकित करते हैं। इस स्थिति में रणथम्भौर संरक्षित क्षेत्र में वहां की वाहक क्षमता से अधिक बाघ रह रहे हैं। इस स्थिति से कुछ नये संकटों का अंदेशा है, कुछ के प्रमाण मिलना प्रारंभ भी हो चुके हैं। बाघों में आपसी प्राणलेवा युद्ध पहला प्रमाण है। सीमा रक्षण के युद्ध में कुछ समय पूर्व एक बाघिन एक बाघ द्वारा मारी जा चुकी है।

कुछ ऐसे ही खतरे और भी सामने आते दिख रहे हैं, रणथम्भौर में अब बाघ संरक्षित क्षेत्र के सीमान्त पर बसे हुये होटलों के आसपास दिखलाई देने लगे हैं। यह तब होता है जब बाघों की सीमा सुनिश्चित न रह पाये। इस दशा में बाघ भटक सकता है और फिर उसका परिणाम दुखद होता है। कुछ समय पूर्व उत्तर प्रदेश के बाराबांकी जिले में कुछ ऐसा ही हुआ था। भटके हुये बाघ ने एक बच्चे को मार डाला। वस्तुतः बाघ को मानवीय अधिवासों तक पहुंचना ही नहीं चाहिये वरना देर–सबेर वह आदमखोर हो सकता है।

रणथम्भौर में बाघों की बढ़ती संख्या का एक निदान यह भी था कि यहां से कुछ बाघों के जोड़े बाघशून्य सारिस्का में छोड़ दिये जायं। वन अधिकारियों ने कुछ ऐसे किशोर बाघों को स्थानान्तरित करना चाहा जो अब जवानी की दहलीज पर पैर रख चुके थे और अब अपनी खुद की सीमा तय करने की उम्र में पहुंच चुके थे।

वन अधिकारियों ने इस संबंध में एन. टी. सी. ए. से अनुमति प्राप्त करनी चाही परन्तु एन. टी. सी. ए. इस प्रस्ताव पर राजी नहीं हुआ क्योंकि उसके अनुसार ये बाघ 'कोर एरिया' के थे। एन. टी. सी. ए. का निर्देश था कि केवल 'ट्रांजियेंट' (सीमान्त में रहने वाले) बाघों का ही सारिस्का में पुनर्वास किया जाय।

वन अधिकारी बाघों की इस शास्त्रीय व्याख्या से परेशान हैं, उन्हें लग रहा है कि

कहीं समय बीतते रणथम्भौर के बाघ 'आदमखोर' न होने लग जायें, पर एन. टी. सी. ए. का निर्देश तो फिलहाल अटल है। वन अधिकारियों का तो यहां तक कहना है कि रणथम्भौर के कुछ बाघों को प्रदेश के अन्य संरक्षित दर्रे तथा कुंभलगढ़ में पुनर्वासित कर देना चाहिये।

(स्रोत्र : 'आनिन्दो डे', 'नाउ टाइगर्स फेस स्पेस क्रंच', टाइम्स आफ इंडिया 31 जनवरी 2009)

रणथम्भौर राष्ट्रीय उद्यान राजस्थान के प्रसिद्ध ऐतिहासिक स्थान रणथम्भौर के उस क्षेत्र में स्थापित किया गया जिसमें विशाल किले और महलों और छतरियों के खण्डहर विद्यमान हैं। इन महलों, छतरियों तथा टूटी इमारतों के बीच और चारों ओर विशाल वन क्षेत्र विकसित हो चुका है जिसमें अब राजे-महाराजों का नहीं वरन् वनराज बाघ का राज्य है।

राजस्थान के अन्य टाइगर रिजर्व सारिस्का जहां वर्ष 2009 तक व्याघ्रविहीन हो गया और अब वह बाघ परियोजना की त्रासदी बन चुका है वहां रणथम्भौर आज भी बाघ परियोजना का एक स्वर्णिम पृष्ठ है। इस अभयारण्य में वन्य प्राणियों की संख्या में उत्तरोत्तर वृद्धि हुई है फिर वे चाहे चीतल हों, सांभर हो या दलदली क्षेत्र के मगर ही क्यों न हों। यहां का 'फुड पिरामिड' सुरक्षित है और उसके साथ ही फुड पिरामिड का शीर्षस्थ प्राणी बाघ भी। रणथम्भौर के सुरक्षित पर्यावरण में बाघों की संख्या में निरंतर वृद्धि हुई है, और अब अधिकांश वन्य पशु विशेषज्ञों का यह मानना है कि इस टाइगर रिजर्व में क्षेत्रीय क्षमता (कैरीइंग कैपिसिटी) से भी अधिक बाघ यहां पर रह रहे हैं।

यह एक ज्ञात तथ्य है कि बाघ अत्यधिक टेरिटोरियल या अपनी सीमा की रक्षा करने वाले शिकारी प्राणी हैं। वे अपनी सीमा में किसी भी अनधिकृत प्राणी को प्रवेश नहीं देते फिर वह चाहे दूसरा बाघ या बाघिन ही क्यों न हो। बाघों की इस प्रवृत्ति के चलते रणथम्भौर में बढ़ती संख्या के बाघों के लिये कम जगह है। स्थिति यह है कि यदि कोई बाघ किसी अन्य बाघ की सीमा के भीतर पहुंच जाये तो उसे दूसरे बाघ से युद्ध करना पड़ सकता है और ऐसी स्थिति में युद्ध का अंत त्रासद हो सकता है।

ऐसी ही एक स्थिति का खुलासा रणथम्भौर टाइगर रिजर्व में अभी हाल में (अप्रैल 2009) इस रिजर्व के अधिकारियों ने एक मादा बाघ की मौत पर किया। एक सात वर्षीय मादा बाघ अपने 18 महीने के दो शावकों के साथ व जहां रहती थी। अचानक वह गायब हो गई। कुछ दिनों बाद उसका शव मिला, उसकी गर्दन पर किसी बाघ के दांत भीतर तक गड़े हुये थे। यह बाघिन किसी नर बाघ द्वारा मार डाली गई थी।† रणथम्भौर की यह मादा बाघ सबसे स्वस्थ और सुन्दर थी इसके मरने पर दुखी वन कर्मचारियों ने उस दिन का भोजन भी ग्रहण नहीं किया। शासन इसीलिये इस राष्ट्रीय उद्यान से कुछ बाघ के जोड़ों को सारिस्का पहुंचाने की योजना बना रहा है ताकि वहां पर बाघ अपना नया बसेरा बना सकें तथा रणथम्भौर में बाघों की बढ़ती संख्या से उपजे संकट का भी समाधान हो।

रमना बागान

यह पश्चिमी बंगाल का एक छोटा पक्षी अभयारण्य है।

---

† रणथम्भौर लूजेज इट्स 'ब्यूटी', टा.आ.इं., अप्रैल 8, 2009

रक्षम चितकुल

संरक्षित क्षेत्र : अभयारण्य
विस्तार : 188.3 वर्ग किलोमीटर
स्थिति : हिमाचल प्रदेश
उत्तम भ्रमणकाल : जून से अक्टूबर
पारिस्थितिकी : उच्च अयनमंडलीय
वन्य पशु–पक्षी : हिमतेंदुआ, हिमालयी भालू, हिम मुर्गे, चील।

रक्षम चितकुल अभयारण्य की स्थापना किन्नौर जिले में वर्ष 1974 में हुई थी।

राजगीर

राजगीर अभयारण्य बिहार में स्थित है, यह एक ऐतिहासिक महत्व का पर्यटन स्थल है।

राजमाछी

यह अभयारण्य महाराष्ट्र में स्थित है। प्राणिजात प्रदेश के अन्य संरक्षित क्षेत्रों के समान।

राजस्थान

स्थिति : भारत का पश्चिमी राज्य
भौगोलिक क्षेत्र : 3,42,239 वर्ग किलोमीटर, वनों के अंतर्गत क्षेत्र : 31700 वर्ग किलोमीटर
संरक्षित क्षेत्र : राष्ट्रीय उद्यान : 04, अभयारण्य : 24, टाइगर रिजर्व : 02
प्रादेशिक पारिस्थितिकी : मरुस्थलीय तथा अर्ध मरुस्थलीय
प्रदेश का प्रतीक पशु : चिंकारा (गजाला)
प्रदेश का प्रतीक पक्षी : ग्रेट इंडियन बस्टार्ड (आडियोटिस निग्रिसीपस)
प्रदेश का प्रतीक वृक्ष : खेजरी (प्रोसोपिस सिनेरेरिया)
प्रदेश का प्रतीक पुष्प : रोहिरा (टेकोमेला अनड्यूलारा)

भारत के पश्चिम में फैला राजस्थान देश का सबसे बड़ा प्रदेश है। राजस्थान का पश्चिमी भाग मरुस्थल का भाग है जो आगे पाकिस्तान की सीमा तक फैला हुआ है। सैकड़ों किलोमीटर तक फैले बालू के क्षेत्र में अनेक टीले हैं। मरुस्थल का पश्चिमी भाग पहाड़ियों से घिरा हुआ है, यहां पर अरावली पर्वत है जो कि बहुत ऊंचा नहीं है। राजस्थान की पारिस्थितिकी में रेतीले मैदानों के अतिरिक्त, पहाड़ियों और पहाड़ियों के बीच स्थित सरोवरों का बड़ा महत्व है। राजस्थान की सांभर झील भारत की सबसे बड़ी नमक झील है। राजस्थान में राजसमंद तथा जाम्बा रामगढ़ झील है। राजस्थान में प्रकृति की विशिष्टता से संबंधित अनेक स्थल हैं। 180 लाख वर्ष प्राचीन अश्मीभूत काष्ठ के नमूने रखे हैं।

राजस्थान में दो टाइगर रिजर्व हैं। रणथम्भौर टाइगर रिजर्व वर्ष 1973 में स्थापित किया गया था इसका क्षेत्रफल 1334.6 वर्ग किलोमीटर है। इस टाइगर रिजर्व के भीतर

ही रणथम्भौर के प्राचीन किले के भग्नावशेष हैं जहां पर अब सघन जंगल उग चुका है और जिसमें अब इस क्षेत्र के सभी प्रजातियों के वन्य प्राणी पाये जाते हैं। रणथम्भौर में बाघों की संख्या बढ़ी है। दूसरा टाइगर रिजर्व सारिस्का है जो इन दिनों बाघों की विलुप्ति के कारण समाचारों में रहा है। यह भारत का पहला टाइगर रिजर्व है जहां से बाघों का पूरी तरह खात्मा हो गया।

राजस्थान की शान केवलादेव घाना संरक्षित क्षेत्र है जिसका पक्षिजात विश्व भर में प्रसिद्ध है। इसे यूनेस्को का 'हेरिटेज' दर्जा प्राप्त है। यहां भारत के लगभग एक तिहाई पक्षियों की प्रजातियां देखी जा सकती हैं।

राजस्थान का विश्नोई समाज संपूर्ण विश्व में अपने वन्य प्राणी प्रेम और वन्य प्राणियों की सुरक्षा के लिये विख्यात है। यह समाज राजस्थान के सीमावर्ती अन्य प्रदेशों में भी निवास करता है।

राजाजी

संरक्षित क्षेत्र : राष्ट्रीय उद्यान
विस्तार : 824 वर्ग किलोमीटर
स्थिति : उत्तरांचल
समीपवर्ती नगर : देहरादून
उत्तम भ्रमणकाल : अक्टूबर से अप्रैल
पारिस्थितिकी : आर्द्र सालवन, खैर सिस्सू वन तथा शिवालिक के चीर वन।
वन्य पशु–पक्षी : बाघ, तेंदुआ, हाथी, सांभर, चीतल, पक्षी।

राजाजी राष्ट्रीय उद्यान उत्तरांचल के तीन अभयारण्यों मोतीचूर, चिल्ला और राजाजी को सम्मिलत कर स्थापित किया गया है। यह मुख्यतः दक्षिणी देहरादून की घाटी को आवृत किये हुये हैं। यह शिवालिक पर्वतों पर स्थित अभयारण्य है जहां पर जुलाई से सितंबर तक भारी वर्षा होती है। राजाजी राष्ट्रीय उद्यान को शिवालिक पर्वतों की एक अकेली संरक्षित क्षेत्र की इकाई के रूप में देखना उचित नहीं होगा, वस्तुतः शिवालिक पर्वतों के वन्य प्राणियों के प्राकृतिक प्रवास बहुत बड़े क्षेत्र में सतत होते रहते थे। आज वनों की यह शृंखला विभाजित हो गई है। उदाहरण के लिये अति प्राचीनकाल से आधुनिक कार्बेट राष्ट्रीय उद्यान से लेकर राजाजी राष्ट्रीय उद्यान तक का क्षेत्र वन्य हाथियों का वार्षिक प्रवास मार्ग था। इस मार्ग का पहला गलियारा जिसे मोतीचूर चिल्ला गलियारा कहा जाता है अपेक्षाकृत जनशून्य था। इसीलिये पहले चरण में यहां पर मोतीचूर, चिल्ला और राजाजी संरक्षित क्षेत्र बनाये गये, फिर उन्हें जोड़ते हुये राजाजी राष्ट्रीय उद्यान बनाया गया, इससे वन्य हाथियों के प्रवास की कुछ समस्या तो हल हुई पर पूरी तौर से समस्या का निराकरण नहीं हो सका क्योंकि कार्बेट और राजाजी राष्ट्रीय उद्यानों के बीच विकास कार्यों के अवरोध सामने आये।

राजाजी और कार्बेट राष्ट्रीय उद्यानों के बीच अब भी वन्य हाथी वार्षिक प्रवास में आते–जाते हैं परन्तु उनकी झड़पें अब यहां पर बसे लोगों से हो जाती है और अंत में नुकसान वन्य प्राणी को ही भुगतना पड़ता है।

राजाजी राष्ट्रीय उद्यान शिवालिक पर्वतों की तलहटी और गढ़वाल हिमालय की तलहटी पर स्थित है। इस संरक्षित क्षेत्र में 24 कि.मी. की लम्बाई तक गंगा प्रवाहित होती है जो कि राष्ट्रीय उद्यान को दो असमान भागों में बांटती है। पश्चिम का बृहत्तर क्षेत्र 824 वर्ग किलोमीटर का है और पूर्व का अपेक्षाकृत छोटा क्षेत्र 249 वर्ग किलोमीटर का। इस पूरे क्षेत्र में पर्णपाती और नदी किनारे पर उगने वाले वन हैं। **राजाजी राष्ट्रीय उद्यान और गुज्जरों की समस्या**

राजाजी राष्ट्रीय उद्यान के वनों और गुज्जरों तथा टाँगियों का संबंध बहुत पुराना है। गुज्जर जो कि मुसलमान पशुपालक हैं और घुमन्तू जीवन व्यतीत करते रहे हैं पिछली कई शताब्दियों से राजाजी राष्ट्रीय उद्यान के वन्य क्षेत्र में 'डेरा' डालते रहते हैं। गुज्जर मूलतः जम्मू के शिवालिक पर्वतों के क्षेत्र से यहां आये थे। टाँगिया मजदूरों के रूप में इस क्षेत्र में वृक्षारोपण के लिये लाये गये थे। गुज्जर अपने मवेशियों को छह महीनों के लिये हिमालय के ऊंचे स्थानों पर ले जाते रहे हैं, वहीं टाँगिया वृक्षारोपित भूखण्डों के बीच के स्थानों में कृषि करते तथा कुछ मात्रा में पशु पालते रहे हैं। आधुनिक समय में स्थितियां बदलीं। पर्यावरण संरक्षण के लिये वनों को बचाने के लिये जहां कठोर कानून बने, वहां समय बीतते गुज्जरों और टांगियों की जनसंख्या में वृद्धि हुई। इस तरह मनुष्य और वन्य प्राणियों के हितों में टकराहट प्रारंभ हो गई।

राजाजी राष्ट्रीय उद्यान के आसपास गुज्जर परिवारों की संख्या

जिला		*परिवार का औसत आकार*	*परिवारों की संख्या*	*जनसंख्या*		
				पुरुष	*स्त्री*	*योग*
सहारनपुर	मोहंद	53	210	203	413	7.79
देहरादून	धलकंद	11	41	41	82	7.45
बिजनौर	बरकाला	2	5	5	10	5.00
पौरी	रानीपुर	5	13	13	26	5.20
	अश्रोरी	7	21	20	41	5.86
	मोतीचूर	26	55	54	109	4.19
	लच्छीवाला	3	3	3	6	2.00
	चांदी	31	103	92	195	6.29
	सबलगढ़	19	61	71	132	6.95
	लालभंग	3	4	6	10	3.33
	घोरी	52	128	102	230	4.42

स्रोत : पार्क आफिस, देहरादून

राजीव गांधी

आसाम के इस अभयारण्य का दूसरा नाम औरंग है, देखें औरग ।

रातापानी

संरक्षित क्षेत्र : अभयारण्य
विस्तार : 689 वर्ग किलोमीटर
स्थिति : मध्य प्रदेश
समीपवर्ती नगर : बरखेड़ा (5 कि.मी.)
उत्तम भ्रमणकाल : अक्टूबर से मार्च
पारिस्थितिकी : अयनमंडलीय पर्णपाती वन
वन्य पशु–पक्षी : तेंदुआ, बाघ, रीछ, हरिण, बन्दर, पक्षी।

रातापानी अभयारण्य का नामकरण रातापानी बांध के ऊपर किया गया है। यह बांध रातापानी अभयारण्य के उत्तरी भाग में रायसेन जिले में स्थित है। रातापानी अभयारण्य के मध्य से जबलपुर–जयपुर मार्ग जाता है, इसी तरह भोपाल–इटारसी रेलवे लाइन भी इस अभयारण्य के भीतर से गुजरती है। कुल मिलाकर इस अभयारण्य में चारों दिशाओं से भीतर प्रवेश किया जा सकता है। इस अभयारण्य में जहां लगभग 530 वर्ग किलोमीटर क्षेत्र वन्य क्षेत्र है वहां लगभग 58 वर्ग किलोमीटर गैर जंगली क्षेत्र है जिनमें 18 गांव बसे हुये हैं। शेष भाग रोड और रेलवे का है। अपनी इस अधिवासों संबंधी कमी के बावजूद एक अभयारण्य की दृष्टि से यह दर्शनीय संरक्षित क्षेत्र है जिसके बड़े भाग में अब भी उत्तम वन हैं। यहां पर वुधी, खैर, तेंदू, सतई इत्यादि के वृक्ष पाये जाते हैं। रातापानी अभयारण्य अपने शैलश्रयों के लिये प्रसिद्ध है जिनमें प्रागैतिहासिक मनुष्य रहा करते थे। ये शैलाश्रय प्रागैतिहासिक मनुष्यों द्वारा चित्रित की गई थीं। इन चित्रों में बाघ, तेंदुये, हरिणों और बन्दरों के अनेक चित्र हैं। इनमें से रीछ, हरिण तथा वानर अभी भी इस अभयारण्य में देखे जा सकते हैं।

अभयारण्य में 3 वन ग्राम हैं तथा 21 राजस्व ग्राम हैं जिनमें से 18 अभयारण्य के भीतर तथा 3 सीमा पर स्थित हैं। कुल मिलाकर 24 गांव अभयारण्य में हैं। वन गावों की जनसंख्या 300 से कुछ अधिक है पर राजस्व गावों में 5000 से अधिक लोग रहते हैं। यहां पर पालतू पशुओं की संख्या भी लगभग 3000 है जिनमें गाय, बैल के अतिरिक्त बकरे–बकरियां भी शामिल हैं।

रातापानी में वन्य पशुओं की संख्या का जो आकलन किया जाता रहा है उसकी विश्वसनीयता सदैव संदिग्ध रही है। वर्ष 2003 में यहां 22 बाघ, 26 तेंदुये पाये जाते थे। चूंकि यह संरक्षित क्षेत्र मध्य प्रदेश के संजय गांधी राष्ट्रीय उद्यान के समीप ही है अतः इन दोनों संरक्षित क्षेत्रों को मिलाकर टाइगर रिजर्व बनाने के प्रयास भी हुये हैं।

सूचना मिली है कि केन्द्र सरकार ने रातापानी को मध्यप्रदेश का सातवां टाइगर रिजर्व बनाना स्वीकार कर लिया है।

(स्रोत : अब रातापानी भी बनेगा टाइगर रिजर्व, दैनिक भास्कर, 15 जून 2009)

राधानगरी

संरक्षित क्षेत्र : अभयारण्य
विस्तार : 372 वर्ग किलोमीटर

स्थिति : महाराष्ट्र, जिला : कोन्हापुर
समीपवर्ती नगर : वल्लमीपुर (32 कि.मी.) निकटस्थ रेलवे स्टेशन एवं हवाई पट्टी : भावनगर (64 कि.मी.)
उत्तम भ्रमणकाल : नवंबर से अप्रैल
पारिस्थितिकी : अर्ध सदाबहार वन तथा आर्द्रमिश्रित पतझड़ वाले वन
वन्य पशु–पक्षी : पश्चिमी घाट क्षेत्र में पाये जाने वाला प्राणिजात।

राधानगरी अभयारण्य तथा निकटवर्ती पहाड़ी क्षेत्र कास पठार तथा कुछ अन्य अभयारण्यों को समेकित कर 'टाइगर रिजर्व' बनाने का प्रादेशिक सरकार का विचार सामने आया है। यह भी सोचा जा रहा है कि यदि यह प्रयास सफल रहा तब इसे 'वर्ल्ड हेरिटेज साईट' बनवाने के लिये कदम उठाये जा सकते हैं। राधानगरी अभयारण्य वस्तुतः सह्याद्रि पर्वत के वृहत्तर वनों और वहां पर रहने वाले वन्य प्राणियों को सुरक्षा देने का एक प्रारंभिक प्रयास है क्योंकि इस अभयारण्य के निकट ही कोयना, चन्डोली और सागरेश्वर अभयारण्य भी स्थित हैं। अब चन्डोली को राष्ट्रीय उद्यान का दर्जा दे दिया गया है।

पर्यावरणविद्ों का प्रयास है कि राधानगरी सहित इन सभी समीपवर्ती अभयारण्यों को मिलाकर टाइगर रिजर्व बना दिया जाय जिसका नाम 'सह्याद्रि टाइगर रिजर्व' हो सकता है। प्रोजेक्ट टाइगर के अंतर्गत वैसे भी अभी सह्याद्रि के वनों को स्थान नहीं मिल पाया है।

राधानगरी अभयारण्य चन्डोली राष्ट्रीय उद्यान के दक्षिण में मात्र 25 किलोमीटर दूर है। इन दोनों संरक्षित क्षेत्रों के बीच वनों के गलियारे की बात वैसे भी चल रही है। यदि यह हुआ तो इसे राधानगरी अभयारण्य के उत्तरी क्षेत्र का विस्तार कहा जायेगा। इस गलियारे में विशाल गढ़ और अम्बा की घाटियां हैं।

रानीपुर

संरक्षित क्षेत्र : अभयारण्य
विस्तार : 250 वर्ग किलोमीटर
स्थिति : उत्तर प्रदेश
समीपवर्ती नगर : बांदा
उत्तम भ्रमणकाल : अक्टूबर से मार्च
पारिस्थितिकी : शुष्क अयनमंडलीय पर्णपाती वन
वन्य पशु–पक्षी : तेंदुआ, जंगली सुअर, चीतल, पक्षी।

रानी वेन्नूर

संरक्षित क्षेत्र : अभयारण्य
स्थिति : कर्नाटक
समीपवर्ती नगर : रानी वेन्नूर (4 कि.मी.)
पारिस्थितिकी : शुष्क अयनमंडलीय पर्णपाती वन

वन्य पशु–पक्षी : कृष्णमृग।

रानी वेन्नूर अभयारण्य की स्थापना मुख्यत: इस क्षेत्र में पाये जाने वाले कृष्णमृगों (ब्लैक बक) के संरक्षण के लिये वर्ष 1974 में की गई थी।

रामगढ़ विशधरी

पूर्वी राजस्थान स्थित अभयारण्य, पारिस्थितिकी प्रदेश के अन्य संरक्षित क्षेत्रों की भाँति।

रामनगर

संरक्षित क्षेत्र : अभयारण्य
विस्तार : 13 वर्ग किलोमीटर
स्थिति : जम्मू एवं काश्मीर
समीपवर्ती नगर : रामनगर
उत्तम भ्रमणकाल : नवंबर से अप्रैल
पारिस्थितिकी : पाइन के वन
वन्य पशु–पक्षी : हिमालयी पक्षी।

रामनगर अभयारण्य जम्मू की पहाड़ियों पर स्थित है।

रामनगर राखा

जम्मू–काश्मीर स्थित अभयारण्य, पारिस्थितिकी प्रदेश के अन्य संरक्षित क्षेत्रों की भाँति।

रामलिंगम घाट

महाराष्ट्र स्थित यह एक 'कृष्णमृग–अभयारण्य' है।

रामसागर

पूर्वी राजस्थान स्थित अभयारण्य, पारिस्थितिकी प्रदेश के अन्य संरक्षित क्षेत्रों की भाँति।

रायगंज

रायगंज उत्तरी पश्चिम बंगाल में स्थित रायगंज अभयारण्य पक्षियों के लिये संरक्षित क्षेत्र है। यहां पर आने वाले बंगाल की खाड़ी के तूफान यहां के प्रवासी पक्षियों के लिये अनेक बार जानलेवा साबित होते हैं। वर्ष 2004 में जब इस अभयारण्य के अधिकारी पक्षी गणना के लिये निकले तभी अक्टूबर माह में आये भारी तूफान ने 3500 पक्षियों को मौत के घाट उतार दिया। अब अधिकारी पक्षियों के बजाय उनके शव गिन रहे थे। सबसे अधिक मरने वाले पक्षी ओपन बिल स्टार्क प्रजाति के थे।

(स्रोत : मार्कस डेम, 'ओव्हर 3500 बर्ड्स पोरिश इन स्टार्म ', दि हिन्दू, 15/10/2004)

रालामण्डल

संरक्षित क्षेत्र : अभयारण्य
विस्तार : 3.06 वर्ग किलोमीटर
स्थिति : मध्य प्रदेश
समीपवर्ती नगर : इंदौर
उत्तम भ्रमणकाल : नवंबर से जून
पारिस्थितिकी : अयनमंडलीय पर्णपाती वन
वन्य पशु-पक्षी : खरगोश, सियार, पक्षी।

रालामण्डल अभयारण्य को भोपाल के वन विहार जैसा विकसित करने की योजना है। इस अभयारण्य का नामकरण इसी नाम के गांव के ऊपर हुआ है। यह अभयारण्य रालामण्डल ग्राम की भूमि पर स्थित है। यहां पर पहले वन हुआ करता था परन्तु कालान्तर में वह उजड़ गया और फिर वानिकी योजनाओं के तहत हुये कार्यों में यहां नये वृक्षों का रोपण किया गया। इस अभयारण्य में यही नये रोपे गये वृक्ष हैं जिनमें सागौन जैसी मूल्यवान लकड़ी के वृक्ष हैं तो अन्य फलदार तथा क्षेत्र में सामान्य वृक्ष भी। वर्तमान में यहां तीतर, बटेर, खरगोश, सियार जैसे वन्य प्राणी ही पाये जाते हैं।

रास द्वीप

रीफ द्वीप

अंडमान द्वीप समूह में स्थित उपरोक्त दोनों अभयारण्यों का विवरण 'अंडमान द्वीप समूह के संरक्षित क्षेत्र' में देखें।

रीयक पर्वत

मिजोरम में स्थित यह अभयारण्य 1000 से 1485 मी0 की ऊंचाई पर स्थित है।

रूपई भाबा

संरक्षित क्षेत्र : अभयारण्य
विस्तार : 738 वर्ग किलोमीटर
स्थिति : हिमाचल प्रदेश
समीपवर्ती नगर : रामपुर (सराहन)
उत्तम भ्रमणकाल : अप्रैल से अक्टूबर
पारिस्थितिकी : हिमालयी वन
वन्य पशु-पक्षी : पक्षी, हिमालयी छाग मेष।

उत्तर-पूर्वी हिमाचल प्रदेश में स्थित इस अभयारण्य की स्थापना हिमालयी पक्षियों और हिमालयी छाग मेषों के संरक्षण के लिये हुई थी।

ईस्वी 1982 में हिमालय प्रदेश की सरकार ने प्रदेश के बुशर राजकीय वन मंडल के 239 वर्ग किलोमीटर क्षेत्र को अभयारण्य के रूप में घोषित करने का निर्णय लिया, किंतु वर्ष 1999 तक आते-आते पर्यावरणविदों की यह राय बनी कि यदि इस अभयारण्य का क्षेत्रफल और अधिक बढ़ा दिया जाय तो यह प्रदेश के दो अन्य संरक्षित क्षेत्रों के मध्य सेतु का काम कर सकता है। इस अभयारण्य के पूर्व में ग्रेट हिमालयी राष्ट्रीय उद्यान तथा उत्तर-पश्चिम में पिन व्हेली राष्ट्रीय उद्यान स्थित है। फलतः घोषणा के वर्ष इस संरक्षित क्षेत्र के क्षेत्रफल में वृद्धि 738 वर्ग किलोमीटर कर दी गई। इस तरह यह अभयारण्य मध्य हिमालय क्षेत्र के एक महत्वपूर्ण संरक्षित क्षेत्र के रूप में स्थापित हुआ।

इस अभयारण्य के जलस्रोतों में हिमालय से आकर पिघलने वाली बर्फ और बरसाती पानी दोनों ही के द्वारा जल प्राप्त होता है। यहां पर अनेक सुन्दर दृश्यावली वाले झरने हैं जिनमें से वागेर, लिटसिरेंग, कंगरेंग और कुन्द्रू प्रमुख हैं।

अभयारण्य में समुद्र सतह से 2000 से 3500 मीटर तक की ऊंचाई में मिश्रित सूचिपर्ण वन मिलते हैं जिनमें स्प्रूस और ब्लू पाइन और सिल्वर फर वृक्ष प्रमुख हैं। अधिक ऊंचाई पर अल्पाइन घास के मैदान मिलने प्रारम्भ हो जाते हैं।

अनेक अन्य संरक्षित क्षेत्रों की भांति ही यह संरक्षित क्षेत्र भी विकास योजनाओं के कारण कठिन स्थिति में है। यहां पर 'भाबा विद्युत परियोजना' प्रारंभ किये जाने के संकेत हैं।

इस संरक्षित क्षेत्र में गैर भारतीय पर्यटकों को, किन्नौर जिले के डिप्टी कमिश्नर आफिस से अनुमति लेना आवश्यक है। साधारण तौर पर इस अभयारण्य में भाबानगर के पास बने सतलुज नदी के 'वांगटू पुल' को पार कर प्रवेश किया जा सकता है।

इस अभयारण्य का प्राकृतिक दृश्य तो रमणीक है ही यहां पर बसे ग्रामों का सौंदर्य भी देखने योग्य है। किन्नौर जिले के आदिवासियों के रहन-सहन और संस्कृति को भी यहां देखने का अवसर मिलता है।

इस अभयारण्य में हिमालयी प्राणिजात आसानी से देखने को मिल जाता है। बड़े वन्य पशुओं में हिमालयी भालू, तहार, नीली भेड़ें तथा गोरल उल्लेखनीय हैं।

रेंजर द्वीप

अंडमान द्वीप समूह में स्थित इस अभयारण्य का विवरण 'अंडमान द्वीप समूह के संरक्षित क्षेत्र' में देखें।

रेणुका

संरक्षित क्षेत्र : अभयारण्य
विस्तार : 13.5 वर्ग किलोमीटर
स्थिति : हिमाचल प्रदेश
समीपवर्ती नगर : सिरमौर

उत्तम भ्रमणकाल : मार्च से मई तथा अक्टूबर से दिसंबर
पारिस्थितिकी : मिश्रित पतझड़ वाले वन तथा चीर और पाइन वन
वन्य पशु–पक्षी : अनेक प्रजाति के पक्षी, लोमड़ी, चीतल।

रेणुका अभयारण्य की स्थापना सिरमौर जिले में वर्ष 1964 में हुई थी। रेणुका अभयारण्य रेणुका नाम की झील के चारों ओर फैला हुआ है, यह मुख्यतः एक पक्षी विहार है। रेणुका झील 500 हेक्टेयर में फैली हुई है।

संकट दूरी का प्रयास : इस झील पर कांप बढ़ने का (सिविटंग) का खतरा है अतः प्रशासन ने इस झील के एक ओर 75 मी0 ऊंची और 2800 मीटर लम्बी अवरोधक दीवार बना दी है। वन विभाग ने पहाड़ी किनारे की ओर भी एक 200 मीटर लम्बी दीवार बना दी है। इन प्रयासों के बावजूद झील के कांप बढ़ने की समस्या से मुक्त नहीं हुई है। ऐसा समझा जाता है कि झील का एक चौथाई भाग कांप के दलदल में परिवर्तित हो चुका है। इसके पीछे क्षेत्र में पेड़ों की कटाई तथा पक्की सड़कों का बनना समझा जाता है।

रेहकुरी

संरक्षित क्षेत्र : अभयारण्य
स्थिति : महाराष्ट्र, विस्तार : 2.17 वर्ग किलोमीटर
समीपवर्ती नगर : अहमदनगर
उत्तम भ्रमणकाल : अक्टूबर से मार्च

महाराष्ट्र के अहमद नगर जिले में रेहकुरी अभयारण्य की स्थापना वर्ष 1998 में की गई थी। महाराष्ट्र का यह अभयारण्य मुख्यतः कृष्णमृग (ब्लैक बक) के संरक्षण के लिये स्थापित किया गया है। वर्ष 1980 में इस वन क्षेत्र में 15 कृष्णमृगों को पूर्ण संरक्षण प्रदान किया गया था। समय बीतते लगभग दो दशक बाद इनकी संख्या बढ़कर 400 हो गई। क्षेत्रीय भाषा में कृष्णमृग को 'काल्विट' कहा जाता है। इस संरक्षण कार्य को क्षेत्रीय जनता का भी सहयोग प्राप्त था।

महाराष्ट्र के इस अभयारण्य में कृष्णमृगों की संख्या की अभूतपूर्व वृद्धि का कारण यहां की अपेक्षाकृत उत्तम जलवायु भी है। पश्चिमी भारत के अर्ध मरुस्थलीय प्रदेश में कृष्णमृग को भीषण गर्मी का सामना करना पड़ता है परन्तु इस विषम परिस्थिति का अनुकूलन उन्होंने बखूबी सीख लिया है। शुष्क क्षेत्रों में कृष्णमृगों को जल पीते या किसी जल क्षेत्र की ओर जाते देखना दुर्लभ क्षण है क्योंकि इनके शरीर की बनावट नाइट्रोजन को पेशाब के माध्यम से बाहर न निकालकर उसे शरीर में फिर से काम में लाने में सक्षम होती है। इससे कृष्णमृग पानी की बचत कर लेते हैं और कम प्रोटीन वाली खुराक में भी जिंदा रह लेते हैं।

नम इलाकों में जहां जल सुगमता से उपलब्ध होता है वहां ये नियमित रूप से पानी पीते हैं। महाराष्ट्र के रेहकुरी अभयारण्य में कृष्णमृगों को न तो भोजन की कमी है और न ही पीने के पानी की।

रोपर द्वीप

अंडमान द्वीप समूह में स्थित इस अभयारण्य का विवरण 'अंडमान द्वीप समूह के संरक्षित क्षेत्र' में देखें।

रोल्लापाडु

संरक्षित क्षेत्र : अभयारण्य
विस्तार : अप्राप्त
स्थिति : आंध्र प्रदेश
समीपवर्ती नगर : सिरमौर
उत्तम भ्रमणकाल : वर्ष भर
पारिस्थितिकी : मिश्रित पतझड़ वाले वन
वन्य पशु–पक्षी : बस्टार्ड पक्षी।

रोल्लापाडु अभयारण्य की स्थापना मुख्यतः बस्टार्ड पक्षी के संरक्षण हेतु की गई थी। वर्ष 1985 में यहां लगभग 60 पक्षी थे किंतु लगभग दो दशक पश्चात् (2006) में इनकी संख्या 15 से 20 आंकी गई। रोल्लापाडु की स्थापना वर्ष 1980 में हुई थी, तब इस अभयारण्य में थोड़ी संख्या में कृष्णमृग थे परन्तु 20 वर्ष बाद (वर्ष 2002) इनकी संख्या 700 आंकी गई।

रोल्लापाडु अभयारण्य का नाम इस अभयारण्य के बीच में बसे हुये ग्राम रोल्लापाडु के नाम पर हुआ है। इस गांव के आसपास उत्तम घास का विस्तृत मैदान था। इस घास के मैदान को अभयारण्य का दर्जा दिया गया यह एक संयोग की बात है। हुआ यूं कि बीसवीं सदी के आठवें दशक में ये घास के मैदान अनुर्वर समझे गये और यहां के 100 परिवारों ने माना कि इन घास के मैदानों से वे कुछ भी प्राप्त नहीं कर सकते। अतः उन्होंने सरकार से फरियाद की कि उनके लिये वैकल्पिक रोजी–रोटी की व्यवस्था की जाय क्योंकि जो थोड़ी बहुत खेती की जा रही थी। उससे इन परिवारों का गुजारा नहीं हो रहा था। कुरनूल जिले के सरकारी अधिकारियों ने इनकी व्यथा समझी और उन्होंने इन परिवारों की पुनर्वास योजना बना डाली। सरकारी पुनर्वास योजना में तो वक्त लगता ही अतः तुरंत ही प्रत्येक परिवार को 50 पालतू पशु दे दिये गये। इस तरह इस क्षेत्र में 5000 पालतू पशु पहुंच गये। इसी बीच प्रदेश के वन विभाग ने जिला कलेक्टर को यह सुझाया कि जब यहां के निवासियों को पुनर्वासित होना ही है तो जमीन वन विभाग को हस्तांतरित कर दी जाय। जिला कलेक्टर को इसमें भला क्या आपत्ति होती पर शासकीय प्रक्रिया में समय बीता। वर्ष 1984 में वन विभाग को 1000 एकड़ भूमि मिल गई जिस पर वन विभाग ने बस्टार्ड अभयारण्य की सोची। शासन की स्वीकृति मिली और रोल्लापाडु का घास का मैदान अब बस्टार्ड के लिये अभयारण्य घोषित हो गया।

बस्टार्ड अभयारण्य घोषित होने के पीछे एक कारण संभवतः यह भी रहा हो कि वर्ष 1981 में भारत की सिरमौर पर्यावरण संस्था बाम्बे नेचुरल हिस्ट्री सोसायटी ने डॉ. सालिम अली को देखरेख में एक पंचवर्षीय अध्ययन प्रोजेक्ट प्रारंभ किया था जिसे संयुक्त अमेरिका की सदस्य एवं वन्य जीवन सेवा संस्था से भारत सरकार के माध्यम

से आर्थिक सहायता मिल रही थी। डॉ. सालिम अली बस्टार्ड की संख्या की कमी से चिन्तित थे। वे भारत के घास के मैदानों में बस्टार्ड अभयारण्य बनाना चाहते थे, इस हेतु वे मध्य प्रदेश, महाराष्ट्र और आंध्र में उचित स्थान देख रहे थे। आंध्र प्रदेश के वन विभाग को एसा ही एक क्षेत्र आकस्मिक रूप से प्राप्त हो गया था अतः उसने इस घास के मैदान को समकालीन संरक्षण की दिशा के अनुरूप रोल्लापाडु को बस्टार्ड अभयारण्य घोषित कर दिया। इन दिनों बस्टार्ड पक्षी से संबंधित प्रत्येक पक्ष पर अनेक विद्वतापूर्ण अध्ययन प्रकाशित हुये। रोल्लापाडु में भी इस पक्षी की सुरक्षा के लिये पर्यावरणविदों की चिन्ता सामने आई। यहां खेती तो नहीं थी पर 5000 पालतू पशुओं की समस्या पर गंभीर विचार हुये। इस अभयारण्य में पाये जाने वाले छोटे शिकारी वन्य पशुओं यथा नेवला, लोमड़ी तथा बड़ी छिपकलियों से इस पक्षी को कैसे बचाया जाय इस पर शोध पत्र प्रकाशित हुये। समय बदला, इन बेकार समझे जाने वाले घास के मैदानों पर लोगों ने फिर से खेती करना प्रारंभ कर दिया। यह शासकीय भूमि पर अतिक्रमण था परंतु स्थिति में बहुत सुधार नहीं हुआ। आंध्र प्रदेश के रोल्लापाडु में प्रदेश का सर्वप्रथम बस्टार्ड अभयारण्य बना। इससे प्रभावित होकर पास ही के घास क्षेत्र बगनापल्ली में भी दूसरा बस्टार्ड अभयारण्य बनाने की मुहिम चलाई गई क्योंकि जब रोल्लापाडु में 35 बस्टार्ड देखे गये थे तभी बगनापल्ली में 17 बस्टार्ड देखे गये। इसके बावजूद क्षेत्रीय जनता से इस दूसरे अभयारण्य का कोई समर्थन न मिला।

रोवा

रोवा अभयारण्य त्रिपुरा राज्य की उत्तरी सीमा में स्थित है।

रंगन थिट्टू

संरक्षित क्षेत्र : अभयारण्य
विस्तार : 2 वर्ग किलोमीटर
स्थिति : कर्नाटक
समीपवर्ती नगर : मैसूर
उत्तम भ्रमणकाल : वर्ष भर
पारिस्थितिकी : कावेरी नदी का द्वीप
वन्य पशु–पक्षी : पक्षी।

रंगन थिट्टू अभयारण्य की स्थापना वर्ष 1940 में श्रीरंगपट्टम के समीप एक द्वीप पर की गई थी। यह द्वीप कावेरी नदी में स्थित है यहां पर बड़ी संख्या में अनेक प्रजातियों के पक्षी बसेरा करते हैं।

रंगा पहाड़

नागालैंड की पश्चिमी सीमा में स्थित अभयारण्य, पारिस्थितिकी प्रदेश के अन्य संरक्षित क्षेत्रों की भाँति।

ल

लंकामलेश्वर

संरक्षित क्षेत्र : अभयारण्य
विस्तार : अप्राप्त
स्थिति : आंध्र प्रदेश
समीपवर्ती नगर : जोगरपल्ली, रेड्डीपल्ली
उत्तम भ्रमणकाल : वर्ष भर
पारिस्थितिकी : अयनमंडलीय झाड़ियां
वन्य पशु–पक्षी : पक्षी विहार, जेर्डान्स कूर्सियर पक्षी के निवास के लिये स्थापना।

लंका मलेश्वर अभयारण्य एक पक्षी विहार है, इसका महत्व यहां पायी जाने वाली चिड़िया 'जेर्डान्स कूर्सियर' के कारण विशिष्ट है। यह पक्षी मध्य भारत में डॉ. थामस सी. जेर्डान द्वारा वर्ष 1848 ई. में खोजा गया था। जेर्डान ब्रिटिश सेना में चिकित्सक थे किंतु वे अपने समय के बड़े पक्षीविद् भी थे। भारत में इसका वर्णन 1848 ई. से 1900 ई. तक मिलता रहा, तदन्तर इस पक्षी को फिर किसी ने नहीं देखा और यह पक्षी विलुप्त पक्षी प्रजाति में शामिल कर लिया गया। किंतु 1986 ई. में भरतभूषण नाम के एक शोधकर्ता ने इसे देखा और पहिचाना, इस तरह भारत की यह अपनी पक्षी प्रजाति अब विलुप्त नहीं मानी जाती। इस पक्षी के महत्व के कारण आंध्र प्रदेश ने लंकामलेश्वर अभयारण्य की स्थापना की। यह नागार्जुन सागर और श्रीशैलम के मध्य में स्थित है। इस अभयारण्य का नाम 'श्रीलंकामलेश्वर' भी है।

वर्ष 2000 ई0 से इस पक्षी पर नवीन शोध प्रारंभ हुई, पहले तो इस पक्षी को केवल एक ही जगह अर्थात रेड्डिपल्ली ग्राम के पास देखा गया फिर और भी नये स्थल मिले जहां यह पक्षी निवास करता है। कुल मिलाकर तेलगू गंगा नहर के क्षेत्र में 3600 हेक्टेयर भूमि में इस पक्षी को निवास करते हुये पाया गया। इसी का कुछ भाग अब अभयारण्य है।

जेर्डान्स कूर्सियर के लिये अभूतपूर्व सुरक्षा का कदम

पक्षियों की अनेक प्रजातियां विलुप्ति के कगार पर हैं। जेर्डान्स कूरियर भी विश्व की उन विलुप्त हो रही प्रजातियों में से एक है जिसकी सुरक्षा के संबंध में दुनिया भर के पक्षीविद् चिन्तित हैं। आंध्र प्रदेश में इसके पुनः देखे जाने पर सभी को प्रसन्नता तो हुई

परन्तु आवश्यकता थी इस पक्षी को सुरक्षित पारिस्थितिकी और आवास प्रदान करने की, ताकि इसकी संख्या में प्राकृतिक तौर पर वृद्धि होती रह सके।

यह वैसे तो सरकारी स्तर पर बहुत कठिन काम न था क्योंकि आंध्र के जिस क्षेत्र में इन पक्षियों को पाया गया उसे संरक्षित क्षेत्र घोषित कर देने से काफी कुछ व्यवस्था हो सकती थी। आंध्र सरकार ने संरक्षण के अपने पहले कदम में यह किया भी। जेर्डान्स कूर्सियर के लिये लंकामलेश्वर अभयारण्य की घोषणा कर दी। पर इसी के साथ इस पक्षी का भविष्य सुरक्षित नहीं हो जाने वाला था क्योंकि इन पक्षियों के क्षेत्र पर से ही 400 कि.मी. लम्बी तेलगू गंगा नहर जाने वाली थी अर्थात् इस नहर का मार्ग इन पक्षियों के वितरण क्षेत्र में नहर की की डूब में आ जाता। परन्तु पर्यावरण प्रेमियों ने इसे बचाने के लिये कमर कस रखी थी। 'बाम्बे नेचुरल हिस्ट्री सोसायटी' के एक वैज्ञानिक डॉ. पी. जगन्नाथन का तो कहना था कि 'यह पक्षी भारतीय बाघ की तुलना में भी अधिक असुरक्षित है।' उनकी इस भावना के अनुसार श्रीशैलम् को चेन्नई से जोड़ना था, उसका उतना रास्ता बदल दिया गया जितने में इस पक्षी का वितरण क्षेत्र था। आंध्र सरकार ने अभयारण्य के लिये 3000 एकड़ भूमि देने का विचार किया है।

जेर्डान्स कूर्सियर पक्षी को बचाने की इस मुहिम में पर्यावरण प्रेमियों ने सुप्रीम कोर्ट तक गुहार लगाई थी तथा सुप्रीम कोर्ट ने मामले की सुनवाई पूरा होने तक की अवधि के लिये नहर निर्माण पर रोक लगा दी। यह गत्यावरोध सुप्रीम कोर्ट के आर्डर होने के तीन वर्ष बाद तब टला जब प्रादेशिक सरकार ने इस मामले की अहमियत समझी।

जेर्डान्स कूर्सियर आई. यू. सी. एन. की रेड लिस्ट में 'क्रिटिकली एन्डेन्जर्ड' की कोटि में रखा गया पक्षी है।

सराहनीय : जेर्डान्स कूर्सियर (रिनोप्टाइलिस बिटोरक्वेटस) की प्रजाति समूचे विश्व में आंध्र प्रदेश के चूंकि इसी एकमात्र स्थान पर पाई जाती है अतः इस स्थान को अभयारण्य बनाना निश्चित ही एक सराहनीय कदम है। इस अभयारण्य की घोषणा के कुछ दिनों बाद ही एक अन्य निकटवर्ती क्षेत्र में भी इस पक्षी को देखा गया और तब उस स्थान को भी अभयारण्य घोषित कर दिया गया। यह निकटवर्तीय स्थान रेडिपल्ली गांव से बहुत दूर नहीं है और इस नये संरक्षित क्षेत्र का नाम श्री पेनुसुला नरसिंह अभयारण्य रखा गया है। ऐसा समझा जाता है कि जहां लकामलेश्वर में इन पक्षियों की संख्या 122 है वहां इस नये अभयारण्य में इनकी संख्या 50 के लगभग है।

देखिये : पेनुसुला नरसिंह अभयारण्य

लच्छीपुरा

गुलमर्ग का समीपवर्ती अभयारण्य, पारिस्थितिकी प्रदेश के अन्य संरक्षित क्षेत्रों की भाँति।

लखरी वैली

संरक्षित क्षेत्र : अभयारण्य
विस्तार : 118 वर्ग किलोमीटर

स्थिति : उड़ीसा
समीपवर्ती नगर : भान्जानगर
उत्तम भ्रमणकाल : अक्टूबर से मार्च
पारिस्थितिकी : तटीय सालवन
वन्य पशु–पक्षी : तेंदुआ, चीतल, पक्षी।

लखारी वैली अभयारण्य उड़ीसा में पूर्वी घाट पर्वतों पर स्थित है। पूर्वी घाट पर्वतों के प्राणिजात के संरक्षण के लिये उड़ीसा में लगभग एक दर्जन संरक्षित क्षेत्रों की स्थापना की योजना है। इनमें से सात पहले से ही मौजूद हैं। इन संरक्षित क्षेत्रों में सतकोसिया घाटी सबसे बड़ा संरक्षित क्षेत्र है तथा लखरी घाटी सबसे छोटे संरक्षित क्षेत्रों में से एक है, यहां का प्राणिजात सतकोसिया घाटी जैसा ही है।

लवालंग

संरक्षित क्षेत्र : अभयारण्य
विस्तार : 211 वर्ग किलोमीटर
स्थिति : झारखंड
समीपवर्ती नगर : टोरी (52 कि.मी.)
उत्तम भ्रमणकाल : अक्टूबर से मार्च
पारिस्थितिकी : अयनमंडलीय पर्णपाती वन
वन्य पशु–पक्षी : तेंदुआ, जंगली बिल्लियां, सांभर, चीतल।

लवालंग अभयारण्य की स्थापना वर्ष 1978 में हजारीबाग के दक्षिण में छोटानागपुर पठार के वन क्षेत्र में हुई थी। लवालंग अभयारण्य में चीताबिल्ली (लियोपार्ड कैट) तथा खटास या जंगलबिल्ली बहुतायत से देखी जाती हैं। चीताबिल्ली (फेलिस बेंगालनेसिस) तथा खटास लगभग एक ही वजन (5 से 6 कि. ग्रा.) और कद–काठी (60 से.मी.) की बिल्लीयां हैं। चीताबिल्ली पेड़ों में चढ़ने में माहिर होती हैं जबकि खटास अधिकतर जमीन पर रहकर ही शिकार करना पसंद करती है।

लाओखोवा

संरक्षित क्षेत्र : अभयारण्य
विस्तार : 195 वर्ग किलोमीटर
स्थिति : असम
समीपवर्ती नगर : नगांव
उत्तम भ्रमणकाल : अक्टूबर से मार्च
पारिस्थितिकी : दलदली क्षेत्र के वन
वन्य पशु–पक्षी : जंगली भैंसा, गैंडा, वारासिंघा, तेंदुआ।

लाओखोवा अभयारण्य की स्थापना वर्ष 1979 में मध्य असम की ब्रह्मपुत्र घाटी में हुई

थी। इस अभयारण्य में विशाल दलदली क्षेत्र हैं जिनमें दलदलों में रहने वाले अनेक प्रजातियों के वन्य प्राणी पाये जाते हैं।

आसाम में काजीरंगा के अतिरिक्त जिन अन्य क्षेत्रों में गैंडों की पर्याप्त संख्या पाई जाती थी उनमें मनास और डिब्रूसैकोवा के अतिरिक्त लाओखोवा का नाम था। परन्तु अब यह नाम केवल इतिहास के ही महत्व का रह गया है यहां के सभी गैंडे 21वीं सदी के आते-आते विलुप्त हो चुके हैं। डिब्रूसैकोवा हो या लाओखोवा केवल उत्तम पारिस्थितिकी ही प्राणिजात की प्राथमिक आवश्यकता नहीं है, यह इन दोनों अभयारण्यों के उदाहरणों से ज्ञात होता है। प्राणिजात की सुरक्षा सबसे बड़ी आवश्यकता है। इस अभयारण्य में भी घास के मैदान है जो गैंडे की प्राथमिक आवश्यकता है पर चरवाहों का वास्तविक अधिकार है।

संकट : लाओखोवा अभयारण्य में गैंडों का तो पूरी तौर से सफाया कर ही दिया गया है यहां पर समूची संरक्षण व्यवस्था पर ही खतरा मंडरा रहा है। इस अभयारण्य के फारेस्ट गार्ड इत्यादि रक्षकों की जब-तब आसपास के लोगों द्वारा जमकर धुनाई की जाती रही है। ऐसे अनेक समाचार प्रकाशित होते रहते हैं। कुल मिलाकर रक्षक वर्ग खुद ही दबा-सहमा सा है। उसका मनोबल बढ़ाने के लिये त्वरित पुलिस बल की सहायता की आवश्यकता है। यह भी चर्चा है कि यहां गैंडों की पुर्नस्थापना की जायेगी। मोटे तौर पर कम-से-कम 20 गैंडों की टोली पुनर्स्थापित होनी चाहिये जिस पर 200000 डालर का खर्च आता है।

ला किन्टेन्ग

यह खासी जनजातीय परंपरा से संरक्षित मनुष्य द्वारा तैयार किया गया वन क्षेत्र है जहां के वृक्षों की एक भी पत्ती नहीं तोड़ी जाती। यहां 25 बगीचे हैं।

लांजामुगडू

यह अभयारण्य आंध्र प्रदेश में स्थित है। प्राणिजात प्रदेश के अन्य संरक्षित क्षेत्रों के समान।

लिप्पा आसरंग

संरक्षित क्षेत्र : अभयारण्य
विस्तार : 109.1 वर्ग किलोमीटर
स्थिति : हिमाचल प्रदेश
समीपवर्ती नगर : कनम
उत्तम भ्रमणकाल : अप्रैल से अक्टूबर
पारिस्थितिकी : चौड़ी पती वाले और उच्च अक्षांशीय सूचिपर्ण वन
वन्य पशु पक्षी : तेंदुआ, भालू, गोरल, लोमड़ी, चमगादड़।

लिप्पा आसरंग अभयारण्य की स्थापना किन्नौर जिले में वर्ष 1974 में हुई थी। समीपवर्ती नगर काल्पा (25 कि.मी.) है। लिप्पा आसरंग अभयारण्य की स्थापना पश्चिमी हिमालय

के प्राणिजात के संरक्षण के लिये की गयी थी। लिप्पा आसरंग हिमाचल प्रदेश के पश्चिमी हिमालय क्षेत्र में स्थापित 10 संरक्षित क्षेत्रों में से एक है। इस अभयारण्य का प्राणिजात इस क्षेत्र के अन्य अभयारण्यों यथा दारनघाटी और शिल्ली अभयारण्यों के समान है।

लिम्बर

काश्मीर घाटी में स्थित अभयारण्य, पारिस्थितिकी प्रदेश के अन्य संरक्षित क्षेत्रों की भाँति।

लेंगटेंग

मिजोरम के पूर्वी भाग में स्थित अभयारण्य, पारिस्थितिकी प्रदेश के अन्य संरक्षित क्षेत्रों की भाँति।

लैंडफाल द्वीप

अंडमान द्वीप समूह में स्थित इस अभयारण्य का विवरण 'अंडमान द्वीप समूह के संरक्षित क्षेत्र' में देखें।

लोनार

संरक्षित क्षेत्र : अभयारण्य
विस्तार : 1.83 कि.मी. लम्बा एवं 150 मी. गहराई वाला क्षेत्र
स्थिति : महाराष्ट्र
समीपवर्ती नगर : बुल्ढाना
उत्तम भ्रमणकाल : वर्ष भर किन्तु जनवरी में विशेष
पारिस्थितिकी : भूगर्भिक महत्व का क्षेत्र
वन्य पशु–पक्षी : महाराष्ट्र का प्राणिजात।

लोनार महाराष्ट्र के बुल्ढाना जिले में स्थित उल्कापिंड के पृथ्वी पर हुये आघात के कारण बना हुआ एक विशाल गड्ढा है। आज से लगभग 50000 वर्ष पूर्व आकाशमार्ग से एक विशाल उल्का पिंड भीषण वेग से पृथ्वी के गुरुत्वाकर्षण के फलस्वरूप गिरने से इस विशाल गड्ढे का निर्माण हो गया जो लगभग 1830 मीटर लम्बा और 150 मीटर गहरा है। उल्का पिंड की पृथ्वी पर गिरते समय 20 लाख टन की शक्ति थी, जिसकी कल्पना भी भयावह है। ऐसा समझा जाता है कि यह विश्व के प्राचीनतम क्रेटरों (उल्का पिंड से बने गड्ढों) में से एक है। रासायनिक दृष्टि से यह क्रेटर मंगल ग्रह के क्रेटरों के अधिक निकट है। इस क्रेटर का अध्ययन अमेरिकी अंतरिक्ष विज्ञान संस्था नासा ने भी किया है।

महाराष्ट्र में औरंगाबाद से 105 कि.मी. दूर स्थित लोनार पर्यटकों को आश्चर्य में डाल देने वाला स्थल है। इसकी खोज वर्ष 1823 में सी.जे.ई. अलेक्जेन्डर नाम के व्यक्ति ने की थी। वर्ष 1979 में भारतीय भौगोलिक सर्वेक्षण विभाग (जिआलाजिकल सर्वे ऑफ इंडिया) और अमेरिकी स्मिथसानियन इन्स्टीट्यूट ने इसे विश्व का सबसे बड़ा क्रेटर माना।

अपनी विशिष्ट स्थिति के कारण इस विशाल गड्ढे में, जो कि अब एक विशाल झील है, के चारों ओर एक नई प्रकृति की सृष्टि हुई जिसमें वृक्षों में निवास करने वाले अनेक प्रजातियों के पक्षी हैं। इन पक्षियों में जल बत्तखें, मुर्गाबियों, जंगली मुर्गों के अतिरिक्त ब्राह्मणी चीलें, बगुले, कठफोड़वे और नीलकंठ जैसे पक्षियों की प्रचुरता है। यहां पर शीतकाल में प्रवासी पक्षी भी देखे जा सकते हैं।

प्रकृति की इस नई सृष्टि के कारण वर्ष 2000 में इसे एक अभयारण्य घोषित कर दिया गया था।

लोनार झील के चारों ओर दलदली भूमि में उगने वाली सघन वनस्पति है।

लोनार की बड़ी विशेषता यह भी है कि यह खारे पानी की ऐसी झील है जिसका जल समुद्र से भी अधिक खारा है। इसका नामकरण शायद इसी खारेपन (लुनाई) के आधार पर हुआ है।

लोनार झील के आसपास ईसा पूर्व समय से लेकर 14वीं शताब्दी तक के अनेक पुरातात्विक अवशेष पाये जाते हैं। इनमें सत्रह शिव मन्दिर उल्लेखनीय हैं जो क्रेटर के चारों ओर स्थित हैं। जनसामान्य इस झील की उत्पत्ति को शिवभक्त असुर लोनासुर से जोड़ता है जो सुरद्रोही होने के कारण विष्णु के द्वारा मारा गया।

पर्यटन : लोनार में पर्यटक को रुकने की व्यवस्था है। शासकीय गेस्ट हाउस झील से मात्र 500 मीटर दूर बनाये गये है, यहां पहुंचने के लिये औरंगाबाद से बस–टैक्सियां उपलब्ध हैं।

लोथियन आइलैंड

संरक्षित क्षेत्र : अभयारण्य
विस्तार : 37 वर्ग किलोमीटर
स्थिति : पश्चिम बंगाल
समीपवर्ती नगर : नामखाना (30 कि.मी.)
उत्तम भ्रमणकाल : अक्टूबर से मार्च
पारिस्थितिकी : द्वीपीय, मैनग्रूव वन
वन्य पशु–पक्षी : मछलीमार बिल्ली, पनकुत्ते, समुद्रीय मगर, तथा समुद्रीय कछुये।

लोथियन द्वीप सुन्दरवन डेल्टा में स्थित है, इसे वर्ष 1974 में अभयारण्य का दर्जा दिया गया। पश्चिमी बंगाल के प्रतीक वन्य पशु मछलीमार बिल्ली को देखने का यह श्रेष्ठ स्थान है।

मछलीमार बिल्ली : मछलीमार बिल्ली साधारण बिल्ली की तुलना में कुछ अधिक बड़ी होती है, दूसरी जंगली बिल्लियों की लम्बाई जहां साधारण तौर पर 60 से.मी. होती है वहां मछलीमार बिल्ली की औसतन 100 से.मी. होती है। उसी तरह जहां अन्य बिल्लियों का वजन 5–6 कि.ग्रा. होता है वहां यह बिल्ली 11 से 15 कि.ग्रा. तक वजनी होती है। अन्य बिल्लियों की तुलना में इसकी पूंछ छोटी होती है। इसके शरीर पर 7–8 लम्बी काली धारियां होती हैं, इसकी पूंछ में काले छल्लेनुमा धारियां होती हैं। यह बिल्ली अन्य बिल्लियों की तुलना में अधिक आक्रामक और शक्तिशाली होती है। मौका पड़ने

पर यह नवजात बछड़ों, बकरियों और कुत्तों को भी मार डालती है। इन बिल्लियों द्वारा बच्चों को मार डालने की बात कही जाती है। यह बिल्ली प्रायद्वीपीय भारत में केवल मलावार तट पर पाई जाती है किन्तु हिमालय की तराई, और गंगा–ब्रह्मपुत्र के दलदली क्षेत्रों में यह सभी जगह पाई जाती है। मछलीमार बिल्ली मछली का शिकार करने के लिये जल में नहीं उतरती और न ही जल में घूमकर मछली पकड़ती है अपितु जल के समीपवर्ती चट्टान में चुपचाप बैठकर मछलियों को देखती है और मौका पाकर पंजे के प्रहार से मछली का काम तमाम कर देती है।

व

वन विहार

संरक्षित क्षेत्र : राष्ट्रीय उद्यान
विस्तार : 415 वर्ग किलोमीटर
स्थिति : मध्य प्रदेश
समीपवर्ती नगर : भोपाल (7 कि.मी.)
उत्तम भ्रमणकाल : वर्ष भर
पारिस्थितिकी : मध्य भारतीय वन
वन्य पशु–पक्षी : अनेक प्रजातियों के प्राणियों को यहां एकत्रित कर सुरक्षित रखा गया है।

भोपाल नगर सीमा पर भोपाल के प्रसिद्ध तालाब के किनारे 415 हेक्टेयर भूमि पर यह संरक्षित क्षेत्र स्थित है। इसकी स्थापना वर्ष 1979 में हुई थी । यह भोपाल रेलवे स्टेशन से मात्र 7 किलोमीटर की दूरी पर है। इसे एक विशाल चिड़ियाघर (जू) कहा जा सकता है जिसमें अनेक वन्य प्राणियों को लाकर रखा गया है। यहां पर सिंह भी हैं तथा शेर भी। ये बड़े बाड़ों में रखे गये हैं। हरिणों तथा अन्य प्राणियों को भी यहां रखा गया है। यह राष्ट्रीय उद्यान देश के कुछ अन्य राष्ट्रीय उद्यान जो नगर सीमाओं के या तो बहुत करीब हैं या नगर सीमा में ही हैं को आदर्श मानकर स्थापित किया गया। चेन्नई का गुंडी राष्ट्रीय उद्यान, मुंबई का बोरिवली राष्ट्रीय उद्यान, बेंगलुरु का बन्नरघट्टा राष्ट्रीय उद्यान मध्य प्रदेश के वन विहार अभयारण्य के आदर्श रहे हैं। इन राष्ट्रीय उद्यानों का उद्देश्य जनसामान्य में वन्य प्राणियों के प्रति जागरूकता बढ़ाना रहा है।

यहां पर संरक्षित वन्य प्राणियों में सिंह, बाघ, तेंदुआ, भालू, नीलगाय, चीतल, सांभर, कृष्णमृग और चौसिंघा प्रमुख हैं।

यद्यपि इस राष्ट्रीय उद्यान के प्रबंधन में धन की कभी कोई कमी नहीं रही है परंतु यह संरक्षित क्षेत्र वन्य प्राणियों के 'हादसों' के कारण सदैव ही चर्चा का विषय रहा है। दिसम्बर 1996 के क्षेत्रीय समाचार पत्रों में इस राष्ट्रीय उद्यान में पल रही पांच बाघिनों की आकस्मिक मौत की खबर प्रकाशित हुई थी। थोड़े से अन्तराल में मृत्यु को प्राप्त हुई इन बाघिनों के नाम थे रेखा, मोहनी, पिंकी, सोनिया और लाइका।

वन विहार

पूर्वी राजस्थान स्थित अभयारण्य, पारिस्थितिकी प्रदेश के अन्य संरक्षित क्षेत्रों की भांति।

वल्लभपुर

पश्चिम बंगाल का यह अभयारण्य क्षेत्र में फैला है। यह वल्लभपुर अभयारण्य प्रसिद्ध विश्वविद्यालय शांति निकेतन के परिसर में स्थित है। यहां पर थोड़ी संख्या में हरिण पाले गये हैं।

वाइनाड

संरक्षित क्षेत्र : अभयारण्य
विस्तार : 344 वर्ग किलोमीटर
स्थिति : केरल
समीपवर्ती नगर : सुल्तान की बैटरी (1 कि.मी.)
उत्तम भ्रमणकाल : अक्टूबर से अप्रैल
पारिस्थितिकी : अयनमंडलीय पर्णपाती वंन
वन्य पशु–पक्षी : गौर, तेंदुआ, चीतल, पक्षी।

वाइनाड अभयारण्य की स्थापना वर्ष 1973 में कर्नाटक–केरल सीमा पर हुई थी। स्वतंत्रता के पूर्व यह एक शिकारगाह था। वाइनाड अभयारण्य केरल, कर्नाटक और तमिलनाडु की सीमा पर स्थित है, जनवरी से जून तक के शुष्क महीनों में इस अभयारण्य में दूर–दूर के जंगलों के वन्य प्राणी शरण लेते हैं क्योंकि यहां पर पर्याप्त जलस्रोत हैं।

वाडुवूर

तमिलनाडु के पूर्वी समुद्रतट के समीप स्थित अभयारण्य, पारिस्थितिकी प्रदेश के अन्य संरक्षित क्षेत्रों की भांति।

वाधवाना

यह अभयारण्य हरियाणा में स्थित है, प्राणिजात प्रदेश के अन्य संरक्षित क्षेत्रों के समान।

वाल्मीकि नगर

संरक्षित क्षेत्र : अभयारण्य
विस्तार : 462 वर्ग किलोमीटर
स्थिति : बिहार
समीपवर्ती नगर : बेतिया
उत्तम भ्रमणकाल : अक्टूबर से मार्च
पारिस्थितिकी : मिश्रित अयनमंडलीय पर्णपाती वन
वन्य पशु–पक्षी : तेंदुआ, गैंडा, गौर, चीतल, पक्षी।

वाल्मीकि नगर अभयारण्य की स्थापना वर्ष 1970 में भारत–नेपाल सीमा के वन क्षेत्र में हुई थी। इसके पूर्व में नेपाल का चितवन राष्ट्रीय उद्यान है। इस अभयारण्य के पूर्वी

क्षेत्र में कपान नदी प्रवाहित होती है जिसके तट पर अनेक प्रजातियों के पक्षी पाये जाते हैं साथ ही दलदली भूमि में रहने वाले वन्य प्राणी भी।

विक्रमशिला

संरक्षित क्षेत्र : अभयारण्य
विस्तार : 50 वर्ग किलोमीटर
स्थिति : बिहार
समीपवर्ती नगर : सुल्तानगंज
उत्तम भ्रमणकाल : अक्टूबर से जून
पारिस्थितिकी : नदी
वन्य पशु–पक्षी : गंगा डोल्फिन (शुशु)।

विश्वभर में ताजे पानी में रहने वाली डोल्फिनों की संख्या कुल चार है जो एक–दूसरे से हजारों मील दूर पाई जाती हैं। इन डोल्फिनों की दो प्रजातियां दक्षिण अमेरिका के पूर्वी समुद्र तट की नदियों में पाई जाती हैं, एक प्रजाति चीन की एक पर्वतीय झील में पाई जाती है और केवल एक भारत में गंगा सिंधु नदियों और उनकी सहायक नदियों में। भारतीय गंगा डोल्फिन मत्स्यभोजी प्राणी है। डोल्फिन मछली न होकर स्तनपोषी (मेमल) वर्ग का प्राणी है जो पूरी तरह से जलचारी है। ऐसा समझा जाता है कि भारतीय उपमहाद्वीप में अपने अधिकांश वितरण क्षेत्र में यह जलचर विलुप्त हो चुका है। आश्चर्य की बात तो यह है कि पक्षीविद् जहां खरमोर जैसे पक्षी की एक प्रजाति की सुरक्षा के लिये हजारों एकड़ कृषित भूमि को अभयारण्य तो क्या राष्ट्रीय उद्यान बनाने हेतु कृतसंकल्प हैं और इस हेतु पर्यावरण संबंधी पत्रिकाओं में इस पक्षी की संख्या में कमी पर जनसाधारण की उपेक्षा पर निबंध लिखे जाते हैं वहीं अपने कुटुम्ब (प्लेटेनिस्टाइडी) की चार और अपने वंश (प्लेटेनिस्टा) की एकमेव प्रतिनिधि शुशु (प्लेटेनिस्टा गंजेरिका) की सुरक्षा के लिये कोई राष्ट्रीय योजना कभी नहीं रही।

विक्रमशिला अभयारण्य केवल एक व्यक्ति प्रोफेसर रवीन्द्र कुमार सिन्हा के अथक प्रयासों का सुफल है।

नेपाल, भारत और बंगलादेश की नदियों में केवल डेढ़ से दो हजार की संख्या के बीच ही विलुप्ति की कगार पर खड़ा यह प्राणी अब (2008) बचा है। बिहार में सुल्तानगंज से खलगांव के बीच 50 मील लम्बे नदी क्षेत्र को अभयारण्य का दर्जा प्राप्त हुआ है। विश्व प्रकृति निधि (डब्ल्यू. डब्ल्यू. एफ.) संस्था ने इस प्राणी के संरक्षण पर ध्यान देने की बात कही थी। पर्यावरणविद् 'प्रोजेक्ट डोल्फिन' की भी बात करते रहे हैं।

गंगा डोल्फिन संरक्षण

उत्तर प्रदेश के वन विभाग तथा 'विश्व प्रकृति निधि' ने गंगा डोल्फिन या शुशु के संरक्षण के लिये अनेक उपायों को प्रस्तावित किया है। इस प्रस्ताव के तहत तीन नदी अभयारण्यों में इन उपायों को अमली जामा पहिनाने का कार्य किया जायेगा। ये तीन नदी अभयारण्य क्रमशः कटर्निया घाट, चंबल तथा वाराणसी के पास बने कच्छप संरक्षण क्षेत्र हैं। इनके

अतिरिक्त गंगा नदी में बिजनौर से नरोरा तक के 165 कि.मी. लम्बे नदी क्षेत्र को एक संरक्षित क्षेत्र घोषित करने की भी योजना है। इस क्षेत्र के वनाधिकारियों को विशेष हिदायतें भी दी गईं क्योंकि इस क्षेत्र में गंगा डोल्फिनों को जाल में फंसाने के संबंध में सूचनायें मिल रही हैं।

इस क्षेत्र के गंगा डोल्फिन, मगर और घड़ियालों का पवित्र प्राणी के रूप में बड़ा महत्व है अतः यह भी विचार सामने आया है कि इन प्राणियों की सुरक्षा के लिये साधुओं से संपर्क साधा जाय।

पटना विश्वविद्यालय के पर्यावरण बायोलाजी अध्ययन विभाग ने शोध करके यह बतलाया कि गंगा डोल्फिन की मृत्यु दर में लगातार वृद्धि का कारण आसपास के क्षेत्र से गंगा के जल में प्रदूषण की भारी वृद्धि है। यह प्रदूषण रासायनिक उर्वरकों की देन है। गंगा में मृत पाई जाने वाली गंगा डोल्फिनों के शरीर से डी. डी. टी. तथा अन्य रासायनिक उर्वरकों की भारी मात्रा पाई गई। नदी के जल में रासायनिक तत्वों की भारी मात्रा विद्यमान है जो न केवल डोल्फिन वरन् मछलियों के जीवन के लिये भी घातक है।

प्रोजेक्ट डोल्फिन की आवश्यकता

डोल्फिन कंजर्वेशन सोसायटी ने विश्व प्रकृति निधि (डब्ल्यू. डब्ल्यू. एफ.) के साथ अपने अध्ययन में यह पाया कि ब्रह्मपुत्र नदी में ताजे पानी की डोल्फिनों की संख्या में भारी कमी आ चुकी है। इस अध्ययन के अनुसार ब्रह्मपुत्र नदी में केवल 198 डोल्फिनें पाई गईं जिनमें 89 वयस्क, 60 किशोर एवं 49 शुशु डोल्फिनें थीं। कुलशी नदी में वर्ष 1993 में 25 डोल्फिनें थीं, वे घटकर अब (वर्ष 2002) केवल 11 बची हैं। 'डोल्फिन कंजर्वेशन सोसायटी' का यह मानना है कि कुलशी नदी में डोल्फिनों की संख्या में कमी का कारण इस नदी से रेत का निकाला जाना है। इस सोसायटी ने कुलशी नदी पर एक 'प्रोजेक्ट डोल्फिन' तैयार करने की सलाह दी जो 'प्रोजेक्ट टाइगर' की रूपरेखा पर हो।

डोल्फिन की संख्या में कमी का कारण उनका अवैध शिकार है। बहुत सी डोल्फिनें मछलियों के लिये लगाये गये जालों में उलझकर मर जाती हैं।

(स्रोत : डोल्फिन पापुलेशन डिक्लाइनिंग अलर्मिंगली', द आसाम ट्रिब्यून, 22/4/02)

विजयसागर

दक्षिणी उत्तर प्रदेश की झील के चारों ओर फैला हुआ अभयारण्य, पक्षियों का संरक्षण। पारिस्थितिकी प्रदेश के अन्य संरक्षित क्षेत्रों की भांति।

विभूतिभूषण

विभूतिभूषण अभयारण्य दक्षिणी पश्चिम बंगाल में बंगलादेश की सीमा पर स्थित है। अभयारण्य नदियों के निक्षेप से बना दलदली क्षेत्र है।

वीरांगना दुर्गावती अभयारण्य

संरक्षित क्षेत्र : अभयारण्य
विस्तार : 24 वर्ग किलोमीटर
स्थिति : मध्य प्रदेश
समीपवर्ती नगर : दमोह
उत्तम भ्रमणकाल : अक्टूबर से मार्च
पारिस्थितिकी : अयनमंडलीय पर्णपाती वन
वन्य पशु-पक्षी : तेंदुआ, सांभर, चीतल, पक्षी।

वीरांगना दुर्गावती अभयारण्य यद्यपि 24 वर्ग किलोमीटर में फैला एक छोटा अभयारण्य है तथापि पारिस्थितिकी की गुणवत्ता की दृष्टि से यह अपने से अनेक बहुत बड़े अभयारण्यों से कहीं श्रेष्ठतर है। पारिस्थितिकी की दृष्टि से श्रेष्ठ अभयारण्य वही है जहां के वन और वनस्पति मनुष्य के द्वारा अतिक्रमित नहीं हैं। भारतीय अभयारण्यों के सीमाक्षेत्रों के भीतर सामान्यतः बहुत से गांव पाये जाते हैं। कृषि जमीन का रकबा और पालतू ढोरों की संख्या जो वनों के चरागाहों पर निर्भर रहती है कुल मिलाकर इतना कम वन क्षेत्र छोड़ती हैं कि उनका बायोमॉस (Biomass) किसी बड़ी संख्या में वन्य पशुओं को आश्रय दे सके। वस्तुतः समूचा 'फूड-पिरामिड' ही इससे नष्ट सा हो जाता है।

वीरांगना दुर्गावती अभयारण्य के भीतर एक भी रिहायसी गांव नहीं है और न ही कोई खेती की जमीन। अभयारण्य से लगी हुई जमीन पर अवश्य ही खेत हैं, और पालतू ढोरों के चरागाह भी।

भौम्याकार : विन्ध्याचल के दक्षिणी भाग में स्थित इस अभयारण्य में मुख्यतः वह पहाड़ी क्षेत्र है जिसे कैमूर पर्वत माला कहा जाता है। कैमूर पर्वत माला इस अभयारण्य के उत्तर की ओर से एक लम्बी दीवार की तरह फैली है। यदि उत्तर की ओर से अभयारण्य में प्रवेश किया जावे तो विस्तृत मैदानों के बाद अचानक पूर्व से पश्चिम की ओर फैली हुई यह पर्वत माला दिखलाई देती है। उत्तरी भाग में मझौली नाम का छोटा कस्बा है जिसमें 10वीं सदी के महावराह का का सुप्रसिद्ध मन्दिर है, इस कस्बे से कुछ आगे ही कैमूर पर्वत श्रृंखला के बीच एक (Pass) या दर्रा मिलता है जिसे क्षेत्रीय बोली में 'कटाव' कहा जाता है। कटाव से तात्पर्य नदी के द्वारा 'अपरदन' है। नदी ने कैमूर पर्वत शृंखला के समानान्तर बहते-बहते कटाव के क्षेत्र में पर्वत को उत्तर-दक्षिण कोण में काट दिया है। यह संभवतः क्षेत्रीय भ्रंश का परिणाम है, कैमूर शृंखला की यह दीवार सर्वत्र एक सी चौड़ी नहीं है। यह 500 मी. से लेकर 1000 मी. तक चौड़ी है, परन्तु इसकी ऊंचाई में बहुत अन्तर नहीं है। इसकी औसतन ऊंचाई 186 मीटर है। इस लम्बी शृंखला के दक्षिण में एक असमतल सा मैदान है, जिसमें अब खेती की जाती है। किंतु केवल 25 वर्ष पूर्व तक ही इसमें विरल वन पाये जाते थे।

जिस कटाप का उल्लेख किया गया है उसमें दो नदियां आकर मिलती हैं। लोरा फल्कु नदी कैर नदी से आकर यहां मिलती हैं। कैमूर शृंखला को पार कर कुछ और दूर चलने पर इसके समानांतर दूसरी शृंखला भांडेर मिलती है। कटाव से आगे बढ़ने के बाद 'गुबरा' ग्राम मिलता है जहां पर उत्तर-दक्षिण का मार्ग सामने खड़ी हुई भांडेर शृंखला के कारण अवरूद्ध हो जाता है। मझौली से आने-जाने वाला मार्ग यहां

जबलपुर–दमोह मार्ग का संगम बनाता है। और लगभग इसी स्थान से रोड के दूसरी ओर पर अभयारण्य की सीमा प्रारंभ हो जाती है।

'गुबरा' ग्राम से कुछ आगे संग्रामपुर ग्राम पड़ता है जो अभयारण्य का सबसे करीबी ग्राम है तथा और आगे जाकर जबेरा ग्राम पड़ता है। जबलपुर–कंटगी–जबेरा–दमोह रोड के दक्षिणी और वीरांगना दुर्गावती अभयारण्य का तीन चौथाई भाग है। मोटे तौर पर संग्राम के पास पश्चिम की ओर अभयारण्य का वह भाग प्रारंभ होता है जो रोड के दोनों ओर फैला है, अन्यथा पूर्व की ओर का सारा भाग रोड के दक्षिण की ओर ही है।

अपवाह : संग्रामपुर घाटी कर अपवाह तंत्र नर्मदा नदी के अपवाह तंत्र का एक भाग है। नर्मदा नदी की प्रमुख सहायक नदियों में हिरण नदी का नाम उल्लेखनीय है जो दमोह जिला एवं जबलपुर जिले के क्षेत्र में प्रवाहित होती है। अभयारण्य के आसपास बहने वाली नदियों और नालों का पानी अंततः हिरण में ही पहुंचता है। संग्रामपुर घाटी की प्रमुख नदी लोरा फल्कु है जो लगभग 12 किलोमीटर बहने के पश्चात् कैर नदी में मिल जाती है। अभयारण्य के नाले जिनमें से अधिकतर बरसाती है लोरा फल्कु में ही जाकर मिल जाते हैं। अभयारण्य के पूर्वी भाग में दक्षिण–पश्चिम से पूर्वोत्तर दिशा में बहने वाले चार नाले या छोटी नदियां समीपवर्ती पठार के ऊंचे ढाल से आकर वेग से नीचे गिरती हैं और उसके पश्चत् समतलप्राय मैदान में और बहुत से छोटे–छोटे नाले आकार मिल जाते हैं।

नालों और छोटी–छोटी नदियों के प्रावह ने इस क्षेत्र में सुरम्य हरियाली फैलाई है। पठार के कगार का यह भाग सघन वनों से पूर्ण है और अब भी यहां सागौन वृक्षों की बहुतायत है।

अभयारण्य के उत्तरी भाग में बहुत नाले नहीं हैं किंतु अभयारण्य की सीमा के लगभग समान्तर प्रवाहित जल अवश्य है। इसी तरह पूर्व की ओर एक विशाल सरोवर है जिसका क्षेत्रफल लगातार घट रहा है। दक्षिण–पश्चिमी अभयारण्य में जहां सिगौरगढ़ स्थित है, यहां कोई भी उल्लेखनीय प्रवाहित जल का बड़ा स्रोत नहीं है। सिंगौरगढ़ की ऊपरी पहाड़ी में एक विस्तृत ऐतिहासिक तालाब है जो कभी सिंगौरगढ़ के भीतर ही रहा होगा, किंतु अब वह बाहर है। पठार पर स्थित होने एवं चारों ओर पहाड़ियां होने के फलस्वरूप बरसात का काफी पानी यहां एकत्रित हो जाता है। यही कारण है कि इस तालाब में सदैव ही यहां तक कि भीषण गर्मी में भी पर्याप्त जल रहता है।

भौमिकी : वीरांगना दुर्गावती अभयारण्य और उसके एकदम करीबी क्षेत्रों में विन्ध्यन, लमेटा एवं दकन ट्रैप सीरीज की चट्टानें फैली हुई हैं, किंतु इनमें ऊपरी विन्ध्यन सीरीज के बलुआ पत्थर हैं जो क्षेत्रफल की दृष्टि से अधिकांश क्षेत्र को घेरे हुये हैं। ये बलुआ पत्थर संस्तरित हैं और इनके बीच में चूना और शेल चट्टानें भी मिल जाती हैं, भौमिकी वर्गीकरणो में इन्हें 'पुराण' या 'पुराना' वर्ग में रखा जाता है। सभी जगह अपरदन और अपक्षय के फलस्वरूप गहरी घाटियां, द्रोणियां और गुफायें देखने को मिलती हैं। भौमिकी के अनुसार विन्ध्यन चट्टानों को क्रमशः ऊपरी विन्ध्यन और निचली विन्ध्यन चट्टानों के क्रम में भी वर्गीकृत किया जाता है। भांडेर सीरीज का बलुआ पत्थर ऊपरी विन्ध्यन वर्ग का है। यह बलुआ पत्थर अपेक्षतया कम कठोर, बारीक कणों वाला एवं लाल और मटमैले सफेद रंग का होता है। रोड वगैरह बनाने में इसका उपयोग किया जाता है।

गिरिदर्शन वाच टावर : वीरांगना अभयारण्य में उत्तर की ओर गिरिदर्शन वाच टावर है। यहां पर रुक कर रात्रि में पशुओं को देखा जा सकता है और उनकी आवाज सुनी जा सकती है। इस रेस्ट हाउस में रुकने के नये शयन कक्ष हैं साथ ही सबसे ऊपरी हिस्से पर चढकर दूर-दूर तक पर्वतों की हरियाली देखी जा सकती है। साथ में दूरबीन हो तो और भी अच्छा है गिरिदर्शन के आसपास वाहन रखने की व्यवस्था है। यहां से छोटा चक्कर और बड़े दो चक्राकार मार्गों से उत्तरी भाग का भ्रमण किया जा सकता है।

गिरि अंचल : कलूमर ग्राम के पास ही 'गिरि अंचल' नाम का एक रेस्ट हाउस बनकर तैयार है, रंग-रोगन भी हो चुका है और शीघ्र ही पर्यटकों को यह उपलब्ध कराया जा सकेगा। इस रेस्ट हाउस के पीछे अतिविशाल बरगद का वृक्ष है जिसमें अनेक पक्षी कलरव करते रहते हैं साथ ही रेस्ट हाउस के चारों ओर विशाल मैदान है। रेस्ट हाउस के पीछे कुछ दूरी पर ग्राम कलूमर है किंतु सामने तथा दोनों ओर वन हैं जो कि थोड़ी दूर पर काफी सघन हो जाते हैं।

वूलर

संरक्षित क्षेत्र : रामसर साइट
विस्तार : 16 वर्ग किलोमीटर
स्थिति : जम्मू एवं काश्मीर
समीपवर्ती नगर : श्रीनगर
उत्तम भ्रमणकाल : मार्च से जून
पारिस्थितिकी : झील
वन्य पशु-पक्षी : प्रवासी एवं निवासी पक्षी।

काश्मीर की अन्य झीलों की भांति ही वूलन झील भी हिमालय एवं हिमालय पार के क्षेत्रों के प्रवासी पक्षियों तथा उच्च पर्वतीय क्षेत्र के पक्षियों के लिये जानी जाती है। वूलर झील एक प्रसिद्ध पर्यटन स्थल भी है। जम्मू-काश्मीर की सभी झीलें धीरे-धीरे संकुचित हो रही हैं इस पर पर्यावरणविद् चिन्तित रहे हैं। यहां के प्रमुख नम क्षेत्र हाइगम नम क्षेत्र, डल झील, अंचर झील और नाइजेम झीलों के अतिरिक्त होकरेसर झील और वूलर झील है इनमें से होकरेसर झील को अभयारण्य का दर्जा प्राप्त है तथा वूलर झील 'रामसर साइट' है। इनमें से सभी झीलों के सीमान्त क्षेत्र या तो कृषि कार्यों के लिये अनधिकृत रूप से उपयोग में लाये जा रहे हैं अथवा दुर्वव्यवस्था के कारण इनके किनारे लगातार उथले हो रहे हैं। काश्मीर की सबसे प्रसिद्ध श्रीनगर की डल झील वर्ष 1980 में जहां 16 वर्ग किलोमीटर तक फैली हुई थी अब वह मात्र 9 वर्ग किलोमीटर में फैली है। श्रीनगर के समीपवर्ती (50 किलोमीटर दूर) हाइगम नम क्षेत्र का भी यही हाल है। वह 4.5 वर्ग कि.मी. से अब 1.5 वर्ग कि.मी. रह गया है। वूलर झील जो अपने निर्मल जल के लिये प्रसिद्ध थी कहा जाता है कि अब उसका जल उतना निर्मल नहीं रहा ।

वेंकटेश्वर

संरक्षित क्षेत्र : अभयारण्य
विस्तार : 01 वर्ग किलोमीटर
स्थिति : आंध्र प्रदेश
समीपवर्ती नगर : तिरुपति
उत्तम भ्रमणकाल : वर्ष भर
पारिस्थितिकी : दक्षिण अयनमंडलीय पर्णपाती वन
वन्य पशु-पक्षी : नेवले, सरीसृप, पक्षी।

वेंकटेश्वर अभयारण्य विश्वप्रसिद्ध हिंदू तीर्थ तिरुमला पहाड़ी क्षेत्र पर स्थित है। तिरुमला तिरुपति देवस्थानम् में भारत के सबसे अधिक तीर्थयात्री प्रतिवर्ष पहुंचते हैं। इस देवस्थानम् में वर्ष भर ही तीर्थ यात्रियों की भारी भीड़ रहती है। इस देवास्थानम् का निकटवर्ती क्षेत्र अभयारण्य है। इस अभयारण्य में देवस्थानम् द्वारा निर्मित कपिल तीर्थन बांध है जो कि अभयारण्य के वन्य प्राणियों को जल प्रदान करता है। इस बांध से देवस्थानम् में पहुंचने वाले हजारों तीर्थयात्रियों को भी जल की आपूर्ति की जाती है।

अन्य नाम : इस अभयारण्य को 'श्री वेंकटेश्वर' के नाम से भी जाना जाता है।

वेट्टनगुडी

संरक्षित क्षेत्र : अभयारण्य
विस्तार : 01 वर्ग किलोमीटर
स्थिति : तमिलनाडु
समीपवर्ती नगर : रामनाथपुरम्
उत्तम भ्रमणकाल : वर्ष भर
पारिस्थितिकी : समुद्रतटीय
वन्य पशु-पक्षी : पक्षी।

वेट्टनगुडी अभयारण्य रामनाथपुरम् के समीपवर्ती समुद्र तट पर स्थित है। वेट्टनगुडी शिवगंगा जिले में स्थिात है। वेट्टनगुडी छोटा अभयारण्य होते हुये भी पक्षिजात की दृष्टि से महत्वपूर्ण है। यही कारण है कि इस अभयारण्य के विकास के लिये तमिलनाडु सरकार ने जहां नौ लाख रुपये (वर्ष 2004) स्वीकृत किये वहां रामनाथपुरम् जिले के तीन पक्षी अभयारण्यों चित्रांकुडी, कंजिरंकुलम एवं मेलासेल्वानूर के लिये छह लाख रुपये (वर्ष 2004) स्वीकृत किये।

वेदन थंगल

संरक्षित क्षेत्र : अभयारण्य
विस्तार : 2 वर्ग किलोमीटर
स्थिति : तमिलनाडु

समीपवर्ती नगर : मधुरान्तकम्
उत्तम भ्रमणकाल : वर्ष भर
पारिस्थितिकी : समुद्रतटीय
वन्य पशु–पक्षी : पक्षी।

वेदनथंगल संभवतः भारत का सबसे प्राचीन संरक्षित क्षेत्र है। वर्ष 1798 में समुद्र तट के किनारे स्थित एक छोटी झील के पक्षियों को कानून द्वारा संरक्षण देने की पहल की गई, जो आज भी कायम है। इस अभयारण्य के मध्य में एक झील है। इस झील के आसपास के वृक्षों में हजारों पक्षियों के घोंसले हैं। इनमें से अनेक पक्षियों की प्रजातियां प्रवासीय पक्षियों की हैं। वेदनथंगल अभयारण्य में पक्षियों की चहक आज भी पूर्ववत विद्यमान है, उसका कारण यदि कानूनी संरक्षण है तो साथ ही आसपास के ग्रामों के लोगों का पक्षियों के प्रति हुलार भी उतना ही बड़ा कारण है। समय बदलने पर भी वेदनथंगल के चारों ओर बसे 6 ग्रामों में औद्योगीकरण की आंच नहीं पहुंची और इन छह गांवों के निवासियों ने भी कभी भी धीमी प्रगति का रोना नहीं रोया। यहां तक कि इन 6 ग्रामों के ग्रामवासी पक्षियों से इतना जुड़े हैं कि वे अपने खेतों में कम–से–कम रासायनिक उर्वरकों का प्रयोग करते हैं क्योंकि वे चाहते हैं कि फसलों के कीड़ों का भोजन पक्षी ही करें।

वेदनथंगल अभयारण्य की 73.06 एकड़ भूमि को देखना अपने आप में एक बड़ा अनुभव है। सबसे बड़ी बात यहां के निवासियों का पक्षी प्रेम है जिसके कारण ही वर्षों से प्रवासी पक्षी लगातार यहां आ रहे हैं और न तो उनकी संख्या में कमी हुई है और न ही उनकी प्रजातियों में। कुछ लोगों का तो यह कहना है कि इस अभयारण्य में प्रवासी पक्षियों की संख्या में वृद्धि ही हुई है।

पक्षियों एवं यहां के ग्रामीणों का संबंध पीढ़ियों पुराना है। किंवदंती है कि अब से सवा दो सौ साल पहले जब यहां ईस्ट इंडिया कंपनी का शासन था तब कुछ अंग्रेज सैनिकों ने यहां पर आये कुछ सारस पक्षियों को अपनी बन्दूक की गोलियों का निशाना बना डाला, इस पर आसपास के सभी गांवों के लोग इकट्ठा हुये और उन्होंने जाकर कलेक्टर से इस कृत्य की शिकायत की। कलेक्टर ने ग्रामीणों की जायज शिकायत सुनी ओर एक आदेश निकालकर यहां सभी तरह के शिकार प्रतिबंधित कर दिये और इस तरह वेदनथंगल भारत का पहला कानून सम्मत अभयारण्य बन गया। ईस्ट इंडिया कंपनी ने इस पर सोच–विचार किया तथा वर्ष 1858 में कलेक्टर के आदेश को और अधिक प्रभावी बना दिया।

यहां के लोग अपनी भाषा में कहते हैं कि उन्हें इस बात का गर्व है कि सारी दुनिया के पक्षी उनके 'ओरु' (गांव) आते हैं, वे अन्यत्र जाने की कभी नहीं सोचते।

ग्रामीणों का यह भी कहना है कि प्रवासी पक्षियों से उन्हें अपरोक्ष रूप से आर्थिक फायदा भी हुआ है। इतने सारे पक्षी जब यहां आते हैं तो उनकी बीट आसपास के गांवों के खेतों में गिरकर प्राकृतिक उर्वरक का कार्य करती है। इस तरह खेती की उर्वरता बढ़ी है।

अभयारण्य में कट्यमपंडल नामक स्थान पर एक स्टाप डैम बनाया गया है ताकि पक्षियों को और ग्रामीणों को भी गर्मियों में पानी की कमी न हो सके।

अभयारण्य में एक सरोवर है जिसका नाम वेदनथंगल है, वस्तुतः इस सरोवर के नाम पर ही इस अभयारण्य का नामकरण हुआ था परन्तु यह सरोवर बहुत गहरा नहीं है और ग्रीष्म काल में इसमें जल की मात्रा बहुत कम हो जाती थी। इसी कमी की पूर्ति

ग्रामीणों ने एक नहर खोदकर की। यह नहर एक अपेक्षाकृत बड़े जलाशय वेल्यापुथूर से वेदनथंगल को जोड़ती है। जब से यह नहर बनी है तब से वेदनथंगल में पानी की कमी दूर हो गई है क्योंकि बड़े सरोवर से इस सरोवर तक जल पहुंचने लगा है।

पक्षियों को भोजन की कमी न हो इसके लिये अभयारण्य का प्रबंधन मुस्तैद है। वह प्रतिवर्ष 1 लाख मछलियां खरीदकर इस सरोवर में डालता है ताकि पक्षियों को भोजन की कमी न पड़े। इस अभयारण्य के चारों ओर सदैव ही वृक्षारोपण होता रहता है ताकि यहां आने वाले 26 कुटुम्बों के पक्षियों को अपने नीड़ बनाने में प्रतिस्पर्धा न करनी पड़े।

वेदनथंगल में जल की आपूर्ति ठीक बनी रहे इस पर वर्ष 2004 में छह लाख रुपये व्यय किये गये। यह धन मुख्यतः जलाशयों की नालियों को जोड़ने में खर्च किया गया। वेल्यापुडुर (वेल्यापुथूर) जलाशय वेदनथंगल से एक किलोमीटर की दूरी पर स्थित है। यदि वर्षाकाल में वर्षा अधिक हो जाती है तो वेल्यापुडूर में कुछ दूर स्थित मधागू जलाशय का अतिरिक्त जल भी प्रवाहित होकर इसमें भर जाता है। मधागू और वल्यापुडूर को जोड़ने वाली की सफाई करनी होती है ताकि जल इधर-उधर न फैले।

वेम्बानाड

यह अभयारण्य केरल में स्थित है, प्राणिजात प्रदेश के अन्य संरक्षित क्षेत्रों के समान।

वेनिटी द्वीप

अंडमान द्वीप समूह में स्थित इस अभयारण्य का विवरण 'अंडमान द्वीप समूह के संरक्षित क्षेत्र' में देखें ।

वेलानडु

दक्षिणी तमिलनाडु में स्थित अभयारण्य, पारिस्थितिकी प्रदेश के अन्य संरक्षित क्षेत्रों की भांति।

वेलावादर

संरक्षित क्षेत्र : राष्ट्रीय उद्यान
विस्तार : 34 वर्ग किलोमीटर
स्थिति : गुजरात (21°56'30" अक्षांश, 72°10' पूर्वी देशांश)
समीपवर्ती नगर : निकटस्थ रेलवे स्टेशन एवं हवाई पट्टी : भावनगर (64 कि.मी.); भावनगर बड़ोदरा से 5 1/2 घंटे की बस यात्रा द्वारा भी पहुंचा जा सकता है।
उत्तम भ्रमणकाल : नवंबर से अप्रैल
पारिस्थितिकी : शुष्क पर्णपाती झाड़ियों वाले वन, अर्धमरूस्थलीय वनस्पति

वन्य पशु–पक्षी : कृष्णमृग, पक्षी, सियार, लकड़बग्घा, भेड़िया।

वेलावादर 34 वर्ग किलोमीटर का एक छोटा संरक्षित क्षेत्र भले ही हो परन्तु पर्यटकों की दृष्टि से यह गुजरात के गिर राष्ट्रीय उद्यान के बाद दूसरा महत्वपूर्ण संरक्षित क्षेत्र है।

भारत की आजादी के पहले गुजरात के भाल इलाके का एक बड़ा भाग भावनगर रियासत के अधीनस्थ था। भाल के समतल मैदानों के कुछ भाग घास के चारागाहों के लिये उपयोग में लाये जाते थे और शेष भाग पड़ती भूमि के रूप में छोड़ दिये जाते थे। इस प्रकार की पड़ती भूमि के घास के मैदानों में सदा से कृष्णमृग पाये जाते थे। भावनगर रियासत का राज परिवार यहां कृष्णमृग का शिकार करता था, कभी–कभी यह शिकार पारम्परिक विधि या चीतों की सहायता से भी किया जाता था। जब देशी रियासतें खत्म हुईं तब अवैध शिकार में आशातीत वृद्धि हुई, कृष्णमृग का विस्तार क्षेत्र सिकुड़ने लगा। बचे हुये कृष्णमृगों का एक समूह राष्ट्रीय उद्यान के वर्तमान मुख्यालय वेलावादर के आसपास रह गया।

वेलावादर अपने आसपास के क्षेत्र से पूरी तौर से अलग प्रकार की दृश्यावली का क्षेत्र है। यह एक विशाल घास का मैदान है जिसमें जब हवा चलती है तो लगता है कि जैसे प्रकृति ने सुनहरी कालीन को धीरे से लहरा दिया हो। यह कृष्णमृगों के लिये एक शानदार पारिस्थितकी है। वेलावादर की एक अन्य विशेषता यहां के सफेद रंग के कृष्णमृग भी हैं।

वेलावादर के सुन्दर क्षेत्र में उतने ही सुन्दर कृष्णमृगों के झुंड देखे जा सकते हैं। कहीं पर यदि मादा कृष्णमृगों का पूरा समूह घूम रहा है तो पास ही नर कृष्णमृग अपनी गर्दन ऊपर किये हुये घूमते नजर आते हैं। वे अपनी विभिन्न मुद्राओं से मादाओं को आकर्षित करने का प्रयास कर रहे होते हैं। कृष्णमृगों के अतिरिक्त यहां पर नीलगाय और खरहे भी पाये जाते हैं।

शाम होते ही राष्ट्रीय उद्यान में सियारों की चिल्लाहट गूंजने लगती है, ये साधारण तौर पर शाम को अपने भोजन की तलाश में निकल जाते हैं पूरा दिन इनका आराम का समय रहता है। इस राष्ट्रीय उद्यान में सियारों की पसंदीदा आराम की जगह एक वृक्ष विशेष (प्रोसोपिस जूलीफ्लोरा) की छाया है। पिछले अनेक दशकों में इस वृक्ष की संख्या भी खूब बढ़ी है। सियार वन के अतिरिक्त आसपास के गांवों की सीमा तक पहुंचते रहते हैं जहां उन्हें शव या अन्य भोजन प्राप्त हो जाता है परन्तु यहां उन्हें राष्ट्रीय उद्यान की सीमा पर रहने वाले जंगली सुअर के झुंडों तथा देहाती कुत्तों से प्रतिस्पर्धा करनी पड़ जाती है।

वेलावादर अभयारण्य

वर्ष 1969 में 890 हेक्टर क्षेत्र में फैले वेलावादर की चराई भूमि में कृष्णगृग (एन्टलप सर्वीकेप्रा राजपुतानाये) की राजपूताना नस्ल के सरंक्षण हेतु एक अभयारण्य स्थापित किया गया। वर्ष 1997 में इसे और अधिक क्षेत्र में बढ़ाकर इसे राष्ट्रीय उद्यान का दर्जा दे दिया गया।

वेलावादर राष्ट्रीय उद्यान समुद्रतटीय कछारी मैदान में है। यह मैदान लगभग समतल है। यह समुद्र सतह से बहुत थोड़ी ऊंचाई पर है, यहां से खम्वात की खाड़ी केवल अठारह किलोमीटर की दूरी पर है।

वेलावादर की भूमि भूरे रंग की है तथा इसमें जलग्रहण करने की क्षमता काफी अधिक है। यह दोमट मिट्टी (क्लेयी लोयम) ही कही जा सकती है। इस मिट्टी में काफी कार्बनिक तत्व हैं जिसका कारण यहां वर्षों से कृष्णमृगों का होना है, उनकी मेंगनी या लेड़ी से मृदा में कार्बन तत्व पर्याप्त रूप से समाहित होता रहा है।

वेलावादर उष्णकटिबंधीय स्थल होने पर ग्रीष्मकाल में महाद्वीपीय भीषण गर्मी का अनुभव नहीं करता अर्थात् अप्रैल से जून तक जब अन्य पारा 40 से. से 50 से. तक छू रहा होता है तब वेलावादर में तापमान 30 से. से 32 से. तक ही बढ़ पाता है। इस अवधि में हल्की बारिश भी हो जाती है। मौसम की यह दशा निकटवर्ती समुद्री प्रभाव के कारण है। जुलाई से सितम्बर बारिश का मौसम होता है। जुलाई में औसत वर्षा 243 मि.मी. के लगभग होती है। शीतकाल में भी अर्थात जनवरी के माह में भी समुद्री प्रभाव के कारण यहां सम जलवायु देखी जाती है और यहां महाद्वीप में पड़ रही कड़ाके की ठंड का पूर्ण अभाव रहता है।

समुद्री तट के इस करीबी मैदानी भाग को सवाना या घास के मैदान की श्रेणी में रखा जा सकता है। मानसून आते ही पूरे क्षेत्र में ऊंची घास उग जाती हैं। इस तरह राष्ट्रीय उद्यान में 'वीडी' या घास के चारागाह हैं। सामान्य वर्षों में घास अक्टूबर में काटी जाती है परन्तु घास की कमी के वर्षों में घास के गट्ठर बाहर से लाये जाने की व्यवस्था की गई है। मानसून के महीनों में जब घास उगती है और दलदली क्षेत्र बढ़ जाता है तब यहां मवेशी और इंसान की आवाजाही कम हो जाती है।

पार्क के आसपास 6 गांव हैं जिनमें 3000 से अधिक व्यक्ति और लगभग इतने ही ढोर-ढंगर हैं। साधारण तौर पर मनुष्य की उपस्थिति वन्य प्राणियों के ह्रास का कारण होती है परन्तु यहां पर स्थिति एकदम विपरीत है। वेलावादर और अन्य ग्रामों के लोगों ने कृष्णमृग को शौकिया और अवैध शिकारियों तथा पेशेवर अवैध शिकारियों के कबीलों से जिनमें डफेर कबीले प्रमुख थे सुरक्षा प्रदान की। स्वाधीनता के बाद के काल से वर्ष 1969 में अभयारण्य के स्थापित होने की अवधि तक यहां के निवासियों ने ही इन कृष्णमृगों को शिकारियों से सफलतापूर्वक बचाये रखा। स्थानीय लोग उस अवैध शिकार को अवश्य नहीं रोक पाये जो मोटर वाहनों में बैठकर बंदूकों से किया जाता रहा। ऐसे लोग कृष्णमृग को घायल कर भाग जाते। सीमित साधन वाली गरीब जनता इन सम्पन्न लोगों का सीमित प्रतिरोध कर पाती, फिर भी जनसामान्य का वन्यप्राणी सुरक्षा में सक्रिय योगदान का वेलावादर एक उत्तम उदाहरण है।

वैली आफ फ्लावर्स

संरक्षित क्षेत्र : राष्ट्रीय उद्यान
विस्तार : 88 वर्ग किलोमीटर
स्थिति : उत्तरांचल (30° 44' उत्तर, 79° 36' पू.)
समीपवर्ती नगर : जोशी मठ
उत्तम भ्रमणकाल : मई से अक्टूबर
पारिस्थितिकी : उच्च अक्षांशीय वन, सूचिपर्ण वन, उच्च पर्वतीय घास के मैदान

वन्य पशु–पक्षी : वृक्ष, पुष्प, तहार, हिम मुर्गे, पक्षी।

उत्तरांचल के चमोली जिले के गढ़वाल हिमालय की जांस्कर पर्वतमाला में घांगरिया से कुछ ऊपर 'वैली आफ फ्लावर्स' फ्लो की घाटी या 'पुष्पावती' संरक्षित क्षेत्र स्थित है। घांगरिया की म्युंडर गंगा की निचली प्रवाह प्रणाली है जो पुष्पावती नदी का जल ग्रहण क्षेत्र है। इस संरक्षित क्षेत्र में पूर्वोत्तर से पश्चिमोत्तर दिशा में फैला 7 किलोमीटर लंबा और 2 किलोमीटर चौड़ा हिम गलियारा है जिसका स्रोत गौरी पर्वत से उतरती टिप्रा हिमानी है। इस गलियारे के किनारे 2000 मीटर ऊंची घाटी की दीवारनुमा पर्वतीय शृंखला है।

सिखों का पवित्र हेमकुण्ड साहब घांगरिया से लगभग 6 किलोमीटर की दूरी पर 4650 मीटर की ऊंचाई पर है। इस क्षेत्र को घेरने वाले ऊंचे पर्वत 'अल्पाइन वनस्पति' की उत्पत्ति के लिये सबसे उपयुक्त स्थान है। इनमें ब्रह्मकमल (साउसुरी ओब्मलाटा) और ब्लू पापी (मेकोनोप्सिस एक्यूलीटा) सबसे सुन्दर पुष्पों में से हैं जो हिमालय पर्वत की 4500 मीटर ऊंचाई पर खिलते हैं।

वैली आफ फ्लावर्स राष्ट्रीय उद्यान हिमालय पर्वत पर 3,350 मी. से 6719 मी. तक की ऊंचाई में फैला है। इस अभयारण्य की अपनी 'माइक्रो क्लाइमेट' या 'सूक्ष्म जलवायु' है।

ऊपरी म्युंडर घाटी को तब अंतर्राष्ट्रीय मान्यता मिली जब वर्ष 1931 में कामेट पर्वत के खोजीदल के सदस्य फ्रेंक स्माइथ ने इसे पहली बार खोजा और फिर वर्ष 1937 में उसने एक बृहत् हर्बेरियम एकत्रित किया।

पुष्पावती राष्ट्रीय उद्यान

फ्रेंक स्माइथ की खोज के बाद वैली आफ फ्लावर्स में प्रतिवर्ष जाने वाले यात्रियों की बाढ़ आ गई और 45 वर्ष बाद इसे रोकने का उपक्रम किया गया। वर्ष 1982 में गहरी घाटी के मुहाने पर घांगरिया के निकट अनियंत्रित यात्रियों की आवाजाही को तथा पशुचारण को पूरी तौर से प्रतिबंधित कर दिया गया। जहां तक राष्ट्रीय उद्यान का संबंध है वह सभी प्रकार के प्रदूषण से मुक्त है परंतु राष्ट्रीय उद्यान की सीमा पर हेमकुंड साहिब की ओर जाने वाले यात्रियों की भारी भीड़ उपस्थित होती है जहां पर अनेक चाय के टपरे और होटल हैं जिनमें सदैव ही जंगली लकड़ी जलाई जाती रहती है। इसी तरह बड़ी संख्या में लोगों के पहुंचने पर बाहरी क्षेत्र से अवांछनीय वनस्पति यहां पहुंच रही है जिसे यदि उचित ढंग से नहीं रोका गया तो वह संरक्षित क्षेत्र की बेशकीमती वनस्पति को नुकसान पहुंचा सकती है।

प्रदूषण की सबसे बड़ी संभावना यहां पर निकट भविष्य में होने वाले विकास कार्यों से भी है। संरक्षित क्षेत्र के समीप ही 500 गिलियन रुपयों की लागत से गोविन्द घाट में 500 व्यक्तियों और उनके वाहनों के रुकने के लिये होटल और पार्किंग की व्यवस्था पर कार्य हो रहा हो यदि यह होता है तो घाटी की माइक्रोक्लाइमेट पर इसका विपरीत असर होगा।

पुष्पावती राष्ट्रीय उद्यान में विश्वप्रसिद्ध अनेक सुन्दर पुष्प पाये जाते हैं पर साथ ही कुछ हिमालयी छोटे वन्य जीव भी पाये जाते हैं जिनमें मारमट, स्किंक तथा पक्षी उल्लेखनीय हैं।

वैली आफ फ्लावर्स बोयोस्फियर रिजर्व

वैली आफ फ्लावर्स बोयोस्फियर रिजर्व बनने के पश्चात इसके क्षेत्रफल में वृद्धि हो गई है और अब बायोस्फियर रिजर्व का क्षेत्रफल 3942 वर्ग किलोमीटर है।

वेस्ट द्वीप

अंडमान द्वीप समूह में स्थित इस अभयारण्य का विवरण 'अंडमान द्वीप समूह के संरक्षित क्षेत्र' में देखें।

श

श्री विल्लीपुथूर

यह अभयारण्य तमिलनाडु में स्थित है, प्राणिजात प्रदेश के अन्य संरक्षित क्षेत्रों के समान।

श्री वेंकटेश्वर

आंध्र प्रदेश में स्थित, 507 वर्ग किलोमीटर विस्तार वाले इस अभयारण्य को 'वेंकटेश्वर' अभयारण्य के नाम से भी जाना जाता है।

देखिये : वेंकटेश्वर।

शारावती

संरक्षित क्षेत्र : अभयारण्य
विस्तार : 431 वर्ग किलोमीटर
स्थिति : कर्नाटक
समीपवर्ती नगर : कागल (1 कि.मी.)
उत्तम भ्रमणकाल : नवंबर से मार्च
पारिस्थितिकी : अयनमंडलीय आर्द्र सदाबहार एवं पर्णपाती वन
वन्य पशु–पक्षी : रीछ, चीतल, सांभर, पक्षी।

शारावती अभयारण्य की स्थापना वर्ष 1974 में हुई थी। अभयारण्य पश्चिमी घाट पर्वत में स्थित है। पर्याप्त वर्षा होने के कारण वन्य पशुओं की संख्या काफी है।

पश्चिमी घाट पर्वत उत्तर से दक्षिण की ओर एक बृहद् भाग में फैले हुये हैं। इस संपूर्ण लम्बाई में प्राणिजात की विविधता देखने को मिलती है। शारावती अभयारण्य पश्चिमी घाट के 'कनारा' क्षेत्र के प्राणिजात की सुरक्षा के लिये स्थापित किया गया है। कनारा क्षेत्र में कुल पांच संरक्षित क्षेत्र हैं जिनमें यह दूसरा सबसे बड़ा संरक्षित क्षेत्र है।

कनारा पश्चिम घाट का महत्वपूर्ण क्षेत्र है, यहां पर स्थित पांच संरक्षित क्षेत्रों में शारावती तथा मूकाम्बिका एक–दूसरे के काफी निकट हैं। इन दोनों संरक्षित क्षेत्रों की सीमा पर पश्चिमी घाट के 'डिप्टेरोकार्प' सदाबहार वन हैं। कनारा क्षेत्र का यह अभयारण्य आर्द्रवनों की वनस्पति वाला है।

शिकारी देवी

संरक्षित क्षेत्र : अभयारण्य
विस्तार : 213.5 वर्ग किलोमीटर
स्थिति : हिमाचल प्रदेश
समीपवर्ती नगर : कुल्लू
उत्तम भ्रमणकाल : अप्रैल से जून तथा सितंबर से नवंबर
पारिस्थितिकी : हिमालय के पर्वतीय वन
वन्य पशु–पक्षी : हिमालयी रीछ, गोरल, पक्षी।

शिकारी देवी अभयारण्य की स्थापना मंडी जिले में वर्ष 1974 में हुई थी। यह अभयारण्य मंडी जिले में स्थित है। इस अभयारण्य में काफी वर्षा होती है। यहां पर अनेक प्रजातियों के पक्षी पाये जाते हैं। शिकारी देवी अभयारण्य की स्थापना 'ग्रेट हिमालय' के प्राणिजात के संरक्षण के लिये की गई है। 'ग्रेट हिमालय' क्षेत्र में 13 संरक्षित क्षेत्र हैं। शिकारी देवी इस क्षेत्र का दूसरा सबसे बड़ा संरक्षित क्षेत्र है।

शिल्ली

संरक्षित क्षेत्र : अभयारण्य
विस्तार : 20 वर्ग किलोमीटर
स्थिति : हिमाचल प्रदेश, जिला : सोलन
समीपवर्ती नगर : सोलन
उत्तम भ्रमणकाल : अप्रैल से जून
पारिस्थितिकी : उच्च अक्षांशीय वन तथा आर्द्र अयनमंडलीय वन
वन्य पशु–पक्षी : खालिज फीजेन्ट, जंगली मुर्गे तथा छोटे जंगली पशु।

हिमालयी पर्वत एक विशाल क्षेत्र में फैले हुये हैं अतः इस पर्वत के अलग–अलग क्षेत्रों में पर्यावरण संबंधी पर्याप्त भिन्नता पाई जाती है। इसका संरक्षण अलग क्षेत्रों में संरक्षित क्षेत्रों की स्थापना कर किया गया है। शिल्ली अभयारण्य 'पश्चिम हिमालय' के प्राणिजात की रक्षा के लिये स्थापित किया गया है। पश्चिम हिमालय में कुछ एक दर्जन संरक्षित क्षेत्र हैं, जिनमें शिल्ली सबसे छोटा संरक्षित क्षेत्र है।

शिमला केचमेंट

संरक्षित क्षेत्र : अभयारण्य
विस्तार : 105 वर्ग किलोमीटर
स्थिति : हिमाचल प्रदेश, जिला : शिमला
समीपवर्ती नगर : शिमला
उत्तम भ्रमणकाल : अप्रैल से जून

पारिस्थितिकी : उच्च अक्षांशीय वन तथा आर्द्र अयनमंडलीय वन

वन्य पशु–पक्षी : परिचमी हिमालय में स्थित इस अभ्यारण्य में उच्च अक्षांशों की पर्वतीय वनस्पति पाई जाती है।

जंगली मुर्गे, चीर फीजेन्ट जैसे पक्षी यहां काफी संख्या में देखे जाते हैं। शिमला नगर की जल आपूर्ति क्षेत्र को अभयारण्य घोषित कर दिया गया है। इस अभ्यारण्य का विस्तार भारत तिब्बत रोड तक है। इस अभयारण्य में सूचिपर्ण, समशीतोषण जलवायु के चौड़ी पत्ती वाले वन मिलते हैं।

शिमला केचमेंट अभयारण्य में पर्वतीय मोर (माउन्टेन पीकाक) देखे जा सकते हैं, इन्हें मोनल के नाम से जाना जाता है। मोनल हिमालय में पाया जाने वाला सुन्दर पक्षी है। शिमला केचमेंट में पाया जाने वाला मोनल (लोफोफोरस इम्पीजेनस) हिमालय मोनल कहलाता है। मोनल की अन्य प्रजातियां असम एवं अरुणाचल में पायी जाती हैं।

शिवपुर

संरक्षित क्षेत्र : अभयारण्य
विस्तार : 81 वर्ग किलोमीटर
स्थिति : महाराष्ट्र
समीपवर्ती नगर : शिवपुर
उत्तम भ्रमणकाल : अक्टूबर से मार्च
पारिस्थितिकी : अयनमंडलीय पर्णपाती वन
वन्य पशु–पक्षी : तेंदुआ, चीतल, सांभर, पक्षी, बड़ी गिलहरी।

शिवपुर अभयारण्य महाराष्ट्र में परिचमी घाट पर्वतों की तलहटी पर स्थित है। शिवपुर अभयारण्य में महाराष्ट्र के प्रतीक पशु बड़ी गिलहरी (जाइन्ट स्क्विरल) को देख पाना सहज है। शिवपुरी अभयारण्य की स्थापना मुख्यतः मध्यवर्ती दकन के पठार के प्राणिजात के संरक्षण के लिये की गई है।

शूलपाणेश्वर

संरक्षित क्षेत्र : अभयारण्य
विस्तार : 607 वर्ग किलोमीटर
स्थिति : गुजरात
समीपवर्ती नगर : भरुच
उत्तम भ्रमणकाल : अक्टूबर से मार्च
पारिस्थितिकी : आर्द्र अयनमंडलीय पर्णपाती वन
वन्य पशु–पक्षी : रीछ, चिंकारा, सांभर, पक्षी।

शूलपाणेश्वर अभयारण्य गुजरात के भरुच जिले के राजपीपला वन मंडल में स्थित है। वर्ष 1970 में पक्षी विज्ञानियों ने यह पाया कि यह क्षेत्र पक्षिजात की दृष्टि से अत्यंत

समृद्ध है और तभी यह क्षेत्र एक अभयारण्य घोषित कर दिया गया। उस समय इन वनों में बड़ी मात्रा में रीछ पाये जाते थे अतः इस अभयारण्य का नाम 'दुमकल स्लाथ बियर सेंक्चुअरी' रखा गया। कालान्तर में इसी क्षेत्र में नर्मदा पर बांध बना और नर्मदा के बांध से उत्पन्न सरदार सरोवर के कारण इस अभयारण्य का बहुत सा भाग जलमग्न हो गया। इस अभयारण्य का तब क्षेत्रफल 15000 हेक्टेयर हुआ करता था। परन्तु जैसा कि लिखा जा चुका है पक्षी विज्ञानियों ने इस संपूर्ण क्षेत्र को अत्यंत महत्वपूर्ण माना था अतः इस अभयारण्य को और अधिक विस्तृत करने की योजना बनाई गई और 1989 में पुराने दुमकल अभयारण्य का नया नामकरण कर दिया गया। अब यह अभयारण्य शूलपाणेश्वर अभयारण्य हो गया। इसका क्षेत्रफल भी बढ़ाकर 60000 हेक्टेयर कर दिया गया। शूलपाणेश्वर अभयारण्य का प्राणि-भौगोलिक महत्व बहुत अधिक है क्योंकि यह अभयारण्य पश्चिमी घाट के उत्तरी शीर्ष पर तथा सतपुड़ा पर्वत के पश्चिमांत पर स्थित है। यहां पर कुछ वे पक्षी भी पाये जाते हैं जो उत्तर-पूर्वी भारतीय प्रदेशों में पाये जाते हैं। उनका यहां पाया जाना आश्चर्यजनक है। इस अभयारण्य में वर्षा 1500 मि.मी. से 2000 कि.मी. तक होती है। अतः यहां की वनस्पति पर्याप्त सघन है।

संकट : इस अभयारण्य का प्रमुख संकट इस अभयारण्य के भीतर रह रही जनजातीय जनसंख्या है जो 40000 के लगभग है। इसे स्थानान्तरित करने के प्रयासों में राजनीति प्रवेश कर चुकी है।

शेट्टिहाल्लि

संरक्षित क्षेत्र : अभयारण्य
विस्तार : 396 वर्ग किलोमीटर
स्थिति : कर्नाटक
समीपवर्ती नगर : शिमोगा (5 कि.मी.)
उत्तम भ्रमणकाल : अक्टूबर से मार्च
पारिस्थितिकी : आर्द्र अयनमंडलीय पतझड़ वाले वन
वन्य पशु-पक्षी : तेंदुआ, चीतल, रीछ, पक्षी।

शेरगढ़

संरक्षित क्षेत्र : अभयारण्य
विस्तार : 104 वर्ग किलोमीटर
स्थिति : राजस्थान
उत्तम भ्रमणकाल : अक्टूबर से मार्च
पारिस्थितिकी : शुष्क पतझड़ वाले वन
वन्य पशु-पक्षी : तेंदुआ, चीतल, पक्षी।

शेरगढ़ अभयारण्य राजस्थान-मध्य प्रदेश सीमा पर मालवा के पठार पर स्थित है।

शेरम द्वीप

अंडमान द्वीप समूह में स्थित इस अभयारण्य का विवरण 'अंडमान द्वीप समूह के संरक्षित क्षेत्र' में देखें।

शंकराचार्य हिल

शंकराचार्य हिल अभयारण्य जम्मू काश्मीर में श्रीनगर में डल झील के किनारे स्थित है। इस अभयारण्य का उद्देश्य डल झील के किनारे के नष्टप्राय वनों को पुनर्जीवन देना था अतः अभयारण्य की घोषणा के उपरांत यहां पर वानिकी का बड़े स्तर पर कार्य किया गया जिसमें पौधों को लगाने के अतिरिक्त वृक्षों की देखभाल पर भी ध्यान दिया गया। यहां पर देवदार, सिल्वर ओक, वालनट इत्यादि के वृक्ष हैं। इस अभयारण्य में कुछ वन्य प्राणियों को भी लाकर रखा गया है।

स

स्पाइक द्वीप

स्वेम्प द्वीप

अंडमान द्वीप समूह में स्थित उपरोक्त अभयारण्यों का विवरण 'अंडमान द्वीप समूह के संरक्षित क्षेत्र' में देखें।

सजनाखली

संरक्षित क्षेत्र : अभयारण्य
विस्तार : 362 वर्ग किलोमीटर
स्थिति : पश्चिम बंगाल
समीपवर्ती नगर : गसाबा (20 कि.मी.), निकटवर्ती रेलवे स्टेशन : कैनिंग (76 कि.मी.), निकटतम हवाई पट्टी : कलकत्ता (136 कि.मी.)
उत्तम भ्रमणकाल : नवंबर से फरवरी
पारिस्थितिकी : मैनग्रूव वन, समुद्रतटीय वन, मौसमी स्टेम्प वन।
वन्य पशु–पक्षी : यह प्रमुख रूप से वन्य प्राणियों के संरक्षण के लिये विख्यात है किंतु यहां तटीय क्षेत्रों के अनेक जानवर यथा पनकुत्ते तथा जंगली मछलीमार बिल्लियां भी देखी जा सकती हैं।

सजनाखली अभयारण्य की जैविक विविधता

सजनाखली अभयारण्य वृहत्तर बायोरिजर्व का ही एक भाग है। इस अभयारण्य की मुख्य विशेषता यहां के पक्षी हैं। अभयारण्य का लगभग 1 वर्ग किलोमीटर क्षेत्र एक मिश्रित हिरोनरी के रूप में जाना जाता है जहां प्रति वर्ष जून से लेकर सितम्बर के महीनों में अनेक पक्षी प्रजनन के लिये एकत्रित होते हैं। इन प्रवासी पक्षियों में सबसे प्रमुख पक्षी 'ओपन बिल्ड स्टार्क' है। यहां आने वाले सभी पक्षियों की तुलना में इस अकेले पक्षी की संख्या आधी होती है। जो अन्य अनेक पक्षी यहां आते हैं उनमें लिटिल कोमोरेन्ट, बड़े बगुले, छोटे बगुले, पर्पल हीरोन, नाइट हिरोन, काले गले के सारस तथा हंसों की कुछ प्रजातियां प्रमुख हैं।

इन मैनग्रूव वनों में अनेक प्रकार के सर्पों की प्रजातियां भी पाई जाती हैं जिनमें

उल्लेखनीय भारतीय ब्रांजबेक सर्प, वुल्फ सर्प तथा हरे रंग का व्हिप सर्प हैं। सर्पों की तरह इस अभयारण्य में अनेक प्रकार की छिपकलियां या गोधिकायें भी पाई जाती हैं जिनमें जलीय गोधिका (वाटर मानिटर) उल्लेखनीय है। अभयारण्य में सर्पों और गोधिकाओं का बाहुल्य आकस्मिक संयोगवश नहीं है। इसका कारण इस क्षेत्र में हजारों की तादाद में आने वाले प्रवासी पक्षी भी हैं जिनके प्रजनन काल में सरीसृपों को छोटे चूजे और अण्डे बहुतायत से भोजन के लिये मिल जाते हैं। दूसरा बड़ा कारण यहां की पारिस्थितिकी है। यहां की नम जलवायु एवं पंकिल भूमि सरीसृपों के जीवन के लिये आदर्श निवास स्थान प्रदान करती है। जब प्रवासी पक्षी नहीं भी होते तब भी इस अभयारण्य में निवासी पक्षियों की कमी नहीं रहती साथ ही यहां पर अनेक प्रकार के मेंढक या भेक पाये जाते हैं। अभयारण्य में पाये जाने वाले वृक्ष भेक या ट्री फ्राग (रेकोफोरस मैक्यूलेटस) को वृक्षों पर घूमते हुये देखना एक अविस्मरणीय दृश्य होता है। इसी तरह के कुछ अन्य जीव जन्तु जिन्हें साधारणतः अन्यत्र भूमि पर ही भ्रमण करते हुये देखा जा सकता है यहां पर वे पेड़ों पर चलते हुये देखे जा सकते हैं। एक विशिष्ट प्रजाति का केंकड़ा (सेसरमा) जो कि वृक्षों में भी चढ़ जाता है यहां पाया जाता है। ऐसा समझा जाता है कि ये केंकड़े ज्वार के पानी से बचने के लिये वृक्षों में शरण ले लेते हैं, परन्तु ज्वार के उतरते ही ये पुनः अपने पंकिल क्षेत्र में वापस आ जाते हैं। सजनाखली में मडस्किपर्स भी पाई जाती हैं। ये भी भूमि में या पंक में रहने वाले मत्स्य वर्ग की प्राणी हैं परन्तु इन्हें भी कूदते हुये वृक्षों के तनों तक पहुंचते हुये देखा जा सकता है। प्रकृति का यह आश्चर्य जिसमें भूमि या पंक में रहने वाले प्राणी वृक्षों में शरण लेने के लिये वृक्षों में चढ़ जाते हैं देखने के लिये सजनाखली एक उत्तम अभयारण्य है।

1. **हिरोनरी** : बगुलों, सारसों, बत्तखों तथा हंसों में से किसी एक प्रजाति या अनेक प्रजातियों के पक्षियों के एकत्रित होने का वह स्थान जहां वे बच्चे पैदा करने के लिये एकत्रित होकर घोंसले बनाते हैं। हिरोनरी में हजारों की तादाद में एक या एक से अधिक प्रजाति के पक्षी एक साथ देखे जा सकते हैं।

2. **मैनग्रूव वन** : देखें सुन्दर वन।

3. **मडस्किपर्स** : ये खारे पानी की मछलियां हैं जो सागरतटीय क्षेत्र की झाड़ियों वाले इलाकों की पंकयुक्त भूमि में निवास करती हैं। इन मछलियों में 2 फीट दूर तक कूद जाने की क्षमता होती है। ये मछलियां आर्द्र क्षेत्रों में ही जीवित रह सकती हैं। ये 'गोबाइडी' कुटुम्ब की सदस्य हैं।

सजनाखली पर्यटक केन्द्र : सजनाखली एक पर्यटक केन्द्र के रूप में विकसित हो चुका है। प्राकृतिक सौंदर्य की दृष्टि से सोनाखली पहुंचकर नाव द्वारा सजनाखली पहुंचना बेहतर है। गढ़वाली से गसाबा (11 कि.मी.) पहुंचकर पखिरालय पहुंचा जा सकता है जहां से जल धारा पार करने पर सजनाखली पहुंच सकते हैं। सजनाखली में रुकने के लिये एक टूरिस्ट लॉज है।

सतकोसिया

संरक्षित क्षेत्र : अभयारण्य/राष्ट्रीय उद्यान/टाइगर रिजर्व
विस्तार : 796 वर्ग किलोमीटर

स्थिति : उड़ीसा
समीपवर्ती नगर : अंगुल (58 कि.मी.), **निकटवर्ती हवाई अड्डा** : भुवनेश्वर (230 कि.मी.)
उत्तम भ्रमणकाल : नवंबर से अप्रैल
पारिस्थितिकी : नदी की गहरी घाटी, नदी किनारे के वन, मिश्रित पर्णपाती वन
वन्य पशु–पक्षी : हाथी, शेर, तेंदुआ, हरिण तथा अन्य नदी किनारे के वनों एवं जल के वन्य पशु, पक्षी।

सतकोसिया गार्ज या सतकोसिया घाटी प्रायद्वीपीय भारत की बंगाल की खाड़ी में गिरने वाली प्रमुख नदी महानदी की एक गहरी घाटी है जो कि नदी पूर्वी घाट पर्वतों को काटकर अपना रास्ता बनाते समय बनाती है। सतकोसिया का शाब्दिक अर्थ सात कोस होता है। सात कोस की लम्बाई आधुनिक मापों की इकाई में 14 मील या कि 22.5 किलोमीटर होती है। इस अभयारण्य का नाम इसी घाटी के ऊपर रखा गया है।

सतकोसिया घाटी टाइगर रिजर्व का प्राणि–भौगोलिक महत्त्व

महानदी छत्तीसगढ़ प्रदेश से बहती हुई उड़ीसा में प्रवेश करती है और उड़ीसा में बंगाल समुद्र में मिलने के पूर्व उसे पूर्वी घाट पर्वतों को पार करना होता है। सतकोसिया घाटी इसी जगह एक अद्वितीय दृश्य का निर्माण करती है। महानदी पूर्वीघाट तक पहुंचते हुये एक विशाल शक्तिशाली नदी के रूप में दिखलाई देती है। यह नदी पूर्वी घाट पर्वतों को अपरदित करते समय 22.5 कि.मी. लम्बी, 200 मीटर चौड़ी और 40 मीटर गहरी घाटी का निर्माण करती है। इस तरह इसी सतकोसिया घाटी के दोनों ओर फैले हुये वनों को संरक्षित कर इस अभयारण्य की वर्ष 1976 में स्थापना की गई।

सतकोसिया घाटी टाइगर रिजर्व का प्राणि–भौगोलिक महत्व बहुत अधिक है। यह संरक्षित क्षेत्र भारत की दो प्राणि–भौगोलिक क्षेत्रों की इकाइयों के मिलन स्थल पर स्थित है। ये प्राणि–भौगोलिक इकाइयां 'छोटा नागपुर पठार' और 'पूर्वी घाट' हैं। विशाल जल राशि और नदी की उपजाऊ कांप की जमावट ने जहां यहां की वनस्पति को समृद्धि प्रदान की है वहां यहां के प्राणिजात की विविधता को बढ़ाने में भी उसकी भूमिका रही है। सतकोसिया घाटी अभयारण्य में 400 प्रजातियों की वनस्पति, 38 प्रजातियों के स्तनपोषी जन्तु, 128 प्रजातियों के पक्षी, 183 प्रजातियों के मत्स्य, 27 प्रकार के सरीसृप और 4 प्रकार के भेक पाये जाते हैं।

सतकोसिया घाटी टाइगर रिजर्व का विस्तार सतकोसिया घाटी के दोनों ओर अर्थात् उत्तर और दक्षिण की ओर है। उत्तरी वन क्षेत्र का विस्तार दक्षिणी क्षेत्र की तुलना में दो गुने सी भी कुछ अधिक है। दक्षिणी क्षेत्र में इस टाइगर रिजर्व से लगा हुआ क्षेत्र एक अन्य संरक्षित क्षेत्र बैसीपल्ली अभयारण्य का है। यहां यह उल्लेखनीय है कि जबकि भारत के मैदानी जंगलों का लगभग सफाया हो चुका है तब सतकोसिया और बैसीपल्ली के मांझीपारा, कटरंगा और छुटकी जैसे वनों को देख पाना एक अनुभव ही कहा जायेगा। ये सभी वन पक्षियों के कलरव से गूंजते रहते हैं।

सतकोसिया घाटी टाइगर रिजर्व के इसी दक्षिणी इलाके में इस अभयारण्य के वन्य हाथी निवास करते हैं। ये हाथी वर्ष में एक बार अपनी प्रवासी यात्रा में महानदी को पार करते हैं। इन हाथियों को बाघमूंडा, कटरंगा, रामगांव और रायगोडा में देखा जा सकता है। यद्यपि हाथियों की सही संख्या का अंदाज लगाना संभव नहीं है फिर भी क्षेत्रीय

अधिकारियों का मानना है कि इस अभयारण्य में 150 हाथी (2004 ई.) से कम निवास नहीं करते। वर्तमान समय में यह निश्चित रूप से कहा जा सकता है कि इस समय यहां के हाथियों पर भोजन-पानी का कोई संकट नहीं है।

वर्ष 2002 में एक आकलन के अनुसार यहां शेरों की संख्या 11 थी जो दो वर्ष में बढ़कर 2004 में 18 बतलाई गई। शेर महानदी घाटी के दोनों ओर के जंगलों में पाये जाते हैं। घाटी के उत्तरी वनों में अभी भी शेर पाये जाते हैं। उत्तरी भाग में लवंगी रेंज वन्य पशुओं का प्रिय निवास क्षेत्र है। यहां पर सांभर, कक्कड़, चीतल, वनमार्जार और इक्के-दुक्के तेंदुये पाये जाते हैं।

सतकोसिया घाटी अभयारण्य के वामन हाथी

इन सघन वनों में पुराने समय से निवास करने वाले कोंध आदिवासी हैं, जिनके पास बाघों से संबंधित कहानियों का खजाना है। इन्हीं आदिवासियों का मानना है कि सतकोसिया के वन क्षेत्र में भारतीय हाथियों की एक वामन जाति या प्रजाति भी पाई जाती है। इसे हाथी की अपनी पूर्ण वयस्कावस्था में भी ऊंचाई वन्य गौर से थोड़ी सी अधिक होती है। जीवविज्ञानी इस बात की खोज कर रहे हैं कि ये वामन हाथी अलग प्रजाति के हैं अथवा जीन संबंधी कारणों से इनकी ऊंचाई सीमित है। वर्तमान में एशियाई हाथी की एक ऐसी ही वामन प्रजाति को श्रीलंका और बोर्नियो में खोजा गया है। उड़िया भाषा में इसे गुन्ठुनी हाथी कहा जाता है, कुछ इसे 'कैन' के नाम से भी संबोधित करते हैं। इन हाथियों को टिकरपारा पर्वत श्रेणी के झनझना नाले क्षेत्र में देखा गया है।

इन वामन हाथियों के व्यवहार के संबंध में कहा जाता है कि ये सामान्य हाथियों की तुलना में अधिक आक्रामक देखे गये हैं, इनके समूह भी छोटे होते हैं। एक हस्ति समूह में 5 से 10 हाथी होना बड़ी संख्या माना जाता है जिसमें वयस्क मादायें, किशोर वय के हाथी एवं बच्चे सभी शामिल होते हैं।

यहां पर यह लिखना आवश्यक है कि वैज्ञानिक साहित्य के अनुसार वर्तमान काल में हाथियों की दो स्पीसीज (जातियां) ही मानी जाती हैं, दोनों दो अलग वंशों (जीनस) के प्राणी हैं। ये हाथी क्रमशः भारतीय हाथी (एलीफस मैक्सिमस) तथा अफ्रीकी हाथी (लोक्जोडोन्टा अफ्रिकाना) हैं। अफ्रीका में एक तीसरी जाति (लोक्जोडोन्टा साइक्लोरिस) को खोज निकालने के दावे किये गये थे, वे गैर-वैज्ञानिक साबित हुये। केवल ऊंचाई, रंग या आकृति की साधारण भिन्नता से किसी भी जीव को अलग स्पीसीज (जाति) का नहीं माना जाता।

अभयारण्य में मानव अधिवास : सतकोसिया घाटी अभयारण्य में 3 वनग्राम और 53 राजस्व ग्राम हैं इनकी सम्मिलित जनसंख्या 22, 869 है साथ ही इन ग्रामों में ढोरों की संख्या 24,000 है। केवल 5 किलोमीटर की दूरी पर 104 ग्राम और भी बसे हैं। संतोष की बात यही कही जा सकती है इनमें से एक बड़े गांव रायगोड़ा के निवासी पुनर्वास के लिये तैयार हैं। इस अभयारण्य में लकड़ी की अवैध कटाई के भी अनेक प्रकरण सामने आये हैं, साथ ही अवैध शिकार के भी। 1996 से 2004 तक की अवधि में 20 वयस्क हाथियों के मारे जाने की सूचना है। इन सभी को सुरक्षा के कड़े कदम उठाकर ही रोका जा सकता है।

सतपुड़ा

संरक्षित क्षेत्र : बायोस्फियर रिजर्व
विस्तार : लगभग 1200 किलोमीटर
स्थिति : उत्तरी प्रायद्वीपीय भारत, नर्मदा नदी की संपूर्ण लंबाई में दक्षिण तट पर
पारिस्थितिकी : अयनमंडलीय पर्णपाती वन
वन्य पशु–पक्षी : उत्तरी प्रायद्वीपीय भारत का प्राणिजात।

भारत के मध्य में नर्मदा नदी के दक्षिणी तट पर इस नदी की लगभग संपूर्ण पूर्व से पश्चिम की ओर की लम्बाई में सतपुड़ा पर्वत श्रेणी का विस्तार है। सतपुड़ा को यदि विश्व का सबसे बड़ा सतत बाघ पारिस्थितिकी का क्षेत्र कहा जाय तो अतिशयोक्ति न होगी। सतपुड़ा पर्वत ही वह विशाल पर्वतीय क्षेत्र है जो सघन वनों से आज भी परिपूर्ण है और जिसमें आज भी शेर तथा अनेक वन्य प्राणी स्वच्छंदता से घूम रहे हैं। निश्चत ही यही वह पर्वतमाला है जिसमें बाघ 21वीं सदी में भी अपने प्राकृतिक परिवेश में जीवित रह सकता है। सतपुड़ा जिन अन्य विलुप्ति की आशंका वाली प्रजातियों का शरणस्थल है वे हैं जंगली स्पाटेड उलूक, पनकुत्ते, पेंगोलिन, मूषक मृग और चिंकारा। सतपुड़ा का विशाल वन क्षेत्र तथा प्रशस्त घास के मैदानों का अस्तित्व इस पर्वत श्रेणी से निकलने वाली नदियों वर्धा, तापी, पूर्णा, देनवा तथा तवा के जल पर निर्भर है। ये सभी नदियां नर्मदा में जाकर मिलती हैं।

यदि संपूर्ण सतपुड़ा पर दृष्टिपात करें तो हम पाते हैं कि यहां पर 14 संरक्षित क्षेत्र हैं जो कि लगभग 6500 वर्ग किलोमीटर के क्षेत्र को घेरे हुये हैं। महाराष्ट्र के प्रसिद्ध मेलघाट और पेंच टाइगर रिजर्व तथा मध्य प्रदेश के पेंच तथा कान्हा टाइगर रिजर्व इस विशाल पर्वत श्रृंखला में स्थित हैं।

सज्जनगढ़

दक्षिण राजस्थान स्थित अभयारण्य, पारिस्थितिकी प्रदेश के अन्य संरक्षित क्षेत्रों की भांति।

सथानूर फासिल

संरक्षित क्षेत्र : अभयारण्य
विस्तार : अप्राप्त
स्थिति : तमिलनाडु
समीपवर्ती नगर : त्रिची
उत्तम भ्रमणकाल : वर्ष भर
पारिस्थितिकी : भौगर्भिक
वन्य पशु–पक्षी : प्रस्तरीभूत वृक्ष।

त्रिची जिले में स्थित सथानूर फासिल पार्क भी दक्षिण भारत का एक अभयारण्य है। यह संरक्षित क्षेत्र निकटवर्ती फासिल राष्ट्रीय उद्यान की तुलना में छोटा है किंतु यहां पाये जाने

वाले वृक्षों के जीवाश्म फासिल राष्ट्रीय उद्यान के जीवाश्मों की तुलना में बहुत अधिक प्राचीन कहे जाते हैं। भूगर्भविज्ञानियों के अनुसार सथानूर के जीवाश्म 100 मिलियन वर्ष पुराने हैं। विश्व के प्राचीनतम जीवाश्मों में इनकी गणना की जाती है। इन जीवाश्मों की विशेषता यह है कि इनमें प्राचीन वृक्षों की गठानें, वलय और महीन आवरण भी प्रस्तरीभूत हुआ है। यहां यह उल्लेखनीय है कि वृक्षों के जीवाश्म पशुओं के जीवाश्मों की तुलना में कम प्राप्त होते हैं। वृक्षों के जीवाश्मों से उस काल की जलवायु और पारिस्थितिकी का अध्ययन किया जा सकता है। इन जीवाश्मों से ही यह पता चल सका है कि पृथ्वी के अलग–अलग भागों में अलग–अलग कालखंडों में अलग प्रकार की जलवायु हुआ करती थी।

देखें : फासिल, घुघुआ ।

संदर्भ : व्ही. मुथुमारन, 'फासिल पाक्‌र्स', दि इंडिया मैगजीन, मई 1994।

सन्तरागाछी

यह अभयारण्य पश्चिम बंगाल में स्थित है, प्राणिजात प्रदेश के अन्य संरक्षित क्षेत्रों के समान ।

सप्तासिया

20 वर्ग किलोमीटर के क्षेत्र में फैला हुआ उड़ीसा के इस अभयारण्य में पक्षियों की अनेक प्रजातियां पाई जाती हैं।

समन

पश्चिमी उत्तर प्रदेश में स्थित पक्षिजात के लिये घोषित अभयारण्य, पारिस्थितिकी प्रदेश के अन्य संरक्षित क्षेत्रों की भांति।

समसपुर

संरक्षित क्षेत्र : अभयारण्य
विस्तार : 5 वर्ग किलोमीटर
स्थिति : उत्तर प्रदेश
समीपवर्ती नगर : रायबरेली
उत्तम भ्रमणकाल : वर्ष भर
पारिस्थितिकी : झील के किनारे की पट्टी
वन्य पशु–पक्षी : जलीय पक्षी।

समसपुर अभयारण्य मध्य गंगा के मैदान में उत्तर प्रदेश के लगभग मध्य में एक झील जिसका नाम समसपुर है के चारों ओर फैला है। यह एक अत्यंत छोटे अभयारण्यों में से एक है और इसका निर्माण मुख्यतः समसपुर झील में निवास करने वाले पक्षियों के

लिये किया गया है। यह झील अपने जलीय पक्षियों के लिये जानी जाती है, साथ ही इसमें नाना प्रकार की मछलियां पाई जाती हैं।

इस झील के चारों ओर के वनों की कटाई ने यहां के प्रवासी पक्षियों की संख्या घटा दी है। यहां पर आने वाली प्रमुख पक्षियों में साइबेरियन सारस, सिन्टल क्यूट, जल बत्तखें, पेन्टेडस्टार्क और कोयल की प्रजातियां हुआ करती हैं। 1980 के वर्ष तक अर्थात् अब से एक चौथाई शताब्दी पहले तक इस अभयारण्य में प्रतिवर्ष 4 से 5 लाख पक्षी यहां आया करते थे किंतु वर्ष 2004 तक यह संख्या मात्र 1 से 1 5 लाख रह गई तथा वर्ष 2005 में एक अनुभाग के अनुसार यहां पर तीस से चालीस हजार प्रवासी पक्षी ही आये।

इस अभयारण्य में पक्षियों की संख्या में गिरावट के दो कारण गिनाये जाते हैं। समसपुर झील के चारों ओर के वृक्षों की भारी कटाई से पक्षियों को नीड़ बनाने के लिये स्थान उपलब्ध न होना तथा इन प्रवासी पक्षियों का अवैध शिकार।

इस अभयारण्य का नाम समस्तीपुर पक्षी अभयारण्य भी है।

सरदारपुर

संरक्षित क्षेत्र : अभयारण्य
विस्तार : 248.1 वर्ग किलोमीटर
स्थिति : मध्य प्रदेश
समीपवर्ती नगर : राजगढ़ (15 कि.मी.)
उत्तम भ्रमणकाल : अक्टूबर से मार्च
पारिस्थितिकी : अयनमंडलीय पर्णपाती वन, घास के मैदान
वन्य पशु–पक्षी : खरमोर, मोर, सारस।

सरदारपुर अभयारण्य मध्य प्रदेश के धार जिले की तहसील में स्थित है। इस अभयारण्य की स्थापना वर्ष 1983 में हुई तथा इसका नामकरण सरदारपुर तहसील के नाम पर रखा गया जहां पर यह स्थित है। अभयारण्य का अधिकांश भाग लगभग चौरस मैदान है। इस मैदान में 8 नाले और 37 तालाब पाये जाते हैं। पक्षियों के लिये यह उपयुक्त पारिस्थितिकी है। सरदारपुर अभयारण्य पक्षी विहार ही है जो मुख्यतः खरमोर पक्षी के संरक्षण के लिये स्थापित किया गया था। सरदारपुर अभयारण्य के आसपास 14 राजस्व ग्राम हैं जिनकी सम्मिलित आबादी लगभग 50 हजार है साथ ही यहां पर 20 हजार पालतू पशु भी हैं, जो अभयारण्य में सदा भ्रमण करते रहते हैं।

सर ह्ययूज रोज द्वीप

अंडमान द्वीप समूह में स्थित इस अभयारण्य का विवरण 'अंडमान द्वीप समूह के संरक्षित क्षेत्र' में देखें।

सवाई मानसिंह

संरक्षित क्षेत्र : अभयारण्य
विस्तार : 103 वर्ग किलोमीटर
स्थिति : राजस्थान
समीपवर्ती नगर : सवाई माधोपुर
उत्तम भ्रमणकाल : नवंबर से मार्च
पारिस्थितिकी : शुष्क अयनमंडलीय पर्णपाती वन
वन्य पशु-पक्षी : तेंदुआ, नीलगाय, चिंकारा।

सवाई मानसिंह अभयारण्य मध्य प्रदेश एवं राजस्थान की सीमा क्षेत्र पर स्थित है।

साइलेन्ट वैली

संरक्षित क्षेत्र : राष्ट्रीय उद्यान
विस्तार : 90 वर्ग किलोमीटर
स्थिति : केरल
समीपवर्ती नगर : मन्नरक्काड (32 कि.मी.)
उत्तम भ्रमणकाल : सितंबर से मार्च
पारिस्थितिकी : अयनमंडलीय वर्षा वन
वन्य पशु-पक्षी : बाघ, हाथी, सिंह पुच्छ वानर, पक्षी।

साइलेन्ट वैली राष्ट्रीय उद्यान की स्थापना वर्ष 1984 में की गई थी। इस राष्ट्रीय उद्यान का विशिष्ट महत्व यहां के अक्षत वनों के कारण है। पर्यावरणविद्‌ों के अनुसार भारत के ये अंतिम अक्षत वर्षा वन हैं। यह कहा जाता है कि इस राष्ट्रीय उद्यान का पर्यावरण आज भी वैसा ही है जैसा वह हजारों वर्ष पहले था।

साइलेन्ट वैली में पहुंचकर इस अतिप्राचीन पर्यावरण को देखकर समझा जा सकता है कि मनुष्य की सभ्यता के विकास होने के पहले प्रकृति का स्वरूप क्या था। पर्यावरणविद्‌ों के अनुसार साइलेन्टवैली में प्राकृतिक विकास का यह चक्र अनवरत रूप से पांच करोड़ वर्षों से चल रहा है। इसमें आदमी का प्रभाव लगभग शून्य है। दुनिया भर में अयनमंडलीय क्षेत्र में ऐसे ऊंगलियों पर गिने जाने वाले क्षेत्र ही अब शेष बचे हैं। ऐसा ही एक क्षेत्र नई दुनिया में मैक्सिको में है। अयनमंडलीय वर्षा वन अपने सबसे प्राकृतिक रूपह में भारत में केवल इसी संरक्षित क्षेत्र में देखे जा सकते हैं। इन सघन वनों में कशेरूक जन्तुओं की अनेक विरल प्रजातियां पाई जाती हैं। मछलियों, भेकों और छिपकलियों की अनेक प्रजातियां केवल इन्हीं वनों की निवासी हैं। आज भी इन वनों में जब-तब इन प्राणियों में से किसी की एक नई प्रजाति ढूंढ़ ली जाती है। साइलेन्ट वैली में जैविक विकास चक्र को आज भी समझा और देखा जा सकता है।

साइलेन्ट वैली की जैविक विविधता और जीन सम्पदा विश्वभर में विख्यात है परन्तु इतना होने पर भी केरल प्रदेश की समाजवादी सरकारें यहां के पर्यावरण को नष्ट करने के लिये पिछली सदी के सातवें दशक से ही क्षेत्रीय विकास के नाम पर यहां विद्युत

प्राप्ति के लिये बांध बनाने के प्रस्ताव लाती रही हैं। इन प्रस्तावों का विरोध करने वालों में सबसे जाना-माना डॉ. सालिम अली का था, जिन्हें पूरे भारत वर्ष के पर्यावरण प्रेमियों का पुरजोर समर्थन प्राप्त था।

साइलेन्ट वैली के सघन वनों की गहनता से यहां के क्षेत्रीय जन सदैव से परिचित थे। यहां पर प्रवहमान एक छोटी नदी का नाम कुन्ती नदी है, महाभारत में कुंती का एक और नाम सैरिन्ध्री था। दरअसल कुन्ती नदी के कछार के वनों का प्राचीन नाम सैरिन्ध्री वन हुआ करता था। साइलेन्ट वैली के नामकरण में कुछ लोगों का यह अभिमत है कि सैरिन्ध्री से बिगड़कर वह शब्द क्षेत्रीय भाषा में 'साइलेन्ट' स्वीकृत हो गया। एक दूसरी मान्यता यह भी है कि यहां पाये जाने वाले शेरपुच्छ वानर (लाइन टेल्ड मेकाक) का वैज्ञानिक नाम मेकाक सिलेनस है। 'सिलेनस' एक ग्रीक शब्द है जिसका मूल अर्थ प्राचीन ग्रीस का एक अनजाना देवता है। चूंकि केरल सबसे अधिक पढ़े-लिखे लोगों के प्रतिशत वाला प्रदेश है अतः साइलेन्ट वैली में 'साइलेन्ट' शब्द ग्रीक देवता वाची शब्द सिलेनस से होना अधिक संभव है। सच्चाई जो भी हो, इस क्षेत्र का नाम अंग्रेजी में 1847 ई. से प्रयुक्त होना प्रारंभ हुआ।

साइलेन्ट वैली का क्षेत्रफल भले ही बहुत बड़ा न हो परन्तु नीलगिरि की पर्वत मालाओं से घिरे इस अभयारण्य का महत्व प्राणिजात की समृद्धि की दृष्टि से बेजोड़ है। साइलेन्ट वैली में हाथियों के झुन्डों के अलावा दक्षिणी प्रायद्वीप भारत के अन्य क्षेत्रों कें दुर्लभ शेरपुच्छ वानर और नीलगिरि लंगूर जैसे विचित्र वन्य प्राणियों को यहां देखा जा सकता है। साइलेन्ट वैली में रंग-बिरंगी तितलियों की संख्या लाखों में है जिनकी उपस्थिति यह बतलाती है कि यहां पर प्रकृति कितनी निर्मल है। यहां पर पक्षियों की प्रजातियां तो बहुत अधिक हैं ही परन्तु एक ही प्रजाति के हजारों परिन्दे एक साथ इन वनों में देखने को मिल सकते हैं। इस संरक्षित क्षेत्र में 'मुक्काली' नामक जगह से भीतर पहुंचा जा सकता है जहां से 23 किलोमीटर दूर सैरन्ध्री 'वाचटावर' है, जिस पर से इस संरक्षित क्षेत्र की सुन्दरता और पक्षियों को देखा जा सकता है।

साउथ ब्रदर द्वीप

अंडमान द्वीप समूह में स्थित इस अभयारण्य का विवरण 'अंडमान द्वीप समूह के संरक्षित क्षेत्र' में देखें।

साउथ रीफ द्वीप

अंडमान द्वीप समूह में स्थित इस अभयारण्य का विवरण 'अंडमान द्वीप समूह के संरक्षित क्षेत्र' में देखें। यह द्वीप अपनी प्रवाली के लिये जाना जाता है।

साउथ सेन्टिनल द्वीप

अंडमान द्वीप समूह में स्थित इस अभयारण्य का विवरण 'अंडमान द्वीप समूह के संरक्षित क्षेत्र' में देखें। सम्पूर्ण भारत में 'नीग्रिटो' प्रजाति की चार जनजातियां पाई जाती हैं। ये

चारों जातियां ग्रेट अन्डमानी, औंगी, जारवा और सेन्टिनली अन्दमान द्वीप समूह के द्वीपों में ही सीमित हैं। इन चारों जनजातियों की संख्या अब उंगलियों में गिनने लायक हैं अतः इनके संरक्षण के लिये इनके वितरण क्षेत्रों को संरक्षित घोषित कर दिया गया है। साउथ सेन्टिनल द्वीप में सेन्टिनली जनजाति निवास करती है।

सागरेश्वर

संरक्षित क्षेत्र : अभयारण्य
विस्तार : 10.87 वर्ग किलोमीटर
स्थिति : महाराष्ट्र, जिला : सांगली
समीपवर्ती नगर : टकारी (2 कि.मी.), निकटवर्ती हवाई पट्टी : (200 कि.मी.)
उत्तम भ्रमणकाल : अगस्त से फरवरी
पारिस्थितिकी : मिश्रित पर्णपाती वन
वन्य पशु-पक्षी : चीतल, भेड़िया, पक्षी।

सागरेश्वर अभयारण्य सांगली जिले की तीन तहसीलों खानपुर, वाल्वा और पलुश की सीमाओं के मिलन स्थल पर स्थित है। सागरेश्वर अभयारण्य से कृष्णा नदी का विशाल पाट देखा जा सकता है जिसके किनारे गन्ने और अंगूर की फसलें लहलहाती रहती हैं। और जब ये दो फसलें पैदा हो रही हों तब यदि वाइन पार्क भी हो तो कोई आश्चर्य नहीं। सागरेश्वर अभयारण्य के समीप ही कृष्णा वैली वाइन पार्क है। इस प्रकार के क्षेत्र में प्राकृतिक वन होना तो संभव ही न था, यही तथ्य है इस अभयारण्य के संबंध में। अभयारण्य में बहुत पहले कभी वन था और तब इस वन को 'सागरोबा गेम रिजर्व' अथवा 'सागरोबा शिकारगाह' बनाया गया था परन्तु कृषि विस्तार के साथ वन नाम मात्र को बचा। प्रकृति संरक्षण अभियान के चलते इसी पुराने वन के 35 हेक्टेयर क्षेत्र को अभयारण्य घोषित कर दिया गया और इस तरह एक बागानी कृषि के मध्य में एक अभयारण्य बना दिया गया जिसे यदि मानव निर्मित अभयारण्य कहा जाय तो अत्युक्ति न होगी। एक बार अभयारण्य घोषित हो जाने पर यहां के चीतलों की संख्या तेजी से बढ़ी। चूंकि चारों ओर बागान हैं अतः हरित वनस्पति का दूर-दूर तक फैलाव है। इन फसलों के बीच से दूर-दराज के जंगलों के भेड़िये, लोमड़ियां और सियार यहां आ गये। कुछ तो इन्हीं वनों में रहते हैं और कुछ बागानों में घूमते रहते हैं। जिस तरह यहां वन्य पशुओं का निर्बाध आना-जाना रहता है वैसे ही पक्षियों का भी।

सागरेश्वर नाम अभयारण्य में स्थित चालुक्यों (425-75 ई.) के द्वारा निर्मित मन्दिर में शिव भगवान के नाम के ऊपर रखा गया है।

सांगला

पूर्वी हिमाचल में स्थित अभयारण्य, पारिस्थितिकी प्रदेश के अन्य संरक्षित क्षेत्रों की भांति।

सांडी

मध्य उत्तर प्रदेश में स्थित पक्षियों के लिये घोषित अभयारण्य, पारिस्थितिकी प्रदेश के अन्य संरक्षित क्षेत्रों की भाँति।

सारिस्का

संरक्षित क्षेत्र : राष्ट्रीय उद्यान/टाइगर रिजर्व
विस्तार : 850 वर्ग किलोमीटर
स्थिति : राजस्थान
समीपवर्ती नगर : अलवर (36 कि.मी.)
उत्तम भ्रमणकाल : अक्टूबर से मार्च
पारिस्थितिकी : शुष्क अयनमंडलीय पर्णपाती वन
वन्य पशु-पक्षी : बाघ, तेंदुआ, नीलगाय, चिंकारा, पक्षी।

सारिस्का अभयारण्य स्वतंत्रता पूर्व तक अलवर के महाराजा जयसिंह की शिकारगाह था, यह अलवर के निकट अरावली पर्वत की पहाड़ियों पर स्थित है। स्वतंत्रता के पश्चात् वर्ष 1955 में इसे अभयारण्य घोषित किया गया, तदन्तर यह राष्ट्रीय उद्यान बना और वर्ष 1979 से यह प्रोजेक्ट टाइगर के अंतर्गत टाइगर रिजर्व बना। सारिस्का राष्ट्रीय उद्यान विश्व भर में तब चर्चा का केंद्र बना जब वर्ष 2005 में यह आधिकारिक रूप से पता चला कि इस टाइगर रिजर्व में अब एक भी बाघ जीवित नहीं बचा है।

स्वतंत्रता-पूर्व जब यह वन क्षेत्र एक शिकारगाह ही था तभी से इस क्षेत्र में जल की कमी महसूस की गई थी और इसीलिये अलवर के राजघराने ने इस वन क्षेत्र में पानी के स्रोतों का निर्माण कराया था, इस प्रक्रिया में नये कुयें खोदे गये तथा नालों पर छोटे बांध बनाकर उनका जल संरक्षित किया गया। कुल मिलाकर जल के संरक्षण की श्रेष्ठ व्यवस्था की गई। उन्हीं दिनों राजघराने ने एक नया राजकीय विभाग खोलकर इस क्षेत्र के वन्य प्राणियों को सुरक्षा देने के विचार से यहां पर सामान्य यातायात पर प्रतिबंध लगाये तथा अवैध शिकार न हो सके इसकी कड़ी व्यवस्था की। फलतः सारिस्का वन क्षेत्र बना रहा जिसमें बाघों की पर्याप्त संख्या थी साथ ही अन्य जंगली जानवर भी बहुतायत से थे।

स्वतंत्रता प्राप्ति के बाद से वर्ष 1955 तक की अवधि में जब तक यह वन क्षेत्र अभयारण्य घोषित न हो गया, सारिस्का के वन क्षेत्र के वन्य पशुओं का घोर संहार हुआ।

बाघों की सुरक्षा की चिन्ता को लेकर जब 'टाइगर रिजर्व' बने तो उनमें सारिस्का को जगह मिली। 'टाइगर रिजर्व' भारत का सर्वश्रेष्ठ प्रशासित राष्ट्रीय उद्यान है परन्तु प्रशासन की पोल तब खुली जब वर्ष 2005 में यह पाया गया कि सारिस्का में एक भी बाघ नहीं बचा है, सभी मारे जा चुके हैं। उन सभी वन अधिकारियों ने जिन्होंने प्राणपण से 'बाघ' की सुरक्षा के लिये अपना जीवन अर्पित कर दिया था इसे 'दुर्भाग्यपूर्ण' कहा, पर ऐसे अधिकारियों की संख्या सदैव ही उंगलियों पर गिनने लायक रही है। अधिक संख्या में वे अधिकारी थे जो जानबूझकर बाघों की गिरती संख्या को शासन और जनता

से छिपाते रहे। इनमें से कितने अवैध शिकारियों के हमराज रहे इस पर कभी चर्चा नहीं की गई और यह कहा गया कि सारिस्का से बाघों का लोप 'नीले आकाश से वज्रपात' होने जैसा हादसा था। वास्तविकता इससे अलग है। यह कोई आकस्मिक घटना नहीं थी, बाघ न तो किसी बीमारी के शिकार हुये थे और न ही किसी प्राकृतिक आपदा के। सब कुछ प्रबंधन की अकुशलता और शासकीय लालफीताशाही का परिणाम था।

वर्ष 1978–79 में जब 1958 में बना सारिस्का अभयारण्य टाइगर रिजर्व बनाया गया तब 20 वर्ष हो चुके थे और दो जनगणनायें हो चुकी थीं परंतु किसी ने यह जानने या ध्यान देने की जहमत नहीं उठाई कि अलवर जिला जिसमें यह संरक्षित क्षेत्र स्थित है प्रदेश का एक सघन बसा हुआ जिला है जिसका घनत्व राष्ट्रीय घनत्व से अधिक है। वर्ष 1991 और 2001 बीच भारत का राष्ट्रीय घनत्व जहां 324 व्यक्ति प्रति वर्ग किलोमीटर था वहां इस जिले का घनत्व 357 व्यक्ति प्रति व्यक्ति था। इस जिले की दशकीय आबादी की वृद्धि दर 30.23 थी। यह तो हुई मानवीय जनसंख्या की बात, इस अभयारण्य से दो प्रादेशिक मार्ग अलवर, थानागाजी, जयपुर तथा सारिस्का कालीघाटी तेहला टाइगर रिजर्व के नाभिक क्षेत्र में से जाते हैं। इन मार्गों में प्रतिवर्ष यातायात के कारण ही अनेक वन्य पशु मारे जाते हैं। पर्यटन की दृष्टि से सारिस्का दिल्ली, जयपुर, आगरा के स्वर्ण त्रिभुज में स्थित है जहां से हजारों वाहन प्रतिदिन निकलते हैं। यहां पर अनेक होटल भी हैं।

इन सारे मानवीय कारकों के अतिरिक्त अन्य संरक्षित क्षेत्रों में पाये जाने वाले संकट यहां वैसे भी विद्यमान हैं। इस क्षेत्र के खदानों के मालिकों और वन्य प्राणियों के शिकारियों, तस्करों की मिलीभगत जब–तब सामने आती रहती हैं परंतु कानून अपनी सीमा में ही रहकर कार्य कर पाता है।

वर्ष 2008 में जब यह पूर्ण सुनिश्चित हो गया कि सारिस्का में अब कोई बाघ नहीं बचा तब इस अभयारण्य में बाघों के पुनर्वास की पुनः चर्चा चलने लगी है। यद्यपि विशेषज्ञ अभी भी यह मानते हैं कि बाघों का पुनर्वास एक दुःसाध्य कार्य है, इसमें असफलता की भी पूरी संभावना है। मुख्य कारण यह है कि बाघ बहुत ही सीमाप्रिय (टैरिटोरियल) प्राणी है नयी जगह में ले जाने पर उसका क्या व्यवहार होगा इसकी कल्पना विशेषज्ञों को नहीं है। फिर भी जो प्रस्ताव हैं उनके अनुसार कुछ किशोर उम्र के उन बाघों के जोड़ों को जो वर्तमान में रणथम्भौर राष्ट्रीय उद्यान में रह रहे हैं यहां लाया जा सकता है। इन बाघों को यहां लाने से उन्हें रणथम्भौर के वयस्क बाघों की प्रतिस्पर्धा से मुक्ति मिलेगी और यहां नये क्षेत्र में वे अपनी सीमा स्वयं चिन्हित कर लेंगे।

वर्ष 1988 में शासकीय आंकड़ों के अनुसार यहां बाघों की संख्या 45 बतलाई गई थी और करोड़ों रुपये व्यय करने के पश्चात् अगले ही वर्ष यह संख्या मात्र 19 बतलाई गई। यह संख्या में मामूली गिरावट नहीं थी, यह किसी को नहीं पता चला कि 26 बाघों का क्या हुआ। करोड़ों रुपयों के खर्च के बावजूद सारिस्का टाइगर रिजर्व का यह हाल था कि 1994, 1996 और 1998 में बाघों की अविश्वसनीय संख्या बतलाई जाती रही। झूठे आंकड़ों का यह आलम था कि वर्ष 2003 में यहां पर 28 बाघ गिने गये थे और वर्ष 2004 में इनकी संख्या कथित रूप से 18 देखी गई थी। न केवल सारिस्का में वरन् अन्य संरक्षित क्षेत्रों में भी जो भी वन्य पशुओं की संख्या दी जाती है उन पर न तो गैर–शासकीय पर्यावरणविदों का कभी विश्वास रहा है और न ही साधारण जन का।

ये सदैव ही अतिरंजित, अविश्वसनीय और अनेक बार तो हास्यास्पद रही है। इन गणनाओं में उन प्राणियों का लगातार उल्लेख मिलता रहता है जो उस क्षेत्र से कब के बिदा ले चुके हैं।

वास्तविकता यह है कि सारिस्का अनेक अर्थों में विपरीत परिस्थितियों से जूझता संरक्षित क्षेत्र रहा है। ये परिस्थितियां भौगोलिक और सामाजिक दोनों थीं। वन्य प्राणियों के संरक्षण में जुटे व्यक्तियों और संस्थाओं ने इन परिस्थितियों को 'सामान्य' कहकर सदैव टालने की कोशिश की और संरक्षित क्षेत्र बन जाने पर अधिकारियों ने झूठे आंकड़ों पर इस संरक्षित क्षेत्र की वास्तविकताओं को झुठलाते हुये इसे वन्य प्राणियों से भरा-पूरा क्षेत्र सिद्ध करने की कोशिश की। यदि तालिका में दिये हुये आंकड़ों पर नजर डाली जाये तब तो यही प्रतीत होता है कि भारत का सबसे बढ़िया संरक्षित क्षेत्र शायद सारिस्का ही हो।

यदि इस संरक्षित क्षेत्र के जमीनी तथ्य पर गौर करें तो ज्ञात होता है कि इस अभयारण्य में वनों की सघनता की कमी और जल संकट वन्य पशुओं तक के लिये घातक रहा है। यहां गर्मियों में तापमान 47 से. तक जा पहुंचता है और तब ग्रीष्मकाल की आग उगलती धूप में वन्य पशुओं को कहीं ठौर नहीं मिलती। वर्ष 1988 के ग्रीष्मकाल में इस संरक्षित क्षेत्र के मात्र 50 वर्ग किलोमीटर के दायरे में वन अधिकारियों ने 103 सांभरों, 32 चीतलों और 18 नीलगायों की 'प्राकृतिक' मौत की पुष्टि की थी। उल्लेखनीय है कि नीलगाय जो अर्धमरुस्थलीय स्थितियों को भी सहन कर लेती है, वह भी इसमें प्राण गंवा बैठी भले ही उसकी संख्या कम रही हो।

सारिस्का संरक्षित क्षेत्र में वन्य प्राणियों की कागजी गणना

वन्य प्राणि	*1991*	*1992*	*1993*	*1995*	*1997*	*1999*
बाघ	18	22	24	25	24	25
तेंदुआ	28	34	39	46	49	52–57
सेही	–	–	–	–	–	06–08
जंगली बिल्ली	166	140	140	100	97	115–135
पनकुत्ते	–	–	–	22	12	–
गंधमार्जार	–	–	–	20	18	–
बिज्जू	–	–	–	50	52	–
सांभर	4839	4500	4500	4800	5600	6000–6300
चीतल	2899	2500	2500	2900	2900	3500–3700
नीलगाय	3830	4100	4300	4780	5100	5300
चिंकारा	17	20	02	07	–	–
लकड़बग्घा	147	100	100	100	81	110–120
सियार	311	170	170	250	140	375

(*स्रोत :* सहारा समय, जुलाई 2005)

प्राकृतिक परिदृश्य के समान ही यहां का मानवीय या सांस्कृतिक परिदृश्य भी वन्य प्राणियों की जीवन शैली के लिये घातक ही कहा जायेगा। सारिस्का टाइगर रिजर्व लगभग

60 किलोमीटर लम्बा तथा उसकी अधिकतम चौड़ाई 20 किलोमीटर है परन्तु यह क्षेत्र जनशून्य नहीं है, इसमें 32 गांव या तो संरक्षित क्षेत्र के भीतर हैं या कि फिर एकदम सीमा के पास जिनमें 1800 व्यक्ति अपने 7000 ढोर ढंगर के साथ रहते हैं। इन ग्रामों को अन्यत्र बसाने के सारे शासकीय प्रयास निरर्थक साबित हो चुके हैं।

सिक्किम

स्थिति : भारत का उत्तरी राज्य
भौगोलिक क्षेत्र : 7096 वर्ग किलोमीटर, वनों के अंतर्गत क्षेत्रफल : 2650 वर्ग किलोमीटर (37.54)
संरक्षित क्षेत्र : राष्ट्रीय उद्यान 1, अभयारण्य 4, बायोस्फियर रिजर्व 1
पारिस्थितिकी : हिमालयी
प्रदेश का प्रतीक पशु : लाल पांडा (एल्यूरस फलजेन्स)
प्रदेश का प्रतीक पक्षी : ब्लड फीजेन्ट (इथाजीनिस क्रूसेन्टस)
प्रदेश का प्रतीक वृक्ष : रोडेडेन्ड्रान (रोडोडेन्ड्रान नाइवियम)
प्रदेश का प्रतीक पुष्प : नोबाइल आरकिड (डेन्ड्रोबियम नोबाइल)

सिक्किम हिमालयी क्षेत्र का सुन्दर प्राकृतिक दृश्यों वाला राज्य है। कंचनजंगा (1389 मी.) यहां का सर्वोच्च पर्वत शिखर है। सिक्किम भारत के उत्तरी राज्यों में से एक है जहां हिमालय क्षेत्र का प्राणिजात पाया जाता है। सिक्किम की प्रमुख नदीघाटी तीस्ता है। सिक्किम के वनाञ्चल में उच्च हिमालय से लेकर दुआर तक के क्षेत्र के वन्य पशु–पक्षी मिलते हैं। सिक्किम जहां अपने रंग–बिरंगे पक्षियों के लिये भी विख्यात है वहां इस प्रदेश में पाये जाते अनेक हिमालयी पशु यथा हिम तेंदुआ और हिमालयी भालू अन्य भारत के हिमालयी प्रदेशों में भी कम ही देखने को मिलते हैं। रेड पांडा[†] तो अन्यत्र देख पाना भी दुर्लभ है। कंचनजंगा राष्ट्रीय उद्यान सिक्किम हिमालय के अत्यंत ऊंचे शिखर पर स्थापित है। हिम से आवृत यह संरक्षित क्षेत्र भारत के अत्यंत सुरम्य स्थलों में से एक है जहां जेमू हिमानी का श्वेत धवल हिमावृत क्षेत्र फैला हुआ है। इसी हिमानी से जेमू नदी निकलती है। सिक्किम में भारी हिमपात होता है। सिक्किम की सिंगलीला पर्वत श्रेणी का ऊंचा भाग यदि हिमावृत रहता है तो अपेक्षाकृत निचले भागों में भारी वर्षा होती है। सिंगलीला पर्वत

[†] **लाल पांडा को विलुप्ति से बचाने का प्रयास**

लाल पांडा या कैटबियर सिक्किम का प्रतीक पशु है। लाल पांडा का विलुप्ति से बचाने का प्रयास : रेड पांडा या कैट बियर एक अत्यंत वन्य प्राणी है परंतु इसकी प्रजनन दर अत्यंत कम है फलतः इसकी संख्या इसके वितरण क्षेत्र में सर्वत्र ही अत्यंत कम है। रेड पांडा की गिनती ऊंगलियों पर की जाती है। वर्ष 2003 में पर्यावरणविदों ने यह सोचकर कि प्रकृति की खुली गोद में रेड पांडा की संख्या बढ़े इसलिये उन्होंने वयस्क पांडा की एक जोड़ी को सिंगलीला अभयारण्य में छोड़ दिया ताकि ये वन में प्रजनन कर सकें। छोड़े गये पांडा चिड़ियाघर में सहेजकर पाले–पोसे और बढ़े किये थे। इस पांडा दम्पती की वंश वृद्धि तो नहीं हुई क्योंकि ये जंगल के स्पर्धात्मक जीवन में जीने के आदी नहीं थे और एक वर्ष के भीतर ही जोड़े के एक पांडा के अवशेष वन रक्षकों को देखने मिले। पता चला कि अभयारण्य में विचरण करने वाले किसी तेंदुये ने इस असहाय से प्राणी को अपना निवाला बना लिया।

के एक भाग में इसी नाम का एक अभयारण्य स्थापित किया गया है। इस क्षेत्र में भारी हिमस्खलन की घटनायें होती हैं। समीपवर्ती दोख्या पर्वतमाला के वन भी काफी सघन हैं।

सिक्किम का कंचनजंगा राष्ट्रीय उद्यान निश्चित रूप से हिमालय के अत्यंत महत्वपूर्ण संरक्षित क्षेत्रों में से एक है। सिक्किम के अन्य संरक्षित क्षेत्रों का विकास किया जा रहा है। उनमें से उल्लेखनीय तोलंग अभयारण्य, जोंगरी अभयारण्य, पंगोला अभयारण्य, निम्फू अभयारण्य, क्योंगनोशना अभयारण्य तथा कीटम अभयारण्य के नाम उल्लेखनीय हैं। इनमें से पेंगोला अभयारण्य को राष्ट्रीय उद्यान बनाये जाने के प्रयास हो रहे हैं। सिक्किम का सबसे छोटा अभयारण्य सिंगब (1 वर्ग कि.मी.) है जबकि फेमबाग ल्हो (51 वर्ग कि.मी.) और मीनाम (60 वर्ग कि.मी.) मध्यम दर्जे के अभयारण्य है।

सिक्किम न केवल वन्य प्राणियों की दृष्टि से अपितु वानस्पतिक दृष्टि से भी अत्यंत महत्वपूर्ण क्षेत्र है, कीटम अभयारण्य (13 वर्ग कि.मी.) की स्थापना साल-चीड़-पाइन के सघन वन क्षेत्र के संरक्षण के लिये की गई है। क्योंगनोश अभयारण्य की स्थापना का उद्देश्य भी हिमालयी वनस्पति की रक्षा करना है।

सिक्किम के तोलंग और जोंगरी अभयारण्यों को विकसित करने का उद्देश्य न केवल यहां के निवासी वन्य प्राणियों का संरक्षण है अपितु यहां पर शीतकाल में अधिक ऊंचाई से नीचे उतरने वाले वन्य प्राणियों का संरक्षण भी है। प्रदेश के पूर्व में कम आबादी या आबादी का कम घनत्व होना भी महत्वपूर्ण है। सिक्किम भारत के विरल बसे हुये प्रदेशों में से एक है।

सिंगलीला

संरक्षित क्षेत्र : राष्ट्रीय उद्यान
विस्तार : 79 वर्ग किलोमीटर
स्थिति : पश्चिम बंगाल
समीपवर्ती नगर : दार्जिलिंग
उत्तम भ्रमणकाल : अप्रैल से मई तथा सितंबर से नवंबर
पारिस्थितिकी : उच्च अक्षांशीय वन तथा आर्द्र अयनमंडलीय वन
वन्य पशु-पक्षी : पर्वतीय वन्य छाग एवं बकरे, हिमालयी भालू, तेंदुआ, हरिण, रेड पांडा तथा अनेक प्रजातियों के पक्षी।

सिंगलीला अभयारण्य अब राष्ट्रीय उद्यान के रूप में मान्य हो गया है। यह पश्चिम बंगाल के उत्तरी भाग में सिक्किम और नेपाल की सीमा पर स्थित है। यहां पर उच्च अक्षांशीय क्षेत्रों के वन और उनका प्राणिजात सुरक्षित है। इस संरक्षित क्षेत्र के मध्य से पर्यावरण प्रेमियों का प्रिय रास्ता 'सन्दक फू ट्रेक' जाता है। सिंगलीला रिज पर 2000 से 3600 मीटर तक की ऊंचाई पर पाये जाने वाले घने बांसों के वन, ओक के वन तथा रोडोडेन्ड्रान के वन पाये जाते हैं। सन्दक फू ट्रेक दार्जिलिंग से 30 किलोमीटर दूर मनमन्जन (2100 मी.) से प्रारंभ होता है जो सन्दक फू (3640 मी.) तक जाता है और फिर वहां से वापस लौटा जाता है। बीच में गैरीबन (2620 मी.) अथवा कालीपोखरी (3,110 मी.) में विश्राम लिया

जाता है। इस प्रवास में साल के विशाल वृक्षों से लेकर अधिक ऊंचाई पर (2500 मी.) पाइन, लार्च, स्प्रुस, जूनीपर के वृक्ष देखने को मिलते हैं।

सिंगलीला अभयारण्य में 160 प्रजातियों के पक्षी पाये जाते हैं। इनमें से बहुत से ऐसे पक्षी भी हैं जिन्हें देख पाना दुर्लभ होता है। पक्षी प्रेमियों के लिये यह संरक्षित क्षेत्र मानो स्वर्ग ही है। विशिष्ट पक्षियों में ट्रोगोपान, पैरटबिल तथा टिट पक्षियों की प्रजातियां विशेष रूप से उल्लेखनीय हैं।

सिंगलीला अभयारण्य प्रसिद्ध पर्वत शिखर कंचनजंगा के सौंदर्य को देखने का स्थान है क्योंकि सिंगलीला रिज इसी विशाल पर्वत शिखर का एक भाग है। सिंगलीला अभयारण्य की स्थापना के पीछे एक उद्देश्य रेड पांडा या कैट बियर को सुरक्षित रखना भी था।

सिमलीपाल

संरक्षित क्षेत्र : राष्ट्रीय उद्यान/टाइगर रिजर्व
विस्तार : 2750 वर्ग किलोमीटर
स्थिति : उड़ीसा
समीपवर्ती नगर : जमशेदपुर (35 कि.मी.)
उत्तम भ्रमणकाल : अक्टूबर से मार्च
पारिस्थितिकी : प्रायद्वीपीय भारत के साल वन, अयनमंडलीय आर्द्र पर्णपाती वन
वन्य पशु–पक्षी : बाघ, गौर, हाथी, तेंदुआ, चीतल, सांभर, पक्षी।

सिमलीपाल राष्ट्रीय उद्यान उड़ीसा के उत्तरी भाग में स्थित है। स्वतंत्रता के पूर्व यह मयूरगंज के महाराजा का शिकारगाह था। वर्ष 1957 में इसे अभयारण्य घोषित किया गया। वर्ष 1980 में इसे राष्ट्रीय उद्यान का दर्जा मिला। इस समय इसका नाभिक क्षेत्र 845 वर्ग किलोमीटर है। अब यह बाघ परियोजना के अंतर्गत 'टाइगर रिजर्व' है। इस संरक्षित क्षेत्र के वन आर्द्र पर्णपाती वन हैं जिनमें साल वन प्रमुख हैं। इस संरक्षित क्षेत्र में घास के मैदानों का क्षेत्रफल मात्र 0.7 प्रतिशत है। यही कारण है कि यहां वनस्पति–भोजी वन्य प्राणियों के विशाल झुंड देखने नहीं मिलते। ये छोटे घाट के मैदान देवस्थली, सपाघर, माट्घर, टिकली, बच्चूरिछारा, तारिणीविला, तिन्धा, दारुणी और ऊपरी बरखामूडा में हैं। बड़े वृक्षों की प्रजातियों में अर्जुन, हर्रा, बहेड़ा, दुधी, बेल, करंज और तिन्सा के वृक्ष प्रमुख हैं। यह संरक्षित क्षेत्र वानस्पतिक दृष्टि से अत्यंत सम्पन्न है। यहां पर 1056 प्रजाति के वृक्ष, पौधे और लतायें पाई जाती हैं जिनमें 94 प्रजातियों के आर्किड हैं। वानस्पतिक सम्पन्नता के पीछे यहां पर होने वाली 2500 मि.मी. वार्षिक वर्षा है।

यहां का पक्षीजात भी बहुत सम्पन्न है। इस अभयारण्य में 242 प्रजातियों के पक्षी, 42 प्रजातियों के वन्य पशु तथा 29 प्रजातियों के सरीसृप पाये जाते हैं।

सिमलीपाला टाइगर रिजर्व का सबसे ऊंचा पर्वतीय क्षेत्र खैरीबुरु (1,165 मी.) पर्वत का शिखर है, जो कि एक सुन्दर प्राकृतिक स्थान है। इस संरक्षित क्षेत्र में अनेक जलप्रपात हैं जिनमें बड़ी पानी जलप्रपात एक सुन्दर भू–दृश्यावली बनाता है।

सिमलीपाल टाइगर रिजर्व में घास के मैदान भले ही छोटे हों पर उनमें वन्य प्राणियों

की कमी नहीं है। उदाहरण के लिये देवस्थली घास के मैदान में चीतल और सांभर के झुड देखे जा सकते हैं। यहां पर एक वाच टावर भी है जो लगभग दो दशक पहले बनाया गया था। देवस्थली घास के मैदानों को क्षेत्रीय जन 'देवताओं की भूमि' के रूप में जानते हैं। यहां के जनजातीय समूहों का विश्वास है कि यह स्थान उड़ीसा के हाथियों का पूजा स्थल है। इन लोगों का विश्वास है कि उड़ीसा का प्रत्येक हाथी अपने जीवनकाल में यहां एक बार अवश्य आता है। शायद यही कारण हो जैसा कि वन विभाग के अधिकारी याद करते हैं। जब यहां वाच टावर बनाया गया तब हाथियों के समूहों ने भारी उत्पात मचाया था। पर यहां के वन अधिकारियों का यह भी मानना है कि यहां के वन्य हाथी कभी भी मनुष्यों पर आक्रमण नहीं करते और यही कारण है कि यहां के वन अधिकारी अन्य संरक्षित क्षेत्रों की तरह वन्य हाथियों से अपनी सुरक्षा के लिये बन्दूकें नहीं रखते।

वन्य प्राणियों को देखने के लिये सिमलीपाल संरक्षित क्षेत्र का चहाला साल्ट लिक एक उत्तम स्थान है जहां पर अनेक वन्य प्राणी नमक चाटने पहुंचते हैं।

सिमलीपाल में यूं तो बाघ भी हैं, अन्य वन्य प्राणी भी परंतु वन्य हाथी की उपस्थिति सर्वत्र महसूस देती है। जहां कहीं वे दिख जाते हैं वहां तो ठीक है पर जहां नहीं दिखते वहां उनके द्वारा उखाड़े गये वृक्ष और झाड़ियों को रौंदकर बनाये गये मार्ग उनकी उपस्थिति का ठीक एहसास दिलाते हैं। इन वनों में अनेक वनवासी वनरक्षक हैं जिनकी घ्राणशक्ति तेज है। वे आसपास के क्षेत्रों में हाथी की उपस्थिति का सूंघकर ही पता लगा लेते हैं। यहां पर हाथियों की अच्छी संख्या है, प्रतिवर्ष अनेक हाथी क्योंझर जिले के जंगलों से भी यहां आ जाते हैं। यदि इस संरक्षित क्षेत्र के कुछ क्षेत्रों के ग्रामों का पुनर्वास कर दिया जाय तो इस संरक्षित क्षेत्र के हाथियों को समीपवर्ती वनों के लिये कुछ और गलियारे मिल सकते हैं।

सिमलीपाल में छोटे वन्य प्राणियों की कमी नहीं है जिनमें मूषक मृग (चेम्रोटेन), पेंगोलिन इत्यादि प्रमुख हैं। परन्तु मूषक मृग का शिकार यहां के खरिया आदिवासी करते रहते हैं। यह उनका पंसदीदा भोजन है। इसे मारने के लिये वे उसके निवास के चारों ओर आग लगा देते हैं।

पक्षियों में सबसे अधिक संकट में यहां बड़ी संख्या में पाई जाने वाली पहाड़ी मैना है। पहाड़ी मैना को सर्वश्रेष्ठ आवाज की नकल (भिमिक) करने वाला पक्षी माना जाता है। यह मनुष्य आवाज की या शब्दों की हूबहू नकल करती है। खारिया आदिवासी इन्हें पकड़कर कलकत्ते के बाजार तक बेचते हैं।

इस संरक्षित क्षेत्र में एक स्थान है 'लेंकाडेन्चा' जिसका यहां की भाषा में अर्थ होता है 'जहां तेंदुआ नाचता है'। इस स्थान पर तेंदुये अब भी पाये जाते हैं यद्यपि इन्हें देख पाना सहज नहीं है। इस संरक्षित क्षेत्र में बाघों की संख्या को लेकर पर्यावरणविद् एकमत नहीं हैं। वर्ष 2000 में बाघों की संख्या के विवरण में 29 नर बाघ, 43 मादा बाघ और 27 शावक बतलाये गये थे, ये आंकड़े कितने विश्वसनीय हैं ठीक कुछ कहा नहीं जा सकता।

सिमलीपाल की अन्य विशेषतायें जो भी हों परंतु यह शायद सबसे उपेक्षित टाइगर रिजर्व है इसमें कम संदेह है।

सिमलीपाल टाइगर रिजर्व में 'अखंड शिकार'

उड़ीसा के सिमलीपाल टाइगर रिजर्व में 1067 पौधों की प्रजातियां पाई जाती हैं जिनमें से 87 आर्किड्स हैं। यहां पर 29 प्रजातियों के सरीसृप और 281 प्रजातियों के पक्षी पाये

जाते हैं साथ ही छोटा नागपुर के पठार के सभी अनेक जनजातीय समूह रहते हैं, शिकार करना जिनकी परंपरा है। इन जनजातीय समूहों में दो जनजातीय समूहों का उल्लेख करना उचित होगा। सन्थाल आदिवासी यहां की बहुसंख्य जनजातियों में से एक है। इस जनजाति की वार्षिक शिकार की एक परंपरा है जिसे 'अखंड शिकार' के नाम से जाना जाता है। इस परंपरा के पालन में बड़ी संख्या में एकत्रित हो एक ओर से हांका लगाते हुये चलते हैं, दूसरी ओर बड़े जाल लगे रहते हैं जिनमें घबराकर भागते हुये छोटे-बड़े वन्य पशु आकर फंस जाते हैं। समीप में छुपे हुये शिकारी इनका तत्काल वध कर देते हैं, कभी-कभी वन में आग भी लगा दी जाती है। इस प्रकार के सामूहिक शिकार में हाथी और शेर जैसे विशाल और ताकतवर वन्य प्राणी ही बच पाते हैं, बाकी सब का खात्मा निश्चित होता है।

इसी टाइगर रिजर्व में एक अन्य जनजाति बिरहोर पाई जाती है। इस जनजाति का भी मुख्य व्यवसाय शिकार और रस्सी बनाना रहा है परंतु ध्यातव्य है कि इस जनजाति के लोग अत्यंत निर्धनता में जी रहे हैं। इन्हें उन लताओं के लिये कई बार 100 कि.मी. तक की यात्रा करनी पड़ती है जिनसे वे रस्सियां बनाते हैं। बिरहोर मुख्यतः बंदरों का शिकार करते हैं।

दोनों जनजातीय समाजों में शिकार की परंपरायें हैं पर दोनों ही पिछड़े होते हुये भी दोनों समाज एक सी सामाजिक स्थिति में नहीं हैं। बिरहोर जो कि अत्यंत विपन्न जनजातीय समाज हैं शिकार मजबूरी में ही कर रहे हैं, उनके विकास के लिये त्वरित वैकल्पिक व्यवस्था की आवश्यकता है।

सिमलीपाल टाइगर रिजर्व का संकट

सिमलीपाल टाइगर रिजर्व मार्च 2009 में फिर सुर्खियों में आया। इस बार अवैध शिकारियों को शह देने वाला छोटा-मोटा तस्कर गिरोह नहीं था वरन् अपने को गरीबों का मसीहा बतलाने वाला राजनैतिक दल था। 28 मार्च 2009 को नक्सलियों ने सिमलीपाल टाइगर रिजर्व के चहाला रेंज आफिस पर हमला किया, उन्होंने रेंज आफिस को तहस-नहस कर जला दिया, इसके अतिरिक्त वन चौकियों, रेस्ट हाउसों और वन विभाग के वाहनों को भी ध्वस्त कर दिया। वन विभाग के रक्षकों से यह उम्मीद करना ज्यादती होगी कि वे उस दुर्दान्त हत्यारे संगठन का सामना कर पाते जो भारत के अनेक प्रदेशों के वनों में अब तक हजारों व्यक्तियों की नृशंस हत्या कर आतंक का पर्याय बन चुक हैं और जिसके संगठित गिरोहों की शक्ति के सामने सरकारें और पुलिस बल बेबस होते जा रहे हैं, और हों भी क्यों न, इस माओवादी कम्यूनिस्ट पार्टी को भारतीय कम्यूनिस्टों का पूरा समर्थन है। जब इनमें आपस में खूनी संघर्ष होता है तब इसे आपसी सामञ्ज की कमी कहकर टाल देते हैं। भले ही वर्ष 2009 के आम चुनाओं ने कम्यूनिस्टों को उनकी सही जगह पर खड़ा कर दिया हो पर जंगलराज में यकीन करने वाले इन माओवादियों की बर्बरता और नृशंसता में कहीं कोई कमी नही आई। जब मनुष्य का अनमोल जीवन इनके लिये कोई अर्थ नहीं रखता तब मूक प्राणियों के प्रति इनसे संवेदना की आशा मृगमरीचिका ही हो सकती है। इन तथाकथित भूमि पुत्रों ने सिमलीपाल के वन रक्षकों को टाइगर रिजर्व से खदेड़ दिया। फिर क्या था इमारती लकड़ी और अवैध शिकारियों की चांदी हो गई, एक ही दिन में अनगिनत वन्य पशु-पक्षियों मार डाले गये। भारत की गरीब जनता की

गाढ़ी कमाई के टैक्स से जिन वन्य प्राणियों को जतन से सहेजकर रखा जा रहा था उनका कत्लेआम जारी हो गया।

भारत के टाइगर रिजर्वों में अब ऐसी घटनायें नई नहीं कही जा सकतीं। वर्ष 1990 के जनवरी-फरवरी के महीनों में भी अतिवादियों ने जब मानस टाइगर रिजर्व के वनरक्षकों को खदेड़ दिया तब अवैध शिकारियों ने बिना समय खोये 100 से अधिक गैंडों के मार गिराया और सोने के बराबर वजन की कीमत वाले गैंडों की सींगों को काट कर अंतर्राष्ट्रीय बाजार तक पहुंचा दिया।

इस प्रकार की घटनाओं द्वारा कमाये गये काले धन में इन गरीबों के मसीहाओं का कितना भाग होता है इसे शायद ही कभी कोई बतला सकेगा क्योंकि ऐसे चश्मदीद गवाह को अपनी जान प्यारी है। उसे मालूम है कि कुछ भी बोलने पर न तो पुलिस और न सरकार उसकी रक्षा कर सकेगी।

मार्च 2009 में माओवादियों ने सिमलीपाल पर हमला करने के बाद बाकायदा पोस्टर चिपकाये और उसमें अपने नृशंस कार्य को मानवीय आधार देने के लिये वही सब कुछ पोस्टरों में लिखा जो वे पहले से लिखते आ रहे हैं अर्थात् वन भूमि में वन में रहने वालों के पूरे हक की मांग।

वन भूमि में वनवासियों को कितना मिलना चाहिये इस समस्या के प्रजातान्त्रिक पद्धति के हल में माओवादियों का विश्वास नहीं है। वे क्षेत्र के प्रजातन्त्रिक तरीके से चुने हुये वनवासियों के ही समाज के नुमाइन्दों को धमकाने पर नहीं चूकते। कारण साफ है, 'गरीबी' के नारे पर जंगलों में ये माओवादी अपना जंगल-राज्य बनाना चाहते हैं। सीमलीपाल अकेला ऐसा संरक्षित क्षेत्र नहीं है जहां माओवादियों की दहशतगर्दी चलती हो, ऐसे दो दर्जन से भी अधिक संरक्षित क्षेत्र हैं जहां वन रक्षकों का जीवन माओवादियों की गोलियों से तार-तार हो चुका है।

28 मार्च 2009 को सिमलीपाल में माओवादियों ने पूरे 3000 वर्ग किलोमीटर क्षेत्र में भीषण उत्पात मचाया, जगह-जगह पोस्टरों में प्रोजेक्ट टाइगर के मुर्दाबाद के नारे लिखे गये। माओवादियों ने उत्पात के लिये राष्ट्रीय उद्यान की खास जगहें अर्थात् चहाला, देवस्थली, गुडगुडिया, पाटबिल, जेनाबिल, जरोंदा को चुना जो वन्यप्राणी संकुल स्थान हैं। माओवादियों ने अपने इस अभियान को 'मुक्ति' अभियान कहा। अपने इस अभियान का समय उन्होंने बहुत सोच-समझकर रखा था। यह वह समय था जब वनवासी किसी बीते जमाने में 'अखंड शिकार' की परंपरा का निर्वाह करते थे। ऊपरी तौर पर यह बतलाने की कोशिश थी कि वे वनवासियों के हितू हैं और उनकी परंपरा को पुनरुज्जीवित करना चाहते हैं। भारत के सभी धर्मों और परंपराओं के विरोधी माओवादियों के वनवासी के लिये समर्पण वाले मुखौटे का अर्थ अब भारतीओं के लिये पहेली नहीं है। जनतांत्रिक समाज को जंगल-राज्य में बदलने की यह सोची-समझी जुगत है। उड़ीसा के सीमलीपाल से छत्तीसगढ़ के इन्द्रावती होते हुये दक्षिण भारत के नागार्जुन सागर संरक्षित क्षेत्र को जोड़ने वाले अधिकांश वन क्षेत्रों में 'लाल कारिडोर' बनाने का सपना संजोये माओवादियों से निपटने के लिये वनरक्षकों की बढ़ी हुई शक्ति नाकाफी रहेगी, इस कैंसर का राजनैतिक हल तुरंत ही ढूंढ़ना आवश्यक है।

सिंघोरी

संरक्षित क्षेत्र : अभयारण्य
विस्तार : 26.40 वर्ग किलोमीटर
स्थिति : मध्य प्रदेश
समीपवर्ती नगर : रायसेन
उत्तम भ्रमणकाल : अक्टूबर से मार्च
पारिस्थितिकी : अयनमंडलीय पर्णपाती वन
वन्य पशु–पक्षी : तेंदुआ, चीतल, सियार, नीलगाय, चिंकारा।

सिंघोरी अभयारण्य की स्थापना मध्य प्रदेश के रायसेन जिले की तहसील सिलवानी के वर्दी क्षेत्र में वर्ष 1976 में हुई थी। इस अभयारण्य का लगभग 60 प्रतिशत भाग पहाड़ी और 40 प्रतिशत भाग मैदान है। अभयारण्य के लगभग दो तिहाई भाग में सागौन के वन हैं। अन्य वृक्षों में हल्दू, कसई और बीजा प्रमुख हैं। वनों में चिंकारा और खुले मैदानी क्षेत्र में नीलगाय पाई जाती है।

सिजू

संरक्षित क्षेत्र : अभयारण्य
विस्तार : 5 वर्ग किलोमीटर
स्थिति : मेघालय
समीपवर्ती नगर : टूरा (40 कि.मी.)
उत्तम भ्रमणकाल : दिसम्बर से मार्च
पारिस्थितिकी : सालवन
वन्य पशु–पक्षी : पक्षी।

सिजू अभयारण्य की स्थापना वर्ष 1979 में यहां के साल वनों के संरक्षण के लिये की गई थी ताकि ये वन तथा उनका प्राणिजात संरक्षित रह सकें।

सिन्सा

संरक्षित क्षेत्र : अभयारण्य
विस्तार : 2 वर्ग किलोमीटर
स्थिति : सिक्किम
समीपवर्ती नगर : गंगटोक
उत्तम भ्रमणकाल : अप्रैल से मई एवं अगस्त से अक्टूबर
पारिस्थितिकी : रोडोडेन्ड्रान वन
वन्य पशु–पक्षी : पक्षी।

सिन्सा अभयारण्य की स्थापना हिमालयी रोडोडेन्ड्रान वृक्षों के संरक्षण के लिये की गई थी। इन वनों के संरक्षित होने पर अनेक प्रजातियों के पक्षी यहां पाये जाते हैं।

सिपाही जला

संरक्षित क्षेत्र : अभयारण्य
विस्तार : अप्राप्त
स्थिति : त्रिपुरा
समीपवर्ती नगर : अगरतला (25 कि.मी.)
उत्तम भ्रमणकाल : नवंबर से मार्च
पारिस्थितिकी : आर्द्र अयनमंडलीय वन
वन्य पशु–पक्षी : तेंदुआ, क्लाउडेड तेंदुआ, गंधमार्जार, कक्कड़, वन्य शूकर, पक्षी।

वनस्पति विज्ञानियों के अनुसार सिपाही जला अभयारण्य वनस्पतियों की सम्पन्नता के लिये उल्लेखनीय है। इस अभयारण्य में 456 प्रजातियों की वनस्पतियां प्राप्त होती हैं। वनों की अधिकता के कारण यहां के वन्य पशुओं में वृक्षचारी प्राणियों की अधिकता है। यहां पर वानरगण की पांच प्रजातियां पाई जाती हैं। ये क्रमशः स्लोलोरिस, स्पेक्टेकल्ड लंगूर, केप्ड मकाक, शूकर पुच्छ मकाक तथा सामान्य बंदर (मकाक) हैं। इसी तरह यहां पर वृक्षचारी गंधमार्जार और शिकारी वन्य पशुओं की भी अधिकता है, इनमें से वानरगण की प्रजातियां दिवाचारी हैं तो शिकारी हिंस्र गण के पशु अधिकतर निशाचर हैं।

इन प्राणियों के अतिरिक्त इस अभयारण्य में 100 से अधिक प्रजातियों के पक्षी भी पाये जाते हैं।

सिटी (सालिम अली)

जम्मू एवं काश्मीर का सिटी राष्ट्रीय उद्यान जिसे सालिम अली राष्ट्रीय उद्यान भी कहा जाता है बिना किसी देखरेख का संरक्षित क्षेत्र है, इसे निरस्त करने की बात भी चल चुकी है।

सिटी फारेस्ट

श्रीनगर का समीपवर्ती राष्ट्रीय उद्यान, पारिस्थितिकी प्रदेश के अन्य संरक्षित क्षेत्रों की भांति।

सिम्बल वारा

संरक्षित क्षेत्र : अभयारण्य
विस्तार : 55.4 वर्ग किलोमीटर
स्थिति : हिमाचल प्रदेश
समीपवर्ती नगर : सिरमौर
उत्तम भ्रमणकाल : वर्ष भर
पारिस्थितिकी : हिमालय पर्वतीय वन
वन्य पशु–पक्षी : सांभर, कक्कड़, तेंदुआ, चीतल, पक्षी।

सिम्बल वारा अभयारण्य की स्थापना वर्ष 1974 में सिरमौर जिले में हुई थी।

सिरोही

संरक्षित क्षेत्र : राष्ट्रीय उद्यान
विस्तार : 42 वर्ग किलोमीटर
स्थिति : मणिपुर
समीपवर्ती नगर : उखरूल (5 कि.मी.), निकटवर्ती हवाई पट्टी : इम्फाल (50 कि.मी.)
उत्तम भ्रमणकाल : जनवरी से मार्च
पारिस्थितिकी : उच्च अक्षांशीय वन तथा आर्द्र अयनमंडलीय वन
वन्य पशु–पक्षी : तेंदुआ, शूकर मृग, मछली मारने वाली बिल्ली, पक्षी।

सिरोय राष्ट्रीय उद्यान भारत म्यांमार सीमा पर स्थित है। इस छोटे राष्ट्रीय उद्यान की स्थापना 1982 में हुई थी।

सीतानदी

संरक्षित क्षेत्र : अभयारण्य
विस्तार : 553 वर्ग किलोमीटर
स्थिति : छत्तीसगढ़
समीपवर्ती नगर : रायपुर
उत्तम भ्रमणकाल : अक्टूबर से मार्च
पारिस्थितिकी : अयनमंडलीय पतझड़ वाले वन, साल वन
वन्य पशु–पक्षी : तेंदुआ, जंगली सुअर, जंगली कुत्ते, चीतल, कक्कड़।

सीतानदी अभयारण्य छत्तीसगढ़–उड़ीसा सीमा के पास छत्तीसगढ़ के रायपुर जिले में स्थित है। सीतानदी अभयारण्य का नामकरण सीतानदी के ऊपर किया गया है। सीतानदी का उद्गम स्थल इस अभयारण्य के मध्य में है, जहां से यह बहती हुई छत्तीसगढ़ और उड़ीसा की विशाल नदी महानदी में जा मिलती है। यद्यपि सीतानदी का उद्गम स्थल अभयारण्य के मध्य में है फिर भी इस विशाल अभयारण्य में जलस्त्रोतों की कमी है। इस अभयारण्य की पूर्वी सीमा पर अवश्य सदानीरा नदी सेन्दुर प्रवाहित होती है। इसी तरह अभयारण्य की उत्तरी सीमा पर लीलांज नदी है पर ये मुख्य अभयारण्य क्षेत्र में जल की कमी पूरा नहीं करती।

अभयारण्य के कुछ क्षेत्रों में साल वृक्ष के वन हैं परन्तु अधिकतर भाग में मिश्रित पर्णपाती वन हैं। साल, बीजा, सेमल, माहू, महुआ तथा कुसुम के अतिरिक्त सागौन के वृक्ष भी पाये जाते हैं। अभयारण्य के बड़े हिस्से में झाड़ियां और अनेक प्रकार की घासें पाई जाती हैं।

सीतानदी अभयारण्य में वन्य पशुओं में सर्वाधिक संख्या जंगली सुअर की है। कभी–कभी चीतल भी दिख जाते हैं।

अभयारण्य की सीमा के भीतर 29 वन ग्राम तथा 10 राजस्व ग्राम हैं जिनकी सम्मिलित जनसंख्या 15 हजार से अधिक है। पालतू पशुओं की संख्या भी लगभग 10 हजार है।

सीनेक द्वीप

अंडमान द्वीप समूह में स्थित इस अभयारण्य का विवरण 'अंडमान द्वीप समूह के संरक्षित क्षेत्र' में देखें।

सीतामाता

राजस्थान स्थित यह अभयारण्य 423 वर्ग किलोमीटर में फैला है।

सुन्दर वन

संरक्षित क्षेत्र : राष्ट्रीय उद्यान/बायोस्फियर रिजर्व
विस्तार : 2585 वर्ग किलोमीटर
स्थिति : पश्चिम बंगाल
समीपवर्ती नगर : गसाबा (50 कि.मी.)
उत्तम भ्रमणकाल : दिसंबर से मार्च
पारिस्थितिकी : समुद्रतटीय एवं डेल्टाई वन
वन्य पशु–पक्षी : बाघ, मछलीमार बिल्लियां, सरीसृप, पक्षी।

सुन्दर वन राष्ट्रीय उद्यान का विस्तार गंगा के विश्वप्रसिद्ध डेल्टा क्षेत्र में है। यह विश्व का सबसे बड़ा डेल्टा भी है। सुन्दर वन का विस्तार भारत और बंगलादेश में है। इन वनों का नामकरण यहां पर पाई जाने वाली 'सुन्दरी' नाम की वनस्पति पर हुआ है। इन वनों में यह वृक्ष बहुतायत से होता है। गंगा के डेल्टा में स्थित इस संरक्षित क्षेत्र के संपूर्ण क्षेत्रफल 2585 वर्ग किलोमीटर में से 1330 वर्ग किलोमीटर क्षेत्र नाभिक क्षेत्र है। यह संपूर्ण क्षेत्र अनेक छोटी–छोटी नदियों तथा द्वीपों का क्षेत्र है जिसमें समुद्रतटीय मैनग्रूव वनस्पति पाई जाती है। समुद्र और ताजे पानी के इस मिलन क्षेत्र में अत्यधिक प्राकृतिक उत्पादकता पाई जाती है क्योंकि नदियां प्रतिवर्ष अपने साथ नई मिट्टियां निक्षेपित करती हैं जिनमें उत्पादक तत्व भरपूर रहते हैं। सुन्दर वन इसीलिये सभी प्रकार के जलचर प्राणियों के लिये मानो स्वर्ग है। यहां पर सघन वन होने के कारण पक्षियों की प्रजातियों की भी बहुतायत है। यहां पर प्रवासी और निवासी दोनों ही वर्ग के पक्षी बड़ी संख्या में निवास करते हैं।

सुन्दर वन टाइगर रिजर्व भी है, यहां पर विश्व के सबसे अधिक बाघों की संख्या निवास करती है। सुन्दर वन टाइगर रिजर्व की दूसरी बड़ी विशेषता यहां पर रह रहे मनुष्यों और बाघों का तालमेल भी है। बाघ द्वारा प्रतिवर्ष मारे जाने वाले मनुष्यों की संख्या भी सुन्दर वन टाइगर रिजर्व में ही है। यहां पर बाघ नदी के जल में गोता लगाते हैं और नाव पर यात्रा कर रहे लोगों को खींच लेने में माहिर हैं।

सुन्दर वन बाघ और मनुष्य दोनों की शरथस्थली है, मनुष्य के लिये तो और भी विकल्प हैं पर बाघ के लिये विकल्प अब नहीं बचे हैं। सुन्दर वन में बाघ के रहने की जगह में दूर–दूर तक मछुआरे और वनोपज इकट्ठा करने वाले प्रवेश कर जाते हैं। यह प्रदेश जानलेवा भी साबित होता है। मछुआरे 'बोनबीबी' और दुर्गा से प्राणों की रक्षा

मांगकर चलते हैं पर एक ही स्थान पर रहने वाले बाघ से मुलाकात हो ही जाती है फलतः सुन्दर वन में सबसे अधिक मनुष्य बाघ द्वारा मारे जाते हैं।

सुन्दर वन संरक्षण

सुन्दर वन भारत और बंगलादेश की साझा प्राकृतिक संपदा है। इसका सम्यक् अध्ययन और उचित देखभाल हो यह दोनों के पर्यावरणविद् चाहते रहे हैं। अंततोगत्वा (वर्ष 2004) पश्चिम बंगाल की राज्य सरकार, भारत सरकार का बाघ परियोजना का निदेशालय, यू. एन. डी. पी. (यूनाइटेड नेशन्स डेव्लपमेंट प्रोग्राम) के प्रतिनिधि और बंगलादेश के वन अधिकारी इस बात के लिये आगे आये कि सुन्दर वन की साझा प्राकृतिक संपदा को उचित संरक्षण प्रदान किया जाय।

सुन्दर वन विश्व का सबसे बड़ा डेल्टा है जिसका विस्तार भारत और बंगलादेश की सीमाओं में है। इन दोनों के पास इस तरह का विश्व का सबसे बड़ा मैनग्रूव वन क्षेत्र भी है। भारतीय क्षेत्र के डेल्टाई प्रदेश के उत्तरी–पश्चिमी भाग के 5400 वर्ग किलोमीटर के क्षेत्र में अब वनों को साफ कर दिया गया है और अब यहां मनुष्यों की बड़ी आबादी रहती है परंतु शेष भाग में अर्थात् 9630 वर्ग किलोमीटर के क्षेत्र अभी भी वनाच्छादित हैं। वर्ष 1989 में इस वन क्षेत्र को बायोस्फियर रिजर्व घोषित किया गया। अगले 12 वर्षों के भीतर अर्थात् वर्ष 2001 में यूनेस्को ने इसे एम. ए. बी. (मैन एंड बायोस्फियर) प्रोग्राम के तहत स्वीकृत किया।

यूनेस्को के एम. ए. बी. प्रोग्राम में आने के बाद सुन्दर वन को 'विश्व धरोहर स्थल' के रूप में अंतर्राष्ट्रीय मान्यता मिली। सुन्दर वन बायोस्फियर रिजर्व के इस विशाल क्षेत्र में अब एक राष्ट्रीय उद्यान और तीन अभ्यारण्य स्थित हैं। संरक्षित क्षेत्र क्रमशः सुन्दर वन राष्ट्रीय उद्यान तथा सजनाखली, हेलिडे द्वीप तथा लोथियन द्वीप अभयारण्य हैं। सुन्दर वन को 'रामसर स्थल' घोषित होने में शायद देर नहीं है, रामसर स्थल वे 'नमक्षेत्र' (वेटलैंड) हैं। जिन्हें अन्तर्राष्ट्रीय महत्व का माना जाता है।

सुन्दर वन संरक्षण विश्वबिरादरी के सौहार्द्र का एक अनुकरणीय उदाहरण है। वर्ष 2000 में यू. एन. डी. पी. के तत्वाधान में भारत और बंगलादेश ने सुन्दर वन के मैनग्रूव को संरक्षित करने के प्रयास प्रारंभ किये। इन प्रयासों में दोनों देशों की सीमाओं के मैनग्रूव वन्य क्षेत्रों में निवास करने वाले शेरों की गणना भी थी। बंगलादेश में अब तक शेरों की गणना पारंपरिक विधि से की जा रही थी परंतु जनवरी 2004 में बंगलादेश के उच्च वनाधिकारियों को सुन्दर वन के सजनाखली अभयारण्य में आमंत्रित कर बाघों की गणना संबंधी 10 दिवसीय ट्रेनिंग दी गई। बंगलादेश और भारत के आपसी सहयोग से संरक्षण संबंधी कुछ अन्य योजनाओं पर भी विचार–विमर्श हुआ। लिखने की आवश्यकता नहीं कि ऐसे कार्य वन्य जीवों की सुरक्षा की ओर बढ़ाये गये सार्थक कदम होंगे।

सुन्दर वन के बाघ

सुन्दर वन में ताजे पानी, खारे पानी और मिश्रित जल में रहने वाले प्राणी मिलते हैं। सुन्दर वन की मृदा अत्यधिक उपजाऊ है और वहां सघन वनस्पति पैदा होती है। जिसे मैनग्रूव कहा जाता है। सुन्दर वन अपनी विशिष्ट वनस्पति के कारण वर्ष में 'बायोस्फियर रिजर्व'

घोषित किया गया परंतु उससे भी अनेक वर्ष पूर्व 1973 में सुन्दर वन को 'टाइगर रिजर्व' के रूप में मान्यता प्रदान की गई थी। यह टाइगर रिजर्व अनूठा है क्योंकि यहां मैनग्रूव पारिस्थितिकी का टाइगर रिजर्व है। मैनग्रूव वनों वाले सुन्दर वन को विश्व का शेरों की सबसे बड़ी संख्या वाला क्षेत्र कहा जाता है परंतु यहां पर शेर को देखना संभवतः सबसे कठिन है बेशाक यहां शेर की उपस्थिति का सदैव अनुभव किया जा सकता है। शेर की दूर की रिश्तेदार मछलीमार बिल्ली (फिशिंग कैट) अब दुर्लभ जीव है परंतु उसे यहां देखा जा सकता है। शेर यहां के जंगलों में सर्वत्र व्याप्त है परंतु जंगलों की सघनता उसे सदैव ही मनुष्य की नजरों से ओझल रखती है जबकि वह मनुष्य को सदैव देखता रहता है। शेर सही अर्थों में जंगल का राजा है। यदि शेर भूमि का सबसे बड़ा शिकारी प्राणी है तो समुद्री मगर (ईश्चुरीन क्रोकोडाइल) जल का सबसे शक्तिशाली और बड़ा सरीसृप है। सुन्दर वन में समुद्री मगरों को आसानी से देखा जा सकता है। जलचरों में जलीय गोधिका श्या साल्वाडोर लिजार्ड तथा अनेक प्रजातियों के कछुये भी यहां देखना सरल है। सुन्दर वन टाइगर रिजर्व में वनस्पति-भोजियों में सबसे बड़ा और सबसे बड़ी संख्या में पाये जाने वाला चीतल है जो कि शेर का प्रमुख शिकार भी है। सुन्दर वन में कीचड़ के विशाल समतल भाग और रेत के टीले भी हैं जिनमें अनेक प्रजातियों के केंकड़े और अन्य जलचर पाये जाते हैं। अध्ययनों से पता चलता है कि शेर छोटे-बड़े सभी प्राणियों का शिकार करता है।

सुन्दर वन में कितने शेर हैं यह ठीक बतलाना कठिन है परंतु शेरों के पंजों के निशान से शेरों की गणना एक स्थापित विधि है। इस विधि से 18 तथ्यों पर ध्यान रखा जाता है और उसके बाद ही किसी शेर के पंजों के निशान को दूसरे शेर के पंजों के निशान से अलग माना जाता है। इसका 'प्लास्टर कास्ट' भी बनाया जाता है। इस शताब्दी के प्रारंभ में अर्थात् वर्ष 2001 में सारी गणनाओं के पश्चात् जिस माध्य को माना गया था उसके अनुसार इस संरक्षित क्षेत्र में उस वर्ष 271 शेर थे। वर्ष 2004 की गणना के अनुसार सुन्दर वन में 260 और 288 के बीच शेरों की संख्या थी। इन संख्याओं का माध्य 274 बैठता है। यदि इस संख्या को वर्ष 2001 की बाघों की संख्या के संदर्भ में देखें तो यह संख्या विश्वसनीय लगती है।

बंगलादेश के सीमा क्षेत्र के सुन्दर वन में कितने शेर हैं यह ठीक ज्ञात नहीं क्योंकि वहां से इस संबंध में कोई आधिकारिक सूचना (वर्ष 2004) प्राप्त नहीं हुई। बंगलादेश की सरकार यू. एन. डी. पी. ढाका (यूनाइटेड नेशन्स डेवलपमेंट प्रोग्राम) से इस बात पर राजी हो गई है कि फरवरी 2004 के अंतिम सप्ताह में बंगालदेश की सीमा वाले सुन्दर वन में बाघों की गणना प्रारंभ हो।

सुन्दर वन संरक्षित क्षेत्र में मानवीय उद्यम की मिसाल

गंगा जहां बंगाल की खाड़ी से निकलती है, वहां एक विशाल डेल्टा बनाती है। सुन्दर वन इसी डेल्टा पर बसा है। सुन्दर वन को वर्ल्ड हेरिटेज साइट यानी 'विश्व धरोहर स्थल' का भी दर्जा हासिल है।

सन 2001 की जनगणना के अनुसार सुन्दर वन के 158 द्वीपों में चालीस लाख बीस हजार लोग रहते हैं। देश की मुख्य भूमि से कटे हुये इस प्रदेश के लोग देसी किस्म की नौकाओं से आते-जाते हैं जिनमें यात्रा करना बहुत ही जोखिम भरा काम है। यहां

जन समस्याओं के समाधान के संदर्भ में सोसायटी फार एनवायरनमेंट डेवलपमेंट (ई. एन. डी. ई. बी.) के प्रयास महत्वपूर्ण हैं ई. एन. डी. ई. बी. ने जनहित की अन्य अनेक परियोजनाओं के साथ ही पांच गांवों के लोगों से स्वास्थ्य सेवा परियोजना की संभावना पर बात शुरू की। छोटो मुलाखाली नामक द्वीप पर बसे इन पांच गांवों की कुल आबादी तीस हजार है। आंगनबाड़ी कार्यकर्ता और अन्य महिलाओं की मदद से सर्वेक्षण द्वारा क्षेत्र के लोगों की स्वास्थ संबंधी आवश्यकतायें और समस्यायें जानने की कोशिश की गई जिससे एक बात स्पष्ट हो गई कि स्थानीय प्राथमिक स्वास्थ्य केंद्र लोगों की स्वास्थ्य संबंधी आवश्कताओं की पूर्ति में नाकाम है। इसमें सिर्फ एक चिकित्सक की व्यवस्था है और उपचार के उपकरण और आधारभूत ढांचा भी पर्याप्त नहीं है। अधिकांश लोग उपचार के लिये झोलाछाप डाक्टरों की शरण लेते हैं। पेट के रोग, त्वचा रोग, गले का संक्रमण और प्रजनन अंग के संक्रमण यहां आम हैं।

अपने पहले के कार्यों के आधार पर ई. एन. डी. ई. बी.. ने तय किया इनमें से अधिकांश रोगों का उपचार स्थानीय जड़ी-बूटियों द्वारा किया जा सकता है जिन्हें उपजाने का विचार अमल में लाया गया।

महिलाओं ने इस काम के प्रति अत्यंत उत्साह दिखाया और दो स्थानीय पंचायतों ने इस परियोजना के लिये दस हजार फीट जमीन पट्टे पर दी।

शुरुआती दौर में चौदह महिलाओं को जड़ी-बूटियां उगाने का प्रशिक्षण दिया गया। प्रशिक्षण प्राप्त करने वाली ये सभी महिलायें प्राथमिक स्तर तक साक्षर थीं। इन महिलाओं ने गोंबिदपुर महिला समिति नाम का समूह गठित किया। वनस्पति विज्ञानियों द्वारा अनुमोदित पौधों के बीज और बिचड़े कोलकाता के एग्री हार्टीकल्चर सोसायटी और नरेंद्रपुर के रामकृष्ण मिशन ने उपलबध कराये। जो पौधे आसपास उपलब्ध न थे उन्हें देहरादून के फारेस्ट रिसर्च इंस्टीट्यूट से मंगवाया गया। ई. एन. डी. ई. बी. की देखरेख में ऐसे पचास किस्म के पौधे उगाये गये।

उदाहरण के तौर पर, यहां उगाया जाने वाला निशिदा नामक पौधा फोड़े फुंसी, मसूढ़ों की सूजन, टॉसिलाइटिस (कंठशोथ) और कान के घाव के उपचार में लाया जाता है । ऐसी ही एक जड़ी है उलोत कंबूल। मासिक धर्म के कारण होने वाले पेट दर्द, अनियमित माहवारी और सूजाक के उपचार में इसका इस्तेमाल होता है।

औषधीय पौधों का यह उद्यान खूब फल-फूल रहा है। इस परियोजना के कारण दूसरे द्वीप के निवासियों में भी रुचि पैदा हुई है। उद्यान में प्रसिद्ध वनस्पति विज्ञानी सर जगदीश चंद्र बोस के नाम से एक छोटा सा संसाधन केंद्र खोला गया है। जहां औषधीय गुणों वाले पौधों की बिक्री होती है। स्थानीय जनता से प्रति पौधा एक रुपया लिया जाता है। इसके पीछे मंशा यह है कि स्थानीय लोग इन पौधों को अपनी जमीन पर उगायें। केंद्र द्वारा 'सहज औषधि' नाम से एक पुस्तक प्रकाशित की गई। यहां पर घृतकुमारी (एलोवेरा) का अच्छा उत्पादन हो रहा है।

महिलायें अपने काम से बहुत खुश और उत्साहित हैं। अपने काम को और आगे बढ़ाने की नीयत से वे एक सहकारी समिति के रूप में पंजीकरण चाहती हैं। कुछ महिलाओं ने इन औषधियों को अपनी जमीन पर भी उगाना शुरू कर दिया है ताकि वे इन्हें बेच सकें। महिलाओं को इस काम से नया अर्थ मिला है।

टाइगर रिजर्व बनने के पश्चात

पश्चिमी बंगाल के सुन्दर वन टाइगर रिजर्व में बाघों और मनुष्यों के बीच पुरानी तकरार रही है और उसका फल यह हुआ कि इस क्षेत्र में बाघ द्वारा मारे गये व्यक्तियों की विधवाओं की बहुलता हो गई। फिल्म बनाने वालों को फिल्म बनाने का मसाला मिला और लेखकों को लेखन की नई सामग्री जिसमें हिंसा, करुणा और ग्लानि सभी साहित्यिक तत्व विद्यमान थे। मानवीय दृष्टि से यह एक भयंकर त्रासदी थी। इससे निपटने के लिये टाइगर रिजर्व के अधिकारियों ने एक योजना बनाई, पहले तो सभी योजनाओं की भाँति इस योजना का भी ग्रामीणों ने विरोध किया परंतु इस योजना के क्रियान्वयन के पश्चात् शीघ्र ही ग्रामीणों को ऐहसास हुआ कि यह योजना जीवन रक्षक है।

टाइगर रिजर्व बनने के पश्चात् सुन्दर वन के बाघों के व्यवहार के अध्ययन पर पाया गया कि बाघों द्वारा मनुष्यों को मारने की घटनाओं में 80 फीसदी घटनायें वे होती हैं जिन्हें आकस्मिक कहा जा सकता है। अध्ययन में पाया गया कि अनेक कारणों से यथा अशक्तता तथा वार्धक्य के कारण अथवा कभी रास्ता भटककर जब बाघ अचानक मनुष्य के पास पहुंचता है तब वह मनुष्य को मार डालता है, ऐसा ही कुछ पालतू जानवरों के साथ उसका व्यवहार है। शेर के लिये पालतू जानवर मानो परोसी हुई थाली हैं, वह उन्हें बिना श्रम किये मार सकता है और वह सुन्दर वन में ऐसा करने का आदी भी हो चुका है। इस अध्ययन के बाद अध्ययनकर्ताओं ने पाया कि शेर की इस प्रकार की गतिविधियां 63 किलोमीटर के क्षेत्र के वन ग्रामों में सर्वाधिक हैं जो जलधाराओं के एकदम निकट हैं। शेर इन जलधाराओं से इन ग्रामों में सरलता से पहुंच जाते हैं। इस पर नियंत्रण रखने के लिये टाइगर रिजर्व के अध्येताओं ने जलधाराओं और ग्रामों के बीच मजबूत नायलोन के जाल लगाये। इन जालों का चमत्कारी प्रभाव हुआ।

शेरों ने जब इसमें घुसने का प्रयास किया तो वे उलझ कर रह गये और वन विभाग द्वारा पकड़ लिये गये। परिणाम साफ था, इन जालों को लगने बाद एक भी शेर गांवों में घुसकर एक भी आदमी को नहीं मार पाये। तीन वर्ष में एक– एक कर सत्रह घटनाओं में सत्रह शेरों को वन विभाग के कर्मचारियों ने पकड़ा और उन्हें सुन्दर वन के सुरक्षित क्षेत्र में पुनः छोड़ दिया।

इस प्रयोग के पहले ग्रामीणों ने तंग आकर एक शेर को मार भी डाला था परंतु अब ग्रामीण शेरों से संबंधित सूचना वन विभाग को देते हैं और कानून हाथ में नहीं लेते, उसकी उन्हें अब आवश्यकता भी नहीं रही।

सुन्दर वन के संरक्षित क्षेत्र में 25 वन रक्षक और पारिस्थितिकी विकास की कमेटियां बना दी गई हैं।

सुन्दर वन निकट भविष्य में : सभी जानते हैं कि विश्व का तापमान बढ़ रहा है जिसे 'ग्लोबल वार्मिंग' कहा जाता है। 'ग्लोबल वार्मिंग' का सीधा और नजदीकी प्रभाव सुन्दर वन में अनुभव भी किया जा सकता है और उसे निकट भविष्य में देखा भी जा सकेगा। ऐसा माना जाता है कि वैश्विक समुद्री सतह यदि 45 से0मी0 बढ़ जाये तो वह तीन चौथाई या 75 प्रतिशत सुन्दर वन को पानी में डुबा देगी। 'ग्लोबल वार्मिंग' से ध्रुवीय हिम के पिघलने से समुद्र सतह का पानी और ऊपर आ जाता है। हेडली सेन्टर ने भविष्यवाणी की है कि समुद्र सतह की बढ़ोतरी एक भौतिक यथार्थ है और समुद्र सतह की यह बढ़ोतरी वर्ष 2070 से 2100 के बीच अवश्यंभावी है, अर्थात् हमारी नई पीढ़ी

इसे देख सकेगी इसमें संदेह नहीं है। यह भी कहा गया है कि यदि कार्बन डाई आक्साइड की वातावरण में मिलने की मात्रा यदि दुगनी हो गई तो अगले 30 वर्ष में ही तीन चौथाई सुन्दर वन डूबने का दृश्य पैदा हो जायेगा। जिस गति से दुनिया में औद्योगीकरण और कारों की संख्या बढ़ रही है उससे तो यही लगता है कि अब सुन्दर वन बहुत वर्षों तक नहीं रह पायेगा।

उपग्रहों की अध्ययन प्रणाली यह सूचित करती है कि पिछले दो दशकों में सुन्दर वन के समुद्री तटों की समुद्री सतह में 3.14 से.मी. प्रति वर्ष की बढ़ोतरी हुई है जबकि दुनिया के औसत समुद्री तटों में यह बढ़ोतरी मात्र 2 मि.मी. हुई है अर्थात् सुन्दर वन में समुद्री सतह दुनिया की औसत से कई गुनी तेजी से बढ़ रही है। यह पिछले दो दशकों में अनुभव भी किया जा चुका है। सुन्दर वन के चार द्वीप बेडफोर्ड, लोहछरा, कबासगढ़ी और सुपारीभांगा समुद्र में डूब चुके हैं तथा इन द्वीपों में रहने वाले 6000 परिवार बेघरबार हो चुके हैं। अगले कुछ वर्षों में घोड़ामारा और माउसुनी भी सागर के गर्त में समाने वाले हैं। जाधवपुर विश्वविद्यालय के स्कूल आफ ओसियनोग्राफिक स्टडीज की चेतावनी है कि वर्ष 1920 तक ही सुन्दर वन का 15 प्रतिशत भाग जलमग्न हो जायेगा, इससे 13 मिलियन जनसंख्या विस्थापित होगी, यह जनसंख्या पश्चिम बंगाल के ऊंचे मैदानी भागों के अतिरिक्त पूर्वोत्तर के राज्यों में भी शरण लेगी।

सुन्दर वन के लिये विशेषकर उसके प्राणिजात के लिये तो यह निश्चित ही बुरी खबर है।

परंतु क्या इस आपदा से बचा जा सकता है? वैज्ञानिकों का विश्वास है चूंकि यह आपदा मूलतः मनुष्य की ही देन है अतः इसे टाला तो अवश्य ही जा सकता है पर उसके लिये कठिन प्रयास और दृढ़ निश्चय की आवश्यकता है, वह यह कि मौजूदा कार्बन डाइ आक्साइड की उत्पत्ति को 80 फीसदी तक कम किया जाये।

सुन्दर वन के मुख्य वन्य प्राणी

क्र.सं.	*वन्य प्राणी*	*वैज्ञानिक नाम*
1.	बाघ	पैन्थरा टाइग्रिस
2.	मछलीमार बिल्ली	फैलिस विवरिना
3.	बंदर	मकाका मुलट्टा
4.	चीतल	एक्सिस एक्सिस
5.	शूकर	सुस स्क्राका
6.	समुद्री डोल्फिन	नियोफोसीना फोसीनाइडस
7.	गंगा डॉल्फिन	प्लेटिनिस्टा गूंजेटिका
8.	पनकुत्ता	ल्यूट्रा पर्सपिसिलाय
9.	इरावदी डोल्फिन	आरकेला ब्रेविरोस्ट्रिस
10.	घरेलू छछूंदर	संकस म्यूटिगर्स
11.	वन विडाल	फैलिस चाउस
12.	सियार	कैनिस आउरस
13.	लोमड़ी	वल्पस बंगाल नेसिस
14.	सिवट	विवरीक्युला इंडिका

15.	भूरा नेवला	पैराडोक्सुरस हार्माफ्रोडाइटस
16.	पांच पट्टियों वाली गिलहारी	हर्पेस्टस एडवर्डसी
17.	खेतों का चूहा	फ्यूनाम्बुल पेन्नटी
18.	बड़ा चूहा	मुश बूडुगा
19.	सामान्य चूहा	बन्डीकटा इंडिका
20.	घरेलू चूहा	रेटस रेटस
21.	बड़ी चमगादड	मुस मस्क्यूलस
22.	छोटी नाक वाली चमगादड़	टेरोपस जाइजेन्टस
23.	छोटी पीली चमगादड़	क्यानोटेरस स्फिंक्स
24.	भारतीय बड़ी चमगादड़	स्कोटोफाइलस कुहली
25.	चूहा पुच्छ चमगादड़	मैगाडर्मा लाइरा
26.	वामन चमगादड़	रिलोपोमा हाईविकी
		पिपिस्ट्रेलस माइमस

वन्य प्राणियों की प्रजातियां जो अब सुन्दर वन में विलुप्त हो चुकी हैं

1.	जावाई गैंडा	रिनोसोरस सोन्डिकस
2.	बारहसिंघा	सर्वस डुबावसेली
3.	जंगली भैंसा	ब्यूबलस ब्यूबलस
4.	कक्कड़	मुनिटयेकस मुन्टजेक

सुन्दामाता

संरक्षित क्षेत्र : अभयारण्य
विस्तार : 107 वर्ग किलोमीटर
स्थिति : राजस्थान
उत्तम भ्रमणकाल : अक्टूबर से मार्च
पारिस्थितिकी : शुष्क पर्णपाती अयनमंडलीय वन
वन्य पशु–पक्षी : कृष्णमृग, भेड़िया, चिंकारा, नीलगाय, जंगली बिल्लियां

सुन्दामाता अभयारण्य राजस्थान–गुजरात सीमा पर स्थित है।

सुनाबेदा

संरक्षित क्षेत्र : अभयारण्य
विस्तार : 600 वर्ग किलोमीटर
स्थिति : उड़ीसा, जिला : नाउपारा
समीपवर्ती नगर : झिलीमुंडा
उत्तम भ्रमणकाल : अक्टूबर से मार्च
पारिस्थितिकी : पर्णपाती वन
वन्य पशु–पक्षी : शेर, तेंदुआ, हरिण, जंगली सुअर, पक्षी।

इस अभयारण्य की एक बड़ी विशेषता यह भी है कि इसमें बहुत कम संख्या में गांव

बसे हैं इसीलिये ही मानवीय हलचल भी इस अभयारण्य में बहुत कम है। इस अभयारण्य में प्राकृतिक जल स्त्रोतों की संख्या भी पर्याप्त है क्योंकि इसमें 3 नदियां और 11 नाले प्रवाहित होते हैं। सुनाबेदा अभयारण्य से लगा हुआ खरियार वन क्षेत्र है जिससे इस अभयारण्य को एक 'बफर जोन' जैसी स्थिति प्राप्त है। सुनाबेदा अभयारण्य उड़ीसा के पश्चिमी भाग में छत्तीसगढ़ की सीमा पर है जहां से उदन्ती और सीतानदी अभयारण्य समीप ही हैं। छत्तीसगढ़ के इन वनों में कुछ जंगली भैंसे अब भी पाये जाते हैं। यदि इन सभी अभयारण्यों को जोड़ दिया जाय तो निश्चित ही इन वनभैसों की संख्या में कुछ वृद्धि हो सकती है। सुनाबेदा अभयारण्य में (वर्ष 2004) 24 बाघों की उपस्थिति पाई गई थी जो कि किसी भी अभयारण्य के हिसाब से उत्तम मानी जायेगी।

सुरहाताल

पूर्वी उत्तर प्रदेश की झील के चारों ओर फैला हुआ अभयारण्य। पक्षियों का संरक्षण, पारिस्थितिकी प्रदेश के अन्य संरक्षित क्षेत्रों की भांति।

सुरसरोवर

पश्चिमी उत्तर प्रदेश में स्थित पक्षिजात के लिये घोषित अभयारण्य, पारिस्थितिकी प्रदेश के अन्य संरक्षित क्षेत्रों की भांति।

सुल्तानपुर

संरक्षित क्षेत्र : अभयारण्य/राष्ट्रीय उद्यान
विस्तार : 01 वर्ग किलोमीटर
स्थिति : हरियाणा
समीपवर्ती नगर : गुड़गांव (15 कि.मी.)
उत्तम भ्रमणकाल : अक्टूबर से फरवरी
पारिस्थितिकी : सरोवर
वन्य पशु–पक्षी : पक्षी।

सुल्तानपुर अभयारण्य सुल्तानपुर नाम की झील के चारों ओर सिमटा हुआ है। यह अभयारण्य एक नम क्षेत्र (वेटलैंड) है जिसमें अनेक आवासी पक्षी निवास करते हैं। चूंकि यह अभयारण्य प्रवासी पक्षियों के मार्ग में पड़ता है अतः यहां बहुत बड़ी संख्या में प्रवासी पक्षी आते हैं। यहां पर 320 प्रजाति के पक्षी देखे गये हैं। यद्यपि यह भी तथ्य है कि यहां अधिकतर पक्षी शीतकाल में निवास के लिये नहीं रुकते। वर्ष 1960 तक सुल्तानपुर झील मैदानी क्षेत्र की एकाकी झील थी जिसके चारों ओर न तो वृक्ष थे और न कोई अन्य वनस्पति। स्वर्गीय प्रधानमंत्री इंदिरा गांधी की पहल पर हरियाणा सरकार ने इसे विकसित करने की योजना बनाई तथा इस झील के चारों ओर पर्यावरण वानिकी के द्वारा इस क्षेत्र को हरा–भरा किया गया और झील का यह क्षेत्र अभयारण्य घोषित किया गया।

इस 45 एकड़ के पक्षी अभयारण्य में पक्षियों का आना-जाना बहुत कुछ इस बात पर भी निर्भर करता है कि संबंधित वर्ष में यहां कितनी वर्षा हुई। यदि वर्षा पर्याप्त है तो प्रवासी पक्षी भी पर्याप्त संख्या में आते हैं। वर्षा की कमी के वर्षों में कुछ पक्षी विशेष यहां नहीं रुकते। यही कारण है यहां सफेद पेलिकेन और ग्रेट फ्लेमिंगो यदि जब कभी दिखलाई देते हैं तो काली गर्दन वाले सारस अधिकतर यहां देखे जाते हैं। कुछ वर्षों में तो ऐसे प्रवासी पक्षी भी दिख जाते हैं जो अन्यत्र भी कम दीखते हैं। इनमें लेसर केस्ट्राल, ब्रूक्स लीफ वार्बलर और डस्की चील नुमा उल्लू की प्रजातियां उल्लेखनीय हैं।

सुल्तानपुर से मात्र 8 किलोमीटर दूर बसई नम क्षेत्र है जिसमें बार हेडेड राजहंसों के झुंड देखे जा सकते हैं। कभी-कभी इनकी संख्या 1000 तक भी हो जाती है। इस नम क्षेत्र में भी 240 प्रजातियों के पक्षी देखे गये हैं।

संकट : सुल्तानपुर झील में पानी की कमी की अनवरत समस्या है। यह समस्या किसी हद तक 'हरियाणा डेवलपमेंट अथारिटी' जल प्रदान कर दूर करती है। इसके लिये वन विभाग को काफी रकम चुकानी पड़ती है।

सूजीकरई

तमिलनाडु के सत्यमंगलम जिले में कृष्णमृग के लिये यह अभयारण्य स्थापित किया गया है, यहां पर 450 कृष्णमृग हैं।

सेमरसाट

संरक्षित क्षेत्र : अभयारण्य
विस्तार : 430 वर्ग किलोमीटर
स्थिति : छत्तीसगढ़
समीपवर्ती नगर : रायगढ़
उत्तम भ्रमणकाल : अक्टूबर से मार्च
पारिस्थितिकी : मिश्रित अयनमंडलीय पर्णपाती वन
वन्य पशु-पक्षी : तेंदुआ, गौर, सांभर, चीतल।

सेमरसाट अभयारण्य की स्थापना वर्ष 1978 में हुई थी। सेमरसाट अभयारण्य का नाम उसी नाम के आरक्षित वन क्षेत्र के नाम पर पड़ा है जिसे आगे चलकर अभयारण्य का दर्जा दिया गया। अम्बिकापुर-रामानुजगंज रोड अभयारण्य को दो भागों में विभाजित करती है। सेमरसाट अभयारण्य में उत्तम कोटि के साल वृक्षों के वन हैं। अभयारण्य में दो प्रमुख नदियां छानन और सेन्दुर हैं जिनमें वर्ष भर जल रहता है। अभयारण्य में अनेक मौसमी नाले भी हैं जो ग्रीष्म काल में सूख जाते हैं।

अभयारण्य में चीतल, जंगली सुअर और सांभर के अतिरिक्त बड़ी संख्या में रीछ भी पाये जाते हैं। छोटे वन्य पशुओं में सेही और नेवले प्रमुख हैं।

यहां पर पहिले गौर भी देखे जाते थे पर अब उनको देख पाना दुर्लभ है। पक्षियों में मोरों की संख्या अभी भी काफी है।

सेंचल

संरक्षित क्षेत्र : अभयारण्य
विस्तार : 11 वर्ग किलोमीटर
स्थिति : पश्चिमी बंगाल
समीपवर्ती नगर : दार्जिलिंग (11 कि.मी.)
उत्तम भ्रमणकाल : अप्रैल से मई एवं सितंबर से नवंबर
पारिस्थितिकी : हिमालयी उच्च अक्षांशीय वन
वन्य पशु–पक्षी : हिमालयी मेष छाग, पक्षी।

सेंचल अभयारण्य पश्चिम बंगाल और सिक्किम की सीमा पर ऊंचे पर्वतों पर स्थित है। सेंचल अभयारण्य के सीमा क्षेत्र के भीतर दार्जिलिंग नगर का जलप्रदाय केंद्र है। जलप्रदाय केंद्र स्वतंत्रता के पूर्व बनाया गया था। तब की आवश्यकता के अनुरूप इसकी क्षमता 1.5 लाख गैलन प्रतिदिन थी, अब आवश्यकता 10 गुनी बढ़ चुकी है इस हेतु इस अभयारण्य के भीतर ही सिन्धप या तीसरी झील का निर्माण किया गया है। प्रयास यह भी किया जा रहा है कि सेंचल स्थित झीलों में रंगडंग नदी का जल पाइप द्वारा लाया जाये। यह अभयारण्य 1976 में स्थापित किया गया।

सेन्डी द्वीप

अंडमान द्वीप समूह में स्थित इस अभयारण्य का विवरण 'अंडमान द्वीप समूह के संरक्षित क्षेत्र' में देखें।

सैकूतान नाला

हिमाचल प्रदेश में स्थित 5 वर्ग किलोमीटर क्षेत्र का यह अभयारण्य उच्च हिमालयी प्राणिजात के लिये जाना जाता है। इसे चम्बा जिलों में वर्ष 1974 में स्थापित किया गया था।

सैलाना

संरक्षित क्षेत्र : अभयारण्य
विस्तार : 13 वर्ग किलोमीटर
स्थिति : मध्य प्रदेश, जिला : रतलाम
समीपवर्ती नगर : रतलाम
उत्तम भ्रमणकाल : सितंबर से जनवरी
पारिस्थितिकी : उच्च अक्षांशीय वन तथा आर्द्र अयनमंडलीय वन
वन्य पशु–पक्षी : प्रमुख रूप से खरमोर (बस्टार्ड), किंतु कुछ और वन्य पशु भी जिनमें लोमड़ी, नीलगाय और खरगोश प्रमुख हैं।

सैलाना अभयारण्य मध्य प्रदेश एवं राजस्थान की सीमा पर स्थित एक बहुत छोटा संरक्षित क्षेत्र है जिसकी स्थापना प्रमुख रूप से खरमोर (बस्टार्ड) के संरक्षण हेतु की गई थी।

स्वतंत्रता-पूर्व तक यह एक रजवाड़ा था तथा यहां के शासकों ने इस छोटे से वन को इसलिये छोड़ रखा था क्योंकि यहाँ खरमोर पक्षियों का प्रजनन स्थल था। उस समय यहां के शासकों और सम्पन्न लोगों के लिये यह प्रकृति के द्वारा भेजी गई भेंट मानी जाती थी और खरमोरों को धड़ल्ले से शिकार कर उन्हें टेबिल में परोसा जाता था। समय बदलने पर वन्य प्राणी संरक्षण नियमों के लागू होने के पश्चात् शिकार प्रथा समाप्त हुई और प्राणि संरक्षण से जुड़े संगठनों के प्रयास से खरमोर की यह प्रजनन स्थली अभयारण्य घोषित कर दी गई। वस्तुतः यह छोटा सा वन एक विशाल घास के मैदान के बीच एक टापू जैसा लगता है। यह विशाल घास का मैदान जिसे क्षेत्रीय भाषा में नौलखा घास का मैदान कहा जाता है एक उत्तम उपजाऊ क्षेत्र है जहां बढ़िया फसलें उगाई जाती हैं। जब भी अच्छी वर्षा होती है इस अभ्यारण्य में खरमोर अधिक संख्या में देखे जाते हैं पर कम वर्षा होने पर इनकी संख्या में गिरावट दर्ज की गई है। इस अभ्यारण्य के चारों ओर कृषि क्षेत्र होने से मवेशियों का यहां निर्बाध प्रवेश है और इसीलिये खरमोर का यह प्रजनन क्षेत्र भी सुरक्षित नहीं है।

सैंज

मध्य हिमाचल में स्थित अभयारण्य, पारिस्थितिकी प्रदेश के अन्य संरक्षित क्षेत्रों की भाँति।

सोन घड़ियाल

संरक्षित क्षेत्र : अभयारण्य
विस्तार : 209 वर्ग किलोमीटर
स्थिति : मध्य प्रदेश, जिला : सीधी, शहडोल एवं सतना
समीपवर्ती नगर : सीधी (6 कि.मी.) निकटतम रेलवे स्टेशन, सतना (140 कि.मी.), निकटतम हवाई पट्टी : वाराणसी (228 कि.मी.)
उत्तम भ्रमणकाल : वर्ष भर
पारिस्थितिकी : ताजे जल के क्षेत्र, नदियां
वन्यपशु-पक्षी : घड़ियाल, मगर तथा अन्य जलीय जीव-जन्तु।

यह अभ्यारण्य मुख्यतः घड़ियाल के संरक्षण हेतु स्थापित की गई थी। अपने संपूर्ण वितरण क्षेत्र में जो कि गंगा सिंधु का मैदान है घड़ियाल की संख्या में लगातार कमी आ चुकी थी। घड़ियाल मगर कुटुम्ब का प्राणी है जो कि सर्वथा निरीह और मनुष्य के कभी भी कोई नुकसान न पहुंचाने वाला है, इसके बावजूद घड़ियाल के संबंध में अनेक क्षेत्रीय अंधविश्वास प्रचलित हैं जिनके अनुसार घड़ियाल जानवरों और मनुष्यों को पलक झपकते मार सकता है। वास्तविकता यह है कि मगर कुटुम्ब के इस प्राणी की थूथन का आकार इतना पतला होता है कि वह किसी भी बड़े प्राणी का शिकार नहीं कर सकता। यह मुख्यतः मत्स्याहारी मगर है जो कभी-कभी कुछ दूसरे बहुत छोटे प्राणियों का भी शिकार कर लेता है।

घड़ियाल अपने वंश का अकेला प्राणी है। विश्व भर में घड़ियाल केवल भारतीय उपमहाद्वीप के उत्तरी मैदानों की नदियों में ही पाये जाते हैं।

घड़ियाल संरक्षण से ताजे पानी के अन्य जीव–जन्तुओं के संरक्षण में भी गति मिली है।

इस अभयारण्य का प्रारंभ बाणसागर से होता है जो कि सोन नदी पर बांधे गये बांध का सरोवर है (24 11 30 उत्तरी अक्षांश तथा 81 17 15 पूर्वी देशांश) तथा अन्त सतपीपरघा ग्राम (24 35 उत्तरी अक्षांश तथा 82 47 1 पूर्वी देशांश में होता है), यहां से सोन नदी उत्तर प्रदेश की सीमा में प्रवेश कर जाती है।

सोन नदी प्रायद्वीपीय भारत के उत्तरी भाग की एक प्रमुख नदी है, किंतु जहां इस क्षेत्र की अधिकांश नदियां या तो बंगाल की खाड़ी में जाकर समुद्र में मिल जाती हैं या कि अरब सागर में मिलती हैं वहां सोन नदी गंगा नदी में जाकर मिलती है, यही कारण है कि गंगा के ताजे पानी के जलचर इस प्रायद्वीपीय नदी में पाये जाते हैं। सोन के समान ही एक दूसरी प्रायद्वीपीय नदी चंबल भी है जिसमें घड़ियाल सहित गंगा में पाये जाने वाले अन्य जलचर पाये जाते हैं।

सोन घड़ियाल अभयारण्य के अंतर्गत सोन नदी की दो सहायक नदियां भी सम्मिलित की गई हैं। ये नदियां हैं गोपद एवं बनास।

अभयारण्य का विस्तार इन तीनों नदियों में इस प्रकार है :

सोन नदी की लम्बाई से 160.93 कि.मी. का भाग
गोपद नदी की लम्बाई से 25.75 कि.मी. का भाग
बनास नदी की लम्बाई से 22.53 कि.मी. का भाग

सोन घड़ियाल मध्य प्रदेश के उत्तर–पूर्वी भाग में स्थित है। सम्पूर्ण अभयारण्य क्षेत्र में जलप्रपात नहीं है और सोन नदी की चौड़ाई भी काफी (लगभग 1 कि.मी. तक) है, इस तरह जलचरों के संरक्षण हेतु यह एक उपयुक्त नदी क्षेत्र है। सोन तथा उसकी सहायक नदियां सभी पठारी क्षेत्र में बहती हैं अतः नदियों की गहराई सर्वत्र समान नहीं है। कहीं–कहीं पर सोन नदी बहुत गहरी तो कहीं बहुत उथली। क्षेत्रीय भाषा में गहरे स्थानों को 'दह' कहा जाता है। ये दह 50 फीट या उससे भी अधिक गहरे होते हैं। कुल मिलाकर सोन घड़ियाल अभयारण्य क्षेत्र में 41 ऐसे 'दह' हैं। ये दह घड़ियालों के पसंदीदा निवास क्षेत्र हैं। सोन घड़ियाल अभयारण्य में अनेक स्थल उथले भी हैं जहां नदी को गर्मियों में पैदल पार किया जा सकता है। ऐसे स्थानों की संख्या 18 है। प्राणि संरक्षण की दृष्टि से ये स्थान संवेदनशील हैं।

सोन घड़ियाल अभयारण्य का श्रीगणेश 1981 में जिस दिन हुआ उस दिन घड़ियालों का एक जोड़ा सोन नदी में छोड़ा गया था अर्थात् तभी सभी के प्रजाति के जलचरों के संरक्षण की कामना की गई थी।

इस अभयारण्य की स्थापना के साथ ही सोन नदी की घाटी में नदी के दोनों तटों पर 50 मीटर चौड़ी पट्टी को भी संरक्षित क्षेत्र के अंतर्गत गिना गया था। इस पट्टी को हरित पट्टी के रूप में विकसित करने की योजना थी।

कृपया देखें : केन घड़ियाल, नेशनल चम्बल।

सोना नदी

संरक्षित क्षेत्र : अभयारण्य
विस्तार : 301 वर्ग किलोमीटर
स्थिति : उत्तरांचल
समीपवर्ती नगर : कोटद्वार
उत्तम भ्रमणकाल : अक्टूबर से अप्रैल
पारिस्थितिकी : तराई और भामर के मिश्रित पतझड़ वाले वन
वन्य पशु–पक्षी : शेर, हाथी, चीतल, सांभर, पक्षी।

सोना नदी अभयारण्य उत्तरांचल के प्रसिद्ध राष्ट्रीय उद्यान कार्बेट राष्ट्रीय उद्यान के पश्चिम में स्थित है। सोना नदी अभयारण्य का नामकरण इस क्षेत्र में बहने वाली नदी सोना नदी के ऊपर किया गया है।

सोना नदी अभयारण्य की स्थापना वर्ष 1987 में कालागढ़ वन परिक्षेत्र में हुई थी। वर्ष 1991 में इस अभयारण्य को भी वृहत्तर 'कार्बेट टाइगर रिजर्व' में शामिल कर लिया गया। सोना नदी तथा आसपास के कुछ वन क्षेत्र के मिला लिये जाने पर कार्बेट राष्ट्रीय उद्यान का कुल क्षेत्रफल 1316 वर्ग किलोमीटर हो गया है।

सोना नदी अभयारण्य के टाइगर रिजर्व में शामिल हो जाने पर उसके प्राकृतिक वातावरण को वन्य पशुओं के लिये और अधिक अनुकूल बनाने के प्रयास तेज हुये। इन प्रयासों में सर्वाधिक महत्वपूर्ण प्रयास इस अभयारण्य में बसे हुये गुज्जरों और उनके मवेशियों को अलग जगह देकर स्थानान्तरित करने के प्रयास हैं। गुज्जर अपनी यह भूमि छोड़ने को तैयार भी हैं यदि उन्हें बेहतर सुविधायें प्रदान की जायें।

वर्ष 1994 में यह पहल सफल हुई तथा 3 ग्रामों झिरना, धारा और कोठीराव के परिवारों का जो कि अभयारण्य की सीमा पर स्थित थे पुनर्वास किया गया। इसके पूर्व लालधंग ग्राम के परिवारों का पुनर्वास किया जा चुका था। इस पुनर्वास के पश्चात यहां पर स्वस्थ जंगल फैल चुका है।

सोना नदी अभयारण्य शिवालिक पर्वतों के दक्षिण में स्थित है। इसका विस्तार कार्बेट राष्ट्रीय उद्यान के पश्चिम में तराई और भामर के क्षेत्र में है। इस अभयारण्य में काफी दलदली क्षेत्र हैं अतः वर्ष के अधिकांश भाग में काफी आर्द्रता पाई जाती है। यहां का प्राणिजात कार्बेट राष्ट्रीय उद्यान के समान ही है। यहां पर बड़ी संख्या में वन्य शूकर पाये जाते हैं तथा बारहसिंघा प्रजाति के हिरण भी यहां देखे जा सकते हैं यद्यपि ये यहां भी दुर्लभ हो रहे हैं। यहां पर पाई जाने वाली बारहसिंघा की प्रजाति मध्य प्रदेश के कान्हा राष्ट्रीय उद्यान में पाई जाने वाली प्रजाति से अलग है।

सोनाई रूपाई

संरक्षित क्षेत्र : अभयारण्य
विस्तार : 175 वर्ग किलोमीटर
स्थिति : असम

समीपवर्ती नगर : तेजपुर (75 कि.मी.), तेजपुर रंगापारा (रेलवे स्टेशन एवं हवाई पट्टी)
उत्तम भ्रमणकाल : नवंबर से मार्च
पारिस्थितिकी : अयनमंडलीय तथा उप-अयनमंडलीय वन
वन्य पशु-पक्षी : बाघ, तेंदुआ, हरिण, हिस्पिड खरगोश तथा वामन शूकर, पक्षी।

सोनाई रूपाई अभयारण्य का प्राणिजात निकटवर्ती राष्ट्रीय उद्यान मनास जैसा ही है। यह अभयारण्य डाफ्ला पहाड़ियों की तलहटी में दुआरघास के मैदानों में स्थित है। यहां पर आर्द्र साल वृक्षों के वन हैं। यहाँ के विशिष्ट प्राणियों में हिस्पिड खरगोश तथा वामन शूकर विशेष रूप से उल्लेखनीय हैं।

सोनाई रूपाई कुछ उन पक्षियों के लिये भी प्रसिद्ध है जिनकी प्रजाति विलुप्ति के कगार पर है। ये पक्षी हैं सफेद पंखों वाली जंगली बत्तख तथा बंगाल फ्लोरिकन। ये दोनों पक्षी अब भी थोड़ी बहुत संख्या में इस संरक्षित क्षेत्र में देखे जाते हैं।

इक्कीसवीं सदी के प्रारंभिक वर्षों में इस अभयारण्य में बाघों की संख्या भी काफी थी। वर्ष 2000 में वन विभाग की गणना के अनुसार यहां 43 बाघ थे परंतु पिछले 2-3 वर्षों से बाघों की संख्या अज्ञात है।

संकट : सोनाई रूपाई अभयारण्य असम के शोणितपुर जिले में स्थित है और यह पूरा जिला समय-समय पर ब्रह्मपुत्र नदी के उत्तरी तट से आने वाली मानवीय प्रवासी जनसंख्या से प्रभावित रहा है।

सोमेश्वर

संरक्षित क्षेत्र : अभयारण्य
विस्तार : 88 वर्ग किलोमीटर
स्थिति : कर्नाटक
समीपवर्ती नगर : तीर्थहल्ली
उत्तम भ्रमणकाल : अक्टूबर से मार्च
पारिस्थितिकी : आर्द्र अयनमंडलीय पर्णपाती वन
वन्य पशु-पक्षी : तेंदुआ, रीछ, सांभर, पक्षी।

सोमेश्वर अभयारण्य कर्नाटक के दक्षिणी कनारा जिले में स्थित है।

सोहागी बरवा

उत्तरी उत्तर प्रदेश में तराई में स्थित अभयारण्य, पारिस्थितिकी प्रदेश के अन्य संरक्षित क्षेत्रों की भाँति।

सोहेलवा

यह अभयारण्य उत्तर प्रदेश में स्थित है, प्राणिजात प्रदेश के अन्य संरक्षित क्षेत्रों के समान।

संजय

संरक्षित क्षेत्र : राष्ट्रीय उद्यान
विस्तार : 1938 वर्ग किलोमीटर
स्थिति : मध्य प्रदेश
समीपवर्ती नगर : रीवा
उत्तम भ्रमणकाल : अक्टूबर से मार्च
पारिस्थितिकी : अयनमंडलीय पर्णपाती वन
वन्य पशु–पक्षी : तेंदुआ, सांभर, चीतल, पक्षी।

संजय राष्ट्रीय उद्यान का वन क्षेत्र स्वतंत्रता के पूर्व महाराजा रीवा का निजी शिकारगाह था। इस शिकारगाह को विश्व प्रसिद्धि मिली क्योंकि यहां से ही प्रसिद्ध सफेद शेर 'मोहन' को पकड़ा गया था। संजय राष्ट्रीय उद्यान के वन क्षेत्र में अभी भी वन्य पशुओं का बाहुल्य है।

संजय राष्ट्रीय उद्यान की जलवायु सुखद है, वैसे तो वर्ष भर कभी भी अभयारण्य में भ्रमण किया जा सकता है पर प्रत्येक ऋतु की अपनी अलग विशेषतायें हैं। यदि ग्रीष्म काल के शुष्क मौसम में हरियाली की बेहद कमी हो जाती है तो वहीं मौसम वन्य प्राणियों के छायाकंन के लिये भी सर्वश्रेष्ठ मौसम है। वर्षा ऋतु में प्रकृति की हरीतिमा तो देखते ही बनती है साथ ही यह मौसम वनस्पतियों में रुचि रखने वाले के लिये एक सुन्दर अवसर प्रदान करता है। शीतकाल पर्यटन के लिये सर्वश्रेष्ठ है।

इस राष्ट्रीय उद्यान में शीत एवं ग्रीष्म ऋतुयें दोनों ही सामान्य तापमान वाली होती हैं। कभी भी तापक्रम बहुत कम या बहुत अधिक असहनीय सीमा तक नहीं जाता। गार्मियों के कुछ दिन बहुत गर्म अवश्य हो सकते हैं पर इससे अधिक कुछ नही। सर्वाधिक तापमान मई के महीने में पाया जाता है परन्तु यदि मानसून आने में देरी हुई तब सबसे गर्म माह जून (का प्रथम सप्ताह) भी हो सकता है। कभी–कभी सबसे ठंडा माह दिसंबर होता है पर कुछ वर्षों में दिसंबर एवं जनवरी दोनो ही माह बहुत ठण्डे हो सकते हैं। किन्तु तापमानो की इन विषमताओं का वनस्पति पर कोई विशेष विपरीत प्रभाव नहीं पड़ता।

वन : सेठ और चैम्पियन के संशोधित वर्गीकरण के अनुसार अभयारण्य की वनस्पति को '5 ए–सदर्न ट्रापिकल ड्राई डेसिड्यूअस फारेस्ट' माना जाना चाहिये यद्यपि '3 बी साउथ इंडियन ट्रापिकल म्वाइस्ट डेसिड्यूअस फारेस्ट' भी यहां मौजूद हैं। हिन्दी में इन्हें 'अयनमंडलीय शुल्क पर्णपाती वन' कहा जा सकता है। भारतीय वनों का यह मानक वर्गीकरण है।

यदि इस राष्ट्रीय उद्यान में भ्रमण किया जाये तो सागौन वृक्ष की अधिकता स्पष्ट ही दिखलाई देती है, यद्यपि अन्य वृक्ष, पौधे, घास एवं लतायें भी पाई जाती हैं, जिनका वर्णन आगे दिया जा चुका है। इस राष्ट्रीय उद्यान को वनों की सघनता की दृष्टि से तीन भागों में बांटा जा सकता है, जैसे–(1) उत्तर के खुले मिश्रित वन, (2) भैंसाघाट के सामान्य घने मिश्रित वन एवं (3) सिंगौरगढ़ के आसपास के घने मिश्रित वन ।

वृक्ष : गमरी, धरनन, चिरोल, भोंरसल, लोखण्डी, झिंगन या मोयन, रोली या सिंदूरी, खिरनी, आल, करी, मुसारी, मुंडी या कैम, तिन्सा, बीजा, झिंगराज, मोखा, कुसुम, कुलर

या करठ, जामुन, हर्रा, साजा, कहुआ, बहेरा, सागौन, इमली, दूधी, बेर, घोंट, पीपल, कठगूलर।

पौधे : निगुरी, सियारकांदा, चिरचिड़ा, सीताफल, गिल्ची, टोंडरी ।

तरोला या पांवर, करोंदा, करील, कुकरंज, धतुरा, ककई, धबई, मरोड़फली, इंद्रजौ या धूधी, रतनजोत, ककई, लैन्टाना, हरसिंगार, नागफनी, भटकटैया या दोर्ली, थूहर, धवई, झरबेरी, मकोय या मकोर ।

घास : चिकुआ, रूसा, दूबा, कुश, कुशल, छीर, मूंज, कांस, खस, लपूसरी, फुलेरा, गुड़हर, भंजूरा ।

लतायें : गोमची या गुंज, हाड़जुड़ी, करेंच या कंचकुरी, बंगून लता, केवटी, मालकंगनी, गुड़मार ।

यह लिखने की आवश्यकता नहीं है कि इन वनस्पतियों में से अधिकांश गुणकारी वनस्पतियां हैं जिनके औषधीयों गुण हैं तथा कुछ व्यापारिक महत्व की भी हैं ।

संरक्षित क्षेत्रों में भी केवल बड़े वन्य पशुओं की संख्या का आकलन संभव है। बहुत छोटे वन्य पशु दिखलाई देते हैं पर उनकी संख्या का निर्धारण करना संभव नहीं है, इसी तरह पक्षियों, सरीसृपों इत्यादि की गणना मुश्किल है। सरीसृपों में केवल मगरों की गणना ही हो पाती हैं। भेकों और मछलियों की तादाद का आकलन भी कठिन है।

पक्षी : दिन में पक्षियों का कलरव अत्यंत सुखदायी प्रतीत होता है। मौसम के अनुसार जलाशयों और वनों में अनेक पक्षियों को देखा जा सकता हैं। शीतकाल के अंत में पेन्टेड स्टाकर्स देखने का अपना अलग सुख है। वर्षा काल में इक्के-दुक्के क्षेत्रीय प्रवासी पक्षी दिख जाते हैं पर बहुसंख्य पक्षी वही हैं जो यहां सदैव ही निवास करते हैं।

संजय राष्ट्रीय उद्यान का सबसे सुन्दर पक्षी मयूर है, कुछ वर्ष पहिले तक इस क्षेत्र में इनकी संख्या बहुत अधिक थी। संग्रामपुर के पास के नाले में ये निर्द्वंद्व घूमते थे, अब इनकी संख्या कम है किंतु फिर भी इन्हें सहजता से देखा जा सकता है। इस राष्ट्रीय उद्यान के पश्चिम छोर पर राबर्ट्स के मकान के समीप के एक ऊंचे वृक्ष पर हमने मोर देखे किंतु ये अर्धपालतू अवस्था के मोर हैं ।

इस राष्ट्रीय उद्यान में अभी भी जंगली मुर्गे पाये जात हें। ये मनुष्य को देखते ही बहुत तेजी से भागते हैं और पालतू मुर्गों की तुलना में लम्बी किंतु कम ऊंची उड़ान भरकर झाड़ियों में छिप जाते हैं ।

भारत में पक्षियों के 78 कुटुम्बों में से 50 कुटुम्बों के सदस्य इस राष्ट्रीय उद्यान तथा इसके आरागास के क्षेत्रों में पाये जाते हैं। यह कथ्य अतिशयोक्ति पूर्ण हो सकता है परन्तु यह सत्य है कि यहां विन्ध्य क्षेत्र में सदा-निवासी (सीडेन्टरी) पक्षियों की अधिकतर जातियां (स्पीसीज) अवश्य ही पायी जाती हैं।

इनमें प्रमुख है : सारस, लवा, बटेर, नीलकंठ, मयूर, चील, गीध, जलकुक्कट, कठफोड़वे, जंगली कौवे, बारबेट, तोते, नाइटजार, उल्लू, बुलबुल, मैना, इंडियन राबिन, कोयल, खंजन, बगुले तथा पलाईकैचर्रा।

सरीसृप : संजय राष्ट्रीय उद्यान में सरीसृपों की अनेक जातियों को सहजता से देखा जा सकता है जिनमें प्रमुख हैं-गोहें, गिरगिट, और अनेक जातियों के सर्प जिनमें अत्यंत जहरीले नागों से लेकर विषहीन धामन और अजगर तक हैं। इस राष्ट्रीय उद्यान की उत्तरी सीमा से लगभग 20 किलोमीटर दूर के जलस्रोतों में मगर पाये जाते हैं ।

संजय गांधी राष्ट्रीय उद्यान में वर्ष 1992 में 35 बाघ बतलाये गये थे, वर्ष 2004 तक आते-आते यह संख्या केवल 06 बची।

संजय डुबरी

संरक्षित क्षेत्र : अभयारण्य
विस्तार : 36.46 वर्ग किलोमीटर
स्थिति : मध्य प्रदेश
समीपवर्ती नगर : सीधी
उत्तम भ्रमणकाल : अक्टूबर से मार्च
पारिस्थितिकी : अयनमंडलीय पर्णपाती वन
वन्य पशु-पक्षी : शेर, तेंदुआ, सांभर, चीतल।

संजय डुबरी अभयारण्य की स्थापना वर्ष 1975 में हुई थी। इस अभयारण्य का नाम डुबरी नाम के गांव के ऊपर रखा गया जो इसी वन क्षेत्र का प्रमुख गांव है। कालान्तर में यह अभयारण्य संजय राष्ट्रीय उद्यान का निकटवर्ती क्षेत्र हो गया है और इसका प्रबंधन राष्ट्रीय उद्यान के द्वारा किया जाता है। डुबरी कटनी-सिंगरौली रेलवे लाइन पर स्थित एक छोटा रेलवे स्टेशन है। यह अभयारण्य बनास नदी की घाटी में स्थित है। इस नदी की दो सहायक नदियां मवई एवं खोड़मार हैं। बनास नदी सोन नदी की सहायक नदी है ।

संकोश आई

यह अभयारण्य आसाम में स्थित है, प्राणिजात प्रदेश के अन्य संरक्षित क्षेत्रों के समान।

ह

हजारीबाग

संरक्षित क्षेत्र : अभयारण्य
विस्तार : 184 वर्ग किलोमीटर
स्थिति : झारखंड
समीपवर्ती नगर : हजारीबाग (20 कि.मी.)
उत्तम भ्रमणकाल : अक्टूबर से मार्च
पारिस्थितिकी : सालवन, शुष्क पर्णपाती अयनमंडलीय वन
वन्य पशु-पक्षी : तेंदुआ, जंगली सुअर, चीतल, नीलगाय।

हजारीबाग अभयारण्य स्वतंत्रता के पूर्व राजा रामगढ़ का शिकारगाह हुआ करता था।

हदगढ़

संरक्षित क्षेत्र : अभयारण्य
विस्तार : 192 वर्ग किलोमीटर
स्थिति : उड़ीसा
उत्तम भ्रमणकाल : अक्टूबर से मार्च
पारिस्थितिकी : वनों में साल वृक्ष की प्रधानता, अयनमंडलीय पर्णपाती वन
वन्य पशु-पक्षी : तेंदुआ, वन्य शूकर, चीतल, सरीसृप।

हदगढ़ अभयारण्य उड़ीसा के छोटानागपुर पठार क्षेत्र में मयूरगंज जिले में स्थित है।

हरिके

संरक्षित क्षेत्र : अभयारण्य
विस्तार : 41 वर्ग किलोमीटर
स्थिति : पंजाब
समीपवर्ती नगर : चंडीगढ़
उत्तम भ्रमणकाल : अक्टूबर से मार्च

पारिस्थितिकी : सरोवर
वन्य पशु–पक्षी : पक्षी।

हरिके झील अभयारण्य पंजाब के अमृतसर जिले में स्थित है। इस अभयारण्य को राष्ट्रीय उद्यान का दर्जा देने का विचार चल रहा है। यह पश्चिमोत्तर भारत का सबसे बड़ी सरोवरीय पारिस्थिती का क्षेत्र है। इस अभयारण्य में कुल मिलाकर 33 छोटे–छोटे द्वीप हैं जो सरकंडा घास तथा अन्य वृक्षों से अच्छादित हैं। इन द्वीपों के बीच के स्थान कहीं उथले तो कहीं काफी गहरे हैं। इन द्वीपों में 360 पक्षियों की प्रजातियां देखी गई हैं। इस दृष्टि से यदि देखा जाय तो इसका महत्व पक्षियों के लिये प्रसिद्ध संरक्षित क्षेत्र भरतपुर से कुछ कम नहीं है।

इस अभयारण्य की मुख्य समस्या जलीय हेसिंथ (ईचोर्निया क्रेसिपस) या एक जलीय खरपतवार है जो दक्षिण अमेरिका मूल की है परन्तु जिसने इस झील पर अपना साम्राज्य बना रखा है। दक्षिण अमेरिका मूल की इस खरपतवार ने अनेक अयनमंडलीय देशों के जलस्रोतों को बरबाद कर रखा है। इस खरपतवार के अनेक दोष हैं जिनमें सबसे बड़ा दोष यह है कि इसके रहते देशी वनस्पति का सफाया होने लगता है। इसे हटाने के जैवीय उपाय पूरी तरह सफल नहीं हुये हैं।

इस अभयारण्य की सुरक्षा में भारतीय सेना के जवान आगे आये और उन्होंने काफी हद तक इस झील को इस खरपतवार से मुक्त कर दिया है। सेना के जवानों ने 200 टन हेसिंथ प्रतिदिन के हिसाब से साफ किया।

अपनी पक्षी संकुलता के लिये प्रसिद्ध हरिके झील को देखने प्रतिवर्ष 60000 पर्यटक पहुंचते हैं।

हरियाणा

स्थिति : भारत का उत्तरी राज्य
भौगोलिक क्षेत्र : 44,212 वर्ग किलोमीटर, वनों के अंतर्गत क्षेत्रफल : 1673 वर्ग किलोमीटर (3 78)
संरक्षित क्षेत्र : राष्ट्रीय उद्यान : 01, अभयारण्य : 09
पारिस्थितिकी : सिंधु का मैदान
प्रदेश का प्रतीक पशु : कृष्णमृग (एन्टलप सर्वीकैप्रा)
प्रदेश का प्रतीक पक्षी : काली फ्रेंकलिन (फ्रेंकोलीनस फ्रेंकोलीनस)
प्रदेश का प्रतीक वृक्ष : पीपल (फाइकस रिलीजिसा)
प्रदेश का प्रतीक पुष्प : कमल (नीलम्बो न्यूसीफेरा)

हरियाणा को पारिस्थितिकी की दृष्टि से दो भागों में बांटा जा सकता है, हिमालय का तराई वाला क्षेत्र एवं गंगा का मैदानी भाग। हरियाणा अत्यंत प्राचीन काल से ही भारतीय सभ्यता का प्रमुख केंद्र रहा है। महाभारत काल से ही इस क्षेत्र का विवरण प्राप्त होने लगता है। प्राचीन विवरणों के अनुसार यह प्रदेश सरस्वती एवं दृषद्वती नदियों का मध्यवर्ती क्षेत्र है। पौराणिक आख्यानों के अनुसार राजा कुरू ने इस क्षेत्र के वनों को काटकर सबसे पहले हल चलाया था इसीलिये इसका एक भाग कुरूक्षेत्र के नाम से भी जाना जाता

है। कुरूक्षेत्र में प्रसिद्ध महाभारत युद्ध हुआ था। हरियाणा का अधिकांश भाग सिंचित है। सतलुज और व्यास नदियों पर बनाई गई बहुउद्देश्यीय योजनाओं का लाभ इस प्रदेश को मिला है।

प्रदेश में प्राकृतिक स्थलों की संख्या सीमित है क्योंकि यहां का वन क्षेत्र मात्र 1673 वर्ग किलोमीटर है जो भारत के अनेक अभयारण्यों के कुल क्षेत्रफल से भी कम है फिर भी यहां की झीलों को पर्यटन स्थल के रूप में विकसित किया गया है। बड़खल झील तथा चक्रवर्ती झीलें ऐसी ही झीलें हैं। संरक्षित क्षेत्रों में सुल्तानपुर राष्ट्रीय उद्यान के अतिरिक्त बीर शिकारगढ़, कालेसर, चिलचिला, बीरबड़ावन, अबूब सेहर, खपरवास, भिंडवास, नाहर और सरस्वती प्लान्टेशन क्षेत्रों को अभयारण्य का दर्जा प्राप्त है। ये सभी छोटे अभयारण्य हैं। इनके अतिरिक्त मोरनी पहाड़ी स्थल को भी अभयारण्य घोषित किये जाने की संभावना है । पिन्जोर में 17वीं शताब्दी के उद्यान अब भी मौजूद हैं। हरियाणा का एकमेव राष्ट्रीय उद्यान सुल्तानपुर प्रवासी पक्षियों के लिये प्रसिद्ध है।

हरियाणा में संरक्षित क्षेत्रों को लेकर असमंजस की स्थितियां सदैव ही बनी रही हैं, जैसे मोरनी अभयारण्य के घोषित होने में अवरोध विद्यमान हैं। कुछ नये अभयारण्य घोषित होते रहे हैं, कुछ पुराने अभयारण्यों की अधिसूचनायें केवल कागजी भी रही हैं।

हरियाणा का प्रतीक पशु : कृष्णमृग

एम. के. रणजीत सिंह वर्ष 1984-85 में किये गये एक सर्वेक्षण के आधार पर हरियाणा में 4852 कृष्णमृगों की उपस्थिति बतलाते हैं। अपनी पुस्तक-'दि इंडियन ब्लैक बक' में वे इस बात का भी खुलासा करते हैं कि इस प्रदेश में कृष्णमृगों की सर्वाधिक संख्या हिसार जिले में है जहां मुख्यतः विश्नोई लोग रहते हैं।

राज्य के विभिन्न जिलों में कृष्णमृगों की संख्या निमलिखित थी :

हिसार	2410
करनाल	894
जिंद	337
मोहिंदरगढ़	330
रोहतक	292
सिरसा	284
सोनीपत	245
मिलवानी	10
अम्बाला	42
फरीदाबाद	8

भारत में कृष्णमृग की सारी आबादी कृषि फसलों के निकट रहती है और वे उन पर मौका मिलते ही धावा मारते हैं। कृषि फसलों को कृष्णमृग से होने वाले कथित नुकसान के कारण उनके विरुद्ध कुछ राज्यों में कार्यवाही बढ़ी है। कृष्णन (1972) को पता चला था कि प्वाइन्ट कालीमर अभयारण्य के आसपास फसलों को मुख्य नुकसान अभयारण्य के लगभग 800 कृष्णमृगों की अपेक्षा जंगली सुअर और चीतल से अधिक होता था।

कृष्णमृग जिन फसलों को खाते हैं उनमें चावल, कोदों, ज्वार, बाजरा, जौ, गेहूं, बरसीम, चना, मूंग, अरहर, मोठ, उड़द, कपास, मूंगफली, ग्वार और सरसों प्रमुख हैं।

यहां यह उल्लेखनीय है कि हरयाणा में अपनी इन कीमती फसलों का नुकसान सहकर भी विश्नोई कृष्णमृगों की रक्षा करते हैं। हरियाणा ही क्यों समीपवर्ती पंजाब के अबोहर क्षेत्र में भी जहां विश्नोई समुदाय की अच्छी आबादी है वहां पर कृष्णमृगों को अभय प्राप्त है। पंजाब के इस क्षेत्र में 3000 से अधिक कृष्णमृग रहते हैं।

हस्तिनापुर

संरक्षित क्षेत्र : अभयारण्य
विस्तार : 994 वर्ग किलोमीटर
स्थिति : उत्तर प्रदेश
समीपवर्ती नगर : हस्तिनापुर
उत्तम भ्रमणकाल : अक्टूबर से मार्च
पारिस्थितिकी : खैर सिस्सू वन, शुष्क घास के मैदान
वन्य पशु–पक्षी : भेड़िया, जंगली सुअर, चीतल, जंगली बत्तख।

हस्तिनापुर अभयारण्य का बिस्तार ऊपरी गंगा के मैदानी क्षेत्र में है। हस्तिनापुर अभयारण्य में मुख्यतः खैर (आकेसिया कैटिचू) रोजवुड और कुछ मात्रा में चंदन के वृक्ष भी हैं परंतु अवैध लकड़ी काटने वालों से इस अभयारण्य का अस्तित्व ही संकट में है। यहां पर 'टाइफा' नाम की जंगली घास पैदा होती है। इस अभयारण्य में दलदली क्षेत्र होने के कारण यहां यह घास प्रचुर मात्रा में पाई जाती है। पारिस्थितिकी की दृष्टि से यह घास दलदली क्षेत्र के बारहसिंघा की प्रजाति के लिये अत्यंत महत्वपूर्ण है। परंतु चोरी–छिपे इस घास को काटकर कागज की मिलों तक इसे पहुंचाया जा रहा है। इसका प्रभाव यहां के वन्य प्राणियों की संख्या पर लगातार पड़ रहा है।

(स्रोत : एस. राजू, 'सेंक्चुअरी टु माफिया मे कास्ट वाइल्ड लाइफ डीयर, हिंदुस्तान टाइम्स, 30/10/1998)

हिंगोलगढ़

संरक्षित क्षेत्र : अभयारण्य
विस्तार : 7 वर्ग किलोमीटर
स्थिति : गुजरात
समीपवर्ती नगर : राजकोट
उत्तम भ्रमणकाल : अक्टूबर से मार्च
पारिस्थितिकी : अयनमंडलीय शुष्क पर्णपाती वन
वन्य पशु–पक्षी : चिंकारा, सियार, पक्षी।

हिंगोलगढ़ अभयारण्य गुजरात के राजकोट जिले में स्थित है।

हिमाचल प्रदेश

स्थिति : भारत का उत्तरी राज्य, 32°22'40" से 33°12'40" उत्तर एवं 75°47'55" से 79°04°20 पूर्व
विस्तार : 56,019 वर्ग किलोमीटर, वन क्षेत्र : 35,407 वर्ग किलोमीटर (63.60%)
संरक्षित क्षेत्र : राष्ट्रीय उद्यान : 02, अभयारण्य : 30
प्रदेश का प्रतीक पशु : कस्तूरी मृग (मोस्चस क्रिसोगेस्टर)
प्रदेश का प्रतीक पक्षी : हिमालयी मोनल (लोफोफोरस इंपीजानस)
प्रदेश का प्रतीक वृक्ष : देवदार (सीड्रस देवदारा)
प्रदेश का प्रतीक पुष्प : रोडोडेन्ड्रान (रोडोडेन्ड्रान आर्बोरियम)
पारिस्थितिकी : भारत के प्राणि–भौगोलिक वर्गीकरण के आधार पर 2ब।

हिमाचल प्रदेश भारत के उन उत्तरी राज्यों में से एक है जो पर्यावरण एवं प्राणिजात की दृष्टि से अत्यंत महत्वपूर्ण हैं। प्राणि–भौगोलिक दृष्टि से यह 'हिमालयी प्राणि भौगोलिक परिमंडल' (हिमालय बायोज्याग्राफिक जोन) के 'पश्चिमी हिमालयी उपमंडल' (वेस्टर्न हिमालयन सब जोन) का भाग है। इस प्रदेश का प्राणिजात काश्मीर तथा उत्तरांचल राज्यों के प्राणिजात से मिलता–जुलता है। इस प्राणि–भौगोलिक क्षेत्र में समुद्र सतह से 25000 मीटर तक की ऊंचाई में पाये जाना वाला प्राणिजात पाया जाता है। इस प्रदेश में अलग–अलग ऊंचाइयों पर अलग–अलग प्रकार की वनों की पट्टियां देखने को मिलती हैं। प्रमुख वनस्पति में साल वनों के अतिरिक्त बंज, खरसू और मोरु ओक के वनों के अतिरिक्त अधिक ऊंचाई पर सूचिपर्ण वन पाये जाते हैं। वन्य प्राणियों में शिकारी पशुओं में तेंदुआ, हिमालयी रीछों की दो प्रजातियां–भूरा रीछ (ब्राउन बियर) तथा काला रीछ (ब्लेक बियर) तथा अधिक ऊंचाई पर हिम तेंदुआ प्रमुख पशु हैं। हिमालयी छाग मेष वर्ग के पशुओं में गोरल, आइबैक्स, तहार तथा सीरो प्रमुख हैं। अपेक्षाकृत निचले क्षेत्रों में सांभर, चीतल इत्यादि वनस्पति–भोजी पशु पाये जाते हैं। उच्च प्रदेशों में वन्य पशुओं को कठोर शीत का सामना करना पड़ता है क्योंकि शीतकाल में इन क्षेत्रों में हिमवर्षा होती है। यहां के विशिष्ट मृगों में कस्तूरी मृग उल्लेखनीय है।

हिमाचल प्रदेश पर्यटकों के लिये विशेष महत्व का है इसलिये इस प्रदेश के सभी प्रमुख अभयारण्यों की वायुमार्ग एवं रेलमार्ग से पहुंच का संक्षिप्त विवरण दी गई तालिका में दे दिया गया है।

हिमालय प्रदेश का दो तिहाई क्षेत्र वनों से आच्छादित है, परिणामतः इस प्रदेश में अनेक संरक्षित क्षेत्र स्थापित किये गये। इस प्रदेश के सामान्य क्षेत्र भी उच्च पर्वतीय होने के कारण उत्तम जलवायु के हैं अतः ये पर्यटन केंद्रों के रूप में विकसित हो सके। हिमाचल प्रदेश के अनेक क्षेत्रफल की दृष्टि से छोटे क्षेत्र भी अत्यंत सुरम्य हैं।

हिमाचल प्रदेश के संरक्षित क्षेत्र

अभयारण्य	*सं.क्षे. का सम्पर्क सूत्र : वन परिक्षेत्र अधिकारी*	*पहुंच मार्ग (वायुयान एवं रेल द्वारा)*
1. सेचुटुन नाला	डी.एफ.ओ.	वायुमार्ग : पठानकोट, 192 कि.मी.
	चम्बा	रेलमार्ग : पठानकोट, 192 कि.मी.

2. गामुल/सिया	डी.एफ.ओ.	वायुमार्ग : पठानकोट, 150 कि.मी. चम्बा रेलमार्ग : पठानकोट, 150 कि.मी.
3. टुन्डा	डी.एफ.ओ.	वायुमार्ग : पठानकोट, 231 कि.मी. चम्बा रेलमार्ग : पठानकोट, 231 कि.मी.
4. कुगटी	डी.एफ.ओ.	वायुमार्ग : पठानकोट, 227 कि.मी. चम्बा रेलमार्ग : पठानकोट, 227 कि.मी.
5. केलाटोप खज्जर	डी.एफ.ओ.	वायुमार्ग : पठानकोट, 101 कि.मी. चम्बा रेलमार्ग : पठानकोट, 101 कि.मी.
6. नेर्गू एवं विंच	डी.एफ.ओ.	वायुमार्ग : पठानकोट, 155 कि.मी. मंडी रेलमार्ग : जोगिन्दर नगर
7. शिकारी देवी	डी.एफ.ओ.	वायुमार्ग : भुंटर, 160 कि.मी. सुन्दर नगर रेलमार्ग : कीरतपुर, 187 कि.मी.
8. बांडली	डी.एफ.ओ.	वायुमार्ग : भुंटर, 160 कि.मी. सुन्दर नगर रेलमार्ग : कीरतपुर, 170 कि.मी.
9. गोबिन्द सागर	डी.एफ.ओ.	वायुमार्ग : चण्डीगढ़, 125 कि.मी. बिलासपुर रेलमार्ग : कीरतपुर, 21 कि.मी.
10. नैना देवी	डी.एफ.ओ.	वायुमार्ग : चण्डीगढ़, 180 कि.मी. बिलासपुर रेलमार्ग : कीरतपुर, 21 कि.मी.
11. मजाठल एवं हारसेंग	डी.एफ.ओ.	वायुमार्ग : चण्डीगढ़, 110 कि.मी. कुनिहार रेलमार्ग : शिमला, 50 कि.मी.
12. दारनघाटी	डी.एफ.ओ.	वायुमार्ग : चण्डीगढ़, 316 कि.मी. किन्नौर रेलमार्ग : शिमला, 200 कि.मी.
13. शिल्ली	डी.एफ.ओ.	वायुमार्ग : चण्डीगढ़, 64 कि.मी. सोलन रेलमार्ग : सोलन, 5 कि.मी.
14. शिमला वाटर कैचमैंट एरिया	डिप्टी कंजरवेटर आफ फारेस्ट (वाइल्ड लाइफ)	वायुमार्ग : चंडीगढ़, 64 कि.मी. रेलमार्ग : शिमला, 10 कि.मी.
15. तालरा	डी.एफ.ओ.	वायुमार्ग : चण्डीगढ़, 116 कि.मी. चोपल रेलमार्ग : शिमला, 125 कि.मी.
16. दार्लाघाट	डी.एफ.ओ. कुनीहर	वायुमार्ग : चण्डीगढ़, 100 कि.मी. रेलमार्ग : शिमला, 270 कि.मी.
17. रक्षम चित्कुल	डी.एफ.ओ.	वायुमार्ग : चण्डीगढ़, 386 कि.मी. किन्नौर रेलमार्ग : शिमला, 270 कि.मी.
18. लिपा आसरंग	डी.एफ.ओ.	वायुमार्ग : चण्डीगढ़, 380 कि.मी. किन्नौर रेलमार्ग : शिमला, 270 कि.मी.
19. रेणुका	डी.एफ.ओ.	वायुमार्ग : दिल्ली, 254 कि.मी. राजगढ़ रेलमार्ग : अम्बाला, 125 कि.मी.
20 सिम्बलबारा	डी.एफ.ओ.	वायुमार्ग : भुंटर, 150 कि.मी. नहान रेलमार्ग : सूरजपुर, 65 कि.मी.
21. मनाली	डी.एफ.ओ.	वायुमार्ग : भुंटर, 60 कि.मी. कुल्लू रेलमार्ग : जोगिन्दर नगर, 156 कि.मी.
22. कैस	डी.एफ.ओ. कुल्लू	वायुमार्ग : भुंटर, 30 कि.मी. रेलमार्ग : जोगिन्दर नगर, 156 कि.मी.

23. खोखन	डी.एफ.ओ. कुल्लू	वायुमार्ग : भुंटर, 30 कि.मी. रेलमार्ग : जोगिन्दर नगर, 156 कि.मी.
24. कांसवार	डी.एफ.ओ. कुल्लू	वायुमार्ग : भुंटर, 40 कि.मी. रेलमार्ग : जोगिन्दर नगर, 146 कि.मी.
25. चैल	डी.एफ.ओ. सालन	वायुमार्ग : चण्डीगढ़, 90 कि.मी. रेलमार्ग : कांडाघाट, 20 कि.मी.

हिमाचल तेंदुओं के लिये विख्यात रहा है। यहां पर हिम तेंदुये और सामान्य तेंदुये दोनों ही काफी संख्या में पाये जाते हैं। वर्ष 2004 में इस प्रदेश में तेंदुओं की संख्या 783 आंकी गई जो कि वर्ष 1997 की संख्या (620) से लगभग 20 प्रतिशत अधिक है।

हीरापुरा

जम्मू-काश्मीर स्थित अभयारण्य, पारिस्थितिकी प्रदेश के अन्य संरक्षित क्षेत्रों की भांति।

हेमिस

संरक्षित क्षेत्र : राष्ट्रीय उद्यान
विस्तार : 600 वर्ग किलोमीटर
स्थिति : जम्मू-काश्मीर, लद्दाख
समीपवर्ती नगर : लेह (30 कि.मी.)
उत्तम भ्रमणकाल : मई से सितंबर
पारिस्थितिकी : अतिशीत एवं शुष्क प्रदेश, वर्षा अत्यल्प शुष्क जूनिपर वन, शुष्क अल्पाइन वन
वन्य पशु-पक्षी : हिमतेंदुआ, हिम मुर्गे तथा हिमालयी बकरे और भेड़, यहाँ का प्राणिजात 'पैलेआर्कटिक'वर्ग का है।

हेमिस राष्ट्रीय उद्यान की स्थापना 1981 में की गई थी। यह पूर्वी लद्दाख में स्थित है। यह मार्खा एवं रुम्बक घाटियों के क्षेत्र में फैला है। ट्रांस हिमालयी पट्टी में स्थित होने के कारण यहां वर्षा की मात्रा अत्यल्प है और सारा क्षेत्र वीरान और ऊसर है। शीतकाल में यहां भयंकर शीत पड़ती है। इन दिनों यहाँ पर हिमपात से गिरे हुई बर्फ हफ्तों जमीन पर पड़ी रहती है। यहां का शीतकालीन तापमान ऋण 40 तक चला जाता है। इतनी कठोर जलवायु के बावजूद यह राष्ट्रीय उद्यान वन्य प्राणियों से भरपूर है। वस्तुतः बड़े प्राणियों की तुलना में छोटे प्राणियों को भी यहां की पारिस्थितिकी में देखा जाना एक बड़ा अनुभव है। उदाहरण के लिये इतनी कड़ी ठंड के क्षेत्र में सरीसृपों का पाया जाना वस्तुतः आश्चर्य की बात है परन्तु यहाँ छिपकलियों की ऐसी प्रजातियां पाई जाती हैं जो कठोर शीत को सहन कर लेती हैं जिनमें से एक पत्थर लुड़किया (राकलाउडकिया) तो 3000 से 3700 मी. तक की ऊंचाई में पाई जाती है। कुल मिलाकर यहां सरीसृपों

की 11 प्रजातियां पाई जाती हैं जिनमें छिपकलियां, स्किंक और सर्प उल्लेखनीय हैं। सर्पों में चूहाकार सर्प (रेट स्नेक) के अलावा घाटी दौड़ (क्लिफरेसर) और हिमालयी ट्रिन्केट सर्प (हिमालयन ट्रिन्केट स्नेक) मुख्य हैं। यहां पर पाये जाने वाले सरीसृप घोर ठंड पड़ने पर पूरी तौर से निष्क्रिय हो जाते हैं और भूमि बिलों में पड़े रहते हैं। यहाँ पर भेकों की भी तीन प्रजातियाँ पाई जाती हैं।

पैलार्कटिक प्राणिजात के अंतर्गत जिन बड़े वन्य प्राणियों की गणना होती है उनमें हिमालयी मेष-छाग वर्ग के प्राणी प्रमुख हैं। उच्च हिमालयी क्षेत्र में पाये जाने वाले इन प्राणियों का भौगोलिक विस्तार मध्य एशियाई पर्वत मालाओं और ऊंचे पठारों तक है। ये प्राणी हेमिस राष्ट्रीय उद्यान में देखे जा सकते हैं। इनके साथ ही सर्वत्र विरल हिमतेंदुआ भी इस राष्ट्रीय उद्यान में देखा जा सकता है।

हेमिस के हिम तेंदुये

हिम तेंदुआ विडाल कुटुम्ब के प्राणियों में सबसे कम देखा जाने वाला प्राणी है, इसका कारण इसका अभयारण्य पर्वतशिखरों का वास है। वर्गिकी के ज्ञाता कभी इसे 'अन्सिया' वंश की एकमेव प्रजाति मानते रहे हैं तो कभी इसे 'पैन्थरा' वंश का सदस्य मानकर इसे शेर और तेंदुये के साथ वर्गीकृत करते रहे हैं। प्राचीन वर्गिकी के ग्रंथों में इसे जंगली बिल्लियों 'फेलिस' के वंश में रखा जाता था परन्तु अब इसे तेंदुयें का नजदीकी ही माना जाता है जिसने अतिशीत प्रदेशों में रहने का अनुकूलन कर लिया है। हिम तेंदुये सामान्य तेंदुये की कद-काठी के ही होते हैं परन्तु इनकी खाल हिम क्षेत्र में रहने के कारण सफेद रोमयुक्त होती है बेशक उसमें सामान्य तेंदुये जैसे ही काले धब्बे पाये जाते हैं।

वन्य प्राणी विशेषज्ञों का अनुमान है कि वर्तमान में अब केवल 4500 से 7500 हिम तेंदुये बचे हैं जो एशिया की पामीर पर्वत शृंखला के तीन ओर की पर्वतमालाओं के दुर्गम क्षेत्रों में निवास करते हैं। हिम तेंदुये साधारण तौर पर कम सघन वनस्पति के उच्च पर्वतीय क्षेत्रों में पाये जाते हैं। ऐसे क्षेत्र 'अल्पाइन' और 'उप अल्पाइन' वनस्पति मंडलों के नाम से जाने जाते हैं।

हिम तेंदुओं का मुख्य शिकार इन पर्वतमालाओं पर पाये जाने वाले मेष छाग वर्ग के पशु हैं। इनमें एक पशु 'भारल' है जो कि हिमालय और तिब्बत के क्षेत्र में पाया जाता है। दूसरा प्रमुख पशु 'आइबैक्स' है जो काराकोरक, मंगोलिया तथा रूसी पर्वतों की शृंखलाओं में पाया जाता है।

जिस तरह प्रायद्वीपीय भारत में शेर की स्थिति 'फुड पिरामिड' के शीर्ष पर है तथा शेर की बहुलता प्रकृति की समृद्धि दर्शाती है उसी तरह हिम तेंदुये की स्थिति शीर्ष प्राणी की है तथा उसकी बहुलता पर्वतीय प्राणिजात की समृद्धि की द्योतक है। फुड पिरामिड की सफलता, प्राकृतिक हिमालयी वातावरण को पूर्ण संरक्षण देने के लिये ही हेमिस जैसे राष्ट्रीय उद्यानों की स्थापना की आवश्यकता समझी गई।

हिम तेंदुओं का अवैध शिकार उनकी सुन्दरता के लिये तो होता ही है परन्तु इनकी हड्डियों की चीन में भारी मांग है जहां इसे शेर की हड्डियों के स्थान पर दवायें बनाने के लिये प्रयोग में लाया जाता है। यह सर्वज्ञात तथ्य है कि चीन की परंपरागत औषधि पद्धति में शेर की हड्डियों का प्रयोग होता है।

हिम तेंदुओं का अध्ययन

हिम तेंदुआ विश्व पर्यावरणविदों के लिये एक पहेली से कम नहीं रहा है यद्यपि इसका भौगोलिक वितरण मध्य एशिया के दुर्गम पर्वतीय एवं पठारी क्षेत्र के एक बहुत बड़े भू-भाग में है परन्तु इसकी संख्या सर्वत्र ही अत्यल्प है। यह अपने संपूर्ण वितरण क्षेत्र में अवैध शिकारियों के निशाने पर रहा है। भारत के हिमालयी क्षेत्र में भी यह अनेक जगहों पर पाया जाता है परंतु यहां भी उसकी संख्या सर्वत्र ही नगण्य है। फिर भी अन्य हिमालयी क्षेत्रों की तुलना में लद्दाख का क्षेत्र बेहतर माना जाता है, यही कारण है कि हिमालयी क्षेत्रों में लद्दाख के हेमिस राष्ट्रीय उद्यान में हिम तेंदुये के अध्ययन के लिये अंतर्राष्ट्रीय प्रयास किये जाते रहे हैं। भारत में हिम तेंदुओं का अध्ययन एस. एल. सी. (द हनो लियोपार्ड कंजरवेंसी इंडिया) संस्था द्वारा किया जाता है। इस संस्था ने वर्ष 1998 से कार्य प्रारंभ किया तथा उसका पंजीयन वर्ष 2003 में हुआ। इस संस्था का उद्देश्य भारतीय क्षेत्र में पाये जाने वाले हिम तेंदुओं का सर्वांगीण अध्ययन कर उनका संरक्षण करना है। अन्य स्थानों की ही भांति भारत के उच्च पर्वतीय क्षेत्रों में भी हिम तेंदुओं का अवैध शिकार किया जाता है। कुछ हिम तेंदुओं का शिकार उनकी सुन्दर सफेद रोयेंदार खाल के कारण किया जाता है। यद्यपि हिम तेंदुये के शिकार को भारत सरकार और अंतर्राष्ट्रीय संगठनों ने पूरी तौर से रोकने का प्रयास किया है पर फिर भी अशिक्षा, परंपराओं और धन के लोभ के कारण इस हिंसा को रोकने में तथा खालों के अंतर्राष्ट्रीय व्यापार को पूरी तौर से रोकने में अभी सफलता नहीं मिली है। हिम तेंदुओं के शिकार का दूसरा कारण कुछ हद तक इस शिकारी प्राणी द्वारा पालतू पशुओं को मारा जाना भी है। वस्तुतः जब तक हिमालयी क्षेत्र में वन्य मेष छागों की संख्या पर्याप्त थी तब तक हिम तेंदुये पालतू पशुओं का शिकार नहीं करते थे परन्तु उनके भी अवैध शिकार ने हिम तेंदुओं की निर्भरता कुछ हद तक पालतू पशुओं पर बढ़ा दी, परिणामतः हिम तेंदुओं और हिमालय क्षेत्र के निवासियों में वैर का भाव उत्पन्न हो गया। स्थिति यह बनी कि यदि पालतू पशु अन्य हिमालयी वन्य पशुओं यथा हिमालयी काले रीछ द्वारा भी मारे जाते तो भी दंड हिम तेंदुये को भुगतना पड़ता।

एस. एल. सी. ने अपने एक सर्वेक्षण (1998) में पाया कि लद्दाख की मार्खा घाटी के गांवों में हिमालय के शिकारी प्राणी उनके पालतू पशुओं को भारी क्षति पहुंचाते हैं। इन गावों के निवासियों को प्रतिवर्ष अपने 12 प्रतिशत पालतू पशुओं से हाथ धोना पड़ता है। सर्वेक्षण के अनुसार इन ग्रामीणों की यह हानि प्रतिवर्ष प्रति गांव 1,15000 रुपये की होती है। यह हानि पशुचारी धंधे से आजीविका कमाने वाले परिवारों के लिये विपदाकारक है।

एस. एल. सी. ने यूनेस्को की सहायता से पर्यावरण हितकारी उन योजनाओं को हाथ में लेने का निर्णय लिया जिनसे इन गरीब परिवारों की हानि भी न हो और न ही बेबस वन्य प्राणी को प्राणी गंवाने पड़ें। यहां पर एक नारा दिया गया 'वन्य प्राणी पर्वतों के आभूषण हैं'–नारे के साथ पर्यटन को बढ़ावा दिया गया तथा पर्वतों में सीमित कृषि व्यवस्था को भी और अधिक उपजाऊ बनाने के प्रयास किये गये। परिणाम यह हुआ कि अब यहां पर्यटकों की संख्या बढ़कर 4000 तक हो गई है। 'पर्यटक घर में' के नारे ने विश्व के सुदूरवर्ती देशों से भी पर्यटक खींचे क्योंकि लद्दाख के जनशून्य इलाकों में वे क्षेत्रीय लोगों के घर रुक सकते थे। पर्यटकों की नित्य बढ़ती संख्या से यहां के

ग्रामों के प्रति परिवार की औसत आय में 4000 रुपये प्रतिवर्ष (प्रति सीजन) वृद्धि हो गई। वर्ष 2003 में एस. एल. सी. ने क्षेत्रीय युवकों को गाइड ट्रेनिंग देने का इंतजाम किया और इस तरह अब पर्यटकों को महंगे यूरोपीय गाइड के स्थान पर सस्ते क्षेत्रीय गाइड मिलने लगे। स्त्रियों को भी पर्यटन से काम मिला। उन्हें पर्यटकों के साथ लाये जाने वाले कचड़े को 'रिसाइकिल' कर पुनर्प्रयोग की विधियां समझाई गई जिसके प्रयोग से उन्होंने अर्थिक लाभ हुआ।

हिम तेंदुये और मनुष्य के बीच टकराव

हिम तेंदुओं और मनुष्य के बीच टकराव की समस्या अंतराष्ट्रीय स्तर की रही है। हिम तेंदुओं और मनुष्य के बीच सौहार्द्र बढ़ाने के अंतर्राष्ट्रीय प्रयास जारी हैं। हिंम तेंदुये और मनुष्य के बीच सौहार्द्र बढ़ाने के लिये कृत संकल्प डॉ. चारुदत्त मिश्रा को 'व्हिटले गोल्ड अवार्ड' (वर्ष 2005) से नवाजा गया। उन्होंने भारत के स्पिति लाहुल तथा लद्दाख क्षेत्र में मनुष्य और हिम तेंदुओं के बीच सौहार्द्र बनाने का उल्लेखनीय कार्य किया। इस पुरस्कार में उन्हें 60000 पौंड की राशि प्रदान की गई। यहां यह भी उल्लेखनीय है कि मिश्र दम्पति को वर्ष 2004 में 'सेंक्चुअरी ए. बी. एन. एम्रो' सम्मान से सम्मानित किया गया था।

हेमिस राष्ट्रीय उद्यान अपनी हिमालयी भेड़ (ब्लू शीप) जिसे क्षेत्रीय भाषा में भारत कहते है, के लिये भी विख्यात है। ब्लू शीप हिम तेंदुओं का प्रमुख शिकार भी है।

हेल्लि डे

संरक्षित क्षेत्र : अभयारण्य
विस्तार : 4 वर्ग किलोमीटर
स्थिति : पश्चिम बंगाल
समीपवर्ती नगर : नामखाना
उत्तम भ्रमणकाल : अक्टूबर से दिसंबर
पारिस्थितिकी : डेल्टाई वन
वन्य पशु-पक्षी : समुद्र तटीय जलचर, पक्षी।

हेल्लि डे सुन्दर वन डेल्टा का एक द्वीप है जिसे हुगली नदी ने निर्मित किया है। इस छोटे से द्वीप में पनकुत्ते, समुद्री मगर, समुद्री कछुये, मछलीमार बिल्लियां और अनेक प्रजातियों के पक्षी पाये जाते हैं।

सुन्दर वन के डेल्टाई क्षेत्र के द्वीपों में अवैध शिकार तथा मैनग्रूव वनों की कटाई की घटनायें आम बात थीं। अकेले सरकारी कर्मचारी इसे नहीं रोक पा रहे थे। उसके लिये उसी क्षेत्र के लोगों से सहयोग की आवश्यकता थी। वह आवश्यकता पूरी की एक क्षेत्रीय संगठन आई. सी. एन. एल. ने, जिसे स्थापित हुये अब दो दशक हो रहे हैं। इस संस्था के सदस्यों ने न केवल संदिग्ध गतिविधियों वाले व्यक्तियों की जानकारी प्रशासन को देने में अहम भूमिका निभाई अपितु क्षेत्रिय जनों और प्रशासनिक अधिकारियों के संबंधों की खटास दूर कर उन्हें मैत्रिपूर्ण बनाया।

होकेरसर

संरक्षित क्षेत्र : अभयारण्य/रामसर साइट
विस्तार : 6 वर्ग किलोमीटर
स्थिति : जम्मू एवं काश्मीर
समीपवर्ती नगर : श्रीनगर (16 किलोमीटर)
उत्तम भ्रमणकाल : अगस्त से सितंबर, फरवरी से मई
पारिस्थितिकी : सरोवर
वन्य पशु-पक्षी : पक्षी।

होकेरसर अभयारण्य काश्मीर में झेलम नदी के कांप के मैदान में स्थित है। इस अभयारण्य का नाम होकेरसर झील के कारण पड़ा है। इस झील में प्रतिवर्ष अनेक प्रवासी पक्षी मध्य एशिया, चीन तथा यूरोप से आते हैं। इनके आने का समय अगस्त माह होता है और लौटने का समय अप्रैल। यहां पर आने वाले प्रवासी पक्षियों में से लगभग आधे यहां प्रजनन करते हैं। वर्ष 1992 में यहां 25000 प्रवासी और निवासी पक्षियों की संख्या आंकी गई थी परन्तु यह संख्या लगातार बढ़ रही है। वर्ष 2005 और 2006 में यहां 1992 की तुलना में लगभग आठ गुने पक्षी या चार लाख प्रवासी पक्षी आये। इस भारी संख्या में पक्षियों के आने के प्रमुख कारणों में यहां उपलब्ध प्रचुर भोजन सामग्री है। यहां पर 156 प्रजातियों के फाइटो प्लेंकटन और 44 प्रजातियों के जू प्लेंकटन पाये जाते हैं जो पक्षियों का प्रमुख खाद्य पदार्थ हैं। होकेरसर को भले ही अभयारण्य का दर्जा प्राप्त हो गया हो, प्रभावी व्यक्तियों द्वारा यहां शिकार की घटनायें जब-तब सुनने को मिलती रहती हैं। होकेरसर झील का अधिकतर भाग 1.5 से 3 मीटर तक गहरा है।

संकट : इस अभयारण्य में कुछ प्रभावी लोगों ने शिकार को वैध ठहराने के लिये मुहिम छोड़ रखी है। वे यह प्रचार करते हैं कि इस नम क्षेत्र की पारिस्थितिकी को बचाने के लिये कुछ प्रवासी पक्षियों को मारने की वैध अनुमति मिलनी चाहिये, लिखने की आवश्यकता नहीं कि यह सभी निहित स्वार्थियों का अपना प्रोपेगंडा है जो वन्य प्राणी सुरक्षा की भावना के पूर्ण विपरीत है।

यह सत्य है कि शासकीय प्रयासों में सदा लालफीताशाही काम करती है लेकिन ऐसा भी नहीं है कि सदा ही शासकीय प्रयास असफल हों परंतु जब प्रयास काश्मीर में हो रहे हों तब यह ध्यान रखना आवश्यक होगा कि इस प्रदेश में हरी भूमि का एक टुकड़ा बहुत अधिक महत्व रखता है।

त्र

त्रिकूट

संरक्षित क्षेत्र : अभयारण्य
विस्तार : 03 वर्ग किलोमीटर
स्थिति : जम्मू एवं काश्मीर
समीपवर्ती नगर : रामनगर
उत्तम भ्रमणकाल : मार्च एवं जुलाई
पारिस्थितिकी : शुष्क पर्णपाती वन तथा पाइन वन
वन्य पशु–पक्षी : जंगली बिल्लियाँ, चीतल, सेही, पक्षी।

त्रिकूट अभयारण्य भारत के लघु संरक्षित क्षेत्रों में से एक है, शिवालिक पहाड़ियों पर स्थित इस अभयारण्य का ग्रीष्मकालीन तापमान 40 से. तक पहुंच जाता है।

त्रिकूट पर्वत अपनी शक्तिस्थली के रूप में सारे देश में विख्यात है। यहां पर एक गुफा है जिसमें शक्ति के तीनों स्वरूपों दुर्गा, लक्ष्मी और सरस्वती के रूप में स्थित त्रिकूट पर्वत भारत का दूसरा सबसे बड़ा धार्मिक यात्रियों का दर्शन स्थल है। ऐसा समझा जाता है कि कड़ी ठंड या मौसमी कठिनाइयों को झेलते हुये इस पर्वत पर प्रतिवर्ष 80 लाख धर्मप्राण व्यक्ति यहां दर्शन के लिये आते हैं। इस पवित्र दर्शन के लिये तीर्थयात्रियों को 13 किलोमीटर की यात्रा करनी होती है जो कि कटरा से प्रारंभ होती है। इस यात्रा का श्रेष्ठ समय मार्च और जुलाई है। 13 किलोमीटर की यह यात्रा पैदल ही की जाती है परंतु इस दूरी को घोड़ों और पालकी पर बैठकर भी तय किया जाता है। साधारणतौर पर यात्री सारी रात पैदल चलकर कटरा से शक्तिस्थली तक पहुंचते हैं। यात्रियों की सुविधा के लिये अब कटरा से शक्तिस्थली तक हेलीकाप्टर द्वारा वायुमार्ग से भी पहुंचने की सुविधा उपलब्ध है।

यह संरक्षित क्षेत्र मुख्यतः एक पर्वत शिखर पर स्थित गुफा है। इस गुफा के भीतर है शक्ति पीठ। यदि आई. यू. सी. एन. की श्रेणियों के अनुसार इस संरक्षित क्षेत्र को देखा जाय तो यह 'नेचुरल मानुमेन्टस' (प्राकृतिक स्मारक) की श्रेणी में आता है परंतु आई. यू. सी. एन. का उद्देश्य 'आदिवासी' स्मारकों से है। भारत में यह बात ठीक तरह लागू नहीं होती क्योंकि भारत में हिन्दू जन्मजात प्रकृतिपूजक है भले ही उसे 'आदिवासी तत्व' माना जाये।

संभवतः वर्गीकरण की इसी विसंगति को दूर करने के लिये भारत में ऐसे स्थानों को अभयारण्य का दर्जा दिया गया है।

त्रिपुरा

स्थिति : भारत का उत्तर–पूर्वी राज्य
भौगोलिक क्षेत्रफल : 10,486 वर्ग किलोमीटर, वनों के अंतर्गत क्षेत्रफल : 6,293 वर्ग किलोमीटर (60.01 प्रतिशत)
संरक्षित क्षेत्र : राष्ट्रीय उद्यान : 0, अभयारण्य : 04
प्रादेशिक पारिस्थितिकी : प्राणि भौगोलिक परिमंडल : 08 उत्तर–पूर्वी भारत, प्राणि प्रदेश : 8 बी, आसाम की पहाड़ियां
प्रदेश का प्रतीक पशु : फायरे का लंगूर (ट्रेचीपिथेकस फायरेई)
प्रदेश का प्रतीक पक्षी : हरा राजसी कबूतर (ड्यूकुलाईनी)
प्रदेश का प्रतीक वृक्ष : अगरु (एक्विलेरिया मालासिनेसिस)
प्रदेश का प्रतीक पुष्प : नागेश्वर (मिसुआ फैरी)

त्रिपुरा पर्वतीय प्रदेश है, जिसमें लगभग 10 नदियां प्रवाहित होती हैं। पुराकथाओं के अनुसार त्रिपुरा महाभारत काल से ही भारत का एक जाना–माना प्रदेश रहा है।

त्रिपुरा में चार अभयारण्य हैं जिनके नाम क्रमशः तृष्णा, गुमटी, रोवा एवं सिपाही जला हैं। त्रिपुरा के वनों का अत्यधिक दोहन हुआ है और इसलिये इन अभयारण्यों का पारिस्थितिकीय संरक्षण के संदर्भ में विशेष महत्व है।

त्रिपुरा का 60.01 प्रतिशत भाग वनाच्छादित है अतः यहां पर अभी भी अनेक संरक्षित क्षेत्र बनाये जा सकते हैं। त्रिपुरा राज्य जैव भौगोलिक दृष्टि से अत्यंत महत्वपूर्ण है। त्रिपुरा का पश्चिमी भाग बंगलादेश के मैदानी क्षेत्रों से लगा हुआ है जहां का प्राणिजात भारतीय उपप्रदेश का है किंतु पूर्वी भाग पहाड़ी है जिसमें इन्डो–चाइनीज उप प्रदेश का प्राणिजात पाया जाता है। इस तरह इसे प्राणिजात की दृष्टि से एक संक्रमण प्रदेश भी कहा जा सकता है।

त्रिपुरा की अनेक झीलें वैसे भी पर्यटकों के लिये आकर्षण का केंद्र हैं। इनमें रुद्रसागर का नाम उल्लेखनीय है। दुम्बूर के झरने और जलाशय भी दर्शनीय स्थल हैं। इस प्रदेश का जाम्पाई (जाम्बई) स्थान आदिवासियों की संस्कृति और प्राकृतिक संदर्भ के लिये प्रसिद्ध है।

त्रिपुरा में राष्ट्रीय उद्यान नहीं हैं परन्तु तृष्णा अभयारण्य को राष्ट्रीय उद्यान घोषित करने के प्रयास चल रहे हैं। त्रिपुरा के संरक्षित क्षेत्रों में रोवा अभयारण्य का नाम उल्लेखनीय है। यह अभयारण्य मात्र 2 वर्ग किलोमीटर में फैला है परन्तु वानस्पतिक दृष्टि से यह एक अति महत्वपूर्ण क्षेत्र है।

त्रिपुरा हाथी, बाघ, सीरो, छोटी जंगली बिल्लियों, लंगूरों और हार्नबिल पक्षियों के लिये विख्यात है।

खंड – स

परिशिष्ट

1. भारतीय संरक्षित क्षेत्रों की सम्पदा
2. भारत का पक्षिजात (सालिम अली, 2002)
3. वन्य प्राणी संरक्षण के अंतर्राष्ट्रीय कदम
4. अंडमान निकोबार द्वीप समूह के समुद्रतटीय क्षेत्र के अकशेरूक जीर
5. (अ) सुन्दर वन संरक्षित क्षेत्र की वनस्पति
   (ब) सुन्दर वन संरक्षित क्षेत्र के सरीसृप

भारतीय संरक्षित क्षेत्रों की सम्पदा–वृक्ष, झाड़ी, लता, घास, बांस

प्रायद्वीपीय भारत के संरक्षित क्षेत्रों में पाये जाने वाले वृक्षों के हिंदी भाषा में प्रयुक्त नाम एवं उनके तकनीकी पर्याय

I. वृक्ष

	वैज्ञानिक नाम	प्रचलित नाम
1.	Acacia Catechu Willd	खैर
2.	Acacia ferruginea, D.C.	सफेद खैर
3.	Acacia lcucophloea, Willd	रेनुझा
4.	Acacia nilotica, (L)Willd	बाबुल
5.	Accacia Ouriculiformis	वेटल ट्री
6.	Acrocarpus fraxinifolius wight & Arn	मुंडनी
7.	Adansonia digitata, Linn	खुरासानी इमली
8.	Adina cordifolia. Hook F.	हल्दू
9.	Aegle marmelos, Correa	बेल
10.	Ailanthus cxcelsa. Roxb.	महारूख
11.	Alangium salvifolium, (Linn.F.) Wang	अकोल
12.	Albizzia amara, Boivin	सेलझड़ी
13.	Albizzia lobbock, Benth	काला शिरीष
14.	Albizzia odoratissima, Benth	चिचवा
15.	Albizzia procera, Benth	सफेद शिरीष
16.	Anona rcticulata, Linn	रामफल
17.	Anona squamosa, Linn.	सीताफल
18.	Anacardium occidentale, Linn	काजू
19.	Anogeissus latifolia. Wall	धापरा
20.	Anogeissus pendula, Edgcw	करधई

21.	Antidesma diandrum, Roth	खटुआ
22.	Artocarpus integrifolia (Non.Linn. F.)	कटहल
23.	Averrhoa carambola. Linn.	कामरव
24.	Azadirachta indica. A. Juss	नीम
25.	Balanites roxburghii, Planch	हिंगोर
26.	Bassia latifolia, Roxb. (Madhuca latifolia, Roxb. Macbride)	महुआ
27.	Bauhinia malabarica,Roxb.	आम्टा
28.	Bauhinia purpurea, Linn.	केवलार
29.	Bauhinia racemosa, Lamk.	आस्टा
30.	Bauhinia retusa, Ham.	सेहरा
31.	Bauhinia variegata, Linn.	कचनार
32.	Borassus flabelliformis, Murr.	टाड
33.	Boswellia serrata.Roxb.	सलाई
34.	Buchanania angustifolia, Roxb.	बड़ा आचार
35.	Buchanania lanzan. Spreng	अचार
36.	Butea monosperma, (Lamk) Taub.	पलाश
37.	Callistemon lanceolatum, (D.C.)	बाटलब्रु
38.	Capparis grandis Linn.	पछार
39.	Careya arborea Roxb.	कुंभी
40.	Carissa spinarum, anct.non Linn	करोंदा
41.	Caryota urcns Linn.	सागोपाम
42.	Cassia fistula, Linn.	अमलतास
43.	Cedrela toona, Roxb.	तून
44.	Ceiba pentandra (Linn)	कपाक
45.	Cleaistanthus collinus Bcnth	कई
46.	Cochlospermum religiosum, Linn., Alston (Cochlospermum gossypium D.C.)	गलगल
47.	Chloroxylon swietenia (D.C.)	भिर्रा
48.	Cordia gharaf (Forsk.) Ehrenb. & Asch.	गोंदी
49.	Cordia latifolia.Roxb.	बड़ालसूड़ा
50.	Cordia myxa anct.plur, non Linn.	लसूड़ा
51.	Dalbergia latifolia. Roxb.	शीशाम

52.	Dalbergia paniculata, Roxb.	फरंसी
53.	Dalbergia Sissoo. Roxb.	सिस्सू
54.	Delonix clata,(Linn.) Gamble.	पीली गुलमोहर
55.	Delonix regia.(Bojer) Rafincsque W.et.a.	गुलमोहर
56.	Dillenia indica Linn.	एलीकेन्ट एपल
57.	Dillenia pentagyna Roxb.	कल्ला
58.	Diospyros embryopteris Pers.	काला तेंदू
59.	Diospyros co.fdifolia Roxb.	भाक तेंदू
60.	Diospyros mclanoxylon, Roxb	तेंदू
61.	Diospyros montana Roxb.	विशतेंदू
62.	Diospyros tomentosa, Roxb.	तूमरी
63.	Dolichandrone atrovirens, (Heyne ex Roth)	पादरी
64.	Elaeocarpus sphacricus (Gaertn.) K.Schum	रूद्राक्ष
65.	Elaeodcndron glaucum Pers.	जमरशी
66.	Emblica officinalis, Gaertn.	आंवला
67.	Enterolobium saman	प्रैन
68.	Eriolaena hookeriana W.&A.	भोटी
69.	Erythrina suberosa Roxb.	गधापलाश
70.	Erythrina variegata Linn.	पंगारा
71.	Eucalyptus comaldulensis Dchn.	इंदौरी नीलगिरी
72.	Eucalyptus citriodora Hook	लाल नीलगिरी
73.	Eucalyptus globulus Labill.	नीलगिरी
74.	Eucalyptus tereticornis, Sm.	बड़ी नीलगिरी
75.	Eugenia heyneana Duthie (Syzygium heyneanum Wall)	काटजामुन
76.	Feronia elcphantum, Correa.	कैथा
77.	Ficus benghalensis Linn.	बड़
78.	Ficus glomerata Roxb.	गूलर
79.	Ficus microcarpa, (Linn)	पारस पीपल
80.	Ficus palmata, Forsk	अंजीर
81.	Ficus rellginsa, Linn.	पीपल
82.	Ficus tciola Roxb.	पोखर
83.	Flacourtia indica (Burm f.) (Flacourtia ramontchi Herit)	ककई

84.	Gardenia gummifcra Linn. F.	वंदालड्डू
85.	Gardenia latifolia Ait.	पापरा
86.	Gardenia turgida Roxb	फेटरा
87.	Gardenia resinifera, Roth	पापड़ा
88.	Gardenia rcsinifera, Roth	दिकआमली
89.	Garuga pinnata Roxb.	गुंजन
90.	Gmelina arborea.Roxb.	गमरी
91.	Grewia hirhuta Vahl	गुडाशुकरी
92.	Grewia tiliaefolia. Vahl.	धामन
93.	Grevillea robusta, A.Cumm.	सिल्वर ओक
94.	Harwickia binata,	अंजन
95.	Heterophragma quadricu-lare, Roxb.	पलांग
96.	Holoptelea intregrifolia,	चिरोल
97.	Holarrhena antidyscnte-rica, Wall.	दुधी
98.	Hymenodictyon excclsum, Wall.	भामर
99.	Ixora parviflora. Vahl.non Lamk.	लोखण्डी
100.	Jacaranda ovalifolia, R.Brown.	जकरन्दा
101.	Kydia calycina,	बारंग
102.	Lagcrstrocmia parviflora, Roxb.	लेंडिया
103.	Lannea grandis, Dennst: Lannea coromandalica, (Houtt) merr.	एंजलर मोयन
104.	Litsaea scbifcra.Pcrs	मैदा लकड़ी
105.	Mangifcra indica, Linn.	आम
106.	Mclia azadirach Linn.	बकैन
107.	Mitragyna parviflora, (Roxb) Korth	मुंडी
108.	Maringa oleriflora	मुंगा
109.	Nyctanthes arbortristis Linn	हरसिंगार
110.	Oroxylum indicum, (vent.)	जयमंगल
111.	Ougeinia dalbcrgioides, Bcnth. Ougeinia oojeineusis, (Roxb.) Hocherut	तिन्सा
112.	Pinus roxburghii, (Sargent)	चीर पाइन
113.	Pithecolobium dulce.	जंगल जलेबी
114.	Pinus carebea.	ट्रापिकल पाइन

115.	Pongamia pinnata, (Linn) Pierre	करंज
116.	Pterocarpus marsupium, Roxb.	बीजा
117.	Randia dumetorum.Lamk.	मनिफल
118.	Randia uliginosa.D.C.	काला फेटरा
119.	Salmalia malabarica, (D.C.) Schott & Endl.	सेमल
120.	Salvadora persica, Linn.	पिलू
121.	Samanea saman(Jacq)Merr	रेनट्री
122.	Saccopetalum tomentosum, Hk. f. & Th.	कारी
123.	Santalum album, Linn.	चंदन
124.	Schleichera oleosa, Menr. Schleichera trijuga. Willd.	कुसुम
125.	Schleichera swictcnioides, Roxb.	मोखा
126.	Scmccarpus anacardium, Linn.	भिलवा
127.	Sesbania grandiflora, (Pers.)	अगस्त्य
128.	Shorea robusta, Gacrtn.	साल
129.	Solansum nigar.	भटकटैया
130.	Soymida febrifuga.A.Juss	रोहन
131.	Stephegyna parvifolia, Korth	मुंडी
132.	Sterculia urens.Roxb.	कुलू
133.	Syzygium cumini,(Linn) Skeels Eugenia jumbolana,Lamk (Wall)	जामुन
134.	Syzygium heyneanum,	करू जामुन
135.	Tamarindus indica. Linn	इमली
136.	Tactona grandis, Linn F.	सागौन
137.	Terminalia arjuna, Bedd.	अर्जुन
138.	Terminalia belerica, Roxb.	बहेरा
139.	Terminalia chebula, Retz.	हर्रा
140.	Terminalia tomentosa,W&A	साजा
141.	Toona ciliata,Rocm. (Cedrela Toona, Roxb.)	टून
142.	Trewia nudiflora, Linn.	तूमरी
143.	Wrightia tinctoria, A.Br.	दुधी
144.	Wrightia tomentosa,Roem.	काली दुधी

145.	Xylia xylocarpa. Roxb.	सुरिया
146.	Zinhinia vahtu, Roxb.	महाबेल
147.	Zizyphus jujuba, Lamk.	बेर
148.	Zizyphus nummularia, (Burm.f.) W&A	झरबेरी
149.	Zizyphus xylopyra. Willd.	घोंट

II. झाड़ी

	वैज्ञानिक नाम	प्रचलित नाम
1.	Abelmoschus ficulneus(Linn), Wt.&Arn.	जंगली भिंडी
2.	Acacia farnesiana, Willd.	कंटनी बबूल
3.	Achyranthes aspera, Linn.	चिड़चिड़ा
4.	Adhatoda vasica, Nees.	अडूंसा
5.	Agave sisalana. Perrine	सीसल हेम्प
6.	Alangium lamarckii/Thwaites	अकोल
7.	Alstonia venenata, Brown.	
8.	Antidesma diandrum, Roth.	खटुला
9.	Antidesma ghacsembilla, Gaertn.	जोंघरली
10.	Argemonc mexicana, Linn.	सियारकांटा
11.	Asparagus racemosus, Willd.	सतावरी
12.	Azanza lampas,(Cav.)Alef.	बांकापस
13.	Baliospermum montanum, (Willd muell.Arg.)	जंगली जमालगोटा
14.	Barleria prionitis, Linn.	कोरांती
15.	Bauhinia acuminate, Linn.	अहलद
16.	Caesalpinia bonduc, (Linn.)Roxb.,	सागरगोटा
17.	Cajanus cajan,(Linn) Millsp.	अरहर
18.	Calotropis gigantea, Br.	आक
19.	Calotropis procera, R.Br.	मदार
20.	Capparis aphylla, Roth.	करैल
21.	Capparis horrida, Linn.	उलटकांटा
22.	Carica papaya, Linn	पपीता
23.	Cassia auriculata, Linn.	तखर
24.	Cassia tora, Linn.	तराटा

25.	Chlorophytum tuberosum, Bakcr.Liliuceac	सफेद मसू
26.	Clerodendron infortunatum, auct.non line	भांट
27.	Clerodendron phlomidis, Linn.	इन्नी
28.	Clebrookia oppositifolia, smith	काला बांस
29.	Crotalaria ramosissima,Roxb.	हरदुली
30.	Crotalaria sericea, Retz.	जंगली सन
31.	Curculigo orchioides, Gaertn	काली मुसली
32.	Daedalacanthus purpurascens, T.Anders.	वनतुलसी
33.	Datura stramonium, Linn.	धतूरा
34.	Dendrophthoe falcata, (Linn.f) Elting	बान्धा
35.	Desmodium Cephalotes.Wall	चिप्टी
36.	Desmodium ferrugincum, Wall.ex.Thw.	कुश
37.	Desmodium pulchellum,Benth.	खरेटा
38.	Desmostachya bipinnata, (Linn.) Stapf.	बैबरंग
39.	Dodonoea viscosa, Linn.	जंगली केला
40.	Embelia robusta, CB CL non.Roxb.	बनतुलसी
41.	Ensete superbum,(Roxb.) cheesman	धतूरा
42.	Eranthemum purpurascens, Nees.	चिप्टी
43.	Eriolaena hookeriana, W & A.	भोटी
44.	Eugenia heyneana. Duthie	कठजामुन
45.	Euphorbia neriifolia, Linn.	यूहर
46.	Euphorbia pulcherrima, Willd.	प्वाइन सेटिया
47.	Ficus carica, Linn.	अंजीर
48.	Ficus hispida, Linn.	कठगूलर
49.	Flemingia prostrata, Roxb.	वनराहर
50.	Flemingia paniculata, Wall.	ककई
51.	Gardenia gummifera, Linn.f.	वंदालड्डू
52.	Gossypium herbaceum. Linn.	कपास
53.	Grewia abutilifolia, Juss.	धामन
54.	Grewia hirsuta, Vahl.	गुरशुक्री
55.	Gymnema sylvestre, R.Br.	गुड़मार
56.	Helicteres isora, Linn.	मंरोड़फली

57. Hibiscus abelmoschus, Linn. — जंगली भिन्डी

58. Hygrophila auriculata,(Schuman) Heine — तालमाखाना

59. Indigofera pulchella, Roxb. — नील

60. Ipomoea alba, Linn — मूनफ्लावर

61. Ipomoea pes, captal,(Linn.) Sweets — बेशरम

62. Lantana Camara,Linn.var.aculeata — लेन्टाना

63. Leea macrpphylla, Roxb. — हाथीपान

64. Moghania semialata, Roxb. — बनराहर

65. Nyctanthes arbortristis, Linn. — हरसिंगार

66. Ocimum Sanctum, Linn. — तुलसी

67. Opuntia dillenii, Haw. — नागफनी

68. Petalidium barlerioides. Nees. — इंद्रजटा

69. Phoenix acaulis, Buch — छीद

70. Phoenix humilis, Royle. — बड़ी छीद

71. Plumbago zeylanica. Linn. — चितावर

72. Pogostemon plectranthoides, Desf. — कोरा

73. Scleria annularis, Kunth. — सूर्या

74. Strobilanthes callosus, Nees. — मरूआदोना

75. Tamarix-dioica, Roxb.

76. Thospesia populnea, Correa — पोर्रिया ट्री

77. Tribulus terrestris, Linn. — गुखरू

78. Vitex negundo, Linn. — निगुंडी

79. Waltheria indica, (Linn) — अंगूर

80. Woodfordia floribunda salisb — धवारी

81. Zizyphus rotundifolia, Lamk. — झरबोरी

82. Zizyphus rugosa, Lamk. — चुरना

III. लता

	वैज्ञानिक नाम	प्रचलित नाम
1.	Abrus precatorius, Linn.	गुंज
2.	Acacia talsia, W & A	गुरार
3.	Acacia pennata, Willd.	रावनी
4.	Acacia rugata, (Lamk.) Ham.	सीकाकाई
5.	Bauhinia Vahlii, W & A	माहुल

6.	Butea superba, Roxb.	पलाशबेल
7.	Caesalpinia bonducella, Flem.	सागार गोटी
8.	Calamus guruba, Ham.	केन
9.	Calycoptcris floribunda, Lamk.	कुकरंज
10.	Cclastrus paniculata, Willd.	मलकांगनी
11.	Cissus repanda, Vahl.	पानीबेल
12.	Combrctum dccandrum, Roxb.	पीवरबेल
13.	Combrctum Ovalifolium, Roxb.	हाथी सन्दन
14.	Cryptolepis buchanani, R & S	नागबेल
15.	Cuscuta rcflcxa, Roxb.	अमरबेल
16.	Dcrris scandens, Bcnth	तूपबेल
17.	Dioscorea daemona,Roxb.	बैचांदी
18.	Eranthcmum roscum, (Vahl) R.Br.	दुधीबेल
19.	Ficus hcterophylla, Linn.F	
20.	Gloriosa supcrba, Linn.	अग्निशिखा
21.	Gymncma sylvcstris, R.Br.	गुड़मार
22.	Hchnocarpus frutesccns, Br.	ढीमरबेल
23.	Luffa acutangula, Roxb.	तुरोई
24.	Marsdcnia tenacissima, W & A	चिकटी
25.	Millcttia auriculata, Baker	गौज
26.	Momordica charantia, Linn.	करेला
27.	Mucuna pruricns, Bakcr non D.C.	केवांच
28.	Piper betle. Linn.	पान
29.	Smilax macrophylla, Roxb.	रामदतून
30.	Spatholobus roxburghii, Benth	नागबेल
31.	Tinospora Cordifolia, Micrs	गुड़बेल
32.	Vallaris heynei, spreng	दुधीबेल
33.	Ventilago calyculata, Tul.	कैंवटी
34.	Zizyphus Ocnoplia, Mill.	मकोर

IV. घास

	वैज्ञानिक नाम	प्रचलित नाम
1.	Apluda mutica, Linn.	फुल/पोनिया
2.	Authistiria cililia,	गुनहर/बुनकर
3.	Bothriochloa pcrtusa, (Linn.)A.Camus	फुलेरा

4.	*Chionachne Koenigii, (Spreng).Thw.	करपी
5.	*Cenchrus ciliaris.	चेचरस सिलीरिस
6.	Cenchrus satigarus	पीला अंजन
7.	Chrysopogon montanus, Trin	चिकुआ
8.	Coix gigantea, Koen.ex.Roxb.	भोंस
9.	Colx lachryma-jobi, Linn.	गरू
10.	Cymbopogon martini, (Roxb.) Wats.	रूसा
11.	Cynodon dactylon, Pcrs.	दूब
12.	Desmoslachya bipinnata, (Linn)Slapf	कुश
13.	*Dcsmanthus varicgata	लुशन
14.	*Dichanlhium annulatum, (Forsk)Stapf.	छोटी मारबेल
15.	Dichanthium Caricosum, (Linn)A.Camus	बड़ी मारबेल
16.	Echinochloa colonum, Link	समा
17.	Eragroslis diarrhena, (Schult)Steud.Var.	घडेला
18.	Eulaliopsis binata, (Retz.)C.E.Hubb.	सबाई
19.	Eragrostis tenella, (Linn.)	भुरभुसी
20.	Heteropogon contortus, Beauv.cx.Roem (Linn)	कुशल/लम्बा
21.	Imperata cylindrica, (Linn.) Beauv.	छीर
22.	Ischaemum angustifolium, Halk.	सबाई
23.	Ishaemum pilosum, Hack.	कुंडा
24.	Iseilema laxum, Hack.	मुशेल
25.	Pennisetum hohenackeri, Hochst.ex.stend	मोया/मवई
26.	Paspalum sanguinalc,(Linn.) Lamk	राइ
27.	Paspalum scrobiculatum, Linn.	कोदों
28.	*Pennisetum pedicellatum.	दीनानाथ
29.	Phratimges karka, (Retz.) Trin.ex stend.	नाल
30.	Saccharum munja, Roxb.	मूंज

31.	Saccharum spontaneum. Linn.	काँस
32.	Sehima nervosum, (Rottl.)Stapf.	शंडा
33:	Arundinella setosa Trinn.	शीडीरोन्डा
34.	*Schima sulcatum, A.Camus	पवनई
35.	*Stylosanthus hamata	स्टाइलो लेग्यूम
36.	*Stylosanthus serabra	स्टाइलो लेग्यूम
37.	Themeda quadrivalvis, (Linn) O.Kuntz	गुनहर
38.	Themeda triandra,Forsk.	गोइनार
39.	Thysanolaena maxima, (Roxb.) O. Kuntz	फूलबहारी
40.	Vetiveria zizaniodes,Nash.	खस

Note : Grasses marked with a star (*) are fodder species.

v. बांस

	वैज्ञानिक नाम	प्रचलित नाम
1.	Bambusa arundinacea, Willd.	कटंगबांस
2.	Bambusa polymorpha,	कटंगबांस
3.	Bambusa vulgaris, Schrader	सियासी बांस
4.	Cephalostachyum pcrgracile, Munro	पानी बांस
5.	Dcndrocalamus strictus, Nees	बांस

भारत का पक्षिजात

डॉ॰ सालिम अली द्वारा निर्देशित वर्गिकी क्रम (वर्ष 2001)

Order GALLIFORMES
Family MHGAPODIDAE : Megapodes or Scrubfowl
" PHASIANIDAE : Pheasants, Junglefowl, Partridges, Quails

Order ANSERIFORMES
Family DENDROCYGNIDAE : Tree Ducks
" ANATIDAE : Geese, Ducks

Order TURNICIFORMHS
Family TURNICIDAE : Buttonquails

Order PICIFORMRS
Family INDICATORIDAE : Honeyguides
" PICIDAE : Woodpeckers
" MEGALAIMIDAE : Barbels

Order BUCEROIIFORMES
Family BUCEROTIDAE : Hombills

Order UPUPIFORMRS
Family IJPUPIDAE : Hoopoe

Order TROGONIFORMES
Family TROGONIDAE : Trogons

Order CORACIIFORMLS
Family CORACIIDAE : Rollers
" ALCEDINIDAE : Kingfishers (Genera Alcedtt, Ceyx)
" DACELONIDAE : Kingfishers (Genera Petargopsis, Halcyon, Todiramphus)
" CERYLIDAE : Kingfishers (Genera Megaceryle, Ceryle)
" MEROPIDAE : Bee-eaters (Genera Nyctyomis, Merops)

Order CUCULIFORMRS
Family CUCULIDAE : Cuckoos
" CENTROPODIDAE : Coucals

Order PSMMACIFORMES
Family PSITIACIDAE : Parakeets, Lorikeets

Order APODIFORMES
Family APODIDAE : Swifts

" HEMIPROCNIDAE : Tree-Swift

Order STRIGIFORMES

Family TYTONIDAE : Barn & Grass Owls STRIGIDAE; Owls
" BATRACHOSTOMIDAE : Frogmouths EUROSTOPODIDAO : Eared-Nightjar
" CAPRIMULGIDAE : Nightjars

Order COLUMBIFORMES

Family COLUMRIDAE : Pigeons and Doves

Order GRUIFORMES

Family OTIDIDAE : Bustards
" GRUIDAE : Cranes
" HELIORNITHIDAE : Finfoot
" RALUDAE : Rails, Moorhens, Coot

Order CICONIIFORMES

Family PTEROCLIDIDAE : Sandgrouse
" SCOLOPACJDAE; Snipes, Godwits, Curlew, Stint, Sandpipers
" ROSTRATULIDAE : Painted Snipe
" JACANIDAE : Jacanas
" BURHINIDAE : Thick-Knees (= Stone Plovers)
" CHARADRIDAE : Oystercatcher, Plovers, Lapwings
" GLAREOLIDAE : Crab-Plover, Courser, Pratincole
" LARUJAE : Skuas, Skimmer, Gulls, Terns
" ACCIPITRIDAE; Hawks, Kites, Eagles, Falcons, Vultures
" PODICIPEDIDAE : Grebes
" PHAETHONTIDAE : Tropicbirds
" SULIUAE : Boobies
" ANHINGIDAE : Darters
" PHALACROCORACIDAE : Cormorants
" AKDKIDAE : Egrets, Herons, Bitterns
" PHOENICOPTERIDAC : Flamingos
" THRESKIORNITHJDAE : Ibis. Spoonbill
" PELECANIDAE : Pelicans
" CICONIDAE : Storks
" FREGATIDAR : Frigatebirds
" GAVIIDAE : Divers
" PROCBLLARIDAE : Petrels. Shearwaters

Order PASSERIFORMES

Family PITTIDAE : Pittas
" EURYLAMIDAE : Broadbills
" IRFNIDAC : Fairy-Bluebird, Chloropsis
" LANIDAE : Shrikes
" CORVIDAE : Jay, Treepics, Magpies, Nutcrackers, Choughs, Crows, Woodswailows, Orioles, Cuckoo-Shrikes, Minivets, Flycatcher-Shrikes, Fantail-Flycatchers, Flycatchers, Drongos, Monarch- Flycatchers, Paradise Flycatcher, loras, Woodshrikes.

Family BOMBYCILLIDAR : Waxwings
" CINCLIDAE : Dippers

" MUSCICAPIDAE : Thrushes, Flycatchers, Shortwing, Rubylhroat, Chats, Robins, Redstarts, Magpie-Robin, Shama, Forktail, Grandala.
" STURNIDAE : Starlings, Mynas
" SITTIDAE : Nuthatches, Wallcreeper
" CERTHHDAE : Tree-Creeper, Wren
" PARIDAE : Tits
" AEGITHALIDAE : TitS
" HIRUNDINIDAE : Martins, Swallows
" REGULIDAE; Goldcrest
" PYCNONOTIDAE : Bulbuls
" HYPOCOLIDAE : Hypocolius
" CISTICOLIDAE : Warblers
" ZOSTKROPIDAE : White-eye
" SILVIDAE : Warblers, Laughingthrushes, Babblers, Barwing, Culia, Shrike-Babbler, Minla, Tit-Babbler, Yuhina, Sibia, Parrotbill, Whitcthroat
" ALAUDIDAE : Larks
" NECTARINIDAE : Flowerpeckers, Sunbirds
" PASSERIDAE; Sparrows, Finches, Wagtails, Pipits, Accentors, Weavers, Munias
" FRINGILLIDAE : Chaffinch, Rosefinch, Linnets, Grosbeak, Buntings.

परिशिष्ट – 3

वन्य प्राणि संरक्षण के अंतर्राष्ट्रीय कदम

Comparision of Schedules of IWL (P) Act, 1972 & Appendices to (CITES)

Sl. No. Order	Family	Species	Common name	CITES Appendix No.	IWL(P)A Schedule No.
1. PRIMATES	Cercopithecidae	Macaca silenus	Lion tailed macaque	I	I
		Presbytis entellus	Common Langur	I	II
		Presbytis pileatus	–		
	Hylobatidae	Hylobatides spp.	Hooklok	I	I
2. PHOLIDOTA	Manidae	Manis crassicaudata	Indian pangolin	II	I
		Manis pentadactyla	Chinese pangolin	II	I
3. LAGOMORPHA	Leporidae	Caprolagus hispidos	Hispid hare	I	I
4. RODENTIA	Sciuridae	Ratufa spp.	Giant squirrels	II	II
5. CETACEA	Platanistidae	Cetacea ipp.	Whales etc.	II	I
6. CARNIVORA	Balaenopteridae Canidae	Canis lupus	Indian wolf	I	I, III
		Cuon alpinus	Dhole	II	II
	Ursidae	Helarctos malayanus, Selenarctors thibetanus	Himalayan black bear	I	II
		Ursus arctos isbellinus	Himalayan brown bear	I	II
	Procyonidae	Ailurus fulgens	Red panda	II	I
	Mustelidae	Lutra lutra		I	II
		Lutrinae spp.	Common otter	II	I
	Viverridae	Prionodon pardicolor	Spotted linsang	I	I
		Prionodon linsang	Banded linsang	II	
	Felidae	Acinonxy jubatus	Cheetahs	I	I
		Felis bengalensis	Leopard cat	I	I
		Felis caracal	Caracal	I	I
		Felis lyrax		I	I
		Felis marmorata	Marbled cat	I	I
		Felis rubiginosa	Rusty spotted cat	I	I
		Felis temminiki	Golden cat	I	I
		Neofelis nebulosa	Clouded leopard	I	I
		Panthera leo-persica	Asiatic lion	I	I
		Panthera pardus	Leopard	I	I
		Panthera tigris	Tiger	I	I
		Panthera uncia	Snow leopard	I	I
		Felidae spps.		II	I, IV
7. SIRENIA	Dugongidae	Dugong dugong	Dugong	I	I
8. PERISSODACTYLA	Equidae	Equus hemionus khur	Indian wild ass	I	I
		Equus hemionus	Asiatic	II	I
	Rhinocerotidae		Rhinoceros spp.		I I

9. ARTIODACTYLA	Suidae	Sus-salvanius	Pygmy hog	I	I
	Cervidae	Axis porcinus	Hog deer	I	III
		Cervus duvauceli	Swampdeer	I	I
		Cervus elaphns hanglu	Hungul	I	I
		Cervus eldi	Thamin	I	I
		Moschus moschiferus	Musk deer	I	I
	Bovidae	Bos-gaurus	Gaur	I	II
		Bos-grunniens	Wild yak	I	I
		Capra-falconeri Jerdoni	Straight horned Markhor	I	I
	Cpricornis	Sumatraensis	Serow	I	I
		Nemorhaedus goral	Goral	I	III
		Ovis ammon hodgaoni	Nyan	I	I
		Ovis vignei			
		Ovis nabura	Bharal	I	I
		Pantholops-hodgaoni	Chiru	I	I
		Capra falconeri	Markhor		
		Ovis ammon	Aragali	II	I(?)
		Antelope cervicapra	Blackbuck	III(Nepal)	I
		Tetracerus quadricornis	Four honed antelope	III(Nepal)	I
10. PELECANIFORMES	Pelecanidae	Pelecanus crispus	Dalmatian pelicai	II	IV(spp.)
	Fregatidae	Fregata andrewsi	Christmas island frigate bird	I	
11. CICONIFORMES	Cioniidae	Ciconia nigra	Black stork	II	IV(spp.)
	Threskkmithidae	Platalea leucorodia	White spoonbill	II	I
12. ANSERIFORMES	Anatidae	Cairina scutulata	White winged wood duck	I	I
		Rhodonessa caryophyllacea	Pinkheaded duck	I	I
		Sarkidiornis melanotos	Comb duck	II	I
13. FALCONIFORMES		Falco spp.	All except in App.I	II	IV
	Falconidae	Falco peregrinus	Red capped falcon	I	I
14. GALLIFORMES	Megapodidae	Megapodius freycinet	Nicobar scrub fowl (megapode)	II	I
	Phasianidae	Catreus wallichii	Cheer pheasant	I	I
		Crossoptilon crossoptilon	White-eared pheasant	I	I
		Lophophorus impejanus	Monal	I	I
		Lophophorus sclateri	Sclaters' monal	I	I
		Syrmaticus humiae	Humes' pheasant or Barlailed pheasant	I	I
		Tetraogallus tibetanus	Tibetan snow cock	I	I
		Tiagopan melanocephalus	Western		
		Tragopan blythii	Blyths tragopan	I	I
			tragopan	I	I
		Tragopan satyra	Satyrtragopan	III(Nepal)	I
		Gallus onneratii	Gray Jungle fowl	II	IV(spp.)
		Bihaginis cruentus	Blood pheasant	II	I
		Polyplectron bicalcaratum	Grey peacock pheasant	II	I
15. ORUIFORMES	Gruidae	Grus leucogeranus	Siberian white crane	I	I
		Grus monacha	Hooded crane	I	I
		Grus nigricolis	Black necked crane	I	I
	Otididae	Chlamy dotes undulata	Houbara bustard	I	I
		Choriotis nigriceps	Great Indian bustard	I	I
		Eupodotis bengalensis	Bengal florican	I	I

16. COLUMBI-FORMES	Colurabidae	Caloenas nicobarica	Nicobar pigeon	I	I
17. STRIOI-	Strigidae	A— thene blewitti	Forest spotted owlet	I	I
18. CORACII FORMES	Bucerotidae	Buceros bicormis	Great Indian pied horn bill	I	I
		Aceros narcondomi	Narcondam horn bill	II	I
19. PICIFORMES	Picidae	Picus squamatus flavirostris	Western scaly bellied green wood pecker	II	IV (spp.)
REPTILE					
20. TESTUDI-NATA	Emydidae	Geoemyda-tricarinata	Three keeled turtle	I	IV
		Kachuga tecta tecta	Indian tent turtle	I	I
	Testudinidae	Testudo spp.	Tortoises (not included in App.I)	II	IV
	Cheloniidae	Chelonia spp.	Turtles (not included in App.I)	II	IV
		Caretta caretta	Logger head turtle	I	I
		Chelonia mydas	Green turtle	I	I
		Eretmochelys imbricate	Hawks bill turtle	I	I
		Lenidochelys olivacea	Pacific ridley olive turtle	I	I
	Trionychidae	Lissemys-punctata	Indian flapshelled turtle	I	I
		Trionyx gangeticus	Ganges shoft-shelled turtle	I	I
		Trionyx hurum	Peacock marked soft shell turtle	I	I
	Pelomedusi-dae	Podaeneenis spp.	River turtle	II	
21. CROCODY-LIA	Crocodylidae	Crocodylus palustris	Marsh crocodile	I	
		Crocodylus porosus	Estuarine crocodile	I	I
		Crocodylidae spps	Crocodiles (not included in App. I)	II	I
	Gavialidae	Gavialis gangeticus	Gharial	I	I
22. SAURIA	Agamidae	Uromastyx spp.	Lizards	II	
	Chamaeleoni-dae	Chamaeleon spp.	Chameleons	II	II
	Varanidae	Varanus bengalensis	Indian monitor	I	I
		V. flavescens	Yellow/ruddy snubnosed monitor	I	I
		V. griseus	Grey/Desert monitor (Agra)	I	I
		Varanus spp	Other monitor	II	I
23. SERPENTES	Boidae	Python molurus	Indian python	I	I
		Boidae spps	Other pythons sand boa etc.	II	I
	Colubridae	Elachistodon westermanni	Indian egg-eating snake	II	I
24. SALIENTIA	Bufonidae	Nectophrynoides spp.	Viviparous toads	I	IV
IN3ECT3					
25. LEPIDOP-TERA	Papilionidae	Papitinidae spps		II, I	I

FLORA

26.	Orchidaceae	Renanthera imschootiana	Red vanda	I	I-B	
		Vanda coerulea	Blue vanda	I	II-B	
	Asclepiada-ceae	Ceropegia spps.		II	II-B	
		Frerea indica		II	I I-B	
	Compositae	Saussurea lappa	Kuth (S.O. br. dalatta)	II	I-B	
	Cyatheaceae	Cyathea spps.	Ferns	II	II-B	
	Cycadacea	Cycadaceae spps.	Cycas beddomei C. pectinata	II	II-B	
	Dioscoreaceac		Dioscorea deltoidea		II	I

अंडमान निकोबार द्वीप समूह के समुद्रतटीय क्षेत्र के अकशेरूक जीर

इस वर्ग के प्राणियों को निम्नलिखित नामों से जाना जाता है :

1. Sponges, 2. Coelenterates, 3. Polychaetes,
4. Crustaceans, 5. Pycnogondis, 6. Molluscas,
7. Sipunculidis, 8. Echinoderms

उपर्युक्त सभी प्रकार के जीवों की सैकड़ों प्रजातियां हैं। इनमें से 'कोरल' या प्रवाली के प्रति प्रकृति संरक्षक अधिक सचेत रहे हैं। प्रवाली की वर्गिकी तथा उसकी प्रजातियों का संक्षिप्त विवरण नम्नलिखित है :

COELENTERATES

phyllum CNIDARIA

(Sea anemones-Actiniaria and stony corals)

STONY CORALS

Class — Anthozoa

Order — Scleractinia

Family — Thamnasteriidae

1. Psammocora contigua (Esper)
2. P. profundacella Gardiner

Family — Pocilloporidae

3. Stylophora pistif/ata (Esper)
4. Seriatopora crassa Quelch
5. S. hystr/x (Dana)
6. 5. stellata Quelch
7. Pocillopora ankeli Scheer and Filial
8. P. brevicomis (Lamarck)
9. P. damicornis (Linnaeus)
10. P. eydouxi Milne Edwards and Haime
11. P. meandrina var. nobili Verrill
12. P. verrucosa (Ellis and Solander)

Family — Acroporidae

13. Acropora armata (Brook)
14. A. botryoides (Brook)
15. A. brueggemanni (Brook)
16. A. calamaria (Brook)
17. A. canalis (Ouelch)
18. A.cancellata (Brook)
19. A. cfathrata (Brook)
20. A. clavigera (Brook)
21. A. conigera (Dana)
22. A. corymbosa (Lamarck)
23. A. digitifera (Dana)
24. A. diversa (Brook)
25. A. dumosa (Brook)
26. A. echinata (Dana)
27. A. efflorescens (Dana)
28. A. formosa (Dana)
29. A. grandis (Brook)
30. A. gravida (Dana)
31. A. humilis (Dana)

32. A. hyacinthus (Dana)
33. A. intermedia (Brook)
34. A. irregularis (Brook)
35. A. mif/epora (Ehrenberg)
36. A. monticulosa (Bruggemann)
37. A. multiacuta Nemenzo
38. A. nasuta (Dana)
39. A. nobilis (Dana)
40. A. pscifica (Brook)
41. A. palifera (Lamarck)
42. A. palmerae Wells
43. A. pinguis Wells
44. A. plantaginea (Lamarck)
[= A. humilis (Dana)]
45. A. polymorpha (Brook)
46. A. pulchra (Brook)
47. A. rambler! (B. Smith)
48. A. rectina Nomenzo
49. A. robusta (Dana)
50. A. secale (Studer)
51. A. squarrosa (Ehrenberg)
52. A. surculosa (Dana)
53. A, variabilis (Klunzinger)
54. A. virgata (Dana)
55. Astfeopora listeri Bernard
56. Montipora cocosensis Vaughan
57. M. composita Grassland
58. M. digitata (Dana)
59. M. florida Nomenzo
60. M. foliosa (Pallas)
61. M fruiticosa Bernard
62. M. hispida Dana
63. M. peltiformis Bernard
64. M.toftuosa (Dana)
65. M turgescens (Dana)

Family — Agariciidae

66. Coeloseris mayeri Vaughan
67. Leptoseris fragilis
Milne Edwards and Haime
68. L. papyracea (Dana)
69. Pachyseris gemmae Nomenzo
70. P. rugosa (Lamarck)
71. P. speciosa (Dana)
72. Pavona clavus (Dana)
73. P. decussata (Dana)
74. P. duerdeni Vaughan
75. P. explanulata (Lamarck)
76. P. obtusa (Quelch) ‘
77. P. praetorta (Dana)
78. P. varians Verrill
79. P. xaeifae Scheer and Pillai

Family — Siderasteridae

80. Pseudosiderastrea tayami
Yabe and Sugiyama

Family — Fungiidae

81. Cycloseris costulata (Ortmann)
82. C. cyclolites (Lamarck)
83. C. distorta (Michelin)
84. C. hexagonalis Milne
Edwards and Haime
85. C. sinensis Milne
Edwards and Haime
86. Fungia danai Milne
Edwards and Haime
87. F. echinata (Pallas)
88. F.fungites (Linnaeus)
89. F. horrida Dana
90. F. paumotensis Stutchherry
91. F. repanda Dana
92. F. scutaria Lamarck
93. F. somereville Gardiner
94. Fungiacyathus
symmetfica (Pourtaies)
95. Herpitoglossa simplex
(Gardiner)
96. Herpolitha Umax (Esper)
97. Polyphyllia talpina
(Lamarck)

Family — Poritidae

Alveopora daedalea (Forskal)
Goniopora columns (Dana)
G. peteolata Bernard
G. planulata (Elirenberg)
G. stokesi Milne
Edwards and Haime
G. tenuidens (Quelch)
Forties eridani Umbgrove
P. lobata Dana
P. lutea Milne
Edwards and Haime
P. nigrescens Dana
P. porites (Pallas)
P.solida (Forskal)
P. tenuis (Verrill)

Family — Faviidae

Coelaseris magiri Vaughan
Cyphastrea microphthalma
(Lamarck)
Diploastrea helipora
(Lamarck)

Echinopora horrida (Dana)
E. lamellosa (Esper)
Favia favus (Forskal)
F. pallida (Dana)
F. rotumana Gardiner
F. speciosa (Dana)
F. stelligera (Dana)
F. valenciennesi
(Milne Edwards and Haime)
Favites abdita
(Ellis and Solander)
F. complanata (Ebreaberg)
F. flexuosa (Dana)
F. halicora (Ehrenberg)
Goniaslrea benhami Vaughan
G. pectinata {Ehrenberg)
G. planulata
(Milne Edwards and Haime)
G. retiformis (Lamarck)
Hydnophora exesa (Pallas)
H. laxa (Dana)
H. microconos Lamarck
Leptastrea purpurea (Dana)
Leptoria phrygia
(Ellis and Solander)
Qulastrea crispata (Lamarck)
Oulophyllia aspera (Quelch)
Platygyra daedalea
(Ellis & Solander)
P lamellina (Ehrenberg)
P. sinensis
(Milne Edwards & Haime)
P/esiastrea versipora (Lamarck)
Trachyphyllia geoffroyi (Audouin)

Family — Rhizangiidae

141. Culicia rubeo/a
(Quoy and Gaimard)

Family — Oculinidae

142. Galaxoa clavus (Dana)
143. G. fascicularis (Linnaeus)

Family — Merulinidae

144. Merulina ampliata
(Eilis and Solander)
145. Merulina laxa Dana
146. Scapophyllia cylindrica
(Milne Edwards and Haime)

Family — Mussidae

147. Euphyllia glabrescens
Chamisso & Eysenhardt
148. Lobophytlia corymbosa
(Forskal)
149. L. hemprichii (Ehrenberg)
150. Mussa angulosa (Pallas)
151. Symphyllia nobilis (Dana)
152. S. radians Milne
Edwards and Haime
153. S. recta (Dana)
154. Echiniphyllia aspersa
(Ellis & Solander)
155. Mycedium elephantotus
(Pallas)
155a. Pectinia tactuca (Pallas)

Family — Caryophylliidae

156. Caryophyllia arcuata
Milne Edwards & Haime
157. C. clavus Scacchi
158. C, gfayi Milne
Edwards and Haime
159. Deltocyathus andamanicus Alcock
160. Euphyllia glabrescens
(Chamisso and Eeynhardt)
161. Hetemcyathus aequicostatus
Milne Edwards and Haime
162. Paracyathus indicus Duncan
163. Physogyra 'ichtensteini
(Milne Edwards and Haime)
164. Plerogyra sinuosa (Dana)
165. Polycyathus andamanensis
(Alcock)
166. P. verriHi Duncan

Family — Flabellidae

167. P/acotrochus laevis Milne
Edwards and Haime

Family — Dendrophylliidae

168. Ba'artophyllia affinis
(Semper)
169. B. scabra Alcock
170. Dendrophyllia arbuscula Horst
171. D. micranthus (Ehrenberg)
172. D. minuscula Bourne
173. Enallopsammia amphelioides
(Alcock)
174. E. marenzelleri Zlbrowius
175. Heteropsammia michelini
Milne Edwards and Haime
176. Tubastrea coccinea (Ehrenberg)
177. Tuebinaria crater (Pallas)
178. T.poltata (Esper)
179. 7". ve/uta Bernard

(अ) सुन्दर वन संरक्षित क्षेत्र की वनस्पति

वृक्ष एवं झाड़ियां

उपयुक्त दोनों वर्गों की वनस्पति के अतिरिक्त यहां अनेक प्रकार की लताये और घास भी पाई जाती हैं।

वृक्ष

क्र. सं.	स्थानीय नाम	वैज्ञानिक नाम	कुटुम्ब
1.	खलासी	Aegiceras carniculatum(L)Blanco	Myrsinaceae
2.	पियरा बाइन	Avcennia alba Blume	Verbenaceae
3.	काला बाइन	A. marina (Forsk) Vierh	Verbenaceae
4.	ताट बाइन	A. offcinalis L	Verbenaceae
5.	अमर	Aglaia cucufata (Roxb) Pellegrin	Mellaceae
6.	बकुल	Brugulera cylindrita (L) Blume	Rhizophoraceae
7.	कांकरा	B. gymnorhiza (L) Lam	Rhizophoraceae
8.	कांकरा	B. sexangula (Lour) Poirot	Rhizophoraeeae
9.	बकुल	B. parviflora (Roxb) WightandArn	Rhizophoraeeae
10.	सुन्दरी	Heritiera fomes Buch-Ham	Sterculiaceae
11.	भोला	Hibiscus tilliaceous L	Malvaceae
12.	गरिया	Kandelia candel (L) Druce	Rhizophoraeeae
13.	क्रिया	Lumnitzera racemosa Willd	Combretacese
14.	गोल पता	Nypa fruticans Wurmb	Patmae
15.	केया	Pandanus tectorlus so/and	Pandanaceae
16.	गर्जन	Rhizophora apkufata Bluene	Rhizophoraccae
17.	गर्जन	R. mucronata Lam	Rhizophoraccae
18.	केवड़ा	Sonneratia apetala Buch-Han	Lythracea
19.	ओरा	S. caseoiaris (L) Engl.	Lythraceae
20.	ओरा	S. griffithil kurz	Lythraceae
21.	ओरा	S. alba J. smith	Lythraceae
22.	पारस	Thespesia populnoides	Malvaceae
23.	पारस	T. populnea (*Linn.*) solex Carrea	Malvaceae